Linas Sarach

MATHEMATIK

Allgemeine Hochschulreife
Erweiterte Ausgabe

WIRTSCHAFT

Statistik, Funktionen, Finanzmathematik, Differentialrechnung, Integralrechnung, Stochastik, Lineare Algebra und Vektorgeometrie sowie zahlreiche Anwendungen aus der Wirtschaft

Rolf Schöwe
Jost Knapp
unter Mitarbeit der Verlagsredaktion

Cornelsen

Bildquellenverzeichnis

Cover: Shutterstock;
S. 21 Desastis/Pressestelle, Wiesbaden;
S. 23, 30, 55, 56, 74, 98, 189, 215, 245, 325, 341, 391, 477, 487, 558, 563, 602 Shutterstock;
S. 38, 99, 105 Digitalstock;
S. 87 Getty Images Deutschland/Photodisc Blau;
S. 146 picture-alliance/OKAPIA KG, Germany;
S. 276, 325 picture-alliance/dpa/Gero Breloer;
S. 396 EZB, Frankfurt am Main;
S. 399, 427, 440, 475 Adpic;
S. 401, 438 Cornelsen Verlagsarchiv;
S. 405 Barlo Fotografik Tobias Schneider;
S. 405 Cornelsen Verlag, Peter Hartmann;
S. 414 Werner Otto, Oberhausen;
S. 415 Vario images, Bonn;

Redaktion: Thomas Epp, Leif Harraß, Marielle Kaufmann
Bildredaktion: Peter Hartmann, Christina Hohenegger
Umschlaggestaltung: Ulrike Kuhr
Layout: Klein & Halm Grafikdesign, Berlin
Technische Zeichnungen: Christian Böhning, Berlin; Cross Media Solutions GmbH, Würzburg; Wolfgang Mattern, Bochum; Christine Wächter, Berlin
Illustrationen: Roland Beier, Berlin; Detlev Schüler, Berlin
Technische Umsetzung: Cross Media Solutions GmbH, Würzburg

www.cornelsen.de

1. Auflage, 1. Druck 2010

Alle Drucke dieser Auflage können im Unterricht nebeneinander verwendet werden.

Druck: CS-Druck CornelsenStürtz, Berlin

ISBN 978-3-06-450342-7

Inhalt gedruckt auf säurefreiem Papier aus nachhaltiger Forstwirtschaft.

Vorwort

Dieses Mathematikbuch wendet sich in erster Linie an Schülerinnen und Schüler der Sekundarstufe II mit dem Schwerpunkt Wirtschaft und Verwaltung (Wirtschaftsgymnasium), deren Ziel es ist, innerhalb von drei Jahren die Allgemeine Hochschulreife als Abschluss der Jahrgangsstufe 13 zu erwerben. Die mathematischen Inhalte sind deshalb so weit wie möglich an wirtschaftswissenschaftlichen und kaufmännischen Problemstellungen orientiert. Parallel zu der systematischen Behandlung der mathematischen Gegenstände werden die volks- und betriebswirtschaftlichen Begriffe so umfassend erläutert, dass Schülerinnen und Schüler auch ohne Vorkenntnisse aus der Ökonomie die anwendungsbezogenen Problemstellungen lösen können. In ausgewählten Beispielen werden die Kalkulationssoftware Excel und das Computer-Algebra-System TI-Nspire eingesetzt.
Damit genügt dieses Buch besonders der modernen Didaktik des Mathematikunterrichts, fächerübergreifende Lerninhalte in verständlicher Weise zu mathematisieren, ohne dass die Systematik und Logik der Mathematik verloren geht, und unterstützt somit den Gedanken der Handlungsorientierung und Modellierung.

Als Gesamtband für die Jahrgangsstufen 11 bis 13 beginnt das Buch mit dem einführenden Kapitel „Von Daten zu Funktionen“ und führt dann über die Funktionenlehre zur Analysis mit der Differentialrechnung und Integralrechnung; es schließen sich die Stochastik an von der Kombinatorik über die Binomial- und Normalverteilungen bis zu den Alternativ- und Signifikanztests und die Lineare Algebra mit den linearen Gleichungssystemen, der Vektorgeometrie und der linearen Optimierung. Im Vergleich zur 2009 erschienenen „Allgemeinen Hochschulreife Wirtschaft“, auf dem dieses Lehrbuch aufbaut, enthält dieses nun zwei zusätzliche Kapitel zu trigonometrischen Funktionen und zur Vektorgeometrie.

Das Buch soll für den Lernenden ein Lernbuch und für den Lehrenden ein Lehrbuch sein: Die mathematischen Inhalte werden in jedem Abschnitt durch eine Vielzahl von Beispielrechnungen in so kleine Einheiten zerlegt, dass einerseits die Lernenden die Problemlösungen durchschauen und selbstständig mit dem Buch arbeiten können und andererseits den Lehrenden eine solide Basis geboten wird, systematisch Mathematik anwendungsbezogen und problemorientiert unterrichten zu können.

Über 2400 Übungsaufgaben dienen der Festigung und der Vertiefung des Gelernten und sollen zur Übertragung auf andere Problemstellungen anregen. Außerdem sind den Übungen mathematische Anwendungen in der EDV angefügt worden, die den Zusammenhang zwischen der Verarbeitung von Daten aus den Anwendungsbezügen und der Mathematik selbst deutlich machen sollen. Bei diesen Anwendungen wird naturgemäß das algorithmische Denken besonders geschult. Schwierige Beweisführungen sind vermieden worden, damit Mathematik den Lernenden verständlich bleibt und sie nicht abschreckt.

Der Redaktion des Verlags danken wir für die gute Zusammenarbeit und für ihre wertvolle und aufwändige Hilfe bei der Überarbeitung der Manuskripte.

Rolf Schöwe, Jost Knapp

Hinweise zur Benutzung dieses Buches

Dieses Buch ist ein methodisches Lehr- und Lernbuch, das auch für das Selbstlernen gestaltet ist. Es bietet Ihnen die Möglichkeit zum systematischen Lernen, zur Nacharbeit und Wiederholung sowie zum mathematischen Training und Üben. Um das Lernen optimal zu gestalten, sind einige Hinweise zur Benutzung dieses Buches hilfreich.

Jedes Kapitel ist in pädagogisch und mathematisch sinnvolle Lernabschnitte eingeteilt, die meistens mit einem ökonomischen Problem (Beispiel) beginnen und dessen Lösung in kleinen Schritten entwickelt wird. Auf schwierige Beweisführungen wird verzichtet. Alle Problemlösungen werden dann in einem rotbraun unterlegten Kasten zu Erklärungen, Regeln und Anwendungshinweisen zusammengefasst, In vielen Beispielen mit ausführlichen Lösungshinweisen erfolgt anschließend die Anwendung und Vertiefung des Gelernten. Weit über 2400 Übungsaufgaben bieten Ihnen vielfältige Möglichkeiten zum mathematischen Training.

Unterstützt wird das Selbststudium durch die angewendete Zweispalten-Methode. Dabei wird in der rechten Spalte der mathematische Lösungsgang in kleinen Rechenschritten entwickelt, während synchron dazu in der linken Spalte eine ausführliche verbale Erläuterung und Begründung erfolgt, so dass der Rechengang nicht unterbrochen wird. Zur Selbstkontrolle sind kleine, meist einfache Aufgaben eingeschoben, die sich hauptsächlich auf die zuvor entwickelten Rechentechniken, weniger auf das Lösen von Problemen beziehen. Zu diesen gelb unterlegten „Alles klar?“-Aufgaben sind die Lösungen am Ende des Buches ausführlich dargestellt.

Neben den üblichen mathematischen Zeichen und Symbolen finden Sie oft ein kleines Dreieck „►“, das hier im Sinne von „Beachten Sie“ oder einem nichtmathematischen „Daraus folgt“ oder als „Setzen Sie“ oder zur Gliederung des Rechengangs verwendet wird. Den verwendeten Schreib- und Sprechweisen liegt grundsätzlich die Norm DIN 1302 „Allgemeine mathematische Zeichen und Begriffe“ zu Grunde. Von dieser Norm wird dann abgewichen, wenn dadurch der Text lesbarer und damit schülerfreundlicher gehalten werden kann.

Das jeweilige fakultative Angebot mathematischer Anwendungen in der EDV und deren Lösungen in den Übungen basieren auf dem Tabellenkalkulations-Programm „Excel 2007“. Diese Aufgaben wenden sich an Leserinnen und Leser mit Grundkenntnissen in „Excel“, werden jedoch durch Lösungsskizzen und Formelangaben begleitet. Die Anwendung des Computer-Algebra-Systems (CAS) TI-Nspire 1.7 (Stand 1. Juli 2009) in einigen Beispielen soll dem Benutzer dieses Buches die Gelegenheit bieten, sich mit einem CAS vertraut zu machen. Auch für dieses CAS werden Eingabehilfen gegeben und Screenshots gezeigt.

Die Verfasser wünschen Ihnen bei der Arbeit mit diesem Buch viel Freude und Erfolg.

Inhaltsverzeichnis

Glossar mit Aufgaben zur Wiederholung

In diesem vorangestellten Abschnitt soll der Übergang von der Mathematik der Klasse 10 zur Mathematik der Klasse 11 erleichtert werden. Neben der Darstellung der reellen Zahlen wird vor allem das Rechnen mit Brüchen, Potenzen und Wurzeln und das Lösen von Gleichungen und Ungleichungen in den Vordergrund gestellt, um den Schülerinnen und Schülern zu Beginn der Klasse 11 die Möglichkeit zu geben, ihre mathematischen Grundlagen zu vervollständigen.

Reelle Zahlen

Unter einer **reellen Zahl** versteht man eine Zahl, die sich durch einen abbrechenden oder durch einen nicht abbrechenden **Dezimalbruch** (Kommazahl) darstellen lässt. Die Menge der reellen Zahlen bezeichnet man mit $\mathbb{R}$.

Dezimalbruchdarstellung

$z_0, z_1\, z_2\, z_3 \ldots z_n \ldots;\ z_0 \in \mathbb{Z}$ und $z_n \in \{0, 1, \ldots, 9\}$, $n \in \mathbb{N}\setminus\{0\}$

Beispiele:

5,783 ist ein positiver Dezimalbruch,
−5,783 ist ein negativer Dezimalbruch.

Die reellen Zahlen lassen sich mit den Punkten auf der **Zahlengeraden** identifizieren.

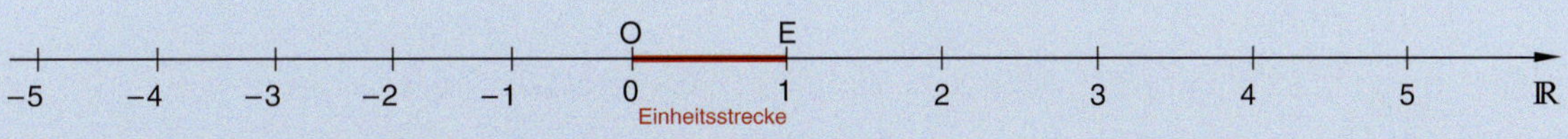

- Ist nämlich einerseits P ein beliebiger Punkt auf ihr, so lässt sich seine Koordinate bezüglich der gewählten **Einheitsstrecke** $\overline{OE}$ beliebig genau durch eine **dezimale Intervallschachtelung** angeben.

In der nebenstehenden Zeichnung liegt P z. B. im Ausgangsintervall $I_1 = [1; 2]$. Vergrößert man den betreffenden Ausschnitt der Zahlengeraden auf das Zehnfache und fährt in entsprechender Weise fort, so lässt sich von Schritt zu Schritt immer wieder entscheiden, in welchem der zehn neuen Teilintervalle der Punkt P jeweils liegt.

Auf diese Weise kann man – jedenfalls in Gedanken – beliebig weit fortfahren und den Punkt P immer enger „einschachteln“, d. h., seine Koordinate als Dezimalbruch immer genauer bestimmen.

Das Verfahren bricht ab, wenn der Punkt P bei einem der Teilintervalle auf einem Teilstrich liegt. Dann hat P einen abbrechenden Dezimalbruch als Koordinate, z. B.: 1,414. Ein solcher Dezimalbruch stellt eine **rationale Zahl** – also ein Element von $\mathbb{Q}$ – dar.

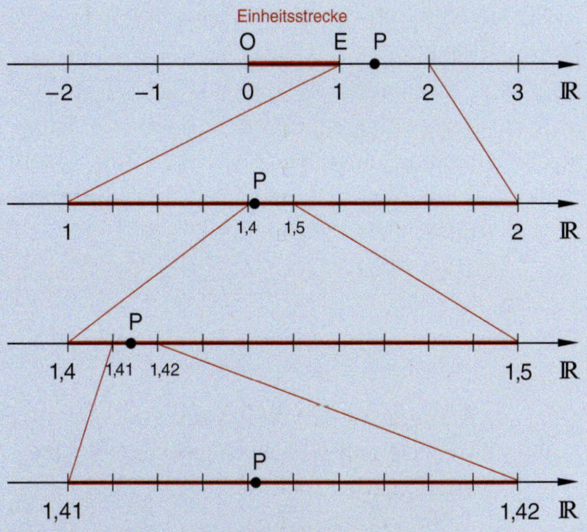

$I_1 = [1; 2],\quad I_2 = [1{,}4; 1{,}5],\quad I_3 = [1{,}41; 1{,}42], \ldots$

$1{,}414 = \frac{1.414}{1.000} = \mathbf{\frac{707}{500}}$ ► $\frac{707}{500} \in \mathbb{Q}$

Bricht das Verfahren nicht ab, dann liegt der Punkt P in jedem neuen Teilintervall immer zwischen zwei Teilstrichen. Die linken Intervallgrenzen bestimmen dann einen nicht abbrechenden Dezimalbruch. Ist dieser periodisch, z. B. $1{,}414\overline{2}$, dann wird durch diesen Dezimalbruch ebenfalls eine rationale Zahl als Koordinate von P dargestellt.

$$1{,}414\overline{2} = 1{,}414 + 0{,}000\overline{2}$$
$$= \frac{1.414}{1.000} + \frac{1}{1.000} \cdot 0{,}\overline{2} = \frac{1.414}{1.000} + \frac{1}{1.000} \cdot \frac{2}{9}$$
$$= \frac{1.414 \cdot 9 + 2}{9.000} = \frac{12.728}{9.000} = \frac{\mathbf{1.591}}{\mathbf{1.125}} \in \mathbb{Q}$$

Eine Neunerperiode kann man hierbei ausschließen, denn jeder Dezimalbruch mit Neunerperiode ist stets auch als abbrechender Dezimalbruch darstellbar.

▶ $0{,}\overline{9} = \frac{9}{9} = \mathbf{1}$;

▶ $0{,}5\overline{9} = 0{,}5 + \frac{1}{10} \cdot 0{,}\overline{9} = 0{,}5 + \frac{1}{10} \cdot \frac{9}{9} = 0{,}5 + 0{,}1 = \mathbf{0{,}6}$

Im anderen Fall hat P keine rationale Zahl als Koordinate und der Dezimalbruch stellt eine **irrationale Zahl** dar, z. B. die Zahl $\sqrt{2}$.

▶ $|\overline{OP}| = \sqrt{1^2 + 1^2} = \sqrt{2}$ ▶ Satz des Pythagoras

$\sqrt{2} \notin \mathbb{Q}$, $\sqrt{2}$ stellt eine irrationale Zahl dar.

$\sqrt{2} = 1{,}4142\ldots$

▶ Die Punkte deuten an, dass der Dezimalbruch nicht abbricht.

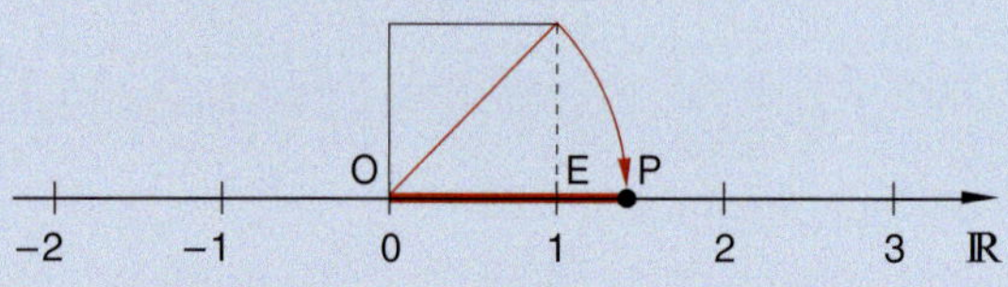

• Andererseits ist jeder Dezimalbruch Koordinate eines Punktes P auf der Zahlengeraden.

Ist der Dezimalbruch abbrechend oder nicht abbrechend periodisch – stellt er also eine rationale Zahl dar –, so ist bekanntlich durch diese rationale Zahl als **Abstand** von O genau ein Punkt P auf der Zahlengeraden festgelegt, der je nach Vorzeichen der rationalen Zahl auf der positiven oder negativen Seite der Zahlengeraden liegt. Ist der Dezimalbruch ein nicht abbrechender nicht periodischer Dezimalbruch, z. B. 1,4142…, so lässt sich auf der Zahlengeraden eine dezimale Intervallschachtelung angeben, die eindeutig einen Punkt P bestimmt.

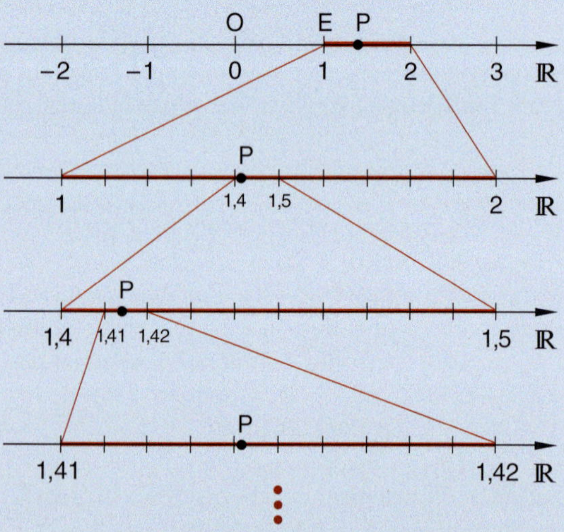

linke Intervallgrenzen	rechte Intervallgrenzen
1	2
1,4	1,5
1,41	1,42
1,414	1,415
1,4142	1,4143
…	…

Schrittzahl n	Intervall I_n	Länge von I_n
1	[1; 2]	1
2	[1,4; 1,5]	0,1
3	[1,41; 1,42]	0,01
4	[1,414; 1,415]	0,001
5	[1,4142; 1,4143]	0,0001
…	…	…

Hierbei macht man von einer anschaulich als richtig empfundenen Tatsache Gebrauch, dass eine Gerade keine Lücken hat, also jede **Streckenschachtelung** auf ihr genau einen Punkt erfasst. Diese Tatsache ist nicht beweisbar, sie lässt sich also nicht auf noch einfachere Anschauungstatsachen zurückführen und wird daher in der Mathematik als **grundsätzliche Vereinbarung** (**Axiom**) festgelegt.

Jeder Streckenschachtelung auf einer Geraden entspricht in der Menge $\mathbb{R}$ eine **Intervallschachtelung** $\langle [a_n; b_n] \rangle$. Darunter versteht man eine unendliche Folge von **abgeschlossenen** Intervallen $[a_1; b_1], [a_2; b_2], [a_3; b_3], \ldots$ aus $\mathbb{R}$ mit der Eigenschaft, dass jedes nachfolgende Intervall in allen vorhergehenden Intervallen enthalten ist. Der Lückenlosigkeit einer Geraden entspricht in der Menge $\mathbb{R}$ das sog. **Vollständigkeitsaxiom**:

Jede Intervallschachtelung in $\mathbb{R}$ erfasst genau eine reelle Zahl.

► Man bezeichnet die von einer Intervallschachtelung in $\mathbb{R}$ eindeutig erfasste reelle Zahl auch als **innere Zahl**, die also allen Intervallen der Schachtelung gemeinsam ist. Es lässt sich zeigen, dass eine Schachtelung von **offenen** Intervallen aus $\mathbb{R}$ keine innere Zahl zu haben braucht. ► Übungsaufgabe 4 a)

Im Unterschied zur Menge $\mathbb{R}$ ist die Menge $\mathbb{Q}$ der rationalen Zahlen **nicht** vollständig.
► Übungsaufgabe 4 b)

Für alle reellen Zahlen gelten die nebenstehenden **Ordnungsbeziehungen**.

$a, b \in \mathbb{R} \Rightarrow a = b$ oder $a < b$ oder $a > b$

$a, b, c \in \mathbb{R}$: $a < b$ und $b < c \Rightarrow a < c$

Die Addition einer reellen Zahl verändert die Ordnung nicht, genauso wie die Multiplikation mit einer positiven Zahl.

$a, b, c \in \mathbb{R}$: $a < b \Rightarrow a + c < b + c$

$a, b, c \in \mathbb{R}$: $a < b$ und $c > 0 \Rightarrow a \cdot c < b \cdot c$

Die Multiplikation mit einer negativen Zahl kehrt dagegen die Ordnung um.

$a, b, c \in \mathbb{R}$: $a < b$ und $c < 0 \Rightarrow a \cdot c > b \cdot c$

Unter dem **Betrag** einer reellen Zahl für a versteht man ihren Zahlenwert, falls $a \geq 0$, bzw. den Zahlenwert ihrer Gegenzahl, falls $a < 0$ ist. Man bezeichnet für $a \in \mathbb{R}$ den Betrag von a mit $|a|$.

$$|a| = \begin{cases} a, & \text{falls } a > 0 \\ 0, & \text{falls } a = 0 \\ -a, & \text{falls } a < 0 \end{cases}$$

Beispiele:

$|1{,}23| = 1{,}23$

$|-1{,}23| = 1{,}23$

Für reelle Zahlen $a, b \in \mathbb{R}$ gilt die für Abschätzungen wichtige Beziehung:

$|a + b| \leq |a| + |b|$.

In Worten:
Der Betrag einer Summe ist nicht größer als die Summe der Beträge der Summanden.

Beispiel für eine Größenabschätzung:

$$\left|1 + \frac{1}{2} + \frac{1}{3} + \ldots + \frac{1}{n}\right| < n, \text{ denn}$$

$$\left|1 + \frac{1}{2} + \frac{1}{3} + \ldots + \frac{1}{n}\right| \leq |1| + \left|\frac{1}{2}\right| + \ldots + \left|\frac{1}{n}\right| < \underbrace{|1| + |1| + |1| + \ldots + |1|}_{n\text{-mal}} = n$$

Diese Beziehung heißt auch **Dreiecksungleichung**, weil in einem Dreieck die Länge einer Seite niemals größer sein kann als die Summe der Längen beider anderen Seiten.

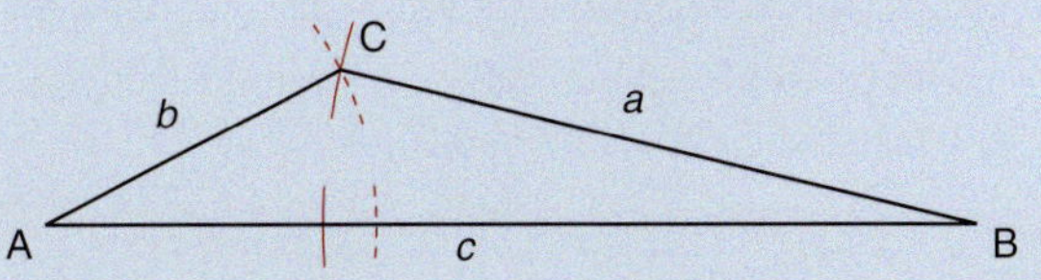

► $|\overline{AB}| \leq |\overline{AC}| + |\overline{BC}|$ bzw. $c \leq b + a$

GRUNDLAGEN

Rechnen mit Brüchen

Brüche addiert man, indem man sie **gleichnamig** macht, d. h., auf denselben Nenner bringt.

$\frac{5}{7}-\frac{2}{7}=\frac{3}{7}$ ► Brüche sind gleichnamig

Dazu kann man z. B. ihren Hauptnenner bestimmen und sie dann entsprechend erweitern.

$\frac{5}{6}+\frac{1}{8}+\frac{3}{10}-\frac{2}{9}-\frac{5}{12}+\frac{7}{40}$

Zur Berechnung des Hauptnenners wird jede Nennerzahl in Primfaktoren zerlegt. Der Hauptnenner ist das **kleinste gemeinsame Vielfache (kgV)** aller Nenner; das ist das Produkt der höchsten in ihrer Primfaktorzerlegung auftretenden Potenzen.

$6 = 2\cdot 3 \quad = 2\cdot 3$

$8 = 2\cdot 2\cdot 2 \quad = 2^3$

$10 = 2\cdot 5 \quad = 2\cdot 5$

$9 = 3\cdot 3 \quad = 3^2$

$12 = 2\cdot 2\cdot 3 \quad = 2^2\cdot 3$

$40 = 2\cdot 2\cdot 2\cdot 5 = 2^3\cdot 5$

$2^3\cdot 3^2\cdot 5 = \mathbf{360}$ ► Hauptnenner

► kgV (6; 8; 10; 9; 12; 40) = 360

Nach Erweiterung der Brüche auf den Hauptnenner 360 lässt sich die Summe leicht berechnen, wobei ggf. das Ergebnis noch gekürzt werden kann.

$\frac{300}{360}+\frac{45}{360}+\frac{108}{360}-\frac{80}{360}-\frac{150}{360}+\frac{63}{360}=\frac{286}{360}=\frac{143}{180}$

Brüche werden miteinander multipliziert, indem man Zähler mit Zähler und Nenner mit Nenner multipliziert.

$\frac{3}{5}\cdot\frac{2}{7}=\frac{6}{35}$

Brüche werden mit einer ganzen Zahl multipliziert, indem man die ganze Zahl mit dem Zähler des Bruches multipliziert und den Nenner beibehält.

$\frac{3}{5}\cdot 2=\frac{3\cdot 2}{5}=\frac{6}{5}$

Zwei Brüche werden dividiert, indem man den 1. Bruch mit dem Kehrwert des 2. Bruchs multipliziert.

$\frac{3}{5}:\frac{2}{7}=\frac{3}{5}\cdot\frac{7}{2}=\frac{21}{10}$

Binomische Formeln

Die binomischen Formeln ermöglichen – von links nach rechts verwendet – die Vereinfachung des Ausmultiplizierens und – von rechts nach links verwendet – die Umwandlung entsprechender Summen in Produkte.

$(a+b)^2 = a^2+2ab+b^2$ ► 1. binomische Formel

Beispiel: $(x+3)^2 = x^2+2\cdot x\cdot 3+3^2 = x^2+6x+9$

$(a-b)^2 = a^2-2ab+b^2$ ► 2. binomische Formel

Beispiel: $(1-a)^2 = 1^2-2\cdot 1\cdot a+a^2 = 1-2a+a^2$

Besonders die 3. binomische Formel erleichtert so manches Kopfrechnen, falls ein Produkt sich wie nebenstehend darstellen lässt.

$(a+b)\cdot(a-b) = a^2-b^2$ ► 3. binomische Formel

Beispiel: $23\cdot 17 = (20+3)\cdot(20-3)$
$= 20^2-3^2 = 400-9 = 391$

Die ersten beiden binomischen Formeln – in der Leserichtung von rechts nach links – werden am häufigsten beim Lösen quadratischer Gleichungen angewendet.

GRUNDLAGEN

Potenzen und Wurzeln

Eine **Potenz** a^n mit $a \in \mathbb{R}$ und $n \in \mathbb{N}\setminus\{0\}$ besagt, dass die Zahl für die Basis a mit sich selbst n-mal multipliziert wird, wobei für $a \in \mathbb{R}\setminus\{0\}$ gesetzt wird: $a^0 = 1$.

$a^n = \underbrace{a \cdot a \cdot \ldots \cdot a}_{n \text{ Faktoren}}$ ► $a \in \mathbb{R}$; $n \in \mathbb{N}\setminus\{0\}$; $a^0 = 1$

Für $a \in \mathbb{R}\setminus\{0\}$ und $n \in \mathbb{N}\setminus\{0\}$ lässt sich die Potenz $a^{-n} = \frac{1}{a^n}$ definieren.

$a^{-n} = \frac{1}{a^n}$ ► $a \in \mathbb{R}\setminus\{0\}$; $n \in \mathbb{N}\setminus\{0\}$

Beispiel: $2^{-3} = \frac{1}{2^3} = \frac{1}{8}$

Für $a \in \mathbb{R}^{\geq 0}$ und $r \in \mathbb{N}\setminus\{0\}$ ist die Potenz $a^{\frac{1}{r}}$ als $\sqrt[r]{a}$ (r-te **Wurzel** aus a) definiert, wobei $\sqrt[1]{a} = a$ gesetzt wird.

$a^{\frac{1}{r}} = \sqrt[r]{a}$ ► $a \in \mathbb{R}^{\geq 0}$; $r \in \mathbb{N}\setminus\{0\}$

Beispiel: $8^{\frac{1}{3}} = \sqrt[3]{8} = 2$

Zwei Potenzen mit gleicher Basis werden multipliziert, indem man die Exponenten addiert und die gemeinsame Basis beibehält.

Für alle $a, b \in \mathbb{R}\setminus\{0\}$ und $r, s \in \mathbb{Z}$ gilt:

$a^r \cdot a^s = a^{r+s}$ ► $a^r : a^s = a^{r-s}$

Beispiel: $3^2 \cdot 3^3 = 3^5 = 243$

Zwei Potenzen mit gleichen Exponenten werden multipliziert, indem man die Basen multipliziert und den gemeinsamen Exponenten beibehält.

$a^r \cdot b^r = (a \cdot b)^r$ ► $a^r : b^r = (a : b)^r$

Beispiel: $2^3 \cdot 3^3 = (2 \cdot 3)^3 = 6^3 = 216$

Eine Potenz wird potenziert, indem man die Exponenten multipliziert und die Basis beibehält.

$(a^r)^s = a^{r \cdot s}$

Beispiel: $(2^3)^4 = 2^{3 \cdot 4} = 2^{12} = 4.096$

Wurzelgesetze

Zwei Wurzelterme mit gleichen Wurzelexponenten werden multipliziert, indem man die Radikanden multipliziert und das Produkt radiziert.

1. $\sqrt[n]{a} \cdot \sqrt[n]{b} = \sqrt[n]{a \cdot b}$

$n \in \mathbb{N}\setminus\{0\}, a, b \in \mathbb{R}^{\geq 0}$

$\sqrt[3]{9} \cdot \sqrt[3]{3} = \sqrt[3]{27} = 3$

Zwei Wurzelterme mit gleichen Wurzelexponenten werden dividiert, indem man die Radikanden dividiert und den erhaltenen Quotienten radiziert.

2. $\sqrt[n]{a} : \sqrt[n]{b} = \sqrt[n]{a : b}$

$n \in \mathbb{N}\setminus\{0\}, a, b \in \mathbb{R}^{\geq 0}$

$\sqrt[3]{81} \cdot \sqrt[3]{3} = \sqrt[3]{27} = 3$

Ein Wurzelterm wird potenziert, indem man den Radikanden potenziert und die Potenz dann radiziert.

3. $(\sqrt[n]{a})^m = \sqrt[n]{a^m}$

$n \in \mathbb{N}\setminus\{0\}, a \in \mathbb{R}^{\geq 0}$

$(\sqrt[3]{3})^6 = \sqrt[3]{3^6} = 9$

Eine Wurzel wird radiziert, indem man die Wurzelexponenten multipliziert und mit diesem Produkt als Wurzelexponenten die Wurzel aus dem Radikanden des inneren Wurzelzeichens zieht.

4. $\sqrt[m]{\sqrt[n]{a}} = \sqrt[m \cdot n]{a}$

$n \in \mathbb{N}\setminus\{0\}, a \in \mathbb{R}^{\geq 0}$

$\sqrt[3]{\sqrt[2]{64}} = \sqrt[6]{64} = 2$

Man kann den Wurzelexponenten und den Exponenten des Radikanden eines Wurzelterms mit derselben natürlichen Zahl multiplizieren, ohne dass sich der Wert des Wurzelterms ändert.

5. $\sqrt[n \cdot k]{a^{m \cdot k}} = \sqrt[n]{a^m}$

$n \in \mathbb{N}\setminus\{0\}, a \in \mathbb{R}^{\geq 0}$

$\sqrt[3 \cdot 5]{3^{6 \cdot 5}} = \sqrt[3]{3^6} = 9$

Koordinatensystem und Wertetabelle

An der Frankfurter Wertpapierbörse wurde die „ABC-Aktie“ zu nebenstehenden Kursen notiert.

Dabei ist **jedem Börsentag genau ein Kurs in € zugeordnet**; Börsentag und zugehöriger Kurs bilden in dieser Reihenfolge, wie man sagt, ein **geordnetes Paar**; in diesem Beispiel existieren 7 solche Paare.

Diese Paare können in einer **Wertetabelle** aufgeführt oder als Punkte in einem rechtwinkligen **Koordinatensystem** gedeutet werden. Die waagerechte Achse heißt **Abszissenachse (*x*-Achse)**, die senkrechte Achse **Ordinatenachse (*y*-Achse)**.

Ein Koordinatensystem besteht aus 4 **Quadranten** wie nebenstehend bezeichnet.

Im I. Quadranten eines Koordinatensystems trägt man die Kurse gegen die Börsentage ab und erhält einzelne („diskrete“) Punkte, den sog. **Graphen** der Zuordnung.

Wertetabelle

Börsentag	1	2	3	4	5	6	7
Kurs [€]	2	4	1	3	5	5	4

Koordinatensystem

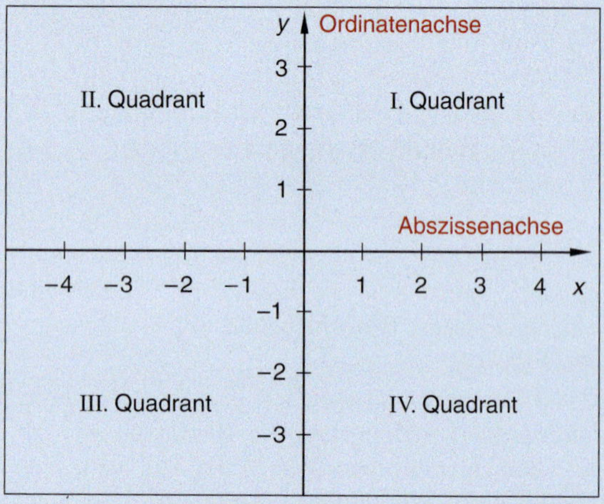

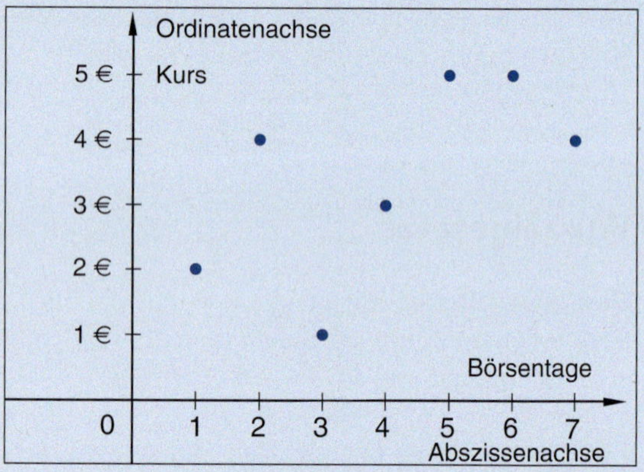

Gleichungen und Ungleichungen

Bei der nebenstehenden **linearen Gleichung** ist eine reelle Zahl für *x* gesucht, die die Gleichung erfüllt. Die Lösung dieser Gleichung erfolgt mittels Äquivalenzumformungen (lösungsgleichen Umformungen), die die Lösungsmenge nicht verändern.

$$\frac{1}{3}x - \frac{2}{3} = \frac{5}{3}x + \frac{4}{3} \quad \left| -\frac{5}{3}x \right| + \frac{2}{3}$$

$$\Leftrightarrow -\frac{4}{3}x = 2 \quad \left| : \left(-\frac{2}{3}\right)\right.$$

$$\Leftrightarrow \quad x = -\frac{3}{2} = -1{,}5$$

$$\Rightarrow \quad \boldsymbol{L = \{-1{,}5\}}$$

▶ Anstatt bei der 2. Gleichung durch $-\frac{2}{3}$ zu dividieren, kann man auch mit $-\frac{3}{2}$ multiplizieren.

Angewendet auf eine **lineare Ungleichung** mit denselben Termen ergeben die Äquivalenzumformungen eine andere Lösungsmenge, wobei zu beachten ist, dass bei einer Multiplikation (Division) mit einer negativen reellen Zahl auf beiden Seiten der Ungleichung das Ordnungszeichen umgekehrt wird.

$$\frac{1}{3}x-\frac{2}{3}<\frac{5}{3}x+\frac{4}{3} \quad \left|-\frac{5}{3}x\right|+\frac{2}{3}$$
$$\Leftrightarrow -\frac{4}{3}x<2 \quad \left|\cdot\left(-\frac{3}{2}\right)\right.$$
$$\Leftrightarrow \quad x>-\frac{3}{2}=1{,}5$$
$$\Rightarrow \quad \boldsymbol{L=\{x\,|\,x>-1{,}5\}}$$

Bevor man eine **Bruchgleichung** löst, muss man die Zahlen ausschließen, für die die Nennerterme 0 sind. Sie gehören nicht zum sogenannten **Definitionsbereich** D der Bruchgleichung.
▸ $D=\mathbb{R}\setminus\{-3{,}5;0\}$

Bruchgleichungen kann man lösen, indem man die Bruchterme auf beiden Seiten gleichnamig macht und die Zähler miteinander vergleicht. Praktisch hat man dann die Brüche „über Kreuz" multipliziert.

$$\frac{4x+11}{2x+7}=\frac{2}{x}+2 \qquad \blacktriangleright\ D=\mathbb{R}\setminus\{-3{,}5;0\}$$
$$\Leftrightarrow \frac{4x+11}{2x+7}=\frac{2x+2}{x} \qquad \blacktriangleright\ \text{Hauptnenner } x\cdot(2x+7)$$
$$\Leftrightarrow \frac{x\cdot(4x+11)}{x\cdot(2x+7)}=\frac{(2x+2)\cdot(2x+7)}{x\cdot(2x+7)}$$
$$\Leftrightarrow 4x^2+11x=4x^2+18x+14 \quad |-4x^2-18x$$
$$\Leftrightarrow \quad -7x=14$$
$$\Leftrightarrow \quad x=-2$$

Zum Schluss wird noch überprüft, ob der für x errechnete Wert ein Element von D ist, denn nur dann ist er auch eine Lösung der Bruchgleichung.

$$-2\in D \Rightarrow \boldsymbol{L=\{-2\}}$$

Lineare Gleichungssysteme

Hat man zwei lineare Gleichungen mit zwei Variablen x und y zu lösen, so spricht man von einem **linearen Gleichungssystem** (LGS) mit zwei Variablen.

Das LGS lässt sich lösen, indem aus den zwei Gleichungen mit zwei Variablen durch beliebige Elimination einer der beiden Variablen (hier: y) eine Gleichung mit einer Variablen erhält, die bequem gelöst werden kann.
▸ lineare Gleichung

$$\begin{array}{ll} \text{I} & 2x+3y=\ \ 2 \\ \text{II} & 5x+2y=\ 27 \end{array}$$

Dies geschieht mittels des **Additionsverfahrens**, das eine Anpassung der einzelnen Gleichungen verlangt. Hier wird die I. Gleichung mit 2 und die II. Gleichung mit −3 multipliziert, damit bei Addition beider Gleichungen die Variable y wegfällt und die Variable x berechnet werden kann.

$$\begin{array}{lll} \text{I} & 2x+3y=\ \ 2 & |\cdot 2 \\ \text{II} & 5x+2y=\ 27 & |\cdot(-3) \end{array}$$

$$\begin{array}{ll} 2\cdot\text{I} & 4x+6y=\ \ 4 \\ -3\cdot\text{II} & -15x-6y=-81 \end{array} \quad +$$

$$-11x \quad =-77 \quad |:(-7)$$
$$x=\mathbf{7}$$

Anschließend bestimmt man den Wert für die zweite Variable, indem man z. B. in der II. Gleichung 7 für x setzt und diese Gleichung dann nach y auflöst.

Setzen von 7 für x in Gleichung II liefert:

$$5\cdot 7+2y=27 \quad |-35$$
$$2y=-8 \quad |:2$$
$$y=\mathbf{-4}$$

Die Probe (im Kopf) in beiden Ausgangsgleichungen bestätigt die errechneten Werte für x und y als Lösung des linearen Gleichungssystems.

Probe z. B. in I:

$2 \cdot 7 + 3 \cdot (-4) = 2$

$2 = 2$ ▶ wahre Aussage

$\Rightarrow L = (7 \mid -4)$

Die Lösung des Gleichungssystems lässt sich auch grafisch veranschaulichen. Die beiden Gleichungen beschreiben Geraden im Koordinatensystem. Die gemeinsame Lösung entspricht den Koordinaten des **Schnittpunkts** beider Geraden.

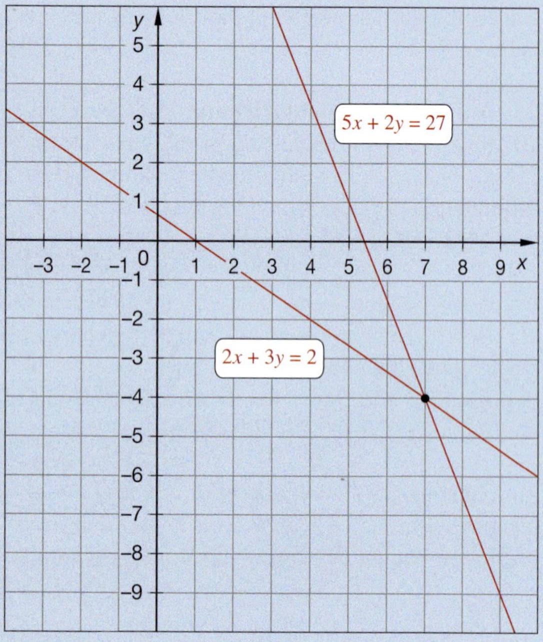

Quadratische Gleichungen

Die nebenstehende Gleichung ist eine **quadratische Gleichung in Normalform**, ihre Lösungen bestimmt man mithilfe des Verfahrens der **quadratischen Ergänzung**.

$x^2 - 8x - 9 = 0$ ▶ quadratische Gleichung

$a^2 - 2ab + b^2 = (a - b)^2$ ▶ 2. binomische Formel

Dieses Verfahren bedient sich hier der 2. binomischen Formel, von rechts nach links angewendet. Schreibt man den Term $x^2 - 8x$ in der Form $x^2 - 2 \cdot x \cdot 4$, so entspricht er den ersten bei den Summanden der 2. binomischen Formel $a^2 - 2 \cdot a \cdot b$.

$a^2 - 2 \cdot a \cdot b - 9 = 0 \quad |+9$

$\uparrow \qquad \uparrow$

$x^2 - 2 \cdot x \cdot 4 - 9 = 0 \quad |+9$

$a^2 - 2 \cdot a \cdot b + b^2 = 9 + b^2$ ▶ quadratische Ergänzung b^2

$\uparrow \qquad \uparrow \; \uparrow \; \uparrow$

$x^2 - 2 \cdot x \cdot 4 + 4^2 = 9 + 4^2$ ▶ quadratische Ergänzung 4^2

Aus dieser Darstellung wird deutlich, dass 4 die Zahl für b sein muss. Der so bestimmte Wert für b wird noch **quadriert** ($b^2 = 4^2$) und zu dem Term $x^2 - 8x$ **ergänzt** (▶ Quadratische Ergänzung), damit dieser Gesamtterm nach der 2. binomischen Formel zum Quadrat eines Binoms umgeformt werden kann.

$\Rightarrow x^2 - 8x + 16 = 25$ ▶ 2. binomische Formel

$\Leftrightarrow \quad (x - 4)^2 = 25 \quad |\sqrt{\ }$

$\Leftrightarrow \quad |x - 4| = 5$

$\Leftrightarrow \quad -(x - 4) = 5$ oder $x - 4 = 5$

$\Leftrightarrow \quad x = -1$ oder $x = 9$

Lösung: $x_1 = \mathbf{-1}$ und $x_2 = \mathbf{9}$

Die Lösung der allgemeinen quadratischen Gleichung in Normalform $x^2 - px + q = 0$ führt mithilfe des Verfahrens der quadratischen Ergänzung zur sog. „***p*-*q*-Formel**".

Auch hier wird der Term $x^2 + px$ zunächst auf die Form $a^2 + 2ab$ gebracht (▶ 1. binomische Formel), wobei dann $b = \frac{p}{2}$ ist.

Die Lösungsterme für x werden häufig in der Form $x_{1|2} = -\frac{p}{2} \pm \sqrt{\frac{p^2}{4} - q}$ zusammengefasst.

$x^2 + px + q = 0 \quad | -q$

$\Leftrightarrow \quad x^2 + 2 \cdot \frac{p}{2} x + \left(\frac{p}{2}\right)^2 = -q + \left(\frac{p}{2}\right)^2$ ▶ quadratische Ergänzung

$\Leftrightarrow \quad \left(x + \frac{p}{2}\right)^2 = \frac{p^2}{4} - q \quad |\sqrt{\;}$, falls $\frac{p^2}{4} - q \geq 0$

$\Leftrightarrow \quad \left|x + \frac{p}{2}\right| = \sqrt{\frac{p^2}{4} - q}$

$\Leftrightarrow \quad x + \frac{p}{2} = -\sqrt{\frac{p^2}{4} - q}$ oder $x + \frac{p}{2} = -\sqrt{\frac{p^2}{4} - q}$

$\Leftrightarrow \quad x = -\frac{p}{2} - \sqrt{\frac{p^2}{4} - q}$ oder $x = -\frac{p}{2} + \sqrt{\frac{p^2}{4} - q}$

Lösung: $x_1 = \boldsymbol{-\frac{p}{2} - \sqrt{\frac{p^2}{4} - q}}$ und $x_2 = \boldsymbol{-\frac{p}{2} + \sqrt{\frac{p^2}{4} - q}}$

Anmerkungen:

- Die allgemeine quadratische Gleichung in Normalform $x^2 + px + q = 0$ besitzt nur dann Lösungen, falls $\frac{p^2}{4} - q \geq 0$ gilt, denn nur dann lässt sich aus dem Term $\frac{p^2}{4} - q$ die Wurzel ziehen.
- Ist eine quadratische Gleichung in der Form $ax^2 + bx + c = 0$ mit $a \neq 0$ gegeben, so lauten die Lösungsterme: $x_1 = -\frac{b}{2a} - \frac{1}{2a} \cdot \sqrt{b^2 - 4ac}$ und $x_2 = -\frac{b}{2a} + \frac{1}{2a} \cdot \sqrt{b^2 - 4ac}$, falls $b^2 - 4ac \geq 0$ gilt. ▶ ***a*-*b*-*c*-Formel**

Die quadratische Gleichung $x^2 - 8x - 9 = 0$ lässt sich auch dadurch lösen, dass man den Term $x^2 - 8x - 9$ als Produktterm $(x+1) \cdot (x-9)$ schreibt, ihn also in **Linearfaktoren** zerlegt. Hierbei benutzt man, dass ein Produktterm $a \cdot b$ genau dann 0 ist, wenn wenigstens einer seiner Faktoren 0 ist.

$(x+1) \cdot (x-9)$ ist genau dann gleich 0, wenn $(x+1) = 0$ oder $(x-9) = 0$ ist, wenn also $x = -1$ oder $x = 9$ ist.

$x^2 - 8x - 9 = 0 \Rightarrow x_1 = -1$ und $x_2 = 9$ (vgl. oben)

$\Rightarrow (x+1) \cdot (x-9) = 0$

▶ Linearfaktoren von $x^2 - 8x - 9$

$\Rightarrow (x+1) = 0$ oder $(x-9) = 0$

$\Rightarrow x_1 = -1$ und $x_2 = 9$

Übungen zur Wiederholung

Reelle Zahlen

1 Charakterisieren Sie die Mengen $\mathbb{N}$, $\mathbb{Z}$ und $\mathbb{Q}$ als Teilmengen der Menge $\mathbb{R}$ durch Dezimalbruchdarstellungen.

2 Zu welchen Mengen gehören folgende Zahlen? Welche Zahlen sind irrational?

a) $1{,}\overline{6}$ b) -2 c) 0 d) $0{,}2$ e) $\sqrt{5}$ f) π

g) 67 h) $\frac{1}{7{,}2}$ i) $\frac{4}{\sqrt{6}}$ j) $\sqrt{5^3}$ k) $11^{\frac{1}{2}}$ l) $1{,}23456789$

3 Schreiben Sie als rationale Zahl in Form eines Bruchs.

a) $0{,}\overline{8}$ b) $3{,}\overline{21}$ c) $-2{,}56\overline{7}$ d) $0{,}239\overline{2}$ e) $-4{,}2378\overline{5}$ f) $8{,}76\overline{546}$

4 a) Zeigen Sie am Beispiel der Schachtelung $\left\langle\left(0;\frac{1}{n}\right)\right\rangle$, $n\in\mathbb{N}\setminus\{0\}$ von offenen Intervallen aus $\mathbb{R}$, dass sie keine reelle Zahl als innere Zahl besitzt.
Hinweis: Verwenden Sie zum Nachweis, dass es zu jeder positiven reellen Zahl eine größere natürliche Zahl gibt.

b) Begründen Sie, dass die Intervallschachtelung $\langle[a_n;b_n]\rangle$ von abgeschlossenen Intervallen $[a_n;b_n]$ in $\mathbb{Q}^{>0}$ mit $a_n^2<2$ und $b_n^2>2$ für alle $n\in\mathbb{N}\setminus\{0\}$ keine rationale Zahl als innere Zahl erfasst, die Menge $\mathbb{Q}$ also nicht vollständig ist.

▶ $\langle(a_n;b_n)\rangle$ in $\mathbb{Q}$ bedeutet: $[a_n;b_n]=\{x\in\mathbb{Q}^{>0}\,|\,a_n\le x\le b_n\}$ für jedes $n\in\mathbb{N}\setminus\{0\}$

Rechnen mit Brüchen und Bruchtermen

5 Addieren Sie und kürzen Sie das Ergebnis.

a) $\frac{1}{4}+\frac{5}{8}+\frac{11}{24}-\frac{7}{12}+\frac{2}{3}-\frac{1}{6}$

b) $2\frac{2}{3}-\frac{1}{6}+\frac{5}{18}-\frac{4}{9}+\frac{2}{15}-1\frac{2}{45}+2\frac{9}{10}$

c) $\frac{3}{4}+\frac{5}{9}+\frac{18}{25}-\frac{4}{75}+\frac{3}{100}-\frac{17}{36}$

d) $\frac{36}{49}-\frac{13}{98}+\frac{17}{21}-\frac{7}{42}+1\frac{3}{28}+\frac{11}{12}-\frac{19}{84}$

e) $\frac{3}{4}+\frac{5}{8}+\frac{2}{5}-\frac{1}{9}+\frac{1}{3}-\frac{11}{25}+\frac{17}{50}-\frac{4}{15}+\frac{13}{24}-\frac{17}{45}+\frac{12}{175}$

f) $1\frac{3}{4}-\frac{5}{98}-1\frac{1}{7}+2\frac{3}{8}+1\frac{4}{21}-\frac{31}{42}+3\frac{11}{36}-\frac{5}{84}+1\frac{11}{63}$

g) $2\frac{3}{20}+\frac{11}{50}-\frac{7}{15}-1\frac{13}{18}+3\frac{5}{8}-\frac{21}{40}+\frac{5}{54}-2\frac{11}{72}+5\frac{13}{75}$

6 Vereinfachen Sie die Terme so weit wie möglich.

a) $5a+6b-2a+3b$

b) $0{,}5a^2+0{,}3a-2{,}2a+3a^2+0{,}2a+1{,}5a^2-0{,}1a-8{,}2a$

c) $(2a+b)\cdot(-2a+b)$

d) $(a+b)\cdot(-2a+4b)+0{,}2ab+a^2-b^2-1{,}2ab$

e) $\left(\frac{1}{3}a-b\right)\cdot\left(-a+\frac{2}{5}b\right)$

f) $\left(\frac{2}{3}a+\frac{1}{2}b\right)\cdot\left(-\frac{1}{2}a+\frac{1}{3}b\right)+\frac{11}{36}ab+a^2-\frac{5}{6}b^2-1{,}25ab$

g) $-a-\frac{1}{6}b-\left(a-\frac{5}{6}b\right)$

h) $\left(\frac{4}{5}a+\frac{1}{3}b\right)\cdot\left(-\frac{3}{2}a+\frac{1}{7}b\right)-\left(-\frac{11}{42}ab-0{,}8a^2+\frac{3}{7}b^2\right)$

7 Vereinfachen Sie so weit wie möglich.

a) $\frac{12a+4ab}{2ab-4a}$

b) $\frac{ab+ac}{a}$

c) $\frac{ab+ac}{ab-ac}$

d) $\frac{ab-ac}{b-c}$

e) $\frac{3a^2b-4a^2c}{2a^2c-2a^2b}$

f) $\frac{8ab^2-24a^2bc}{12a^2bc^3-48abc}$

g) $\frac{a^2+ab}{a^2-ab}$

h) $\frac{4a^2b^2c^2-12abc+6a^2b^2c}{18abc-24ab^2c+6abc^2}$

Binomische Formeln

8 Berechnen Sie folgende Terme mithilfe der binomischen Formeln.

a) $(a+b)\cdot(-a+b)$

b) $(a+2b)^2$

c) $(3-4a)^2$

d) $(a\cdot\sqrt{2}-3b)^2$

e) $\left(\frac{2}{3}+\frac{1}{5}b\right)\cdot\left(\frac{1}{5}b-\frac{2}{3}\right)$

f) $\left(\frac{4}{7}a-\frac{3^2}{4}b\right)^2$

g) $\left(-\frac{\sqrt{7}}{2^3}a-\frac{3^{-2}}{2}b\right)^2$

h) $(-\sqrt{a}+\sqrt{b})^2$

9 Verwandeln Sie folgende Terme mithilfe der binomischen Formeln in Produkte.

a) $a^2+6ab+9b^2$

b) $16-24a+9a^2$

c) $9a^2+9ab+2{,}25b^2$

d) $0{,}25a^2-25b^2$

e) $81-49a^2$

f) $0{,}25a^2-ab+b^2$

g) $3a^2+5ab+b^2-ab+a^2$

h) $9ab-5b^2+a^2+25{,}25b^2$

i) $-7ab-2b^2-5ab+9a^2+6b^2$

j) $\frac{3}{4}a^2+\frac{4}{3}ab+b^2-ab-\frac{8}{9}b^2-\frac{1}{2}a^2$

k) $-\frac{1}{5}b^2-\frac{9}{10}ab+a^2+ab+\frac{9}{25}b^2-\frac{3}{4}a^2$

GRUNDLAGEN

Potenzen und Wurzeln, Potenz- und Wurzelterme

10 Berechnen Sie folgende Potenzen.

a) 3^4 b) $-3^{\frac{1}{4}}$ c) $3^{\frac{1}{4}}$ d) $(-3)^{-4}$ e) $(-3)^4$ f) $(-3^2)^3$

g) $\frac{7^2}{8}$ h) $-\frac{3}{4^2}$ i) $\left(\frac{11}{12}\right)^2$ j) $-\left(\frac{2}{3}\right)^2$ k) $-\left(\frac{11}{12}\right)^{-2}$ l) $\left(\frac{8}{27}\right)^{\frac{1}{3}}$

11 Fassen Sie die folgenden Terme so weit wie möglich zusammen und geben Sie die Ergebnisse ohne negative Exponenten an.

a) 2^2+a^2 b) a^2+b^2 c) $a+a^2$ d) a^2+a^{-2} e) $3a^2\cdot 4a^5$ f) $(a+b)^2-(a-b)^2$

g) $3a^2\cdot 4a^{-5}$ h) $-3a^2\cdot 4a^{-5}$ i) $3a^{-2}\cdot 4a^{-5}$ j) $(5a)^2$ k) $5a^{-2}$ l) $a^4\cdot 3a^n$

m) $\frac{a^2}{b^3}\cdot\frac{a^{-3}}{b^{-4}}$ n) $\frac{a^3\cdot b^{-2}}{a\cdot b}\cdot\frac{a^0\cdot b^{-2}}{b^4}$ o) $\frac{((3a)^2)^3}{3^4\cdot(a^2)^{-1}}$ p) $\frac{a^{-3}\cdot b^2}{c^{-2}}\cdot\frac{a^{-2}\cdot b}{c}$ q) $\frac{(2a)^2\cdot 3b^2}{4ab^{-3}\cdot c}:\frac{8a^2\cdot b\cdot c^{-2}}{\frac{1}{3}\cdot a^{-1}\cdot b^{-2}}$

12 Berechnen Sie die folgenden Wurzelterme für alle $a, b\in\mathbb{R}^{>0}$.

a) $\sqrt{2}\cdot\sqrt{2}$ b) $\sqrt{6}\cdot\sqrt{54}$ c) $3\sqrt{5}\cdot 2\sqrt{0{,}2}$ d) $\sqrt[3]{8}\cdot\sqrt[4]{16}$ e) $\sqrt[3]{9}\cdot\sqrt[3]{3}$ f) $5\sqrt{2{,}45}\cdot 6\sqrt{5}$

g) $\sqrt{32a+48b}$ h) $2\sqrt{9a}+3\sqrt{a}$ i) $\sqrt{49a}-2\sqrt{16a}$ j) $\sqrt{9a^2b}\cdot\sqrt{4a^2b}$ k) $\sqrt{\sqrt{81a}}$

Gleichungen und Ungleichungen

13 Lösen Sie die folgenden Gleichungen in $\mathbb{R}$ und machen Sie die Probe. Bestimmen Sie ggf. die jeweiligen Definitionsbereiche.

a) $3x+4=16$ b) $1{,}5x-7=0{,}5$ c) $2{,}5x+2=4x+5$

d) $4-(3{,}5x+2)=x-7$ e) $(2x+4)\cdot(x-3)=(x-1)\cdot(2x-12)$ f) $(-x-2)\cdot(3x-5)=(-3x+1)\cdot(x+3)$

g) $\frac{4}{x-3}=\frac{12}{x+1}$ h) $\frac{x+2}{2x-5}=\frac{2x+4}{4x-10}$ i) $\frac{3x+4}{x}-\frac{2x}{x+1}=1$ j) $\frac{x-a}{b}=\frac{x-b}{a}$

k) $\frac{-2x+3}{-x+0{,}5}=\frac{-6x+3}{-3x-0{,}5}$ l) $\frac{x-1}{x-a}+\frac{x+1}{x-b}=2$ m) $\frac{6x-7}{x^2-20x+91}=\frac{5}{x-13}-\frac{7}{x-7}$ n) $\frac{x+1}{x-1}=\frac{a}{b}$

o) $\sqrt{3x-2}=5$ p) $2\sqrt{x-3}=4$ q) $2{,}5\sqrt{x+1}=3{,}5\sqrt{x-2}$ r) $5\sqrt{x+2}-5=35$

s) $\left(\frac{2}{3}x+\frac{1}{6}\right)\cdot\left(\frac{1}{5}x-\frac{3}{10}\right)=0$ t) $2+\frac{5}{2+x}-x=0$ u) $\frac{1}{x-5}+\frac{5}{5-x}+x=2$

v) $2-\frac{5}{x-2}+7x=5x+3$ w) $4-\frac{3}{2-2x}-2x=0$ x) $\frac{3}{x-2}-\frac{5}{2-x}+x=3x+5$

14 Lösen Sie die folgenden Ungleichungen und machen Sie die Probe.

a) $2x-14>22$ b) $1{,}5x-9<7{,}5$ c) $-6x-3<4x+7$

d) $12-(3x+2)<x-6$ e) $(2x-1)\cdot(2x+5)>(-x-1)\cdot(-4x+6)$

f) $(-2x-2)\cdot(3x-5)>-6x\cdot(x+3)$

15 Lösen Sie die folgenden Betragsgleichungen und machen Sie die Probe.
Anleitung: Schreiben Sie ggf. dazu die Gleichungen betragszeichenfrei.

a) $|x|=2$ b) $|3x-9|=5$ c) $|x-1|=2$ d) $1-|x+2|=2x+5$

16 Lösen Sie die folgenden Betragsungleichungen und machen Sie die Probe.
Anleitung: Schreiben Sie ggf. dazu die Ungleichungen betragszeichenfrei.

a) $|x|<3$ b) $|2x-2|>-3$ c) $|x+2|<3$ d) $10+|x-5|<-2x-2$

GRUNDLAGEN

Lineare Gleichungssysteme

17 Bestimmen Sie die Lösungsmengen der linearen Gleichungssysteme.

a) $\begin{aligned} 3x+2y &= 1 \\ 4x+5y &= -1 \end{aligned}$

b) $\begin{aligned} 5x-2y &= 0 \\ 7x-3y &= 1 \end{aligned}$

c) $\begin{aligned} -9x+11y &= 6 \\ 13y-7x &= 10 \end{aligned}$

d) $\begin{aligned} \frac{x}{2}+\frac{y}{3} &= 6 \\ \frac{x}{4}+\frac{y}{2} &= 5 \end{aligned}$

e) $\begin{aligned} \frac{x+1}{6}+\frac{2y+3}{9} &= 1 \\ \frac{2x+3}{4}+\frac{2y+1}{4} &= 2 \end{aligned}$

f) $\begin{aligned} \frac{2x-3y}{4}+\frac{4x+3y}{3} &= 5 \\ \frac{6x-y}{10}-\frac{7x-2y}{5} &= -3 \end{aligned}$

g) $\begin{aligned} 2x+4y+3z &= 1 \\ 4x+6y+7z &= -5 \\ -6x-10y-6z &= -8 \end{aligned}$

h) $\begin{aligned} 3x+5y+4z &= 2 \\ -x+10y+6z &= -8 \\ 6x-5y+2z &= 10 \end{aligned}$

i) $\begin{aligned} 3x+2y-z &= 1 \\ 2x-4z &= 0 \\ x+2y+2z &= 2 \end{aligned}$

j) $\begin{aligned} 4x+6y+8z &= 28 \\ 2x+2y+2z &= 10 \\ 3x-2y-3z &= 7 \end{aligned}$

k) $\begin{aligned} 2x-5y-3z &= -3 \\ -3x-2y+4z &= -3 \\ -7x+4y+7z &= 11 \end{aligned}$

l) $\begin{aligned} x+y-z &= 2 \\ x-y+z &= 1 \\ -x+y-z &= 0 \end{aligned}$

m) $\begin{aligned} 3a+b-c+2d &= 6 \\ -2a-b-3c+5d &= 7 \\ a+b+c+2d &= 14 \\ -a+3b+4c+d &= 21 \end{aligned}$

n) $\begin{aligned} 4a+b-4c-2d &= -2 \\ 4a-4c-d &= -12 \\ a+b-9c-3d &= -3 \\ a &= -2 \end{aligned}$

o) $\begin{aligned} 2a-4b+3c-d &= 1 \\ 0{,}5a+2b-0{,}5c+2d &= -1 \\ 6a+2b-c-3d &= -11 \\ 3a-b+2c-4d &= 9 \end{aligned}$

p) $\begin{aligned} a+b-3c+2d &= 0 \\ 3a-4c+d &= -2 \\ -2a+4b+2c-3d &= -11 \\ 4a+b-c-d &= -2 \end{aligned}$

q) $\begin{aligned} a+6b-2c+3d &= 8 \\ -2a-2b-10c-4d &= -10 \\ -4a+b-3c+d &= -1 \\ -3a+2b+2c+2d &= 2 \end{aligned}$

r) $\begin{aligned} 5a-2b+4c+3d &= -1 \\ 12a-9b+12c+9d &= 0 \\ -2a-b+2c &= 4 \\ -8a+4b-8c-6d &= -2 \end{aligned}$

Quadratische Gleichungen

18 Lösen Sie die folgenden quadratischen Gleichungen mithilfe des Verfahrens der quadratischen Ergänzung und überprüfen Sie Ihr Ergebnis durch Berechnung mittels der p-q-Formel.

a) $x^2+6x+9=0$ b) $x^2-4x-5=0$ c) $x^2+2x-3=0$

d) $x^2+8=6x$ e) $x^2-10=-3x$ f) $x^2+2{,}5x-6=0$

g) $x^2-1{,}6x-0{,}8=0$ h) $x^2+x-0{,}75=0$ i) $x^2-0{,}5x-3=0$

19 Lösen Sie die folgenden quadratischen Gleichungen, indem Sie den Term auf der linken Seite der Gleichung zunächst in Linearfaktoren zerlegen, und machen Sie die Probe.

a) $x^2+x=0$ b) $5x^2-10x=0$ c) $0{,}2x^2-3x=0$ d) $2{,}4x^2+12x=0$

20 Lösen Sie die folgenden quadratischen Gleichungen mithilfe des Verfahrens der quadratischen Ergänzung und überprüfen Sie Ihr Ergebnis durch Berechnung mittels der a-b-c-Formel.

a) $2x^2+6x-20=0$ b) $0{,}5x^2-2x-2{,}5=0$ c) $0{,}5x^2+3{,}5x+5=0$

d) $3x^2+x-2=0$ e) $x^2-1=-2x^2+5x+1$ f) $x^2+2x+21=4x^2-x+3$

g) $2x^2-2=4x^2+5x-9$ h) $2x\cdot(-0{,}5x+1)=-x+5$ i) $0{,}5x^2-4=8x\cdot(-0{,}25x+1)$

j) $\frac{1}{3}x^2+x-\frac{10}{3}=0$ k) $\frac{5}{6}x^2+\frac{25}{6}x-5=0$ l) $\frac{2}{3}x^2+x+\frac{1}{3}=0$

21 Lösen Sie die folgenden Gleichungen.

a) $(x+2)\cdot(x-3)=0$ b) $(2x+4)\cdot(4x-2)=0$ c) $(-x-0{,}5)\cdot(-2x+3)=0$

1 Von Daten zu Funktionen

Wie Daten gewonnen und analysiert werden ist Thema der mathematischen Statistik. Im Mittelpunkt der beschreibenden Statistik steht die tabellarische und graphische Aufbereitung der Daten sowie die Bestimmung von Kennzahlen. Die beurteilende Statistik beschäftigt sich vor allem mit der Auswertung der aufbereiteten Daten. Häufig untersucht man dabei, ob Zusammenhänge zwischen verschiedenen Daten bestehen, wie z.B. zwischen dem Preis und dem Absatz einer Ware. Mithilfe von Funktionen versucht man solche Zusammenhänge mathematisch zu beschreiben.

1

1.1 Aufbereitung und Darstellung statistischer Daten

Millionen einzelner Daten werden täglich gesammelt, zusammengefasst, beschrieben und analysiert. Auf ihrer Grundlage erhofft man sich Erkenntnisse über Eigenschaften und Tendenzen derjenigen Bereiche, aus denen die Daten stammen. Diese Erkenntnisse können dann wiederum als Grundlage für zukünftige Entscheidungen dienen.

In diesem Abschnitt werden zunächst die wichtigsten Grundbegriffe eingeführt und Möglichkeiten beschrieben, diese übersichtlich anzuordnen.

Beispiel 1.1 a (Merkmale und Merkmalsausprägung)

Bei Aufnahmegesprächen wurden die Schülerinnen und Schüler, die sich um einen Platz an einer weiterführenden Schule beworben hatten, gebeten, ihre letzte Zeugnisnote im Fach Mathematik zu nennen und anzugeben, ob sie großes (g), wenig (w) oder kein (k) Interesse an einem Mathematik-Leistungskurs hätten. Die Erhebung wurde in nebenstehender **Urliste** zusammengefasst.
Die 25 Schülerinnen und Schüler bilden zusammen die **Grundgesamtheit der statistischen Erhebung**. Jede einzelne Schülerin und jeder einzelne Schüler ist als Element dieser Grundgesamtheit im Hinblick auf die **Merkmale** „Geschlecht", „Mathematiknote" und „Interesse am Mathematik-LK" ein **Merkmalsträger**.
Die Merkmale selbst kommen in verschiedenen **Merkmalsausprägungen** vor: Merkmalsausprägungen des Merkmals „Geschlecht" sind „männlich" und „weiblich", des Merkmals „Mathematiknote" die Noten „1", „2", „3", „4" und „5". Für das Merkmal „Interesse am Mathematik-Leistungskurs" sind die Merkmalsausprägungen die Angaben „wenig", „groß" und „kein".

Nr.	Namen	Geschlecht	MA-Note	Interesse am MA-LK
1	Alberts	m	2	g
2	Baal	m	3	w
3	Ballert	w	3	w
4	Bluhm	w	4	k
5	Boukoudi	w	4	k
6	Brestel	m	2	k
7	Castorp	w	2	w
8	Choubrok	w	3	k
9	Crest	m	5	k
10	Demiran	w	4	k
11	Droste	w	4	k
12	Estoban	m	3	w
13	Ewers	m	3	w
14	Franke	m	2	g
15	Hellmich	w	3	g
16	Janosz	m	3	w
17	Kleinert	m	3	w
18	Kranich	w	3	w
19	Lipschitz	w	5	k
20	Nowak	w	4	k
21	Richter	w	4	k
22	Riemers	m	2	w
23	Schneider	w	1	g
24	Stock	w	1	g
25	Wolters	w	4	k

Man unterscheidet zwischen **quantitativen** und **qualitativen** Merkmalen. Bei quantitativen Merkmalen lassen sich die Merkmalsausprägungen durch Zahlen oder Größenwerte ausdrücken und dadurch in einer **metrischen Skala** sortieren. Qualitative Merkmale werden noch einmal unterschieden in solche, bei denen die Merkmalsausprägungen in eine natürliche Reihenfolge (**ordinale Skala**) gebracht werden können, und in jene, bei denen die Merkmalsausprägungen nicht abgestuft werden können (**nominale Skala**).

Merkmal	Merkmalsausprägung	Art des Merkmals	Art der Skala
Note	1, 2, 3, 4, 5	quantitativ	metrisch
Interesse	groß, wenig, kein	qualitativ	ordinal
Geschlecht	männlich, weiblich	qualitativ	nominal

▸ Qualitative Merkmale werden in der EDV meistens codiert z. B. männlich $\mapsto 0$, weiblich $\mapsto 1$

Grundbegriffe statistischer Erhebungen

- Die Personen oder Objekte einer statistischen Erhebung bilden die **Grundgesamtheit**.
- Die Elemente der Grundgesamtheit sind **Merkmalsträger** von **quantitativen** und/oder **qualitativen Merkmalen**.
- Bei quantitativen Merkmalen werden die **Merkmalsausprägungen** durch Zahlen oder Größen beschrieben und in einer **metrischen Skala** erfasst.
- Bei qualitativen Merkmalen werden die Merkmalsausprägungen durch Namen oder Eigenschaften beschrieben. Können die Merkmalsausprägungen in eine Rangordnung gebracht werden, dann erfasst man sie in einer **Ordinalskala**, ansonsten in einer **Nominalskala**.

Alles klar?

Ein Meinungsforschungsinstitut interviewte in der Bochumer Fußgängerzone 1 000 Personen zur Nutzung des Internets. U.a. sollten die Passanten sich zu folgenden Fragen äußern: „Wie lange nutzen Sie das Internet wöchentlich – weniger als 1 Stunde, zwischen 1 und 3 Stunden, zwischen 3 und 6 Stunden, mehr als 6 Stunden?“ „Nutzen Sie das Internet überwiegend privat oder überwiegend beruflich?“ „Verfügen Sie für Ihren Internetzugang über eine Flatrate – ja oder nein?“

a) Welche Merkmalsträger bilden die Grundgesamtheit der Erhebung?
b) Nennen Sie die Merkmale mit ihren Merkmalsausprägungen.
c) Welche Merkmale sind quantitativ, welche qualitativ?
d) Welche Merkmalsausprägungen lassen sich in einer metrischen, einer ordinalen bzw. einer nominalen Skala erfassen?

1.1.1 Absolute und relative Häufigkeiten

Auf die Erhebung von Daten folgt deren Aufbereitung, die damit beginnt, dass die absolute Häufigkeit $H(x_i)$ der betreffenden Merkmalsausprägungen x_i ermittelt wird. Als nächstes wird die absolute Häufigkeit zur Anzahl der Merkmalsträger ins Verhältnis gesetzt und so die relative Häufigkeit $h(x_i)$ der Merkmalsausprägung x_i bestimmt.

Beispiel 1.1 b

Die für die künftige Klasse vorgesehene Mathematiklehrerin interessiert sich dafür, wie oft die einzelnen Mathematiknoten bei den Schülerinnen und Schülern vorkommen, in absoluten Zahlen und relativ zur Gesamtanzahl 25 der Schülerinnen und Schüler.

Zwei der 25 Schüler haben die Note 1. Die absolute Häufigkeit der Note 1 ist also 2 und die relative Häufigkeit 8 %.

$H(1) = 2$

$h(1) = \frac{H(1)}{25} = \frac{2}{25} = 0{,}08 = 8\,\%$

1

Die Tabelle zeigt die absoluten und relativen Häufigkeiten für die verschiedenen Merkmalsausprägungen.

Merkmalsausprägung x_i	Absolute Häufigkeit $H(x_i)$	Relative Häufigkeit $h(x_i)$
1	2	0,08 (8 %)
2	5	0,20 (20 %)
3	9	0,36 (36 %)
4	7	0,28 (28 %)
5	2	0,08 (8 %)

Die **Summe der absoluten Häufigkeiten** ist gleich der Anzahl aller Merkmalsträger ▶ $n = 25$.

$H(x_1) + H(x_2) + H(x_3) + H(x_4) + H(x_5) = 25 = n$

Die **Summe der relativen Häufigkeiten** ist 1 bzw. 100 %.

$h(x_1) + h(x_2) + h(x_3) + h(x_4) + h(x_5) = 1 = 100\%$

Absolute und relative Häufigkeit

- Die Häufigkeit, mit der eine Merkmalsausprägung x_i unter n Merkmalsträgern auftritt, ist die absolute Häufigkeit $H(x_i)$ mit $i = 1, 2, \ldots, m$
- Setzt man die absolute Häufigkeit $H(x_i)$ ins Verhältnis zu der Anzahl n aller Merkmalsträger, dann erhält man die relative Häufigkeit $h(x_i)$ dieser Merkmalsausprägung.

Alles klar?

1 Das Werfen einer Münze, deren Vorderseite „Zahl" (Z) und deren Rückseite „Wappen" (W) zeigt, ergibt folgende Ergebnisse: Z, Z, W, Z, W, Z, Z, W, W, W, Z, Z, W, Z, Z, W, W, W, Z, Z. Ermitteln Sie die absoluten und die relativen Häufigkeiten für die Merkmalsausprägungen „Zahl" und „Wappen".

2 Aus einem Stapel Skatkarten, der Kreuz (Kr), Pik (P), Herz (H) und Karo (Ka) enthält, werden willkürlich Karten gezogen: Ka, Ka, Ka, H, P, H, P, Kr, P, Kr, H, Ka, H, P, P, Kr, Ka, Kr, Kr, H, P, Ka, P, H, Kr. Ermitteln Sie die absoluten und die relativen Häufigkeiten jeweils für die Merkmalsausprägungen **a)** Kr, P, H, Ka; **b)** „schwarze Karte", „rote Karte".

1.1.2 Graphische Darstellung

Mit Graphiken lassen sich Häufigkeiten in vielfacher Weise darstellen. Jede Darstellungsart hat ihre eigenen Vorteile.

- **Stab-** bzw. **Säulendiagramme** zeigen die absoluten sowie die relative Häufigkeit der einzelnen Merkmale einer Stichprobe.
- Mit Kreis- bzw. Kuchendiagrammen lassen sich deutlich die **Anteile** darstellen, die jedes einzelne Merkmal einer Stichprobe am Gesamtumfang hat.
- **Histogramme** veranschaulichen die Bereiche der Skala, in denen die Daten am „dichtesten" liegen.

Bei Stabdiagrammen werden die absoluten oder relativen Häufigkeiten durch Stäbe bzw. Strecken entsprechender Länge veranschaulicht. Ergänzt man solche Stäbe zu Rechtecken, dann erhält man Säulendiagramme.

Beispiel 1.2 (Stab- und Säulendiagramme)

In einem Betrieb wird die Häufigkeit der Störungen im Produktionsablauf festgehalten. Für die ersten vier Wochen im September des Jahres 2008 berichtete der Betriebsleiter dem Vorstand:

Datum	1.	2.	3.	4.	5.	8.	9.	10.	11.	12.	15.	16.	17.	18.	19.	22.	23.	24.	25.	26.
Wochentag	Mo	Di	Mi	Do	Fr	Mo	Di	Mi	Do	Fr	Mo	Di	Mi	Do	Fr	Mo	Di	Mi	Do	Fr
Anzahl	2	0	0	1	1	3	1	1	0	1	2	1	1	0	1	2	1	0	1	1

Stellen Sie die absolute Häufigkeit $H(x_i)$ der Störungen in Abhängigkeit der Wochentage in einem Stab- und die relative Häufigkeit $h(x_i)$ in einem Säulendiagramm dar.

Die Häufigkeit der Produktionsstörungen an den einzelnen Wochentagen kann der nebenstehenden Tabelle entnommen werden.

x_i	Mo	Di	Mi	Do	Fr	Summe
$H(x_i)$	9	3	2	2	4	20
$h(x_i)$	0,45	0,15	0,1	0,1	0,2	1

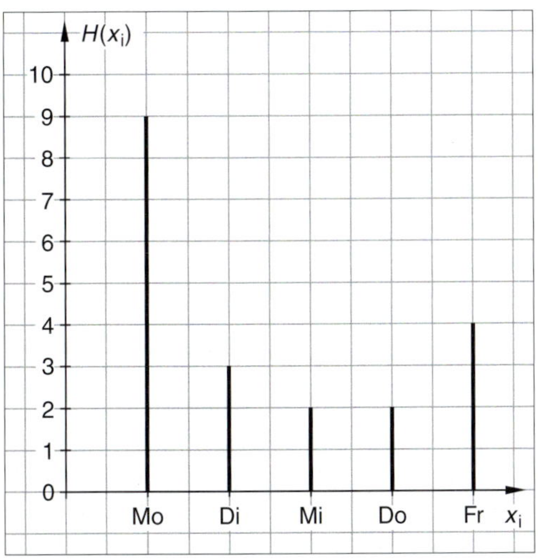

Stabdiagramm

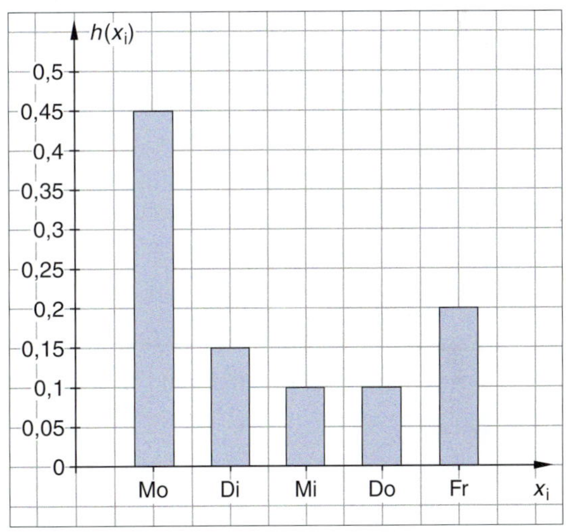

Säulendiagramm

Kreisdiagramme werden häufig verwendet, um z.B. Umsatzanteile von Unternehmen zu veranschaulichen. Dabei wird jeder Merkmalsausprägung ein Segment des Kreises zugeordnet, dessen Winkel der Häufigkeit entspricht. Kuchendiagramme sind dreidimensional dargestellte Kreisdiagramme.

Beispiel 1.3 (Kreis- und Kuchendiagramme)

Das Unternehmen Tech AG ist in Produktionssparten gegliedert, die selbstverantwortlich wirtschaften. Die Tabelle zeigt den Umsatz jeder Sparte im Jahr 2008 (in Mio. €) an.

Sparte	Verkehrstechnik (V)	Medizintechnik (M)	Haushaltstechnik (H)	Kommunikationstechnik (K)	Anlagentechnik (K)
Umsatz	24832	33861	8335	10589	35749

Stellen Sie die Umsätze relativ zum Gesamtumsatz in einem Kreis- und in einem Kuchendiagramm dar.

1

Der Gesamtumsatz der Tech AG beträgt 113.366 Mio. €. Zunächst wird für die einzelnen Sparten jeweils der Anteil an diesem gesamten Umsatz berechnet. Den Anteilen entsprechen im Kreis- bzw. Kuchendiagramm bestimmte Winkelgrößen. Z.B. sind 22 % von 360° rund 79°.

Sparte	Anteil	Winkelgröße
V	22 %	79°
M	30 %	108°
H	7 %	25°
K	9 %	32°
A	32 %	115°

► Da die Werte gerundet sind, beträgt die Summe der Winkelgrößen statt 360° (Vollkreis!) hier nur 359°.

Kreisdiagramm

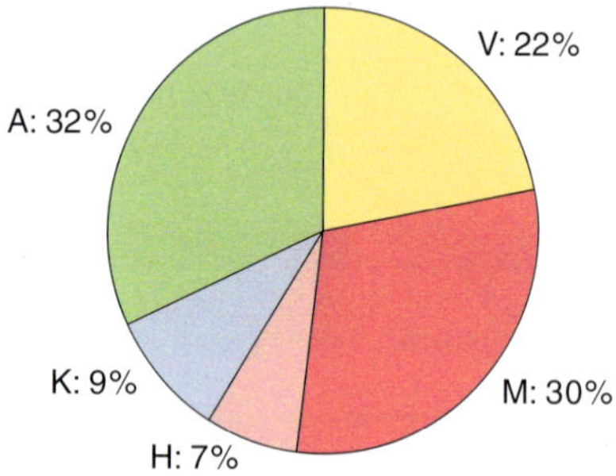

Kuchendiagramm

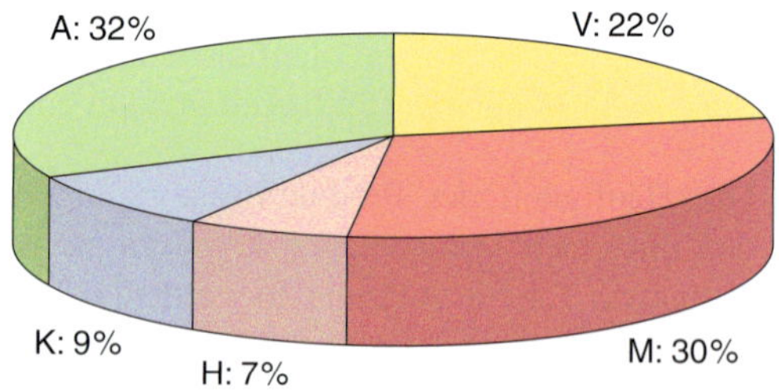

Bei quantitativen Merkmalen bietet es sich oft an, verschiedene Merkmalsausprägungen zu Klassen zusammenzufassen und deren Häufigkeiten in einem Histogramm mithilfe von Rechtecken darzustellen, deren Flächeninhalte die Häufigkeiten wiedergeben.

Beispiel 1.4 a (Histogramm)

In einer Rechtsanwaltskanzlei sind 15 Rechtsanwälte verschiedenen Alters beschäftigt:

Anwalt	A	B	C	D	E	F	G	H	I	J	K	L	M	N	O
Alter	28	55	29	47	53	38	40	42	67	63	61	35	70	43	55

Bilden Sie für das Merkmal „Alter" sinnvolle Altersklassen, geben Sie die zugehörigen absoluten Häufigkeiten an und stellen Sie diese in einem Histogramm dar.

Eine sinnvolle Klasseneinteilung ist z.B. die in Abständen von 10 Jahren:

Alter	26 bis 35	36 bis 45	46 bis 55	56 bis 65	66 bis 75
Häufigkeit	3	4	4	2	2

Wählt man wie hier immer dieselben Klassenbreiten, dann haben alle Rechtecke des Histogramms eine gleichlange Grundseite.

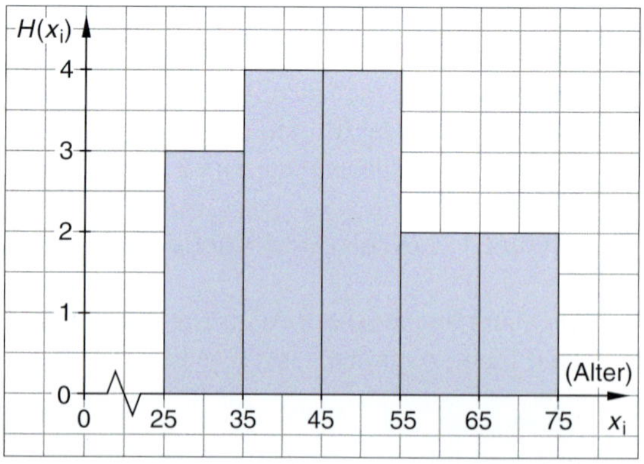

Bei unterschiedlichen Klassenbreiten ist darauf zu achten, dass die Flächeninhalte den Häufigkeiten entsprechen. Dann gilt: Rechteckhöhe $= \frac{\text{Klassenhäufigkeit}}{\text{Klassenbreite}}$

Verbindet man die Mitten der oberen Seiten mit Geraden, dann erhält man auf der Basis dieses Histogramms wie nebenstehend ein so genanntes **Häufigkeitspolygon**.

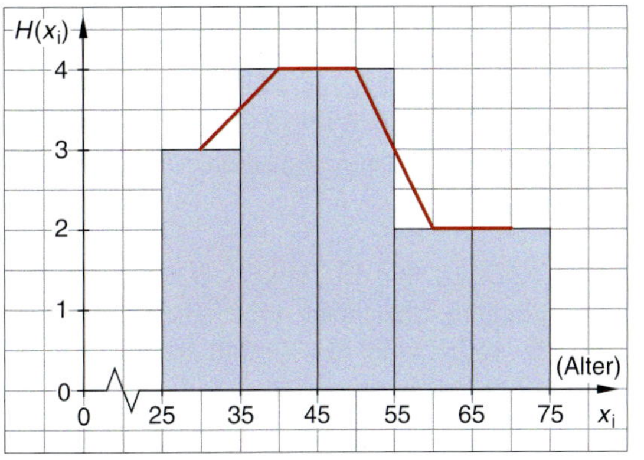

Beispiel 1.4 b

Fragt man danach, wie viele Anwälte bis zu 35 Jahre, bis zu 45 Jahre usw. alt sind, dann bildet man der Reihe nach die Teilsummen der absoluten Häufigkeiten $H(x_1)$;
$H(x_1)+H(x_2)$; $H(x_1)+H(x_2)+H(x_3)$ bzw. die Teilsummen der relativen Häufigkeiten $h(x_1)$; $h(x_1)+h(x_2)$; $h(x_1)+h(x_2)+h(x_3)$

$$h(x_1)=\frac{3}{15}=20\,\%$$

$$h(x_1)+h(x_2)=\frac{3}{15}+\frac{4}{15}=\frac{7}{15}$$

$$h(x_1)+h(x_2)+h(x_3)=\frac{7}{15}+\frac{4}{15}=\frac{11}{15}$$

$$h(x_1)+\cdots+h(x_4)=\frac{11}{15}+\frac{2}{15}=\frac{13}{15}$$

$$h(x_1)+\cdots+h(x_5)=\frac{13}{15}+\frac{2}{15}=\frac{15}{15}=100\,\%$$

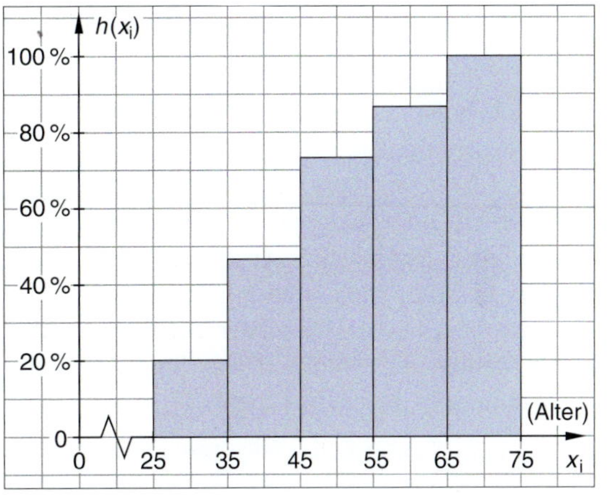

Bei unterschiedlichen Klassenbreiten ist darauf zu achten, dass die Flächen**inhalte** den Häufigkeiten entsprechen.

Beispiel 1.4 c

Erstellen Sie bezüglich des Merkmals „Alter" der Rechtsanwälte ein Histogramm mit den Klassen: „über 25 bis 40 Jahre", „über 40 bis 60 Jahre" und „über 60 bis 70 Jahre".

Die veränderte Klasseneinteilung führt zu einer neuen Tabelle für die Häufigkeiten.

Alter	26–40	41–60	60–70
Häufigkeit	5	6	4
Rechteckfläche	75	90	60
Rechteckbreite	15	20	10
Rechteckhöhe	5	4,5	6

Legt man in der Klassen der über 25- bis 40-jährigen für die Höhe des Rechtecks 5 LE und für die Breite 1 LE zugrunde, dann ergibt sich eine Fläche von $5\,\text{LE} \cdot 15\,\text{LE} = 75\,\text{FE}$. Der Häufigkeit 1 entspricht also eine Flächenmaßzahl von 15 FE.

Multipliziert mit der Häufigkeit 6 der 40- bis 60-jährigen erhält man somit eine Fläche von $6\,\text{LE} \cdot 15\,\text{LE} = 90\,\text{FE}$. Verteilt auf eine Breite von 20 LE (20 Jahre) bedeutet das eine Höhe von

$$\frac{90\,\text{FE}}{20\,\text{LE}} = 4{,}5\,\text{LE}$$

Entsprechend muss die Höhe des dritten Rechtecks

$$\frac{4\,\text{LE} \cdot 15\,\text{LE}}{10\,\text{LE}} = 6\,\text{LE}$$ betragen.

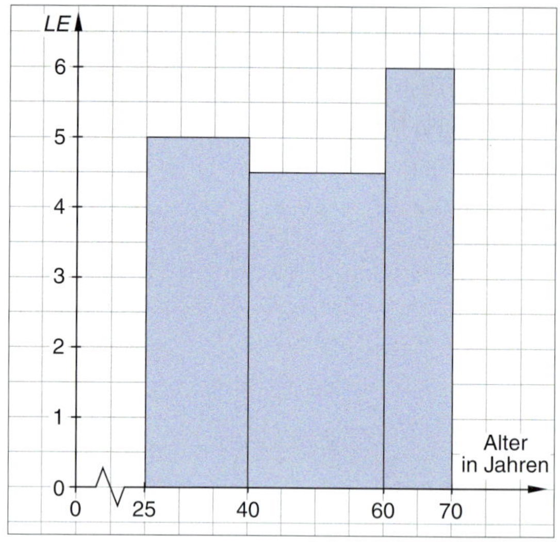

Beispiel 1.5

Die letzte Mathematik-Klausur ergab bei 25 Schülerinnen und Schülern folgendes Ergebnis:

Personen	A	B	C	D	E	F	G	H	I	J	K	L	M	N	O	P	Q	R	S	T	U	V	W	X	Y
Mathe-Note	2	3	3	5	5	3	2	4	6	4	5	4	2	2	4	3	3	3	6	4	5	1	1	2	5

Stellen Sie die Notenverteilung mithilfe von TI-Nspire in einem Histogramm dar.

Nach dem Öffnen von TI-Nspire fügt man durch Klicken die Applikation LISTS &-SPREADSHEET hinzu und erhält ein leeres Tabellenblatt, in dessen erster Spalte man die 25 Mathenoten einträgt. Diese Spalte versieht man mit der überschrift „note“.

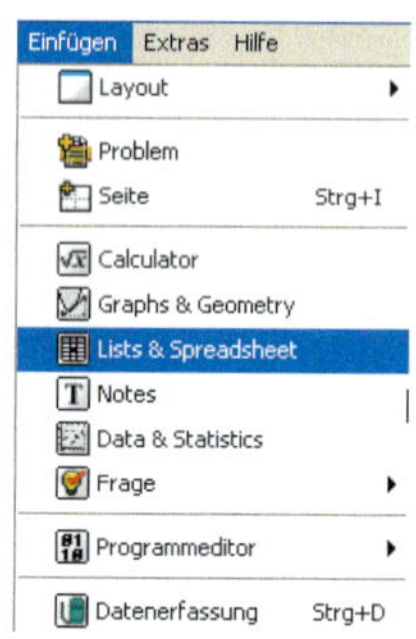

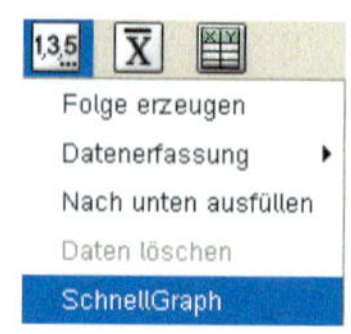

Über das Menü Daten öffnet man den Menüpunkt SCHNELLGRAPH.

Dort erhält man zunächst ein Punktediagramm. Über das Menü PLOT-TYP kann man u.a. HISTOGRAMM als Darstellungsform wählen.

Das Histogramm zeigt die absolute Häufigkeitsverteilung der Mathenoten.

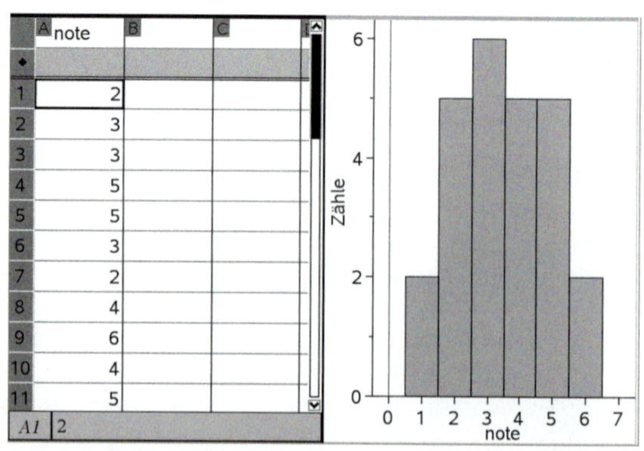

Alles klar?

Die folgende Tabelle gibt an, welche Zeit die Teilnehmer eines Volkslaufs für die Strecke benötigen.

Zeit in Stunden	2 bis 2,5	2,5 bis 3	3 bis 3,5	3,5 bis 4	4 bis 4,5
Teilnehmerzahl	240	600	510	90	60

a) Stellen Sie die Häufigkeitsverteilung mithilfe von Excel in einem Kreis- und in einem Kuchendiagramm dar.
b) Stellen Sie die relativen Häufigkeiten in einem Histogramm dar. Bilden Sie das Häufigkeitspolygon.
c) Veranschaulichen Sie die Teilsummen der relativen Häufigkeiten in einer Summendarstellung.

Übungen zu 1.1

1 20 Würfe mit einem Würfel brachten folgende Augenzahlen:
6, 2, 4, 1, 2, 4, 3, 3, 2, 1, 6, 5, 6, 3, 4, 1, 6, 2, 5, 3.

a) Ermitteln Sie die absolute und die relative Häufigkeit der einzelnen Augenzahlen.
b) Stellen Sie die Häufigkeitsverteilung in einem Stabdiagramm dar.
c) Erstellen Sie aus einem Säulendiagramm ein Diagramm, das die Teilsummen der Häufigkeiten wiedergibt.

2 Der Pinzgauer Zuchtverband veröffentlichte für ein Jahr die unten stehende statistische Aufstellung über den Milchertrag der steierischen Milchkühe.
Erstellen Sie für die Häufigkeitsverteilung ein Histogramm.

Milchertrag in l von … bis unter	Anzahl Kühe
0–1.000	11
1.000–2.000	556
2.000–3.000	1.169
3.000–4.000	326
4.000–5.000	32
5.000–6.000	4

3 Auf einem Versuchsgelände wurden die Höhen von neunjährigen Kiefern gemessen:

Höhe in cm von … bis unter	Anzahl
55–75	2
75–95	0
95–115	4
115–135	8
135–155	17
155–175	27
175–195	30
195–215	20
215–235	10
235–255	5
255–275	2

Erstellen Sie für die Häufigkeitsverteilung ein Histogramm und ein Diagramm der Teilsummen.

4 Bei Versuchen zur prophylaktischen Bekämpfung der Nonne (Raupenart) wurden an 30 Probestämmen die folgenden Anzahlen von Eiern gezählt:
125, 212, 284, 176, 100, 132, 52, 319, 410, 181, 273, 186, 43, 11, 109, 20, 76, 30, 73, 47, 121, 518, 129, 22, 314, 144, 381, 225, 257, 138.
Überlegen Sie sich eine geeignete Klasseneinteilung, stellen Sie die dazu gehörende Häufigkeitsverteilung in einem Histogramm dar und bilden Sie dazu das Häufigkeitspolygon.

5 In der Tabelle ist das Wahlergebnis der Bundestagswahl vom 18. September 2004 wiedergegeben. Ermitteln Sie die relative Häufigkeit in Prozent der abgegebenen Stimmen und stellen Sie das Ergebnis in einem Säulendiagramm dar. Geben Sie die Verteilung der Sitze in einem Kuchendiagramm wieder.

Partei	SPD	CDU	CSU	Grüne	FDP	Die Linke	Ungültige und Sonstige
Stimmen	16.194.665	13.136.740	3.494.309	3.838.326	4.648.144	4.118.194	2.613.756
Sitze	222[1)]	180[1)]	46	51	61	54	–

1

1.2 Maßzahlen zur Beschreibung statistischer Daten

Die Daten einer statistischen Erhebung enthalten eine Vielzahl an Informationen. Je nachdem, für welche Eigenschaften der Grundgesamtheit man sich interessiert, sind einige Informationen wichtig, andere nebensächlich. Um die entscheidenden Informationen aus den Daten herauszufiltern, benutzt man Kennzahlen. Diese lassen sich unterscheiden in Lagemaße, die die Daten „im Mittel" beschreiben und Streuungsmaße, die darüber Auskunft geben, welchen Schwankungen die Daten unterliegen und in welchem Bereich der größte Teil der Daten liegt.

1.2.1 Lagemaße

Beispiel 1.6 a

Die Asiaimport GmbH verkauft in einer Filiale in Essen und in einer zweiten Filiale in Köln Textilien. Beide Filialen beschäftigen hauptsächlich Aushilfskräfte, die je nach Bedarf eingesetzt werden. Die Geschäftsführerin Frau Müller hat vor, für eine der beiden Filialen eine feste Arbeitsstelle einzurichten. In welcher davon, möchte sie vom Umsatz abhängig machen. Sie vergleicht deshalb die monatlichen Umsatzzahlen des letzten Jahres.

Monat	Jan.	Feb.	März	April	Mai	Juni	Juli	Aug.	Sept.	Okt.	Nov.	Dez.
Essen	190	200	210	230	230	210	210	200	230	230	260	300
Köln	170	190	210	230	210	210	200	180	200	200	200	500

(alle Angaben auf 10.000 € gerundet)

Die Umsätze sind in dem unteren Balkendiagramm noch einmal veranschaulicht.

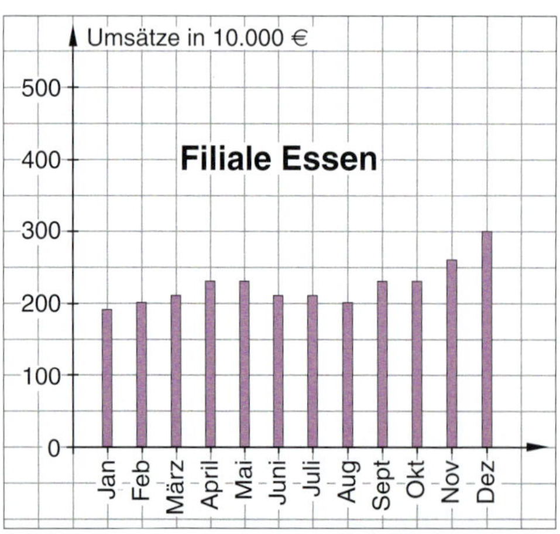

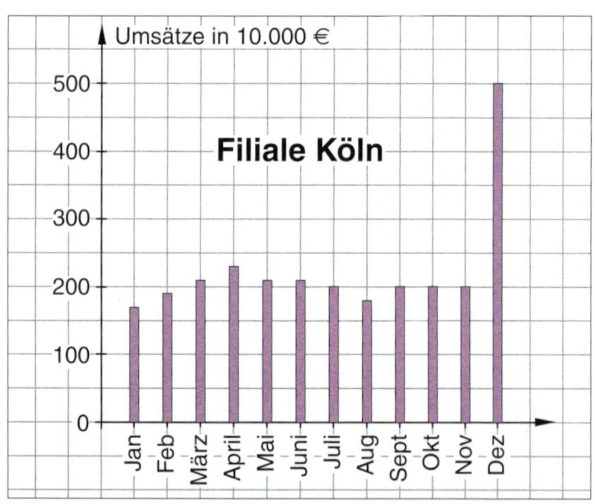

Um die Geschäftstätigkeit der beiden Filialen besser vergleichen zu können, gibt sie ihrem Mitarbeiter Herrn Ott den Auftrag, für jede der beiden Filialen das Zahlenmaterial zu analysieren.

Um den durchschnittlichen Monatsumsatz zu ermitteln, berechnet Herr Ott das arithmetische Mittel x_{aM}. Das ist der Durchschnittswert über die 12 Monate. Er addiert also alle Umsätze jeder Filiale und dividiert die Jahresumsätze jeweils durch die Anzahl 12 der Monate in einem Jahr.

Beide Filialen haben im Durchschnitt 225.000 € Umsatz pro Monat erzielt.

Jahresumsatz der Filiale Essen:

$U_E = 190.000\,€ + 200.000\,€ + \ldots + 300.000\,€$
$= \mathbf{2.700.000\,€}$

Jahresumsatz der Filiale Köln:

$U_K = 170.000\,€ + 190.000\,€ + \ldots + 500.000\,€$
$= \mathbf{2.700.000\,€}$

Durchschnittlicher Umsatz pro Monat:

$$x_{aM}(E) = x_{aM}(K) = \frac{2.700.000\,€}{12\text{ Monate}} = 225.000\,\frac{€}{\text{Monat}}$$

Im Hinblick auf den durchschnittlichen Monatsumsatz unterscheiden sich die beiden Filialen nicht voneinander. Und doch gibt es einen wesentlichen Unterschied: während nämlich die Essener Filiale über das Jahr einen relativ gleichmäßigen Monatsumsatz erwirtschaftet, konzentriert sich der Umsatz der Kölner Filiale auffallend auf den Monat Dezember. Das sollte bei der Fragestellung der Geschäftsführerin nach der Personalverteilung berücksichtigt werden.

Um andere – und unter dieser Fragestellung sinnvollere – Informationen aus den Daten zu gewinnen, ordnet Herr Ott die Umsätze zunächst ihrer Größe nach. In diesem Fall ergibt sich für die Umsätze folgendes Balkendiagramm, in dem die Balken aufsteigend angeordnet sind.

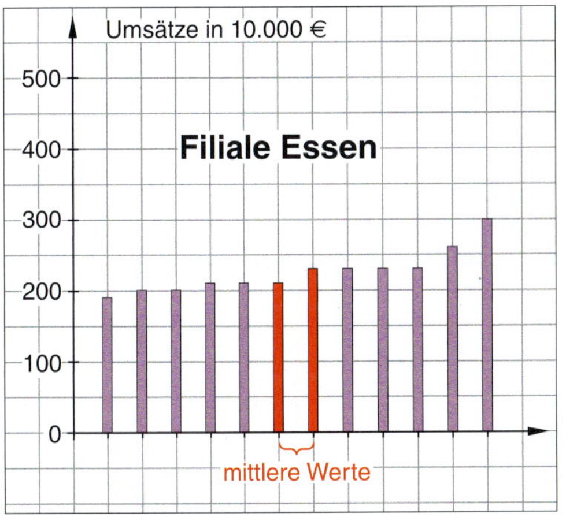

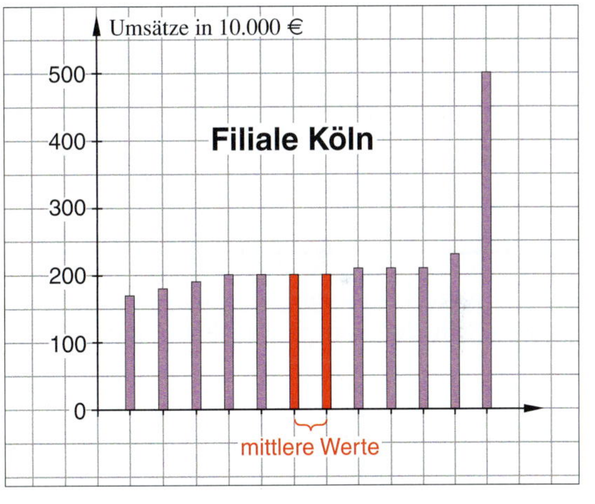

Herr Ott vergleicht nun die Umsatzzahlen, die ihrer Größe nach jeweils in der Mitte liegen und berechnet daraus den so genannten **Median**. Dies ist der Umsatz, der in der Mitte der nach ihrer Größe sortierten Monatsumsätze liegt. Da wegen der geraden Anzahl (12) von Umsätzen kein Umsatz genau in der Mitte liegt, nimmt er den Durchschnitt des 6. und 7. Umsatzes als Median.

Geordnete Umsätze in 1.000 €.:

Monat	Essen	Köln	Monat	Essen	Köln
1	190	170	7	230	200
2	200	180	8	230	210
3	200	190	9	230	210
4	210	200	10	230	210
5	210	200	11	260	230
6	210	200	12	300	500

Für Essen beträgt der Median 220.000 € und für Köln 200.000 €.

Median für Essen:

$$x_{Med}(E) = \frac{210.000\,€ + 230.000\,€}{2}$$
$$= 220.000\,€$$

Median für Köln:

$$x_{Med}(K) = \frac{200.000\,€ + 200.000\,€}{2}$$
$$= 200.000\,€$$

1

Der Median berücksichtigr den „Umsatzausreißer" der Kölner Filiale im Vergleich zum arithmetischen Mittel viel weniger und beinhaltet daher im Vergleich zu diesem zusätzliche Informationen.

Herr Ott ermittelt schließlich noch den **Modus** oder **Modalwert** der Umsätze. Das ist derjenige Umsatz, der in der jeweiligen Filiale am häufigsten vorkommt. In Essen beträgt der Modus 230.000 € und in Köln 200.000 €.

Modus für Essen: 230.000 €
Modus für Köln: 200.000 €

Die Geschäftsführerin kann die Umsätze nun hinsichtlich dreier Eigenschaften miteinander vergleichen. Nur hinsichtlich des jährlichen Durchschnittsumsatzes sind beide Filialen identisch. Die Auswertung von Median und Modus zeigt dagegen, dass die Essener Filiale vergleichsweise ausgeglichener und konstanter wirtschaftet.

Beispiel 1.6 b

Berechnen Sie die Mittelwerte und Mediane aus Beispiel 1.6 a mithilfe von TI-Nspire.

Nach Aufruf von TI-Nspire und der Applikation LISTS & SPREADSHEET notiert man in den ersten beiden Spalten die jweilige Überschrift und die Werte wie im Beispiel 1.6 a.

Danach kann man zur besseren Übersicht die Texte „Mittelwert Essen" mit Anführungszeichen in die Spalte D eingeben.

Der Mittelwert wird dann beispielsweise mit der Formel =mean(essen) und der Median Köln mit der Formel =median(köln) berechnet.

Die Ergebnisse stimmen mit denen aus Beispiel 1.6 überein.

	A essen	B koeln	C	D	E	F
◆						
1	190	170		Mittelwert Essen...	225	
2	200	190		Mittelwert Köln	225	
3	210	210				
4	230	230		Median Essen	200	
5	230	210		Median Köln	200	
6	210	210				
7	210	200				
8	200	180				
9	230	200				
10	230	200				
11	260	200				
12	300	500				
13						
14						

Unterliegen Messwerte einem Wachstumsprozess, so interessiert man sich häufig weniger für den Durchschnitt der absoluten Werte sondern für die durchschnittliche Veränderungsrate der Werte.

Wenn z. B. ein Schüler am Ende des Schuljahres viermal so viele Englischvokabeln kann wie am Anfang und er diese Zahl im nächsten Jahr nochmals verdoppelt, dann wäre man zunächst geneigt zu sagen, dass er seine Kenntnisse pro Schuljahr durchschnittlich verdreifacht hat. Eine Verdreifachung der Werte pro Schuljahr würde aber bedeuten, dass er nach zwei Jahren neunmal so viele Vokabeln kann wie am Anfang. In Wirklichkeit sind es aber nur achtmal so viele.

Das arithmetische Mittel liefert hier also nicht den richtigen Durchschnittswert für die Steigerungsrate. In diesem Fall ist das **geometrische Mittel** das angemessene Lagemaß.

Beispiel 1.7 (Geometrisches Mittel)

Ein Unternehmen erzielte in den letzten 5 Jahren für ein Produkt Absatzsteigerungen von 10 %, 20 %, 25 %, 10 % und zuletzt 5 %.
Wie groß war in den 5 Jahren die durchschnittliche jährliche Absatzsteigerung in Prozent?

Die durchschnittliche prozentuale Steigerung $p\%$ muss so groß sein, dass der Wachstumsfaktor $q = 1 + p\%$, angewendet über einen Zeitraum von 5 Jahren, zu demselben Ergebnis führt wie die **hintereinander geschalteten Wachstumsfaktoren der einzelnen Jahre:**

$q_1 = 1 + 10\% = 1{,}1$
$q_2 = 1 + 20\% = 1{,}2$
$q_3 = 1 + 25\% = 1{,}25$
$q_4 = 1 + 10\% = 1{,}1$
$q_5 = 1 + \ \ 5\% = 1{,}05.$

Bezeichnet A_0 Absatz vor fünf Jahren, so erzielt das Unternehmen gegenwärtig einen Absatz von $q_5 \cdot q_4 \cdot q_3 \cdot q_2 \cdot q_1 \cdot A_0$
Bei einem gleichbleibenden Steigerung würde sich der gegenwärtige Absatz nach der Formel $q \cdot q \cdot q \cdot q \cdot q \cdot A = q^5 \cdot A_0$ berechnen.

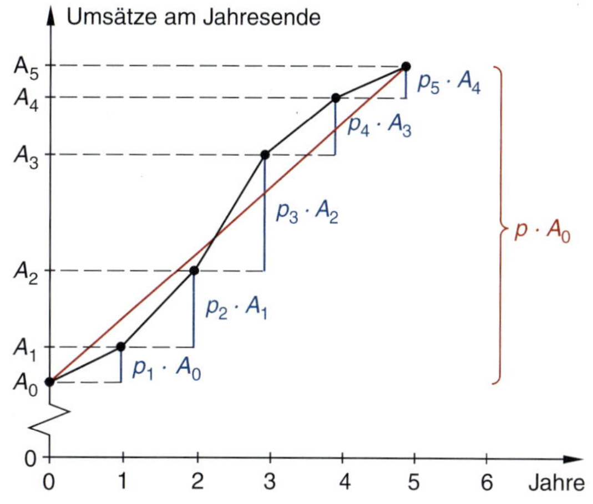

Durchschnittlicher Wachstumsfaktor q

$q^5 = q_1 \cdot q_2 \cdot q_3 \cdot q_4 \cdot q_5$
$q = \sqrt[5]{q_1 \cdot q_2 \cdot q_3 \cdot q_4 \cdot q_5}$
$\ \ = \sqrt[5]{1{,}1 \cdot 1{,}2 \cdot 1{,}25 \cdot 1{,}1 \cdot 1{,}05} = 1{,}13766$
$\Rightarrow p\% \approx 13{,}8\%$

Die 5. Wurzel aus dem Produkt der 5 Wachstumsfaktoren ergibt dann den durchschnittlichen Wachstumsfaktor und wird **geometrisches Mittel** genannt. Durch Subtraktion von 1 auf beiden Seiten der Gleichung erhält man das durchschnittliche prozentuale Wachstum von etwa 13,8 % pro Jahr.

Lagemaße geben Auskunft darüber, welche Zahlenwerte in der Mitte liegen.

- Das **arithmetische Mittel** $x_{aM} = \frac{x_1 + x_2 + \dots + x_n}{n}$ gibt den **Durchschnitt aller n Werte x_i an:**
- Der **Median** x_{Med} oder **Zentralwert** liegt in der Mitte der nach ihrer Größe geordneten Zahlenwerte. Ist die Anzahl n der Zahlenwerte eine gerade Zahl, dann wird der Durchschnitt der beiden mittleren Werte genommen.
- Der **Modus** x_{Mod} oder **Modalwert** gibt an, welcher Zahlenwert am häufigsten vorkommt.
- Allgemein ist $x_{gM} = \sqrt[n]{x_1 \cdot x_2 \cdot x_3 \cdots x_n}$ das geometrische Mittel der Werte $x_1, x_2, x_3, \dots, x_n$. Das **geometrische Mittel** gibt die **durchschnittliche Änderungsrate** bei Wachstumsprozessen an.

Alles klar?

Die Tabelle zeigt die in einer Fußballliga an einem Wochenende in jedem Spiel geschossenen Tore.

Spiel	1	2	3	4	5	6	7	8	9	10	11
Tore	2	0	2	3	2	0	3	2	1	3	18

Berechnen Sie das arithmetische Mittel, den Median und den Modus.

1

1.2.2 Streuungsmaße

In vielen Fällen interessiert man sich für Eigenschaften einer Grundgesamtheit, die durch die Lagemaße nicht oder nur sehr unzureichend widergegeben werden.

So ist z. B. für eine politische Partei die Erkenntnis, dass das Durchschnittsalter ihrer Wähler bei 40 Jahren liegt, nicht wirklich hilfreich bei der Ausrichtung eines Wahlkampfs. Das könnte nämlich ebensogut dafür sprechen, dass die Wähler in allen Altersgruppen relativ gleichmäßig verteilt sind, wie dafür, dass die Partei ausschließlich von Personen mittleren Alters gewählt wird.

Um derartige Unterschiede bei der Auswertung von Daten sichtbar zu machen, werden diese mithilfe von **Streuungsmaßen** beschrieben.

Beispiel 1.6c

Die Geschäftsführerin aus Beispiel 1.6a möchte genauer in Erfahrung bringen, wie gleichmäßig die beiden Filialen ihre Monatsumsätze erwirtschaften. Dazu ermittelt sie die **Spannweite**, die **mittlere arithmetische Abweichung**, die **Varianz** und die **Standardabweichung** der Umsätze beider Filialen.

Die **Spannweite** ist die Differenz zwischen dem größten und dem kleinsten Zahlenwert. In Köln beträgt die Spannweite 110.000 € und in Essen 330.000 €. Die Spannweite gibt also die Größe des Bereichs an, in dem die Daten liegen.

Spannweite Essen = 300.000 € – 190.000 €
= **110.000 €**
Spannweite Köln = 500.000 € – 170.000 €
= **330.000 €**

Die mittlere absolute Abweichung d_{aM} vom arithmetischen Mittel ist die Summe der absoluten Differenzen zwischen den Zahlenwerten x_i und dem arithmetischen Mittel x_{aM}, dividiert durch die Anzahl n der Zahlenwerte.

Mittlere absolute Abweichung:

$d_{aM} = \frac{1}{n}\sum_{i=1}^{n} |x_i - x_{aM}|$ ▸ Tabelle S. 35

Essen: $d_{aM} = 22$, Köln: $d_{aM} = 47$

Die **Varianz** gibt ebenfalls an, wie weit die Werte durchschnittlich vom Mittelwert abweichen. Im Unterschied zur absoluten mittleren Abweichung wird als Maß der Abweichung allerdings das Quadrat des Abstands zum Mittelwert genommen. Dadurch werden „Ausreißer", die sich weit vom Mittelwert entfernen, weit mehr gewichtet als die Daten, die sich nahe um den Mittelwert gruppieren.

▸ Die Varianz hat wegen der Quadrierung nicht dieselbe Einheit wie die Zahlenwerte der Daten.

Varianz:

$s^2 = \frac{1}{n}\sum_{i=1}^{n} (x_i - x_{aM})^2$ ▸ Tabelle S. 35

Essen: $s^2 = 842$, Köln: $s^2 = 7.092$

Die **Standardabweichung** s ist die positive Wurzel aus der Varianz. Im Unterschied zur Varianz hat sie den Vorteil, dieselbe Einheit wie die Zahlenwerte zu besitzen, dabei aber ebenfalls „Ausreißer" gut zu berücksichtigen.

Standardabweichung:

$s = \sqrt{s^2} = \sqrt{\frac{1}{n}\sum_{i=1}^{n} (x_i - x_{aM})^2}$

Die Varianz beträgt in der Filiale in Essen etwa 22.000 € und in Köln etwa 47.000 €.

Essen: $s = \sqrt{842} \approx 29{,}02$
Köln: $s = \sqrt{7092} \approx 84{,}21$

In der Tabelle werden die Werte für alle Maßzahlen noch einmal systematisch zusammengefasst.

Essen			**Köln**		
Umsatz x_i	$d_{\text{aM}} = \lvert x_i - x_{aM}\rvert$	$(x_i - x_{\text{aM}})^2$	Umsatz x_i	$d_{\text{aM}} = \lvert xi - x_{aM}\rvert$	$(x_i - x_{\text{aM}})^2$
190	35	1.225	170	55	3.025
200	25	625	180	45	2.025
200	25	625	190	35	1.225
210	15	225	200	25	625
210	15	225	200	25	625
210	15	225	200	25	625
230	5	25	200	25	625
230	5	25	210	15	225
230	5	25	210	15	225
230	5	25	210	15	25
260	35	1.225	230	5	25
300	75	5.625	500	275	75.625
Summe			**Summe**		
2.700	260	10 000	2.700	560	85 100
x_{aM}	d_{aM}	s^2	x_{aM}	d_{aM}	s^2
225	22	842	225	47	7 092

Alle Einheiten in den jeweils ersten beiden Spalten in 1.000 €. Für die letzte Spalte beträgt die Einheit $(1.000\,€)^2$, also $1.000.000\,€^2$.

Beispiel 1.8

In einem Betrieb, der auf einer Maschine Drahtstifte der Länge 100 mm produziert, wurde aufgrund von Kundenreklamationen vor und nach der Nachjustierung der Maschine je eine Stichprobe genommen, bei der 1 000 Drahtstifte auf ihre Länge hin untersucht wurden.

a) Berechnen Sie jeweils die Varianz und die Standardabweichung mithilfe der absoluten Häufigkeiten und Excel.

b) Beurteilen Sie die Güte der beiden Stichproben.

Zu a) Man multipliziert die Quadrate der Abweichungen $(x_i - x_{\text{aM}})^2$ für $i = 1, 2, \ldots, 10$ mit den entsprechenden absoluten Häufigkeiten $H(x_i)$, summiert die Ergebnisse und teilt sie durch die Gesamtheit der Skalenwerte ($n = 1000$). Das Ergebnis ist die **Varianz** s^2, ihre Wurzel s ist die **Standardabweichung**.

Das **arithmetische Mittel** dieser Probe beträgt 100,03 mm, weicht also nur geringfügig von der geforderten Länge von 100 mm ab. Allerdings beträgt die **Standardabweichung** ca. 2,44 mm.

Die genannten Formeln der Zeilen 14 bis 17 sind in der rechten Spalte aufgeführt.

	A	B	C	D	E	F
1	**1. Probe**					
3/4	**Länge x_i in mm**	**absolute Häufigkeit $H(x_i)$**	**$H(x_i)$*x_i**	**$\lvert x_i - x_{aM}\rvert$ in mm**	**$(x_i - x_{aM})^2$ in mm²**	**$H(x_i)$*$(x_i - x_{aM})^2$ in mm²**
5	95	20	1900	5,03	25,3009	506,018
6	96	40	3840	4,03	16,2409	649,636
7	97	100	9700	3,03	9,1809	918,09
8	98	120	11760	2,03	4,1209	494,508
9	99	160	15840	1,03	1,0609	169,744
10	100	200	20000	0,03	0,0009	0,18
11	101	100	10100	0,97	0,9409	94,09
12	102	30	3060	1,97	3,8809	116,427
13	103	90	9270	2,97	8,8209	793,881
14	104	140	14560	3,97	15,7609	2206,526
15	**Summen**	1000	100030			5949,1
16		**arithm. Mittel**	100,03		**Varianz s^2**	5,9491
17			**Standardabweichung s in mm**			2,439077695

14	104	140	=A14*B14	=ABS(A14-C$16)	=D14^2	=B14*E14
15	**Sum**	=SUMME(B5:B14)	=SUMME(C5:C14)			=SUMME(F5:F14)
16		**arithm. Mittel**	=C15/B15		**rianz s^2**	=F15/1000
17					**in mm**	=WURZEL(F16)

1

Zu b) Nach der Nachjustierung der Maschine wird eine zweite Stichprobe von 1 000 Drahtstiften genommen. Auch hier ergibt sich ein **arithmetisches Mittel** von 100,03 mm, aber ein viel besserer Wert für die **Standardabweichung** (ca. 1,34 mm).

Das bedeutet, dass die Messwerte der zweiten Stichprobe weniger stark um das arithmetische Mittel 100,03 mm streuen als die Messwerte der ersten Stichprobe.

Die Nachjustierung der Maschine wird daher als erfolgreich angesehen.

	A	B	C	D	E	F
21	2. Probe					
22						
23/24	Länge x_i in mm	absolute Häufigkeit $H(x_i)$	$H(x_i)*x_i$	$\lvert x_i - x_{aM}\rvert$ in mm	$(x_i - x_{aM})^2$ in mm²	$H(x_i)*(x_i - x_{aM})^2$ in mm²
25	95	0	0	5,03	25,3009	0
26	96	0	0	4,03	16,2409	0
27	97	20	1940	3,03	9,1809	183,618
28	98	100	9800	2,03	4,1209	412,09
29	99	190	18810	1,03	1,0609	201,571
30	100	410	41000	0,03	0,0009	0,369
31	101	140	14140	0,97	0,9409	131,726
32	102	90	9180	1,97	3,8809	349,281
33	103	40	4120	2,97	8,8209	352,836
34	104	10	1040	3,97	15,7609	157,609
35	Summen	1000	100030			1789,1
36		arithm. Mittel	100,03		Varianz s^2	1,7891
37			Standardabweichung s in mm			1,337572428

Streuungsmaße geben Auskunft darüber, wie stark Zahlenwerte um das arithmetische Mittel herum streuen.

- Die Spannweite ist die Differenz zwischen dem größten und dem kleinsten Zahlenwert.
- Die mittlere absolute Abweichung vom arithmetischen Mittel ist die durchschnittliche Summe der absoluten Abweichungen vom arithmetischen Mittel:

  $$d_{\text{aM}} = \frac{1}{n}\sum_{i=1}^{n} |x_i - x_{aM}|$$

- Die Varianz oder mittlere quadratische Abweichung vom arithmetischen Mittel ist der Durchschnitt der Summe aus den Quadraten der Abweichungen vom arithmetischen Mittel:

  $$s^2 = \frac{1}{n}\sum_{i=1}^{n} (x_i - x_{aM})^2$$

- Die Standardabweichung oder Streuung ist die Quadratwurzel aus der Varianz:

  $$s = \sqrt{\frac{1}{n}\sum_{i=1}^{n} (x_i - x_{aM})^2}$$

Alles klar?

An einem Spieltag wurden die in einer Fußballliga pro Spiel geschossenen Tore wie nachstehend registriert.

Spiel	1	2	3	4	5	6	7	8	9	10	11
Tore	2	0	2	3	2	0	3	2	1	3	18

Ermitteln Sie die Spannweite, die mittlere absolute Abweichung, die Varianz und die Standardabweichung.

1.2.3 Boxplot

Insbesondere beim Vergleich von Messreihen interessiert man sich dafür, wie dicht beieinander z. B. die mittleren 50 % der Werte liegen. Dazu teilt man die Spannweite in vier Bereiche, die sog. **Quartile**, deren einzelne Größen nach dem Muster im folgenden Beispiel berechnet werden.

Beispiel 1.6 d (Quartile und Quantile)

Zur Quartilsbestimmung wird der Umsatz der Filiale Essen aus Beispiel 1.6 a in aufsteigender Reihenfolge angeordnet.

Der Median ist das 2. Quartil (Q2), er ist der Wert in der Mitte der geordneten Zahlen.

▶ Beispiel 1.6a

Die durch das 2. Quartil entstandenen Hälften haben beide die gleiche Anzahl von Werten, müssen aber nicht gleich groß sein. Beide Bereiche werden noch einmal auf dieselbe Art in zwei Hälften unterteilt, in deren Mitte dann das 1. Quartil (Q1), bzw. das 3. Quartil (Q3) liegen. Zwischen dem 1. und 3. Quartil liegen nun 50 % aller Merkmalswerte.

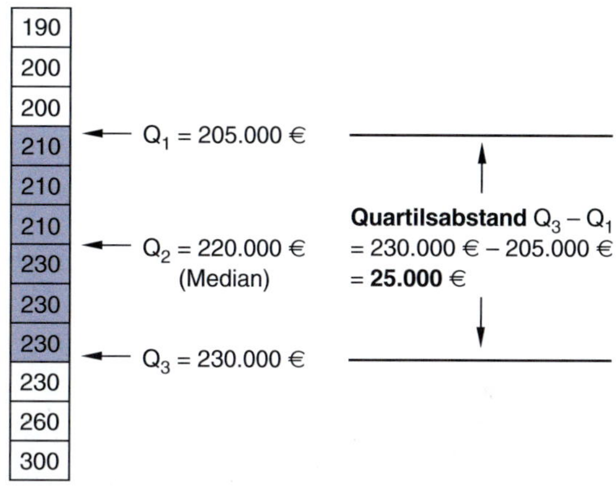

▶ Je kleiner der Quartilsabstand ist, desto mehr Werte liegen nah beim Median.

Die Differenz zwischen dem 1. und 3. Quartil heiß **Quartilsabstand** und beträgt in diesem Fall 25.000 €.

Der minimale und der maximale Wert, die Spannweite, der Median, das 1. und 3. Quartil und der Quartilsabstand können übersichtlich in einem sogenannten **Boxplot** dargestellt werden.

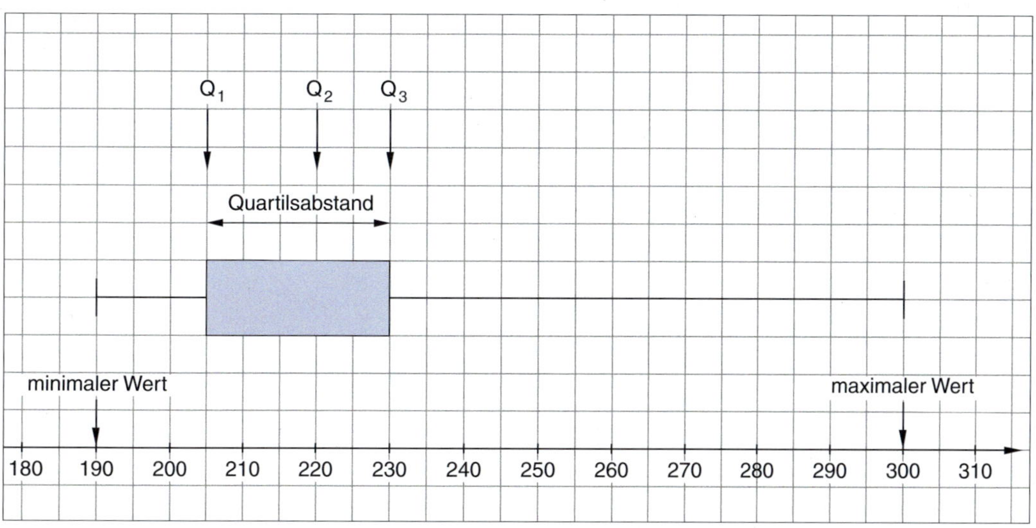

An dem Boxplot kann man erkennen, in welchem Intervall die 50 % der Umsätze liegen, nämlich zwischen dem ersten Quartil $Q_1 = 205.000$ € und dem 3. Quartil $Q_3 = 230.000$ €. Der Quartilsabstand beträgt 25.000 €.

Beispiel 1.9

Ein Landwirt möchte seinen Bestand an Milchvieh erhöhen. Zu seinen vorhandenen Kühen passen am besten die niedersächsische „Schwarz-Bunte“ (SB) und die „Steiersche Milchkuh“ (SM). Den Ausschlag für seine Entscheidung soll der Fettgehalt der Milch geben. Um darüber Aufschluss zu gewinnen, misst er den Fettgehalt von jeweils 20 zufällig ausgewählten Kühen beider Rassen.

in %	1	2	3	4	5	6	7	8	9	10	11	12	13	14	15	16	17	18	19	20
SB	3,6	3,6	3,6	3,6	3,6	3,7	3,7	3,7	3,9	4,0	4,0	4,3	4,3	4,3	4,4	4,5	4,8	4,8	4,9	4,9
SM	3,4	3,4	3,4	3,6	3,8	3,8	3,8	3,8	3,9	3,9	3,9	4,0	4,4	4,5	4,6	4,6	4,6	4,6	4,6	5,2

Berechnen Sie für beide Messreihen jeweils die Spannweiten sowie die arithmetischen Mittel und erstellen Sie jeweils einen Boxplot.

a) Für welche Züchtung entscheidet sich der Landwirt, wenn er seiner Entscheidung den durchschnittlichen Milchgehalt der jeweils 20 Kühe zu Grunde legt?

b) Um eine konstante Qualität der Milch zu gewährleisten, legt der Landwirt Wert darauf, keine zwei Kühe zu besitzen, die sich extrem im Fettgehalt ihrer Milch unterscheiden. Für welche Züchtung würden die Daten in diesem Fall sprechen?

c) Der Landwirt möchte vermeiden, dass seine Entscheidung von denjenigen Kühen aus der Stichprobe beeinflusst wird, die einen außergewöhnlich hohen oder niedrigen Fettanteil in ihrer Milch haben. Daher möchte er nur die mittleren Messwerte berücksichtigen. Auf welcher Darstellung würde er seine Entscheidung in diesem Fall aufbauen?

Zu a) Um den durchschnittlichen Milchgehalt zu ermitteln, berechnet der Bauer das arithmetische Mittel der 20 Messwerte. Dieses beträgt für die SB-Kuh 4,11 % und für die SM-Kuh 4,09 %.

Arithmetisches Mittel

SB: $x_{aM} = \frac{82{,}2\%}{20} = \mathbf{4{,}11\%}$

SM: $x_{aM} = \frac{81{,}8\%}{20} = \mathbf{4{,}09\%}$

Wenn der Bauer seine Entscheidung vom durchschnittlichen Fettgehalt aller 20 Kühe abhängig macht, so wird er sich für die „Schwarz-Bunte“ Kuh entscheiden.

Zu b) Um die maximale Schwankung der Messwerte zu bestimmten, berechnet der Bauer die Spannweite. Diese beträgt 1,3 % bei der „Schwarz-Bunten“ und 1,8 % bei der „Steirischen Milchkuh“.

Spannweiten

SB: Spannweite $= 4{,}9\% - 3{,}6\% = \mathbf{1{,}3\%}$

SM: Spannweite $= 5{,}2\% - 3{,}4\% = \mathbf{1{,}8\%}$

Auch im Hinblick auf die maximale Schwankung wären die „Schwarz Bunte“ der Favorit.

Zu c) Um seine Entscheidung nur auf den mittleren Messwerten aufzubauen, betrachtet der Landwirt die beiden Boxplots.

Das 2. Quartil ist das arithmetische Mittel des 10. und 11. Messwerts.

▸ gerade Anzahl von Messwerten

Das 1. Quartil liegt in der Mitte der zehn links vom 2. Quartil liegenden Werte. Es ist das arithmetische Mittel des 5. und 6. Werts.

Entsprechend liegt das 3. Quartil in der Mitte der „rechts“ vom 2. Quartil liegenden Werte und ist damit gleich dem arithmetischen Mittel des 15. und 16. Messwerts.

Quartile:

SB

$$Q_2 = \frac{4{,}0\,\% + 4{,}0\,\%}{2} = \mathbf{4\,\%}$$

$$Q_1 = \frac{3{,}6\,\% + 3{,}7\,\%}{2} = \mathbf{3{,}65\,\%}$$

$$Q_3 = \frac{4{,}4\,\% + 4{,}5\,\%}{2} = \mathbf{4{,}45\,\%}$$

SM

$$Q_2 = \frac{3{,}9\,\% + 3{,}9\,\%}{2} = \mathbf{3{,}9\,\%}$$

$$Q_1 = \frac{3{,}8\,\% + 3{,}8\,\%}{2} = \mathbf{3{,}8\,\%}$$

$$Q_3 = \frac{4{,}6\,\% + 4{,}6\,\%}{2} = \mathbf{4{,}6\,\%}$$

Der Quartilsabstand ist bei beiden Züchtungen gleich groß: 50% der Messwerte liegen jeweils in einem 0,8% breiten Bereich. Die mittleren Messwerte haben also bei beiden Kühen eine ähnlich große Streuung.

Quartilsabstand:

SB $\quad Q_3 - Q_1 = 4{,}45\,\% - 3{,}65\,\% = \mathbf{0{,}8\,\%}$

SM $\quad Q_3 - Q_1 = 4{,}45\,\% - 3{,}65\,\% = \mathbf{0{,}8\,\%}$

Bei der SM-Kuh liegen die mittleren 50 % der Messwerte allerdings in einem höheren Bereich, nämlich zwischen 3,8 % und 4,6 %. Dagegen liegen die mittleren Messwerte der SB-Kuh zwischen den niedrigeren Werten 3,65 % und 4,45 %.

Man erhält die folgenden beiden Boxplots

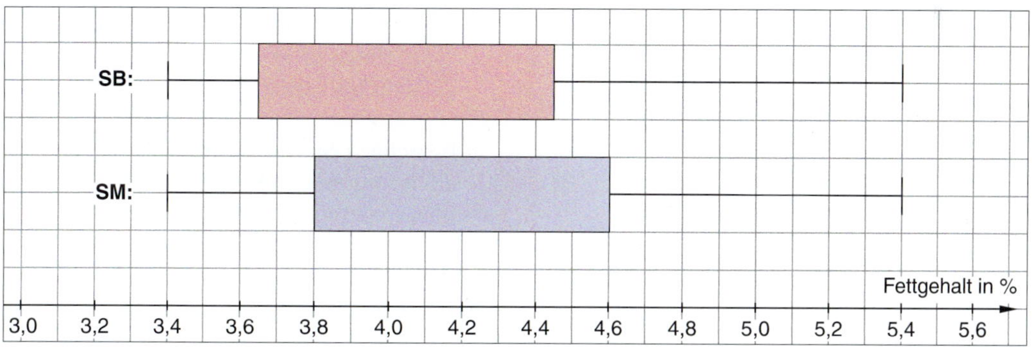

Sind die Boxplots das Kriterium für die Wahl der Züchtung, dann wird sich der Landwirt folglich für die „Steiersche Milchkuh“ (SM) entscheiden.

Alles klar?

Erstellen Sie mithilfe von TI-Nspire einen Boxplot für die Umsätze der Filiale Köln aus dem Beispiel 1.6a und vergleichen Sie diesen mit dem Boxplot für die Filiale Essen.

1

Übungen zu 1.2

1 Zeigen Sie, dass die Summe der Abweichungen der Beobachtungswerte von ihrem Mittelwert gleich Null ist.

2 Begründen Sie anhand der folgenden beiden Beobachtungsreihen, dass es sinnvoll ist, neben der Lagekennzahl „arithmetisches Mittel" eine Kennzahl für die Streuung einzuführen:
Reihe 1: 10, 10, 20, 30, 30
Reihe 2: 18, 19, 20, 21, 22.

3 Ermitteln Sie für die folgenden Beobachtungswerte 12, 13, 14, 15, 12, 18, 12, 15, 14, 12, 14, 15, 11, 13, 12
a) das arithmetische Mittel,
b) den Median und
c) den Modus.

4 Berechnen Sie das arithmetische Mittel, die Varianz und die Standardabweichung für die Kiefernhöhe aus Übungsaufgabe 3, Abschnitt 1.1.

5 Berechnen Sie das arithmetische Mittel, die Varianz und die Standardabweichung für den Milchertrag aus Übungsaufgabe 2, Abschnitt 1.1.

6 Zeigen Sie anhand der am Ende stehenden Beobachtungswerte, dass bei einer kleinen Anzahl von Beobachtungswerten ein „Ausreißer"
a) das arithmetische Mittel und
b) die Varianz erheblich verzerren kann.

Berechnen Sie dazu zuerst das arithmetische Mittel und die Varianz für die ersten 9 und dann für alle 10 Beobachtungswerte: 1, 1, 1, 2, 3, 4, 4, 5, 5, 15

7 Der Finanzvorstand einer Aktiengesellschaft mit 3.100 Mitarbeitern legte der Hauptversammlung folgende Gehaltsstatistik vor:

Lohn/Gehalt in € von … bis unter …	Anzahl der Mitarbeiter in dieser Gehaltsgruppe
1.000–1.400	400
1.400–1.600	500
1.600–1.800	500
1.800–2.000	600
2.000–2.500	600
2.500–3.000	400
3.000–5.000	100

Für Lohn- und Gehaltsverhandlungen wurde dem Betriebsrat eine leicht veränderte Aufstellung vorgelegt:

Lohn/Gehalt in € von … bis unter …	Anzahl der Mitarbeiter in dieser Gehaltsgruppe
1.000–1.400	400
1.400–1.600	500
1.600–1.800	500
1.800–2.000	600
2.000–2.500	600
2.500–5.000	500

Berechnen Sie für beide Aufstellungen jeweils das arithmetische Mittel.
Interpretieren Sie das Ergebnis.

8 Ein Unternehmen hatte in den letzten Jahren folgende Umsätze:

Jahr	2000	2001	2002	2003	2004	2005	2006	2007	2008	2009	2010
Umsatz in Mio €	98	127	159	196	235	254	279	335	402	450	513

Berechnen Sie die durchschnittliche Umsatzsteigerung (in %) mithilfe des geometrischen Mittels.

9 Ein Industrieunternehmen plant die Anschaffung eines Fertigungsautomaten. Zwei Automaten A und B stehen zur Wahl, die in einem 15-stündigen Probelauf getestet werden. Die Testreihen geben die produzierten Stückzahlen pro Stunde wieder. Legen Sie für beide Automaten einen Boxplot an und vergleichen Sie beide im Hinblick auf die Entscheidung, einen der Automaten anzuschaffen.

Stunde	1	2	3	4	5	6	7	8	9	10	11	12	13	14	15
Automat A	25	28	32	35	35	35	34	34	33	30	28	24	23	22	20
Automat B	30	30	30	32	32	32	32	32	31	30	30	28	28	27	26

10 Für alle $x \in \mathbb{R}$ ist durch $f(x) = \frac{1}{n} \cdot [(s_1 - x)^2 + (s_2 - x)^2 + \ldots + (s_n - x)^2]$ eine quadratische Funktion gegeben. Zeigen Sie, dass für $x = x_{aM}$ (x_{aM} ist das arithmetische Mittel der n Skalenwerte $s_1, s_2, \ldots, s_n$) die Funktion ihr Minimum erreicht.

11 In der Graphik ist die jährliche Inflationsrate (Veränderung des Verbraucherpreisindexes zum Vorjahr) für Deutschland dargestellt.
Berechnen Sie die durchschnittliche Inflationsrate über die Jahre 1992 bis 2007.

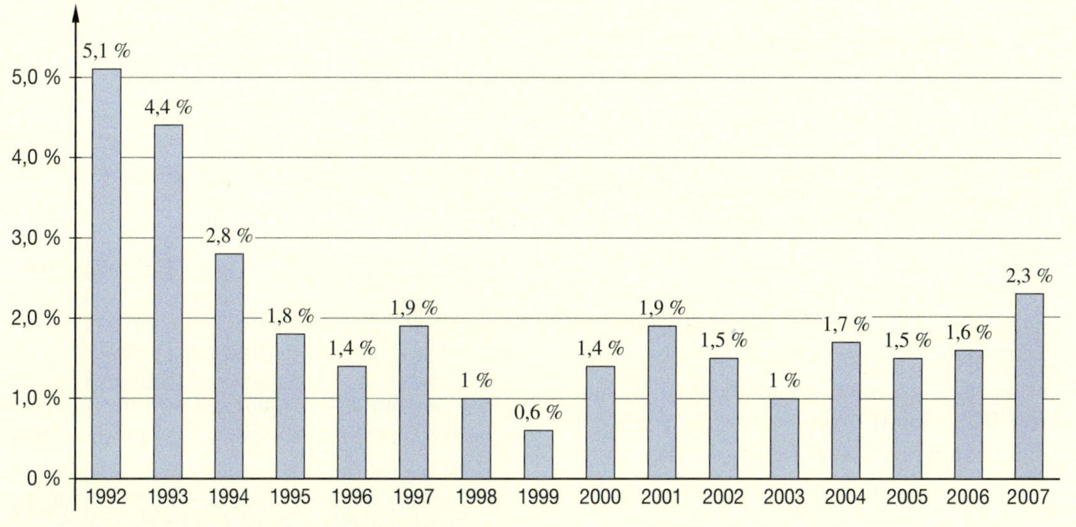

12 In den beiden Mathematik-Leistungskursen LKM1 und LKM2 der Jahrgangsstufe 12 werden die schriftlichen Leistungsnachweise als Zentralklausuren durchgeführt. Die Ergebnisse der Arbeiten sind in der Tabelle aufgeführt.

Punkte	0	1	2	3	4	5	6	7	8	9	10	11	12	13	14	15
LKM1	1	0	2	0	1	4	1	3	3	4	1	1	2	1	0	0
LKM2	0	2	2	2	0	2	2	4	2	5	0	0	0	1	2	1

Wägen Sie auf der Grundlage eines Boxplots die Leistungsfähigkeit der beiden Kurse gegeneinander ab.

13 Ein Unternehmen der Pharmabranche erzielt für ein Schmerzmittel durch einen erheblichen Werbeauftrag in 10 Jahren folgende Absatzsteigerungen:
5 %, 10 %, 15 %, 15 %, 12 %, 10 %, 12 %, 8 %, 8 %, 6 %.
Wie groß ist die Absatzsteigerung im Durchschnitt der 10 Jahre?

1.3 Lineare Regression und Korrelation

Ein Ziel vieler statistischer Erhebungen und Messreihen ist es, herauszufinden, ob zwischen zwei Merkmalen ein Zusammenhang besteht, z. B. zwischen Größe und Gewicht eines Menschen oder zwischen Einkommen und Konsumverhalten. Im Folgenden wird gezeigt, mit welchen Methoden sich eventuelle Beziehungen zwischen **nominalen** Merkmalen beschreiben lassen.

1.3.1 Regressionsgerade

Beispiel 1.10 (Beziehung zwischen nominalen Merkmalen)

Bei der Aufnahme in einen Sportverein werden jeweils die Körpergröße und das Körpergewicht von 10 Mädchen gemessen.

Für jedes Mädchen erhält man ein Wertepaar $\langle x \mid y \rangle$, wobei x für die Ausprägung des Merkmals „Größe" und y für die Ausprägung des Merkmals „Gewicht" steht. Alle 10 Wertepaare können in einer Wertetabelle aufgeführt und als Punkte in einem rechtwinkligen Koordinatensystem gedeutet werden. ► Glossar

Name	Größe	Gewicht
Aysun	157 cm	45 kg
Britta	157 cm	47 kg
Carola	159 cm	45 kg
Dana	163 cm	55 kg
Else	165 cm	56 kg
Frieda	167 cm	55 kg
Gabriele	169 cm	56 kg
Hertha	174 cm	61 kg
Irene	180 cm	65 kg
Jessica	182 cm	63 kg

Die 10 Wertepaare bilden im ersten Quadranten des Koordinatensystems eine **Punktwolke**, die – als Ganzes betrachtet – zu der Aussage verleitet: „Je größer die Körperlänge der Mädchen ist, desto größer ist auch ihr Körpergewicht."

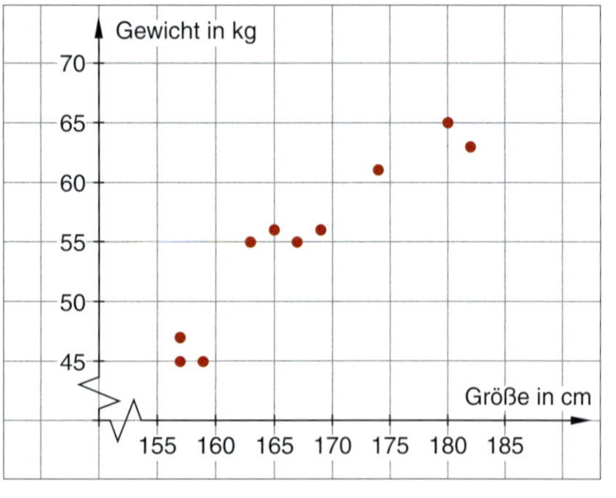

Diese Aussage ist zwar im Einzelnen nicht richtig, man kann hier jedoch von einem Trend sprechen: „Tendenziell haben größere Mädchen auch das höhere Gewicht."

Im 19. Jahrhundert hatte der französische Anthropologe und Arzt Paul Broca (1824–1880) versucht, diesen Trend mathematisch zu formulieren. Er entwickelte eine Formel, nach der das Gewicht y einer „normalgewichtigen" Frau linear von ihrer Körpergröße x abhängt. Brocas Formel lautet $y = 0{,}9x - 90$
► für Männer: $y = x - 100$.

Diese Beziehung kann in geordneten Wertepaaren $\langle x \mid y \rangle$ ausgedrückt und als Punkte im ersten Quadranten eines Koordinatensystems dargestellt werden.

Beispiel 1.11 (Lineare Funktion)

Legen Sie nach der Formel von Broca $y = 0{,}9x - 90$ eine Wertetabelle für Wertepaare $\langle x \mid y \rangle$ mit $x \in [155; 185]$ an, bei der die Werte für x (beginnend mit 155 cm) jeweils um 5 cm steigen. Übertragen Sie die Wertepaare als Punkte in den ersten Quadranten zu der Punktwolke aus Beispiel 1.10 und verbinden Sie diese Punkte.

x (cm)	155	160	165	170	175	180	185
y (kg)	49,5	54	58,5	63	67,6	72	76,5

Man erkennt aus der Wertetabelle, dass mit jeder Erhöhung der Werte für x um 10 cm die Werte für y um 9 kg steigen. Eine solche Beziehung nennt man **linear**.

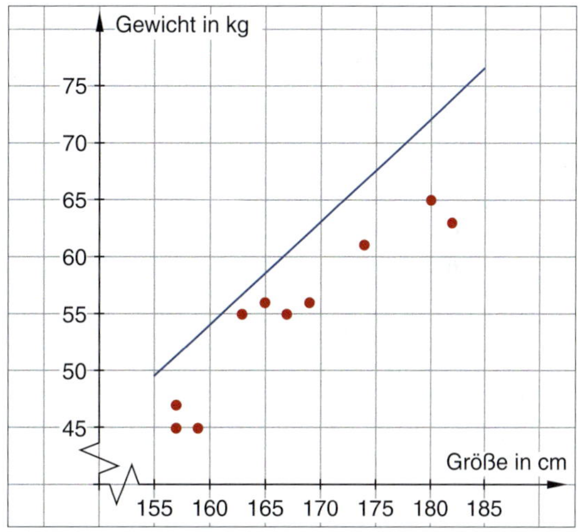

Im Koordinatensystem drückt sich diese lineare Beziehung in einer Geraden aus, bei der eine Veränderung der Werte für x eine Veränderung der Werte für y um das 0,9-fache bewirkt. ► $y = 0{,}9x - 90$

Man bezeichnet den Faktor 0,9 im Term der Gleichung $y = 0{,}9x - 90$ als **Steigungsfaktor** bzw. **Steigung** der durch diese Gleichung bestimmten Geraden.

Allgemein steht in einer Gleichung vom Typ $y = mx + b$ die Variable m für die Steigung der durch diese Gleichung bestimmten Geraden und die Variable b für den Schnittpunkt $\langle 0 \mid b \rangle$ dieser Geraden mit der y-Achse.

Die Formel von Broca ergibt allerdings eine Gerade, die ausschließlich oberhalb der Punkte der Messreihe verläuft. Es gibt sicherlich eine Gerade die die Punkte besser annähert.

Beispiel 1.12 (Trendlinie)

Mit Excel kann man eine solche (bessere) Gerade modellieren, indem zuerst die Punkte miteinander verbunden und anschließend diese Verbindungen durch eine **Trendlinie** „begradigt" werden.

Man markiert die Zellen B1:K2, klickt im Einfügen-Menü unter Diagramme auf das Punkt-Symbol und wählt Punkt (XY).

	A	B	C	D	E	F	G	H	I	J	K
1	Größe	157	157	159	163	165	167	169	174	180	182
2	Gewicht	45	47	45	55	56	55	56	61	65	63

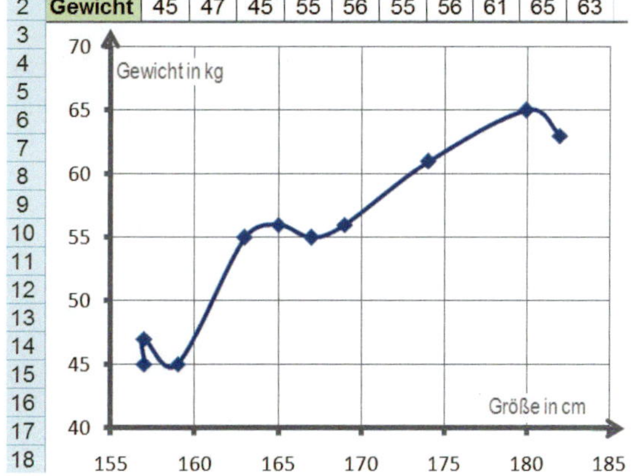

Das entstandene Schaubild wird noch formatiert, indem man mit der rechten Maustaste z. B. auf die x-Achse klickt, erst Achse formatieren…, dann Achsenoptionen wählt und dann Minimum (155), Maximum (185) sowie Hauptintervall 5 bestimmt (analog bei der y-Achse mit Minimum (40), Maximum (70) und Hauptintervall 5). Zur Achsenbeschriftung wird ein Textfeld geöffnet und der Text dort eingegeben.

1

Klickt man im Diagramm auf einen Graphenpunkt, so lässt sich mit dem Menü „TRENDLINIE HINZUFÜGEN“ unter „TRENDLINIE FORMATIEREN“ der „begradigte“ Graph zusammen mit der Geradengleichung erstellen. Die Gleichung wird automatisch mit bestimmt, wenn man in diesem Fall den Typ „LINEAR“ mit der Option „FORMEL IM DIAGRAMM ANZEIGEN“ wählt.

- ▶ Die Trendlinie wurde rot formatiert.
- ▶ Formatierung Gitternetzlinien: Klick mit linker Maustaste ins Diagramm, LAYOUT…, GITTERNETZLINIEN…, PRIMÄRE VERTIKALE GITTERNETZLINIEN, HAUPTGITTERNETZE anklicken.

	A	B	C	D	E	F	G	H	I	J	K
1	Größe	157	157	159	163	165	167	169	174	180	182
2	Gewicht	45	47	45	55	56	55	56	61	65	63

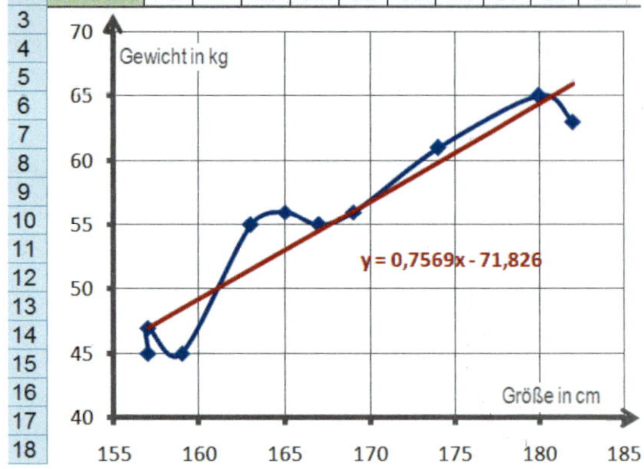

Den Berechnungen, die Excel durchführt, um die optimale Gerade zu finden, liegt eine ziemlich kompliziert aussehende Formel zugrunde. Diese soll hier auch nicht detailliert hergeleitet werden, aber immerhin kann man das Prinzip recht einfach veranschaulichen.

Zunächst versteht man unter dem Abstand eines Punkts zur Geraden mit der Gleichung $y = mx + b$ in diesem Fall nicht den geometrischen Abstand, sondern den Abstand in senkrechter Richtung. Für eine beliebige Gerade mit der Gleichung $y = mx + b$ und jeden Punkt $\langle x_i \,|\, y_i \rangle$ der Punktwolke ist dieser Abstand durch den Wert

$$|y_i - (mx_i + b)|$$

gegeben.

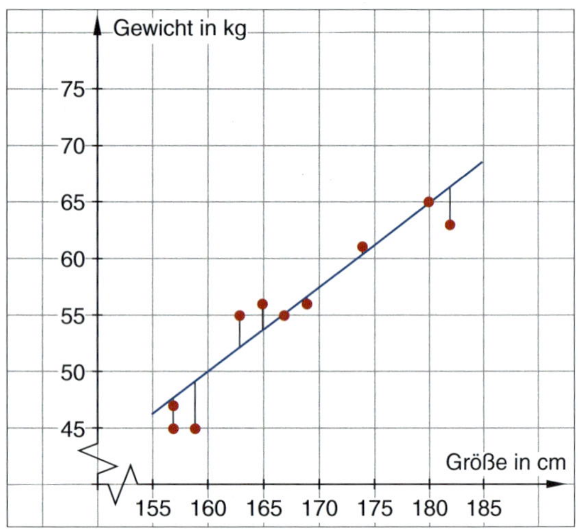

Die beste Gerade ist durch die Eigenschaft ausgezeichnet, dass für sie die Summe der **Quadrate** $(y_i - (mx_i + b))^2$ der Abstände – anschaulich die Gesamtfläche der roten Quadrate der rechten Graphik – minimal wird. Die Aufgabe besteht also darin, Werte für m und b zu bestimmen, für die die Summe

$$\sum_{i=1}^{n} (y_i - (mx_i + b))^2$$

den kleinsten Wert annimmt.

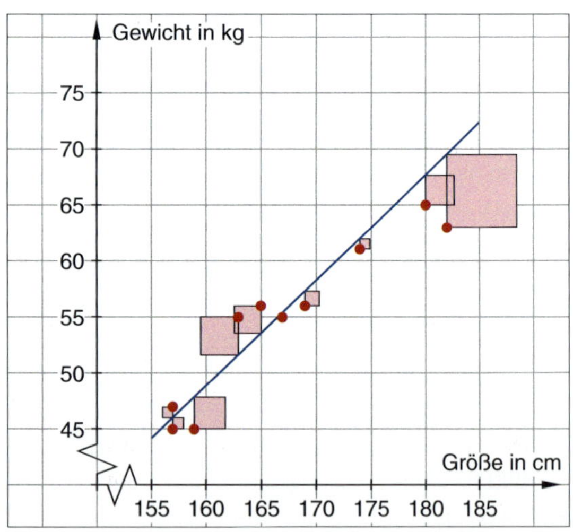

Mit der Differentialrechnung lässt sich dieses Minimum ermitteln. Man erhält für die Steigung und für b:

$$m = \frac{\sum_{i=1}^{n}(x_i - x_{\text{aM}}) \cdot (y_i - y_{\text{aM}})}{\sum_{i=1}^{n}(x_i - x_{\text{aM}})^2}, \qquad b = y_{\text{aM}} - \frac{\sum_{i=1}^{n}(x_i - x_{\text{aM}}) \cdot (y_i - y_{\text{aM}})}{\sum_{i=1}^{n}(x_i - x_{\text{aM}})^2} x_{\text{aM}}$$

Damit lautet die Gleichung für die optimale Gerade

$$y = \frac{\sum_{i=1}^{n}(x_i - x_{\text{aM}}) \cdot (y_i - y_{\text{aM}})}{\sum_{i=1}^{n}(x_i - x_{\text{aM}})^2} \cdot (x - x_{\text{aM}}) + y_{aM}$$

Beispiel 1.13 (Bestimmung der Regressionsgeraden)

Berechnen Sie aus den Werten der Messreihe von Beispiel 1.10 die arithmetischen Mittel für die Körpergröße (x_{aM}) und für das Gewicht (y_{aM}) der 10 Mädchen mithilfe von Excel.

Ermitteln Sie anschließend für die Gerade eine Gleichung vom Typ

$$y = \frac{\sum_{i=1}^{10}(x_i - x_{\text{aM}}) \cdot (y_i - y_{\text{aM}})}{\sum_{i=1}^{10}(x_i - x_{\text{aM}})^2} \cdot (x - x_{\text{aM}}) + y_{aM}$$

und zeichnen Sie die Gerade in das Koordinatensystem zu der Punktwolke aus Beispiel 1.9.

Zunächst wird für die 10 Körpergrößen und die 10 Gewichte der Messreihe jeweils das arithmetische Mittel berechnet, also die Werte x_{aM} und y_{aM}.

$$x_{\text{aM}} = \frac{157 + 157 + 159 + 163 + 165 + 167 + 169 + 174 + 180 + 182}{10} = \mathbf{167{,}3}$$

Das arithmetische Mittel der Werte für die Körpergrößen beträgt 167,3,cm.

$$y_{\text{aM}} = \frac{45 + 47 + 45 + 55 + 56 + 55 + 56 + 61 + 65 + 63}{10} = \mathbf{54{,}8}$$

Das arithmetische Mittel der Werte für die Körpergewichte beträgt 54,8 kg.

Zur Bestimmung von $(x_i - x_{\text{aM}})$, $(y_i - y_{\text{aM}})$, $(x_i - x_{\text{aM}})^2$ und $(x_i - x_{\text{aM}}) \cdot (y_i - y_{\text{aM}})$ wird eine Tabelle angelegt, mit deren Hilfe die Summen $\sum_{i=1}^{10}(x_i - x_{\text{aM}}) \cdot (y_i - y_{\text{aM}})$ und $\sum_{i=1}^{10}(x_i - x_{\text{aM}})^2$ gebildet werden.

	A	B	C	D	E	F	G	H	I
1	**Name**	**Größe**		**Gewicht**		$x_i - x_{aM}$	$(x_i - x_{aM})^2$	$(y_i - y_{aM})$	$(x_i - x_{aM}) \cdot (y_i - y_{aM})$
2	Aysun	157	cm	45	kg	-10,3	106,09	-9,8	100,94
3	Britta	157	cm	47	kg	-10,3	106,09	-7,8	80,34
4	Carola	159	cm	45	kg	-8,3	68,89	-9,8	81,34
5	Dana	163	cm	55	kg	-4,3	18,49	0,2	-0,86
6	Else	165	cm	56	kg	-2,3	5,29	1,2	-2,76
7	Frieda	167	cm	55	kg	-0,3	0,09	0,2	-0,06
8	Gabriele	169	cm	56	kg	1,7	2,89	1,2	2,04
9	Hertha	174	cm	61	kg	6,7	44,89	6,2	41,54
10	Irene	180	cm	65	kg	12,7	161,29	10,2	129,54
11	Jessica	182	cm	63	kg	14,7	216,09	8,2	120,54
12	x_{AM}	*167,3*	y_{AM}	*54,8*		Summe	*730,10*	Summe	*552,60*

Die gesuchte Gerade hat die Eigenschaft, dass sie durch den Schwerpunkt $\langle x_{\text{AM}} | y_{\text{AM}} \rangle$ der Punktwolke geht. Zudem ist die Summe der Quadrate der Abweichungen der Punktwolke von den Punkten der Geraden am kleinsten.

Dabei ist wie bei der Varianz das Quadrat der Abstände $(y_i - y)$ als Maß für die Abweichung der Geraden von den Messwerten genommen worden.

▶ vgl. Varianz: $s^2 = \frac{1}{n} \cdot (y_i - y_{\text{aM}})^2$

1

Für die Gleichung der Geraden erhält man

$y = 0{,}76x - 71{,}83.$

Diese Gerade gibt den Trend der Punktwolke viel besser wieder als die BROCA-Gerade.

Eine derartige Gerade heißt **Regressionsgerade** oder auch **Trendgerade**. Mit ihr lassen sich hier Werte für das Körpergewicht (Werte für y) aus den Werten für die Körpergröße (Werte für x) abschätzen: z. B. gehört zu einer Körpergröße von 172 cm ein Körpergewicht von ca. 58 kg.

$y = \frac{552{,}6}{730{,}1} \cdot (x - 167{,}3) + 54{,}8 \approx \mathbf{0{,}76x - 71{,}83}$

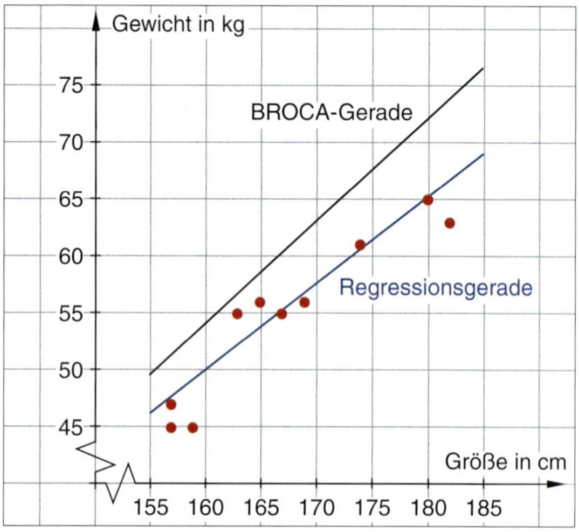

▶ $x = 172 \Rightarrow y = 0{,}76 \cdot \mathbf{172} - 71{,}83 \approx 58{,}36 \approx \mathbf{58}$

1.3.2 Korrelationskoeffizient

Als Maß dafür, wie stark n Messpunkte um die Regressionsgerade streuen, benutzt man den sogenannten **Korrelationskoeffizienten**.

$$r = \frac{\sum_{i=1}^{n}(x_i - x_{\text{aM}}) \cdot (y_i - y_{\text{aM}})}{\sqrt{\sum_{i=1}^{n}(x_i - x_{\text{aM}})^2 \cdot \sum_{i=1}^{n}(y_i - y_{\text{aM}})^2}}$$

Der Korrelationskoeffizient kann Werte zwischen -1 und 1 annehmen.

Man kann zeigen, dass der Zähler betragsmäßig stets kleiner als der Nenner bleibt und der Korrelationskoeffizient somit nur Werte zwischen -1 und 1 annehmen kann. Die Werte $r = -1$ bzw. $r = 1$ werden in genau den Fällen angenommen, in dem ein linearer Zusammenhang zwischen den x- und y-Werten vorliegt, sodass also für alle $i = 1, \ldots n$ gilt:

$y_i = mx_i + b$ für bestimmte Zahlen $m, b \in \mathbb{R}$.

Ob der Korrelationskoeffizient in diesem Fall den Wert 1 oder -1 annimmt hängt nur von dem Vorzeichen von m ab, und zwar ist r positiv (negativ), wenn m positiv (negativ) ist.

Da $r = -1$ bzw $r = 1$ nur dann gilt, wenn ein exakter linearer Zusammenhang vorliegt, die Messpunkte also genau auf einer Geraden liegen, wird man davon ausgehen, dass dieser Zusammenhang umso schwächer ist, je näher der Korrelationskoeffizient von -1 oder 1 entfernt, d. h. je näher er bei Null liegt.

1

Beispiel 1.14

Ermitteln Sie den Korrelationskoeffizienten für die Messwerte aus Beispiel 1.13.

Den Tabellen aus Beispiel 1.13 lassen sich die berechneten Werte für die Summen $\sum_{i=1}^{10}(x_i - x_{aM}) \cdot (y_i - y_{aM})$ und $\sum_{i=1}^{10}(x_i - x_{aM})^2$ sowie für die Differenzen $y_i - y_{aM}$ entnehmen.

Für den Korrelationskoeffizienten erhält man damit ungefähr den Wert $r = 0{,}95$.

Der Korrelationskoeffizient liegt in diesem Fall sehr nahe an 1 und damit ist die Korrelation als „sehr hoch" anzusehen. Anschaulich bedeutet das, dass die Regressionsgerade den Verlauf der Messpunkte sehr gut annähert.

$$r = \frac{\sum_{i=1}^{10}(x_i - x_{aM}) \cdot (y_i - y_{aM})}{\sqrt{\sum_{i=1}^{10}(x_i - x_{aM})^2}}$$

$$= \frac{552{,}6}{\sqrt{730{,}1 \cdot [(-9{,}8)^2 + (-7{,}8)^2 + \ldots + 10{,}2^2 + 8{,}2^2]}}$$

$$= \frac{552{,}6}{730{,}1 \cdot 465{,}6} \approx 0{,}9478 \approx \mathbf{0{,}95}$$

$\lvert r\rvert$	Stärke des linearen Zusammenhangs
$\lvert r\rvert < 0{,}2$	schwach
$0{,}2 \leq \lvert r\rvert < 0{,}4$	niedrig
$0{,}4 \leq \lvert r\rvert < 0{,}7$	mäßig
$0{,}7 \leq \lvert r\rvert < 0{,}9$	hoch
$0{,}9 \leq \lvert r\rvert$	sehr hoch

In Bezug auf das Beispiel 1.13 kann man daraus folgern, dass zwischen der Körpergröße und dem Gewicht tatsächlich ein annähernd linearer Zusammenhang angenommen werden darf, der durch die Gleichung der Regressionsgeraden $y = 0{,}76x - 71{,}83$ beschrieben ist.

Mithilfe einer **Regressionsgeraden (Trendgeraden)** kann man einen linearen Zusammenhang zwischen zwei Merkmalen X und Y beschreiben. Die Regressionsgerade ist eine Gerade, die durch eine Punktwolke $\langle x_i \mid y_i \rangle$, $i = 1, 2, \ldots, n$ im Koordinatensystem gelegt wird und dabei die folgenden beiden Eigenschaften erfüllt:

- die Gerade geht durch den Schwerpunkt $\langle x_{aM} \mid y_{aM} \rangle$ der Punktwolke;
- die Summe der Quadrate der Abweichungen der Punktwolke von der Geraden ist minimal.

Die **Gleichung der Regressionsgeraden** lautet

$$y = \frac{\sum_{i=1}^{n}(x_i - x_{aM}) \cdot (y_i - y_{aM})}{\sum_{i=1}^{n}(x_i - x_{aM})^2} \cdot (x - x_{aM}) + y_{aM}$$

Der **Korrelationskoeffizient** $r = \frac{\sum_{i=1}^{n}(x_i - x_{aM}) \cdot (y_i - y_{aM})}{\sqrt{\sum_{i=1}^{n}(x_i - x_{aM})^2 \cdot \sum_{i=1}^{n}(y_i - y_{aM})^2}}$ ist ein Maß dafür, wie stark die Messpunkte $\langle x_i \mid y_i \rangle$ um ihre Regressionsgerade streuen. Je näher der Wert für $|r|$ an 1 liegt, desto stärker ist der lineare Zusammenhang, desto besser ist die Annäherung durch die Regressionsgerade. Ist $r < 0$, dann fällt die Regressionsgerade, ist $r > 0$, dann steigt sie.

Alles klar?

Berechnen Sie die Gleichung der Regressionsgeraden und den Korrelationskoeffizienten, beurteilen Sie die Güte des linearen Zusammenhangs und zeichnen Sie auch mithilfe von Excel oder TI-Nspire die Regressionsgerade in die gegebene Punktwolke.

a) ⟨1|1⟩; ⟨2|1⟩; ⟨3|2⟩; ⟨4|2,5⟩; ⟨5|3⟩; ⟨6|4,5⟩; ⟨7|4,5⟩; ⟨8|5,5⟩; ⟨9|7⟩; ⟨10|6,5⟩.

b) ⟨1|14⟩; ⟨2|14⟩; ⟨3|14⟩; ⟨4|12⟩; ⟨5|10⟩; ⟨6|8⟩; ⟨7|9⟩; ⟨8|5⟩; ⟨9|3⟩; ⟨10|1⟩; ⟨11|5⟩; ⟨12|7⟩.

Die erarbeiteten Ergebnisse lassen sich gut mit TI-Nspire nachvollziehen.

Beispiel 1.15

Man öffnet dazu eine neue CALCULATOR-Seite und gibt die x-Werte in *listx* und die y-Werte in *listy* ein und beendet die Eingabe mit OK.

listx:={157,157,159,163,165,167,169,174,180,182}
{157,157,159,163,165,167,169,174,180,182}

listy:={45,47,45,55,56,55,56,61,65,63} {45,47,45,55,56,55,56,61,65,63}

Danach ruft man wie nebenstehend aus dem Menü STATISTIK-STATISTISCHE BERECHNUNGEN die LINEARE REGRESSION $(mx+b)$ auf. Über die Auswahlmenü-Tasten fügt man die bereits angelegten Listen ein und ignoriert die anderen vier Felder.

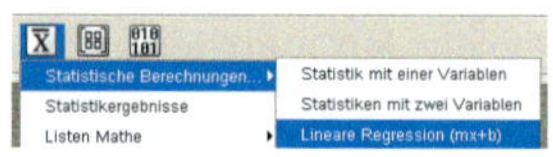

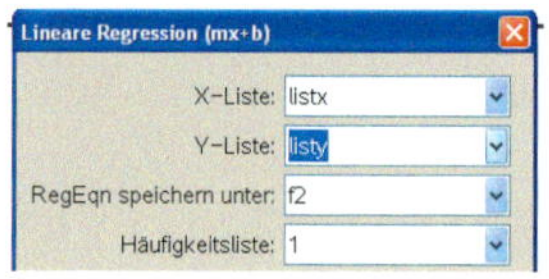

▶ Beim bloßen Einfügen der x- bzw. y-Werte in die Zeilen X-LISTE: bzw. Y-LISTE ohne vorheriges Speichern in *listx* bzw. *listy* kann es passieren, dass TI-Nspire die Berechnungen aufgrund zu langer Listen nicht durchführt.

Durch Betätigung von „OK" erhält man nicht nur die Ergebnisse für m und b, sondern auch noch den Korrelationskoeffizienten für r.

▶ vgl. Beispiele 1.12 bis 1.14

LinRegMx *listx*,*listy*,1: CopyVar *stat.RegEqn*,*f2*: *stat.results*

"Titel"	"Lineare Regression (mx+b)"
"RegEqn"	"m*x+b"
"m"	0.756883
"b"	-71.8265
"r²"	0.89831
"r"	0.947792
"Resid"	"{...}"

Zum Zeichnen der Regressionsgeraden fügt man zunächst eine GRAPHS & GEOMETRY-Seiten ein und ruft anschließend aus dem Menü GRAPHITYP den STREUPLOT auf.

Über die Auswahlmenü-Tasten am unteren Rand gibt man wieder listx und listy ein. Über den Menüpunkt FENSTER wird der STATISTIK-ZOOM und als GRAPHIKTYP „Funktion" aktiviert. Das Zeichnen der Regressionsgeraden erfolgt, indem man mit der „Aufwärts"-Pfeiltaste $f1(x)$ auswählt.

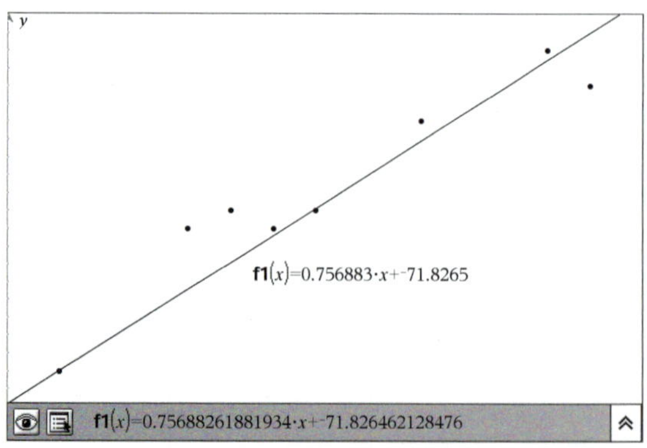

Übungen zu 1.3

1 Vor jeder Einführung eines neuen Produkts wurde ein Marktforschungsinstitut mit einer Umfrage bei potentiellen Kunden beauftragt, um die mögliche Nachfrage des Produkts in Abhängigkeit vom Preis bei diesen Kunden herauszufinden.

Preis in GE/ME	5	10	15	20	25	30	35	40	45
Nachfrage in ME	15	15	14	14	13	12	11	11	8

Preis in GE/ME	50	55	60	65	70	75	80	85	90
Nachfrage in ME	7	6	5	4	4	4	3	2	0

a) Ermitteln Sie die Gleichung der Regressionsgeraden.

b) Was sagt der Korrelationskoeffizeient über die Güte der linearen Annäherung aus?

2 In einem Unternehmen wurden zu verschiedenen Ausbringungsmengen die Herstellungskosten festgehalten:

Ausbringunsmenge (ME)	1	2	3	4	5	6	7	8	9
Kosten (GE)	325	341	359	378	397	420	442	462	481

Ausbringunsmenge (ME)	10	11	12	13	14	15	16	17
Kosten (GE)	502	516	536	562	580	599	630	648

a) Ermitteln Sie anhand der Regressionsgeraden, mit welchen Kosten das Unternehmen rechnen muss, wenn die Produktionsmenge auf 20 ME erhöht werden soll.

b) Beurteilen Sie auf der Grundlage des Korrelationskoeffizienten, ob die Regressionsgerade einen gute Näherung des Kostenverlaufs ist.

3 Rex White ist der momentan angesagteste Star der Musikszene. Seine Agentur kann sich vor Autogrammwünschen kaum retten. Um einen Überblick zu gewinnen, werden die eingehenden E-Mails in einem Zeitraum von 2 Wochen stichpunktartig gezählt (in der Tabelle ist die Gesamtzahl der E-Mails an dem jeweiligen Tag einschließlich der vorhergehenden E-Mails angegeben).

Tag	1	2	5	8	10	11	14
Anzahl E-Mails	24.000	58.500	105.000	189.000	255.000	276.500	345.500

a) Bereiten Sie die Daten in einem Korrdinatensystem auf und ermitteln Sie die Gleichung der Regressionsgeraden.

b) Beurteilen Sie auf der Grundlage des Korrelationskoeffizienten, ob die Regressionsgerade eine gute Näherung des Kostenverlaufs ist.

4 In einem Betrieb wurde der Zusammenhang zwischen der Bandgeschwindigkeit der Produktionsanlage (in m pro Sekunde) und der Fehlerquote (in Prozent der gefertigten Stücke) untersucht. Das Ergebnis der Untersuchung gibt die Tabelle wieder.

Geschwindigkeit (m/s)	0,2	0,3	0,4	0,5	0,7	0,8	0,9	1,0
Fehlerquote (%)	1	2	3	5	8	10	15	25

a) Ermitteln Sie auf Grund der Regressionsgeraden die Fehlerquote bei einer Bandgeschwindigkeit von 0,6 m/s.

b) Beurteilen Sie Ihre Prognose unter a) auf der Grundlage des Korrelationskoeffizienten.

1

1.4 Funktionen

Die im letzten Abschnitt behandelten Geraden (die BROCA-Gerade genauso wie die Regressionsgerade) sind graphische Darstellungen von **eindeutigen Zuordnungen**: jedem Wert auf der x-Achse wird durch sie eindeutig ein Wert auf der y-Achse zugeordnet. Dies entspricht auch dem sachlichen Zusammenhang, der durch die Geraden beschrieben wird: Zu jeder Körpergröße gehört ein bestimmtes Gewicht.

Die Zahlenmenge, aus denen die Zahlen für x genommen werden heißt **Definitionsmenge** der Zuordnung und die Menge der Zahlen für die Variable y heißt **Wertemenge** der Zuordnung.

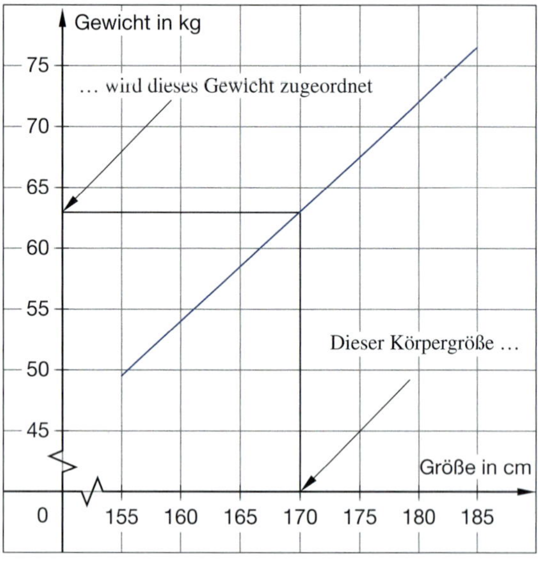

Beispiel 1.16

Geben Sie für die Regressionsgerade aus Beispiel 1.13 eine sinnvolle Definitionsmenge und eine Wertemenge an.

Da die Gleichung der Geraden aus der Punktwolke der Messreihe (▶ Beispiel 1.10) entwickelt wurde, kann sie auch nur in einem begrenzten Intervall gelten, also etwa von $x = 150$ bis $x = 190$. Ein kleines Mädchen von 60 cm Größe hätte sonst ein (unmögliches) Gewicht von $-26{,}78$ kg.

Sinnvoll wäre z.B. die Definitionsmenge $D(f) = \{x | 150 \leq x \leq 190\}$. Die Funktionswerte könnten dann aus der Menge der reellen Zahlen sein: $W(f) = \mathbb{R}$, aber auch eine Einschränkung auf positive reelle Zahlen wäre sinnvoll ($W(f) = \mathbb{R}^{>0}$).

Gleichung der Regressionsgeraden

$y = 0{,}76x - 71{,}83$ ▶ Beispiel 1.13

Funktionsschreibweise

$f(x) = 0{,}76x - 71{,}83$

$f(60) = 0{,}76 \cdot 60 - 71{,}83 = \mathbf{-26{,}23}$ (kg)

$60 \notin D(f)$

$D(f) = \{x | 150 \leq x \leq 190\}$

$f(150) = 0{,}76 \cdot 150 - 71{,}83 = \mathbf{42{,}17}$ (kg)

$f(175) = 0{,}76 \cdot 175 - 71{,}83 = \mathbf{61{,}17}$ (kg)

$f(190) = 0{,}76 \cdot 190 - 71{,}83 = \mathbf{72{,}57}$ (kg)

Eindeutige Zuordnungen f zwischen reellen Zahlen, die jedem Element aus ihrer Definitionsmenge genau ein Element aus ihrer Wertemenge zuordnen, nennt man **Funktionen**. Man verdeutlicht die Funktionseigenschaft einer Zuordnung, indem man statt y auch $f(x)$ („f von x“) schreibt.

▶ $f(x) = 0{,}76x - 71{,}83$

Diese Schreibweise macht auch deutlich, dass der Funktionswert y von dem Wert für x abhängt. Man nennt deshalb x die **unabhängige Variable** und y die (von x) **abhängige Variable**.

Zuordnungen können durch Pfeildiagramme, Wertetabellen und Graphiken veranschaulicht werden.

Beispiel 1.17

In einer Nährflüssigkeit werden Bakterien gezüchtet, die sich nach jeder Sekunde verdoppeln. Die Zucht wird mit 10 Bakterien begonnen.

Die Zuordnung zwischen den Zeiten und der Bakterienanzahl kann durch die Gleichung $y = 10 \cdot 2^x$ beschrieben werden, wobei x für die Anzahl der vollen Sekunden und y für die Anzahl der nach x Sekunden vorhandenen Bakterien steht.

x	0	1	2	3	4
y	10	20	40	80	160

Die Definitionsmenge der Zuordnung ist $\{0; 1; 2; 3; 4\}$ und die Wertemenge $\{10; 20; 40; 80; 160\}$. Da jeder Zahl der Definitionsmenge genau eine Zahl der Wertemenge zugeordnet ist, ist die durch die Gleichung $y = 10 \cdot 2^x$ gegebene Zuordnung eine Funktion f.

▶ Eindeutige Zuordnung f mit $f(x) = 10 \cdot 2^x$

Pfeildiagramm:

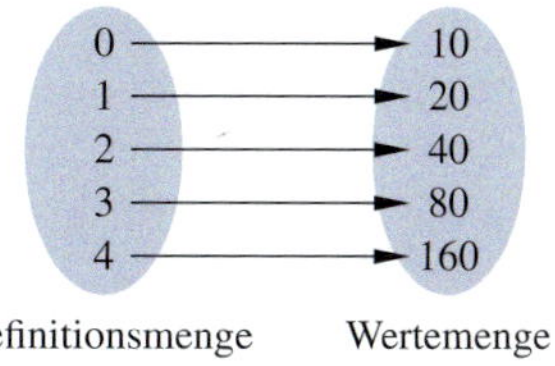

Graph im Koordinatensystem:

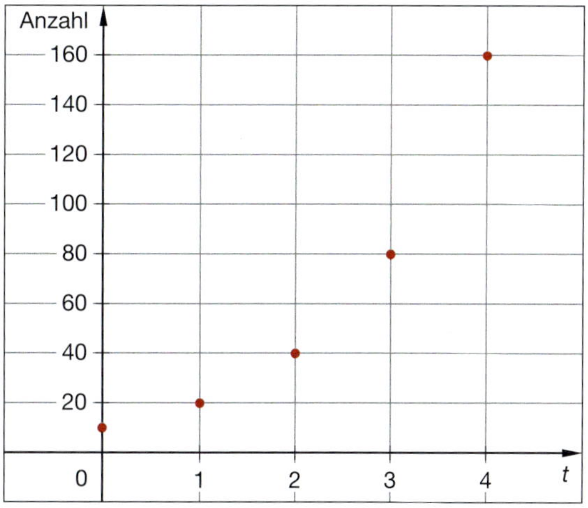

Im Unterschied zur Zuordnung aus Beispiel 1.17 ist die aus dem folgenden Beispiel keine Funktion.

Beispiel 1.18

Stellen Sie die Zuordnung mit der Definitionsmenge $D = \{1; 2; 3; 4\}$ und der Wertemenge $W = \{2; 3; 4\}$, die jeder Zahl für $x \in D$ die Zahlen $y \in W$ mit $y > x$ zuordnet, als Pfeildiagramm, in einer Wertetabelle und als Graph im Koordinatensystem dar.

Aus allen drei Veranschaulichungen der Zuordnung $y > x$ lässt sich ablesen, dass es sich um keine Funktion handeln kann. Denn eine Funktion muss zwei Eigenschaften erfüllen:

1. Jeder Zahl für $x \in D$ muss eine Zahl für $y \in W$ zugeordnet sein. Das ist aber für $x = 4$ nicht erfüllt: Im Pfeildiagramm geht von 4 kein Pfeil in die Wertemenge, bzw. in der Wertetabelle gibt es für $x = 4$ keine Zahl für $y \in W$, bzw. im Koordinatensystem existiert kein Punkt an der Stelle $x = 4$.

Pfeildiagramm:

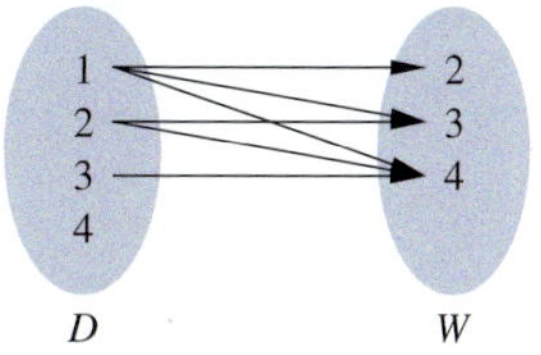

Wertetabelle:

x	1	2	3	4
y	2, 3, 4	3, 4	4	–

1

2. Einer Zahl für $x \in D$ muss **genau eine** Zahl für $y \in W$ zugeordnet sein. Der Zahl $1 \in D$ sind aber drei Zahlen 2, 3 und 4 und der Zahl $2 \in D$ die Zahlen 3 und 4 aus der Wertemenge zugeordnet. Im Pfeildiagramm gehen daher drei Pfeile von $1 \in D$ und zwei Pfeile von $2 \in D$ in die Wertemenge; in der Wertetabelle stehen unter $x = 1$ drei verschiedene Zahlen aus W und unter $x = 2$ zwei verschiedene Zahlen für y; im Koordinatensystem liegen an der Stelle $x = 1$ drei und an der Stelle $x = 2$ zwei Punkte übereinander.

Graph im Koordinatensystem:

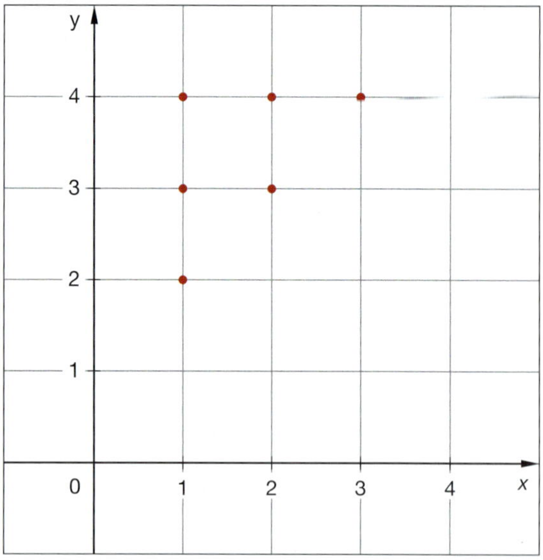

Sind die Definitionsmenge $D(f)$ einer Funktion f und ihre Wertemenge $W(f)$ Teilmengen der Menge der reellen Zahlen ($D(f) \subset \mathbb{R}$ und $W(f) \subset \mathbb{R}$), dann nennt man f eine **reelle Funktion**.

▶ Die Funktion f im Beispiel 1.17 ist eine reelle Funktion.

- Eine Funktion f ist eine eindeutige Zuordnung, die allen Zahlen aus ihrer Definitionsmenge $D(f)$ genau eine Zahl aus ihrer Wertemenge $W(f)$ zuordnet. ▶ $y = f(x); x \in D(f), y \in W(f)$
- Gilt $D(f) \subset \mathbb{R}$ und $W(f) \subset \mathbb{R}$, dann ist die Funktion eine **reelle Funktion**.

Alles klar?

1 Es ist $\{-2; 0; 2; 4\}$ die Definitionsmenge der folgenden Zuordnungen. Entscheiden Sie begründet, welche der Zuordnungen eine Funktion ist.

a)

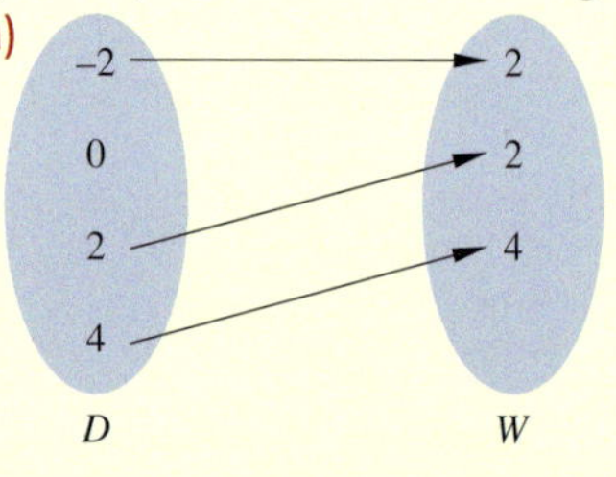

b)

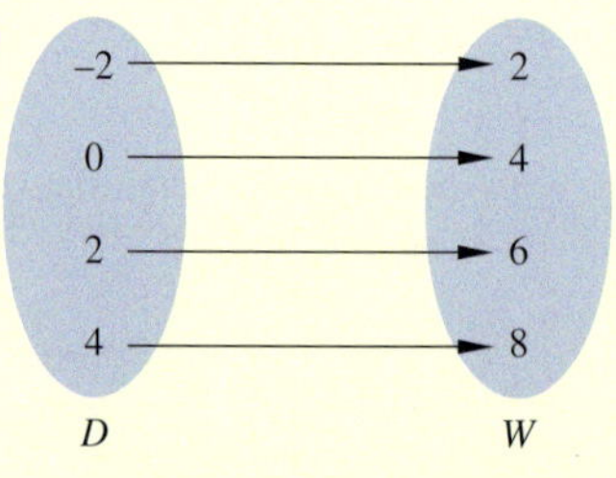

c)

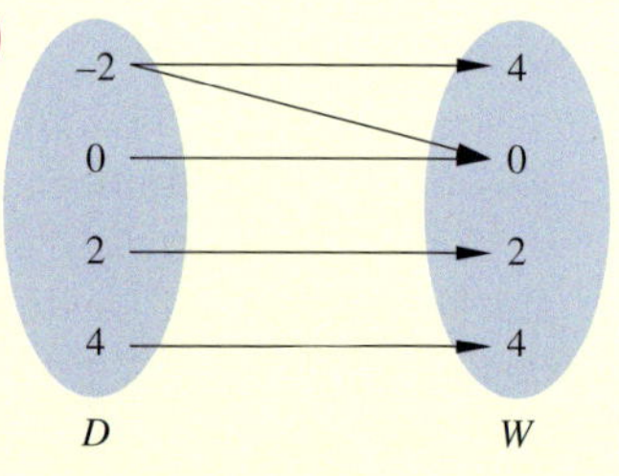

2 Übertragen Sie die Zuordnungen aus (1) in eine Wertetabelle.

3 Veranschaulichen Sie die Zuordnungen aus (1) im Koordinatensystem.

Übungen zu 1.4

1

1 Welche der folgenden Zuordnungen sind Funktionen?

a)
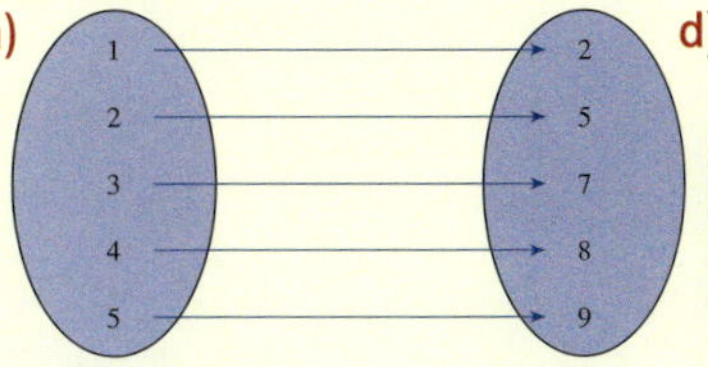

d)
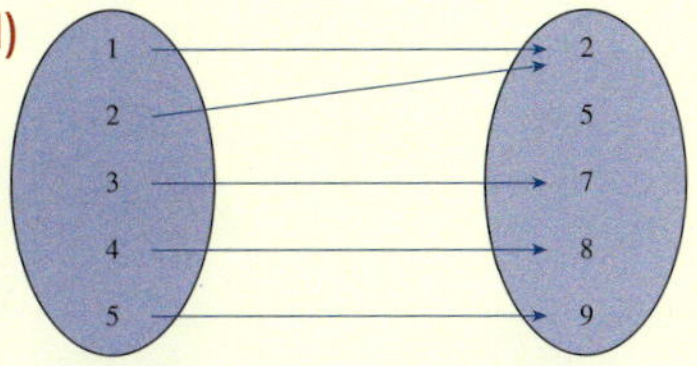

g)
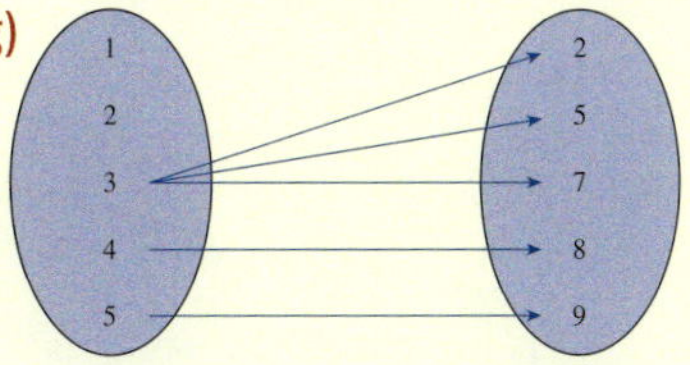

b)
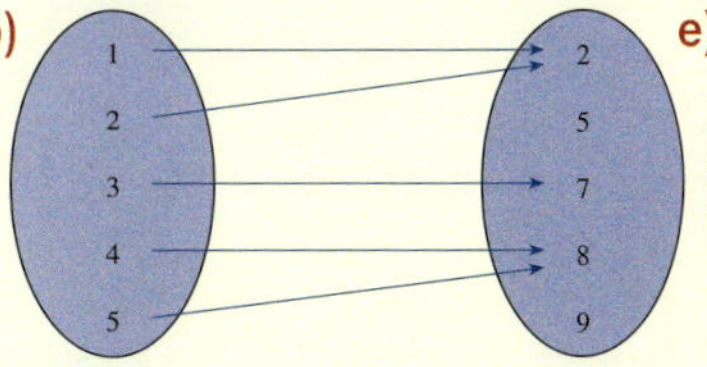

e)
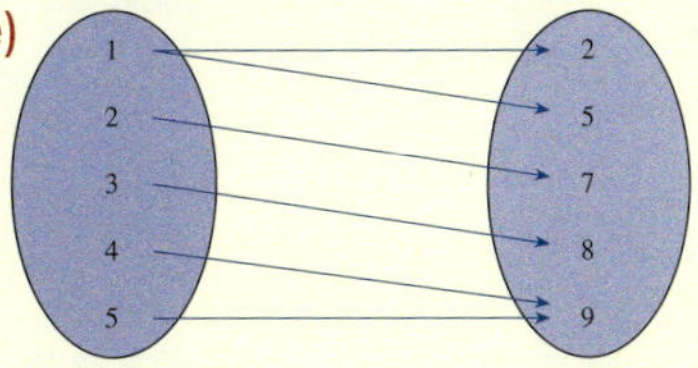

h)
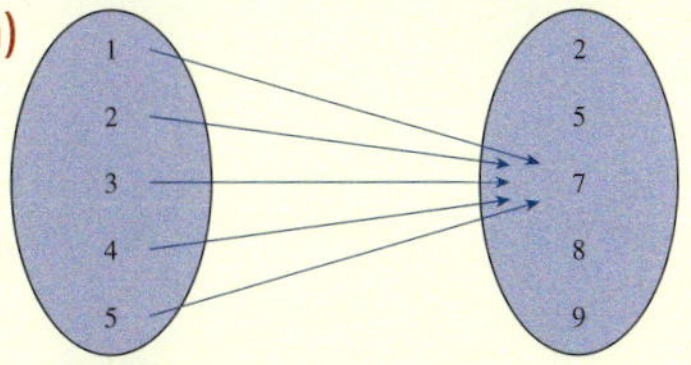

c)
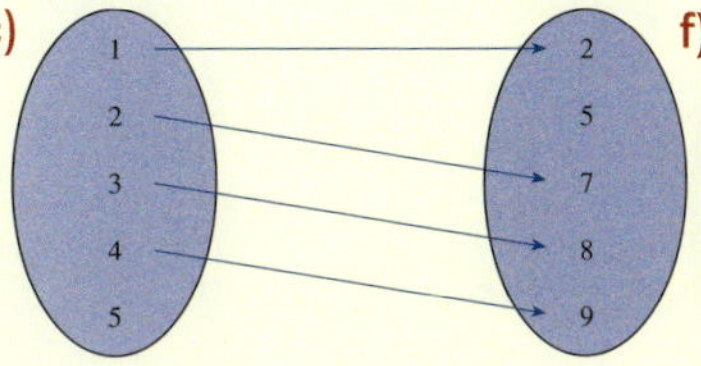

f)
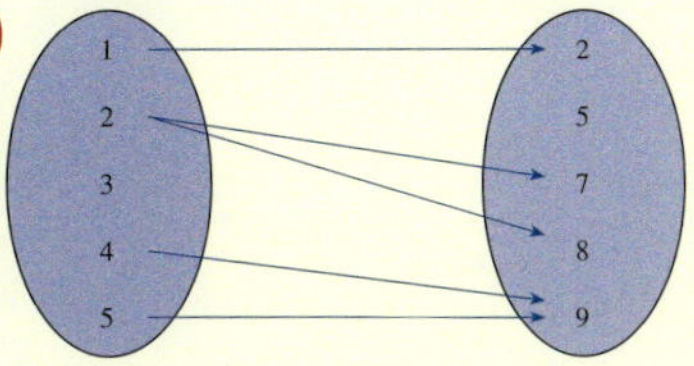

i)
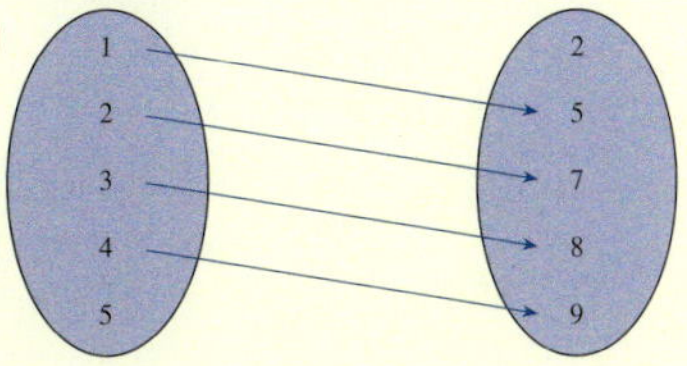

2 Gegeben ist die Ausgangsmenge $X = \{2, 3, 4\}$ und die Zielmenge $Y = \{3, 4, 5\}$. Den Elementen der Menge X werden die Elemente der Menge Y nach verschiedenen Vorschriften zugeordnet. Die Zuordnung erfolgt so, dass

a) die Elemente von Y größer sind als die Elemente von X;

b) die Elemente von Y kleiner sind als die Elemente von X;

c) die Elemente von Y gleich den Elementen von X sind;

d) die Elemente von Y das Quadrat der Elemente von X sind;

e) die Elemente von Y das Doppelte der Elemente von X sind;

f) die Elemente von Y um 1 größer sind als die Elemente von X.

Stellen Sie die Relationen in der Form von Pfeildiagrammen dar, untersuchen Sie die Relationen auf Funktionseigenschaft und begründen Sie Ihr Ergebnis.

3 Gegeben sind die Ausgangsmenge $A = \{x \in \mathbb{N} \mid 1 \leq x < 4\}$ und die Zielmenge $B = \{0, 1, 2, 3\}$.

a) Zeichnen Sie Mengendiagramme für A und B und ordnen Sie den Elementen x der Menge A die Elemente y der Menge B nach folgenden Gleichungen zu:

a_1) $y = x^0$;

a_2) $y = 3x - x^2$;

a_3) $y = \frac{6}{x}$.

b) Untersuchen Sie die Relationen auf Funktionseigenschaften und begründen Sie Ihr Ergebnis.

c) Geben Sie bei den Funktionen die Wertemenge an.

4 Gegeben sind die Ausgangsmenge $A = \{1, 2, 3\}$ und die Zielmenge $B = \{1, 2, 3, \ldots, 9\}$. Den Elementen von A sind Elemente von B wie unten dargestellt eindeutig zugeordnet.

a) Bestimmen Sie jeweils eine Funktionsgleichung in der Form $y = \ldots$.

b) Geben Sie jeweils die Wertemenge an.

(1)

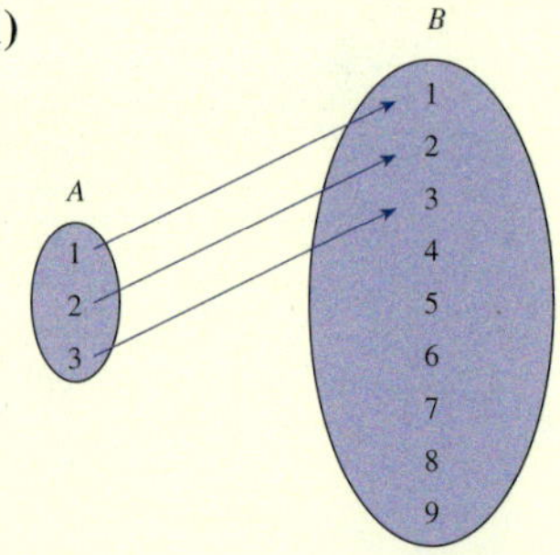

(2)

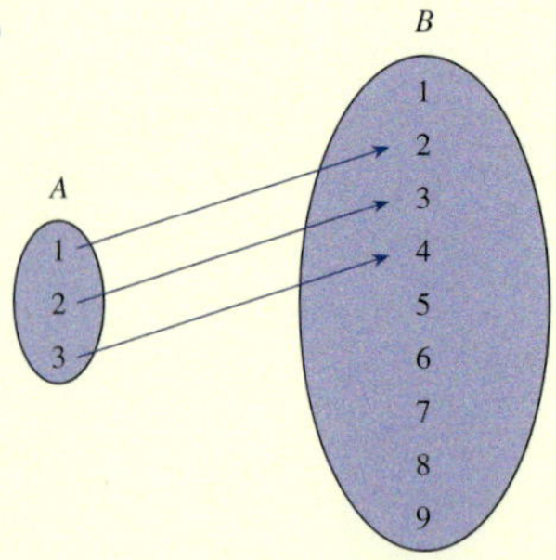

(3)

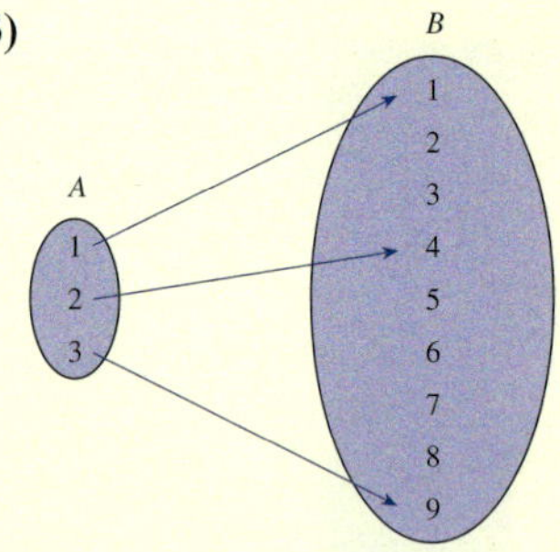

(4)

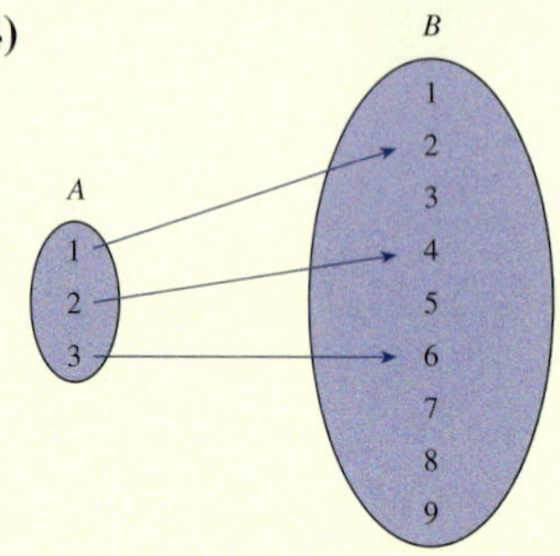

(5)

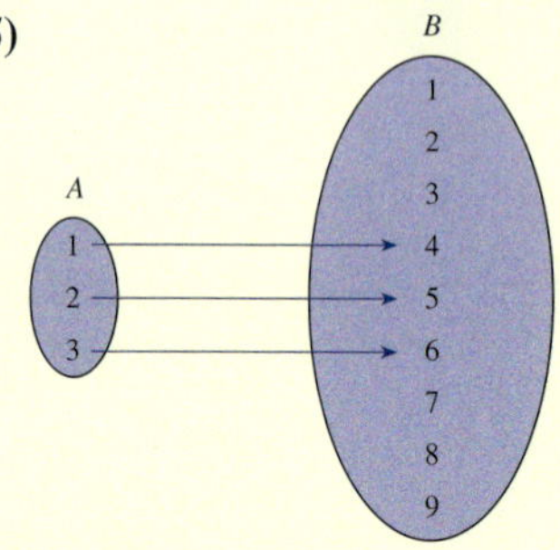

(6)

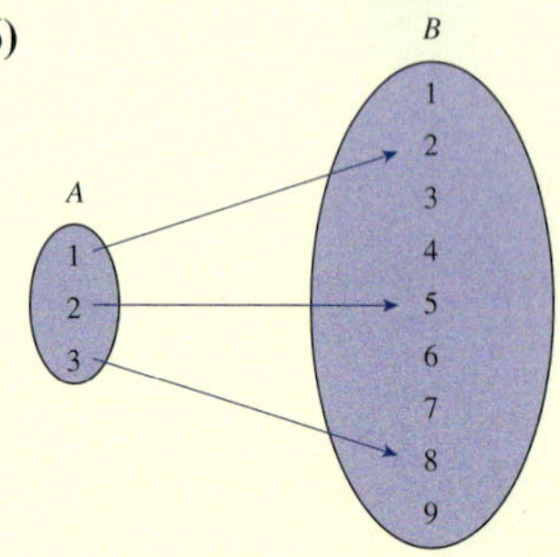

5 Gegeben sind die Ausgangsmenge $A = \{x \in \mathbb{N} | 0 \leq x \leq 5\}$ und die Zielmenge $B = \{y | y \in \mathbb{Z}\}$. Zeichnen Sie Mengendiagramme mit der Ausgangsmenge A und den jeweiligen sich aus A und den Gleichungen ergebenden Wertemengen.

a) $y = 3$ b) $y = 2x + 1$ c) $y^2 = x$

d) $y = x^3$ e) $x^2 + y^2 = 25$ f) $y^2 = x - 1$

Stellen Sie die Kosten für den Pakettransport in Abhängigkeit der einzelnen Paketgewichte durch eine abschnittsweise definierte Funktion dar und zeichnen Sie den zugehörigen Graphen.

6 Für die folgende Zuordnungsvorschriften f sei die Definitionsmenge die Menge der reellen Zahlen und die Wertemenge Teilmenge der reellen Zahlen.

Entscheiden Sie, welche der Zuordnungsvorschriften eine reelle Funktion ist.

a) $f(x) = 2x$,   b) $f(x) = \frac{2}{x}$,

c) $f(x) = 2^x$,   d) $f(x) = \left(\frac{1}{2}\right)^x$,

e) $f(x) = x$ f) $f(x) \leq x$.

7 Ermitteln Sie für die folgenden Zuordnungsvorschriften f jeweils die maximale Definitonsmenge, so dass f reelle Funktionen sind.

a) $f(x) = \frac{4}{x-3}$ b) $f(x) = \frac{4x}{x^2 + 2x - 3}$

c) $f(x) = \sqrt{x}$ d) $f(x) = \sqrt{x^2 + 2x - 3}$

2 Reelle Funktionen

Das Wahrzeichen der Stadt St. Louis im US-Bundesstaat Missouri ist der Gateway Arch (Torweg-Bogen) am Ufer des Mississippi. Er besteht aus rostfreiem Stahl, ist 192 m hoch, von innen befahrbar und besitzt eine Fußspannweite von ebenfalls 192 m.

Das heutige National-Denkmal soll St. Louis geschichtliche Funktion als „Tor zum Westen" symbolisieren und an den Ankauf der früheren französischen Kolonie Louisiana im Jahre 1803 sowie an ihre Besiedelung durch die US-Amerikaner erinnern.

2.1 Lineare Funktionen

In den Wirtschaftswissenschaften verwendet man mathematische Methoden, um einerseits in konkreten Situationen optimale Entscheidungen treffen und andererseits ökonomische Zusammenhänge besser erklären zu können. Damit sich diese Methoden anwenden lassen, ist es notwendig, Vereinfachungen der Realität vorzunehmen.

So wird im Folgenden bei den Beispielen aus den Wirtschaftswissenschaften davon ausgegangen, dass ein Unternehmen nur ein einziges Produkt herstellt. Durch Änderung der Produktionsmittel kann das Unternehmen von diesem Produkt mehr oder weniger erzeugen

Die Produktionsmenge – auch **Ausbringungsmenge** genannt – lässt sich durch eine nicht negative Zahl messen, die auf eine Mengeneinheit (ME) bezogen ist. Steht die Variable x für nicht negative Zahlen, so entstehen in Abhängigkeit von der Ausbringungsmenge **Kosten** $K(x)$, und durch den Verkauf des Produktes wird ein **Erlös** $E(x)$ erzielt, der durch Multiplikation von verkaufter Menge (Absatzmenge) und Absatzpreis $p(x)$ errechnet werden kann: $E(x) = x \cdot p(x)$. Aus dem Erlös $E(x)$ und den Kosten $K(x)$ ergibt sich der **Gewinn** $G(x)$ mit $G(x) = E(x) - K(x)$. Die Kosten, der Erlös und der Gewinn werden in Geldeinheiten (GE) gemessen, der Preis in Geldeinheiten pro Mengeneinheit (GE/ME).

x: Ausbringungsmenge

$K(x)$: Kosten in Abhängigkeit von der Menge

$E(x) = x \cdot p(x)$: Erlös

$p(x)$: Absatzpreis in Abhängigkeit von der Menge

$G(x) = E(x) - K(x)$: Gewinn

Es wird angenommen, dass die Zuordnungen $K\colon x \mapsto K(x)$ (**Kostenfunktion**), $E\colon x \mapsto E(x)$ (**Erlösfunktion**) und $G\colon x \mapsto G(x)$ (**Gewinnfunktion**) funktional und auf einem Intervall $[0; x_{kap}]$ definiert sind, wobei x_{kap} die **Kapazitätsgrenze** des Unternehmens bezeichnet. Ein Ziel des Unternehmens ist es, seinen Gewinn zu maximieren. Bei bekannter Kosten- und Erlösfunktion ist also nach der Ausbringungsmenge für x zu fragen, die den größtmöglichen Gewinn bringt.

Beispiel 2.1

Ein Händler verkauft kiloweise 100 kg Tomaten zu 3 € je kg. Der **Erlös** aus dem Verkauf lässt sich für jede Anzahl voller Kilogramm in einer Tabelle und durch den Verlauf des Graphen zur Funktion $E(x) = 3x$; $x \in \{0, 1, 2, \ldots, 100\}$ darstellen.

Menge x	0	1	2	3	4	…	100
Erlös $E(x)$	0	3	6	9	12	…	300

Da der Definitionsbereich von E nur natürliche Zahlen enthält, besteht der Graph von E nur aus einzelnen Punkten.

Abstrahiert man von dem Anwendungsbezug und erweitert den Definitionsbereich auf das volle Intervall $[0; 100]$, betrachtet man also die reelle Funktion $E_1(x) = 3x; x \in [0; 100]$, so ist der Graph von E_1 Teil einer Geraden, auf der die Punkte des Graphen von E liegen.

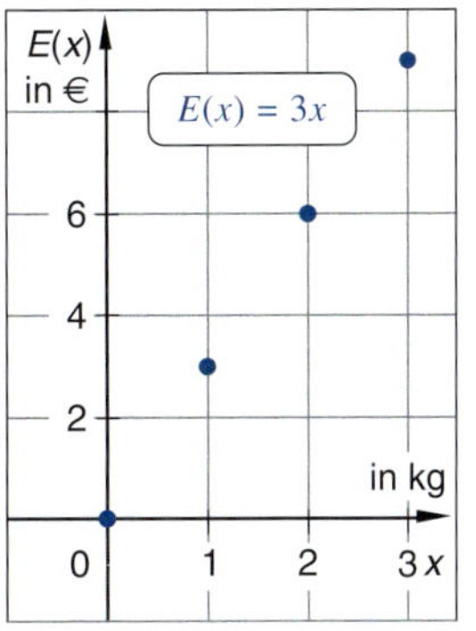

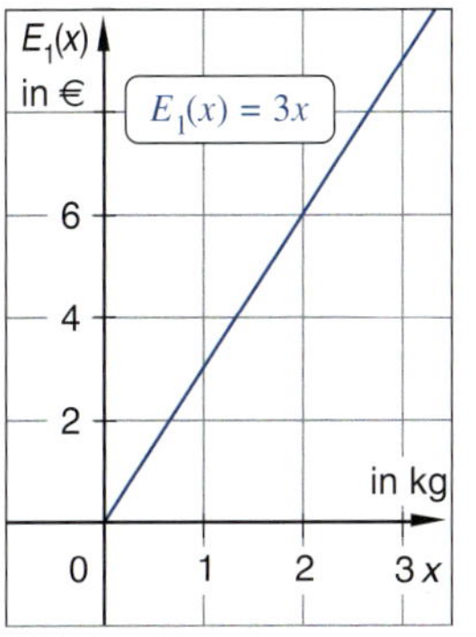

Auch in den nachfolgenden Anwendungsbeispielen wird wie in Beispiel 2.1 entsprechend abstrahiert.

Beispiel 2.2 (Steigung einer Geraden)

Der Graph der reellen Funktion $f(x) = 2x$ ist eine **Ursprungsgerade**; der Graph von f verläuft jedoch „flacher" als der Graph von E_1. Man sagt: Beide Geraden haben **verschiedene Steigungen**.

Wenn man beim Graphen von f vom Ursprung aus eine Einheit in Richtung der positiven x-Achse nach rechts geht, muss man in Richtung der positiven y-Achse zwei Einheiten **nach oben** gehen, um wieder zu einem Punkt des Graphen von f zu gelangen.

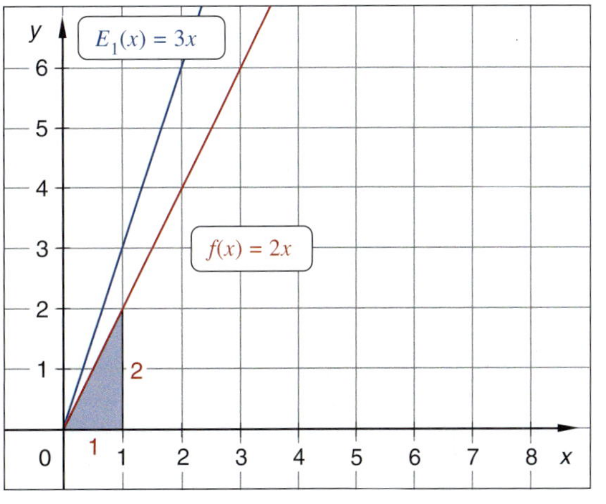

Der gleiche Vorgang lässt sich von diesem Punkt aus wiederholen, usw.

Zeichnet man diese Schritte nach, so erhält man rechtwinklige Dreiecke, die sog. Steigungsdreiecke, bei denen das Verhältnis der jeweiligen senkrechten Kathete zur waagerechten Kathete immer gleich 2 ist.

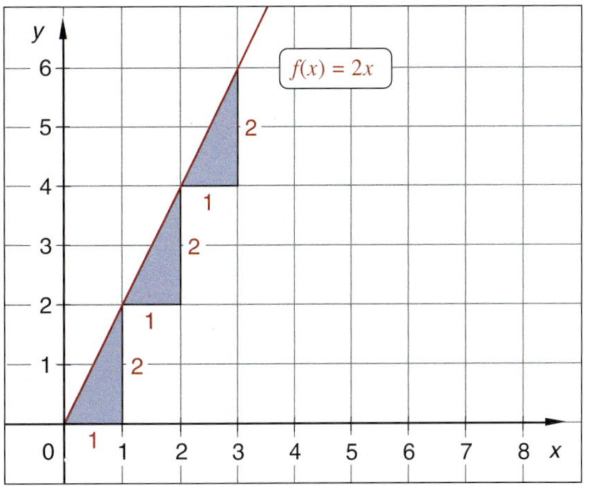

Allgemeiner noch lässt sich dieses Verhältnis für **jedes** Steigungsdreieck in einer Formel ausdrücken. Dazu werden die Schnittpunkte $P_1\langle x_1 | y_1 \rangle$ und $P_2\langle x_2 | y_2 \rangle, x_1 \neq x_2$ der beiden Katheten mit dem Graphen von f gekennzeichnet.

Die Steigung der Geraden ist dann das Verhältnis der Differenz der y-Werte (Δy) zu der Differenz der x-Werte (Δx).

▸ $y_1 = 2x_1, y_2 = 2x_2$

Die Steigung gibt an, um wie viele Einheiten sich die y-Werte verändern, wenn sich die x-Werte um Δx Einheiten verändern.

$$\Rightarrow \frac{\Delta y}{\Delta x} = \frac{y_2 - y_1}{x_2 - x_1} = \frac{f(x_2) - f(x_1)}{x_2 - x_1}$$

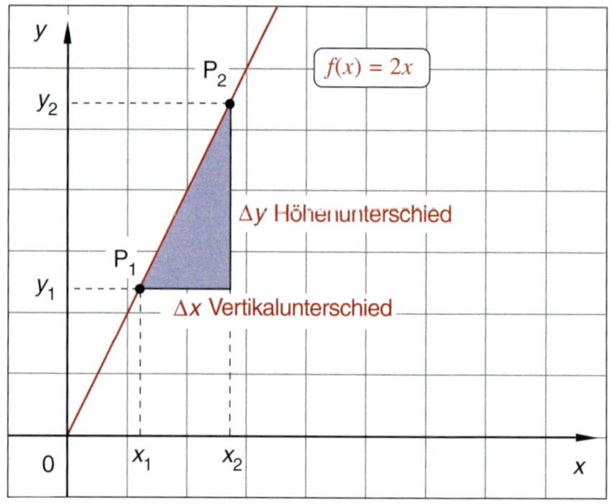

Für die Funktion f des Beispiels 2.1 gilt demnach: $\frac{\Delta y}{\Delta x} = \frac{2x_2 - 2x_1}{x_2 - x_1} = \frac{2(x_2 - x_1)}{x_2 - x_1} = \mathbf{2}.$

Analog gilt für die Funktion E_1 des Beispiels 2.1: $\frac{\Delta y}{\Delta x} = \frac{3x_2 - 3x_1}{x_2 - x_1} = \frac{3(x_2 - x_1)}{x_2 - x_1} = \mathbf{3}.$

Beispiel 2.3

Bei der Bestimmung der Steigung der Geraden zur reellen Funktion $f(x) = \frac{1}{2}x$ stellt man anschaulich fest, dass man nach einem Schritt in Richtung der x-Achse nach rechts nur einen halben Schritt in Richtung der y-Achse **nach oben** benötigt, um wieder zum Graphen von f zu gelangen. Geht man zwei Einheiten nach rechts und eine Einheit nach oben, so trifft man wieder auf die Gerade. Die Berechnung ergibt: $\frac{\Delta y}{\Delta x} = \frac{\frac{1}{2}x_2 - \frac{1}{2}x_1}{x_2 - x_1} = \frac{\frac{1}{2}(x_2 - x_1)}{x_2 - x_1} = \mathbf{\frac{1}{2}}.$

Die Steigung des Graphen von f ist $\frac{1}{2}$.

x	0	1	2	3	4	5	…
$f(x)$	0	$\frac{1}{2}$	1	$\frac{3}{2}$	2	$\frac{5}{2}$	…

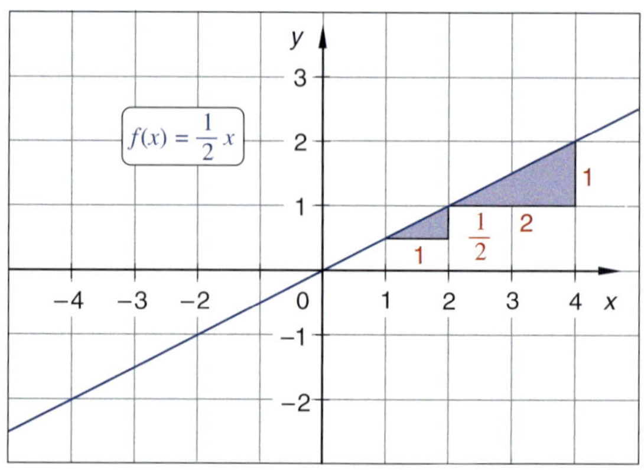

Es fällt auf, dass die Steigungen der Geraden jeweils mit dem Koeffizienten vor x im Funktionsterm von f bei allen bisherigen Funktionen in diesem Abschnitt übereinstimmen. Das ist nicht zufällig, sondern lässt sich allgemein beweisen.

Der Graph jeder reellen Funktion des Typs $f(x) = mx$ mit $m \in \mathbb{R}$ ist immer eine Gerade durch den Ursprung. Die Berechnung der Steigung der Geraden durch die voneinander verschiedenen Punkte $P_1\langle x_1 | mx_1\rangle$ und $P_2\langle x_2 | mx_2\rangle$ erfolgt wie gehabt: $\frac{\Delta y}{\Delta x} = \frac{mx_2 - mx_1}{x_2 - x_1} = \frac{m(x_2 - x_1)}{x_2 - x_1} = m;\ \Delta x_1 \neq x_2.$

Man nennt daher die Zahl für den Koeffizienten m im Funktionsterm $f(x) = mx$ auch den **Steigungsfaktor** (bzw. die **Steigung**) der reellen Funktion f.

Beispiel 2.4

Ein Vertreter erhält zu seinem festen Monatsgrundgehalt von 4.000 € eine Provision von 5 %, d. h. $\frac{5}{100}$ des Monatsumsatzes (x). Sein Gesamteinkommen (E) lässt sich darstellen als: $E(x) = 0{,}05x + 4.000$; $x \in [0;\ 100.000]$. Wie entwickelt sich sein Einkommen?

Die Wertetabelle zeigt, dass der Wert der Einkommensfunktion E um 4.000 Einheiten größer ist als der Wert der Provisionsfunktion $P(x) = 0{,}05x$; $x \in [0;\ 100.000]$, deren Graph im Koordinatenursprung beginnt und die Steigung 0,05 hat.

x	0	10.000	20.000	30.000	…
$P(x)$	0	500	1.000	1.500	…
$E(x)$	4.000	4.500	5.000	5.500	…

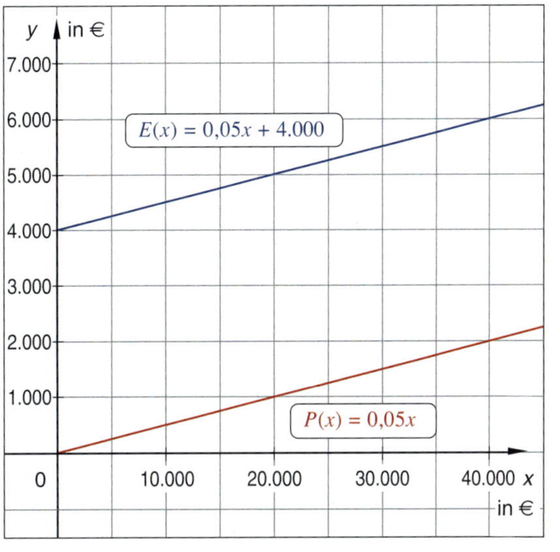

Der Graph der Funktion E lässt sich als Verschiebung des Graphen von P um 4.000 Einheiten in Richtung der positiven y-Achse interpretieren. Auch der Graph von E hat die Steigung 0,05:

$$\frac{\Delta y}{\Delta x} = \frac{0{,}05x_2 + 4.000 - (0{,}05x_1 + 4.000)}{x_2 - x_1}$$

$$= \frac{0{,}05(x_2 - x_1)}{x_2 - x_1} = \mathbf{0{,}05}.$$

Das Grundgehalt erhöht sich linear um 0,05 € für jeden € des Monatsumsatzes.

Der Graph von E schneidet die y-Achse bei 4.000; diese Stelle heißt **y-Achsenschnitt** oder **Ordinatenabschnitt** des Graphen. Sie stimmt mit dem **Absolutglied** (x-freies Glied) im Funktionsterm überein.

► Der Graph der Funktion $E(x) = 0{,}05x + 4.000$ ist eine um 4.000 Einheiten in Richtung der positiven y-Achse nach oben verschobene Ursprungsgerade zur Funktion $P(x) = 0{,}05x$.

Im Unterschied zur **Funktionsvariablen** x nennt man die Variable m eine **Formvariable** (auch **Parameter** genannt), weil durch sie (ihn) Funktionen mit Funktionstermen derselben Form, sog. **proportionale Zuordnungen**, charakterisiert werden.

Allgemein gilt:

- Bei jeder reellen Funktion vom Typ $f(x) = mx$ mit $m \in \mathbb{R}$ gibt die Zahl für den Koeffizienten m die **Steigung** des zugehörigen Graphen an.
- Der Steigungsfaktor m ist der Quotient aus den Differenzen der y-Werte (Δy) und der x-Werte (Δx): $m = \frac{\Delta y}{\Delta x}$. Für $m > 0$ steigt, für $m < 0$ fällt die Gerade.
- Δy und Δx lassen sich aus jedem Steigungsdreieck an den Graphen einer linearen Funktion ablesen.

Beispiel 2.5

Der auf einem Markt erzielbare Preis eines Gutes und die absetzbare Menge hängen vom Verlauf der **Nachfragekurve** ab. Als Beispiel mag die folgende **Nachfragefunktion** $p_N(x) = -5x + 100; x \in [0; 20]$ dienen. Liegt eine solche „typische" Nachfragefunktion vor, d. h. eine lineare Funktion, deren Graph „von links oben nach rechts unten" im Koordinatensystem verläuft, so gibt die y-Koordinate des Schnittpunktes des Graphen mit der y-Achse den **Höchstpreis** und die x-Koordinate des Schnittpunktes des Graphen mit der x-Achse die **Sättigungsmenge** an.

Zum Zeichnen des Graphen von p_N mithilfe von Excel gibt man zunächst die x-Werte wie nebenstehend ein, notiert in der Zelle B2 die Formel „$= (-5) * \text{B1} + 100$" und kopiert die Formel in die Zellen C2 bis H2, wobei in F2 nachträglich die 3 Punkte eingegeben werden.

► Excel-Tipp rechts unten

Danach markiert man die Zellen B1:E2 und mit gedrückter Strg-Taste zusätzlich die Zellen G1:H2, klickt im EINFÜGEN-Menü unter DIAGRAMME auf das nebenstehende Punkt-Symbol und wählt PUNKT (XY).

Das entstandene Schaubild wird noch formatiert, indem man mit der rechten Maustaste z. B. auf die x-Achse klickt, erst ACHSE FORMATIEREN..., dann MINIMUM (0), MAXIMUM (20) wählt und dann Minimum (0), Maximum (20) sowie HAUPTINTERVALL 2 bestimmt (analog bei der y-Achse mit MAXIMUM (100) und HAUPTINTERVALL 10).

Zur Beschriftung des Graphen wird ein Textfeld geöffnet und der Funktionsterm dort eingegeben.

	A	B	C	D	E	F	G	H
1	x	0	1	2	3	...	19	20
2	$p_N(x)$	100	95	90	85	...	5	0

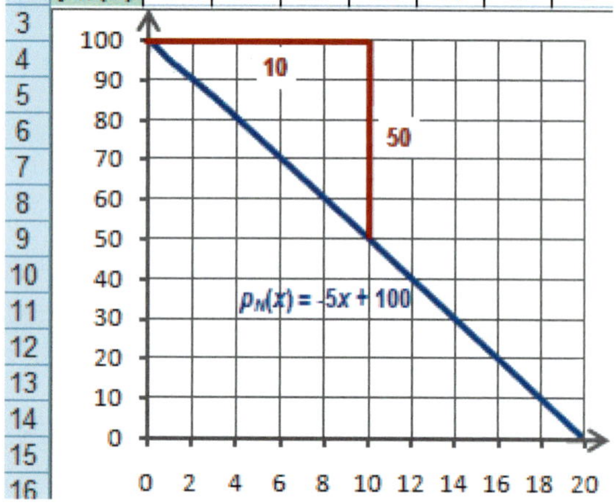

► Formatierung mit Gitternetzlinien: Klick mit rechter Maustaste ins Diagramm, DIAGRAMMOPTIONEN..., GITTERNETZLINIEN... und dann unter GRÖSSENACHSE (X) „HAUPTGITTERNETZ" anklicken.

► Das Steigungsdreieck wird mithilfe von „LINIEN" aus dem ZEICHNEN-Menü erstellt.

Beim **Höchstpreis** fällt die Nachfrage völlig aus, weil den Nachfragern das Produkt zu teuer ist. Unter der **Sättigungsmenge** versteht man die Menge, bei der auf dem Markt selbst zum Preis 0 GE keine weiteren Produkte abgesetzt werden können, weil sie der Verbraucher nicht benötigt bzw. weitere Produkte den Verbrauchern keinen zusätzlichen Nutzen stiften.

Der Absatz (x) kann nur dann gesteigert werden, wenn der Preis $p_N(x)$ gesenkt wird. Bei Preissteigerungen wird die absetzbare Menge abnehmen.

Der Definitionsbereich von p_N ergibt sich aus der Tatsache, dass $-5x + 100 \geq 0$ und $x \geq 0$ aus ökonomischen Gründen gelten müssen. Also: $D(p_N) = [0; 20]$.

► Der Absatz wird dann gesteigert, wenn der Preis $p(x)$ gesenkt wird; x ist somit auch abhängig von $p(x)$ (vgl. Abschnitt 2.7, Beispiel 2.68).

$-5x + 100 \geq 0$

$\Leftrightarrow \quad 5x \leq 100 \quad |:5$

$\Leftrightarrow \quad x \leq 20$ ► $x \geq 0$

$\Leftrightarrow \quad 0 \leq x \leq 20$ ► $x \in [0; 20]$

Beispiel 2.6

Ein Jungunternehmer hat sich ausgerechnet, dass seine von der Absatzmenge abhängigen Kosten 24 GE pro ME betragen.
Wie lauten die Funktionsterme für die variablen Stückkosten und die variablen Kosten?

In die Preise der Waren müssen für jedes Stück 24 GE der variablen Kosten einkalkuliert werden. Die variablen Stückkosten betragen also 24 GE. Da die Kosten pro Stück unabhängig von der produzierten Menge x sind, ist die **Stückkostenfunktion** $k(x)$ konstant. Es gilt: $k(x) = 24$. Eine solche Funktion nennt man **konstante Funktion**.

Die gesamten variablen Kosten steigen mit jeder weiteren Einheit der Absatzmenge um 24 GE. Die Funktion der **variablen Kosten** lautet daher $K_v(x) = 24x; x \in [0; 20]$.

x	0	1	2	3	…	20
$k_v(x)$	–	24	24	24	…	24
$K_v(x)$	0	24	48	72	…	480

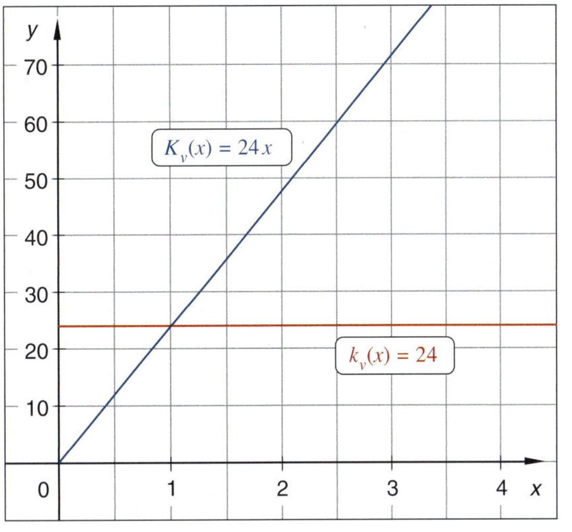

Die Funktionen in den bisherigen Beispielen ließen sich alle durch einen einheitlichen Funktionsterm beschreiben. Dass dies nicht für jede Funktion gelten muss, zeigt das folgende Beispiel.

Beispiel 2.7 (abschnittsweise definierte lineare Funktion)

Die Firma Borgknawe produziert Elektroartikel auf mehreren Produktionsmaschinen. Bis zur Produktion von täglich 100 Geräten reichen die vorhandenen Maschinen aus, wobei variable Kosten von 25 GE und Fixkosten von 250 GE entstehen. Für die Produktion über 100 ME hinaus bis zu 150 ME werden weitere Maschinen benötigt, sodass die Fixkosten dann 500 GE betragen. Stellen Sie den Funktionsterm der Kostenfunktion auf und zeichnen Sie den zugehörigen Graphen.

Die Kostenfunktion K ist nicht einheitlich, sondern abschnittsweise definiert und unterscheidet sich im Absolutglied, das die fixen Kosten darstellt:

$$K(x) = \begin{cases} 25x + 250 \text{ für } x \in [0; 100] \\ 25x + 500 \text{ für } x \in (100; 150] \end{cases}.$$

Ihr Graph ist an der Stelle 100 unterbrochen und somit stückweise definiert.

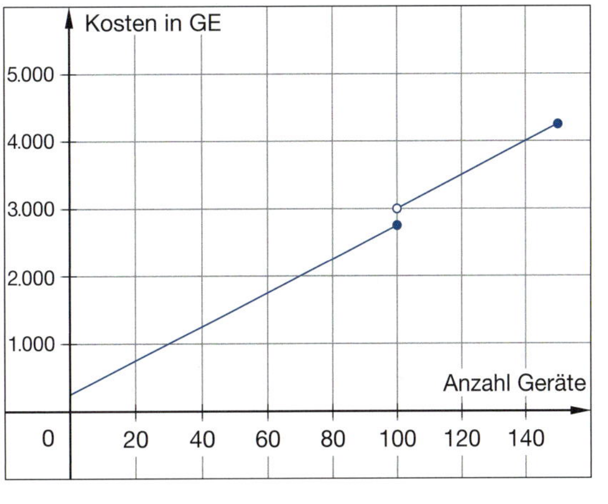

Die Graphen aller reellen Funktionen vom Typ $f(x) = mx + b$ mit reellen Zahlen für m und b stellen Geraden mit der Steigung m dar. Solche Funktionen heißen daher **lineare Funktionen**. Graphen linearer Funktionen, die dieselbe Steigung besitzen, verlaufen parallel, unterscheiden sich also nur durch ihren unterschiedlichen Schnittpunkt mit der y-Achse.
Zu den **abschnittsweise definierten linearen** Funktionen kann man auch die sogenannte **Betragsfunktion** zählen.

Beispiel 2.8

Unter dem **Betrag** $|x|$ einer reellen Zahl für x versteht man:

$$|x| = \begin{cases} x & \text{für } x \geq 0 \\ -x & \text{für } x < 0. \end{cases}$$

Entsprechend ordnet die Betragsfunktion jeder reellen Zahl ihren Betrag zu:

$$f(x) = |x| = \begin{cases} x & \text{für } x \geq 0 \\ -x & \text{für } x < 0 \end{cases}; x \in \mathbb{R}.$$

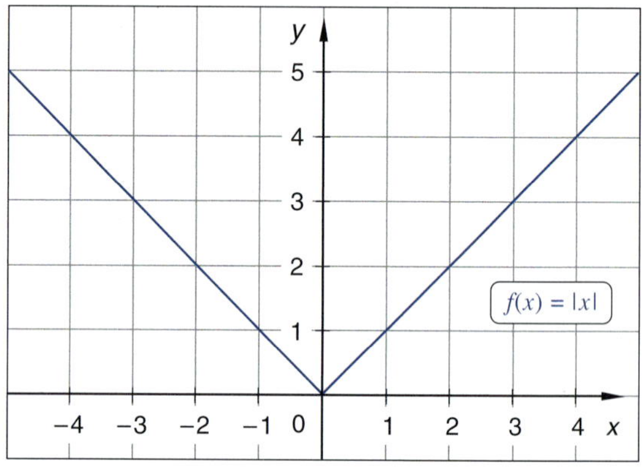

Der Graph von f $(G(f))$ dieser Betragsfunktion setzt sich aus den Teilen der 1. und 2. Winkelhalbierenden des Koordinatensystems zusammen, die – vom Nullpunkt abgesehen – ganz oberhalb der x-Achse verlaufen.

Beispiel 2.9

Zeichnen Sie den Graphen der Funktion $g(x) = |x-2| - 4; x \in \mathbb{R}$ und begründen Sie, wie der Graph von g aus dem Graphen von f aus Beispiel 2.8 durch Verschiebung entsteht.

$$g(x) = |x-2| - 4$$
$$= \begin{cases} x-2-4 & \text{für } x-2 \geq 0 \\ -(x-2)-4 & \text{für } x-2 < 0 \end{cases}$$
$$= \begin{cases} x-6 & \text{für } x \geq 2 \\ -x-2 & \text{für } x < 2. \end{cases}$$

Der Graph zur Betragsfunktion f mit $f(x) = |x|$ wird um 2 Einheiten in Richtung der positiven x-Achse (wegen $|x-2|$ im Funktionsterm von g) und um 4 Einheiten in Richtung der negativen y-Achse (wegen -4 im Funktionsterm von g) verschoben.

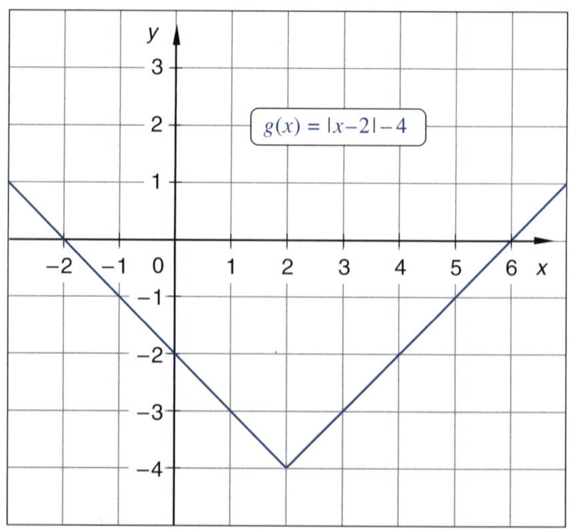

Allgemein gilt:

- Reelle Funktionen vom Typ $f(x) = mx + b$ mit reellen Zahlen für m und b heißen **lineare Funktionen**; ihre Graphen sind **Geraden**.
- Das **Absolutglied** b bestimmt den **Ordinatenabschnitt** dieser Geraden.
- Reelle Funktionen des Typs $f(x) = b$ mit reellen Zahlen für b heißen **konstante Funktionen**. Ihre Graphen verlaufen parallel zur x-Achse $(m = 0)$
- Reelle Funktionen, die auf verschiedenen Teilmengen ihrer Definitionsmenge unterschiedlich definiert sind, heißen **abschnittsweise definierte Funktionen**.

2

Alles klar?

1 Zeichnen Sie eine Gerade mit der Steigung -2 und dem Absolutglied 3.

2 a) Zeichnen Sie die Gerade mit der Gleichung $f(x) = 3x - 4$.
b) Erläutern Sie anhand der Zeichnung die Bedeutung der Zahlen 3 und -4 in der Geradengleichung.

3 Zeichnen Sie zwei unterschiedliche Steigungsdreiecke an die Gerade mit der Gleichung $f(x) = x - 4$ $(f(x) = -3x + 6)$ und berechnen Sie für jedes Steigungsdreieck $\frac{\Delta y}{\Delta x}$.

4 Es ist $f(x) = |x + 2| - 4$.
a) Schreiben Sie den Funktionsterm ohne Betragsstriche.
b) Zeichnen Sie den Graphen der Funktion.
c) Erläutern Sie, wie der Graph von f aus dem Graphen der Funktion $g(x) = |x|$ durch Verschiebung hervorgeht.

Bestimmung des Funktionsterms linearer Funktionen aus ihren Graphen

Beispiel 2.10

Ohne eine Festlegung von zwei Punkten kann man direkt mittels des Absolutgliedes b und des Steigungsfaktors m aus dem Funktionsterm $f(x) = mx + b$ die zugehörige Gerade zeichnen.

Dazu markiert man den Ordinatenabschnitt b und legt dort das Steigungsdreieck an, indem man zunächst um eine Einheit in Richtung der positiven x-Achse nach rechts geht. Je nachdem, ob $m > 0$ oder $m < 0$ gilt, geht man dann um $|m|$ Einheiten in Richtung der y-Achse nach oben $(m > 0)$ bzw. nach unten $(m < 0)$.

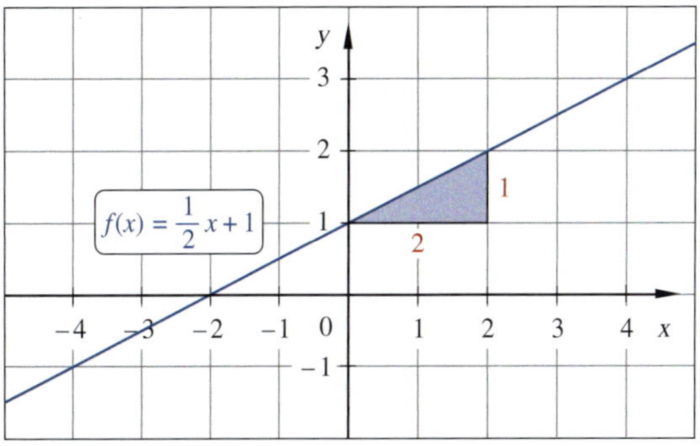

Sind umgekehrt zwei Punkte $P_1\langle x_1|y_1\rangle$ und $P_2\langle x_2|y_2\rangle$ des Graphen einer linearen Funktion f bekannt, so lässt sich ihr Funktionsterm folgendermaßen rechnerisch ermitteln:

Durch die Koordinaten der zwei Punkte ist die Steigung m der Geraden eindeutig bestimmt: $m = \frac{y_2 - y_1}{x_2 - x_1}$.

Deshalb setzt man den errechneten Wert für m und die Koordinaten eines der beiden Punkte (z.B. von P_1) in die allgemeine Funktionsgleichung $y = mx + b$ einer linearen Funktion ein und stellt sie nach b um.
Hierbei ist zu beachten, dass $y_1 = f(x_1)$ gilt:
$y_1 = mx_1 + b \Leftrightarrow b = y_1 - mx_1$.
Mit den beiden errechneten Werten für m und b lautet dann die lineare Funktion $f(x) = mx + b; x \in \mathbb{R}$.

Beispiel: $P_1\langle -2|1 \rangle; P_2\langle 3|-9 \rangle$.

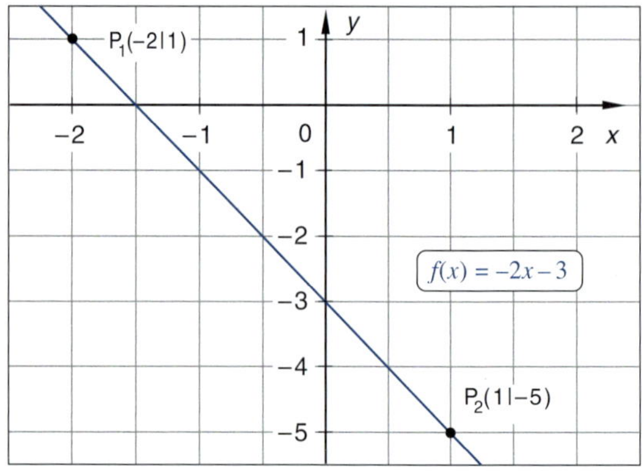

- $m = \frac{-4-1}{1-(-2)} = \frac{-6}{3} = \mathbf{-2}$
- $b = y_1 - mx_1$ ▶ $m = -2; x_1 = -2; y_1 = \mathbf{1}$
  $b = 1 - 4 = \mathbf{-3} \Rightarrow f(x) = -2x - 3$

Allgemein gilt:

- Sind zwei Punkte $P_1\langle x_1|y_1 \rangle$ und $P_2\langle x_2|y_2 \rangle$ des Graphen einer linearen Funktion f bekannt, so erhält man ihren Funktionsterm aus $\frac{f(x) - y_1}{x - x_1} = \frac{y_2 - y_1}{x_2 - x_1}$. Diese Gleichung heißt **Zwei-Punkte-Form** einer Geradengleichung.
- Sind ein Punkt $P_1\langle x_1|y_1 \rangle$ und die Steigung von m des Graphen einer linearen Funktion f bekannt, so erhält man ihren Funktionsterm aus $\frac{f(x) - y_1}{x - x_1} = m$. Diese Gleichung heißt **Punkt-Steigungs-Form** einer Geradengleichung.

Beispiel 2.11

Die wöchentlichen Gesamtkosten eines Betriebs zur Produktion von Luxus-Fahrrädern setzen sich zusammen aus Fixkosten von 6.300 € und variablen Kosten von 800 € je Stück. Maximal kann der Betrieb in der Woche 20 Fahrräder herstellen. Der Betrieb erzielt einen Preis von 1.500 € pro Fahrrad. Wie viele Fahrräder muss der Betrieb verkaufen, damit der Erlös die Kosten deckt, und wie hoch sind dann der Erlös und der Gewinn?

Die **Kostenfunktion** hat den Steigungsfaktor 800 und das Absolutglied 6.300:
$K(x) = 800x + 6.300; x \in [0; 20]$.

Die **Erlösfunktion** hat den Steigungsfaktor 1.500 und das Absolutglied 0:
$E(x) = 1.500x; x \in [0; 20]$.

Wenn bei einer bestimmten verkauften Anzahl von Fahrrädern der Erlös die Kosten deckt, dann sind an dieser Stelle x_0 der **Erlös und die Kosten gleich**.

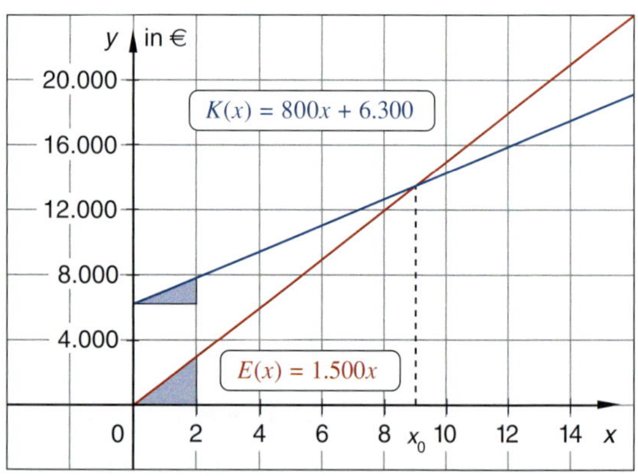

Zeichnet man die Graphen von E und K mithilfe der Steigungsdreiecke in das Koordinatensystem, so kann man anhand der Zeichnung den Schnittpunkt beider Graphen bestimmen. Durch Ablesen der Abszisse ($x_0 = 9$) und der Ordinate ($y_0 = 13.500$) erhält man den **Schnittpunkt beider Graphen** zu **S ⟨9 | 13.500⟩**.

Rechnerisch erhält man die Stelle x_0 als Lösung der folgenden Gleichung:

$$E(x) = K(x) \Leftrightarrow 1.500x = 800x + 6.300 \quad |-800x$$
$$\Leftrightarrow \quad 700x = 6.300 \quad |:700$$
$$\Leftrightarrow \quad x = 9$$
$$x_0 = \mathbf{9}.$$

Lösung:
$E(9) = 1.500 \cdot 9 = 13.500 \Rightarrow$ **S⟨9 | 13.500⟩**.

2

Wenn 9 Fahrräder verkauft werden können, deckt der erzielte Erlös die entstandenen Kosten, der Erlös beträgt dabei 13.500 €.
Der **Gewinn** des Betriebs errechnet sich aus der Differenz des erzielten Erlöses und der entstandenen Kosten zur gleichen Ausbringungsmenge:
$G(x) = E(x) - K(x) = 1.500x - (800x + 6.300) = 700x - 6.300; x \in [0; 20]$.

Nachdem die x-Werte notiert sind, gibt man in Excel in der Zelle B2 die Formel „= 800 * B1 + 6300" ein und kopiert sie in die Zellen C2 bis G2. Analog trägt man in der Zelle B3 die Formel „= 1500 * B1" bzw. in der Zelle B4 „= B3 − B2" ein, bevor man die jeweilige Formel in die Zellen C3 bis G3 bzw. C4 bis G4 kopiert. ► Excel-Tipp zu Beispiel 2.6

Danach markiert man A1:G4 und klickt im EINFÜGEN-Menü unter DIAGRAMME auf das Punkt-Symbol und wählt PUNKT (XY).
Zur Formatierung des Schaubilds klickt man mit der rechten Maustaste z. B. auf die x-Achse, wählt ACHSE FORMATIEREN: MINIMUM (0), MAXIMUM (15), HAUPTINTERVALL 3 (analog y-Achse MAXIMUM 22500, HAUPTINTERVALL 2.500).

Die Funktionsterme werden in Excel in Textfeldern eingegeben und dann farbig formatiert.

	A	B	C	D	E	F	G
1	x	0	3	6	9	12	15
2	K(x)	6300	8700	11100	13500	15900	18300
3	E(x)	0	4500	9000	13500	18000	22500
4	G(x)	-6300	-4200	-2100	0	2100	4200

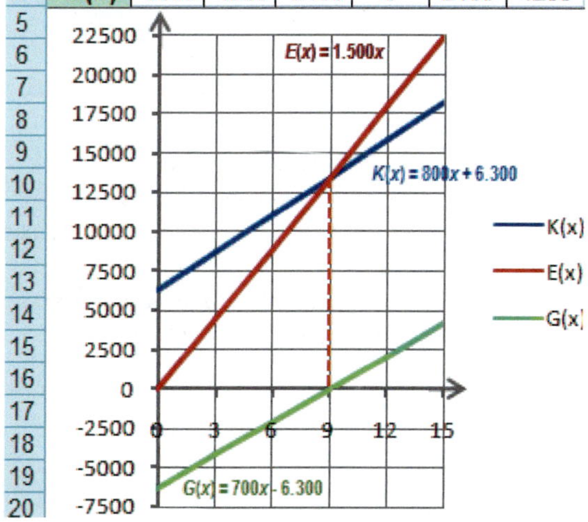

► An der Stelle 9 wird eine „punktierte Linie" aus der Symbolleiste „Zeichnen" eingefügt.

Wenn bei wöchentlich 9 verkauften Fahrrädern der Erlös die Kosten deckt, hat der Betrieb weder Gewinn noch Verlust erwirtschaftet, der Gewinn wäre somit gleich 0 €.

Da der Betrieb bei wöchentlich weniger als 9 verkauften Fahrrädern Verlust und bei mehr als 9 verkauften Fahrrädern Gewinn erwirtschaften würde, nennt man diese Stelle ($x_0 = 9$) auch **Gewinnschwelle** („**Break-Even-Point**").

Anschaulich schneidet der Graph von G die x-Achse an der Stelle $x_0 = 9$. Diese Stelle ist die Gewinnschwelle und heißt **Nullstelle der Funktion** G.
Rechnerisch ergibt sich 9 als Lösung der Gleichung $G(x) = 0$ (wie nebenstehend).

$$G(x) = 0$$
$$\Leftrightarrow 700x - 6.300 = 0 \quad |+6.300$$
$$\Leftrightarrow \quad 700x = 6.300 \quad |:700$$
$$\Leftrightarrow \quad x = 9$$

Lösung: $x_0 = \mathbf{9}$

Beispiel 2.12 (Geradenschar)

Zeichnen Sie mithilfe von TI-Nspire die Geraden der linearen Funktionen $f_{a,b}(x) = ax + b$ und beschreiben Sie die Auswirkungen der Parameter a und b im Funktionsterm.

Funktionsgraphen werden über die Applikation GRAPHS & GEOMETRY erstellt, die entweder nach dem Programmstart angeklickt oder über das Menü EINFÜGEN aufgerufen wird.

Zur bequemen Eingabe des Funktionsterms klickt man auf das Symbol HANDHELD-TASTATUR.

Einen Schieberegler fügt man durch Anklicken des Symbols AKTIONEN in das TI-Arbeitsblatt ein.
Durch Klick mit der rechten Maustaste in das Schiebereglerfeld wird über EINSTELLUNGEN .../SCHIEBEREINSTELLUNGEN das Minimum in −5 und das Maximum in 5 geändert.

Mithilfe der Handheld-Tastatur wird $f1(x)$ als $\boldsymbol{a} \cdot x + \boldsymbol{b}$ definiert, wobei die Parameter automatisch fett dargestellt werden, wenn die Schieberegler *vorher* mit a und b bezeichnet wurden.

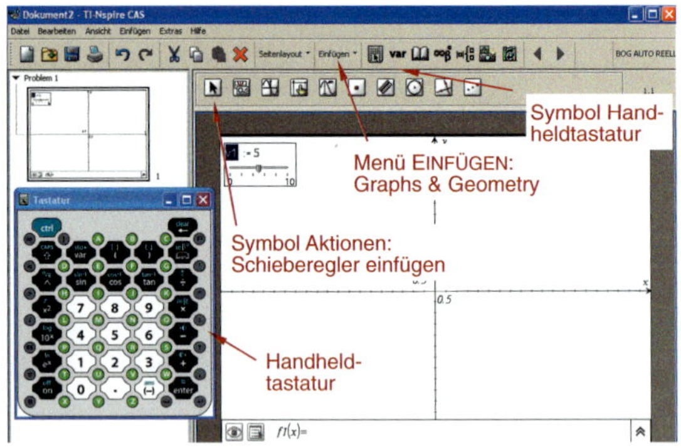

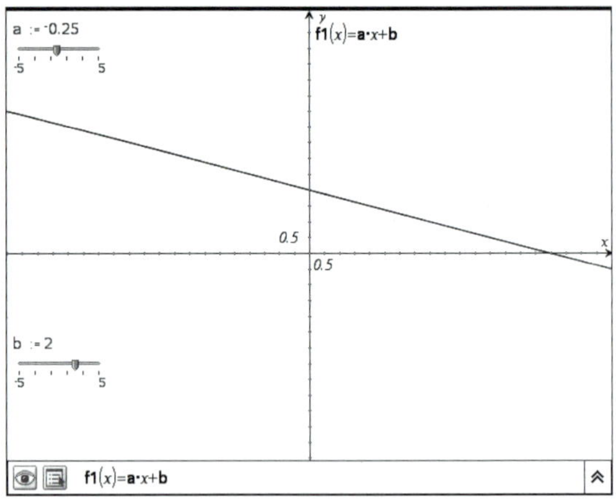

Durch Betätigung der Schieberegler erkennt man, dass die Graphen für negative Zahlen anstelle von a umso stärker fallen, je größer der Betrag der Zahl für a ist, und für positive Zahlen umso stärker steigen, je größer der Betrag der Zahl für a ist.
Verschiedene Zahlen für b bewirken eine Veränderung des Ordinatenabschnitts.

Alles klar?

1 Bestimmen Sie die Gleichung der Geraden, die durch die Punkte $\langle -6|0\rangle$ und $\langle 3|3\rangle$ verläuft.

2 Es sind $f(x) = -x + 5$ und $g(x) = 2x - 4$ die Gleichungen zweier Geraden.
a) Berechnen Sie den Schnittpunkt der beiden Geraden.
b) Zeichnen Sie die beiden Geraden.

3 Experimentieren Sie mit der GRAPHS & GEOMETRY-Applikation in TI_Nspire, indem Sie die Graphen einer weiteren linearen Funktion $f2(x)$ als $\boldsymbol{c} \cdot x + \boldsymbol{d}$ definieren und die jeweiligen Schnittpunkte von $j1(x)$ und $j2(x)$graphisch und rechnerisch bestimmen.

Übungen zu 2.1

Allgemeine Übungen

1 Zeichnen Sie die Graphen der reellen Funktionen jeweils im angegebenen Intervall.

a) $f(x) = 2x - 4; I = [0; 4]$
b) $f(x) = 3x - 3; I = [-2; 4]$
c) $f(x) = -2x + 2; I = [-2; 4]$
d) $f(x) = x + 4; I = [-8; 0]$
e) $f(x) = -x - 2; I = [-6; 2]$
f) $f(x) = -x - 1{,}5; I = [-5; 2]$
g) $f(x) = 0{,}5x; I = [-4; 4]$
h) $f(x) = -0{,}5x + 1; I = [-2; 6]$

2 Bestimmen Sie den Funktionsterm der linearen Funktion, deren Graph

a) die Steigung 10 hat und durch den Punkt $P\langle 4 \mid -8 \rangle$ geht;
b) durch die Punkte $A\langle -2 \mid 25 \rangle$ und $B\langle 5 \mid 13 \rangle$ geht;
c) durch die Punkte $C\langle 0 \mid -8 \rangle$ und $D\langle -4 \mid -4 \rangle$ geht;
d) aus der unten stehenden Zeichnung hervorgeht.

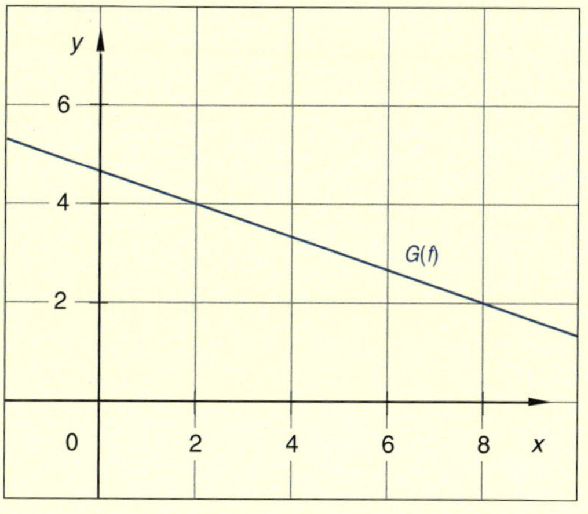

3 Die Gerade g_1 geht durch die Punkte $A\langle 4 \mid 6 \rangle$ und $B\langle 8 \mid 4 \rangle$, die Gerade g_2 hat die Steigung 2 und geht durch $C\langle 2 \mid 1 \rangle$.

a) Ermitteln Sie die Terme der zugehörigen linearen Funktionen.
b) Zeichnen Sie beide Graphen im Intervall $[0; 16]$.
c) Berechnen Sie die Nullstellen beider Funktionen.
d) Bestimmen Sie den Schnittpunkt beider Geraden.

4 Bestimmen Sie den Funktionsterm der linearen Funktion, deren Graph durch $A\langle 1 \mid 2 \rangle$ geht und außerdem

a) zum Graphen der linearen Funktion $g(x) = \frac{1}{3}x + 1; x \in \mathbb{R}$ parallel verläuft;
b) mit der positiven x-Achse einen Winkel von 45° bildet;
c) durch den Koordinatenursprung geht;
d) zur x-Achse parallel verläuft.

5 Bestimmen Sie im Funktionsterm der linearen Funktion vom Typ $f(x) = mx + 2; x \in \mathbb{R}$ den Steigungsfaktor m so, dass der Graph von f durch den Punkt $A\langle 3 \mid 0{,}5 \rangle$ geht.
Zeichnen Sie den Graphen der Funktion f im Intervall $[-2; 6]$.

6 Eine Gerade verläuft durch die Punkte $A\langle 2 \mid 5 \rangle$ und $B\langle 6 \mid 7 \rangle$.

a) Zeichnen Sie die Gerade im Intervall $[0; 15]$.
b) Bestimmen Sie den Funktionsterm der Funktion, deren Graph diese Gerade ist.
c) Berechnen Sie die Ordinate (y-Koordinate) des Punktes von $G(f)$ mit der Abszisse (x-Koordinate) 12.

7 Bestimmen Sie jeweils die Funktionsterme der linearen Funktionen, deren Graphen die Gerade g_1 durch die Punkte A und B sowie die Gerade g_2 durch die Punkte C und D darstellen. Berechnen Sie jeweils die Nullstellen beider Funktionen sowie jeweils den Schnittpunkt beider Geraden.

a) g_1: $A\langle 3 \mid 4 \rangle, B\langle 7 \mid 12 \rangle$
g_2: $C\langle 2 \mid 6 \rangle, D\langle 8 \mid 9 \rangle$
b) g_1: $A\langle 0 \mid 1 \rangle, B\langle 2 \mid -3 \rangle$
g_2: $C\langle -0{,}5 \mid 2 \rangle, D\langle 2 \mid 7 \rangle$
c) g_1: $A\langle -2 \mid 0 \rangle, B\langle -6 \mid -6 \rangle$
g_2: $C\langle 4 \mid 3 \rangle, D\langle -2 \mid 6 \rangle$
d) g_1: $A\langle 0 \mid 2 \rangle, B\langle -1 \mid 7 \rangle$
g_2: $C\langle 3 \mid 6 \rangle, D\langle -1 \mid -6 \rangle$
e) g_1: $A\langle 2 \mid 2 \rangle, B\langle 8 \mid -1 \rangle$
g_2: $C\langle -2 \mid -4 \rangle, D\langle 4 \mid 5 \rangle$
f) g_1: $A\langle 1 \mid 4 \rangle, B\langle 5 \mid -4 \rangle$
g_2: $C\langle -6 \mid -2 \rangle, D\langle 4 \mid 3 \rangle$

8 Berechnen Sie die Schnittpunkte der zu den reellen Funktionen f und g zugehörigen Graphen rechnerisch und zeichnerisch.

a) $f(x) = 0{,}5x + 4$ und $g(x) = -0{,}25x + 5{,}5$
b) $f(x) = -2x + 5$ und $g(x) = x - 1$
c) $f(x) = 3x - 5$ und $g(x) = 2x - 2$
d) $f(x) = 0{,}5x + 8$ und $g(x) = -2x + 18$

9 Zeigen Sie anhand der Zeichnung, dass die rote Gerade mit der Gleichung $f_2(x) = -\frac{2}{3}x$ durch Drehung der blauen Geraden mit der Gleichung $f_1(x) = \frac{3}{2}x$ um 90° entstanden ist und somit senkrecht zur blauen Gerade steht.

a) Erklären Sie die Steigungsfaktoren $m_1 = \frac{3}{2}$ und $m_2 = \frac{-2}{3}$ anhand der jeweiligen Steigungsdreiecke.
b) Begründen Sie allgemein, dass für zwei senkrecht zueinander verlaufende Geraden $f_1(x) = m_1 x$ und $f_2(x) = m_2 x$ stets gilt: $m_1 = -\frac{1}{m_2}$ bzw. $m_1 \cdot m_2 = -1$.

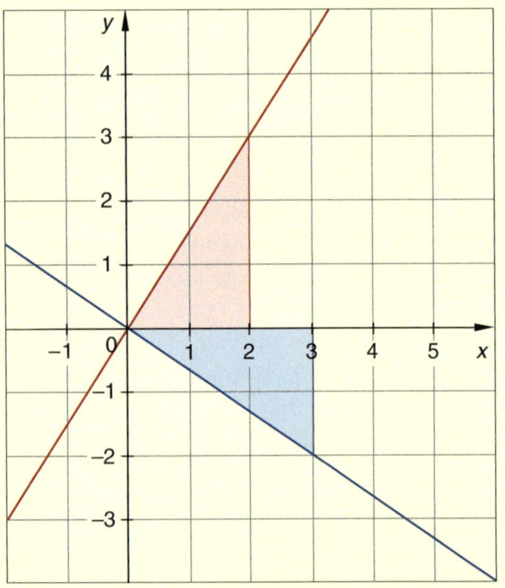

10 Bestimmen Sie die Gleichungen der Senkrechten zu den gegebenen Geraden f_1 an der jeweiligen Stelle x_s und zeichnen Sie beide Geraden in ein Koordinatensystem.

a) $f_1(x) = 2x + 1,\ x_s = 1,$
b) $f_1(x) = 0{,}25x - 2,\ x_s = 2,$
c) $f_1(x) = -2{,}5x + 5,\ x_s = 0.$

11 Gegeben ist das Parallelogramm mit den Eckpunkten $A\langle 1|1\rangle$, $B\langle 7|1\rangle$, $C\langle 8|5\rangle$ und $D\langle 2|5\rangle$.

a) Zeichnen Sie das Parallelogramm einschließlich seiner Diagonalen in ein Koordinatensystem.
b) Bestimmen Sie die Funktionsterme der Funktionen, auf deren Graphen die Diagonalen des Parallelogramms liegen.
c) Berechnen Sie den Schnittpunkt der Diagonalen.

12 Gegeben ist die lineare Funktion $f(x) = 0{,}5x - 3;\ x \in \mathbb{R}$. Eine Parallele zum Graphen dieser Funktion verläuft durch den Punkt $A\langle 5|5\rangle$.

a) Zeichnen Sie den Graphen der Funktion f und die Parallele zu $G(f)$ durch A.
b) Bestimmen Sie den Funktionsterm der Funktion g, deren Graph die Parallele zu $G(f)$ ist.
c) Berechnen Sie die Nullstelle von g.

13 Gegeben sind die Punkte $A\langle 1|2\rangle$ und $B\langle 5|12\rangle$ des Graphen der linearen Funktion f und die Funktion $g(x) = -0{,}5x + 11{,}5;\ x \in \mathbb{R}$.

a) Bestimmen Sie den Funktionsterm von f.
b) Bestimmen Sie den Schnittpunkt beider Geraden rechnerisch und zeichnerisch.
c) Bestimmen Sie den Flächeninhalt der von beiden Geraden und der x-Achse begrenzten Fläche.

14 Um einen Flugdrachen zu bauen, muss eine Fläche ausgeschnitten werden, die von den Graphen der Funktionen mit den folgenden Funktionstermen eingeschlossen wird (1 Einheit im Koordinatensystem entspricht 10 cm):

$f_1(x) = -\frac{5}{3}x + 10,\quad f_2(x) = \frac{5}{3}x - 10,$

$f_3(x) = \frac{1}{3} + 10,\quad f_4(x) = -\frac{1}{3}x + 14$

a) Zeichnen Sie den Graphen der vier Funktionen in den 1. Quadranten eines Koordinatensystems.
b) Berechnen Sie die vier Eckpunkte A, B, C und D.
c) Ermitteln Sie das Maß der Fläche des Drachens.
d) Geben Sie den Schnittpunkt der beiden Diagonalen an.

15 Zeichnen Sie die Graphen der folgenden reellen Funktionen und begründen Sie, wie sie aus dem Graphen der reellen Funktion $f(x) = |x|$ durch Verschiebung entstehen.

a) $f(x) = |x| - 3$
b) $f(x) = |x+2| - 4$
c) $f(x) = |2x-1| - 1$
d) $f(x) = |0{,}5x+2| + 3$
e) $f(x) = |-x+1| - 3$
f) $f(x) = |-x-5| + 2$
g) $f(x) = |x-2{,}5| + 1{,}5$

16 Zwei Autofahrer fahren zeitgleich von einem Punkt A los, um zum Punkt D zu gelangen. Der erste Wagen fährt konstant 132 km/h, der zweite fährt zunächst eine Stunde mit 100 km/h, dann 50 Minuten mit 120 km/h und den Rest der Strecke mit 150 km/h.

a) Bestimmen Sie die Funktionsterme der Weg-Zeit-Funktion beider Wagen.
b) Berechnen Sie die benötigte Zeit und den zurückgelegten Weg, wenn der zweite Fahrer den ersten eingeholt hat.

17 Zwei unterschiedlich geschulte Bergsteigergruppen beschließen, einen 3.500 m hohen Berg zu besteigen. Die Gruppen fahren mit einem Lift bergauf. Die besser trainierte Gruppe steigt in 1.000 m Höhe an der Mittelstation aus, die andere Gruppe fährt bis zur Bergstation in 1.600 m Höhe. Um 10 Uhr beginnen beide Gruppen ihren Aufstieg, wobei die gut trainierte Gruppe einen Höhenunterschied von 600 m pro Stunde, die weniger gut trainierte Gruppe einen Höhenunterschied von 400 m pro Stunde bewältigt.

a) Stellen Sie die Funktionsterme der einzelnen Höhen in Abhängigkeit von der Zeit für beide Gruppen auf und zeichnen Sie die Graphen beider Funktionen.
b) Berechnen Sie, um wie viel Uhr beide Gruppen die gleiche Höhe auf dem Weg zur Bergspitze erreicht haben.
c) Ermitteln Sie für jede der beiden Gruppen den Zeitpunkt, zu dem sie die Bergspitze erreichen.

Übungen aus der Ökonomie

18 Es ist eine Lebenserfahrung, dass die Konsumausgaben der Haushalte, aber auch der gesamten Volkswirtschaft zunehmen, wenn das Einkommen bzw. Volkseinkommen (Y) steigt. Der Konsum $C(Y)$ ist also abhängig vom Einkommen. Die Abhängigkeit wird durch eine sogenannte **Konsumfunktion** dargestellt:
$C(Y) = 0{,}7Y + 100;\ Y \geq 0.$

a) Zeichnen Sie den Graphen der Konsumfunktion.
b) Bestimmen Sie die Konsumausgaben bei einem Volkseinkommen von 1.500 GE.
c) Bei welchem Volkseinkommen wird das gesamte Einkommen für Konsum ausgegeben?

19 Die Kosten für einen Leihwagen betragen (einschl. Benzinkosten) 1,25 € je km. Ein entsprechendes eigenes Fahrzeug würde jährlich 9.900 € feste Kosten (Abschreibung, Wartung, etc.) bei einem Benzinverbrauch von 10 Litern zu je 1,50 € für 100 km verursachen.

a) Zeichnen Sie die Graphen beider Kostenfunktionen.
b) Ermitteln Sie die Kilometerzahl, bei der die Kosten für beide Fahrzeuge gleich sind.
c) Berechnen Sie die Kosten beider Fahrzeuge bei einer Jahresnutzung von 8.000 km und 10.000 km.

20 Ein Eiscafé hat pro Tag 150 € fixe Kosten. Die Herstellung einer Eiskugel kostet 0,10 €, der Verkaufspreis beträgt 0,50 € pro Kugel.

a) Wie hoch ist der Gewinn pro Tag, wenn durchschnittlich 1.200 Kugeln pro Tag verkauft werden?
b) Wie viele Eiskugeln müssen im Durchschnitt täglich verkauft werden, damit kein Verlust entsteht?
c) Welche Auswirkung auf die Gewinnschwelle hat es, wenn der Verkaufspreis je Eiskugel auf 0,60 € erhöht wird?

2

21 Ein Unternehmer überlegt, ob er einen angestellten Reisenden beschäftigen oder einen selbstständigen Handelsvertreter mit der Wahrnehmung seiner Interessen beauftragen soll. Der Reisende bekäme ein monatliches Fixum von 1.600 € und 3 % Umsatzprovision; der Handelsvertreter würde 7 % Umsatzprovision beanspruchen.

a) Stellen Sie die Funktionsterme zur Darstellung der Kosten in Abhängigkeit vom Umsatz auf und zeichnen Sie die Graphen der Funktionen.

b) Bestimmen Sie den Umsatz, bei dem die Kosten für den Vertreter genauso hoch sind wie für den Reisenden.

c) Ermitteln Sie die Kosten des Reisenden und des Handelsvertreters bei einem Umsatz von 30.000 € bzw. 70.000 € pro Monat.

22 Eine Vertreterin erhält von ihrer Arbeitgeberin zwei verschiedene Gehaltsangebote. Beim Angebot 1 erhält sie 3.600 € Grundgehalt und eine Provision von 8 % des Monatsumsatzes, Angebot 2 umfasst 1.400 € Grundgehalt und eine Provision von 28 % des Monatsumsatzes.

a) Stellen Sie die Funktionsterme zur Darstellung beider Gehaltsangebote auf und zeichnen Sie die dazugehörigen Graphen in ein Koordinatensystem.

b) Wie viele € kann sie jeweils bei 8.000 € Umsatz bzw. 25.000 € Umsatz monatlich verdienen?

c) Bei welchem Monatsumsatz verdient sie bei beiden Angeboten dassselbe Gehalt und wie hoch ist dieses Gehalt dann?

23 Die Gesamtkosten einer Fabrik zur Herstellung von Computerzubehör genügen einer linearen Kostenfunktion. Bei einer Monatsproduktion von 5.000 Stück betragen die Gesamtkosten 270.000 €. Werden 7.500 Stück hergestellt, so betragen die Kosten 300.000 €.

a) Wie hoch sind die Fixkosten sowie die variablen Stückkosten und wie lautet der Term der Kostenfunktion?

b) Bei welcher Stückzahl betragen die Gesamtkosten 282.000 €?

24 Rosa, eine Schülerin der Klasse 13, möchte sich nach bestandener Führerschein- und Abiturprüfung ein Auto kaufen. Sie hat sich bei mehreren Händlern erkundigt und auch nach dem Benzinverbrauch gefragt. Drei Modelle gefallen ihr sehr gut. Folgende Daten hat sie ermittelt:

	Fixkosten im Monat	Variable Kosten je km
Modell A	260 €	0,14 €
Modell B	190 €	0,24 €
Modell C	220 €	0,18 €

a) Stellen Sie für die drei Automodelle die Funktionsterme der Gesamtkosten auf.

b) Zeichnen Sie die Graphen der drei Kostenfunktionen in ein geeignetes Koordinatensystem.

c) Berechnen Sie, bei welcher Kilometerzahl je zwei Modelle zu gleich hohen Kosten führen.

d) Welches Modell empfehlen Sie Rosa, wenn sie je Monat 800 km mit dem Auto fahren wird?

e) Für welche monatlichen Kilometerzahlen sollte sie Modell A kaufen?

25 In der Fertigungsabteilung eines Kleingeräteherstellers fallen monatlich 57.200 € fixe Kosten an. Die variablen Kosten betragen 15 € pro Stück. Die Abteilung kann höchstens 3.500 Stück pro Monat produzieren. Der Verkaufspreis der Produkte ist 37 €.

a) Stellen Sie die Funktionsterme der Kosten-, Erlös- und Gewinnfunktion auf.

b) Berechnen Sie die Gewinnschwelle.

c) Berechnen Sie den Gewinn oder Verlust für die Produktion von 2.000 Stück und an der Kapazitätsgrenze.

d) Zeichnen Sie die Graphen der drei Funktionen in ein Koordinatensystem.

e) Bestimmen Sie die Gewinnschwelle, wenn sich die variablen Stückkosten um 3,50 € erhöhen und der Verkaufspreis um 7,50 € niedriger ausfällt.

26 Von einer linearen Nachfragefunktion sind bekannt: Der Höchstpreis beträgt 50 € und die Sättigungsmenge 2.000 Stück. Ermitteln Sie die Funktionsgleichung der Nachfragefunktion!

27 Der Anschaffungswert einer Maschine beträgt 120.000 €. Entsprechend der voraussichtlichen Nutzungsdauer von 8 Jahren wird sie mit 12,5 % linear abgeschrieben.

a) Stellen Sie den Funktionsterm zur Darstellung der Buchwerte in Abhängigkeit von den Nutzungsjahren auf und zeichnen Sie den zugehörigen Graphen.

b) Lesen Sie am Graphen den Buchwert nach 3, 5 und 8 Jahren ab.

c) Nach wie vielen Jahren steht die Maschine mit 30.000 € zu Buche?

Hinweis: Der **Anschaffungswert** ist der Nettopreis (ohne MWSt.) eines Anlagegutes zuzüglich aller mit dem Erwerb zusammenhängenden Nebenkosten (z. B. Transportkosten, Montagekosten), abzüglich erhaltener Nachlässe (z. B. Rabatt, Skonto). Der **Buchwert** ist der „in den Büchern", d. h. auf dem Anlagekonto geführte Wert des Anlagegutes, der sich regelmäßig durch die Abschreibungen vermindert.

28 Der Anbieter eines Produktes in vollständiger Konkurrenz wird als **Mengenanpasser** bezeichnet, weil er keinen direkten Einfluss auf den Preis hat; er muss den Preis des Gesamtmarktes übernehmen (hier: 25 €). Sein Gewinnmaximum kann er nur durch die Wahl der richtigen Absatzmenge realisieren. Um diese zu bestimmen, wird er überlegen, wie sich sein **Gesamterlös** und seine **Gesamtkosten** bei steigender Absatzmenge um jeweils 1 ME verändern. Der Erlöszuwachs bei Veränderung der Absatzmenge um eine Einheit wird in der Volkswirtschaftslehre als **Grenzerlös** bezeichnet; er beträgt in diesem Beispiel konstant 25 €. Die Grenzerlöse können hier durch die Grenzerlösfunktion $GE(x) = 25; x \geq 0$ dargestellt werden. Somit ist für einen Anbieter eines Produktes in vollständiger Konkurrenz die Grenzerlösfunktion gleich der Preisabsatzfunktion.

Der Kostenzuwachs bei Vergrößerung der Ausbringungsmenge um eine Einheit wird entsprechend als **Grenzkosten** bezeichnet; sie sind in diesem Beispiel je nach Ausbringungsmenge unterschiedlich groß und können hier durch die Grenzkostenfunktion $GK(x) = 0{,}25x + 5; x \geq 0$ ausgedrückt werden.

Den Gewinnzuwachs bei einer Ausdehnung der Ausbringungsmenge um eine Einheit bezeichnet man als **Grenzgewinn**.

Bei der Absatzmenge, bei der Grenzerlös und Grenzkosten gleich sind, ist der maximale Gewinn, das **Gewinnmaximum**, erreicht.

a) Zeichnen Sie die Graphen der Preisabsatzfunktion und der Grenzkostenfunktion und bestimmen Sie die gewinnmaximale Ausbringungsmenge anhand der Zeichnung.

b) Bestätigen Sie das Ergebnis von Teil a) rechnerisch.

c) Bestimmen Sie den Gesamterlös für die gewinnmaximale Ausbringungsmenge.

29 Die Fixkosten einer Fertigungsabteilung betragen monatlich 30.000 €. Es werden Stühle hergestellt. Bei der Herstellung der Stühle entstehen variable Stückkosten in Höhe von 50 €. Der Verkaufspreis je Stuhl beträgt 90 €.

a) Bestimmen Sie die Terme der Gesamtkosten-, -erlös und -gewinnfunktion.

b) Zeichnen Sie die Graphen der Kosten-, Erlös und Gewinnfunktion in ein gemeinsames Koordinatensystem.

c) Berechnen Sie die Gewinnschwelle. Wie hoch sind dabei Gesamtkosten und Gesamterlös?

d) Wie viele Euro beträgt der Gewinn bzw. Verlust bei einer Menge von 600 Stück, wie viele bei einer Menge von 900 Stück?

e) Wie viele Stücke müssen produziert und abgesetzt werden, um 18.000 € Gewinn zu erzielen?

f) Berechnen Sie die Gewinnschwelle, wenn sich die variablen Stückkosten um 10 € erhöhen.

30 Die Graphen der linearen Nachfrage- und Angebotsfunktion für ein bestimmtes Gut sind durch jeweils zwei Punkte gegeben: Die Nachfragekurve verläuft durch $A\langle 100|10\rangle$ und $B\langle 50|40\rangle$; die Angebotskurve durch $C\langle 90|58\rangle$ und $D\langle 30|38\rangle$.

a) Bestimmen Sie die Funktionsterme der Nachfrage- und Angebotsfunktion.

b) Zeichnen Sie die beiden Geraden in ein Koordinatensystem.

c) Berechnen Sie den Gleichgewichtspreis.

d) Wie hoch ist der Nachfrageüberschuss bei einem Preis von 40 GE und wie hoch bei einem Preis von 20 GE?

31 Gegeben ist die Preisabsatzfunktion p_N eines **Monopolisten** (Alleinanbieter für ein Produkt) mit $p_N(x) = -0{,}5x + 12; x \in [0; 24]$ und seine Kostenfunktion K mit $K(x) = 2x + 5; x \in [0; 24]$.

a) Zeichnen Sie den Graphen der Preisabsatzfunktion.

b) Zeichnen Sie den Graphen der zugehörigen Grenzerlösfunktion.

Anmerkung:
Aus der Preisabsatzfunktion eines Monopolisten ergibt sich, dass größere Absatzmengen nur bei geringeren Preisen erreicht werden können. Der Gesamterlös, das Produkt aus Absatzmenge und Preis, wird folglich bei Veränderungen der Absatzmenge variieren, und zwar wird er bei einer ständigen Vergrößerung der Absatzmenge zunächst wachsen und dann von einer bestimmten Menge ab geringer werden. Das hat zur Folge, dass die Grenzerlöse nicht konstant, sondern auch veränderlich sind.
Bei linearen Preisabsatzfunktionen hat die zugehörige Grenzerlösfunktion den gleichen Ordinatenabschnitt wie die Preisabsatzfunktion p_N, ihr Steigungsmaß ist aber – absolut genommen – doppelt so groß.

c) Zeichnen Sie die Grenzkostenkurve in das Koordinatensystem ein.

d) Bestimmen Sie die gewinnmaximale Absatzmenge und den gewinnmaximalen Preis.

Anmerkung:
Die gewinnmaximale Absatzmenge ist die Abszisse (die x-Stelle) des Schnittpunktes von Grenzerlös- und Grenzkostenkurve.

▶ Übungsaufgabe 31

Den dieser Ausbringungsmenge entsprechenden gewinnmaximalen Preis kann man dem Graphen der Preisabsatzfunktion entnehmen.
Der Punkt auf dem Graphen der Preisabsatzfunktion, der die gewinnmaximale Absatzmenge und den gewinnmaximalen Preis repräsentiert, wird als **Cournot'scher Punkt** bezeichnet.

32 Gegeben sind die Nachfragefunktion p_{N1} mit $p_{N1}(x) = -0{,}2x + 20$ und die Angebotsfunktion p_{A1} mit $p_{A1}(x) = x + 5$.

a) Bestimmen Sie den ökonomischen Definitionsbereich.

b) Ermitteln Sie das Marktgleichgewicht.

c) Aufgrund gewachsener Nutzenschätzung verschiebt sich die Nachfragekurve und ist jetzt der Graph der Nachfragefunktion p_{N2} mit $p_{N2}(x) = -0{,}25x + 25$. Berechnen Sie das neue Marktgleichgewicht und vergleichen Sie die Gleichgewichtsmenge und den Gleichgewichtspreis mit der Ausgangssituation in Teil b).

d) Aufgrund von Rationalisierungsmaßnahmen ergibt sich mit $p_{A2}(x) = 0{,}8x + 4$ eine neue Angebotsfunktion. Berechnen Sie das neue Marktgleichgewicht und vergleichen Sie die Gleichgewichtsmenge und den Gleichgewichtspreis mit der Ausgangssituation in Teil b) und der neuen Situation in Teil c).

e) Zeichnen Sie die Graphen sämtlicher Nachfrage- und Angebotsfunktionen in ein Koordinatensystem und berechnen Sie das jeweilige Marktgleichgewicht auch mithilfe von Ti-Nspire.

33 Die monatliche Nachfrage nach Sekt bei einem Anbieter richtet sich nach der linearen Funktion p_N, deren Graph durch die Punkte $A\langle 150 | 37 \rangle$ und $B\langle 400 | 32 \rangle$ geht; das Angebot des Weinhändlers richtet sich nach der linearen Funktion p_A, deren Graph durch die Punkte $C\langle 200 | 16 \rangle$ und $D\langle 550 | 37 \rangle$ geht.

a) Bestimmen Sie die Funktionsterme der Nachfragefunktion p_N und der Angebotsfunktion p_A bei einer Kapazitätsgrenze von 600 Flaschen und zeichnen Sie beide Geraden in ein Koordinatensystem.

b) Berechnen Sie den Gleichgewichtspreis und die Gleichgewichtsmenge.

c) Durch Erhöhung der Sektsteuer um 3 € pro Flasche soll das Steueraufkommen vermehrt werden.

c_1) Um wie viele Mengeneinheiten geht der Sektabsatz aufgrund der Sektsteuererhöhung zurück?

c_2) Um wie viele € steigt die abzuführende Sektsteuer bei diesem Händler, wenn die Sektsteuer bisher 1 € betrug?

2.2 Quadratische Funktionen

Die linearen Funktionen mit der allgemeinen Gleichung $y = mx + b$ gehören zu den einfachsten Funktionstypen. Die nächst „höheren" Funktionen sind diejenigen, in denen die Variable x in zweiter (aber keiner höheren) Potenz vorkommt.

Beispiel 2.13 (Verbindung dreier Punkte)

Zeichnet man mithilfe von Excel die drei Punkte $\langle -6 \,|\, 2 \rangle$, $\langle -4 \,|\, 6 \rangle$ und $\langle 2 \,|\, -6 \rangle$ in ein kartesisches Koordinatensystem, so stellt man bereits mit bloßem Auge fest, dass sie nicht gemeinsam auf einer Geraden liegen.

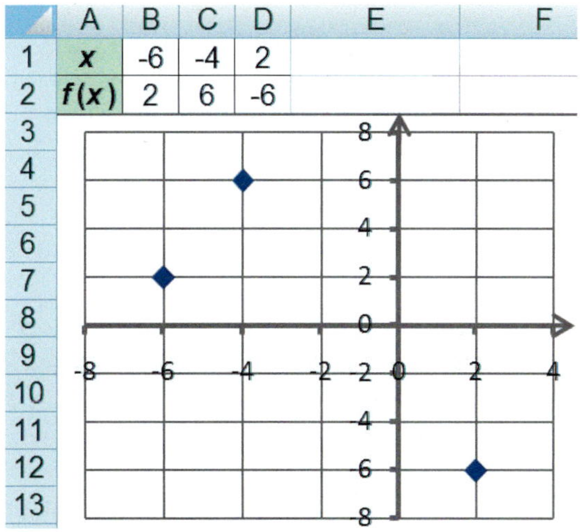

▶ Klick im EINFÜGEN-Menü unter DIAGRAMME auf das nebenstehende Punkt-Symbol und Wahl von PUNKT (XY).

Eine die Punkte verbindende Linie kann daher nicht zum Graphen einer linearen Funktion gehören.

Den gesuchten Funktionsgraphen, auf dem die Punkte liegen, erhält man, indem man mit der rechten Maustaste auf einen Graphenpunkt klickt und im erscheinenden Menü TRENDLINIE HINZUFÜGEN... mit dem Typ POLYNOMISCH, REIHENFOLGE 2 auswählt.

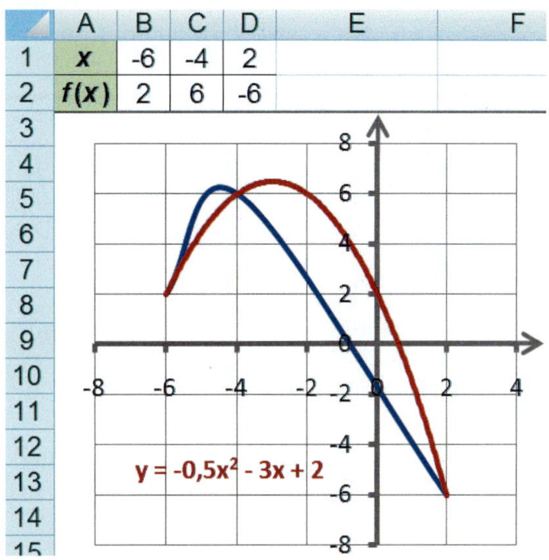

Der Funktionsterm erscheint automatisch mit, wenn man die Option FORMEL IM DIAGRAMM DARSTELLEN aktiviert.

Funktionen vom Typ $f(x) = ax^2 + bx + c$ mit reellen Zahlen für a, b und c und $a \neq 0$, bei denen die Argumentvariable x in höchster Potenz quadratisch auftritt, heißen **quadratische Funktionen**, ihre Graphen nennt man **Parabeln**.

Die einfachsten quadratischen Funktionen sind die, bei denen das **lineare Glied** (bx) und das **Absolutglied** (c) im Funktionsterm fehlen.

Beispiel 2.14 (Normalparabel)

In der Fahrschule lernt man für den Bremsweg eines Autos die „*Faustformel*":

$$\text{Bremsweg (in m)} = \left(\frac{\text{Geschwindigkeit}}{10}\right)^2.$$

▶ Die Geschwindigkeit wird in km/h zu Beginn der Vollbremsung gemessen. Dabei wird trockener Fahrbelag nebst guten Reifen des Autos vorausgesetzt. In die Faustformel werden nur die Maßzahlen der Geschwindigkeiten eingesetzt, also statt z. B. 50 km/h nur 50.

Um den Bremsweg für die einzelnen Geschwindigkeiten zu berechnen, teilt man deren Maßzahlen durch 10 und quadriert anschließend die Ergebnisse.

▶ Formel für den Bremsweg

Trägt man die Maßzahlen wie nebenstehend in ein Tabellenblatt ein und markiert dort die Zahlen aus der 6. und 7. Zeile, so wird der Graph durch einen Klick im EINFÜGEN-Menü auf DIAGRAMME und PUNKT (XY) erstellt.

Klickt man in das Diagramm auf einen Graphenpunkt, so lässt sich durch das Menü TRENDLINIE HINZUFÜGEN… mit dem Typ POTENZIELL der Graph glattstellen.

Der Funktionsterm erscheint automatisch mit, wenn man die Option FORMEL IM DIAGRAMM DARSTELLEN aktiviert.

	A	B	C	D	E
5	**Geschwindigkeit in km/h**	10	20	50	100
6	**Geschwindigkeit : 10**	1	2	5	10
7	**Bremsweg in m**	1	4	25	100

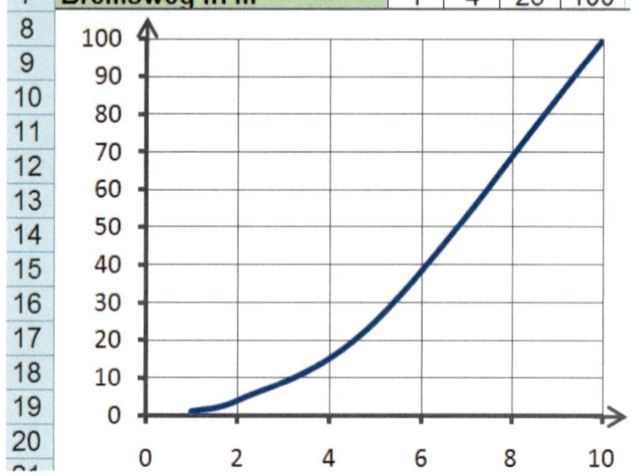

▶ Im Menü TRENDLINIE HINZUFÜGEN… sollte der Typ POTENZIELL gewählt werden, da z. B. der Typ POLYNOMISCH auch das lineare Glied und das Absolutglied angibt (im Bremswegbeispiel sind die beiden Glieder aber 0).

Die besonders einfache quadratische Funktion $f(x) = x^2$; $x \in [1;\, 10]$ stellt die Beziehung zwischen der 6. und der 7. Zeile der Tabelle dar. Fehlende Zwischenwerte werden durch sie ebenfalls erfasst. ▶ Modellierung

▶ Wegen $f(6) = 36$ und $f(6) = f\left(\frac{60}{10}\right)$ beträgt der Bremsweg bei einer Geschwindigkeit von 60 km/h also 36 m nach der Faustformel.

Im obigen Beispiel ist es sinnvoll gewesen, sich auf positive Werte für x zu beschränken. Im Allgemeinen können auch quadratische Funktionen auf ganz $\mathbb{R}$ betrachtet werden. Hebt man von obigem Beispiel ab und betrachtet die Funktion f auf ganz $\mathbb{R}$, erweitert man also den Definitionsbereich auf $\mathbb{R}$, so erhält man die reelle Funktion $f(x) = x^2$.

Der Graph von f ist die sog. **Normalparabel**. Sie ist symmetrisch zur y-Achse, die daher auch ihre **Symmetrieachse** heißt.

Den Schnittpunkt der beiden zueinander symmetrischen Parabeläste mit der Symmetrieachse nennt man **Scheitelpunkt** der Parabel.

Der Wertebereich dieser (quadratischen) Funktion ist die Menge der nicht-negativen reellen Zahlen ($W(f) = \mathbb{R}^{\geq 0}$).

In der Excel-Tabelle wird die x-Spalte von -4 bis 4 erweitert und in die $f(x)$-Spalte (z. B. in Zelle B6) die Formel „= A6^2“ eingetragen und in die weiteren Zellen kopiert.

	A	B
5	x	f(x)
6	-4	16
7	-3,5	12,25
8	-3	9
9	-2,5	6,25
10	-2	4
11	-1,5	2,25
12	-1	1
13	-0,5	0,25
14	0	0
15	0,5	0,25
16	1	1
17	1,5	2,25
18	2	4
19	2,5	6,25
20	3	9
21	3,5	12,25
22	4	16

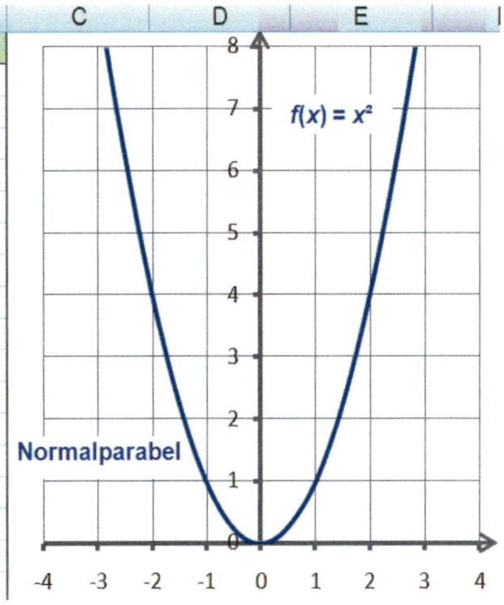

Beispiel 2.15 (Verschiebung der Normalparabel)

Verschiebung entlang der y-Achse:

- Addiert man die reelle Zahl 2 zum Funktionsterm x^2, so erhält man den Funktionsterm einer neuen reellen Funktion $g(x) = x^2 + 2$, deren Graph sich aus der Normalparabel durch Verschiebung aus dem Koordinatenursprung um 2 Einheiten nach oben ergibt. Der Scheitelpunkt dieser Parabel ist $S_1\langle 0|2\rangle$.

- Der Graph der reellen Funktion $h(x) = x^2 - 5$ ergibt sich aus der Normalparabel durch Verschiebung aus dem Koordinatenursprung um 5 Einheiten nach unten. Der Scheitelpunkt dieser Parabel ist $S_2\langle 0|-5\rangle$.

In Excel lassen sich die einzelnen Graphen einfach variieren, indem man z. B. für $g(x)$ in der Zelle B7 die Formel „=B5^2+$E$2“ eingibt und diese dann nach rechts kopiert. Zusätzlich fügt man über die nebenstehende Microsoft-Office-Schaltfläche EXCEL-OPTIONEN_ANPASSEN_BILDLAUFLEISTE FORMULARSTEUER-ELEMENT links nebenstehendes Steuerelement in die Excel-Menüleiste ein. Nach der Formatierung des Steuerelements (siehe rechts) kann man mit deren Regler bequem den Scheitelpunkt und somit die gesamte Parabel verschieben.

▶ Absolute Adressierung der Zelle F2

	A	B	C	D	E	F	G	H	I	J
1					y_s					
2					2	8				
3										
5	x	-4	-3	-2	-1	0	1	2	3	4
6	f(x)	16	9	4	1	0	1	4	9	16
7	g(x)	18	11	6	3	2	3	6	11	18
8	h(x)	11	4	-1	-4	-5	-4	-1	4	11

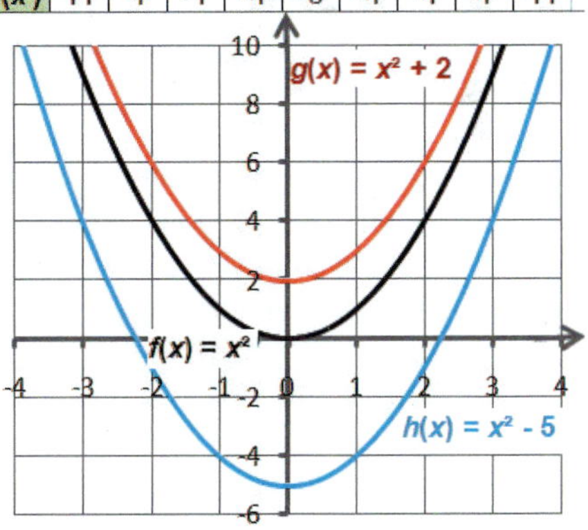

▶ Bildlaufleiste mit rechter Maustaste anklicken, STEUERELEMENT FORMATIEREN..., ZELLVERKNÜPFUNG $F$2, MINIMALWERT 0, MAXIMALWERT 20, SCHRITTWEITE 1.

▶ Das das STEUERELEMENT in Excel nur mit positiven Zahlen rechnet, muss es sich auf eine Extrazelle (hier: F2) beziehen, wenn man auch negative Zahlen für die y-Koordinaten der Scheitelpunkt einsetzen will. Durch die Formel „=–F2+10“ in der Zelle E2 erreicht man, dass E2 die Zahlen von -10 bis 10 durchläuft, wenn F2 die (positiven) Zahlen von 0 bis 20 durchläuft.

Verschiebung entlang der x-Achse:

- Der Graph der reellen Funktion $g(x) = (x-2)^2$ ergibt sich aus der Normalparabel durch Verschiebung aus dem Koordinatenursprung um 2 Einheiten nach rechts. Der Scheitelpunkt dieser Parabel ist $S_3\langle 2|0\rangle$ und liegt auf der x-Achse.

- Der Graph der reellen Funktion $h(x) = (x+3)^2$ ergibt sich aus der Normalparabel durch Verschiebung aus dem Koordinatenursprung um 3 Einheiten nach links. Der Scheitelpunkt dieser Parabel ist $S_4\langle -3|0\rangle$ und befindet sich ebenfalls auf der x-Achse.

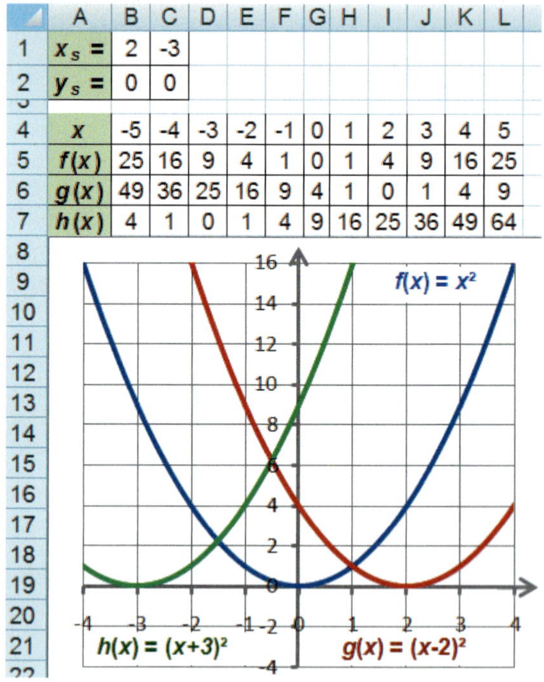

	A	B	C	D	E	F	G	H	I	J	K	L
1	x_s =	2	-3									
2	y_s =	0	0									
4	x	-5	-4	-3	-2	-1	0	1	2	3	4	5
5	f(x)	25	16	9	4	1	0	1	4	9	16	25
6	g(x)	49	36	25	16	9	4	1	0	1	4	9
7	h(x)	4	1	0	1	4	9	16	25	36	49	64

In Excel lassen sich die einzelnen Graphen einfach variieren, indem man z. B. für $h(x)$ in der Zelle B8 die Formel „=(B5-$C$2)^2" eingibt und diese dann nach rechts kopiert. Man erkennt, dass sich die Scheitelpunkte der einzelnen Graphen entsprechend der Eingabe der Zahlen für x_s ändern. ▶ Absolute Adressierung von Zelle C2 bzw. B2

Verschiebt man die Normalparabel aus dem Koordinatenursprung z. B. um 2 Einheiten nach rechts und 1 Einheit nach oben, so erhält man die zu diesem Graphen gehörende reelle Funktion: $g(x) = (x-2)^2 + 1$.

Analog hierzu: Verschiebt man die Normalparabel um 3 Einheiten nach links und um 4 Einheiten nach unten so erhält man die zu diesem Graphen gehörende Funktion:
$h(x) = (x+3)^2 - 4$.

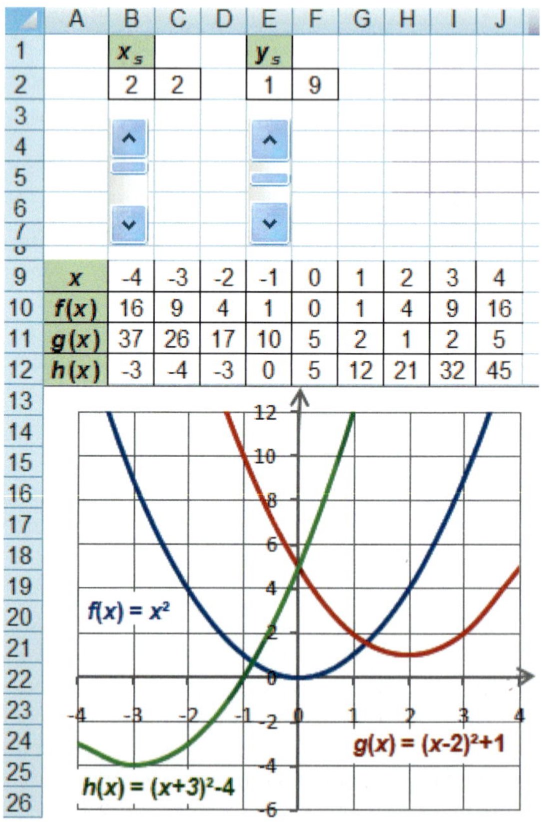

	A	B	C	D	E	F	G	H	I	J
1		x_s			y_s					
2		2	2		1	9				
9	x	-4	-3	-2	-1	0	1	2	3	4
10	f(x)	16	9	4	1	0	1	4	9	16
11	g(x)	37	26	17	10	5	2	1	2	5
12	h(x)	-3	-4	-3	0	5	12	21	32	45

In Excel lassen sich die einzelnen Graphen einfach variieren, indem man z. B. für $g(x)$ in der Zelle B11 die Formel „=(B9-$B$2)^2+$E$2" eingibt und diese dann nach rechts kopiert. Das Einfügen der 2. Bildlaufleiste erfolgt analog wie oben beschrieben. Man erkennt, dass sich die Scheitelpunkte der einzelnen Graphen entsprechend der Zahlen für x_s und y_s ändern.

▶ Absolute Adressierung der Zellen B2 und E2

▶ Die Graphen können z. B. auch mithilfe von TI-Nspire erstellt werden, vgl. Beispiel 2.12

Allgemein ist der Graph jeder reellen Funktion vom Typ $f(x) = (x - x_s)^2 + y_s$ eine Parabel, die durch Verschiebung der Normalparabel um x_s Einheiten in Richtung der x-Achse und um y_s Einheiten in Richtung der y-Achse erhalten wird. Die Parabeln, die man durch Einsetzen verschiedener Werte für x_s und y_s erhält, bilden zusammen eine **Parabelschar**.

Dabei bedeuten ein positiver Wert für x_s und y_s das Verschieben der Normalparabel in positiver Richtung und ein negativer Wert das Verschieben in negativer Richtung der jeweiligen Koordinatenachse. x_s und y_s bezeichnen die x- bzw. y-Koordinaten der **Scheitelpunkte** $S\langle x_s \mid y_s \rangle$ der Parabeln. Da aus dem Funktionsterm $(x - x_s)^2 + y_s$ die Koordinaten der Scheitelpunkte $S\langle x_s \mid y_s \rangle$ ablesbar sind, heißt eine Form vom Typ $f(x) = a(x - x_s)^2 + y_s$ mit $a \neq 0$ deshalb auch **Scheitelpunktform** des Terms einer quadratischen Funktion.

Durch Ausmultiplizieren der speziellen Scheitelpunktform $g(x) = (x-2)^2 + 1$ erhält man nach der 2. Binomischen Formel

$$g(x) = (x-2)^2 + 1 = x^2 - 4x + 4 + 1$$
$$= x^2 - 4x + 5.$$

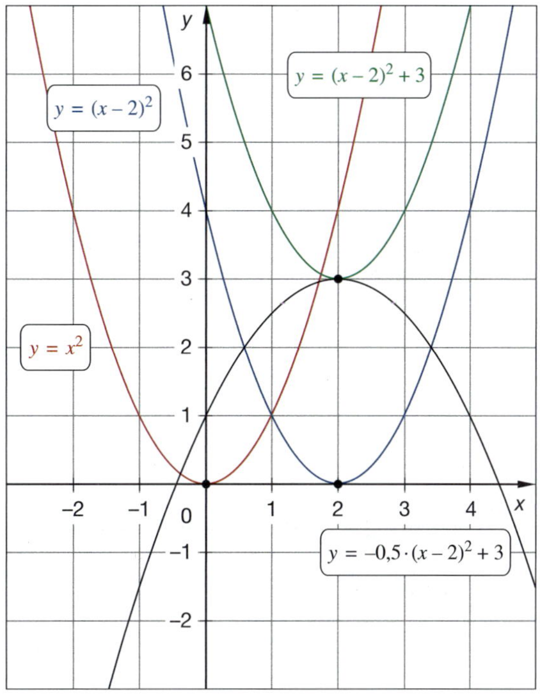

Eine Form vom Typ $f(x) = ax^2 + bx + c$ mit $a \neq 0$ heißt **Normalform** des Terms einer quadratischen Funktion f.

Wie bei linearen Funktionen gibt das x-freie Glied (Absolutglied) in der Normalform von f den Ordinatenabschnitt des Graphen an. ▶ Vorsicht: dasselbe gilt nicht für den konstanten Term in der Scheitelpunktform.

Wie sehen nun die Graphen von quadratischen Funktionen des Typs $f(x) = ax^2 + bx + c$ bzw. $f(x) = a(x - x_s)^2 + y_s$ für $a \neq 1$ aus?

Beispiel 2.16 (Erlösfunktion)

Im Beispiel 2.5 wurde die typische Nachfragefunktion $p_N(x) = -5x + 100$ dargestellt. Steht dieser Nachfragesituation ein einzelner Anbieter dieses Produktes, ein sog. **Monopolist**, gegenüber, so ist für diesen Anbieter die Nachfragefunktion zugleich seine individuelle Preisabsatzfunktion. Der Monopolist kann unbehelligt von Konkurrenten seine Absatzmenge bestimmen, indem er den sich aus der Preisabsatzfunktion ergebenden Preis festsetzt. Wie lautet die zugehörige Erlösfunktion?

Der Erlös ist das Produkt aus Preis und Absatzmenge x und kann als Funktion wie folgt angegeben werden:

x	0	1	2	…	9	10	11	…	20
$p_A(x)$	100	95	90	…	55	50	45	…	0
$E(x)$	0	19	36	…	495	500	495	…	0

$$E(x) = p_N(x) \cdot x = (-5x + 100) \cdot x$$
$$= -5x^2 + 100x; x \in [0; 20].$$

Der Definitionsbereich ergibt sich aus der ökonomischen Tatsache, dass $-5x + 100 \geq 0$ ($\Leftrightarrow x \leq 20$) und $x \geq 0$ gilt.

Der Graph von E ist eine **nach unten geöffnete Parabel**. Das hängt damit zusammen, dass der führende Koeffizient -5 im Funktionsterm negativ ist.

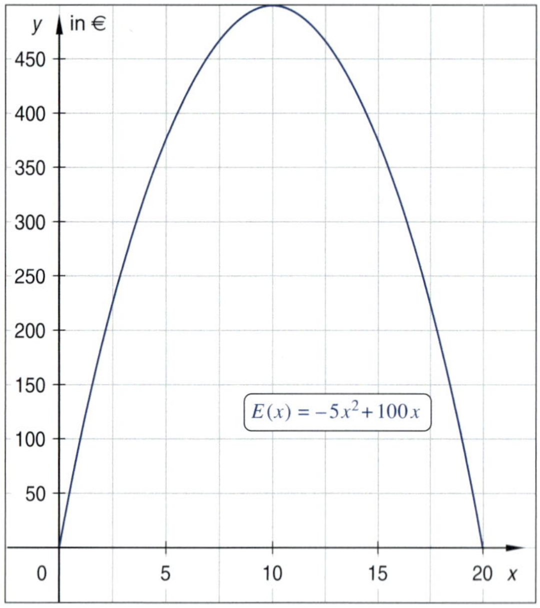

Allgemein bewirkt ein positiver Koeffizient $a (a > 0)$ im Funktionsterm $ax^2 + bx + c$ einer quadratischen Funktion die **Parabelöffnung nach oben** und ein negativer Koeffizient $a (a < 0)$ die **Parabelöffnung nach unten**. Zusätzlich verändert der Graph einer quadratischen Funktion seine Form mit dem Wert für a.

Beispiel 2.17 (Stauchung und Streckung)

Streckung mit positiven Koeffizienten:

- Die reelle Funktion

  $g(x) = 2x^2$

  hat doppelt so große Funktionswerte wie die reelle Funktion

  $f(x) = x^2$; der Graph von g ist gegenüber dem Graphen von f „schmaler“; er ist **gestreckt**.

- Die reelle Funktion

  $h(x) = 0{,}5x^2$

  hat halb so große Funktionswerte wie f; ihr Graph ist im Verhältnis zum Graphen von f „breiter“, er ist **gestaucht**.

	A	B	C	D	E	F	G	H	I	J
1	a =	2	0,5							
2	x_s =	0	0							
3	y_s =	0	0							
4										
5	x	-3	-2	-1	0	1	2	3		
6	f(x)	9	4	1	0	1	4	9		
7	g(x)	18	8	2	0	2	8	18		
8	h(x)	4,5	2	0,5	0	0,5	2	4,5		

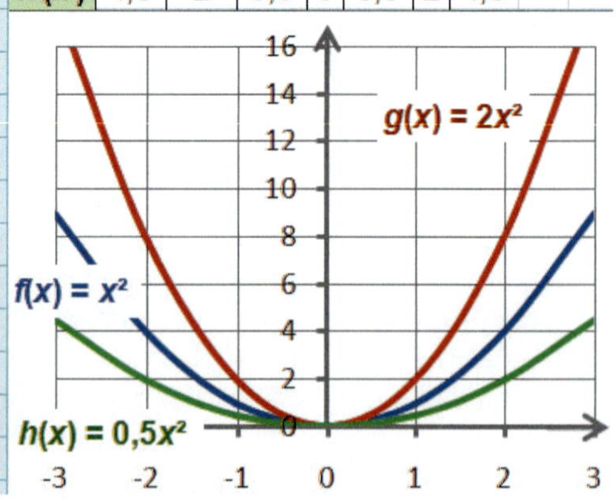

In Excel lassen sich die einzelnen Graphen einfach variieren, indem man z. B. für $g(x)$ in der Zelle B7 die Formel „=$B$1*(B5-$B$2})^2+$B$3" eingibt, und diese dann nach rechts kopiert (in den Zellen für x_s und y_s steht jeweils 0). So ist gewährleistet, dass sich die Formen der einzelnen Graphen entsprechend der Eingabe der Zahlen für a ändern.

► Absolute Adressierung der Zellen A1 bzw. A2

Streckung mit negativen Koeffizienten:

- Analog ist auch der Graph von

  $g(x) = -3x^2$ **gestreckt**

  und der Graph von

  $h(x) = -0{,}25x^2$ **gestaucht.**

Bei quadratischen Funktionstermen vom Typ ax^2+bx+c bzw. vom Typ $a(x-x_s)^2+y_s$ (► $a \neq 0$) gibt $|a|$ die Dehnung des Funktionsgraphen an und heißt deshalb **Dehnungsfaktor** des Funktionsterms.

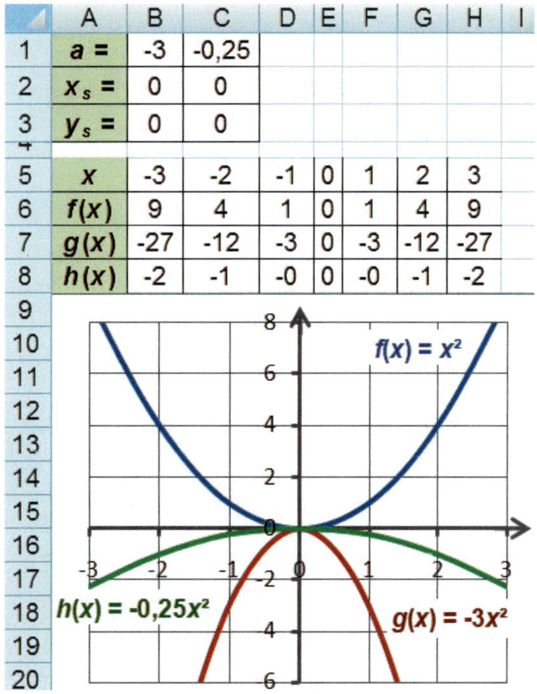

	A	B	C	D	E	F	G	H	I
1	a =	-3	-0,25						
2	x_s =	0	0						
3	y_s =	0	0						
5	x	-3	-2	-1	0	1	2	3	
6	f(x)	9	4	1	0	1	4	9	
7	g(x)	-27	-12	-3	0	-3	-12	-27	
8	h(x)	-2	-1	-0	0	-0	-1	-2	

Allgemein gilt:

- Reelle Funktionen vom Typ $f(x) = ax^2+bx+c$ mit $a \neq 0$ heißen **quadratische Funktionen**. In ihren Funktionstermen tritt die Argumentvariable x in höchster Potenz quadratisch, d. h. in zweiter Potenz, auf.
- Die Graphen quadratischer Funktionen heißen **Parabeln**. Sie besitzen zwei zueinander symmetrische **Parabeläste**. Der **Scheitelpunkt** einer Parabel ist der Schnittpunkt der Parabel mit ihrer Symmetrieachse.
- Gilt $a = 1, b = 0$ und $c = 0$, so heißt die Parabel **Normalparabel**.
- Funktionsterme vom Typ $f(x) = ax^2+bx+c$ heißen **Normalformen** von quadratischen Funktionstermen mit dem **Dehnungsfaktor *a*** und dem **Absolutglied *c***.
- Für $a > 0$ sind die Parabeln **nach oben geöffnet**.
- Für $a < 0$ sind die Parabeln **nach unten geöffnet**.
- Für $|a| > 1$ sind die Parabeln im Unterschied zur Normalparabel **gestreckt**.
- Für $|a| < 1$ sind die Parabeln im Unterschied zur Normalparabel **gestaucht**.
- Das Absolutglied c markiert den **Ordinatenabschnitt** der Parabeln.
- Funktionsterme vom Typ $f(x) = a(x-x_s)^2+y_s$ heißen **Scheitelpunktformen** von quadratischen Funktionstermen mit dem **Dehnungsfaktor *a*** und den **Scheitelpunktkoordinaten** x_s und y_s. $S\langle x_s|y_s\rangle$ sind **Scheitelpunkte** der Parabeln.

Alles klar?

1 Erläutern Sie, wie die einzelnen Parabeln aus der Normalparabel mit der Gleichung $g(x) = x^2$ hervorgehen.

a) $f(x) = -x^2$ b) $f(x) = -x^2 + 2$ c) $f(x) = 2x^2$ d) $f(x) = 2x^2 - 3$
e) $f(x) = 0{,}2x^2$ f) $f(x) = 0{,}2x^2 - 4$ g) $f(x) = -0{,}5x^2$ h) $f(x) = -0{,}5x^2 + 4$

Zeichnen Sie die Parabeln zu b), d) und h) in einem geeigneten Koordinatensystem.

2 Erläutern Sie, wie die einzelnen Parabeln zu c) und e) aus der Normalparabel mit der Gleichung $g(x) = x^2$ hervorgehen.

a) $f(x) = (x-2)^2$ b) $f(x) = -(x+2)^2$ c) $f(x) = (x-2)^2 - 4$
d) $f(x) = 0{,}5(x-2)^2 - 4{,}5$ e) $f(x) = -0{,}5(x+2)^2 - 4{,}5$ f) $f(x) = -2(x+3)^2 + 8$

Zeichnen Sie die Parabeln zu c) und e) in einem geeigneten Koordinatensystem.

3 Ermitteln Sie zu den Scheitelpunktformen der Funktionen aus Übungsaufgabe 2 die zugehörigen Normalformen.

Berechnung der Scheitelpunktform

Funktionsterme einer quadratischen Funktion in ihren Normalformen $f(x) = ax^2 + bx + c$ lassen keine direkten Rückschlüsse auf die Scheitelpunkte der zugehörigen Parabeln zu, deren Kenntnis jedoch das Zeichnen von Parabeln und das Erkennen ihrer wesentlichen Eigenschaften erheblich vereinfacht. Während das Ausmultiplizieren der Scheitelpunktformen von quadratischen Funktionen keine großen Schwierigkeiten bereitet, gestaltet sich der umgekehrte Weg, nämlich das Umwandeln der Normalform in die Scheitelpunktform, schwieriger.

Beispiel 2.18 (Scheitelpunktform)

Der Term der reellen Funktion

$f(x) = x^2 + 6x$

ist in Normalform mit dem Absolutglied 0 dargestellt. Seine Scheitelpunktform ist gesucht.

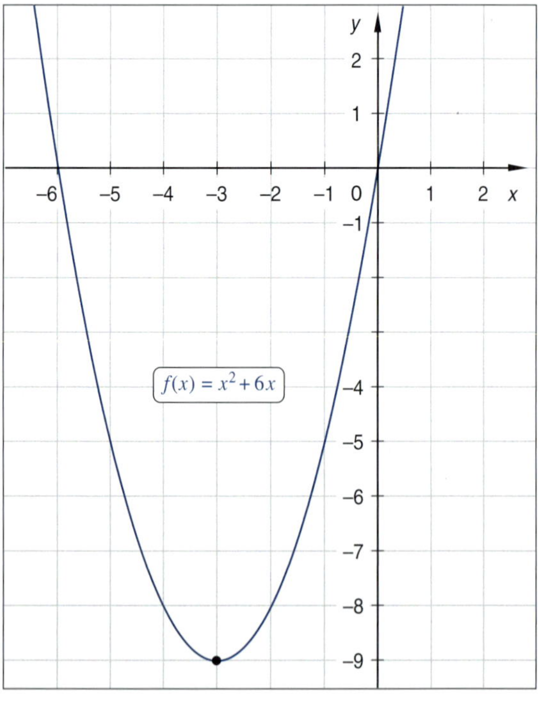

Den Funktionsterm $x^2 + 6x$ kann man mithilfe der **1. Binomischen Formel** in seine Scheitelpunktform bringen.

Dabei wird die Binomische Formel „umgekehrt", also gewissermaßen „von rechts nach links" angewendet. Die Idee dabei ist, den Term x^2+6x so zu ergänzen, dass sich durch Zusammenfassen das Quadrat eines Binoms bilden lässt.

$(a+b)^2=a^2+2ab+b^2$ ▸ 1. Binomische Formel
$a^2+2ab+b^2=(a+b)^2$ ▸ umgekehrte Leserichtung

Schreibt man den obigen Term in der Form $x^2+2\cdot x\cdot 3$, so entspricht er den ersten beiden Summanden der 1. Binomischen Formel $(a^2+2\cdot a\cdot b)$.

$$\begin{aligned} &a^2+2\cdot a\cdot b\\ &\uparrow \qquad\quad \uparrow\\ f(x)=\,&x^2+2\cdot x\cdot 3\end{aligned}$$

Aus dieser Darstellung wird schnell deutlich, dass die Zahl für b die Zahl 3 sein muss. Der so bestimmte Wert für b wird noch **quadriert** und zu dem Term x^2+6x **ergänzt**, damit dieser Gesamtterm zum Quadrat eines Binoms umgeformt werden kann.
Um den „Wert" des Funktionsterms nicht zu verändern, muss dabei die ergänzte Quadratzahl (9) wieder subtrahiert werden.

$$\begin{aligned} &a^2+2\cdot a\cdot b+b^2\\ &\uparrow \qquad\quad \uparrow\ \uparrow\ \ \uparrow\\ &=x^2+2\cdot x\cdot 3+\mathbf{3^2}-\mathbf{3^2}\\ &=(x^2+2x\cdot 3+\mathbf{3^2})-\mathbf{9}\\ &=(x^2+6x+\mathbf{9})-\mathbf{9}\\ &=(x+3)^2-9\\ &\Rightarrow \mathbf{S(-3\,|\,-9)}\end{aligned}$$

▸ quadratische Ergänzung

Ein Term der Form x^2+px lässt sich durch Addition des Quadrats von $\frac{p}{2}$ also stets zum Quadrat eines Binoms ergänzen:

$$x^2+px+\left(\frac{p}{2}\right)^2=\left(x+\frac{p}{2}\right)^2.$$

Die zu quadrierende Zahl (im Beispiel die Zahl 3) entspricht daher immer der Hälfte des Koeffizienten des zweiten Summanden in der Normalform (im Beispiel lautet dieser Summand $6x$). ▸ vgl. Glossar, S. 15

Analog wird nach der 2. Binomischen Formel durch eine Quadratzahl ein Term der Form x^2-px zu einem vollständigen Quadrat ergänzt, wie im folgenden Beispiel gezeigt wird.

Beispiel 2.19 a (Scheitelpunktform)

Der Term der reellen Funktion

$f(x)=x^2-3x+2$

ist in Normalform mit dem Absolutglied 2 dargestellt. Der Scheitelpunkt der Parabel ist gesucht.

In diesem Fall kann man die **2. Binomische Formel** zu Hilfe nehmen.

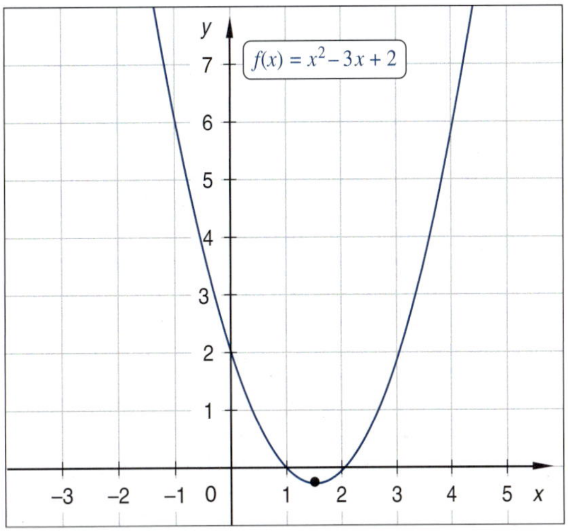

Auch bei diesem Beispiel entspricht die Zahl für b der Hälfte des Koeffizienten des zweiten Summanden in der Normalform, damit ihr Quadrat den Term $x^2 - 3x$ zu einem vollständigen Quadrat ergänzt.

Die ergänzte Quadratzahl (2,25) wird wieder subtrahiert und mit dem Absolutglied (2) zusammengefasst.

$f(x) = x^2 - 3x + 2$ ▶ quadratische Ergänzung $\mathbf{1{,}5^2}$

$= x^2 - 2 \cdot x \cdot 1{,}5 + \mathbf{1{,}5^2} - \mathbf{1{,}5^2} + 2$

$= (x^2 - 2 \cdot x \cdot 1{,}5 + \mathbf{1{,}5^2}) - \mathbf{2{,}25} + 2$

$= (x^2 - 3x + \mathbf{2{,}25}) - \mathbf{2{,}25} + 2$

$= (x - 1{,}5)^2 - 0{,}25$

$\Rightarrow$ **S⟨1,5 | −0,25⟩**

Beispiel 2.20 (Erlösfunktion)

Ein Monopolist verfolgt seine Preispolitik aufgrund der linearen Preisabsatzfunktion $p_N(x) = -x + 10;\ x \in [0;\ 10]$. Wie schon im Beispiel 2.16 erläutert, hängt die Wahl der geeigneten Absatzmenge auch von dem bei dieser Menge zu erzielenden Erlös ab. Da der Erlös das Produkt aus Absatzmenge und Preis ist, ergibt sich folgende Erlösfunktion:

$E(x) = -x^2 + 10x;\ x \in [0;\ 10]$.

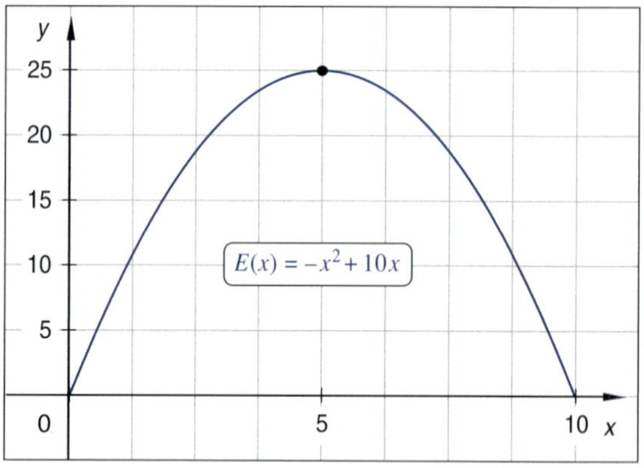

In diesem Zusammenhang interessiert den Unternehmer insbesondere die Menge, bei deren Absatz ein Maximalerlös erzielt werden kann. Diese Absatzmenge und der dabei zu erzielende Maximalerlös lassen sich anhand der Scheitelpunktkoordinaten des Graphen von E errechnen.

Um die 2. Binomische Formel anwenden zu können, muss dabei zunächst einmal -1 ausgeklammert werden, sodass der Term in der Klammer mittels quadratischer Ergänzung in seine Scheitelpunktform gebracht werden kann. Zur Scheitelpunktbestimmung wird danach die eckige Klammer wieder aufgelöst.

$E(x) = -x^2 + 10x$

$= -[x^2 - 10x]$ ▶ quadratische Ergänzung $\mathbf{25}$

$= -[(x^2 - 10x + \mathbf{25}) - \mathbf{25}]$

$= -[(x-5)^2 - 25]$

$= -(x-5)^2 + 25$

$\Rightarrow$ **S < ⟨5 | 25⟩**

Im Bereich zwischen 0 ME (**Erlösschwelle**) und 10 ME (**Erlösgrenze**) ist der Erlös positiv. Da sich mit einer größeren Absatzmenge kein positiver Erlös erzielen lässt, ergibt sich der **Ökonomische Definitionsbereich** $D_{ök}$ aus dem Intervall zwischen der Erlösschwelle und Erlösgrenze (hier: $D_{ök} = [0;\ 10]$). An diesen Stellen schneidet der Graph von E die x-Achse.

Die Stellen, an denen der Graph einer Funktion die x-Achse schneidet, heißen **Nullstellen** dieser Funktion. An diesen Stellen ist der Wert der Funktion gleich Null.

Zur Bestimmung der Nullstellen einer quadratischen Funktion muss somit eine **quadratische Gleichung** (in diesem Beispiel $E(x) = 0$) gelöst werden.

Die Lösungen dieser Gleichung sind die Nullstellen von E und somit die x-Koordinaten der Schnittpunkte des Graphen von E mit der x-Achse.

$E(x)=0 \Leftrightarrow -x^2+10x=0$
$\Leftrightarrow -x\cdot(x-10)=0$
$\Leftrightarrow x=0$ oder $x=10$
$x_{01}=\mathbf{0}$ und $x_{02}=\mathbf{10}$

Die reelle Funktion $f(x)=x^2-3x+2$ aus Beispiel 2.19 hat die beiden Nullstellen $x_{01}=1$ und $x_{02}=2$.

$f(x)=0 \Leftrightarrow x^2-3x+2=0$ ► quadratische Ergänzung **2,25**
$\Leftrightarrow (x^2-3x+\mathbf{2{,}25})-\mathbf{2{,}25}+2=0$
$\Leftrightarrow (x-1{,}5)^2=0{,}25$ ► $\sqrt{x^2}=|x|$
$\Leftrightarrow |x-1{,}5|=0{,}5$ ► Beispiel 1.18
$\Leftrightarrow x=1$ oder $x=2$
$x_{01}=\mathbf{1}$ und $x_{02}=\mathbf{2}$

Beachten Sie: Jede quadratische Gleichung der Form $x^2=a$ mit $a\geq 0$ ist lösungsgleich zur Gleichung $|x|=\sqrt{a}$.

2

In den letzten Beispielen galt $|a|=1$, in den nächsten beiden Beispielen ist $|a|\neq 1$. Beide Beispiele werden zeigen, dass es auch quadratische Gleichungen gibt, die nur **eine** oder sogar überhaupt **keine Lösung** haben können.

Beispiel 2.21

Berechnen Sie die Scheitelpunkte und die Schnittpunkte mit der x-Achse (Nullstellen) der Graphen der beiden Funktionen f_1 und f_2 mit den Gleichungen $f_1(x)=0{,}2x^2+2x+5$ und $f_2(x)=-2x^2+12x-20$.

- $f_1(x)=0{,}2x^2+2x+5$.

$f_1(x)=0{,}2x^2+2x+5=0{,}2(x^2+10x+\mathbf{25})$
$=0{,}2(x+5)^2 \Rightarrow \mathbf{S\langle -5\,|\,0\rangle}$

$f_1(x)=0 \Leftrightarrow 0{,}2(x+5)^2=0$
$\Leftrightarrow (x+5)^2=0$
$\Leftrightarrow |x+5|=0$
$\Leftrightarrow x=-5$
$x_0=\mathbf{-5}$

► einzige Nullstelle von f_1, die Parabel **berührt** die x-Achse in ihrem Scheitelpunkt.

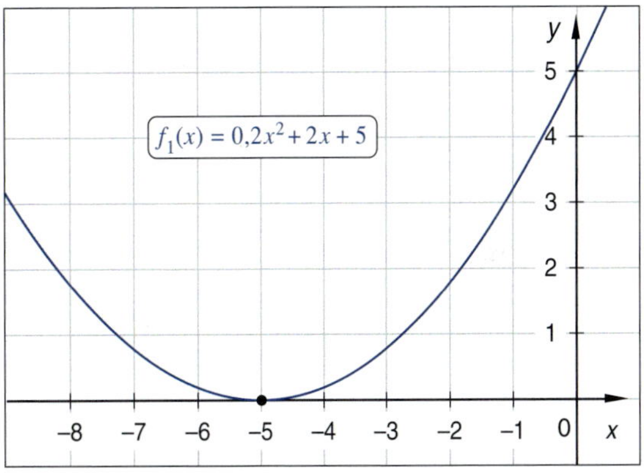

- $f_2(x)=-2x^2+12x-20$.

$f_2(x)=-2x^2+12x-20=-2(x^2-6x+10)$
$=-2[(x^2-6x+\mathbf{9})-\mathbf{9}+10]$
$=-2[(x-3)^2+1]$
$=-2(x-3)^2-2 \Rightarrow \mathbf{S\langle 3\,|\,-2\rangle}$

$f_2(x)=0 \Leftrightarrow -2[(x-3)^2+1]=0$
$\Leftrightarrow (x-3)^2+1=0$
$\Leftrightarrow (x-3)^2=-1$

Die Gleichung $(x-3)^2=-1$ besitzt **keine reelle Lösung**, da das Quadrat jeder reellen Zahl nicht negativ ist. Also hat f_2 keine Nullstellen.

► die Parabel hat **keinen** gemeinsamen Punkt mit der x-Achse.

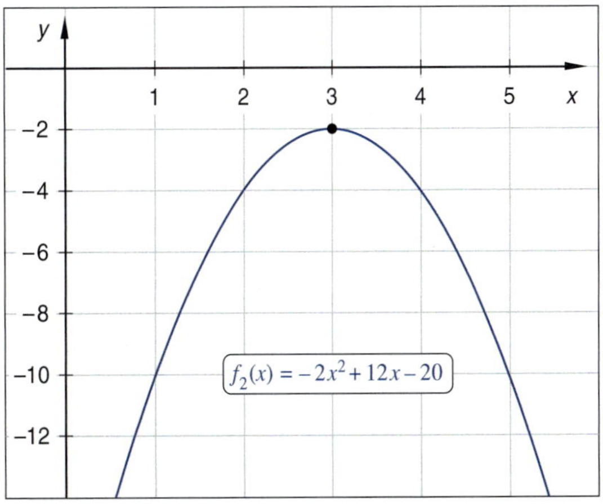

Um die Nullstellen einer quadratischen Funktion f mit der Normalform $f(x)=ax^2+bx+c$ zu bestimmen, dividiert man den Funktionsterm zunächst durch den führenden Koeffizienten a. Man erhält dadurch eine Funktion $\tilde{f}$ mit der Gleichung $\tilde{f}(x)=x^2+px+q$, wobei $p=\frac{b}{a}$ und $q=\frac{c}{a}$ gilt. Die Funktion f besitzt dann dieselben Nullstellen wie $\tilde{f}$, und diese lassen sich mithilfe der ***pq*-Formel** bestimmen.

Allgemeine Herleitung der *pq*-Formel:

$$x^2+px+q=0 \quad \blacktriangleright \text{ Quadratische Ergänzung}$$

$$\Leftrightarrow \left(x^2+px+\left(\frac{p}{2}\right)^2\right)-\left(\frac{p}{2}\right)^2+q=0$$

$$\Leftrightarrow \left(x+\left(\frac{p}{2}\right)\right)^2=\frac{p^2}{4}-q \quad |\sqrt{\ }$$

$$\Leftrightarrow \left|x+\left(\frac{p}{2}\right)\right|=\sqrt{\frac{p^2}{4}-q}$$

$$\Rightarrow x=-\frac{p}{2}\pm\sqrt{\frac{p^2-4q}{4}}$$

$$\Leftrightarrow x=-\frac{p}{2}\pm\frac{1}{2}\cdot\sqrt{p^2-4q}$$

Man erkennt:

Ist $p^2-4q>0$, so hat die Gleichung $x^2+px+q=0$ **zwei** Nullstellen (roter Graph):

$$\Rightarrow x_{01}=-\frac{p}{2}-\frac{1}{2}\cdot\sqrt{p^2-4q}$$

und $x_{02}=-\frac{p}{2}+\frac{1}{2}\cdot\sqrt{p^2-4q}$

Ist $p^2-4q=0$, so hat die Gleichung $x^2+px+q=0$ **eine** Nullstelle (blauer Graph):

$$\Rightarrow x_o=-\frac{p}{2}$$

Ist $p^2-4q<0$, so hat die Gleichung $x^2+px+q=0$ **keine** Nullstelle (grüner Graph):

Beispiel:

$x^2+6x+8=0$ ▸ Quadratische Ergänzung

$\Leftrightarrow (x^2+6x+3^2)-3^2+8=0$

$\Leftrightarrow (x+3)^2 \quad =1 \quad |\sqrt{\ }$

$\Leftrightarrow |x+3| \quad =1$

$\Rightarrow x=-3\pm 1$

$\Rightarrow x=\mathbf{-4}$ oder $\mathbf{x=-2}$ ▸ 2 Nullstellen

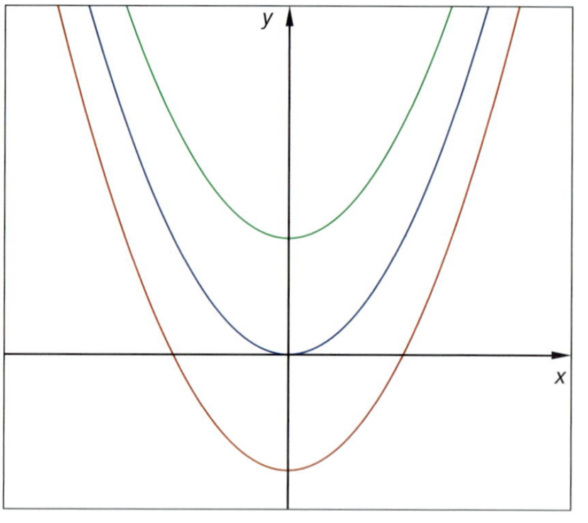

$x^2+6x+9=0$ ▸ pq-Formel

$\Rightarrow x=-\frac{6}{2}\pm\frac{1}{2}\cdot\sqrt{6^2-4\cdot 9}$

$=-3\pm 0=\mathbf{-3}$ ▸ eine Nullstelle

$x^2+6x+10=0$ ▸ pq-Formel

$\Rightarrow x=-\frac{6}{2}\pm\frac{1}{2}\cdot\sqrt{6^2-4\cdot 10}$ ▸ $\sqrt{-4}\notin\mathbb{R}$

▸ keine Nullstelle

Zerlegung in Linearfaktoren

Mithilfe der **3. Binomischen Formel** $[a^2-b^2=(a+b)\cdot(a-b)]$ ist es mitunter möglich, eine weitere Darstellungsform quadratischer Funktionsterme anzugeben.

Beispiel 2.19 b (Linearfaktoren)

Die Scheitelpunktform der reellen Funktion f mit $f(x)=x^2-3x+2$ aus Beispiel 2.19 a ist $f(x)=(x-1{,}5)^2-0{,}25$; ihr Funktionsterm besteht aus der Summe zweier quadratischer Terme, der nach der 3. Binomischen Formel in einen Produktterm umgewandelt werden kann.

$f(x)=(x-1{,}5)^2-0{,}25=(x-1{,}5)^2-0{,}5^2$

▸ $x-1{,}5 \mathrel{\hat{=}} a;\ 0{,}5 \mathrel{\hat{=}} b$

$=[(x-1{,}5)+0{,}5]\cdot[(x-1{,}5)-0{,}5]$

▸ $[a+b]\cdot[a-b]$

$=(x-1)\cdot(x-2)$

Aus einer Darstellung des Funktionsterms einer quadratischen Funktion in der Form $f(x) = a(x - x_{01}) \cdot (x - x_{02})$ lassen sich die Nullstellen von f bequem ablesen.
Man sagt, der Funktionsterm ist in seine **Linearfaktoren** zerlegt.

Multipliziert man beide Terme aus, erhält man wieder die Normalform der quadratischen Funktion f.
Dabei ergibt die negative Summe der Lösungen $x_{01} = 1$ und $x_{02} = 2$ der Gleichung $f(x) = 0$ die Zahl -3 und entspricht dem **Koeffizienten des linearen Gliedes** $(-3x)$ des Funktionsterms in Normalform. Das Produkt beider Lösungen ergibt die Zahl 2, also das **Absolutglied** des Funktionsterms in Normalform.

$$f(x) = 0 \Leftrightarrow (x-1)\cdot(x-2) = 0$$
$$\Leftrightarrow x = 1 \quad \text{oder} \quad x = 2$$

Lösung:

$x_{01} = \mathbf{1}$ und $x_{02} = \mathbf{2}$ ► Nullstellen von f

$f(x) = (x - x_{01}) \cdot (x - x_{02})$ ► $f(x) = x^2 + px + q$

$$= x^2 - x_{01} \cdot x - x_{02} \cdot x + x_{01} \cdot x_{02}$$
$$= x^2 + \underbrace{(-x_{01} - x_{02})}_{p} \cdot x + \underbrace{x_{01} \cdot x_{02}}_{q}$$ ► $x_{01} = 1$; $x_{02} = 2$
$$= x^2 - 3x + 2$$

$\Rightarrow \quad -(x_{01} + x_{02}) = -3$ ► $p = -3$ wahre Aussage

und $\quad x_{01} \cdot x_{02} = 2$ ► $q = 2$ wahre Aussage

Allgemein gilt:

Sind x_{01} und x_{02} Lösungen der quadratischen Gleichung vom Typ $x^2 + px + q = 0$, so gilt: $-(x_{01} + x_{02}) = p$ und $x_{01} \cdot x_{02} = q$ (**Satz von Vieta**).

Sind x_{01} und x_{02} Lösungen der Gleichung $x^2 + px + q = 0$, so gilt für alle $x \in \mathbb{R}$: $x^2 + px + q = (x - x_{01}) \cdot (x - x_{02})$. ► **Zerlegung in Linearfaktoren**

Gibt es keine reellen Lösungen einer quadratischen Gleichung, so existiert in $\mathbb{R}$ für sie auch keine Zerlegung in Linearfaktoren.

François Vieta
(1540–1603)

FRANÇOIS VIETA (auch Viète) war Rechtsberater führender Hugenotten. Er arbeitete unter anderem auch für die französischen Könige Heinrich III. und Heinrich IV. als Kronjurist. Für sie entschlüsselte er abgefangene geheime Botschaften von politischen Gegnern.

Mathematik stellte für Vieta nur ein Hobby dar. Dennoch war er einer der bedeutendsten Mathematiker seiner Zeit. Man nennt Vieta auch den „Vater der Algebra", weil er das „Buchstabenrechnen" (Rechnen mit Variablen) eingeführt hatte und Symbole für die Rechenoperationen benutzte. So verwendete er z. B. das + und − Zeichen, die zuvor nur mit Wörtern ausgedrückt wurden.

Der Satz von VIETA ermöglicht es, ohne großen Rechenaufwand zu einer in Normalform vorliegenden quadratischen Gleichung die Probe für die Nullstellen durchzuführen. Ist nämlich die Summe der beiden errechneten Werte die Zahl für $-p$ und ihr Produkt die Zahl für q, so hat man die Gleichung richtig gelöst.

Beispiel 2.22 (Zerlegung in Linearfunktion)

- Die Gleichung $x^2+6x+8=0$ hat die Lösungen $x_1=-2$ und $x_2=-4$. — $-(x_1+x_2)=6$ ▸ $p=6$ wahre Aussage; $x_1\cdot x_2=8$ ▸ $q=8$ wahre Aussage
- Die Gleichung $x^2+6x-5=0$ hat nicht die Lösungen $x_1=-2$ und $x_2=-4$. — $-(x_1+x_2)=6$ ▸ $p=6$ wahre Aussage; $x_1\cdot x_2=8$ ▸ $q=8$ falsche Aussage

Allgemein gilt:

- Die Scheitelpunktformen quadratischer Funktionsterme vom Typ $f(x)=a(x-x_s)^2+y_s$ gehen aus ihren Normalformen $f(x)=ax^2+bx+c$ mittels **quadratischer Ergänzung** hervor, wobei $x_s=-\frac{b}{2a}$ und $y_s=\frac{4ac-b^2}{4a}$ gilt.
- Der **Scheitelpunkt** ist dann gegeben durch $S\left\langle -\frac{b}{2a} \middle| \frac{4ac-b^2}{4a}\right\rangle$.
- **Nullstellen** einer quadratischen Funktion berechnet man durch Lösen der entsprechenden quadratischen Gleichung $f(x)=0$. Für $b^2-4ac>0$ hat f zwei Nullstellen:
  $x_{01}=-\frac{b}{2a}-\frac{1}{2a}\cdot\sqrt{b^2-4ac}$ und $x_{02}=-\frac{b}{2a}+\frac{1}{2a}\cdot\sqrt{b^2-4ac}$.
  Für $b^2-4ac=0$ hat f nur eine Nullstelle: $x_0=-\frac{b}{2a}$.
  Für $b^2-4ac<0$ hat f keine Nullstelle.
- Kann man den Term einer quadratischen Funktion f in **Linearfaktoren** $a(x-x_{01})(x-x_{02})$ zerlegen, so lassen sich die Nullstellen von f unmittelbar zu x_{01} und x_{02} ablesen.
- Sind x_1 und x_2 Lösungen der Gleichung $x^2+px+q=0$, so gilt:
  $-(x_1+x_2)=p$ und $x_1\cdot x_2=q$ (Satz von VIETA).

Alles klar?

1 Ermitteln Sie aus den Normalformen der Funktionsterme ihre Scheitelpunktformen und geben Sie die Scheitelpunkte an.
a) $f(x)=x^2+4x+4$ b) $f(x)=x^2-6x+3$ c) $f(x)=2x^2+2x-2$ d) $f(x)=0{,}4x^2-4x-8$

2 Berechnen Sie die Nullstellen der Funktionen und zerlegen Sie die Funktionsterme in Linearfaktoren.
a) $f(x)=x^2-6x+8$ b) $f(x)=2x^2-2$ c) $f(x)=-x^2+6x+9$ d) $(x)=0{,}5x^2-3{,}5x-4$

3 Machen Sie mithilfe des Satzes von VIETA die Probe zu den Aufgaben 2 a) und d).

4 Berechnen Sie die Schnittpunkte der Graphen von f und g.
a) $f(x)=0{,}5x^2+8x-7$; $g(x)=-0{,}5x^2+2x-12$ b) $f(x)=2x^2+4x-3$; $g(x)=x^2+x+1$

Beispiel 2.23

Der **Gateway-Arch** in St. Louis ist nahezu parabelförmig. Seine Höhe und Fußspannweite sind gleich und betragen beide 192 m. Wählen Sie ein geeignetes Koordinatensystem und bestimmen Sie durch Modellierung die Funktionsgleichung des Gateway-Arch.

Zunächst muss man sich überlegen, wie man den Umriss des Gateway-Arch in ein kartesisches Koordinatensystem legt. Davon hängt es wesentlich ab, wie sich seine Funktionsgleichung bestimmt.

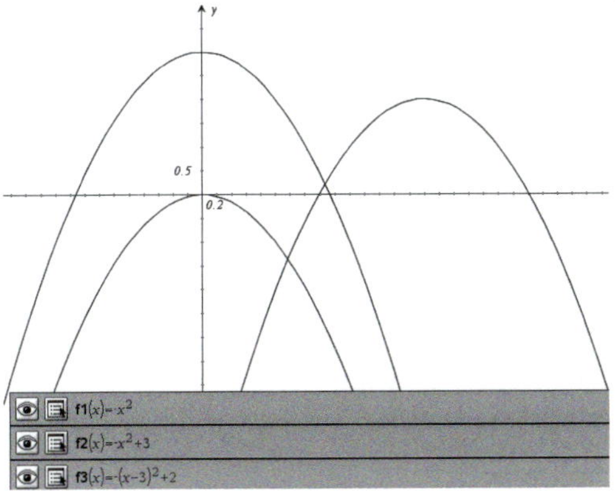

So sind z. B. die Parabeln im vorstehenden Bild alle deckungsgleich, besitzen aber unterschiedliche Gleichungen.

Alle Parabeln im vorstehenden Bild sind wie der Gateway-Arch nach unten geöffnet und müssen daher in ihren Funktionsgleichungen einen negativen Vorfaktor beim quadratischen Term x^2 besitzen.

Aufgrund der nebenstehenden Symmetrieüberlegung wird man daher auf den folgenden Ansatz zur Bestimmung der Funktionsgleichung für den Gateway-Arch geführt:

$y = -ax^2 + 192$ mit $a > 0$.

Überlegung:

Der Gateway-Arch ist symmetrisch zu einer Achse senkrecht durch seinen Scheitelpunkt auf den Boden. Es liegt daher nahe, für diese Achse die y-Achse im Koordinatensystem zu wählen. Da die Fußspannweite des Bogens bekannt ist, wird man als x-Achse die Gerade durch seine Fußpunkte wählen.

- ▶ Das lineare Glied bx in der allgemeinen Funktionsgleichung $y = -ax^2 + bx + c$, $a > 0$ entfällt aufgrund der Symmetrieüberlegung ($b = 0$).
- ▶ Es gilt $c = 192$, weil die Höhe des Gateway-Arch mit 192 m ebenso bekannt ist.

Modellierung mithilfe von TI-Nspire

Nun gibt man in die Eingabeleiste des Algebra-Fensters die Gleichung $f1(x) = -ax^2 + 192$ ein und befolgt der Reihe nach die hinführenden Anweisungen zu diesem Beispiel.

Zur graphischen Darstellung der hierdurch gegebenen verschiedenen quadratischen Funktionen ist es notwendig, sich einige Gedanken über den Zeichnungsbereich zu machen.

Über das Symbol **Aktionen** holt man sich den Schieberegler in den Zeichenbereich, klickt mit der rechten Maustaste in das Schiebereglerfeld und erhält über EINSTELLUNGEN .../ SCHIEBEREINSTELLUNGEN Gelegenheit zu nebenstehenden Festlegungen.

Durch Klick mit der rechten Maustaste auf eine Koordinatenachse lässt sich ein geeignetes Koordinatensystem einstellen.

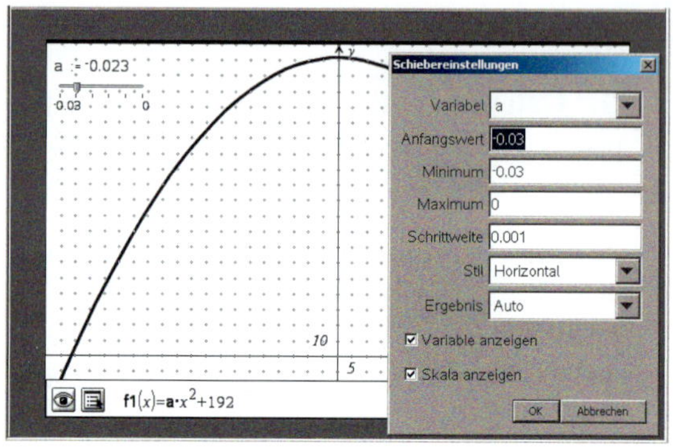

► TI-Nspire benötigt die Eingabe von Dezimalzahlen mit einem Punkt, also z. B. –0.03.

Mithilfe des Schiebereglers für a verändert man nun solange den Graphenverlauf, bis die „Fußpunkte des Arches" (Schnittpunkte des Graphen mit der x-Achse) dessen „Fußpunktweite" (Abstand der Schnittpunkte) nahezu erreicht haben.

Im Beispiel liest man für a in der Titelleiste des Schiebereglers den Wert 0,02 ab.

Damit lässt sich für den Umriss des Gateway-Arch in St. Louis als „Konstruktionsformel" die Näherungsgleichung $y = -0{,}02x^2 + 192$ angeben.

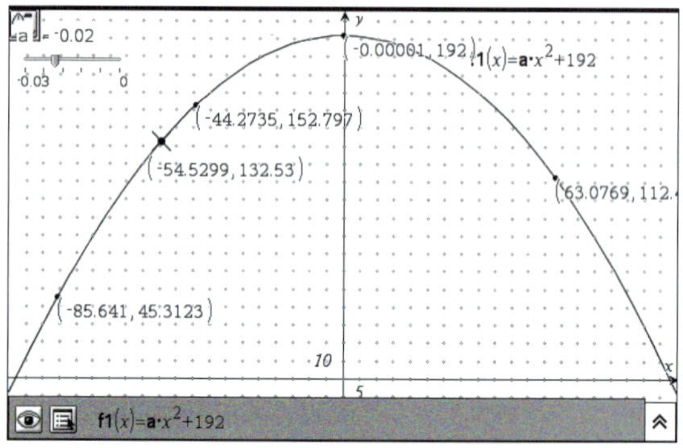

► Durch Klick mit der rechten Maustaste auf eine Achse kann man über **Spureinstellungen** die Koordinaten eines Graphenpunktes leicht ablesen.

Rechnerische Verifizierung

Diese experimentell erworbene Gleichung lässt sich rechnerisch leicht überprüfen. Dazu wird einer der Fußpunkte, z. B. der rechte mit den Koordinaten $x = \frac{192}{2} = 96$ und $y = 0$ in die allgemeine Gleichung $y = ax^2 + 192$ eingesetzt und diese anschließend nach a aufgelöst.

Es müssen die beiden Gleichungen erfüllt sein:
$0 = a \cdot (-96)^2 + 192$
$0 = a \cdot (\ \ 96)^2 + 192$. ► Begründen Sie, dass beide Gleichungen gleichwertig sind.

Für den Parameter a erhält man als Lösung aus der Gleichungskette: $a = -\frac{192}{96^2} = -\frac{192}{9216} \approx -0{,}0208$ den Wert $-0{,}0208$ auf 4 Dezimalstellen genau.

Damit ist der Umriss des Gateway-Arch in etwa durch die Formel $y = -0{,}0208x^2 + 192$ beschrieben.

Bestimmen quadratischer Funktionsterme

Die Erfahrungen in einem Betrieb haben gezeigt, dass sich vielfach der Erlös eines Betriebs für jede Absatzmenge mittels einer quadratischen Funktion prognostizieren lässt, wenn nur die erzielten Erlöse für drei Absatzmengen bekannt sind. ► Modellierung

Beispiel 2.24 a

Ein Betrieb erzielt beim Absatz von 2 ME einen Erlös von 14 GE, bei einem Absatz von 4 ME einen Erlös von 20 GE und bei einem Absatz von 6 ME einen Erlös von 18 GE.

Geben Sie mithilfe von Excel den Term der quadratischen Funktion E an, aus deren Graph sich die einzelnen Erlöse zu den jeweils abgesetzten Mengen ablesen lassen und prognostizieren Sie den Erlös für 8 ME.

Mithilfe von Excel sind der Graph und der zugehörige Funktionsterm einfach zu bestimmen. Trägt man nur die Zahlen der nebenstehenden Tabelle in ein Tabellenblatt und markiert sie, so wird der Graph durch einen Klick im EINFÜGEN-Menü auf DIAGRAMME und PUNKT (XY) erstellt.

Klickt man in das Diagramm auf einen Graphenpunkt, so lässt sich durch das Menü TRENDLINIE HINZUFÜGEN… mit dem Typ POLYNOMISCH, REIHENFOLGE 2 der Graph glattstellen.

Der Funktionsterm erscheint automatisch mit, wenn man die Option FORMEL IM DIAGRAMM DARSTELLEN aktiviert.

Setzt man 8 für x im Term $E(x)$, so erhält man den Wert 8; der Erlös beim Verkauf von 8 ME beträgt 8 GE.

	A	B	C	D	E
5	x	2	4	6	
6	$E(x)$	14	20	18	

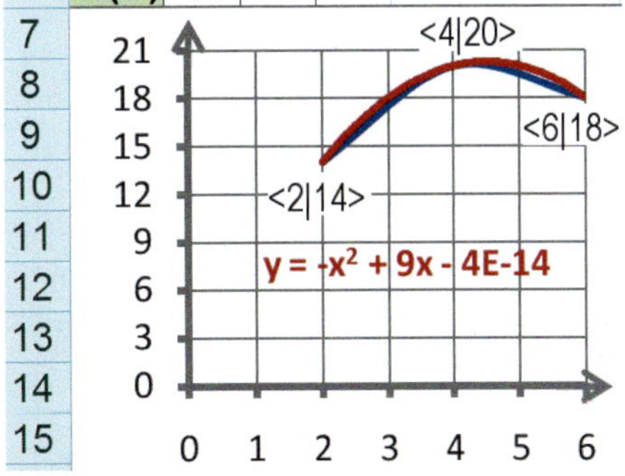

▶ Die Koordinaten der Punkte sind als Textfeld in das Excel-Tabellenblatt integriert worden.

Hat man kein geeignetes Computerprogramm zur Verfügung, muss der Funktionsterm „per Hand" ermittelt werden.

Beispiel 2.24 b

Der allgemeine Term einer quadratischen Funktion f ist $f(x) = ax^2 + bx + c$ mit $a \neq 0$.

Um die drei Koeffizienten a, b und c eindeutig bestimmen zu können, benötigt man drei lineare Gleichungen in den Variablen a, b und c, die aus der Aufgabenstellung gewonnen werden müssen.

Die drei Punktepaare $\langle 2 \mid 14 \rangle$, $\langle 4 \mid 20 \rangle$ und $\langle 6 \mid 18 \rangle$ sind Teil aller Punkte $\langle x \mid E(x) \rangle$ auf dem Graphen der Erlösfunktion E und ihre Koordinaten müssen somit die Gleichung $E(x) = ax^2 + bx + c$ erfüllen.

$$E(2) = 14 \Leftrightarrow a \cdot 2^2 + b \cdot 2 + c = 14$$
$$\Leftrightarrow 4a + 2b + c = 14$$
$$E(4) = 20 \Leftrightarrow a \cdot 4^2 + b \cdot 4 + c = 20$$
$$\Leftrightarrow 16a + 4b + c = 20$$
$$E(6) = 18 \Leftrightarrow a \cdot 6^2 + b \cdot 6 + c = 18$$
$$\Leftrightarrow 36a + 6b + c = 18$$

Lineares Gleichungssystem

$$4a + 2b + c = 14$$
$$16a + 4b + c = 20$$
$$36a + 6b + c = 18$$

Exkurs: Lösen linearer Gleichungssysteme

Ein geeignetes Verfahren, um ein lineares Gleichungssystem „per Hand“ zu lösen, ist das **Additionsverfahren**, auf dem das sog. **Gaußsche Eliminationsverfahren** gründet.

Dabei wird ein Vielfaches des linken Terms und das gleiche Vielfache des rechten Terms einer Gleichung zu dem linken und dem rechten Term einer anderen Gleichung addiert. Man sagt verkürzt: *„Man addiert das Vielfache einer Gleichung zu einer anderen Gleichung.“* Ziel des Verfahrens ist es, das Vielfache dabei so zu wählen, dass bei der nachfolgenden Addition der Gleichungen eine der Variablen in der Summe nicht mehr auftritt.

2

Um zu einer Dreiecksform zu gelangen, addiert man hier das (-4)-fache der 1. Gleichung zur 2. Gleichung und das (-9)-fache der 1. Gleichung zur 3. Gleichung, so dass die Variable a jeweils wegfällt. Die 1. Gleichung wird beibehalten.
Im neu entstandenen Gleichungssystem II addiert man das (-3)-fache der 2. Gleichung zur 3. Gleichung, um hier b zu eliminieren. Die 1. und 2. Gleichung wird jeweils beibehalten.

Es entsteht ein System aus 3 Gleichungen in **Dreiecksform**, aus dem sich nacheinander die Variablen a, b und c leicht berechnen lassen.

Ersetzt man die errechneten Werte für die Variablen a, b und c in dem allgemeinen Term $E(x) = ax^2 + bx + c$, so erhält man für die Erlösfunktion den Term: $E(x) = -x^2 + 9x$.

▶ Man bestätigt die erhaltenen Werte für a, b und c durch eine Probe (im Kopf) in allen Ausgangsgleichungen.

I.
$$\begin{aligned} 4a+2b+c&=14 \quad |\cdot(-4) \quad |\cdot(-9)\\ 16a+4b+c&=20 \quad \leftarrow + \\ 36a+6b+c&=18 \quad \leftarrow + \end{aligned}$$

II.
$$\begin{aligned} 4a+2b+c&=14\\ -4b-3c&=-36 \quad |\cdot(-3)\\ -12b-8c&=-108 \quad \leftarrow + \end{aligned}$$

III.
$$\begin{aligned} 4a+2b+c&=14\\ -4b-3c&=-36\\ c&=0 \qquad \Rightarrow \boldsymbol{c=0} \end{aligned}$$

$-4b - 3\cdot 0 = -36$ ▶ 0 für c in Zeile 2 von III
$-4b = -36 \quad |:(-4) \Rightarrow \boldsymbol{b=9}$
$4\cdot a + 2\cdot 9 + 0 = 14$
▶ 9 für b und 0 für c in Zeile 1 von III
$4a = -4 \quad |:4 \quad \Rightarrow \boldsymbol{a=-1}$

$\Rightarrow \boldsymbol{E(x) = -x^2 + 9x}$

Probe z. B. in der 2. Gleichung:
$-16 + 36 = 20 \Leftrightarrow 20 = 20$ ▶ wahre Aussage

Anhand des Funktionsterms von E lassen sich nun Erlöse auch für andere Ausbringungsmengen berechnen. Beispielsweise gilt, dass der Betrieb bei einem Absatz von 3 ME mit einem Erlös von 18 GE, bei einem Absatz von 8 ME aber nur mit einem Erlös von 8 GE rechnen kann.
▶ Vgl. auch Übungsaufgabe 37 (Lösung von Linearen Gleichungssystemen mithilfe von TI-Nspire)

Zur Erhöhung der Übersichtlichkeit und besseren EDV-Tauglichkeit lässt man die Variablen weg und schreibt die Koeffizienten in einer **Matrix**. ▶ Kapitel 7

In den ersten 3 Spalten der Matrix stehen die Koeffizienten für a, b und c, in der 4. Spalte die Koeffizienten der rechten Seiten der Gleichungen. In der verkürzten Matrixschreibweise führt man dieselben Zeilenumformungen wie oben Gleichungsumformungen durch, sodass man zur analogen Darstellungsweise einer **Matrix in Dreiecksform** gelangt.

Die weitere Berechnung der Variablen a, b und c erfolgt wie oben.

I.	**4**	2	1	14	$\lvert\cdot(-4)$ $\lvert\cdot(-9)$
	16	4	1	20	← +
	36	6	1	18	← +
II.	4	2	1	14	
	0	**−4**	−3	−36	$\lvert\cdot(-3)$
	0	−12	−8	−108	← +
III.	4	2	1	14	
	0	−4	−3	−36	
	0	0	1	0	

Diese Art der Matrixdarstellung in Dreiecksform ist die gebräuchlichste; die Matrix heißt **obere Dreiecksmatrix**, da unterhalb der **Hauptdiagonalen** von links oben nach rechts unten nur Nullen stehen.

Häufig gestaltet sich eine andere Matrixdarstellung als einfacher.

Hier addiert man zweckmäßigerweise das (−1)-fache der 1. Zeile zur 2. und 3. Zeile, sodass die Variable c jeweils wegfällt. Die 1. Zeile wird beibehalten.
Im neu entstandenen Gleichungssystem II addiert man das (−2)-fache der 2. Zeile zur 3. Zeile, um hier b zu eliminieren. Die 1. und 2. Zeile wird jeweils beibehalten.

Nun lassen sich nacheinander die Variablen a, b und c in dieser Reihenfolge leicht berechnen.

I.	4	2	**1**	14	$\mid \cdot(-1)$
	16	4	1	20	← +
	36	6	1	18	← +
II.	4	2	1	14	
	12	**2**	0	6	$\mid \cdot(-2)$
	32	4	0	4	← +
III.	4	2	1	14	
	12	2	0	6	
	8	0	0	$-8 \Rightarrow \boldsymbol{a = -1}$ usw.	

Alles klar?

1 Ermitteln Sie die Funktionsgleichung der Parabel, die durch die Punkte $A\langle -2 \mid 18 \rangle$, $B\langle 1 \mid 3 \rangle$ und $C\langle 3 \mid 13 \rangle$ verläuft.

2 Die Nachfrage nach einem Gut kann durch eine Funktion 2. Grades ($p_N(x) = ax^2 + bx + c$) beschrieben werden. Dabei beträgt die Nachfrage 3 ME bei einem Preis von 84 GE und 6 ME bei einem Preis von 51 GE. Die Sättigungsmenge liegt bei 9 ME. Ermitteln Sie den Term der Preisnachfragefunktion p_N.

2.2.1 Untersuchung ökonomischer Funktionen

Anhand eines typischen Beispiels werden ökonomische Probleme mittels linearer und quadratischer Funktionen gelöst.

Beispiel 2.25

Der Produzent einer Spezialkamera ist Monopolist. Die gesamten Produktionskosten ergeben sich aus der Funktion $K(x) = 0{,}2x + 1{,}6$. Die Preispolitik erfolgt auf der Grundlage einer linearen **Preisabsatzfunktion**. Bei einem Angebot von x Stück kann ein Stückpreis von $p(x)$ erzielt werden, wobei gilt: $p(x) = -0{,}2x + 2$.

- Geben Sie den ökonomischen Definitionsbereich $D_{ök}$ an.
- Geben Sie die Erlösfunktion an und ermitteln Sie die Ausbringungsmenge, für die der Erlös maximal wird. Geben Sie den maximalen Erlös sowie die Erlösschwelle und -grenze an.
- Bestimmen Sie die Gewinnschwelle und -grenze.
- Geben Sie die Gewinnfunktion an und ermitteln Sie die gewinnmaximale Ausbringungsmenge und den maximalen Gewinn.
- Zeichnen Sie die Graphen von K, E und G.

Definitionsbereich:
Der ökonomische Definitionsbereich $D_{ök}$ ergibt sich aus der nebenstehenden Rechnung als $D_{ök} = [0;\, 10]$. ► $x \in [0;\, 10]$

► $x \geq 0$
► $p(x) \geq 0 \Leftrightarrow -0{,}2x + 2 \geq 0$
$\Leftrightarrow \quad x \leq 10$
$\Rightarrow D_{ök} = [0;\, 10]$ ► Sättigungsmenge 10 ME

2

Erlösmaximum
Die Erlösfunktion ist das Produkt aus der Preisabsatzfunktion und der Absatzmenge.

$E(x) = p(x) \cdot x$
$= (-0{,}2x + 2) \cdot x$
$= \mathbf{-0{,}2x^2 + 2x}; x \in [0; 10].$

Die erlösmaximale Ausbringungsmenge und das Erlösmaximum erhält man, indem man den Term der Erlösfunktion E in die Scheitelpunktform umwandelt und daraus den Scheitelpunkt abliest.

$E(x) = -0{,}2x^2 + 2x$
$= -0{,}2 \cdot [x^2 - 10x]$
$= -0{,}2 \cdot [(x^2 - 10x + \mathbf{25}) - \mathbf{25}]$
$= -0{,}2 \cdot [(x-5)^2 - 25]$
$= -0{,}2 \cdot (x-5)^2 + 5$ ▸ Scheitelpunktform

Bei einer Ausbringungsmenge von 5 ME ist der Erlös maximal (5 GE).

Lösung: $\mathbf{E_{max}\langle 5|5\rangle}$

Die Erlösschwelle und -grenze eines Betriebs sind die Stellen, an denen der Erlös Null ist. Zu lösen ist also die Gleichung $E(x) = 0$.

$E(x) = 0 \Leftrightarrow -0{,}2 \cdot [(x-5)^2 - 25] = 0$
$\Leftrightarrow (x-5)^2 = 25$
$\Leftrightarrow |x-5| = 5$
$\Leftrightarrow x = 0$ oder $x = 10$

Lösung:
$x_{ES} = \mathbf{0}$ und $x_{EG} = \mathbf{10}$ ▸ Nullstellen von E

Gewinn
Die Gewinnschwelle und -grenze befinden sich an den Stellen, an denen der Erlös und die Kosten eines Betriebs übereinstimmen, an denen also $E(x) = K(x)$ gilt.

$E(x) = K(x) \Leftrightarrow -0{,}2x^2 + 2x = 0{,}2x + 1{,}6$
$\Leftrightarrow -0{,}2x^2 + 1{,}8x = 1{,}6$
$\Leftrightarrow x^2 - 9x = -8$
$\Leftrightarrow x^2 - 9x + \mathbf{20{,}25} = -8 + \mathbf{20{,}25}$
$\Leftrightarrow (x-4{,}5)^2 = 12{,}25$
$\Leftrightarrow |x-4{,}5| = 3{,}5$
$\Leftrightarrow x = 1$ oder $x = 8.$

Die Gewinnschwelle ist beim Verkauf von 1 ME, die Gewinngrenze beim Verkauf von 8 ME erreicht.

Lösung: $x_{GS} = \mathbf{1}$ und $x_{GG} = \mathbf{8}$.

Wenn der Erlös die Kosten gerade deckt, ist der Gewinn der Unternehmung Null. Der Gewinn $G(x)$ entspricht der Differenz aus Erlös $E(x)$ und Kosten $K(x)$:

$G(x) = -0{,}2x^2 + 1{,}8x - 1{,}6; x \in [0; 10].$

$G(x) = E(x) - K(x)$
$= -0{,}2x^2 + 2x - (0{,}2x + 1{,}6)$
$= \mathbf{-0{,}2x^2 + 1{,}8x - 1{,}6}; x \in [0; 10]$
▸ Die Gewinnschwelle und die Gewinngrenze sind auch die Nullstellen der Funktion G.

Die gewinnmaximale Ausbringungsmenge und das Gewinnmaximum erhält man, indem man den Term der Gewinnfunktion G in die Scheitelpunktform umwandelt und daraus den Scheitelpunkt abliest.

$G(x) = -0{,}2x^2 + 1{,}8x - 1{,}6$
$= -0{,}2 \cdot (x^2 - 9x + 8)$
$= -0{,}2 \cdot [(x^2 - 9x + \mathbf{20{,}25}) - \mathbf{20{,}25} + 8]$
$= -0{,}2 \cdot [(x-4{,}5)^2 - 12{,}25]$
$= -0{,}2 \cdot (x-4{,}5)^2 + 2{,}45$ ▸ Scheitelpunktform

Bei einer Ausbringungsmenge von 4,5 ME ist der Gewinn maximal und beträgt 2,45 GE.

Lösung: $\mathbf{G_{max}\langle 4{,}5|2{,}45\rangle}$.

Graphen von K, E und G
Die durch die Untersuchung ermittelten Stellen und Punkte werden in ein Koordinatensystem eingetragen und zu den Graphen von K, E und G verbunden.
$K(x) = 0{,}2x + 1{,}6$

$x_{ES} = 0$ und $x_{EG} = 10$; $E_{max}\langle 5|5\rangle$

$x_{GS} = 1$ und $x_{GG} = 8$; $G_{max}\langle 4{,}5|2{,}45\rangle$

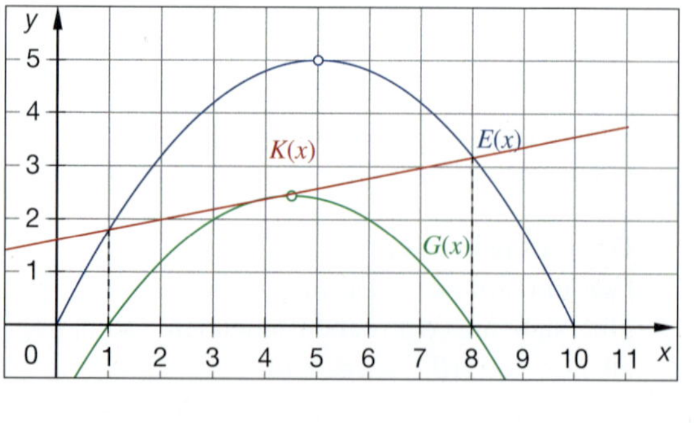

Übungen zu 2.2

Allgemeine Übungen

1 Zeichnen Sie die Graphen der folgenden in ℝ definierten Funktionen jeweils im angegebenen Intervall I.

a) $f(x) = x^2 + 1;\quad I = [-3; 3]$
b) $f(x) = -x^2;\quad I = [-3; 3]$
c) $f(x) = 2x^2 - 2;\quad I = [-3; 3]$
d) $f(x) = -3x^2 + 3;\quad I = [-3; 3]$
e) $f(x) = 0{,}25x^2 - 1;\quad I = [-3; 3]$
f) $f(x) = -0{,}5x^2 + 2;\quad I = [-3; 3]$
g) $f(x) = 2(x-1)^2;\quad I = [-2; 4]$
h) $f(x) = 0{,}5(x+2)^2;\quad I = [-5; 1]$
i) $f(x) = (x-3)^2 + 2;\quad I = [0; 6]$

2 Zeichnen Sie sowohl die nach oben als auch die nach unten geöffnete Parabel durch den jeweiligen Scheitelpunkt, wenn bekannt ist, dass sie durch Verschiebung und Drehung aus der Normalparabel entsteht. **Hinweis:** Normalparabel-Schablone

a) $S\langle 1|2\rangle$ b) $S\langle 3|-2\rangle$ c) $S\langle -2|4\rangle$
d) $S\langle -4|-3\rangle$ e) $S\langle 0{,}5|-1\rangle$

3 Zeichnen Sie zu den angegebenen Scheitelpunktformen der quadratischen Funktionsterme die jeweiligen Parabeln $G(f)$ und formen Sie die Funktionsterme in die jeweiligen Normalformen um. Bestimmen Sie zeichnerisch und rechnerisch die jeweiligen Achsenschnittpunkte von $G(f)$.

a) $f(x) = (x-2)^2 - 3$ b) $f(x) = (x+3)^2 - 1$
c) $f(x) = (x-3)^2 + 2$ d) $f(x) = (x+1{,}5)^2$
e) $f(x) = (x-2{,}5)^2 - 3$ f) $f(x) = -(x-1)^2 + 1$
g) $f(x) = -2(x+2)^2 + 5$ h) $f(x) = -4(x-0{,}5)^2 - 3$
i) $f(x) = -0{,}5(x-2)^2 + 4{,}5$

4 Bringen Sie folgende quadratische Funktionsterme auf ihre Scheitelpunktformen, bestimmen. Sie die Scheitelpunkte der einzelnen Parabeln und zeichnen Sie die Graphen.

a) $f(x) = x^2 + 4x + 2$ b) $f(x) = x^2 - 2x - 3$
c) $f(x) = x^2 - 8x + 19$ d) $f(x) = x^2 + 3x + 4{,}75$
e) $f(x) = x^2 - 5x + 8$ f) $f(x) = x^2 - x - 1$

5 Bringen Sie folgende quadratische Funktionsterme auf ihre Scheitelpunktformen, bestimmen Sie die Scheitelpunkte der einzelnen Parabeln und zeichnen Sie die Graphen.

a) $f(x) = -x^2 + 4x - 5$ b) $f(x) = 2x^2 + 4x + 3$
c) $f(x) = -3x^2 + 9x - 9$ d) $f(x) = 4x^2 + x + 6$
e) $f(x) = -0{,}5x^2 + 2x - 5$
f) $f(x) = 0{,}25x^2 - 2x + 1$

6 Bestimmen Sie aus den angegebenen Normalformen der quadratischen Funktionsterme die jeweiligen Scheitelpunktformen und zeichnen Sie die zugehörigen Parabeln. Welchen Scheitelpunkt und welche Achsenschnittpunkte haben die einzelnen Graphen? Ermitteln Sie, sofern vorhanden, die Schnittpunkte der einzelnen Parabeln mit dem Graphen der linearen Funktion $g(x) = x + 1$.

a) $f(x) = -x^2$ b) $f(x) = x^2 + 4x - 5$
c) $f(x) = x^2 - 8x + 12$ d) $f(x) = x^2 - 6{,}25$
e) $f(x) = x^2 + 3x$ f) $f(x) = x^2 - 2{,}5x + 1{,}5$
g) $f(x) = -x^2 + 5x - 2{,}25$
h) $f(x) = 2x^2 - 12x + 16$
i) $f(x) = 0{,}5x^2 - 2x - 2{,}5$
j) $f(x) = 0{,}2x^2 + x + 1{,}2$
k) $f(x) = -3x^2 - 18x - 19$

7 Die folgenden quadratischen Funktionsterme sind vom Typ $f(x) = x^2 + bx + c$ (Normalform) bzw. vom Typ $f(x) = (x - x_s) + y_s$ (Scheitelpunktform). Vervollständigen Sie die Tabelle.

	Funktionsterm in Scheitelpunktform	Scheitelpunkt der Parabel	x_s	y_s	Funktionsterm in Normalform	b	c
a)	$f(x) = (x-2)^2$						
b)		$\langle 3\|4\rangle$					
c)	$f(x) = (x+3)^2 - 5$						
d)			$-2{,}5$	$4{,}5$			
e)					$f(x) = x^2 + 4x - 5$		
f)						-6	5
g)					$f(x) = x^2 - 3x - 10$		
h)		$\langle 4{,}5\|-6{,}75\rangle$					

8 Die folgenden quadratischen Funktionsterme sind vom Typ $f(x) = -x^2 + bx + c$ (Normalform) bzw. vom Typ $f(x) = -(x - x_s) + y_s$ (Scheitelpunktform). Vervollständigen Sie die Tabelle.

	Funktionsterm in Scheitelpunktform	Scheitelpunkt der Parabel	x_s	y_s	Funktionsterm in Normalform	b	c
a)	$f(x) = -(x+3)^2$						
b)			4,5	−2,5			
c)		$\langle -5 \mid 2 \rangle$					
d)					$f(x) = -x^2 + 4x + 5$		
e)	$f(x) = -(x-4)^2 + 9$						
f)		$\langle 1{,}5 \mid 2{,}25 \rangle$					
g)					$f(x) = -x^2 - 6x - 8$		
h)						3	4

9 Bestimmen Sie allgemein die Nullstellen der quadratischen Gleichung $ax^2 + bx + c = 0$ in Normalform („***abc*-Formel**").

10 Gegeben ist die quadratische Funktion $f(x) = 0{,}5x^2 + 3x + 2{,}5;\ x \in \mathbb{R}$.

a) Bestimmen Sie den Scheitelpunkt und die Achsenschnittpunkte des Graphen von f.

b) Ermitteln Sie die Schnittpunkte von $G(f)$ mit dem Graphen von $g(x) = 6x;\ x \in \mathbb{R}$ und zeichnen Sie beide Graphen in ein Koordinatensystem.

11 Gegeben sind die reellen Funktionen $f_1(x) = -0{,}6x^2 - 5x - 6{,}4$ und $f_2(x) = \frac{14}{15}x^2 + 5\frac{11}{15}x + 2\frac{4}{5}$.

a) Bestimmen Sie die Schnittpunkte S_1 und S_2 der Graphen der beiden Funktionen.

b) Ermitteln Sie den Funktionsterm der Funktion, deren Graph S_1 und S_2 verbindet.

c) Ermitteln Sie die Achsenschnittpunkte der Graphen aller drei Funktionen.

d) Zeichnen Sie die Graphen aller drei Funktionen.

12 Die Graphen der drei linearen Funktionen $f_1(x) = 1{,}5x + 6$, $f_2(x) = -3x + 15$ und $f_3(x) = -4{,}5x + 30$ bilden mit ihren Schnittpunkten ein Dreieck.

a) Bestimmen Sie die drei Eckpunkte des Dreiecks.

b) Ermitteln Sie den Funktionsterm der quadratischen Funktion, deren Graph durch die Eckpunkte des Dreiecks geht.

c) Zeichnen Sie die Graphen der 4 Funktionen.

13 Die Graphen der reellen Funktionen $f_1(x) = -(x+2)^2 - 1$ und $f_2(x) = x + 0{,}25$ schneiden sich in den Punkten S_1 und S_2.

a) Bestimmen Sie S_1 und S_2 rechnerisch und zeichnerisch.

b) Ermitteln Sie den Funktionsterm der linearen Funktion, deren Graph den Graphen der Funktion f_2 im Punkt S_1 rechtwinklig schneidet.

14 Der Graph der reellen Funktion $f_1(x) = (x+2)^2 - 1$ wird vom Graphen von $f_2(x) = 0{,}5(x+2)^2 + 3{,}5$ in den Punkten P_1 und P_2 geschnitten.

a) Bestimmen Sie P_1 und P_2 rechnerisch und zeichnerisch.

b) Ermitteln Sie den Funktionsterm der Schnittgeraden.

15 Gegeben sind die Punkte $A\langle 1 \mid -5 \rangle$, $B\langle 2 \mid -9 \rangle$ und $C\langle -1 \mid -15 \rangle$ einer Parabel.

a) Bestimmen Sie den zugehörigen quadratischen Funktionsterm $f(x)$ und zeichnen Sie den Graphen von f.

b) Ermitteln Sie den Scheitelpunkt und die Achsenschnittpunkte des Graphen von f.

16 Wie lauten die Funktionsterme der quadratischen Funktionen f, deren Graphen jeweils durch die folgenden Punkte gehen?

a) $A\langle -5 \mid 6 \rangle$; $B\langle -3 \mid -4 \rangle$; $C\langle 3 \mid 14 \rangle$

b) $A\langle -2 \mid 0 \rangle$; $B\langle 2 \mid 4 \rangle$; $C\langle 3 \mid 10 \rangle$

c) $A\langle -6 \mid -8 \rangle$; $B\langle -2 \mid 12 \rangle$; $C\langle 3 \mid -8 \rangle$

d) $A\langle -3 \mid 3 \rangle$; $B\langle 1 \mid -3 \rangle$; $C\langle 5 \mid 7 \rangle$

e) $A\langle -6 \mid 4 \rangle$; $B\langle -3 \mid -5 \rangle$; $C\langle 4 \mid 9 \rangle$

f) $A\langle -1 \mid -10 \rangle$; $B\langle 2 \mid -1 \rangle$; $C\langle 6 \mid -3 \rangle$

17 Hängebrücken werden überwiegend zur Überbrückung breiterer schiffbarer Gewässer errichtet. Im Regelfall werden Eisenbahnbrücken wegen der Tendenz zu Schwingungen und größeren Verformungen nicht als Hängebrücke gebaut. Eine der berühmtesten Hängebrücken der Welt ist die Golden-Gate-Bridge in der Bucht von San Francisco.

a) Berechnen Sie die mittlere Hauptspannweite der Golden-Gate-Bridge indem Sie davon ausgehen, dass ihre Trageseile Parabelform mit dem Funktionsterm $f(x) = 0{,}0004x^2$ haben und die Höhe der Pylone oberhalb der Straße 164 m beträgt.

b) Ermitteln Sie den Funktionsterm der größten deutschen Hängebrücke, der Rheinbrücke bei Emmerich, die eine mittlere Hauptspannweite von ca. 500 Metern bei einer Pylonenhöhe von ca. 76,7 Metern und einer Durchfahrthöhe für die Schiffe von ca. 30 Metern hat. (Bild 2)

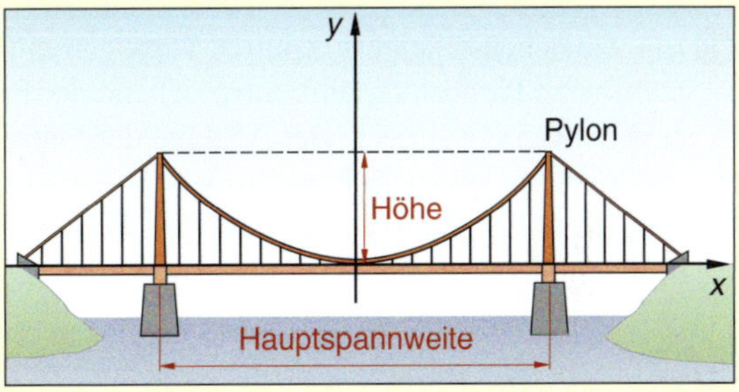

18 In der Leichtathletik beschreiben die Körperschwerpunkte von Weit- und Hochspringern parabelförmige Kurven.

a) MIKE POWELL stellte 1991 in Tokio einen neuen Weitsprung-Weltrekord auf, der bis heute gültig ist.

a_1) Wie weit sprang MIKE POWELL, wenn sein Körperschwerpunkt ungefähr eine Flugbahn entsprechend dem Graphen der Funktion $f(x) = -0{,}06x^2 + 0{,}3996x + 1{,}23$ beschrieben hat?

a_2) Welche maximale Höhe erreichte sein Körperschwerpunkt während des Sprungs?

b) ULRIKE NASSE-MEYFARTH wurde mit 16 Jahren in München 1972 und mit 28 Jahren in Los Angeles 1984 Olympiasiegerin im Hochsprung.

b_1) Bei ihrem Sieg 1972 verlief ihre Körperschwerpunktkurve ungefähr entsprechend der Funktion $f(x) = -0{,}61x^2 + 1{,}41x + 1{,}11$. Welche Höhe erreichte sie, in welcher Entfernung zur Hochsprunglatte sprang sie ab und wie weit entfernt von der Latte landete sie, wenn die Sprungmatte 60 cm hoch war?

b_2) 12 Jahre später sprang sie bei gleicher Körpergröße 10 cm höher und 15 cm weiter von der Latte entfernt ab. Welchen Funktionsterm hat die Parabel, die ihren Körperschwerpunkt beschreibt?

19 Der Graph einer quadratischen Funktion f geht durch den Punkt $P_1\left\langle 0 \,\middle|\, -2\frac{7}{9} \right\rangle$ und wird in den Punkten $P_2\langle 2|f(2)\rangle$ und $P_3\langle -3|f(-3)\rangle$ vom Graphen der reellen Funktion $g(x) = 1\frac{2}{3}x + \frac{5}{9}$ geschnitten.

a) Bestimmen Sie den Funktionsterm der Funktion f.

b) Zeichnen Sie die beiden Graphen.

20 Der Wasserstrahl eines Springbrunnens hat Parabelform und gelangt 3 Meter hoch und 6 Meter weit. Welche quadratische Funktion beschreibt die Parabel, wenn der Wasserstrahl im Koordinatenursprung ansetzt? Fertigen Sie eine Skizze an.

21 Von einer an einem geradlinigen Kanal gelegenen Weidefläche soll ein rechteckiges Stück unter Einschluss des Kanals als Grenze durch einen 240 m langen Zaun eingegrenzt werden.

a) Bestimmen Sie den Funktionsterm der Flächeninhaltsfunktion A.

b) Zeichnen Sie den Graphen von A.

c) Bestimmen Sie rechnerisch mithilfe der Scheitelpunktform die Seitenlängen der eingegrenzten Weidefläche so, dass der Flächeninhalt maximal ist.

2

22 Der Bogen einer Bogenbrücke von der Form einer Parabel verläuft gemäß dem Graphen der Funktion f in nebenstehendem Bild: $f(x) = -0{,}004x^2 + 1{,}2x - 32{,}4; x \geq 0$. Die Verankerungspunkte der Brücke liegen unterhalb der durch die x-Achse markierten Straße.

a) Wie hoch ist die Brücke? (Abstand von der Straße)

b) Wie lang ist die Straße auf der Brücke (Strecke AB)?

c) Wie tief unter der Straße befinden sich die Verankerungspunkte der Brücke?

d) Wie lauten die Funktionsgleichungen der Träger durch C und S bzw. D und S?

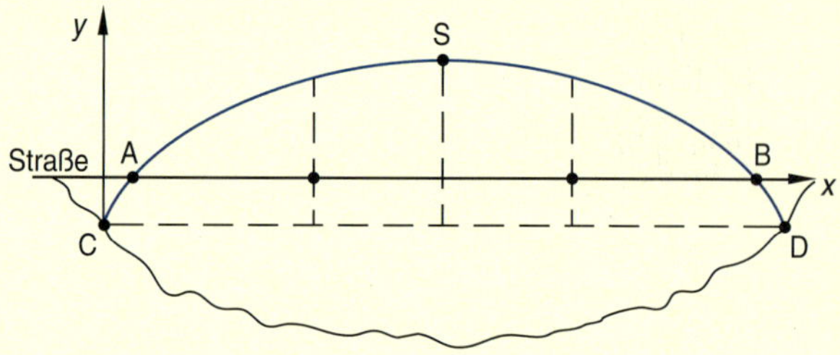

23 Ein wie nebenstehend skizzierter Torbogen in Form einer nach unten geöffneten Parabel verläuft entsprechend der Funktion f mit $f(x) = -0{,}5x^2 + 4x - 1$. Der Abstand der Unterstützungsträger voneinander ist doppelt so groß wie ihr jeweiliger Abstand zum Torbogenfuß.

a) Wie breit ist der Torbogen auf dem Boden?

b) Berechnen Sie die Höhe des Torbogens und die Länge der beiden Unterstützungsträger.

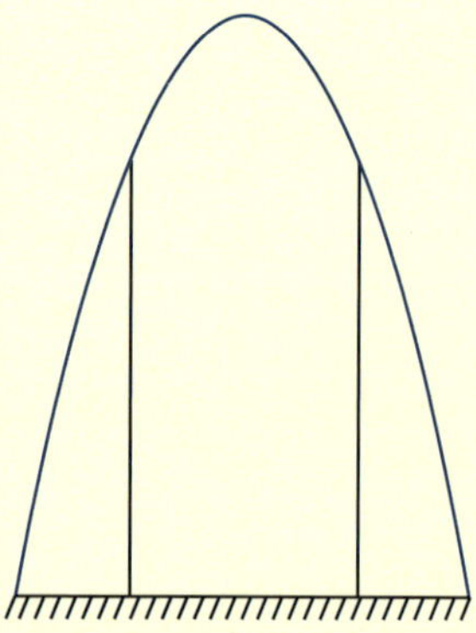

24 Die Zahl 40 ist so in zwei Summanden zerlegt worden, dass ihr Produkt möglichst groß wird. Bestimmen Sie diese Zahlen.

25 Eine Kleingärtnerin darf ihren Garten, der an einer Seite von einer Mauer begrenzt wird, so mit einem 80 Meter langen Zaun begrenzen, dass die Gartenfläche maximal groß wird. Welche Seitenlängen hat ihr Zaun, wenn der Garten rechteckig sein soll?

26 Für welche reellen Zahlen anstelle von a haben die folgenden reellen Funktionen keine Nullstelle, eine Nullstelle bzw. zwei Nullstellen? Zeichnen Sie $G(f_a)$ für die jeweils angegebenen Zahlen anstelle von a.

a) $f_a(x) = x^2 + ax + 9; a = 3; a = 7$

b) $f_a(x) = x^2 - ax + 25; a = 5; a = 12$

c) $f_a(x) = x^2 + 2ax + 49; a = 7; a = 18$

d) $f_a(x) = 3x^2 - 12ax + 108; a = 1; a = 4$

Übungen aus der Ökonomie

27 Die Preisabsatzfunktion eines Monopolisten lautet: $p_N(x) = -0{,}5x + 30$. Er produziert sein Gut entsprechend der Kostenfunktion $K(x) = 12x + 15$.

a) Ermitteln Sie den ökonomischen Definitionsbereich.

b) Bestimmen Sie den Höchstpreis und die Sättigungsmenge.

c) Berechnen Sie die Gleichungen der Erlösfunktion und der Gewinnfunktion.

d) In welchem Bereich kann der Monopolist mit Gewinn anbieten? Geben Sie auch die entsprechenden Preise an.

e) Bestimmen Sie das Erlösmaximum.

f) Bestimmen Sie das Gewinnmaximum.

28 Ein Produzent ist Monopolist. Seine gesamten Produktionskosten ergeben sich aus der Funktion K mit $K(x) = 3x + 60$, seine Preisabsatzfunktion ist $p(x) = -0{,}1x + 10$.

a) Wie lauten die Terme der Erlösfunktion E und der Gewinnfunktion G?

b) Zeichnen Sie mithilfe von Excel bzw. TI-Nspire die Graphen von K, p, E und G in einem ökonomisch sinnvollen Intervall und bestimmen Sie rechnerisch den ökonomischen Definitionsbereich $D_{ök}$.

c) Bestimmen Sie rechnerisch das Erlösmaximum und das Gewinnmaximum.

d) Berechnen Sie die Gewinnschwelle und die Gewinngrenze.

29 Der Produzent einer Werkzeugmaschine ist Monopolist. Die gesamten Produktionskosten ergeben sich nach der Kostenfunktion $K(x) = 4.000x + 32.000; x \in [0; 10]$.
Die Preispolitik erfolgt auf der Grundlage einer linearen Preisabsatzfunktion. Bei einem Angebot von x Stück kann ein Stückpreis von $p(x)$ erzielt werden, wobei gilt:
$p(x) = -4.000x + 40.000; x \in [0; 10]$.

a) Geben Sie den Funktionsterm der Erlösfunktion an und ermitteln Sie die Ausbringungsmenge, für die der Erlös maximal wird. Geben Sie den maximalen Erlös an.
b) Bestimmen Sie die Gewinnschwelle und -grenze.
c) Ermitteln Sie die gewinnmaximale Ausbringungsmenge und den maximalen Gewinn.
d) Zeichnen Sie die Graphen der Funktionen K, p, E und G.

30 Gegeben ist die Preisabsatzfunktion $p_N(x) = -0{,}1x + 100; x \in [0; 1.000]$.

a) Bestimmen Sie den Funktionsterm der Gesamterlösfunktion und zeichnen Sie deren Graphen.
b) Berechnen Sie mittels der Scheitelpunktform der Gesamterlösfunktion das Erlösmaximum.

31 Die durchschnittlichen variablen Kosten k_v eines Betriebes werden durch die Funktion $k_v(x) = x^2 - 6x + 15; x > 0$ beschrieben.
Die Grenzkostenfunktion lautet:
$GK(x) = 3x^2 - 12x + 15; x > 0$.

a) Zeichnen Sie die Graphen der Funktion k_v und GK.
b) Bestimmen Sie das Minimum der Funktion k_v.
c) Errechnen Sie die Produktionsmenge, bei der die Grenzkostenkurve die Kurve der durchschnittlichen variablen Kosten schneidet.

Anmerkung:
Die **durchschnittlichen variablen Kosten (variable Stückkosten)** sind der auf eine Einheit der Produktionsmenge entfallende Anteil der variablen Gesamtkosten.
Die **Grenzkosten** geben an, um wie viele Einheiten sich die Gesamtkosten erhöhen, wenn die Produktionsmenge um eine Einheit vergrößert wird.

32 Von einer Kaffeesorte werden 10.000 kg zu einem Preis von 10 € je kg abgesetzt. Eine Marktanalyse hat ergeben, dass eine Preissenkung um 0,25 € je kg jeweils zu einer Absatzsteigerung von 1.000 kg führen würde.

a) Bestimmen Sie die Funktionsgleichung, die die Abhängigkeit des Preises von der Absatzmenge darstellt.
b) Ermitteln Sie den Funktionsterm der Erlösfunktion und zeichnen Sie deren Graphen.
c) Berechnen Sie mithilfe der Scheitelpunktform der Erlösfunktion die erlösmaximale Absatzmenge und den dazu gehörenden Preis.

33 Gegeben ist die Funktion $k_v(x) = 1{,}2x^2 - 10{,}8x + 36; x > 0$.

a) Zeichnen Sie $G(k_v)$ und den diesen Graphen berührenden Graphen der Preisabsatzfunktion, der für einen Anbieter in vollständiger Konkurrenz parallel zur x-Achse verläuft.
   ► p_N ist eine konstante Funktion; Abschnitt 2.1, Übungsaufgabe 30
b) Bestimmen Sie rechnerisch die absolute Preisuntergrenze.

Anmerkung:
Für jeden Unternehmer in einer Marktwirtschaft gilt, dass der Preis seines Produkts langfristig die Durchschnittskosten decken muss, um existieren zu können. Für einen begrenzten Zeitraum kann es sinnvoll sein, das Unternehmen auch dann fortzuführen, wenn der Preis des Produkts nicht mehr die Durchschnittskosten deckt, und zwar dann, wenn später mit Gewinnen gerechnet werden kann. Dies ist bei Saisonbetrieben (z. B. Hotels) häufig der Fall. Obwohl dann Verluste entstehen, ist es für das Unternehmen günstiger, seinen Betrieb aufrecht zu erhalten als ihn einzustellen, solange der erzielbare Preis die durchschnittlichen variablen Kosten und einen Teil der durchschnittlichen fixen Kosten deckt. Fällt der Preis jedoch auf ein Niveau, so dass nicht einmal mehr die durchschnittlichen variablen Kosten gedeckt sind, so empfiehlt sich die Einstellung des Betriebs.
Die **absolute Preisuntergrenze** ist somit dort erreicht, wo der Preis genau die durchschnittlichen variablen Kosten deckt.

2.3 Ganzrationale Funktionen

Im einführenden Beispiel des vorigen Kapitels wurde ein quadratischer Funktionsterm ausgehend von der Fragestellung gefunden, einen Graphen durch drei Punkte, die nicht alle auf einer Geraden liegen, zu konstruieren.
Dieses Verfahren lässt sich auf der nächsten Stufe wiederholen: zu drei Punkten einer Parabel wählt man einen vierten Punkt außerhalb davon und modelliert einen verbindenden Graphen, der durch einen möglichst einfachen Funktionsterm beschrieben wird. Auf diese Weise bekommt man eine Funktion dritten Grades, eine nochmalige Wiederholung desselben Verfahrens liefert eine Funktion vierten Grades usw. Allgemein handelt es sich dabei um **ganzrationale Funktionen**.

Beispiel 2.26

Zeichnet man nun zum Graphen der Funktion f mit $f(x) = -0{,}5x^2 - 3x + 2$ zu den vorhandenen drei Punkten $\langle -6|2\rangle$, $\langle -4|6\rangle$ und $\langle 2|-6\rangle$ einen vierten Punkt $\langle 4|2\rangle$ ein, so stellt man fest, dass dieser Punkt nicht mit auf der Parabel liegt.

▶ Beispiel 2.13, Modellierung

	A	B	C	D	E
1	**x**	-6	-4	2	
2	***f*(x)**	2	6	-6	

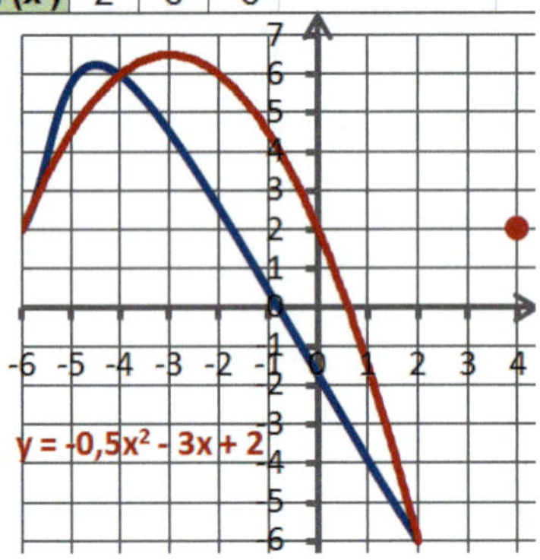

Eine die Punkte verbindende Linie kann daher nicht zum Graphen einer quadratischen Funktion gehören.

Einen die Punkte verbindenden Funktionsgraphen erhält man, indem man mit der rechten Maustaste auf einen Graphenpunkt klickt und im erscheinenden Menü TRENDLINIE HINZUFÜGEN... mit dem Typ POLYNOMISCH, REIHENFOLGE 3 auswählt.

Der Funktionsterm erscheint automatisch mit, wenn man die Option GLEICHUNG IM DIAGRAMM DARSTELLEN aktiviert.

	A	B	C	D	E	F
1	**x**	-6	-4	2	4	
2	***f*(x)**	2	6	-6	2	

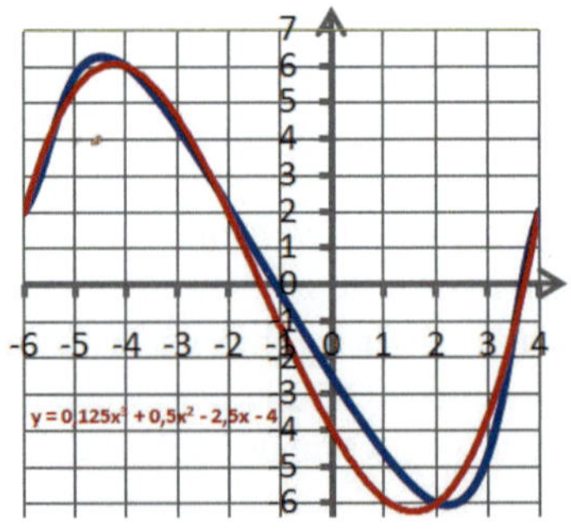

Die Funktion f mit $f(x) = 0{,}125x^3 + 0{,}5x^2 - 2{,}5x - 4$ ist ein Beispiel für eine **ganzrationale Funktion dritten Grades**, auch **kubische Funktion** genannt.

Reelle Funktionen vom Typ $f(x) = a_n x^n + a_{n-1} x^{n-1} + a_{n-2} x^{n-2} + \ldots + a_2 x^2 + a_1 x + a_0$ mit $a_n \neq 0$ und $a_n \in \mathbb{R}$, in deren Funktionstermen die Argumentvariable x in der Potenz einer beliebig großen natürlichen Zahl für n auftritt, heißen **ganzrationale Funktionen oder Polynomfunktionen n-ten Grades**; ihre Funktionsterme werden **Polynome** genannt. Lineare bzw. quadratische Funktionen sind spezielle ganzrationale Funktionen ersten bzw. zweiten Grades.

2

Beispiel 2.27

Auf einem landwirtschaftlichen Lehrgut soll erforscht werden, wie sich die Veränderung der Düngermenge auf den mengenmäßigen Mehrertrag auswirkt.
Dafür wird auf mehreren Äckern von gleicher Größe und Bodenqualität unter denselben Bedingungen und mit derselben Arbeitsintensität Weizen angebaut. Der einzige Unterschied besteht in der eingesetzten Menge an Dünger. Die Düngermenge wird daher **variabler Einsatzfaktor** genannt – im Unterschied zu den **konstanten Einsatzfaktoren** Bodenfläche, Bodenqualität und Arbeitsintensität. Der Versuch hat ergeben, dass die Abhängigkeit des Ertrags E von der eingesetzten Düngermenge u sehr gut durch die funktionelle Beziehung $E(u) = -0{,}5u^3 + 3u^2$ mit $u \in [0; 4]$ beschrieben wird. (Sowohl der Weizenertrag als auch der Düngereinsatz beziehen sich auf die ME 100 kg).

Zeichnen Sie den Graphen der Ertragsfunktion E und interpretieren Sie dessen Verlauf.

Der Graph der Ertragsfunktion E verläuft im ersten Teil linksgekrümmt. Das bedeutet, dass konstante Zuwächse der Düngermenge immer größer werdende Ertragszuwächse bewirken. Man bezeichnet diesen immer größer werdenden Anstieg des mengenmäßigen Ertrages auch als **überproportionale (progressive) Steigerung** des Ertrages durch verstärkten Einsatz des Faktors Dünger auf einer gegebenen Anbaufläche bei unveränderter Bearbeitungsintensität. Anders ausgedrückt können in dieser Phase konstante Ertragszuwächse mit immer kleiner werdendem Düngermehreinsatz und immer geringer werdenden Kostenzuwächsen erreicht werden (Kosten = Produkt aus Einsatzmenge und Preis).

u	0	1	2	3	4
$E(u)$	0	2,5	8	13,5	16

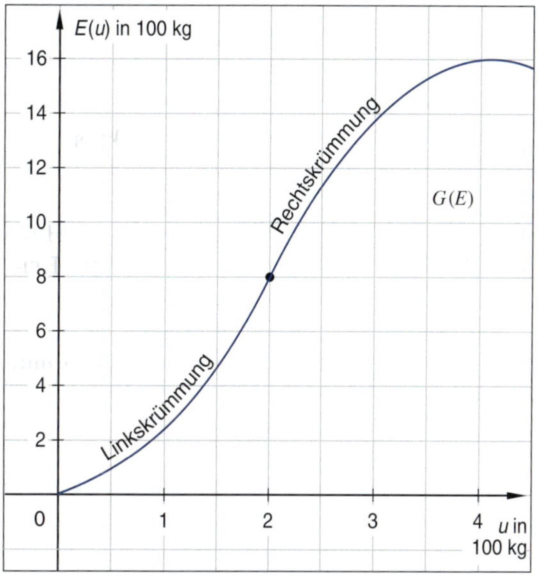

Von einer bestimmten Einsatzmenge an – an dieser Stelle geht die Ertragsfunktion von einer Links- in eine Rechtskurve über – wächst der Ertrag trotz konstanter Steigerung des Düngereinsatzes nur noch langsamer bzw. **unterproportional (degressiv)**, bis das Ertragsmaximum erreicht ist; von hier ab sinkt der Ertrag trotz weiteren Düngereinsatzes.

Wenn 100 kg des verwendeten Düngers 29,70 € kosten, dann werden die variablen Kosten K_v in Abhängigkeit von den variablen Einsatzfaktoren durch die lineare Funktion $f(u) = 29{,}70 \cdot u$ beschrieben. Betrachtet man dagegen die variablen Kosten K_v in Abhängigkeit vom Ertrag E, dann ergeben sich die rechts in der Tabelle stehenden Abhängigkeiten.

u	0	1	2	3	4
$E(u)$	0	2,5	8	13,5	16
$K_v(E)$	0	29,7	59,4	89,1	118,8

Im Folgenden sollen die variablen Kosten K_v in Abhängigkeit von der Produktionsmenge durch einen Funktionsterm beschrieben werden. Da die Produktionsmenge in diesem Fall als Variable gesehen wird, bezeichnet man sie mit dem Buchstaben x.

Berücksichtigt man noch die Kosten, die die konstanten Einsatzfaktoren verursachen – in diesem Fall die Pacht für eine Bodenfläche von einem Morgen (75 €) und die Arbeitslöhne für die Bodenbearbeitung (325 €) –, so erhält man die Gesamtkosten $K(x) = K_v(x) + K_f$ der Produktion vom Nullpunkt bis zum Ertragsmaximum bei 16 ME.

Mithilfe von Excel zeichnet man den Graphen von K, indem man zunächst die Zellen B2:F2 und durch Festhalten der Strg-Taste die Zellen B5:F5 markiert.

▶ Klickt im EINFÜGEN-Menü unter DIAGRAMME auf das unten stehende Punkt-Symbol und Wahl von PUNKT (XY).

Den Funktionsgraphen erhält man, indem man mit der rechten Maustaste auf einen Graphenpunkt klickt und im erscheinenden Menü TRENDLINIE HINZUFÜGEN… mit dem Typ POLYNOMISCH, REIHENFOLGE 3 auswählt. Der Funktionsterm erscheint automatisch mit, wenn man die Option FORMEL IM DIAGRAMM DARSTELLEN aktiviert.

▶ Modellierung

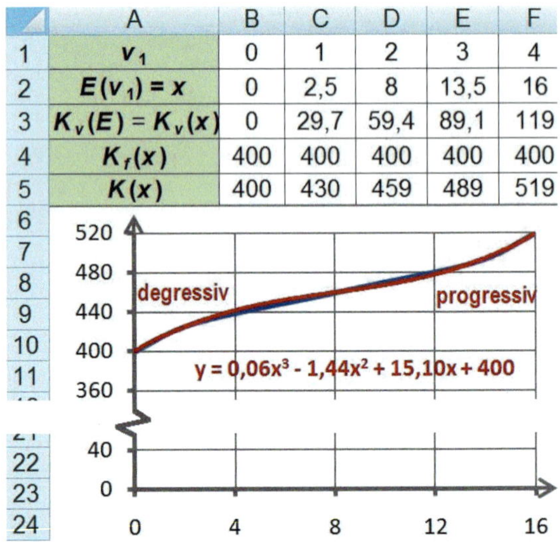

	A	B	C	D	E	F
1	v_1	0	1	2	3	4
2	$E(v_1) = x$	0	2,5	8	13,5	16
3	$K_v(E) = K_v(x)$	0	29,7	59,4	89,1	119
4	$K_f(x)$	400	400	400	400	400
5	$K(x)$	400	430	459	489	519

▶ $K(x) = 0{,}06x^3 - 1{,}44x^2 + 15{,}105x + 400$; $x \in [0; 16] = D_{ök}$ ist eine ertragsgesetzliche Kostenfunktion

Eine Kostenfunktion, die zunächst **degressive**, von einer bestimmten Stelle ab **progressive** Zuwächse hat, bezeichnet man als **ertragsgesetzliche Kostenfunktion**.

Die Funktionen E und K sind **ganzrationale Funktionen dritten Grades**, deren Definitionsbereiche Teilmengen von $\mathbb{R}^{\geq 0}$ $(x \geq 0)$ sind.

Im Folgenden sollen verschiedene ganzrationale Funktionen und deren Graphen untersucht werden.

Beispiel 2.28 (Symmetrie)

- Der Graph der ganzrationalen Funktion dritten Grades $f(x) = x^3$ ist eine Parabel dritten Grades (kubische Parabel), die **punktsymmetrisch** zum Koordinatenursprung verläuft, d. h., sie wird durch Spiegelung am Koordinatenursprung auf sich selbst abgebildet.

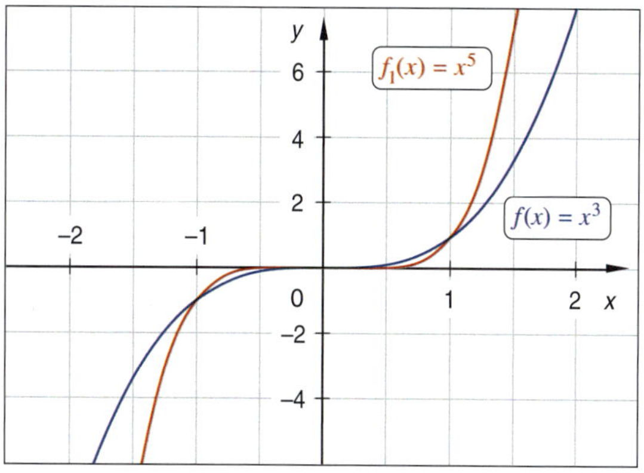

- Der Graph der ganzrationalen Funktion fünften Grades $f_1(x) = x^5$ heißt Parabel fünften Grades. Diese verläuft ebenfalls **punktsymmetrisch** zum Ursprung.

- Auch der Graph der ganzrationalen Funktion fünften Grades $f_2(x) = x^5 - x^3$ ist **punktsymmetrisch** zum Koordinatenursprung.
  Für die Funktionen f, f_1 und f_2 gilt: Der Funktionswert an einer Stelle $x_0 \in \mathbb{R}$ ist gleich dem entgegengesetzten Funktionswert an der Stelle $-x_0$.

$$\begin{aligned} f_2(-x_0) &= (-x_0)^5 - (-x_0)^3 \\ &= -x_0^5 - (-x_0^3) \\ &= -(x_0^5 - x_0^3) = -f_2(x_0) \end{aligned}$$

► Punktsymmetrie

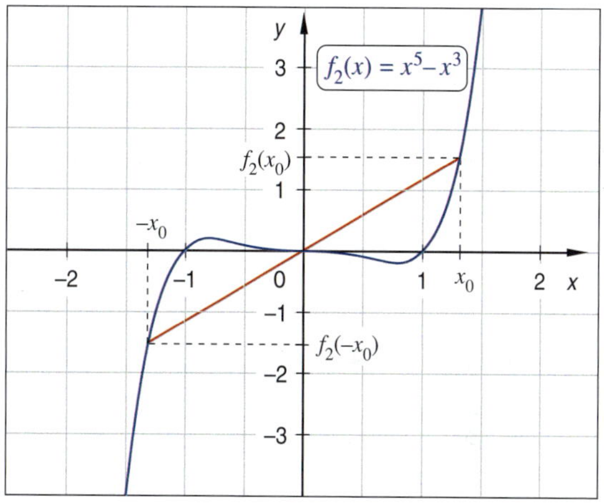

Funktionen mit der Eigenschaft, dass für alle $x \in D(f)$ gilt $f(x) = -f(-x)$, heißen **ungerade Funktionen**. Ihre Graphen verlaufen **punktsymmetrisch** zum Koordinatenursprung.

- Der Graph der ganzrationalen Funktion vierten Grades $f_3(x) = x^4$ ist eine zur y-Achse symmetrische Parabel vierten Grades.

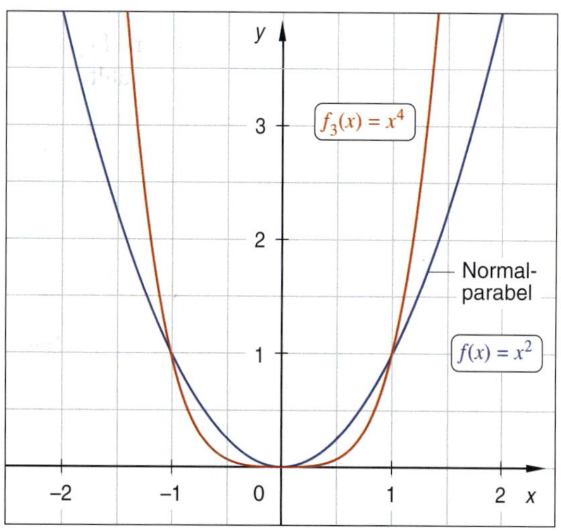

- Auch der Graph der ganzrationalen Funktion vierten Grades $f_4(x) = x^4 + x^2 - 2$ ist symmetrisch zur y-Achse.

Für die Funktionen f_3 und f_4 gilt: Der Funktionswert $x_0 \in \mathbb{R}$ ist gleich dem Funktionswert an der Stelle $-x_0$.

$$f_4(-x_0) = (-x_0)^4 + (-x_0)^2 - 2$$
$$= x_0^4 + x_0^2 - 2 = f_4(x_0)$$

▶ Achsensymmetrie zur y-Achse

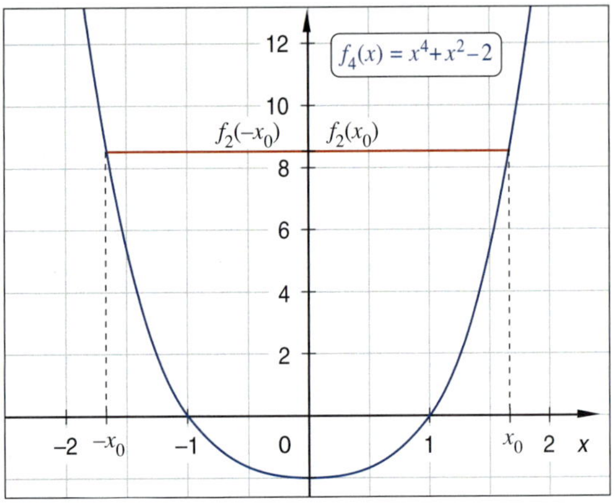

Funktionen mit der Eigenschaft, dass für alle $x \in D(f)$ gilt $f(x) = f(-x)$, heißen **gerade Funktionen**. Ihre Graphen verlaufen **achsensymmetrisch** zur y-Achse.

- Der Term der ganzrationalen Funktion sechsten Grades $f_5(x) = x^6 - x^5 - x^3 + x$ besteht sowohl aus Summanden von Potenzen mit geraden als auch aus Summanden mit ungeraden Exponenten.

Der Graph von f_5 ist weder achsensymmetrisch zur y-Achse, noch punktsymmetrisch zum Koordinatenursprung, denn z. B. an der (Null-)Stelle 1 gilt $f(1) = 0$, aber:

$$f(-1) = (-1)^6 - (-1)^5 - (-1)^3 + (-1) = \mathbf{2}$$
$$-f(-1) = \mathbf{-2}$$
$$f(1) \neq f(-1) \quad \text{und} \quad f(1) \neq -f(-1).$$

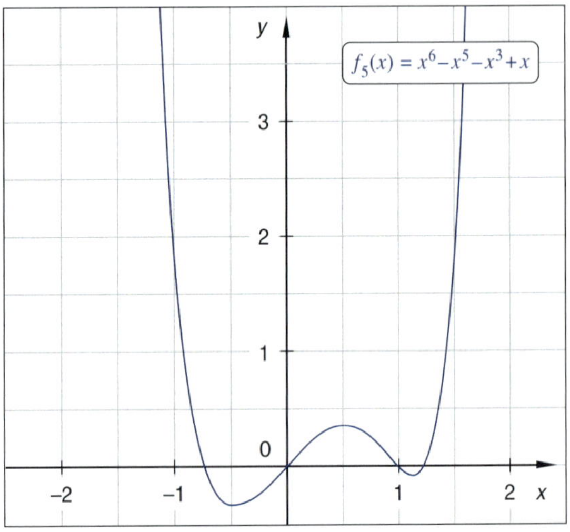

Allgemein gilt:

- Funktionen vom Typ $f(x) = a_n x^n + a_{n-1} x^{n-1} + a_{n-2} x^{n-2} + \ldots + a_2 x^2 + a_1 x + a_0$; $D(f) = \mathbb{R}$, $a_n \neq 0, a_n \in \mathbb{R}$ heißen **ganzrationale Funktionen *n*-ten Grades**.
- Ganzrationale Funktionen, in deren Funktionstermen die Argumentvariable nur mit geraden Exponenten auftritt, sind **gerade Funktionen**; ihre Graphen verlaufen **achsensymmetrisch zur *y*-Achse**. Für diese Funktionen gilt $f(x) = f(-x)$ für alle $x \in \mathbb{R}$.
- Ganzrationale Funktionen, in deren Funktionstermen die Argumentvariable nur mit ungeraden Exponenten auftritt und bei denen das Absolutglied 0 ist, sind **ungerade Funktionen**; ihre Graphen verlaufen **punktsymmetrisch zum Koordinatenursprung**.
  Für diese Funktionen gilt $f(x) = -f(-x)$ für alle $x \in \mathbb{R}$.

Alles klar?

Untersuchen Sie die folgenden Funktionen auf Symmetrie:

a) $f(x) = x^4 - 2x^2 + 2$ **b)** $f(x) = 0{,}25x^5 - x^3 + 2x$ **c)** $f(x) = x^4 - 2x^3 - 2$

Bestimmung der Nullstellen

Die Nullstellenbestimmung bei ganzrationalen Funktionen gestaltet sich unterschiedlich. Dazu werden die vorstehenden Funktionen f_2 und f_4 noch einmal betrachtet.

- Die Nullstellen von $f_2(x) = x^5 - x^3$ lassen sich unmittelbar der vollständigen Linearfaktorzerlegung des Funktionsterms entnehmen. Da in dieser der Linearfaktor x dreimal auftritt, nennt man 0 eine **dreifache** Nullstelle der Funktion f.

$f_2(x) = 0 \Leftrightarrow x^5 - x^3 = 0$

$\Leftrightarrow x^3 \cdot (x^2 - 1) = 0$

$\Leftrightarrow x \cdot x \cdot x \cdot (x - 1) \cdot (x + 1) = 0$

$\Leftrightarrow x^3 = 0$ oder $x = 1$ oder $x = -1$

Lösung:

$x_{01} = \mathbf{0}$, $x_{02} = \mathbf{1}$, $x_{03} = \mathbf{-1}$ ▶ Nullstellen von f_2

Allgemein versteht man bei einer ganzrationalen Funktion unter der **Vielfachheit einer Nullstelle** x_0 die maximale Anzahl, mit der der Term $(x - x_0)$ als Linearfaktor im Funktionsterm enthalten ist.

$f_2(x) = x^3 \cdot (x - 1) \cdot (x + 1)$

$= x \cdot x \cdot x \cdot (x - 1) \cdot (x + 1)$

▶ vollständige Linearfaktorzerlegung

$\Rightarrow x_{01} = 0$ ▶ Nullstelle mit der Vielfachheit 3

$x_{02} = 1$ ▶ Nullstelle mit der Vielfachheit 1

$x_{03} = -1$ ▶ Nullstelle mit der Vielfachheit 1

- Der Funktionsterm der reellen Funktion f_4 mit $f_4(x) = x^4 + x^2 - 2$ lässt sich zwar in Faktoren, aber nicht vollständig in Linearfaktoren zerlegen. Bei der Gleichung $x^4 + x^2 - 2 = 0$ handelt es sich um eine sog. **biquadratische Gleichung**. Ersetzt (substituiert) man jedoch in ihr den Term x^2 durch z, so erhält man die quadratische Gleichung $z^2 + z - 2 = 0$.

Diese Gleichung lässt sich dann z. B. mittels des Verfahrens der „quadratischen Ergänzung" für z und im Anschluss daran auch für x lösen.

$f_4(x) = 0 \Leftrightarrow x^4 + x^2 - 2 = 0$ ▶ $x^2 = z$

$\Leftrightarrow z^2 + z - 2 = 0$

$\Leftrightarrow (z - 1)(z + 2) = 0$

$\Leftrightarrow z = 1$ oder $z = -2$ ▶ $z = x^2$

$\Leftrightarrow x^2 = 1$ oder $x^2 = -2$

▶ $x^2 = -2$ hat keine Lösung

$\Leftrightarrow |x| = 1$

$\Leftrightarrow x = -1$ oder $x = 1$

Lösung:

$x_{01} = \mathbf{-1}$ und $x_{02} = \mathbf{1}$ ▶ Nullstellen von f_4

$f_4(x) = (x - 1) \cdot (x + 1)(x^2 + 2)$

▶ vollständige Faktorzerlegung

$\Rightarrow x_{01} = -1;\ x_{02} = 1$

▶ Nullstellen mit der Vielfachheit 1

Beispiel 2.29 a

Bestimmen Sie die Nullstellen der reellen Funktion dritten Grades $f_6(x) = 0{,}5(x-1)(x+2)(x-4)$ und versuchen Sie, die Nullstellen auch aus ihrer Darstellung in Normalform mit $f_6(x) = 0{,}5x^3 - 1{,}5x^2 - 3x + 4$ zu ermitteln.

Ist der Term einer Funktion bereits vollständig in seine Linearfaktoren zerlegt, so lassen sich ihre Nullstellen nach dem Satz „Ein Produkt ist Null, wenn einer seiner Faktoren Null ist“ bestimmen.

$x - 1 = 0$ oder $x + 2 = 0$ oder $x - 4 = 0$
$\Leftrightarrow x = 1$ oder $x = -2$ oder $x = 4$.
Lösung: $x_{01} = \mathbf{1}$ und $x_{02} = \mathbf{-2}$ und $x_{03} = \mathbf{4}$.

Aus der Darstellung von $f_6(x) = 0{,}5x^3 - 1{,}5x^2 - 3x + 4$ in Normalform lassen sich die Nullstellen nicht sofort ermitteln.

Da beide Terme aber dieselbe Funktion beschreiben, können sie gleichgesetzt werden. Die Äquivalenzumformungen zeigen, dass mittels Division eines Polynoms dritten Grades durch ein lineares Polynom ein quadratisches Polynom entsteht, dessen Nullstellen z. B. mittels des Verfahrens der „quadratischen Ergänzung“ berechnet werden können.

$0{,}5x^3 - 1{,}5x^2 - 3x + 4 = 0{,}5(x-1)(x+2)(x-4)$
$\Leftrightarrow x^3 - 3x^2 - 6x + 8 \quad = (x-1)(x+2)(x-4)$
Für $x \neq 1$ gilt weiter:
$\Leftrightarrow (x^3 - 3x^2 - 6x + 8):(x-1) = (x+2)(x-4)$
$\Leftrightarrow (x^3 - 3x^2 - 6x + 8):(x-1) = x^2 - 2x - 8.$
▶ $f_6(x) = 0{,}5x^3 - 1{,}5x^2 - 3x + 4$
$= 0{,}5(x-1)(x^2 - 2x - 8)$
$\Rightarrow x - 1 = 0$ oder $x^2 - 2x - 8 = 0$

Diese Äquivalenzumformungen zeigen weiterhin, dass man bei Kenntnis einer Nullstelle der Funktion f_6 in Normalform (z. B. $x_{01} = 1$) die Bestimmung der weiteren Nullstellen auf die Lösungen einer quadratischen Gleichung zurückführen kann.

Das Problem besteht im Auffinden einer Nullstelle von f_6. In der Regel wird man bei ganzrationalen Funktionen vom Grad ≥ 3 versuchen, eine ihrer Nullstellen durch **Probieren** zu finden. Hat man eine Nullstelle x_{01} durch Probieren gefunden, kann man mithilfe einer **Polynomdivision** das Polynom dritten Grades durch den Linearfaktor $(x - x_{01})$ dividieren und erhält ein quadratisches Polynom.

Dabei wird jeweils nur der erste Summand des „Dividenden“ (x^3) durch den ersten Summanden des „Divisors“ (x) dividiert; man erhält x^2 als Ergebnis.

Dieses Ergebnis wird anschließend mit dem gesamten Divisor $(x-1)$ multipliziert und das erhaltene Resultat vom Dividenden abgezogen.

Der Restterm $-2x^2 - 6x + 8$ wird wieder durch x dividiert, usw. Dieses Verfahren führt man so lange durch, bis kein Rest mehr bleibt. Mittels des Verfahrens der „quadratischen Ergänzung“ werden die beiden weiteren Nullstellen der Funktion f_6 als Lösungen der Gleichung $x^2 - 2x - 8 = 0$ durch Rechnung bestimmt.

Polynomdivision

$$
\begin{array}{l}
(x^3 - 3x^2 - 6x + 8):(x-1) = x^2 - 2x - 8 \\
\underline{-(x^3 - x^2)} \\
\quad -2x^2 - 6x \\
\quad \underline{-(-2x^2 + 2x)} \\
\qquad -8x + 8 \\
\qquad \underline{-(-8x + 8)} \\
\qquad\qquad 0
\end{array}
$$

$x_{01} = \mathbf{1}$ ▶ durch Probieren gefunden

▶ Rest 0

▶ $f_6(x) = 0{,}5x^3 - 1{,}5x^2 - 3x + 4$
$= 0{,}5(x^3 - 3x^2 - 6x + 8)$
$\Rightarrow$ Die Funktionen f_6 und $f(x) = x^3 - 3x^2 - 6x + 8$ besitzen dieselben Nullstellen.
$x^2 - 2x - 8 = 0 \Leftrightarrow (x-1)^2 = 9$
$\Leftrightarrow |x - 1| = 3$
$\Leftrightarrow x = -2$ oder $x = 4$

Lösung:
$x_{02} = \mathbf{-2}$ und $x_{03} = \mathbf{4}$ ▶ Vielfachheit 1

Mithilfe des Verfahrens der Polynomdivision lässt sich von einer ganzrationalen Funktion leicht die Vielfachheit einer Nullstelle festhalten. Die **Vielfachheit einer Nullstelle** x_0 ergibt sich daraus, wie oft sich ihr Funktionsterm durch den Linearfaktor $(x - x_0)$ ohne Rest teilen lässt.

Den Term einer ganzrationalen Funktion n-ten Grades kann man in höchstens n Linearfaktoren vollständig zerlegen. Dabei kann ein Linearfaktor $(x - x_0)$ auch mehrmals auftreten. Würde man den Term einer ganzrationalen Funktion n-ten Grades nämlich in weniger bzw. mehr als n Linearfaktoren vollständig zerlegen können, so erhielte man eine Funktion niedrigeren bzw. höheren Grades als n. Somit kann eine ganzrationale Funktion n-ten Grades **maximal n reelle Nullstellen** haben, wobei die Vielfachheit jeder Nullstelle mitzählt.

2

▶ Sinnvoll ist die Anwendung des Verfahrens der Polynomdivision zur **Bestimmung der Nullstellen** einer ganzrationalen Funktion n-ten Grades immer dann, wenn man sie aus einer Gleichung der Form $x^n + a_{n-1}x^{n-1} + \ldots + a_0 = 0$ bestimmen soll. Sind die Zahlen für $a_{n-1}, \ldots, a_0$ ganzzahlig und sucht man ausschließlich nach **ganzzahligen Lösungen** der Gleichung $x^n + a_{n-1}x^{n-1} + \ldots + a_0 = 0$, so müssen sie unter den **Teilern** der Zahl für a_0 zu finden sein.

Beispiel 2.30

Ein Unternehmen stellt Mikrochips her, die zum Preis von 20 € je Stück abgesetzt werden können. Untersuchungen haben die Kostenfunktion $K(x) = x^3 - 10x^2 + 35x + 18;\, x \in [0;\, 10]$ ergeben. Bestimmen Sie die Funktionsterme der Erlös- sowie der Gewinnfunktion und berechnen Sie die Gewinnschwelle und -grenze.

Die Erlösfunktion E ist das Produkt der Preisfunktion p und der Absatzmenge x.

$$E(x) = p(x) \cdot x = 20 \cdot x = 20x;\, x \in [0;\, 10].$$

Die Gewinnfunktion G ergibt sich aus der Differenz der Erlös- und Gesamtkostenfunktion.

$$G(x) = E(x) - K(x)$$
$$= 20x - (x^3 - 10x^2 + 35x + 18)$$
$$= -x^3 + 10x^2 - 15x - 18;\, x \in [0;\, 10].$$

Die Gewinnschwelle und -grenze befinden sich an den Stellen, an denen der Erlös und die Kosten eines Betriebs übereinstimmen, an denen der Gewinn somit Null ist.

	A	B	C	D	E	F	G	H	I	J	K	L
1	x	0	1	2	3	4	5	6	7	8	9	10
2	p(x)	20	20	20	20	20	20	20	20	20	20	20
3	K(x)	18	44	56	60	62	68	84	116	170	252	368
4	E(x)	0	20	40	60	80	100	120	140	160	180	200
5	G(x)	-18	-24	-16	0	18	32	36	24	-10	-72	-168

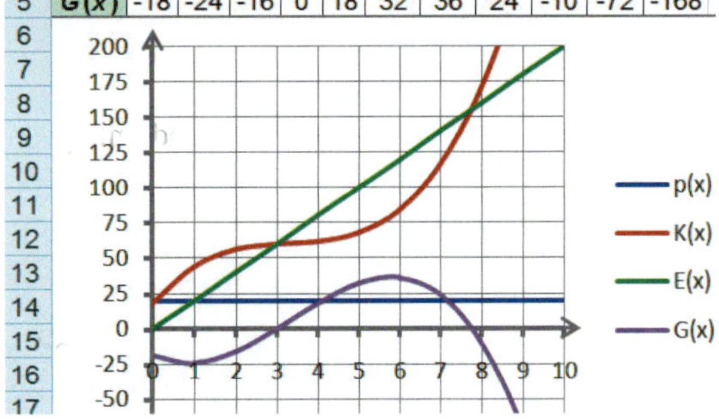

$$E(x) = K(x) \Leftrightarrow E(x) - K(x) = 0 \quad ▶ G(x) = E(x) - K(x)$$
$$\Leftrightarrow \quad G(x) = 0$$
$$\Rightarrow \quad -x^3 + 10x^2 - 15x - 18 = 0$$
$$\Leftrightarrow -(x^3 - 10x^2 + 15x + 18) = 0$$

Nachdem man der Zeichnung die Lösung $x_{01} = 3$ entnommen hat, wird jeweils der erste Summand des Dividenden (x^3) durch den ersten Summanden des Divisors (x) dividiert; man erhält x^2 als Ergebnis. ▶ Beispiel 2.32 a

Das weitere Vorgehen bei der Polynomdivision erfolgt wie in Beispiel 2.32 a.

Polynomdivision

$$\begin{array}{l}
(x^3 - 10x^2 + 15x + 18):(x-3) = x^2 - 7x - 6 \\
\underline{-(x^3 - 3x^2)} \\
\qquad -7x^2 + 15x \qquad \blacktriangleright\ x_{01} = 3 \text{ (Zeichnung)} \\
\quad \underline{-(-7x^2 + 21x)} \\
\qquad\qquad -6x + 18 \\
\qquad\quad \underline{-(-6x + 18)} \\
\qquad\qquad\qquad 0 \qquad \blacktriangleright\ \text{Rest } 0
\end{array}$$

Mittels des Verfahrens der „quadratischen Ergänzung“ werden die beiden weiteren Nullstellen von G bestimmt.

$$\begin{aligned}
x^2 - 7x - 6 = 0 &\Leftrightarrow (x-3{,}5)^2 = 18{,}25 \\
&\Leftrightarrow |x - 3{,}5| \approx 4{,}27 \\
&\Rightarrow x \approx 7{,}77 \text{ oder } x \approx -0{,}77
\end{aligned}$$

▶ $-0{,}77 \notin [0; 10]$

Die kleinere der beiden positiven Lösungen für x ist die Gewinnschwelle (3 ME) und die größere die Gewinngrenze (7,77 ME).

Lösung:

$x_{GS} = \mathbf{3}$ und $x_{GG} = \mathbf{7{,}77}$

Gewinnschwelle: 3 ME; Gewinngrenze: 7,77 ME

Allgemein gilt:

- Eine erste **Nullstelle** x_{01} einer ganzrationalen Funktion dritten Grades lässt sich häufig nur durch **Probieren** bestimmen. Mittels der **Polynomdivision** des Terms dritten Grades durch den linearen Term $(x - x_{01})$ entsteht dann ein quadratischer Term. Die beiden möglichen weiteren Nullstellen der ganzrationalen Funktion dritten Grades können dann z. B. mithilfe der quadratischen Ergänzung ermittelt werden.
- Bei der Nullstellenbestimmung einer ganzrationalen Funktion vierten oder noch höheren Grades muss die Reduktion auf ein quadratisches Polynom unter Umständen durch entsprechend häufiges Probieren zum Aufsuchen von Nullstellen mit anschließender Polynomdivision durch den jeweiligen linearen Term $(x - x_0)$, x_0 Nullstelle von f, erfolgen.
- Unter der **Vielfachheit einer Nullstelle** x_0 versteht man die maximale Anzahl, mit der der Term $(x - x_0)$ als Linearfaktor im Funktionsterm enthalten ist.
- Eine **ganzrationale Funktion *n*-ten Grades** hat höchstens ***n*** **Nullstellen**, wobei die Vielfachheit jeder Nullstelle mitzählt.

Alles klar?

Bestimmen Sie die Nullstellen folgender Funktionen:

a) $f(x) = 2x^3 + 2x^2 - 18x - 18$ **b)** $f(x) = x^3 - 7x + 6$

Beispiel 2.29 b

Der Graph der ganzrationalen Funktion $f_6(x) = 0{,}5x^3 - 1{,}5x^2 - 3x + 4$ hat drei Schnittpunkte mit der x-Achse. Um dreimal die x-Achse schneiden zu können, muss er sein **Steigungsverhalten** zwischen benachbarten Nullstellen ändern. Das kann dort aber nur in Punkten geschehen, in denen der Graph seine Richtung umkehrt. Ein solcher Punkt heißt **Extrempunkt** (Hoch- oder Tiefpunkt).

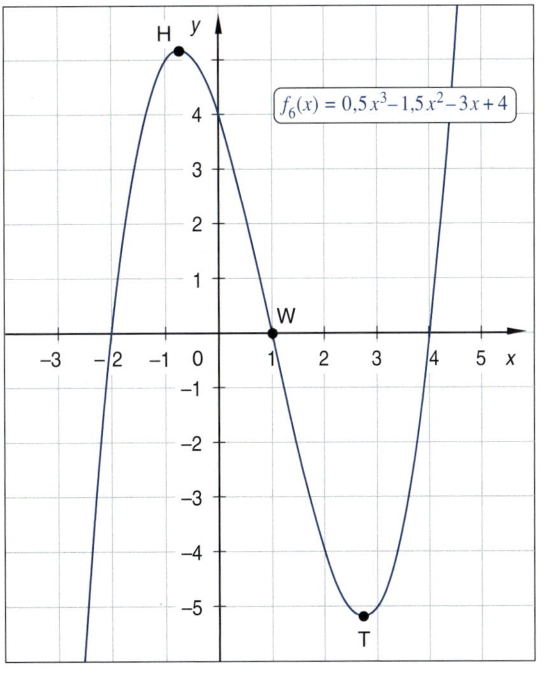

Der Graph von f_6 besitzt zwischen den Nullstellen jeweils genau einen Extrempunkt. Diese Extrempunkte teilen den Definitionsbereich der Funktion f_6 somit in einzelne **Steigungsintervalle** ein.

Da $G(f_6)$ zwei Extrempunkte besitzt, muss der neben dem Hochpunkt zweite Extrempunkt ein Tiefpunkt sein.

Zwischen diesen Extrempunkten ändert $G(f_6)$ sein **Krümmungsverhalten** bei $W\langle 1|0\rangle$. Dieser Punkt teilt den Definitionsbereich der Funktion f_6 somit in zwei **Krümmungsintervalle** ein.

$G(f_6)$ hat drei Nullstellen, zwei Extrempunkte und einen Wendepunkt $W\langle 1|0\rangle$.
$G(f_6)$ steigt bis zum Hochpunkt H (ungefähr $\langle -0{,}8|5{,}2\rangle$), fällt bis zum Tiefpunkt T (ungefähr $\langle 2{,}8|-5{,}2\rangle$) und steigt dann wieder.
$G(f_6)$ ist zunächst rechts-, dann linksgekrümmt.

Ein Punkt, in dem sich das Krümmungsverhalten eines Graphen von einer Rechts- zu einer Linkskrümmung (oder umgekehrt) ändert, heißt **Wendepunkt**.

Im vorstehenden Beispiel wurde der Verlauf eines Graphen einer ganzrationalen Funktion qualitativ beschrieben. Die Differentialrechnung (▶ Kapitel 4) stellt Mittel bereit, die Extrem- und Wendepunkte des Graphen einer ganzrationalen Funktion auch quantitativ zu bestimmen.

- In **Extrempunkten** (Hoch- oder Tiefpunkten) ändert der Graph einer ganzrationalen Funktion sein **Steigungsverhalten.**
- In **Wendepunkten** ändert der Graph einer ganzrationalen Funktion sein **Krümmungsverhalten.**

2

Beispiel 2.31

Beschreiben Sie anhand der nebenstehenden Zeichnung den qualitativen Verlauf des Graphen der reellen Funktion

$f_7(x) = 0{,}5x^4 - 1{,}5x^3 - 3x^2 + 4x.$

Der Graph der ganzrationalen Funktion f_7 schneidet viermal die x-Achse, besitzt drei Extrempunkte und zwei Wendepunkte.

$G(f_7)$ fällt von links nach rechts bis zum ersten Tiefpunkt, steigt bis zum Hochpunkt, fällt dann bis zum zweiten Tiefpunkt und steigt dann wieder.

$G(f_7)$ ist zunächst links-, dann rechts- und dann wieder linksgekrümmt.

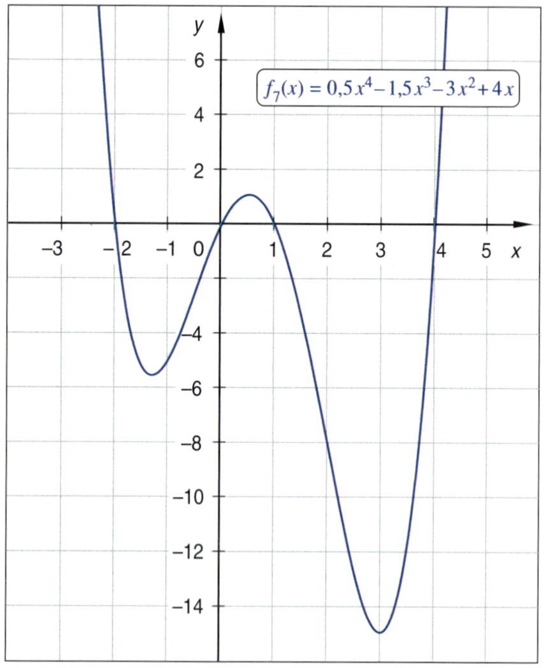

Im Folgenden soll zwischen dem **Steigungsverhalten des Graphen einer Funktion** f und dem zugehörigen **Monotonieverhalten der Funktion** f begrifflich unterschieden werden.

Beispiel 2.29 c

Der Graph der Funktion f_6 mit $f_6(x) = 0{,}5x^3 - 1{,}5x^2 - 3x + 4$ aus Beispiel 2.29 b steigt im Intervall M_1 ständig bis zu seinem Hochpunkt, fällt im Intervall M_2 ständig bis zu seinem Tiefpunkt und steigt dann im Intervall M_3 ständig nur noch.

Steigt $G(f_6)$ im Intervall M_1 ständig, so nehmen dort die Funktionswerte von links nach rechts zu, d.h. für $x_1 < x_2$ ist dort auch $f_6(x_1) < f_6(x_2)$. In diesem Fall heißt die Funktion f_6 **streng monoton steigend** in M_1.

Fällt $G(f_6)$ im Intervall M_2 ständig, so nehmen dort die Funktionswerte von links nach rechts ab, d.h. für $x_3 < x_4$ ist dort auch $f_6(x_3) < f_6(x_4)$. In diesem Fall heißt die Funktion f_6 **streng monoton fallend** in M_2.

Im Intervall M_3 steigt f_6 wieder streng monoton, d.h., für $x_5 < x_6$ ist dort $f_6(x_5) < f_6(x_6)$.

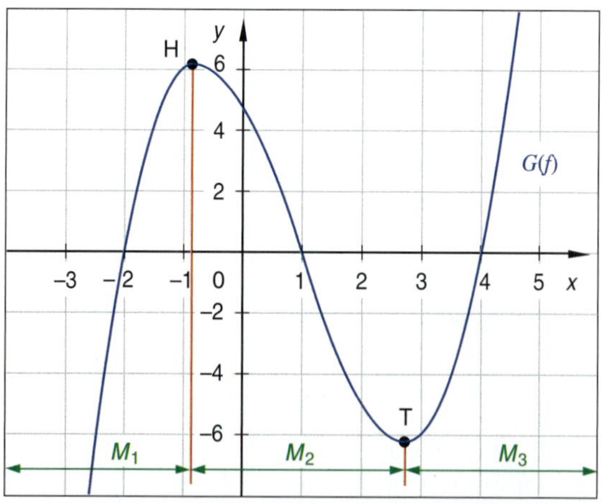

Steigt $G(f)$ nicht nur in einem Monotonieintervall M ständig, sondern im **gesamten Definitionsbereich** $D(f)$, so heißt **die Funktion f streng monoton steigend**.

Fällt $G(f)$ nicht nur in einem Monotonieintervall M ständig, sondern im **gesamten Definitionsbereich** $D(f)$, so heißt **die Funktion f streng monoton fallend**.

Abweichend von der strengen Monotonie kann eine Funktion f auch nur **monoton steigend** oder **monoton fallend** sein, wenn ihr Graph teilweise parallel zur x-Achse verläuft.

Im nebenstehenden Bild gilt:

Im Intervall M_1 steigt f streng monoton, im Intervall M_2 verläuft $G(f)$ parallel zur x-Achse. Dort gilt für $x_1 < x_2$ die Aussage $f(x_1) = f(x_2)$.

Im Intervall M_3 steigt f wieder streng monoton.

Betrachtet man alle drei Monotonieintervalle, also den gesamten Definitionsbereich $D(f)$, so gilt für $x_1 < x_2$ nur die Aussage $f(x_1) \leq f(x_2)$.

In diesem Fall nennt man die Funktion f **monoton steigend**.

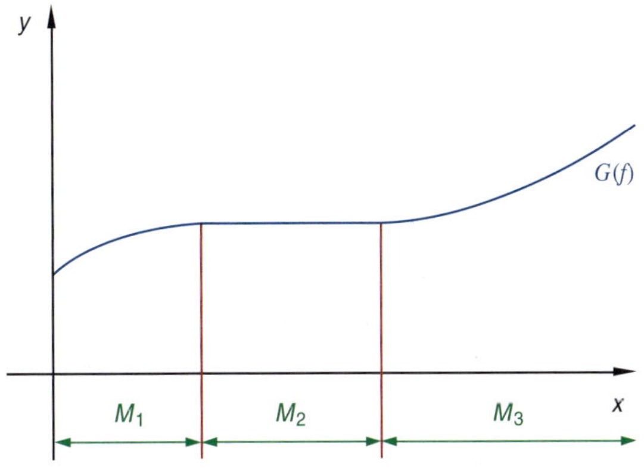

$x_1 < x_2 \Rightarrow f(x_1) \leq f(x_2)$ ▶ f steigt monoton

Im nebenstehenden Bild gilt:

Im Intervall M_1 fällt f streng monoton, im Intervall M_2 verläuft $G(f)$ parallel zur x-Achse. Dort gilt für $x_1 < x_2$ die Aussage $f(x_1) = f(x_2)$.

Im Intervall M_3 fällt f wieder streng monoton.

Betrachtet man alle drei Monotonieintervalle, also den gesamten Definitionsbereich $D(f)$, so gilt für $x_1 < x_2$ die Aussage $f(x_1) \geq f(x_2)$.

In diesem Fall nennt man die Funktion f **monoton fallend**.

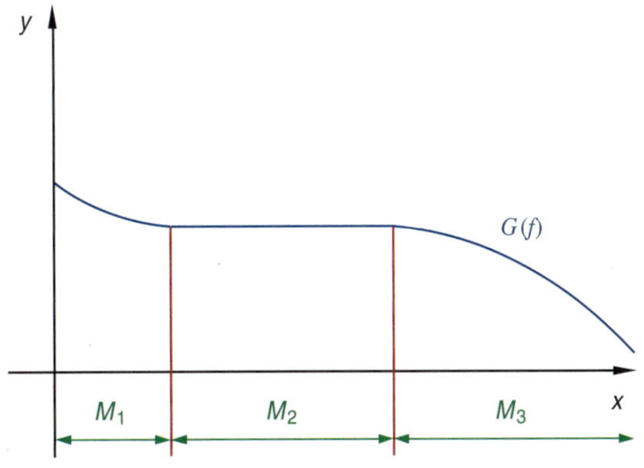

$x_1 < x_2 \Rightarrow f(x_1) \geq f(x_2)$ ▶ f fällt monoton

Monotonieverhalten einer Funktion

Eine Funktion f ist auf einem Intervall M.

- **streng monoton steigend**, wenn aus $x_1 < x_2$ stets folgt: $f(x_1) < f(x_2)$,
- **streng monoton fallend**, wenn aus $x_1 < x_2$ stets folgt: $f(x_1) > f(x_2)$,
- **monoton steigend**, wenn aus $x_1 < x_2$ stets folgt: $f(x_1) \leq f(x_2)$,
- **monoton fallend**, wenn aus $x_1 < x_2$ stets folgt: $f(x_1) \geq f(x_2)$.

Dabei sind x_1 und x_2 beliebige Zahlen aus dem Intervall M.

Verhalten für sehr große Zahlen für x

Bei funktionellen Zusammenhängen, wie sie in der Wirtschaft auftreten, stellt sich oft die Frage, wie sich die abhängige Größe entwickelt, wenn man den Wert für die Variable in beliebige Bereiche hinein vergrößert. Z. B. könnte die Frage interessant sein, ob mit immer weiter steigender Produktionsmenge auch der Umsatz über jeden Betrag hinaus wachsen oder sich irgendwann auf einem bestimmten Wert einpendeln wird.

2

Beispiel 2.32

Beschreiben Sie die langfristige Verlaufsentwicklung des Graphen der Funktion f aus Beispiel 2.30 für den Fall, dass immer mehr Mengeneinheiten produziert werden.

Das Verhalten von ganzrationalen Funktionen wird für betragsmäßig große x-Werte durch die höchste Potenz von x festgelegt. Daher wird im Funktionsterm für $f(x)$ die höchste in x vorkommende Potenz ausgeklammert.

$$f(x) = x^3 - 10x^2 + 35x + 18$$
$$= x^3 \cdot \left(1 - \frac{10}{x} + \frac{35}{x^2} + \frac{18}{x^3}\right)$$

Untersucht man jeden Faktorterm desentstandenenProdukts einzeln, so stellt man fest, dass die Funktionswerte von x^3 grenzenlos steigen, wenn x immer größer wird oder, wie man sagt, „gegen Unendlich gehen". Man schreibt $x \to \infty$ für „x gegen Unendlich".

$$x \to \infty \Rightarrow x^3 \to \infty$$

Die Funktionswerte von $1 - \frac{10}{x} + \frac{35}{x^2} + \frac{18}{x^3}$ nähern sich für $x \to \infty$ dem Wert 1, da die letzten drei Summanden dieses Faktors für sehr große Zahlen für x sehr klein werden und somit gegen 0 gehen. Insgesamt steigen die Funktionswerte von $f(x)$ grenzenlos.

$$x \to \infty \Rightarrow \left(1 - \frac{10}{x} + \frac{35}{x^2} + \frac{18}{x^3}\right) \to 1$$

$$x \to \infty \Rightarrow x^3 \cdot \left(1 - \frac{10}{x} + \frac{35}{x^2} + \frac{18}{x^3}\right) \to \infty$$

▶ Stillschweigend wurde hier ausgenutzt, dass man den Grenzwert eines Produktterms unter bestimmten Bedingungen als Produkt aus den Grenzwerten seiner Faktoren bestimmen kann.

Beispiel 2.33

Beschreiben Sie das Verhalten der Funktion f mit $f(x) = -0{,}5x^3 + 2{,}5x^2 - x - 4$ für unendlich große positive und unendlich große negative x-Werte.

Nach dem Ausklammern der höchsten in x vorkommenden Potenz im Funktionsterm für $f(x)$ erkennt man analog zum Beispiel 2.32, dass für $x \to \infty$ die Funktionswerte von f wegen des negativen Vorzeichens vor der höchsten Potenz grenzenlos fallen.

$$f(x) = -0{,}5x^3 + 2{,}5x^2 - x - 4$$
$$= x^3 \cdot \left(0{,}5 + \frac{2{,}5}{x} - \frac{1}{x^2} - \frac{4}{x^3}\right)$$

$$x \to \infty \Rightarrow x^3 \cdot \left(-0{,}5 + \frac{2{,}5}{x} - \frac{1}{x^2} - \frac{4}{x^3}\right)$$
$$\to \infty \cdot (-0{,}5) = -\infty$$

Entsprechend steigen für $x \to -\infty$ die Funktionswerte von f grenzenlos.

$$x \to -\infty \Rightarrow x^3 \cdot \left(-0{,}5 + \frac{2{,}5}{x} - \frac{1}{x^2} - \frac{4}{x^3}\right)$$
$$\to -\infty \cdot (-0{,}5) = \infty$$

Allgemein gilt:

- Geht x gegen Unendlich, so gilt für die Werte einer ganzrationalen Funktion $f(x) = a_n x^n + \ldots + a_0$: Sie steigen über alle Grenzen, wenn $a_n > 0$ ist, und sie fallen unter alle Grenzen, wenn $a_n < 0$ ist.
- Geht x gegen Minus Unendlich, so gilt für die Funktionswerte: Sie steigen über alle Grenzen, wenn $a_n > 0$ und n gerade oder wenn $a_n < 0$ und n ungerade ist.
- Sie fallen unter alle Grenzen, wenn $a_n > 0$ und n ungerade oder wenn $a_n < 0$ und n gerade ist.

2

Alles klar?

Bestimmen Sie das Verhalten der Funktion f für $x \to \infty$ und für $x \to -\infty$.

a) $f(x) = x^4 - 10x^2 + 9$

b) $f(x) = -0{,}5x^3 - 2x^2 - 0{,}5x + 3$

Bestimmen eines ganzrationalen Funktionsterms fünften Grades und die exemplarische Untersuchung dieser Funktion

Beispiel 2.34

Der Graph einer ganzrationalen Funktion fünften Grades ist punktsymmetrisch zum Koordinatenursprung, schneidet die x-Achse an den Stellen 1 und 2 und verläuft durch den Punkt P$\langle 3|12\rangle$. Bestimmen Sie den Funktionsterm, beschreiben Sie den Verlauf des Graphen qualitativ und skizzieren Sie den ungefähren Verlauf des Graphen.

Da der Graph punktsymmetrisch zum Koordinatenursprung verläuft, handelt es sich bei der gesuchten zugehörigen ganzrationalen Funktion f fünften Grades um eine ungerade Funktion. Ihr Funktionsterm kann daher die Argumentvariable x nur mit ungeraden Exponenten und dem Absolutglied 0 enthalten: $f(x) = ax^5 + bx^3 + cx$.

Um die drei Koeffizienten a, b und c eindeutig bestimmen zu können, benötigt man drei lineare Gleichungen in den Variablen a, b und c, die aus den Aufgabeninformationen gewonnen werden müssen.

Die drei Punkte $\langle 1|0\rangle, \langle 2|0\rangle$ und $\langle 3|12\rangle$ sind Teil aller Punkte $\langle x|f(x)\rangle$ auf dem Graphen der Funktion f.

$f(1) = 0 \Leftrightarrow a \cdot 1^5 + b \cdot 1^3 + c \cdot 1 = 0$ ► $\langle 1|0\rangle$

$\Leftrightarrow a + b + c = 0$

$f(2) = 0 \Leftrightarrow a \cdot 2^5 + b \cdot 2^3 + c \cdot 2 = 0$ ► $\langle 2|0\rangle$

$\Leftrightarrow 32a + 8b + 2c = 0$

$f(3) = 12 \Leftrightarrow a \cdot 3^5 + b \cdot 3^3 + c \cdot 3 = 12$ ► $\langle 3|12\rangle$

$\Leftrightarrow 243a + 27b + 3c = 12$

Ihre Koordinaten müssen daher die Gleichung $f(x) = ax^5 + bx^3 + cx$ erfüllen.

Das erhaltene lineare Gleichungssystem lässt sich lösen, indem man zunächst aus 3 Gleichungen mit 3 Variablen durch beliebige Elimination einer der 3 Variablen 2 Gleichungen mit nur noch 2 Variablen herstellt und dieses löst.

Lineares Gleichungssystem

$$\begin{aligned} a + b + c &= 0 \\ 32a + 8b + 2c &= 0 \quad |:2 \\ 243a + 27b + 3c &= 12 \quad |:3 \end{aligned}$$

Hier wird am einfachsten c eliminiert, wobei sich eine Vereinfachung der 2. und 3. Gleichung anbietet, indem man die 2. Gleichung durch 2 und die 3. Gleichung durch 3 dividiert. Dann bedient man sich des sog. **Additionsverfahrens**. ► Abschnitt 2.2

Zur Berechnung lässt man die Variablen weg und schreibt die Koeffizienten in einer **Matrix**, wobei hier c am einfachsten eliminiert werden kann. ► Abschnitt 2.2, Beispiel 2.27 b

Hier addiert man zweckmäßigerweise das (−1)-fache der 1. Zeile zur 2. und 3. Zeile, so dass die Variable c jeweils wegfällt. Die 1. Zeile wird beibehalten.

I.	1	1	**1**	0	$\vert\cdot(-1)$
	16	4	1	0	←
	81	9	1	4	← +

Im neu entstandenen Gleichungssystem II kürzt man zunächst die Zeilen 2 und 3, bevor man das (−2)-fache der 2. Zeile zur 3. Zeile addiert, um hier b zu eliminieren. Die 1. und 2. Zeile wird jeweils beibehalten.

II.	1	1	1	0	
	15	**3**	0	0	$\vert:3$
	80	8	0	4	$\vert:4$

II.	1	1	1	0	
	5	**1**	0	0	$\vert\cdot(-2)$
	20	2	0	1	← +

Nun lassen sich nacheinander die Variablen a, b und c in dieser Reihenfolge leicht berechnen.

III.	4	2	1	14
	12	2	0	6
	10	0	0	1 ⇒ $\boldsymbol{a = -1}$ usw.

Nun lassen sich nacheinander die Variablen a, b und c leicht berechnen.

III. $a+b+c=0$

$5a+b \quad =0$

$5a \quad =0{,}5 \quad |:5 \qquad \Rightarrow \boldsymbol{a=0{,}1}$

$5\cdot(0{,}1)+b=0$ ► 0,1 für a in Zeile 2 von III

$b=-0{,}5 \qquad \Rightarrow \boldsymbol{b=-0{,}5}$

$0{,}1-0{,}5+c=0$

► 0,1 für a und −0,5 für b in Zeile 1 von III

$\Rightarrow \boldsymbol{c=0{,}4}$

Ersetzt man die errechneten Werte für die Variablen a, b und c in dem allgemeinen Term $f(x)=ax^5+bx^3+cx$, so erhält man für die Funktion den Term:
$f(x)=0{,}1x^5-0{,}5x^3+0{,}4x$.

Die Probe in allen Ausgangsgleichungen (im Kopf!) bestätigt die Lösungen.

Probe z. B. in der 2. Ausgangsgleichung:
$3{,}2-4+0{,}8=0 \Leftrightarrow 0=0$ ► wahre Aussage
$\boldsymbol{\Rightarrow f(x)=0{,}1x^5-0{,}5x^3+0{,}4x}$

Die Lösungen lassen sich auch mithilfe von TI-Nspire sehr einfach ermitteln bzw. überprüfen.

Nach dem Einfügen des „Calculators" und der „Vorlage System von 3 Gleichungen" aus den „Mathematischen Vorlagen" öffnet sich das Menü „GLEICHUNGSSYSTEM ERSTELLEN", in das man zunächst „solve(" vor der Klammer und danach die Gleichungen wie untenstehend eingibt.

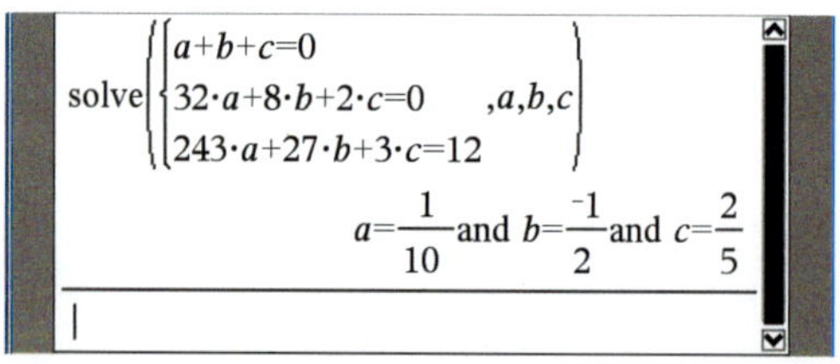

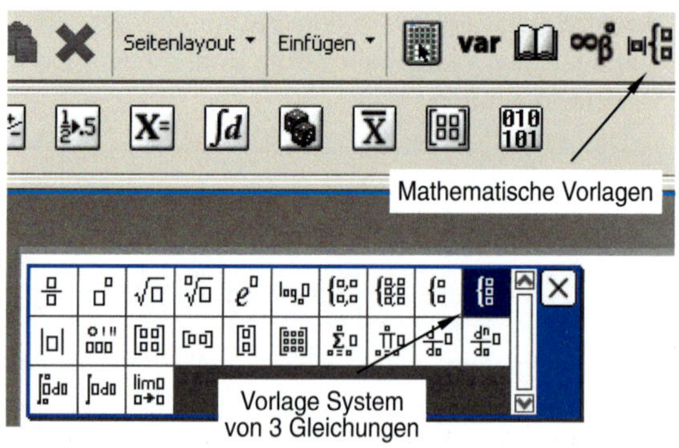

Die durch Kommata getrennten Variablen und die Klammer beschließen die Eingabe.
Durch Betätigung der Enter-Taste erhält man die untenstehende Lösung.
Somit lautet der gesuchte Funktionsterm $f(x)=0{,}1x^5-0{,}5x^3+0{,}4x$.

Im Folgenden wird unter Anwendung der bisher bekannten Verfahren die ganzrationale Funktion $f(x) = 0{,}1x^5 - 0{,}5x^3 + 0{,}4x$ untersucht. Dabei können eventuell vorhandene Extrem- und Wendepunkte nur qualitativ, nicht aber quantitativ bestimmt werden. Das Steigungs- und Krümmungsverhalten des Funktionsgraphen wird anhand der Untersuchungen und der Zeichnung festgestellt.

Verhalten für große Zahlen für x

Das Verhalten für den Verlauf der Graphen von ganzrationalen Funktionen wird für vom Betrag her große Zahlen für x durch die höchste Potenz von x festgelegt. Der ungerade höchste Exponent 5 bewirkt, dass die Funktionswerte für vom Betrag her sehr große negative x-Werte jede negative Schranke unterschreiten und für ganz große positive x-Werte jede positive Schranke überschreiten.

Es gilt also:

$x \to -\infty \Rightarrow f(x) \to -\infty$ bzw. $x \to \infty \Rightarrow f(x) \to \infty$.

Hieraus kann man schließen, dass eine ganzrationale Funktion von ungeradem Grad wenigstens eine Nullstelle besitzen muss, weil $f(x)$ wenigstens einmal sein Vorzeichen wechselt.

Symmetrieeigenschaften von *f*
Die Funktion ist ungerade und somit ihr Graph punktsymmetrisch zum Koordinatenursprung.

Es gilt für alle $x \in \mathbb{R}$:

$$\begin{aligned} -f(-x) &= -\left[0{,}1 \cdot (-x)^5 - 0{,}5 \cdot (-x)^3 + 0{,}4 \cdot (-x)\right] \\ &= -\left[-0{,}1x^5 + 0{,}5x^3 - 0{,}4x\right] \\ &= 0{,}1x^5 - 0{,}5x^3 + 0{,}4x = f(x). \end{aligned}$$

Achsenschnittpunkte
Der Schnittpunkt von $G(f)$ mit der y-Achse wird durch $f(0)$ bestimmt.

$f(0) = 0 \Rightarrow \mathbf{S_y\langle 0|0\rangle}$

Die Schnittpunkte von $G(f)$ mit der x-Achse entsprechen der Lösung der Gleichung $f(x) = 0$.

Da $f(x)$ in ein Produkt aus einem linearen und einem ganzrationalen Term vierten Grades umgewandelt werden kann, ist die Nullstelle $x_{01} = 0$ von f sofort erkennbar.

$$\begin{aligned} f(x) = 0 &\Leftrightarrow 0{,}1x^5 - 0{,}5x^3 + 0{,}4x = 0 \\ &\Leftrightarrow 0{,}1x \cdot \left(x^4 - 5x^2 + 4\right) = 0 \\ &\Leftrightarrow x = 0 \quad \text{oder} \quad x^4 - 5x^2 + 4 = 0 \end{aligned}$$

Lösung: $x_{01} = \mathbf{0}$

Die biquadratische Gleichung $x^4 - 5x^2 + 4 = 0$ löst man mittels des „**Substitutionsverfahrens**", indem x^2 durch z ersetzt (substituiert) wird.

Die dadurch entstehende quadratische Gleichung liefert zwei Lösungen für z.

► Substituiere $x^2 = z$:

$$\begin{aligned} x^4 - 5x + 4 = 0 &\Leftrightarrow z^2 - 5z + 4 = 0 \\ &\Leftrightarrow z^2 - 5z + 6{,}25 = 2{,}25 \\ &\Leftrightarrow (z - 2{,}5)^2 = 2{,}25 \\ &\Leftrightarrow |z - 2{,}5| = 1{,}5 \\ &\Leftrightarrow z = 1 \quad \text{oder} \quad z = 4 \end{aligned}$$

Durch Rücksubstitution und Lösung der beiden quadratischen Gleichungen erhält man 4 weitere Nullstellen x_{02} bis x_{05}.

► Rücksubstituiere $z = x^2$:

$$\begin{aligned} z = 1 &\Leftrightarrow x^2 = 1 \Leftrightarrow |x| = 1 \\ &\Leftrightarrow x = -1 \quad \text{oder} \quad x = 1 \\ z = 4 &\Leftrightarrow x^2 = 4 \Leftrightarrow |x| = 2 \\ &\Leftrightarrow x = -2 \quad \text{oder} \quad x = 2 \end{aligned}$$

► Die Nullstellen von f sind symmetrisch verteilt.

Lösung:
$x_{02} = \mathbf{-1}$ und $x_{03} = \mathbf{1}$
$x_{04} = \mathbf{-2}$ und $x_{05} = \mathbf{2}$

Qualitative Beschreibung des Graphen in Bezug auf Extrem- und Wendepunkte, Steigungs- und Krümmungsverhalten

Da $G(f)$ die x-Achse in 5 Punkten schneidet, muss $G(f)$ zwischen je 2 Nullstellen von f mindestens einen Extrempunkt haben.

Wegen $f(x) \to -\infty$ für $x \to -\infty$ steigt $G(f)$ zunächst von links nach rechts bis zu seinem höchsten Punkt zwischen den Nullstellen -2 und -1, muss dann bis zu seinem tiefsten Punkt zwischen den Nullstellen -1 und 0 fallen, zwischen 0 und 1 zu seinem höchsten Punkt hin wieder steigen, zwischen 1 und 2 zu seinem tiefsten Punkt hin fallen und schließlich wegen $f(x) \to \infty$ für $x \to \infty$ nur noch steigen.

Bei der Leserichtung von links nach rechts muss $G(f)$ erst rechtsgekrümmt, dann linksgekrümmt, dann wieder rechtsgekrümmt und danach nur noch linksgekrümmt sein.

Graph der Funktion
Die durch die Untersuchung ermittelten Punkte werden in ein Koordinatensystem eingetragen und unter Berücksichtigung der qualitativen Beschreibung des Graphenverlaufs verbunden.

Nach Einfügen von GRAPHS & GEOMETRY und der HANDHELD-TASTATUR erfolgt die Eingabe des Funktionsterms $f1(x) = 0.1 \cdot x\text{^}5 - 0.5 \cdot x\text{^}3 + 0.4 \cdot x$, die mit ENTER abgeschlossen wird, wobei nach jeder Hochzahl die rechte Pfeiltaste betätigt werden muss.

Durch Klicken mit der rechten Maustaste auf eine Koordinatenachse erhält man über ZOOM und DIALOGFELD ACHSENEINSTELLUNGEN das Menu FENSTERPARAMETER, in dem die Achsen nach Wunsch skaliert werden können.

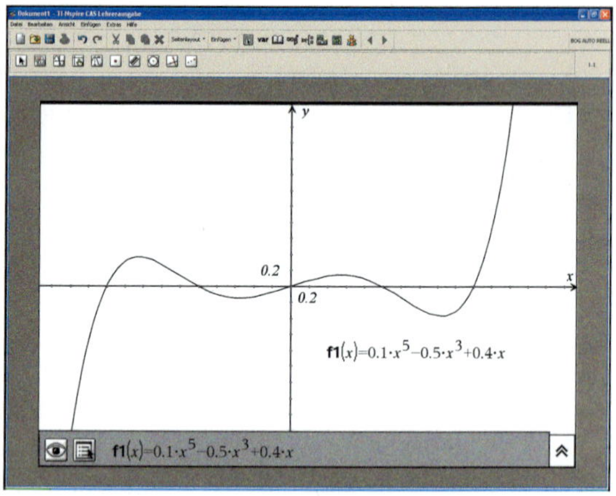

▶ Hochzahlen mit ^ eingeben, nach der Hochzahl vor der weiteren Eingabe rechte Pfeiltaste drücken.
▶ Dezimalzahlen mit Punkt statt Komma eingeben

▶ Schnittpunkte mit der x-Achse: $P_{01}\langle -2 | 0\rangle$, $P_{02}\langle -1 | 0\rangle$, $P_{03}\langle 0 | 0\rangle$, $P_{04}\langle 1 | 0\rangle$, $P_{05}\langle 2 | 0\rangle$.
▶ Schnittpunkt mit der y-Achse: $S_y\langle 0 | 0\rangle$.

Mit Mitteln der Differentialrechnung lässt sich zeigen, dass der Graph einer ganzrationalen Funktion n-ten Grades höchstens $n-1$ Extrempunkte und höchstens $n-2$ Wendepunkte haben kann. ▶ Kapitel 4

Der Graph der reellen Funktion fünften Grades $f(x) = 0{,}1x^5 - 0{,}5x^3 + 0{,}4x$ kann daher zwischen je zwei benachbarten Nullstellen nur einen einzigen Extrempunkt besitzen und zwischen je zwei benachbarten Extrempunkten auch nur einen einzigen Wendepunkt.

Alles klar?

Untersuchen Sie die Funktion $f(x) = -3x^2 + 4$ auf Monotonie.

Beispiel 2.35

Beschreiben Sie mithilfe von TI-Nspire die Auswirkungen der Parameter a, b, c und d im allgemeinen Funktionsterm $f(x) = ax^3 + bx^2 + cx + d$ einer ganzrationalen Funktion 3. Grades.

Nach Einfügen von „Graphs & Geometry“, der „Handheld-Tastatur“ und 4 Schiebereglern für die Parameter über das Symbol „Aktionen“ in das TI-Arbeitsblatt ändert man zunächst die Bezeichnung und die Bandbreite der Schieberegler.

Aus v1 bis v4 wird a, b, c und d. Durch Klick mit der rechten Maustaste in das Schiebereglerfeld wird über EINSTELLUNGEN.../ SCHIEBEREINSTELLUNGEN das Minimum in -10 geändert.

f1(x) wird definiert als $ax^3 + bx^2 + cx + d$, wobei die Parameter a bis d automatisch fett dargestellt werden, wenn die Schieberegler *vorher* definiert wurden. ► vgl. Beispiel 2.15

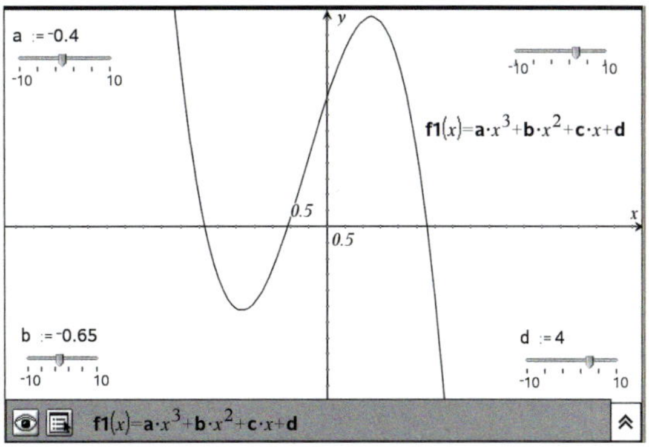

► Zur Eingabe einer Hochzahl wird die Taste ^ benötigt.
► Menu EINFÜGEN: GRAPHS & GEOMETRY
► Symbol Handheld-Tastatur
► Symbol Aktionen: Schieberegler einfügen

Durch Betätigen des Schiebereglers kann man beobachten, wie die Form des Graphen mit den Parametern a, b, c und d variiert. So sieht man z.B., dass sich das Verhalten von $G(f)$ für $x \to -\infty$ bzw. $x \to \infty$ umkehrt, wenn a die Stelle 0 durchläuft.

Alles klar?

Konstruieren Sie mithilfe von TI-Nspire und dessen Schieberegler die Graphen ganzrationaler Funktionen in Linearform vom Typ $f(x) = (x-a) \cdot (x-b) \cdot (x-c)$.

Die folgende Tabelle gibt noch einmal einen kurzen Überblick über die häufigsten Möglichkeiten der Nullstellenbestimmung bei ganzrationalen Funktionen:

Funktionen	Verfahren	Beispielterme	Beispiele
Lineare Funktionen	Lineare Gleichung lösen	$G(x) = 700x - 6.300$	Bsp. 2.12
Quadratische Funktionen (Funktionen 2. Grades)	Quadratische Ergänzung	$f(x) = 0{,}5x^2 + 1{,}5x - 2$	S. 87
	pq-Formel, abc-Formel	$x_{01,02} = -\frac{p}{2} \pm \sqrt{\frac{p^2}{4} - q}$	
	x ausklammern	$f(x) = 0{,}5x^2 + 1{,}5x$	Bsp. 2.18
	Linearfaktorenzerlegung	$f(x) = 0{,}5 \cdot (x-1) \cdot (x+4)$	Satz von *Vieta*, Bsp. 2.22
Kubische Funktionen (Funktionen 3. Grades)	Polynomdivision	$f(x) = 0{,}5x^3 - 1{,}5x^2 - 3x + 4$	Bsp. 2.29 a)
	x ausklammern	$f(x) = x^3 + 8x^2 + 16x$	Ü 6 a)
Funktionen 4. Grades und höheren Grades	Mehrfache Polynomdivision	$f(x) = 0{,}25x^4 - x^3 + 4x + 2{,}75$	Ü 4 h)
	Substitutionsverfahren	$f(x) = 0{,}1x^5 - 0{,}5x^3 + 0{,}4x$	Bsp. 2.34
	x ausklammern	$f(x) = 0{,}1x \cdot (x^4 - 5x^2 + 4)$	Bsp. 2.34

Übungen zu 2.3

Allgemeine Übungen

1 Bestimmen Sie das Symmetrieverhalten der Graphen folgender Funktionen. Welche Funktionen sind gerade, welche ungerade und welche Funktionen sind weder gerade noch ungerade?

a) $f(x)=x^4-4x^2+3$ b) $f(x)=23x^5-9x^3+x$ c) $f(x)=x^5-x^3-2$
d) $f(x)=1{,}25$ e) $f(x)=76{,}54x$ f) $f(x)=0{,}25x^4-3{,}25x^3+9$
g) $f(x)=2x^6-6x^2+4$ h) $f(x)=0{,}5x^5-3x^2+2{,}5x$ i) $f(x)=2x^6-2x^4-8x^2+8$

2 Berechnen Sie die Achsenschnittpunkte der Graphen der Funktionen, die durch die folgenden in Linearfaktoren zerlegte Funktionsterme gegeben sind.

a) $f(x)=2\cdot(x-1)\cdot(x+2)\cdot(x-3)$ b) $f(x)=-0{,}5\cdot(x-8)\cdot(x+6)\cdot(x-4)$
c) $f(x)=0{,}25\cdot x\cdot(x+2)\cdot(x-2)$ d) $f(x)=-0{,}125\cdot(x+1{,}5)\cdot(x+0{,}5)\cdot(x-16)$
e) $f(x)=7{,}5\cdot x\cdot(x+5)\cdot(x-5)\cdot(x+1)$ f) $f(x)=10\cdot(x+5)^2\cdot(x+0{,}1)\cdot(x-1)$

3 Gegeben sind die Koeffizienten der einzelnen Terme $f(x)=a_3x^3+a_2x^2+a_1x+a_0$ bzw. $f(x)=a_4x^4+a_3x^3+a_2x^2+a_1x+a_0$ ganzrationaler Funktionen f mit dem Definitionsbereich $\mathbb{R}$. Ermitteln Sie die Funktionsterme und bestimmen Sie anhand des jeweiligen Absolutglieds die möglichen ganzzahligen Nullstellen.

a) $a_3=1;\ a_2=8;\ a_1=-1;\ a_0=-8$ b) $a_3=1;\ a_2=6;\ a_1=-4;\ a_0=-24$
c) $a_3=1;\ a_2=-3;\ a_1=-9;\ a_0=-5$ d) $a_3=1;\ a_2=-5;\ a_1=2;\ a_0=8$
e) $a_4=1;\ a_3=-1;\ a_2=4;\ a_1=6;\ a_0=0$ f) $a_4=1;\ a_3=-4;\ a_2=0;\ a_1=16;\ a_0=11$

4 Bringen Sie die folgenden Funktionsterme vom Typ $f(x)=a_nx^n+a_{n-1}x^{n-1}+\ldots+a_1x+a_0$ zunächst in die Form $a_n\cdot\left(x^n+\frac{a_{n-1}}{a_n}\cdot x^{n-1}+\ldots+\frac{a_1}{a_n}\cdot x+\frac{a_0}{a_n}\right)$ und ermitteln Sie dann anhand des Absolutglieds eine ganzzahlige Nullstelle von f.
Berechnen Sie die weiteren Nullstellen von f mithilfe der Verfahren der Polynomdivision und der quadratischen Ergänzung.

a) $f(x)=0{,}25x^3+2x^2-0{,}25x-2$ b) $f(x)=2x^3-24x^2+90x-100$
c) $f(x)=0{,}4x^3+1{,}2x^2-5{,}2x-6$ d) $f(x)=-0{,}1x^3+0{,}3x^2+0{,}9x+0{,}5$
e) $f(x)=-0{,}2x^3-x^2+0{,}2x+1$ f) $f(x)=0{,}5x^3-3x^2-2x+12$
g) $f(x)=0{,}25x^4-0{,}25x^3-2x^2+3x$ h) $f(x)=0{,}25x^4-x^3+4x+2{,}75$

5 Bestimmen Sie die Nullstellen der durch die folgenden Funktionsterme gegebenen reellen Funktionen mithilfe des Substitutionsverfahrens.

a) $f(x)=x^4-4x^2+3$ b) $f(x)=x^4-9x^2+20$ c) $f(x)=x^4-x^2-2$
d) $f(x)=0{,}25x^4-x^2-1{,}25$ e) $f(x)=-0{,}5x^4+5x^2-4{,}5$ f) $f(x)=0{,}25x^4-3{,}25x^2+9$
g) $f(x)=\frac{1}{12}x^4-4x^2+36$ h) $f(x)=-x^4+3x^2+4$ i) $f(x)=0{,}5x^5-3x^3+2{,}5x$

6 Gegeben sind folgende reelle Funktionen mit dem Definitionsbereich $\mathbb{R}$:

a) $f(x)=x^3-8x^2+16x$ b) $f(x)=x^3-2x^2-5x+6$ c) $f(x)=-x^3+5x^2-8x+4$
d) $f(x)=0{,}5x^3+1{,}5x^2-2$ e) $f(x)=-0{,}5x^3+2x^2-2{,}5x+1$ f) $f(x)=x^3-5x^2+7x-3$
g) $f(x)=x^4-6x^3+9x^2$ h) $f(x)=x^4-5x^2+4$ i) $f(x)=0{,}5x^4+x^3-3{,}5x^2-4x+6$

Bestimmen Sie die Achsenschnittpunkte der Graphen der reellen Funktionen und zerlegen Sie die angegebenen Funktionsterme in ihre Linearfaktoren. Ermitteln Sie das Symmetrieverhalten der einzelnen Graphen. Machen Sie begründete Aussagen über das Steigungs- und Krümmungsverhalten und möglichst auch über Extrem- und Wendepunkte der jeweiligen Graphen. Skizzieren Sie die Graphen in einem geeigneten Bereich.

7 Bestimmen Sie den Funktionsterm der jeweiligen reellen Funktion f dritten Grades, deren Graph durch die angegebenen Punkte geht.

a) $A\langle -1 \mid 18\rangle; B\langle 0 \mid 8\rangle; C\langle 2 \mid 0\rangle; D\langle 3 \mid 14\rangle$
b) $A\langle 0 \mid -50\rangle; B\langle 2 \mid 0\rangle; C\langle 3 \mid 4\rangle; D\langle 4 \mid 2\rangle$
c) $A\langle -2 \mid -7\rangle; B\langle 0 \mid -5\rangle; C\langle 1 \mid -16\rangle; D\langle 5 \mid 0\rangle$
d) $A\langle -3 \mid -33\rangle; B\langle 0 \mid 3{,}75\rangle; C\langle 1 \mid 0\rangle; D\langle 3 \mid 4{,}5\rangle$
e) $A\langle -4 \mid 14\rangle; B\langle -1 \mid 8\rangle; C\langle 0 \mid 18\rangle; D\langle 2 \mid 20\rangle$
f) $A\langle -2 \mid 0\rangle; B\langle -1 \mid 4\rangle; C\langle 0 \mid 6\rangle; D\langle 2 \mid -20\rangle$
g) $A\langle -4 \mid -2{,}5\rangle; B\langle -1 \mid -4\rangle; C\langle 0 \mid -4{,}5\rangle; D\langle 2 \mid 12{,}5\rangle$
h) $A\langle -3 \mid -24\rangle; B\langle -2 \mid 0\rangle; C\langle 2 \mid -4\rangle; D\langle 4 \mid 18\rangle$
i) $A\langle -2 \mid 15\rangle; B\langle 2 \mid -5\rangle; C\langle 3 \mid 0\rangle; D\langle 4 \mid 21\rangle$
j) $A\langle -3 \mid 20\rangle; B\langle -2 \mid 6\rangle; C\langle 2 \mid 0\rangle; D\langle 3 \mid -4\rangle$
k) $A\langle -4 \mid -10\rangle; B\langle -1 \mid 5\rangle; C\langle 3 \mid -3\rangle; D\langle 5 \mid 8\rangle$
l) $A\langle -3 \mid -9\rangle; B\langle 1 \mid 0\rangle; C\langle 4 \mid -9\rangle; D\langle 5 \mid -21\rangle$

2

Übungen aus der Ökonomie

8 Von einem Unternehmen mit einer Monopolstellung sind der Term $K(x) = x^3 - 6x^2 + 16x + 32$ der Kostenfunktion sowie von der linearen Preisabsatzfunktion der Höchstpreis 32 GE und die Sättigungsmenge 8 ME bekannt. Bestimmen Sie die Funktionsterme der Preisabsatzfunktion, der Erlös- und der Gewinnfunktion sowie der Funktion der variablen Stückkosten.

9 Die Gesamtkosten für vier Ausbringungsmengen sind: $K(0) = 30000$, $K(20) = 60000$, $K(60) = 72000$ und $K(100) = 180000$. Die Kostenfunktion hat einen ertragsgesetzlichen Verlauf und ist hier eine ganzrationale Funktion dritten Grades. Die lineare Preisabsatzfunktion hat bei 100 ME ihre Sättigungsmenge und einen Höchstpreis von 3.750 GE.

a) Bestimmen Sie die Funktionsterme der Kosten- und Erlösfunktion.
b) Zeichnen Sie beide Funktionsgraphen.
c) Bestimmen Sie die Gewinnschwelle und -grenze.

10 Ein Unternehmen stellt ein Produkt her, das zum Preis von 30 € je Stück abgesetzt werden kann. Untersuchungen haben ergeben, dass die Kostenfunktion folgende Form hat:
$K(x) = x^3 - 5x^2 + 30x + 12; x \in [0; 10]$

a) Wie lauten die Terme der Erlösfunktion E und der Gewinnfunktion G?
b) Zeichnen Sie mithilfe von Excel die Graphen von K, E und G.
c) Bestimmen Sie rechnerisch die Gewinnschwelle und die Gewinngrenze.
d) Berechnen Sie die Funktionsterme der Stückkosten und der variablen Stückkosten.
e) Bringen Sie den Funktionsterm der variablen Stückkosten auf seine Scheitelpunktform und bestimmen Sie damit das Minimum der variablen Stückkosten (**Betriebsminimum**).

Das **Betriebsminimum** ist die Ausbringungsmenge, bei deren Produktion die geringsten durchschnittlichen variablen Kosten (die geringsten variablen Stückkosten) entstehen.

11 Gegeben sind die Kostenfunktion $K(x) = 0{,}04x^3 - 0{,}6x^2 + 3x + 2$ und die Preisabsatzfunktion $p_N(x) = -0{,}16x + 2{,}8$.

a) Bestimmen Sie den ökonomischen Definitionsbereich $D_{ök}$.
b) Ermitteln Sie den Funktionsterm der Erlösfunktion E.
c) Vergleichen Sie die Erlöse mit den Kosten für die Absatzmengen 10 ME und 15 ME.
d) Bestimmen Sie das Betriebsminimum.
e) Skizzieren Sie die Graphen der Funktionen K, p_N und E.

12 Gegeben sind die Preisabsatzfunktion $p_N(x) = -7x + 49$ und die Kostenfunktion $K(x) = x^3 - 6x^2 + 15x + 32$.

a) Bestimmen Sie den ökonomischen Definitionsbereich $D_{ök}$.
b) Ermitteln Sie den Funktionsterm der Erlösfunktion E.
c) Berechnen Sie die Gewinnschwelle und -grenze.
d) Bestimmen Sie das Betriebsminimum.
e) Skizzieren Sie die Graphen der Funktionen K, p_N und E.

13 Gegeben sind die Kostenfunktion $K(x) = 0{,}01x^3 - x^2 + 50x + 720; x \in [0; 100]$ und die Erlösfunktion $E(x) = 53x; x \in [0; 100]$.

a) Bestimmen Sie die Gewinnschwelle und -grenze.
b) Berechnen Sie den Gewinn bei einer Absatzmenge von 60 ME.
c) Ermitteln Sie das Betriebsminimum.
d) Skizzieren Sie die Graphen von K und E.

2.4 Gebrochen-rationale Funktionen und Grenzwerte von Funktionen

Eine Funktion f, deren Funktionsterm $f(x)$ ein Quotient zweier ganzrationaler Funktionsterme bzw. ein Quotient zweier Polynome ist, heißt **gebrochen-rationale Funktion**.

2

Beispiel 2.36

Die Funktion $k_v(x)$ aus Beispiel 2.6 stellte sich als konstante Funktion heraus: unabhängig davon, welche Mengen produziert werden, bleiben die Produktionskosten pro Stück dieselben. Der Graph von k_v verläuft parallel zur x-Achse.

Betrachtet man dagegen die **durchschnittlichen Fixkosten** k_{fix} – d. h. die fixen Kosten im Verhältnis zur produzierten Stückzahl – so erhält man keine konstante Funktion. Denn mit wachsender Produktionsmenge werden die Kosten auf eine immer größere Anzahl von Produkten verteilt:

$$k_{\text{fix}}(x) = \frac{1.800}{x}; x \in \{1; \ldots; 100\}$$

x	1	2	3	…	10	20
$k_{\text{fix}}(x)$	1.800	1.800	1.800	…	…	1.800
$k_{\text{fix}}(x)$	1.800	900	600	…	180	90

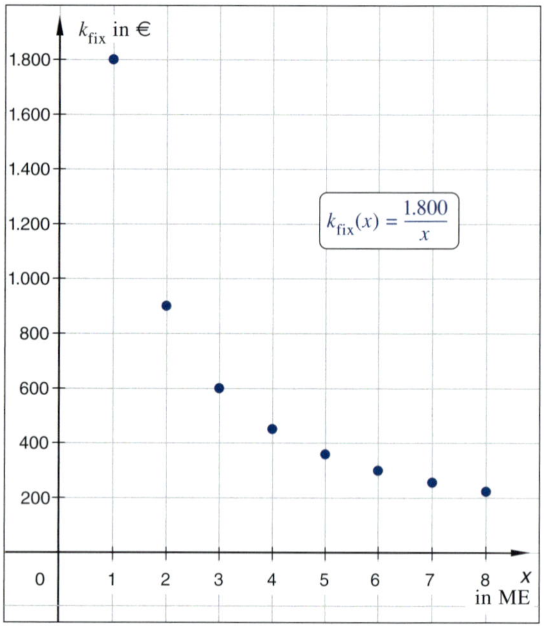

Beispiel 2.37 (Umgekehrte Proportionalität)

Für eine Studienfahrt der Oberstufe einer Höheren Berufsfachschule wird ein Bus gemietet. Der Fahrpreis beträgt insgesamt 2.400 €. Bei der Planung der Reise wurde von 60 Teilnehmern bzw. Teilnehmerinnen ausgegangen.
Wie hoch ist der Fahrpreis pro Person? Auf wie viele Euro steigt der Fahrpreis pro Person, wenn nur 50 Schülerinnen und Schüler an der Fahrt teilnehmen?

Der Fahrpreis pro Person lässt sich anhand der gebrochen-rationalen Funktion $K_s(x) = \frac{2.400}{x}$ mit $x > 0$ berechnen und beträgt bei einer Teilnehmerzahl von 60 Personen 40 € pro Person und bei einer Teilnehmerzahl von 50 Personen 48 € pro Person.

$$K_s(x) = \frac{2.400}{x}; x > 0$$

$$\Rightarrow K_s(60) = \frac{2.400}{60} = 40,$$

$$K_s(50) = \frac{2.400}{50} = 48$$

Aus dieser Berechnung und dem Graphen von K_s wird der Charakter der **umgekehrten Proportionalität** deutlich: **Je weniger** Personen an der Studienfahrt teilnehmen, **desto höher** ist der Fahrpreis pro Person, und umgekehrt, **je mehr** Personen an der Fahrt teilnehmen, **desto geringer** ist der Fahrpreis pro Person.

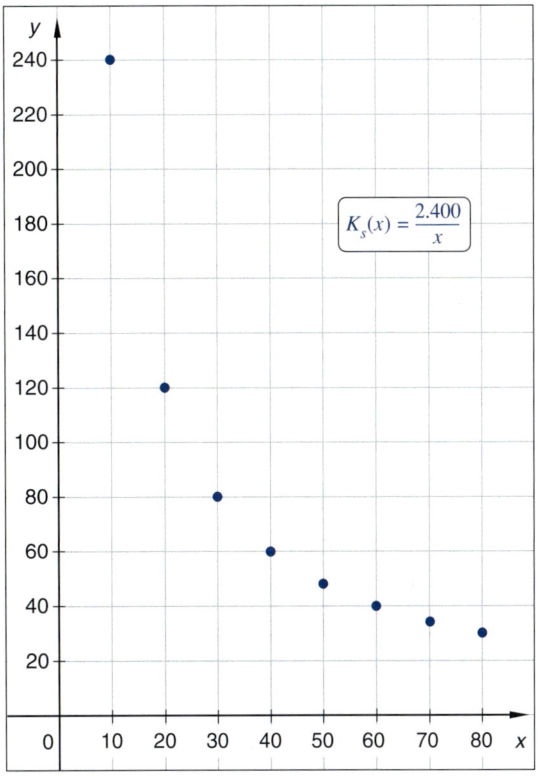

Grenzwerte für $x \to \pm\infty$

Beispiel 2.38

- Der Graph der Funktion $f(x) = \frac{1}{x}$; $x \in \mathbb{R}^* = \mathbb{R} \setminus \{0\}$ ist eine zum Koordinatenursprung punktsymmetrische **Hyperbel**.
  Je größer die x-Werte vom Betrag her werden, desto kleiner werden ihre Funktionswerte; sie nähern sich dabei immer mehr der Zahl 0. Der Graph von f nähert sich daher der x-Achse.
  Eine solche Gerade, der sich der Graph von f in dieser Form nähert, heißt **Asymptote**.

Man sagt, dass die Funktion $f(x) = \frac{1}{x}$ für $x \to \infty$ (genauso wie für $x \to -\infty$) den **Grenzwert** 0 hat und schreibt dafür $\lim\limits_{x \to \infty} = 0$ (gesprochen: „Limes $f(x)$ ist gleich 0 für x gegen Unendlich"). ▶ Limes = lateinisch „Grenze"

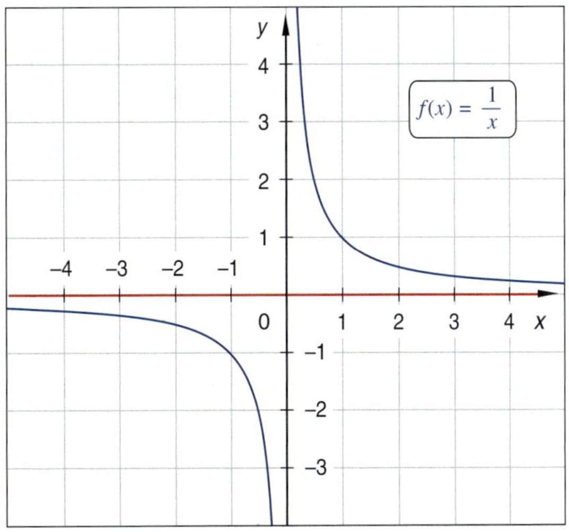

$\lim\limits_{x \to \infty} = 0^+$ ▶ Näherung an die x-Achse von oben.

$\lim\limits_{x \to -\infty} = 0^-$ ▶ Näherung an die x-Achse von unten.

Beispiel 2.39 a

Bestimmen Sie den Grenzwert der Funktion $f(x) = 2 + \frac{1}{x-1}$ mit $x \in \mathbb{R} \setminus \{1\}$ für $x \to \pm\infty$

Anschaulich wird deutlich, dass der Graph der Funktion f sich immer mehr der Gerade mit der Gleichung $y = 2$ nähert, je größer die Werte für x werden.

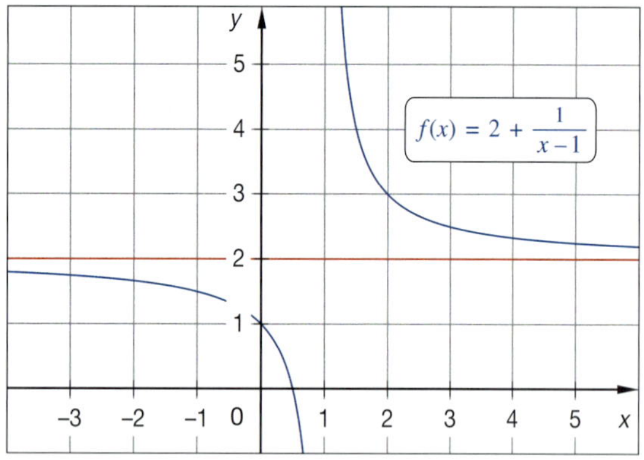

Mithilfe von Excel kann man die Entwicklung des Graphen experimentell überprüfen, indem man betragsmäßig sehr große Zahlen für x setzt. Je größer die Werte für x, desto näher liegen die y-Werte an 2.

	A	B	C	D	E
1	$x \to \infty$			$x \to -\infty$	
2	**x**	**f(x)**		**x**	**f(x)**
3	1,000000001	999999919,3	0	-1	1,5
4	10	2,111111111	1	-10	1,909090909
5	100	2,01010101	2	-100	1,99009901
6	1000	2,001001001	3	-1000	1,999000999
7	10000	2,00010001	4	-10000	1,99990001
8	100000	2,00001	5	-100000	1,99999
9	1000000	2,000001	6	-1000000	1,999999
10	10000000	2,0000001	7	-10000000	1,9999999
11	100000000	2,00000001	8	-100000000	1,99999999
12	1000000000	2,000000001	9	-1000000000	1,999999999
13	10000000000	2,0000000001	10	-10000000000	1,9999999999

Formeln:
Z. B. in der Zelle A4: „=10^C4"
und in der Zelle B4: „=2+1/(A4-1)"

Alle Formeln sind kopierbar bis auf die Eingabe in der Zelle A3.

Die Funktionswerte von $f(x) = 2 + \frac{1}{x-1}$ nähern sich für $x \to \infty$ dem Wert 2, da der zweite Summand für sehr große x-Werte sehr klein wird, d. h. für x gegen Unendlich gegen 0 geht. Nähern sich die Funktionswerte von f für wachsende x-Werte einer reellen Zahl g, so besitzt f den **Grenzwert g** für $x \to \infty$. Der Grenzwert von $f(x)$ für $x \to \infty$ ist die Summe der Grenzwerte der beiden Summanden im Funktionsterm von $f(x)$ und beträgt in diesem Fall 2.

$$\lim_{x \to \infty} f(x) = \lim_{x \to \infty} \left(2 + \frac{1}{x-1}\right) = \lim_{x \to \infty} 2 + \lim_{x \to \infty} \frac{1}{x-1} = 2 + 0 = \mathbf{2}.$$

▶ lies: Limes von f für x gegen Unendlich ist 2.

Analoges gilt für den Grenzwert von $f(x)$ im Fall $x \to -\infty$.

$$\lim_{x \to -\infty} f(x) = \lim_{x \to -\infty} \left(2 + \frac{1}{x-1}\right) = \lim_{x \to -\infty} 2 + \lim_{x \to -\infty} \frac{1}{x-1} = 2 + 0 = \mathbf{2}.$$

▶ lies: Limes von f für x gegen minus Unendlich ist 2.

Nähern sich die Funktionswerte $f(x)$ einer Funktion f für $x \to \infty$ immer mehr einer Zahl g, so sagt man, f besitzt für $x \to \infty$ den Grenzwert g und schreibt $\lim\limits_{x \to \infty} f(x) = g$.

Nähern sich die Funktionswerte für $x \to \infty$ keiner reellen Zahl sondern über- bzw. unterschreiten jede gegebene Schranke, so schreibt man $\lim\limits_{x \to \infty} = \infty$ bzw. $\lim\limits_{x \to \infty} = -\infty$ und sagt, dass die Funktion f die uneigentlichen Grenzwerte ∞ bzw. $-\infty$ hat.

Entsprechendes gilt für $x \to -\infty$.

2

Der Funktionsterm $f(x)$ aus Beispiel 2.39 a ist in eine Summe von zwei Termen aufgeteilt worden, deren Grenzwert einzeln bestimmt wurde. Stillschweigend wurde dabei der erste der folgenden vier **Grenzwertsätze** benutzt. Diese lassen sich als Rechenregeln für den Umgang mit dem Grenzwertbegriff auffassen.

Grenzwertsätze

Sind f_1, f_2 und f reelle Funktionen mit $\lim\limits_{x \to \infty} f_1(x) = g_1$, $\lim\limits_{x \to \infty} f_2 = g_2$, $\lim\limits_{x \to \infty} f = g$ für bestimmte reelle Zahlen g_1, g_2 und g (d. h., die Grenzwerte der Funktionen für $x \to \infty$ existieren), dann gilt:

- $\lim\limits_{x \to \infty} [f_1(x) + f_2(x)] = \lim\limits_{x \to \infty} f_1(x) + \lim\limits_{x \to \infty} f_2(x) = g_1 + g_2$
- $\lim\limits_{x \to \infty} [f_1(x) \cdot f_2(x)] = \lim\limits_{x \to \infty} f_1(x) \cdot \lim\limits_{x \to \infty} f_2(x) = g_1 \cdot g_2$
- $\lim\limits_{x \to \infty} \frac{f_1(x)}{f_2(x)} = \frac{\lim\limits_{x \to \infty} f_1(x)}{\lim\limits_{x \to \infty} f_2(x)} = \frac{g_1}{g_2}$ (falls $g_2 \neq 0$ ist)
- $\lim\limits_{x \to \infty} [c \cdot f(x)] = c \cdot \lim\limits_{x \to \infty} f(x) = c \cdot g$ für jede reelle Zahl c.

Für $x \to -\infty$ gelten die Grenzwertsätze analog.

Alles klar?

Bestimmen Sie zeichnerisch und rechnerisch den Grenzwert der Funktion $f(x) = -3 - \frac{5}{x+2}$ für $x \to \pm\infty$.

Grenzwert an einer Stelle x_0

Im Beispiel 2.39 a wurde der Grenzwert einer Funktion berechnet, um eine Vorstellung zu bekommen, wie sich die Funktionswerte für sehr große x-Werte entwickeln. Die Funktionswerte nähern sich dem Grenzwert, erreichen ihn aber nie.

Es gibt aber nicht nur Grenzwerte für $x \to \pm\infty$, sondern auch Grenzwerte einer Funktion an einer beliebigen Stelle ihres Definitionsbereichs.

An der Stelle $x = 1$ ist die Funktion f aus Beispiel 2.39 a nicht definiert, da der Nenner eines Bruchs nicht Null sein darf. Weil aber f unmittelbar links und rechts von 1 erklärt ist, nennt man die Stelle 1 eine **Definitionslücke** der Funktion f.

Zur Bestimmung des Grenzwerts einer Funktion an einer Stelle x_0 betrachtet man das Verhalten der Funktionswerte $f(x)$, wenn sich x immer mehr der Stelle x_0 annähert.

Beispiel 2.39 b

Bestimmen Sie das Verhalten der Funktion $f(x) = 2 + \frac{1}{x-1}$ mit $x \in \mathbb{R} \setminus \{1\}$ bei Annäherung an die Stelle $x_0 = 1$.

Unmittelbar links und rechts von der Stelle 1 schmiegt sich der Graph von f immer enger an die Gerade mit der Gleichung $x = 1$ an. Das ist die Gerade senkrecht zur x-Achse, die durch die Definitionslücke an der Stelle 1 verläuft.

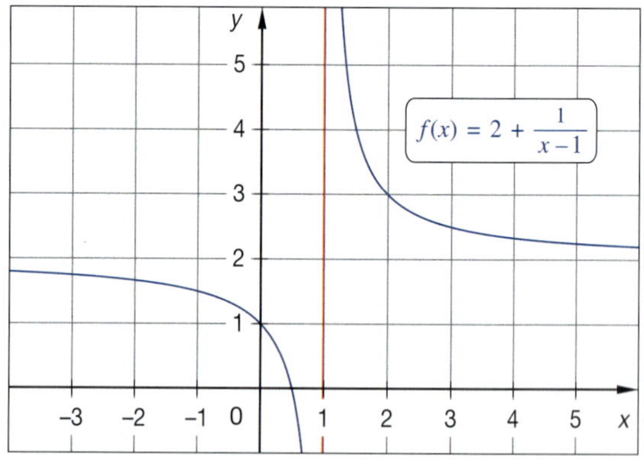

Eine zur x-Achse senkrechte Gerade, an die sich der Graph einer Funktion „bis ins Unendliche" immer enger anschmiegt, heißt senkrechte Asymptote oder **Polyasymptote**. Die Stelle, an der f eine derartige Definitionslücke aufweist, heißt **Polstelle** oder **Pol** von f.

Lässt man in Excel die x-Werte von links bzw. rechts gegen 1 „wandern", so erkennt man, dass die Funktionswerte von f über bzw. unter alle Grenzen fallen bzw. steigen.

	A	B	C	D	E
1	Näherung an 1 von links			Näherung an 1 von rechts	
2	x	f(x)		x	f(x)
3	0	1	0	2	3
4	0,9	-8	1	1,1	12
5	0,99	-98	2	1,01	102
6	0,999	-998	3	1,001	1002
7	0,9999	-9998	4	1,0001	10002
8	0,99999	-99998	5	1,00001	100002
9	0,999999	-999998	6	1,000001	1000002
10	0,9999999	-9999998,01	7	1,0000001	10000002
11	0,99999999	-99999997,5	8	1,00000001	100000003
12	0,999999999	-1000000026	9	1,000000001	999999919
13	0,9999999999	-9999999171	10	1,0000000001	9999999175

Die Formel in der Zelle A3 lautet: =1-0,1^C3
bzw. in der Zelle D3: =1+0,1^C3
Die Formel in der Zelle B3 ist: =2+1/(A3-1)
bzw. in der Zelle E3: =2+1/(D3-1)
Alle Formeln sind kopierbar.

Nähert man sich der Definitionslücke von links (man schreibt $\lim\limits_{x \to 1^-}$ oder $\text{l-}\lim\limits_{x \to 1}$ für den **linksseitigen Grenzwert** an der Stelle 1), so fallen die zugehörigen Funktionswerte unter jede Grenze, d. h. $f(x) \to -\infty$.

$$\lim_{x \to 1^-} \left(2 + \frac{1}{x-1}\right) = -\infty$$

▶ $G(f)$ schmiegt sich an den negativen Ast der Geraden mit der Gleichung $x = 1$ an.

⇒ An der Stelle 1 hat f linksseitig den **uneigentlichen Grenzwert** $-\infty$.

Nähert man sich der Definitionslücke von rechts (man schreibt $\lim\limits_{x \to 1^+}$ oder $\text{r-}\lim\limits_{x \to 1}$ für den **rechtsseitigen Grenzwert** an der Stelle 1), so steigen die zugehörigen Funktionswerte über jede Grenze, d. h. $f(x) \to \infty$.

$$\lim_{x \to 1^+} \left(2 + \frac{1}{x-1}\right) = \infty$$

▶ $G(f)$ schmiegt sich an den positiven Ast der Geraden mit der Gleichung $x = 1$ an.

⇒ An der Stelle 1 hat f rechtsseitig den **uneigentlichen Grenzwert** ∞.

Da die Funktionswerte links und rechts von der Polstelle unterschiedliche Vorzeichen haben, spricht man von einem **Pol mit Vorzeichenwechsel (VZW)**.

⇒ An der Stelle hat f einen **Pol mit VZW**

Beispiel 2.40

Der Graph der Funktion g mit der Gleichung $g(x) = 1 + \frac{1}{(x+1)^2}$ für $x \in \mathbb{R} \setminus \{-1\}$ schmiegt sich links und rechts von der Stelle 1 immer enger an die zur x-Achse senkrechte Gerade durch die Definitionslücke an der Stelle -1 an.

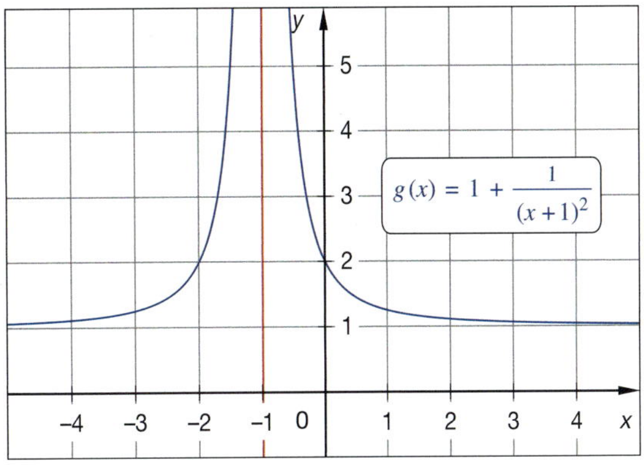

Da die Funktionswerte von g links und rechts von dieser Polstelle alle dasselbe Vorzeichen haben (in diesem Fall ein positives), spricht man von einem **Pol ohne Vorzeichenwechsel (VZW)**.

$$\underset{x \to -2}{\text{l-lim}} \left(1 + \frac{1}{(x+2)^2}\right) = \infty \quad \text{und} \quad \underset{x \to -2}{\text{r-lim}} \left(1 + \frac{1}{(x+2)^2}\right) = \infty$$

$\Rightarrow f$ hat an der Stelle -1 einen **Pol ohne VZW**.

Für vom Betrag her sehr große x-Werte schmiegt sich der Graph von f an die Gerade mit der Gleichung $y = 1$ (seine Asymptote) an.

$$\lim_{x \to \infty} \left(1 + \frac{1}{(x+1)^2}\right) = 1^+ \quad \text{und} \quad \lim_{x \to -\infty} \left(1 + \frac{1}{(x+1)^2}\right) = 1^+$$

$\Rightarrow G(f)$ besitzt die Asymptote $y = 1$.

- Eine reelle Zahl g heißt **Grenzwert einer Funktion an einer Stelle** x_0, wenn bei Annäherung der x-Werte einer Funktion an diese Stelle x_0 (und zwar von links für $x < x_0$ und von rechts für $x > x_0$) die zugehörigen Funktionswerte $f(x)$ sich der Zahl g nähern. Man schreibt dann: $\lim\limits_{x \to x_0} f(x) = g$ und liest dies „Limes von $f(x)$ für x gegen x_0 ist gleich g". ▶ Limes lateinisch „Grenze"
- Gilt die Annäherung von links für $x < x_0$, so spricht man von einem **linksseitigen Grenzwert von f an der Stelle x_0** und schreibt $\underset{x \to x_0}{\text{l-lim}}\, f(x)$ oder $\lim\limits_{x \to x_0^-} f(x)$

  Entsprechend spricht man bei Annäherung von rechts für $x > x_0$ von einem **rechtsseitigen Grenzwert von f an der Stelle x_0** und schreibt $\underset{x \to x_0}{\text{r-lim}}\, f(x)$ oder $\lim\limits_{x \to x_0^+} f(x)$
- Stimmen der linksseitige und der rechtsseitige Grenzwert einer Funktion an einer Stelle nicht überein, so besitzt die Funktion an dieser Stelle keinen Grenzwert.
- Für g können auch die Symbole ∞ bzw. $-\infty$ stehen. Dann nennt man die entsprechenden Grenzwerte **uneigentliche Grenzwerte**. An der Stelle x_0 liegt dann eine **Unendlichkeitsstelle** vor.
- Ist diese Unendlichkeitsstelle eine Definitionslücke, so heißt sie **Polstelle** oder **Pol**. Haben die Funktionswerte $f(x)$ unmittelbar links und rechts von der Polstelle dasselbe Vorzeichen, so hat f dort einen **Pol ohne Vorzeichenwechsel**. Sind die Vorzeichen von $f(x)$ links und rechts von der Polstelle verschieden, so hat f dort einen **Pol mit Vorzeichenwechsel**.
- Eine zur x-Achse senkrechte Gerade durch die Definitionslücke heißt **Polasymptote**.

Alles klar?

Bestimmen Sie zeichnerisch und rechnerisch den Grenzwert der Funktion $f(x) = -3 - \frac{5}{x+2}$ für $x \to 1$ und für $x \to -2$.

Beispiel 2.41

Für die Herstellung eines Guts wird eine Anlage benötigt, die eine Kapazität von 30 ME hat. Eine Produktionssteigerung über diese 30 ME hinaus erfordert die Anschaffung einer zweiten Anlage. Dadurch erhöhen sich die Fixkosten von 200 GE um 100 GE auf 300 GE; die durchschnittlichen variablen Kosten bleiben aber gleich hoch (10 GE pro ME). Bei einer Reduzierung der Produktion von über 30 ME auf 30 ME tritt der entgegengesetzte Effekt auf: Die Fixkosten sinken um 100 GE. Untersuchen Sie, wie sich die Gesamtkosten entwickeln für den Fall, dass die Produktionsmenge in Richtung auf 30 ME steigt, und für den Fall, dass die Produktionsmenge in Richtung auf 30 ME sinkt.

Die Kostenfunktion K ist abschnittsweise in dem Intervall $[0; 60]$ definiert. Die **Nahtstelle**, d. h. die Stelle, an der die einzelnen Definitionsabschnitte aneinander stoßen, liegt bei $x_0 = 30$. Es handelt sich hier um eine Kostenkurve mit **sprungfixen Kosten**.

$$K(x) = \begin{cases} 10x + 200 & \text{für } x \leq 30 \\ 10x + 300 & \text{für } x > 30 \end{cases};\ x \in [0; 60].$$

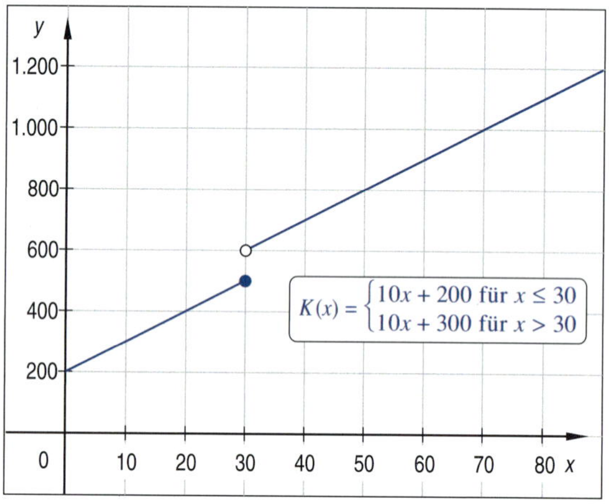

Bei $x_0 = 30$ ist die Funktion definiert, die Kosten betragen dort:

$$K(30) = 10 \cdot 30 + 200 = 500.$$

Steigert man die Produktion von unter 30 ME gegen 30 ME, dann nähern sich die Kosten 500 GE.

$$\text{l-}\lim_{x \to 30} K(x) = \text{l-}\lim_{x \to 30} 10x + 200$$
$$= 300 + 200 = \mathbf{500}$$ ▶ linksseitiger Grenzwert

Senkt man die Produktion von über 30 ME gegen 30 ME, so nähern sich die Kosten 600 GE.

$$\text{r-}\lim_{x \to 30} K(x) = \text{r-}\lim_{x \to 30} 10x + 300$$
$$= 300 + 200 = \mathbf{600}$$ ▶ rechtsseitiger Grenzwert

Zwar existieren für die Kostenfunktion K sowohl der linksseitige als auch rechtsseitige Grenzwert an der Stelle $x_0 = 30$, aber beide Werte sind voneinander verschieden.

$\text{l-}\lim_{x \to 30} K(x) = 500$ und $\text{r-}\lim_{x \to 30} K(x) = 600$

$\Rightarrow \text{l-}\lim_{x \to 30} K(x) \neq \text{r-}\lim_{x \to 30} K(x)$

$\Rightarrow$ K besitzt an der Stelle 30 **keinen** Grenzwert.

Man kann daher nicht davon sprechen, dass **der** Grenzwert der Funktion K an der Stelle 30 existiert. An der Stelle K hat die Funktion K deshalb eine sog. **Sprungstelle**.

Alles klar?

Zur Herstellung eines Guts wendet ein Betrieb aus Kostengründen zwei verschiedene Verfahren an. Bis zu einer Produktionsmenge von 20 ME ist das erste Verfahren wegen der niedrigen Fixkosten von 100 GE kostengünstiger, obwohl die durchschnittlichen variablen Kosten mit 10 GE pro ME hoch sind. Soll die Produktionsmenge über 20 ME hinaus gesteigert werden, dann wird das zweite Produktionsverfahren angewendet, weil dann die Gesamtkosten wegen der geringeren durchschnittlichen variablen Kosten von 5 GE pro ME deutlich langsamer wachsen, die Fixkosten betragen dann jedoch 200 GE.

Untersuchen Sie, ob die Kostenfunktion K an der Stelle 20 einen Grenzwert besitzt und bestimmen Sie seinen Wert.

Je nachdem, ob der Grad des Zählerpolynoms einer ganzrationalen Funktion kleiner oder größer als der des Nennerpolynoms ist, spricht man von einer **echt** bzw. **unecht gebrochen-rationalen Funktionen**.

Bei allen gebrochen-rationalen Funktionen lässt sich mit relativ einfachen Mitteln klären, ob sich ihr Graph der Asymptote für $x \to \infty$ bzw. $x \to -\infty$ von oben oder von unten nähert.

Beispiel 2.42 a

a) Die Funktion $f_1(x) = \dfrac{x+1}{(x-2)^2}$; $x \in \mathbb{R} \setminus \{2\}$ hat an der Stelle 2 einen **Pol ohne VZW**.

Das Nennerpolynom von f_1 ist für alle $x \in \mathbb{R} \setminus \{2\}$ immer positiv.

Da das Zählerpolynom für $x \to -\infty$ negativ wird, ist auch der Funktionsterm von f_1 für $x \to -\infty$ und $x < -1$ negativ. Somit nähert sich $G(f_1)$ der x-Achse von unten für $x \to -\infty$.

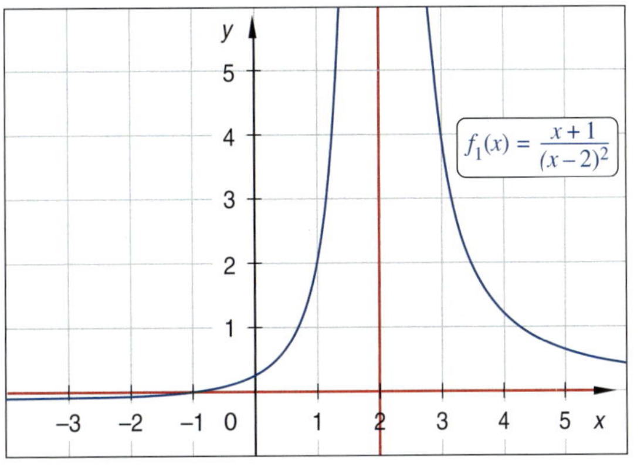

Da das Zählerpolynom für $x \to \infty$ positiv ist, ist auch der Funktionsterm $f_1(x)$ für $x \to \infty$ positiv. Somit nähert sich $G(f_1)$ der x-Achse von unten für $x \to -\infty$ von oben für $x \to \infty$.

▶ $f_1 \to 0^+$ für $x \to \infty$
$f_1 \to 0^-$ für $x \to -\infty$

$\underset{x\to 2}{\text{l-lim}} \dfrac{x+1}{(x-2)^2} = \infty$ und $\underset{x\to 2}{\text{r-lim}} \dfrac{x+1}{(x-2)^2} = \infty$

$\Rightarrow f_1$ hat an der Stelle 2 einen **Pol ohne VZW**.

$\lim\limits_{x\to -\infty} \dfrac{x+1}{(x-2)^2} = 0^-$ und $\lim\limits_{x\to \infty} \dfrac{x+1}{(x-2)^2} = 0^+$

$\Rightarrow G(f_1)$ nähert sich der geraden Asymptote $y_A = 0$ von unten für $x \to -\infty$ und von oben für $x \to \infty$.

Da der Grad des Nennerpolynoms größer ist als der Grad des Zählerpolynoms, ist f_1 eine **echt gebrochen-rationale Funktion**. Diese Funktionen haben immer die x-Achse als Asymptote, da sich deren Funktionswerte für vom Betrag her größer werdende Zahlen für x dem Wert 0 beliebig genau annähern, ohne ihn aber jemals zu erreichen.

b) Die Funktion $f_2(x)=\frac{2x+1}{x+1}$; $x\in\mathbb{R}\setminus\{-1\}$ hat an der Stelle -1 einen **Pol mit VZW**, da $f_2(x)$ links von der Stelle -1 nur positive und rechts davon nur negative Werte annimmt.

Der Graph von f_2 nähert sich für $x\to-\infty$ und für $x\to\infty$ immer mehr der Geraden $y=2$. Diese Gerade ist demnach die Asymptote von f_2 für $x\to\infty$ genauso wie für $x\to-\infty$.

► $f_2(x)>0$ für $x\in(-\infty;-1)$

► $f_2(x)<0$ für $x\in(-1;0{,}5)$

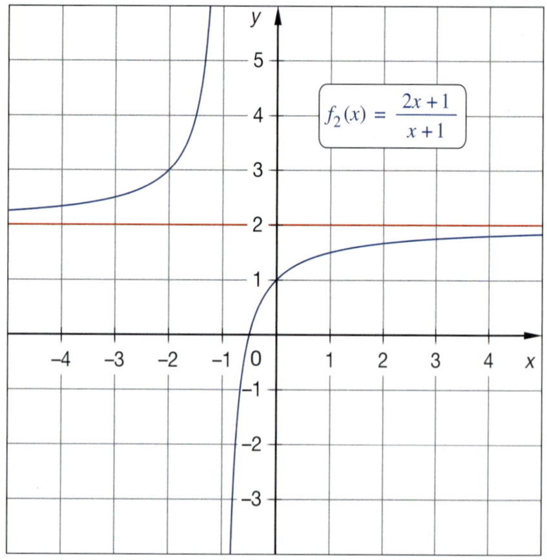

$$\underset{x\to-1}{\text{l-lim}}\frac{2x+1}{x+1}=\infty \quad\text{und}\quad \underset{x\to-1}{\text{r-lim}}\frac{2x+1}{x+1}=-\infty$$

$\Rightarrow f$ hat an der Stelle -1 einen **Pol mit VZW**.

$$\underset{x\to-\infty}{\text{l-lim}}\frac{2x+1}{x+1}=2^+ \quad\text{und}\quad \underset{x\to\infty}{\text{r-lim}}\frac{2x+1}{x+1}=2^-$$

$\Rightarrow G(f_2)$ nähert sich der geraden Asymptote $y_A=2$ für $x\to-\infty$ von oben und für $x\to\infty$ von unten.

Da der Grad des Zähler- und Nennerpolynoms von $f_2(x)$ gleich ist, ist f_2 eine **unecht gebrochen-rationale Funktion**.

Durch Polynomdivison lässt sich $f_2(x)$ in einen ganzrationalen und einen echt gebrochen-rationalen Teil, das sog. **Restglied** verwandeln:

$$f_2(x)=2+\frac{-3}{x+1}.$$

Dieser Darstellung lässt sich entnehmen, dass f_2 die Asymptote $y_A=2$ hat, da der echt gebrochen-rationale Teil für $x\to\infty$ gegen 0 geht.

$$f_2(x)=(2x-1):(x+1)=2+\frac{-3}{x+1}$$
$$\underline{-(2x+2)}$$
$$-3$$

$\uparrow$ $y_A(x)$ (zu 2), $\uparrow$ $R(x)$ (zu $\frac{-3}{x+1}$)

Für $x\to-\infty$ wird das Restglied $R(x)$ verschwindend klein, bleibt aber positiv. Der Graph von f_2 nähert sich der Asymptote für $x\to-\infty$ von oben.

$$\lim_{x\to-\infty}R(x)=\lim_{x\to-\infty}\frac{-3}{x+1}=0^+$$

Für $x\to\infty$ wird das Restglied $R(x)$ auch verschwindend klein, bleibt aber negativ. Der Graph von f_2 nähert sich der Asymptote für $x\to\infty$ von unten.

$$\lim_{x\to\infty}R(x)=\lim_{x\to\infty}\frac{-3}{x+1}=0^-$$

c) Die Funktion $f_3(x)=\frac{x^2+x-2}{x-2}$; $x\in\mathbb{R}\setminus\{2\}$ hat an der Stelle 2 einen **Pol mit VZW**, da $f_3(x)$ unmittelbar links von der Stelle 2 negative und rechts davon positive Werte annimmt.

Der Graph von f_3 nähert sich für $x\to-\infty$ und $x\to\infty$ immer mehr der Geraden mit der Gleichung $y=x+3$. Da die Steigung dieser Geraden von Null verschieden ist, nennt man sie eine **schräge Asymptote** des Graphen von f_3.

▶ $f_3(x)<0$ für $x\in(1;2)$

▶ $f_3(x)>0$ für $x\in(2;\infty)$

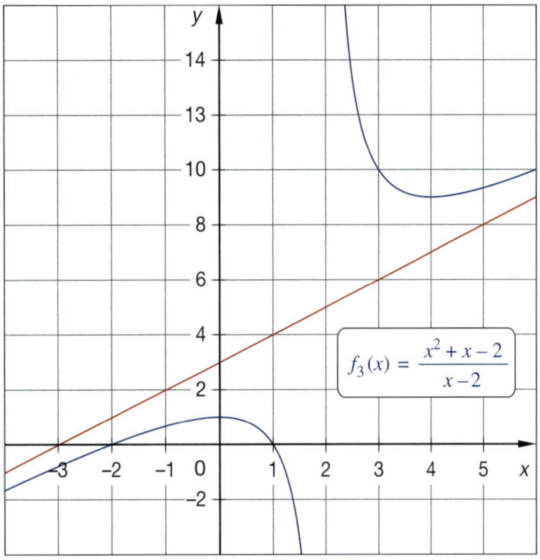

$\underset{x\to2}{\text{l-lim}}\frac{x^2+x-2}{x-2}=-\infty$ und $\underset{x\to2}{\text{r-lim}}\frac{x^2+x-2}{x-2}=\infty$

$\Rightarrow f_3$ hat an der Stelle 2 einen **Pol mit VZW**.

$\lim\limits_{x\to-\infty}\frac{x^2+x-2}{x-2}=-\infty$ und $\lim\limits_{x\to\infty}\frac{x^2+x-2}{x-2}=\infty$

$\Rightarrow f_3(x)$ fällt für $x\to-\infty$ unter und steigt für $x\to\infty$ über alle Grenzen.

Da der Grad des Zählerpolynoms größer als der Grad des Nennerpolynoms von $f_3(x)$ ist, ist f_3 eine **unecht gebrochen-rationale Funktion**.

Anhand der Darstellung $f_3(x)=x+3+\frac{4}{x-2}$ sieht man sofort, dass $y_A(x)=x+3$ die Gleichung der Asymptotenfunktion ist.

$$f_3(x)=(x^2+x-2):(x-2)=\underbrace{x+3}_{y_A(x)}+\underbrace{\frac{4}{x-2}}_{R(x)}$$
$$\begin{array}{l} -(x^2+2x) \\ \hline \quad 3x-2 \\ \quad -(3x-6) \\ \hline \qquad 4 \end{array}$$

Für $x\to-\infty$ wird das Restglied betragsmäßig verschwindend klein, bleibt aber negativ. Der Graph von f nähert sich der Asymptote für $x\to-\infty$ von unten.

$\lim\limits_{x\to-\infty}R(x)=\lim\limits_{x\to-\infty}\frac{4}{x-2}=0^-$

▶ $G(f_3)$ nähert sich $G(y_a)$ für $x\to-\infty$ von unten.

Für $x\to\infty$ wird das Restglied ebenfalls verschwindend klein, bleibt aber positiv. Der Graph von f nähert sich der Asymptote für $x\to\infty$ von oben.

$\lim\limits_{x\to\infty}R(x)=\lim\limits_{x\to\infty}\frac{4}{x-2}=0^+$

▶ $G(f_3)$ nähert sich $G(y_a)$ für $x\to\infty$ von oben.

d) Die Funktion $f_4(x) = \frac{x^3 - 1}{x}$; $x \in \mathbb{R} \setminus \{0\}$ hat an der Stelle $x = 0$ einen **Pol mit VZW**, da $f_4(x)$ links von 0 nur positive und unmittelbar rechts davon negative Werte annimmt.

Der Graph von f_4 nähert sich für $x \to -\infty$ und für $x \to \infty$ immer mehr dem Graphen der Funktion $y_A(x) = x^2$. Da dieser Graph keine Gerade ist, nennt man ihn **asymptotische Linie** des Graphen von f_4.

▶ $f_4(x) > 0$ für $x \in (-\infty; 0)$
▶ $f_4(x) < 0$ für $x \in (0; 1)$

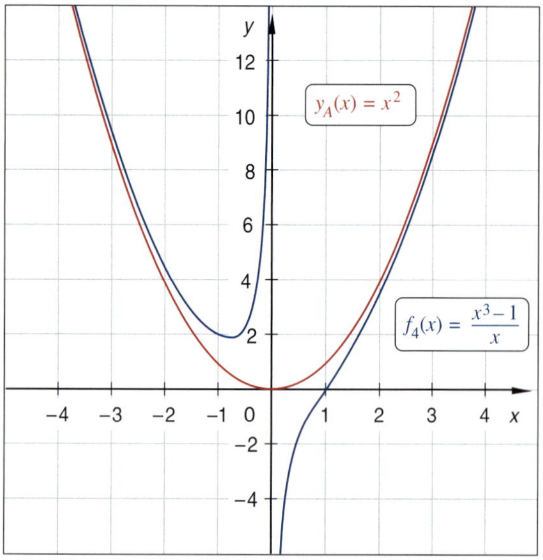

$\text{l-}\lim\limits_{x \to 0} \frac{x^3 - 1}{x} = \infty$ und $\text{r-}\lim\limits_{x \to 0} \frac{x^3 - 1}{x} = -\infty$

$\Rightarrow f_4$ hat an der Stelle 0 einen **Pol mit VZW**.

$\text{l-}\lim\limits_{x \to -\infty} \frac{x^3 - 1}{x} = \infty$ und $\text{r-}\lim\limits_{x \to \infty} \frac{x^3 - 1}{x} = \infty$

$\Rightarrow f_4(x)$ wächst für $x \to -\infty$ und für $x \to \infty$ über alle Grenzen.

Der Funktionsterm von $f_4(x)$ lässt sich in die Summanden $y_A(x) = x^2$ und $R(x) = -\frac{1}{x}$ zerlegen.

$$f_4(x) = \frac{x^3 - 1}{x} = \frac{x^3}{x} + \frac{-1}{x} = x^2 - \frac{1}{x}$$

Für $x \to -\infty$ wird das Restglied verschwindend klein, bleibt aber positiv. Der Graph von f_4 nähert sich dem Graphen der asymptotischen Linie $G(y_A)$ für $x \to -\infty$ von oben.

$\lim\limits_{x \to -\infty} R(x) = \lim\limits_{x \to -\infty} \frac{-1}{x} = 0^+$

▶ $G(f_4)$ nähert sich $G(y_A)$ für $x \to -\infty$ von oben.

Für $x \to \infty$ wird das Restglied betragsmäßig ebenfalls verschwindend klein, bleibt aber negativ. Der Graph von f_4 nähert sich dem Graphen der asymptotischen Linie $G(y_A)$ für $x \to \infty$ von unten.

$\lim\limits_{x \to \infty} R(x) = \lim\limits_{x \to \infty} \frac{-1}{x} = 0^-$

▶ $G(f_4)$ nähert sich $G(y_A)$ für $x \to \infty$ von unten.

- Eine Funktion vom Typ $f(x) = \frac{a_m x^m + a_{m-1} x^{m-1} + ... + a_2 x^2 + a_1 x + a_0}{b_n x^n + b_{n-1} x^{n-1} + ... + b_2 x^2 + b_1 x + b_0}$;
$D(f) = \mathbb{R} \setminus \{\text{Nullstellen der Nennerpolynomfunktion}\}$ mit reellen Zahlen für $a_1, ..., a_n$, $b_1, ..., b_m$; $m, n \in \mathbb{N} \setminus \{0\}$; $a_m \neq 0, b_n \neq 0$ heißt **gebrochen-rationale Funktion** mit dem **Zählergrad** m und dem **Nennergrad** n.
- Eine gebrochen-rationale Funktion ist an den Stellen **nicht definiert**, an denen ihr Nennerterm den Wert 0 annimmt. Dort besitzt sie **Definitionslücken**.
- Ist der **Zählergrad** einer gebrochen-rationalen Funktion f kleiner als ihr **Nennergrad**, so ist f eine **echt gebrochen-rationale Funktion**.
Die **Asymptote** des Graphen einer echt gebrochen-rationalen Funktion f ist für $x \to -\infty$ und für $x \to \infty$ die x-Achse.
- Ist der Zählergrad von f nicht kleiner als ihr Nennergrad, so ist f eine **unecht gebrochen-rationale Funktion**. Durch Polynomdivision wird der Term einer gebrochen-rationalen Funktion in die Summe aus einem ganz- und einem echt gebrochen-rationalen Term verwandelt. Der **ganzrationale Term** entspricht dem Funktionsterm $y_A(x)$ der **Asymptote** bzw. **asymptotischen Linie** des Graphen von f, der **gebrochen-rationale Term** ist das **Restglied** $R(x)$ von f.
- Wird für $x \to -\infty$ das **Restglied positiv** $(R(x) > 0)$, so nähert sich der Graph von f seiner Asymptote bzw. asymptotischen Linie von **oben**; wird für $x \to -\infty$ das **Restglied negativ** $(R(x) < 0)$, so nähert sich der Graph von f seiner Asymptote bzw. asymptotischen Linie von **unten**. Eine entsprechende Aussage gilt auch für $x \to \infty$.

Nullstellenbestimmung

Die Nullstellen einer gebrochen-rationalen Funktion $f(x) = \frac{p_m(x)}{q_n(x)}$ sind die Nullstellen der durch den Zählerterm $p_m(x)$ definierten Polynomfunktion p_m im Definitionsbereich von f.

Beispiel 2.42 b

Bestimmen Sie die Nullstellen folgender gebrochen-rationaler Funktionen.

- $f_1(x) = \frac{x+1}{(x-2)^2}; x \in \mathbb{R} \setminus \{2\}$

$f_1(x) = 0 \Leftrightarrow x + 1 = 0$

$\Leftrightarrow x = -1$ ► $(-1 \in \mathbb{R} \setminus \{2\}$

Lösung: $x_0 = -1$

- $f_3(x) = \frac{x^2 + x - 2}{x - 2}; x \in \mathbb{R} \setminus \{2\}$

$f_3(x) = 0 \Leftrightarrow x^2 + x - 2 = 0$

$\Leftrightarrow (x + 0{,}5)^2 = 2{,}25$

$\Leftrightarrow |x + 0{,}5| = 1{,}5$

$\Leftrightarrow x = -2$ oder $x = 1$

► $-2 \in \mathbb{R} \setminus \{2\}$ und $1 \in \mathbb{R} \setminus \{2\}$

Lösung: $x_{01} = -2$ und $x_{02} = 1$

- $f_2(x) = \frac{2x - 1}{x + 1}; x \in \mathbb{R} \setminus \{-1\}$

$f_2(x) = 0 \Leftrightarrow 2x - 1 = 0$

$\Leftrightarrow x = 0{,}5$ ► $0{,}5 \in \mathbb{R} \setminus \{-1\}$

Lösung: $x_0 = 0{,}5$

- $f_4(x) = \frac{x^3 - 1}{x}; x \in \mathbb{R} \setminus \{0\}$

$f_4(x) = 0 \Leftrightarrow x^3 - 1 = 0$

$\Leftrightarrow x^3 = 1$

$\Leftrightarrow x = 1$ ► $1 \in \mathbb{R} \setminus \{0\}$

Lösung: $x_0 = 1$

Eine gebrochen-rationale Funktion kann neben Polstellen noch weitere Arten von Definitionslücken haben.

Beispiel 2.43 (behebare Definitionslücke)

Der Graph der Funktion $f(x)=\frac{2x-2}{x^2-x}$; $x\in\mathbb{R}\setminus\{0;1\}$ hat an der Stelle 0 eine Polstelle, nicht aber an der Stelle 1.

In unmittelbarer Nähe der Stelle 1 nähern sich die Funktionswerte von beiden Seiten dem Wert 2 beliebig genau, wie man dem gekürzten Funktionsterm unmittelbar entnehmen kann.

Zum „Durchzeichnen" des Graphen von f an dieser Stelle fehlt ein einziger Punkt.

Die Polstelle 1 lässt sich „herauskürzen":

$$f(x)=\frac{2x-2}{x^2-x}=\frac{2(x-1)}{x(x-1)}=\frac{2}{x};x\in\mathbb{R}\setminus\{0;1\}$$

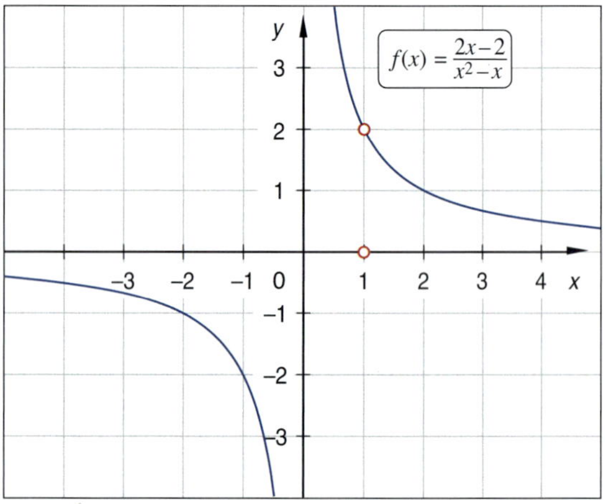

Eine solche Stelle, an der die Nenner- und die Zählerpolynomfunktion einer gebrochen-rationalen Funktion eine gemeinsame Nullstelle mit gleicher Vielfachheit besitzen, heißt **behebbare Definitionslücke** dieser gebrochen-rationalen Funktion, weil man eine solche Definitionslücke nachträglich beheben könnte.

Im obigen Beispiel haben sowohl die Zähler- als auch die Nennerpolynomfunktion von f an der Stelle 1 eine einfache Nullstelle; somit hat f dort eine **behebbare Definitionslücke**.

Im Definitionsbereich von f gilt $f(x)=\frac{2}{x}$, weil man wegen $x-1\neq 0$ den gegebenen Bruchterm durch $(x-1)$ kürzen darf. Der Term $\frac{2}{x}$ ist auch Term der Funktion $f^*(x)=\frac{2}{x};x\in\mathbb{R}\setminus\{0\}$, die in $\mathbb{R}\setminus\{0;1\}$ mit der Funktion f übereinstimmt, aber zusätzlich noch an der Stelle 1 erklärt ist.

Die Funktion f^* setzt die Funktion f an der Stelle 1 gewissermaßen fort oder ergänzt sie dort. Sie heißt daher auch **Ergänzungsfunktion** von f zur Stelle 1.

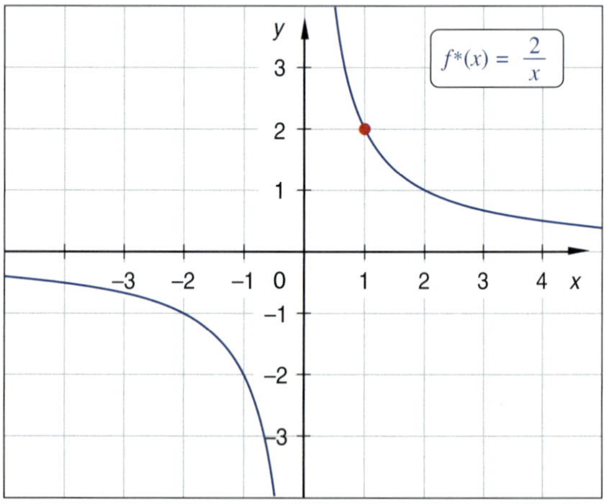

$$f^*(x)=\begin{cases} f(x) & \text{für } x\in\mathbb{R}\setminus\{0;1\} \\ 2 & \text{für } x=1 \end{cases}$$

► f^* ist Ergänzungsfunktion von f zur Stelle 1.

Zusammenfassend gilt:

- Eine gebrochen-rationale Funktion vom Typ $f(x)=\frac{p_m(x)}{q_n(x)}$ hat an einer Stelle ihres Definitionsbereichs eine **Nullstelle**, wenn dort ihre Zählerpolynomfunktion p_m eine Nullstelle hat.
- Eine Stelle, an der die Nenner- und die Zählerpolynomfunktion einer gebrochen-rationalen Funktion eine Nullstelle besitzen, wobei die Vielfachheit der Nullstelle der Nennerpolynomfunktion kleiner oder gleich der Vielfachheit derselben Nullstelle der Zählerpolynomfunktion ist, heißt **behebbare Definitionslücke** dieser gebrochen-rationalen Funktion.
- Eine Funktion f^*, die in einer Umgebung einer behebbaren Definitionslücke einer gebrochen-rationalen Funktion f mit f übereinstimmt und zusätzlich an dieser Definitionslücke von f definiert ist, heißt **Ergänzungsfunktion** von f zu dieser Stelle.

2

Beispiel 2.44

Bestimmen Sie die Nullstellen und die Art der Definitionslücke der Funktion $f(x)=\frac{x^2+3x+2}{x+2}$; $x\in\mathbb{R}\setminus\{-2\}$.

Die Funktion $f(x)=\frac{x^2+3x+2}{x+2}$; $x\in\mathbb{R}\setminus\{-2\}$ besitzt nur die Nullstelle $x_0=-1$. Die zweite Lösung -2 des Terms im Zähler ist kein Element des Definitionsbereichs von f und daher auch keine Nullstelle von f.

$f(x)=0 \Leftrightarrow \frac{x^2+3x+2}{x+2}=0$ ► $p_2(x)=x^2+3x+2$

$\Rightarrow x^2+3x+2=0$

$\Leftrightarrow x=-1$ oder $x=-2$

► $-1\in\mathbb{R}\setminus\{-2\}$ und $-2\notin\mathbb{R}\setminus\{-2\}$

Lösung: $\mathbf{x_0=-1}$ ► Nullstelle

An der Stelle -2 hat die Funktion f eine **behebbare Definitionslücke**.

Wegen $x^2+3x+2=(x+1)\cdot(x+2)$ lässt sich nämlich der Funktionsterm auch nennerfrei schreiben.

$$f(x)=\frac{x^2+3x+2}{x+2}=\frac{(x+1)\cdot(x+2)}{x+2}$$
$$=x+1; x\in\mathbb{R}\setminus\{-2\}$$

Die Funktion $f^*(x)=x+1; x\in\mathbb{R}$ ist eine Ergänzungsfunktion von f zur Stelle -2 mit dem Funktionswert $f^*(-2)=-1$.

$$f^*(x)=\begin{cases} f(x) & \text{für } x\in\mathbb{R}\setminus\{-2\} \\ -1 & \text{für } x=-2 \end{cases}$$

2.4.1 Exemplarische Untersuchung einer gebrochen-rationalen Funktion

Im Folgenden wird unter Anwendung der bisher bekannten Verfahren eine gebrochen-rationale Funktion untersucht. Dabei können eventuell vorhandene Extrem- und Wendepunkte nur qualitativ, nicht aber quantitativ bestimmt werden.

Das Steigungs- und Krümmungsverhalten des Funktionsgraphen wird ebenfalls qualitativ festgestellt und der Graph mit den gewonnenen Ergebnissen skizziert.

Beispiel 2.45

Zu untersuchen ist die gebrochen-rationale Funktion $f(x)=\frac{x^2-4}{x}$.

Definitionsbereich (Definitionslücken)

Da der Nennerterm im Funktionsterm von f nur dann 0 ist, wenn x den Wert 0 annimmt, ist f für alle reellen Zahlen außer für 0 definiert.
$\Rightarrow D(f)=\mathbb{R}^*=\mathbb{R}\setminus\{0\}$

▶ Nennerterm x
$x=0$
Lösung: $\mathbf{x_0=0}$.

An der Stelle $x_0=0$ besitzt f eine **Definitionslücke**.

Verhalten in der Nähe der Definitionslücke

Um festzustellen, wie $G(f)$ in der Nähe der Stelle $x_0=0$ verläuft, werden der links- und der rechtsseitige Limes an dieser Stelle unter Beachtung der Zähler- und Nennervorzeichen an dieser Stelle untersucht.

$f(x)=\frac{x^2-4}{x}$ ▶ $x^2-4<0$ für $x\in(-2;2)$

$\underset{x\to 0}{\text{l-lim}}\frac{x^2-4}{x}=\infty$ und $\underset{x\to 0}{\text{r-lim}}\frac{x^2-4}{x}=-\infty$

$\Rightarrow f$ hat an der Stelle 0 einen **Pol mit VZW**.

f hat an der Stelle 0 einen **Pol mit VZW**.

Verhalten für $x\to-\infty$ bzw. $x\to\infty$ und Asymptoten

Bei der Funktion f handelt es sich um eine unecht gebrochen-rationale Funktion, deren Zählergrad um 1 größer ist als ihr Nennergrad.

$\lim\limits_{x\to-\infty}\frac{x^2-4}{x}=-\infty$ und $\lim\limits_{x\to\infty}\frac{x^2-4}{x}=\infty$

$\Rightarrow G(f)$ fällt für $x\to-\infty$ unter alle Grenzen und steigt für $x\to\infty$ über alle Grenzen.

Der Funktionsterm $f(x)$ wird in einen ganzrationalen und einen echt-gebrochen rationalen Term zerlegt. Aufgrund des um 1 größeren Zählergrads schmiegt sich $G(f)$ an eine schräge Asymptote mit dem ganzrationalen Term $y_A(x)=x$ an.

$f(x)=\frac{x^2-4}{x}=x+\frac{-4}{x}$
$\uparrow$ $y_A(x)$, $\uparrow$ $R(x)$

▶ $G(y_A)$ ist eine schräge Asymptote.

Am Restglied $R(x)$ erkennt man, von welcher Seite sich $G(f)$ der schrägen Asymptote nähert.

Für $x\to-\infty$ wird das Restglied verschwindend klein, bleibt aber positiv. Der Graph von f nähert sich dem Graphen der Asymptote y_A von oben für $x\to-\infty$.

$\lim\limits_{x\to-\infty}R(x)=\lim\limits_{x\to-\infty}\frac{-4}{x}=0^+$

Für $x\to\infty$ wird das Restglied auch verschwindend klein, bleibt aber negativ. Der Graph von f nähert sich dem Graphen der Asymptote $G(y_A)$ von unten für $x\to\infty$.

$\lim\limits_{x\to\infty}R(x)=\lim\limits_{x\to\infty}\frac{-4}{x}=0^-$

Symmetrieeigenschaften

f ist eine ungerade Funktion, d. h., $G(f)$ ist **punktsymmetrisch** zum Koordinatenursprung.

Es gilt für alle $x\in D(f)$:
$-f(-x)=-\frac{(-x)^2-4}{-x}=\frac{x^2-4}{x}=f(x)$.

Achsenschnittpunkte:

Die Nullstellen von f erhält man als Lösungen der Gleichung $f(x) = 0$.
Wegen $D(f) = \mathbb{R}\backslash\{0\}$ existiert kein Schnittpunkt von $G(f)$ mit der y-Achse.

$f(x) = 0 \Leftrightarrow x^2 - 4 = 0$

$\Leftrightarrow x = -2$ oder $x = 2$

Lösung:

$\boldsymbol{x_{01} = -2}$ und $\boldsymbol{x_{02} = 2}$ ▶ Nullstellen von f

$P_1\langle -2|0\rangle, P_2\langle 2|0\rangle$ ▶ Schnittpunkte mit der x-Achse

Qualitative Beschreibung des Graphen in Bezug auf Extrem- und Wendepunkte, Monotonie- und Krümmungsverhalten

Da f sowohl in $\mathbb{R}^{<0}$ als auch in $\mathbb{R}^{>0}$ streng monoton steigend ist, besitzt der Graph von f $[G(f)]$ keine Extrempunkte. ▶ Übungsaufgabe 8

Da sich andererseits $G(f)$ für $x \to -\infty$ von oben an den Graphen der „schrägen Asymptote" $G(y_A)$ und am Pol von links an den positiven Teil der Polasymptote immer mehr anschmiegt, ist $G(f)$ für alle $x < 0$ in der Tendenz von links nach rechts hin linksgekrümmt.

Da sich $G(f)$ von rechts an den negativen Teil der Polasymptote und für $x \to \infty$ von unten an $G(y_A)$ immer mehr anschmiegt, ist $G(f)$ für alle $x > 0$ in der Tendenz von links nach rechts hin rechtsgekrümmt.

Eine qualitative Aussage über Wendepunkte von $G(f)$ lässt sich an dieser Stelle nicht machen.

Anmerkung
Man kann vermuten: An einem Pol mit VZW ändert sich das Krümmungs-, aber nicht das Steigungsverhalten des Graphen von f. Diese Vermutung lässt sich mit den Mitteln der Differentialrechnung bestätigen.

Graph der Funktion

Die berechneten Schnittpunkte mit der x-Achse sowie $G(y_A)$ und die Polasymptote werden in ein Koordinatensystem eingetragen. Der Graph wird unter Berücksichtigung der qualitativen Verlaufsbeschreibung skizziert.

$\left.\begin{matrix} P_{01}\langle -2\,|\,0\rangle \\ P_{02}\langle 2\,|\,0\rangle \end{matrix}\right\}$ Schnittpunkte mit der x-Achse

$y_A(x) = x$ ▶ schräge Asymptote

Polstelle $x = 0$ ▶ Polstelle mit VZW

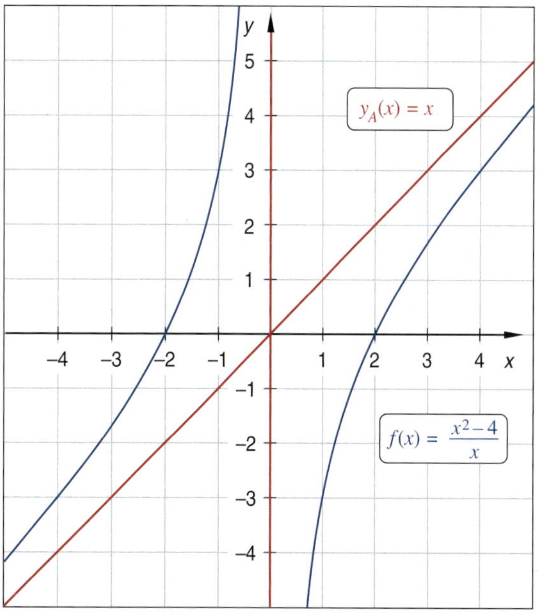

2.4.2 Volkswirtschaftliche Anwendungen

Beispiel 2.46 (Minimalkostenkombination)

In einem landwirtschaftlichen Versuchsbetrieb werden Untersuchungen über die kostengünstigste Kombination des Produktionsfaktors Arbeit (1 Arbeitsstunde kostet 24 €) mit dem Produktionsfaktor Kapital – hier in Form von Dünger (1 Sack Spezialdünger kostet 16 €) – gemacht, um Getreide zu produzieren.

Auf Anbauflächen gleicher Größe und Bodenqualität wird jeweils die gleiche Menge Saatgut verwendet; lediglich die Bearbeitungsintensität – gemessen an der Arbeitsstundenzahl (Einsatzfaktor y) – sowie der Düngereinsatz – gemessen an der Anzahl „Sack Dünger" (Einsatzfaktor x) – werden variiert. Das Ergebnis der Versuche ist in nebenstehender Tabelle festgehalten.

y/x	3	4	5	6	7	8
8	320	472	552	636	709	779
7	286	450	**494**	568	636	697
6	249	**350**	427	**494**	552	604
5	204	286	**350**	410	452	**494**
4	145	204	249	286	320	**350**

► $\langle 4|6\rangle, \langle 5|5\rangle, \langle 8|4\rangle$ erzeugen 350 kg
► $\langle 5|7\rangle, \langle 6|6\rangle, \langle 8|5\rangle$ erzeugen 494 kg

Die Tabelle zeigt, dass es mehrere Mengenkombinationen der Faktoren Arbeit und Dünger gibt, um einen ganz bestimmten Ertrag (bezogen auf die Mengeneinheit kg) zu erzielen.

So lassen sich 350 kg Getreide mit den Mengenkombinationen $\langle 4|6\rangle, \langle 5|5\rangle$ und $\langle 8|4\rangle$ erzeugen. Um einen Ertrag von 494 kg zu erzielen, können folgende Faktorkombinationen gewählt werden: $\langle 5|7\rangle, \langle 6|6\rangle$ und $\langle 8|5\rangle$.

Dünger und Arbeit können sich also in gewissen Grenzen gegenseitig ersetzen (substituieren).

Die Faktormengenkombinationen zur Erzielung von 350 kg Getreide können als Punkte in ein Koordinatensystem eingetragen werden, indem die Düngermenge auf der x-Achse und die zugehörige Arbeitsstundenzahl auf der y-Achse abgetragen werden.

Stellt man sich vor, dass sowohl die Düngermenge als auch die Arbeitszeit beliebig fein dosiert werden können, so lassen sich zwischen den Punkten P_1, P_2 und P_3, aber auch darüber hinausgehend, weitere Punkte einzeichnen, die mögliche Faktormengenkombinationen darstellen und alle diese Punkte zu einer zusammenhängenden Kurve verbinden.

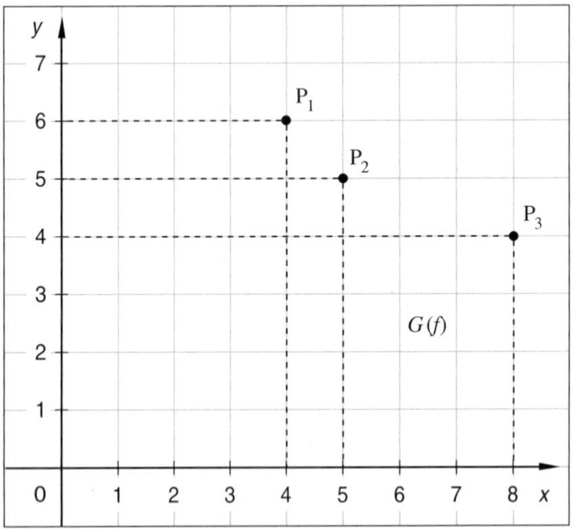

► Eine Senkung des Faktors Arbeit um 2 Stunden von 6 auf 4 muss durch den Mehreinsatz des Faktors Dünger um 4 ME substituiert werden.

Hierbei ist zu beachten, dass die Punkte nicht auf einer Geraden liegen können, weil bei fortgesetztem Ersatz bestimmter Mengen des Faktors Arbeit progressiv steigende Mengen des Faktors Dünger benötigt werden. Somit ist die Kurve linksgekrümmt und ständig fallend.

Die Kurve enthält als Punkte alle – denkbaren – Mengenkombinationen der Faktoren Dünger und Arbeit, mit denen ein Ertrag von 350 kg erzeugt werden kann; eine solche Kurve bezeichnet man in der Volkswirtschaftslehre als **Isoquante** (▶ griech. Vorsilbe: iso = dt.: gleich).

Da auf ihr der Punkt $\langle 0|0 \rangle$ nicht liegen kann, weil ohne den Einsatz beider Faktoren kein Ertrag erzielt wird, gilt: $x > 0, y > 0$. Es darf angenommen werden, dass bei festgelegtem Ertrag die benötigte Menge des Faktors y von dem Einsatz des Faktors x funktional abhängig ist.

Diese Abhängigkeit wird durch eine gebrochen-rationale Funktion I mit einer Funktionsgleichung vom Typ $y = \frac{k}{x-a} + b$ und reellen Zahlen für a, b und k dargestellt.

Um die Werte für die drei Variablen a, b und k **eindeutig** bestimmen zu können, benötigt man drei Gleichungen in den Variablen a, b und k.
▶ Abschnitt 2.2, Beispiel 2.24 b

Diese können aus den Koordinaten der Punkte P_1, P_2 und P_3 leicht gewonnen werden.

$$y(4) = 6 \Leftrightarrow \frac{k}{4-a} + b = 6$$
$$\Leftrightarrow k + (4-a) \cdot b = 6 \cdot (4-a) \quad \text{(I)}$$
$$y(5) = 5 \Leftrightarrow \frac{k}{5-a} + b = 5$$
$$\Leftrightarrow k + (5-a) \cdot b = 5 \cdot (5-a) \quad \text{(II)}$$
$$y(8) = 4 \Leftrightarrow \frac{k}{8-a} + b = 4$$
$$\Leftrightarrow k + (8-a) \cdot b = 4 \cdot (8-a) \quad \text{(III)}$$

Zur Lösung dieses Gleichungssystems kann man sich des **Additionsverfahrens** bedienen.
▶ Abschnitt 2.3

Gleichungssystem
$k + 4b - ab = 24 - 6a$
$k + 5b - ab = 25 - 5a$
$k + 8b - ab = 32 - 4a$

Hier werden am einfachsten k und ab eliminiert, wobei man zweckmäßigerweise das (-1)-fache der 1. Gleichung zur 2. und 3. Gleichung addiert. Die 1. Gleichung wird beibehalten.

$$\begin{array}{ll} \text{I.} & k + 4b - ab = 24 - 6a \quad |\cdot(-1) \\ & k + 5b - ab = 25 - 5a \quad \leftarrow + \\ & k + 8b - ab = 32 - 4a \quad \leftarrow + \end{array}$$

Beim neu entstandenen Gleichungssystem II wird das (-2)-fache der 2. Gleichung zur 3. Gleichung addiert, um hier a zu eliminieren. Die 1. und 2. Gleichung werden jeweils beibehalten.

$$\begin{array}{lll} \text{II.} & k + 4b - ab & = 24 - 6a \\ & b & = 1 + a \quad |\cdot(-2) \\ & 4b & = 8 + 2a \quad \leftarrow + \end{array}$$

Nun lassen sich nacheinander die Variablen b, a und k leicht berechnen.

$$\begin{array}{lll} \text{III.} & k + 4b - ab & = 24 - 6a \\ & b & = 1 + a \\ & 2b & = 6 \quad \Rightarrow \boldsymbol{b = 3} \\ & 3 & = 1 + a \end{array}$$
▶ 3 für b in Zeile 2 von III
$$2 = a \quad \Rightarrow \boldsymbol{a = 2}$$

$$k + 4 \cdot 3 - 2 \cdot 3 = 24 - 6 \cdot 2$$
▶ 2 für a und 3 für b in Zeile 1 von III $\Rightarrow$ $\boldsymbol{k = 6}$

$$\Rightarrow y = \frac{6}{x-2} + 3$$

Die Richtigkeit der erhaltenen Werte für a, b und k bestätigt man durch eine Probe (im Kopf!) in allen Ausgangsgleichungen.

Probe z. B. in II: $6 + 15 - 6 = 25 - 10$
$\Leftrightarrow 15 = 15$ ▶ wahre Aussage

Die Funktion I hat somit die Funktionsgleichung $y = \frac{6}{x-2} + 3$.

Der Graph der Funktion I ist eine Hyperbel. Weil aus ökonomischer Sicht sowohl $x > 0$ als auch $y > 0$ gelten muss, besitzt die Funktion I den Definitionsbereich $D(I) = \mathbb{R}^{>2}$.

▶ Übungsaufgabe 10

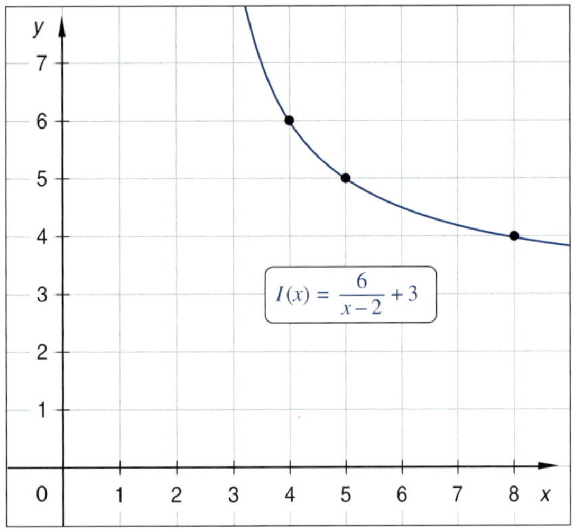

Die bisherigen Überlegungen haben ergeben, dass viele Mengenkombinationen der Einsatzfaktoren den gleichen Ertrag erzielen können, die **entscheidende ökonomische Frage** ist jedoch, ob alle Kombinationen die gleichen Kosten verursachen oder ob es eine kostengünstigste Faktormengenkombination gibt.

Die nebenstehenden Rechnungen zeigen, dass verschiedene Faktormengenkombinationen unterschiedlich hohe Kosten verursachen.

Zur Beantwortung der Frage nach der kostengünstigsten Kombination muss untersucht werden, welche Faktormengenkombinationen mit vorgegebenen Kosten realisierbar sind.

▶ 1 Sack Spezialdünger kostet 16,– €,
1 Arbeitsstunde 24,– €.

Die Kombination $\langle 4|6 \rangle$ verursacht Kosten in Höhe von 208,– €. ▶ $4 \cdot 16 + 6 \cdot 24 = 208$

Die Kombination $\langle 5|5 \rangle$ verursacht Kosten in Höhe von 200,– €. ▶ $5 \cdot 16 + 5 \cdot 24 = 200$

Die Kombination $\langle 8|4 \rangle$ verursacht Kosten in Höhe von 224,– €. ▶ $8 \cdot 16 + 4 \cdot 24 = 224$

Bezeichnet man den Kostenfaktor für x mit p_x, den Kostenfaktor für y mit p_y und den zur Verfügung stehenden Betrag für die Kosten mit K, so gilt die Gleichung $y = -\frac{p_x}{p_y} \cdot x + \frac{K}{p_y}$.

$$K = p_x \cdot x + p_y \cdot y \quad |-p_x \cdot x$$
$$\Rightarrow p_y \cdot y = -p_x \cdot x + K \quad |:p_y$$
$$\Rightarrow \quad y = \frac{-p_x \cdot x + K}{p_y}$$
$$\Rightarrow \quad y = -\frac{p_x}{p_y} \cdot x + \frac{K}{p_y}$$

Es zeigt sich, dass unter dem Aspekt der ökonomischen Realisierbarkeit die Einsatzfaktoren x und y zueinander in linear funktionaler Abhängigkeit stehen, d. h., alle Faktormengenkombinationen, die mit dem Betrag für K genau realisiert werden können, liegen auf der Geraden mit der oben hergeleiteten Funktionsgleichung. Geraden dieser Art werden in der Volkswirtschaftslehre als **Isokostenkurven** bezeichnet.

Um im konkreten Fall zu prüfen, ob ein bestimmter Ertrag mit einer vorgegebenen Kostensumme (hier z. B. 216 €) erzielt werden kann, wird zunächst der Funktionsterm einer der Kostensumme entsprechenden **Isokostenfunktion** I_K bestimmt.

$$I(x) = \frac{6}{x-2} + 3 \quad ▶ K = 216; p_x = 16; p_y = 24$$
$$I_K(x) = -\frac{16}{24}x + \frac{216}{24}; x > 0$$
$$▶ \; y = -\frac{p_x}{p_y} \cdot x + \frac{K}{p_y}$$
$$= -\frac{2}{3}x + 9$$

Die zugehörige Isokostenkurve und die Isoquante werden in ein Koordinatensystem eingezeichnet.

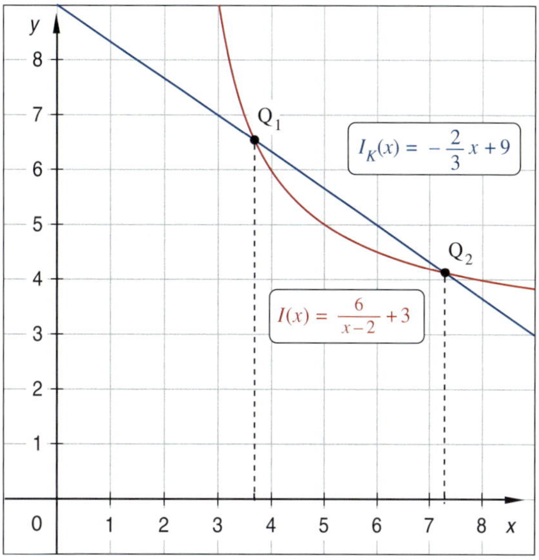

Um die Mengenkombinationen der Einsatzfaktoren zu berechnen, mit denen 350 kg Ertrag bei **exakt** 216 € Kosten erzielt wird, müssen die Schnittpunkte der beiden Graphen berechnet werden. Dazu setzt man die Funktionsterme gleich und bestimmt die Lösung der entstandenen Gleichung für x.

$I(x) = I_K(x) \Leftrightarrow \frac{6}{x-2} + 3 = -\frac{2}{3}x + 9$ ▶ $x > 2$ und $x > 0 \Rightarrow x > 2$

$\Leftrightarrow \quad \frac{6}{x-2} = -\frac{2}{3}x + 6 \quad |\cdot(x-2)\cdot 3$

$\Leftrightarrow \quad 18 = (-2x + 18)\cdot(x-2)$

$\Leftrightarrow \quad 18 = -2x^2 + 22x - 36$

$\Leftrightarrow 2x^2 - 22x = -54$

$\Leftrightarrow \quad x^2 - 11x = -27$ ▶ quadratische Ergänzung

$\Leftrightarrow (x - 5{,}5)^2 = -27 + 30{,}25$

$\Leftrightarrow \quad |x - 5{,}5| = \sqrt{3{,}25}$

$\Leftrightarrow x \approx 3{,}7$ oder $x \approx 7{,}3$

Lösung: $x_1 = 3{,}7$ und $x_2 = 7{,}3$ ▶ Faktoreinsatz „Dünger“

Die zur jeweiligen Faktoreinsatzmenge Dünger gehörende Faktoreinsatzmenge Arbeit wird anhand einer der beiden Funktionen berechnet.

$I(3{,}7) \approx 6{,}53$
$I(7{,}3) \approx 4{,}13$ ▶ Faktoreinsatz „Arbeit“

Die beiden Schnittpunkte $Q_1\langle 3{,}7 \,|\, 6{,}53\rangle$ und $Q_2\langle 7{,}3 \,|\, 4{,}13\rangle$ der Isoquante mit der Isokostenkurve geben die Mengenkombinationen der Einsatzfaktoren an, mit denen ein Ertrag von 350 kg bei Kosten von **genau** 216 € erzielt wird.

Alle Kombinationen auf der Isoquante zwischen Q_1 und Q_2 können mit **geringeren** Kosten erreicht werden.

Bei einer vorgegebenen Kostensumme von 200 € hat die zugehörige Isokostenfunktion I_K die Funktionsgleichung $I_K(x) = -\frac{2}{3}x + \frac{25}{3}$.

$I(x) = \frac{6}{x-2} + 3$ ▶ $K = 200; p_x = 16; p_y = 24$

$I_K(x) = -\frac{16}{24}x + \frac{200}{24}$ ▶ $y = -\frac{p_x}{p_y}\cdot x + \frac{K}{p_y}$

$= -\frac{2}{3}x + \frac{25}{3}$

Die zugehörige Isokostenkurve und die Isoquante werden in ein Koordinatensystem eingezeichnet.

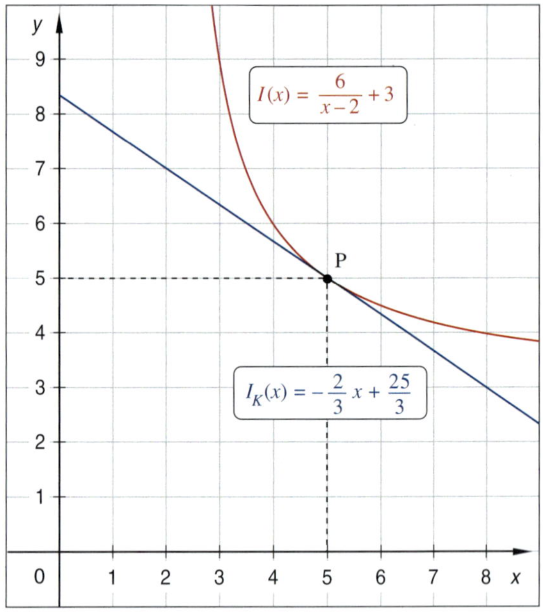

Zur Schnittpunktberechnung der Isoquante mit dieser Isokostenfunktion setzt man wieder die Funktionsterme beider Funktionen gleich und bestimmt die Lösung der entstandenen Gleichung für x.

$I(x) = I_K(x) \Leftrightarrow \frac{6}{x-2} + 3 = -\frac{2}{3}x + \frac{25}{3}$ ▶ $x > 2$ und $x > 0 \Rightarrow x > 2$

$\Leftrightarrow \frac{6}{x-2} = -\frac{2}{3}x + \frac{16}{3} \quad |\cdot(x-2)\cdot 3$

$\Leftrightarrow \quad 18 = (-2x + 16)\cdot(x-2)$

$\Leftrightarrow \quad 18 = -2x^2 + 20x - 32$

$\Leftrightarrow 2x^2 - 20x = -50$

$\Leftrightarrow \quad x^2 - 10x = -25$ ▶ quadratische Ergänzung

$\Leftrightarrow \quad (x-5)^2 = -25 + 25$

$\Leftrightarrow \quad |x-5| = 0$

$\Leftrightarrow \quad x = 5$

Lösung: $x_3 = 5$ ▶ Faktoreinsatz „Dünger"
$I(5) = 5$ ▶ Faktoreinsatz „Arbeit"

Die Isoquante und die Isokostenkurve haben in diesem Fall nur den Punkt P⟨5|5⟩ gemeinsam. Er stellt die einzige Faktormengenkombination dar, die mit 200 € für K realisiert werden kann.
Bei geringeren Beträgen für K hätten die Kurven keinen gemeinsamen Punkt mehr. Daher stellt die Faktormengenkombination mit den geringsten Kosten die sog. **Minimalkostenkombination** dar.

Die Ergebnistabelle des Versuchsbetriebes zeigt jedoch auch, dass mit mehreren Faktormengenkombinationen ein höherer Ertrag erzielt werden kann, z. B. mit ⟨5 | 7⟩, ⟨6 | 6⟩ und ⟨8 | 5⟩ ein Ertrag von 494 kg.
Die sich aus diesen Zahlen ergebende Isoquante liegt im Koordinatensystem weiter vom Ursprung entfernt als die 350-kg-Isoquante und bildet mit dieser eine sog. **Isoquantenschar**.

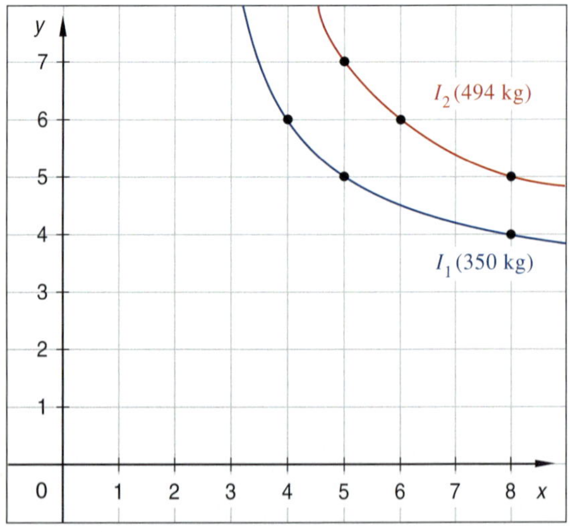

Übungen zu 2.4

Allgemeine Übungen

1 Bestimmen Sie das Symmetrieverhalten der Graphen folgender Funktionen in ihrem maximalen Definitionsbereich. Welche Funktionen sind gerade, welche ungerade und welche Funktionen sind weder gerade noch ungerade?

a) $f(x)=\frac{x^2-1}{3x}$ b) $f(x)=\frac{2x^2-10}{x^2+6}$

c) $f(x)=\frac{x^2-7x}{x^2-4}$ d) $f(x)=\frac{2x^2-8x-10}{x^2+1}$

e) $f(x)=\frac{x^3}{x^2-1}$ f) $f(x)=\frac{2x^3-16x}{5x}$

2 Ermitteln Sie jeweils zunächst den maximalen Definitionsbereich der folgenden Funktionen und bestimmen Sie sowohl die Art der Definitionslücken als auch die Art ihrer Asymptoten (asymptotischen Linien). Von welcher Seite nähern sich die einzelnen Graphen ihren Asymptoten (asymptotischen Linien)?

a) $f(x)=\frac{-1}{x-2}$ b) $f(x)=\frac{x-1}{x+1}$

c) $f(x)=\frac{x-3}{x^2-4}$ d) $f(x)=\frac{x^2-x-2}{x+2}$

e) $f(x)=\frac{x^3}{x+1}$ f) $f(x)=\frac{2x^2-4x}{x^2-1}$

g) $f(x)=\frac{x+1}{x^3-3x^2+2x}$ h) $f(x)=\frac{x^3-4x}{x^2-1}$

i) $f(x)=\frac{x^4}{x^3-5x^2+2x+8}$

3 Die **Vorzeichenfunktion** oder **Signumfunktion** sgn ist für $x\in\mathbb{R}$ wie folgt erklärt;

$$\operatorname{sgn}(x)=\begin{cases}1 & \text{für } x>0\\ 0 & \text{für } x=0\\ -1 & \text{für } x<0\end{cases}$$

a) Zeichnen Sie den Graphen der Signumfunktion.

b) Ermitteln Sie den linksseitigen und den rechtsseitigen Grenzwert der Signumfunktion an der Stelle 0.

c) Welchen Grenzwert besitzt die Signumfunktion an der Stelle 0?

4 Untersuchen Sie folgende Funktionen auf Grenzwerte an den gegebenen Stellen:

a) $f(x)=x^2+1;\ x\in\mathbb{R}$ an der Stelle $x_0=0$,

b) $f(x)=\frac{x^3+x}{x};\ x\in\mathbb{R}\backslash\{0\}$ an der Stelle $x_0=0$,

c) $f(x)=\begin{cases}0{,}5\,x & \text{für } 0\le x<2\\ 0{,}5\,x+1 & \text{für } 2\le x\le 4\end{cases}$
an der Stelle $x_0=2$,

d) $f(x)=\frac{4}{x};\ x\in\mathbb{R}\backslash\{0\}$ an der Stelle $x_0=0$,

e) $f(x)=\frac{x^2-16}{x-4};\ x\in\mathbb{R}\backslash\{4\}$ an der Stelle $x_0=4$,

f) $f(x)=\frac{x^2}{x^2+2};\ x\in\mathbb{R}$ an der Stelle $x_0=0$,

g) $f(x)=\frac{5}{x^2};\ x\in\mathbb{R}\backslash\{0\}$ an der Stelle $x_0=0$,

h) $f(x)=\frac{2x-1}{(x-1)^2};\ x\in\mathbb{R}\backslash\{1\}$ an der Stelle $x_0=1$,

i) $f(x)=\frac{2x+3}{x^3-1};\ x\in\mathbb{R}\backslash\{1\}$ an der Stelle $x_0=1$,

j) $f(x)=\frac{(2x-2)^2}{x-1};\ x\in\mathbb{R}\backslash\{1\}$ an der Stelle $x_0=1$.

5 Ermitteln Sie jeweils den größtmöglichen Definitionsbereich der folgenden reellen Funktionen sowie das Symmetrieverhalten ihrer Graphen.
Bestimmen Sie die Grenzwerte an den Definitionslücken als auch für $x\to\pm\infty$. Von welcher Seite nähern sich die Graphen ihren Asymptoten? Berechnen Sie die Achsenschnittpunkte der Funktionsgraphen und machen Sie qualitative Aussagen über Extrempunkte und Steigungsverhalten und – wenn möglich – auch über Wendepunkte und Krümmungsverhalten von $G(f)$. Skizzieren Sie jeweils den Graphen

a) $f(x)=\frac{3}{x-2}$ b) $f(x)=\frac{-5}{x+3}$

c) $f(x)=\frac{-7}{-x-4}$ d) $f(x)=\frac{-0{,}5}{(x-3)^2}$

e) $f(x)=\frac{1}{4(x+1)^2}$ f) $f(x)=\frac{x-3}{x+1}$

g) $f(x)=\frac{x+2}{2x+2}$ h) $f(x)=\frac{x-3}{x^2-4}$

i) $f(x)=\frac{x+5}{x^2-x-2}$ j) $f(x)=\frac{x^2+3x-4}{x-2}$

k) $f(x)=\frac{x^2+6x+8}{x+3}$ l) $f(x)=\frac{x^2-7x+12}{x^2-4}$

m) $f(x)=\frac{2x^2-8x-10}{x^2+1}$ n) $f(x)=\frac{x^3}{x-1}$

o) $f(x)=\frac{2x^3-16}{x-1}$ p) $f(x)=\frac{x^3-1}{x}$

6 Ermitteln Sie den Definitionsbereich der folgenden Funktionen und berechnen Sie die Achsenschnittpunkte ihrer Graphen.

a) $f(x)=\frac{x^2+2x-8}{x^2-25}$ b) $f(x)=\frac{x^3-5x^2+2x+8}{x+6}$

c) $f(x)=\frac{x^3+3x^2-4}{x}$ d) $f(x)=\frac{2x^4-8x^3+22}{x+7}$

e) $f(x)=\frac{x^4-13x^2+36}{x+1}$ f) $f(x)=\frac{x^6-x^4-4x^2+4}{x^2-9}$

g) $f(x)=\frac{x^2-x-2}{x-2}$ h) $f(x)=\frac{2x^2-8x+6}{x-3}$

i) $f(x)=\frac{x-3}{x^2-2x-3}$ j) $f(x)=\frac{x^3-1}{x-1}$

7 Eine gebrochen-rationale Funktion vom Typ $f(x)=\frac{x+a}{x^2+bx+c}$; mit reellen Zahlen a, b und c hat an der Stelle 2 einen Pol und an der Stelle -4 eine behebbare Lücke.

a) Bestimmen Sie die Werte für a, b und c im Funktionsterm $f(x)$.
b) Welche Asymptote besitzt der Graph von f?
c) Wodurch müsste der Funktionsterm ergänzt werden, damit $G(f)$ die Asymptote $y_A(x)=3$ hat?

8 Zeigen Sie rechnerisch, dass die gebrochen-rationale Funktion $f(x)=\frac{x^2-4}{x}$; $x\in\mathbb{R}\backslash\{0\}$ sowohl für $x<0$ als auch für $x>0$, nicht aber in $\mathbb{R}\backslash\{0\}$, streng monoton steigend ist.

Übungen aus der Ökonomie

9 Zur Produktion einer festgelegten Menge eines Gutes können zwei Einsatzfaktoren in unterschiedlicher Mengenkombination eingesetzt werden, und zwar sind die Mengenkombinationen $\langle 4|29\rangle$, $\langle 6|13\rangle$ und $\langle 11|8\rangle$ des Faktors x mit dem Faktor y möglich. Eine Einheit des Faktors x kostet 20 €, eine Einheit des Faktors y kostet 30 €; es stehen insgesamt 450 € zur Verfügung. ▶ Beispiel 2.49

a) Ermitteln Sie aus den Faktormengenkombinationen die Funktionsgleichung der Isoquantenfunktion vom Typ $y=\frac{k}{x-a}+b$ mit reellen Zahlen für a, b und k.
b) Zeichnen Sie die Isoquante.
c) Bestimmen Sie die Funktionsgleichung der Isokostenfunktion.
d) Zeichnen Sie die Isokostenkurve.
e) Prüfen Sie anhand der Zeichnung, ob mit dem vorhandenen Geldbetrag das angestrebte Produktionsergebnis erzielt werden kann. Falls ja, berechnen Sie zusätzlich die dazu erforderliche Faktormengenkombination.

10 Zeigen Sie, dass die Isoquantenfunktion des Beispiels 2.49 den Definitionsbereich $\mathbb{R}^{>2}$ hat.

11 Gegeben ist die Isoquantenfunktion $I(x)=\frac{6}{x-2}+3$.

a) Bestimmen Sie ihren Definitionsbereich.
b) Ermitteln Sie die Menge des Faktors y unter der Voraussetzung, dass 4 ME vom Faktor x eingesetzt werden.
c) Berechnen Sie die Zunahme des Faktors y, wenn der Faktor x um 1 ME, 0,1 ME, 0,01 ME bzw. 0,001 ME reduziert wird.

12 Gegeben ist die Isoquantenfunktion $I(x)=\frac{9}{x-1}+3$.

a) Bestimmen Sie ihren Definitionsbereich.
b) Bestimmen Sie, welche Mengen des Faktors y eingesetzt werden müssen, wenn 2 ME (3 ME, 7 ME, 10 ME, 100 ME) für den Faktor x eingesetzt werden.
c) Eine Einheit des Faktors x kostet 4 €, eine Einheit des Faktors y kostet 10 €. Geben Sie zu den errechneten Faktormengenkombinationen die jeweiligen Kosten an.
d) Bestimmen Sie die zugehörige Menge des Faktors x für den Fall, dass 3,25 ME (6 ME, 19 ME) für den Faktor y festgelegt worden sind.

Vorbemerkungen zu Übungsaufgabe 14:
In der volkswirtschaftlichen **Theorie des Haushalts** ist eine gleichgeartete Problematik wie in der **Produktionstheorie** bekannt. Es geht hier um verschiedene Mengenkombinationen zweier Konsumgüter, die dem Haushalt den gleichen **Nutzen** stiften. Diese Mengenkombinationen können auch als Punkte im Koordinatensystem dargestellt werden. Diese Punkte liegen wie in der Produktionstheorie auf einem Hyperbelast im I. Quadranten. Dieser Hyperbelast wird im Unterschied zur Produktionstheorie (▶ Isoquante) als **Indifferenzkurve** bezeichnet. Um genau einen bestimmten Nutzen zu erzielen, wird die Abhängigkeit des einen Konsumgutes vom anderen auch durch eine gebrochen-rationale Funktion I mit einer Funktionsgleichung z.B. vom Typ $y=\frac{k}{x-a}+b$ dargestellt $(a,b,k,x,y>0,$ $x>a)$. Der Graph, welcher alle mit einem bestimmten Geldbetrag – der sog. **Konsumsumme** c – realisierbaren Mengenkombinationen der beiden Konsumgüter darstellt, ist wie in der Produktionstheorie eine Gerade (▶ Isokostenkurve) und wird in der Nutzentheorie als **Bilanzgerade** bezeichnet. Um auch hier die kostengünstigste Gütermengenkombination herauszufinden, ist der Berührungspunkt der Bilanzgeraden mit der Indifferenzkurve zu suchen. Dieser Punkt repräsentiert das sog. **Haushaltsgleichgewicht**.

13 Gegeben ist die Indifferenzkurvenschar $G(I_1), G(I_2)$ und $G(I_3)$ mit $I_1(200)=\frac{2}{x-1}+2$; $I_2(300)=\frac{2}{x-1}+3$ und $I_3(400)=\frac{2}{x-1}+4$.
Der Preis des Gutes x beträgt 20 €, der Preis des Gutes y 10 € und die Konsumsumme 90 €.

a) Bestimmen Sie für diese Indifferenzfunktionen den Definitionsbereich. ▶ $x>0$ und $y>0$
b) Zeichnen Sie die Indifferenzkurvenschar in ein gemeinsames Koordinatensystem.
c) Stellen Sie die Gleichung der Bilanzgeraden auf.
d) Zeichnen Sie die Bilanzgerade in das gemeinsame Koordinatensystem ein.
e) Berechnen Sie die in der Zeichnung erkennbaren gemeinsamen Punkte der Bilanzgeraden mit den Indifferenzkurven.
f) Begründen Sie, warum mit der Konsumsumme 90 € der Nutzen von 400 ME nicht erreicht werden kann.
g) Begründen Sie, warum mit der Konsumsumme 90 € ein Nutzen von 300 ME nur mit genau einer Gütermengenkombination erreicht werden kann. Geben Sie die Mengenkombination an.
h) Begründen Sie, warum die den Koordinaten der Schnittpunkte der Bilanzgeraden mit dem Graphen von I_1 entsprechenden Gütermengenkombinationen unökonomisch sind.

14 Investitionen sind die Ausgaben von Unternehmen für die Beschaffung von Maschinen und Anlagen (**Anlageinvestitionen**) und den Kauf von Vorräten (**Vorratsinvestitionen**). Nach KEYNES ist die Höhe der Anlageinvestitionen in GE abhängig von der Höhe des langfristigen Zinssatzes. Die Investitionsfunktion, also die Funktion, die die quantitative Abhängigkeit der Höhe der Investitionen (hier bezogen auf Mrd. €) von der Höhe des Zinssatzes angibt, ist gegeben durch: $I(i)=\frac{2\cdot(i-12)^2}{i+1}; x\geq 0.$

a) Zeichnen Sie den Graphen der Funktion I im Intervall $[0; 10]$.
b) Berechnen Sie, wie hoch die Investitionen bei einem fiktiven Zinssatz von 0 % wären.
c) Berechnen Sie, bei welchem Zinssatz die Investitionstätigkeit eingestellt würde.
d) Geben Sie die Höhe der Investitionen bei den Zinssätzen 4 %, 6 % und 8 % an.

15 Die **Wirtschaftlichkeit** eines Betriebes wird durch den Quotienten aus Ertrag und Aufwand gemessen. Eine Produktion ist wirtschaftlich, wenn der Ertrag größer als der Aufwand ist, d.h., wenn der Quotient aus Ertrag und Aufwand größer als 1 ist.
Gegeben sind die Ertragsfunktion $E(x)=0{,}6x$ und die Aufwandsfunktion
$A(x)=0{,}0004x^2+200; x>0$, wobei x die Produktionsmenge angibt.

▶ **Ertrag** = Wert der produzierten Leistung; **Aufwand** = Wert der eingesetzten Produktionsfaktoren

a) Stellen Sie den Funktionsterm der Funktion auf, die die Wirtschaftlichkeit in Abhängigkeit von der Produktionsmenge angibt.
b) Berechnen Sie die Produktionsmengen, bei denen die Wirtschaftlichkeit 1 beträgt.
c) Bestimmen Sie die Wirtschaftlichkeit bei den Produktionsmengen 600 Stück, 800 Stück, 900 Stück.

2

16 Ein Unternehmen, das tägliche fixe Kosten in Höhe von 1.800 € hat und dessen variable Stückkosten 5 € betragen, kann täglich maximal 800 Stück zum konstanten Preis von 50 € absetzen.

a) Bestimmen Sie die Funktionsterme der Durchschnittskosten-, der Durchschnittserlös- und der Durchschnittsgewinnfunktion und zeichnen Sie die Graphen dieser Funktionen.

b) Bestimmen Sie die Gewinnschwelle.

c) Bestimmen Sie den täglichen Gewinn bei einer Absatzmenge von 800 Stück.

17 Der Absatz eines Produkts, der sich nach der Angebotsfunktion $p_A(x) = 0{,}1x + 8; x > 2.000$ richtet, soll durch einen Gesamtbetrag in Höhe von 100.000 GE subventioniert werden, der auf den Angebotspreis anteilig verrechnet wird. Die Nachfragefunktion ist gegeben durch $p_N(x) = -0{,}0025x + 6.158; x > 2.000$.

a) Berechnen Sie Gleichgewichtspreis und -menge ohne Berücksichtigung der Subvention.

b) Wie lautet die Angebotsfunktion p_A^* unter Berücksichtigung der Subvention?

c) Berechnen Sie Gleichgewichtspreis und -menge unter Berücksichtigung von p_A^*.

18 Ein Kapital soll bei alternativen Zinssätzen jährlich 600 € Zinsen erbringen.

a) Geben Sie den Funktionsterm der Kapitalfunktion K an.

b) Zeichnen Sie den Graphen von K im Intervall $(0; 10]$.

c) Bestimmen Sie die Kapitalien bei den Zinssätzen 3 %; 4 %; 5 %; 6 % und 8 %.

19 Damit unterschiedliche Kapitalien jährlich 1.200 € Zinsen erbringen, müssen diese mit unterschiedlichen Zinssätzen verzinst werden.

a) Geben Sie den Funktionsterm $Z_s(K)$ der Zinssatzfunktion Z_s an.

b) Zeichnen Sie $G(Z_s)$ im Intervall $(0; 12]$.

c) Bestimmen Sie den erforderlichen Zinssatz bei den Kapitalien 10.000 €; 20.000 €; 40.000 € und 60.000 €. ▶ Dreisatz mit indirekter Proportionalität

20 Der Möbelproduzent Woody möchte Regalsysteme möglichst kostengünstig produzieren und lagern. Bei einem Jahresbedarf von 6.000 Stück geht der Produzent von 3.000 € Rüstkosten der Produktionsmaschine je Umrüstungsvorgang und Lagerkosten von 36 € je Stück aus.

Mögliche Losgröße (in Stück)	Anzahl der Loswechsel	Rüstkosten	Durchschnittl. Lagerbestand (in Stück)	Lagerkosten	Gesamtkosten des Loses
600					
750					
1.000					
1.500					
3.000					

a) Bestimmen Sie den Funktionsterm der Gesamtkosten (Rüstkosten und Lagerkosten).

b) Stellen Sie die Gesamtkosten in einem Koordinatensystem dar, indem Sie auf der Abszisse die Losgröße (in Stück) abtragen und berechnen Sie die optimale Losgröße.

c) Füllen Sie obige Tabelle aus, indem Sie die fehlenden Werte berechnen und somit die optimale Losgröße bestimmen. ▶ Durchschnittlicher Lagerbestand = halbe Losgröße

Anmerkung: Die **Losgröße** ist die in einem zusammenhängenden Fertigungsgang ohne Umrüstung der Fertigungsanlagen erstellte Menge, die innerhalb eines bestimmten Zeitraums auch abgesetzt werden kann.

Rüstkosten entstehen durch Umbauarbeiten an Maschinen, um diese auf die Erfordernisse des neuen Loses einzustellen, und sind unabhängig von der Losgröße.

Lagerkosten entstehen durch die Zwischenlagerung der Produktionserzeugnisse zwischen deren Fertigung und Absatz und sind abhängig von der Losgröße.

2.5 Exponential- und Logarithmusfunktionen

2.5.1 Exponentialfunktionen und Wachstumsprozesse

Exponentialfunktionen beschreiben wichtige Wachstums- und Abnahmeprozesse in der Ökonomie, aber auch in der Natur und Technik, wie z. B. die Vermehrung von Bakterien oder die Abnahme von Medikamentenwirkstoffen im Körper. Dem Anwachsen eines Kapitals durch regelmäßige Verzinsung liegt ebenfalls ein exponentielles Wachstumsprinzip zu Grunde (▶ Abschnitt 2.5.3).

In diesem Abschnitt werden derartige Wachstums- und Abnahmeprozesse modelliert, d. h., mit mathematischen Mitteln in Form von Funktionstermen „nachempfunden".

Beispiel 2.47 (Exponentielles Wachstum)

Unter geeigneten Bedingungen verdoppelt sich die Anzahl einer bestimmten Bakterienart in einer Petrischale stündlich. Wie viele Bakterienstämme befinden sich nach einer, nach zwei und allgemein nach t Stunden in der Petrischale, wenn sich zu Anfang ein Bakterienstamm darin befindet?

Die Bakterienstämme vermehren sich stündlich immer um denselben Faktor 2. Beginnend bei einem Bakterienstamm befinden sich nach einer Stunde 2, nach 2 Stunden 4, nach 3 Stunden 8 Bakterienstämme im Körper usw.

Stunden	0	1	2	3	4	t
Anzahl	$1=2^0$	$2=2^1$	$4=2^2$	$8=2^3$	$16=2^4$	2^t

In Abhängigkeit von der Zeit t (t in Stunden, $t \in \mathbb{N}$) lässt sich das Bakterienwachstum somit durch die reelle Funktion $f(t) = 2^t$ beschreiben. Die unabhängige Variable t steht hier im Exponenten. Eine derartige Funktion heißt daher **Exponentialfunktion**; sie beschreibt **exponentielles Wachstum**, in diesem Fall mit dem **Wachstumsfaktor** 2.

Da die Frage nach der Bakterienanzahl zu jedem Zeitpunkt und nicht nur zur vollen Stunde sinnvoll ist, ist die Exponentialfunktion für alle $t \in \mathbb{R}^{\geq 0}$ definiert.

Außerdem kann man davon ausgehen, dass sich die Bakterien nicht sprunghaft von einer Stunde t_1 zur nächsten t_2 verdoppeln, sondern dass das Wachstum annähernd kontinuierlich verläuft, sodass die Funktion zwischen t_1 und t_2 alle Werte von $f(t_1)$ bis $f(t_2)$ annimmt. Anschaulich bedeutet das, dass der Graph der Funktion keine „Sprünge" macht. Da die Anzahl mit der Zeit immer größer wird, verläuft er streng monoton steigend.

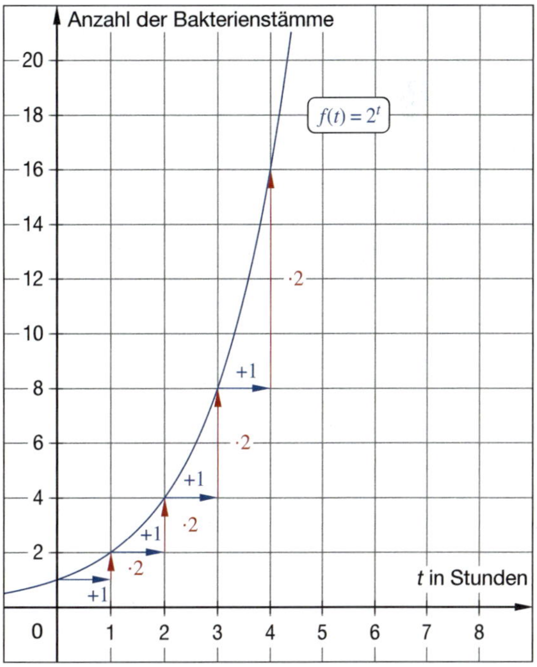

▶ Würde man die Bakterien einzeln zählen, so würde $f(t)$ tatsächlich nicht alle, sondern nur Werte für natürliche Zahlen annehmen. Da die Anzahl hier aber derart groß ist, kann man von dieser Tatsache abstrahieren und von einem annähernd kontinuierlichen Wachstum ausgehen.

Der Graph von f schneidet die y-Achse an der Stelle 1 und ist streng monoton steigend.

einige Werte:

$t = 2{,}5$: $f(2{,}5) = 2^{2{,}5} \approx 5{,}66$
$t = \sqrt{10}$: $f(\sqrt{10}) = 2^{\sqrt{10}} \approx 8{,}95$
$t = 0$: $f(0) = 2^0 = 1$

Geht man davon aus, dass sich am Anfang (► $t = 0$) bereits 8 Bakterienstämme in der Kultur befinden, so wird das Wachstum dieser 8 Stämme durch die Funktion $g(t) = 8 \cdot 2^t$ beschrieben. Die Funktionswerte von g sind jeweils 8-mal größer als die Funktionswerte der Funktion $f(t) = 2^t$.

Auch die Funktion g beschreibt exponentielles Wachstum, da sich die Bakterien stündlich um denselben Wachstumsfaktor 2 vermehren.
Der Graph von f schneidet die y-Achse an der Stelle $y = 1$, der Graph von g an der Stelle $y = 8$. ► $t = 0$

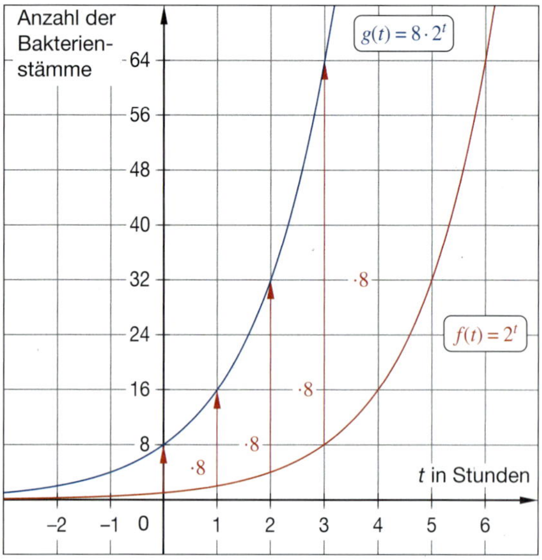

Bei beiden Exponentialfunktionen ist der Wachstumsfaktor im Funktionsterm größer als 1. In diesen Fällen verlaufen die Graphen in **Linkskurven** und steigen stark an. Man spricht von **exponentiellem** und **progressivem Wachstum**.
► Verliefe der Graph steigend und rechtsgekrümmt, spräche man von **degressivem Wachstum**.

Für negative reelle Zahlen anstelle von t wird hier die Anzahl der Bakterien berechnet, die sich vor dem Zeitpunkt 0 bereits in der Kultur befunden haben.

Man kann also davon ausgehen, dass sich eine Exponentialfunktion auch für negative reelle Zahlen definieren lässt und damit für alle reellen Zahlen anstelle von t.

$t = -1$: $g(-1) = 8 \cdot 2^{-1} = 4$
$t = -1{,}5$: $g(-1{,}5) = 8 \cdot 2^{-1{,}5} \approx 2{,}83$
$t = 0$: $g(0) = 8 \cdot 2^0 = 8$

Alle **Funktionswerte** von Exponentialfunktionen sind **positiv**. Ihre Graphen haben die x-Achse als **Asymptote**.

Exponentialfunktionen vom Typ $f(x) = a_0 \cdot b^x$ mit $a_0 > 0; b > 1; x \in \mathbb{R}$ beschreiben **exponentielles Wachstum**. Dabei steht a_0 für den Anfangswert und b für die Basis, mit der der Anfangswert in gleichbleibenden Abständen multipliziert wird. Man nennt b mit $b > 1$ auch den **Wachstumsfaktor**.
Der Faktor a_0 bewirkt, dass jeder Wert der Funktion $g(x) = b^x$ um das a_0-fache vergößert wird.
► für $a_0 < 0$ vgl. Beispiel 2.53
Die Graphen der Funktionen vom Typ $f(x) = a_0 \cdot b^x$ haben den y-Achsenabschnitt $\langle 0 \mid a_0 \rangle$.

Beispiel 2.48 (Verzinsung)

Die nebenstehende Graphik zeigt zwei mögliche Entwicklungen eines Aktienfonds von 5.000 €. Der Zinssatz, mit dem das Kapital verzinst wird, beträgt 20 %.

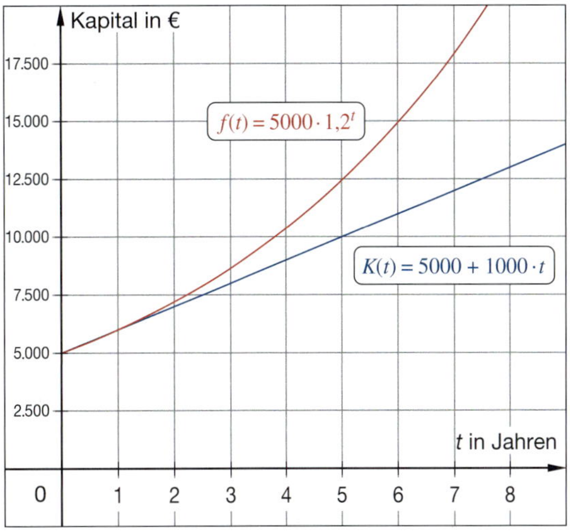

Beschreiben Sie die beiden Graphen und berechnen Sie die jeweiligen Kapitalien in den ersten 3 Jahren und allgemein nach t Jahren.

Der **blaue Graph** verläuft linear, d. h., das Kapital wird jährlich um denselben Betrag von 1.000 € vermehrt. Man sagt auch: das Kapital wird jährlich um 20 % vom Anfangskapital $K(0)$ vermehrt.

▶ Lineares Wachstum

$K(0) = 5.000$
$K(1) = 5.000 + 1.000 \quad = 6.000$
$K(2) = 5.000 + 1.000 \cdot 2 = 7.000$
$K(3) = 5.000 + 1.000 \cdot 3 = 8.000$
$\quad \dots \qquad \dots$
$K(t) = 5.000 + 1.000 \cdot t$

▶ Kapital nach 1, 2, 3 und allgemein nach t Jahren

Der **rote Graph** verläuft nicht linear, sondern in einer Linkskurve, d. h., der Graph steigt immer stärker an.

Das Kapital wird zwar auch mit einem Zinssatz von 20 % verzinst, die Zinsen werden aber jeweils am Jahresende dem Kapital zugerechnet und vom jeweils nächsten Jahr an mitverzinst.

▶ Exponentielles Wachstum

Am Ende des ersten Jahres wächst das Vermögen um 20 % von 5.000 € auf 6.000 € an. Am Ende des zweiten Jahres werden 20 % von 6.000 € dem Kapital $K(1)$ zugeschlagen, sodass sich 7.200 € nach zwei Jahren ergeben usw.

▶ Abschnitt 2.5.3

$K(0) = 5.000$
$K(1) = 5.000 + 5.000 \cdot 0{,}2$
$\quad = 5.000 \cdot (1 + 0{,}2) = 6.000$
$K(2) = 6.000 + 6.000 \cdot 0{,}2$
$\quad = 6.000 \cdot (1 + 0{,}2)$
$\quad = 5.000 \cdot (1 + 0{,}2) \cdot (1 + 0{,}2)$
$\quad = 5.000 \cdot (1 + 0{,}2)^2 = 7.200$
$K(3) = 7.200 + 7.200 \cdot 0{,}2$
$\quad = 5.000 \cdot (1 + 0{,}2)^2 \cdot (1 + 0{,}2)$
$\quad = 5.000 \cdot (1 + 0{,}2)^3 = 8.640$
$\quad \dots$
$K(t) = 5.000 + (1 + 0{,}2)^t$

▶ Kapital nach 1, 2, 3 und allgemein nach t Jahren

Die Basis bzw. der Wachstumsfaktor beträgt hier $(1 + 0{,}2) = 1{,}2 = 120\,\%$. Man sagt auch, dass man den Kapitalverlauf mit dem Anfangswert 5.000 und dem Wachstumsfaktor 1,2 durch die Funktion $K(t) = 5.000 \cdot 1{,}2^t$ **modellieren** kann.

Allgemein gilt:

Für eine beliebige Anzahl von t Jahren lässt sich das gesparte Kapital durch die Exponentialfunktion $K(t) = K(0) \cdot (1 + p\,\%)^t$ beschreiben.

▶ $K(0)$: Anfangskapital; $K(t)$: Kapital nach t Jahren; p: Zinssatz; $1 + p\,\%$: Wachstumsfaktor

2

Beispiel 2.49 (Exponentielle Abnahme)

Durch eine Medikamentierung sinkt die Anzahl der Bakterien täglich auf ein Viertel der Anzahl des Vortages. Berechnen Sie die Anzahl der Bakterien in einem Milliliter Blut nach 4 Tagen, wenn sich zu Beginn der Medikamentierung 8 000 Bakterien in einem Milliliter befunden haben.

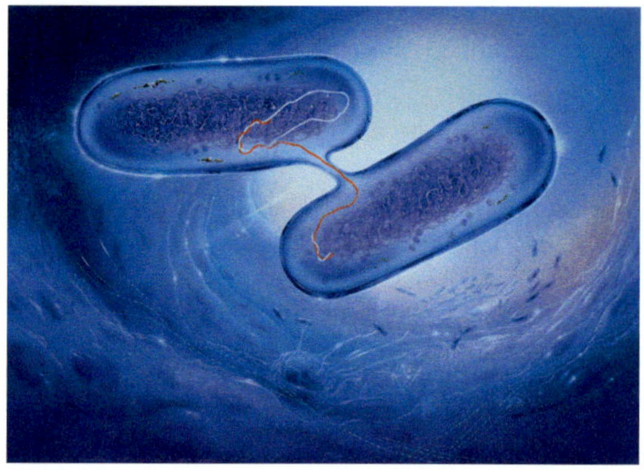

Die Anzahl der Bakterien vermindert sich täglich um den Faktor 0,25. Nach einem Tag befinden sich $0{,}25 \cdot 8\,000 = 2\,000$, nach 2 Tagen $0{,}25 \cdot 2\,000 = 500$, nach einem weiteren Tag $0{,}25 \cdot 500 = 125$ Bakterien in einem Milliliter usw.

In Abhängigkeit von der Zeit t (t in Tagen) lässt sich die Anzahl der Bakterien pro Milliliter somit durch die reelle Funktion $f(t) = 8\,000 \cdot 0{,}25^t$ beschreiben. Da die unabhängige Variable t im Exponenten steht, heißt auch diese Funktion Exponentialfunktion, sie beschreibt eine **exponentielle Abnahme** mit dem „Wachstumsfaktor" 0,25.

Der Graph von f schneidet die y-Achse bei 8 000 (▶ $f(0) = 8\,000$), fällt streng monoton und verläuft in einer Linkskurve; man spricht in diesem Fall von einer exponentiellen und **degressiven Abnahme**.

▶ Fiele ein Graph in einer Rechtskurve, spräche man von einer **progressiven Abnahme**.

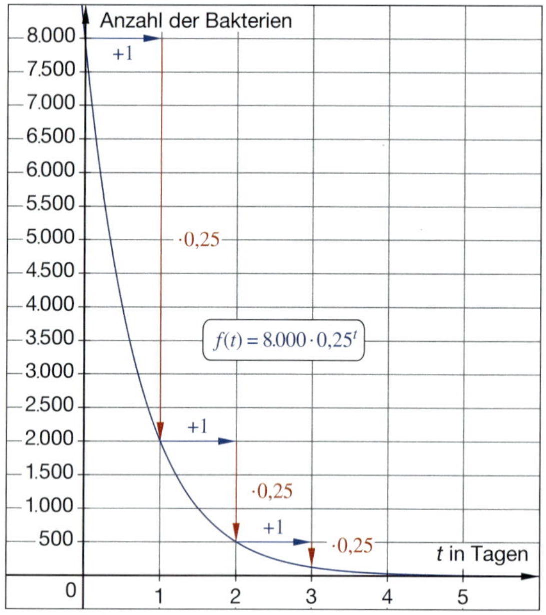

Die Ergebnisse des Beispiels lassen sich folgendermaßen zusammenfassen:

Exponentielle Abnahme wird allgemein durch Funktionen vom Typ

$f(x) = a_0 \cdot b^x$ mit $a_0 > 0$; $0 < b < 1$ und $b \neq 1$; $x \in \mathbb{R}$
beschrieben.

Dabei steht a_0 für den **Anfangswert** und b für die **Basis**, mit der der Anfangswert in gleichbleibenden Abständen multipliziert wird. Man nennt b mit $0 < b < 1$ auch den **Abnahmefaktor**. Der Anfangswert a_0 bewirkt, dass jeder Funktionswert um das a_0-fache vergrößert wird.

Beispiel 2.50 (Graphen exponentieller Wachstums- und Abnahmeprozesse)

Zeichnen Sie den Graphen der Exponentialfunktion $g(x) = \left(\frac{1}{2}\right)^x$ und vergleichen Sie ihn mit dem Graphen der Funktion $f(x) = 2^x$. ▶ Beispiel 2.47

Die Funktionswerte der Funktion g halbieren sich jedesmal, wenn sich die x-Werte um eine Einheit vergrößern. Die Funktionswerte nehmen somit exponentiell ab.

Der Graph von f ist achsensymmetrisch zum Graphen von g (▶ Symmetrieachse ist die y-Achse). Während der Graph von f streng monoton exponentiell mit dem Wachstumsfaktor 2 steigt, fällt der Graph von g entsprechend streng monoton exponentiell mit dem Faktor 0,5.

Beide Graphen haben den y-Achsenabschnitt 1 und die x-Achse als Asymptote.

Allgemein kann man feststellen, dass zwei Exponentialfunktionen mit den Basen b und $\frac{1}{b} = b^{-1}$ symmetrisch zueinander verlaufen, mit der y-Achse als Symmetrieachse.

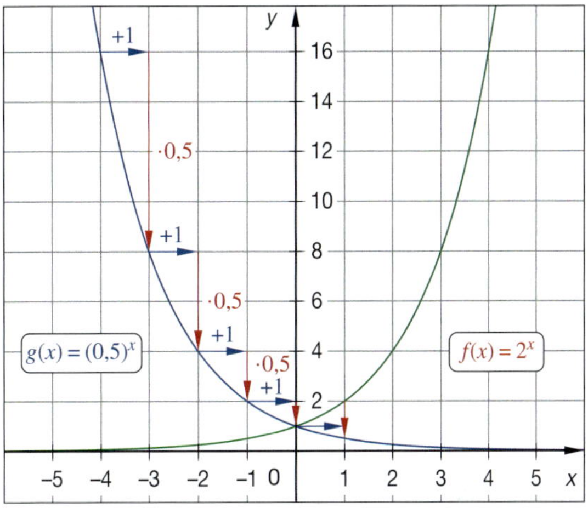

Exponentialfunktionen vom Typ $f(x) = a_0 \cdot b^x$ mit $a_0 > 0$; $x \in \mathbb{R}$ sind nur für positive Basen ($b > 0$) definiert und haben die positiven reellen Zahlen als Wertebereich ($y > 0$). Außerdem gilt:

- Für $b > 1$ **steigen** die Graphen der Exponentialfunktion **streng monoton** und **progressiv**, und zwar umso stärker, je größer b ist.
- Für $0 < b < 1$ **fallen** die Graphen der Exponentialfunktion **streng monoton** und **degressiv**, und zwar umso stärker, je kleiner b ist.
- Die Graphen $G(f_1)$ und $G(f_2)$ der Exponentialfunktionen $f_1(x) = a_0 \cdot b^x$ und $f_2(x) = a_0 \cdot b^{-x}$ sind zueinander symmetrisch bezüglich der y-Achse.
- Der Graph einer Exponentialfunktion $f(x) = a_0 \cdot b^x$ schneidet die y-Achse im Punkt $\langle 0 \mid a_0 \rangle$.
- Für $b > 1$ ist die negative x-Achse, und für $0 < b < 1$ die positive x-Achse die **Asymptote**.

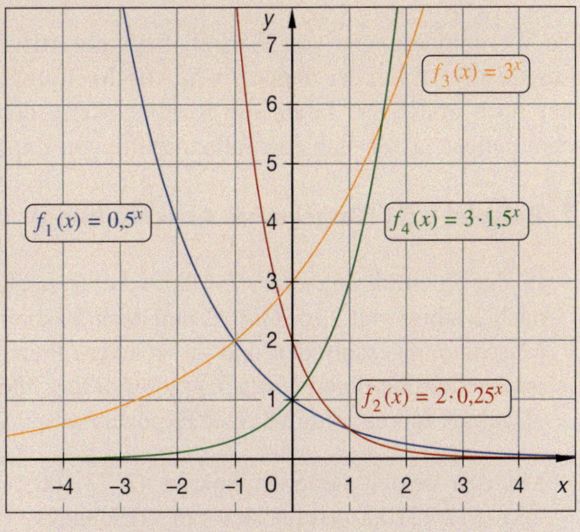

Alles klar?

1 Zeichnen Sie die Graphen der folgenden Funktionen in ein Koordinatensystem und beschreiben sowie vergleichen Sie ihre Verläufe.

a) $f(x) = 3^x$, $g(x) = 1{,}5^x$

b) $f(x) = 3^x$, $g(x) = \left(\frac{1}{3}\right)^x$

c) $f(x) = 0{,}5^x$, $g(x) = 0{,}25^x$

2 Bestimmen Sie die Funktionsterme der zu den Graphen G_1, G_2 und G_3 gehörenden Funktionen.

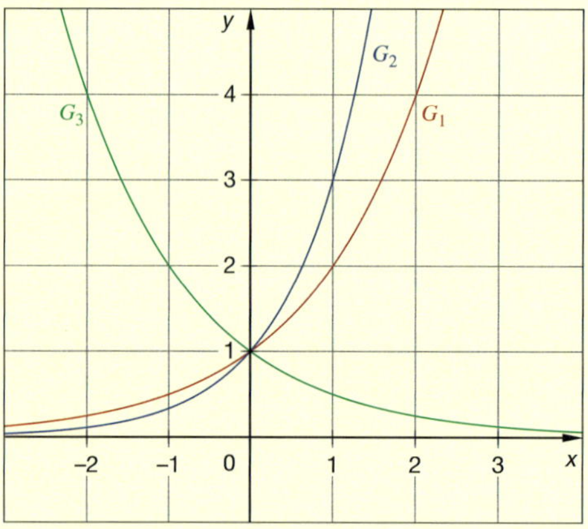

3 Bestimmen Sie die Wachstumsfaktoren.

a) 3 %, 0,3 % und 300 % Wachstum

b) 10 % und 0,1 % Abnahme

4 Drücken Sie das exponentielle Wachstum bzw. die exponentielle Abnahme in Prozentsätzen aus, wenn folgende Wachstumsfaktoren für b gegeben sind.

a) 1,005; 1,23; 1,025; 4

b) 0,8; 0,975; 0,9925; 0,004.

5 Eine Kaninchenzucht beginnt mit 9 Tieren, ein Jahr später sind schon 27 Tiere vorhanden.

a) Wie viele Kaninchen werden es nach 10 Jahren sein, wenn der Bestand linear wächst?

b) Wie viele Tiere werden es nach 10 Jahren sein, wenn man ein exponentielles Wachstum annimmt?

c) Lässt sich die Vermehrung der Tiere eher mit dem linearen oder dem exponentiellen Modell erklären?

6 Nach einer Medikation von 5 Tagen befinden sich noch ca. 40 Bakterienstämme im Körper. Die Zahl der Stämme hat sich täglich gedrittelt. Wie viele Bakterienstämme befanden sich zu Beginn der Medikation im Körper?

Die Wertminderungen von Wirtschaftsgütern, die sich im Zeitablauf abnutzen, werden durch **Abschreibungen** erfasst. Bei der **degressiven Abschreibung**, die steuerrechtlich nicht mehr gestattet, betriebsintern aber noch üblich ist, fallen die Restbuchwerte der Wirtschaftsgüter immer langsamer. Degressive Abschreibungen lassen sich ebenfalls mithilfe von Exponentialfunktionen beschreiben.

Beispiel 2.51 (Degressive Abschreibung)

In der Buchführung einer Großdruckerei erscheinen die Restbuchwerte einer Offsetdruckmaschine nach 2 Jahren mit 73.500,00 € und nach 5 Jahren mit 25.210,50 €. Zu welchem Prozentsatz wurde die Maschine abgeschrieben und zu welchem Preis angeschafft? Berechnen Sie die einzelnen Buchwerte und stellen Sie deren Verlauf graphisch dar. Modellieren Sie dazu den Verlauf der Buchwerte in den einzelnen Jahren mithilfe einer Exponentialfunktion vom Typ $B(t) = a_0 \cdot b^t$.

Mit den beiden Graphenpunkten $\langle 2 | 73.500 \rangle$ und $\langle 5 | 25.210{,}5 \rangle$ ergibt sich ein Gleichungssystem mit zwei Gleichungen und den beiden Variablen a_0 und b.

$$B(2) = 73.500 \Rightarrow a_0 \cdot b^2 = 73.500 \,|\cdot(-b^3)$$
$$B(5) = 25.210{,}5 \Rightarrow a_0 \cdot b^5 = 25.210{,}5$$
$$\Rightarrow 0 = 25.210{,}5 - 73.500 \cdot b^3$$
$$\Rightarrow b^3 = \frac{25.210{,}5}{73.500} \Rightarrow \boldsymbol{b = 0{,}7}$$

Der Abschreibungsprozentsatz beträgt 30 %. Die Offsetdruckmaschine wurde zu einem Preis von 150.000 € angeschafft.

$\Rightarrow$ $\boldsymbol{p\,\%} = 1 - 0{,}7 = 0{,}3 = \mathbf{30\,\%}$ ► $b = 1 - p\,\%$

$\Rightarrow a_0 \cdot 0{,}7^2 = 73.500 \mid : 0{,}7^2$

$\Rightarrow a_0 = \mathbf{150.000}$ ► Anschaffungswert in €

Die Buchwerte in den einzelnen Jahren lassen sich mithilfe der Funktion $B(t) = 150000 \cdot 0{,}7^t$ mit $t \geq 0$ darstellen.

An dem Graphen der Funktion kann man erkennen, dass die Buchwerte jedes Jahr um denselben Faktor abnehmen.

Es liegt ein **degressiver Abnahmeprozess** vor.

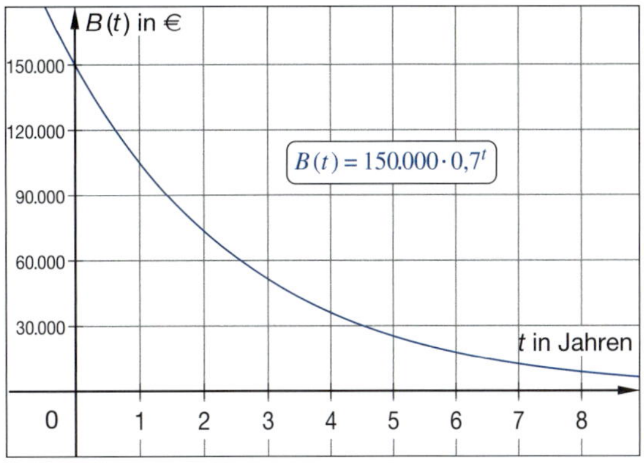

Der durch Nutzung und Alterung bedingten Wertminderung der Druckmaschine wird durch eine degressive Abschreibung am Ende jeden Geschäftsjahrs mit einem Abschreibungssatz von 30 % Rechnung getragen.

Für eine beliebige Anzahl t von Jahren wird der Wert der Abschreibungswert der Druckmaschine durch die Funktion $B(t) = B(0) \cdot 0{,}7^t$ beschrieben.

$B(0) = 150.000$ ► Anschaffungswert

$B(1) = 150.000 \cdot 0{,}7^1 = 150.000$

$B(2) = 150.000 \cdot 0{,}7^2 = 73.500$

$B(3) = 150.000 \cdot 0{,}7^3 = 51.450$

$B(4) = 150.000 \cdot 0{,}7^4 = 36.015$

$B(5) = 150.000 \cdot 0{,}7^5 = 25.210{,}5$

…

$B(t) = \mathbf{150.000 \cdot 0{,}7^t}$ ► Buchwert nach t Jahren

Verallgemeinerte Exponentialfunktionen

Die bisher untersuchten Exponentialfunktionen waren alle vom Typ $f(x) = a_0 \cdot b^x$ mit $a_0 > 0$, $b > 0$ und $b \neq 1$. Die Graphen dieser Funktionen haben alle die x-Achse als Asymptote.

Im Folgenden werden weitere Formen von Exponentialfunktionen behandelt, die andere Asymptoten besitzen, und in denen auch negative Zahlen im Exponenten oder anstelle von a_0 stehen.

Beispiel 2.52

Die Körpertemperatur eines gesunden Menschen beträgt ca. 37°C. Auf dem Höhepunkt einer schweren Grippe hat ein Schüler ein Fiebermittel zu sich genommen, das eine Senkung der Körpertemperatur an zwei aufeinander folgenden Tagen auf 38,6°C und 37,64°C bewirkt hat.

Geht man davon aus, dass die Fieberabnahme exponentiell verläuft, so wird die Körpertemperatur nach t Tagen durch eine Funktion des Typs $f(t) = 37 + a_0 \cdot b^t$ beschrieben. Da die Temperatur abnimmt, gilt $0 < b < 1$. Der Summand 37 steht für die normale Körpertemperatur. Zum Zeitpunkt $t = 0$ (dem Beginn der Medikation) ergibt sich eine Temperatur von $f(0) = 37 + a_0$.

Bestimmen Sie für $a_0 = 4$ den Wert für b. Zeichnen Sie den Graphen von f und ermitteln Sie seine Asymptote. Ermitteln Sie ferner durch Probieren, nach wie vielen Tagen das Fieber unter 37,1°C gefallen ist.

Gegeben sind die beiden Temperaturen am Tag t (38,6°C) und einen Tag später, also am Tag $t+1$ (37,64°C).

Durch Anwendung des Gaußschen Eliminationsverfahrens erhält man für b den Wert 0,4. Damit lautet der Funktionsterm $f(t)=37+4\cdot 0{,}4^t$.

$$\begin{aligned} f(t) &= 38{,}6 \Rightarrow 37+4\cdot b^t = 38{,}6 \quad &|-37\\ f(t+1) &= 37{,}64 \Rightarrow 37+4\cdot b^{t+1} = 37{,}64 \quad &|-37\\ &\Rightarrow 4\cdot b^t = 1{,}6 \quad &|\cdot(-b)\\ & 4\cdot b^{t+1} = 0{,}64 \quad &|:4\\ &\Rightarrow b^t = 0{,}4 &\\ & 0 = 0{,}64-1{,}6\cdot b &\\ &\Rightarrow b = 0{,}4 & \end{aligned}$$

$\Rightarrow f(t)=37+4\cdot 0{,}4^t;\ t\geq 0$

Setzt man 0 für t, erhält man die Anfangstemperatur von 41°C.
▸ $f(0)=41$ $\quad f(0)=37+4\cdot 0{,}4^0=37+4=41$

Der Graph von f hat den y-Achsenabschnitt 41, fällt streng monoton und hat die Gerade mit der Gleichung $y=37$ als Asymptote, da $4\cdot b^t$ keine negativen Werte annehmen kann. ▸ Beispiel 2.47

Die Exponentialfunktion f beschreibt einen beschränkten Abnahmeprozess.

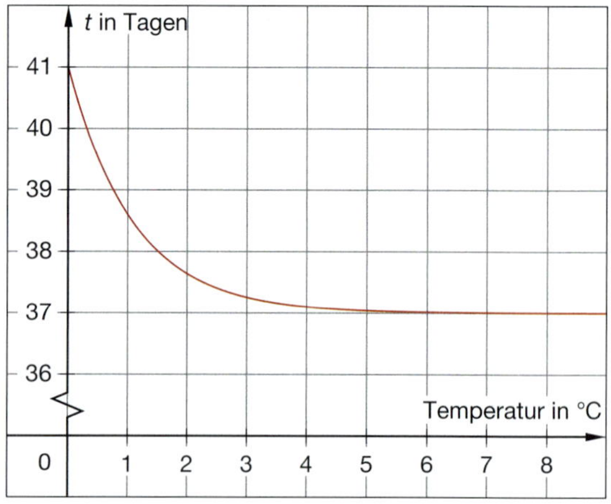

Durch Setzen von 3, 4 und 5 für t errechnet man, dass nach etwa 4 Tagen die Körpertemperatur auf 37,1°C gefallen ist.

$f(3)=37+4\cdot 0{,}4^3=37{,}256$
$f(4)=37+4\cdot 0{,}4^4=37{,}1024$
$f(5)=37+4\cdot 0{,}4^5=37{,}04096$

Beispiel 2.53 (Beschränktes Wachstum)

Eine junge Urlauberin sitzt am Mittelmeer bei 33°C im Schatten und bestellt ein Mineralwasser, das sie mit einer Temperatur von 6°C serviert bekommt. Interessehalber misst Sie die Temperatur ihres Getränks und stellt fest, dass es nach 5 Minuten schon ca. 17°C misst.
Wie lässt sich der Temperaturverlauf durch eine Exponentialfunktion vom Typ $f(t)=a_0\cdot b^t+c;\ t\geq 0$ (in Minuten) modellieren?

Geht man davon aus, dass die Temperatur des Getränks sich der Außentemperatur annähert, so ist $y=33$ die Asymptote des Graphen der gesuchten Exponentialfunktion, die zudem den y-Achsenabschnitt 6 haben muss. Die Funktion muss also vom Typ $f(t)=33-27\cdot b^t$ sein.

$f(t)=33+a_0\cdot b^t$ ▸ 33 ist Asymptote von $G(f)$
$f(0)=33+a_0\cdot b^0=6$ ▸ $b^0=1$
$\Rightarrow 27+a_0=0 \Rightarrow a_0=\mathbf{27}$
$\Rightarrow f(t)=33-b^t$ ▸ Zwischenergebnis

Nach 5 Minuten hat sich das Getränk auf ca. 17°C erwärmt. Aus dieser Information lässt sich durch Lösen einer Gleichung der Wert für b ermitteln. ▸ $f(5)=17$

$$\begin{aligned} f(5)=33-27\cdot b^5 &= 17 \quad &|-33\\ \Rightarrow -27\cdot b^5 &= -16 \quad &|:(-27)\\ \Rightarrow b^5 &= \frac{16}{27} \quad &|\sqrt[5]{}\\ \Rightarrow b &\approx \mathbf{0{,}9} & \end{aligned}$$

Mit ca. 0,9 für b erhält man als Funktionsterm $f(t)=33-27\cdot 0{,}9^t$ ($t\geq 0$ in Minuten).

$\Rightarrow f(t)=33-27\cdot 0{,}9^t;\ t\geq 0$ (t in Minuten)

Auch diese Funktion ist eine Exponentialfunktion, da die Zunahme von einer Maßeinheit (in diesem Fall Minuten) zur nächsten durch Multiplikation mit demselben Faktor (in diesem Fall 0,9) erfolgt.
Der Graph steigt streng monoton. Da er eine Rechtskurve beschreibt, ist das Wachstum degressiv. Er nähert sich der Asymptote $y = 33$ an und beschreibt daher ein **beschränktes Wachstum**

▶ Umgebungstemperatur 33°C.

Allgemein gilt, dass Exponentialfunktionen mit $a_0 < 0$ und $b < 0 < 1$ streng monoton und degressiv steigen.

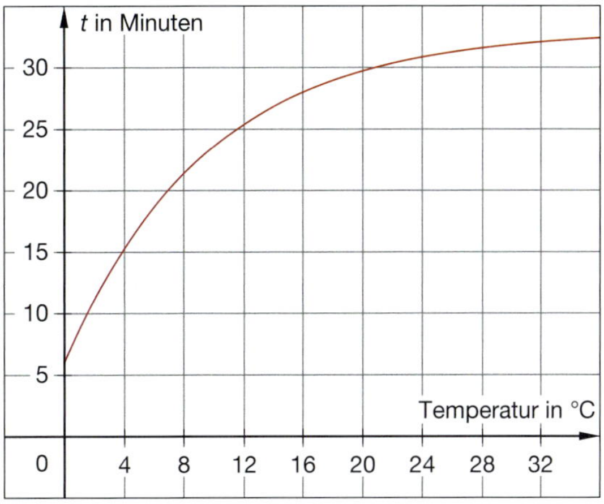

Exponentialfunktionen vom Typ $f(x) = a_0 \cdot b^x + c$ mit $a_0 \neq 0$ und $c, x \in \mathbb{R}$ sind nur für positive Basen ($b > 0$) und $b \neq 1$ definiert.
Die Graphen von Exponentialfunktionen dieses Typs haben die **Asymptote $y = c$** und den **y-Achsenabschnitt $\langle 0 \mid a_0 + c \rangle$**. ▶ Graph verschoben entlang der y-Achse

Je nach Wahl der Zahlen für a_0 und b ist eine Exponentialfunktion
- **progressiv** bzw. **degressiv**
- **streng monoton steigend** bzw. **streng monoton fallend.**

	$b > 1$	$0 < b < 1$
$a_0 > 0$	sms, pro	smf, deg
$a_0 < 0$	smf, pro	sms, deg

Beispiel 2.54

Zeichnen Sie den Graphen der Exponentialfunktionen $f_1(x) = 2^{2x}$, $f_2(x) = 2^{0,75x}$ und $f_3(x) = 2^{-x}$ und vergleichen Sie deren Verläufe mit dem Verlauf des Graphen von $f(x) = 2^x$.

Bei den drei Exponentialfunktionen hängt der Verlauf des Graphen nicht nur von der Basis b ab (in diesem Fall $b = 2$), sondern auch von der Wahl des Koeffizienten im Exponenten.
Im Vergleich zum Graphen von $f(x) = 2^x = 2^{1x}$ steigt der Graph von $f_1(x) = 2^{2x}$ steiler und der Graph von $f_2(x) = 2^{0,75x}$ flacher; der Graph von $f_3(x) = 2^{-x}$ fällt.
Im Unterschied zum Graphen von $f(x) = 2^x$ ($a = 1$) steigen die Graphen von f_a für $a > 1$ stärker (Streckung) und für $0 < a < 1$ schwächer (Stauchung); für $a < 0$ fallen die Graphen von f_a.

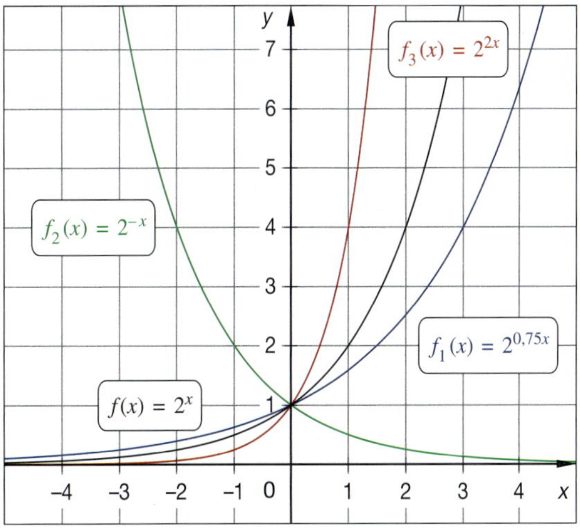

Der Graph von $f_{-a} = b^{-ax}$ ist der an der y-Achse gespiegelte Graph von $f_a = b^{ax}$.

Die Funktionsterme der Exponentialfunktionen vom Typ $f(x) = b^x$ sind Potenzterme mit reellen Exponenten für x und positiver reeller Basis für b. Für das Rechnen mit solchen Potenztermen gelten die schon für natürliche Zahlen als Exponenten bekannten **Potenzregeln**:

1. Zwei Potenzen mit gleicher Basis werden multipliziert, indem man die Exponenten addiert und die gemeinsame Basis beibehält.

1. $b^{x_1} \cdot b^{x_2} = b^{x_1 + x_2}$
Beispiel: $2^3 \cdot 2^6 = 2^9$

2. Zwei Potenzen mit gleichen Exponenten werden multipliziert, indem man die Basen multipliziert und den gemeinsamen Exponenten beibehält.

2. $b_1^x \cdot b_2^x = (b_1 \cdot b_2)^x$
Beispiel: $3^2 \cdot 4^2 = 12^2 = 144$

3. Eine Potenz wird potenziert, indem man die Exponenten multipliziert und die Basis beibehält.

3. $(b^{x_1})^{x_2} = b^{x_1 \cdot x_2}$
Beispiel: $(3^2)^3 = 3^{2 \cdot 3} = 3^6 = 729$

Beachtet man, dass $b^{-x} = \frac{1}{b^x}$ für alle reellen Zahlen x und alle $b \neq 0$ gilt, so erhält man als Folgerung aus den drei Regeln noch Rechenregeln für den Umgang mit Quotienten:

1a. Zwei Potenzen mit gleicher Basis werden dividiert, indem man den Exponenten des Divisors vom Exponenten des Dividenden subtrahiert und die Basis beibehält.

1a. $\frac{b^{x_1}}{b^{x_2}} = b^{x_1 - x_2}$
Beispiel: $\frac{2^5}{2^3} = 2^{5-3} = 2^2 = 4$

2a. Zwei Potenzen mit gleichen Exponenten werden dividiert, indem man zunächst die Basen dividiert und anschließend das Ergebnis potenziert.

2a. $\frac{b_1^x}{b_2^x} = \left(\frac{b_1}{b_2}\right)^x$.
Beispiel: $\frac{6^5}{2^5} = \left(\frac{6}{2}\right)^5 = 3^5 = 243$

Steht insbesondere x für eine rationale Zahl, also einen Term der Form $\frac{m}{n}$ mit $m \in \mathbb{Z}$ und $n \in \mathbb{N} \setminus \{0\}$, so lassen sich die Potenzen mit positiven Basen für b und gebrochenen Exponenten auf den Wurzelbegriff zurückführen und die Potenzgesetze mithilfe der Wurzelgesetze streng beweisen. ▶ Glossar

Alles klar?

1 Beschreiben Sie die Graphen folgender Exponentialfunktionen und vergleichen Sie ihre Verläufe.

a) $f(x) = 1{,}5 \cdot 1{,}2^x + 1$
$g(x) = 3 \cdot 0{,}7^x + 4$

b) $f(x) = -2 \cdot 1{,}2^x + 7$
$g(x) = -5 \cdot 0{,}7^x + 4$

c) $f(x) = -3 \cdot 0{,}75^x + 6$
$g(x) = 4 \cdot 0{,}5^x + 2$

2 Lösen und Vereinfachen Sie:

a) $36^{\frac{1}{2}} \cdot 8^{-\frac{1}{3}}$

b) $\frac{\sqrt[5]{4} \cdot \sqrt[3]{9}}{\sqrt[4]{12} \cdot \sqrt[2]{6}}$

3 Ein elastischer Ball fällt aus zwei Metern Höhe auf eine feste Unterlage und springt nach jedem Aufprall jeweils drei Viertel der letzten Höhe zurück. Erstellen Sie den Funktionsterm, der die Höhe des Balls nach dem n-ten Aufprall angibt. Wie hoch springt der Ball nach dem 4. Aufprall?

2.5.2 Logarithmen und Logarithmusfunktionen

In den Beispielen 2.48 bzw. 2.51 könnte man auch umgekehrt danach fragen, wie viele Anlagejahre t nötig sind, um ein bestimmtes Endkapital bzw. einen bestimmten Restbuchwert zu erhalten. Soll das Endkapital z. B. 8.640 € bzw. der Restbuchwert 51.450 € betragen, so sind die folgenden **Exponentialgleichungen** zu lösen:

$8640 = 5000 \cdot (1+0{,}2)^t \Leftrightarrow 1{,}728 = 1{,}2^t$ bzw. $51450 = 150000 \cdot (1-0{,}3)^t \Leftrightarrow 0{,}343 = 0{,}7^t$

Durch Setzen für 3 anstelle von t erhält man die Lösungen der beiden Exponentialgleichungen. Nach 3 Jahren erhält man also das entsprechende Endkapital bzw. den entsprechenden Restbuchwert.

Wie das Beispiel nahelegt, besitzen die zu den Exponentialfunktionen vom Typ $f(x) = b^x$; $b > 0$ gehörenden Funktionsgleichungen $y = b^x$ für $y > 0$ eine eindeutige Lösung x. Diese bezeichnet man als **Logarithmus von y zur Basis b**. Man schreibt dafür $x = \log_b y$. ▶ $b \neq 1$, da $1^x = 1$ für **jedes** $x \in \mathbb{R}$

Den Logarithmus einer **nicht negativen** Zahl zu berechnen heißt also, den Exponenten (die Hochzahl) einer Potenz zu bestimmen.

Beispiele

$\log_2 8 = 3$, denn $2^3 = 8$
$\log_2 32 = 5$, denn $2^5 = 32$
$\log_{10} 100 = 2$, denn $10^2 = 100$
$\log_{10} 100000 = 5$, denn $10^5 = 100000$

Der Logarithmus von y zur Basis b ist diejenige reelle Zahl, mit der man b potenzieren muss, um y zu erhalten: $log_b b^n = n$, denn der Logarithmus von b^n zur Basis b ist nach Definition ja gerade diejenige Zahl, mit der man b potenzieren muss, um b^n zu erhalten.

$$\begin{aligned}\log_b 1 = \log_b b^0 &= 0\\ \log_b b^1 &= 1\\ \log_b b^2 &= 2\\ &\dots\\ \log_b b^n &= n.\end{aligned}$$

Für $b > 0$, $b \neq 1$ und $y > 0$ bezeichnet $\log_b y$ diejenige Zahl x, für die gilt: $b^x = y$.
$\log_b y = x \Leftrightarrow b^x = y$
Die Zahl $\log_b y$ wird **Logarithmus** von y zur Basis b genannt.

Logarithmen hat man früher aus speziellen Tafeln (Logarithmentafeln) entnommen. Heute kann man Logarithmen mit dem Taschenrechner oder dem Computer näherungsweise bestimmen. Für das praktische Rechnen wird häufig der Logarithmus zur Basis 10 benutzt, für den es auf den meisten Taschenrechnern eine spezielle Taste gibt.

Man nennt die Logarithmen zur Basis 10 **gewöhnliche Logarithmen** oder **Zehnerlogarithmen**. Statt $\log_{10} y$ schreibt man häufig auch $\log y$ oder $\lg y$.

Es reicht grundsätzlich aus, nur die Zehnerlogarithmen zu kennen, denn jeder Logarithmus zu einer anderen Basis lässt sich mit Zehnerlogarithmen ausdrücken.
Für $b \neq 1$ gilt nämlich stets $\log_b y = \dfrac{\lg y}{\lg b}$

$10^{\lg y} = y$ ▶ Definition 10-Log.
$= b^{\log_b y}$ ▶ Definition $\log_b$
$= \left(10^{\lg b}\right)^{\log_b y}$
$= 10^{\lg b \cdot \log_b y}$ ▶ Potenzgesetz
$\Rightarrow \lg y = \lg b \cdot \log_b y$ ▶ Exponentenvergleich

Für $b > 0$; $b \neq 1$ und $y > 0$ gilt: $\log_b y = \dfrac{\lg y}{\lg b}$.

Beispiel 2.55

Im Beispiel 2.47 kann man die Bakterienstämme nach t Stunden berechnen bzw. aus der Zeichnung ablesen. Nach wie vielen Stunden werden nun z. B. exakt 12 Bakterienstämme erreicht?

Im Unterschied zum Beispiel 2.47 geht man hier von den Bakterienstämmen (y-Werten) aus und möchte die zugehörigen Zeitpunkte (t-Werte) bestimmen. Aus der Zeichnung kann man ablesen, dass 8 Bakterienstämme nach 3 Stunden erreicht werden. Die Zeit, nach der 12 Bakterienstämme erreicht werden, kann man nur ungenau erkennen, der Zeitpunkt liegt um 3,6.

Rechnerisch ist die **Exponentialgleichung** $2^t = 12$ oder äquivalent dazu die **logarithmische Gleichung** $\log_2 12 = t$ zu lösen. Die Lösung lässt sich mithilfe der log-Taste des Taschenrechners eindeutig bestimmen. Es ist $\log_2 12 \approx 3{,}585$.

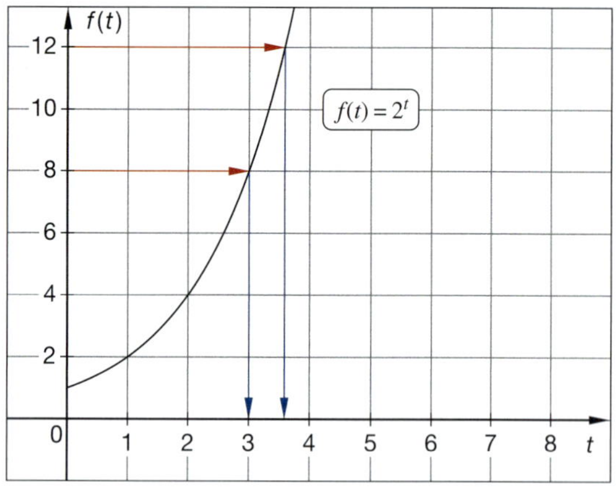

$2^t = 12 \Leftrightarrow t = \log_2 12 = \frac{\lg 12}{\lg 2} \approx \mathbf{3{,}585}$

Durch das Halbierungsverfahren (► Glossar) lässt sich die Zahl für t einschachteln.

► „Alles klar"-Aufgabe 4

Alles klar?

1 In wie vielen Jahren verdoppelt sich ein Kapital, das zu 4 % verzinst wird?

2 Schreiben Sie jede Exponentialgleichung als logarithmische Gleichung und lösen Sie sie.

a) $2^x = 32$ b) $3 \cdot 4^x = 50$
c) $25^x = 5$ d) $216^x = \sqrt{6}$
e) $0{,}25^x = 16$ f) $7 \cdot 3^x = 49$
g) $19 \cdot 0{,}125^x = 38$ h) $8 \cdot 3^x = 3\sqrt{81}$

3 Schreiben Sie jede logarithmische Gleichung als Exponentialgleichung und lösen Sie sie.

a) $\log_3 81 = x$ b) $\lg 0{,}0001 = x$
c) $\log_2 64 = x$ d) $\log_2 0{,}03125 = x$
e) $\log_5 3{,}125 = x$ f) $\log_{0{,}25} 8 = x$
g) $\lg 10^3 = x$ h) $\lg 25 = x$

4 Berechnen Sie die Zahl für t in der Exponentialgleichung $2^t = 12$ aus Beispiel 2.55 mithilfe einer Intervallschachtelung im Intervall $[3; 4]$. ► Glossar

Die Grundlage für das Rechnen mit Logarithmen bilden die folgenden **Logarithmenregeln**, die sich für $u > 0$ und $v > 0$ aus den entsprechenden Potenzregeln folgern lassen.

1. Ein Produkt wird logarithmiert, indem man die Logarithmen der Faktoren addiert.

$\log_b(u \cdot v) = \log_b u + \log_b v$

Beispiel:

$\log_2(4 \cdot 8) = \log_2 4 + \log_2 8 = 2 + 3$

2. Ein Bruch wird logarithmiert, indem man vom Logarithmus des Zählers den Logarithmus des Nenners subtrahiert.

$\log_b \frac{u}{v} = \log_b u - \log_b v$

Beispiel:

$\log_3 \frac{243}{9} = \log_3 243 - \log_3 9 = 5 - 2$

3. Eine Potenz wird logarithmiert, indem man den Logarithmus der Potenzbasis mit dem Exponenten multipliziert.

$\log_b u^n = n \cdot \log_b u$

Beispiel:

$\log_{10} 10000 = \lg 10^4 = 4 \cdot \lg 10 = \mathbf{4 \cdot 1}$

Die Regeln lassen sich alle leicht aus den entsprechenden Regeln für Potenzen beweisen, indem man die vorkommenden Zahlen mithilfe des Logarithmus ausdrückt, anschließend die Potenzgesetze anwendet und die Exponenten vergleicht. ► Übungsaufgabe 7

Im Folgenden wird der Einfluss der Basis b auf den Verlauf des Graphen einer Logarithmusfunktion näher untersucht.

Die Graphen der Funktionen (mit $x > 0$)

$g_1(x) = \log_{10} x$,

$g_2 = \log_5 x$,

$g_3 = \log_{0,5} x$,

$g_4 = \log_{0,1} x$

schneiden die x-Achse an der Stelle 1 (► Nullstelle)

Die Graphen von g_1 und g_2 **wachsen streng monoton**. Die Terme dieser Logarithmusfunktion haben eine Basis b mit $b > 1$.

Die Graphen von g_3 und g_4 **fallen streng monoton**. Die Terme dieser Logarithmusfunktionen haben eine Basis b mit $0 < b < 1$.

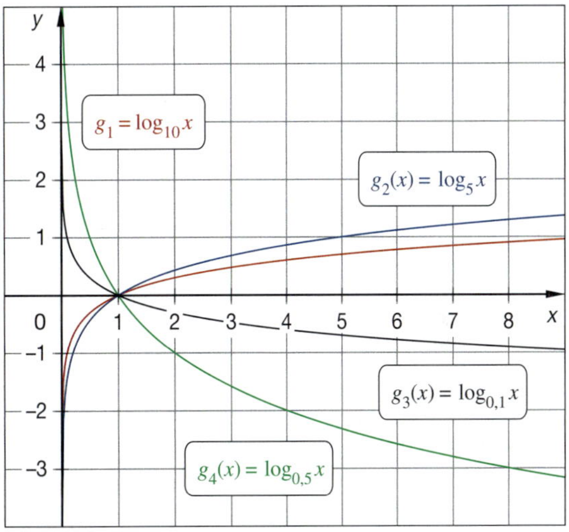

Logarithmusfunktionen sind **für $b > 1$ streng monoton steigend** (und umso stärker, je kleiner die Werte für b sind) und **für $0 < b < 1$ streng monoton fallend** (und umso stärker, je größer die Werte für b sind). Die Graphen der Logarithmusfunktionen nähern sich **asymptotisch** der y-Achse von rechts.

- Funktionen vom Typ $g(x) = \log_b(x)$; $x > 0$ mit einer positiven reellen Zahl für b heißen **Logarithmusfunktionen zur Basis b**. Sie besitzen den Wertebereich $W(g) = \mathbb{R}$.
- Für $0 < b < 1$ sind die Logarithmusfunktionen **streng monoton fallend**. Ihre Graphen nähern sich **asymptotisch** von rechts dem positiven Teil der y-Achse.
- Für $b > 1$ sind die Logarithmusfunktionen **streng monoton steigend**. Ihre Graphen nähern sich **asymptotisch** von rechts dem negativen Teil der y-Achse.
- Alle Graphen von Logarithmusfunktionen verlaufen durch den I. und IV. Quadranten des Koordinatensystems und gehen durch den Punkt $P\langle 1 \mid 0 \rangle$.

Beispiel 2.56

Eine Unternehmerin hat ihren Betrieb mit 50.000 € Eigenkapital gegründet und mit den Gewinnen ihr Eigenkapital jährlich erhöht. Nach einem Jahr hat sie 57.800 €, nach 2 Jahren 66.800 €, nach 3 Jahren 77.250 €, nach 4 Jahren 89.300 € und nach 5 Jahren 103.250 € Eigenkapital. Stellen Sie den Verlauf des Eigenkapitals in den 5 Jahren graphisch mit Excel dar.
Da die Gewinne dem Eigenkapital jährlich zufließen und sie deshalb mit verzinst werden, handelt es sich um einen exponentiellen Anstieg des Kapitals.

Zunächst klickt man im EINFÜGEN-Menü unter DIAGRAMME auf das nebenstehende Punkt-Symbol und wählt PUNKT (XY).

Den gesuchten Funktionsgraphen, auf dem die Punkte liegen, erhält man, indem mant mit der rechten Maustaste auf einen Graphenpunkt klickt und im erscheinenden Menü TRENDLINIE HINZUFÜGEN… mit dem Typ EXPONENTIAL und der Option FORMEL IM DIAGRAMM DARSTELLEN auswählt.

Im Schnitt hat sich ihr Eigenkapital um ca. 15.6 % jährlich vermehrt, entsprechend der Funktion
$f(x) = 50.000 \cdot e^{0,145x} \approx 50.000 \cdot 1,156^x$.

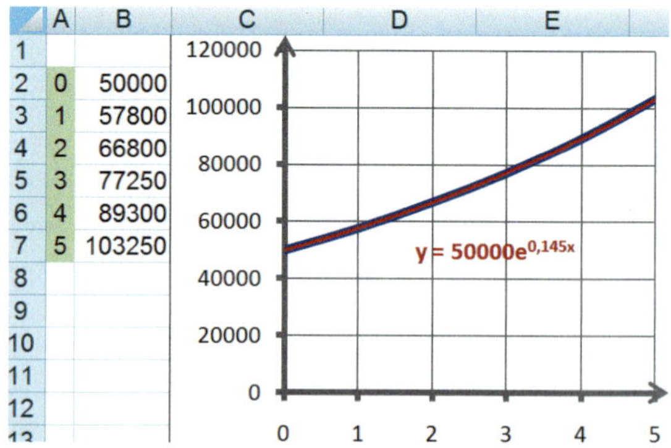

$e^{0,145} \approx 1,156 \Rightarrow p\,\% \approx 15,6\,\%$
$\Rightarrow f(x) \approx 50.000 \cdot e^{0,145x} \approx 50.000 \cdot 1,156^x$.

Beispiel 2.57

Nach wie vielen Jahren hat sich der Wert der Aktienfonds aus Beispiel 2.48 bei einem Zinssatz von 20 % von 5.000 € auf 8.640 € erhöht?

Zu lösen ist die Exponentialgleichung $8.640 = 5.000 \cdot (1+0,2)^t$. ▶ Beispiel 2.48
Mithilfe der log-Taste des Taschenrechners erhält man für t genau 3.

$$8.640 = 5.000 \cdot 1,2^t \Leftrightarrow 1,2^t = \frac{8.640}{5.000}$$

$$\Rightarrow t = \log_{1,2}\frac{8.640}{5.000} = \frac{\lg\frac{8.640}{5.000}}{\lg 1,2} = 3$$ ▶ TR

Nach drei Jahren hat sich der Aktienfonds von 5.000 € auf 8.640 € erhöht.

Alles klar?

1 Zeichnen Sie die Graphen folgender Logarithmusfunktionen jeweils in ein Koordinatensystem und vergleichen Sie ihre Verläufe.

a) $f(x) = \lg x$
$g(x) = \lg(x-2)$

b) $f(x) = \lg(x-2)$
$g(x) = 4 \cdot \lg(x-2)$

c) $f(x) = 4 \cdot \lg(x-2)$
$g(x) = 4 \cdot \lg(x-2) + 3$

2 Es gilt $\lg 7 \approx 0,845$. Berechnen Sie ohne Taschenrechner mithilfe der Logarithmenregeln

a) $\lg 7000$ b) $\lg 0,00007$ c) $\lg 7\,000\,000$ d) $\lg\frac{1}{70}$

2.5.3 Wachstumsprozesse in der Finanzmathematik

In der **Zinseszinsrechnung** beschäftigt man sich mit der Entwicklung von einmalig angelegten Kapitalbeträgen zu einem Zinssatz, der in der Regel im Zeitablauf fest bleibt. Dabei werden im Unterschied zur Zinsrechnung die Jahreszinsen am Ende eines Jahres nicht ausbezahlt, sondern dem Kapital zugeschlagen.

Das bedeutet, dass im nächsten Jahr neben dem Kapital auch die Zinsen verzinst werden, im dritten Jahr neben dem Kapital und den Zinsen des ersten Jahres auch die Zinsen des zweiten Jahres usw.

▶ Zinseszinsen, vgl. Beispiel 2.48, $K_n = K_0 \cdot 1{,}05^n$

Der Kapitalzuwachs ist **exponentiell** und wird bei einem beliebigen Zinssatz $p\,\%$ durch den Funktionsterm $K_n = K_0 \cdot (1 + p\,\%)^n$ beschrieben. Der Zinssatz $p\,\%$, zu dem man ein Kapital festlegt oder ausleiht, wird in Prozent angegeben. ▶ $p\,\% = \frac{p}{100}$

Der Faktor $1 + p\,\% = 1 + \frac{p}{100}$ im Term von K_n heißt **Zinsfaktor** und wird mit q bezeichnet.

▶ Der Zinssatz ist grundsätzlich ein Jahreszinssatz. Abweichungen von diesem Grundsatz werden ausdrücklich vermerkt.

Je nachdem, welche Werte in der Zinseszinsformel $K_n = K_0 \cdot (1 + p\,\%)^n$ gegeben und welche gesucht sind, lassen sich damit folgende Fragestellungen behandeln:

- Zu welchem **Guthaben** K_n wächst ein Anfangskapital K_0, das zum Zinsatz $p\,\%$ für n Jahre angelegt wird (Beispiel 2.48)?
- Zu welchem **Zinssatz** $p\,\%$ muss ein vorhandenes Anfangskapital K_0 eine bestimmte Anzahl von n Jahren festgelegt werden, um nach dieser Zeit zu einem vorgegebenen Guthaben K_n angewachsen zu sein (Beispiel 2.58)?
- Welcher **einmalige Betrag** K_0 muss zum Zinssatz $p\,\%$ für n Jahre angelegt werden muss, um am Ende zu einem bestimmten Guthaben K_n angewachsen zu sein (Beispiel 2.59)?
- Wie **lange** muss ein Betrag K_0 zu einem Zinssatz $p\,\%$ verzinst werden, damit am Ende des Zinszeitraums ein vorgegebenes Guthaben K_n zur Verfügung steht (Beispiel 2.57)?

Beispiel 2.58 (Berechnung des Zinssatzes)

Zu welchem Zinssatz müssen 3.325,29 € für 7 Jahre angelegt werden, damit am Ende des Jahres 5.000 € zur Verfügung stehen?

Das Anfangskapital beträgt 3.325,29 €, das Guthaben nach 7 Jahren soll 5.000 € betragen.

$$K_0 = 3.325{,}29\,€$$
$$K_7 = 5.000\,€$$

Das Guthaben nach 7 Jahren ergibt sich, indem das Anfangskapital 7 Jahre verzinst wird. Es wird nach der rechts stehenden Zinsformel berechnet.

$$K_7 = K_0 \cdot \left(1 + \frac{p}{100}\right)^7$$

Setzt man in diese Gleichung die gegebenen Werte für K_0 und K_7 ein und löst nach p auf, dann erhält man den gesuchten Zinssatz.

$$5.000\,€ = 3.325{,}29\,€ \cdot \left(1 + \frac{p}{100}\right)^7$$
$$\frac{5.000\,€}{3.325{,}29\,€} = \left(1 + \frac{p}{100}\right)^7 \quad ▶\ p > 0$$
$$\sqrt[7]{\frac{5.000\,€}{3.325{,}29\,€}} = \left(1 + \frac{p}{100}\right)$$

Der Zinssatz beträgt also ungefähr 6 %.

$$\frac{p}{100} = \sqrt[7]{\frac{5.000\,€}{3.325{,}29\,€}} - 1 \approx \mathbf{6\,\%}$$

2

Beispiel 2.59 (Berechnung des Anfangskapitals)

Für einen Autokauf sollen in 5 Jahren 20.000 € zur Verfügung stehen. Welchen Betrag müsste man dafür jetzt zu 7 % anlegen?

K_5 soll 20.000 € betragen.

$K_5 = 20.000\,€$

Der gesuchte Anlagebetrag K_0 muss sich dafür 5 Jahre lang zu 7 % verzinsen lassen.

$$K_5 = K_0 \cdot (1 + 0{,}07)^5$$
$$20.000 = K_0 \cdot 1{,}07^5$$

Durch Setzen der gegebenen Werte K_n und p bzw. q in die Zinseszinsformel $K_n = K_0 \cdot q^n$ erhält man nach anschließendem Umstellen nach K_0 den Anlagebetrag 14.259,72 €.

$$K_0 = \frac{20.000\,€}{1{,}07^5} \quad \blacktriangleright \text{ TR}$$
$$K_0 \approx \mathbf{14.259{,}72\,€}$$

- K_n ist das Kapital, zu dem ein Anfangskapital K_0 nach n Jahren Verzinsung mit einem Zinssatz von p % angewachsen ist. K_n berechnet sich nach der **Zinseszinsformel**

  $K_n = K_0 \cdot q^n$ mit $q = 1 + \frac{p}{100}$ ▶ $p\,\% = \frac{p}{100}$
- Ersetzt man in der Zinseszinsformel drei der vier Variablen K_n, K_0, q und n durch vorgegebene Werte, so lässt sich der Wert der vierten Variablen berechnen. Je nach Vorgabe der Werte erhält man

für das **Anfangskapital K_0**: $K_0 = \frac{K_n}{q^n}$ für die **Laufzeit n**: $n = \frac{\lg \frac{K_n}{K_0}}{\lg q}$

für den **Zinsfaktor q**: $q = \sqrt[n]{\frac{K_n}{K_0}}$ für den **Zinssatz $p\,\%$**: $p\,\% = \sqrt[n]{\frac{K_n}{K_0}} - 1$

Alles klar?

Erstellen Sie mithilfe von Excel die jeweilige Formel zur Berechnung einer der vier Größen: Anfangs- und Endkapital, Zinssatz sowie Jahre. Es wird vorausgesetzt, dass die jeweils zur Berechnung einer Variablen erforderlichen anderen drei Variablen bekannt und eingesetzt worden sind.

	A	B	C	D
1	Berechnung Anfangs- und Endkapital, Zinssatz, Jahren			
2				
3	Eingabebereich			
4	Anfangskapital	Zinssatz	Jahre	Endkapital
5	2.000,00 €	5%		2.680,19 €
6				
7	Rechenbereich			
8	Anfangskapital	Zinssatz	Jahre	Endkapital
9			6,00	

Zinseszinsen müssen auch dann berücksichtigt werden, wenn das Kapital nicht unangetastet bleibt, sondern durch regelmäßige Ein- oder Auszahlungen verändert wird, z. B. wenn Kredite mit gleich hohen Jahresbeträgen zurückbezahlt werden. Verzinsung und Tilgung müssen in diesem Fall gleichzeitig berücksichtigt werden.

In der Finanzmathematik werden jährlich gleich hohe Ein- oder Auszahlungen als **Rente** bezeichnet. Diese Jahresrenten unterliegen im Zeitablauf der Verzinsung.

▶ Was hier **Rente** genannt wird, ist keine Altersrente oder Rente aus eine Lebensversicherung. Bei diesen wird zusätzlich die durchschnittliche Lebenserwartung mit berücksichtigt.

Beispiel 2.60 (Nachschüssige Rente)

Ein Bankkunde zahlt jeweils am Ende eines jeden Jahres 1.000 € auf ein Sparkonto ein. Das Guthaben wird mit 4 % verzinst. Wie hoch ist das Guthaben unmittelbar nach der 6. Einzahlung?

Die Einzahlungen können anhand einer Zeitachse dargestellt werden.

Jede Einzahlung wird bis zum Ende des 6. Jahres verzinst. Die farbig unterlegten Beträge geben den Endbetrag der jeweiligen Einzahlung an. Ihre Summe R_6 ist daher das gesuchte Guthaben nach der 6. Einzahlung.
Diese Reihe kann berechnet werden nach der Formel $R_n = r \cdot \frac{q^n - 1}{q-1}$. Hiernach ergibt sich, dass das Guthaben in 6 Jahren auf 6.632,98 € angewachsen ist.

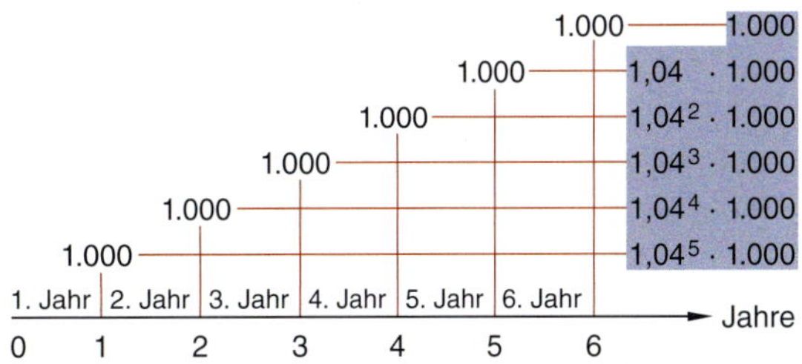

$R_6 = 1.000\,€ + 1.000\,€ \cdot 1{,}04 + 1.000\,€ \cdot 1{,}04^2 + 1.000\,€ \cdot 1{,}04^3 + 1.000\,€ \cdot 1{,}04^4 + 1.000\,€ \cdot 1{,}04^5$

$R_6 = 1.000\,€ \cdot \frac{1{,}04^6 - 1}{1{,}04 - 1} = 1.000\,€ \cdot \frac{1{,}04^6 - 1}{0{,}04}$ ▶ TR

$\approx$ **6.632,98 €** ▶ $r = 1.000\,€$

Man nennt diese Rente **nachschüssig**, weil sowohl die Einzahlungen als auch die Berechnung des Endbetrages am Ende eines Jahres erfolgen.

Im letzten Beispiel ist man bei der Berechnung des Guthabens auf eine Summe der Form
$R_n = r + r \cdot q + \ldots + r \cdot q^{n-1}$
gestoßen, wobei in diesem Fall $r = 1.000$ und $q = 1{,}04$ galt. Derartige Summen sind typisch für die Rentenrechnung. Diese lassen sich durch eine einfache Formel berechnen, und zwar gilt für beliebige Zahlen $r \in \mathbb{R}$, $q \in \mathbb{R}^{\geq 0}$ und $n \in \mathbb{N}$: $R_n = r + r \cdot q + \ldots + r \cdot q^{n-1} = r \cdot \frac{q^n - 1}{q - 1}$

Diese Gleichung lässt sich mit nebenstehendem „Trick“ zeigen, indem man zunächst R_n mit q multipliziert und dann die R_n-Formel von der neu entstandenen $R_n \cdot q$-Formel auf beiden Seiten der Gleichung subtrahiert.

$R_n = r + r \cdot q + \ldots + r \cdot q^{n-2} + r \cdot q^{n-1}$ ▶ $R_n \cdot q$
$R_n \cdot q = r \cdot q + r \cdot q^2 + \ldots + r \cdot q^{n-1} + r \cdot q^n$

$R_n \cdot q - R_n = r \cdot q^n + r \cdot q^{n-1} - r \cdot q^{n-1} + \ldots + r \cdot q - r \cdot q - r$
$R_n \cdot q - R_n = r \cdot q^n - r$

Nach Ausklammern von R_n bzw. r und Division der letzten Gleichung durch $(q-1)$ erhält man die gewünschte Rentenendwertformel.

$R_n \cdot (q - 1) = r \cdot (q^n - 1) \quad | : (q-1)$
$R_n = r \cdot \frac{q^n - 1}{q - 1}$

Alles klar?

Wie hoch ist ein Guthaben nach 6 Jahren, wenn am **Anfang** eines jeden Jahres 1.000 € auf das Sparbuch bei einem Zinssatz von 4 % eingezahlt werden?

2

Beispiel 2.61 (Rentenbarwert)

Ein Unternehmer hat sich das Recht auf eine 15-jährige vorschüssige Rente in einer Höhe von 5.000 € erworben. Er möchte sich den Wert der Rente aber sofort auszahlen lassen (Zinssatz 5 %). Mit welchem Auszahlungsbetrag kann er rechnen?

Da am Ende des 15. Jahres der Rentenendwert R_{v15} dem Gesamtwert der Rente entspricht, muss der Auszahlungsbetrag K_{v0} so hoch sein, dass er bei 15-jähriger Aufzinsung mit 5 % gleich dem Rentenendwert ist.

► in Excel: = BW (5 %; 15; –5.000;; 1)

$$R_{v15} = 5.000\,€ \cdot \frac{1{,}05^{15} - 1}{1{,}05 - 1} \cdot 1{,}05$$
$$\approx 113.287{,}46\,€$$
$$K_{v0} \cdot q^{15} = R_{v15}$$
$$K_{v0} = \frac{R_{v15}}{q^{15}} = \frac{113.287{,}46\,€}{1{,}05^{15}}$$
$$\approx \mathbf{54.493{,}20\,€}$$

Unter kaufmännischen Gesichtspunkten ist eine Rente, die n Jahre lang gezahlt wird, gleichwertig mit ihrem Rentenbarwert, der sich durch Abzinsung des Rentenendwerts errechnen lässt.

In der Rentenberechnung taucht auch oft das Problem auf, welche Rente man erwarten kann, wenn man einen einmaligen Betrag verzinslich anlegt.

Beispiel 2.62 (Berechnung der Rente bei gegebener Laufzeit)

Ein Lottogewinner legt seinen Gewinn von 100.000 € zu 6,5 % am Anfang eines Jahres so an, dass er am Ende eines jeden Jahres eine Rente erhält, die 20 Jahre lang gezahlt werden soll. Welche jährliche Rente kann er erwarten, wenn am Ende des 20. Jahres das Kapital aufgebraucht sein soll?

Der Kapitalbetrag von 100.000 € entspricht dem Barwert einer 20-jährigen nachschüssigen Rente r, deren Endwert sich aus der 20-maligen Verzinsung ergibt.
Daraus lässt sich durch Auflösen der Rentenendwertgleichung nach r die Rente ermitteln.
Der Lottogewinner kann 20 Jahre lang jährlich eine nachschüssige Rente von 9.075,64 € aus der Anlage von 100.000 € beziehen.

► in Excel: = RMZ (6,5 %; 20; –10.000;; 0)

$$K_0 = 100.000\,€$$
$$R_{20} = K_{20}$$
$$R_{20} = K_0 \cdot 1{,}065^{20}$$
$$\Leftrightarrow \quad R_{20} = r \cdot \frac{1{,}065^{20} - 1}{1{,}065 - 1} = 100.000\,€ \cdot 1{,}065^{20}$$
$$\Leftrightarrow \quad r = \frac{100.000\,€ \cdot 1{,}065^{20} \cdot 0{,}065}{1{,}065^{20} - 1} \qquad \text{► TR}$$
$$\Leftrightarrow \quad r \approx \mathbf{9.075{,}64\,€}$$

Beispiel 2.63 (Berechnung der Laufzeit)

Der Lottogewinner aus Beispiel 2.62 möchte jährlich nachschüssig 15.000 € aus seiner 6,5 %igen Anlage von 100.000 € entnehmen. Er will wissen, wie oft das möglich ist, wenn nach der letzten Auszahlung das Kapital vollständig aufgebraucht sein soll.

Die Kapitalanlage in Höhe von 100.000 € entspricht dem Barwert der nachschüssigen Rente über jährlich 15.000 €.

► $K_0 = 100.000\,€;\ r = 15.000\,€$
$$K_n = K_0 \cdot 1{,}065^n$$
$$\Leftrightarrow \quad K_n = 100.000\,€ \cdot 1{,}065^n$$
$$R_n = 15.000\,€ \cdot \frac{1{,}065^n - 1}{1{,}065 - 1}$$

Der Rentenbarwert K_0 wird n Jahre aufgezinst und dem Rentenendwert nach n Jahren gleichgesetzt.

Dann wird die Gleichung schrittweise nach n aufgelöst, indem zuerst der Potenzterm $1{,}065^n$ auf der linken Seite der Gleichung mit dem Produktterm $\frac{6{,}5}{15} \cdot 1{,}065^n$ auf der rechten Seite der Gleichung zusammengefasst wird.

Die danach entstehende Exponentialgleichung wird dann durch Logarithmieren gelöst.

Der Lottogewinner kann seiner einmaligen Anlage von 100.000 € nachschüssig 9-mal 15.000 € entnehmen, bis sein Kapital aufgezehrt ist.

▸ in Excel: = ZZR (6,5 %; 15.000; –100.000;; 0)

▸ $R_n = K_n$

$$\Leftrightarrow \quad 15.000\,€ \cdot \frac{1{,}065^n - 1}{0{,}065} = 100.000\,€ \cdot 1{,}065^n$$

$$\Leftrightarrow \quad 1{,}065^n - 1 = \frac{100.000\,€ \cdot 1{,}065^n \cdot 0{,}065}{15.000\,€}$$

$$\Leftrightarrow \quad 1{,}065^n - 1 = \frac{6{,}5}{15} \cdot 1{,}065^n$$

$$\Leftrightarrow \quad 1{,}065^n - \frac{6{,}5}{15} \cdot 1{,}065^n = 1$$

$$\Leftrightarrow \quad 1{,}065^n \cdot \left(1 - \frac{6{,}5}{15}\right) = 1$$

$$\Leftrightarrow \quad 1{,}065^n \cdot \frac{8{,}5}{15} = 1$$

$$\Leftrightarrow \quad 1{,}065^n = \frac{15}{8{,}5}$$ ▸ Logarithmieren

$$\Leftrightarrow \quad n \cdot \lg 1{,}065 = \lg \frac{15}{8{,}5}$$

$$\Leftrightarrow \quad n = \frac{\lg \frac{15}{8{,}5}}{\lg 1{,}065}$$ ▸ TR

$$\Leftrightarrow \quad n \approx 9{,}02 \approx \mathbf{9}$$

2

- Unter einer **jährlichen Rente** versteht man eine gleich hohe jährliche Zahlung r, die im Zeitablauf verzinst wird.
- Bei einer **nachschüssigen Rente** finden alle Zahlungen am Ende eines Jahres statt. Nach n Zahlungen und n Jahren ergibt sich bei einem zugrunde gelegten Zinssatz von $p\,\%$ ein **Rentenendwert** R_n mit
  $R_n = r \cdot \frac{q^n - 1}{q - 1}$ mit $q = 1 + p\,\%$
- Bei der **vorschüssigen Rente** werden alle Zahlungen um ein Jahr früher als bei der nachschüssigen Rente getätigt. Den Rentenendwert R_{vn} der vorschüssigen Rente berechnet man mit
  $R_{vn} = r \cdot \frac{q^n - 1}{q - 1} \cdot q$ mit $q = 1 + p\,\%$
- **Der Barwert K_0** einer Rente ist der Wert der Rente zu Beginn eines Betrachtungszeitraums; er ist der auf diesen Zeitpunkt um n Jahre abgezinste Rentenendwert:
  $K_0 = \frac{R_n}{q_n} = r \cdot \frac{q^n - 1}{(q-1) \cdot q^n}$ bzw. $K_{v0} = \frac{R_{vn}}{q^n} = r \cdot \frac{q^n - 1}{(q-1) \cdot q^n} \cdot q.$
- Eine n-malige jährliche Rente r, ihr Rentenendwert R_n bzw R_{vn} am Ende des n-ten Jahres und ihr Barwert K_0 bzw. K_{v0} am Anfang des ersten Jahres sind unter kaufmännischen Gesichtspunkten gleichwertig.

Übungen zu 2.5

1 Zeichnen Sie die Graphen der folgenden Exponentialfunktionen und bestimmen Sie rechnerisch ihre Funktionswerte für $x \in \{1, 2, 3, 5, 10\}$.

a) $f(x) = 2^x$ b) $f(x) = 3^x$ c) $f(x) = 0{,}5^x$

d) $f(x) = \left(\frac{2}{3}\right)^x$ e) $f(x) = \left(\frac{3}{2}\right)^x$ f) $f(x) = \left(\frac{9}{10}\right)^x$

2

2 Bestimmen Sie jeweils die Lösungen der folgenden Exponentialgleichungen.

a) $1{,}04^x = 1{,}36856905$

b) $4 \cdot 0{,}8^x = 0{,}219902326$

c) $6789 \cdot 2^x = 38.404{,}3835$

d) $0{,}123 \cdot 3^x = 269{,}001$

e) $32{,}5 \cdot 1{,}005^x = 33{,}82297893$

f) $6.484 \cdot 0{,}95^x = 4.766{,}335819$

g) $1{,}02^{x-2} = 1{,}21899442$

h) $0{,}99^{2x+3} = 0{,}895338254$

3 Die indische (nigerianische) Bevölkerung betrug 2007 ca. 1,122 Mrd. (135 Mio.) Menschen. Man rechnet mit einem jährlichen Bevölkerungswachstum von 1,9 (3,1) %.

a) Bestimmen Sie die Funktionsterme dieser Exponentialfunktionen.

b) Berechnen Sie die voraussichtlichen Einwohnerzahlen in den Jahren 2010, 2020 und 2030.

c) In welchem Jahr wird sich bei gleicher Wachstumsrate die indische (nigerianische) Bevölkerung im Vergleich zu 2007 verdoppelt haben?

4 Der indische König Schehram forderte den Erfinder des Schachspiels auf, sich eine Belohnung zu wünschen. Dieser bat ihn, auf das erste Feld des Schachbretts ein Weizenkorn zu legen, auf das nächste 2 Weizenkörner, auf das nächste 4 Weizenkörner, usw.

a) Stellen Sie den Funktionsterm der Funktion auf, die angibt, wie viele Weizenkörner auf den verschiedenen Schachfeldern liegen.

b) Berechnen Sie die Anzahl der Körner auf dem 8., 20., 32. und 64. Feld.

5 Vereinfachen Sie die folgenden logarithmischen Terme mithilfe der Logarithmenregeln und ermitteln Sie die Lösungen.

a) $\log_3 27 + \log_3 729$

b) $\lg 1.000 - \lg 0{,}001$

c) $\log_{0,5} 8 - \log_{0,5} 64 + \log_{0,5} 0{,}25$

6 Bestimmen Sie jeweils die reelle Zahl für a.

a) $2^{ax} = 5^x$ b) $5^{ax} = 0{,}5^x$ c) $0{,}25^{ax} = 512^x$

7 Beweisen Sie die Rechenregeln für den Logarithmus.
Hinweis: Drücken Sie u, v, $u \cdot v$ etc. mithilfe des Logarithmus als Potenzen aus und wenden Sie die entsprechenden Regeln für Potenzen an.

Anmerkungen zu den Aufgaben 9–12:
Radioaktive Elemente zerfallen unter Aussendung von geladenen Teilchen und wandeln sich dabei in neue Atome um. Dieser Zerfall erfolgt spontan und rein statistisch.
Die Geschwindigkeit, mit der der radioaktive Zerfall eines Elements stattfindet, wird durch die **Halbwertszeit** gemessen. Sie ist diejenige Zeit, in der von einer beliebigen Ausgangsmenge eines radioaktiven Elements die Hälfte zerfallen ist. Von der Restmenge des Elements zerfällt wieder die Hälfte in der Halbwertszeit usw.
Beispiele für Halbwertszeiten: 12,4 Jahre (Tritium), 3,05 Minuten (Polonium), 1600 Jahre (Radium 226), $4{,}47 \cdot 10^9$ Jahre (Uran 238) und $5{,}7 \cdot 10^3$ Jahre (Kohlenstoff C 14).

8 Wie viele Jahre dauert es, bis die radioaktive Strahlung eines mit Radium 226 verseuchten Gegenstands auf $\frac{1}{8}$ ihres ursprünglichen Werts gesunken ist?

9 Bei einem lebenden Organismus werden 15 radioaktive Zerfälle pro Gramm Kohlenstoff C 14 in der Minute gezählt, weil der zerfallene Kohlenstoff ständig aus der Nahrung ergänzt wird. Erst mit dem Absterben des Organismus hört die Nahrungsaufnahme auf, der Zerfall geht jedoch weiter. Würde man nun nur noch 7,5 Zerfälle pro Gramm und Minute zählen, so kann man daraus schließen, dass die Hälfte des Kohlenstoffs zerfallen ist und $5{,}7 \cdot 10^3$ Jahre vergangen sind. Der wievielte Teil der ursprünglichen Kohlenstoff-C 14-Menge ist nach 50 000 Jahren noch vorhanden?

10 Ein Stab aus Radium 226 hat ein Gewicht von 25 kg. Wie viel des ursprünglichen Radiums ist nach 16 000 Jahren noch vorhanden?

11 Bakterien sind einzellige pflanzliche Lebewesen, die zum großen Teil als Krankheitserreger auftreten. Bakterien vermehren sich durch Zellteilung; bei günstigen Voraussetzungen teilt sich eine Bakterienzelle im Durchschnitt dreimal pro Stunde.

a) Errechnen Sie, wie viele Bakterien sich im Tagesverlauf aus einer Bakterie entwickeln.

b) Bei einem bakteriologischen Versuch werden 400 Bakterien zum Zeitpunkt t_1 und 26 214 400 Bakterien zum Zeitpunkt t_2 gezählt. Wie viele Zellteilungen haben in der Zwischenzeit stattgefunden?

12 Das Sozialbudget in der Bundesrepublik Deutschland betrug 1960 umgerechnet ca. 47 Mrd. Euro und ist bis 1995 durchschnittlich um 7,69 % gewachsen.

a) Stellen Sie den Funktionsterm vom Typ $f(t) = a \cdot b^t$ auf, der das jährliche Wachstum beschreibt.

b) Berechnen Sie das Sozialbudget im Jahr 1995.

c) Ermitteln Sie, in welchem Jahr das Sozialbudget ca. 258,3 Mrd. € betrug.

13 In der Düsseldorfer Altstadt untersuchen 2 Brauereibesucher den Abbau des Bierschaums in einem Altbierglas. Sie stellen fest, dass ein gut gezapftes Altbier eine ca. 10 cm hohe Schaumkrone besitzt, deren Höhe sich alle 10 Sekunden um 2,5 % verringert.

a) Ermitteln Sie, um wie viel Prozent sich die Schaumhöhe in einer Minute verringert.

b) Bestimmen Sie den Funktionsterm der zugehörigen Exponentialfunktion, die die Schaumhöhe in der jeweiligen Zeit (in Minuten) beschreibt und zeichnen Sie ihren Graphen für die ersten 10 Minuten.

14 In einer 19°C warmen Wohnung findet eine Party statt. Unter der Annahme, dass sich die Temperatur einer Flüssigkeit der Umgebungstemperatur nach einer gewissen Zeit anpasst, wird der Temperaturverlauf eines gekühlten Getränks durch die Funktion $f(t) = 19 + a_0 \cdot b^t$; $t \geq 0$ (in Minuten) beschrieben.

a) Erklären Sie, warum für die Beschreibung dieses Prozesses $a_0 < 0$ gelten muss.

b) Ein aus dem Kühlschrank entnommenes Getränk misst nach 7 Minuten ca. 12 °C und nach 20 Minuten bereits ca. 17 °C. Berechnen Sie den Funktionsterm $f(t)$.

c) Bestimmen Sie die Kühlschranktemperatur.

d) Ermitteln Sie die Asymptote von f und erklären Sie ihre Bedeutung für den Temperaturverlauf.

e) Welche Temperatur hat das Getränk nach einer halben Stunde?

15 Der Koffeingehalt im Blut eines jugendlichen Nichtrauchers nimmt exponentiell mit einer Halbwertszeit von ca. 3 Stunden ab.

a) Bestimmen Sie den Funktionsterm vom Typ $f(t) = a_0 \cdot b^t$, wenn anfangs 35 mg Koffein im Blut vorhanden sind.

b) Wie hoch ist der Koffeingehalt nach 2, 4 und 5,5 Stunden?

c) Wie lange dauert es, bis sich nur noch ca. 5 mg Koffein im Blut befinden?

16 Eltern möchten ihrer Tochter für eine zweiwöchige Klassenfahrt Taschengeld mitgeben, und zwar für den ersten Tag 3 Euro, dann täglich 2 Euro mehr als am Tag vorher.
Die Tochter überlegt kurz und macht einen Gegenvorschlag: Für den ersten Tag 3 Cent, dann täglich den doppelten Betrag des Vortags.

17 Nach einer Infusion befinden sich 50 ME eines Medikaments im Blut eines erwachsenen Menschen. Stündlich werden 25 % dieses Medikaments abgebaut. Nach welcher Zeit befinden sich nur noch 9 ME dieses Medikaments im Körper. Lösen Sie diese Aufgabe zeichnerisch und rechnerisch.

18 Ein Narkosemedikament hat eine Halbwertszeit von 40 Minuten und wird mit der Anfangsmenge M_0 gespritzt.

a) Erstellen Sie den Funktionsterm, der den Medikamentenabbau beschreibt.

b) Drücken Sie den Medikamentenabbau in Prozent pro Minute aus und berechnen Sie, wie viel Prozent des Narkosemedikaments nach 20 Minuten noch vorhanden ist.

c) Ermitteln Sie die Menge des noch im Körper vorhandenen Narkosemittels, wenn bei einer dreistündigen Operation zunächst 4 mg und danach stündlich 2 mal 2 mg verabreicht wird.

d) Bestimmen Sie den Zeitpunkt, an dem nur noch 1 mg im Körper vorhanden ist.

19 Aggressive Bakterien verfünffachen sich alle 2 Stunden.

a) Berechnen Sie die Anzahl der Bakterien nach 4, 6, 10, 15 und 18,5 Stunden, wenn anfangs 125 Bakterien vorhanden waren.

b) Unterstellt, die Bakterien haben sich mit demselben Faktor schon die letzten 4 Stunden vermehrt. Berechnen Sie ihre Anzahl vor 2, 3 bzw. 4 Stunden.

c) Benennen Sie Nachteile diese Modells.

20 Im Körper eines Menschen wird Nikotin stündlich zur Hälfte abgebaut.

a) Erstellen Sie den Funktionsterm, der den Nikotinabbau im Körper beschreibt.

b) Drücken Sie den Nikotinabbau in Prozent pro Minute aus und berechnen Sie, wie viel Prozent des Nikotins nach 20 Minuten noch vorhanden ist.

c) Eine Zigarette verursacht ca. 1,55 mg Nikotin im Blut. Ermitteln Sie, wie viel Nikotin sich nach der 5. Zigarette im Blut befindet, wenn 5 Zigaretten im halbstündigen Abstand geraucht werden.

d) Bestimmen Sie den Zeitpunkt, an dem nur noch 1 % des Nikotins im Körper vorhanden ist.

21 Die Inflationsrate wird im wirklichen Leben häufig aus den beobachteten Teuerungen ermittelt.

a) Berechnen Sie den Wertverlust des Geldes nach 10 Jahren unter der Annahme, dass die durchschnittliche jährliche Inflationsrate in den nächsten Jahren a_1) 1,8 %; a_2) 3,6 % beträgt.

b) Wie lange dauert es unter den Bedingungen, bis sich der Geldwert halbiert hat?

22 a) Zu welchem Zinssatz wächst ein Kapitel von 4.200 € in 12 Jahren auf 10.800 €, wenn es verzinseszinst wird?

b) Zu welchem Zinssatz ist ein Kapital für 12 Jahre auf Zinseszinsen anzulegen, damit es auf 36.000 € anwächst, wenn es im gleichen Zeitraum bei einfacher Verzinsung (ohne Zinseszinsen) mit 8 % denselben Betrag erreicht hat? Wie hoch ist das Kapital?

► Abschnitt 2.8.1

23 Die Lautstärke wird in Dezibel (dB) gemessen, wobei 60 dB einer Intensität von 10^{-6} Watt pro m^2, 70 dB einer Intensität von 10^{-5} W/m^2, 80 dB einer Intensität von 10^{-4} W/m^2 usw. entsprechen. Welcher Intensitätssteigerung entspricht das Lauterstellen eines Autoradios von der durchschnittlichen Lautstärke von 70 dB auf „Konzertlautstärke" von 100 dB?

24 Ein Betrieb hat ein Grundstück gekauft und muss folgende Zahlungen leisten: 20.000 € sofort, 30.000 € nach 2 Jahren und 40.000 € nach 5 Jahren bei einem Zinssatz von 6 %.
Nach erfolgter Barzahlung von 20.000 € sollen die ausstehenden Zahlungsverpflichtungen in eine vorschüssige Rente mit der Laufzeit 7 Jahre umgewandelt werden. Mit welcher Jahresbelastung muss der Betrieb rechnen? ► Abschnitt 2.8.2

25 Ein Unternehmer hat einen Lieferwagen im Wert von 25.000 € angeschafft. Im 1. Jahr schreibt er 5.500 € ab, im 2. Jahr 3.300 €, im 3. Jahr 3.100 €, im 4. Jahr 2.600 € und im 5. Jahr 2.500 €. Stellen Sie die Restbuchwerte der ersten 5 Jahre graphisch dar und bestimmen Sie mithilfe von EDV den zugehörigen Funktionsterm, wenn man davon ausgeht, dass der Unternehmer degressiv abschreibt.

26 Mithilfe der „**barometrischen Höhenformel**" $p(h) = p_0 \cdot e^{\frac{-h}{7.991}}$ lässt sich der Luftdruck in Abhängigkeit der Höhe h in Metern messen, wobei $p_0 = 1.013$ mbar entspricht und den Normaldruck auf der Erde bei 0 °C angibt.

a) Bestimmen Sie den Luftdruck in Düsseldorf (23 müM), auf der Zugspitze (2.963 müM), auf dem Mont Blanc (4.808 müM) und auf dem Mount Everest (8.848 müM).

b) Zeichnen Sie den Graphen von p mithilfe von Excel.

c) Bilden Sie aus der „barometrischen Höhenformel" die Funktion h, die die jeweilige Höhe in Abhängigkeit des Luftdrucks p misst, und fügen Sie den Graphen in die vorhandene Zeichnung ein.

d) Errechnen Sie die Höhe bei einem Luftdruck von 1000,4 mbar, 600 mbar und 200 mbar.

e) Ermitteln Sie die Höhe, wenn der gemessene Luftdruck 75 %, 50 % bzw. 25 % des Normaldrucks entspricht.

Übungen zur Zinseszinsrechnung

27 Auf welchen Betrag wachsen folgende Anfangskapitalien an?
a) 1.800 € bei 5 % Zinssatz in 10 Jahren
b) 6.000 € bei 6,5 % Zinssatz in 15 Jahren

28 Welche Anfangskapitalien liegen den folgenden Endkapitalien zu Grunde?
a) 8.081,35 € bei 5 % Zinssatz in 12 Jahren
b) 7.634,81 € bei 3,75 % Zinssatz in 14 Jahren

29 Zu welchem Zinssatz wachsen die unten stehende Anfangskapitalien auf das jeweilige Endkapital an?
a) 5.800 € auf 7.049,94 € in 4 Jahren
b) 6.500 € auf 9.299,68 € in 7 Jahren

30 In welcher Zeit wachsen folgende Anfangskapitalien zum jeweiligen Endkapital an?
a) 2.400 € bei 4 % Zinssatz auf 3.036,77 €
b) 17.500 € bei 3,25 % Zinssatz auf 27.384,13 €

31 Ein Betrag in Höhe von 15.000 € wurde am 01.01.2005 mit 6 % festgelegt. Ab dem 01.01.2008 wurde das Kapital nur noch mit 5 % verzinst. Am 01.01.2011 sank der Zinssatz auf 4 %. Wie hoch ist das Kapital einschließlich Zinsen am 31.12.2015?

32 Ein Vater möchte, dass seinem Sohn am 31.12.2020 ein Betrag von 30.000 € ausgezahlt wird. Welche Summe musste er am 01.01.2006 anlegen, wenn er mit einer Verzinsung von 5,5 % rechnet?

33 Herr Grapf erbt 60.000 € im Alter von 40 Jahren. Davon legt er 45.000 € zu 6 % bei einer Bank an. Nach 20 Jahren lässt er sich am Ende eines jeden Jahres die Jahreszinsen auszahlen. Welchen Betrag bekommt er jährlich?

34 Ein Kapital wurde 5 Jahre lang mit 5 % und danach 6 Jahre mit 4 % jährlich verzinst. Wie hoch war das Kapital, wenn es auf 9.876 € angewachsen ist?

35 Herr Bolanzo zahlt am Anfang des 1., 5. und 6. Jahres 4.000 € auf sein Sparkonto ein. Am Ende des 8. Jahres besitzt er ein Guthaben von 17.584,22 €. Wie hoch war der Kontostand auf dem Sparbuch vor der ersten Einzahlung von 4.000 € bei einem Zinssatz von 3,5 %?

36 Der Käufer eines Hauses macht dem Verkäufer 3 alternative Angebote: 400.000 € sofort oder 100.000 € sofort und 400.000 € in 5 Jahren oder 3 Raten in Höhe von je 158.000 €, und zwar die erste Rate sofort, die zweite Rate nach 3 Jahren und die dritte Rate nach 6 Jahren. Welches Angebot ist unter Berücksichtigung einer 6 %igen Verzinsung das günstigste?

37 Zu welchem Zinssatz war ein Kapital von 5.000 € ausgeliehen, wenn es in 5 Jahren auf 6.535 € angewachsen ist?

38 Eine Mutter lieh ihrem Sohn für eine Unternehmensgründung einen hohen Kapitalbetrag. 5 Jahre später lieh sie ihm denselben Betrag noch einmal. 3 Jahre nach der 2. Auszahlung waren die Schulden des Sohnes auf 302.577,47 € angewachsen. Wie hoch war der jeweils ausgeliehene Betrag, wenn ein Zinssatz von 7,5 % vereinbart worden war?

39 a) Ein Kaufinteressent will ein Auto für 18.000 € kaufen, ihm stehen aber nur 15.000 € zur Verfügung. Zu welchem Zinssatz muss er das vorhandene Kapital anlegen, um nicht länger als 3 Jahre mit dem Kauf warten zu müssen?
b) Um welchen Zeitraum verzögert sich der Kauf des Autos, wenn die jährliche Preissteigerungsrate im Wartezeitraum durchschnittlich 2,2 % beträgt?

40 In wie vielen Jahren verdoppelt bzw. verdreifacht sich ein Kapital bei 4 % (5 %) Zinssatz?

41 In wie vielen Jahren bringt ein Kapital von 15.000 € bei 6 %iger Verzinsung 5.073,38 € Zinsen?

2

Übungen zur Rentenrechnung

42 Ein Angestellter zahlt bei einer Rentenanstalt 30 Jahre lang jährlich je 1.200 € bei einem Zinssatz von 4 % ein.
Welcher Betrag steht ihm nach 30 Jahren zur Verfügung, wenn die Einzahlungen nachschüssig (vorschüssig) erfolgen?

43 Ein Sparer zahlt jährlich nachschüssig 6 Jahre lang 5.000 € auf ein Konto ein. Nach 6 Jahren erhöht er den Betrag auf 8.000 €, die er weitere 5 Jahre einzahlt. Der Zinssatz beträgt 4 %.
a) Über welchen Betrag kann er nach 15 Jahren verfügen?
b) Wie hoch ist der Barwert der Einzahlungen?

44 Ein Sparer schließt einen Sparvertrag zu 6 % ab, nach dem er 10 Jahre lang nachschüssig jährlich 2.500 € auf sein Konto einzahlen muss. Nach 5 Jahren setzt er auf Grund finanzieller Schwierigkeiten für 2 Jahre aus, zahlt danach aber wie vereinbart weiter.
a) Wie hoch wäre der Rentenendwert, wenn er ständig seine Zahlungen geleistet hätte?
b) Wie hoch ist der Rentenendwert nach 10 Jahren unter Berücksichtigung der Unterbrechung?

45 Ein Unfallschuldiger hat 10 Jahre am Anfang eines Jahres eine Rente von 5.000 € zu zahlen. Zu Beginn des 6. Jahres möchte er den bestehenden Restanspruch durch eine einmalige Zahlung ablösen.
a) Berechnen Sie den Barwert der Rente bei einem Zinssatz von 5 %.
b) Welchen Betrag hat er unter Berücksichtigung eines Zinssatzes von 5 % zu zahlen?

46 Eine Rente soll ab dem Jahr 2012 für 15 Jahre nachschüssig mit einem Jahresbetrag in Höhe von 6.000 € gezahlt werden.
a) Welches Kapital musste Anfang 2004 mit 5 % angelegt werden?
b) Im Jahr 2008 wird die Rente bei gleicher Laufzeit um 4 Jahre vorgezogen. Welche Rente kann in diesem Fall gezahlt werden?

47 Der Vater zweier Töchter legt zu 4 % ein Kapital fest, durch das er das Studium seiner Töchter finanzieren will. Die erste Tochter beginnt in 4 Jahren mit dem Studium, die zweite Tochter in 7 Jahren. Der Vater rechnet mit einer 5-jährigen Studienzeit und gedenkt, den Töchtern jährlich je 15.000 € vorschüssig auszahlen zu lassen.
a) Welches Kapital muss der Vater festlegen?
b) Wie werden sich die Jahreszahlungen bei gleicher Kapitalanlage verändern, wenn sich die Studienzeiten beider Töchter um jeweils ein Jahr verlängern?

48 Der Barwert einer über 10 Jahre laufenden nachschüssigen Jahresrente unter Berücksichtigung einer jährlichen Verzinsung von 4 % beträgt 32.443,58 €. Welcher Betrag wird jährlich an den Renteninhaber ausgezahlt?

49 Jemand schließt am Anfang eines Jahres einen Sparvertrag ab, bei dem 15 Jahre lang nachschüssig jeweils 2.000 € eingezahlt werden sollen. Er zahlt 6 Jahre lang regelmäßig ein, setzt dann wegen finanzieller Schwierigkeiten dreimal mit den Einzahlungen aus, und führt danach die Zahlungen fort. Welches Guthaben steht ihm bei einem Zinssatz von 6 % nach 15 Jahren zur Verfügung?

50 Eine Selbstständige will an ihrem 50. Geburtstag einen Geldbetrag anlegen, so dass sie mit 65 Jahren für 10 Jahre eine nachschüssig gezahlte Rente in Höhe von jährlich 8.000 € erhält. Welchen Betrag muss die Selbstständige anlegen, wenn von einer jährlichen Verzinsung von 4 % ausgegangen wird?

51 Ein Prokurist zahlt von seinem 50. bis zu seinem 62. Lebensjahr nachschüssig jährlich 3.000 € auf ein Konto ein und möchte nach seiner Pensionierung mit 62 für 10 Jahre daraus eine nachschüssige Rente bei einem Zinssatz von 5 % beziehen.

a) Wie hoch ist diese Rente?

b) Wie hoch wäre diese Rente, wenn der Prokurist noch einen Arbeitsvertrag bis zum 65. Lebensjahr erhält und daher die Auszahlung der Rente um 3 Jahre verschoben wird?

52 Eine Angestellte möchte ihre Lebensversicherung in Höhe von 360.000 €, auszuzahlen mit Vollendung des 65. Lebensjahres, in eine nachschüssige Rente umwandeln.

a) Wie hoch ist die jährliche Rente, wenn sie 10 Jahre lang gezahlt werden soll und ein Zinssatz von 5 % zu Grunde gelegt wird?

b) Wie lange könnte die Rente gezahlt werden, wenn jährlich 18.000 € ausgezahlt würden und für die Rechnung ein Zinssatz von 4 % zu Grunde gelegt wird?

53 Der Kunde einer Lebensversicherung, der in 6 Jahren eine Versicherungssumme in Höhe von 120.000 € erwartet, möchte diese einmalige Zahlung in eine nachschüssige Rente umwandeln, die ab diesem Jahr 20 Jahre lang gezahlt wird (Zinssatz 4,5 %).

a) Wie hoch ist der Barwert der Versicherungssumme?

b) Wie hoch wird die jährliche Rente?

54 Eine 15-jährige nachschüssige Rente über 2.500 € soll in eine 10-jährige vorschüssige Rente umgewandelt werden. Wie hoch ist diese Rente, wenn 5 % Verzinsung zu Grunde liegen?

55 Ein Geldbetrag aus einer Erbschaft in Höhe von 120.000 € soll so verwendet werden, dass aus ihm eine jährliche nachschüssige Rente in Höhe von 7.358 € gezahlt werden kann. Über welchen Zeitraum ist die Rentenzahlung bei 4 % Zinssatz möglich?

56 Eine Kauffrau legt ein Kapital mit 4 % so an, dass sie nach 5 Jahren vorschüssig 15 Jahre lang eine Rente in Höhe von 12.000 € bekommt.

a) Berechnen Sie den angelegten Kapitalbetrag.

b) Wie lange konnte die Rente gezahlt werden, wenn sie sich auf Kosten der Laufzeit jährlich 18.000 € auszahlen ließe?

c) Welchen Betrag musste sie 3 Jahre nach der Kapitalanlage hinzuzahlen, um die Jahresrente von 18.000 € über 15 Jahre zu erhalten?

57 Eine vorschüssige Jahresrente von 3.200 € hat eine Laufzeit von 15 Jahren und soll erstmals am Ende dieses Jahres ausgezahlt werden. Da der Anspruchsberechtigte seine Dienstzeit noch um 3 Jahre verlängert, wird die Rentenzahlung um 3 Jahre verschoben (Zinssatz 5,5 %).

a) Wie hoch ist der Barwert der Rente?

b) Wie hoch wäre der Jahresbetrag, wenn die Rentenzahlung um 3 Jahre hinausgeschoben wird?

c) Wie hoch wäre der Jahresbetrag, wenn die Rentenzahlung zum ursprünglich vereinbarten Zeitpunkt beginnt, aber nur 12 Jahre geleistet würde?

Übungen zur Annuitätentilgung

Unter der **Annuitätentilgung** versteht man die Tilgung eines Darlehens durch jährlich gleich hohe Zahlungen, Annuitäten genannt.

Eine **Annuität** A besteht aus einem Zinsanteil und einem Tilgungsanteil. Indem der Tilgungsanteil die Darlehensschuld verringert, sinkt der Anteil der Zinsen, der in der gleich bleibenden Annuität enthalten ist. Dadurch steigt der Tilgungsanteil.

Dem Wesen nach ist die Annuitätentilgung nichts anderes als eine Rentenrechnung, wobei der Darlehensbetrag dem Rentenbarwert K_0 und die Annuität A der nachschüssigen Rente r entspricht. Damit gilt:

$$K_0 = \frac{A \cdot \frac{q^n - 1}{q - 1}}{q^n} \text{ oder } K_0 \cdot q^n = A \cdot \frac{q^n - 1}{q - 1}.$$

58 Erstellen sie den Tilgungsplan, auch mithilfe eines Tabellenkalkulationsprogramms.

a) $K_0 = 400.000\,€; p\,\% = 6{,}5\,\%; n = 10$

b) $K_0 = 50.000\,€; p\,\% = 6{,}75\,\%; n = 15$

c) $K_0 = 8.000\,€; p\,\% = 7{,}5\,\%; n = 4$

d) $K_0 = 9.500\,€; p\,\% = 7{,}25\,\%; n = 6$

e) $K_0 = 250.000\,€; p\,\% = 8\,\%; n = 20$

f) $K_0 = 2.000.000\,€; p\,\% = 9{,}25\%; n = 30$

59 Eine Schuld von 195.000 € soll mit 9,5 % verzinst und durch gleich hohe Annuitäten in 10 Jahren getilgt werden. Wie hoch ist die Annuität? Erstellen Sie den Tilgungsplan.

60 Eine Anleihe in Höhe von 350.000 € soll bei einer Verzinsung von 5 % in 10 Jahren durch konstante Annuitäten getilgt werden. Berechnen Sie die Annuität und den 1. Tilgungsanteil.

61 Eine Schuld in Höhe von 150.000 € wird durch 12 gleich hohe Annuitäten abgetragen. Wie hoch ist der Schuldenstand nach der 8. Annuität bei einem Zinssatz von 6 %.

62 Ein mit 8 % verzinstes Darlehen in Höhe von 100.000 € soll in 10 Jahren getilgt werden.
a) Wie hoch ist die Annuität?
b) Wie hoch ist der erste Tilgungsbetrag?
c) Stellen Sie einen Tilgungsplan für 3 Jahre auf.

63 Ein Darlehen von 200.000 € soll in 15 Jahren durch Annuitätentilgung zurückgezahlt werden. In den ersten 8 Jahren wird es mit 5 % p. a., in den restlichen 7 Jahren mit 8,5 % p. a. verzinst. Berechnen Sie die jährliche Annuität a) in den ersten 8 Jahren. b) in den restlichen 7 Jahren.

64 Ein Baudarlehen von 250.000 € soll in 20 Jahren durch gleich hohe Annuitäten getilgt werden. Die Jahreszinsen betragen 5,5 %.
a) Berechnen Sie die Annuität.
b) Bestimmen Sie die Restschuld nach 10 Jahren.

65 Eine Selbstständige interessiert sich für den Erwerb eines Hauses und glaubt, jährlich 14.400 € von ihrem Einkommen für die Verzinsung und Tilgung eines Hypothekendarlehens abzweigen zu können. Sie möchte von ihrer Bank wissen, welcher Betrag ihr unter Berücksichtigung eines Zinssatzes von 7,5 % zur Verfügung gestellt wird, wenn das Darlehen eine Laufzeit von a) 20 Jahren b) 25 Jahren c) 30 Jahren hat.
Berechnen Sie die einzelnen Darlehensbeträge

66 Ein Unternehmen tilgt ein Darlehen von 1 Million €, das mit 6 % verzinst wird, durch gleich hohe jährliche Annuitäten von 119.277,03 €. Wie viele Jahre dauert die Tilgung?

67 Die Käuferin eines Hauses benötigt ein Darlehen in Höhe von 180.000 €, das mit 4,5 % verzinst wird. Sie glaubt, jährlich 15.000 € für die Verzinsung und Tilgung des Darlehens erübrigen zu können.
a) Bestimmen Sie die Tilgungsdauer.
b) Stellen Sie den Tilgungsplan für 5 Jahre auf.

68 Erstellen Sie mithilfe eines Tabellenkalkulationsprogramms die jeweilige Formel zur Berechnung einer der 4 Variablen: Annuität, Kapital, Zinssatz und Jahre. Dabei wird vorausgesetzt, dass die jeweils zur Berechnung einer Variablen erforderlichen anderen 3 Variablen bekannt und im Eingabebereich vermerkt worden sind.

Vermischte Aufgaben

69 Welcher Betrag muss am Anfang des 1. Jahres auf ein Konto, das mit 5 % verzinst wird, eingezahlt werden, um vom Ende des 10. Jahres ab 15 Jahre lang eine nachschüssige Jahresrente in Höhe von 6.000 € beziehen zu können?

70 Jemand hat am Anfang eines Jahres einen Geldbetrag geerbt, den er auf ein Sparkonto einzahlt, welches mit 3,5 % p. a. verzinst wird. Am Ende eines jeden Jahres zahlt er 1.500 € ein. Nach 10 Jahren kann er über 59.915,05 € verfügen. Welchen Betrag hatte er geerbt?

71 Eine Unternehmerin legt für ihr Enkelkind am Anfang eines Jahres ein Sparbuch an, auf das jährlich am Jahresende 1.200 € eingezahlt werden. 3 Jahre nach Anlage des Sparbuches zahlt sie zusätzlich zum Jahresbetrag einmalig 5.000 €, 6 weitere Jahre danach zusätzlich 8.000 € einmalig ein. Wie hoch ist der Kontostand am Ende des 12. Jahres, wenn der Zinssatz 4 % beträgt?

72 Ein Sparer zahlt durch Dauerauftrag am Anfang eines jeden Jahres einen Betrag von 2.000 € auf sein Sparkonto ein, das mit 3,75 % verzinst wird. Nach 3 Jahren hebt er am Jahresende 3.000 € ab, nach weiteren 2 Jahren zahlt er 5.000 € ein. Wie hoch ist der Kontostand nach 10 Jahren?

2.6 Verkettung von Funktionen

Bei vielen praktischen Problemen können die gesuchten Größen nicht in einem Schritt aus der unabhängigen Variablen berechnet werden. Stattdessen benötigt man zuerst ein Zwischenergebnis aus einem ersten Rechenschritt, um dann in einem zweiten Schritt zu dem gewünschten Ergebnis zu kommen.
Funktionen, die als Argumente die Funktionswerte einer anderen, vorher berechneten Funktion übernehmen, nennt man **verkettete Funktionen**. Über Verkettungen lassen sich beliebig komplizierte Funktionen aus einfacheren Funktionen aufbauen.

2

Beispiel 2.64

Ein Gartenbaubetrieb möchte in seinem Katalog die Preise für die Randbepflanzung von Gartenteichen in Abhängigkeit von der Teichfläche angeben. Der Betrieb kalkuliert mit einem Preis von 50 € pro laufendem Meter und geht davon aus, dass die durchschnittliche Teichform annähernd einem Kreis entspricht.

a) Ermitteln Sie die Bepflanzungskosten für Teiche von 5 m², 10 m², 15 m², …, 50 m² Größe.

b) Ermitteln Sie die funktionale Beziehung zwischen der Teilfläche A und den Kosten K für die Randbepflanzung.

a) Unmittelbar gegeben sind zunächst nur die funktionalen Beziehungen zwischen dem Radius bzw. Umfang des Gartenteichs und den Kosten sowie zwischen der Fläche eines Gartenteichs und dessen Radius. Um also die Kosten in Abhängigkeit von der Fläche anzugeben, muss zunächst der zu einer bestimmten Fläche gehörende Radius berechnet werden. Anschließend können daraus dann die Kosten ermittelt werden.

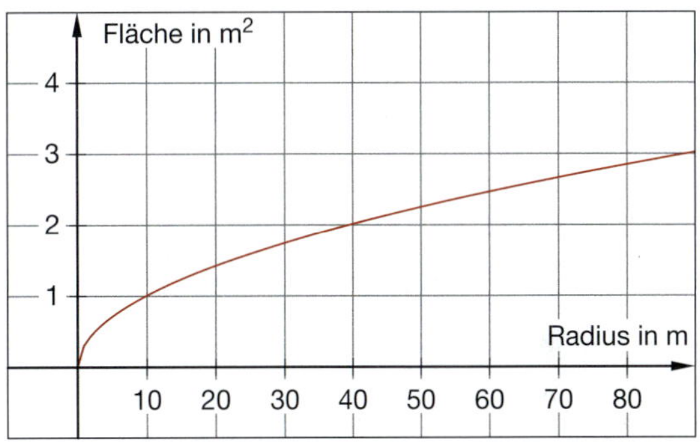

1. Schritt: Berechnung des Radius r in Abhängigkeit von der Teichfläche A

$A = \pi \cdot r^2 \Rightarrow r(A) = \sqrt{\frac{A}{\pi}}$

2. Schritt: Berechnung der Kosten K in Abhängigkeit vom Radius r

Bezeichnet U den Umfang des Teichs, dann gilt
$K(r) = 50 \cdot U$ mit $U = 2 \cdot \pi \cdot r \Rightarrow K = 100 \cdot \pi \cdot r$

Die Berechnungen für einzelne Werte lassen sich in der folgenden Tabelle zusammenfassen.

A	5	10	15	…	50
r	1,26	1,78	2,19	…	3,99
K	396,3	560,5	688,0	…	1 253,3

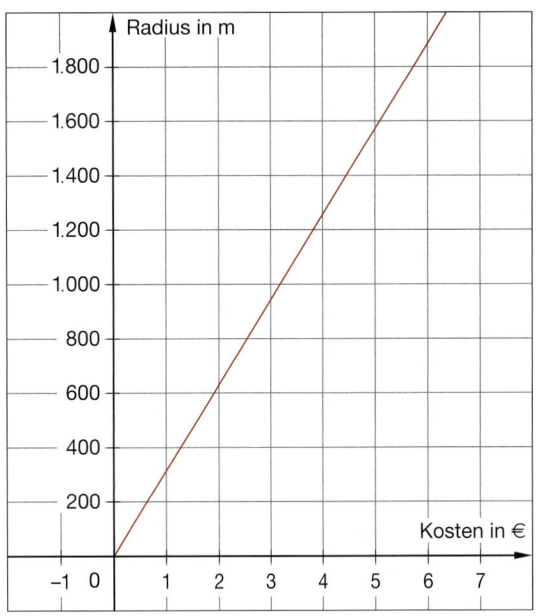

b) Zur Berechnung der Kosten K in Abhängigkeit der Teichfläche A bestimmt man also zunächst den Radius r in Bezug auf A und danach K in Bezug auf den Radius r. Zusammen erhält man damit eine Abhängigkeit der Kosten von der Teilfläche A.

$K(r) = 100 \cdot \pi \cdot r$ mit $r(A) = \sqrt{\frac{A}{\pi}}$

$\Rightarrow K(A) = 100 \cdot \pi \cdot \sqrt{\frac{A}{\pi}}$

Auch rein innermathematische Problemstellungen enthalten sehr oft funktionale Beziehungen, bei denen zwei oder auch noch mehr Schritte notwendig sind, um die gesuchte Größe in Abhängigkeit von der unabhängigen Variablen ermitteln zu können.

Beispiel 2.65

Bei der Funktion $h(x) = (x-3)^2$ wendet man zunächst die Funktion $f(x) = x - 3$ und auf das Ergebnis dann die Funktion $g(t) = t^2$ an.

$h(x) = g[f(x)] = (x-3)^2$

► $t = f(x) = x - 3$; $g(t) = t^2$

Wendet man zwei Funktionen f und g nacheinander an, sodass zuerst f und auf das Ergebnis dann g angewendet wird, so schreibt man für die neue Funktion $g[f(x)]$ und nennt sie eine **Verkettung** der Funktionen f und g. Man nennt die zuerst ausgeführte Funktion f die **innere Funktion** und g die **äußere Funktion**.

Da die Funktion g nur diejenigen Funktionswerte der Funktion f weiter verarbeiten kann, die in ihrem Definitionsbereich $D(g)$ liegen, besitzt die Verkettung $g[f(x)]$ den Definitionsbereich

$D(g[f(x)]) = \{x \in D(f) \mid f(x) \in D(g)\}$.

Der Definitionsbereich einer Verkettung **kann** mit dem Definitionsbereich der inneren Funktion übereinstimmen. Im Allgemeinen ist er aber eine echte Teilmenge des Definitionsbereichs der inneren Funktion.

Beispiel 2.66

Verketten Sie die Funktionen $f(x) = x^2$; $D(f) = \mathbb{R}$ und $g(x) = \sqrt{1-x}$; $D(g) = \mathbb{R}^{\leq 0}$ und bestimmen Sie den Definitionsbereich der Verkettung. Vergleichen Sie $g[f(x)]$ und $f[g(x)]$. Was stellen Sie fest?

Die Funktion f bildet die Variable x auf den Wert x^2 ab. Übergibt man der Funktion g diesen Wert als Argument, so erhält man den Wert $\sqrt{1-x^2}$. Der Funktionsterm der verketteten Funktion lautet also $g[f(x)] = \sqrt{1-x^2}$.

$f(x) = x^2$ ► $D(f) = \mathbb{R}$

$g(x) = \sqrt{1-x}$ ► $D(g) = \mathbb{R}^{\leq 1} = (-\infty, 1)$

$x \xmapsto{f} x^2 \xmapsto{g} \sqrt{1-x^2}$

$x \longmapsto f(x) \longmapsto g[f(x)]$

Zum Definitionsbereich der verketteten Funktion gehören alle x-Werte aus $D(f)$, für die $f(x) \in D(g)$ gilt.
Der Definitionsbereich von $f(x) = x^2$ ist $\mathbb{R}$. Die Funktion $g(x) = \sqrt{1-x}$ ist dagegen nur dann definiert, wenn x kleiner oder gleich 1 ist. Der Funktionswert $f(x) = x^2$ ist genau dann kleiner oder gleich 1, wenn $x \in [-1; 1]$ gilt. Es folgt also $D(g[f(x)]) = [-1; 1]$.

$$\begin{aligned} D(g[f(x)]) &= \{x \in D(f) \mid f(x) \in D(g)\} \\ &= \{x \in \mathbb{R} \mid x^2 \in \mathbb{R}^{\leq 1}\} \\ &= \{x \in \mathbb{R} \mid x \leq 1\} \\ &= \{x \in \mathbb{R} \mid x \in [-1; 1]\} \\ &= [-1; 1] \end{aligned}$$

► $D(g[f(x)])$ ist eine **echte** Teilmenge von $D(f)$.

Im nebenstehenden **Mengendiagramm** ist dargestellt, wie sich der Definitionsbereich der Verkettung $g[f(x)]$ aus dem der inneren Funktion f ergibt.

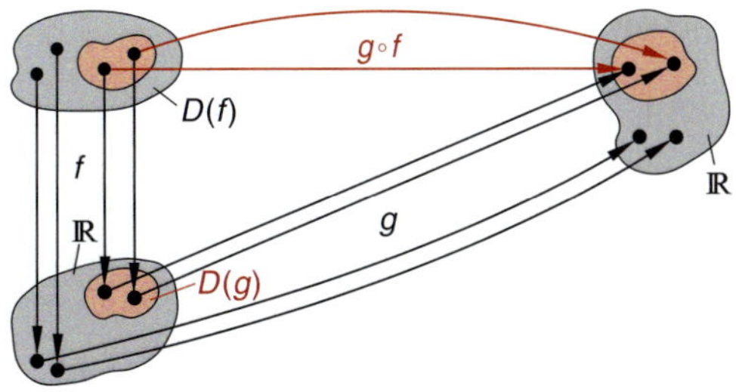

Führt man nun umgekehrt auf einen Argumentwert für x erst die Funktion g und anschließend auf seinen Funktionswert $g(x)$ die Funktion f aus, so erhält man den Funktionsterm $f[g(x)] = 1 - x$.

$f(x) = x^2$ ► $D(f) = \mathbb{R}$

$g(x) = \sqrt{1-x}$ ► $D(g) = \mathbb{R}^{\leq 1} = (-\infty\,; 1)$

$$x \overset{g}{\longmapsto} \sqrt{1-x} \overset{f}{\longmapsto} \sqrt{(1-x)^2} = 1 - x$$

$$x \longmapsto g(x) \longmapsto f[g(x)]$$

Zum Definitionsbereich $D(f[g(x)])$ gehören alle x-Werte, aus $D(g)$, für die $g(x) \in D(f)$ gilt. Da $D(f)$ alle reellen Zahlen umfasst, ist $g(x) \in D(f)$ immer erfüllt, und damit gilt $D(f[g(x)]) = D(g) = \mathbb{R}^{\leq 1}$.

$$\begin{aligned} D(f[g(x)]) &= \{x \in D(g) \mid g(x) \in D(f)\} \\ &= \{x \in \mathbb{R}^{\leq 1} \mid \sqrt{1-x} \in \mathbb{R}\} \\ &= \{x \in \mathbb{R}^{\leq 1} \mid 1 - x \geq 0\} \\ &= \{x \in \mathbb{R}^{\leq 1} \mid x \leq 1\} \\ &= \mathbb{R}^{\leq 1} \end{aligned}$$
► $D(f[g(x)]) = D(g)$

Obwohl der Term $1 - x$ für alle $x \in \mathbb{R}$ erklärt ist, besitzt $f[g(x)]$ einen kleineren Definitionsbereich.

Vergleicht man die verketteten Funktionen $g[f(x)]$ und $f[g(x)]$ untereinander, so stellt man fest, dass sie verschieden sind. Man kann also festhalten:
Die Verkettung zweier Funktionen ist im Allgemeinen **nicht kommutativ**.

Abschließend soll noch erwähnt sein, dass man natürlich auch mehr als zwei Funktionen miteinander verketten kann, indem man schrittweise vorgeht, also zunächst die ersten beiden Funktionen verkettet, anschließend die erhaltenen Funktion mit der nächsten verkettet usw.

Alles klar?

1 Bestimmen Sie aus den Funktionen f und g die Verkettungen $f[g(x)]$ und $g[f(x)]$ einschließlich der Definitionsbereiche der jeweiligen Verkettungen

a) $f(x) = x^2 + 5$; $D(f) = \mathbb{R}$
$g(x) = 3x + 1$; $D(g) = \mathbb{R}$

b) $f(x) = x^2 - 3x - 4$; $D(f) = \mathbb{R}$
$g(x) = 2x^3 + 5$; $D(g) = \mathbb{R}$

c) $f(x) = \sqrt{x}$; $D(f) = \mathbb{R}^{\geq 0}$
$g(x) = x^2$; $D(g) = \mathbb{R}$

2 Bestimmen Sie für die Funktionen f, g und h die Verkettungen $f[g[h(x)]]$ und $h[g[f(x)]]$ einschließlich der Definitionsbereiche der jeweiligen Verkettungen

a) $f(x) = 2x^2 + 5$; $D(f) = \mathbb{R}$
$g(x) = -x + 1$; $D(g) = \mathbb{R}$
$h(x) = x^3 - 2$; $D(h) = \mathbb{R}$

b) $f(x) = x^2 - 4x - 5$; $D(f) = \mathbb{R}$
$g(x) = -x$; $D(g) = \mathbb{R}$
$h(x) = \sqrt{x}$; $D(h) = \mathbb{R}^{\geq 0}$

2

Übungen zu 2.6

1 Bestimmen Sie aus den Funktionen f und g die Verkettungen $f[g(x)]$ und $g[f(x)]$ einschließlich der Definitionsbereiche der jeweiligen Verkettungen.

a) $f(x) = x^2 + 5;\ D(f) = \mathbb{R}$ und $g(x) = 3x + 1;\ D(g) = \mathbb{R}$

b) $f(x) = x^2 - 3x - 4;\ D(f) = \mathbb{R}$ und $g(x) = 2x^3 + 5;\ D(g) = \mathbb{R}$

c) $f(x) = \sqrt{x+1};\ D(f) = \mathbb{R}^{\geq -1}$ und $g(x) = x^2 + 1;\ D(g) = \mathbb{R}$

d) $f(x) = -2x + 8;\ D(f) = \mathbb{R}$ und $g(x) = \sqrt{x^2 - 4};\ D(g) = \mathbb{R}^{\leq -2} \cup \mathbb{R}^{\geq 2}$

e) $f(x) = x^2 - 3;\ D(f) = \mathbb{R}$ und $g(x) = \sqrt{-x+3};\ D(g) = \mathbb{R}^{\leq 3}$

f) $f(x) = -2x - 3;\ D(f) = \mathbb{R}$ und $g(x) = \frac{\sqrt{x^2+1}}{\sqrt{x^2-1}};\ D(g) = \mathbb{R}^{\leq -1} \cup \mathbb{R}^{\geq 1}$

2 Bestimmen Sie aus den Funktionen f, g und h die Verkettungen $f[g[h(x)]]$ und $g[f(x)]$ einschließlich der Definitionsbereiche der jeweiligen Verkettungen.

a) $f(x) = 2x^2 + 5;\ D(f) = \mathbb{R}$ und $g(x) = -x + 1;\ D(g) = \mathbb{R}$ und $h(x) = x^3 - 2;\ D(h) = \mathbb{R}$

b) $f(x) = x^2 - 4x - 5;\ D(f) = \mathbb{R}$ und $g(x) = -x;\ D(g) = \mathbb{R}$ und $h(x) = \sqrt{x};\ D(h) = \mathbb{R}^{\geq 0}$

c) $f(x) = 2x^2 - x;\ D(f) = \mathbb{R}$ und $g(x) = \sqrt{-x};\ D(g) = \mathbb{R}^{\leq 0}$ und $h(x) = x^3;\ D(h) = \mathbb{R}$

d) $f(x) = x^2 + 9;\ D(f) = \mathbb{R}$ und $g(x) = 4 + \sqrt{x};\ D(g) = \mathbb{R}^{\geq 0}$ und $h(x) = x^5;\ D(h) = \mathbb{R}$

3 Bestimmen Sie für die Funktion h eine Verkettung der Form $f[g(x)]$.

a) $h(x) = x^2 + 1;\ D(h) = \mathbb{R}$

b) $h(x) = (x+3)^2;\ D(h) = \mathbb{R}$

c) $h(x) = \sqrt{x+1};\ D(h) = \mathbb{R}^{\geq -1}$

d) $h(x) = \sqrt{-x^2 + 16};\ D(h) = [-4; 4]$

e) $h(x) = \log(x+3);\ D(h) = \mathbb{R}^{> -3}$

f) $h(x) = a^{x+6};\ D(h) = \mathbb{R};\ a > 0$

4 Ermitteln Sie für die Funktion g eine Verkettung der Form $f_1[f_2[f_3(x)]]$.

a) $g(x) = \sqrt{x^2 + 1};\ D(g) = \mathbb{R}$

b) $g(x) = (x^3 - 7)^2;\ D(g) = \mathbb{R}$

c) $g(x) = \log(x^2 + 4);\ D(g) = \mathbb{R}$

d) $g(x) = \frac{1}{(x-8)^2};\ D(g) = \mathbb{R} \setminus \{8\}$

2.7 Umkehrfunktionen

Im Beispiel 2.3 wurde eine lineare **Preisnachfragefunktion** p_N dargestellt. Bei derartigen Funktionen wird die Nachfrage eines bestimmten Produkts (gemessen in Mengeneinheiten) zu einem bestimmten Preis in Beziehung gesetzt. Die Nachfrage wurde dabei als unabhängige Größe auf der x-Achse abgetragen, was dem üblichen Vorgehen in der Ökonomie entspricht. Rein formal wird somit der Preis als abhängig von der Nachfrage betrachtet. Aus der Sicht des Konsumenten ist das Abhängigkeitsverhältnis aber genau umgekehrt: er macht seine Nachfrage abhängig vom Preis. Um das Konsumentenverhalten zu beschreiben, wäre es also naheliegender, die „umgekehrte" Funktion zu betrachten, die die Nachfrage in Abhängigkeit vom Preis beschreibt.

2

Beispiel 2.67

Bei der Nachfragefunktion $p(x) = -0{,}5x + 2$ (vgl. Beispiele 2.5 und 2.16) wird der Preis p in Abhängigkeit von der nachgefragten Menge x dargestellt. Das entspricht der in Wirtschaftsmodellen üblichen Darstellungsweise, bei der die Menge x immer als unabhängige Variable auf der x-Achse abgetragen wird.

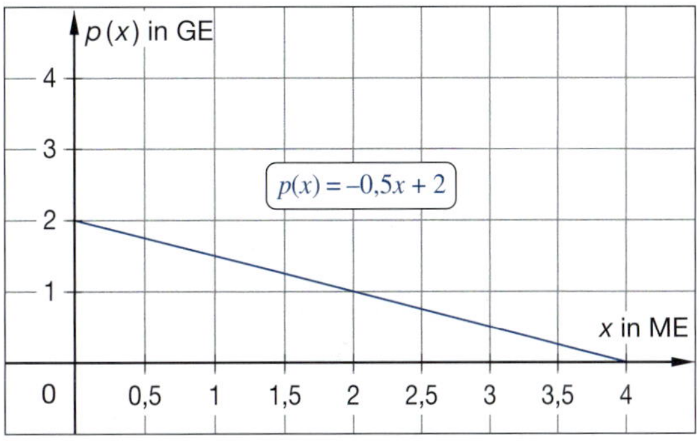

In der Nachfragetheorie geht man aber davon aus, dass der Konsument seine nachgefragte Menge von der Höhe des Preises abhängig macht: Je geringer der Preis ist, desto mehr wird er nachfragen.

Legt man also das Verhalten des Verbrauchers der funktionalen Beziehung zwischen Menge und Preis zu Grunde, dann müsste statt der Menge der Preis auf der x-Achse und auf der y-Achse die Menge statt des Preises als $x(p)$ abgetragen werden.

In Abhängigkeit vom Preis p (abgetragen auf der x-Achse) entwickelt sich die nachgefragte Menge x (abgetragen auf der y-Achse) gemäß der Funktion $x(p) = -2p + 4$; $p \in [0; 2]$. Die unabhängige Variable befindet sich jetzt auf der x-Achse, die abhängige Variable auf der y-Achse.

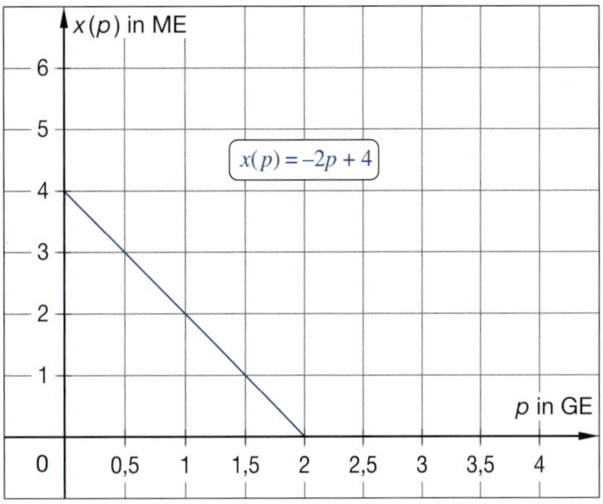

Nach einem solchen Vertauschen von x mit p wird dann aus dem Punkt ⟨2 ME | 1 GE⟩ der Punkt ⟨1 GE | 2 ME⟩.

Die Umkehrung der Abhängigkeiten führt zu der Funktion $x(p) - 2p + 4$ Man nennt $x(p)$ deshalb auch die **Umkehrfunktion** der Funktion $p(x)$.

$p(x) = -0{,}5x + 2$	
$p(2) = 1$	▶ Punkt ⟨2 ME | 1 GE⟩
$p = -0{,}5x + 2$	$\vert -2 \quad \vert : (-0{,}5)$
$x = -2p + 4$	▶ Vertauschen von x und p
$x(p) = -2x + 4$	
$x(1) = 2$	▶ Punkt ⟨1 GE | 2 ME⟩

Auch zwischen den Exponentialfunktionen f und den Logarithmusfunktionen g zur gleichen Basis für b besteht eine enge Beziehung.

Beispiel 2.68

Vergleichen Sie die Funktion $f(x) = 2^x$; $D(f) = \mathbb{R}$ mit der Funktion $g(x) = \log_2 x$; $D(g) = \mathbb{R}^{>0}$.

Vergleicht man die beiden Wertetabellen miteinander, so fällt auf, dass die Funktionswerte von $f(x) = 2^x$ die Argumentwerte für x der Funktion $g(x) = \log_2 x$ sind und umgekehrt die Funktionswerte von $g(x) = \log_2 x$ den Argumentwerten von $f(x) = 2^x$ entsprechen.

x	−3	−2	−1	0	1	2	3
2^x	0,125	0,25	0,5	1	2	4	8

x	0,125	0,25	0,5	1	2	3	4
$\log_2 x$	−3	−2	−1	0	1	2	3

Es gilt also: Der Wertebereich von f enthält alle positiven reellen Zahlen und ist gleich dem Definitionsbereich von g.
▶ $W(f) = D(g) = \mathbb{R}^{>0}$

Der Wertebereich von g besteht aus allen reellen Zahlen und entspricht dem Definitionsbereich von f. ▶ $W(g) = D(f) = \mathbb{R}$

Vergleicht man die Graphen von f und g miteinander, so stellt man fest, dass sie durch Spiegelung an der Winkelhalbierenden des I. und III. Quadranten des Koordinatensystems auseinander hervorgehen.
▶ $y = x$; Gleichung der Winkelhalbierenden

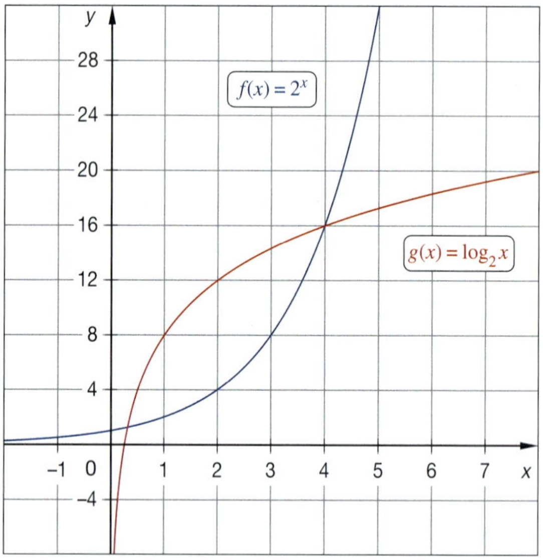

Führt man andererseits auf einen Argumentwert für x erst die eine Funktion aus und anschließend auf seinen Funktionswert die andere, so erhält man in jedem Fall wieder den ursprünglichen Argumentwert für x.

Denn einerseits steht $\log_b b^x$ gerade für diejenige Zahl, mit der man b potenzieren muss, um b^x zu erhalten – also für x – und andererseits stellt $b^{\log_b x}$ per Definition des Logarithmus gerade die Zahl für x dar.

Für jedes $x \in D(f)$ gilt:
$x \overset{f}{\longmapsto} b^x \overset{g}{\longmapsto} \log_b b^x$ ▶ $\log_b b^x = x$
also: $f(x) = b^x$ und $g(b^x) = x$.

Für jedes $x \in D(g)$ gilt:
$x \overset{g}{\longmapsto} \log_b x \overset{f}{\longmapsto} b^{\log_b x}$ ▶ $b^{\log_b x} = x$
also: $g(x) = \log_b x$ und $f(\log_b x) = x$.

Beispiele: ▶ $b = 10$
$\lg 1000 = 3$, denn $10^3 = 1000$ und
$10^{\lg 1000} = 1000$, denn $\lg 1000 = 3$.

Allgemein nennt man zwei reelle Funktionen f und g mit $W(f) = D(g)$ und $W(g) = D(f)$ Umkehrfunktionen voneinander, wenn sie ihre Zuordnungen gegenseitig wieder umkehren, wenn also gilt:
$x \mapsto f(x) \mapsto g(f(x))$ mit $g(f(x)) = x$ für jedes $x \in D(f)$ und
$x \mapsto g(x) \mapsto f(g(x))$ mit $f(g(x)) = x$ für jedes $x \in D(g)$
Exponential- und Logarithmusfunktionen zur gleichen Basis sind in diesem Sinne Umkehrfunktionen voneinander.

Besitzt eine reelle Funktion f eine Umkehrfunktion g, so ist diese eindeutig bestimmt, d. h., es kann nicht mehr als eine Umkehrfunktion von f geben.

Beweis:
Denn wären g_1 und g_2 zwei Umkehrfunktionen zu f, so müssten für $y \in W(f)$, also für $y = f(x)$, sowohl $g_1(y) = g_1(f(x)) = x$ als auch $g_2(y) = g_2(f(x)) = x$ gelten.

$\Rightarrow g_1(y) = g_2(y)$ für alle $y \in W(f)$ ▸ $D(g_1) = W(f)$ und $D(g_2) = W(f)$

$\Rightarrow g_1 = g_2$ ▸ Die Funktionen g_1 und g_2 sind identisch.

Sind f und g Umkehrfunktionen voneinander, so nennt man auch jede dieser Funktionen **umkehrbar** und bezeichnet **die** zu f gehörige Umkehrfunktion g auch mit f^{-1} bzw. **die** zu g gehörende Umkehrfunktion f auch mit g^{-1}.

Es gilt also: $g = f^{-1}$ und $f = g^{-1}$.

Es stellt sich nun die Frage, wann eine reelle Funktion f umkehrbar ist, also eine Umkehrfunktion f^{-1} besitzt.

Für eine umkehrbare reelle Funktion f ist es offenbar **notwendig**, dass die ihr zugrunde liegende Zuordnung $x \mapsto f(x)$ mit $x \in D(f)$ **umkehrbar eindeutig** ist. Das bedeutet, dass die umgekehrte Zuordnung $f(x) \mapsto x$ mit $f(x) \in W(f)$ ebenfalls eindeutig ist, also auch eine Funktion ist. Denn die Umkehrfunktion f^{-1} macht ja die Zuordnung $x \mapsto f(x)$ auf ihrem Definitionsbereich $D(f^{-1}) = W(f)$ gewissermaßen wieder rückgängig:

$f^{-1}: f(x) \mapsto x.$

Ist die reelle Funktion f umkehrbar, so ist auch die zu
$x \mapsto f(x); x \in D(f)$
umgekehrte Zuordnung
$f(x) \mapsto x; f(x) \in W(f)$ eine Funktion:

$$x \underset{f^{-1}}{\overset{f}{\rightleftarrows}} f(x).$$

Das Kriterium für die umkehrbare Eindeutigkeit einer reellen Funktion f ist, dass es zu verschiedenen Argumentwerten x_1 und x_2 aus $D(f)$ auch verschiedene Funktionswerte gibt, wie man durch Rechnung bestätigt.

Sind dann $x_1, x_2 \in D(f)$, so gilt:

$$f(x_1) = f(x_2) \Rightarrow f^{-1}(f(x_1)) = f^{-1}(f(x_2))$$
$$\Rightarrow \quad x_1 = x_2.$$

Also: $f(x_1) = f(x_2) \Rightarrow x_1 = x_2$.
Hiermit gleichbedeutend ist:
$x_1 \neq x_2 \Rightarrow f(x_1) \neq f(x_2)$ für alle $x_1, x_2 \in D(f)$.

Die Bedingung $x_1 \neq x_2 \Rightarrow f(x_1) \neq f(x_2)$ für alle $x_1, x_2 \in D(f)$ ist aber auch für eine reelle Funktion **hinreichend** dafür, dass es die Umkehrfunktion f^{-1} gibt. Denn sie lässt sich mit der Wertemenge $W(f)$ als ihren Definitionsbereich durch die eindeutige Zuordnung $f(x) \mapsto x$ bestimmen.

Gilt für eine reelle Funktion f
$x_1 \neq x_2 \Rightarrow f(x_1) \neq f(x_2)$ für alle $x_1, x_2 \in D(f)$, so ist f umkehrbar und
$f^{-1}(f(x)) = x; f(x) \in W(f)$
ist die Umkehrfunktion von f mit dem Definitionsbereich $D(f^{-1}) = W(f)$.

Allgemein gilt:

Eine reelle Funktion f ist genau dann **umkehrbar**, wenn ihre Zuordnung $x \mapsto f(x)$ **umkehrbar eindeutig** ist, d. h., wenn für alle $x_1, x_2 \in D(f)$ gilt: $x_1 \neq x_2 \Rightarrow f(x_1) \neq f(x_2)$.

Anschaulich bedeutet die Umkehrbarkeit einer reellen Funktion f, dass ihr Graph von jeder Parallelen zur x-Achse in höchstens einem Punkt geschnitten wird.

Der Graph der Funktion $f(x) = x^2; x \in \mathbb{R}$ wird oberhalb der x-Achse von jeder Parallelen zur x-Achse genau zweimal geschnitten.
Daher ist f nicht umkehrbar.

Graph einer nicht umkehrbaren Funktion:

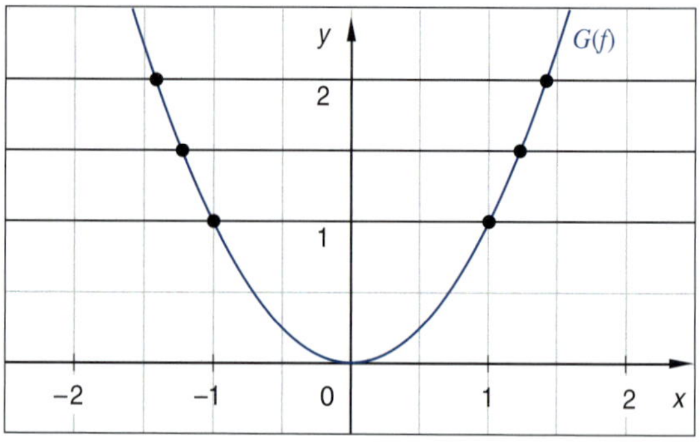

Der Graph der Funktion $f(x) = x^2$ mit dem eingeschränkten Definitionsbereich $D(f) = \mathbb{R}^{\geq 0} (x > 0)$ hingegen wird von jeder Parallelen zur x-Achse höchstens einmal geschnitten.
Daher ist f jetzt umkehrbar.

► $y = x$; Gleichung der Winkelhalbierenden

Graph einer umkehrbaren Funktion:

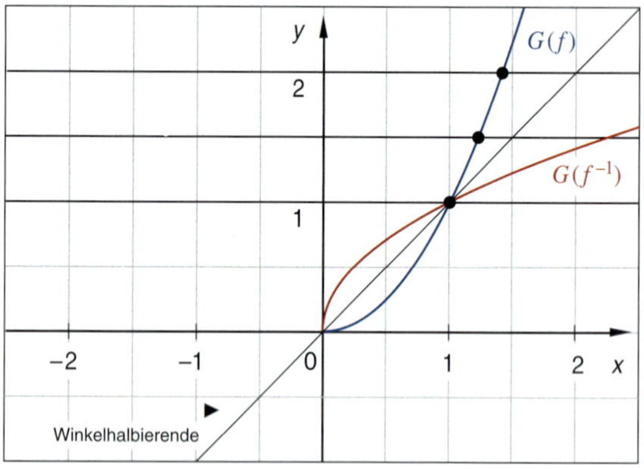

Der Graph der Umkehrfunktion f^{-1} einer umkehrbaren reellen Funktion f geht aus dem Graphen von f durch **Spiegelung an der Winkelhalbierenden** des I. und III. Quadranten hervor. Stellt man auf diese Winkelhalbierende senkrecht einen Spiegel, so kann man im Spiegel den Graphen der Umkehrfunktion sehen.

Z. B. sieht man im Spiegel zum Graphen der Funktion $f(x) = 2x - 1; x \in \mathbb{R}$ den Graphen der Umkehrfunktion f^{-1} mit
$f^{-1}(x) = 0{,}5x + 0{,}5; x \in \mathbb{R}$.

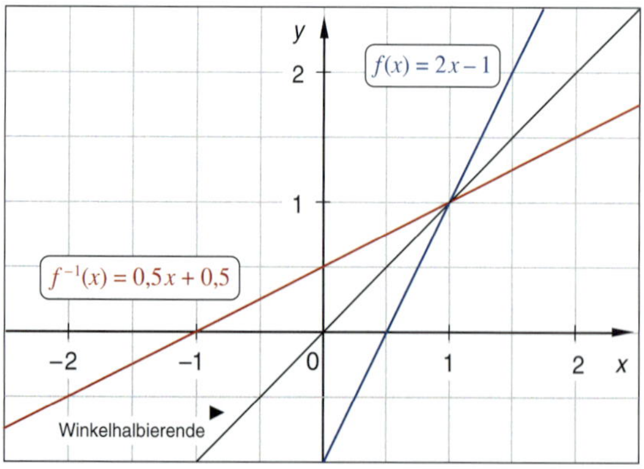

Rechnerisch erhält man den Funktionsterm der Umkehrfunktion f^{-1} aus dem Funktionsterm der Funktion f, indem man die Funktionsgleichung $y=f(x)$ nach x auflöst und anschließend die Variablen x und y gegenseitig vertauscht.

$y = 2x - 1$ ► Funktionsgleichung von f Auflösen nach x

$\Rightarrow x = \frac{1}{2}(y+1)$ ► Vertauschen von x und y

$\Rightarrow y = \frac{1}{2}(x+1)$ ► Funktionsgleichung der Umkehrfunktion

$\Rightarrow f^{-1}(x) = 0{,}5x + 0{,}5$ ► Funktionsterm der Umkehrfunktion

2

Die Bedingung $x_1 \neq x_2 \Rightarrow f(x_1) \neq f(x_2)$ für alle x-Werte des Definitionsbereichs von f ist für streng monotone reelle Funktionen immer erfüllt, da entweder $x_1 < x_2 \Rightarrow f(x_1) < f(x_2)$ (► f streng monoton steigend) oder $x_1 < x_2 \Rightarrow f(x_1) > f(x_2)$ (► streng monoton fallend) für alle x-Werte des Definitionsbereichs von f gilt.

- Eine Funktion f ist **umkehrbar**, wenn ihr im Koordinatensystem dargestellter Graph von jeder Parallelen zur x-Achse in höchstens einem Punkt geschnitten wird.
  Der Graph der Umkehrfunktion f^{-1} entsteht durch **Spiegelung** des Graphen der Funktion f an der Winkelhalbierenden des I. und III. Quadranten.
- **Streng** monotone reelle Funktionen sind umkehrbar.

Demzufolge sind insbesondere die linearen Funktionen, also Funktionen des Typs $f(x) = mx + b$; $x \in \mathbb{R}$ als streng monotone Funktionen umkehrbar.
Exponentialfunktionen und alle Logarithmusfunktionen sind ebenfalls umkehrbar, da sie streng monoton sind.

Alles klar?

1 Untersuchen Sie, welche der zu den folgenden Graphen gehörenden Funktionen umkehrbar sind.

a) 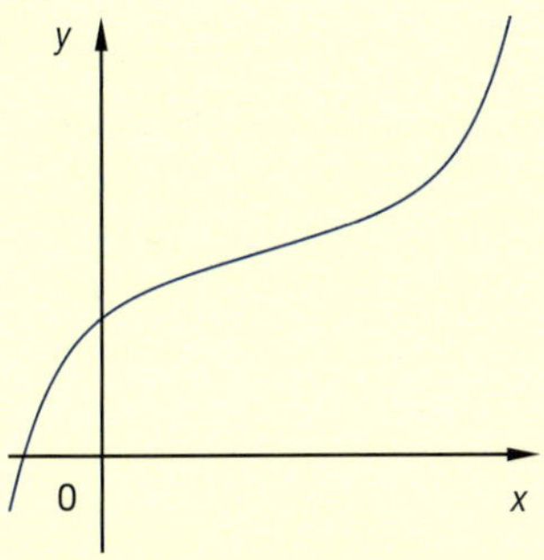

b) 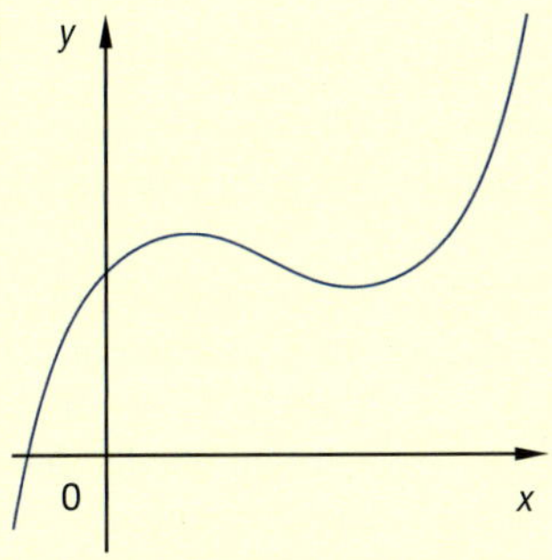

c) 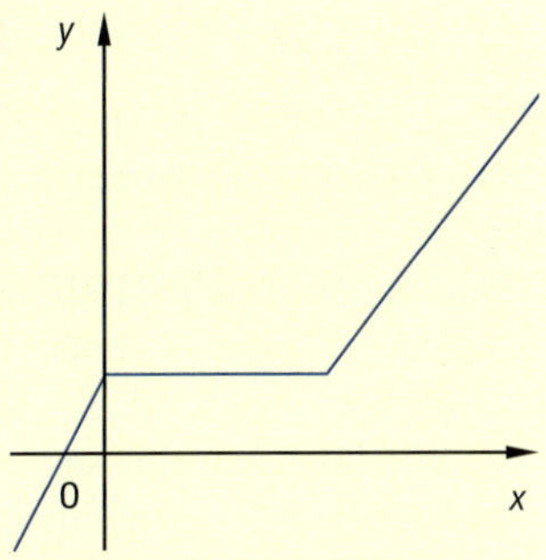

2 Zeigen und begründen Sie, dass nachfolgende Funktionen streng monoton sind. Geben Sie zu jeder Funktion die Umkehrfunktion an.

a) $f(x) = 0{,}25x + 2$; $D(f) = \mathbb{R}$
b) $f(x) = 2x^2 - 3$; $D(f) = \mathbb{R}^{\geq 0}$
c) $f(x) = 5x^3 - 2$; $D(f) = \mathbb{R}$
d) $f(x) = \sqrt{x}$; $D(f) = \mathbb{R}^{\geq 0}$

Übungen zu 2.7

1 Ermitteln Sie die Graphen der zugehörigen Umkehrfunktionen durch Spiegelung an der Winkelhalbierenden des I. Quadranten.

a) $f(x) = 4x - 3;\ D(f) = \mathbb{R}$

b) $f(x) = x^2 - 4;\ D(f) = \mathbb{R}^{\geq 0}$

c) $f(x) = \frac{2}{x-3};\ D(f) = \mathbb{R}^{>3}$

d) $f(x) = \sqrt{x-2};\ D(f) = \mathbb{R}^{\geq 2}$

2 Zeigen Sie, dass für Exponentialfunktionen des Typs $f(x) = a^x;\ D(f) = \mathbb{R}$ und für Logarithmusfunktionen des Typs $g(x) = \log_a x;\ D(g) = \mathbb{R}^{>0}$ gilt: $W(f) = \mathbb{R}^{>0}$ und $W(g) = \mathbb{R}$.

3 Untersuchen Sie, ob folgende Funktionen umkehrbar sind.

a) $f(x) = x^3 + 1;\ D(f) = \mathbb{R}$

b) $f(x) = \sqrt{6{,}25 - x^2};\ D(f) = \{x \in \mathbb{R} \mid 0 \leq x \leq 2{,}5\}$

c) $f(x) = \log 2x;\ D(f) = \{x \in \mathbb{R} \mid 0 < x \leq 10\}$

d) $f(x) = \begin{cases} x^2 & \text{für } 0 \leq x \leq 2 \\ x+2 & \text{für } 2 < x \leq 5 \end{cases}$

4 Ermitteln Sie, ob die angegebene Funktion g Umkehrfunktion der gegebenen Funktion f ist.

a) $f(x) = 2x;\ D(f) = \{1, 2, 3\}$,
$g(x) = 0{,}5x;\ D(g) = \{2, 4, 6\}$

b) $f(x) = x^3;\ D(f) = \mathbb{R}^{\geq 0}$,
$g(x) = \sqrt[3]{x};\ D(g) = \mathbb{R}^{\geq 0}$

c) $f(x) = x^2 - 1;\ D(f) = \{1, 2, 3, 4\}$,
$g(x) = \sqrt{x+1};\ D(g) = \{0, 3, 8, 15\}$

d) $f(x) = x^2;\ D(f) = \{x \in \mathbb{R} \mid -2 \leq x \leq 2\}$,
$g(x) = \sqrt{x};\ D(g) = \{x \in \mathbb{R} \mid x \leq 4\}$

e) $f(x) = 2x + 3;\ D(f) = \{x \in \mathbb{R} \mid 0 \leq x \leq 3\}$,
$g(x) = 0{,}5x - 1{,}5;\ D(g) = \{x \in \mathbb{R} \mid 3 \leq x \leq 9\}$

f) $f(x) = 2^x;\ D(f) = \mathbb{R}$,
$g(x) = \log_2 x;\ D(g) = \mathbb{R}^{>0}$

g) $f(x) = \frac{2x}{x+1};\ D(f) = \mathbb{R}^{\geq 0}$,
$g(x) = \frac{x}{2-x};\ D(g) = \{x \in \mathbb{R} \mid 0 \leq x < 2\}$

5 Zeigen oder begründen Sie, dass nachfolgende Funktionen streng monoton sind. Geben Sie zu jeder Funktion die Umkehrfunktion an.

a) $f(x) = 0{,}25x + 2;\ D(f) = \mathbb{R}$

b) $f(x) = 2x^2 - 3;\ D(f) = \mathbb{R}^{\geq 0}$

c) $f(x) = 0{,}5x^3 - 2;\ D(f) = \mathbb{R}$

d) $f(x) = \sqrt{x};\ D(f) = \mathbb{R}^{\geq 0}$

e) $f(x) = 2 + \log 3x;\ D(f) = \mathbb{R}^{>0}$

f) $f(x) = 3^x - 4;\ D(f) = \mathbb{R}$

6 In welchen Intervallen sind die folgenden reellen Funktionen umkehrbar?

a) $f(x) = 0{,}25x^2 + 3$

b) $f(x) = (x-2)^2$

c) $f(x) = \sqrt{x^2 + 3}$

d) $f(x) = x^3 - 2$

e) $f(x) = x^2 + 6x + 8$

f) $f(x) = \log(x^2 + 1)$

7 Man kann mithilfe einer Funktion Nachrichten verschlüsseln. Dazu ordnet man jedem Buchstaben des Alphabets seine Nummer zu und benutzt die Zahl 0 für Leerzeichen:

A	B	C	…	X	Y	Z
1	2	3	…	24	25	26.

Aus der Nachricht STRENG GEHEIM wird so die Zahlenfolge 19, 20, 18, 5, 14, 7, 0, 7, 5, 8, 5, 9, 13. Jede Zahl dieser Folge wird sodann als Argument einer „Kodierfunktion“ genommen, z. B. $f(x) = 2x - 11$: 27, 29, 25, −1, 17, 3, −11, 3, −1, 5, −1, 7, 15.

a) Wie lässt sich eine so verschlüsselte Nachricht wieder dekodieren?

b) Welche Bedingung muss die Kodierfunktion erfüllen?

c) Entschlüsseln Sie die folgenden Nachrichten.

15, −9, 29, 5, −1	−1, 27, 27, −1, 17	15, −9, −5, 5
15, −9, −5, 5, 29	19, 5, 17, −1	15, −9, 13
27, 21, −9, 27, 27	25, −1, 31, −1	21, −9, 31, 27, −1

8 Verketten Sie die folgenden Funktionen mit ihren Umkehrfunktionen, falls diese existieren.

a) $f(x) = -2x + 5;\ D(f) = \mathbb{R}$

b) $f(x) = 0{,}5x^2 + 1;\ D(f) = \mathbb{R}^{\geq 0}$

c) $f(x) = \frac{-3}{x+2};\ D(f) = \mathbb{R}^{>-2}$

d) $f(x) = \sqrt{x-3};\ D(f) = \mathbb{R} \geq 3$

2.8 Trigonometrische Funktionen

Viele Vorgänge in Natur und Technik wiederholen sich periodisch, z. B. Drehbewegungen, Schwingungen, Herzmuskelbewegungen usw. Solche Vorgänge lassen sich mathematisch oft durch **Winkelfunktionen** beschreiben. Das Teilgebiet der Mathematik, in dem Winkelfunktionen eine wichtige Rolle spielen, ist die **Trigonometrie** (griech. Dreiecksmessung), die sich mit der Berechnung ebener Dreiecke – d. h. der **rechnerischen** Angabe **aller** Seitenlängen und Winkelmaße in einem Dreieck – beschäftigt. Winkelfunktionen heißen daher auch **trigonometrische Funktionen**.

Da man jedes ebene Dreieck in zwei rechtwinklige Dreiecke unterteilen kann, lässt sich die Berechnung ebener Dreiecke auf die Berechnung von rechtwinkligen Dreiecken zurückführen. Ein rechtwinkliges Dreieck ist aber bereits **eindeutig** bestimmt, wenn man neben einer Seitenlänge auch noch das Maß eines weiteren Bestimmungsstückes (Seite oder Winkel) kennt. Sind z. B. zwei Seitenlängen eines rechtwinkligen Dreiecks gegeben, so lässt sich bekanntlich die Länge der dritten Seite mit dem Satz des Pythagoras berechnen und mit Winkelfunktionen auch das Winkelmaß jedes seiner spitzen Winkel. Das folgende Beispiel erinnert an die Definition von Winkelfunktionen in rechtwinkligen Dreiecken.

Beispiel 2.69 a

Auf Verkehrsschildern werden bei Bergauffahrten die Steigungen von Straßen in Prozent angegeben.

Das bedeutet, dass die Straße bezogen auf eine **horizontal** gemessene Entfernung von 100 m um 12 m ansteigt.

Da rechtwinklige Dreiecke mit gleich großen spitzen Winkeln **ähnlich** sind, sind für alle „Steigungsdreiecke" im nebenstehenden Bild die Längenverhältnisse entsprechender Seiten gleich; sie sind eindeutig durch das Winkelmaß für α des „Steigungswinkels" $\sphericalangle\alpha$ der Straße festgelegt. Insbesondere gilt für das „Straßendreieck" selbst:

$\frac{a}{b} = \frac{12}{100} = 12\,\%$. ► $12\,\% = \frac{12}{100}$

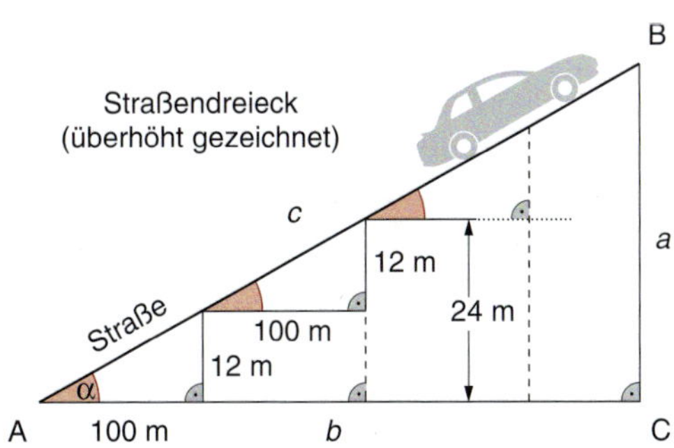

Ist $\sphericalangle\alpha$ ein spitzer Winkel eines rechtwinkligen Dreiecks ABC mit dem rechten Winkel bei C, so ist jedes der sechs möglichen Längenverhältnisse der Seiten $\frac{a}{c}, \frac{b}{c}, \frac{a}{b}$ und $\frac{c}{a}, \frac{c}{b}, \frac{b}{a}$ durch das Winkelmaß für α **eindeutig** festgelegt, denn je zwei rechtwinklige Dreiecke mit demselben Winkelmaß für α sind nach dem **Innenwinkelsatz für Dreiecke** maßgleich in allen Winkeln, also ähnlich. ► Der Komplementwinkel zu $\sphericalangle\alpha$ hat das Winkelmaß $\beta = 90° - \alpha$.

Diese sechs Längenverhältnisse sind daher Funktionen von α, so genannte **Winkelfunktionen**, von denen aber nur die ersten drei für die Praxis wichtig sind. ► Die restlichen Funktionen sind jeweils die Kehrwertfunktionen der ersten drei.

Die ersten drei Funktionen heißen der Reihe nach **Sinusfunktion** (Zeichen: sin), **Cosinusfunktion** (Zeichen: cos), auch Kosinusfunktion genannt, und **Tangensfunktion** (Zeichen: tan). Es ist üblich für deren Funktionsterme statt
$\sin(\alpha)$ – gelesen sinus von α –,
$\cos(\alpha)$ – gelesen cosinus von α –,
$\tan(\alpha)$ – gelesen tangens von α –
nur $\sin\alpha$, $\cos\alpha$ und $\tan\alpha$ zu schreiben. Ferner bezeichnet man die dem spitzen Winkel $\sphericalangle\alpha$ anliegende Kathete als **Ankathete** und die ihm gegenüberliegende als **Gegenkathete** von $\sphericalangle\alpha$. Setzt man zur übersichtlichen Darstellung die Bezeichnung der Seiten für ihre Längen, so erhält man die nebenstehenden drei Winkelfunktionen.

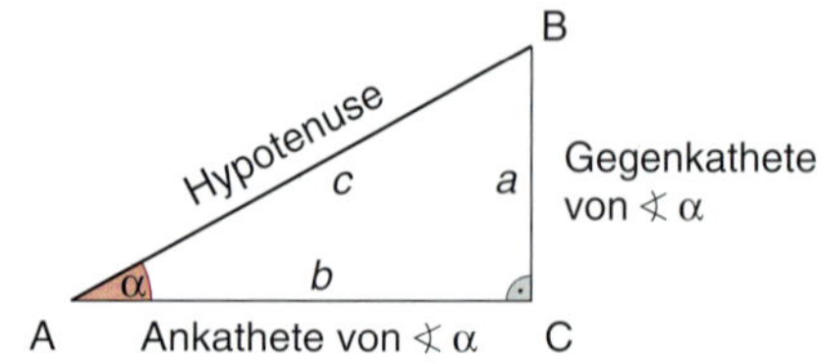

- **sinus:** $\alpha \mapsto \sin\alpha$
  $\sin\alpha = \frac{a}{c} = \frac{\textit{Gegenkathete}}{\textit{Hypotenuse}}$ ▸ $0° < \alpha < 90°$
- **cosinus:** $\alpha \mapsto \cos\alpha$
  $\cos\alpha = \frac{b}{c} = \frac{\textit{Ankathete}}{\textit{Hypotenuse}}$ ▸ $0° < \alpha < 90°$
- **tangens:** $\alpha \mapsto \tan\alpha$
  $\tan\alpha = \frac{a}{b} = \frac{\textit{Gegenkathete}}{\textit{Ankathete}}$ ▸ $0° < \alpha < 90°$

Zwischen den Winkelfunktionen sin, cos und tan gibt es eine Beziehung, die man erkennt, wenn man den Quotienten aus dem sinus und dem cosinus eines Winkelmaßes bildet:
$\frac{\boldsymbol{\sin\alpha}}{\boldsymbol{\cos\alpha}} = \frac{a}{c} : \frac{b}{c} = \frac{a \cdot c}{b \cdot c} = \frac{a}{b} = \boldsymbol{\tan\alpha}$. Ferner gilt aufgrund des Satzes von Pythagoras:

$\boldsymbol{\sin^2\alpha + \cos^2\alpha = \left(\frac{a}{c}\right)^2 + \left(\frac{b}{c}\right)^2 = \frac{a^2+b^2}{c^2} = \frac{c^2}{c^2} = 1}$, wobei $\sin^2\alpha$ für $(\sin\alpha)^2$ usw. geschrieben wird.

Für Winkelmaße α mit $0° < \alpha < 90°$ gilt in einem rechtwinkligen Dreieck ABC (∟ bei C):
$\sin\alpha = \frac{a}{c}$, $\cos\alpha = \frac{b}{c}$, $\tan\alpha = \frac{a}{b}$ sowie $\tan\alpha = \frac{\sin\alpha}{\cos\alpha}$ und $\sin^2\alpha + \cos^2\alpha = 1$.

Da die Hypotenuse die längste Seite in einem rechtwinkligen Dreieck ist, liegen die Werte der sin- und der cos-Funktion im offenen Intervall $(0, 1)$, während die Tangenswerte – wegen $\tan\alpha = \frac{\sin\alpha}{\cos\alpha}$ – in $(0, \infty)$ liegen.
Die Zeichnung rechts zeigt die Graphen der sin-, cos- und tan-Funktion.

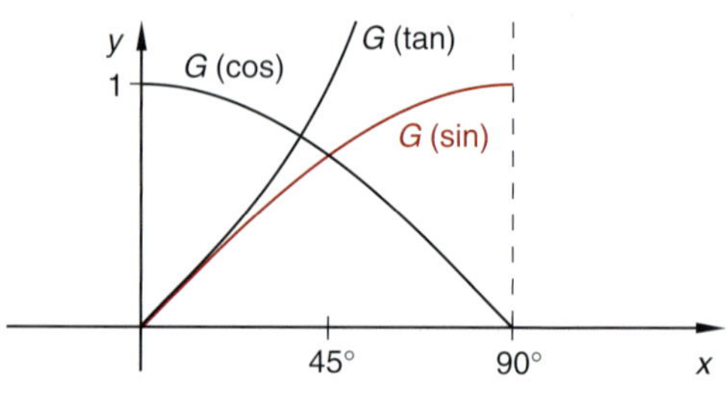

Wissenschaftliche Taschenrechner (TR) sind so programmiert, dass sie zu α mit $0° < \alpha < 90°$ auf Tastendruck der Tasten [sin], [cos], und [tan] jeweils mehrstellige zugehörige Funktionswerte liefern. Dabei muss der TR auf das übliche **Gradmaß** (°) eingestellt sein, was in der Regel der Fall ist, wenn man ihn einschaltet. Das Gradmaß wird auf dem TR in der Anzeige mit DEG (engl. degree: Grad) abgekürzt. Zusätzlich setzt man fest: $\boldsymbol{\sin 0° = 0}$ und $\boldsymbol{\cos 0° = 1}$ bzw. $\boldsymbol{\sin 90° = 1}$ und $\boldsymbol{\cos 0° = 0}$; ferner $\boldsymbol{\tan 0°} = \frac{\sin 0°}{\cos 0°} = \frac{0}{1} = \boldsymbol{0}$.

Jede Parallele zur x-Achse schneidet den Graphen der sin-, cos- und tan-Funktion jeweils in höchstens einem Punkt. Die Winkelfunktionen sind daher umkehrbar. ▶ Abschnitt 1.6.4

Das bedeutet, dass sich zu jedem Funktionswert $w \in [0, 1]$ eindeutig das Winkelmaß für α mit $\alpha \in [0°, 90°]$ bestimmen lässt, für das $\sin\alpha = w$ bzw. $\cos\alpha = w$ gilt; für die Tangensfunktion gilt das entsprechend für Werte $w \in [0, \infty)$ und Winkelmaße α mit $\alpha \in [0°, 90°)$.

Der TR stellt für die Berechnung von α die sog. **Umkehrtasten** $\boxed{\sin^{-1}}$, $\boxed{\cos^{-1}}$ und $\boxed{\tan^{-1}}$ bereit.

Beispiel 2.69 b

Unter welchem „Steigungswinkel" steigt die Straße aus Beispiel 2.69 a) an?

Ist $\sphericalangle\alpha$ der Steigungswinkel, so gilt nach Beispiel 2.69 a): Steigung von $\overline{AB} = \frac{a}{b} = \frac{12}{100} = \tan\alpha$ und die Taste $\boxed{\tan^{-1}}$ liefert für 0,12 das gerundete Winkelmaß $\alpha \approx 6{,}84°$.

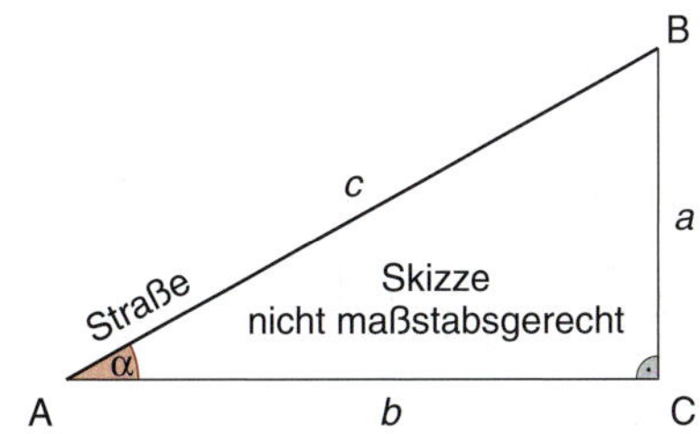

Bisher sind die Winkelfunktionen nur für Winkelmaße α von 0° bis 90° definiert.

Die nebenstehende Figur zeigt aber einen Weg auf, wie sich die Definitionsbereiche der Winkelfunktionen für beliebige Winkel sinnvoll erweitern lassen, wenn man unter $\sphericalangle\alpha$ einen **Drehwinkel** versteht.
Im folgenden Beispiel wird eine solche Erweiterung der Definitionsbereiche für die sin- und cos-Funktion für Winkelmaße α mit $90° \leq \alpha \leq 360°$ durchgeführt.

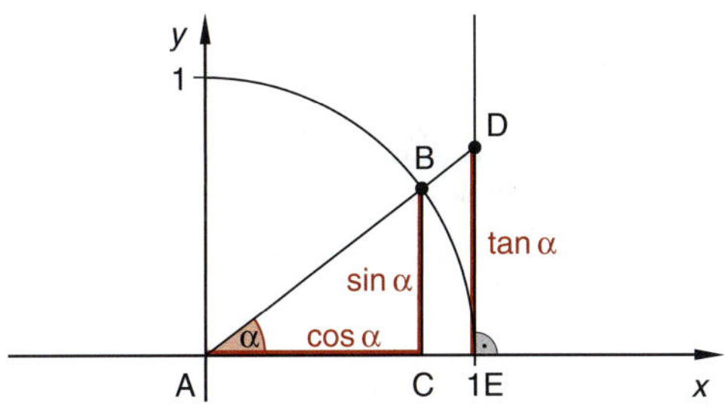

Beispiel 2.70

Zeichnet man in ein Koordinatensystem einen Kreis vom Radius 1 um den Koordinatenursprung O – einen sog. **Einheitskreis** – und dreht die positive x-Achse im Gegensinn des Uhrzeigers um einen Winkel $\sphericalangle\alpha$, so schneidet der freie Schenkel des Winkels den Einheitskreis in einem Punkt P. Liegt dieser Punkt im Innern des I. Quadranten, so besitzt er die Koordinaten $\langle \cos\alpha \mid \sin\alpha \rangle$, wie man an den Kathetenlängen des eingezeichneten rechtwinkligen Dreiecks erkennt.

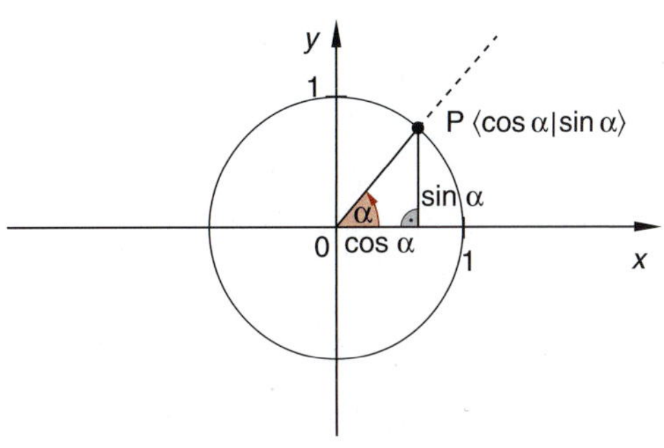

Es liegt daher nahe, die sin- und cos-Funktion auch für Drehwinkelmaße α mit $90° \leq \alpha \leq 360°$ so zu erklären, dass für die Koordination eines beliebigen Punkts $P\langle x \mid y\rangle$ auf dem Einheitskreis stets $x = \cos\alpha$ und $y = \sin\alpha$ gilt.

▶ Die Winkelbezeichnung $\sphericalangle\alpha$ gibt die mathematisch positive Drehrichtung an; man nennt daher $\sphericalangle\alpha$ auch einen **positiven orientierten** Drehwinkel.

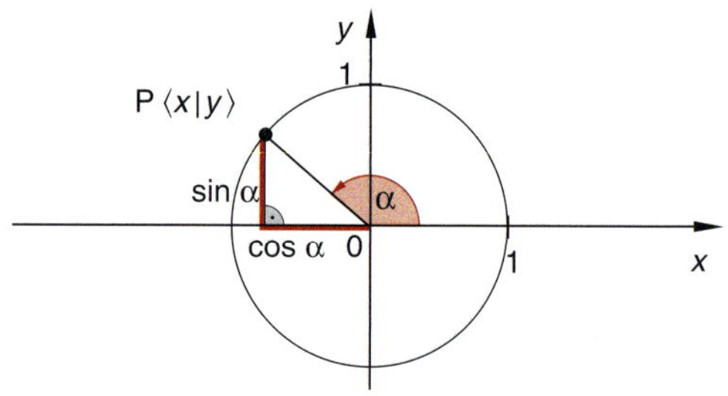

Auch die Tangensfunktion lässt eine sinnvolle Erweiterung ihres Definitionsbereichs zu, wie das nachfolgende Beispiel zeigt.

Beispiel 2.71

Durch jeden beliebigen Punkt $P\langle x \mid y\rangle$ des Einheitskreises, der nicht auf der y-Achse liegt, ist eine lineare Funktion vom Typ $f(x) = mx$ festgelegt. Liegt dieser Punkt im Innern des I. Quadranten, so besitzt er die Koordinaten $\langle\cos\alpha \mid \sin\alpha\rangle$, wenn $\sphericalangle\alpha$ den zum Punkt P gehörenden positiv orientierten Drehwinkel mit $0° < \alpha < 90°$ bezeichnet. Der dann positive Steigungsfaktor m der Funktion f bestimmt sich zu $m = \tan\alpha$. Man nennt $\sphericalangle\alpha$ daher auch den **Steigungswinkel** von $G(f)$.

Spiegelt man $G(f)$ an der y-Achse, so erhält man den Graphen der Funktion $-f(x) = -mx$, zu der der positiv orientierte Drehwinkel $\sphericalangle 180° - \alpha$ und der negative Steigungsfaktor $-m$ gehören.

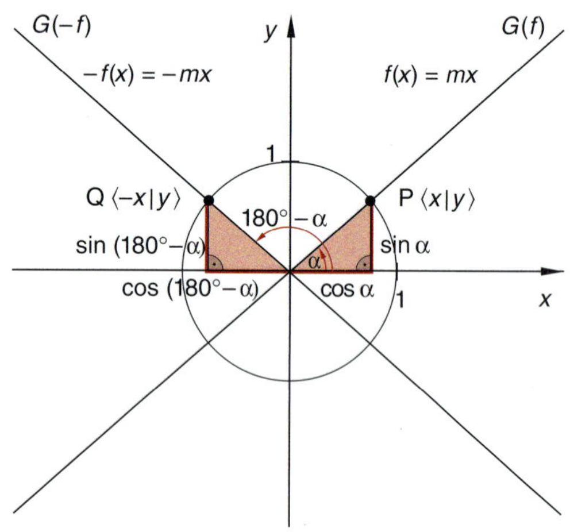

Der Punkt $P\langle x \mid y\rangle$ geht dabei in den Punkt $Q\langle -x \mid y\rangle$ mit $-x = \cos\alpha$ und $y = \sin\alpha$ über. ▶ $-m < 0$. Es liegt daher nahe, die tan-Funktion für Drehwinkelmaße α mit $90° < \alpha < 360°$ und $\alpha \neq 270°$ so zu erklären, dass für die Koordinaten eines beliebigen Punkts $P\langle x \mid y\rangle$ auf dem Einheitskreis stets $\tan\alpha = \frac{y}{x}$ gilt.

▶ Mit $\tan\alpha = \frac{y}{x} = m$ für **jede** Gerade durch O und einen Punkt $P\langle x \mid y\rangle$ des Einheitskreises, der nicht auf der y-Achse liegt, gilt dann für die Steigung der an der y-Achse gespiegelten Geraden durch O und $Q\langle -x \mid y\rangle$: $\tan(180° - \alpha) = \frac{y}{-x} = -\frac{y}{x} = -m$, so wie es die Anschauung nahe legt.

▶ Zu den positiven Drehwinkelmaßen α und $180° + \alpha$ gehört dieselbe lineare Funktion, falls $\alpha \neq 90°$ und $\alpha \neq 270°$ ist.

- Mit den Koordinaten der Punkte $P\langle x \mid y\rangle$ des Einheitskreises lassen sich die sin- und cos-Funktion für alle Drehwinkelmaße α mit $0° \leq \alpha \leq 360°$ erklären. Es gilt: $\sin\alpha = y$ und $\cos\alpha = x$.
- Liegen die Punkte $P\langle x \mid y\rangle$ nicht auf der y-Achse, so haben die Geraden durch O und P den Steigungsfaktor $m = \frac{y}{x}$. Für den jeweils zugehörenden positiv orientierten Drehwinkel $\sphericalangle\alpha$ setzt man fest: $\tan\alpha = m = \frac{y}{x}$.

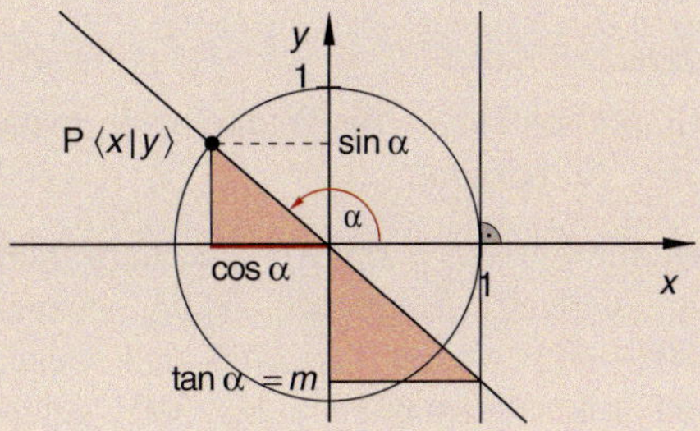

Es gilt in den einzelnen Quadranten:

II. Quadrant	III. Quadrant	IV. Quadrant
$\sin(180° - \alpha) = \sin\alpha$	$\sin(180° + \alpha) = -\sin\alpha$	$\sin(360° - \alpha) = -\sin\alpha$
$\cos(180° - \alpha) = -\cos\alpha$	$\cos(180° + \alpha) = -\cos\alpha$	$\cos(360° - \alpha) = \cos\alpha$
$\tan(180° - \alpha) = -\tan\alpha$	$\tan(180° + \alpha) = \tan\alpha$	$\tan(360° - \alpha) = -\tan\alpha$

Wegen der erweiterten Definitionen der Winkelfunktionen für Winkelmaße α mit $\alpha = 0°$ und $\alpha = 90°$ lassen sich nach der vorstehenden Tabelle auch die anderen Randfälle behandeln.

Die Ergebnisse sind nebenstehend zusammengefasst.

Winkelmaß	sin	cos	tan
0°	0	1	0
90°	1	0	nicht definiert
180°	0	−1	0
270°	−1	0	nicht definiert
360°	0	1	0

- Die sin- und cos-Funktion sind für $\alpha \in W$ definiert. Sie sind periodische Funktionen mit der Periode 360°, d. h., es gilt: $\sin(\alpha + 360°) = \sin\alpha$ und $\cos(\alpha + 360°) = \cos\alpha$ für jedes $\alpha \in W$. Die sin-Funktion ist eine ungerade, die cos-Funktion eine gerade Funktion, d. h., es gilt: $\sin(-\alpha) = -\sin\alpha$ und $\cos(-\alpha) = -\cos\alpha$ für jedes $\alpha \in W$.
- Die tan-Funktion ist nur für Winkelmaße $\alpha \in W$ definiert mit $\alpha \neq 90° + k \cdot 180°$ und $k \in \mathbb{Z}$. Für diese Winkelmaße ist sie eine periodische Funktion mit der Periode 180°, d. h., es gilt: $\tan(\alpha + 180°) = \tan\alpha$. Die tan-Funktion ist eine ungerade Funktion, d. h., es gilt für jedes $\alpha \in W$ mit $\alpha \neq 90° + k \cdot 180°$ und $k \in \mathbb{Z}$: $\tan(-\alpha) = \tan\alpha$.

Alles klar?

1 Was bedeutet die Angabe 12 % Gefälle? Um wie viele Meter fällt die Straße, wenn sie 3,8 km lang ist?

2 Berechnen Sie die fehlenden Seiten und Winkel eines rechtwinkligen Dreiecks. ► $\gamma = 90°$
a) $a = 4$ cm; $b = 3$ cm **b)** $a = 5$ cm; $c = 13$ cm **c)** $c = 7$ cm; $\alpha = 36°$ **d)** $a = 3{,}5$ cm; $\alpha = 28°$

3 Geben Sie die Vorzeichen von $\sin\alpha$, $\cos\alpha$ und $\tan\alpha$ im Innern der einzelnen Quadranten an. Führen Sie die Winkelfunktionswerte auf solche für den I. Quadranten zurück. Untersuchen Sie die Randfälle 0°, 90°, 180°, 270° und 360° gesondert.

Beispiel 2.72

„Zeichnen“ Sie die Graphen der Funktionen sin, cos und tan in ihren maximalen Definitionsbereichen.

- **sin, cos**

Der Graph von sin ist für Winkelmaße α mit $0° \leq \alpha \leq 90°$ bekannt.

Wegen $\sin(90° - \alpha) = \sin(90° + \alpha)$ kann man seinen Verlauf dann bis 180°, wegen $\sin(180° + \alpha) = -\sin\alpha$ bis 270° und wegen $\sin(360° - \alpha) = -\sin\alpha$ auch bis 360° zeichnen. Weil die Sinusfunktion periodisch ist mit der Periode 360°, erhält man weitere Teile ihres Graphen, indem man das bis dahin gezeichnete Stück immer weiter nach rechts verschiebt. Da die Sinusfunktion eine ungerade Funktion ist – ihr Graph also punktsymmetrisch zum Koordinatenursprung O verläuft –, entsteht der übrige Graph durch Spiegelung des bisherigen Graphen an O.

Analog schließt man für die cos-Funktion. Die nebenstehenden Zeichnungen zeigen das Ergebnis dieser Überlegungen.

- **tan**

Der Graph von tan ist für Winkelmaße α mit $0° \leq \alpha < 90°$ bekannt. Da die Tangensfunktion eine ungerade Funktion ist, verläuft ihr Graph punktsymmetrisch zum Koordinatenursprung O. Damit kann man den Graphen für alle Winkelmaße α mit $-90° < \alpha < 90°$ zeichnen. Weil die tan-Funktion periodisch ist mit der Periode 180°, erhält man weitere Teile ihres Graphen, indem man das bis dahin gezeichnete Stück immer weiter nach rechts oder nach links verschiebt. Die nebenstehende Zeichnung zeigt das Ergebnis dieser Überlegung.

- **sin**

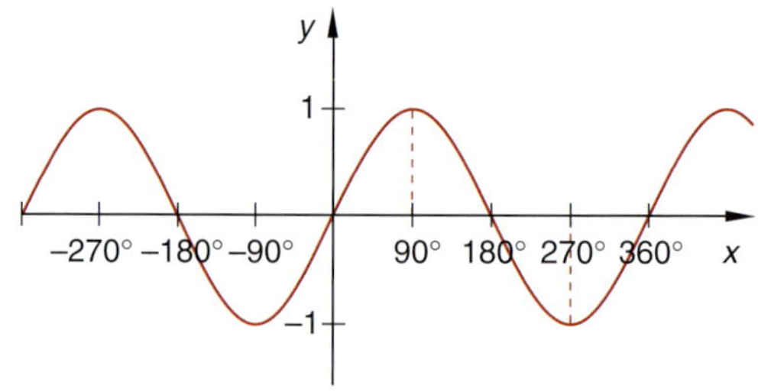

- **cos**

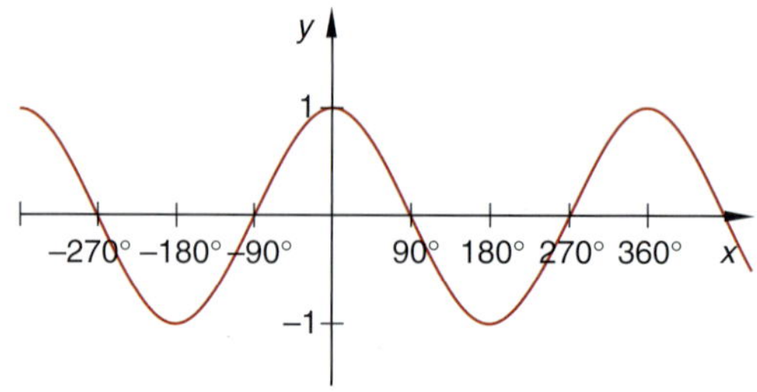

- **tan**

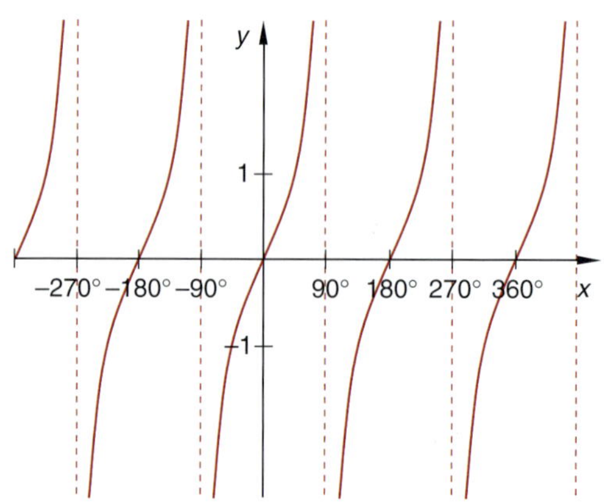

Die auf ihren Definitionsbereichen eingeschränkten Winkelfunktionen
sin: $\alpha \mapsto \sin\alpha$; $\alpha \in [-90°, 90°]$,
cos: $\alpha \mapsto \cos\alpha$; $\alpha \in [0°, 180°]$ und
tan: $\alpha \mapsto \tan\alpha$; $\alpha \in (-90°, 90°)$,
sind umkehrbar.

$\sin^{-1}$, $\cos^{-1}$ und $\tan^{-1}$ sind ihre jeweiligen Umkehrfunktionen.
$\sin^{-1}: [-1, 1] \mapsto [-90°, 90°]$
$\cos^{-1}: [-1, 1] \mapsto [0°, 180°]$
$\tan^{-1}: \mathbb{R} \mapsto (-90°, 90°)$

Dazu muss man ein Gradmaß α mit einer reellen Zahl umkehrbar eindeutig in sinnvoller Weise in Beziehung setzen können. Das folgende Beispiel zeigt, dass dies möglich ist, wenn man zur Messung eines Winkels $\sphericalangle\alpha$ die Längenmaßzahl b des Kreisbogens verwendet, den der Winkel aus dem Einheitskreis ausschneidet.

Man nennt diese Längenmaßzahl das **Bogenmaß** des Winkels $\sphericalangle\alpha$.

Beispiel 2.73

Man denke sich auf dem Einheitskreis mit 1 cm Radiuslänge einen dünnen Faden der Länge 1 cm vom Punkt $E\langle 1 \mid 0\rangle$ aus im Gegensinn des Uhrzeigers aufgewickelt. In welchem Punkt $P\langle x \mid y\rangle$ endet der Faden? Beantworten Sie die Frage allgemein für eine Fadenlänge von b cm, $b \in \mathbb{R}$.

Kennt man die Maßzahl für α, so kennt man wegen $x = \cos\alpha$ und $y = \sin\alpha$ auch die Koordinaten des Punktes P, und zwar unabhängig davon, wie oft der Faden aufgewickelt wurde; denn sin- und cos-Funktion besitzen beide die Periode 360°. Zwischen der Fadenlänge und der Maßzahl für α des positiv orientierten Drehwinkels $\sphericalangle\alpha$ besteht offensichtlich ein proportionaler Zusammenhang: Je länger (kürzer) der Faden, umso größer (kleiner) ist der zugehörige Drehwinkel. Würde der Faden bei einmaliger Aufwicklung im Punkt E enden, so hätte er genau den Umfang des Kreises als Fadenlänge und das zugehörige Winkelmaß wäre 360°. Daraus berechnet sich der Proportionalitätsfaktor k zu $k = \frac{\pi}{180°}$ und damit b zu $b = \frac{\pi}{180°} \cdot \alpha$.

Zu einem auf dem Einheitskreis aufgewickelten 1 cm langen Faden gehört das Winkelmaß $\alpha \approx 57{,}296°$. Für die Koordinaten des Punktes P gilt daher: $x \approx 0{,}540$ und $y \approx 0{,}841$.

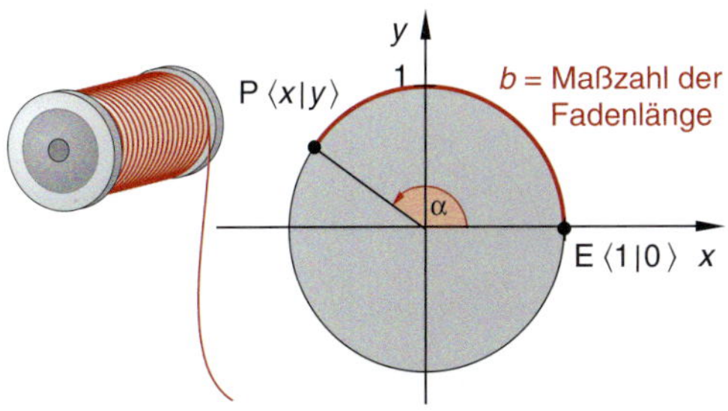

▶ $b = k \cdot \alpha$ mit einem Proportionalitätsfaktor k

▶ Umfang des Kreises: $U = 2\pi r$, r Radiuslänge
▶ Umfang des Einheitskreises: $U = 2\pi$ ▶ $r = 1$

$2\pi = k \cdot 360°$ ▶ Fadenlänge = Umfang des Einheitskreises

$\Rightarrow k = \frac{\pi}{180°}$ ▶ $b = k \cdot \alpha$

$\Rightarrow b = \frac{\pi}{180°} \cdot \alpha$ ▶ Bogenmaß des Winkels $\sphericalangle\alpha$

$\Rightarrow \alpha = \frac{b}{\pi} \cdot 180°$ ▶ $b = 1$

$\Rightarrow \boldsymbol{\alpha \approx 57{,}296°}$

$\Rightarrow x = \cos 57{,}296° \approx \mathbf{0{,}540}$

$y = \sin 57{,}296° \approx \mathbf{0{,}841}$

Ist $\sphericalangle\alpha$ ein Winkel mit $0 \leq \alpha \leq 360°$, so wird dem Winkelmaß für α im Einheitskreis durch $b = \frac{\pi}{180°} \cdot \alpha$ umkehrbar eindeutig sein Bogenmaß zugeordnet, d. h., mit dieser Gleichung kann man von einem Maß in das andere umrechnen. Denkt man sich den Einheitskreis auf der Zahlengeraden nach links und nach rechts hin abgerollt, so entspricht jede Zahl auf der Zahlengeraden einem Drehwinkelmaß (für Links- und Rechtsdrehungen und Drehungen mit mehreren Umläufen).

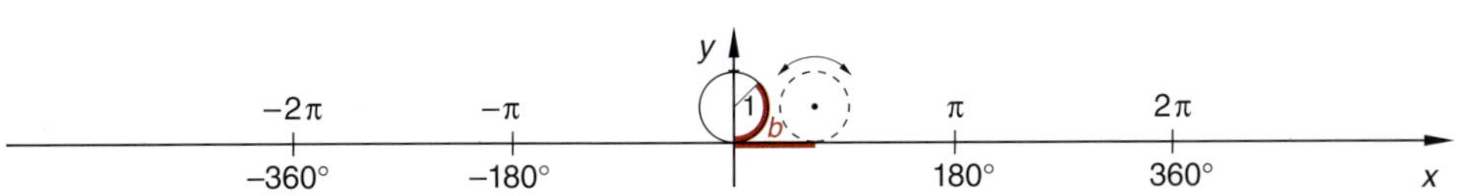

Um deutlich zu machen, dass mit einer reellen Zahl das Bogenmaß eines Winkels gemeint ist, fügt man der reellen Zahl häufig die Bezeichnung „rad" (Radiant) an. Es entspricht also z. B. 2π rad der Maßzahl 360° des Vollwinkels und 1 rad dem Winkelmaß 57,296°. Das kann man mit einem wissenschaftlichen TR leicht überprüfen, wenn man statt der DEG- die RAD-Einstellung wählt und anschließend die Taste [DEG] drückt. ► Betriebsanleitung des TR

- Das **Bogenmaß** eines Winkels ist die Längenmaßzahl des zugehörigen Bogens auf dem Einheitskreis, also eine reelle Zahl.
- Jeder reellen Zahl entspricht als Bogenmaß umkehrbar eindeutig ein Winkelmaß. Dabei gelten die Umrechnungsformeln $b = \frac{\pi}{180°} \cdot \alpha$ bzw. $\alpha = \frac{b}{\pi} \cdot 180°$.
- Die sin- und die cos-Funktion sind für $x \in \mathbb{R}$ definiert. Sie sind periodische Funktionen mit der Periode 2π, d. h., es gilt: $\sin(x + 2\pi) = \sin x$ und $\cos(x + 2\pi) = \cos x$ für jedes $x \in \mathbb{R}$: Die sin-Funktion ist eine ungerade, die cos-Funktion eine gerade reelle Funktion, d. h., es gilt: $\sin(-x) = -\sin x$ und $\cos(-x) = \cos x$ für jedes $x \in \mathbb{R}$.
- Die tan-Funktion ist nur für Bogenmaße $x \in \mathbb{R}$ definiert mit $x \neq \frac{\pi}{2} + k \cdot \pi$ und $k \in \mathbb{Z}$. Für diese Bogenmaße ist sie eine periodische Funktion mit der Periode π, d. h., es gilt: $\tan(x + \pi) = \tan x$. Die tan-Funktion ist eine ungerade reelle Funktion, d. h., es gilt für jedes $x \in \mathbb{R}$ mit $x \neq \frac{\pi}{2} + k \cdot \pi$ mit $k \in \mathbb{Z}$: $\tan(-x) = \tan x$.

Wegen $\sin(180° - \alpha) = \sin \alpha$ für alle $\alpha \in W$ (► Beispiel 2.71) gilt im Bogenmaß $\sin(\pi - x) = \sin x$ für alle $x \in \mathbb{R}$. Mit dieser Gleichung (► Beweis, Übungsaufgabe 16) und der Periodizität der Sinusfunktion können nun alle Argumente zu einem bekannten Sinuswert errechnet werden.

Wegen $\cos(-x) = \cos x$ für alle $x \in \mathbb{R}$ und der Periodizität der Cosinusfunktion können auch alle Argumente zu einem bekannten Cosinuswert ermittelt werden; genauso können wegen der Periodizität der Tangensfunktion mit der Periode π alle Argumente zu einem bekannten Tangenswert bestimmt werden.

Beispiel 2.74

Lösen Sie die Gleichungen $\sin x = 0{,}6789$ und $\cos x = 0{,}6789$ für alle $x \in \mathbb{R}$ und $\tan x = 0{,}6789$ für alle $x \in \mathbb{R} \setminus \{k\pi, k \in \mathbb{Z}\}$.

- $\sin x = 0{,}6789$

Der TR liefert in der RAD-Einstellung mittels der Umkehrtaste [$\sin^{-1}$] als Lösung von $\sin x = 0{,}6789$ zunächst den Wert $x_1 \approx 0{,}7463$. Wegen $\sin(\pi - x) = \sin x$ für alle $x \in \mathbb{R}$ erhält man als zweite Lösung der Gleichung $\sin x = 0{,}6789$ den Wert $x_2 \approx \pi - 0{,}7463 \approx 2{,}3953$.

- $\sin x = 0{,}6789$ ► [$\sin^{-1}$]

$\Rightarrow x_1 \approx 0{,}7463$ ► $\sin(\pi - x) = \sin x;\ x \in \mathbb{R}$

$\Rightarrow x_2 \approx 2{,}3953$ ► $\sin(x + 2\pi) = \sin x;\ x \in \mathbb{R}$

Alle Lösungen dieser Gleichung erhält man durch Addition ganzzahliger Vielfacher von 2π zu den Lösungen für x_1 und x_2:
$x \approx 0{,}7463 + 2k\pi$ oder $x \approx 2{,}3953 + 2k\pi$; $k \in \mathbb{Z}$.

$\sin x = 0{,}6789$

$\Leftrightarrow x = x_1 + 2k\pi$ oder $x = x_2 + 2k\pi$; $k \in \mathbb{Z}$

$\Rightarrow x \approx 0{,}7463 + 2k\pi$ oder $x \approx 2{,}3953 + 2k\pi$; $k \in \mathbb{Z}$

• $\cos x = 0{,}6789$.

Der TR liefert in der RAD-Einstellung mittels der Umkehrtaste $\boxed{\cos^{-1}}$ als Lösung von $\cos x = 0{,}6789$ zunächst den Wert $x_1 \approx 0{,}8245$. Wegen $\cos(-x) = \cos x$ erhält man als zweite Lösung $x_2 \approx -0{,}8245$.

• $\cos x = 0{,}6789$ ► $\boxed{\cos^{-1}}$

$\Rightarrow x_1 \approx 0{,}8245$ ► $\cos(-x) = \cos x;\ x \in \mathbb{R}$

$\Rightarrow x_2 \approx -0{,}8245$ ► $\cos(x + 2\pi) = \cos x;\ x \in \mathbb{R}$

Alle Lösungen dieser Gleichung erhält man durch Addition ganzzahliger Vielfacher von 2π zu den Lösungen für x_1 und x_2: $x \approx 0{,}8245 + 2k\pi$ oder $x \approx -0{,}8245 + 2k\pi$; $k \in \mathbb{Z}$.

$\cos x = 0{,}6789$

$\Leftrightarrow x = x_1 + 2k\pi$ oder $x = x_2 + 2k\pi$; $k \in \mathbb{Z}$

$\Rightarrow x \approx 0{,}8245 + 2k\pi$ oder $x \approx -0{,}8245 + 2k\pi$; $k \in \mathbb{Z}$

• $\tan x = 0{,}6789$.

Der TR liefert in der RAD-Einstellung mittels der Umkehrtaste $\boxed{\tan^{-1}}$ als Lösung von $\tan x = 0{,}6789$ zunächst den Wert $x_1 \approx 0{,}5964$.

• $\tan x = 0{,}6789$ ► $\boxed{\tan^{-1}}$

$\Rightarrow x_1 \approx 0{,}5964$ ► $\tan(x + \pi) = \tan x;\ x \in \mathbb{R} \setminus \{k\pi;\ k \in \mathbb{Z}\}$

Alle Lösungen dieser Gleichung erhält man durch Addition ganzzahliger Vielfacher von π zu der Lösung für x_1: $x \approx 0{,}5964 + k\pi$; $k \in \mathbb{Z}$.

$\tan x = 0{,}6789$

$\Leftrightarrow x = x_1 + k\pi$; $k \in \mathbb{Z}$

$\Rightarrow x \approx 0{,}5964 + k\pi$; $k \in \mathbb{Z}$

Übungen zu 2.8

1 Zeigen Sie: Ist $\sphericalangle\alpha$ ein spitzer Winkel eines rechtwinkligen Dreiecks und $\sphericalangle\beta$ sein Komplementwinkel, so gelten $\cos\beta = \cos(90° - \alpha) = \sin\alpha$ und $\sin\beta = \sin(90° - \alpha) = \cos\alpha$.

Hieraus erklärt sich die Vorsilbe „Co“, denn beim Übergang von einem Winkel zu seinem Komplementwinkel muss man zur „**Co-Funktion**“ übergehen.

2 Zeigen Sie: Für alle Winkelmaße α mit $0° \leq \alpha \leq 90°$ gelten:

a) $\sin(90° - \alpha) = \cos\alpha$ und $\cos(90° - \alpha) = \sin\alpha$

b) $\sin^2\alpha + \cos^2\alpha = 1$.

3 Um die Entfernung eines Punkts B auf der anderen Flussseite zum Standpunkt A zu berechnen, wird ein rechtwinkliges Dreieck wie nebenstehend konstruiert. Nach 78 m gelangt man von Punkt A zum Punkt C. Das Anpeilen der Punkte B und C von A aus ergibt das Winkelmaß $\alpha = 35°$. Wie groß sind die Entfernungen von A nach B bzw. von B nach C?

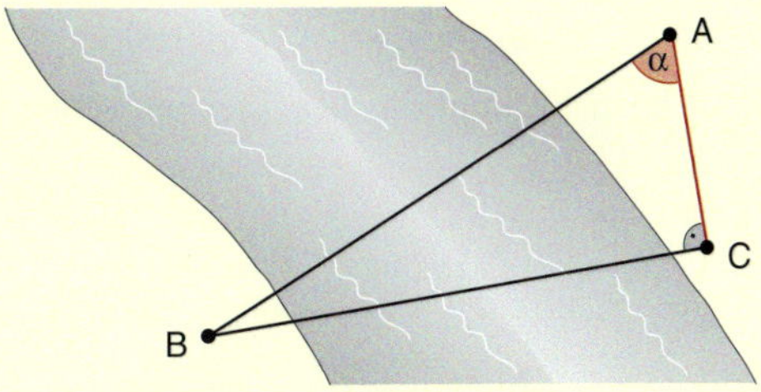

4 In einem Schwimmbad soll eine geradlinige Wasserrutsche installiert werden, deren Turm 8 m hoch ist. Der Abstand des Turmfußpunkts vom ebenerdigen Bassin beträgt 28,8 m.

a) Turm, Bassin und Rutsche bilden ein rechtwinkliges Dreieck. Bestimmen Sie alle Winkel dieses Dreiecks.

b) Berechnen Sie die prozentuale Neigung der Rutsche.

c) Um wie viele Meter muss der Abstand vom Turm zum Bassin vergrößert werden, damit die Neigung der Rutsche auf 24 % verringert werden kann?

5 In München steht die Sonne am 21. Juni um 12 Uhr 65,3° über dem Horizont. Wie lang ist dabei der Schatten eines 10 m hohen Mastes?

6 Der Höhenwinkel eines Baumes ändert sich von 20° auf 50°, falls der Beobachter 25 m auf den Baum zugeht. Wie hoch ist der Baum?

7 Gegeben ist ein Kreis mit einem Radius der Länge 6 cm. Von einem Punkt P aus, dessen Abstand vom Mittelpunkt des Kreises 12 cm beträgt, werden die beiden Tangenten an den Kreis gelegt. Welchen Winkel schließen die beiden Tangenten ein?

8 Berechnen Sie die fehlenden Seiten bzw. Winkel eines beliebigen Dreiecks.

a) $a = 5$ cm; $b = 12$ cm; $c = 13$ cm
b) $a = 6$ cm; $b = 11$ cm; $c = 14{,}5$ cm
c) $a = 5$ cm; $c = 4{,}5$ cm; $\alpha = 73{,}6°$
d) $a = 13{,}5$ cm; $b = 6{,}75$ cm; $\beta = 27{,}95°$
e) $b = 12{,}45$ cm; $\alpha = 53{,}2°$; $\beta = 41{,}5°$
f) $b = 9{,}65$ cm; $\beta = 71{,}4°$; $\gamma = 87{,}23°$

2

9 Bestimmen Sie jeweils das Maß des **Steigungswinkels** der Graphen folgender linearer Funktionen. ▶ Unter dem **Steigungswinkel** einer linearen Funktion vom Typ $f: f(x) = mx + b$ versteht man den durch $\tan\alpha = m$, $\alpha \in (-90°; 90°)$ eindeutig bestimmten Winkel. Man könnte darunter auch den Winkel zum Winkelmaß $180° - \alpha$ verstehen, weil $\tan(180° - \alpha) = \tan(-\alpha) = -\tan\alpha$ gilt. Aber durch die Festsetzung $\alpha \in (-90°; 90°)$ ist sichergestellt, dass zu einem negativen Steigungsfaktor für m auch ein negatives Winkelmaß für α gehört.

a) $f(x) = 2x - 3$
b) $f(x) = x - 1$
c) $f(x) = -1{,}5x - 1{,}5$
d) $f(x) = -0{,}5x + 1{,}5$
e) $f(x) = -1{,}25x - 1$
f) $f(x) = 0{,}75x - 1{,}5$
g) $f(x) = -1{,}375x$
h) $f(x) = 1{,}75x + 1{,}25$

10 Bestimmen Sie jeweils das Maß des **Schnittwinkels**, den die Graphen der linearen Funktionen mit den folgenden Funktionstermen $f(x)$ und $g(x)$ einschließen.

▶ Schneiden sich zwei Geraden g_1 und g_2 in einem Punkt S, so versteht man unter dem **Schnittwinkel** $\sphericalangle(g_1; g_2)$ der Geraden g_1 und g_2 denjenigen positiven Drehwinkel vom Winkelmaß α um S, der g_1 in die Gerade g_2 überführt.

▶ $\alpha \in (0°; 180°)$

a) $f(x) = 2{,}5x$ und $g(x) = 0{,}25x$
b) $f(x) = -3{,}5x$ und $g(x) = -1{,}25x$
c) $f(x) = -3x + 6$ und $g(x) = 1{,}5x - 1$
d) $f(x) = -4x + 6$ und $g(x) = 0{,}25x - 1$
e) Überprüfen Sie die in den Aufgaben a)–d) berechneten Schnittwinkel vom Winkelmaß α unter Verwendung der Gleichung $\tan\alpha = \frac{m_1 - m_2}{1 + m_1 m_2}$; wobei m_1 bzw. m_2 für den Steigungsfaktor von f bzw. g steht. In welchem Fall ist hier $\tan\alpha$ nicht definiert?
Welche geometrische Bedeutung hat das für $G(f)$ und $G(g)$?

Anmerkung:
Steht eine Gerade g_1 senkrecht auf einer Geraden g_2, so nennt man g_1 eine **Normale** der Geraden g_2 und umgekehrt.

11 Berechnen Sie sämtliche Winkelmaße zu den folgenden Gleichungen.

a) $\sin\alpha = 0{,}9$
b) $\tan\alpha = 0{,}7392$
c) $\cos\alpha = 0{,}9$
d) $\tan\alpha = -3{,}7157$

12 Bestimmen Sie mithilfe des Taschenrechners folgende Winkelmaße im Bogenmaß.

a) 10°
b) 75°
c) 100°
d) 179°
e) −90°
f) −450°

13 Berechnen Sie mithilfe des Taschenrechners folgende im Bogenmaß angegebenen Winkel im Gradmaß.

a) 3π
b) 7,5
c) $-6{,}25\pi$
d) −3,125
e) $1{,}5\pi$
f) $-0{,}5\pi$

14 Ermitteln Sie die Funktionswerte für $f(x) = \sin x$, $g(x) = \cos x$ und $h(x) = \tan x$ an den folgenden Stellen:

a) $x_0 = \pi$
b) $x_0 = 1{,}57$
c) $x_0 = -1$
d) $x_0 = -4{,}71$
e) $x_0 = -2{,}5\pi$
f) $x_0 = \pi^2$

15 Bestimmen Sie alle Bogenmaße, die nachstehende Gleichungen erfüllen, und geben Sie jeweils die zugehörigen Gradmaße an.

a) $\sin x = 1$
b) $\sin x = -0{,}9876$
c) $\cos x = 0{,}5$
d) $\cos x = -0{,}5 \cdot \sqrt{2}$
e) $\tan x = 0{,}5 \cdot \sqrt{2}$
f) $\tan x = -2{,}9876$

16 Zeigen Sie die Gültigkeit folgender Gleichungen für alle $x \in \mathbb{R}$.

a) $\sin^2 x + \cos^2 x = 1$
b) $\sin(-x) = -\sin x$
c) $\cos(-x) = \cos x$
d) $\sin(x + \pi) = -\sin x$ und $\sin(\pi - x) = \sin x$
e) $\cos(x + \pi) = -\cos x$
f) $\sin\left(x + \frac{\pi}{2}\right) = \cos x$
g) $\cos\left(x + \frac{\pi}{2}\right) = -\sin x$
h) $\tan x = \frac{\sin x}{\cos x}$
i) Zeigen Sie mithilfe von a) und h), dass sich insbesondere jede der drei Funktionen sin, cos und tan durch die jeweils anderen darstellen lässt.

3 Einführung in die Differentialrechnung

Beim An- und Verkauf einer Aktie spielt nicht so sehr ihr gegenwärtiger Kurs eine entscheidende Rolle, sondern vielmehr, welche Tendenz in der Entwicklung des Aktienkurses erkennbar ist, um Gewinne zu erzielen bzw. Verluste zu vermeiden.

Dies ist nur eines unter zahlreichen Beispielen, bei denen man sich weniger für die diskreten Werte einer Funktion interessiert als vielmehr für deren Änderungsverhalten. Die Differentialrechnung stellt Mittel bereit, das Änderungsverhalten von Funktionen zu beschreiben und rechnerisch zugänglich zu machen.

3.1 Stetigkeit reeller Funktionen

Für die graphische Darstellung einer reellen Funktion im Koordinatensystem wird man in der Regel eine Wertetabelle aufstellen, die Wertepaare als Punkte in das Koordinatensystem übertragen und durch einen Linienzug zum Graphen der Funktion verbinden. Bei dieser Vorgehensweise ist jedoch zu beachten, dass der Verlauf des Funktionsgraphen zwischen den einzelnen Punkten auch ganz anders aussehen könnte, ja es sogar noch nicht einmal sicher ist, ob man die Punkte überhaupt durch eine Linie in einem Zug – also ohne den Zeichenstift abzusetzen – miteinander verbinden darf. So könnte der Funktionsgraph wie bei der Kostenfunktion aus Beispiel 2.43 an einer Stelle x_0 eine endliche Sprungstelle haben, sodass er sich nicht als geschlossener Linienzug darstellen lässt. Die Unsicherheit über den genauen Verlauf des Graphen bleibt prinzipiell auch dann bestehen, wenn man die Wertetabelle erweitert, da sich durch sie stets nur endlich viele Punkte des Graphen bestimmen lassen.

Funktionen, deren Graph sich im gesamten Definitionsbereich $D(f)$ als zusammenhängende Kurve ohne Unterbrechungen oder „Sprünge" zeichnen lässt, nennt man **stetig**. Es stellt sich die Frage, wie sich diese anschauliche Vorstellung im Hinblick auf die mathematischen Eigenschaften der Funktion präzise beschreiben lässt.

Zur Beantwortung der Frage ist es hilfreich, sich anhand von Beispielen zunächst einmal klar zu machen, in welchen Fällen ein – im anschaulichen Sinn – stetiger Kurvenverlauf **nicht** vorliegt. Hieraus können dann Bedingungen abgeleitet werden, die eine stetige Funktion auf jeden Fall erfüllen muss.

Beispiel 3.1 (Unstetigkeit an Sprungstellen)

- $f(x) = \begin{cases} \frac{x^2-1}{x+1}; & x \in \mathbb{R} \setminus \{-1\} \\ 1; & x = -1 \end{cases}$

Die Funktion f ist für alle reellen Zahlen definiert. Ihr Definitionsbereich hat also keine Lücken. An der Stelle $x_0 = -1$ springt f zum Punkt $P\langle -1|1\rangle$ und „passt" sich nicht dem übrigen Graphenverlauf an.
Mathematisch lässt sich das dadurch ausdrücken, dass der Funktionswert $f(-1)$ nicht mit dem Grenzwert der Funktion f an der Stelle -1 übereinstimmt. Nähern sich die x-Werte immer mehr der Stelle -1 an, dann wandern die entsprechenden $f(x)$-Werte auf der y-Achse zwar auch gegen einen Wert, allerdings nicht gegen den Funktionswert $f(-1) = 1$.

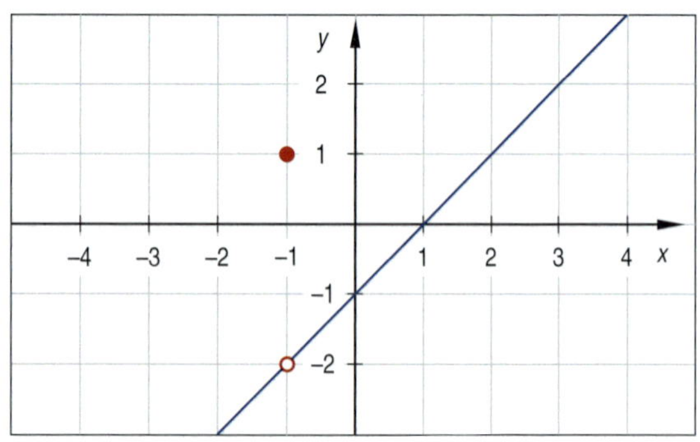

► $f(-1) = 1$, aber $\lim\limits_{x \to -1} f(x) = -2$

Damit ein stetiger Kurvenverlauf gewährleistet ist, muss also der Funktionswert an jeder Stelle mit dem Grenzwert an dieser Stelle übereinstimmen.

- $f(x) = \frac{1}{x^2}; x \in \mathbb{R} \setminus \{2\}$

Der Graph von f ist an der Stelle $x_0 = 2$ **nicht stetig**, da die Funktion an dieser Stelle überhaupt nicht definiert ist.

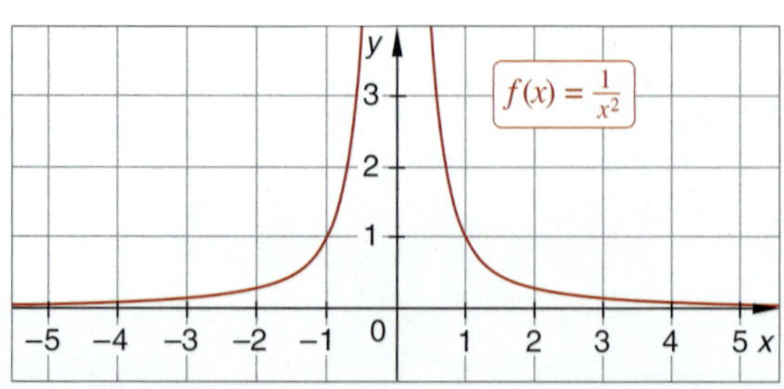

- $f(x) = \begin{cases} 10x+200; x \leq 30 \\ 10x+300; x > 30 \end{cases}; x \in [0; 80]$

Bei der Funktion f stimmt der Funktionswert an der Stelle $x_0 = 30$ mit dem linksseitigen Grenzwert an dieser Stelle überein, nicht jedoch mit dem rechtsseitigen. Die Funktion f besitzt an der Stelle $x_0 = 30$ demnach keinen eindeutigen Grenzwert. Dies beschreibt die anschauliche Tatsache, dass der Graph an dieser Stelle einen Sprung macht, also nicht stetig verläuft.

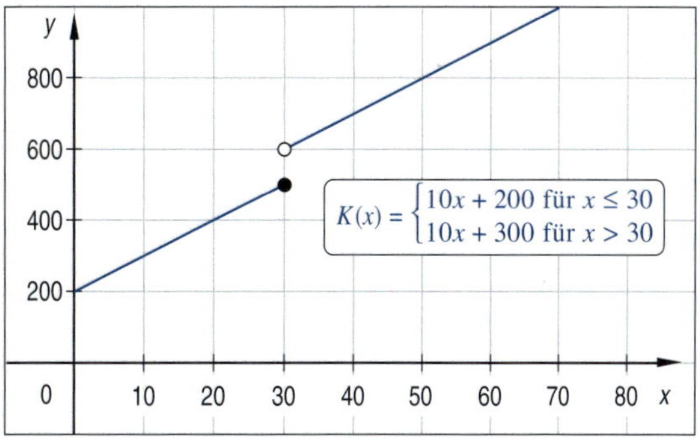

► $f(30) = 500$, aber $\lim\limits_{x \to 30} f(x)$ existiert nicht

Für einen stetigen Verlauf eines Funktionsgraphen an einer Stelle x_0 muss also gesichert sein, dass der Grenzwert der Funktion an dieser Stelle existiert.

3

Anhand dieser Beispiele lassen sich die Bedingungen erkennen, die eine Funktion f an einer Stelle x_0 erfüllen muss, damit ein stetiger Verlauf ihres Graphen an dieser Stelle vorliegt.

1. f muss an der Stelle x_0 definiert sein.
2. Der Grenzwert von f muss an der Stelle x_0 existieren und mit dem Funktionswert an dieser Stelle übereinstimmen.

Es sind genau diese beiden Bedingungen, die den Stetigkeitsbegriff im mathematischen Sinne definieren.

Eine Funktion f nennt man **stetig an einer Stelle $x_0 \in D(f)$**, wenn gilt: $\lim\limits_{x \to x_0} f(x) = f(x_0)$.
Wenn eine Funktion f **an jeder Stelle ihres Definitionsbereichs** stetig ist, so sagt man: ***f* ist stetig**.

Stetige Funktionen spielen in den Anwendungen der Mathematik eine wichtige Rolle. Aus der Gültigkeit der Grenzwertsätze lässt sich unmittelbar folgern, dass die Summe, die Differenz, das Produkt und, mit Einschränkungen, auch der Quotient von zwei an derselben Stelle stetigen Funktionen an dieser Stelle auch stetig sind.

Beispiel 3.2 (stetige Fortsetzbarkeit)

Der Punkt $\langle -1|1 \rangle$ zum Graphen der Funktion aus Beispiel 3.1 „passt" nicht zum übrigen Graphenverlauf. Ersetzt man ihn aber durch den Punkt $Q\langle -1|-2 \rangle$, so erhält man einen stetigen Graphenverlauf.

► Beispiel 2.46

Man nennt daher die Funktion an der Stelle $x_0 = -1$ **stetig fortsetzbar**, die Definitionslücke eine **stetig behebbare Definitionslücke** und die Funktion $f^*(x) = \begin{cases} f(x); & x \in \mathbb{R} \setminus \{-1\} \\ \lim\limits_{x \to -1} f(x); & x = -1 \end{cases}$ die **stetige Fortsetzung** von f oder auch **Ergänzungsfunktion** von f.

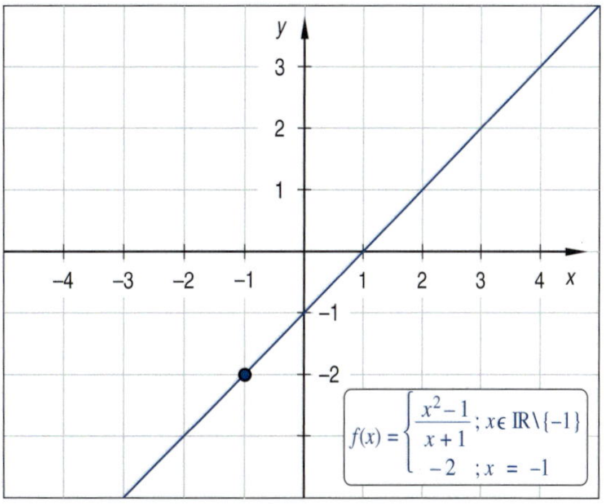

Alles klar?

Untersuchen Sie die Funktionen f, g und h an der Stelle 2 auf Stetigkeit.

$f(x) = \begin{cases} 1 \text{ für } 0 \leq x \leq 2 \\ 2 \text{ für } 2 < x < 3 \end{cases}$ $\quad g(x) = \begin{cases} x \text{ für } x \neq 2 \\ 1 \text{ für } x = 2 \end{cases}$ $\quad h(x) = \begin{cases} x^2 - 2 \text{ für } 0 \leq x \leq 2 \\ x \quad\quad \text{ für } x \geq 2 \end{cases}$

Nullstellensatz von Bolzano und Zwischenwertsatz

Der Begriff der Stetigkeit beschreibt mathematisch die anschauliche Vorstellung eines **zusammenhängenden** Kurvenverlaufs. Bei vielen Eigenschaften derartiger Kurven, die unmittelbar einleuchtend sind, zeigt sich bei einer genaueren Analyse, dass diese tatsächlich eng mit der Stetigkeit zusammenhängen.

Ein Satz, der solch eine fundamentale Eigenschaft stetiger Funktionen formuliert, ist der **Nullstellensatz von Bolzano**. Eine Folgerung davon ist der **Zwischenwertsatz**.

Der Nullstellensatz besagt, dass eine in einem abgeschlossenen Intervall $[a; b]$ stetige Funktion f immer dann mindestens eine Nullstelle hat, wenn die Funktionswerte $f(a)$ und $f(b)$ verschiedene Vorzeichen haben. Anschaulich bedeutet dies, dass der Graph einer stetigen Funktion, der Werte ober- und unterhalb der x-Achse annimmt, die x-Achse in mindestens einem Punkt schneiden muss.

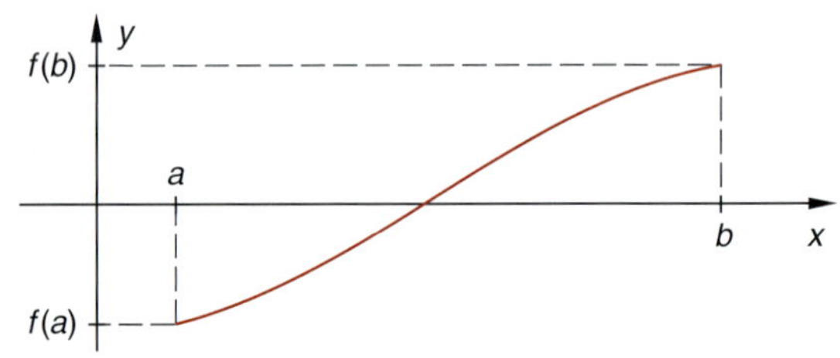

Nullstellensatz von Bolzano
Ist die Funktion f im Intervall $[a; b]$ stetig und gilt entweder $f(a) > 0$ und $f(b) < 0$ oder $f(a) < 0$ und $f(b) > 0$, dann hat f in $[a; b]$ mindestens eine Nullstelle.

Beweis des Nullstellensatzes
Eine Nullstelle x_0 lässt sich unter den gegebenen Voraussetzungen mit dem folgenden **Intervallschachtelungsverfahren** (▶ Glossar) erfassen. Man startet von dem Ausgangsintervall $I_0 = [a; b]$. Für den Beweis genügt es, den Fall zu betrachten, in dem $f(a) > 0$ und $f(b) < 0$ gilt (der Beweis für den anderen Fall verläuft analog; man muss nur die Buchstaben a und b miteinander vertauschen).

Im nächsten Schritt bestimmt man den Mittelpunkt $\frac{a+b}{2}$ des Intervalls $I_0 = [a; b]$. Gilt zufällig $f\left(\frac{a+b}{2}\right) = 0$, so ist der Satz bereits bewiesen. Andernfalls unterscheidet man zwei Fälle:

1. Fall: $f\left(\frac{a+b}{2}\right) > 0$ In diesem Fall sucht man in der rechten Intervallhälfte von I_0 und x_0 weiter und setzt $a_1 = \frac{a+b}{2}$ und $b_1 = b$. ▶ $I_1 = \left[\frac{a+b}{2}; b\right]$

2. Fall: $f\left(\frac{a+b}{2}\right) < 0$ In diesem Fall sucht man in der linken Intervallhälfte von I_0 und x_0 weiter und setzt $a_1 = a$ und $b_1 = \frac{a+b}{2}$. ▶ $I_1 = \left[a; \frac{a+b}{2}\right]$

In **jedem** Fall gilt: (I) $b_1 - a_1 = \frac{1}{2} \cdot (b - a)$ und (II) $f(a_1) > 0$ und $f(b_1) < 0$.

Nach (I) ist das Intervall $I_1 = [a_1; b_1]$ nur noch halb so groß wie das Ausgangsintervall I_0 und nach (II) besitzt das Intervall I_1 dieselbe Eigenschaft wie das Ausgangsintervall I_0: An den Intervallenden haben die Funktionswerte dieselben Vorzeichen wie an den Enden des Ausgangsintervalls, sind also verschieden.

Daher können auf das Intervall I_1 dieselben Schlüsse noch einmal angewandt werden. Entweder erhält man im Mittelpunkt von I_1 eine Nullstelle oder ein Intervall $I_2 = [a_2; b_2]$ mit $f(a_2) > 0$ und $f(b_2) < 0$.
So fortfahrend erhält man entweder eine Nullstelle oder eine Schachtelung von Intervallen. $I_n = [a_n; b_n]$, für die gilt:
(I*) $b_n - a_n = \left(\frac{1}{2}\right)^n \cdot (b - a)$ und (II*) $f(a_n) > 0$ und $f(b_n) < 0$ für alle $n \in \mathbb{N}$.

Wegen der Vollständigkeit von $\mathbb{R}$ (▶ Glossar) wird durch dieses Verfahren in $\mathbb{R}$ genau eine reelle Zahl erfasst, d. h. es gilt
(I**) $\lim\limits_{n \to \infty} a_n = x_0$, $\lim\limits_{n \to \infty} b_n = x_0$.
Wegen (II*) gilt außerdem
(II**) $\lim\limits_{n \to \infty} f(a_n) \leq 0$ und $\lim\limits_{n \to \infty} (b_n) \geq 0$.
Als nächstes muss gezeigt werden, dass x_0 die gesuchte Nullstelle ist, und bei diesem Argumentationsschritt kommt nun auch endlich die Stetigkeit von f zum Tragen. Da f stetig ist, gilt nämlich wegen (I**)
$\lim\limits_{n \to \infty} f(a_n) = f(x_0)$ und $\lim\limits_{n \to \infty} f(b_n) = f(x_0)$.
Wegen (II**) folgt daraus $0 \leq f(x_0) \leq 0$, und das kann nur sein, wenn $f(x_0) = 0$ gilt. Damit ist gezeigt, dass x_0 eine Nullstelle von f ist. Der Beweis des Nullstellensatzes ist damit abgeschlossen.
Aus dem Nullstellensatz von Bolzano lässt sich auch eine allgemeine Aussage über die „Lückenlosigkeit" stetiger Funktionen ableiten. Das ist der sogenannte **Zwischenwertsatz**.

Zwischenwertsatz für stetige Funktionen
Ist die Funktion f im Intervall $[a; b]$ stetig und gilt $f(a) < f(b)$ bzw. $f(a) > f(b)$, dann gibt es zu jeder Zahl $c \in \mathbb{R}$ mit $f(a) < c < f(b)$ bzw. $f(a) > c > f(b)$ mindestens eine Stelle $x_0 \in [a, b]$ mit $f(x_0) = c$.

Beispiel 3.3 (Beweis Zwischenwertsatz)

Zeigen Sie, wie aus dem Nullstellensatz von Bolzano der Zwischenwertsatz folgt.

Der Abbildung kann man entnehmen, dass für die Funktion h die Gleichung $h(x) = f(x) - c$ besitzt, denn der Graph von h ist gegenüber dem Graphen von f um den Wert c in Richtung der negativen y-Achse verschoben.
Da die Funktion f im Intervall $[a; b]$ stetig ist, gilt dies auch für die Funktion h.
Auf die Funktion h lässt sich der Nullstellensatz von Bolzano anwenden.
Es gibt somit eine Stelle $x_0 \in [a; b]$, für die $h(x_0) = 0$ gilt. Daraus folgt dann $f(x_0) = c$.

$h(x_0) = 0$ ▶ $h(x) = f(x) - c$
$f(x_0) - c \Rightarrow f(x_0) = c$

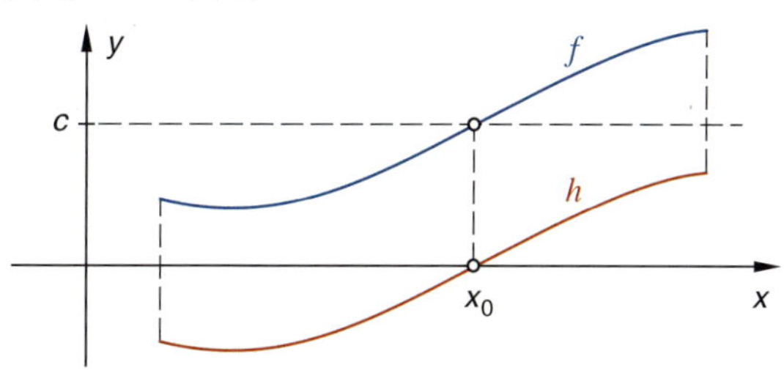

Mithilfe der Vollständigkeit der reellen Zahlen lässt sich auch der anschaulich einleuchtende Sachverhalt zeigen, dass jede in einem abgeschlossenen Intervall stetige Funktion dort ihr Minimum und Maximum annimmt. Der Beweis hierfür wird ähnlich dem Beweis des Nullstellensatzes mithilfe des **Halbierungsverfahrens** geführt. Auf die Durchführung des Beweises wird in diesem Buch verzichtet.

Satz vom Maximum und Minimum
Ist die Funktion f im Intervall $[a; b]$ stetig, dann hat f in $[a; b]$ ein Minimum und ein Maximum; d.h. es gibt Stellen $x_0, x_1 \in [a; b]$, sodass für alle $x \in [a; b]$ gilt: $f(x_0) \leq f(x)$ und $f(x_1) \geq f(x)$.

Übungen zu 3.1

Allgemeine Übungen

1 Zeigen Sie, dass die Betragsfunktion $f(x) = |x|; x \in \mathbb{R}$ stetig ist.

2 Gegeben ist die Funktion
$$f(x) = \begin{cases} 1 & \text{für } 0 \leq x \leq 2 \\ 2 & \text{für } 2 < x < 3. \end{cases}$$
Zeichnen Sie $G(f)$ und untersuchen Sie f auf Stetigkeit an der Stelle 2.

3 Gegeben ist die Funktion $f(x) = |x^2 - 9|; x \in \mathbb{R}$.

a) Zeichnen Sie den Graphen der Funktion f im Intervall $[-4; 4]$.

b) Untersuchen Sie die Funktion auf Stetigkeit an den Stellen -3 und 3.

4 Gegeben ist die Funktion
$$f(x) = \begin{cases} x & \text{für } x \neq 1 \\ 2 & \text{für } x = 1. \end{cases}$$

a) Zeichnen Sie den Graphen der Funktion f im Intervall $[0; 4]$.

b) Untersuchen Sie die Funktion auf Stetigkeit an der Stelle 1.

5 Gegeben ist $f(x) = |x - 1| - 1; x \in \mathbb{R}$.

a) Zeichnen Sie den Graphen von f und zeigen Sie, dass f an der Stelle $x_0 = 0$ stetig ist.

b) Untersuchen Sie f auf Stetigkeit an der Stelle $x_1 = 1$.

6 Gegeben sind die Funktionen $f_1(x) = [x]$; $f_2(x) = x + [x]$ und $f_3(x) = 2 + [x]$; $D(f_1) = D(f_2) = D(f_3) = [-1; 2]$.

Anmerkung:
$[x]$ bezeichnet die größte **ganze** Zahl für x, die kleiner oder gleich der Zahl für x ist.

a) Zeichnen Sie die Graphen der Funktionen f_1, f_2 und f_3 im Intervall $[-1; 2]$.

b) Untersuchen Sie die Funktionen auf Stetigkeit an den Stellen -1, 0 und 1.

c) Welche Stetigkeitsaussagen können Sie für die Funktionen in den offenen Intervallen $(-1; 0)$; $(0; 1)$ und $(1; 2)$ machen?

7 Gegeben sind die Funktionen
$$f_1(x) = \frac{2x^2 - 4x}{x - 2};\ f_2(x) = \frac{x^2 + x - 2}{(x-1)\cdot(x-2)};$$
$$f_3(x) = \frac{x^3 + 3x^2 - x - 3}{x^2 - 1} \text{ und } f_4(x) = \frac{x^2 - 1}{2x + 2}.$$

a) Geben Sie jeweils den größtmöglichen Definitionsbereich an.

b) Zeichnen Sie die Graphen der einzelnen Funktionen.

c) Setzen Sie die Funktionen an den behebbaren Lücken stetig fort.

8 Bestimmen Sie jeweils den Definitionsbereich von f und weisen Sie die Stetigkeit von f nach.

a) $f(x) = 3x^2 - x + 8$

b) $f(x) = \dfrac{5}{x^2 + 4}$

c) $f(x) = \begin{cases} 2x^2 + 2x - 6 & \text{für } x \leq 1 \\ x^3 - 4x + 1 & \text{für } x > 1 \end{cases}$

9 Für welche Zahlen anstelle von $a \in \mathbb{R}$ ist f stetig?

a) $f(x) = \begin{cases} 2x+2{,}5 & \text{für } x < -1 \\ 3ax-1{,}5 & \text{für } x \geq -1 \end{cases}$

b) $f(x) = \begin{cases} 0{,}5ax^2-7 & \text{für } x \leq -2 \\ 6x+1 & \text{für } x > -2 \end{cases}$

c) $f(x) = \begin{cases} x+0{,}5 & \text{für } x < 1 \\ ax^2+1 & \text{für } 1 \leq x < 4 \\ x+5 & \text{für } x \geq 4 \end{cases}$

d) $f(x) = \begin{cases} 0{,}25x^3-3 & \text{für } x < 2 \\ ax-5 & \text{für } 2 \leq x \leq 4 \\ -2x+11 & \text{für } x > 4 \end{cases}$

10 Yannicks Tennisschläger beschreibt während eines Vorhandschlags eine Kurve, die Graph der Funktion

$f(x) = \begin{cases} -0{,}25x^2+1{,}5x+0{,}5 & \text{für } x \neq 2 \\ 3 & \text{für } x = 2; \end{cases}$

$x \in [0; 3]$ ist; der vom Trainer gehaltene Ball ist durch den Punkt $P\langle 2 \mid 3 \rangle$ dargestellt.

a) Beschreibt Yannicks Schläger eine stetige Kurve?

b) In welcher Höhe müsste der Tennistrainer den Ball halten, wenn ihn Yannick mit dem gleichen Schlag an derselben Stelle treffen soll?

11 Zeigen Sie am Beispiel der Funktionen $f_1(x) = x^2; x \in \mathbb{R}$ und $f_2(x) = \frac{1}{x}; x \in \mathbb{R}$ mithilfe der Grenzwertsätze: Sind zwei Funktionen f_1 und f_2 stetig an einer Stelle ihres **gemeinsamen** Definitionsbereichs, so sind es auch die Funktionen

a) $f(x) = f_1(x) + f_2(x)$,

b) $f(x) = f_1(x) - f_2(x)$,

c) $f(x) = f_1(x) \cdot f_2(x)$,

d) $f(x) = \frac{f_1(x)}{f_2(x)}$, falls $f_2(x) \neq 0$.

12 Begründen Sie, dass die Funktionen f aus Übungsaufgabe 11 a)–11 d) in $\mathbb{R} \setminus \{0\}$ stetig sind.

Übungen aus der Ökonomie

13 Ein Anbieter in oligopolistischer Konkurrenz (wenige Anbieter mit großen Marktanteilen) sieht sich der folgenden Preisabsatzfunktion gegenüber:

$p_N(x) = \begin{cases} -0{,}25x+10 & \text{für } 0 \leq x \leq 8 \\ -4x+40 & \text{für } x > 8. \end{cases}$

a) Zeichnen Sie den Graphen der Funktion p_N und untersuchen Sie p_N auf Stetigkeit an der Stelle 8.

b) Bestimmen Sie die zugehörige Erlösfunktion E.

c) Zeichnen Sie den Graphen der Erlösfunktion und untersuchen Sie E auf Stetigkeit an der Stelle 8.

14 Ein Unternehmen produziert mit einer Kostenfunktion $K(x) = 4x + 10000; x \in [0; 10000]$. Bei tariflicher Arbeitszeit der Mitarbeiter beträgt die Produktionskapazität 10000 Stück. Eine Steigerung der Menge bis zu 12000 Stück verursacht u.a. aufgrund von Überstundenaufschlägen eine Erhöhung der variablen Stückkosten um 25 %.

a) Bestimmen Sie den Term der Kostenfunktion K^* mit $x \in (10000; 12000]$.

b) Untersuchen Sie die Gesamtkostenfunktion K_G, bestehend aus K und K^*, auf Stetigkeit an der Stelle 10000.

15 Die Angebotsfunktionen der drei Anbieter A, B und C für ein und dasselbe Gut sollen zu einer Gesamtangebotskurve für dieses Gut zusammengefasst werden. (Man nennt dies in der Ökonomie **„Aggregation der individuellen Angebotsfunktionen"**.) Das Ergebnis ist die Gesamtangebotsfunktion

$p_A(x) = \begin{cases} 0{,}5x+1 & \text{für } 0 \leq x < 2 \\ \frac{1}{3}x+\frac{4}{3} & \text{für } 2 \leq x < 8 \\ \frac{1}{6}x+\frac{8}{3} & \text{für } x \geq 8. \end{cases}$

a) Zeichnen Sie den Graphen der Funktion p_A im Intervall $[0; 10]$.

b) Untersuchen Sie die Funktion auf Stetigkeit an den Stellen 2 und 8.

3.2 Änderungsverhalten reeller Funktionen

In vielen praktischen und theoretischen Fällen ist bei der Untersuchung einer Funktion nicht nur die Frage interessant, welchen Wert die Funktion an einer bestimmten Stelle annimmt, sondern auch, welches **Änderungsverhalten** sie dort besitzt. Ein Geschäftsführer z. B. möchte nicht nur über die aktuellen Umsatzzahlen informiert sein, sondern auch darüber, wie sich die Umsätze zum gegenwärtigen Zeitpunkt **entwickeln**: Nehmen sie zu oder ab und mit welcher Geschwindigkeit entwickeln sie sich in die eine oder andere Richtung?

Derartige Fragen werden mithilfe der **Differentialrechnung** untersucht. Die grundlegende Idee dabei ist, den Begriff der „Steigung", wie er bei den linearen Funktionen verwendet wird, auf allgemeine Funktionen sinnvoll zu übertragen. Anders als bei den linearen Funktionen kann man in diesen Fällen allerdings nicht mehr von **der** Steigung einer Funktion als Ganzem reden, sondern nur noch von der **Steigung einer Funktion an einer Stelle**.

3

3.2.1 Steigung einer Funktion an einer Stelle

Im Abschnitt „Lineare Funktionen" (▶ Abschnitt 2.1) war die Steigung einer Geraden konstant und konnte daher mithilfe zweier beliebiger Graphenpunkte $P_1 \langle x_1 | y_1 \rangle$ und $P_2 \langle x_2 | y_2 \rangle$ durch das Steigungsmaß (den Steigungsfaktor m oder kurz: die **Steigung**) einheitlich bestimmt werden:

$$m = \frac{\Delta y}{\Delta x} = \frac{y_2 - y_1}{x_2 - x_1}.$$

Im Unterschied zu einer Geraden lässt sich für einen krummlinigen Graphen einer Funktion kein **einheitliches Steigungsmaß** angeben, da sich das Steigungsverhalten des Graphen ständig ändert, wie man der folgenden Abbildung entnehmen kann.

Der Graph zeigt die Entwicklung der Produktionskosten eines bestimmten Betriebs. Er verläuft hier auf keinem einzigen Teilintervall mehr geradlinig. Betrachtet man allerdings sehr kleine Teilintervalle, so lässt sich der Graphenverlauf auf diesen Intervallen jedoch **annähernd** durch ein Geradenstück beschreiben. Diese Annäherung wird umso genauer sein, je kleiner die Teilintervalle gewählt werden. Lässt man die Intervalle immer kleiner werden, so wird dadurch im Grenzfall eine einzige reelle Zahl x_0 erfasst. Die Steigung des Graphen auf diesem „Intervall" liefert dann die Steigung an der Stelle x_0.

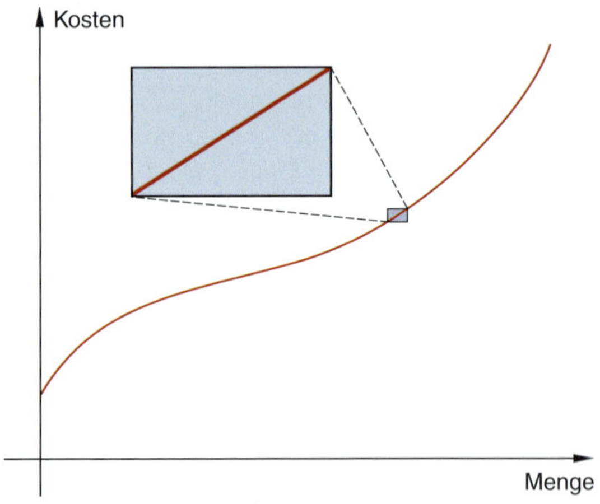

Beispiel 3.4 (Steigung als Grenzlage von Sekanten)

Machen Sie sich eine Vorstellung der Steigung des Graphen von f mit $f(x) = 0{,}25x^2 + 1$; $x \in \mathbb{R}$ an der Stelle 1, indem Sie jeweils eine Gerade durch die Punkte $P_0 \langle 1 | 1{,}25 \rangle$ und $P_1 \langle 4 | 5 \rangle$, P_0 und $P_2 \langle 3 | 3{,}25 \rangle$, P_0 und $P_3 \langle 2 | 2 \rangle$ sowie P_0 und $P_4 \langle 1{,}1 | 1{,}3025 \rangle$ zeichnen.

Man erkennt, dass sich die Geraden umso besser an die (rote) Tangente durch den Punkt P_0 annähern, je näher die Punkte P_1 bis P_4 an P_0 heranrücken.

Die Steigung der **Tangente**, die den Graphen von f im Punkt P_0 **berührt**, gibt offensichtlich am besten die Steigung des Graphen von f im Punkt P_0 wieder.
Die Steigung des Graphen von f im Punkt P_0 wird somit umso besser durch die Steigung einer Geraden durch P_0 und einen weiteren Kurvenpunkt P beschrieben, je näher P an P_0 liegt.

Die Steigungen der Geraden durch die Punkte P_0 und $P\langle x|y\rangle$ sind entsprechend der Steigungsformel durch

$$m = \frac{y-y_1}{x-x_1} = \frac{f(x)-1{,}25}{x-1}$$

gegeben. Geraden, die wie in diesem Beispiel einen Graphen innerhalb eines Bereichs in nur zwei Punkten schneiden, heißen **Sekanten** des Graphen in diesem Bereich.

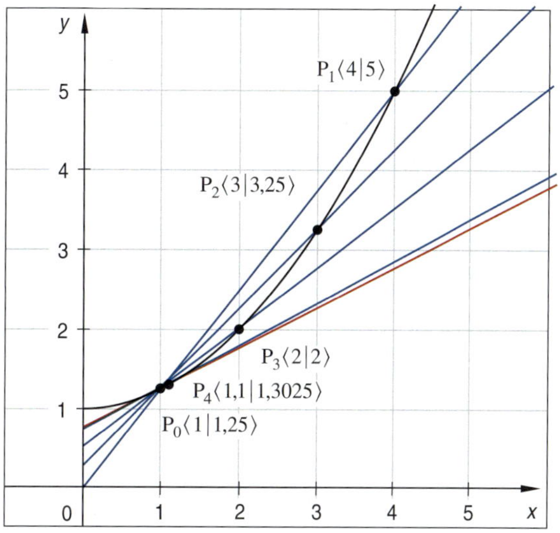

$m_1 = \frac{5-1{,}25}{4-1} = 1{,}25$ ► Steigung der Geraden durch P_0 und P_1

$m_2 = \frac{3{,}25-1{,}25}{3-1} = 1$ ► Steigung der Geraden durch P_0 und P_2

$m_3 = \frac{2-1{,}25}{2-1} = 0{,}75$ ► Steigung der Geraden durch P_0 und P_3

$m_4 = \frac{1{,}3025-1{,}25}{1{,}1-1} = 0{,}525$ ► Steigung der Geraden durch P_0 und P_4

Allgemein ist die Steigung m der Sekante durch zwei Graphenpunkte $P_0\langle x_0|f(x_0)\rangle$ und $P\langle x|f(x)\rangle$ gegeben durch den Quotienten $\frac{f(x_0)-f(x)}{x_0-x}$. Man nennt diesen Quotienten **Differenzenquotient**.

Beispiel 3.5 (Steigung der Sekanten an einem Graphen)

Berechnen Sie mithilfe von Excel die Steigungen der einzelnen Sekanten durch die Punkte $P_0\langle 1|1{,}25\rangle$ und $P\langle x|f(x)\rangle$ der Funktion $f(x) = 0{,}25x^2 + 1$ aus Beispiel 3.4, indem sie die Punkte P von rechts ganz nah an den Punkt P_0 „wandern" lassen. Äußern Sie eine Vermutung über die Steigung der Tangente an $G(f)$ im Punkt P_0.

Man erreicht die (rechtsseitige) Annäherung der einzelnen x-Werte an die Stelle 1, indem man zur absolut addressierten Zelle \$D\$4 ($x_0 = 1$) in der Spalte B nacheinander ein Zehntel, ein Hundertstel, ein Tausendstel usw. addiert, die jeweiligen y-Werte durch $f(x)$ und den Differenzenquotienten durch die Formel $\frac{f(x)-f(1)}{x-1} = \frac{f(x)-1{,}25}{x-1}$ berechnet.
Beispielhaft sind im Folgenden die Formeln der ersten drei Zellen aufgeführt.

	A	B	C	D	E
4		Fester Punkt P₀		< 1	=0,25*D4^2+1
6		x	y	D(1;x)	
7	0	=$D$4+0,1^A7	=0,25*B7^2+1	=(C7-$E$4)/(B7-$D$4	
8	1	=$D$4+0,1^A8	=0,25*B8^2+1	=(C8-$E$4)/(B8-$D$4	

	A	B	C	D	E
1		f(x) = 0,25x² + 1			
2	Bestimmung des Differenzenquotienten				
4		Fester Punkt P₀	<	1	1,25 >
6		x	y	D-Quotient	
7	0	2	2	0,75	
8	1	1,1	1,3025	0,525	
9	2	1,01	1,255025	0,5025	
10	3	1,001	1,25050025	0,50025	
11	4	1,0001	1,250050003	0,500025	
12	5	1,00001	1,250005	0,5000025	
13	6	1,000001	1,2500005	0,50000025	
14	7	1,0000001	1,25000005	0,500000026	
15	8	1,00000001	1,250000005	0,5	
16	9	1,000000001	1,250000001	0,5	
17	10	1,0000000001	1,2500000001	0,5	

Da der Differenzenquotient in Beispiel 3.5 sich dem Wert 0,5 immer mehr nähert, je näher die x-Werte an die Stelle 1 „heranrücken", kann man vermuten, dass die Steigung der Tangente an $G(f)$ im Punkt P_0 den Wert 0,5 besitzt.

Die für konkrete Punkte durchgeführten Berechnungen aus dem vorstehenden Beispiel lassen sich weiter verallgemeinern.

Beispiel 3.6 (Differenzenquotientenfunktion zu einer bestimmten Stelle)

Formulieren Sie eine Formel, die die Steigung der Sekante an den Graphen von f durch den Punkt $P_0\langle 1|1{,}25\rangle$ und einen beliebigen Punkt $P_h\langle 1+h|f(1+h)\rangle$ der Funktion $f(x)=0{,}25x^2+1$ aus Beispiel 3.4 allgemein in Abhängigkeit von h als $d_1(h)$ angibt.
Bestätigen Sie die Vermutung aus Beispiel 3.5 anschließend mithilfe einer Grenzwertüberlegung.

Die Steigung durch P_0 und P_h bestimmt man allgemein, indem man wie oben die Koordinaten der beiden Punkte in den Differenzenquotienten $d_1(h)$ einsetzt und diesen anschließend umformt.
Für jedes $h>0$ gilt demnach:
$d_1(h)=\frac{f(1+h)-f(1)}{(1+h)-1}=0{,}5+0{,}25h$

$$d_1(h)=\frac{f(1+h)-f(1)}{(1+h)-1}=\frac{0{,}25\cdot(1+h)^2+1-1{,}25}{h}$$
$$=\frac{0{,}25+0{,}5h+0{,}25h^2-0{,}25}{h}$$
$$=\frac{0{,}5h+0{,}25h^2}{h}=\frac{h\cdot(0{,}5+0{,}25h)}{h} \quad \blacktriangleright\ h\neq 0$$
$$=\mathbf{0{,}5+0{,}25}\boldsymbol{h} \quad \blacktriangleright\ \text{Funktion von } h$$

Da jedem $h>0$ durch $d_1(h)$ ein Wert zugeordnet ist, beschreibt die Zuordnung $h\mapsto d_1(h)$ eine reelle Funktion mit der Argumentvariablen h. Man nennt diese Funktion **Differenzenquotientenfunktion der Funktion *f* an der Stelle 1**.

Setzt man nun in $d_1(h)$ nacheinander für h die Zahlen 3, 2, 1 und 0,1 ein, so entsprechen die jeweiligen Funktionswerte den bereits berechneten Differenzenquotienten für $d_1(h)$.

$$d_1(3)=D(1;4)=0{,}5+0{,}25\cdot 3=1{,}25 \quad \blacktriangleright\ h=3$$
$$d_1(2)=D(1;3)=0{,}5+0{,}25\cdot 2=1 \quad \blacktriangleright\ h=2$$
$$d_1(1)=D(1;2)=0{,}5+0{,}25\cdot 1=0{,}75 \quad \blacktriangleright\ h=1$$
$$d_1(0{,}1)=D(1;0{,}1)=0{,}5+0{,}25\cdot(0{,}1)=0{,}525 \quad \blacktriangleright\ h=0{,}1$$
usw.; vgl. Beispiel 3.4

Um die Steigung des Graphen von f an der Stelle 1 genau zu berechnen, muss die Differenzenquotientenfunktion d_1 gewissermaßen an „der Stelle 0" ausgewertet werden. Da aber der Differenzenquotient an dieser Stelle nicht definiert ist, heißt das genauer, dass der Grenzwert für $h\to 0$ bestimmt werden muss.

$$d_1(h)=0{,}5+0{,}25h \quad \blacktriangleright\ h>0$$
$$\Rightarrow \text{r-}\lim_{h\to 0} d_1(h)=\lim_{h\to 0} d_1(h) \quad \blacktriangleright\ h>0$$
$$=\lim_{h\to 0}(0{,}5+0{,}25h) \quad \blacktriangleright\ \text{Grenzwertsätze}$$
$$=\lim_{h\to 0} 0{,}5+\lim_{h\to 0} 0{,}25h=0{,}5+0=\mathbf{0{,}5}$$

Analog lässt sich der linksseitige Grenzwert von d_1 an der Stelle 0 ermitteln, indem man in der obigen Rechnung die Variable h durch $-h$ ersetzt. ▶ $h>0$

Für den linksseitigen Grenzwert gilt ebenfalls $\text{l-}\lim_{h\to 0}=0{,}5$. Daher existiert der Grenzwert der Funktion d_1 an der Stelle 0. Es gilt: $\lim_{h\to 0} d_1(h)=0{,}5$

Dieser Grenzwert beschreibt die Tangentensteigung an den Graphen von f im Punkt $P_0\langle 1|1{,}25\rangle$.

Im eben beendeten Beispiel wurde die Differenzenquotientenfunktion für die bestimmte Stelle $x = 1$ hergeleitet. Ebenso lässt sich eine Differenzenquotientenfunktion für jede beliebige Stelle des Definitionsbereichs einer Funktion angeben.

Beispiel 3.7 (Differenzenquotientenfunktion zu einer allgemeinen Stelle)

Die Differenzenquotientenfunktion an einer beliebigen Stelle x_0 bezeichnet man zur Vereinfachung mit d (und nicht mit d_{x_0}, wie es streng genommen korrekt wäre).

Man ermittelt diese Funktion analog zu Beispiel 3.6, indem man die Koordinaten der Punkte $P_0\langle x_0|f(x_0)\rangle$ und $P_h\langle x_0+h|f(x_0+h)\rangle$ in den Term der Differenzenquotientenfunktion einsetzt.

$d(h) = \frac{f(x_0+h)-f(x_0)}{h};\ h \neq 0$

$$d(h) = \frac{f(x_0+h)-f(x_0)}{(x_0+h)-x_0} = \frac{f(x_0+h)-f(x_0)}{h} = \frac{0{,}25\cdot(x_0+h)^2+1-(0{,}25x_0^2+1)}{h} = \frac{0{,}5x_0h+0{,}25h^2}{h} = \frac{h\cdot(0{,}5x_0+0{,}25h)}{h} = \mathbf{0{,}5x_0+0{,}25h} \quad \blacktriangleright\ h \neq 0$$

Die Differenzenquotientenfunktion d ist für jede beliebige Stelle x_0 eine gebrochen-rationale Funktion in der Variablen h mit dem Funktionsterm $0{,}5x_0 + 0{,}25h$. Diese Funktion ist an der Stelle 0 zwar nicht definiert, hat dort aber den Grenzwert $0{,}5x_0$.

$$\Rightarrow \lim_{h\to 0} d(h) = \lim_{h\to 0}(0{,}5x_0+0{,}25h) \quad \blacktriangleright\ \text{Grenzwertsätze}$$
$$= \lim_{h\to 0} 0{,}5x_0 + \lim_{h\to 0} 0{,}25h$$
$$= 0{,}5x_0 + 0 = \mathbf{0{,}5x_0} \quad \blacktriangleright\ \text{gilt für jedes } x_0 \in \mathbb{R}$$

$$\blacktriangleright\ x_0 = 1:\ \Rightarrow \lim_{h\to 0} d(h) = 0{,}5\cdot 1 = 0{,}5 = \lim_{h\to 0} d_1(h)$$

Setzt man 1 für x_0, so erhält man 0,5 als Grenzwert der Differenzenquotientenfunktion und somit 0,5 als Steigung des Graphen von f an der Stelle 1.

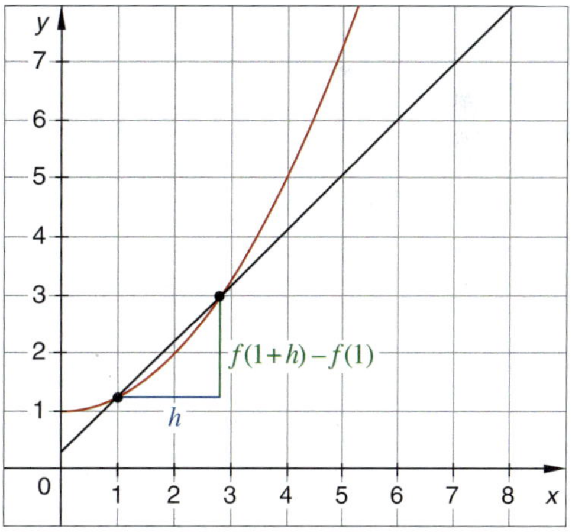

Da x_0 eine beliebige Stelle des Definitionsbereichs von f ist, gilt allgemein, dass die Steigung der Tangente an einen beliebigen Punkt $P\langle x|f(x)\rangle$ des Graphen den Wert $0{,}5x$ hat.

Anschaulich bilden die Tangenten t_f die Grenzlagen der Sekanten, rechnerisch sind die Steigungen der Tangenten gleich den Grenzwerten der Differenzenquotientenfunktionen d an der Stelle 0.

- Fasst man den Differenzenquotienten der Funktion f an den Stellen x_0 und $x_0 + h$ als **Funktionsterm** mit der Hilfsvariablen h auf, so erhält man die **Differenzenquotientenfunktion** d der Funktion f zur Stelle x_0 in Abhängigkeit von h: $d(h) = \frac{f(x_0+h)-f(x_0)}{h}$; $h \neq 0$ mit $x_0 + h \in D(f)$.
  d gibt die **Steigung der einzelnen Sekanten** durch die Punkte $P_0\langle x_0 | f(x_0)\rangle$ und $P\langle x_0 + h | f(x_0 + h)\rangle$ an.
- Die **Tangentensteigung** zur Stelle x_0 und somit die **Steigung des Graphen von f** im Punkt $P_0\langle x_0 | f(x_0)\rangle$ wird durch den **Grenzwert der Differenzenquotientenfunktion d** an der Stelle x_0 beschrieben: $\lim\limits_{h \to 0} d(h) = \lim\limits_{h \to 0} \frac{f(x_0+h)-f(x_0)}{h}$.

Alles klar?

Bestimmen Sie mithilfe der Grenzwerte der Differenzenquotientenfunktionen d die Steigungen der Graphen der reellen Funktion $f(x) = x^2 - 3$ und $g(x) = 2x^3 - 5x$ jeweils in den Punkten $P\langle 2 | f(2)\rangle$ und $P_0\langle x_0 | f(x_0)\rangle$.

3.2.2 Anwendungen aus Ökonomie und Technik

Die im ersten Teil dieses Kapitels vorgeführten Methoden zur Bestimmung der Steigung der Tangente an einen Graphen in einem Punkt scheint zunächst nur rein innermathematisch motiviert und allenfalls bei geometrischen Problemen von Interesse zu sein. Tatsächlich geht es bei diesen Methoden aber darum, etwas über das **Änderungsverhalten von Funktionen an einer bestimmten Stelle** herauszufinden, und insofern ist es in der Praxis von großem Wert.

Beispiel 3.8 (Momentangeschwindigkeit)

Geschwindigkeitsmessungen eines Autos beim Start ergaben die folgenden Werte:

Zeit	0	1	2	3	4	5
Weg	0	2,5	10	22,5	40	62,5

Diese Weg-Zeit-Beziehung kann durch die Funktion $s(t) = 2{,}5\,t^2$; $t \in [0; 5]$ dargestellt werden. Dabei steht t als Variable für die Maßzahl bezogen auf die Zeiteinheit Sekunden (sec) und $s(t)$ für jedes $t \in [0; 5]$ als Variable für die Maßzahl bezogen auf die Maßeinheit Meter (m).

Die Berechnungen der durchschnittlichen Geschwindigkeiten z. B. zwischen der 1. und der 3. Sekunde bzw. zwischen der 1. und der 2. Sekunde usw. ergeben unterschiedliche Werte (anschaulich: unterschiedliche Sekantensteigungen).

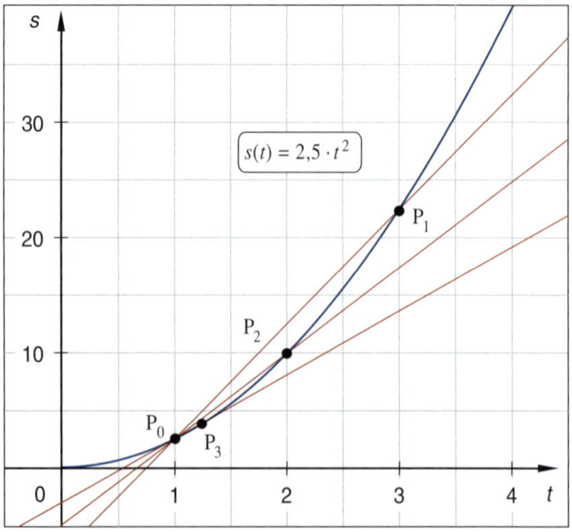

Bezeichnet man die Fahrzeit vor oder nach der ersten Sekunde allgemein mit h, so geben die Funktionswerte von d_1 für jedes $h \neq 0$ die **Durchschnittsgeschwindigkeiten** an.

$$d_1(h) = \frac{s(1+h)-s(1)}{(1+h)-1} = \frac{2{,}5(1+h)^2-2{,}5}{h} \quad \blacktriangleright\ h \neq 0$$
$$= \frac{2{,}5+5h+2{,}5h^2-2{,}5}{h} = \frac{h(5+2{,}5h)}{h}$$
$$= \mathbf{5+2{,}5}\boldsymbol{h} \quad \blacktriangleright \text{ Durchschnittsgeschwindigkeiten}$$

Für jedes solches h stellt $P_h\langle 1+h \,|\, s(1+h)\rangle$ einen Punkt auf dem Graphen von s dar, der für $h > 0$ rechts von $P_0\langle 1 \,|\, s(1)\rangle$ und für $h < 0$ links von $P_0\langle 1 \,|\, s(1)\rangle$ liegt.

Um die Momentangeschwindigkeit des Autos nach einer Sekunde Fahrzeit **exakt** berechnen zu können, muss der **Grenzwert der Differenzenquotientenfunktion** d_1 an der Stelle 0, d.h. für $h \to 0$ gebildet werden.

Die Berechnungen zeigen, dass der Grenzwert von d_1 zur Stelle 1 für $h \to 0$ existiert und 5 ist.

$$\lim_{h \to 0}(5+2{,}5h) \quad \blacktriangleright\ h \neq 0$$
$$= \lim_{h \to 0} 5 + \lim_{h \to 0} 2{,}5h = \mathbf{5} \quad \blacktriangleright \text{ Momentangeschwindigkeit}$$

Die Differenzenquotientenfunktionen $d(h) = \frac{s(t_0+h)-s(t_0)}{h}$; $h \neq 0$ mit $t_0 + h \in D(s)$ sind gebrochen-rationale Funktionen, die an der Stelle 0 für h nicht definiert sind, dort aber jeweils einen **Grenzwert** besitzen: $\lim_{h \to 0} d(h) = 5t_0$.

$$d(h) = \frac{s(t_0+h)-s(t_0)}{(t_0+h)-t_0} = \frac{2{,}5(t_0+h)^2-2{,}5t_0^2}{h}$$
$$= \frac{2{,}5t_0^2+5t_0h+2{,}5h^2-2{,}5t_0^2}{h} = \frac{h(5t_0+2{,}5h)}{h}$$
$$= \mathbf{5}\boldsymbol{t_0} + \mathbf{2{,}5}\boldsymbol{h} \quad \blacktriangleright \text{ Durchschnittsgeschwindigkeiten}$$

$$\lim_{h \to 0} d(h) = 5t_0 \quad \blacktriangleright \text{ gilt für jedes } t_0 \in [0;5]$$

Diese Grenzwerte geben jeweils die **Momentangeschwindigkeiten** zu einem beliebigen Zeitpunkt t_0 an.

Anschaulich bilden die Tangenten t_s die Grenzlagen der Sekanten, rechnerisch sind die Tangentensteigungen gleich den Grenzwerten der Differenzenquotientenfunktionen d an der Stelle 0.

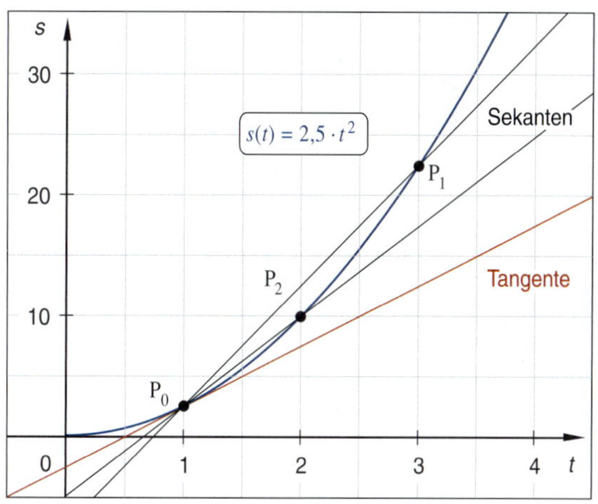

Für die jeweiligen Steigungen der Tangenten an den Graphen von s in den einzelnen Punkten für $P\langle t \,|\, s(t)\rangle$ gilt somit $5t$.

Ersetzt man t durch 1, ergibt sich hier im Punkt $P_0\langle 1 \,|\, s(1)\rangle$ die Steigung 5.

Ein typisches Anwendungsbeispiel von Differenzenquotientenfunktionen in der Ökonomie sind die **Grenzkosten**, die angeben, um wie viele Einheiten sich die Kosten verändern, wenn man die Produktionsmenge verändert. Dies entspricht genau der Steigung der Tangente an die Kostenfunktion K im Punkt $\langle x_0 | K(x_0)\rangle$.

Beispiel 3.9 (Grenzkosten und durchschnittliche Steigerungsraten)

Eine Unternehmerin kann bis zur Kapazitätsgrenze $x_{kap} = 6{,}5$ die Kostenstruktur ihres Betriebs durch die Funktion $K(x) = x^3 - 6x^2 + 15x + 32$; $x \in D_{ök} = [0; 6{,}5]$ beschreiben.

Dabei steht x für die Maßzahl der Produktionsmenge bezogen auf die ME Tonnen (t) und K für die Maßzahl der Kosten bezogen auf die GE 1.000 € (T€).

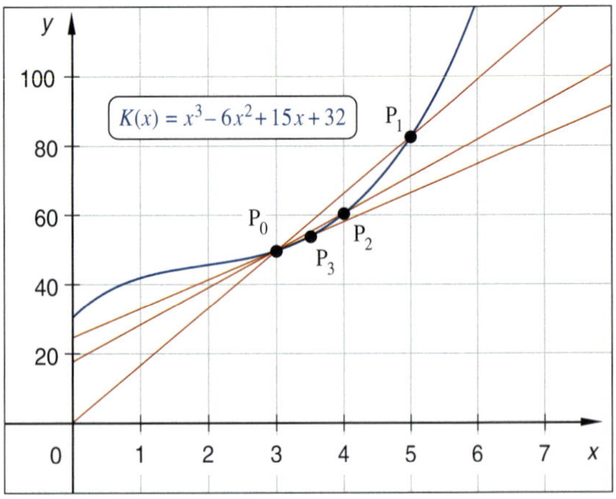

Momentan werden 3 t produziert; die Kosten hierfür betragen 50.000 € ($K(3) = 50$).

Die Unternehmerin beabsichtigt nun eine Produktionsausweitung. Aus diesem Grund interessiert sie sich dafür, wie sich die Kosten verändern, wenn die Produktionsmenge verändert wird.

Bezeichnet man die Zuwächse der Produktionsmenge allgemein mit h ($h > 0$), so geben die Differenzenquotienten $d_3(h)$ für jedes $h > 0$ die durchschnittliche Kostensteigerung über die Produktionsmenge von 3 t hinaus an. Für jedes $h > 0$ stellt $P_h \langle 3+h | K(3+h) \rangle$ einen Punkt auf dem Graphen von K dar, der rechts vom Punkt P_0 liegt.

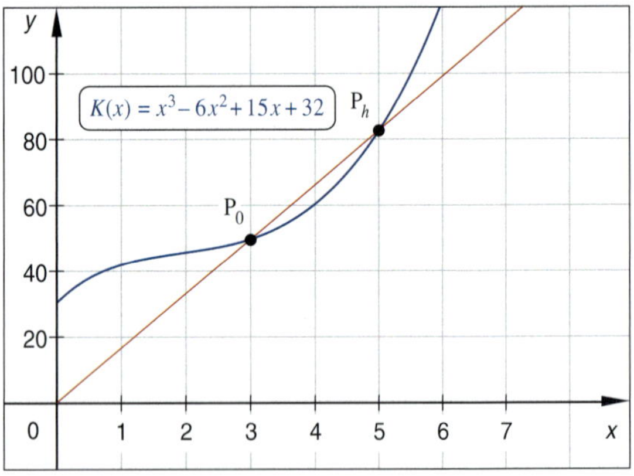

Die durch die Zuordnung $h \mapsto d_3(h)$ gegebene Funktion mit $d_3(h) = 6 + 3h + h^2$; $h > 0$, bezeichnet man als **Differenzenquotientenfunktion der Funktion K an der Stelle 3**.

$$d_3(h) = \frac{K(3+h) - K(3)}{(3+h) - 3} \quad \blacktriangleright\ h > 0$$

$$= \frac{(3+h)^3 - 6(3+h)^2 + 15(3+h) + 32 - 50}{h}$$

$$= \frac{6h + 3h^2 + h^3}{h} = \frac{h(6 + 3h + h^2)}{h} = \mathbf{6 + 3h + h^2}$$

Zur exakten Berechnung der Kostensteigerungstendenz über die Produktionsmenge von 3 t hinaus berechnet man den Grenzwert der Funktion $d_3(h)$ an der Stelle 0.

- $d_3(h) = 6 + 3h + h^2$ ▶ $h > 0$

  $\Rightarrow \text{r-}\lim\limits_{h \to 0} d_3(h) = \lim\limits_{h \to 0} d_3(h)$

  $= \lim\limits_{h \to 0} (6 + 3h + h^2)$ ▶ Grenzwertsätze

Die Steigungsrate der Kosten an der Stelle 3 hat den Wert 6.

Dieselben Betrachtungen kann man auch bei einer Verringerung der Produktionsmenge zur Stelle 3 durchführen und den linksseitigen Grenzwert berechnen. Dafür wird in $d_3(h)$ die Variable h durch $-h$ ersetzt.

- $d_3(-h) = 6 - 3h + h^2$ ▶ $h > 0$

  $\Rightarrow \text{l-}\lim\limits_{h \to 0} d_3(h) = \lim\limits_{h \to 0} d_3(-h)$

  $= \lim\limits_{h \to 0} (6 - 3h + h^2)$ ▶ Grenzwertsätze

  $= 6 - 0 + 0 = \mathbf{6}$

Es zeigt sich, dass der linksseitige Grenzwert $\lim\limits_{h \to 0} d_3(-h)$ für $h > 0$ ebenfalls existiert und mit dem rechtsseitigen Grenzwert 6 übereinstimmt.

Damit existiert also der Grenzwert der Funktion d_3 an der Stelle 0: $\lim\limits_{h \to 0} d_3(h) = 6$ für $h \neq 0$.

Die Kostensteigerungstendenz an der Stelle 3 wird durch den Grenzwert der Differenzenquotientenfunktion d_3 an der Stelle 0 beschrieben; dieser Grenzwert beschreibt die **Grenzkosten** an der Stelle 3.

Man sagt: Die Grenzkosten an der Stelle 3 haben den Wert 6. Dies ist als ein Maß dafür zu verstehen, wie schnell die Kosten an der Stelle 3 ansteigen. Salopp ausgedrückt bedeutet dies, dass an der Stelle 3 eine „unendlich kleine“ Erhöhung oder Verminderung der Produktion **durchschnittliche** Mehr- oder Minderkosten in Höhe von 6.000 € verursachen würde.

3

Für die Praxis ist im Bezug auf das vorhergehende Beispiel zu beachten, dass der Grenzwertübergang $h \to 0$ bei der Bestimmung der Grenzkosten ein theoretisches Modell ist, das davon abhängt, dass reelle Zahlen – in diesem speziellen Fall der Wert für h – beliebig klein gewählt werden können. In der Realität sind dagegen alle Größen diskret. Der Übergang $h \to 0$ beschreibt den Sachverhalt aber richtig, wenn man sich vorstellt, dass man durch verfeinerte Messmethoden immer genauere Größenangaben machen kann.

Die Grenzkosten können nicht nur zur Stelle 3, sondern zu jeder beliebigen Stelle $x_0 \in D_{ök}$ – und somit zu jeder beliebigen Produktionsmenge – bestimmt werden.

Zur Vereinfachung der Schreibweise lässt man in diesem Fall den Index x_0 bei der Differenzenquotientenfunktion weg, schreibt also statt d_{x_0} einfach nur d.

Zu diesem Zweck werden zunächst die Differenzenquotientenfunktionen

$$d(h) = \frac{K(x_0 + h) - K(x_0)}{h};\ h \neq 0$$

mit $x_0 + h \in D(K)$ zu einer beliebigen Stelle $x_0 \in D_{ök}$ gebildet.

Sie sind gebrochen-rationale Funktionen in der Variablen h, die an der Stelle 0 für h nicht definiert sind, dort aber jeweils einen **Grenzwert** $\lim\limits_{h \to 0} d(h)$ besitzen. Dieser Grenzwert gibt jeweils die **Grenzkosten** zur Stelle x_0 an.

Anschaulich bilden die Tangenten t_K die Grenzlagen der Sekanten, rechnerisch sind die Steigungen der Tangenten gleich den Grenzwerten der Differenzenquotientenfunktionen d an der Stelle 0.

Für die jeweiligen Steigungen der Tangenten an den Graphen von K in den einzelnen Punkten für $P\langle x \,|\, K(x) \rangle$ gilt somit $3x^2 - 12x + 15$.

Durch Setzen von 3 für x ergibt sich auch hier im Punkt $P_0\langle 3 \,|\, K(3) \rangle$ die Steigung 6.

$$d(h) = \frac{K(x_0 + h) - K(x_0)}{(x_0 + h) - x_0}$$

$$= \frac{(x_0 + h)^3 - 6(x_0 + h)^2 + 15(x_0 + h) + 32}{h} +$$

$$+ \frac{-(x_0^3 - 6x_0^2 + 15x_0 + 32)}{h}$$

$$= \frac{h(3x_0^2 + 3x_0 h + h^2 - 12x_0 - 6h + 15)}{h} \quad ▶ h \neq 0$$

$$= \mathbf{3x_0^2 + 3x_0 h + h^2 - 12x_0 - 6h + 15}$$

$$\Rightarrow \lim_{h \to 0} (3x_0^2 + 3x_0 h + h^2 - 12x_0 - 6h + 15) \quad ▶ \text{Grenzwertsätze}$$

$$= \mathbf{3x_0^2 - 12x_0 + 15} \quad ▶ \text{gilt für jedes } x_0 \in D_{ök}$$

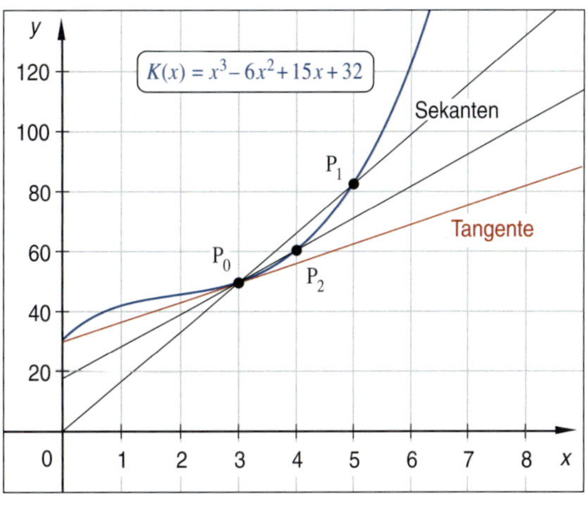

Übungen zu 3.2

Allgemeine Übungen

1 Der Regional-Express (RE 1) fährt auf der Strecke Köln–Dortmund nach nebenstehendem Fahrplan (Stand 2009).

Berechnen Sie die Durchschnittsgeschwindigkeiten des Zuges zwischen den angegebenen Städten und die Durchschnittsgeschwindigkeit insgesamt.

Bahnhof	Ankunft	Abfahrt	km
Köln	–	15:51	1
Köln-Deutz	15:53	15:54	5
Köln-Mülheim	15:58	15:59	9
Leverkusen	16:04	16:05	17
Ddf.-Benrath	16:13	16:14	10
Düsseldorf	16:21	16:23	7
Ddf.-Flughafen	16:28	16:29	17
Duisburg	16:37	16:39	10
Mülheim	16:44	16:45	10
Essen	16:51	16:53	10
Wattenscheid	16:58	16:59	6
Bochum	17:04	17:05	19
Dortmund	17:15	–	–

2 Der Zusammenhang zwischen dem Weg s und der Zeit t einer geradlinigen, gleichmäßig beschleunigten Bewegung wird beschrieben durch die Funktion $s(t) = 2{,}5\,t^2;\ t \in [0; 5]$.

Ermitteln Sie die Momentangeschwindigkeiten nach 0,5 sec; 2 sec; 2,5 sec und 4 sec.

Ermitteln Sie mithilfe der Differenzenquotientenfunktion $d(h)$ die Steigung der Funktion f an der Stelle x_0 mit $f(x) = 0{,}5x^4 - 2x;\ x \in \mathbb{R}$.

4 Berechnen Sie jeweils die Steigungen der Tangenten an die Graphen der einzelnen Funktionen für die Stellen $-1{,}4$; -1; 0; 0,5 und 3 und geben Sie die jeweils zugehörige Tangentenfunktion an.

a) $f(x) = 5x^2 - 2x + 3$
b) $f(x) = 3x^3 - 3x^2 - 12x + 12$ ▸ $x \in \mathbb{R}$
c) $f(x) = -2x^3 + 5x$
d) $f(x) = x^4 - 5x^2 + 10x$

Übungen aus der Ökonomie

5 Gegeben ist die Kostenfunktion $K(x) = x^3 - 6x^2 + 15x + 32;\ x \in [0; 6{,}5]$.

a) Berechnen Sie die Grenzkosten an den Stellen 1; 2; 2,5; 4 und 5,25.
b) Zeichnen Sie die Tangente an $G(K)$ in den Punkten $\langle 1 \,|\, K(1)\rangle$, $\langle 2 \,|\, K(2)\rangle$ und $\langle 4 \,|\, K(4)\rangle$.
c) Ermitteln Sie die Gleichung der Tangente t_K an $G(K)$ in den Punkten $\langle 1 \,|\, K(1)\rangle$, $\langle 3 \,|\, K(3)\rangle$, $\langle 4 \,|\, K(4)\rangle$, $\langle 2{,}5 \,|\, K(2{,}5)\rangle$, $\langle 5{,}25 \,|\, K(5{,}25)\rangle$ und $\langle 2 \,|\, K(2)\rangle$.

6 Der Erlös E eines Monopolisten wird durch die Erlösfunktion $E(x) = -5x^2 + 55x$ beschrieben, wobei x ME der verkauften Menge entspricht ($x \in D_{ök}$).

a) Bestimmen Sie den ökonomischen Definitionsbereich $D_{ök}$.
b) Ermitteln Sie über die Scheitelpunktgleichung die Verkaufsmenge mit dem größten Erlös und zeichnen Sie den Graphen von E.
c) Ermitteln Sie den Grenzerlös zu den Stellen 4; 5; 5,4; 5,5; 5,6; 6 und 7.

7 Es bezeichne $K(x) = x^3 - 6x^2 + 15x + 32$ die Kostenfunktion und $E(x) = -5x^2 + 55x$; $x \in [0; 11]$ die Erlösfunktion einer Unternehmung.

a) Wie lautet die Gewinnfunktion G?
b) Berechnen Sie den Grenzgewinn zu den Stellen 3,5; 4 und 4,5.
c) Welche ökonomische Bedeutung hat das Ergebnis an der Stelle 4?

8 Gegeben ist die Kostenfunktion $K(x) = 5x + 100;\ x \in [0; 25]$.

a) Berechnen Sie die Grenzkosten an den Stellen 4 und 20 und erläutern Sie Ihr Ergebnis.
b) Ändert sich das Ergebnis, wenn die Fixkosten von 100 GE auf 80 GE gedrückt werden?

3.3 Ableitungsfunktion und Differenzierbarkeit

In Abschnitt 3.2 wurden bezüglich der Kostenfunktion $K(x) = x^3 - 6x^2 + 15x + 32; x \in D_{ök} = [0; 6{,}5]$ und der Weg-Zeit-Funktion $s(t) = 2{,}5\,t^2; t \in [0; 5]$ unter anderem folgende Ergebnisse gewonnen:

- Für jedes $x \in (0; 6{,}5)$ existiert der endliche Grenzwert der Differenzenquotientenfunktion d_K zur Kostenfunktion K. Es gilt:
  $\lim\limits_{h \to 0} d_K(h) = 3x_0^2 - 12x_0 + 15.$ ▶ Beispiel 3.9
- Für jeden Zeitpunkt $t_0 \in (0; 5)$ existiert der endliche Grenzwert der Differenzenquotientenfunktion $d_{s(x_0)}$ zur Funktion s. Es gilt:
  $\lim\limits_{h \to 0} d_s(h) = 5t_0.$ ▶ Beispiel 3.8

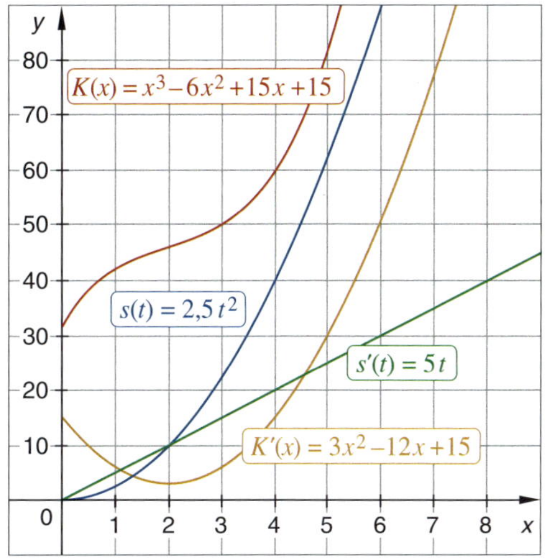

Für jedes $x_0 \in (0; 6{,}5)$ bzw. jedes $t_0 \in (0; 5)$ gibt der Grenzwert die **Steigung der Tangente an den Graphen** von K bzw. s im Punkt x_0 bzw. t_0 an. Für die Kostenfunktion konnte diese Steigung als **Grenzkosten** an der Stelle x_0 interpretiert werden, für die Weg-Zeit-Funktion als **Momentangeschwindigkeit**.

3.3.1 Ableitung und Differenzierbarkeit an einer Stelle

Der Grenzwert der Differenzenquotientenfunktion einer Funktion f an einer bestimmten Stelle x_0 hat eine eigene Bezeichnung: man nennt ihn die **Ableitung von f** an der Stelle x_0 und bezeichnet ihn mit $f'(x_0)$. Für die Funktionen K und s gilt also beispielsweise:

- $K'(x_0) = \lim\limits_{h \to 0} d_K(h) = \lim\limits_{h \to 0} \dfrac{K(x_0 + h) - K(x_0)}{h} = 3x_0^2 - 12x_0 + 15$ ▶ Ableitung von K an der Stelle x_0
- $s'(t_0) = \lim\limits_{h \to 0} d_{s(t_0)}(h) = \lim\limits_{h \to 0} \dfrac{s(t_0 + h) - s(t_0)}{h} = 5t_0$ ▶ Ableitung von s an der Stelle t_0

Besitzt eine Funktion an einer Stelle x_0 ihres Definitionsbereichs eine Ableitung, dann nennt man sie an dieser Stelle **differenzierbar**. Nach dem vorhergehenden Abschnitt ist das gleichbedeutend damit, dass

- der Grenzwert der Differenzenquotientenfunktion für $h \to 0$ an der Stelle x_0 existiert.
  ▶ analytisch-rechnerische Deutung der Differenzierbarkeit
- der Graph der Funktion an der Stelle x_0 eine Tangente, d. h. eine eindeutige Steigung besitzt.
  ▶ anschaulich-geometrische Deutung der Differenzierbarkeit

Eine Funktion f heißt **differenzierbar** an der Stelle $x_0 \in D(f)$, wenn der Grenzwert
$\lim\limits_{h \to 0} d_f(h) = \lim\limits_{h \to 0} \dfrac{f(x_0 + h) - f(x_0)}{h}; h \neq 0,$
existiert. Der Grenzwert heißt in diesem Fall **Ableitung** von f an der Stelle x_0 und wird mit $f'(x_0)$ bezeichnet.
Ist f an jeder Stelle einer Teilmenge D von $D(f)$ differenzierbar, dann sagt man, f ist **differenzierbar in D**.

Anmerkungen:
- Die Differenzenquotientenfunktionen d_f sind für $h = 0$ nicht definiert. Dass der Grenzwert für $h \to 0$ und damit die Ableitung $f'(x_0)$ existiert, bedeutet, dass d_f an der Stelle 0 stetig ergänzbar ist – und zwar durch den Wert $f'(x_0)$.
- Das Bilden der Ableitung $f'(x_0)$ heißt **ableiten** oder **differenzieren**.
- Ist die Funktion f an der Stelle x_0 differenzierbar, so ist $f'(x_0)$ gleich der Steigung des Graphen von f an der Stelle x_0.

Mithilfe des Ableitungsbegriffs kann man den bisher benutzten geometrischen Tangentenbegriff, demzufolge eine Tangente eine Gerade ist, die ein geometrisches Objekt in genau einem Punkt berührt, analytisch präzisieren.

In diesem Sinne versteht man unter der Tangente an einen Funktionsgraphen in einem Punkt $P\langle x_0 | f(x_0)\rangle$ diejenige Gerade, die durch den Punkt P_0 verläuft und die Steigung $f'(x_0)$ hat.

Diese Gerade passt sich in unmittelbarer Nähe der Stelle x_0 „optimal" dem Verlauf des Graphen der Funktion f an.

Allerdings kann in der analytischen Fassung des Tangentenbegriffs die Tangente den Graphen auch in mehreren Punkten berühren oder ihn in einem anderen Punkt schneiden. Außerdem schließt diese Definition aus, dass eine Tangente senkrecht verläuft, denn eine senkrecht verlaufende Gerade hat keine endliche Steigung.

In den folgenden Graphiken sind die möglichen Fälle abgebildet.

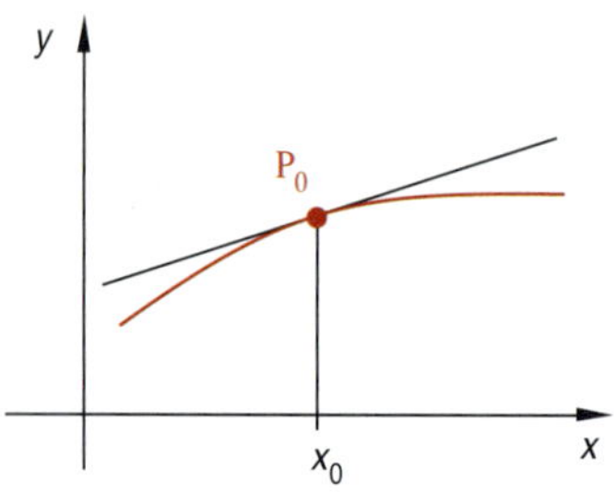

Tangente berührt den Graphen in genau einem Punkt.

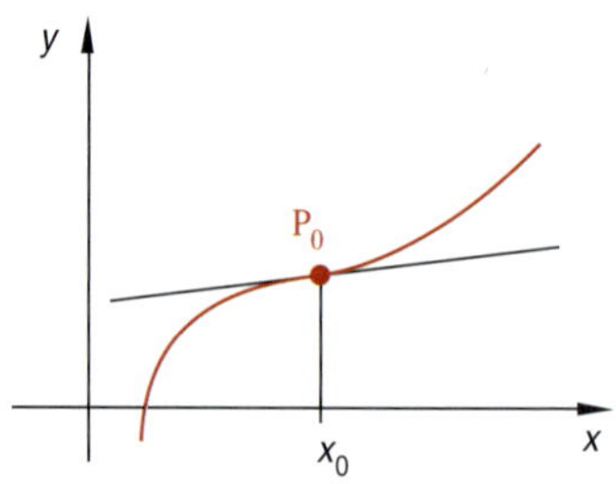

Tangente schneidet den Graphen in genau einem Punkt.

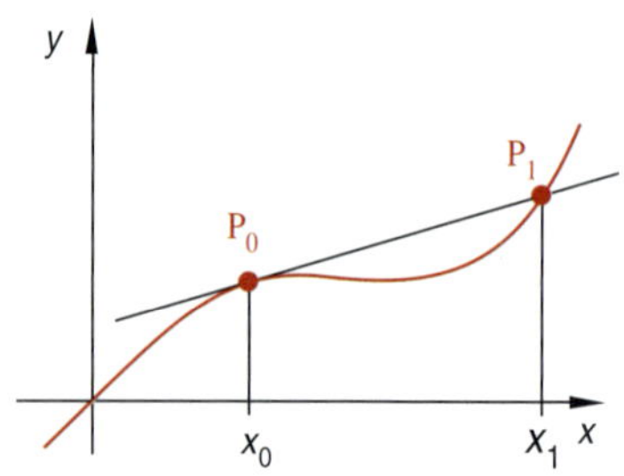

Tangente berührt den Graphen in P_0 und schneidet ihn in P_1.

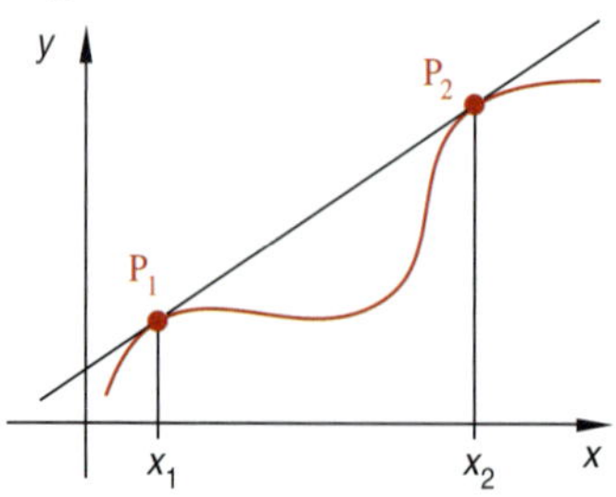

Tangente berührt den Graphen in mehreren Punkten.

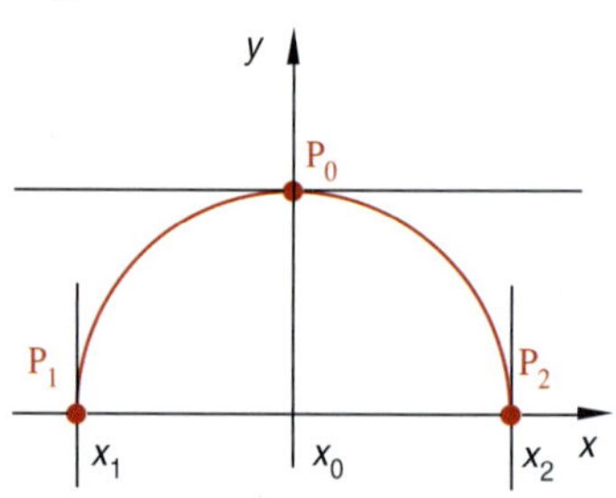

Waagerechte Tangente im Punkt P_0. Da $f'(x_1)$ und $f'(x_2)$ nicht definiert sind, gibt es im analytischen Sinne keine Tangenten in P_1 und P_2.

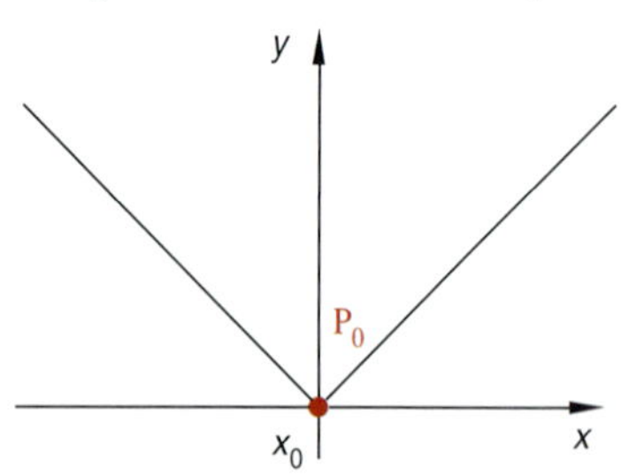

Da $f'(x_0)$ nicht existiert, gibt es in P_0 keine Tangente im analytischen Sinne.

Die Tangente an einen Graphen in einem bestimmten Punkt ist – sofern sie existiert – eine Gerade im Koordinatensystem, die sich nach Kapitel 2.1 als Graph einer linearen Funktion auffassen lässt.

Beispiel 3.10 (Gleichung der Tangente)

Wenn die Ableitung $f'(x_0)$ existiert, dann ist die Tangente t an den Graphen von f an der Stelle x_0 durch die folgenden beiden Eigenschaften eindeutig bestimmt:

- t besitzt die Steigung $f'(x_0)$,
- t berührt den Graphen von f im Punkt $P\langle x_0 | f(x_0)\rangle$.

$t(x) = m \cdot x + b$ ► $t(x_0) = f(x_0)$

$\Rightarrow f(x_0) = m \cdot x_0 + b$ ► $m = f'(x_0)$

$\Rightarrow f(x_0) = f'(x_0) \cdot x_0 + b$

$\Rightarrow \quad b = f(x_0) - f'(x_0) \cdot x_0$

$\Rightarrow \quad t(x) = f'(x_0) \cdot x + f(x_0) - f'(x_0) \cdot x_0$

$= f'(x_0) \cdot (x - x_0) + f(x_0); x \in \mathbb{R}$

► Tangentenfunktion

Als Gerade im Koordinatensystem ist die Tangente der Graph einer linearen Funktion t. Gemäß Kapitel 2.1 Beispiel 2.12 lässt sich der Funktionsterm von t aus den obigen beiden Eigenschaften ermitteln. Man erhält: $t(x) = f'(x_0) \cdot (x - x_0) + f(x_0)$

Tangentenfunktion:
Ist f an der Stelle $x_0 \in D(f)$ differenzierbar, dann entspricht die Tangente an $G(f)$ durch den Punkt $\langle x_0 | f(x_0)\rangle$ dem Graphen der Funktion t mit
$t(x) = f'(x_0) \cdot (x - x_0) + f(x_0); x \in \mathbb{R}$.
Die Funktion t wird **Tangentenfunktion** von f in P_0 genannt.

Alles klar?

1 Ermitteln Sie für die Funktion s mit $s(t) = 2{,}5t^2; t \in [0; 5]$ die Ableitung an den Stellen 3, 4 und 5.

2 Bestimmen Sie die Gleichung der Tangentenfunktion von K mit $K(x) = x^3 - 6x^2 + 15x + 32; x \in [0; 6{,}5]$ an der Stelle $x_0 = 4$.

3.3.2 Die Ableitungsfunktion

Die Ableitungen $K'(x_0)$ bzw. $s'(t_0)$ liefern für jede Stelle $x_0 \in (0; 6{,}5)$ bzw. $t_0 \in (0; 5)$ eine bestimmte reelle Zahl. Die beiden Zuordnungen

$x \mapsto K'(x) = 3x^2 - 12x + 15; x \in (0; 6{,}5)$ und

$t \mapsto s'(t) = 5t; t \in (0; 5)$

lassen sich damit ihrerseits als reelle Funktionen auffassen. Man bezeichnet sie als **Ableitungsfunktion** von K bzw. s.

Die nebenstehende Abbildung zeigen die Funktionsgraphen K bzw. s zusammen mit den Graphen ihrer Ableitungsfunktionen.

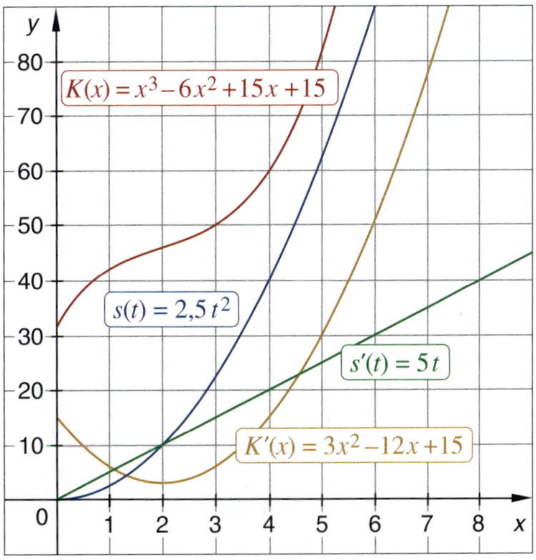

Im Allgemeinen ist zur Bestimmung der Werte der Ableitungsfunktion f' an einer Stelle x_0 ihres Definitionsbereichs eine sehr mühsame Grenzwertberechnung mithilfe der Grenzwertsätze erforderlich, die theoretisch für jede Stelle x_0 einzeln ausgeführt werden muss. Es zeigt sich aber, dass sich in den meisten praktisch relevanten Fällen diese Grenzwertberechnungen vermeiden lassen, indem man statt mit der Differenzenquotientenfunktion selbst mit deren stetiger Ergänzung d_f^* arbeitet.

Beispiel 3.11 (Ableitung als stetige Ergänzung)

Der Funktionsterm der Differenzenquotientenfunktion d_f zur Funktion f mit

$f(x) = x^2 + 1; x \in \mathbb{R}$

an einer Stelle $x_0 \in D(f)$ kann quotientenfrei geschrieben werden, indem man den Bruch mit h kürzt.

$$d_f(h) = \frac{f(x_0+h) - f(x_0)}{h} \quad \blacktriangleright\ h \neq 0$$
$$= \frac{(x_0+h)^2 + 1 - (x_0^2+1)}{h}$$
$$= \frac{2x_0 \cdot h + h^2}{h} = \frac{h \cdot (2x_0 + h)}{h} \quad \blacktriangleright\ \text{Kürzen } h \neq 0$$
$$= \mathbf{2x_0 + h}$$

Der Term $2x_0 + h$ ist dann nicht nur Funktionsterm der Funktion d_f mit $h \neq 0$, sondern auch der Funktionsterm der Ergänzungsfunktion d_f^*. Die Funktion d_f^* stimmt für alle $h \neq 0$ mit der Funktion d_f überein, ist aber zusätzlich noch an der Stelle 0 definiert und hat dort den Funktionswert $2x_0$, d. h. $d_f^*(0) = 2x_0$.

Da d_f^* eine Ergänzungsfunktion von d_f ist, gilt: $\lim\limits_{h \to 0} d_f(h) = d_f^*(0)$; also $f'(x_0) = d_f^*(0) = 2x_0$.
Anstatt also den **Grenzwert** der Differenzenquotientenfunktion d_f zu bestimmen, um die Ableitung an einer bestimmten Stelle auszurechnen, kann einfach der Funktionswert von d_f^* an der Stelle 0 ermittelt werden.

$d^*(h) = 2x_0 + h; h \in \mathbb{R}$ ► Ergänzungsfunktion für d

$\Rightarrow \lim\limits_{h \to 0} d(h) = d^*(0) = 2x_0$

$\Rightarrow \boldsymbol{f'(x_0) = 2x_0; x_0 \in \mathbb{R}}$ ► Ableitung von f an der Stelle x_0

Das in dem Beispiel vorgeführte Kürzungsverfahren und die Einführung von Ergänzungsfunktionen lässt sich bei allen ganzrationalen Funktionen anwenden. Es lässt sich allgemein zeigen, dass sich deren Differenzenquotientenfunktionen stets mit $h \neq 0$ kürzen lassen damit quotientenfrei geschrieben werden können. ► Beispiel 3.7

Es gilt also: **Ganzrationale Funktionen sind in ihrem gesamten Definitionsbereich differenzierbar.**

Ist eine Funktion f an jeder Stelle x_0 ihres Definitionsbereichs differenzierbar, dann
- heißt die Funktion differenzierbar in D
- existiert die Ableitung an jeder Stelle $x_0 \in D(f)$.
- existiert die Ableitungsfunktion f'. Dabei ist der Definitionsbereich $D(f')$ der Ableitungsfunktion die größtmögliche Teilmenge D von $D(f)$, in der f differenzierbar ist.

► Man beachte, dass der Definitionsbereich $D(f')$ der Ableitungsfunktion f' einer Funktion f **immer** im Definitionsbereich $D(f)$ der Funktion f enthalten sein muss, weil f' nur für die Stellen aus $D(f)$ definiert sein kann, für die f differenzierbar ist.

Alles klar?

Ermitteln Sie jeweils $f'(x)$ mithilfe der Grenzwerte der Differenzenquotientenfunktionen d. In welchen Punkten hat der Graph von f jeweils die Steigung m?

a) $f(x) = 5x^2 - 2x + 3;\ m = 8$

b) $g(x) = -3x^2 - 12x + 12;\ m = -6$

Nicht immer stimmen der links- und rechtsseitige Grenzwert der Differenzenquotientenfunktion einer Funktion an einer Stelle überein. Die Differenzenquotientenfunktion besitzt dann an dieser Stelle keinen Grenzwert, folglich ist die Funktion f dort nicht differenzierbar.

Beispiel 3.12 (Grenzkosten bei Nicht-Differenzierbarkeit)

Die Kostenstruktur des Unternehmens aus Beispiel 3.9 hat sich geändert und wird nun durch folgende Kostenfunktion beschrieben:

$$K(x) = \begin{cases} x^3 - 6x^2 + 15x - 32; & x \in [0;\, 3] \\ 4x + 38; & x \in (3;\, 6{,}5) \end{cases}$$

Der Kostenanalytiker des Unternehmens interessiert sich für die „Geschwindigkeit" der Kostenzunahme (d. h. die Grenzkosten im Sinne der Mathematik) an der Stelle $x_0 = 3$.

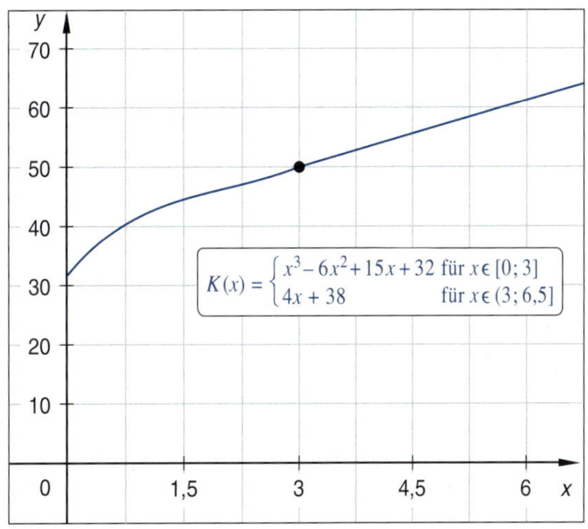

Dazu berechnet er analog zu Beispiel 3.9 den links- und den rechtsseitigen Grenzwert von d_K für $h \to 0$.

$$\text{l-}\lim_{h\to 0} d_K(h) = \lim_{h\to 0} \frac{K(3-h)-K(3)}{-h} \quad \blacktriangleright\ h > 0$$
$$= \lim_{h\to 0}(6 - 3h + h^2) = \mathbf{6}$$

$$\text{r-}\lim_{h\to 0} d_K(h) = \lim_{h\to 0} \frac{K(3-h)-K(3)}{h} \quad \blacktriangleright\ h > 0$$
$$= \lim_{h\to 0} \frac{4(3-h)+38-50}{h}$$
$$= \lim_{h\to 0} \frac{4h}{h} = \mathbf{4}$$

Diese beiden Grenzwerte stimmen nicht überein, also gibt es an dieser Stelle keine eindeutige Zuwachsrate der Kosten, d. h. keine Grenzkosten im Sinne der Mathematik.

$$\Rightarrow \text{l-}\lim_{h\to 0} d_K(h) \neq \text{r-}\lim_{h\to 0} d_K(h)$$

Mathematisch bedeutet das, dass die Funktion K an der Stelle $x_0 = 3$ keine Ableitung besitzt.

K ist an der Stelle $x_0 = 3$ **nicht differenzierbar**.

$\Rightarrow$ K ist an der Stelle 3 nicht differenzierbar.

Da man in der Praxis unter den Grenzkosten nur die Kostenänderung bei einer Veränderung der Ausbringungsmenge um eine Einheit versteht, würde der Kostenanalytiker die Grenzkosten zur Stelle 3 bei dieser Kostenfunktion einheitlich mit 4.000 € angeben.

$K(2) = 46$ ▶ Beispiel 3.9
$K(3) = 50$
$K(4) = 54$

Bezogen auf die GE 1.000 € beträgt nämlich die Kostenänderung bei einer Erhöhung oder Verringerung der Produktion von 3 t um 1 t jedesmal 4.000 €.

$d_K(-1) = 4 = K(3) - K(2)$
$d_K(1) = 4 = K(4) - K(3)$
▶ Grenzkosten in der Praxis

Würde das Unternehmen aber seine Ausbringungseinheit auf 0,5,t verändern, so ergäben sich in der Praxis Grenzkosten von 2.375 € bei einer Verminderung bzw. von 2.000 € bei einer Erhöhung der Produktion von 3 t um die Ausbringungseinheit 0,5 t.

$K(2{,}5) = 47{,}625$
$K(3{,}5) = 52$
$K(3) - K(2{,}5) = 2{,}375$
$K(3{,}5) - K(3) = 2$
▶ Grenzkosten in der Praxis bei Ausbringungseinheit 0,5 t

Bezogen auf die Maßeinheit 1 t betragen daher die **durchschnittlichen** Minderkosten 4.750 € pro Tonne und die **durchschnittlichen** Mehrkosten 4.000 € pro Tonne. Also existieren für 3 t auch keine einheitlichen Grenzkosten, wenn man die Grenzkosten wie in der Praxis üblich berechnet.

$2 \cdot 2.375\,€ = 4.750\,€$
▶ durchschnittliche **Minderkosten** pro Tonne in der Praxis
$2 \cdot 2.000\,€ = 4.000\,€$
▶ durchschnittliche **Mehrkosten** pro Tonne in der Praxis

Das folgende Beispiel bestätigt noch einmal rechnerisch die anschaulich einleuchtende Tatsache, dass Funktionen an Stellen, an denen ihr Graph nicht glatt verläuft, sondern einen „Knick" besitzt, nicht differenzierbar sein können.

Beispiel 3.13 (Nicht-Differenzierbarkeit an einer „Knickstelle")

Untersuchen Sie die Funktion

$$f(x) = \begin{cases} x^2 & \text{für } x \leq 0 \\ x & \text{für } x > 0 \end{cases}$$

auf Differenzierbarkeit an der Stelle $x_0 = 0$.

Fasst man die Terme x^2 und x jeweils als Funktionsterme ganzrationaler Funktionen auf, so sind beide Funktionen im Inneren ihrer Definitionsbereiche differenzierbar. Damit ist auch die zusammengesetzte Funktion f in auf den Intervallen $\mathbb{R}^{<0}$ und $\mathbb{R}^{>0}$ differenzierbar.

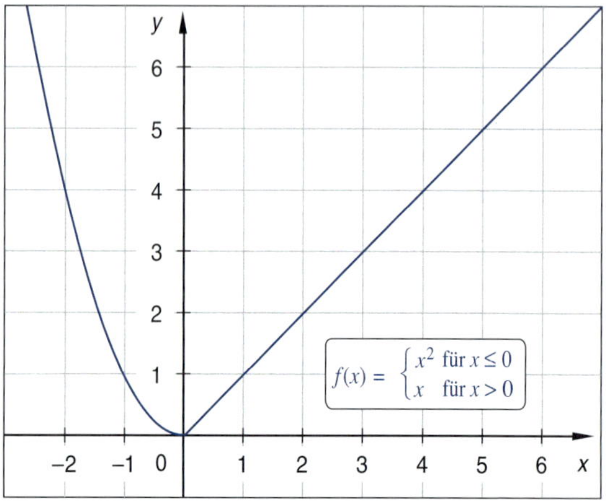

Nur an der „Nahtstelle" $x_0 = 0$ dieser Definitionsbereiche stimmen der links- und der rechtsseitige Grenzwert von f nicht überein.

$$\text{l-lim}_{h \to 0} = \lim_{h \to 0} \frac{(0-h)^2 - 0^2}{-h} \quad ▶\ h > 0$$
$$= \lim_{h \to 0} \frac{h^2}{-h} = \lim_{h \to 0} h = \mathbf{0}$$

Der Grenzwert von d an der Stelle 0 existiert also nicht, somit ist die Funktion f an der Stelle $x_0 = 0$ **nicht differenzierbar**.

$$\text{r-lim}_{h \to 0} = \lim_{h \to 0} \frac{(0+h) - 0}{h} \quad ▶\ h > 0$$
$$= \lim_{h \to 0} \frac{h}{h} = \lim_{h \to 0} 1 = \mathbf{1}$$

Betrachtet man den Graphen von f in der Abbildung, so wird dieses Ergebnis auch anschaulich klar. Der Graph von f besitzt an der Stelle $x_0 = 0$ einen „Knick“. Dort besitzt er folglich keine eindeutige Steigung.

In vielen praktischen Fällen steht man vor der Aufgabe, aus einer Schar von Funktionen diejenige auszuwählen, die an einer bestimmten Stelle differenzierbar ist. Das wird im folgenden Beispiel behandelt.

Beispiel 3.14 (Funktionsbestimmung mithilfe eines Differenzierbarkeitskriteriums)

Untersuchen Sie, für welche reellen Zahlen anstelle von a die Funktion

$$f_a(x) = \begin{cases} x^2 - 2ax; & x \leq 0 \\ 2x; & x > 0 \end{cases}$$

an der Stelle $x_0 = 0$ differenzierbar ist.

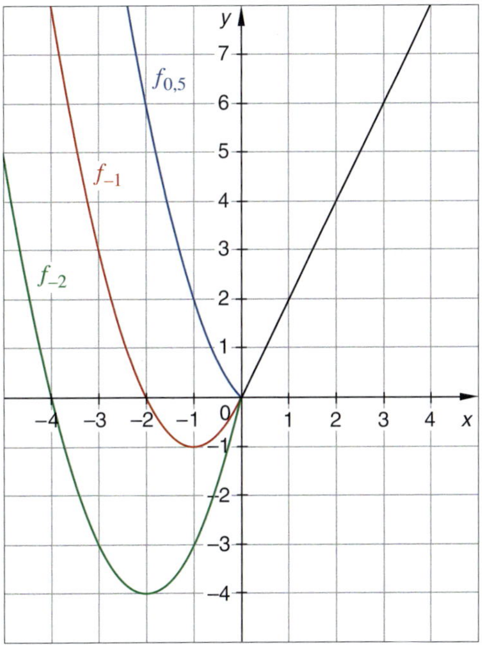

$$\underset{h \to 0}{\text{l-lim}}\, d(h) = \lim_{h \to 0} \frac{f_a(0-h) - f_a(0)}{-h} \quad \blacktriangleright\ h > 0$$
$$= \lim_{h \to 0} \frac{(-h)^2 - 2a \cdot (-h)}{-h}$$
$$= \lim_{h \to 0} \frac{h^2 + 2ah}{-h}$$
$$= \lim_{h \to 0} \frac{h \cdot (h + 2a)}{-h}$$
$$= \lim_{h \to 0} -2a - h$$
$$= \mathbf{-2a}$$

$$\underset{h \to 0}{\text{r-lim}}\, d(h) = \lim_{h \to 0} \frac{f_a(0+h) - f_a(0)}{h} \quad \blacktriangleright\ h > 0$$
$$= \lim_{h \to 0} \frac{2(0+h) - 2 \cdot 0}{h}$$
$$= \lim_{h \to 0} \frac{2h}{h} = \lim_{h \to 0} 2$$
$$= \mathbf{2}$$

Die einseitigen Grenzwerte der Differenzenquotientenfunktionen d zur Stelle $x_0 = 0$ stimmen an der Stelle 0 nur dann überein, wenn $a = -1$ gilt. Somit ist nur die Funktion

$$f_{-1}(x) = \begin{cases} x^2 + 2x; & x \leq 0 \\ 2x; & x > 0 \end{cases}$$

an der Stelle $x_0 = 0$ differenzierbar.

Für $a \neq -1$ sind die Funktionen f_a an der Stelle $x_0 = -1$ nicht differenzierbar.

Die Funktion f ist an der Stelle $x_0 = 0$ nur dann differenzierbar, wenn dort linker und rechter Grenzwert übereinstimmen, also nur dann, wenn $-2a = 2$, d. h. $a = -1$ gilt.

Wie man an der Abbildung aus dem obigen Beispiel erkennen kann, sind alle Graphen der Funktionenschar f_a an der Stelle $x_0 = 0$ stetig. Da sich allerdings nur für den Wert $a = -1$ eine an dieser Stelle differenzierbare Funktion ergibt, folgt:

Ist eine Funktion an einer Stelle stetig, so braucht sie dort keineswegs differenzierbar zu sein.

Die Stetigkeit einer Funktion an einer Stelle ist also **keine** hinreichende Bedingung für deren Differenzierbarkeit dort.

Umgekehrt gilt jedoch:

Ist eine Funktion an einer Stelle differenzierbar, so ist sie dort auch stetig.

Diese Aussage lässt sich folgendermaßen **beweisen**:

3

Es muss gezeigt werden, dass aus der Differenzierbarkeit an der Stelle x_0 die Stetigkeit an genau dieser Stelle existiert. Differenzierbarkeit an der Stelle x_0 bedeutet, dass der Grenzwert

$$\lim_{h \to 0} \frac{f(x_0+h)-f(x_0)}{h}$$

existiert. Das ist auf jeden Fall nur dann möglich, wenn der Zähler zusammen mit dem Nenner gegen 0 geht, d.h. wenn $\lim\limits_{h \to 0}[f(x_0+h)-f(x_0)] = 0$ gilt bzw.

$$\lim_{h \to 0} f(x_0+h) = f(x_0).$$

Diese Gleichung ist aber genau die Definition von „Stetigkeit an der Stelle x_0“. Damit ist gezeigt, dass aus der Differenzierbarkeit an einer Stelle stets die Stetigkeit folgt.

Zusammenfassend gilt:

- Eine an einer Stelle $x_0 \in D(f)$ stetige Funktion f braucht an dieser Stelle nicht differenzierbar zu sein.
- Ist eine Funktion f jedoch an einer Stelle $x_0 \in D(f)$ differenzierbar, so ist sie dort auch stetig.

Alles klar?

Ermitteln Sie die Parameter m und b so, dass die durch

$$f(x) = \begin{cases} x^2+3x-2 & \text{für } x \leq 2 \\ mx+b & \text{für } x > 2 \end{cases}$$

an der Stelle $x_0 = 2$ differenzierbar ist.

Formulieren Sie auch eine Bedingung für die Stetigkeit an der Stelle $x_0 = 2$.

Übungen zu 3.3

Allgemeine Übungen

1 Ein Pkw beschleunigt aus dem Stand 6 Sekunden lang mit der Beschleunigung $5\frac{\text{m}}{\text{sec}^2}$ und fährt dann mit gleichförmiger Bewegung weiter. Die funktionale Abhängigkeit zwischen dem Weg s und der Zeit t lässt sich dann durch die Funktion s beschreiben:

$$s(t) = \begin{cases} 2{,}5t^2 & \text{für } t \in [0; 6] \\ 30t - 90 & \text{für } t \in (6; \infty) \end{cases}.$$

a) Berechnen Sie die Geschwindigkeit zu den Zeitpunkten $t_{0_1} = 5$ und $t_{0_2} = 7$.

b) Zeigen Sie, dass die Funktion s an der Stelle $t_0 = 6$ differenzierbar ist, geben Sie die Geschwindigkeit zu diesem Zeitpunkt an und zeichnen Sie $G(s)$.

2 Ermitteln Sie jeweils $f'(x)$ mithilfe der Grenzwerte der Differenzenquotientenfunktionen.
In welchen Punkten hat der Graph von f jeweils die angegebene Steigung für m $(x \in \mathbb{R})$?

a) $f(x) = 5x^2 - 2x + 3;\ \ m = 8$

b) $f(x) = -3x^2 - 12x + 12;\ \ m = -6$

c) $f(x) = -2x^3 + 5x;\ \ m = -1$

d) $f(x) = -5x^2 + 10x;\ \ m = 30$

3 Gegeben sind die Funktionen f_a mit $f_a(x) = ax^2; x \in \mathbb{R}; a \in \mathbb{R}$.

a) Zeichnen Sie für $a = 1$ den Graphen $G(f_1)$ und berechnen Sie, in welchem Punkt Q von $G(f_1)$ die Sekante durch die Punkte $\text{P}\langle -1 \mid 1 \rangle$ und Q die Steigung 0 hat.

b) Untersuchen Sie, für welche reelle Zahl anstelle von a die Tangente an $G(f_a)$ im Punkt $\langle 1 \mid f_a(1) \rangle$ die Steigung 4 hat.

4 Fassen Sie die Aussagen mit gleicher Bedeutung zusammen.

a) $d_{f(x_0)}(h)$

b) $\lim\limits_{h \to 0} d_{f(x_0)}(h)$

c) Steigung der Sekante durch $\langle x_0 \mid f(x_0) \rangle$ und $\langle x_0 + h \mid f(x_0 + h) \rangle$

d) $f'(x_0)$

e) Steigung der Tangente in $\langle x_0 \mid f(x_0) \rangle$

f) $f(x_0)$

5 Gegeben sind die Funktionen

$$f(x) = \begin{cases} x^2 - 4x + 1 & \text{für } x \leq 2 \\ -8x - 3 & \text{für } x > 2 \end{cases};$$

$$g(x) = \begin{cases} x^2 - 4x + 1 & \text{für } x \leq -2 \\ 3x + 19 & \text{für } x > -2 \end{cases};$$

$$l(x) = \begin{cases} x^2 - 4x + 1 & \text{für } x \leq -2 \\ 3x + 6 & \text{für } x > -2 \end{cases}.$$

a) Zeigen Sie, dass die Funktionen an der Stelle $x_0 = -2$ stetig sind.

b) Überprüfen Sie, ob die Funktionen an der Stelle $x_0 = -2$ auch differenzierbar sind.

6 Zeichnen Sie die Graphen von f, g und l aus Aufgabe 5 in ein Koordinatensystem.

7 Untersuchen Sie die Funktionen an den angegebenen Stellen auf Stetigkeit und Differenzierbarkeit und zeichnen Sie jeweils den Graphen von f $(x \in \mathbb{R})$.

a) $f(x) = |x - 3| + 1;\ \ x_0 = 3$

b) $f(x) = |2x + 1| - 2;\ \ x_0 = -0{,}5; x_0 = 1$

c) $f(x) = x - |x|;\ \ x_0 = 0$

d) $f(x) = |x^2 - x - 2|;\ \ x_0 = -1; x_0 = 2; x_0 = 3$

e) $f(x) = |2x^2 - 12x + 16| - 2;\ \ x_0 = 1; x_0 = 2; x_0 = 4$

8 Für welche reellen Zahlen anstelle von a sind die folgenden Funktionen an den angegebenen Stellen stetig bzw. differenzierbar?

a) $f_a(x) = \begin{cases} ax^2 & \text{für } x \leq 3 \\ \frac{1}{9}x^3 & \text{für } x > 3 \end{cases};\ \ x_0 = 3$

b) $f_a(x) = \begin{cases} ax + 2 & \text{für } x \leq 1 \\ x^2 & \text{für } x > 1 \end{cases};\ \ x_0 = 1$

c) $f_a(x) = \begin{cases} ax + 3 & \text{für } x \leq 2 \\ x^2 + 3 + a & \text{für } x > 2 \end{cases};\ \ x_0 = 2$

d) $f_a(x) = \begin{cases} ax^3 & \text{für } x \leq -1 \\ 3ax + 2 & \text{für } x > -1 \end{cases};\ \ x_0 = -1$

3

Übungen aus der Ökonomie

9 Die Unternehmerin aus Beispiel 3.9 (▶ Abschnitt 3.2) muss ihre Ausbringungseinheiten infolge geänderter Käufernachfrage und gestiegener Unternehmenskosten ändern.

▶ $K(x) = x^3 - 6x^2 + 15x + 32$

a) Berechnen Sie die „Grenzkosten in der Praxis", wenn die Produktion von 4 t um die Ausbringungseinheit 1 t (0,5 t; 0,25 t; 0,001 t; 0,000001 t = 1 g) verringert bzw. erhöht wird, und vergleichen Sie diese Grenzkosten mit den „Grenzkosten in der Mathematik" an dieser Stelle.

b) Berechnen Sie in Beispiel 3.13 (▶ Abschnitt 3.3) die „Grenzkosten in der Praxis", wenn die Produktion von 3 t um die Ausbringungseinheit 0,25 t (0,1 t; 0,001 t, 0,000001 t = 1 g) verringert bzw. erhöht wird, und vergleichen Sie diese Grenzkosten mit den „Grenzkosten in der Mathematik" an dieser Stelle.

10 **Lohnkostenfunktion K_L:** In einem Unternehmen arbeiten 10 Mitarbeiter täglich 8 Stunden. Der Stundensatz für die Regelarbeitszeit beträgt 18 €, Überstunden werden mit einem Aufschlag von 25 % vergütet.

$$K_L(x) = \begin{cases} 18x & \text{für } x \leq 80 \\ 22{,}5x - 360 & \text{für } 80 < x \leq 100 \end{cases}.$$

Untersuchen Sie K_L auf Stetigkeit und Differenzierbarkeit an der Stelle $x_0 = 80$ und zeichnen Sie $G(K_L)$.

11 Die Kosten eines Unternehmens setzen sich aus den fixen Kosten $K_{fix}(x) = 100$ und den variablen Kosten $K_v(x)$ zusammen. Die variablen Kosten sind zur Ausbringungsmenge x direkt proportional mit dem Proportionalitätsfaktor 5. Wegen der Kapazitätsgrenze der ersten Anlage ($x_{kap\,1} = 6$) muss zur Produktionsausweitung über 6 ME hinaus eine gleichartige zweite Anlage installiert werden, die zusätzliche fixe Kosten von 80 GE verursacht; die variablen Kosten steigen auch über 6 ME hinaus mit dem Proportionalitätsfaktor 5.

a) Wie lautet der Funktionsterm der Kostenfunktion bis $x_{kap\,1} = 6$?
Wie lautet der Funktionsterm der Kostenfunktion über $x_{kap\,1} = 6$ hinaus?
Wie lauten die Funktionsterme der Kostenfunktion insgesamt?

b) Zeichnen Sie den Graphen der Kostenfunktion bis zur Kapazitätsgrenze $x_{kap\,2} = 12$.

c) Ermitteln Sie die Grenzkosten an den Stellen $x_{01} = 5{,}9$ und $x_{02} = 6{,}1$.

d) Begründen Sie, warum die Kostenfunktion an der Stelle $x_0 = 6$ nicht differenzierbar ist.

12 **Preisabsatz- bzw. Erlösfunktion eines Polypolisten:**
Das Polypol: Auf einem polypolistischen Markt stehen sehr viele Anbieter mit kleinen Marktanteilen auf einem unvollkommenen Markt in Konkurrenz. Die Besonderheit der Preisabsatzfunktion p_N des einzelnen Polypolisten besteht darin, dass ihr Graph doppelt geknickt ist. Zwischen einem oberen Preis p_o und einem unteren Preis p_u liegt der monopolistische Bereich, in dem der Polypolist unabhängig von seinen Konkurrenten Preispolitik betreiben kann. p_N ist in diesem Intervall **elastisch**, d. h., die relative Preisänderung und die dadurch verursachte relative Mengenänderung halten sich in etwa die Waage. In den Bereichen oberhalb von p_o und unterhalb von p_u ist sie **sehr elastisch**, und $G(p_N)$ hat im Extremfall einen zur x-Achse parallelen Verlauf; d. h., relativ kleine Preisänderungen bewirken relativ hohe Veränderungen der Absatzmenge.

a) $$p_N(x) = \begin{cases} 6 & \text{für } x \leq 40 \\ -0{,}1x + 10 & \text{für } 40 < x \leq 70 \\ 3 & \text{für } x > 70 \end{cases}.$$

Untersuchen Sie die Preisabsatzfunktion p_N auf Stetigkeit und Differenzierbarkeit an den Stellen $x_{01} = 40$ und $x_{02} = 70$ und zeichnen Sie den Graphen von p_N.

b) Die Erlöse sind das Produkt der Absatzmengen für x mit den zugehörigen Preisen $p_N(x)$.

$$E(x) = \begin{cases} 6x & \text{für } x \leq 40 \\ -0{,}1x^2 + 10x & \text{für } 40 < x \leq 70 \\ 3x & \text{für } x > 70 \end{cases}.$$

Untersuchen Sie die Erlösfunktion E auf Stetigkeit und Differenzierbarkeit an den Stellen $x_{01} = 40$ und $x_{02} = 70$ und zeichnen Sie den Graphen von E.

4 Anwendungen der Differentialrechnung

Marktuntersuchungen haben ergeben, dass je nach Preissenkung bzw. Preissteigerung die Zuschauerzahl um eine bestimmte Größe variiert. Soll der Veranstalter den Eintrittspreis senken, um die Zuschauerzahl zu erhöhen, oder soll er den Eintrittspreis erhöhen und dabei in Kauf nehmen, dass die Zuschauerzahlen zurückgehen? Welchen Preis soll der Veranstalter festsetzen, wenn er den Erlös maximieren will? ▶ Beispiel 4.46

4.1 Ableitungsregeln und höhere Ableitungen

Die Berechnung der Ableitung direkt aus ihrer Definition als Grenzwert des Differenzenquotienten ist eine mühsame Angelegenheit, bei der oft umfangreiche Grenzwertberechnungen anfallen. Je komplexer die Funktionen werden, desto aufwändiger werden diese Rechnungen.

Glücklicherweise lassen sich für das Ableiten aber sehr leistungsfähige Regeln formulieren, mit denen sich das Differenzieren selbst komplizierter Funktionen relativ leicht durchführen lässt. Alles, was man dafür benötigt, sind die Ableitungen einiger grundlegender Funktionen, die als Bausteine in den komplexeren Funktionen auftreten, etwa als Summanden, Faktoren oder als innere bzw. äußere Funktionen. Der Rest ergibt sich mithilfe der Ableitungsregeln dann „wie von selbst“.

4.1.1 Die Ableitung ganzrationaler Funktionen – Potenzregel, Faktorregel und Summenregel

Zunächst wird eine Regel zur Ableitung für Funktionen des Typs $x, x^2, x^3, \ldots$ formuliert. Dabei handelt es sich um sehr spezielle und einfache ganzrationale Funktionen. Man nennt diese Funktionen **Potenzfunktionen**.

4

Potenzfunktionen sind als ganzrationale Funktionen an jeder Stelle ihres Definitionsbereichs differenzierbar. Für die Bestimmung der Ableitung lässt sich eine einfache Regel formulieren.

Beispiel 4.1 (Ableitung von x^3 und x^4, Potenzregel Teil 1)

Berechnen Sie die Ableitungsfunktionen f_1' und f_2' der Funktionen

$f_1(x) = x^3; x \in \mathbb{R}$ und $f_2(x) = x^4; x \in \mathbb{R}$.

Vergleichen Sie jeweils den Grad der Ableitungsfunktion mit dem der Funktion selbst.

Zur Berechnung der Ableitung $f_1'(x_0)$ an einer beliebigen Stelle $x_0 \in D(f_1)$ wird wie bisher die Differenzenquotientenfunktion

$$d_{f_1}(h) = \frac{f_1(x_0+h) - f_1(x_0)}{h}; h \neq 0$$

gebildet und ihr Grenzwert an der Stelle 0 bestimmt. ▶ Beispiel 3.8

$$\begin{aligned} d_{f_1}(h) &= \frac{(x_0+h)^3 - x_0^3}{h} \\ &= \frac{x_0^3 + 3x_0^2 \cdot h + 3x_0 \cdot h^2 + h^3 - x_0^3}{h} \\ &= \frac{3x_0^2 \cdot h + 3x_0 \cdot h^2 + h^3}{h} \\ &= \frac{h \cdot (3x_0^2 + 3x_0 \cdot h + h^2)}{h} \quad \blacktriangleright\ h \neq 0 \\ &= 3x_0^2 + 3x_0 \cdot h + h^2 \end{aligned}$$

Für die Ableitung von f_1 an einer beliebigen Stelle $x_0 \in D(f_1)$ erhält man

$f_1'(x_0) = 3x_0^2$.

$$f'(x_0) = \lim_{h \to 0} (3x_0^2 + 3x_0 \cdot h + h^2) = \mathbf{3x_0^2}$$

Die zugehörige Ableitungsfunktion lautet damit

$f_1'(x) = 3x^2; x \in \mathbb{R}$.

$f_1'(x) = 3x^2; x \in \mathbb{R}$ ▶ Ableitungsfunktion von f_1

f_1' ist wieder eine ganzrationale Funktion. Der Grad von f_1' ist um 1 kleiner als der Grad von f_1

Zur Berechnung der Ableitung $f_2'(x_0)$ an einer beliebigen Stelle $x_0 \in D(f_2)$ wird die Differenzenquotientenfunktion

$$d_{f_2}(h) = \frac{f_2(x_0+h) - f_2(x_0)}{h};\ h \neq 0$$

gebildet und ihr Grenzwert an der Stelle 0 bestimmt.

$$\begin{aligned} d_{f_2}(h) &= \frac{(x_0+h)^4 - x_0^4}{h} \\ &= \frac{x_0^4 + 4x_0^3 \cdot h + 6x_0^2 \cdot h^2 + 4x_0 \cdot h^3 + h^4 - x_0^4}{h} \\ &= \frac{4x_0^3 \cdot h + 6x_0^2 \cdot h^2 + 4x_0 \cdot h^2 + h^3}{h} \\ &= \frac{h \cdot (4x_0^3 + 6x_0^2 \cdot h + 4x_0 \cdot h^2 + h^3)}{h} \quad \blacktriangleright\ h \neq 0 \\ &= 4x_0^3 + 6x_0^2 \cdot h + 4x_0 \cdot h^2 + h^3 \end{aligned}$$

Für die Ableitung von f_2 an einer beliebigen Stelle $x_0 \in D(f_2)$ erhält man

$f_2'(x_0) = 4x_0^3$.

$$f_2'(x_0) = \lim_{h \to 0} (4x_0^3 + 6x_0^2 \cdot h + 4x_0 \cdot h^2 + h^3) = \mathbf{4x_0^3}$$

Die zugehörige Ableitungsfunktion lautet damit

$f_2'(x) = 4x^3;\ x \in \mathbb{R}$.

$f_2'(x) = 4x^3;\ D(f_2) = \mathbb{R}$ ▶ Ableitungsfunktion von f_2

f_2' ist wieder eine ganzrationale Funktion. Der Grad von f_2' ist um 1 kleiner als der Grad von f_2.

4

Man vergleiche noch einmal die beiden Funktionen aus Beispiel 4.1 mit ihren Ableitungsfunktionen:

$f_1(x) = x^3 \Rightarrow f_1'(x) = 3x^{3-1} = 3x^2 \quad f_2(x) = x^4 \Rightarrow f_2'(x) = 4x^{4-1} = 4x^3$.

Es fällt auf, dass

- die Exponenten der Funktionen f_1 bzw. f_2 als Koeffizienten in Termen von f_1' bzw. f_2' auftreten;
- der Exponent in der Ableitungsfunktion um 1 geringer ist als derjenige in der Ausgangsfunktion.

Dies legt die Vermutung nahe, dass für alle Ableitungsfunktionen zu Potenzfunktionen des Typs $f(x) = x^m$ mit $x \in \mathbb{R}$ und $m \in \mathbb{N} \setminus \{0\}$ gilt:

$$f'(x) = m \cdot x^{m-1};\ x \in \mathbb{R}, m \in \mathbb{N} \setminus \{0\}.$$

Diese Vermutung ist in der Tat richtig und wird im Folgenden allgemein hergeleitet.

Es geht darum, die Ableitung einer Funktion $f(x) = x^m$ mit $m \in \mathbb{N} \setminus \{0\}$ allgemein herzuleiten. Dafür muss wiederum der Grenzwert der Differenzenquotientenfunktion d_f für $h \to 0$ bestimmt werden.

Es ist aus beweistechnischen Gründen vorteilhaft, den variablen Wert $x_0 + h$ mit x zu bezeichnen. Der Differenzenquotient besitzt dann die Form $\frac{x^m - x_0}{x - x_0}$ und der Grenzübergang $h \to 0$ entspricht dem Übergang $x \to x_0$.

Der Quotient $\frac{x^m - x_0}{x - x_0}$ lässt sich mithilfe einer Polynomdivision stets nennerfrei schreiben.

$$\begin{aligned} d_f(h) &= \frac{(x_0+h)^m - x_0^m}{h} \quad \blacktriangleright\ h = x - x_0 \\ &= \frac{x^m - x_0^m}{x - x_0} \quad \blacktriangleright\ \text{Polynomdivision} \\ &= x^{m-1} + x_0 \cdot x^{m-2} + x_0^2 \cdot x^{m-3} + \cdots \\ &\quad \cdots + x_0^{m-2} \cdot x + x_0^{m-1} \quad \blacktriangleright\ m-1\ \text{Summanden} \end{aligned}$$

Bildet man den Grenzwert $x \to x_0$, so erhält man den Term $m \cdot x^{m-1}$ als Ableitungsterm von $f(x) = x^m$ an der Stelle x_0.

$$\Rightarrow \lim_{h \to 0} d(h)$$
$$= \lim_{x \to x_0} (x^{m-1} + x_0 \cdot x^{m-2} + x_0^2 \cdot x^{m-3} + \cdots$$
$$\cdots + x_0^{m-2} \cdot x + x_0^{m-1})$$

Da dies für jedes $x_0 \in D(f)$ gilt, haben die Ableitungsfunktionen von Funktionen des Typs $f(x) = x^m$ die Gestalt

$$= x_0^{m-1} + x_0 \cdot x_0^{m-2} + x_0^2 \cdot x_0^{m-3} + \cdots$$
$$\cdots + x_0^{m-2} \cdot x_0 + x_0^{m-1}$$
$$= m \cdot x_0^{m-1} \quad \blacktriangleright f'(x_0)$$

$f'(x) = m \cdot x^{m-1}$.

$f'(x) = m \cdot x^{m-1}$ ▸ Ableitungsfunktion

Die Bildung der Ableitungsfunktion f' einer Potenzfunktion f mit $f(x) = x^m$ erfolgt damit immer nach derselben formalen Regel:

- Multipliziere den Potenzterm x^m erst mit seinem Exponenten: $m \cdot x^m$
- Verringere dann den Exponenten im Term $m \cdot x^m$ um 1: $m \cdot x^{m-1}$.

Potenzregel für natürliche Exponenten
Für Potenzfunktionen $f(x) = x^m$ mit $x \in \mathbb{R}$ und $m \in \mathbb{N} \setminus \{0\}$ gilt: $f'(x) = m \cdot x^{m-1}$; $x \in \mathbb{R}$.

4

▸ Die Einbeziehung des Falles $m = 1$ in diese allgemeine Regel ist aus formal-mathematischen Gründen problematisch, da $f'(x) = 1 \cdot x^0$ nur für $x \neq 0$ definiert ist. Korrekterweise müsste man hier zusätzlich die stetige Fortsetzung $f'(0) = 1$ von f' an der Stelle 0 angeben. Andererseits ist aber klar, dass der Graph von $f(x) = x$ eine Gerade mit der Steigung 1 ist und daher überall die Ableitung 1 besitzt.

Die Potenzregel wurde zunächst nur für **positive** Exponenten m definiert. Sie lässt sich aber auch auf negative Exponenten, also auf Funktionen des Typs $f(x) = \frac{1}{x^m} = x^{-m}$ mit $x \in \mathbb{R} \setminus \{0\}$, $m \in \mathbb{N} \setminus \{0\}$ übertragen, wie die folgenden beiden Beispiele zeigen.

Beispiel 4.2 (Ableitung von x^{-2} und x^{-3}, Potenzregel Teil 2)

Bestätigen Sie, dass die Potenzregel auch für negative Exponenten gilt, indem sie die Regel auf die Funktionen $f_3(x) = x^{-2}$ und $f_4(x) = x^{-3}$ mit $x \in \mathbb{R} \setminus \{0\}$ zunächst formal anwenden und anschließend die Ableitungsfunktionen f_3' und f_4' mithilfe des Differenzenquotienten bestimmen.

Die formale Anwendung der Potenzregel ergibt

$f_3'(x) = -2x^{-3}$.

$f_3(x) = x^{-2} \Rightarrow f_3'(x) = -2x^{-3}$

Zum allgemeinen Nachweis der Differenzierbarkeit dieser Funktion bildet man den Grenzwert der Differenzenquotientenfunktion d für ein beliebiges $x_0 \in D(f)$ an der Stelle 0 und erhält

$f_3'(x) = -2x^{-3}$; $x \in \mathbb{R} \setminus \{0\}$

$$d_{f_3}(h) = \frac{(x_0 + h)^{-2} - x_0^{-2}}{h} = \frac{\frac{1}{(x_0+h)^2} - \frac{1}{x_0^2}}{h}$$
$$= \frac{x_0^2 - (x_0 + h)^2}{h \cdot x_0^2 \cdot (x_0 + h)^2}$$
$$= \frac{x_0^2 - (x_0^2 + 2x_0 \cdot h + h^2)}{h \cdot x_0^2 \cdot (x_0 + h)^2}$$
$$= \frac{-2x_0 \cdot h - h^2}{h \cdot x_0^2 \cdot (x_0 + h)^2} = \frac{h \cdot (-2x_0 - h)}{h \cdot x_0^2 \cdot (x_0 + h)^2} \quad \blacktriangleright h \neq 0$$
$$= \frac{-2x_0 - h}{x_0^2 \cdot (x_0 + h)^2} \quad \blacktriangleright \text{Grenzwertsätze und } x_0 \neq 0$$

Für die Ableitung erhält man auf diese Weise dasselbe Ergebnis wie durch Anwendung der Potenzregel.

$$\Rightarrow \lim_{h \to 0} \frac{-2x_0 - h}{x_0^2(x_0+h)^2} = \frac{-2x_0}{x_0^4} = \frac{-2}{x_0^3}$$

$$\Rightarrow f_3'(x_0) = \mathbf{-2x_0^{-3}}$$

$$\Rightarrow f_3'(x) = -2x^{-3};\ x \in \mathbb{R} \setminus \{0\}$$ ► Ableitungsfunktion

Somit ist also die Funktion f_3 in ihrem gesamten Definitionsbereich differenzierbar.

Die formale Anwendung der Potenzregel auf die Funktion $f_4 = x^{-3}$ liefert

$$f_4(x) = x^{-3} \Rightarrow f_4'(x) = -3x^{-4}$$

Zum Nachweis der Differenzierbarkeit der Funktion f_4 muss wiederum der Grenzwert der Differenzenquotientenfunktion d an der Stelle 0 zu einer beliebigen Stelle $x_0 \in D(f)$ gebildet werden. Man erhält

$f_4'(x_0) = -3 \cdot x_0^{-4}$.

Somit lautet die Ableitungsfunktion

$f_4'(x) = -3 \cdot x^{-4}$.

$$d_{f_4}(h) = \frac{(x_0+h)^{-3} - x_0^{-3}}{h}$$

$$= \frac{\frac{1}{(x_0+h)^3} - \frac{1}{x_0^3}}{h} = \frac{x_0^3 - (x_0+h)^3}{h \cdot x_0^3 \cdot (x_0+h)^3}$$

$$= \frac{x_0^3 - (x_0^3 + 3x_0^2 \cdot h + 3x_0 \cdot h^2 + h^3)}{h \cdot x_0^3 \cdot (x_0+h)^3}$$

$$= \frac{-3x_0^3 \cdot h - 3x_0 \cdot h^2 - h^3}{h \cdot x_0^3 \cdot (x_0+h)^3}$$

$$= \frac{h \cdot (-3x_0^2 - 3x_0 \cdot h - h^2)}{h \cdot x_0^3 \cdot (x_0+h)^3}$$ ► $h \neq 0$

$$= \frac{-3x_0^2 - 3x_0 \cdot h - h^2}{x_0^3 \cdot (x_0+h)^3}$$ ► Grenzwertsätze und $x_0 \neq 0$

Für f_4' ergibt sich auf diese Weise derselbe Funktionsterm wie mit der Potenzregel.

$$\lim_{h \to 0} \frac{-3x_0^2 - 3x_0 \cdot h - h^2}{x_0^3 \cdot (x_0+h)^3} = \frac{-3x_0^2}{x_0^6} = \frac{-3}{x_0^4}$$

$$\Rightarrow f_4'(x_0) = \mathbf{-3x_0^{-4}}$$

$$\Rightarrow f_4'(x) = -3x^{-4};\ x \in \mathbb{R} \setminus \{0\}$$ ► Ableitungsfunktion

Somit ist also die Funktion f_4 in ihrem gesamten Definitionsbereich differenzierbar.

Funktionen vom Typ $f(x) = x^{-m};\ x \in \mathbb{R},\ m \in \mathbb{N} \setminus \{0\}$ sind spezielle gebrochen-rationale Funktionen. Man kann allgemein zeigen:

Gebrochen-rationale Funktionen sind in ihrem gesamten Definitionsbereich differenzierbar

Auch Wurzelfunktionen $f(x) = \sqrt[m]{x}$ lassen sich als verallgemeinerte Potenzfunktionen auffassen, indem man sie in der Form $f(x) = x^{\frac{1}{m}}$ schreibt. Im Unterschied zu den vorhergehenden Beispielen steht nun im Exponenten eine rationale Zahl und es stellt sich die Frage, ob auch in diesem Fall die Potenzregel gültig bleibt. Die Antwort lautet ja. Das wird im nächsten Beispiel zumindest für den am häufigsten vorkommenden Fall $m = 2$ gezeigt.

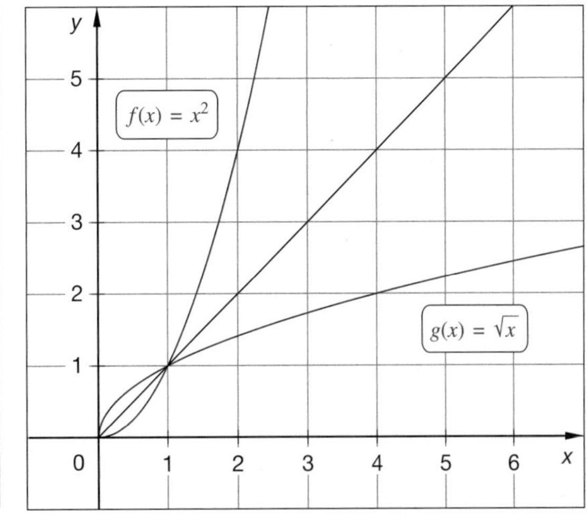

Beispiel 4.3 (Ableitung der Wurzelfunktion, Potenzregel Teil 3)

Bestimmen Sie die Ableitung der Funktion $f(x) = \sqrt{x}$ und vergleichen Sie das Ergebnis mit dem, das man durch formale Anwendung der Potenzregel erhalten würde.

Für die Berechnung der Ableitung schreibt man den Differenzenquotienten von f wieder in der Form $\frac{f(x)-f(x_0)}{x-x_0}$, also mit $h = x - x_0$. Die Umformung des Quotienten gelingt dann mithilfe der 3. Binomischen Formel.

$$d_f(h) = \frac{\sqrt{x}-\sqrt{x_0}}{x-x_0} \quad \blacktriangleright \text{ 3. Binomische Formel}$$
$$= \frac{\sqrt{x}-\sqrt{x_0}}{(\sqrt{x}-\sqrt{x_0})(\sqrt{x}+\sqrt{x_0})}$$
$$= \frac{1}{\sqrt{x}+\sqrt{x_0}}$$
$$f'(x_0) = \lim_{x \to x_0} \frac{1}{\sqrt{x}+\sqrt{x_0}} = \mathbf{\frac{1}{2\sqrt{x_0}}}$$

Dasselbe Ergebnis hätte man durch eine formale Anwendung der Potenzregel erhalten, indem man den Term in der Form $f(x) = x^{\frac{1}{2}}$ schreibt.

$$f'(x) = \frac{1}{2} \cdot x^{\frac{1}{2}-1} = \frac{1}{2} \cdot x^{-\frac{1}{2}} = \frac{1}{2x^{\frac{1}{2}}} = \frac{1}{2\sqrt{x}}$$

Damit ist gezeigt, dass auch die Ableitung der Wurzelfunktion der Potenzregel folgt.

4

Die bisherigen Beispiele zeigen insgesamt:

Potenzregel für rationale Exponenten
Für eine Funktion $f(x) = x^m$ mit $m \in \mathbb{Q} \setminus \{0\}$ gilt: $f'(x) = m \cdot x^{m-1}$

Wegen $m \neq 0$ sind von der Potenzregel noch die konstanten Funktionen $f(x) = c$ mit $c \in \mathbb{R}$ ausgeschlossen. Für diese lässt sich auch eine sehr einfache Regel angeben:

Beispiel 4.4 (Ableitung konstanter Funktionen)

Berechnen Sie die Ableitungsfunktion f' der konstanten Funktionen des Typs $f(x) = c; x \in \mathbb{R}$ mit einer reellen Zahl für c.

Da $f(x_0 + h) = c$ und $f(x_0) = c$ an jeder Stelle $x_0 \in \mathbb{R}$ gilt, sind die Differenzenquotientenfunktionen d zu jeder Stelle x_0 die Nullfunktion, d.h. es gilt $d(h) = 0$ für jedes $h \in \mathbb{R} \setminus \{0\}$. Somit gilt auch $\lim\limits_{h \to 0} d(h) = 0$, also $f'(x_0) = 0$ für jedes $x_0 \in \mathbb{R}$. Die Ableitungsfunktion lautet somit
$f'(x) = 0; x \in \mathbb{R}$.

$$d(h) = \frac{c-c}{h} = \frac{0}{h} = 0$$
$$\Rightarrow \lim_{h \to 0} d(h) = 0$$
$$f'(x_0) = \mathbf{0}$$
$$\Rightarrow f'(x) = 0; x \in \mathbb{R} \quad \blacktriangleright \text{ Ableitungsfunktion}$$

Die Ableitung einer konstanten Funktion ist also an jeder Stelle ihres Definitionsbereichs 0, die Ableitungsfunktion ist somit die **Nullfunktion**. Dieser Sachverhalt ist auch anschaulich einleuchtend, denn der Graph jeder konstanten Funktion ist eine Parallele zur x-Achse, und deren Steigung ist Null.

Zusammengefasst lautet das Ergebnis

Konstantenregel
$f(x) = c \Rightarrow f'(x) = 0; \quad x \in \mathbb{R}, c \in \mathbb{R}$

Für Vielfache von Potenzfunktionen, also Funktionen des Typs $f(x) = c \cdot x^m$ mit $c \in \mathbb{R}$ lässt sich eine weitere Regel formulieren

Beispiel 4.5 (Ableitung von Vielfachen von Potenzfunktionen, Faktorregel)

Berechnen Sie die Ableitungsfunktion f' einer Funktion vom Typ $f(x) = c \cdot x^3; x \in \mathbb{R}$ mit einer reellen Zahl für c.

Als ganzrationale Funktion ist f in ihrem gesamten Definitionsbereich differenzierbar. Mithilfe des Kürzungsverfahrens lässt sich der Term der Differenzenquotientenfunktion nennerfrei schreiben und die Ableitung zu einer beliebigen Stelle $x_0 \in D(f)$ entweder durch Grenzwertbildung oder mittels einer Ergänzungsfunktion direkt angeben.

$$d(h) = \frac{c \cdot (x_0 + h)^3 - c \cdot x_0^3}{h}$$
$$= \frac{c \cdot (x_0^3 + 3x_0^2 \cdot h + 3x_0 \cdot h^2 + h^3) - c \cdot x_0^3}{h}$$
$$= \frac{c \cdot 3x_0^2 \cdot h + c \cdot 3x_0 h^2 + c \cdot h^3}{h}$$
$$= \frac{h \cdot (c \cdot 3x_0^2 + c \cdot 3x_0 h + c \cdot h^2)}{h} \quad \blacktriangleright\ h \neq 0$$
$$= c \cdot 3x_0^2 + c \cdot 3x_0 h + c \cdot h^2$$

Die Ableitungsfunktion lautet somit

$f'(x) = 3cx^2; x \in \mathbb{R}$

$$\lim_{h \to 0} (c \cdot 3x_0^2 + c \cdot 3x_0 h + c \cdot h^2) = c \cdot 3x_0^2$$
$$\Rightarrow f'(x_0) = \mathbf{c \cdot 3x_0^2 = 3cx_0^2}$$
$$\Rightarrow f'(x) = \mathbf{3cx^2};\ x \in \mathbb{R} \quad \blacktriangleright\ \text{Ableitungsfunktion}$$

Hieraus ist ersichtlich, dass der konstante Faktor c beim Differenzieren beibehalten wird.

Dieses Ergebnis lässt sich leicht auf Vielfache beliebiger differenzierbarer Funktionen verallgemeinern.

Ist f eine differenzierbare Funktion, so sind auch die reellen Funktionen des Typs $g(x) = c \cdot f(x)$ mit einer reellen Zahl für c differenzierbar, und es gilt

$g'(x) = c \cdot f'(x)$

Anschaulich bedeutet dies, dass der Graph einer Funktion, die genüber einer anderen z. B. doppelt so große Werte annimmt, an jeder Stelle auch die doppelte Steigung besitzt.

Beweis:

$$d(h) = \frac{g(x_0 + h) - g(x_0)}{h} \quad \blacktriangleright\ x_0 \in D(f) \text{ beliebig}$$
$$= \frac{c \cdot f(x_0 + h) - c \cdot f(x_0)}{h}$$
$$= c \cdot \frac{f(x_0 + h) - f(x_0)}{h}$$

$$\lim_{h \to 0} c \cdot \frac{f(x_0 + h) - f(x_0)}{h} \quad \blacktriangleright\ \text{Grenzwertsätze}$$
$$= c \cdot \lim_{h \to 0} \frac{f(x_0 + h) - f(x_0)}{h}$$
$$= c \cdot f'(x_0)$$
$$\Rightarrow g'(x_0) = \mathbf{c \cdot f'(x_0)}$$
$$\Rightarrow g'(x) = c \cdot f'(x);\ D(f) = D(g) \quad \blacktriangleright\ \text{Ableitungsfunktion}$$

Die eben bewiesene Regel wird als **Faktorregel** bezeichnet.

Faktorregel
Ist f eine differenzierbare Funktion und gilt $g(x) = c \cdot f(x)$ für eine weitere Funktion g und ein beliebiges $c \in \mathbb{R}$, dann ist auch g differenzierbar, und für die Ableitung gilt:

$$g'(x) = c \cdot f'(x)$$

Unter der **Summe f zweier Funktionen f_1 und f_2**, geschrieben $f = f_1 + f_2$, versteht man die Funktion mit der Gleichung

$$f(x) = f_1(x) + f_2(x).$$

Z. B. ist die Funktion $f(x) = 3x^3 + x$ die Summe der beiden Funktionen $f_1(x) = 3x^3$ und $f_2(x) = x$.

Ist eine Funktion f die Summe zweier differenzierbarer Funktionen f_1 und f_2 mit den Funktionstermen $f_1(x)$ und $f_2(x)$, gilt also $f(x) = f_1(x) + f_2(x)$, dann ist auch f differenzierbar und lässt sich nach einer allgemeinen Regel ableiten. Dabei ist zu beachten, dass der Definitionsbereich $D(f)$ aus den gemeinsamen Elementen von $D(f_1)$ und $D(f_2)$ besteht.

Beispiel 4.6 (Summenregel)

Berechnen Sie die Ableitungsfunktion f' der Funktion $f'(x) = x^3 + x^{-2}; x \in \mathbb{R} \setminus \{0\}$

Die Funktion kann als **Summe der Funktionen**

$f_1(x) = x^3$ (► Beispiel 4.1) und $f_2(x) = x^{-2}$ (► Beispiel 4.2)

aufgefasst werden, d. h. es gilt $f = f_1 + f_2$ bzw. $f(x) = f_1(x) + f_2(x)$.

Der Term der Differenzenquotientenfunktion f zu einer beliebigen Stelle $x_0 \in D(f)$ lässt sich unter diesen Voraussetzungen als Summe der Differenzenquotientenfunktionen von f_1 und f_2 schreiben.

$$d_f = \frac{(x_0+h)^3 + \frac{1}{(x_0+h)^2} - x_0^3 - \frac{1}{x_0^2}}{h} = \frac{(x_0+h)^3 - x_0^3 + \frac{1}{(x_0+h)^2} - \frac{1}{x_0^2}}{h} = \frac{(x_0+h)^3 - x_0^3}{h} + \frac{\frac{1}{(x_0+h)^2} - \frac{1}{x_0^2}}{h} = d_{f_1}(h) + d_{f_2}(h)$$

Durch Grenzwertbildung erhält man die Ableitung von f an der Stelle x_0. Es gilt:

$$f'(x_0) = f_1'(x_0) + f_2'(x_0).$$

$$\Rightarrow \lim_{h \to 0} d_f(h) = \lim_{h \to 0} [d_{f_1}(h) + d_{f_2}(h)] = \lim_{h \to 0} d_{f_1}(h) + \lim_{h \to 0} d_{f_2}(h) = f_1'(x_0) + f_2'(x_0) = 3x_0^2 + (-2x_0^{-3})$$ ► Beispiele 4.1 und 4.2

$$\Rightarrow f'(x_0) = \mathbf{3x_0^2 - 2x_0^{-3}}$$

Da $x_0 \in \mathbb{R}$ beliebig war, lautet die Ableitungsfunktion f' somit

$$f'(x) = 3x^2 - 2x^{-3}; x \in \mathbb{R} \setminus \{0\}.$$

$$\Rightarrow f'(x) = f_1'(x) + f_2'(x)$$ ► Ableitungsfunktion

$$= 3x^2 - 2x^{-3}; x \in \mathbb{R} \setminus \{0\}$$

Die Summenregel lässt sich auch leicht allgemein herleiten:

Wenn f_1 und f_2 differenzierbare Funktionen sind, so ist auch die Summe

$$f(x) = f_1(x) + f_2(x)$$

differenzierbar, wobei zu $D(f)$ alle gemeinsamen Elemente von $D(f_1)$ und $D(f_2)$ gehören. Für die Ableitung gilt

$$f'(x) = f_1'(x) + f_2'(x)$$

Diese Ableitungsregel wird als **Summenregel** bezeichnet, sie gilt auch für mehr als zwei Summanden.

Beweis:

$$\begin{aligned}
d_f(h) &= \frac{f(x_0+h)-f(x_0)}{h} \\
&= \frac{f_1(x_0+h)+f_2(x_0+h)-[f_1(x_0)+f_2(x_0)]}{h} \\
&= \frac{f_1(x_0+h)-f_1(x_0)+[f_2(x_0+h)-f_2(x_0)]}{h} \\
&= \frac{f_1(x_0+h)-f_1(x_0)}{h} + \frac{f_2(x_0+h)-f_2(x_0)}{h} \\
&= d_{f_1}(h) + d_{f_2}(h).
\end{aligned}$$

$$\begin{aligned}
\Rightarrow \lim_{h\to 0} d_f(h) &= \lim_{h\to 0}[d_{f_1}(h) + d_{f_2}(h)] \\
&= \lim_{h\to 0} d_{f_1}(h) + \lim_{h\to 0} d_{f_2}(h) \\
&= f_1'(x_0) + f_2'(x_0) \\
\Rightarrow \quad f'(x) &= f_1'(x) + f_2'(x)
\end{aligned}$$

Die bisher gewonnenen Ableitungsregeln lassen sich wie folgt zusammenfassen:

- Für die Ableitung von Funktionen des Typs $f(x) = x^m;\ m \in \mathbb{Q} \setminus \{0\}$ gilt die **Potenzregel**:
  $f(x) = x^m;\ m \in \mathbb{Q} \setminus \{0\} \Rightarrow f'(x) = m \cdot x^{m-1};\ m \in \mathbb{Q} \setminus \{0\}$
- Für die Ableitung von konstanten Funktionen gilt die **Konstantenregel**:
  $f(x) = c$ mit $c \in \mathbb{R} \Rightarrow f'(x) = 0.$
- Ist eine Funktion g auf einer Teilmenge D ihres Definitionsbereichs differenzierbar und gilt dort $f(x) = c \cdot g(x)$, so ist auch f auf D differenzierbar mit $f'(x) = c \cdot g'(x)$. Es gilt also die **Faktorregel**:
  $f(x) = c \cdot g(x) \Rightarrow f'(x) = c \cdot g'(x);\ x \in D$
- Sind zwei Funktionen f_1 und f_2 differenzierbar auf einem Intervall D, so ist auch die Summenfunktion $f = f_1 + f_2$ auf D differenzierbar und es gilt die **Summenregel**:
  $f(x) = f_1(x) + f_2(x) \Rightarrow f'(x) = f_1'(x) + f_2'(x);\ x \in D$

► Der Begriff „Ableitung" wird in der Mathematik sowohl für die Ableitungsfunktion f' einer Funktion f als auch für den Ableitungsterm $f'(x_0)$ an der Stelle x_0 verwendet. Mögliche Verwechslungen werden durch den Textzusammenhang ausgeschlossen.

Alles klar?

Führen Sie den Nachweis der Differenzierbarkeit der Funktion $f(x) = -2x^4 + 3x^{-4}$ für alle $x \neq 0$ durch.

4.1.2 Ableitungen höherer Ordnung

Ganzrationale Funktionen $f(x) = a_n x^n + a_{n-1}x^{n-1} + \dots + a_1 x + a_0;\ x \in \mathbb{R}$ vom Grad n sind differenzierbar. Ihre Ableitungen sind wieder ganzrationale Funktionen vom Grad $n-1$. Sie lassen sich nach der Summenregel durch **gliedweises Differenzieren** mithilfe der Potenz-, Faktor- und Konstantenregel leicht ermitteln:

Beispiel 4.7 (Ableitungen höherer Ordnung)

Die Ableitung f' der ganzrationalen Funktion $f(x) = x^6 - 3x^4 + 2x^3 - 2x^2 + 2;\ x \in \mathbb{R}$ erfolgt gliedweise und wird mithilfe der Potenz-, Faktor- und Konstantenregel ermittelt.

Hiernach ist

$f'(x) = 6x^5 - 12x^3 + 6x^2 - 4x;\ x \in \mathbb{R}$

die Ableitungsfunktion von f.

Sie heißt auch **Ableitung erster Ordnung** oder **erste Ableitung**.

f' ist wieder eine ganzrationale Funktion. Somit kann man die Ableitung von f' bilden, die mit f'' (sprich „f-zwei-Strich") bezeichnet wird und **Ableitung zweiter Ordnung** oder **zweite Ableitung** heißt.

$f''(x) = 30x^4 - 36x^2 + 12x - 4;\ x \in \mathbb{R}$.

Entsprechend heißt

$f'''(x) = 120x^3 - 72x + 12;\ x \in \mathbb{R}$.

Ableitung dritter Ordnung oder **dritte Ableitung**.

Von der vierten Ableitung an verzichtet man auf die Ableitungsstriche und schreibt:

$f^{(4)}(x) = 360x^2 - 72;\ x \in \mathbb{R}$.

$f^{(4)}$ nennt man die **Ableitung vierter Ordnung** oder **vierte Ableitung**.
Analog heißen $f^{(5)}, f^{(6)}, f^{(7)}, \dots$ **Ableitungen fünfter, sechster, siebter, … Ordnung** bzw. **fünfte, sechste, siebte, … Ableitung**.

Alle Ableitungen von f mit einer Ordnung größer als 7 ergeben in diesem Fall stets die Nullfunktion.

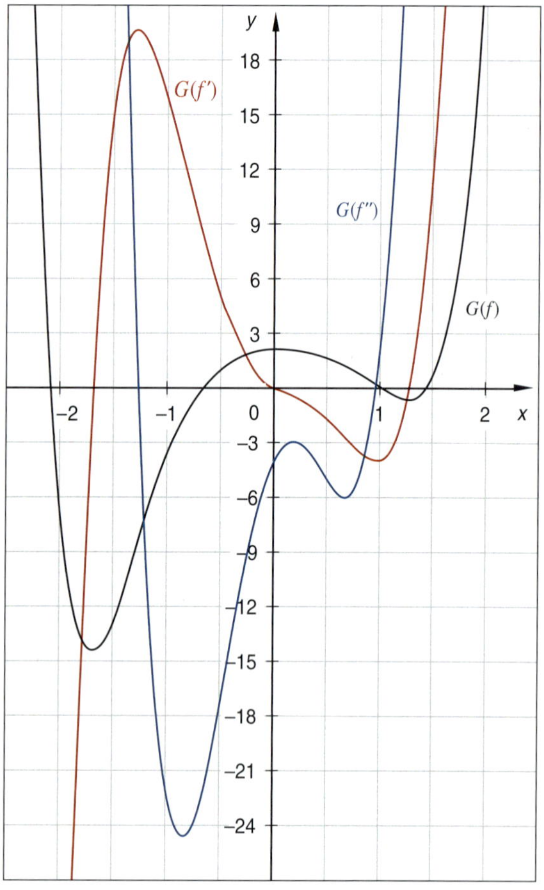

$$f'(x) = 6\cdot x^{6-1} - 3\cdot 4x^{4-1} + 2\cdot 3x^{3-1} - 2\cdot 2x^{2-1}$$
$$= 6x^5 - 12x^3 + 6x^2 - 4x$$
$$f''(x) = 5\cdot 6x^{5-1} - 3\cdot 12x^{3-1} + 2\cdot 6x^{2-1} - 4x^{1-1}$$
$$= 30x^4 - 36x^2 + 12x - 4$$
$$f'''(x) = 4\cdot 30x^{4-1} - 2\cdot 36x^{2-1} + 12x^{1-1}$$
$$= 120x^3 - 72x + 12$$
$$f^{(4)}(x) = 3\cdot 120x^{3-1} - 72x^{1-1}$$
$$= 360x^2 - 72$$
$$f^{(5)}(x) = 2\cdot 360x^{2-1} = 720x$$
$$f^{(6)}(x) = 720x^{1-1} = 720$$
$$f^{(7)}(x) = 0$$

Die Ableitung einer ganzrationalen Funktion f ist wieder ganzrational und damit auch wieder in ihrem gesamten Definitionsbereich $\mathbb{R}$ differenzierbar. Hinsichtlich f werden die einzelnen Ableitungen geordnet

f' („f-Strich") ist die **erste Ableitung** von f;
f'' („f-zwei-Strich") ist die Ableitung von f' und die **zweite Ableitung** von f;
f''' („f-drei-Strich") ist die Ableitung von f'' und die **dritte Ableitung** von f.

Allgemein erhält man die Ableitung n-ter Ordnung von f als Ableitung der $(n-1)$-ten Ableitung von f, d. h.: $f^{(n)} = \left(f^{(n-1)}\right)'$.

Alles klar?

Leiten Sie die Funktion $f(x) = 5x^9 - 3{,}5x^8 - 7x^5 + 2{,}75x^4 - 2x^3 + 100x^2$ mithilfe der Ableitungsregeln so lange ab, bis die Ableitungsfunktion eine konstante Funktion ist.

4.1.3 Produktregel, Quotienten- und Kehrwertregel

Die Gültigkeit der Summen- und Faktorregel könnte zu der Vermutung verleiten, dass auch für das Produkt $f(x) = g(x) \cdot h(x)$ zweier reeller Funktionen $g(x)$ und $h(x)$ eine entsprechend einfache Formel existiert, derzufolge die Ableitung des Produkts gleich dem Produkt der Ableitungen ist. Dass dies allerdings **nicht** der Fall ist, zeigt das folgende Beispiel.

Beispiel 4.8 (Produkte von Funktionen lassen sich nicht faktorweise ableiten)

Berechnen Sie die Ableitung der Funktion $f(x) = x^8 = x^5 \cdot x^3; x \in \mathbb{R}$ und vergleichen Sie das Ergebnis mit dem Produkt der Ableitungen der Faktoren $u(x) = x^5$ und $v(x) = x^3$.

Für die Ableitung der Funktion f erhält man mit der Potenzformel

$f'(x) = 8 \cdot x^7$.

Ebenfalls mithilfe der Potenzregel findet man

$u'(x) = 5 \cdot x^4$; $v'(x) = 3 \cdot x^2$.

Also gilt:

$u'(x) \cdot v'(x) = 5 \cdot x^4 \cdot 3 \cdot x^2 = 15 \cdot x^6 (\neq f'(x))$

Die Ableitung der Produktfunktion stimmt also nicht mit dem Produkt der Ableitungen der Faktoren überein.

$f(x) = x^8 \Rightarrow f'(x) = 8 \cdot x^7; x \in \mathbb{R}$

$u(x) = x^5 \Rightarrow u'(x) = 5 \cdot x^4; x \in \mathbb{R}$

$v(x) = x^3 \Rightarrow v'(x) = 3 \cdot x^2; x \in \mathbb{R}$

$u'(x) \cdot v'(x) = 5 \cdot x^4 \cdot 3 \cdot x^2 = 15 \cdot x^6$

$\Rightarrow u' \cdot v' \neq f'$

Trotz dieses negativen Ergebnisses lässt sich aber eine Regel für die Ableitung von Produktfunktionen formulieren.

Herleitung der Produktregel

Man kann eine allgemeine Formel für die Ableitung einer Produktfunktion $f = u \cdot v$ herleiten, indem man den Differenzenquotienten von f geschickt so umformt, dass darin die Differenzenquotienten von u und v „sichtbar" werden. Der Trick besteht darin, den neutralen Term $u(x_0) \cdot v(x_0+h) - u(x_0) \cdot v(x_0+h) = 0$ zum Differenzenquotienten von f dazuzuaddieren. Man erhält dann:

$$\begin{aligned} d(h) &= \frac{f(x_0+h) - f(x_0)}{h} \\ &= \frac{u(x_0+h) \cdot v(x_0+h) - u(x_0) \cdot v(x_0)}{h} + \frac{u(x_0) \cdot v(x_0+h) - u(x_0) \cdot v(x_0+h)}{h} \\ &= \frac{[u(x_0+h) - u(x_0)] \cdot v(x_0+h) + u(x_0) \cdot [v(x_0+h) - v(x_0)]}{h} \\ &= \frac{u(x_0+h) - u(x_0)}{h} \cdot v(x_0+h) + u(x_0) \cdot \frac{v(x_0+h) - v(x_0)}{h} \\ &= d_u(h) \cdot v(x_0+h) + u(x_0) \cdot d_v(h) \end{aligned}$$

Führt man nun den Grenzübergang $\lim\limits_{h \to 0}$ durch, dann erhält man:

$$\begin{aligned} f'(x_0) &= \lim_{h \to 0} d_f(h) = \lim_{h \to 0} [d_u(h) \cdot v(x_0+h) + u(x_0) \cdot d_v(h)] \quad \blacktriangleright \text{ Grenzwertsätze} \\ &= \lim_{h \to 0} [d_u(h) \cdot v(x_0+h)] + \lim_{h \to 0} [u(x_0) \cdot d_v(h)] \\ &= \lim_{h \to 0} d_u(h) \cdot \lim_{h \to 0} v(x_0+h) + \lim_{h \to 0} u(x_0) \cdot \lim_{h \to 0} d_v(h) \quad \blacktriangleright \text{ Stetigkeit von } v \\ &= \lim_{h \to 0} d_u(h) \cdot v(x_0) + u(x_0) \cdot \lim_{h \to 0} d_v(h) \\ &= u'(x_0) \cdot v(x_0) + u(x_0) \cdot v'(x_0) \end{aligned}$$

In der letzten Zeile steht die neu gewonnene **Produktregel**.

Produktregel
Sind zwei reelle Funktionen u und v in ihrem gemeinsamen Definitionsbereich differenzierbar, so ist dort auch die Produktfunktion $f(x) = u(x) \cdot v(x)$ differenzierbar und es gilt:

$$f'(x) = u'(x) \cdot v(x) + u(x) \cdot v'(x)$$

Beispiel 4.9 (Überprüfung der Produktregel)

Wendet man die Produktregel auf die Funktion $f(x) = x^8$ aus Beispiel 4.8 an, so erhält man für die Ableitung das gleiche Ergebnis, das sich unter alleiniger Verwendung der Potenzregel ergibt.

$f(x) = x^8 = x^5 \cdot x^3 = u(x) \cdot v(x);\ x \in \mathbb{R}$

Potenzregel:

$\Rightarrow f'(x) = 8 \cdot x^7$ ► Beispiel 4.8

Produktregel:

$$\begin{aligned} \Rightarrow f'(x) &= u'(x) \cdot v(x) + u(x) \cdot v'(x) \\ &= 5x^4 \cdot x^3 + x^5 \cdot 3x^2 \quad \blacktriangleright \text{ Beispiel 4.8} \\ &= 8x^7 \end{aligned}$$

Bei dem vorstehenden Beispiel war die Anwendung der Produktregel wesentlich umständlicher als die direkte Ableitung der Funktion f mithilfe der Potenzregel. Es gibt allerdings Fälle, in denen die Produktregel tatsächlich hilfreich ist oder für die Bestimmung der Ableitung sogar unumgänglich ist. (Dies gilt immer dann, wenn man das Produkt der Funktionen überhaupt nicht ausmultiplizieren kann, wie etwa bei der Funktion $f(x) = x^2 \cdot 2^x$.) Beim nächsten Beispiel gestaltet sich der Weg über die Produktformel in etwa gleich aufwändig wie die „klassische" Alternative.

Beispiel 4.10 (Anwendung der Produktregel, Teil 1)

Leiten Sie die reelle Funktion $f(x) = (x^6 - 2) \cdot (4x^4 + 7)$ mithilfe der Produktregel ab. Überprüfen Sie das Ergebnis anschließend, indem Sie den Funktionsterm von f ausmultiplizieren und mithilfe der Potenzregeln ableiten.

Durch Anwendung der Produktregel erhält man für die Ableitung von f die Funktion

$f'(x) = 40x^9 + 42x^5 - 32x^3$.

$f(x) = (x^6 - 2) \cdot (4x^4 + 7) = u(x) \cdot v(x)$

▶ $u(x) = x^6 - 2 \Rightarrow u'(x) = 6x^5$
▶ $v(x) = 4x^4 + 7 \Rightarrow v'(x) = 16x^3$

$$\begin{aligned} \Rightarrow f'(x) &= u'(x) \cdot v(x) + u(x) \cdot v'(x) \\ &= 6x^5 \cdot (4x^4 + 7) + (x^6 - 2) \cdot 16x^3 \\ &= \mathbf{40x^9 + 42x^5 - 32x^3} \quad ▶ x \in \mathbb{R} \end{aligned}$$

Dasselbe Ergebnis erhält man, indem man die Funktion f zunächst ausmultipliziert und anschließend ohne Benutzung der Produktregel ableitet.

$f(x) = 4x^{10} + 7x^6 - 8x^4 - 14$
$f'(x) = \mathbf{40x^9 + 42x^5 - 32x^3}$

4

Beispiel 4.11 (Anwendung der Produktregel, Teil 2)

Leiten Sie die Funktion $f(x) = \frac{x^3 + 2x + 2}{x}$; $x \neq 0$ mithilfe der Produktregel ab.

Die Funktion f lässt sich als Produkt in der Form

$f(x) = \frac{1}{x} \cdot (x^3 + 2x + 2)$ schreiben.

Die beiden Faktoren lassen sich mithilfe der Summen- und Potenzregel ableiten. Die Produktregel liefert dann die Ableitung für f:

$f'(x) = \frac{2x^3 - 2}{x^2}$

$f(x) = u(x) \cdot v(x)$

$u(x) = \frac{1}{x} \Rightarrow u'(x) = -\frac{1}{x^2}$

$v(x) = x^3 + 2x + 2 \Rightarrow v'(x) = 3x^2 + 2$

$f'(x) = u'(x)v(x) + u(x)v'(x)$ ▶ Produktregel

$$\begin{aligned} &= -\frac{1}{x^2} \cdot (x^3 + 2x + 2) + \frac{1}{x} \cdot (3x^2 + 2) \\ &= \frac{-(x^3 + 2x + 2) + x \cdot (3x^2 + 2)}{x^2} = \mathbf{\frac{2x^3 - 2}{x^2}} \end{aligned}$$

Alles klar?

Bestimmen Sie die Ableitung von $f(x) = (x - 3)^2 \cdot \sqrt{x}$ durch Anwendung der Produktregel.

Mithilfe der Produktregel lässt sich auch eine Regel für Funktionen f formulieren, deren Term $f(x) = \frac{u(x)}{v(x)}$ ein Quotient zweier Funktionsterme $u(x)$ und $v(x)$ mit $v(x) \neq 0$ ist.

Herleitung der Quotientenregel

Leiten Sie mithilfe der Produktregel eine Ableitungsregel für Funktionen vom Typ $f(x) = \frac{u(x)}{v(x)}$ her, in der u und v zwei Funktionen sind, die an einer Stelle x_0 ihres **gemeinsamen** Definitionsbereichs differenzierbar sind.

Stellt man den Term für $f(x)$ nach $u(x)$ um, so erhält man für $u(x)$ einen Produktterm, der mit der **Produktregel** abgeleitet werden kann, falls f, u und v an der gleichen Stelle x_0 differenzierbar sind.

$$f(x) = \frac{u(x)}{v(x)} \Rightarrow u(x) = f(x) \cdot v(x)$$

$$u'(x_0) = f'(x_0) \cdot v(x_0) + f(x_0) \cdot v'(x_0)$$

Wird dann nach $f'(x_0)$ umgestellt, so erhält man die **Quotientenregel**, mit deren Hilfe man Funktionen differenzieren kann, deren Funktionsterm der Quotient zweier Funktionsterme ist.

$$\Rightarrow f'(x_0) \cdot v(x_0) = u'(x_0) - \frac{u(x_0)}{v(x_0)} \cdot v'(x_0)$$

$$\Rightarrow f'(x_0) = \frac{\frac{u'(x_0) \cdot v(x_0) - u(x_0) \cdot v'(x_0)}{v(x_0)}}{v(x_0)}$$

$$= \frac{u'(x_0) \cdot v(x_0) - u(x_0) \cdot v'(x_0)}{[v(x_0)]^2}$$

Anmerkung: Bei der Rechnung im vorstehenden Beispiel wurde implizit von der Voraussetzung Gebrauch gemacht, dass mit u und v auch die Funktion $f = \frac{u}{v}$ differenzierbar ist. Man kann allgemein zeigen, dass diese Voraussetzung richtig ist, indem man die Differenzenquotientenfunktion d von f betrachtet und zeigt, dass der Grenzwert existiert, falls u und v differenzierbar sind. ▶ Übungsaufgabe 10

Quotientenregel
Sind zwei Funktionen u und v in ihrem gemeinsamen Definitionsbereich differenzierbar und gilt $v(x) \neq 0$, so ist dort auch die Funktion $f(x) = \frac{u(x)}{v(x)}$ differenzierbar und es gilt:

$$f(x) = \frac{u(x)}{v(x)} \Rightarrow f'(x) = \frac{u'(x) \cdot v(x) - u(x) \cdot v'(x)}{[v(x)]^2}$$

Beispiel 4.12 (Anwendung der Quotientenregel)

Bestimmen Sie mithilfe der Quotientenregel die Ableitungsfunktion f' der Funktion $f(x) = \frac{x^2 - 2x - 3}{x + 2}$; $x \neq -2$.
und geben Sie den maximalen Definitionsbereich von f' an.

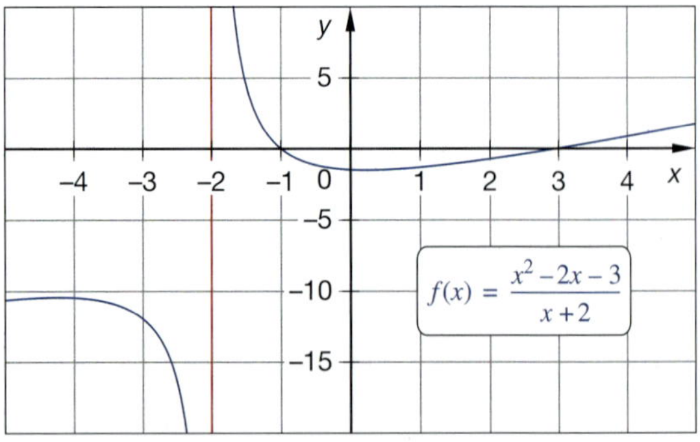

Die Quotientenregel liefert für die Ableitungsfunktion

$$f'(x)=\frac{x^2+4x-1}{(x+2)^2};\, x\in D(f)$$

Da sowohl Zähler und Nenner von f in ganz $\mathbb{R}$ definiert sind und der Nenner nur für $x=-2$ Null wird, gilt

$$D(f')=D(f)=\mathbb{R}\setminus\{-2\}.$$

$$f(x)=\frac{x^2-2x-3}{x+2}=\frac{u(x)}{v(x)}$$

▶ $u(x)=x^2-2x-3 \Rightarrow u'(x)=2x-2$

▶ $v(x)=x+2 \Rightarrow v'(x)=1$

$$\Rightarrow f'(x)=\frac{u'(x)\cdot v(x)-u(x)\cdot v'(x)}{[v(x)]^2}$$

$$=\frac{(2x-2)\cdot(x+2)-(x^2-2x-3)\cdot 1}{(x+2)^2}$$

$$=\frac{x^2+4x-1}{(x+2)^2}$$ ▶ $x \neq -2$

$$\Rightarrow D(f')=\mathbb{R}\setminus\{-2\}$$

Für den Spezialfall $u(x)=1$ erhält man aus der Quotientenregel die **Kehrwertregel**.

Kehrwertregel

Ist die Funktion v in einem Intervall D differenzierbar und gilt dort $v(x)\neq 0$, so ist $f(x)=\frac{1}{v(x)}$ in D ebenfalls differenzierbar und es gilt für alle $x\in D$:

$$f'(x)=\frac{-v'(x)}{[v(x)]^2}.$$ ▶ $u(x)=1 \Rightarrow u'(x)=0$

Beispiel 4.13 (Kehrwertregel)

Bestimmen Sie die Ableitung der Funktion $f(x)=\frac{1}{x^2-4}$; $D(f)=\mathbb{R}\setminus\{-2;2\}$

Durch Anwendung der Kehrwertregel erhält man

$$f'(x)=\frac{-2x}{(x^2-4)^2}.$$

Da die Funktion f an jeder Stelle ihres Definitionsbereichs differenzierbar ist, gilt:

$$D(f')=D(f)=\mathbb{R}\setminus\{-2;2\}$$

$$f(x)=\frac{1}{x^2-4}=\frac{1}{v(x)}$$

▶ $v(x)=x^2-4 \Rightarrow v'(x)=2x$

$$\Rightarrow f'(x)=\frac{-v'(x)}{[v(x)]^2}$$

$$=\frac{-2x}{(x^2-4)^2}$$ ▶ $x\in\mathbb{R}\{-2;2\}$

$$\Rightarrow D(f')=\mathbb{R}\setminus\{-2;2\}$$

4.1.4 Kettenregel

Mit den bisherigen Methoden ist es möglich, ganz- und gebrochen-rationale Funktionen sowie Wurzelfunktionen abzuleiten. Die Regeln reichen aber noch nicht aus, um Funktionen abzuleiten, in denen mehrere dieser Funktionstypen vermischt vorkommen, wie etwa bei der Funktion $k(x)=\sqrt{3x^4+2x}$. In diesem Fall handelt es sich um eine verkettete Funktion (▶ Abschnitt 2.6):

$k(x)=f[g(x)]$ mit $g(x)=3x^4+2x$ und $f[g(x)]=\sqrt{g(x)}$.

Da sich die innere Funktion g genauso wie die äußere Funktion f mithilfe der bisher erarbeiteten Regeln ableiten lässt, ist es naheliegend, nach einer Ableitungsregel für verkettete Funktionen zu suchen.

Um eine allgemeine Regel für die Ableitung einer verketteten Funktion $k[x]=f[g(x)]$ herzuleiten, erweitert man die Differenzenquotientenfunktion d_k mit $g(x)-g(x_0)$ und drückt sie mithilfe der inneren und äußeren Funktionen aus.

Aus beweistechnischen Gründen wird der Differenzenquotient in der Form $\frac{k(x)-k(x_0)}{x-x_0}$ geschrieben. Man ersetzt also die Hilfsvariable h durch $x-x_0$. ► vgl. Beispiel 4.3

$$\begin{aligned} d_k(h) &= \frac{k(x)-k(x_0)}{x-x_0} \\ &= \frac{f[g(x)]-f[g(x_0)]}{x-x_0} \\ &= \frac{f[g(x)]-f[g(x_0)]}{x-x_0}\cdot\frac{g(x)-g(x_0)}{g(x)-g(x_0)} \\ &= \frac{f[g(x)]-f[g(x_0)]}{g(x)-g(x_0)}\cdot\frac{g(x)-g(x_0)}{x-x_0} \end{aligned}$$

Daraus folgt:

$$\begin{aligned} k'(x_0) &= \lim_{h\to 0} d_k(h) \\ &= \lim_{x\to x_0}\frac{f[g(x)]-f[g(x_0)]}{g(x)-g(x_0)}\cdot\lim_{x\to x_0}\frac{g(x)-g(x_0)}{x-x_0} \\ &= f'[g(x_0)]\cdot g'(x_0) \end{aligned}$$

Kettenregel

Sind die Funktionen f und g an einer Stelle $x_0\in D(g)\cap D(f)$ differenzierbar, dann ist auch die Verkettung $k(x)=f[g(x)]$ an dieser Stelle differenzierbar und es gilt:

$k'(x_0)=(f[g(x_0)])'=f'[g(x_0)]\cdot g'(x_0)$ ► „äußere Ableitung mal innere Ableitung“

4

Anmerkungen:

- Bei der Kettenregel muss man beachten, dass der Ableitungsstrich jeweils die Ableitung nach dem angegebenen Argument bezeichnet. Im Ausdruck $f'[g(x)]$ der äußeren Ableitung wird also f nach $g(x)$ abgeleitet und nicht etwa nach x.

- Die vorstehende Herleitung der Kettenregel gelingt nur, falls $g(x_0+h)-g(x_0)\neq 0$, also $g(x_0+h)\neq g(x_0)$ vorausgesetzt wird, weil nur in diesem Fall der Differenzenquotient von k zur Stelle x_0 mit $g(x_0+h)-g(x_0)$ erweitert werden darf. Diese Bedingung ist immer dann erfüllt, wenn g eine streng monotone Funktion ist, wie auch die unteren beiden Abbildungen zeigen. Die Voraussetzung braucht aber im Allgemeinen nicht zu gelten. Trotzdem behält die Kettenregel auch im allgemeinen Fall ihre Gültigkeit. Der obige Beweis lässt sich leicht reparieren, indem man eine Fallunterscheidung einbaut, in der der Fall $g(x_0+h)-g(x_0)=0$ speziell behandelt wird.

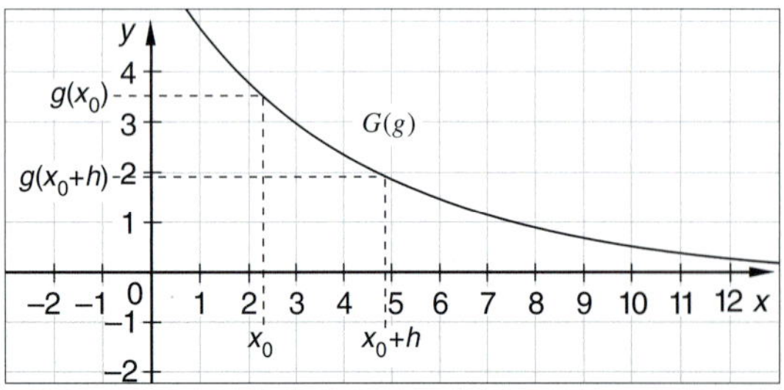

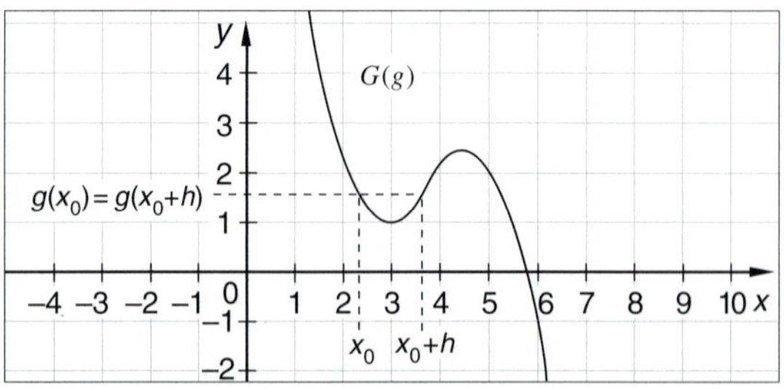

- In der Praxis wird die Kettenregel in der folgenden globalen Fassung verwendet: Wenn g und f differenzierbare Funktionen sind, dann ist auch $f[g(x)]$ differenzierbar und es gilt:

$(f[g(x)])'=f'[g(x)]\cdot g'(x)$ für alle $x\in D(f\circ g)$

Beispiel 4.14 (Überprüfung der Kettenregel)

Berechnen Sie die Ableitung der reellen Funktion $k(x)=(3x^4+2x)^2$ mithilfe der Kettenregel. Überprüfen Sie anschließend das Ergebnis, indem Sie den Term von k ausmultiplizieren und die Ableitung durch Anwendung von Summen- und Potenzregel ermitteln.

Die innere Funktion ist $g(x)=3x^4+2x$ und die äußere $f(x)=x^2$. Mit der Kettenregel folgt damit

$k'(x)=72x^7+60x^4+8x$.

$$k(x)=(3x^4+2x)^2$$
$$g(x)=3x^4+2x \Rightarrow g'(x)=12x^3+2$$
$$f[g(x)]=[g(x)]^2 \Rightarrow f'[g(x)]=2g(x)$$
$$k'(x)=2\cdot(3x^4+2x)\cdot(12x^3+2)$$
$$=72x^7+60x^4+8x$$

Leitet man den ausmultiplizierten Funktionsterm von k mit der Potenz- und Summenregel ab, so erhält man dasselbe Ergebnis.

$$k(x)=(3x^4+2x)^2=9x^8+12x^5+4x^2$$
$$k'(x)=72x^7+60x^4+8x$$

Bei der Funktion k aus dem vorstehenden Beispiel hätte man die Ableitung zur Not auch ohne Anwendung der Kettenregel finden können, da k eine ganzrationale Funktion ist. Bei der Funktion im nächsten Beispiel gibt es dagegen keine Alternative zur Anwendung der Kettenregel.

4

Beispiel 4.15 (Anwendung der Kettenregel)

Ermitteln Sie die Ableitung der Funktion $k(x)=\sqrt{3x^4+2x}$, $x\in D(k)$ mithilfe der Kettenregel.

Die innere Funktion ist $g(x)=3x^4+2x$ und die äußere $f[g(x)]=\sqrt{g(x)}$. Damit erhält man für die Ableitung von k mit der Kettenregel

$$k'(x)=\frac{12x^3+2}{2\cdot\sqrt{(3x^4+2x)}}.$$

$g(x)=3x^4+2x;\ g'(x)=12x^3+2$ ▶ innere Funktion

$f[g(x)]=\sqrt{g(x)};$

$f'[g(x)]=\frac{1}{2g(x)}=\frac{1}{2\sqrt{3x^4+2x}}$ ▶ äußere Funktion

$$k'(x)=f'[g(x)]\cdot g'(x)$$
$$=\frac{1}{2\cdot\sqrt{g(x)}}\cdot g'(x)$$
$$=\frac{1}{2\cdot\sqrt{3x^4+2x}}\cdot(12x^3+2)$$

Alles klar?

Berechnen Sie die erste Ableitung der beiden Funktionen mithilfe der Produkt-, Quotienten- und Kettenregel.

a) $f(x)=(1{,}5x^3-3)^3\cdot(0{,}5x^2-2x)$

b) $f(x)=\frac{(x^2+5x^5)^2}{(x^3-2x^2)^3}$

4.1.5 Ableitung der Umkehrfunktion, Umkehrregel

Es soll hier allgemein untersucht werden, in welchen Fällen man aus der Differenzierbarkeit einer Funktion f an einer Stelle $x_0 \in D(f)$ auf die Differenzierbarkeit ihrer Umkehrfunktion g an der entsprechenden Stelle $f(x_0)$ schließen kann und welcher Zusammenhang dann zwischen $f'(x_0)$ und $g'[f(x_0)]$ besteht.

Die Differenzierbarkeit von f an einer Stelle $x_0 \in D(f)$ bedeutet geometrisch, dass $G(f)$ im Punkt $\mathrm{P}\langle x_0 | f(x_0)\rangle$ eine Tangente t mit der Funktionsgleichung $y = mx + b$ und $m = f'(x_0)$ besitzt. ▶ Abschnitt 3.3

Da der Graph der Umkehrfunktion g von f aus $G(f)$ durch Spiegelung an der Winkelhalbierenden des I. und III. Quadranten des Koordinatensystems entsteht (▶ Abschnitt 2.7), geht bei dieser Spiegelung die Tangente t an $G(f)$ im Punkt $\mathrm{P}\langle x_0 | f(x_0)\rangle$ in die Tangente t^* an $G(g)$ im Punkt $\mathrm{P}^*\langle (x_0) | f(x_0)\rangle$ über.

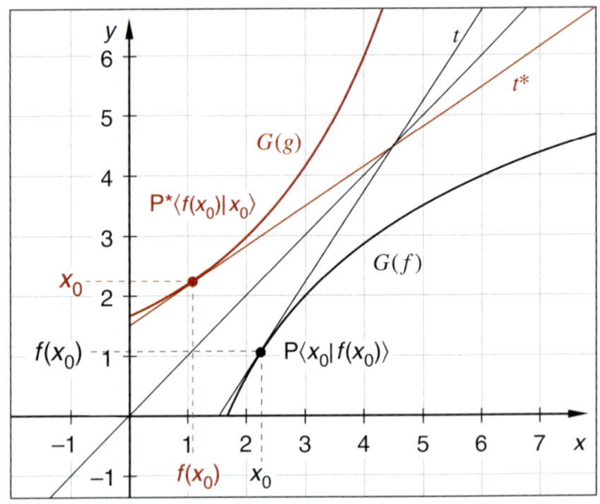

Rechnerisch erhält man die Funktionsgleichung der Tangente t^* aus der für t, indem man diese nach x auflöst und anschließend die Variablen x und y gegenseitig vertauscht. ▶ Abschnitt 2.7

$y = mx + b$ ▶ $m = f'(x_0)$; Funktionsgleichung von t; Auflösen nach x

$\Rightarrow x = \frac{1}{m} \cdot (y - b)$, falls $m \neq 0$ ▶ Vertauschen von x und y

$\Rightarrow y = \frac{1}{m} \cdot x - \frac{1}{m} \cdot b$ ▶ Funktionsgleichung von t^*

$\Rightarrow G(g)$ besitzt im Punkt $\mathrm{P}^*\langle f(x_0) | x_0\rangle$ die Steigung $\frac{1}{m}$ mit $m = f'(x_0)$.

Dies gelingt immer dann, wenn $m \neq 0$, also $f'(x_0) \neq 0$ gilt. In diesem Fall ist also die Funktion g an der Stelle $f(x_0)$ differenzierbar und besitzt im Punkt $\mathrm{P}^*\langle f(x_0) | x_0\rangle$ die Steigung $g'[f(x_0)] = \frac{1}{f'(x_0)}$.

Man sagt: Die Ableitung der Umkehrfunktion g von f an einem Funktionswert $f(x_0)$ der Funktion f ist gleich dem Kehrwert der Ableitung von f an der Stelle $x_0 \in D(f)$, vorausgesetzt diese Ableitung existiert und ist verschieden von 0. Diese Regel heißt **Umkehrregel**.

Im Fall $f'(x_0) = 0$ verläuft die Tangente t an den Graphen von f im Punkt $\mathrm{P}\langle x_0 | f(x_0)\rangle$ parallel zur x-Achse und somit die Tangente t^* an den Graphen von g im Punkt $\mathrm{P}^*\langle f(x_0) | x_0\rangle$ parallel zur y-Achse. In diesem Fall lässt sich der Tangente t^* keine Steigung im analytischen Sinne zuordnen; also ist g in diesem Fall an der Stelle $f(x_0)$ nicht differenzierbar. ▶ Abschnitt 3.3

Ist eine Funktion f an einer Stelle $x_0 \in D(f)$ mit $f'(x_0) \neq 0$ differenzierbar und besitzt f eine Umkehrfunktion g, so ist g an der Stelle $f(x_0)$ differenzierbar und es gilt: $g'[f(x_0)] = \frac{1}{f'(x_0)}$ bzw. wegen $g[f(x_0)] = x_0$ auch $g'[f(x_0)] = \frac{1}{f'(g[f(x_0)])}$. Die Steigung von $G(f)$ im Punkt $\mathrm{P}\langle x_0 | f(x_0)\rangle$ und die Steigung von $G(g)$ im Punkt $\mathrm{P}^*\langle f(x_0) | x_0\rangle$ sind also in diesem Fall reziprok zueinander. Diese Ableitungsregel heißt **Umkehrregel**, in der man häufig für g auch f^{-1} schreibt.

Anmerkungen:

- Ist f für alle $x \in D(f)$ mit $f'(x) \neq 0$ differenzierbar, so ist auch g für alle $x \in D(g)$ differenzierbar und es gilt: $g'(x) = \frac{1}{f'[g(x)]}$.
  Dies folgt aus $g'[f(x)] = \frac{1}{f'(g[f(x)])}$, weil g Umkehrfunktion von f ist unter Beachtung von $W(f) = D(g)$, wenn man in der Umkehrregel $f(x)$ durch x ersetzt. ▶ Abschnitt 2.7
- Da der Graph der Funktion $f(x) = x^3$; $D(f) = \mathbb{R}$ im Punkt $P\langle 0 | 0 \rangle$ eine waagerechte Tangente besitzt, ist ihre Umkehrfunktion g an der Stelle $x_0 = 0$ nicht differenzierbar.

Wenn die Differenzierbarkeit der Umkehrfunktion g zu einer differenzierbaren Funktion f gesichert ist, lässt sich die Umkehrregel leicht mithilfe der Kettenregel **rechnerisch** herleiten.

Beispiel 4.16 (Herleitung der Umkehrregel)

Beweisen Sie die Umkehrregel mithilfe der Kettenregel, wenn bekannt ist, dass mit f auch ihre Umkehrfunktion g differenzierbar ist, und wenden Sie diese Regel am Beispiel der Funktionen $f(x) = x^2; x > 0$ und $g(x) = \sqrt{x}; x > 0$ an.

Da g die Umkehrfunktion von f ist, gilt insbesondere $g[f(x)] = x$ für alle $x \in D(f)$.
▶ Abschnitt 2.7

$g[f(x)] = x$ ▶ $x \in D(f)$

$g[f(x)]$ stellt also die identische Funktion für alle $x \in D(f)$ dar. Differenziert man sie, so erhält man die konstante Funktion $g[f(x)]' = 1$ für alle $x \in D(f)$.

$\Rightarrow g[f(x)]$ ist die identische Funktion für $x \in D(f)$
$\Rightarrow g[f(x)]'$ ▶ Kettenregel
$= g'[f(x)] \cdot f'(x) = 1$ für alle $x \in D(f)$
↑ ↑
äußere innere
Ableitung

Da g differenzierbar für $x \in D(g)$ sein soll, muss $f'(x) \neq 0$ für alle $x \in D(f)$ gelten. Man darf daher die entstandene Gleichung durch $f'(x)$ teilen und erhält die **Umkehrregel:**

$g'[f(x)] = \frac{1}{f'(x)}$ für alle $x \in D(f)$

▶ $f'(x) \neq 0$ für alle $x \in D(f)$
$\Rightarrow g'[f(x)] = \frac{1}{f'(x)}$ für alle $x \in D(f)$

Überprüft man die Umkehrregel in dieser Form am Beispiel der Funktionen $g(x) = \sqrt{x}$; $x > 0$ und $f(x) = x^2; x > 0$ mit $f'(x) = 2x$, so erhält man $g'(x^2) = \frac{1}{2x}$. Man erkennt hieraus, dass die Graphen der Funktionen f und g in Spiegelpunkten an der Winkelhalbierenden des I. und III. Quadranten des Koordinatensystems **reziproke** Steigungen haben.

Wegen $x = g[f(x)]$ darf man in der Umkehrregel anstelle von $f'(x)$ auch $f'(g[(x)])$ für alle $x \in D(f)$ schreiben.

▶ $x = g[f(x)]$
$\Rightarrow (g'[f(x)]) = \frac{1}{f'(g[f(x)])}$ für alle $x \in D(f)$

Andererseits darf man in der Umkehrregel wegen $W(f) = D(g)$ auch x für $f(x)$ schreiben.

▶ $D(f) = D(g)$; Ersetzen von $f(x)$ durch $x \in D(g)$
$\Rightarrow g'(x) = \frac{1}{f'[g(x)]}$ für alle $x \in D(g)$

Überprüft man die Umkehrregel in der letzten Form am Beispiel der Funktionen $g(x) = \sqrt{x};\ x > 0$ und $f(x) = x^2;\ x > 0$ mit $f'(x) = 2x$, so erhält man $g'(x) = \frac{1}{f'(\sqrt{x})} = \frac{1}{2 \cdot \sqrt{x}}$ für alle $x > 0$.

4.1.6 Ableitung von Exponential- und Logarithmusfunktionen

Exponentialfunktionen vom Typ $f(x) = b^x;\ x \in \mathbb{R}$ sind für $b > 0$ definiert und beschreiben für $b > 1$ Wachstums- und für $0 < b < 1$ Abnahmeprozesse.
Für $b = 1$ handelt es sich um die konstante Funktion $f(x) = 1$.

exponentieller Wachstumsprozess:

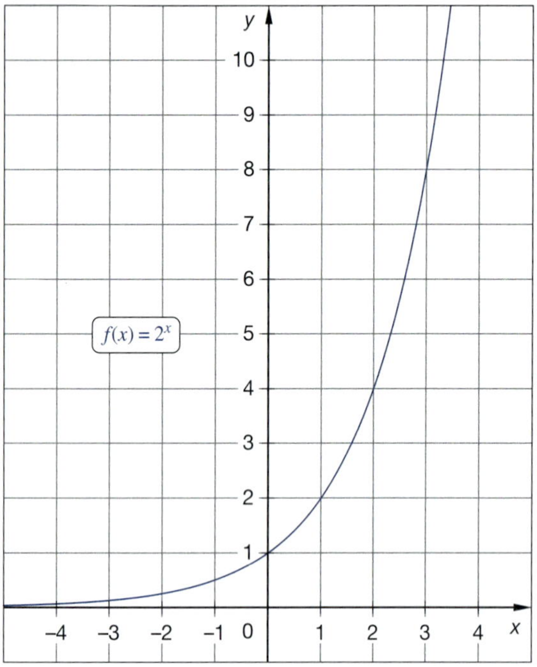

exponentieller Abnahmeprozess:

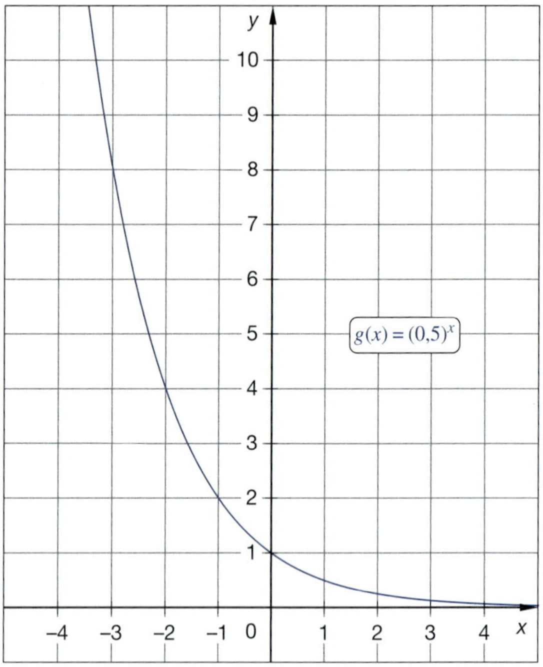

Jede Exponentialfunktion ist differenzierbar, da sich offensichtlich durch jeden ihrer Graphenpunkte eine Tangente ziehen lässt. Also existiert an jeder Stelle die Ableitung. ► Abschnitt 3.3

Jedoch bereitet deren Herleitung für alle $b \neq 1$ einen größeren Aufwand, weil sich dafür keine der bisher bekannten Ableitungsregeln verwenden lässt. Für $b = 1$ ist die Ableitung stets 0. ► Abschnitt 4.1

Zur Berechnung der Ableitung $f'(x_0)$ einer Exponentialfunktion vom Typ f mit $f(x) = b^x;\ x \in \mathbb{R}$ wird zu einer beliebigen Stelle $x_0 \in D(f)$ die Differenzenquotientenfunktion

$$d(h) = \frac{f(x_0 + h) - f(x_0)}{h};\quad h \neq 0$$

gebildet und versucht, ihren Grenzwert an der Stelle 0 zu bestimmen.

$$d(h) = \frac{f(x_0 + h) - f(x_0)}{h}$$ ► $h \neq 0$

$$= \frac{b^{x_0+h} - b^{x_0}}{h}$$ ► 1. Potenzregel Abschnitt 2.4

$$= \frac{b^{x_0} \cdot b^h - b^{x_0}}{h}$$ ► b^{x_0} ausklammern

$$= \frac{(b^h - 1) \cdot b^{x_0}}{h} = \frac{(b^h - 1)}{h} \cdot b^{x_0}$$ ► b^{x_0} ist Konstante

Dieser Versuch gelingt nur teilweise, weil dazu noch der Grenzwert $\lim\limits_{h \to 0} \frac{(b^h - 1)}{h}$ zu ermitteln ist. Zu seiner Berechnung lässt sich der 3. Grenzwertsatz nicht anwenden, da mit $\lim\limits_{h \to 0} (b^h - 1) = 0$ auch $\lim\limits_{h \to 0} h = 0$ gilt. ▶ Abschnitt 2.4

$$\Rightarrow \lim_{h \to 0} d(h) = \lim_{h \to 0} \left(\frac{b^h - 1}{h} \cdot b^{x_0} \right) \quad ▶ \text{4. Grenzwertsatz}$$

$$= \lim_{h \to 0} \left(\frac{b^h - 1}{h} \right) \cdot b^{x_0} \quad ▶ b \neq 0$$

▶ $\lim\limits_{h \to 0} h = 0$; Anwendung des 3. Grenzwertsatzes nicht möglich

Nur für den Fall $b = 1$ ist eine unmittelbare Berechnung möglich.

▶ Wegen $\frac{1^h - 1}{h} = 0$ für alle $h \neq 0$ gilt auch $\lim\limits_{h \to 0} \frac{1^h - 1}{h} = 0$

Sieht man sich den Term $\frac{b^h - 1}{h}$ aber genauer an, so erkennt man, dass es sich um den Funktionsterm der Differenzenquotientenfunktion d zur Stelle $x_0 = 0$ der betrachteten Exponentialfunktion mit der Basis b handelt.

$$\frac{b^h - 1}{h} = \frac{b^{0+h} - b^0}{h} \quad ▶ b \neq 0 \text{, daher ist } b^0 = 1$$

$$= \frac{f(0+h) - f(0)}{h} \quad ▶ \text{Differenzenquotient von } f \text{ zur Stelle } x_0 = 0$$

$$= d(h) \quad ▶ \text{Abschnitt 3.2}$$

Weil die Exponentialfunktionen differenzierbar sind, existiert erst recht der Grenzwert $\lim\limits_{h \to 0} d(h)$, und dieser Grenzwert c, ist die Ableitung $f'(0)$ der verwendeten Exponentialfunktion an der Stelle 0 oder gleichbedeutend die Steigung der Tangente im Punkt $\langle 0 \mid 1 \rangle$. ▶ Abschnitt 3.3

$$\Rightarrow \lim_{h \to 0} d(h) = \lim_{h \to 0} \frac{b^h - 1}{h} = c \quad ▶ c \in \mathbb{R},$$

$$= f'(0) \quad ▶ \text{Steigung von } G(f) \text{ in } P\langle 0 \mid 1 \rangle$$

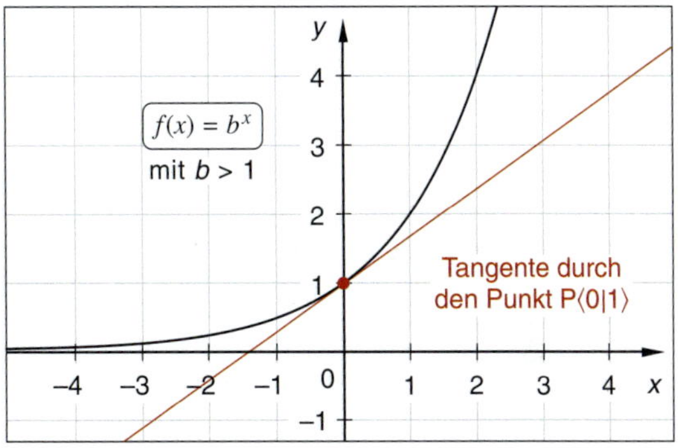

Da $x_0 \in \mathbb{R}$ eine beliebige Stelle war, ist damit insgesamt für jedes $x \in \mathbb{R}$ gezeigt:

Die Ableitung einer Funktion vom Typ $f(x) = b^x$ ist bis auf einen konstanten Faktor c wieder die Exponentialfunktion selbst und der konstante Faktor c ist die Ableitung derselben Exponentialfunktion an der Stelle 0.

▶ $f(x) = b^x \quad \Rightarrow f'(x) = c \cdot b^x$
für alle $x \in D(f)$ mit $c \in \mathbb{R}$ und $c = f'(0)$

Daraus ergibt sich:

Die **Ableitung** jeder Exponentialfunktion vom Typ $f(x) = b^x; x \in \mathbb{R}$ an einer beliebigen Stelle lässt sich auf die Ableitung an der Stelle 0 zurückführen.

Für alle $x \in \mathbb{R}$ gilt: $f'(x) = f'(0) \cdot b^x$.

Zur endgültigen Bestimmung der Ableitung einer beliebigen Exponentialfunktion vom Typ $f(x) = b^x$ muss noch $f'(0) = \lim\limits_{h \to 0} \left(\frac{b^h - 1}{h} \right)$ berechnet werden. Da der 3. Grenzwertsatz nicht angewendet werden kann, bietet sich nur an, $f'(0)$ mithilfe der Differenzenquotientenfunktion $d(h) = \frac{b^h - 1}{h}; h \neq 0$ für Werte h nahe der Stelle 0 näherungsweise zu berechnen.

Beispiel 4.17

Versuchen Sie, mithilfe von Excel oder mit dem Taschenrechner unter Verwendung der y^x-Taste Näherungswerte für $\lim\limits_{h \to 0} \frac{2^h - 1}{h}$ und $\lim\limits_{h \to 0} \frac{3^h - 1}{h}$ zu berechnen. Tabellieren Sie dazu die Differenzenquotienten $\frac{(2^{-h} - 1)}{-h}$ und $\frac{(2^h - 1)}{h}$ bzw. $\frac{(3^{-h} - 1)}{-h}$ und $\frac{3^h - 1}{h}$ mit mindestens 6 Nachkommastellen, indem Sie h nacheinander 0,1; 0,01; 0,001; usw. durchlaufen lassen. Was stellen Sie fest? Welchen der Näherungswerte, auf 4 Nachkommastellen gerundet, sollte man jeweils wählen?

Excel rechnet nur mit 15 Stellen. Deshalb sind nur die Berechnungen bis $h = 10^{-7}$ sinnvoll, ab 10^{-8} sorgen Rundungsfehler für fallende und damit falsche Berechnungen.

Folgende Formeln wurden verwendet:

	A	B	C
9	=A8/10	=(2^-A9-1)/(-A9)	=(2^A9-1)/A9
10	=A9/10	=(2^-A10-1)/(-A10)	=(2^A10-1)/A10

► Auch die Berechnungen mit dem Taschenrechner weisen ab 10^{-5} Rundungsfehler auf.

	A	B	C	D	E
1	h	$\frac{2^{-h} - 1}{-h}$	$\frac{2^{h} - 1}{h}$	$\frac{3^{-h} - 1}{-h}$	$\frac{3^{h} - 1}{h}$
2	0,1	0,669670085	0,717734625	1,040415402	1,16123174
3	0,01	0,690750456	0,695555006	1,092599583	1,104669194
4	0,001	0,69290701	0,693387463	1,098009035	1,099215984
5	0,0001	0,693123158	0,693171204	1,098551943	1,098672638
6	0,00001	0,693144778	0,693149583	1,098606254	1,098618323
7	0,000001	0,69314694	0,693147421	1,098611685	1,098612892
8	0,0000001	0,693147156	0,693147204	1,098612229	1,09861235
9	0,00000001	0,693147184	0,693147184	1,098612279	1,09861229
10	0,000000001	0,693147095	0,693147095	1,098612312	1,098612312
11	1E-10	0,693147761	0,693147761	1,098612312	1,098612312
12	1E-11	0,693156643	0,693156643	1,098610092	1,098610092
13	1E-12	0,693223257	0,693223257	1,098676705	1,098676705
14	1E-13	0,692779167	0,692779167	1,099120794	1,099120794
15	1E-14	0,688338275	0,688338275	1,088018564	1,088018564

Näherungswerte für $\lim\limits_{h \to 0} \frac{(b^h - 1)}{h}$ mit $b = 2$ und $b = 3$ ergeben sich aber aus der nebenstehenden Tabelle für $h = 10^{-5}$. Hieraus gewinnt man eine Abschätzung auf 5 Nachkommastellen genau.

► $0{,}693144 < \lim\limits_{h \to 0} \frac{(2^h - 1)}{h} < 0{,}693149$

► $1{,}098606 < \lim\limits_{h \to 0} \frac{(3^h - 1)}{h} < 1{,}098618$

$\Rightarrow \lim\limits_{h \to 0} \frac{2^h - 1}{h} \approx 0{,}69314$ ► auf 5 Nachkommastellen genau

$\Rightarrow \lim\limits_{h \to 0} \frac{3^h - 1}{h} \approx 1{,}09861$ ► auf 5 Nachkommastellen genau

Das Beispiel 4.17 zeigt, dass der Wert für $f'(0)$ von der verwendeten Basis b abhängt. Danach muss es offensichtlich eine Zahl für b mit $2 < b < 3$ geben, sodass $f'(0) = \lim\limits_{h \to 0} \frac{b^h - 1}{h} = 1$ gilt, denn wächst die Basis von 2 auf 3, so wächst die Ableitung an der Stelle 0 von 0,6931 über 1 hinaus auf 1,0986.

Beispiel 4.18

Berechnen Sie mithilfe von Excel oder mit dem Taschenrechner Näherungswerte für $\lim\limits_{h \to 0} \frac{b^h - 1}{h}$ auf 6 Nachkommastellen genau, indem Sie b die Basiswerte 2,1; 2,2; …; 2,9 durchlaufen lassen und $h = 10^{-4}$ wählen. Zwischen welchen Basiswerten muss die für b gesuchte Zahl mit $\lim\limits_{h \to 0} \frac{b^h - 1}{h} = 1$ liegen?

Nach dem Muster von Beispiel 4.17 ergeben sich für diese Näherungswerte die Werte der folgenden Tabelle. Danach muss die gesuchte Zahl für b mit $\lim\limits_{h \to 0} \frac{b^h - 1}{h} = 1$ zwischen 2,7 und 2,8 liegen.

	A	B	C	D	E	F	G	H	I	J
1		h = 0,0001		Schrittlänge = 0,1						
2	**b**	**2,1**	**2,2**	**2,3**	**2,4**	**2,5**	**2,6**	**2,7**	**2,8**	**2,9**
3	$\lim\limits_{h\to 0}\frac{b^h-1}{h}$	0,741965	0,788488	0,832944	0,875507	0,916333	0,955557	**0,993301**	**1,029672**	1,064767

Die für b gesuchte reelle Zahl mit $\lim\limits_{h\to 0}\left(\frac{b^h-1}{h}\right)=1$ existiert und wird nach seinem „Entdecker", dem Mathematiker Leonhard EULER (1707–1783), **Euler'sche Zahl** genannt und allgemein mit dem Buchstaben **e** bezeichnet.

Um von dieser Zahl eine für praktische Zwecke ausreichend genaue Dezimaldarstellung zu erhalten, kann man sie wegen $\lim\limits_{h\to 0}\left(\frac{e^h-1}{h}\right)=1$ für **absolut genommen** „kleine" von 0 verschiedene h-Werte aus der Gleichung $\frac{e^h-1}{h}=1$ näherungsweise berechnen.

Beispiel 4.19

Berechnen Sie mit dem Taschenrechner aus der Gleichung $\frac{e^h-1}{h}=1$ Näherungswerte von e, indem Sie $\frac{1}{n}$ für h mit $n\in\mathbb{N}\setminus\{0\}$ setzen und $n\to\infty$ laufen lassen. Bis zu welcher Nachkommastelle stimmt der auf diese Weise gewonnene Näherungswert für $n=10^8$ mit dem wahren Wert von e überein?

Man löst die gegebene Gleichung nach e auf und ersetzt h durch $\frac{1}{n}$.
Für n werden z. B. die Zahlen 1, 10^2, 10^4, 10^6 und 10^8 gewählt.

Mithilfe von Excel kann man in 7-stelliger Anzeige folgende Werte erhalten.

$\frac{e^h-1}{h}=1 \Rightarrow e^h=1+h$ ► Potenzieren mit $\frac{1}{h}$; $e^1=e$

$\Rightarrow e=(1+h)^{\frac{1}{h}}$ ► $h=\frac{1}{n}$; $n\in\mathbb{N}\setminus\{0\}$

$\Rightarrow e=\left(1+\frac{1}{n}\right)^n$

	A	B	C	D	E	F
1	**b**	**1**	**100**	**10000**	**1000000**	**100000000**
2	$(1+\frac{1}{n})^n$	2,0000000	2,7048138	2,7181459	2,7182805	2,7182818

Jeder der für $\left(1+\frac{1}{n}\right)^n$ erhaltenen Werte muss kleiner sein als der Wert für e, denn nach den Ausführungen zu Beispiel 4.18 gilt eigentlich nicht $\frac{e^h-1}{h}=1$, sondern für $h>0$ nur $\frac{e^h-1}{h}>1$. Daher kann man z. B. von der Zahl 2,718281693 nicht ohne weiteres sagen, bis zu welcher Ziffer sie mit dem wahren Wert für e übereinstimmt.

Andererseits gilt nach den Ausführungen zu Beispiel 4.18 für $h>0$ stets $\frac{e^{-h}-1}{-h}<1$. Löst man daher die Gleichung $\frac{e^{-h}-1}{-h}=1$ nach e auf und ersetzt h durch $\frac{1}{n}$, so wird man für e Näherungswerte berechnen können, die größer als der wahre Wert für e sein müssen.

Bei dieser Auflösung nach e muss man beachten, dass Potenzen nur für nicht negative Basiszahlen erklärt sind. Daher muss man $1-h>0$ bzw. $n>1$ fordern.

$\frac{e^{-h}-1}{-h}=1 \Rightarrow e^{-h}=1-h$ ▶ Potenzieren mit $-\frac{1}{h}$; $e^1=e$

für $1-h>0$ folgt: $e=(1-h)^{-\frac{1}{h}}$ ▶ $h=\frac{1}{n}$; $n\in\mathbb{N}^{>1}$

$\Rightarrow e=\left(1-\frac{1}{n}\right)^{-n}$ ▶ $\left(1-\frac{1}{n}\right)^{-n}=\left(1+\frac{1}{n-1}\right)^{n}$

Für n werden daher jetzt nur die Zahlen 10^2, 10^4, 10^6 und 10^8 gewählt.

Mithilfe von Excel kann man in 7-stelliger Anzeige nebenstehende Werte erhalten.

	A	B	C	D	E
1	**b**	**100**	**10000**	**1000000**	**100000000**
2	$(1+\frac{1}{n-1})^n$	2,7319990	2,7184178	2,7182832	2,7182818

Vergleicht man die Ergebnisse beider Tabellen miteinander, so kann man feststellen, dass e mit $\mathbf{e=2{,}71828}$ auf 5 Nachkommastellen genau bestimmt ist. Außerdem führen die durchgeführten Rechnungen zu der (richtigen) Vermutung, dass $\lim\limits_{n\to\infty}\left(1+\frac{1}{n}\right)^n$ existiert und gleich e ist.

- Die **Euler'sche Zahl e** bezeichnet diejenige Zahl, für die $\lim\limits_{h\to 0}\left(\frac{e^h-1}{h}\right)=1$ gilt.
- Sie kann durch $\left(1+\frac{1}{n}\right)^n<e<\left(1-\frac{1}{n}\right)^{-n}$ für $n\in\mathbb{N}^{>1}$ auf endlich viele Nachkommastellen genau abgeschätzt werden.
- Es gilt: $e=\lim\limits_{n\to\infty}\left(1+\frac{1}{n}\right)^n$ und $e=2{,}71828$ auf 5 Nachkommastellen genau.

Anmerkungen:

- Die Euler'sche Zahl e ist eine irrationale Zahl, deren Dezimaldarstellung also nicht periodisch ist. Man kann für sie daher nur rationale **Näherungswerte** angeben.

Die Exponentialfunktion $f(x)=e^x$; $x\in\mathbb{R}$ zur Basis e wird seit Euler die **natürliche Exponentialfunktion** oder kurz die **e-Funktion** genannt. Wegen $e>1$ besitzt sie dieselben Eigenschaften, die allgemein für Exponentialfunktionen vom Typ $f(x)=b^x$ mit $b>1$ gelten. Insbesondere ist die e-Funktion streng monoton steigend und daher umkehrbar. ▶ Abschnitt 2.7

Die **Umkehrfunktion** der e-Funktion ist die **natürliche Logarithmusfunktion** $\log_e$. Für sie ist die Schreibweise **ln** (logarithmus naturalis) gebräuchlicher. Sowohl die e-Funktion als auch die ln-Funktion sind auf den meisten Taschenrechnern über die Tasten e^x bzw. ln verfügbar.

Gibt man z. B. in die Anzeige eines 10-stelligen Taschenrechners die Zahl 1,2 ein und drückt die ln-Taste, so erhält man als Ergebnis von ln 1,2 die Zahl 0,182321557. Drückt man anschließend die e^x-Taste, so erscheint in der Anzeige als Ergebnis für $e^{\ln 1{,}2}$ die Zahl 1,200000000, also wieder 1,2. Das ist nicht verwunderlich, denn die e-Funktion und die ln-Funktion sind Umkehrfunktionen voneinander. Es gilt also für jedes $b>0$ stets $\boldsymbol{b=e^{\ln b}}$ und folglich $\boldsymbol{b^x=(e^{\ln b})^x}$ für jedes $x\in\mathbb{R}$. Durch diese Feststellung lässt sich jede Exponentialfunktion vom Typ $f(x)=b^x$ auf die e-Funktion zurückführen und die Ableitung jeder Exponentialfunktion leicht bestimmen, wie im Folgenden gezeigt wird.

Beispiel 4.20

Jede Exponentialfunktion vom Typ $f(x)=b^x$ lässt sich als Verkettung der e-Funktion $g(x)=\mathrm{e}^x$ mit der linearen Funktion $h(x)=(\ln b)\cdot x$ auffassen:

$f(x)=g[h(x)]$.

$$f(x)=b^x \qquad \blacktriangleright\ b=\mathrm{e}^{\ln b}$$
$$=(\mathrm{e}^{\ln b})^x \qquad \blacktriangleright\ \text{3. Potenzregel, Abschnitt 2.5.1}$$
$$=\mathrm{e}^{(\ln b)\,x} \qquad \blacktriangleright\ \text{verkettete e-Funktionen}$$

Also gilt nach der Kettenregel:

$f'(x)=g'[h(x)]\cdot h'(x)$.

Wegen $g'[h(x)]=g[h(x)]=f(x)=b^x$ und $h'(x)=\ln b$ folgt:

$f'(x)=(\ln b)\cdot b^x$ für alle $x\in\mathbb{R}$.

$$\Rightarrow f'(x)=[\mathrm{e}^{(\ln b)\cdot x}]' \qquad \blacktriangleright\ \text{Kettenregel, Abschnitt 4.1.4}$$
$$=(\ln b)\cdot \mathrm{e}^{(\ln b)\cdot x} \qquad \blacktriangleright\ \mathrm{e}^{(\ln b)\cdot x}=b^x$$
$$=(\ln b)\cdot b^x$$
$$=(\ln b)\cdot f(x)$$

Das letzte Beispiel liefert noch ein weiteres Ergebnis: Der bei der Ableitung einer Exponentialfunktion vom Typ $f(x)=b^x$ nach Beispiel 4.17 auftretende konstante Faktor $f'(0)$ ist ein Logarithmus, und zwar der Logarithmus von b zur Basis e. ▶ $f'(0)=\ln b$

Für $b=2$ und $b=3$ ergeben sich mit dem Taschenrechner $\ln 2=0{,}693147181$ und $\ln 3=1{,}098612289$ in Übereinstimmung mit den im Beispiel 4.18 berechneten Näherungswerten für die konstanten Faktoren.

4

Die Exponentialfunktionen vom Typ $f(x)=b^x;\ x\in\mathbb{R}$ mit $b>0$ sind differenzierbar und es gilt:

$f'(x)=(\ln b)\cdot b^x$.

Unter allen Exponentialfunktionen vom Typ $f(x)=b^x$ ist die e-Funktion $f(x)=\mathrm{e}^x$ dadurch ausgezeichnet, dass sie wegen $\ln \mathrm{e}=1$ die einzige ist, die mit ihrer Ableitung $f'(x)=\mathrm{e}^x$ übereinstimmt. Da sich außerdem – wegen $b^x=\mathrm{e}^{(\ln b)\cdot x}$ – jede dieser Funktionen auf die e-Funktion zurückführen lässt, wird in der Regel nur sie und die ln-Funktion zur Beschreibung von exponentiellen Wachstums- und Abnahmeprozessen verwendet. Ein Beispiel hierfür liefert die so genannte **stetige Verzinsung**. ▶ Abschnitt 2.8.1

Beispiel 4.21 (Stetige Verzinsung)

Erfährt ein Anfangskapital $K(0)$ pro Jahr m Zinszuschläge von je $\frac{p\,\%}{m}$, so ist es nach n Jahren auf $K(m\cdot n)=K(0)\cdot\left(1+\frac{p}{100\cdot m}\right)^{nm}$ angewachsen. Wie hoch ist das Endkapital nach n Jahren, wenn die Zinszuschläge „in jedem Augenblick" erfolgen? ▶ stetige Verzinsung

Welchen zusätzlichen Gewinn macht die Bank, wenn sie ein Kapital von 20.000 € dem Kunden zu einem Zinssatz von 8% für 10 Jahre statt stetig nur jährlich verzinst?

Bei stetiger Verzinsung eines Kapitals $K(0)$ für n Jahre gibt der Grenzwert $\lim\limits_{m\to\infty} K(m\cdot n)$ das Endkapital an.

$$\lim_{m\to\infty} K(m\cdot n)=\lim_{m\to\infty}\left[K(0)\cdot\left(1+\frac{p}{100\cdot m}\right)^{nm}\right] \qquad \blacktriangleright\ \text{4. Grenzwertsatz}$$
$$=K(0)\cdot\lim_{m\to\infty}\left[\left(1+\frac{p}{100\cdot m}\right)^{nm}\right] \qquad \blacktriangleright\ \text{3. Potenzregel}$$

Dieser Grenzwert kann mittels Grenzwertsätzen, Potenzregeln und der Gültigkeit von $e = \lim_{m \to \infty} (1+h_m)^{\frac{1}{h_m}}$ für die spezielle Nullfolge $\langle h_m \rangle$ mit $h_m = \frac{p}{100 \cdot m}$ zu $K(0) \cdot e^{\left(\frac{p}{100}\right) \cdot n}$ berechnet werden.

$= K(0) \cdot \lim_{m \to \infty} \left[\left(1 + \frac{p}{100 \cdot m}\right)^m \right]^n$ ► $h_m = \frac{p}{100 \cdot m}$

$= K(0) \cdot e^{\left(\frac{p}{100}\right) \cdot n}$

► $K(0) = 20.000;\ p = 8;\ n = 10$

$\Rightarrow \lim_{m \to \infty} K(m \cdot 10) = e^{\left(\frac{8}{100}\right) \cdot 10} \approx \mathbf{44.510{,}82}$

$\Rightarrow K(1 \cdot 10) \approx \mathbf{43.178{,}50}$

$44.510{,}82 - 43.178{,}50 = \mathbf{1.332{,}32}$

Bei jährlicher statt stetiger Verzinsung macht die Bank für die konkret angegebenen Werte in diesem Beispiel einen zusätzlichen Gewinn von 1.332,32 €.
Auf die Exponentialfunktion vom Typ $f(x) = b^x;\ x \in \mathbb{R}$ mit $b > 0$ und $b \neq 1$ lässt sich die **Umkehrregel** für differenzierbare Funktionen anwenden. ► Abschnitt 4.1.5
Dadurch gewinnt man die Ableitung der Logarithmusfunktion $\log_b$.

Beispiel 4.22

Entwickeln Sie mithilfe der Exponentialfunktionen und der Umkehrregel für $b \neq 1$ die Ableitung der Logarithmusfunktionen $\log_b$.

Für jede von 1 verschiedene positive Zahl für b sind die Exponentialfunktionen vom Typ $f(x) = b^x;\ x \in \mathbb{R}$ mit $b > 0$ umkehrbar.
Ihre Umkehrfunktionen sind die Logarithmusfunktionen $g(x) = \log_b x;\ x > 0$ zur Basis b.
► Abschnitt 2.5.2
Außerdem ist f differenzierbar und es gilt $f'(x) \neq 0$ für alle $x \in D(f)$. Daher ist auch g für alle $x \in D(g)$ differenzierbar und es gilt nach der Umkehrregel:
$g'(x) = \frac{1}{f'(g(x))} = \frac{1}{(\ln b) \cdot x};\ x > 0.$ ► Abschnitt 4.1.5

$f(x) = b^x$

$\Rightarrow f'(x) = (\ln b) \cdot b^x$

$g(x) = \log_b x$ ► Umkehrregel

$\Rightarrow g'(x) = \frac{1}{f'(g(x))}$ ► $f'(g(x)) = (\ln b) \cdot b^{g(x)}$

$= \frac{1}{(\ln b) \cdot b^{g(x)}}$ ► $b^{g(x)} = b^{\log_b x} = x$

$= \frac{1}{(\ln b) \cdot x}$ ► Ableitungsterm der $\log_b$-Funktion

Setzt man speziell die Euler'sche Zahl e für a, so erhält man wegen $\ln e = 1$ die Ableitung der ln-Funktion $g(x) = \ln x;\ x > 0$ zu $g'(x) = \frac{1}{x};\ \ x > 0$.

Die Logarithmusfunktionen vom Typ $g(x) = \log_b x;\ x > 0$ zu einer Basis $b \neq 1$ sind differenzierbar und es gilt: $g'(x) = \frac{1}{(\ln b) \cdot x};\ x > 0$. Speziell gilt für die ln-Funktion $g(x) = \ln x;\ x > 0$: $g'(x) = \frac{1}{x}$.

Alles klar?

Berechnen Sie die erste Ableitung mithilfe der Produkt-, Quotienten-, Kettenregel.

a) $f(x) = 3x \cdot e^{0{,}5x}$ **b)** $f(x) = (3x^2 - 5) \cdot e^{-2x}$

4.1.7 Ableitung trigonometrischer Funktionen

In Abschnitt 2.8 wurden die trigonometrischen Funktionen sin, cos und tan durch das Bogenmaß eines Winkels als **reelle** Funktionen eingeführt. Wie deren Graphen dort zeigen, besitzen sie in jedem ihrer Graphenpunkte eine wohlbestimmte Tangente. Die trigonometrischen Funktionen sind daher in ihren jeweiligen Definitionsbereichen differenzierbar. Offen ist nur die Frage, wie sich ihre Ableitungen bestimmen lassen.

Es genügt ersichtlich, nur die Ableitung sin′ der sin-Funktion zu bestimmen. Kennt man nämlich diese, so lassen sich auch die übrigen trigonometrischen Funktionen mithilfe der Ableitungsregeln differenzieren, denn sie können auf die sin-Funktion zurückgeführt werden (▶ Abschnitt 2.8, Übungsaufgabe 16). Bei der Bestimmung von sin′ darf man zudem die Betrachtung auf das Intervall $\left[0;\frac{\pi}{2}\right]$ beschränken, denn durch die Symmetrieaussagen $\sin(-x)=-\sin(x)$ und $\sin(x+\pi)=-\sin(x)$ für alle $x\in\mathbb{R}$ überträgt sich die Ableitung auch auf die übrigen Intervalle.

Beispiel 4.23

Die Differenzenquotientenfunktion d der sin-Funktion zu einer Stelle $x_0\in\left(0,\frac{\pi}{2}\right)$ lautet:
$d(h)=\frac{\sin(x_0+h)-\sin(h)}{h}$; $h\in\mathbb{R}\setminus\{0\}$ mit $x_0+h\in\left(0,\frac{\pi}{2}\right)$. Deutet man den Differenzenquotienten am Einheitskreis, so gibt sein Zähler die Länge der Strecke $\overline{QR}$ und sein Nenner die Länge des Bogens $\widehat{PQ}$ an.

▶ Winkel werden im Bogenmaß gemessen.

Daher gilt $d(h)=\frac{|\overline{QR}|}{|\widehat{PQ}|}$. Zeichnet man zusätzlich durch den Punkt P die Tangente an den Einheitskreis, so entsteht das rechtwinklige Dreieck PSR. Der Winkel ∢PSR ist maßgleich zum Winkel ∢EOP und besitzt daher auch das Bogenmaß x_0. Deshalb folgt: $\cos x_0=\frac{|\overline{SR}|}{|\overline{SP}|}$. Für $h\to 0$ nähern sich die Punkte Q und S dem Punkt P. Dadurch werden sich das „Bogendreieck" PQR und das Dreieck PSR immer ähnlicher.

Das bedeutet: $\lim\limits_{h\to 0} d(h)=\cos x_0$.

Diese Grenzwertaussage gilt auch noch für die (einseitigen) Grenzwerte an den Intervallgrenzen des Intervalls $\left(0,\frac{\pi}{2}\right)$.

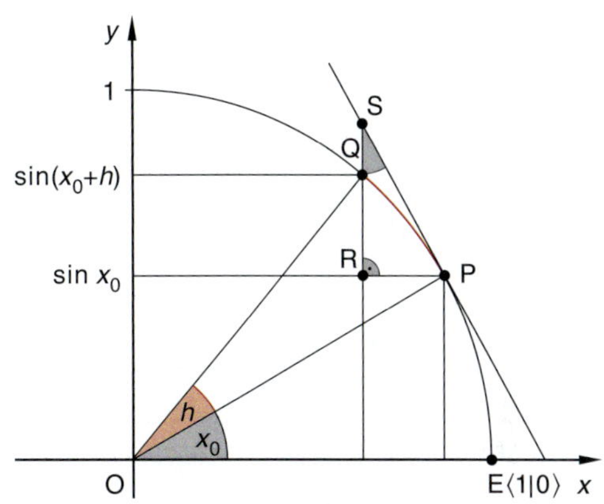

▶ $\sin(x_0+h)-\sin(h)=|\overline{QR}|$ Länge der Strecke $\overline{QR}$

▶ $h=|\widehat{PQ}|$ Länge des Bogens $\widehat{PQ}$

$$\Rightarrow d(h)=\frac{\sin(x_0+h)-\sin(h)}{h}=\frac{|\overline{QR}|}{|\widehat{PQ}|}$$

$$\Rightarrow \lim_{h\to 0} d(h)=\lim_{h\to 0}\frac{\sin(x_0+h)-\sin(h)}{h}$$

$$=\lim_{h\to 0}\frac{|\overline{QR}|}{|\widehat{PQ}|}=\frac{|\overline{SR}|}{|\overline{SP}|}$$

$$=\cos x_0$$

▶ $\text{r-}\lim\limits_{h\to 0}\frac{\sin(h)}{h}=\cos 0=1$

▶ $\text{l-}\lim\limits_{h\to 0}\frac{\sin\left(\frac{\pi}{2}+h\right)-\sin(h)}{h}=\cos\frac{\pi}{2}=0$

Da $x_0\in\left[0,\frac{\pi}{2}\right]$ eine beliebige Stelle war, ist insgesamt – aufgrund der Vorbemerkung – gezeigt: $\mathbf{\sin' x=\cos x}$ für alle $x\in\mathbb{R}$.

Nach Abschnitt 2.9 gilt für alle $x \in \mathbb{R}$: $\sin\left(x+\frac{\pi}{2}\right) = \cos x$ und $\cos\left(x+\frac{\pi}{2}\right) = -\sin x$.

▶ Abschnitt 2.8, Übungsaufgabe 16

Außerdem gilt für alle $x \in \mathbb{R}$ mit $x \neq \frac{\pi}{2} + k \cdot \pi$: $\tan x = \frac{\sin x}{\cos x}$. Mithilfe der Ableitungsregeln und diesen Gleichungen lassen sich jetzt auch die Ableitungen der cos- und tan-Funktion bestimmen.

Beispiel 4.24

Bestimmen Sie jeweils die Ableitung der cos- und der tan-Funktion.

- **cos′**
Man leitet die Cosinusfunktion wie nebenstehend über die sin-Funktion mithilfe der Kettenregel ab und verwendet die Gleichung $\cos\left(x+\frac{\pi}{2}\right) = -\sin x$.

- **tan′**
Man leitet die Tangensfunktion wie nebenstehend mithilfe der Quotientenregel ab und verwendet die schon bekannten Gleichungen $\sin' x = \cos x$ und $\cos' x = -\sin x$.

Die Division des entstehenden Bruchterms durch $\cos^2 x$ liefert als Ergebnis $1 + \tan^2 x$.

- $\mathbf{\cos' x} = \sin'\left(x+\frac{\pi}{2}\right)$ ▶ Kettenregel
$= \cos\left(x+\frac{\pi}{2}\right) \cdot 1$ ▶ $\cos\left(x+\frac{\pi}{2}\right) = -\sin x$
$= -\mathbf{\sin x}$ für alle $x \in \mathbb{R}$.

- $\mathbf{\tan' x} = \left(\frac{\sin x}{\cos x}\right)'$ ▶ Quotientenregel
$= \frac{\sin x' \cdot \cos x - \cos' x \cdot \sin x}{\cos^2 x}$ ▶ $\sin' x = \cos x$, $\cos' x = -\sin x$
$= \frac{\cos^2 x + \sin^2 x}{\cos^2 x}$
$= 1 + \frac{\sin^2 x}{\cos^2 x}$ ▶ $\frac{\sin^2 x}{\cos^2 x} = \tan^2 x$
$= 1 + \tan^2 x$

Die trigonometrischen Funktionen sin, cos und tan sind in ihren jeweiligen Definitionsbereichen differenzierbar und dort gilt: $\sin' = \cos$; $\cos' = -\sin$ und $\tan' = 1 + \tan^2$.

Alles klar?

1 Berechnen Sie die zweite Ableitung von $f(x) = 4\cos x \cdot (3 - 6\sin x)$.

Übungen zu 4.1

Ableitung ganzrationaler Funktionen

1 Bestimmen Sie die dritte Ableitung folgender reeller Funktionen bzw. Funktionstypen.

a) $f(x)=0{,}5x^3+3x^2$
b) $f(x)=x^m;\ m\in\mathbb{N}\backslash\{0\}$
c) $f(x)=-0{,}5x^5$
d) $f(x)=0{,}5x^3+1$
e) $f(x)=3x^3-5$
f) $f(x)=0{,}2x^{-3};\ x\in\mathbb{R}\backslash\{0\}$
g) $f(x)=-3x^7+1$
h) $f(x)=a+3bx^2;\ x\in\mathbb{R}\backslash\{0\};\ a,b\in\mathbb{R}$
i) $f(x)=ax^m;\ x\in\mathbb{R}\backslash\{0\};\ m\in\mathbb{Z}\backslash\{0\};\ a\in\mathbb{R}$
j) $f(x)=-0{,}5bx^{-n};\ x\in\mathbb{R}\backslash\{0\};\ n\in\mathbb{N}\backslash\{0\};\ b\in\mathbb{R}$
k) $f(x)=\frac{1}{3}x^3+2x^{-5};\ x\in\mathbb{R}\backslash\{0\}$
l) $f(x)=\frac{1}{3}cx^n;\ n\in\mathbb{N}\backslash\{0\};\ c\in\mathbb{R}$

2 Leiten Sie die folgenden Funktionen bzw. Funktionstypen so oft ab, bis die jeweilige Ableitungsfunktion eine konstante Funktion ist ($x\in\mathbb{R}$).

a) $f(x)=3x^7-0{,}5x^3$
b) $f(x)=0{,}25x^8+0{,}5x^{10}-3$
c) $f(x)=0{,}01ax^{12}-0{,}5bx^8;\ a,b\in\mathbb{R}$
d) $f(x)=0{,}25ax^4+0{,}5bx^5-3;\ a,b\in\mathbb{R}$
e) $f(x)=3ax^5-0{,}5bx^4;\ a,b\in\mathbb{R}$
f) $f(x)=0{,}2ax^5+0{,}5bx^6-3;\ a,b\in\mathbb{R}$

3 Bestimmen Sie die Steigungsmaße der Graphen folgender reeller Funktionen an den jeweiligen Stellen.

a) $f(x)=0{,}5x^3;\quad x_1=2$
b) $f(x)=-0{,}5x^5;\quad x_1=-1$
c) $f(x)=0{,}5x^3+1;\quad x_1=2$
d) $f(x)=0{,}5x^3+3x^2;\quad x_1=3$
e) $f(x)=3x^2-0{,}5x^{-3};\quad x_1=-2$
f) $f(x)=-3x^7+2x;\quad x_1=5$

4 An welcher Stelle hat der Graph der reellen Funktion

a) $f(x)=0{,}5x^3+2x$ das Steigungsmaß 3,5;
b) $f(x)=3x^2-0{,}5x^{-3}$ das Steigungsmaß $-4{,}5$;
c) $f(x)=0{,}5x^2$ das Steigungsmaß 2;
d) $f(x)=2x^3-3x^2$ das Steigungsmaß 12?

5 Bestimmen Sie die Steigungsmaße folgender reeller Funktionen jeweils an der Stelle 2 und zeichnen Sie deren Graphen im Intervall $[0; 3]$.

a) $f_1(x)=0{,}5x^3$
b) $f_2(x)=0{,}5x^3+3$;
c) $f_3(x)=0{,}5x^3-5$.

6 Geben Sie jeweils eine Funktion mit folgendem Ableitungsterm an.

a) $f'(x)=2$
b) $f'(x)=x$
c) $f'(x)=3x^2$
d) $f'(x)=2x+1$
e) $f'(x)=x^2-x$
f) $f'(x)=0{,}25x^3$

7 Zeigen Sie mithilfe der Polynomdivision und unter Anwendung der Grenzwertsätze am Beispiel der Funktion $f(x)=x^5$, dass $5x^4$ der Term der Ableitungsfunktion ist.

8 Das Weg-Zeit-Gesetz für den senkrechten Wurf lässt sich durch die ganzrationale Funktion $s(t)=v_0t-0{,}5gt^2$ beschreiben, wobei v_0 die Anfangsgeschwindigkeit (z. B. eines Balles beim Verlassen der Hand) und g die Gravitationskonstante ($\approx 10\ \text{m/sec}^2$) bezeichnet. Die Anfangsgeschwindigkeit ist 30 m/sec.

a) In welcher Höhe befindet sich der Ball nach 2 sec, 4 sec, 6 sec?
b) Berechnen Sie die Ballgeschwindigkeit nach 2 sec, 4 sec, 6 sec.
c) Wie groß ist die Geschwindigkeit des Balles zu dem Zeitpunkt, zu dem der Ball seine höchste Flughöhe erreicht hat, und wie hoch fliegt der Ball dann?

Übungen zu den verschiedenen Ableitungsregeln

9 Bilden Sie die erste Ableitung folgender reeller Funktionen mithilfe der Produktregel.

a) $f(x)=(x^2-9)^3$ b) $f(x)=(2x^2+5x-9)^3$
c) $f(x)=(x^3+2x)^3$ d) $f(x)=(7x^5-9x^4)^3$
e) $f(x)=(2x^2+5x)^3$ f) $f(x)=(3x^3+1)^3$

10 Beweisen Sie die Quotientenregel für eine beliebige Funktion vom Typ $f(x)=\frac{u(x)}{v(x)}$, indem Sie den Grenzwert des Differenzenquotienten d von f an der Stelle 0 zu einer beliebigen Stelle $x_0 \in D(u) \cap D(v)$ bilden.

11 Ermitteln Sie die dritte Ableitung folgender gebrochen-rationaler Funktionen in ihrem maximalen Definitionsbereich mithilfe der Quotienten- bzw. Kehrwertregel.

a) $f(x)=\frac{4x-2}{x+3}$ b) $f(x)=\frac{x^2}{x-1}$
c) $f(x)=\frac{x+7}{x^2}$ d) $f(x)=\frac{x^2+4x-2}{x+3}$
e) $f(x)=\frac{x^2+6x}{x^2+3}$ f) $f(x)=\frac{x^2+4x-2}{x^2+4}$
g) $f(x)=\frac{x^4-10x^2+9}{x^2}$ h) $f(x)=\frac{x^2+8}{x^3+1}$

12 Berechnen Sie die dritte Ableitung der folgenden Funktionen in ihren maximalen Definitionsbereichen mithilfe der Produktregel.

a) $f(x)=x\cdot e^x$ b) $f(x)=(x^2-1)\cdot e^x$
c) $f(x)=x^3\cdot e^x$ d) $f(x)=x\cdot \sin x$
e) $f(x)=x\cdot \cos x$ f) $f(x)=x^2\cdot \sin x$
g) $f(x)=e^x\cdot \sin x$ h) $f(x)=\sin x\cdot \cos x$
i) $f(x)=(x^2-1)\cdot \cos x$

13 Bestimmen sie die zweite Ableitung der folgenden reellen Funktionen in ihren maximalen Definitionsbereichen mithilfe der Kettenregel.

a) $f(x)=(2x^2-4)^3$ b) $f(x)=(x^2-3x+2)^4$
c) $f(x)=(3x^3-4x)^3$ d) $f(x)=e^{-0,5x}$
e) $f(x)=e^{-x^2+2x}$ f) $f(x)=e^{-\frac{x^2}{6}}$
g) $f(x)=e^{0,1x^2-2}$ h) $f(x)=\ln(x^2+4)$
i) $f(x)=\ln(\sin x)$ j) $f(x)=\sin(\cos x)$

14 Ermitteln Sie zu den folgenden reellen Funktionen jeweils die Umkehrfunktionen und berechnen Sie die erste Ableitung mithilfe der Umkehrregel.

a) $f(x)=2x^2+1;\ x\in=\mathbb{R}^{\geq 0}$
b) $f(x)=0{,}5x^3-3$
c) $f(x)=x\cdot\sqrt{x};\ x\in=\mathbb{R}^{\geq 0}$

15 Berechnen Sie die zweite Ableitung folgender Funktionen in ihren maximalen Definitionsbereichen.

a) $f(x)=x^2\cdot\sqrt{4x}$
b) $f(x)=(x^3-1)\cdot\sqrt{2x}$
c) $f(x)=(x^2+2)\cdot e^{-x^2}$
d) $f(x)=18x\cdot e^{-\frac{x^2}{12}}$
e) $f(x)=8e^{-x^2}\cdot(5-10x^2)$
f) $f(x)=(x^2-1)\cdot\sqrt{x^2+4}$
g) $f(x)=\frac{1}{(3x^2-5)^2}$
h) $f(x)=\frac{e^{x^2}+8}{x^3+1}$

16 Bestimmen Sie den Ableitungsterm $f'(x)$ mithilfe der Kehrwertregel.

a) $f(x)=\frac{1}{\sin x};\ x\in\mathbb{R}\backslash\{k\pi;\ k\in\mathbb{R}\}$

b) $f(x)=\frac{1}{\cos x};\ x\in\mathbb{R}\backslash\{\pi/2+k\pi;\ k\in\mathbb{R}\}$

17 Bestätigen Sie mit dem TR die Grenzwertaussage $\text{r-}\lim\limits_{h\to 0}\frac{\sin(h)}{h}=\cos 0=1$, indem Sie $\frac{\sin(h)}{h}$ und $\cos h$ für $h=10^{-n};\ n\in\mathbb{N}$ tabellieren.

4.2 Eigenschaften ganzrationaler Funktionen

In den Beispielen des Abschnitts 3.3 konnte man sehen, dass sich ökonomische Problemstellungen wie z.B. die Grenzkostenbestimmung mithilfe des Ableitungsbegriffs einfach und quantitativ genau lösen lassen.
Die Differentialrechnung lässt sich ganz allgemein als ein sehr leistungsfähiges Hilfsmittel verstehen, mit dem sich diejenigen Eigenschaften von Funktionen untersuchen lassen, die im weitesten Sinne mit deren **Änderungsverhalten** zu tun haben. Zu diesen Eigenschaften gehören u.a.

- Monotonieverhalten: An welchen Stellen steigt die Funktion, an welchen fällt sie?
- Extremstellen: An welchen Stellen nimmt die Funktion die größten, an welchen die kleinsten Werte an?
- Krümmung: auf welchen Intervallen beschreibt der Graph eine Linkskurve, auf welchen eine Rechtskurve?

Diese Eigenschaften werden systematisch innerhalb der **Kurvendiskussion** untersucht. In diesem Kapitel soll dafür die theoretische Grundlage geschaffen werden. Dabei wird sich zeigen, dass alle oben genannten Eigenschaften aufs engste mit dem Ableitungsbegriff zusammenhängen.

4

Es sei noch einmal daran erinnert, dass die Ableitung einer Funktion etwas über deren **Steigungsverhalten** aussagt: an den Stellen, an denen die Ableitungsfunktion positiv ist, besitzt der Graph eine positive Steigung. Entsprechend fällt der Graph an den Stellen, an denen die Ableitung negative Werte hat. Hat die Ableitung an einer Stelle den Wert Null, so besitzt der Graph dort eine waagerechte Tangente. Die letzte Tatsache ist besonders wichtig, wenn es darum geht, Extremstellen einer Funktion rechnerisch zu bestimmen.

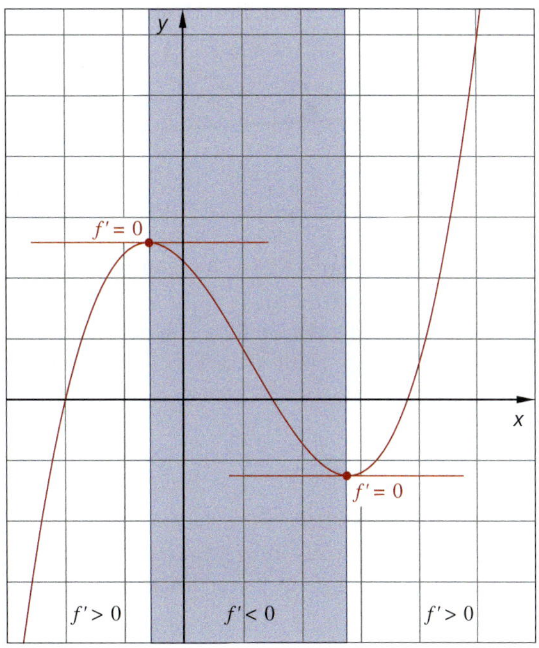

4.2.1 Monotonieverhalten und lokale Extremstellen

Anhand der ganzrationalen Funktion $f(x) = x^4 - x^3 - 4x^2 + 4x; x \in \mathbb{R}$ sollen zunächst die Begriffe „lokaler Extrempunkt" sowie „absoluter Extrempunkt" definiert werden. Anschließend wird untersucht, wie sich die Extrempunkte mithilfe der ersten Ableitung rechnerisch auffinden lassen.

Betrachtet man den Graphen von f, so erkennt man, dass alle Punkte in unmittelbarer Nachbarschaft von P_2 unterhalb von P_2 liegen. Ein Punkt $P\langle x_E | f(x_E)\rangle$ eines Graphen von f, dessen unmittelbar benachbarte Punkte auf dem Graphen links und rechts von ihm einen kleineren $f(x)$-Wert besitzen, heißt **lokaler Hochpunkt**. Ist $P\langle x_E | f(x_E)\rangle$ ein lokaler Hochpunkt, so heißt die Stelle x_E **lokale Maximalstelle** und der zugehörige $f(x_E)$-Wert **lokales Maximum**.

Gilt $f(x_E) > f(x)$ nicht nur für eine Umgebung der Stelle x_E, sondern für alle $x \in D(f) \setminus \{x_E\}$, so heißt $P\langle x_E | f(x_E)\rangle$ **absoluter Hochpunkt**.

Alle Punkte des Graphen in unmittelbarer Nachbarschaft von P_1 bzw. P_3 liegen oberhalb von P_1 bzw. P_3. Ein Punkt $P\langle x_E | f(x_E)\rangle$ eines Graphen von f, dessen unmittelbar benachbarte Punkte auf dem Graphen links und rechts von ihm einen größeren $f(x)$-Wert besitzen, heißt **lokaler Tiefpunkt**. Ist $P\langle x_E | f(x_E)\rangle$ ein lokaler Tiefpunkt, so heißt die Stelle x_E **lokale Minimalstelle** und der zugehörige $f(x_E)$-Wert **lokales Minimum**.

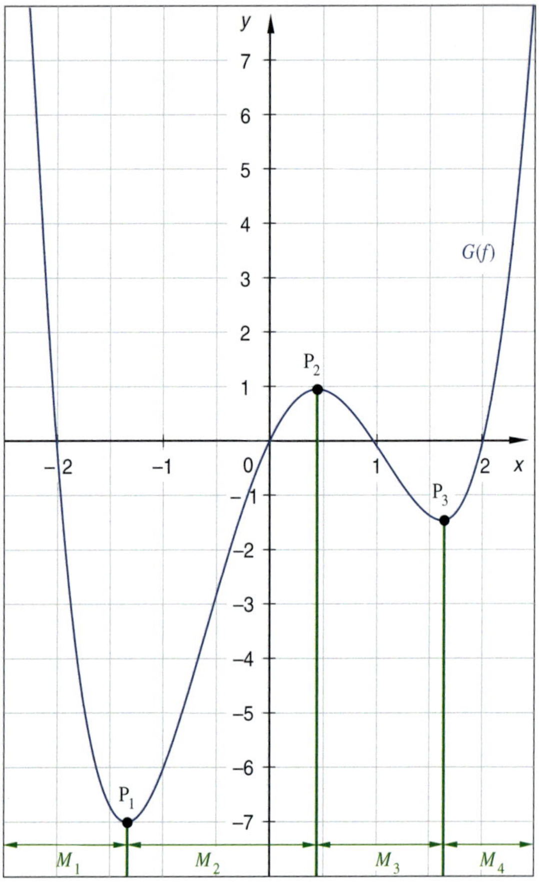

Im Unterschied zu P_3 hat der Punkt P_1 die Eigenschaft, dass **alle** Punkte des Graphen von f oberhalb von ihm liegen. Gilt $f(x_E) < f(x)$ nicht nur für eine Umgebung der Stelle x_E, sondern für alle $x \in D(f) \setminus \{x_E\}$, so heißt $P\langle x_E | f(x_E)\rangle$ **absoluter Tiefpunkt**.

$P_1\langle x_{E_1} | f(x_{E_1})\rangle$ ► absoluter Tiefpunkt
$P_2\langle x_{E_2} | f(x_{E_2})\rangle$ ► lokaler Hochpunkt
$P_3\langle x_{E_3} | f(x_{E_3})\rangle$ ► lokaler Tiefpunkt
} ► lokale Extrempunkte von $G(f)$

Die lokalen Maximal- und Minimalstellen einer Funktion f nennt man zusammenfassend auch ihre **lokalen Extremstellen**. Entsprechend nennt man die lokalen Maximal- und Minimalpunkte von $G(f)$ zusammenfassend seine **lokalen Extrempunkte**.

x_{E_1}, x_{E_3} ► lokale Minimalstellen von f
x_{E_2} ► lokale Maximalstelle von f
$x_{E_1}, x_{E_2}, x_{E_3}$ ► lokale Extremstellen von f

Die drei Extremstellen x_{E_1}, x_{E_2} und x_{E_3} teilen den Definitionsbereich von f in vier **Monotonieintervalle** M_1, M_2, M_3 und M_4 ein. Auf diesen Intervallen verläuft der Graph jeweils monoton. Auf M_1 und M_3 ist er monoton fallend, auf M_2 und M_4 monoton steigend.

$M_1 = (-\infty; x_{E_1}]$ ► $G(f)$ fällt
$M_2 = [x_{E_1}; x_{E_2}]$ ► $G(f)$ steigt
$M_3 = [x_{E_2}; x_{E_3}]$ ► $G(f)$ fällt
$M_4 = [x_{E_3}; \infty)$ ► $G(f)$ steigt
} ► Zwischen diesen Intervallen ändert der Graph von f sein Steigungsverhalten, innerhalb dieser Intervalle aber nicht.

Beispiel 4.25 (Monotonieverhalten und Extremstellen)

Gegeben ist die ganzrationale Funktion

$f(x) = 0{,}125x^3 - 0{,}375x^2 - 1{,}125x + 2{,}375$

mit $x \in \mathbb{R}$, die auf ihr Monotonieverhalten und auf Extremstellen untersucht wird.

Für die Ableitung von f gilt:

$f'(x) = 0{,}375x^2 - 0{,}75x - 1{,}125$; $x \in \mathbb{R}$.

Monotonieverhalten:
Betrachtet man die Graphen von f und f', so erkennt man, dass $G(f')$ dort **oberhalb** der x-Achse verläuft ($f'(x) > 0$), wo $G(f)$ **steigt**. Entsprechend verläuft $G(f')$ dort **unterhalb** der x-Achse ($f'(x) < 0$), wo $G(f)$ **fällt**.

Man erkennt außerdem:
Ist x_E eine **lokale Maximalstelle** von f, so sind die Tangenten an den Graphen von f in unmittelbarer Umgebung von x_E links vom Punkt $\langle x_E | f(x_E) \rangle$ steigend und rechts davon fallend, während die Tangente im Punkt $\langle x_E | f(x_E) \rangle$ selbst **waagerecht** verläuft. Für die Funktion f bedeutet dies, dass in unmittelbarer Umgebung der Stelle x_E gilt:

$$f'(x) > 0 \text{ für } x < x_E,$$
$$f'(x_E) = 0,$$
$$f'(x) < 0 \text{ für } x_E < x.$$

Eine entsprechende Aussage gilt für eine lokale Minimalstelle.

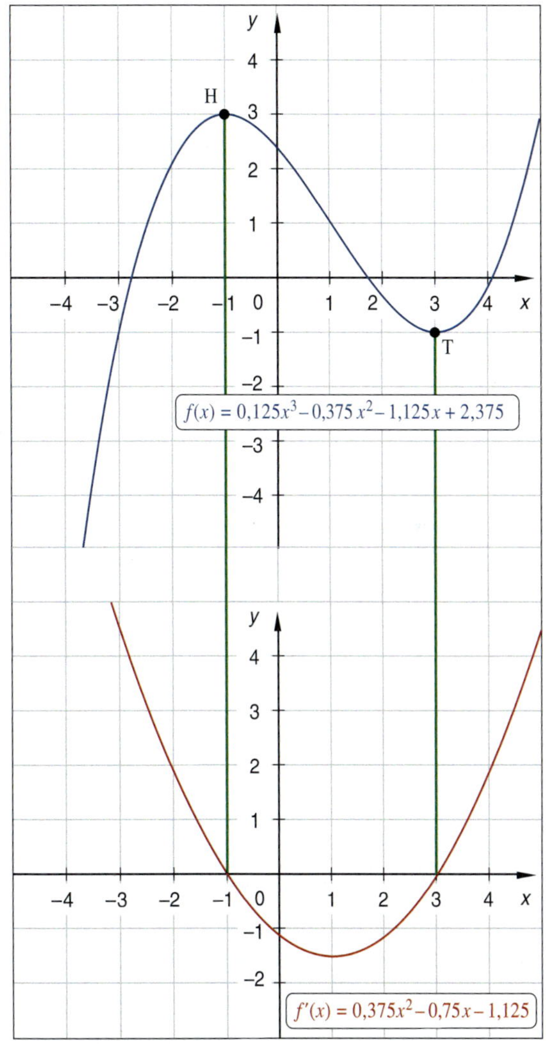

An einer lokalen Extremstelle x_E von f schneidet der Graph von f' die x-Achse. Dort gilt demnach $f'(x_E) = 0$ und $G(f)$ ändert hier sein Steigungsverhalten. Man sagt: Das **Steigungsverhalten** von $G(f)$ entspricht dem **Monotonieverhalten** von f.

Die beiden aus der Zeichnung ersichtlichen lokalen Extremstellen von f sind also Nullstellen der Ableitungsfunktion f' und bilden Grenzen der Monotonieintervalle von f.

Zur rechnerischen Bestimmung dieser Extremstellen wird daher die Gleichung $f'(x) = 0$ gelöst.

$f'(x) = 0 \Leftrightarrow 0{,}375x^2 - 0{,}75x - 1{,}125 = 0 \quad |:0{,}375$

$\Leftrightarrow x^2 - 2x - 3 = 0 \quad |+3$

$\Leftrightarrow x^2 - 2x = 3$ ▶ quadratische Ergänzung

$\Leftrightarrow x^2 - 2x + 1 = 4$ ▶ Binom

$\Leftrightarrow (x-1)^2 = 4 \quad |\sqrt{\ }$

$\Leftrightarrow |x-1| = 2$

$\Leftrightarrow x = -1$ oder $x = 3$

Lösung: $x_{E_1} = \mathbf{-1}$ und $x_{E_2} = \mathbf{3}$.

Die beiden Extremstellen x_{E_1} und x_{E_2} teilen den Definitionsbereich von f in die drei **Monotonieintervalle** M_1, M_2 und M_3 ein, wobei $x_{E_1} = -1$ und $x_{E_2} = 3$ die Grenzen der Monotonieintervalle bilden.

$M_1 = (-\infty; -1]$ ► $G(f)$ steigt
$M_2 = [-1; 3]$ ► $G(f)$ fällt
$M_3 = [3; \infty)$ ► $G(f)$ steigt

Anhand der Zeichnung erkennt man, dass im Intervall M_1 gilt $\boldsymbol{f'(x) \geq 0}$ und f dort **steigt**.

In M_2 gilt $\boldsymbol{f'(x) \leq 0}$, dort **fällt** f.

In M_3 gilt wieder $\boldsymbol{f'(x) \geq 0}$; dort **steigt** f somit nochmals.

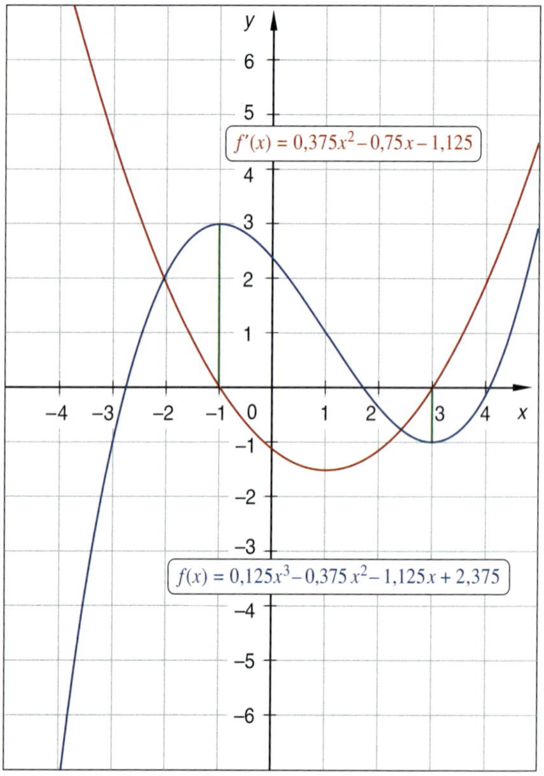

Zur Feststellung des Monotonieverhaltens in einem Monotonieintervall reicht im Allgemeinen die Berechnung des Vorzeichens von $f'(x)$ an **einer** beliebigen Teststelle im **Innern** des jeweiligen Intervalls aus. Denn es gilt für eine beliebige reelle Funktion f und für ein beliebiges Intervall I, in dem f differenzierbar ist:

$M_1 = (-\infty; -1]: f'(-2) = 1{,}875$ ► Vorzeichen „+"
$\Rightarrow f$ steigt in M_1 streng monoton
$M_2 = [-1; 3]: f'(0) = -1{,}125$ ► Vorzeichen „–"
$\Rightarrow f$ fällt in M_2 streng monoton
$M_3 = [3; \infty): f'(4) = 1{,}875$ ► Vorzeichen „+"
$\Rightarrow f$ steigt in M_3 streng monoton

Aus $\boldsymbol{f'(x) \geq 0}$ für alle $x \in I$ lässt sich schließen, dass f in diesem Intervall **monoton steigt**;

aus $\boldsymbol{f'(x) > 0}$ für alle $x \in I$ schließt man, dass f in I sogar **streng monoton steigt**.

Aus $\boldsymbol{f'(x) \leq 0}$ für alle $x \in I$ lässt sich schließen, dass f in diesem Intervall **monoton fällt**;

aus $\boldsymbol{f'(x) < 0}$ für alle $x \in I$ schließt man, dass f in I sogar **streng monoton fällt**.

Weiß man umgekehrt, dass M ein Monotonieintervall der Funktion f ist, so muss dort entweder $f'(x) \geq 0$ oder $f'(x) \leq 0$ für alle $x \in M$ gelten.

Für ein **Monotonieintervall** M von f gilt: $f'(x) \geq 0$ oder $f'(x) \leq 0$ für alle $x \in M$.

► Gilt $f'(x) > 0$ für alle $x \in I$, so ist f in I nach den vorstehenden Ausführungen streng monoton steigend. Umgekehrt darf man aus der streng steigenden Monotonie einer Funktion f in einem Intervall I aber **nicht** schließen, dass auch an den Randstellen $f'(x) > 0$ gilt, wie die Funktion aus Beispiel 4.23 zeigt. An den Randstellen -1 und 3 gilt nämlich $f'(-1) = f'(3) = 0$.

Eine entsprechende Aussage gilt für streng fallende Monotonie, vgl. Übungsaufgabe 17

Ohne den Graphenverlauf aus der Zeichnung zu kennen, würde man noch nichts über die jeweilige Art der berechneten Extremstellen von f wissen; man kann sie aber leicht aus der berechneten Vorzeichenverteilung von $f'(x)$ ermitteln.

Extrempunkte:
An der Stelle $x_{E_1} = -1$ schneidet $G(f')$ die x-Achse und fällt in der Nähe dieser Stelle ständig. An dieser Stelle gilt: $f'(-1) = 0$ und $f'(x)$ wechselt bei -1 von links nach rechts sein Vorzeichen von „+“ nach „–“ ($G(f)$ steigt erst und fällt dann).

An dieser Stelle muss also $G(f)$ einen **lokalen Hochpunkt** besitzen.

Entsprechend gilt an der Stelle $x_{E_2} = 3$: $f'(3) = 0$ und $f'(x)$ wechselt bei 3 von links nach rechts sein Vorzeichen von „– nach +“ ($G(f)$ fällt erst und steigt dann).

An dieser Stelle muss also $G(f)$ einen **lokalen Tiefpunkt** besitzen.

Da einerseits $\lim\limits_{x \to -\infty} f(x) = -\infty$ und andererseits $\lim\limits_{x \to \infty} f(x) = \infty$ gilt, besitzt $G(f)$ **keinen** absoluten Tiefpunkt und **keinen** absoluten Hochpunkt.

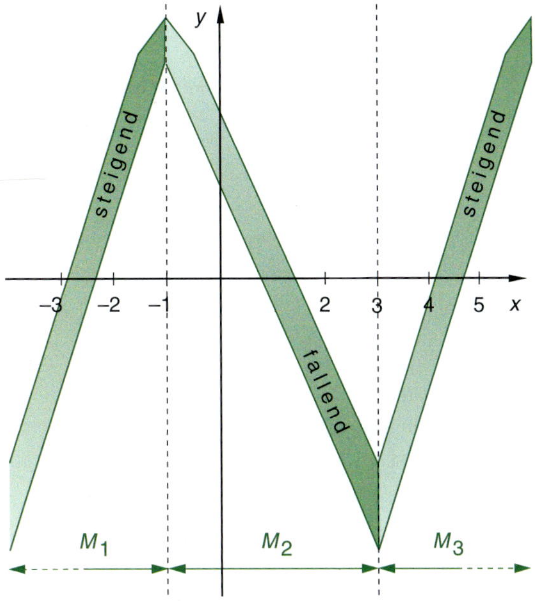

$x_{E_1} = -1$ ist lokale Maximalstelle von f und **H⟨−1|3⟩** ist **lokaler Hochpunkt** von $G(f)$. ► $f(-1) = 3$
$x_{E_2} = 3$ ist lokale Minimalstelle von f und **T⟨3|−1⟩** ist **lokaler Tiefpunkt** von $G(f)$. ► $f(3) = -1$

Allgemein gilt für irgendeine reelle Funktion f, die in einer Umgebung einer Stelle x_E ihres Definitionsbereichs differenzierbar ist, das sog. **Vorzeichenwechselkriterium (VZW)** für $f'(x)$:

$f'(x_E) = 0$ und $f'(x)$ wechselt bei x_E sein Vorzeichen von „+“ nach „–“
$\Rightarrow$ x_E ist **lokale Maximalstelle** von f.

$f'(x_E) = 0$ und $f'(x)$ wechselt bei x_E sein Vorzeichen von „–“ nach „+“
$\Rightarrow$ x_E ist **lokale Minimalstelle** von f.

Beweis: Der Beweis wird für eine Maximalstelle geführt; für eine Minimalstelle verläuft er analog, man braucht nur in jedem Fall das Vorzeichen umzudrehen.

Nach Voraussetzung gilt für alle x in einer Umgebung von x_E: $f'(x) \geq 0$, falls $x \leq x_E$, und $f'(x) \leq 0$, falls $x \geq x_E$ ist.

Daher ist f für $x \leq x_E$ in einem Intervall monoton steigend und für $x \geq x_E$ in einem Intervall monoton fallend. Es gilt also $f(x) \leq f(x_E)$ sowohl für $x \leq x_E$ als auch für $x \geq x_E$, d. h., f hat an der Stelle x_E eine lokale Maximalstelle.

Die Lösung der Gleichung $f'(x) = 0$ lieferte im Beispiel 4.25 die lokalen Extremstellen der Funktion f, die anhand des VZW-Kriteriums für $f'(x)$ in geeigneten Umgebungen dieser Stellen noch weiter hinsichtlich ihrer Art untersucht wurden.

Nicht immer ist jedoch eine Lösung der Gleichung $f'(x) = 0$ auch eine lokale Extremstelle der Funktion f.

Die Bedingung $f'(x) = 0$ ist zwar **notwendig** für das Vorliegen einer lokalen Extremstelle der Funktion f, aber nicht hinreichend, d. h., es muss dort nicht zwingend eine Extremstelle vorliegen, wie das nächste Beispiel 4.26 zeigt.

Beispiel 4.26 (Monotonieverhalten und Extrempunkte)

Gegeben ist die ganzrationale Funktion $g(x) = 0{,}25x^4 - x^3 + 1$ mit $x \in \mathbb{R}$, die auf ihr Monotonieverhalten und auf ihre Extremstellen untersucht wird.

Für die Ableitung von g gilt:
$g'(x) = x^3 - 3x^2; x \in \mathbb{R}$.

Monotonieverhalten:
Man erkennt anhand der Zeichnung, dass g in dem Intervall **fällt**, in dem $g'(x) \leq 0$ gilt, und in dem Intervall **steigt**, in dem $g'(x) \geq 0$ gilt.

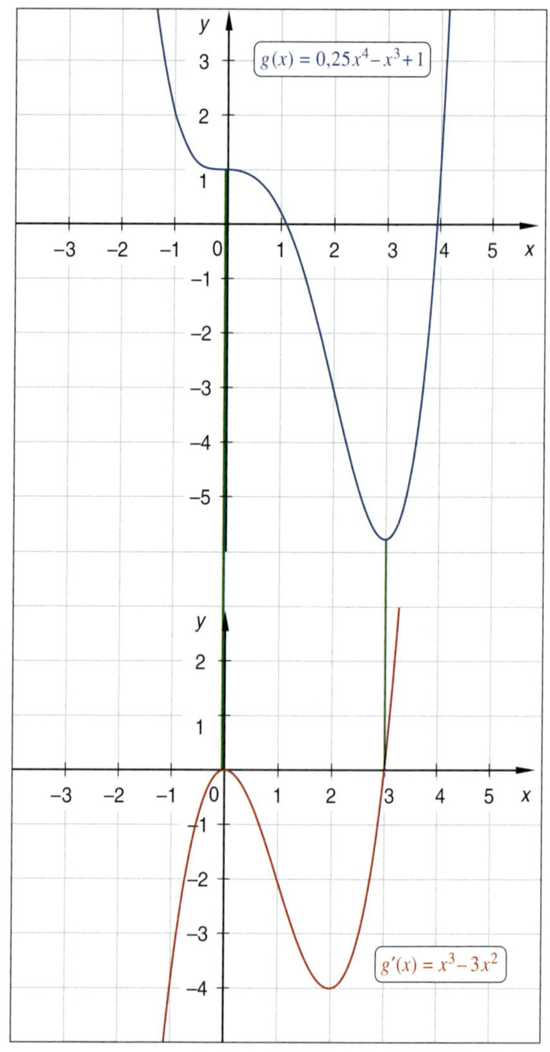

▶ 3 ist einfache Nullstelle von f'
▶ 0 ist doppelte Nullstelle von f'

Analog zu Beispiel 4.25 werden die möglichen Grenzen der Monotonieintervalle von g bestimmt.

Zu lösen ist also die Gleichung $g'(x) = 0$.

$$g'(x) = 0 \Leftrightarrow x^3 - 3x^2 = 0$$
$$\Leftrightarrow x^2 \cdot (x - 3) = 0$$
$$\Leftrightarrow x^2 = 0 \text{ oder } x = 3$$

Lösung: $x_{E_1} = \mathbf{0}$ und $x_{E_2} = \mathbf{3}$

Im Unterschied zum Beispiel 4.25 schneidet $G(g')$ die x-Achse nur an der Stelle 3 in der Weise, dass dort $g'(x)$ in der Nähe einen Vorzeichenwechsel (VZW) hat, sodass 3 lokale Extremstelle ist.

An der Stelle 0 berührt $G(g')$ die x-Achse nur, ohne dass dort in der Nähe ein VZW von $g'(x)$ vorliegt. Deshalb kann 0 keine lokale Extremstelle sein. Daher ist die Stelle 0 auch keine Grenze eines Monotonieintervalls.

Somit gibt es nur die beiden Monotonieintervalle $M_1 = (-\infty; 3]$ und $M_2 = [3; \infty)$.

Zum Nachweis der Art der Monotonie wird aus jedem Monotonieintervall eine Teststelle x_0 mit $g'(x_0) \neq 0$ gewählt und das Vorzeichen von $g'(x_0)$ bestimmt.

$M_1 = (-\infty; 3]$: $g'(-1) = -4$ ▶ Vorzeichen „−“
$\Rightarrow g$ fällt in M_1 streng monoton

$M_2 = [3; \infty)$: $g'(4) = 16$ ▶ Vorzeichen „+“
$\Rightarrow g$ steigt in M_2 streng monoton

An der Zeichnung erkennt man, dass $G(g)$ an der Stelle $x_{E_1} = 0$ zwar eine waagerechte Tangente besitzt, x_{E_1} aber **keine** lokale Extremstelle von g ist. Es zeigt sich also, dass die Nullstellen von g' nur **mögliche lokale Extremstellen** von g sind, die z. B. mithilfe des VZW-Kriteriums für $g'(x)$ noch genauer daraufhin untersucht werden müssen, ob sie auch tatsächlich lokale Extremstellen sind. Für die Stellen 0 und 3 gilt also:

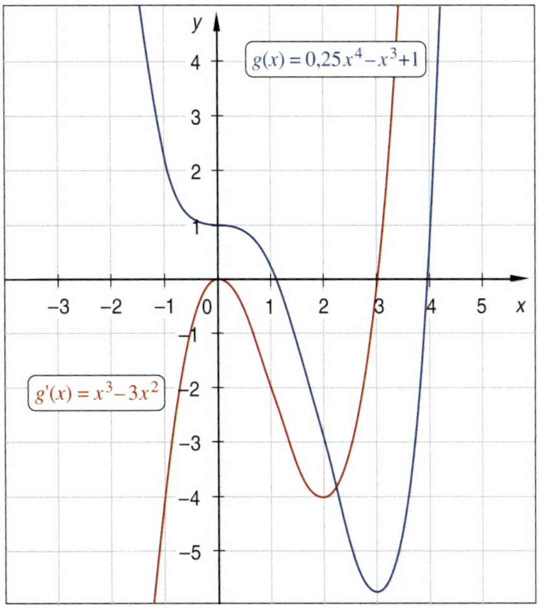

Extrempunkte:

- An der Stelle $\boldsymbol{x_{E_1} = 0}$ gilt:
  $g'(0) = 0$ und $g'(x)$ wechselt bei 0 sein Vorzeichen **nicht**.
  An dieser Stelle kann also $G(g)$ keinen lokalen Extrempunkt besitzen.

$g'(0) = 0$ ► 0 Nullstelle von g'
$g'(-1) = -4$ ► Vorzeichen „–", $-1 \in M_1$
$g'(1) = -2$ ► Vorzeichen „–", $1 \in M_1$

$\Rightarrow x_{E_1} = 0$ ist **keine** lokale Extremstelle von g.

- An der Stelle $\boldsymbol{x_{E_2} = 3}$ gilt:
  $g'(3) = 0$ und $g'(x)$ wechselt bei 3 sein Vorzeichen von „– nach +" ($G(g)$ fällt erst und steigt dann).
  An dieser Stelle muss also $G(g)$ einen **lokalen Tiefpunkt** besitzen.

$g'(3) = 0$ ► 3 Nullstelle von g'
$g'(1) = -2$ ► Vorzeichen „–", $1 \in M_1$
$g'(4) = 16$ ► Vorzeichen „+", $4 \in M_2$
$\Rightarrow x_{E_2} = 3$ ist lokale Minimalstelle von g und **T⟨3 | – 5,75⟩** ist **lokaler Tiefpunkt** von $G(g)$. ► $g(3) = -5{,}75$

Da sowohl $\lim\limits_{x \to -\infty} g(x) = \infty$ als auch $\lim\limits_{x \to +\infty} g(x) = \infty$ und somit $\lim\limits_{|x| \to \infty} g(x) = \infty$ gilt, ist **T⟨3 | – 5,75⟩** sogar **absoluter Tiefpunkt** von $G(g)$.

Man sagt:

Die Bedingung „$f'(x_E) = 0$" für eine an einer Stelle x_E differenzierbare Funktion f ist **notwendig**, aber **nicht hinreichend** für das Vorliegen einer lokalen Extremstelle.

Die Bedingung „$f'(x)$ wechselt bei x_E sein Vorzeichen" ist **hinreichend** für das Vorliegen einer lokalen Exremstelle, nicht aber notwendig.

Zusammen sind beide Bedingungen **notwendig und hinreichend** für die Existenz einer lokalen Extremstelle bei einer **ganzrationalen Funktion**. ► Übungsaufgabe 17

Für eine **ganzrationale Funktion** f gilt:

- Die **lokalen Extremstellen** der Funktion f bilden Grenzen der **Monotonieintervalle** M von f. Durch diese Monotonieintervalle wird $D(f)$ in „Abschnitte" zerlegt, in denen der Graph von f entweder steigt oder fällt.

  $f'(x) \geq 0$ für alle $x \in M$ $\Leftrightarrow f$ ist im Intervall M **monoton steigend**.
  $f'(x) > 0$ für alle $x \in M$ $\Leftrightarrow f$ ist im Intervall M **streng monoton steigend**.
  $f'(x) \leq 0$ für alle $x \in M$ $\Leftrightarrow f$ ist im Intervall M **monoton fallend**.
  $f'(x) < 0$ für alle $x \in M$ $\Leftrightarrow f$ ist im Intervall M **streng monoton fallend**.

- f besitzt an einer Stelle $x_E \in D(f)$ eine lokale Extremstelle, wenn gilt:
  1. $f'(x_E) = 0$.
  2. $f'(x)$ hat in einer Umgebung von x_E einen **Vorzeichenwechsel**.

  Wechselt $f'(x)$ bei x_E sein Vorzeichen von „+ nach −", so hat f dort eine **lokale Maximalstelle**;
  mit $f(x_E)$ als lokalem Maximum ist $H\langle x_E | f(x_E)\rangle$ lokaler Hochpunkt von $G(f)$.

  Wechselt $f'(x)$ bei x_E sein Vorzeichen von „− nach +", so hat f dort eine **lokale Minimalstelle**;
  mit $f(x_E)$ als lokalem Minimum ist $T\langle x_E | f(x_E)\rangle$ lokaler Tiefpunkt von $G(f)$.

- Lokale Extremstellen müssen Lösungen der Gleichung $f'(x) = 0$ sein (**notwendige Bedingung**). Die Lösungen der Gleichung $f'(x) = 0$ sind aber nur **mögliche** Extremstellen von f. Sie sind auch tatsächlich Extremstellen von f, falls für $f'(x)$ bei diesen Stellen ein Vorzeichenwechsel stattfindet (**hinreichende Bedingung**).

4

Anmerkungen:

- Besitzt eine ganzrationale Funktion keine lokalen Extremstellen, wie z. B. die reelle Funktion $f(x) = x^3$, so bildet der gesamte Definitionsbereich $\mathbb{R}$ ein einziges Monotonieintervall.
- Für eine in einem Intervall M streng monotone Funktion f kann umgekehrt im Allgemeinen nicht $f'(x) > 0$ für **alle** $x \in M$ gefolgert werden. So ist z. B. die Funktion $f(x) = x^3$ für alle $x \in \mathbb{R}$ streng monoton steigend, obwohl an der Stelle 0 gilt: $f'(0) = 0$. ▶ $f'(x) = 3x^2$
  Entsprechendes gilt für eine streng monoton fallende Funktion.
- Ist f eine ganzrationale Funktion vom Grad n, so ist ihre Ableitungsfunktion f' wieder ganzrational und vom Grad $n - 1$. Die Funktion f' kann daher höchstens $n - 1$ Nullstellen besitzen. ▶ Abschnitt 2.3
  Da unter diesen Nullstellen der Ableitungsfunktion f' auch alle lokalen Extremstellen der Funktion f vorkommen müssen, kann eine ganzrationale Funktion vom Grad n höchstens $n - 1$ lokale Extremstellen besitzen.

Alles klar?

Untersuchen Sie die Funktion f mit $f(x) = x^3 - 12x$ auf ihre Extrema und ihr Monotonieverhalten und skizzieren Sie ihren Graphen.

4.2.2 Krümmungsverhalten und Wendestellen

Anhand des Graphenverlaufs der ganzrationalen Funktion $g(x) = 0{,}25x^4 - x^3 + 1$; $x \in \mathbb{R}$ sollen weitere wichtige Eigenschaften eines Funktionsgraphen verdeutlicht werden.

„Durchfährt" man den Graphen der Funktion $g(x) = 0{,}25x^4 - x^3 + 1$ von links nach rechts – wie auf einer Straße mit einem Auto –, so muss man bis zum Punkt $\langle 0 | 1 \rangle$ linksherum steuern, vom Punkt $\langle 0 | 1 \rangle$ bis zum Punkt $\langle 2 | -3 \rangle$ rechtsherum und anschließend wieder linksherum steuern.

Dementsprechend heißt der Graph von f im Intervall $(-\infty; 0]$ **linksgekrümmt**, im Intervall $[0; 2]$ **rechtsgekrümmt** und im Intervall $[2; \infty)$ wieder **linksgekrümmt**.

Die Punkte $\langle 0 | 1 \rangle$ und $\langle 2 | -3 \rangle$, bei denen $G(f)$ sein Krümmungsverhalten ändert, heißen **Wendepunkte**, die Stellen 0 und 2 nennt man **Wendestellen**.

Krümmungsverhalten:
Für die ersten beiden Ableitungen von g gilt:
$g'(x) = x^3 - 3x^2$ und
$g''(x) = 3x^2 - 6x$ mit $x \in \mathbb{R}$.

Betrachtet man die Graphen von g, g' und g'', so erkennt man, dass $G(g)$ in den Intervallen **linksgekrümmt** ist, in denen g' steigt und somit $G(g'')$ **oberhalb** der x-Achse verläuft ($g''(x) \geq 0$).

In dem Intervall, in dem $G(g)$ **rechtsgekrümmt** ist, fällt g', und somit verläuft $G(g'')$ dort **unterhalb** der x-Achse ($g''(x) \leq 0$).

Also sind die Monotonieintervalle von g' die **Krümmungsintervalle** von g.

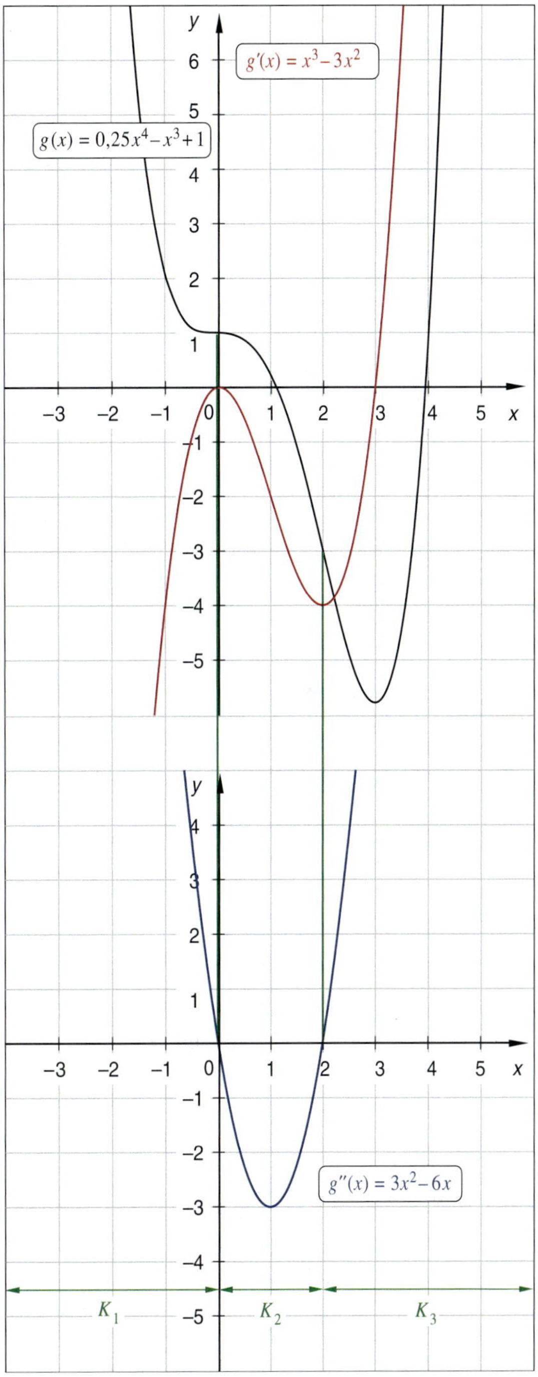

Man erkennt außerdem: Ist x_W eine **Wendestelle** von g, bei der sich die Krümmung des Graphen von einer Links- in eine Rechtskrümmung ändert, so hat g' dort eine **lokale Maximalstelle**.

Für die Funktion g' bedeutet dies, dass in unmittelbarer Umgebung der Stelle x_W gelten muss: $\boldsymbol{g''(x) > 0}$ für $\boldsymbol{x < x_W}$, $\boldsymbol{g'(x_W) = 0}$, $\boldsymbol{g''(x) < 0}$ für $\boldsymbol{x_W < x}$.

Eine entsprechende Aussage gilt für eine Wendestelle von g, bei der sich die Krümmung des Graphen von einer Rechts- in eine Linkskrümmung ändert. Dort besitzt die Ableitungsfunktion g' eine **lokale Minimalstelle**.

An einer Wendestelle x_W von g besitzt die Ableitungsfunktion g' eine lokale Extremstelle, und der Graph $G(g'')$ schneidet hier die x-Achse. Dort gilt demnach $g''(x_W) = 0$, und $G(g)$ ändert hier sein **Krümmungsverhalten**.

Die beiden aus der Zeichnung ersichtlichen Wendestellen von g sind also Nullstellen der zweiten Ableitungsfunktion g'' und bilden Grenzen von Krümmungsintervallen von g. Zur rechnerischen Bestimmung dieser Wendestellen wird daher die Gleichung $g''(x) = 0$ gelöst.

$$g''(x) = 0 \Leftrightarrow 3x^2 - 6x = 0$$
$$\Leftrightarrow 3x \cdot (x-2) = 0$$
$$\Leftrightarrow x = 0 \quad \text{oder} \quad x = 2$$

Lösung: $x_{W_1} = \mathbf{0}$ und $x_{W_2} = \mathbf{2}$.

Die beiden Wendestellen 0 und 2 teilen den Definitionsbereich von g in die drei **Krümmungsintervalle** K_1, K_2 und K_3 ein, wobei $x_{W_1} = 0$ und $x_{W_2} = 2$ Grenzen der Krümmungsintervalle bilden. Innerhalb eines jeden dieser Intervalle besitzt $G(g)$ dasselbe und in benachbarten Intervallen verschiedenes Krümmungsverhalten.

$K_1 = (-\infty; 0]$ ► $G(g)$ linksgekrümmt
$K_2 = [0; 2]$ ► $G(g)$ rechtsgekrümmt
$K_3 = [2; \infty)$ ► $G(g)$ linksgekrümmt

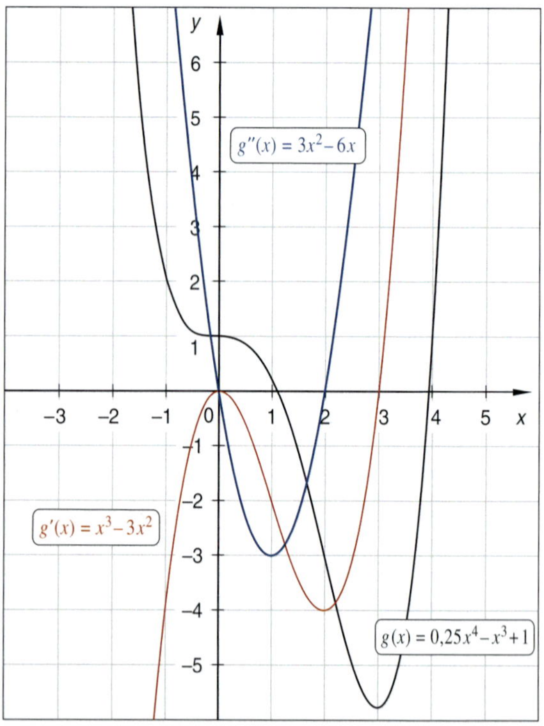

Anhand der Zeichnung erkennt man, dass im Intervall K_1 gilt $\boldsymbol{g''(x) \geq 0}$. Dort steigt g' und ist $G(g)$ **linksgekrümmt**.

In K_2 gilt $\boldsymbol{g''(x) \leq 0}$. Dort fällt g' und ist $G(g)$ **rechtsgekrümmt**.

In K_3 gilt wieder $\boldsymbol{g''(x) \geq 0}$. Dort steigt g' demnach wieder und ist $G(g)$ wieder **linksgekrümmt**.

Zur Feststellung des Krümmungsverhaltens in einem Krümmungsintervall reicht im Allgemeinen der Nachweis des Vorzeichens von $g''(x)$ an **einer** beliebigen Teststelle im **Innern** des jeweiligen Intervalls aus. Denn es gilt für eine beliebige reelle Funktion g und für ein beliebiges Intervall I, in dem g zweimal differenzierbar ist:

Aus $\mathbf{g''(x) > 0}$ für alle $x \in I$ lässt sich schließen, dass $G(g)$ in diesem Intervall **linksgekrümmt** ist; ▶ g' ist dann in I streng monoton steigend.

aus $\mathbf{g''(x) < 0}$ für alle $x \in I$ lässt sich schließen, dass $G(g)$ in diesem Intervall **rechtsgekrümmt** ist. ▶ g' ist dann in I streng monoton fallend.

Weiß man umgekehrt, dass K ein Krümmungsintervall der Funktion g ist, so muss dort entweder $g''(x) \geq 0$ oder $g''(x) \leq 0$ für alle $x \in K$ gelten.

$K_1 = (-\infty; 0]$: $g''(-1) = 9$ ▶ Vorzeichen „+“
$\Rightarrow G(g)$ ist in K_1 linksgekrümmt.

$K_2 = [0; 2]$: $g''(1) = -3$ ▶ Vorzeichen „–“
$\Rightarrow G(g)$ ist in K_2 rechtsgekrümmt.

$K_3 = [2; \infty)$: $g''(3) = 9$ ▶ Vorzeichen „+“
$\Rightarrow G(g)$ ist in K_3 linksgekrümmt.

▶ Da g'' stetig ist, ist $g''(x)$ **zwischen** zwei benachbarten Nullstellen von g'' vorzeichenbeständig und folglich $G(g)$ dort in gleicher Weise gekrümmt.

Für ein Krümmungsintervall K von g gilt:
$g''(x) \geq 0$ oder $g''(x) \leq 0$ für alle $x \in K$

Anmerkung:
Gilt $g''(x) > 0$ für $x \in I$, so ist $G(g)$ in I nach den vorstehenden Ausführungen linksgekrümmt. Umgekehrt darf man aus der Linkskrümmung von $G(g)$ in einem Intervall I aber **nicht** schließen, dass dort $g''(x) > 0$ immer gilt, wie das vorstehende Beispiel an den Randstellen 0 und 2 der Krümmungsintervalle zeigt. Dort gilt nämlich $g''(0) = g''(2) = 0$.
Eine entsprechende Aussage gilt für die Rechtskrümmung eines Graphen. ▶ vgl. Übungsaufgabe 17

Ohne den Graphenverlauf aus der Zeichnung zu kennen, würde man noch nichts über die jeweilige Art der berechneten Wendestellen von g wissen; man kann sie aber leicht aus der berechneten Vorzeichenverteilung von $g''(x)$ ermitteln.

Wendepunkte:
An der Stelle $x_{W_1} = 0$ schneidet $G(g'')$ die x-Achse und fällt in der Nähe dieser Stelle ständig. An dieser Stelle gilt:

$g''(0) = 0$ und $g''(x)$ wechselt bei 0 von links nach rechts sein Vorzeichen von „+ nach –“ ($G(g)$ ist erst links- und dann rechtsgekrümmt).

An dieser Stelle muss also $G(g)$ einen **Wendepunkt** besitzen.

Weil zusätzlich noch $g'(0) = 0$ gilt, hat $G(g)$ an der Stelle $x_{W_1} = 0$ eine waagerechte Tangente.

Ein Wendepunkt eines Funktionsgraphen mit waagerechter Tangente heißt **Sattelpunkt** oder **Terrassenpunkt** des Graphen.

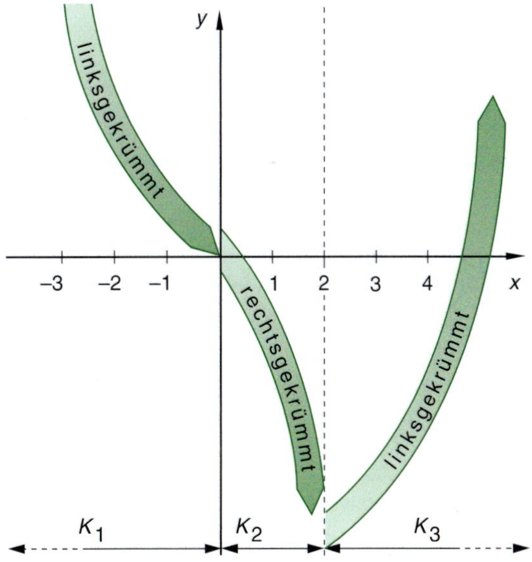

$x_{W_1} = 0$ ist Wendestelle von g und $\mathbf{W_S\langle 0 \,|\, 1\rangle}$ **Sattelpunkt** von $G(g)$ mit einem Links-Rechts-Krümmungswechsel.

An der Stelle $x_{W_2} = 2$ schneidet $G(g'')$ die x-Achse und verläuft steigend. An dieser Stelle gilt:

$g''(2) = 0$ und $g''(x)$ wechselt bei 2 von links nach rechts sein Vorzeichen von „–“ nach „+“ ($G(g)$ ist erst rechts- und dann linksgekrümmt).

$\Rightarrow x_{W_2} = 2$ ist Wendestelle von g ▶ $g(2) = -3$
und $\mathbf{W\langle 2 \,|\, -3\rangle}$ **Wendepunkt** von $G(g)$
mit einem Rechts-Links-Krümmungswechsel.

An Stelle $x_{W_2} = 2$ muss also $G(g)$ einen **Wendepunkt** besitzen.

Beispiel 4.27 (Wendepunkte und Krümmungsverhalten)

Der Graph der Funktion f aus Beispiel 4.25 mit $f(x) = 0{,}125x^3 - 0{,}375x^2 - 1{,}125x + 2{,}375$; $x \in \mathbb{R}$ wird nun auch in Bezug auf sein Krümmungsverhalten und seine Wendepunkte untersucht.

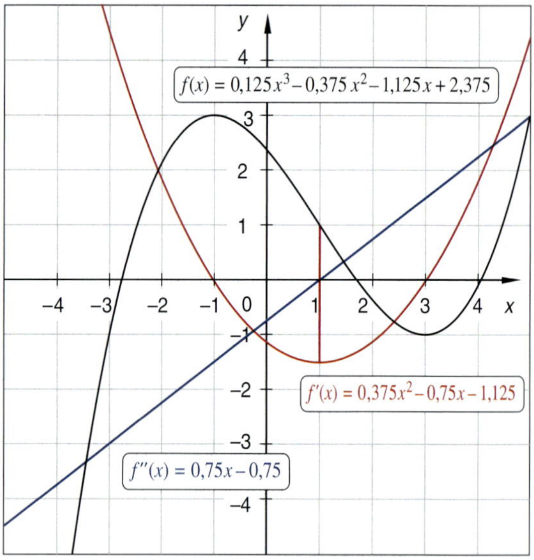

Die aus der Zeichnung ersichtliche einzige Wendestelle von f muss Nullstelle der zweiten Ableitungsfunktion f'' sein.

Zur rechnerischen Bestimmung dieser Wendestelle wird daher die Gleichung $f''(x_W) = 0$ gelöst.

$f(x) = 0{,}125x^3 - 0{,}375x^2 - 1{,}125x + 2{,}375$;

$\Rightarrow f'(x) = 0{,}375x^2 - 0{,}75x - 1{,}125$

$\Rightarrow f''(x) = 0{,}75x - 0{,}75$

$f''(x) = 0 \Leftrightarrow 0{,}75x - 0{,}75 = 0$

$\Leftrightarrow x = 1$

Lösung: $x_W = \mathbf{1}$

Wendepunkte:
Ohne Bezug zur Zeichnung stellt man die Wendestelleneigenschaft von $x_W = 1$ folgendermaßen fest:

$f''(1) = 0$ ▸ 1 Nullstelle von f''

An der Stelle $x_W = 1$ schneidet $G(f'')$ die x-Achse und steigt in der Nähe dieser Stelle ständig. An dieser Stelle gilt:

$f''(0) = -0{,}75$ ▸ Vorzeichen „–", $0 < 1$
$f''(2) = 0{,}75$ ▸ Vorzeichen „+", $2 > 1$

$f''(1) = 0$ und $f''(x)$ wechselt bei 1 von links nach rechts sein Vorzeichen von „– nach +" ($G(f)$ ist erst rechts- und dann linksgekrümmt).
▸ x_W ist dann lokale Minimalstelle von f'.

$\Rightarrow x_W = 1$ ist Wendestelle von f
und **W⟨1 | 1⟩ Wendepunkt** von $G(f)$
mit einem Rechts-Links-Krümmungswechsel.
▸ $f(1) = 1$

An dieser Stelle muss also $G(f)$ einen **Wendepunkt** besitzen.

Krümmungsverhalten:
Die Wendestelle 1 teilt den Definitionsbereich von f in die zwei **Krümmungsintervalle** K_1 und K_2 ein.

Im Intervall K_1 gilt $\boldsymbol{f''(x) \leq 0}$, dort ist $G(f)$ nach **rechts gekrümmt**.

$K_1 = (-\infty; 1]$: $f''(0) = -0{,}75$ ▸ Vorzeichen „–"
$\Rightarrow G(f)$ ist in K_1 rechtsgekrümmt.

In K_2 gilt $\boldsymbol{f''(x) \geq 0}$, dort ist $G(f)$ nach **links gekrümmt**.

$K_2 = [1; \infty)$: $f''(2) = 0{,}75$ ▸ Vorzeichen „+"
$\Rightarrow G(f)$ ist in K_2 linksgekrümmt.

Allgemein gilt für irgendeine reelle Funktion f, die in einer Umgebung einer Stelle $x_W \in D(f)$ zweimal differenzierbar ist, das sog. **Vorzeichenwechselkriterium (VZW)** für $f''(x)$:

$f''(x_W) = 0$ und $f''(x)$ wechselt bei x_W sein Vorzeichen von „+ nach –“
$\Rightarrow$ x_W ist **Wendestelle** von f mit **Links-Rechts-Krümmungswechsel.**

$f''(x_W) = 0$ und $f''(x)$ wechselt bei x_W sein Vorzeichen von „– nach +“
$\Rightarrow$ x_W ist **Wendestelle** von f mit **Rechts-Links-Krümmungswechsel.**

Beweis: Da die Wendestellen von f die lokalen Extremstellen von f' sind, überträgt sich das Vorzeichenwechselkriterium für $f'(x)$ entsprechend auf $f''(x)$. ▶ Übungsaufgabe 18

Die Lösung der Gleichung $f''(x) = 0$ lieferte im vorstehenden Beispiel die Wendestelle der Funktion f, die anhand des VZW-Kriteriums für $f''(x)$ in geeigneten Umgebungen dieser Stelle noch weiter hinsichtlich ihrer Art untersucht wurde.

Nicht immer ist jedoch eine Lösung der Gleichung $f''(x) = 0$ auch eine Wendestelle der Funktion f. Die Bedingung $f''(x) = 0$ ist zwar **notwendig** für das Vorliegen einer Wendestelle der Funktion f, aber nicht hinreichend, d. h., es muss dort keine Wendestelle vorliegen, wie das nächste Beispiel 4.28 zeigt.

4

Beispiel 4.28 (Wendestellen)

Um die Funktion $f(x) = x^4; x \in \mathbb{R}$ auf Wendestellen zu untersuchen, müssen die Nullstellen der zweiten Ableitung $f''(x)$ ermittelt werden. Denn nur unter diesen können sich Wendestellen von f befinden.

Für die Ableitungen gilt:
$f'(x) = 4x^3;\ x \in \mathbb{R};$
$f''(x) = 12x^2;\ x \in \mathbb{R}.$

Aus der Zeichnung erkennt man, dass $G(f'')$ die x-Achse an der Stelle 0 nur berührt, aber nicht schneidet. Es gilt z. B.:

$f''(-1) = 12$ ▶ Vorzeichen „+“, $-1 < 0$
$f''(1) \quad = 12$ ▶ Vorzeichen „+“, $1 > 0$

Somit findet bei 0 **kein** Vorzeichenwechsel von f'' statt. Die Stelle 0 ist also **keine** Wendestelle von f. ▶ f' besitzt an der Stelle 0 keine lokale Extremstelle.

$f''(x) = 0 \Leftrightarrow 12x^2 = 0$
$\Leftrightarrow \quad x = 0$

Lösung: $x_W = \mathbf{0}$

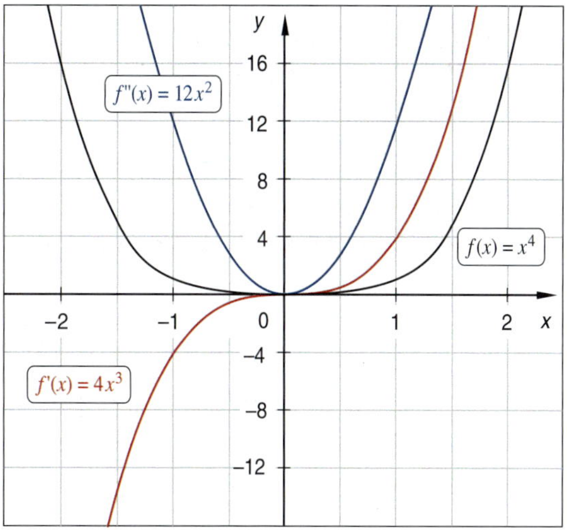

Es zeigt sich daher, dass die Nullstellen von f'' nur **mögliche Wendestellen** von f sind.

Die Bedingung „$f''(x_W) = 0$" für eine in einer Umgebung der Stelle x_W zweimal differenzierbare Funktion f ist **notwendig**, aber **nicht hinreichend** für das Vorliegen einer Wendestelle.
Damit eine Wendestelle vorliegt, muss f'' an der Stelle x_W zudem das Vorzeichen wechseln. Die Bedingung „f'' wechselt bei x_W sein Vorzeichen" ist also **notwendig** und **hinreichend** für das Vorliegen einer Wendestelle.

Für eine **zweimal differenzierbare Funktion** f gilt:

- Die **Wendestellen** der Funktion f bilden Grenzen der **Krümmungsintervalle** K von f. Durch diese Krümmungsintervalle wird der Definitionsbereich von f $[D(f)]$ in „Abschnitte" zerlegt, in denen der Graph von f $[G(f)]$ entweder linksgekrümmt oder rechtsgekrümmt ist.
  $f''(x) > 0$ für alle $x \in K$ $\Rightarrow G(f)$ ist im Intervall K **linksgekrümmt**.
  $f''(x) < 0$ für alle $x \in K$ $\Rightarrow G(f)$ ist im Intervall K **rechtsgekrümmt**.

- Für eine Wendestelle $x_W \in D(f)$ muss dann gelten:
  1. $f''(x_W) = 0$.
  2. $f''(x)$ hat in unmittelbarer Umgebung von x_W einen **Vorzeichenwechsel**.
     Wechselt $f''(x)$ bei x_W sein Vorzeichen von „+ nach −", so hat f dort eine **Wendestelle**, an der sich das Krümmungsverhalten von $G(f)$ von einer Linkskrümmung zu einer Rechtskrümmung ändert;
     mit $f(x_W)$ ist $W\langle x_W \mid f(x_W)\rangle$ Wendepunkt von $G(f)$.
     Wechselt $f''(x)$ bei x_W sein Vorzeichen von „− nach +", so hat f dort eine **Wendestelle**, an der sich das Krümmungsverhalten von $G(f)$ von einer Rechtskrümmung zu einer Linkskrümmung ändert;
     mit $f(x_W)$ ist $W\langle x_W \mid f(x_W)\rangle$ Wendepunkt von $G(f)$.

- Wendestellen müssen Lösungen der Gleichung $f''(x_W) = 0$ sein **(notwendige Bedingung)**. Die Lösungen der Gleichung $f''(x) = 0$ sind aber nur **mögliche** Wendestellen von f.
  Sie sind tatsächlich Wendestellen von f, falls für $f''(x)$ bei diesen Stellen ein Vorzeichenwechsel stattfindet, d. h., wenn sie lokale Extremstellen der Funktion f' sind **(hinreichende Bedingung)**.

▶ Besitzt eine ganzrationale Funktion keine Wendestellen, wie z. B. die reelle Funktion $f(x) = x^4$, so bildet der gesamte Definitionsbereich ein einziges Krümmungsintervall.

▶ Für einen in einem Intervall K linksgekrümmten Graphen einer Funktion f kann umgekehrt im Allgemeinen nicht $f''(x) > 0$ für alle $x \in K$ gefolgert werden. So ist z. B. der Graph der Funktion $f(x) = x^4$ für alle $x \in \mathbb{R}$ linksgekrümmt, obwohl an der Stelle 0 gilt: $f''(0) = 0$ $(f''(x) = 12x^2)$. Entsprechendes gilt für den rechtsgekrümmten Graphen einer Funktion.

▶ Ist f eine ganzrationale Funktion vom Grad n, so ist ihre zweite Ableitungsfunktion f'' wieder ganzrational und vom Grad $n-2$. Die Funktion f'' kann daher höchstens $n-2$ Nullstellen besitzen. (Abschnitt 2.3). Da unter diesen Nullstellen der zweiten Ableitungsfunktion f'' auch alle Wendestellen der Funktion f vorkommen müssen, kann eine ganzrationale Funktion vom Grad n höchstens $n-2$ Wendestellen besitzen.

Alles klar?

Untersuchen Sie die Funktion f mit $f(x) = \frac{1}{6}x^3 - \frac{1}{2}x^2$ auf ihre Wendestellen und ihr Krümmungsverhalten.

4.2.3 Ein hinreichendes Kriterium für die Existenz lokaler Extrempunkte

Obwohl das VZW-Kriterium für $f'(x)$ in der Nähe einer Nullstelle von f' sehr anschaulich für die Existenz einer lokalen Extremstelle der Funktion f ist, lässt es sich oft nur schwer handhaben, weil man eine dafür geeignete Umgebung der Nullstelle finden muss.
Einfacher wäre es, wenn man die Nullstelle von f' direkt auf ihre mögliche Extremstelleneigenschaft in Bezug auf die Funktion f überprüfen könnte.

Das wird in der Tat durch folgende Überlegung möglich: Da ein lokaler **Hochpunkt** nur auf dem **rechtsgekrümmten** Teil eines Graphen und ein lokaler **Tiefpunkt** nur auf dem **linksgekrümmten** Teil eines Graphen liegen kann, lässt sich vermuten, dass an einer Stelle x_E mit $f'(x_E) = 0$ eine lokale Maximalstelle vorliegt, falls $f''(x_E) < 0$ gilt, und eine lokale Minimalstelle vorliegt, falls $f''(x_E) > 0$ gilt. Dabei muss natürlich vorausgesetzt werden, dass die Funktion f an der Stelle x_E zweimal differenzierbar ist.

Diese Vermutung ist richtig und wird nachfolgend für die Existenz einer lokalen Maximalstelle bewiesen. ► Der Beweis für das Vorliegen einer lokalen Minimalstelle verläuft analog.

Beweis:
Nach Voraussetzung gilt $f'(x_E) = 0$ und $f''(x_E) < 0$. Aufgrund der Grenzwertdefinition von $f''(x_E)$ lässt sich hieraus schließen, dass sich der Differenzenquotient $\frac{f'(x_E+h) - f'(x_E)}{h}$ vom Wert der Ableitung $f''(x_E)$ beliebig wenig unterscheidet, wenn nur der Wert für h dem Betrag nach hinreichend „klein" gewählt wird.

Insbesondere ist dann der Wert des Differenzenquotienten selbst negativ. Die Werte für h, für die diese Bedingung zutrifft, bestimmen eine Umgebung $U(x_E)$, in der x_E nach dem Vorzeichenwechselkriterium für $f'(x)$ eine lokale Maximalstelle der Funktion f sein muss, wie die Fallunterscheidung nach $h < 0$ und $h > 0$ zeigt.

Es gilt:

$$f''(x_E) = \lim_{h \to 0} \frac{f'(x_E+h) - f'(x_E)}{h} \quad ▶ f'(x_E) = 0$$

$$= \lim_{h \to 0} \frac{f'(x_E+h)}{h} \quad ▶ f''(x_E) < 0$$

$\Rightarrow \frac{f'(x_E+h)}{h} < 0$ für genügend kleines $|h|$ ► $h \neq 0$

1. Fall: $h < 0$; x-Werte liegen links von x_E.

$\frac{f'(x_E+h)}{h} < 0 \Rightarrow f'(x_E+h) > 0$ ► Glossar

2. Fall: $h > 0$; x-Werte liegen rechts von x_E.

$\frac{f'(x_E+h)}{h} < 0 \Rightarrow f'(x_E+h) < 0$

Also wechselt $f'(x)$ in $U(x_E)$ sein Vorzeichen beim Durchgang durch die Stelle x_E von „+ nach −", d. h., x_E ist eine lokale Maximalstelle von f. ► VZW-Kriterium

Extremstellen der Funktion $f(x) = 0{,}125x^3 - 0{,}375x^2 - 1{,}125x + 2{,}375$ aus Beispiel 4.25 lassen sich nach diesem Kriterium dann folgendermaßen ermitteln.
Es gilt: $f'(x) = 0{,}375x^2 - 0{,}75x - 1{,}125$ und $f''(x) = 0{,}75x - 0{,}75$.

Daraus folgt für $\boldsymbol{x_{E_1} = -1}$:

$f'(-1) = 0$ ► -1 Nullstelle von f'

$f''(-1) = -1{,}5$ ► $f''(-1) < 0$; Rechtskrümmung von $G(f)$

$\Rightarrow x_{E_1} = -1$ ist lokale Maximalstelle von f, und **H ⟨−1|3⟩** ist **lokaler Hochpunkt** von $G(f)$. ► $f(-1) = 3$

Daraus folgt für $\boldsymbol{x_{E_2} = 3}$:

$f'(3) = 0$ ► 3 Nullstelle von f'

$f''(3) = 1{,}5$ ► $f''(3) > 0$; Linkskrümmung von $G(f)$

$\Rightarrow x_{E_2} = 3$ ist lokale Minimalstelle von f, und **T ⟨3|−1⟩** ist **lokaler Tiefpunkt** von $G(f)$. ► $f(3) = -1$

Beispiel 4.29 (Extrempunkte)

Für die Funktion $g(x) = 0{,}25x^4 - x^3 + 1$; $D(g) = \mathbb{R}$ aus Beispiel 4.26 lassen sich nach diesem Kriterium für die Nullstellen 0 und 3 von g' folgende Feststellungen treffen:

$g(x) = 0{,}25x^4 - x^3 + 1.$

$\Rightarrow g'(x) = x^3 - 3x^2$

$\Rightarrow g''(x) = 3x^2 - 6x$

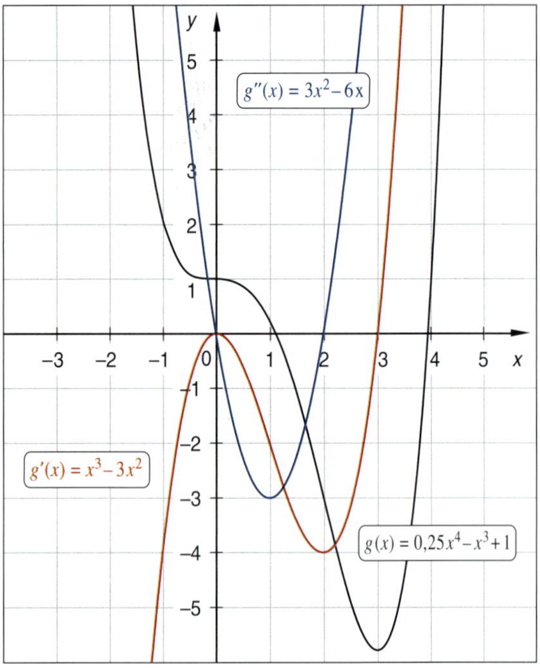

$x_{E_1} = 0$:

$g'(0) = 0$ und $g''(0) = 0$. Weil auch $g''(0) = 0$ gilt, kann nach diesem Kriterium keine Aussage über das Vorliegen einer lokalen Extremstelle von g gemacht werden.

$x_{E_2} = 3$:

$g'(3) = 0$ und $g''(3) = 9$ $\quad (g''(3) > 0)$.
An dieser Stelle muss also $G(g)$ einen **lokalen Tiefpunkt** besitzen. ▶ $T\langle 3 | -5{,}75\rangle$

- Eine ganzrationale Funktion f besitzt an einer Stelle x_E ihres Definitionsbereichs eine lokale Extremstelle, wenn gilt:
  1. $f'(x_E) = 0$ und **2.** $f''(x_E) \neq 0$.
  Ist hierbei $f''(x_E) < 0$, so hat f an der Stelle x_E eine **lokale Maximalstelle**;
  mit $f(x_E)$ als lokalem Maximum ist $H\langle x_E | f(x_E)\rangle$ lokaler Hochpunkt von $G(f)$.
  Ist hierbei $f''(x_E) > 0$, so hat f an der Stelle x_E eine **lokale Minimalstelle**;
  mit $f(x_E)$ als lokalem Minimum ist $T\langle x_E | f(x_E)\rangle$ lokaler Tiefpunkt von $G(f)$.
- Lokale Extremstellen müssen Lösungen der Gleichung $f'(x) = 0$ sein (**notwendige Bedingung**). Die Lösungen der Gleichung $f'(x) = 0$ sind aber nur **mögliche** Extremstellen von f. Sie sind tatsächlich Extremstellen von f, falls an diesen Stellen auch $f''(x) \neq 0$ gilt (**hinreichende Bedingung**).

▶ Die beiden Bedingungen $f'(x_E) = 0$ und $f''(x_E) \neq 0$ sind zusammen nur eine hinreichende Bedingung für das Vorhandensein einer lokalen Extremstelle der Funktion f bei x_E. D. h., es kann an einer Stelle $x_E \in D(f)$ auch dann eine Extremstelle vorliegen, falls mit $f'(x_E) = 0$ auch $f''(x_E) = 0$ gilt. ▶ $f(x) = x^4$; Beispiel 4.28

Alles klar?

Bestimmen Sie die Extrempunkte der Funktion f mit $f(x) = 0{,}25x^3 - 2x^2 + 4x$.

4.2.4 Ein hinreichendes Kriterium für die Existenz von Wendepunkten

Obwohl auch das Vorzeichenwechselkriterium für $f''(x)$ in der Nähe einer Nullstelle von f'' sehr anschaulich für die Existenz einer Wendestelle der Funktion f ist, lässt es sich oft nur schwierig handhaben, weil man auch dafür eine geeignete Umgebung der Nullstelle finden muss.

Einfacher wäre es, wenn man die Nullstelle von f'' direkt auf ihre mögliche Wendestelleneigenschaft in Bezug auf die Funktion f überprüfen könnte. Das ist in der Tat möglich, denn die Wendestellen der Funktion f sind die lokalen Extremstellen der Funktion f'. Man kann daher die Überprüfung der Wendestelleneigenschaft in Bezug auf die Funktion f auf die Überprüfung der Extremstelleneigenschaft in Bezug auf die Funktion f' zurückführen. ▶ Abschnitt 4.2.3

Hiernach besitzt f' an der Stelle $x_W \in D(f)$ eine lokale Maximalstelle – und somit f an der Stelle x_W eine Wendestelle mit Links-Rechts-Krümmungswechsel –, wenn mit $f''(x_W) = 0$ auch $f'''(x_W) < 0$ gilt.

Entsprechendes gilt für eine Wendestelle mit Rechts-Links-Krümmungswechsel.

Man benötigt also zur Überprüfung der Wendestelleneigenschaft nach diesem Kriterium die dritte Ableitung einer Funktion f.

Beispiel 4.30 (Wendepunkte)

Für die Funktion $g(x) = 0{,}25x^4 - x^3 + 1;\ x \in \mathbb{R}$ aus Beispiel 4.26 lassen sich nach diesem Kriterium für die Nullstellen 0 und 2 von g'' folgende Feststellungen treffen:

$g(x) = 0{,}25x^4 - x^3 + 1.$

$\Rightarrow g'(x) = x^3 - 3x^2$

$\Rightarrow g''(x) = 3x^2 - 6x$

$\Rightarrow g'''(x) = 6x - 6$

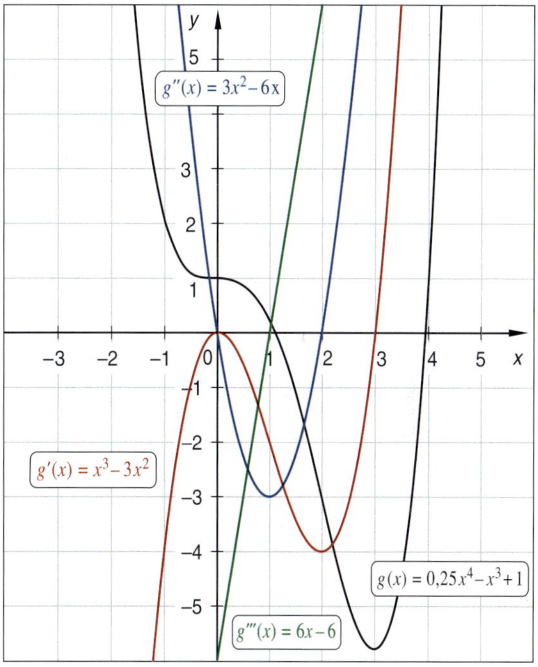

$x_{W_1} = 0$:

$g''(0) = 0$ und $g'''(0) = -6 < 0$

$(g'''(0) < 0)$.

An dieser Stelle muss also $G(g)$ einen Wendepunkt besitzen. Weil aber außerdem $g'(0) = 0$ gilt, hat $G(g)$ an dieser Stelle einen Wendepunkt mit waagerechter Tangente, d.h. einen **Sattelpunkt**.

$g''(0) = 0$ ▶ 0 Nullstelle von g''

$g'''(0) = -6$ ▶ Vorzeichen „–“

$\Rightarrow x_{W_1} = 0$ ist Wendestelle von g, und **$W_S\langle 0|1\rangle$ ist Sattelpunkt** von $G(g)$ mit einem Links-Rechts-Krümmungswechsel. ▶ $g'(0) = 0;\ g(0) = 1$

$x_{W_2} = 2$:

$g''(2) = 0$ und $g'''(2) = 6$ $(g'''(2) > 0)$.

An dieser Stelle muss also $G(g)$ einen **Wendepunkt** besitzen.

$g''(2) = 0$ ▶ 2 Nullstelle von g''

$g'''(2) = 6$ ▶ Vorzeichen „+“

$\Rightarrow x_{W_2} = 2$ ist Wendestelle von g, und **$W\langle 2|-3\rangle$ ist Wendepunkt** von $G(g)$ mit einem Rechts-Links-Krümmungswechsel. ▶ $g(2) = -3$

Beispiel 4.31 (Wendepunkte)

Die Wendestelle der Funktion f aus Beispiel 4.27 lässt sich nach diesem Kriterium dann folgendermaßen ermitteln:

$f(x) = 0{,}125x^3 - 0{,}375x^2 - 1{,}125x + 2{,}375;$

$\Rightarrow f'(x) = 0{,}375x^2 - 0{,}75x - 1{,}125$

$\Rightarrow f''(x) = 0{,}75x - 0{,}75$

$\Rightarrow f'''(x) = 0{,}75$

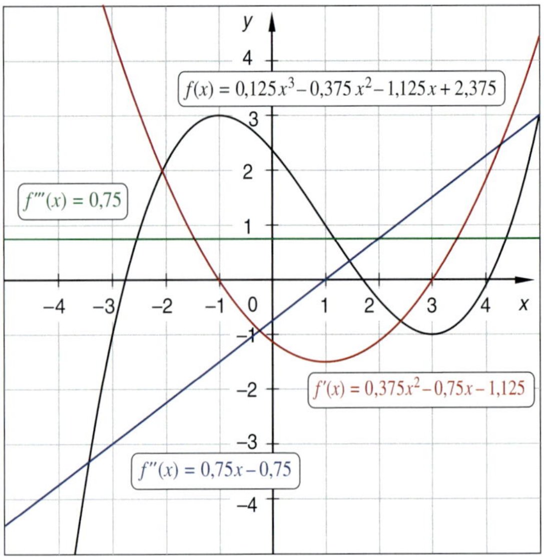

$x_W = 1$:

$f''(1) = 0$ und $f'''(1) = 0{,}75$ $(f'''(1) > 0)$.

$f''(1) = 0$ ▶ 1 Nullstelle von f''

$f'''(1) = 0{,}75$ ▶ Vorzeichen „+"

An dieser Stelle muss also $G(f)$ einen **Wendepunkt** besitzen.

$\Rightarrow x_W = 1$ ist Wendestelle von f und **W⟨1|1⟩ Wendepunkt** von $G(f)$ mit einem Rechts-Links-Krümmungswechsel. ▶ $f(1) = 1$

- Eine ganzrationale Funktion f besitzt an einer Stelle $x_W \in D(f)$ eine Wendestelle, wenn gilt:

  1. $f''(x_W) = 0$ und

  2. $f'''(x_W) \neq 0$.

  Ist hierbei $f'''(x_W) < 0$, so hat f an der Stelle x_W eine **Wendestelle**, an der sich das Krümmungsverhalten von $G(f)$ von einer Linkskrümmung zu einer Rechtskrümmung ändert; mit $f(x_W)$ ist $W\langle x_W | f(x_W)\rangle$ Wendepunkt von $G(f)$.

  Ist hierbei $f'''(x_W) > 0$, so hat f an der Stelle x_W eine **Wendestelle**, an der sich das Krümmungsverhalten von $G(f)$ von einer Rechtskrümmung zu einer Linkskrümmung ändert; mit $f(x_W)$ ist $W\langle x_W | f(x_W)\rangle$ Wendepunkt von $G(f)$.

- Wendestellen müssen Lösungen der Gleichung $f''(x) = 0$ sein (**notwendige Bedingung**). Die Lösungen der Gleichung $f''(x) = 0$ sind aber nur **mögliche** Wendestellen von f. Sie sind tatsächlich Wendestellen von f, falls an diesen Stellen auch $f'''(x) \neq 0$ gilt (**hinreichende Bedingung**).

Anmerkung:
Die beiden Bedingungen $f''(x_W) = 0$ und $f'''(x_W) \neq 0$ sind zusammen nur eine hinreichende Bedingung für das Vorhandensein einer Wendestelle der Funktion f bei x_W. D.h., es kann an einer Stelle $x_W \in D(f)$ auch dann eine Wendestelle vorliegen, falls mit $f''(x_W) = 0$ auch $f'''(x_W) = 0$ gilt. ► $f(x) = x^5$; Beispiel 4.33

Nicht immer lassen sich bei ganzrationalen Funktionen die bisher aufgestellten hinreichenden Kriterien für die Existenz lokaler Extrempunkte bzw. Wendepunkte anwenden. Es kann vorkommen, dass diese hinreichenden Kriterien versagen und trotzdem an einer Stelle eine Extremstelle oder Wendestelle vorliegt.

Beispiel 4.32

Der Graph der reellen Funktion $f(x) = x^4$ hat den lokalen und absoluten Tiefpunkt **T⟨0 | 0⟩**.

$$f(x) = x^4$$
$$\Rightarrow f'(x) = 4x^3$$
$$\Rightarrow f''(x) = 12x^2$$
$$\Rightarrow f'''(x) = 24x$$
$$\Rightarrow f^{(4)}(x) = 24$$

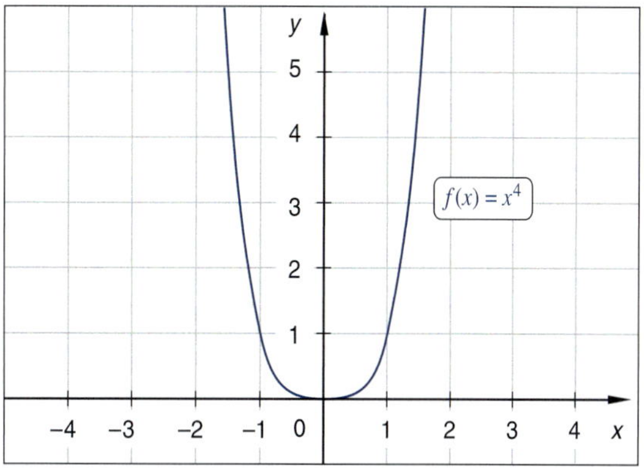

Löst man die Gleichung $f'(x) = 0$, so erhält man $x_E = 0$ als einzige mögliche lokale Extremstelle. Da aber auch $f''(0) = 0$ gilt, lässt sich mithilfe der zweiten Ableitung der Funktion f noch keine Aussage über das Vorliegen einer Extremstelle machen.

$$f'(x) = 0 \Leftrightarrow 4x^3 = 0$$
$$\Leftrightarrow x = 0$$

Lösung: $x_E = 0$

Bildet man weitere Ableitungen, so erhält man $f^{(4)}(0) = 24$ als erste von Null verschiedene Ableitung an der Stelle 0.

$f'(0) = f''(0) = f'''(0) = 0$
$f^{(4)}(0) = 24$ ► Vorzeichen „+“

Für ganzrationale Funktionen kann man allgemein zeigen:

Gilt $f'(x_E) = 0$ und ist die erste von Null verschiedene Ableitung an der Stelle x_E von **gerader Ordnung** (hier: $f^{(4)}(0) = 24$, so gibt deren Vorzeichen Aufschluss über die Art der Extremstelle.

Ist $f^{(n)}(x_E) < 0, n \in \mathbb{N}\setminus\{0\}$, n gerade, so ist x_E **lokale Maximalstelle** von f;
ist $f^{(n)}(x_E) > 0, n \in \mathbb{N}\setminus\{0\}$, n gerade, so ist x_E **lokale Minimalstelle** von f.

Im obigen Beispiel 4.32 gilt somit:

$f'(0) = 0$ und $f^{(4)}(0) = 24$ (► Vorzeichen „+“):
Mit $f(0) = 0$ ist T⟨0 | 0⟩ **lokaler Tiefpunkt** von $G(f)$.

Beispiel 4.33

Der Graph der reellen Funktion $f(x) = x^5$ hat den Wendepunkt **W⟨0|0⟩**.

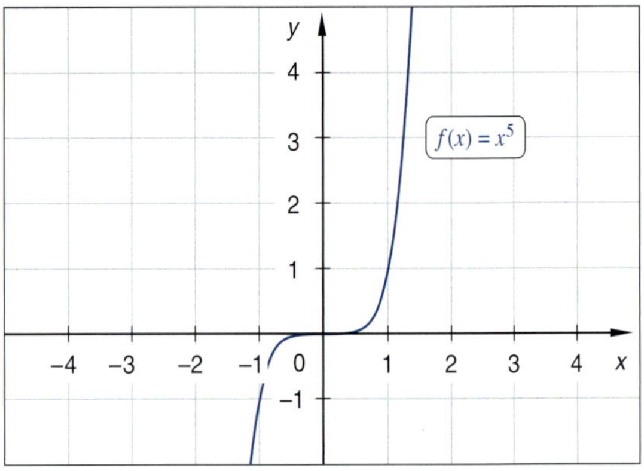

$$\begin{aligned} & f(x) &&= x^5 \\ \Rightarrow\ & f'(x) &&= 5x^4 \\ \Rightarrow\ & f''(x) &&= 20x^3 \\ \Rightarrow\ & f'''(x) &&= 60x^2 \\ \Rightarrow\ & f^{(4)}(x) &&= 120x \\ \Rightarrow\ & f^{(5)}(x) &&= 120 \end{aligned}$$

Löst man die Gleichung $f''(x) = 0$, so erhält man $x_W = 0$ als einzige mögliche Wendestelle. Da aber auch $f'''(0) = 0$ gilt, lässt sich mithilfe der dritten Ableitung der Funktion f noch keine Aussage über die Existenz einer Wendestelle machen.

$f''(x) = 0 \Leftrightarrow 20x^3 = 0$

$\Leftrightarrow \quad x = 0$

Lösung: $x_W = 0$

Bildet man weitere Ableitungen, so erhält man $f^{(5)}(0) = 120$ als erste von Null verschiedene Ableitung an der Stelle 0.

$f'(0) = f''(0) = f'''(0) = f^{(4)}(0) = 0$

$f^{(5)}(0) = 120$ ► Vorzeichen „+"

Für ganzrationale Funktionen kann man allgemein zeigen:

Gilt $f''(x_W) = 0$ und ist die erste von Null verschiedene Ableitung an der Stelle x_W von **ungerader Ordnung** (hier: $f^{(5)}(0) = 120$, so gibt deren Vorzeichen Aufschluss über die Art der Wendestelle.

Ist $f^{(n)}(x_w) < 0, n \in \mathbb{N} \setminus \{0\}$, n ungerade, so ist x_W **Wendestelle** von f, an der sich das Krümmungsverhalten von $G(f)$ von einer Linkskrümmung zu einer Rechtskrümmung ändert;

ist $f^{(n)}(x_w) > 0, n \in \mathbb{N} \setminus \{0\}$, n ungerade, so ist x_W **Wendestelle** von f, an der sich das Krümmungsverhalten von $G(f)$ von einer Rechtskrümmung zu einer Linkskrümmung ändert.

Im obigen Beispiel 4.33 gilt somit:
$f''(0) = 0$ und $f^{(5)}(0) = 120$ (► Vorzeichen „+"):
Mit $f(0) = 0$ ist $W\langle 0|0 \rangle$ **Wendepunkt** von $G(f)$ mit „Rechts-Links-Krümmungswechsel".

Die beiden letzten Beispiele machen noch einmal deutlich, dass die Bedingungen $f'(x) = 0$ bzw. $f''(x) = 0$ nur **notwendig** für die Existenz lokaler Extremstellen bzw. von Wendestellen sind:

In Beispiel 4.33 gilt zwar $f''(0) = 0$, aber $x_E = 0$ ist keine Wendestelle, da die erste von Null verschiedene Ableitung von gerader Ordnung ist ($f^{(4)}(0) = 24$).

In Beispiel 4.32 gilt zwar $f'(0) = 0$, aber $x_W = 0$ ist keine lokale Extremstelle, da die erste von Null verschiedene Ableitung von ungerader Ordnung ist ($f^{(5)}(0) = 120$).

Für eine ganzrationale Funktion f und für $n \in \mathbb{N} \setminus \{0\}$ gilt:

- Ist $f'(x_E) = 0$ und $f^{(n)}(x_E)$ die erste von Null verschiedene Ableitung von gerader Ordnung, für die $f^{(n)}(x_E) < 0$ ist, so liegt bei x_E eine lokale **Maximalstelle** von f vor;
  ist $f'(x_E) = 0$ und $f^{(n)}(x_E)$ die erste von Null verschiedene Ableitung von gerader Ordnung, für die $f^{(n)}(x_E) > 0$ ist, so liegt bei x_E eine lokale **Minimalstelle** von f vor.

- Ist $f''(x_W) = 0$ und $f^{(n)}(x_W)$ für $n \geq 3$ die erste von Null verschiedene Ableitung von ungerader Ordnung, für die $f^{(n)}(x_W) < 0$ ist, so liegt bei x_W eine **Wendestelle** von f mit einem **„Links-Rechts-Krümmungswechsel"** vor;
  ist $f''(x_W) = 0$ und $f^{(n)}(x_W)$ für $n \geq 3$ die erste von Null verschiedene Ableitung von ungerader Ordnung, für die $f^{(n)}(x_W) > 0$ ist, so liegt bei x_W eine **Wendestelle** von f mit einem **„Rechts-Links-Krümmungswechsel"** vor.

Das folgende Schema soll für ganzrationale Funktionen f mindestens dritten Grades mit $D(f) = \mathbb{R}$ einen Überblick über die Eigenschaften und die möglichen Zusammenhänge von f, f', f'' und f''' bzw. ihrer Graphen geben. Hierbei bezeichnen M bzw. K Monotonie- bzw. Krümmungsintervalle.

$f, G(f)$	$f', G(f')$	f''	f'''
f hat Nullstelle $x_0; f(x_0) = 0$			
f monoton steigend in M	$f'(x) \geq 0$ für alle $x \in M$		
f monoton fallend in M	$f'(x) \leq 0$ für alle $x \in M$		
$G(f)$ hat Rechtskrümmung in K (abnehmende Steigung)	$G(f')$ fällt in K	$f''(x) < 0$ für alle $x \in K$	
$G(f)$ hat Linkskrümmung in K (zunehmende Steigung)	$G(f')$ steigt in K	$f''(x) > 0$ für alle $x \in K$	
$G(f)$ hat lokalen Extrempunkt bei x_E	$f'(x_E) = 0$		
als Hochpunkt (abnehmende Steigung)	$G(f')$ fällt in der Nähe von x_E	$f''(x_E) < 0$	
als Tiefpunkt (zunehmende Steigung)	$G(f')$ steigt in der Nähe von x_E	$f''(x_E) > 0$	
$G(f)$ hat Wendepunkt bei x_W	$G(f')$ hat lokalen Extrempunkt	$f''(x_W) = 0$	
mit L-R-Krümmungswechsel	$G(f')$ hat lokalen Hochpunkt		$f'''(x_W) < 0$
mit R-L-Krümmungswechsel	$G(f')$ hat lokalen Tiefpunkt		$f'''(x_W) > 0$
$G(f)$ hat Sattelpunkt bei x_W W mit waagerechter Tangente	$G(f')$ hat lokalen Extrempunkt $f'(x_W) = 0$	$f''(x_W) = 0$	$f'''(x_W) \neq 0$

Alles klar?

Bestimmen Sie die Wendepunkte der Funktion f mit $f(x) = x^4 - 6x^3 + 5^2 + 24x - 36$.

Übungen zu 4.2

Allgemeine Übungen

1 Gegeben sind folgende Funktionsterme ganzrationaler Funktionen f mit $x \in \mathbb{R}$. Zeichnen Sie die Graphen der Funktionen und der zugehörigen Ableitungsfunktionen jeweils im Intervall $[-5; 5]$.
Ermitteln Sie rechnerisch die Stellen, an denen die Graphen waagerechte Tangenten besitzen, und die Intervalle, in denen die Graphen der einzelnen Funktionen steigen bzw. fallen.

a) $f(x) = 3x - 5$ b) $f(x) = 3 - 0{,}5x$
c) $f(x) = 0{,}5x^2 + 1$ d) $f(x) = 0{,}5x^2 + x$
e) $f(x) = 5 - 0{,}5x^2$ f) $f(x) = 4x^2 - 10x - 4$
g) $f(x) = \frac{1}{12}x^3 + 2x$ h) $f(x) = x^3 - 1{,}5x^2 - 6x$
i) $f(x) = \frac{1}{4}x^4 + \frac{1}{3}x^3 - 2x^2 - 4x + 1$

2 Bestimmen Sie die Punkte mit waagerechter Tangente der Graphen der folgenden Funktionen, $x \in \mathbb{R}$.

a) $f(x) = 2x^3 - 12x^2 + 18x$
b) $f(x) = 0{,}2x^5 + x^3 - 4x$
c) $f(x) = \frac{1}{16}x^4 - \frac{1}{6}x^3 + 1$
d) $f(x) = \frac{1}{4}x^4 + \frac{4}{3}x^3 - \frac{1}{2}x^2 - 6$

3 Untersuchen Sie folgende Funktionen in Bezug auf ihr Monotonieverhalten, $x \in \mathbb{R}$.

a) $f(x) = x^2 - 1$ b) $f(x) = x^3 + 3$
c) $f(x) = x^3 - 12x$ d) $f(x) = -x^3 + 3x^2$
e) $f(x) = \frac{1}{3}x^3 - 2x^2 - 5x + 4$
f) $f(x) = \frac{1}{4}x^4 - \frac{1}{3}x^3$ g) $f(x) = e^x$

4 Untersuchen Sie die folgenden Funktionen in Bezug auf lokale Extrema, geben Sie die Art der lokalen Extrema an und bestimmen Sie für diese Extremstellen die jeweils zugehörige Tangentenfunktion.

a) $f(x) = 0{,}5x^2 - 1$ b) $f(x) = -0{,}5x^2 + x$
c) $f(x) = x^2 + 3x$ d) $f(x) = x^2 - 4x + 5$
e) $f(x) = x^4 - 8x^2$ f) $f(x) = -0{,}25x^4 - x^3$
g) $f(x) = \frac{1}{3}x^3 - \frac{1}{2}x^2 - 6x$
h) $f(x) = -\frac{1}{3}x^3 + 4x$ i) $f(x) = \frac{1}{3}x^3 + 1$

5 Untersuchen Sie die Graphen der folgenden Funktionen $(D(f) = \mathbb{R})$ in Bezug auf ihr Krümmungsverhalten.

a) $f(x) = -x^2 + 4x$ b) $f(x) = 2x^2 - 3x$
c) $f(x) = -x^3 + 2$ d) $f(x) = \frac{1}{24}x^4 - \frac{1}{2}x^3$
e) $f(x) = -\frac{1}{12}x^4 + 2x^2$
f) $f(x) = \frac{1}{2}x^3 + 3x$ g) $f(x) = \frac{1}{6}x^3 - \frac{1}{2}x^2$
h) $f(x) = \frac{1}{12}x^4 + \frac{1}{2}x^3 - 2x^2 + x$
i) $f(x) = \frac{1}{20}x^5$ j) $f(x) = e^x$

6 Untersuchen Sie die folgenden Funktionen in Bezug auf Wendepunkte und ermitteln Sie die Steigungsmaße der einzelnen Wendetangenten sowie für die Wendestellen die jeweils zugehörige Tangentenfunktion.

a) $f(x) = \frac{1}{3}x^3 - 1$ b) $f(x) = \frac{1}{3}x^3 - x^2$
c) $f(x) = \frac{1}{6}x^4 - \frac{1}{3}x^3$ d) $f(x) = \frac{1}{12}x^4 - \frac{1}{2}x^2$
e) $f(x) = -\frac{1}{20}x^5 + \frac{1}{2}x^2$
f) $f(x) = \frac{1}{20}x^5 - \frac{1}{6}x^3$
g) $f(x) = x^3 - 6x^2 + 15x + 32$
h) $f(x) = 0{,}5x^3 - 4x^2 + 8x$
i) $f(x) = \frac{1}{12}x^4 - \frac{1}{6}x^3 - 3x^2 + x$
j) $f(x) = \frac{1}{20}x^5 + \frac{1}{6}x^3 + 2x$

7 Untersuchen Sie die folgenden reellen Funktionen in Bezug auf lokale Extrempunkte und Wendepunkte und charakterisieren sie deren Art.

a) $f(x) = 0{,}25x^3 - 2x^2 + 4x$
b) $f(x) = x^3 - 6x^2 + 9x$
c) $f(x) = x^3 - 3x^2 + 3x - 1$
d) $f(x) = x^4 - 6x^3 + 5x^2 + 24x - 36$
e) $f(x) = \frac{1}{4}x^4 + \frac{1}{3}x^3 - 2x^2 - 4x$
f) $f(x) = -x^4 + 2x^3 + 3x^2 - 4x - 4$
g) $f(x) = 0{,}2x^5 - 3x^3 + 1$
h) $f(x) = 0{,}05x^5 - x^4 + 3x^3$

i) $f(x) = 0{,}05x^5 - 4x^4$

j) $f(x) = \frac{1}{30}x^6 + \frac{1}{20}x^5 + \frac{1}{12}x^4$

k) $f(x) = \frac{1}{42}x^7 - \frac{1}{30}x^6 + \frac{1}{20}x^5$

l) $f(x) = -\frac{1}{15}x^5 + \frac{3}{8}x^4 - \frac{1}{3}x^3$

8 Zeigen sie am Beispiel der reellen Funktion $f(x) = x^3 - 4x^2 + 4x$, dass eine doppelte Nullstelle einer ganzrationalen Funktion immer eine Extremstelle dieser Funktion ist und somit der Graph der Funktion die x-Achse an dieser Stelle nur berührt und nicht schneidet.

9 In welchen Punkten hat der Graph der reellen Funktion $f(x) = \frac{2}{3}x^3 - 2x^2 - 1$

a) eine waagerechte Tangente;
b) eine Tangente mit der Steigungsmaßzahl -2;
c) eine Tangente mit der Steigungsmaßzahl 6?

10 Berechnen Sie für den Graphen der reellen Funktion f die Wendepunkte und den Schnittpunkt ihrer Wendetangenten: $f(x) = -\frac{1}{12}x^4 + \frac{1}{6}x^3 + x^2$.

11 Für welche reelle Zahl anstelle von a haben die reellen Funktionen vom Typ f_a mit $f_a(x) = x^3 - 24ax + 5;\ x \in \mathbb{R}$ an den Stellen -2 und 2 jeweils eine lokale Extremstelle?

12 Für welche reelle Zahl anstelle von a haben die reellen Funktionen vom Typ $f_a(x) = x^4 - ax^2 + 3;\ x \in \mathbb{R}$ an den Stellen -1 und 1 jeweils eine Wendestelle?

13 Für welche reellen Zahlen anstelle von a haben die reellen Funktionen vom Typ $f_a(x) = \frac{1}{3}x^3 - \frac{1}{2}ax^2 + 9x - 1$ keine bzw. eine lokale Extremstelle oder zwei lokale Extremstellen?

14 Für welche reellen Zahlen anstelle von a haben die reellen Funktionen vom Typ $f_a(x) = x^4 - 3ax^2 - 71$ keine bzw. eine Wendestelle oder zwei Wendestellen?

15 Es ist $f(x) = 0{,}5x^3 - 2{,}25x^2 - 1{,}5x + 10$ eine ganzrationale Funktion 3. Grades.
In welchen Punkten hat ihr Graph die Steigung 4,5 bzw. die Krümmung 1,5?

16 Es ist $f_a(x) = \frac{2}{3}x^3 - 4ax^2 + 18x;\ x \in \mathbb{R}$ eine ganzrationale Funktion.
Für welche Zahlen anstelle von $a \in \mathbb{R}$ hat f_a zwei mögliche Extremstellen?

17 Zeigen Sie, dass die Bedingungen: $f'(x_E) = 0$ und: $f'(x)$ wechselt bei x_E sein Vorzeichen notwendig und hinreichend sind für die Existenz von Extremstellen bei ganzrationalen Funktionen.
Hinweis: Verwenden Sie dazu: 1. f' ist stetig, 2. f besitzt nur endlich viele Nullstellen.

18 Beweisen Sie im Einzelnen das Vorzeichenwechselkriterium für $f''(x)$.

19 Für welche Zahlen anstelle von $a \in \mathbb{R}$ kann man vom Punkt $P\langle a \mid 1{,}5a^2 \rangle$ keine Tangente, eine Tangente bzw. zwei Tangenten an den Graphen der Funktion $f(x) = 0{,}5x^2 - 4x + 5$ legen?

20 Welcher Punkt der einzelnen Graphen der reellen Funktionen f hat vom Graphen der Funktion $g(x) = 2x - 3;\ D(g) = \mathbb{R}$ den geringsten Abstand?

a) $f(x) = 0{,}5x^2 + 1$
b) $f(x) = x^2 + x - 2$
c) $f(x) = -0{,}5x^4 + x^2$

21 An welcher Stelle $x_0 \in \mathbb{R}$ verlaufen die Tangenten an die Graphen der reellen Funktionen f im Punkt $P_1 \langle x_0 \mid f(x_0) \rangle$, $P_1 \in G(f)$, und g im Punkt $P_2 \langle x_0 \mid g(x_0) \rangle$, $P_2 \in G(g)$, parallel?

a) $f(x) = 3x^2;\ g(x) = 2x^3$
b) $f(x) = x^3 + 2{,}5x^2 - 18x + 2;$
$g(x) = -2x^2 + 12x - 64$

4

4.3 Das Newtonsche Nährungsverfahren

Die bisherigen Ausführungen im Kapitel 4 haben gezeigt, dass **Nullstellen** von Funktionen in vielfacher Weise eine Bedeutung haben können. Als Nullstellen der Ableitungsfunktion f' einer ganzrationalen Funktion f sind sie z. B. mögliche Extremstellen der Funktion f, und als Nullstellen von f'' sind sie mögliche Wendestellen von f. Durch die Nullstellen der Funktion f und ihrer Ableitungsfunktionen f' und f'' lässt sich daher der Verlauf von $G(f)$ im Wesentlichen beschreiben. Deshalb kommt der Bestimmung von Nullstellen einer Funktion eine besondere Rolle zu. Die systematische „Probiermethode" ist hier nur in Ausnahmefällen hilfreich, wenn man z. B. davon ausgehen kann, dass die Lösung ganzzahlig ist. Im Allgemeinen wird man mit diesem Verfahren aber nicht zum Ziel gelangen.

Mithilfe der **Ableitung** einer differenzierbaren Funktion f lässt sich ein sog. **Iterationsverfahren** verwenden, das die Nullstellen von f durch Wiederholung des gleichen Rechenvorgangs auf einen zuvor ermittelten Wert und bei Beachtung gewisser Bedingungen mit beliebiger Genauigkeit **berechnet**. Die grundlegende Idee ist dabei die folgende:

Haben die Werte $f(a)$ und $f(b)$ einer differenzierbaren Funktion f unterschiedliche Vorzeichen, so besitzt die Funktion f im abgeschlossenen Intervall $[a; b]$ mindestens eine Nullstelle x_N.

► Abschnitt 3.1; Nullstellensatz von BOLZANO

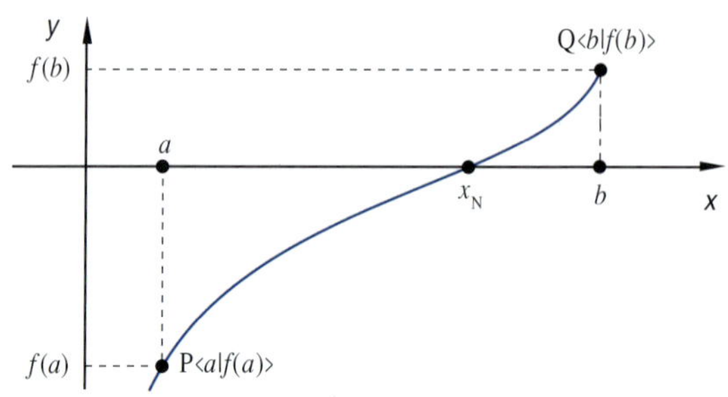

Für die folgenden Betrachtungen wird angenommen, dass die Funktion f in $[a; b]$ genau *eine* Nullstelle x_N besitzt und dort streng monoton ist.

Legt man an den Graphen von f im Punkt $P\langle a | f(a)\rangle$ die Tangente an, so schneidet diese aufgrund der Monotonievoraussetzung die x-Achse im Intervall $[a; b]$ an einer Stelle x_1. Die Nullstelle x_N von f liegt dann im Teilintervall $[a; x_1]$ oder im Teilintervall $[x_1; b]$ von $[a; b]$. Da die Intervalllänge dieses Teilintervalls kleiner ist als die des Ausgangsintervalls $[a; b]$, hat man die Nullstelle x_N dadurch besser eingeschlossen als zuvor.

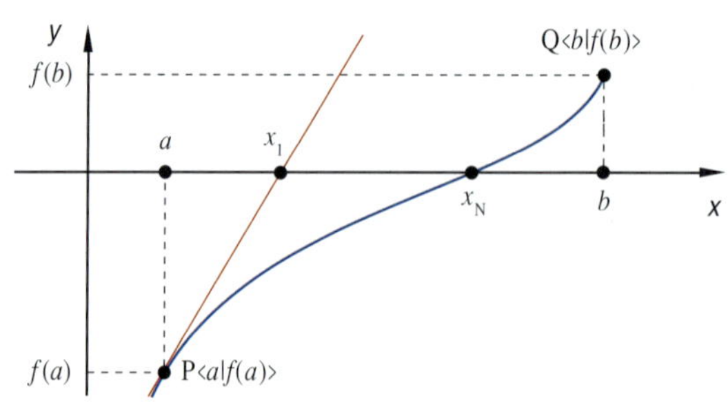

Mit diesem Teilintervall setzt man das **Tangentenverfahren** im Punkt $P_1\langle x_1 | f(x_1)\rangle$ fort und erhält durch die Schnittstelle x_2 der Tangente mit der x-Achse eine weitere Annäherung an die Nullstelle x_N. Durch ständige Wiederholung des Verfahrens kann man die Nullstelle x_N immer genauer eingrenzen.

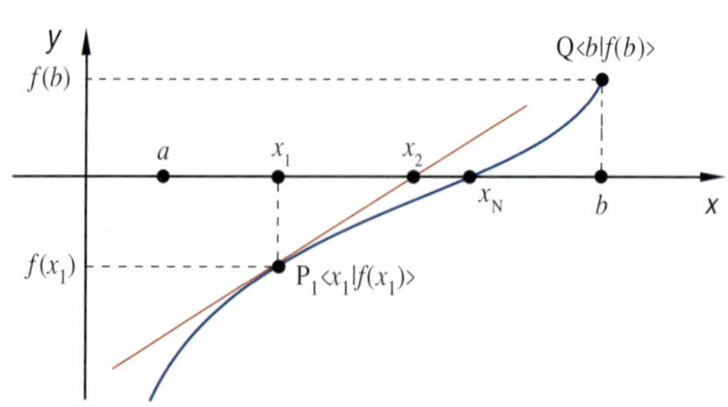

Das Verfahren der schrittweisen Annäherung (Iterationsverfahren) an die Nullstelle durch Tangenten wird nach ISAAC NEWTON (1643–1727) **Newtonsches Näherungsverfahren** genannt. Rechnerisch lässt sich die Nullstelle danach wie folgt ermitteln:

Die Tangente an den Punkt $P\langle a|f(a)\rangle$ ist der Graph der **Tangentenfunktion** $t_0(x)=f'(a)\cdot(x-a)+f(a)$. ► Abschnitt 3.3

Ihre Nullstelle und damit die Schnittstelle der Tangente mit der x-Achse ist Lösung der Gleichung $t_0(x)=0$.

$x_0=a$ ► Ausgangswert

$t_0(x)=f'(a)\cdot(x-a)+f(a)$ ► Tangentenfunktion von f im Punkt $P\langle a|f(a)\rangle$

$t_0(x)=0$

$\Leftrightarrow \quad x=a-\dfrac{f(a)}{f'(a)}$

Lösung: $x_1=a-\dfrac{f(a)}{f'(a)}$ ► 1. Näherung

Die Tangente durch den Punkt $P_1\langle x_1|f(x_1)\rangle$ ist Graph der Tangentenfunktion $t_1(x)=f'(x_1)\cdot(x-x_1)+f(x_1)$. Ihre Nullstelle und damit die Schnittstelle des Graphen von t_1 mit der x-Achse ist Lösung der Gleichung $t_1(x)=0$.

$t_1(x)=f'(x_1)\cdot(x-x_1)+f(x_1)$ ► Tangentenfunktion von f im Punkt $P_1\langle x_1|f(x_1)\rangle$

$t_1(x)=0$

$\Leftrightarrow \quad x=x_1-\dfrac{f(x_1)}{f'(x_1)}$

Lösung: $x_2=x_1-\dfrac{f(x_1)}{f'(x_1)}$ ► 2. Näherung

Nach $(n-1)$-maliger Wiederholung des Verfahrens kann man im n-ten Schritt die Tangente an $G(f)$ durch den Punkt $P_{n-1}\langle x_{n-1}|f(x_{n-1})\rangle$ legen und erhält als Schnittstelle dieser Tangente mit der x-Achse die Stelle x_n. ► $n\in\mathbb{N}\backslash\{0\}$

...

$t_{n-1}(x)=f'(x_{n-1})\cdot(x-x_{n-1})+f(x_{n-1})$

► Tangentenfunktion von f im Punkt $P_{n-1}\langle x_{n-1}|f(x_{n-1})\rangle$

$t_{n-1}(x)=0$

$\Leftrightarrow \quad x=x_{n-1}-\dfrac{f(x_{n-1})}{f'(x_{n-1})}$

Lösung: $x_n=x_{n-1}-\dfrac{f(x_{n-1})}{f'(x_{n-1})}$ ► n-te Näherung

Besitzt die Funktion z. B. an den Stellen x_{n-1} und x_n Funktionswerte mit unterschiedlichen Vorzeichen, so hat man die Nullstelle x_N zwischen den Stellen x_{n-1} und x_n eingeschlossen.

Beispiel 4.34 (Erste Anwendungen)

Bestimmen Sie mithilfe des Newtonschen Näherungsverfahrens die Nullstellen der ganzrationalen Funktion $f(x)=x^3-2x-5$; $x\in\mathbb{R}$ auf 4 Nachkommastellen genau.

Als ganzrationale Funktion ungeraden Grades muss die Funktion f mindestens eine Nullstelle x_N besitzen.

► Abschnitt 2.3

$\lim\limits_{x\to-\infty} f(x)=-\infty$ und $\lim\limits_{x\to\infty} f(x)=\infty$

$\Rightarrow f$ besitzt mindestens eine Nullstelle

Anhand des Graphenverlaufs z. B. wird klar, dass die Funktion f auch nur *eine* Nullstelle hat. Dies lässt sich auch durch Monotonieuntersuchungen der 1. Ableitung begründen.

► Abschnitt 4.2

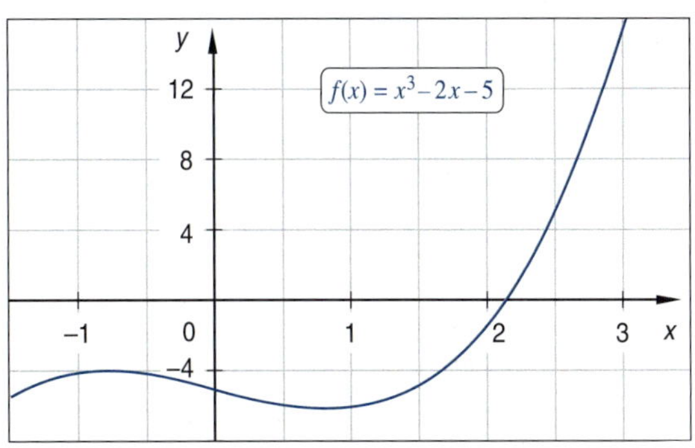

Wegen $f(2)<0$ und $f(3)>0$ liegt diese Nullstelle im Intervall [2; 3].

► Nullstellensatz von BOLZANO, Abschnitt 3.1

► $f(2)=-1,\ f(3)=16$

Mithilfe der Ableitungsfunktion $f'(x)=3x^2-2$; $x\in\mathbb{R}$ und der Tangentenfunktion $t_0(x)=f'(2)\cdot(x-2)+f(2)$ wird eine erste Näherung x_1 der Nullstelle x_N berechnet.

$x_1=2-\dfrac{f(2)}{f'(2)}$

$=2-\dfrac{-1}{10}$

$=\mathbf{2{,}1}$ ► 1. Näherung

1. Näherung

Wegen $f(2) < 0$ und $f(2{,}1) > 0$ liegt die Nullstelle im Intervall [2; 2,1]. Dieses Intervall hat die Intervalllänge 0,1. Deshalb weicht die erste Näherung auch höchstens um 0,1 von dem Wert für die Nullstelle x_N ab. Damit hat man die Nullstelle auf die Vorkommastelle 2 genau bestimmt.

▶ $f(2) = -1$
▶ $f(2{,}1) \approx 0{,}061$
$\Rightarrow x_N \in [2; 2{,}1]$

2. Näherung

Mit $x_1 = 2{,}1$ als neuem Startwert wird das Verfahren wiederholt; man erhält als zweite Näherung für die Nullstelle x_N den Wert 2,094 mit drei Dezimalstellen nach dem Komma.

$x_2 = 2{,}1 - \frac{f(2{,}1)}{f'(2{,}1)}$

$\approx 2{,}1 - \frac{0{,}061}{11{,}23}$ ▶ TR

$\approx \mathbf{2{,}094}$ ▶ 2. Näherung

Man kann die Genauigkeit dieses Ergebnisses dadurch testen, indem man die letzte Ziffer um 1 vermindert bzw. erhöht und für diese neuen Werte die Funktionswerte berechnet. Wenn das Vorzeichen wechselt, hat man die Nullstelle eingeschlossen.

▶ $f(2{,}093) \approx -0{,}0173$; $f(2{,}095) \approx 0{,}0050$
$\Rightarrow$ Die Nullstelle liegt im Intervall [2,093; 2,095].
$\Rightarrow$ Die Nullstelle x_N ist durch x_2 auf 2 Nachkommastellen genau bestimmt.

4

Wiederholt man das Verfahren mit dem neuen Startwert $x_2 = 2{,}094$ erneut, so erhält man den Wert $x_3 = 2{,}09455$ mit 5 Dezimalstellen nach dem Komma.

▶ $f(2{,}094) \approx -0{,}0062$

$x_3 = 2{,}094 - \frac{f(2{,}094)}{f'(2{,}094)}$

$\approx 2{,}094 - \frac{-0{,}0062}{11{,}1545}$ ▶ TR

$\approx \mathbf{2{,}09455}$ ▶ 3. Näherung

3. Näherung

Testet man dieses Ergebnis, indem man die letzte Ziffer um 1 vermindert bzw. erhöht, so stellt man fest, dass man die Nullstelle im Intervall [2,09454; 2,09456] eingeschlossen hat.

Damit ist die Nullstelle x_N durch den dritten Näherungswert für x_3 auf 4 Nachkommastellen genau bestimmt.

▶ $f(2{,}09454) \approx -0{,}000128$; $f(2{,}09456) \approx 0{,}000095$
$\Rightarrow$ Die Nullstelle liegt im Intervall [2,09454; 2,09456].
$\Rightarrow$ Die Nullstelle x_N ist durch x_3 auf 4 Nachkommastellen genau bestimmt.
$\Rightarrow x_N \approx \mathbf{2{,}0945}$

Besitzt eine differenzierbare Funktion f im Intervall $[a; b]$ eine Nullstelle x_N, so kann man zu ihrer Berechnung die Rekursionsformel mit dem Ausgangswert $x_0 = a$ und $x_n = x_{n-1} - \frac{f(x_{n-1})}{f'(x_{n-1})}$ mit $n \in \mathbb{N}\setminus\{0\}$ verwenden. ▶ Newtonsches Näherungsverfahren

▶ Wegen des Auftretens der 1. Ableitung der Funktion f im Nenner der Rekursionsformel von NEWTON ist das Verfahren immer dann durchführbar, falls f der Bedingung $f'(x) \neq 0$ im Intervall $[a; b]$ genügt. Dann ist f in $[a; b]$ auch streng monoton. ▶ Abschnitt 4.2
Besitzt f darüber hinaus an den Rändern des Intervalls Funktionswerte mit unterschiedlichen Vorzeichen, so gibt es in $[a; b]$ genau *eine* Nullstelle von f.
Das Newtonsche Näherungsverfahren versagt in der Regel, wenn die Tangente an den Graphen der Funktion f bei einer Näherungsstelle für die Nullstelle nahezu parallel zur x-Achse verläuft. Das gilt auch dann, wenn zwischen der Näherungsstelle und der Nullstelle eine Extremstelle oder eine Wendestelle mit nahezu paralleler Wendetangente liegt. Außerdem darf die Nullstelle vom ersten angenommenen Näherungswert nicht zu weit entfernt sein.

Alles klar?

Bestimmen Sie mithilfe des Newtonschen Näherungsverfahrens die Nullstelle der reellen Funktion $f(x) = x^5 - x^3 - 1$ auf 8 Dezimalstellen genau.

Beispiel 4.35 (Ein Iterationsverfahren zur Wurzelberechnung)

Bestimmen Sie $\sqrt{2}$ mithilfe des Newtonschen Näherungsverfahrens auf 5 Stellen nach dem Komma genau.

Um das Newtonsche Näherungsverfahren anwenden zu können, wird die positive Nullstelle der Funktion $f(x) = x^2 - 2;\ x \in \mathbb{R}$ auf 5 Stellen nach dem Komma bestimmt.

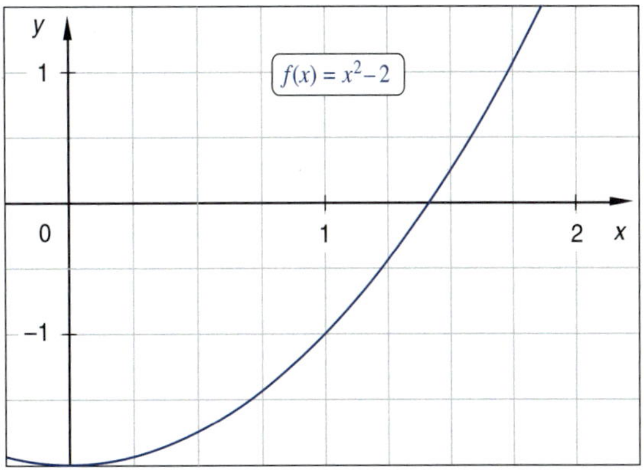

Wegen $f'(x) = 2x;\ x \in \mathbb{R}$ und $f(1) = -1$, $f(2) = 2$ erhält man die Rekursionsformel $x_n = \frac{1}{2} \cdot \left(x_{n-1} + \frac{2}{x_{n-1}} \right);\ n \in \mathbb{N} \setminus \{0\}$ mit dem Ausgangswert $x_0 = 1$.

▶ $f(1) = -1, f(2) = 2$
$x_0 = 1$ ▶ Ausgangswert

$$x_n = x_{n-1} - \frac{x_{n-1}^2 - 2}{2x_{n-1}} = x_{n-1} - \frac{1}{2}x_{n-1} + \frac{1}{x_{n-1}} = \frac{1}{2} \cdot \left(x_{n-1} + \frac{2}{x_{n-1}} \right)$$

Testet man das Ergebnis von x_3, indem man die letzte Ziffer um 1 vermindert bzw. erhöht, so stellt man fest, dass man die Nullstelle eingeschlossen und schon auf 4 Nachkommastellen genau bestimmt hat.
Ein weiterer Iterationsschritt liefert dann die Nullstelle sogar schon mit 7 Nachkommastellen genau.

$x_1 = 1{,}5;\ x_2 \approx 1{,}416;\ x_3 \approx 1{,}41421$

▶ $f(1{,}41420) \approx -0{,}000038;\ f(1{,}41422) \approx 0{,}000018$
$x_4 \approx 1{,}41421356$

▶ $f(1{,}41421355) \approx -0{,}00000003$
$f(1{,}41421357) \approx 0{,}00000002$
$\Rightarrow x_N \in [1{,}41421355;\ 1{,}41421357]$
▶ Der Fehler von x_4 liegt nur in der letzten Dezimalstelle.

4

Übungen zu 4.3

1 Zeigen Sie: Wenn eine Folge $\langle x_n \rangle$ mit $x_0 = a$ und $x_n = x_{n-1} - \frac{f(x_{n-1})}{f'(x_{n-1})}$ des Newtonschen Näherungsverfahrens konvergiert, dann muss sie gegen eine Nullstelle der Funktion f konvergieren.

2 Begründen Sie, dass nachfolgende Funktionen mindestens *eine* Nullstelle besitzen sowie im jeweils angegebenen Intervall I streng monoton sind, und bestimmen Sie nach dem Newtonschen Näherungsverfahren jeweils die Nullstelle der folgenden reellen Funktionen auf wenigstens 3 Nachkommastellen genau.

a) $f(x) = x^3 - 2x^2 - 5x - 3; I = [3; 4]$
b) $f(x) = x^3 - x^2 - 8x - 7; I = [3; 4]$
c) $f(x) = 0{,}5x^3 - x^2 + x - 1; I = [1; 2]$
d) $f(x) = 0{,}25x^3 - 0{,}25x^2 + 1{,}25x - 1; I = [0; 1]$
e) $f(x) = -x^3 + 2x^2 + 2; I = [2; 3]$
f) $f(x) = x^5 - 3x^3 + 5; I = [-2; -1]$
g) $f(x) = x^5 + x^3 - 4; I = [1; 2]$
h) $f(x) = 0{,}1x^5 - 0{,}2x^4 + 3x^3 - 1; I = [0; 1]$

3 Bestimmen Sie nach dem Newtonschen Näherungsverfahren die folgenden Wurzeln auf wenigstens 3 Nachkommastellen genau.

a) $\sqrt{3}$ b) $\sqrt{5}$ c) $\sqrt{11}$
d) $\sqrt{19}$ e) $\sqrt{31}$ f) $\sqrt{526}$
g) $\sqrt[3]{5}$ h) $\sqrt[3]{19}$ i) $\sqrt[3]{37}$
j) $\sqrt[3]{456}$ k) $\sqrt[4]{5}$ l) $\sqrt[5]{5}$

Anwendung aus der EDV

4 Bestimmen Sie die Nullstelle der reellen Funktion $f(x) = x^3 - 2x - 5; D(f) = \mathbb{R}$ nach dem Newtonschen Näherungsverfahren mithilfe von Excel auf 8 Nachkommastellen genau. ▶ Beispiel 4.34

	A	B	C	D	E	F	G
1	Newton-Verfahren zur Nullstellenbestimmung						
3	x_0:	1			$f(x) = x^3-2x-5$		Newton-Formel:
4					$f'(x) = 3x^2-2$		$x_n = x_{n-1} - f(x_{n-1}) / f'(x_{n-1})$
5	x_{n-1}	$f(x_{n-1})$	$f'(x_{n-1})$	x_n	Ermittelte Nullstelle:		2,094551482
6	1	-6,00	1,00	7			
7	7	324,00	145,00	4,76551724			
8	4,76551724	93,69	66,13	3,34870276			
9	3,34870276	25,85	31,64	2,53159964			
10	2,53159964	6,16	17,23	2,17391588			
11	2,17391588	0,93	12,18	2,09788369			
12	2,09788369	0,04	11,20	2,09455772			
13	2,09455772	0,00	11,16	2,09455148			
14	2,09455148	0,00	11,16	2,09455148			
15	2,09455148	0,00	11,16	2,09455148			
16	2,09455148	0,00	11,16	2,09455148			
17	2,09455148	0,00	11,16	2,09455148			
18	2,09455148	0,00	11,16	2,09455148	-2	-9	
19	2,09455148	0,00	11,16	2,09455148	-1	-4	
20	2,09455148	0,00	11,16	2,09455148	0	-5	
21	2,09455148	0,00	11,16	2,09455148	1	-6	
22	2,09455148	0,00	11,16	2,09455148	2	-1	
23	2,09455148	0,00	11,16	2,09455148	3	16	

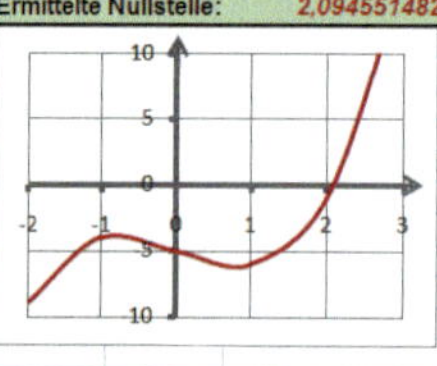

▶ Der Graph von f muss auf der Basis der Wertetabelle in den Zellen E18:F23 gezeichnet werden.

▶ DIAGRAMMASSISTENT, DIAGRAMMTYP PUNKT (XY), DIAGRAMMUNTERTYP PUNKTE MIT INTERPOLIERTEN LINIEN OHNE DATENPUNKTE

Zu beachten ist, dass alle 4 Spalten erst ab der 2. Zeile nach unten kopiert werden können, da die Zelle B6 den Startwert aus dem Eingabebereich übernimmt.
Hier wird das Verfahren in der 50. Zeile abgebrochen, die ermittelte Nullstelle wird in die Zelle G5 übertragen.

	A	B	C	D
5	x_{n-1}	$f(x_{n-1})$	$f'(x_{n-1})$	x_n
6	=B3	=A6^3-2*A6-5	=3*A6^2-2	=A6-B6/C6
7	=D6	=A7^3-2*A7-5	=3*A7^2-2	=A7-B7/C7
8	=D7	=A8^3-2*A8-5	=3*A8^2-2	=A8-B8/C8
9	=D8	=A9^3-2*A9-5	=3*A9^2-2	=A9-B9/C9

▶ Formel in der Zelle G5: =D50

Mit dem Ausgangswert 0 wird die Nullstelle nach dem 18. Iterationsschritt auf 8 Nachkommastellen genau gefunden.

5 Bestimmen Sie mit dem Newtonschen Näherungsverfahren und mithilfe von Excel die jeweilige Nullstelle der Funktion f im angegebenen Intervall von Übungsaufgabe 2 auf wenigstens 3 Nachkommastellen genau.

4.4 Kurvendiskussion

Unter einer **Kurvendiskussion** versteht man die Untersuchung von Funktionsgraphen mit den Mitteln der Differentialrechnung, wobei vor allem der Ableitungsbegriff eine Rolle spielt.

Anhand der Bedingungen der Tabelle auf Seite 273 und mit den Kenntnissen aus Kapitel 2 lassen sich Kurvendiskussionen nicht nur qualitativ, sondern auch quantitativ (rechnerisch) durchführen, an deren Schluss dann die Zeichnung des Funktionsgraphen aufgrund der rechnerisch ermittelten Werte steht.

4.4.1 Exemplarische Kurvendiskussion einer ganzrationalen Funktion vierten Grades

Im Folgenden soll der Graph einer ganzrationalen Funktion vierten Grades in Bezug auf sein Verhalten für $|x| \to \infty$, seine Symmetrieeigenschaften, Achsenschnitt-, Extrem- und Wendepunkte sowie sein Monotonie- und Krümmungsverhalten untersucht (diskutiert) werden.

Die anhand der Kurvendiskussion gewonnenen Ergebnisse sollen dann dazu benutzt werden, den Graphen der Funktion zu skizzieren bzw. zu zeichnen.

4

Beispiel 4.36

Diskutieren Sie die reelle Funktion $f(x) = -0{,}25x^4 + 2{,}25x^2 + x - 3$ und zeichnen Sie ihren Graphen.

Verhalten von f für $|x| \to \infty$

Das Verhalten von ganzrationalen Funktionen wird für betragsmäßig große x-Werte durch die höchste Potenz von x festgelegt. Daher wird im Funktionsterm für $f(x)$ die höchste in x vorkommende Potenz ausgeklammert. Anschließend wird mithilfe der Grenzwertsätze, die bei richtiger Interpretation auch für uneigentliche Grenzwerte gelten (▶ 3.1), das Verhalten von $f(x)$ für $x \to \infty$ bzw. $x \to -\infty$ festgestellt.

$$f(x) = -0{,}25x^4 + 2{,}25x^2 + x - 3$$
$$= x^4\left(-0{,}25 + \frac{2{,}25}{x^2} + \frac{1}{x^3} - \frac{3}{x^4}\right)$$
$$\Rightarrow \lim_{x \to \infty}\left[x^4\left(-0{,}25 + \frac{2{,}25}{x^2} + \frac{1}{x^3} - \frac{3}{x^4}\right)\right]$$
$$= \lim_{x \to \infty}(x^4) \cdot \lim_{x \to \infty}\left(-0{,}25 + \frac{2{,}25}{x^2} + \frac{1}{x^3} - \frac{3}{x^4}\right)$$
$$= \infty \cdot (-0{,}25) = -\infty$$
$$\Rightarrow \lim_{x \to -\infty}(x^4) \cdot \lim_{x \to -\infty}\left(-0{,}25 + \frac{2{,}25}{x^2} + \frac{1}{x^3} - \frac{3}{x^4}\right)$$
$$= \infty \cdot (-0{,}25) = -\infty$$

Die Funktionswerte **fallen** sowohl für $x \to \infty$ als auch für $x \to -\infty$ grenzenlos.

Symmetrieeigenschaften von $G(f)$

Die Funktion ist weder gerade noch ungerade, und somit ist ihr Graph weder achsensymmetrisch zur y-Achse noch punktsymmetrisch zum Koordinatenursprung.

Überprüfung z. B. an der Teststelle $x_0 = 1$:

$f(-1) = -2$ und $f(1) = 0$ ▶ $f(-1) \neq f(1)$

$-f(-1) = 2$ und $f(1) = 0$ ▶ $-f(-1) \neq f(1)$

Achsenschnittpunkte

Die Ordinate des Schnittpunkts von $G(f)$ mit der y-Achse wird durch $f(0)$ bestimmt.

▶ -3 ist Absolutglied von $f(x)$

$f(0) = -3 \Rightarrow$ **$S_y\langle 0 \,|\, -3\rangle$** ▶ Schnittpunkt von $G(f)$ mit der y-Achse

Die Abszissen der Schnittpunkte von $G(f)$ mit der x-Achse (Nullstellen der Funktion) werden durch Lösen der Gleichung $f(x) = 0$ ermittelt.

$$f(x) = 0 \Leftrightarrow -0{,}25x^4 + 2{,}25x^2 + x - 3 = 0$$
$$\Leftrightarrow -0{,}25\,(x^4 - 9x^2 - 4x + 12) = 0 \quad \blacktriangleright\ x_{01} = 1$$

$f(1) = 0$ ► 1 ist Nullstelle von f

$x_{01} = \mathbf{1}$ durch Probieren gefunden.

Da $f(x)$ ein ganzrationaler Term vierten Grades ist und nicht direkt in ein Produkt von linearen oder quadratischen Termen umgeformt werden kann, müssen zwei Nullstellen x_{01} und x_{02} durch Probieren gefunden werden.

Durch Probieren stellt man fest, dass f an der Stelle $x_{01} = 1$ eine Nullstelle hat. Die Polynomdivision des Funktionsterms durch den Linearfaktor $(x - x_{01})$ liefert das Polynom $p(x)$, dessen zugehörige Funktion p die Nullstelle $x_{02} = -2$ besitzt, die ebenfalls durch Probieren gefunden werden kann.

$$
\begin{array}{l}
(x^4 - 9x^2 - 4x + 12) : (x - 1) = \underbrace{x^3 + x^2 - 8x - 12}_{p(x)} \\
\underline{-(x^4 - x^3)} \\
\quad x^3 - 9x^2 \\
\quad \underline{-(x^3 - x^2)} \\
\qquad -8x^2 - 4x \\
\qquad \underline{-(-8x^2 + 8x)} \\
\qquad\quad -12x + 12 \\
\qquad\quad \underline{-(-12x + 12)} \\
\qquad\qquad 0
\end{array}
$$

$p(-2) = 0$ ► -2 ist Nullstelle von p und damit auch von f

$x_{02} = \mathbf{-2}$ durch Probieren gefunden.

Nachdem zwei Nullstellen von f gefunden worden sind, reduziert sich die weitere Suche nach Nullstellen von f auf die Bestimmung der Nullstellen der zu dem Term $x^2 - x - 6$ gehörenden quadratischen Funktion q.

$$
\begin{array}{l}
(x^3 + x^2 - 8x - 12) : (x + 2) = \underbrace{x^2 - x - 6}_{q(x)} \\
\underline{-(x^3 + 2x^2)} \\
\quad -x^2 - 8x \\
\quad \underline{-(-x^2 - 2x)} \\
\qquad -6x - 12 \\
\qquad \underline{-(-6x - 12)} \\
\qquad\quad 0
\end{array}
$$

Die Lösung der quadratischen Gleichung $q(x) = 0$ liefert eine weitere Nullstelle von f.

An der Stelle -2, die nochmals ermittelt wurde, liegt eine sog. **doppelte Nullstelle** vor.

$$
\begin{aligned}
q(x) = 0 &\Leftrightarrow x^2 - x - 6 = 0 \\
&\Leftrightarrow x^2 - x + 0{,}25 = 6{,}25 \\
&\Leftrightarrow (x - 0{,}5)^2 = 6{,}25 \\
&\Leftrightarrow |x - 0{,}5| = 2{,}5 \\
&\Leftrightarrow x = -2 \ \text{oder}\ x = 3
\end{aligned}
$$

Lösung: $x_{03} = \mathbf{-2}$ und $x_{04} = \mathbf{3}$.

Lokale Extrempunkte

Die Nullstellen der ersten Ableitung f' sind die möglichen lokalen Extremstellen von f.

$f'(x) = -x^3 + 4{,}5x + 1$

$f'(-2) = 0$ ► -2 ist Nullstelle von f'

Da -2 eine doppelte Nullstelle von f ist, ist sie auch eine Extremstelle von f.

$x_{E_1} = -2$ ► doppelte Nullstelle und Extremstelle von f

Durch Polynomdivision erhält man $q_1(x)$.

$$
\begin{array}{l}
(-x^3 + 4{,}5x + 1) : (x + 2) = \underbrace{-x^2 + 2x + 0{,}5}_{q_1(x)} \\
\underline{-(-x^3 - 2x^2)} \\
\quad 2x^2 + 4{,}5x \\
\quad \underline{-(2x^2 + 4x)} \\
\qquad 0{,}5x + 1 \\
\qquad \underline{-(0{,}5x + 1)} \\
\qquad\quad 0
\end{array}
$$

Nach der Polynomdivision von $-x^3+4{,}5x+1$ durch $(x-x_{E_1})$ liefert die Lösung der quadratischen Gleichung $q_1(x)=0$ zwei weitere Nullstellen der Funktion f'.

$$q_1(x)=0 \Leftrightarrow -x^2+2x+0{,}5=0$$
$$\Leftrightarrow x^2-2x-0{,}5=0$$
$$\Leftrightarrow (x-1)^2 = 1{,}5$$
$$\Leftrightarrow |x-1| = \sqrt{1{,}5}$$
$$\Leftrightarrow x\approx -0{,}22 \text{ oder } x\approx 2{,}22$$

Lösung: $x_{E_2} = \mathbf{-0{,}22}$ und $x_{E_3} = \mathbf{2{,}22}$.

Für die ermittelten drei Nullstellen von f' werden die Funktionswerte der zweiten Ableitung f'' berechnet, um eine Aussage darüber treffen zu können, von welcher Art sie sind bzw. ob sie auch tatsächlich lokale Extremstellen der Funktion f sind.

$$f''(x)=-3x^2+4{,}5$$
$$=-(3x^2-4{,}5)$$

Da diese Funktionswerte der zweiten Ableitung alle von Null verschieden sind, liegen hier tatsächlich lokale Extremstellen der Funktion f vor.

$f'(-2)=0$ ► -2 Nullstelle von f'
$f''(x_{E_1})=f''(-2)=-7{,}5$ ► Vorzeichen „–"
Extremstelle mit Rechtskrümmung.
$f(-2)=0 \Rightarrow \mathbf{H_1\langle -2|0\rangle}$.

Die Vorzeichen dieser Funktionswerte liefern weitere Aussagen über die Art der Extremstellen.

$f'(-0{,}22)=0$ ► $-0{,}22$ Nullstelle von f'
$f''(x_{E_2})=f''(-0{,}22)\approx 4{,}35$ ► Vorzeichen „+"
Extremstelle mit Linkskrümmung.
$f(-0{,}22)\approx -3{,}11 \Rightarrow \mathbf{T\langle -0{,}22|-3{,}11\rangle}$.

Da sowohl $\lim\limits_{x\to\infty} f(x)=-\infty$ als auch $\lim\limits_{x\to-\infty} f(x)=-\infty$ gilt, ist $\mathbf{H_2\langle 2{,}22|4{,}24\rangle}$ sogar **absoluter Hochpunkt** von $G(f)$.

$f'(2{,}22)=0$ ► $2{,}22$ Nullstelle von f'
$f''(x_{E_3})=f''(2{,}22)\approx -10{,}29$ ► Vorzeichen „–"
Extremstelle mit Rechtskrümmung.
$f(2{,}22)\approx 4{,}24 \Rightarrow \mathbf{H_2\langle 2{,}22|4{,}24\rangle}$.

Ableiten mithilfe von TI-Nspire:
Die Funktion wird über die Applikation Graphs & Geometry definiert, die entweder nach dem Programmstart angeklickt oder über das Menü EINFÜGEN aufgerufen wird. Mithilfe des Menüs EINFÜGEN wird auch der CALCULATOR bereitgestellt, dann die Schaltfläche [∫d] ANALYSIS mit ABLEITUNG betätigt.
Zur Berechnung der einzelnen Ableitungen gibt man jetzt noch die Variable *x*, nach der abgeleitet wird, und den bereits definierten Term $f1(x)$ ein und erhält die 1. Ableitung.
Jede weitere Ableitung erhält man, indem man nach dem Einfügen von „Ableitung" zunächst die Tastenfolge ^2 (für die 2. Ableitung), ^3 (für die 3. Ableitung) usw. ausführt, bevor man wie oben beschrieben *x* und $f1(x)$ eingibt.

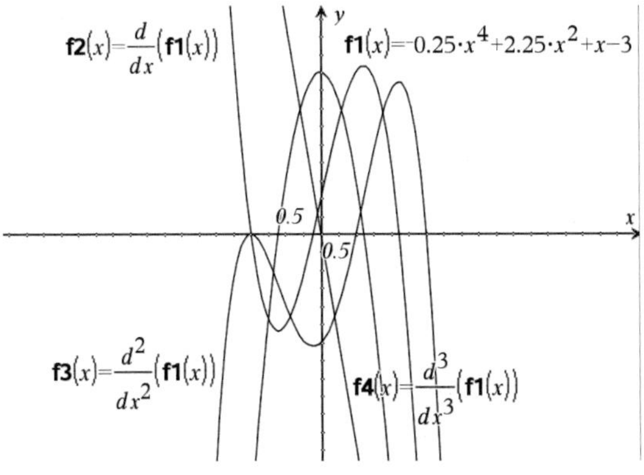

$\frac{d}{dx}(f1(x))$	$-x^3+4.5\cdot x+1$
$\frac{d^2}{dx^2}(f1(x))$	$4.5-3.\cdot x^2$
$\frac{d^3}{dx^3}(f1(x))$	$-6.\cdot x$

Monotonieverhalten

Die drei lokalen Extremstellen teilen den Definitionsbereich von f in 4 Monotonieintervalle.

$x_{E_1} = -2, x_{E_2} = -0{,}22$ und $x_{E_3} = 2{,}22.$

Durch die Berechnung eines Funktionswertes von f' an je einer Teststelle aus diesen Monotonieintervallen wird anhand des Vorzeichens von $f'(x)$ die Art der Monotonie von f in diesen Intervallen festgestellt.

$M_1 = (-\infty; -2]: f'(-3) = 14{,}5$ ► Vorzeichen „+“
$\Rightarrow f$ steigt in M_1 streng monoton
$M_2 = [-2; -0{,}22]: f'(-1) = -2{,}5$ ► Vorzeichen „–“
$\Rightarrow f$ fällt in M_2 streng monoton
$M_3 = [-0{,}22; 2{,}22]: f'(0) = 1$ ► Vorzeichen „+“
$\Rightarrow f$ steigt in M_3 streng monoton
$M_4 = [2{,}22; \infty): f'(3) = -12{,}5$ ► Vorzeichen „–“
$\Rightarrow f$ fällt in M_4 streng monoton

$G(f)$ steigt somit in M_1, fällt in M_2, steigt in M_3 und fällt wieder in M_4, jeweils streng monoton.

Wendepunkte

Die Nullstellen der zweiten Ableitung f'' sind die möglichen Wendestellen von f.

$$f''(x) = -3x^2 + 4{,}5 = -(3x^2 - 4{,}5)$$
$$f''(x) = 0 \Leftrightarrow 3x^2 - 4{,}5 = 0$$
$$\Leftrightarrow x^2 = 1{,}5$$
$$\Leftrightarrow |x| = \sqrt{1{,}5}$$
$$\Leftrightarrow x \approx -1{,}22 \text{ oder } x \approx 1{,}22$$

Lösung: $\mathbf{x_{W_1} = -1{,}22}$ und $\mathbf{x_{W_2} = 1{,}22}$

Von diesen Nullstellen von f'' werden die Funktionswerte der dritten Ableitung f''' berechnet, um eine Aussage darüber treffen zu können, ob sie auch tatsächlich Wendestellen der Funktion f sind.

$f'''(x) = -6x$
$f''(-1{,}22) = 0$ ► $-1{,}22$ Nullstelle von f''
$f'''(x_{W_1}) = f'''(-1{,}22) \approx 7{,}32$ ► Vorzeichen „+“
Wendestelle mit Rechts-Links-Krümmungswechsel
$f(-1{,}22) \approx -1{,}42 \Rightarrow \mathbf{W_1\langle -1{,}22 \mid -1{,}42\rangle}$

Da diese Funktionswerte der dritten Ableitung alle von Null verschieden sind, liegen hier tatsächlich Wendestellen der Funktion f vor.

$f''(1{,}22) = 0$ ► $1{,}22$ Nullstelle von f''
$f'''(x_{W_2}) = f'''(1{,}22) \approx -7{,}32$ ► Vorzeichen „–“
Wendestelle mit Links-Rechts-Krümmungswechsel
$f(1{,}22) \approx 1{,}02 \Rightarrow \mathbf{W_2\langle 1{,}22 \mid 1{,}02\rangle}$

Die Vorzeichen der Funktionswerte von f''' liefern weitere Aussagen über die Krümmungswechsel der Wendestellen.

Krümmungsverhalten

Die zwei Wendestellen von f teilen den Definitionsbereich von f in drei Krümmungsintervalle ein.

$x_{W_1} = -1{,}22$ und $x_{W_2} = 1{,}22$

Durch die Berechnung eines Funktionswertes von f'' an je einer Teststelle aus diesen Krümmungsintervallen wird anhand des Vorzeichens von $f''(x)$ die Art der Krümmung von f in diesen Intervallen festgestellt.

$K_1 = (-\infty; -1{,}22]: f''(-2) = -7{,}5$ ▶ Vorzeichen „–"
$\Rightarrow G(f)$ ist in K_1 rechtsgekrümmt.
$K_2 = [-1{,}22; 1{,}22]: f''(0) = 4{,}5$ ▶ Vorzeichen „+"
$\Rightarrow G(f)$ ist in K_2 linksgekrümmt.
$K_3 = [1{,}22; \infty): f''(2) = -7{,}5$ ▶ Vorzeichen „–"
$\Rightarrow G(f)$ ist in K_3 rechtsgekrümmt.

$G(f)$ ist in K_1 rechtsgekrümmt, in K_2 linksgekrümmt und in K_3 wieder rechtsgekrümmt.

Graph der Funktion

Die durch die Kurvendiskussion ermittelten Punkte werden in ein Koordinatensystem eingetragen und unter Berücksichtigung der Stetigkeit von f, des Grenzwert-, Steigungs- und Krümmungsverhaltens zum Graphen der Funktion verbunden.

$P_{01}\langle -2 \mid 0\rangle$, $P_{02}\langle 1 \mid 0\rangle$, $P_{03}\langle 3 \mid 0\rangle$ ▶ Schnittpunkte mit der x-Achse
$S_y\langle 0 \mid -3\rangle$ ▶ Schnittpunkt mit der y-Achse

$H_1\langle -2 \mid 0\rangle$ ▶ Hochpunkt
$T\langle -0{,}22 \mid -3{,}11\rangle$ ▶ Tiefpunkt
$H_2\langle 2{,}22 \mid 4{,}24\rangle$ ▶ Hochpunkt
$W_1\langle -1{,}22 \mid -1{,}42\rangle$, $W_2\langle 1{,}22 \mid 1{,}02\rangle$ ▶ Wendepunkte

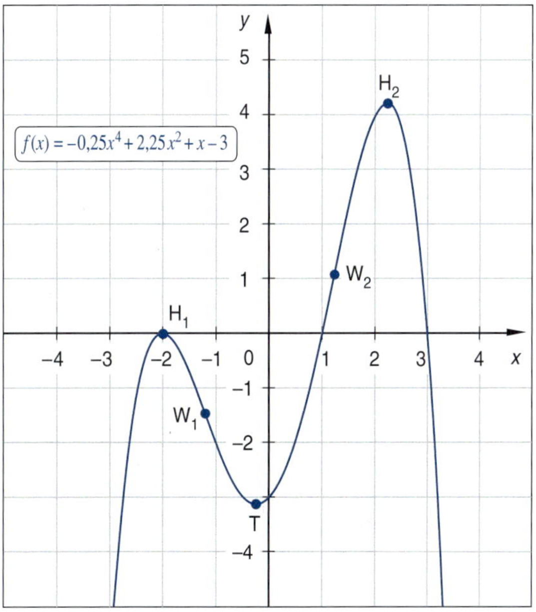

4.4.2 Bestimmen ganzrationaler Funktionsterme und Kurvendiskussion ökonomischer Funktionen

Durch eine Kurvendiskussion lassen sich verschiedene Eigenschaften einer gegebenen Funktion ermitteln; anschließend kann ihr Graph gezeichnet werden.

In der Praxis sind häufig aber umgekehrt verschiedene Eigenschaften einer Funktion bekannt, deren Funktionsterm aber erst noch ermittelt werden muss. ▶ Abschnitte 2.2 und 2.3

Am Beispiel der Eigenschaften einer Kostenfunktion K soll mit den Mitteln der Differentialrechnung gezeigt werden, wie man ihren Funktionsterm $K(x)$ ermitteln kann, bevor diese Funktion dann diskutiert wird. Dabei bezeichnet die Ableitung einer Kostenfunktion an einer Stelle x_0 die **Grenzkosten** an dieser Stelle. ▶ Abschnitt 2.4

Deshalb nennt man die Ableitungsfunktion K' einer Kostenfunktion auch ihre **Grenzkostenfunktion**. Das absolute Minimum einer Grenzkostenfunktion K' heißt **Grenzkostenminimum**.

Beispiel 4.37 (Bestimmung einer Kostenfunktion aus vorgegebenen Eigenschaften)

Ein Betrieb beschreibt seine Kostenstruktur durch eine ertragsgesetzliche Funktion dritten Grades. Bestimmen Sie den Term der Kostenfunktion K, die Fixkosten in Höhe von 12,5 GE ausweist und ihr Grenzkostenminimum bei $\frac{8}{3}$ ME hat. Die Grenzkosten bei einer Produktion von 1 ME betragen 2,75 GE pro ME, die durchschnittlichen Gesamtkosten $\frac{61}{12}$ GE pro ME bei einer Produktion von 6 ME.

Der allgemeine Term einer Kostenfunktion K dritten Grades ist

$K(x) = ax^3 + bx^2 + cx + d;\, x \in D(K) = D_{ök}$

mit reellen Zahlen für a, b, c und d.

Term einer Kostenfunktion dritten Grades

$K(x) = ax^3 + bx^2 + cx + d$

Zur genauen Bestimmung der Werte für die 4 Koeffizienten a, b, c und d werden 4 lineare Gleichungen benötigt.

$K(0) = 12{,}5 \Leftrightarrow \quad \boldsymbol{d = 12{,}5}$

$K'(1) = 2{,}75 \Leftrightarrow 3a + 2b + c = 2{,}75$

$K''\left(\frac{8}{3}\right) = 0 \Leftrightarrow 16a + 2b = 0$

$k(6) = \frac{61}{12} \Leftrightarrow 36a + 6b + c + \frac{12{,}5}{6} = \frac{61}{12}$

$\Leftrightarrow 36a + 6b + c = 3$

Dazu sind neben dem allgemeinen Funktionsterm für $K(x)$ auch die Terme der ersten und zweiten Ableitungen von K sowie der Term der Durchschnittskostenfunktion k erforderlich.

$K(x) = ax^3 + bx^2 + cx + d$

$\Rightarrow \quad K'(x) = 3ax^2 + 2bx + c$

$\Rightarrow \quad K''(x) = 6ax + 2b$

$\Rightarrow \quad k(x) = \frac{K(x)}{x} = \frac{ax^3 + bx^2 + cx + d}{x}$

$= ax^2 + bx + c + \frac{d}{x};\, x \in (0; x_{kap}]$

► $x_{kap} \mathrel{\widehat{=}}$ Kapazitätsgrenze

Noch zu lösendes LGS ► $d = 12{,}5$

I. $3a + 2b + c = 2{,}75 \quad | \cdot (-1)$ (+ zur dritten Zeile)

$16a + 2b \quad = 0$

$36a + 6b + c = 3$

II. $3a + 2b + c = 2{,}75$

$16a + 2b \quad = 0 \quad | \cdot (-2)$ (+ zur dritten Zeile)

$33a + 4b \quad = 0{,}25$

III. $3a + 2b + c = 2{,}75 \quad | \cdot (-1)$

$16a + 2b \quad = 0$

$a \quad = 0{,}25 \quad \Rightarrow \boldsymbol{a = 0{,}25}$

$16 \cdot 0{,}25 + 2b = 0$ ► 0,25 für a in Zeile 2 von III

$2b = -4 \quad |:2 \quad \Rightarrow \boldsymbol{b = -2}$

$3 \cdot 0{,}25 + 2 \cdot (-2) + c = 2{,}75$

► 0,25 für a und -2 für b in Zeile 1 von III

$\Rightarrow \boldsymbol{c = 6}$

Die für a, b, c und d ermittelten Werte werden durch eine Probe (im Kopf!) in allen Ausgangsgleichungen bestätigt.

z. B. **Probe in II**

$0{,}75 - 4 + 6 = 2{,}75$

$\Leftrightarrow \quad 2{,}75 = 2{,}75$ ► wahre Aussage

Auch die weiteren Proben in den Ausgangsgleichungen liefern wahre Aussagen.

Die Gesamtkosten lassen sich somit durch $K(x) = 0{,}25x^3 - 2x^2 + 6x + 12{,}5;\, x \in D_{ök}$ beschreiben.

Graph der Funktion

Für den Graphen der Kostenfunktion ergibt sich daher die folgende Gestalt.

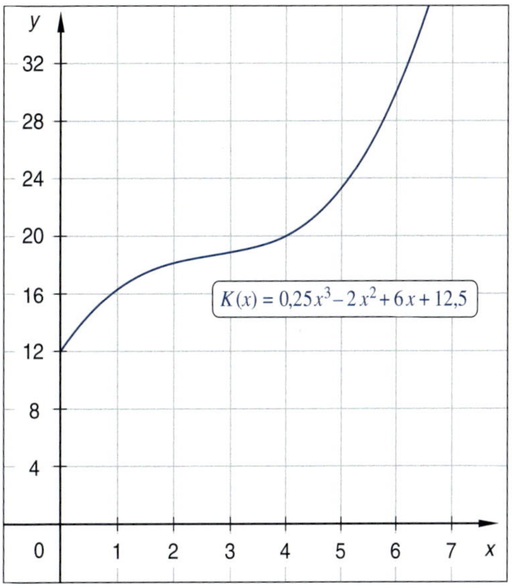

Beispiel 4.38 (Steckbriefaufgabe)

Bestimmen Sie den Term der ganzrationalen Funktion 4. Grades, die einen Sattelpunkt in $\langle 0|0\rangle$ und einen Hochpunkt in $\langle 2|8\rangle$ hat.
Zeichnen Sie den Graphen mithilfe von TI-Nspire.

$f(x) = ax^4 + bx^3 + cx^2 + dx + e$ ist der allgemeine Term einer ganzrationalen Funktion 4. Grades.

Neben $f(x)$ werden die Ableitungen benötigt:
$f'(x) = 4ax^3 + 3bx^3 + 2 + 2cx + d$ und
$f''(x) = 12ax^2 + 6bx + 2c$.

Zur genauen Bestimmung der Werte für die 5 Koeffizienten a bis e werden 5 lineare Gleichungen benötigt, die entsprechend der Eigenschaften von f aufgestellt werden.

Der Funktionsterm lautet:
$f(x) = -1{,}5x^4 + 4x^3$.

Zum Zeichnen des Graphen fügt man wie üblich eine GRAPHS & GEOMETRY-Seite ein und gibt den Funktionsterm in die Eingabezeile am unteren Rand ein.
Man erkennt deutlich den Wendepunkt an der Stelle $\langle 0|0\rangle$ und das Maximum im Punkt $\langle 2|8\rangle$.

Sattelpunkt $\langle 0|0\rangle$: $f(0) = 0 \Rightarrow \boldsymbol{e = 0}$
$f'(0) = 0 \Rightarrow \boldsymbol{d = 0}$
$f''(0) = 0 \Rightarrow \boldsymbol{c = 0}$

Hochpunkt $\langle 2|8\rangle$: $f(2) = 8 \Rightarrow 16a + 8b = 8 \;|\cdot(-2)$ $\;|:8$
$f'(2) = 0 \Rightarrow 32a + 12b = 0$ $\;+$

$2a + b = 1$
$-4b = -16 \Rightarrow \boldsymbol{b = 4}$
4 für b setzen: $2a + 4 = 1 \quad \Rightarrow \boldsymbol{a = -1{,}5}$
$\Rightarrow \boldsymbol{f(x) = -1{,}5x^4 + 4x^3}$

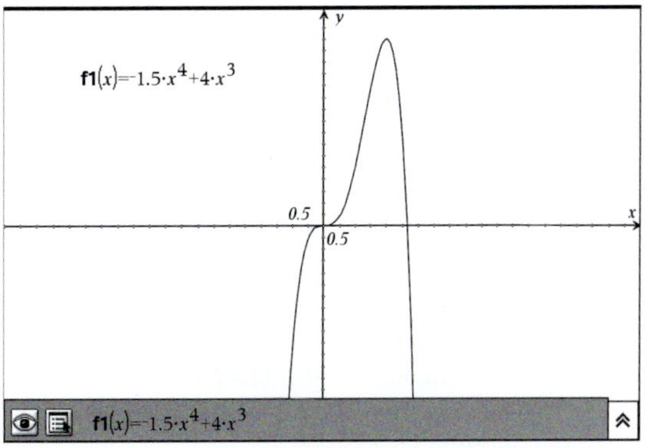

Das Erstellen von Funktionstermen aus bekannten Eigenschaften der Funktion oder des zugehörigen Graphen bezeichnet man auch als **Steckbriefaufgaben**. Die folgende Tabelle fasst die wichtigsten Eigenschaften zusammen:

Eigenschaften von f bzw. $G(f)$	Punkt	Steigung	Krümmung
$G(f)$ schneidet die y-Achse bei b / der Ordinatenabschnitt ist b	$f(0)=b$		
$G(f)$ hat eine Nullstelle bei $x=a$ / $G(f)$ schneidet die x-Achse bei $x=a$	$f(a)=0$		
$G(f)$ läuft durch den Punkt $\langle a \mid b \rangle$	$f(a)=b$		
$G(f)$ hat einen Hochpunkt (ein Maximum) bei $x=a$		$f'(a)=0$	
$G(f)$ hat einen Tiefpunkt (ein Minimum) bei $x=a$		$f'(a)=0$	
Der Punkt $\langle a \mid b \rangle$ ist ein Hochpunkt bzw. Tiefpunkt	$f(a)=b$	$f'(a)=0$	
$G(f)$ hat einen Wendepunkt bei $x=a$, hat die stärkste Steigung (das größte Gefälle) bei $x=a$			$f''(a)=0$
Der Punkt $\langle a \mid b \rangle$ ist ein Wendepunkt	$f(a)=b$		$f''(a)=0$
$G(f)$ hat einen Sattelpunkt bei $x=a$		$f'(a)=0$	$f''(a)=0$
$\langle a \mid b \rangle$ ist ein Sattelpunkt	$f(a)=b$	$f'(a)=0$	$f''(a)=0$
Die Tangente an $G(f)$ an der Stelle a hat die Steigung c		$f'(a)=c$	
Die Tangente im Punkt $\langle a \mid b \rangle$ hat die Steigung c	$f(a)=b$	$f'(a)=c$	
Die Tangente im Wendepunkt $\langle a \mid b \rangle$ hat die Steigung c	$f(a)=b$	$f'(a)=c$	$f''(a)=0$
$G(f)$ hat im Wendepunkt $\langle a \mid b \rangle$ eine Tangente (Wendetangente) mit der Steigung c	$f(a)=b$	$f'(a)=c$	$f''(a)=0$
$G(f)$ hat einen Wendepunkt bei $x=a$ mit der Steigung c		$f'(a)=c$	$f''(a)=0$
$G(f)$ hat einen Wendepunkt bei $x=a$ und dort eine Tangente mit der Steigung c		$f'(a)=c$	$f''(a)=0$
$G(f)$ hat bei $x=a$ die Krümmung d			$f''(a)=d$
$G(f)$ hat im Punkt $\langle a \mid b \rangle$ die Krümmung d	$f(a)=b$		$f''(a)=d$
$G(f)$ hat im Punkt $\langle a \mid b \rangle$ die Steigung c und die Krümmung d	$f(a)=b$	$f'(a)=c$	$f''(a)=d$
$G(f)$ ist achsensymmetrisch zur y-Achse	Der Funktionsterm hat **keine** ungeraden Exponenten.		
$G(f)$ ist drehsymmetrisch (punktsymmetrisch) zum Ursprung (zum Punkt $(0 \mid 0)$)	Der Funktionsterm hat **nur** ungerade Exponenten.		

Im Folgenden soll eine Kostenfunktion K unter ökonomischen Gesichtspunkten diskutiert werden. Dabei werden ihr Graph und die Graphen der Grenzkostenfunktion sowie der Funktionen der variablen Gesamtkosten, der variablen Kosten pro produzierter Mengeneinheit und der Durchschnittskosten zur Erklärung bereits parallel aufgeführt.

Beispiel 4.39 (Diskussion der Kostenfunktion)

Die Gesamtkosten eines Angebotsmonopolisten in einer Planperiode können durch die Funktion $K(x)=0{,}25x^3-2x^2+6x+12{,}5$; $x \in D_{ök}$, die Nachfrage kann durch die Funktion $p(x)=18{,}75-2x$; $x \in D_{ök}$ beschrieben werden.

Bestimmen Sie den ökonomischen Definitionsbereich $D_{ök}$, berechnen Sie die Gewinnschwelle und die Gewinngrenze sowie das Grenzkosten- und Betriebsminimum sowie das Betriebsoptimum und zeichnen Sie $G(K')$, $G(k_v)$ und $G(k)$ in ein Koordinatensystem.

Bestimmen Sie die Erlösfunktion E und das Erlösmaximum.

Stellen Sie die Gewinnfunktion G auf und berechnen Sie das Gewinnmaximum.

Zeichnen Sie die Graphen von K, E und G in ein Koordinatensystem.

Dabei versteht man unter dem **Betriebsminimum** (BM) die Ausbringungsmenge, bei deren Produktion die geringsten **durchschnittlichen variablen Kosten** (variable Stückkosten) entstehen, und unter dem **Betriebsoptimum** (BO) die Ausbringungsmenge, bei deren Produktion die geringsten **Durchschnittskosten** (Stückkosten) entstehen.

Der ökonomische Definitionsbereich $D_{ök}$ ergibt sich aus der Tatsache, dass $x \geq 0$ und $p(x) \geq 0$ gelten muss.

$x \geq 0$ und $18{,}75 - 2x \geq 0$

$\Rightarrow x \geq 0$ und $x \leq 9{,}375 \Rightarrow \boldsymbol{D_{ök} = [0; 9{,}375]}$.

Die **Grenzkostenfunktion** K' mit $K'(x) = 0{,}75x^2 - 4x + 6$; $x \in D_{ök}$ gibt in der Praxis den Kostenzuwachs bei einer Erhöhung der Ausbringungsmenge um eine Einheit an.

▶ Abschnitt 3.2, Beispiel 3.10

Die Funktion $K_v(x) = 0{,}25x^3 - 2x^2 + 6x$; $x \in [0; 9{,}375]$ beschreibt die variablen Gesamtkosten, das sind die in Abhängigkeit von der Ausbringungsmenge entstehenden Kosten, also ohne die Fixkosten.

▶ nicht graphisch dargestellt.

Die Funktion $k_v(x) = 0{,}25x^2 - 2x + 6$; $x \in (0; 9{,}375]$ ermittelt die **variablen Stückkosten**, also die variablen Kosten pro produzierter Mengeneinheit. ▶ $k_v(x) = \frac{K_v(x)}{x}$

Die Funktion k mit

$k(x) = 0{,}25x^2 - 2x + 6 + \frac{12{,}5}{x}$; $x \in (0; 9{,}375]$

ist die Funktion der Durchschnittskosten. Sie heißt auch **Stückkostenfunktion** und gibt den auf jede produzierte Mengeneinheit entfallenden Teil der Gesamtkosten an. ▶ $k(x) = \frac{K(x)}{x}$

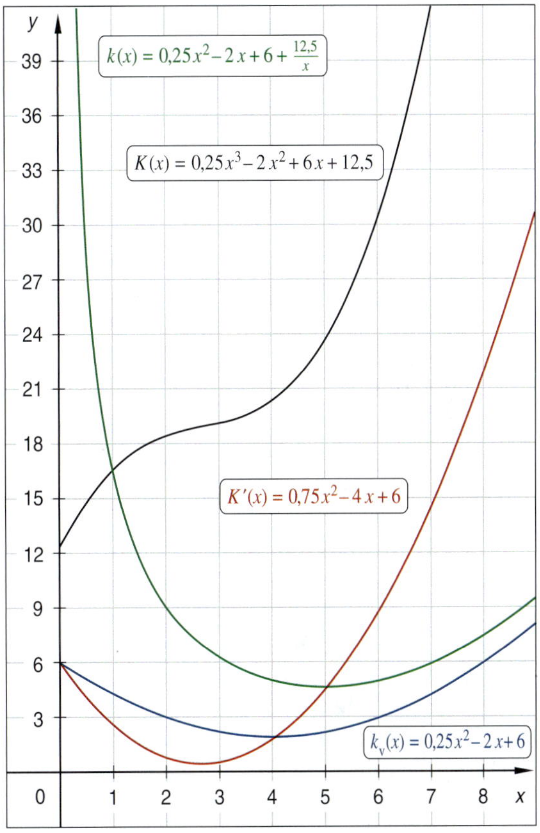

$K(x) = 0{,}25x^3 - 2x^2 + 6x + 12{,}5$ ▶ Gesamtkostenfunktion

$K'(x) = 0{,}75x^2 - 4x + 6$ ▶ Grenzkostenfunktion

$k_v(x) = 0{,}25x^2 - 2x + 6$ ▶ variable Stückkostenfunktion

$k(x) = 0{,}25x^2 - 2x + 6 + \frac{12{,}5}{x}$ ▶ Stückkostenfunktion

Der Kostenverlauf lässt sich in $D_{ök}$ intervallweise unterschiedlich interpretieren:

1. Verlauf im Intervall $\left[0; \frac{8}{3}\right]$:

Zuerst beschreibt der Graph der Gesamtkostenfunktion K eine Kurve mit Rechtskrümmung. Das bedeutet, dass die Gesamtkosten bei steigender Produktion mit geringer werdenden Zuwächsen (Grenzkosten) steigen.

▶ degressiver Kostenanstieg

$K'(x) = 0{,}75x^2 - 4x + 6$

$\Rightarrow K''(x) = 1{,}5x - 4$

Das hat zur Folge, dass der Graph der Grenzkostenfunktion $G(K')$ in dieser Phase fällt. Aber auch der Graph $G(k_v)$ der variablen Durchschnittskostenfunktion und der Graph $G(k)$ der gesamten Durchschnittskostenfunktion fallen hier.

An der Stelle $\frac{8}{3}$ erreicht die Gesamtkostenkurve $G(K)$ ihren Wendepunkt, d.h., sie geht von einer Kurve mit Rechtskrümmung in eine Kurve mit Linkskrümmung bzw. von einem degressiven in einen progressiven Verlauf über. Da die Grenzkosten für $K'(x)$ im Bereich des degressiven Verlaufs abnehmen, im Bereich des progressiven Verlaufs aber zunehmen, hat die Funktion K' an der Stelle $\frac{8}{3}$ ihr Minimum.

Die minimalen Grenzkosten betragen $\frac{2}{3}$ GE.

$K''(x) = 0 \Leftrightarrow 1{,}5x - 4 = 0$

$\Leftrightarrow \quad x = \frac{8}{3}$

Lösung: $x_{\text{GK}} = \mathbf{\frac{8}{3}}$

$K'''(x) = 1{,}5$ für alle $x \in D_{ök}$

$K''\left(\frac{8}{3}\right) = 0,\ K'''\left(\frac{8}{3}\right) = 1{,}5$ ▶ Vorzeichen „+“

$\Rightarrow \frac{8}{3}$ ist Wendestelle von K und Minimalstelle von K'.

$K'\left(\frac{8}{3}\right) = \frac{2}{3}$ ▶ minimale Grenzkosten $\frac{2}{3}$ GE pro ME

$\Rightarrow$ **GK**$_{\textbf{Min}} = \left\langle \mathbf{\frac{8}{3}} \middle| \mathbf{\frac{2}{3}} \right\rangle$

2. Verlauf im Intervall $\left[\frac{8}{3}; 4\right]$:

$G(K')$ steigt nun an, nachdem er sein Minimum durchlaufen hat.

▶ progressiver Kostenanstieg

Da die Grenzkosten zunächst noch geringer sind als die Stückkosten, fallen die Graphen beider Stückkostenfunktionen.

Diese Phase endet, wenn die steigenden Grenzkosten den gleichen Wert erreichen wie die variablen Stückkosten. Solange die Grenzkosten geringer sind als die variablen Stückkosten, fallen die variablen Stückkosten. Die variablen Stückkosten steigen, sobald die Grenzkosten größer sind als sie. Folglich muss dort das **Minimum** der variablen Stückkosten sein, wo Grenzkosten und variable Stückkosten gleich sind.

$k_v(x) = 0{,}25x^2 - 2x + 6$

$\Rightarrow k_v'(x) = 0{,}5x - 2$

$k_v'(x) = 0 \Leftrightarrow 0{,}5x - 2 = 0$

$\Leftrightarrow \quad x = 4$

Lösung: $x_{\text{BM}} = \mathbf{4}$

$k_v''(x) = 0{,}5$ für alle $x \in (0; 9{,}375]$

$k_v'(4) = 0,\ k_v''(4) = 0{,}5$ ▶ Vorzeichen „+“

$\Rightarrow$ 4 ist Minimalstelle von k_v.

$k_v(4) = 2$ ▶ minimale variable Stückkosten 2 GE pro ME; $K'(4) = k_v(4)$

$\Rightarrow$ **BM⟨4 | 2⟩**.

▶ Die y-Koordinate des Betriebsminimums bestimmt die **kurzfristige Preisuntergrenze** (KPU). Sie ist deshalb kurzfristig, da sie nur die variablen Stückkosten deckt.

Man bezeichnet den x-Wert dieses Minimums als **Betriebsminimum**. Es stellt die Ausbringungsmenge (hier: 4 ME) mit den geringsten variablen Stückkosten (**kurzfristige Preisuntergrenze**; hier: 2 GE/ME) dar. ▶ $G(k_v)$ hat sein Minimum bei $x_{\text{BM}} = 4$.

3. Verlauf im Intervall [4; 5]:

Nach dem Betriebsminimum steigt $G(k_v)$, weil die Grenzkosten höher sind als die variablen Stückkosten; da aber die Grenzkosten noch immer geringer sind als die gesamten Stückkosten, fällt der Graph der gesamten Stückkostenfunktion zunächst weiter, bis die Grenzkosten das Niveau der gesamten Stück-

$k(x) = 0{,}25x^2 - 2x + 6 + \frac{12{,}5}{x}$;

$\Rightarrow k'(x) = 0{,}5x - 2 - \frac{12{,}5}{x^2}$;

kosten steigen, sobald die Grenzkosten größer sind als sie. Folglich muss dort das **Minimum** der gesamten Stückkosten sein, wo Grenzkosten und gesamte Stückkosten gleich sind. Man bezeichnet den x-Wert dieses Minimums als **Betriebsoptimum**. Es stellt die Ausbringungsmenge mit den geringsten Stückkosten dar. -

▸ Minimum von $G(k)$

$$k'(x)=0 \Leftrightarrow 0{,}5x-2-\frac{12{,}5}{x^2}=0$$
$$\Leftrightarrow \frac{0{,}5x^3-2x^2-12{,}5}{x^2}=0$$
$$\Rightarrow 0{,}5x^3-2x^2-12{,}5=0$$
$$\Leftrightarrow x^3-4x^2-25=0$$

$x_0=5$ ▸ Nullstelle von k', durch Probieren gefunden

Die Funktion k wird gliedweise abgeleitet, wobei der gebrochen-rationale Summand nach der Potenzregel für x^m mit $m\in\mathbb{Z}$ und der Faktorregel abgeleitet wird.

▸ Abschnitt 4.1, Beispiele 4.2

$k''(x)=0{,}5+\frac{25}{x^3}$ für alle $x\in(0;9{,}375]$.

$k'(5)=0, k''(5)=0{,}7$ ▸ Vorzeichen „+"

$\Rightarrow$ 5 ist Minimalstelle von k.

$k(5)=4{,}75$ ▸ minimale Stückkosten 4,75 GE pro ME; $K'(5)=k(5)$

Wie man mittels Polynomdivision und quadratischer Ergänzung feststellt, ist die durch Probieren gefundene Nullstelle 5 die einzige Nullstelle von k'.

$$\begin{array}{l}(x^3-4x^2-25):(x-5)=x^2+x+5\\ \underline{-(x^3-5x^2)}\\ \quad x^2\\ \quad \underline{-(x^2-5x)}\\ \qquad 5x-25\\ \qquad \underline{-(5x-25)}\\ \qquad\quad 0\end{array}$$

k' besitzt keine weiteren Nullstellen, weil das Quadrat einer reellen Zahl nicht kleiner als 0 sein kann.

$$x^2+x+5=0 \Leftrightarrow x^2+x+0{,}25=-4{,}75$$
$$\Leftrightarrow (x+0{,}5)^2=-4{,}75$$

Somit entstehen bei der Produktion einer Ausbringungsmenge von 5 ME die geringsten Stückkosten (**langfristige Preisuntergrenze**)

▸ $x_{BO}=5$

$\Rightarrow$ $\mathbf{x_{BO}=5}$

$\Rightarrow$ **BO⟨5|4,75⟩** ▸ 4,75 ist die **langfristige Preisuntergrenze** (LPU).

4. Verlauf im Intervall $(5;9{,}375]$.

Mit Erreichen des Betriebsoptimums steigen alle Kostenkurven progressiv bis zur Kapazitätsgrenze $(x_{kap}=9{,}375)$. Da die Grenzkostenkurve über der Stückkostenkurve liegt, kostet jede zusätzlich hergestellte ME mehr als die bisher produzierten ME im Durchschnitt.

Die **Randextrema** der jeweiligen Kostenfunktionen erhält man aus ihren Funktionswerten an den Stellen $x_0=0$ und $x_{kap}=9{,}375$, soweit sie dort definiert sind.

$K(0)=12{,}5$ und $K(9{,}375)\approx 98{,}96$

$K'(0)=6$ und $K'(9{,}375)\approx 34{,}42$

$k_v(0)$ nicht definiert und $k_v(9{,}375)\approx 9{,}22$

$k(0)$ nicht definiert und $k(9{,}375)\approx 10{,}56$

Einen Überblick über Kostenfunktionen verschafft die folgende Tabelle:

Funktion	Punkt	Berechnung
Gesamtkostenfunktion K	Wendepunkt mit RL-KW	$K''(x)=0, K'''(x_W)>0$, Setzen von x_W in K
Grenzkostenfunktion K'	Grenzkostenminimum (GKM)	$K''(x)=0, K'''(x_W)>0$, Setzen von x_W in K'
Variable Stückkostenfunktion k_v	Betriebsminimum, Kurzfristige Preisuntergrenze (KPU)	$k_v'(x)=0, k_v''(x_{BM})>0$, Setzen von x_{BM} in k_v
Gesamtstückkostenfunktion k	Betriebsoptimum, Langfristige Preisuntergrenze (LPU)	$k'(x)=0, k''(x_{BO})>0$, Setzen von x_{BO} in k

Erlös- und Gewinnmaximum, Gewinnzone
Der Funktionsterm der **Erlösfunktion** ist das Produkt aus dem Funktionsterm der Nachfragefunktion und dem Term für die Absatzmenge.

$E(x) = p(x) \cdot x = (18{,}75 - 2x) \cdot x = 18{,}75x - 2x^2$; $x \in [0; 9{,}375]$.

$E(x) = 18{,}75x - 2x^2$
$\Rightarrow E'(x) = 18{,}75 - 4x$

Die Lösung der Gleichung $E'(x) = 0$ liefert die mögliche Extremstelle x_E, die wegen $E''(4{,}6875) < 0$ als Maximalstelle bestätigt wird.

$E'(x) = 0 \Leftrightarrow 18{,}75 - 4x = 0$
$\Leftrightarrow x = 4{,}6875$

Lösung: $x_E = \mathbf{4{,}6875}$

$E''(x) = -4$ für alle $x \in [0; 9375]$
$E'(4{,}6875) = 0$, $E''(4{,}6875) = -4$ ► Vorzeichen „–“

$\Rightarrow$ 4,6875 ist Maximalstelle von E.

Das Erlösmaximum wird bei einer Ausbringungsmenge von 4,6875 ME erzielt und beträgt 40,6875 GE.

$E(4{,}6875) = 40{,}6875$ ► maximaler Erlös 40,6875 GE
$\Rightarrow$ $\mathbf{E_{max}\langle 4{,}6875 \mid 40{,}6875 \rangle}$

Der Term der **Gewinnfunktion** G ergibt sich aus der Differenz der Terme für die Erlös- und Gesamtkostenfunktion.

$G(x) = E(x) - K(x)$
$= 18{,}75x - 2x^2 - (0{,}25x^3 - 2x^2 + 6x + 12{,}5)$
$= -0{,}25x^3 + 12{,}75x - 12{,}5$; $x \in [0; 9{,}375]$.

Dagobert Duck nimmt sein tägliches Geldbad

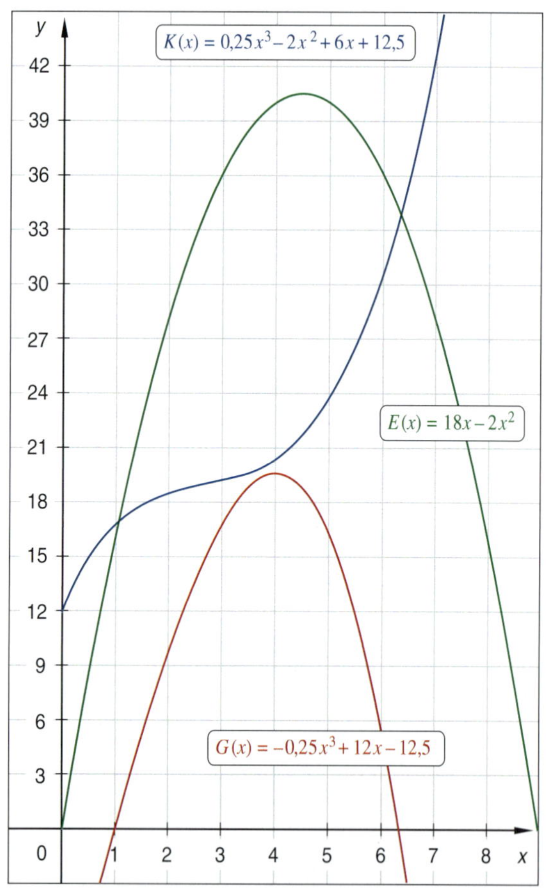

Die Lösung der Gleichung $G(x)=0$ liefert 3 Nullstellen, von denen eine nicht im ökonomischen Definitionsbereich liegt.

$G(x)=0 \Leftrightarrow -0{,}25x^3+12{,}75x-12{,}5=0 \quad |\cdot(-4)$

$\Leftrightarrow x^3-51x+50=0$

▶ Polynomdivision, $x_{01}=1$ durch Probieren

$$\begin{array}{l}
(x^3-51x+50):(x-1)=x^2+x-50\\
\underline{-(x^3-x^2)}\\
\quad x^2-51x\\
\quad \underline{-(x^2-\;\;x)}\\
\qquad -50x+50\\
\qquad \underline{-(-50x+50)}\\
\qquad\qquad 0
\end{array}$$

$x^2+x-50=0$

$x^2+x+0{,}25=50+0{,}25$

$(x+0{,}5)^2=50{,}25 \quad |\sqrt{}$

$|x+0{,}5|\approx 7{,}09$

$\Rightarrow x_{02}=\mathbf{-7{,}59}\ (\notin D_{ök})$

und $x_{03}=\mathbf{6{,}59}$

Die Gewinnzone erstreckt sich von der Produktion und dem Verkauf von 1 ME (Gewinnschwelle) bis zu 6,59 ME (Gewinngrenze).

Gewinnschwelle 1 ME, Gewinngrenze 6,59 ME

Die Lösung der Gleichung $G'(x)=0$ liefert die mögliche Extremstelle $x_G=4{,}12$, die wegen $G''(4{,}12)<0$ als Maximalstelle bestätigt wird.

$G'(x)=-0{,}75x^2+12{,}75$

$G'(x)=0 \Leftrightarrow -0{,}75x^2+12{,}75=0$

$\Leftrightarrow x^2=17$

$\Leftrightarrow x\approx-4{,}12\ (\notin D_{ök})$ oder $x\approx 4{,}12$

Lösung: $x_G=\mathbf{4{,}12}$ ▶ $4{,}12\in D_{ök}$

Das Gewinnmaximum wird bei einer Ausbringungsmenge von 4,12 ME erzielt und beträgt 20,76 GE.

$G''(x)=-1{,}5x$ für alle $x\in[0;9{,}375]$

$G'(4{,}12)=0,\ G''(4{,}12)\approx-6{,}18$ ▶ Vorzeichen „–"

$\Rightarrow$ 4,12 ist Maximalstelle von G.

$G(4{,}12)=20{,}76$ ▶ maximaler Gewinn 20,76 GE

$\Rightarrow$ $\mathbf{G_{max}\langle 4{,}12\,|\,20{,}76\rangle}$

Einen Überblick über Nachfrage-, Erlös- und Gewinnfunktionen verschafft die folgende Tabelle:

Funktion	Punkt	Berechnung
Nachfragefunktion p	Sättigungsmenge, ökonomischer Definitionsbereich	$p(x)=0 \Rightarrow D_{ök}=[0;x_{kap}]$
Erlösfunktion E	Erlösmaximum	$E'(x)=0,\ E''(x_E)<0$, Setzen von x_E in E
Gewinnfunktion G	Gewinnzone Gewinnmaximum	$G(x)=0$ $G'(x)=0,\ G''(x_G)<0$, Setzen von x_G in G

Im Beispiel 4.37 lautet die Preisabsatzfunktion eines Monopolisten $p(x)=18{,}75-2x;\ x\in[0;9{,}375]$. Eine Preisänderung um 2 GE bewirkt eine Mengenänderung um 1 ME. Es macht jedoch einen Unterschied ob diese Preisänderung von 18,75 GE auf 16,75 GE oder von 4,75 GE auf 2,75 GE erfolgt. Obwohl die Preisänderung jeweils 2 GE beträgt, entspricht sie im ersten Fall etwa 10,7 % und im zweiten Fall ca. 42,1%. Die tatsächliche Nachfrageänderung lässt sich also relativ besser verdeutlichen als absolut. Zu diesem Zweck betrachtet man das Verhältnis von der relativen Mengenänderung zur relativen Preisänderung.

Die **Elastizität** der Nachfrage bzw. des Angebots ist ein Maß dafür, wie stark die nachgefragten bzw. angebotenen Produktmengen auf Preisänderungen reagieren. Bei linearen Nachfrage- und Angebotsfunktionen wird die prozentuale Mengenänderung $\frac{\Delta x}{x}$ ins Verhältnis zur prozentualen Preisänderung $\frac{\Delta p(x)}{p(x)}$ gesetzt. ▶ x steht für die Ausbringungsmenge, $p(x)$ steht für den Ausgangspreis; Δx bzw. $\Delta p(x)$ geben die Änderungen der Ausbringungsmenge bzw. die hierzu gehörende Preisänderung an.

Hier ergibt sich der **Elastizitätskoeffizient** $e(x) = \frac{\frac{\Delta x}{x}}{\frac{-\Delta p(x)}{p(x)}} = \frac{\Delta x}{-\Delta p(x)} \cdot \frac{p(x)}{x}$.

Dabei ist $\frac{\Delta x}{-\Delta p(x)}$ der Kehrwert des Steigungsmaßes der linearen Nachfrage- bzw. Angebotsfunktion. Wie man leicht der Zeichnung entnehmen kann, ist eine der beiden Differenzen Δx bzw. $\Delta p(x)$ negativ, da Preisminderungen zu Absatzzunahmen und umgekehrt Preissteigerungen zu Absatzrückgängen führen.

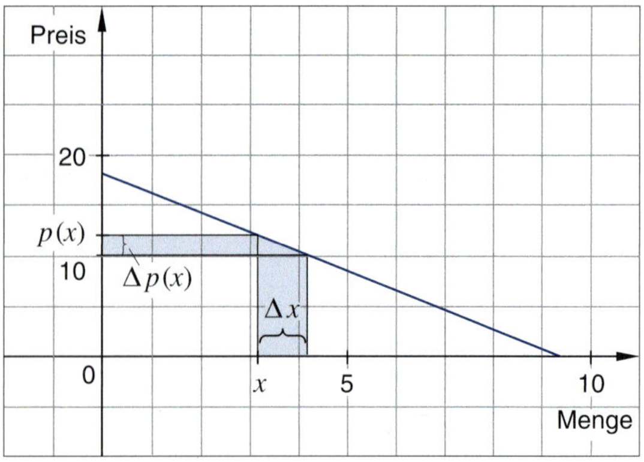

▶ Das Minuszeichen vor $\Delta p(x)$ bewirkt, dass der Elastizitätskoeffizient e positiv ist.

Die Umformung des 1. Quotienten im Term von $e(x)$ führt zu einem Doppelbruch.

Die Grenzwertbildung für $\Delta x \to 0$ führt zur Ableitung $\frac{1}{-p'(x)}$ und somit zu dem Term $e(x) = -\frac{p(x)}{x \cdot p'(x)}$.

$$e(x) = \frac{\frac{\Delta x}{x}}{\frac{-\Delta p(x)}{p(x)}} = \frac{\Delta x}{-\Delta p(x)} \cdot \frac{p(x)}{x}$$

$$= \frac{1}{\frac{-\Delta p(x)}{\Delta x}} \cdot \frac{p(x)}{x}$$

$$\Rightarrow \lim_{\Delta x \to 0} \frac{1}{\frac{-\Delta p(x)}{x}} \cdot \frac{p(x)}{x} = \frac{1}{-p'(x)} \cdot \frac{p(x)}{x} = -\frac{p(x)}{x \cdot p'(x)}$$

Beispiel 4.40

Berechnen Sie den Elastizitätskoeffizienten e für $p(x) = 18{,}75 - 2x$; $x \in [0; 9{,}375]$ aus Beispiel 4.37 und zeichnen Sie die Graphen von p und e in ein Koordinatensystem.
Für welche Nachfragemenge sind Mengen- und Preisänderung proportional elastisch?

Mithilfe von $p'(x) = -2$ ergibt sich der Funktionsterm $e(x) = \frac{9{,}375}{x} - 1$.

Ist der Elastizitätskoeffizient größer 1, so reagiert die nachgefragte Menge überproportional auf Preisänderungen. Kleine Preisänderungen haben große Mengenänderungen zur Folge; man spricht hier von **elastischer Nachfrage**.
Liegt der Elastizitätskoeffizient zwischen 0 und 1, so reagieren die nachgefragte bzw. angebotene Menge unterproportional auf Preisänderungen. Große Preisänderungen bewirken kleine Mengenänderungen; dies ist der **unelastische Bereich der Nachfrage**.

Die Elastizität 1 zeigt **proportionale Elastizität**, zu deren Berechnung man $e = 1$ setzt.
Proportionale Elastizität bedeutet, dass eine Preisänderung eine Mengenänderung von gleicher Größe bewirkt. Bei 4,6875 ME ist die Nachfrage proportional elastisch.

$$e(x) = -\frac{18{,}75 - 2x}{x \cdot (-2)} = \frac{18{,}75}{2x} - 1 = \frac{9{,}375}{x} - 1$$

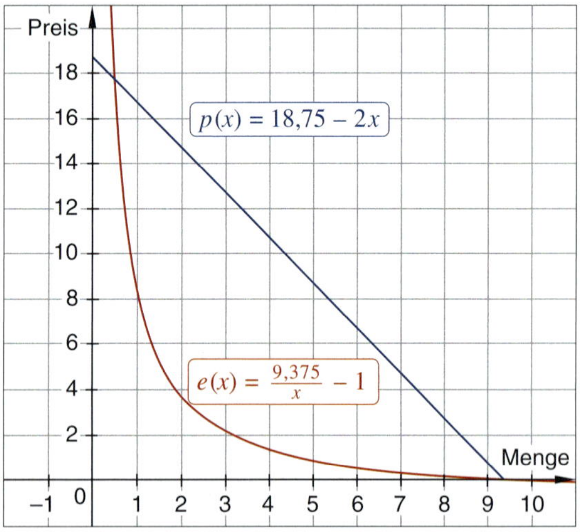

$$e(x) = \frac{9{,}375}{x} - 1 = 1 \Leftrightarrow x = \mathbf{4{,}6875}$$

4.4.3 Exemplarische Kurvendiskussion von ganzrationalen Scharfunktionen

Im Folgenden sind reelle Funktionen f_a durch Funktionsterme gegeben, in denen außer der Funktions- oder Argumentvariablen x, $x \in D(f_a)$ eine weitere „Variable" (hier: a) vorkommt, die man als **Parameter oder Formvariable** bezeichnet. Durch Einsetzen eines konkreten Wertes für a wird eine Funktion bestimmt, also etwa die Funktion f_1, wenn man für a die Zahl 1 einsetzt.

Die Funktionen einer Schar sind in der Regel miteinander verwandt. So sind z. B. die Graphen der Funktionen $f_a(x) = 0{,}5ax^2$ mit $a \neq 0$ Parabeln, die je nach der Zahl für a gestreckt oder gestaucht bzw. nach unten oder nach oben geöffnet sind. Alle Graphen $G(f_a)$ bilden eine sog. **Graphenschar**, die zugehörigen Funktionen f_a nennt man daher auch **Scharfunktionen** und die **Formvariable** a deshalb auch **Scharparameter** oder kurz **Parameter**.

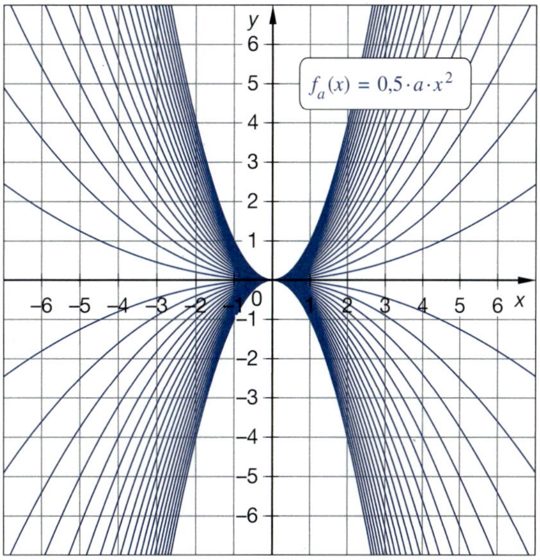

Im folgenden Beispiel sollen sowohl gemeinsame als auch unterschiedliche Eigenschaften von Scharfunktionen herausgestellt werden.

Beispiel 4.41 (Kurvendiskussion einer Scharfunktion)

Gegeben ist die Funktionenschar $f_a(x) = 0{,}2ax^5 - 2x^3$ mit $x \in \mathbb{R}$ und $a \neq 0$.

a) Untersuchen Sie die Graphen der Scharfunktionen $f_a(x) = 0{,}2ax^5 - 2x^3$ und $x \in \mathbb{R}$ für $a \neq 0$ in Bezug auf Symmetrie und Grenzwertverhalten für $|x| \to \infty$, auf Achsenschnitt-, Extrem- und Wendepunkte und zeichnen Sie $G(f_2)$ im Intervall $[-4; 4]$.

b) Bestimmen Sie die Graphen von Funktionen f_E und f_W, die durch alle Extrem- bzw. Wendepunkte der Kurvenschar $G(f_a)$ gehen und nur aus solchen bestehen. Den Graphen $G(f_E)$ nennt man **Ortskurve aller Extrempunkte** der Graphen von (f_a) und den Graphen $G(f_W)$ **Ortskurve aller Wendepunkte** der Graphen von (f_a).

c) Zeichnen Sie mithilfe von TI-Nspire die Graphen von f_a für $a \in [-5; 5]$ und die Ortskurven der Extrem- und Wendepunkte für $x \in [-4; 4]$ und überprüfen Sie Ihre Berechnungen.

Zu a)

Symmetrieeigenschaften

Die Funktionen f_a sind ungerade und somit ihre Graphen punktsymmetrisch zum Koordinatenursprung.

Es gilt für alle $x \in D(f_a)$:

$$\begin{aligned} -f_a(-x) &= -(0{,}2a \cdot (-x)^5 - 2 \cdot (-x)^3) \\ &= -(-0{,}2ax^5 + 2x^3) \\ &= 0{,}2ax^5 - 2x^3 = f_a(x) \quad \blacktriangleright f_a \text{ ungerade} \end{aligned}$$

$\Rightarrow$ $G(f_a)$ sind punktsymmetrisch zum Koordinatenursprung.

Verhalten von f_a für $|x| \mapsto \infty$

Das Verhalten von ganzrationalen Funktionen für $|x| \to \infty$ wird durch die höchste im Funktionsterm vorkommende Potenz von x festgelegt. Daher wird in den Funktionstermen für $f_a(x)$ die höchste in x vorkommende Potenz ausgeklammert. Anschließend wird mithilfe der Grenzwertsätze, die bei richtiger Interpretation auch für uneigentliche Grenzwerte gelten (▶ Abschnitt 2.4), das Verhalten von $f_a(x)$ für $x \to -\infty$ bzw. $x \to \infty$ festgestellt.

▶ Abschnitt 4.4.1

$$f_a(x) = 0{,}2ax^5 - 2x^3 = x^5 \cdot \left(0{,}2a - \frac{2}{x^2}\right)$$

$$\lim_{x \to -\infty} \left[x^5 \cdot \left(0{,}2a - \frac{2}{x^2}\right)\right] \quad \text{▶ 2. Grenzwertsatz}$$

$$= \lim_{x \to -\infty} (x^5) \cdot \lim_{x \to -\infty} \left(0{,}2a - \frac{2}{x^2}\right)$$

$$= -\infty \cdot 0{,}2a \quad \text{▶ Abschnitt 2.4}$$

$$= \infty \quad \text{▶ } a < 0$$

$$= -\infty \quad \text{▶ } a > 0$$

Wegen des Einflusses der Zahlen für a auf x^5 **steigen** die Funktionswerte für $a < 0$ und $x \to -\infty$ über jede Schranke und **fallen** für $a < 0$ und $x \to \infty$ unter jede Schranke. Für $a > 0$ und $x \to -\infty$ **fallen** die Funktionswerte unter jede Schranke und für $a > 0$ und $x \to \infty$ **steigen** sie über jede Schranke. Es existieren somit **keine** absoluten Extrempunkte.

$$\lim_{x \to \infty} \left[x^5 \cdot \left(0{,}2a - \frac{2}{x^2}\right)\right] \quad \text{▶ 2. Grenzwertsatz}$$

$$= \lim_{x \to \infty} (x^5) \cdot \lim_{x \to \infty} \left(0{,}2a - \frac{2}{x^2}\right)$$

$$= \infty \cdot 0{,}2a \quad \text{▶ Abschnitt 2.4}$$

$$= -\infty \quad \text{▶ } a < 0$$

$$= \infty \quad \text{▶ } a > 0$$

Achsenschnittpunkte

Die Ordinaten der Schnittpunkte der Graphen mit der y-Achse werden durch $f_a(0)$ bestimmt; $a \neq 0$ hat keinen Einfluss auf $f_a(0)$. Alle Graphen $G(f_a)$ gehen durch den Punkt $\langle 0 | 0 \rangle$.

$f_a(0) = 0 \Rightarrow \mathbf{S_y \langle 0 | 0 \rangle}$ ▶ Schnittpunkt der $G(f_a)$ mit der y-Achse

Die Abszissen der Schnittpunkte der Graphen mit der x-Achse werden durch Lösen der Gleichung $f_a(x) = 0$ ermittelt.

$$f_a(x) = 0 \Leftrightarrow 0{,}2ax^5 - 2x^3 = 0$$

$$\Leftrightarrow 0{,}2x^3 \cdot (ax^2 - 10) = 0$$

▶ $x_{01} = \mathbf{0}$ dreifache Nullstelle von f_a für alle $a \neq 0$

$$\Rightarrow ax^2 - 10 = 0 \quad \text{▶ } a \neq 0$$

$$\Leftrightarrow \quad x^2 = \frac{10}{a} \quad \text{▶ } a > 0$$

$$\Leftrightarrow \quad |x| = \sqrt{\frac{10}{a}}$$

$$\Rightarrow x_{02} = -\sqrt{\frac{\mathbf{10}}{\mathbf{a}}} \text{ und } x_{03} = \sqrt{\frac{\mathbf{10}}{\mathbf{a}}} \text{ für } a > 0$$

Neben $x_{01} = 0$ als dreifacher Nullstelle von f_a für alle $a \neq 0$ gibt es für $a > 0$ zwei weitere Lösungen der Gleichung $f_a(x) = 0$.

$x_{02} = -\sqrt{\frac{10}{a}}$ und $x_{03} = \sqrt{\frac{10}{a}}$ ▶ $a > 0$

Für $a < 0$ gibt es keine weiteren Nullstellen, da in diesem Fall die Gleichung $x^2 = \frac{10}{a}$ keine Lösung besitzt.

Lokale Extrempunkte

Die Nullstellen der ersten Ableitungen f_a' sind die möglichen lokalen Extremstellen von f_a. Neben $x_{E_1} = 0$ als zweifacher Nullstelle von f_a' für alle $a \neq 0$ gibt es für $a > 0$ zwei weitere Lösungen der Gleichung $f_a'(x) = 0$:

$$f_a(x) = 0{,}2ax^5 - 2x^3$$

$$f_a'(x) = ax^4 - 6x^2$$

$$f_a'(x) = 0 \Leftrightarrow ax^4 - 6x^2 = 0$$

$$\Leftrightarrow x^2 \cdot (ax^2 - 6) = 0$$

▶ $x_{E_1} = \mathbf{0}$ zweifache Nullstelle von f_a' für alle $a \neq 0$

$$\Rightarrow ax^2 - 6 = 0 \quad \text{▶ } a \neq 0$$

$x_{E_2} = -\sqrt{\frac{6}{a}}$ und $x_{E_3} = \sqrt{\frac{6}{a}}$. ▶ $a > 0$

Für $a < 0$ gibt es keine weiteren möglichen Extremstellen von f_a, da in diesem Fall die Gleichung $x^2 = \frac{6}{a}$ keine Lösung besitzt.

$\Leftrightarrow \quad x^2 = \frac{6}{a}$ ▶ $a > 0$

$\Leftrightarrow \quad |x| = \sqrt{\frac{6}{a}}$

$\Rightarrow x_{E_2} = -\sqrt{\frac{\mathbf{6}}{\mathbf{a}}}$ und $x_{E_3} = \sqrt{\frac{\mathbf{6}}{\mathbf{a}}}$ für $a > 0$

Für die ermittelten Lösungen von $f_a'(x) = 0$ werden die Funktionswerte der zweiten Ableitungen f_a'' berechnet, um zu bestimmen, ob an den entsprechenden Stellen eine Extremstelle vorliegt und von welcher Art sie ist.

$f_a''(x) = 4ax^3 - 12x = 4x \cdot (ax^2 - 3)$

$f_a'(0) = 0$ ▶ Nullstelle von f_a'

$f_a''(0) = 0$ ▶ weder $f_a''(0) < 0$ noch $f_a''(0) > 0$

▶ noch keine Aussage über lokale Extremstellen möglich

Da auch $f_a''(0) = 0$ gilt, kann noch keine Aussage über das Vorliegen einer lokalen Extremstelle der f_a an der Stelle 0 gemacht werden.

$f_a'(x_{E_2}) = 0$ ▶ x_{E_2} Nullstelle von f_a'; $a > 0$

$f_a''(x_{E_2}) = 12 \cdot \left(-\sqrt{\frac{6}{a}}\right)$ ▶ Vorzeichen „–"

▶ Extremstelle mit Rechtskrümmung

Für $a > 0$ sind lokale Extremstellen von f_a vorhanden. x_{E_2} ist jeweils eine **lokale Maximalstelle** und x_{E_3} – wegen der Punktsymmetrie der Graphen von f_a – jeweils eine **lokale Minimalstelle**.

$f_a(x_{E_2}) = \frac{4{,}8}{a} \cdot \sqrt{\frac{6}{a}} \Rightarrow \mathbf{H}\left(-\sqrt{\frac{\mathbf{6}}{\mathbf{a}}} \,\middle|\, \frac{\mathbf{4{,}8}}{\mathbf{a}} \cdot \sqrt{\frac{\mathbf{6}}{\mathbf{a}}}\right)$

f_a ungerade $\quad \Rightarrow \mathbf{T}\left(\sqrt{\frac{\mathbf{6}}{\mathbf{a}}} \,\middle|\, -\frac{\mathbf{4{,}8}}{\mathbf{a}} \cdot \sqrt{\frac{\mathbf{6}}{\mathbf{a}}}\right)$

Wendepunkte

Die Nullstellen der zweiten Ableitungen f_a'' sind die möglichen Wendestellen der Funktionen f_a.

Neben $x_{W_1} = 0$ als Nullstelle von f_a'' für alle $a \neq 0$ gibt es für $a > 0$ zwei Lösungen der Gleichung $f_a''(x) = 0$:

$x_{W_2} = -\sqrt{\frac{3}{a}}$ und $x_{W_3} = \sqrt{\frac{3}{a}}$. ▶ $a > 0$

Für $a < 0$ gibt es keine weiteren Wendestellen von f_a, da in diesem Fall die Gleichung $x^2 = \frac{3}{a}$ keine Lösung besitzt.

$f_a''(x) = 0 \Leftrightarrow 4ax^3 - 12x = 0$

$\Leftrightarrow 4x \cdot (ax^2 - 3) = 0$ ▶ $x_{W_1} = \mathbf{0}$

$\Rightarrow ax^2 - 3 = 0$ ▶ $a \neq 0$

$\Leftrightarrow \quad x^2 = \frac{3}{a}$ ▶ $a > 0$

$\Leftrightarrow \quad |x| = \sqrt{\frac{3}{a}}$

$\Rightarrow x_{W_2} = -\sqrt{\frac{\mathbf{3}}{\mathbf{a}}}$ und $x_{W_3} = \sqrt{\frac{\mathbf{3}}{\mathbf{a}}}$ für $a > 0$

Für die ermittelten Nullstellen der Funktionen f_a'' werden die Funktionswerte der dritten Ableitungen f_a''' berechnet, um eine Aussage darüber treffen zu können, ob sie auch tatsächlich Wendestellen der Funktionen f_a sind.

$f_a'''(x) = 12ax^2 - 12$

Wie die dritten Ableitungen der Funktionen f_a an der Stelle 0 zeigen, liegt hier keine lokale Extremstelle der Funktionen f_a vor.

$f_a''(0) = 0$ ▶ 0 Nullstelle von f_a''

$f_a'''(0) = -12$ ▶ Vorzeichen „–"

An der Stelle 0 besitzen die Funktionen f_a eine Wendestelle. Genauer liegt dort sogar ein Sattelpunkt vor, da auch die erste Ableitung an dieser Stelle Null ist.

► Wendestelle mit L-R-Krümmungswechsel
$f'_a(0) = 0;\ f_a(0) = 0 \Rightarrow \mathbf{W_S\langle 0\,|\,0\rangle}$ ► Sattelpunkt

Für $a > 0$ sind weitere Wendestellen neben $x_{W_1} = 0$ möglich. x_{W_2} ist jeweils eine **Wendestelle mit einem Rechts-Links-Krümmungswechsel**, genauso wie x_{W_3} – wegen der Punktsymmetrie der Graphen von f_a.

$f''_a(x_{W_2}) = 0$ ► x_{W_2} Nullstelle von f''_a; $a > 0$
$f'''_a(x_{W_2}) = 24$ ► Vorzeichen „+"
► Wendestellen mit R-L-Krümmungswechsel

$$f_a(x_{W_2}) = \frac{4{,}2}{a}\cdot\sqrt{\frac{3}{a}} \Rightarrow \mathbf{W_1}\left\langle -\sqrt{\frac{3}{a}}\,\middle|\,\frac{4{,}2}{a}\cdot\sqrt{\frac{3}{a}}\right\rangle$$

► f_a ungerade $\Rightarrow \mathbf{W_2}\left\langle \sqrt{\frac{3}{a}}\,\middle|\,-\frac{4{,}2}{a}\cdot\sqrt{\frac{3}{a}}\right\rangle$

Graphen von f_a
Funktionsgraphen werden über die Applikation GRAPHS & GEOMETRY erstellt, die entweder nach dem Programmstart angeklickt oder über das Menü EINFÜGEN aufgerufen wird.

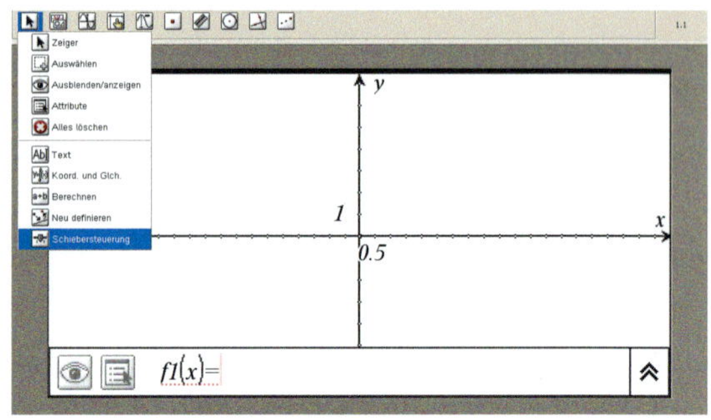

Einen Schieberegler fügt man durch Anklicken des Symbols AKTIONEN in das TI-Arbeitsblatt ein.

Im 2. Schritt ändert man zunächst die Bezeichnung und die Bandbreite der Schieberegler. Aus v1 wird a.

Durch Klick mit der rechten Maustaste in das Schiebereglerfeld wird über EINSTELLUNGEN… / SCHIEBEREINSTELLUNGEN das Minimum in −4 und das Maximum in 4 geändert.

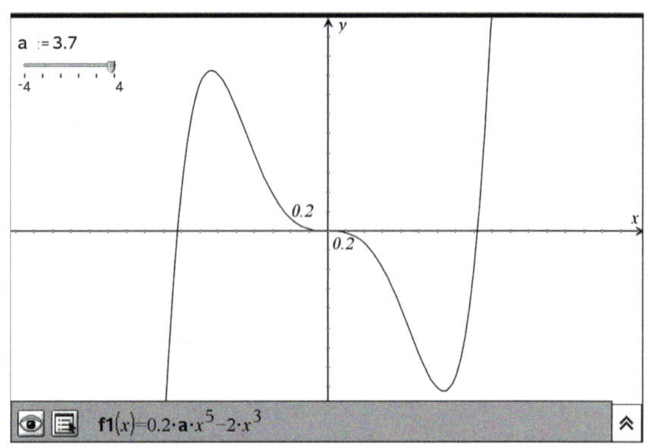

$f1(x)$ wird als $0.2\cdot\mathbf{a}\cdot x^5 - 2\cdot x^3$ definiert, wobei der Parameter automatisch fett dargestellt wird, wenn der Schieberegler *vorher* mit a bezeichnet wurde.

Mithilfe des Schiebereglers lassen sich nun bequem die Kurvenscharen darstellen. Man erkennt, dass Extrem- und Wendepunkte nur für $a > 0$ existieren.

Zu b) Ortskurve $G(f_E)$ der Extrempunkte von $G(f_a)$:
Wegen $a \neq 0$ sind lokale Extremstellen der Funktionen f_a jeweils Lösungen der Gleichungen $x^2 = \frac{6}{a}$ bzw. $a = \frac{6}{x^2}$ mit $x \in \mathbb{R}\setminus\{0\}$.

$x^2 = \frac{6}{a};\ x \in \mathbb{R}\setminus\{0\}$

$\Leftrightarrow a = \frac{6}{x^2}$

Setzt man daher $\frac{6}{x^2}$ für a im Funktionsterm $f_a(x)$ mit $x \neq 0$, so erhält man eine Funktion f_E, deren Graph $G(f_E)$ aus allen lokalen Extrempunkten der Graphen von f_a besteht und auch nur solche enthält. $G(f_E)$ heißt **Ortskurve der Extrempunkte** der Funktionen f_a. Es ist $f_E(x) = -0{,}8x^3$; $x \neq 0$

Setzen von $\frac{6}{x^2}$ für a im Funktionsterm $f_a(x)$:

$$f_E(x) = 0{,}2 \cdot \frac{6}{x^2} \cdot x^5 - 2x^3 \quad ▶ \; a = \frac{6}{x^2};\; x \neq 0$$
$$= 1{,}2x^3 - 2x^3 = \mathbf{-0{,}8x^3}$$

▶ Alle, und nur die Extrempunkte der Graphen von f_a, liegen auf dem Graphen der Funktion $f_E(x) = -0{,}8x^3$; $x \neq 0$

Ortskurve $G(f_W)$ der Wendepunkte von $G(f_a)$

Wegen $a \neq 0$ sind die von Null verschiedenen Wendestellen der Funktionen f_a jeweils Lösungen der Gleichungen

$x^2 = \frac{3}{a}$ bzw. $a = \frac{3}{x^2}$ mit $x \neq 0$.

$$x^2 = \frac{3}{a};\; x \neq 0$$
$$\Leftrightarrow a = \frac{3}{x^2}$$

Setzt man daher $\frac{3}{x^2}$ für a im Funktionsterm $f_a(x)$ mit $x \neq 0$, so erhält man zunächst eine Funktion f_W, deren Graph $G(f_W)$ aus allen vom Punkt $\langle 0|0 \rangle$ verschiedenen Wendepunkten der Graphen von f_a besteht und auch nur solche enthält. Der gemeinsame Wendepunkt $\langle 0|0 \rangle$ der Graphen der Funktionen f_a wird zusätzlich erfasst, wenn man die Funktion f_W an der Stelle 0 zur Funktion $f_W{}^*$ stetig fortsetzt.

▶ Abschnitte 2.5, 3.1

$G(f_W{}^*)$ heißt **Ortskurve der Wendepunkte** der Funktionen f_a.

▶ $f_W{}^*(x) = -1{,}4x^3$; $x \in \mathbb{R}$

Setzen von $\frac{3}{x^2}$ für a im Funktionsterm $f_a(x)$:

$$f_W(x) = 0{,}2 \cdot \frac{3}{x^2} \cdot x^5 - 2x^3 \quad ▶ \; a = \frac{3}{x_2};\; x \neq 0$$
$$= 0{,}6x^3 - 2x^3 = \mathbf{-1{,}4x^3}$$

▶ Alle Wendepunkte der Graphen von f_a liegen auf dem Graphen der Funktion $f_W{}^*(x) = -1{,}4x^3$; $x \in \mathbb{R}$.

Nachdem man die Ortskurven der Extrem- und Wendepunkte, also die Graphen von $f_E(x)$ und $f_W(x)$, eingezeichnet hat, kann man mithilfe des Schiebereglers den Graphen von f_a verändern und erkennt, wie die Extrem- und Wendepunkte des Graphen von f_a für $a > 0$ längs der Ortskurven wandern.

Für $a < 0$ haben die Graphen von f_a keinen gemeinsamen Punkt mit den Ortskurven.

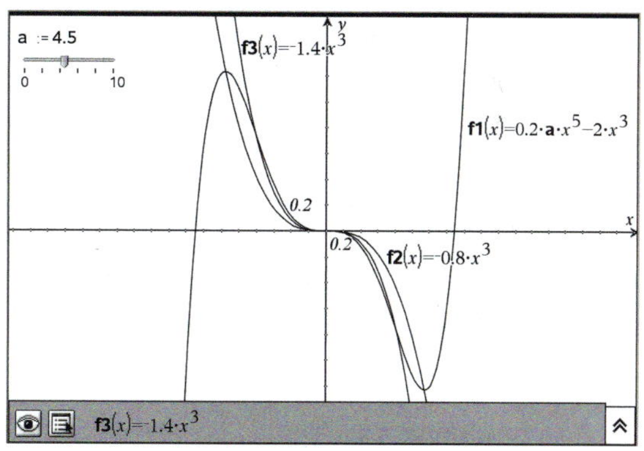

Alles klar?

Die Graphen einer Schar ganzrationaler Funktionen 3. Grades haben in $\left(4a \middle| -\frac{32}{3}a^3\right)$ ihre Minima und in $\left(2a \middle| -\frac{16}{3}a^3\right)$ ihre Wendepunkte. Ermitteln Sie die Ortskurve aller Minima und die Ortskurve aller Wendepunkte.

4.4.4 Exemplarische Kurvendiskussion einer gebrochenrationalen Funktion

Die bisher für ganzrationale Funktionen gewonnenen Erkenntnisse, mit deren Hilfe sich unter Benutzung von Ableitungen Aussagen über Extrem- und Wendestellen machen lassen, gelten auch für gebrochenrationale Funktionen. Im Unterschied aber zu ganzrationalen Funktionen werden die Grenzen von Monotonie- und Krümmungsverhalten nicht mehr allein durch die lokalen Extremstellen bzw. Wendestellen festgelegt, sondern auch durch die Unendlichkeitsstellen.

Beispiel 4.42

Diskutieren Sie die gebrochenrationale Funktion $f(x)=\frac{x^2-4x+3}{x^2}$ in ihrem maximalen Definitionsbereich.

Definitionsbereich, Definitionslücken

Da der Nennerterm im Funktionsterm von f nur dann 0 ist, wenn x den Wert 0 annimmt, ist f für alle reellen Zahlen außer für Null definiert.

$x^2=0 \Leftrightarrow x=0$

Lösung: $x_0=\mathbf{0}$

$\Rightarrow D(f)=\mathbb{R}\setminus\{0\}$

Verhalten in der Nähe der Definitionslücke

Um festzustellen, wie $G(f)$ in ummittelbarer Nähe der Stelle $x_0=0$ verläuft, müssen Funktionswerte in beliebig kleinen Umgebungen dieser Stelle untersucht werden.

Deshalb werden die einseitigen Grenzwerte der Funktion an dieser Stelle bestimmt.

Dazu ersetzt man zweckmäßigerweise im Funktionsterm von f die Variable x durch $0-h$ bzw. $0+h$ mit $h>0$ und lässt dann statt $x \to 0$ die Hilfsvariable h gegen Null streben.

$$\text{l-}\lim_{x\to 0} f(x)=\text{l-}\lim_{x\to 0}\frac{x^2-4x+3}{x^2} \qquad ▶ x=0-h;\ h>0$$

$$=\lim_{h\to 0}\frac{(-h)^2-4(-h)+3}{(-h)^2} \qquad ▶ \text{2. Grenzwertsatz Abschnitt 2.4}$$

$$=\lim_{h\to 0}\left(h^2+4h+3\right)\cdot\lim_{h\to 0}\frac{1}{h^2}$$

$$=3\cdot\infty=\infty$$

$$\text{r-}\lim_{x\to 0} f(x)=\text{r-}\lim_{x\to 0}\frac{x^2-4x+3}{x^2} \qquad ▶ x=0+h;\ h>0$$

$$=\lim_{h\to 0}\frac{h^2-4h+3}{h^2} \qquad ▶ \text{2. Grenzwertsatz Abschnitt 2.4}$$

$$=\lim_{h\to 0}\left(h^2-4h+3\right)\cdot\lim_{h\to 0}\frac{1}{h^2}$$

$$=3\cdot\infty=\infty$$

Man erhält in beiden Fällen den uneigentlichen Grenzwert ∞.

$$\textbf{l-}\lim_{x\to 0} f(x)=\infty \quad \textbf{und} \quad \textbf{r-}\lim_{x\to 0} f(x)=\infty$$

An der Definitionslücke $x_0=0$ liegt also eine **Polstelle ohne Vorzeichenwechsel** (VZW) vor. Die y-Achse ist die **Polasymptote**. ▶ Abschnitt 2.4

Verhalten für $|x|\to\infty$ und Asymptoten

Bei der Funktion f handelt es sich um eine unecht gebrochenrationale Funktion, deren Zähler- und Nennerpolynomgrade übereinstimmen. ▶ Abschnitt 2.4

$$\lim_{x\to -\infty} f(x)=\lim_{x\to -\infty}\frac{x^2-4x+3}{x^2}=1 \qquad ▶ \text{Abschnitt 2.4}$$

Die Parallele zur x-Achse im Abstand 1 ist waagerechte **Asymptote** von $G(f)$.

$$\lim_{x\to \infty} f(x)=\lim_{x\to \infty}\frac{x^2-4x+3}{x^2}=1$$

Um festzustellen, von welcher Seite sich $G(f)$ der Asymptote nähert, wird der Funktionsterm mittels Polynomdivision in den ganzrationalen Teil 1 und den gebrochenrationalen Teil $\frac{-4x+3}{x^2}$ zerlegt.

$$(x^2-4x+3):x^2 = 1+\frac{-4x+3}{x^2}$$
$$\underline{-x^2}$$
$$-4x+3$$
$$\Rightarrow f(x) = 1+\frac{-4x+3}{x^2}$$

Der ganzrationale Teil des Funktionsterms von f ist der Funktionsterm der **Asymptotenfunktion** y_A und der gebrochenrationale Teil von f ist der Term des **Restglieds** $R(x)$.
▸ Abschnitt 2.4

$$\Rightarrow y_A(x) = 1 \text{ und } R(x) = \frac{-4x+3}{x^2}$$

Da für $x \to -\infty$ das Restglied $R(x)$ verschwindend klein wird, aber positiv ist, also $R(x) \to 0^+$ gilt, nähert sich $G(f)$ der Asymptote $G(y_a)$ **von oben** für $x \to -\infty$.

$$\lim_{x\to-\infty} R(x) = \lim_{x\to-\infty} \frac{-4x+3}{x^2} = 0^+ \quad \text{▸ } R(x) > 0$$

Für $x \to \infty$ wird das Restglied $R(x)$ auch verschwindend klein, aber negativ, d. h. es gilt $R(x) \to 0^-$. Deshalb nähert sich $G(f)$ der Asymptote $G(y_A)$ für **von unten** $x \to \infty$.

$$\lim_{x\to\infty} R(x) = \lim_{x\to\infty} \frac{-4x+3}{x^2} = 0^- \quad \text{▸ } R(x) < 0$$

Symmetrieeigenschaften
Die Funktion ist weder gerade noch ungerade. Zum Nachweis reicht jeweils ein Gegenbeispiel an einer Teststelle aus. Damit ist $G(f)$ **weder achsensymmetrisch** zur y-Achse **noch punktsymmetrisch** zum Koordinatenursprung.

Überprüfung z. B. an der Teststelle $x_0 = 2$:

$$f(2) = -\frac{1}{4} \text{ und } f(-2) = \frac{15}{4} \quad \text{▸ } f(2) \neq f(-2)$$
$$f(2) = -\frac{1}{4} \text{ und } -f(-2) = -\frac{15}{4} \quad \text{▸ } f(2) \neq -f(-2)$$

Achsenschnittpunkte
Allgemein wird die Ordinate des Schnittpunkts eines Graphen $G(f)$ mit der y-Achse durch $f(0)$ bestimmt. Da hier im Beispiel $0 \notin D(f)$, existiert **kein Schnittpunkt von $G(f)$ mit der y-Achse**.

Die **Nullstellen von f** sind die Nullstellen der zum **Zählerterm** gehörenden Polynomfunktion mit $x \in D(f)$.

$$f(x) = 0 \Leftrightarrow x^2-4x+3 = 0 \quad \text{▸ quadratische Ergänzung}$$
$$\Leftrightarrow x^2-4x+4 = 1 \quad \text{▸ binomische Formel}$$
$$\Leftrightarrow (x-2)^2 = 1 \mid \sqrt{}$$
$$\Leftrightarrow |x-2| = 1$$
$$\Leftrightarrow x = 1 \text{ oder } x = 3$$

Lösung: $x_{01} = \mathbf{1}$ und $x_{02} = \mathbf{3}$ ▸ Nullstellen von f

Lokale Extrempunkte
Die Nullstellen der ersten Ableitung f' sind die möglichen lokalen Extremstellen von f.
Die erste Ableitung $f'(x)$ wird mithilfe der **Quotientenregel** ermittelt. ▸ Abschnitt 4.1

$$f'(x) = \left(\frac{u(x)}{v(x)}\right)' = \frac{u'(x)\cdot v(x) - u(x)\cdot v'(x)}{[v(x)]^2}$$

$$f(x) = \frac{x^2-4x+3}{x^2} = \frac{u(x)}{v(x)}$$
$$\Rightarrow \quad u'(x) = 2x-4 \text{ und } v'(x) = 2x$$
$$\Rightarrow f'(x) = \frac{(2x-4)\cdot x^2 - (x^2-4x+3)\cdot 2x}{x^4}$$
$$= \frac{x\cdot[(2x-4)\cdot x - (x^2-4x+3)\cdot 2]}{x^4}$$
$$= \frac{2x^2-4x-2x^2+8x-6}{x^3}$$
$$= \frac{4x-6}{x^3} = \frac{2\cdot(2x-3)}{x^3} \quad \text{▸ } D(f') = D(f)$$

Die Nullstellen von f' sind die Nullstellen der zum **Zählerterm** gehörenden Polynomfunktion.

$f'(x) = 0 \Leftrightarrow 2 \cdot (2x-3) = 0 \Leftrightarrow x = 1{,}5$

Lösung: $x_E = \mathbf{1{,}5}$

Um zu entscheiden, ob an der Stelle x_E tatsächlich ein Extremwert vorliegt, wird die zweite Ableitung an dieser Stelle ausgeweitet. Die zweite Ableitung wird wiederum mithilfe der Quotientenregel bestimmt.

$$f'(x) = \frac{2 \cdot (2x-3)}{x^3} = \frac{u_1(x)}{v_1(x)}$$

$$\Rightarrow \quad u_1'(x) = 4 \text{ und } v_1'(x) = 3x^2$$

$$\Rightarrow f''(x) = \frac{4 \cdot x^3 - 2 \cdot (2x-3) \cdot 3x^2}{x^6} = \frac{x^2 \cdot [4x - (2x-3) \cdot 6]}{x^6} = \frac{-8x+18}{x^4} = \frac{-2 \cdot (4x-9)}{x^4} \quad \blacktriangleright D(f'') = D(f)$$

Da $f''(1{,}5)$ von Null verschieden ist, liegt an der Stelle x_E tatsächlich eine lokale Extremstelle der Funktion f vor.

$f'(1{,}5) = 0$ ▶ 1,5 Nullstelle von f'

$f''(x_E) = f''(1{,}5) \approx 1{,}19$ ▶ Vorzeichen „+"

Extremstelle mit Linkskrümmung

Das Vorzeichen von $f''(1{,}5)$ liefert eine weitere Aussage über die Art der lokalen Extremstelle. Hier liegt wegen $f''(1{,}5) > 0$ ein **lokaler Tiefpunkt** von $G(f)$ vor. Wegen $\lim\limits_{|x| \to \infty} f(x) = 1$ ist dieser Tiefpunkt sogar **absoluter Tiefpunkt** von $G(f)$.

$f(1{,}5) = -\frac{1}{3} \quad \Rightarrow$ **T⟨1,5 | − 0,33⟩**

Wendepunkte

Die Nullstellen der zweiten Ableitung f'' sind die möglichen Wendestellen von f.

$$f''(x) = \frac{-2 \cdot (4x-9)}{x^4}$$

$f''(x) = 0 \Leftrightarrow -2 \cdot (4x-9) = 0 \Leftrightarrow x = 2{,}25$

Die Nullstellen von f'' sind die Nullstellen der zum **Zählerterm** gehörenden Polynomfunktion.

Lösung: $x_W = \mathbf{2{,}25}$

Für die ermittelte Nullstelle von f'' wird der Funktionswert der dritten Ableitung f''' berechnet, um eine Aussage darüber treffen zu können, ob sie auch tatsächlich Wendestelle der Funktion f ist. Die dritte Ableitung wird wiederum mithilfe der **Quotientenregel** bestimmt.

$$f''(x) = \frac{-2 \cdot (4x-9)}{x^4} = \frac{u_2(x)}{v_2(x)}$$

$$\Rightarrow \quad u_2'(x) = -8 \text{ und } v_2'(x) = 4x^3$$

$$\Rightarrow f'''(x) = \frac{-8 \cdot x^4 - [-2 \cdot (4x-9)] \cdot 4x^3}{x^8} = \frac{24x-72}{x^5} = \frac{24 \cdot (x-3)}{x^5} \quad \blacktriangleright D(f''') = D(f)$$

Da $f'''(2{,}25)$ von Null verschieden ist, liegt an der Stelle 2,25 tatsächlich eine Wendestelle der Funktion f vor.

$f''(2{,}25) = 0$ ▶ 2,25 Nullstelle von f''

$f'''(x_W) = f'''(2{,}25) \approx -0{,}31$ ▶ Vorzeichen „−"

Wendestelle mit L-R-Krümmungswechsel

$f(2{,}25) = -\frac{5}{27} \Rightarrow$ **W⟨2,25 | − 0,19⟩**

Das negative Vorzeichen von $f'''(2{,}25)$ besagt, dass $G(f)$ hier einen **Wendepunkt mit Links-Rechts-Krümmungswechsel** hat.

Monotonieverhalten

Die lokale Extremstelle und der Pol **ohne** VZW teilen den Definitionsbereich von f in insgesamt 3 Monotonieintervalle ein.

$x_E = 1{,}5;\ x_0 = 0$ Polstelle **ohne** VZW:

$M_1 = (-\infty; 0)$: $f'(-1) = 10 > 0$

$\Rightarrow f$ steigt in M_1 streng monoton.

$M_2 = (0; 1{,}5]$: $f'(1) = -2 < 0$

$\Rightarrow f$ fällt in M_2 streng monoton.

$M_3 = [1{,}5; +\infty)$: $f'(2) = 0{,}25 > 0$

$\Rightarrow f$ steigt in M_3 streng monoton.

Durch die Berechnung eines Funktionswerts von f' an je einer Teststelle aus diesen Monotonieintervallen wird anhand des Vorzeichens von $f'(x)$ die Art der Monotonie von f in diesen Intervallen festgestellt. $G(f)$ steigt somit in M_1, fällt in M_2 und steigt wieder in M_3.

Krümmungsverhalten

Da f keine Polstelle mit VZW besitzt, teilt nur die Wendestelle von f den Definitionsbereich in zwei Krümmungsbereiche ein.

$x_W = 2{,}25$

$K_1 = (-\infty; 0) \cup (0; 2{,}25]$: $f''(1) = 10 > 0$

$\Rightarrow G(f)$ ist in K_1 linksgekrümmt.

$K_2 = [2{,}25; \infty)$: $f''(3) \approx -0{,}07 < 0$

$\Rightarrow G(f)$ ist in K_2 rechtsgekrümmt.

Durch Berechnung eines Funktionswerts an je einer Teststelle von $D(f)$ wird anhand des Vorzeichens von $f''(x)$ auf die Art der Krümmung von $G(f)$ geschlossen.

$G(f)$ ist bis zur Wendestelle 2,25 linksgekrümmt und danach rechtsgekrümmt.

Graph der Funktion

Die durch die Kurvendiskussion ermittelten Punkte werden in ein Koordinatensystem eingetragen und unter Berücksichtigung des Pols ohne VZW, des Grenzwert-, Steigungs- und Krümmungsverhaltens sowie des asymptotischen Verhaltens zum Graphen der Funktion verbunden.

$P_{01}\langle 1 \mid 0\rangle$, $P_{02}\langle 3 \mid 0\rangle$ ▶ Schnittpunkte mit der x-Achse

T $\langle 1{,}5 \mid -0{,}33\rangle$ ▶ Tiefpunkt

W $\langle 2{,}25 \mid -0{,}19\rangle$ ▶ Wendepunkt

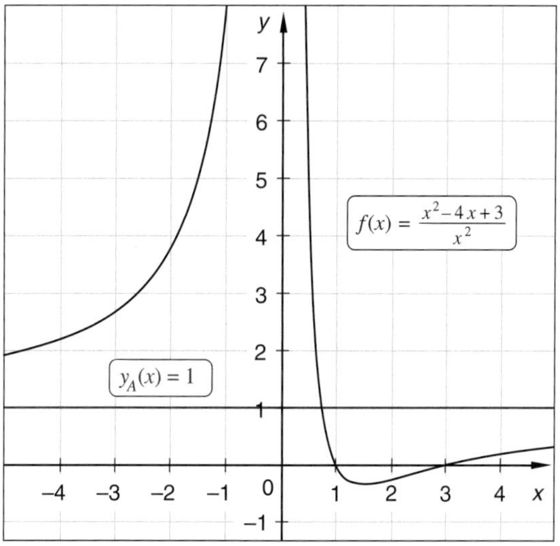

4.4.5 Anwendungsbeispiel aus der Ökonomie

Im Abschnitt 2.4 wurde im Beispiel 2.46 elementar ohne Differentialrechnung am Beispiel einer Isoquantenfunktion und einer Isokostenkurvenschar eine Minimalkostenkombination bestimmt. Dies ist nun mithilfe der Differentialrechnung einfacher möglich.

Beispiel 4.43 (Minimalkostenkombination)

In einem landwirtschaftlichen Versuchsbetrieb werden Untersuchungen über die kostengünstigste Kombination des Produktionsfaktors Arbeit (1 Arbeitsstunde (Einsatzfaktor y) kostet 24 €) mit dem Produktionsfaktor Kapital – hier in Form von Dünger (1 Sack Dünger (Einsatzfaktor x) kostet 16 €) – mit dem Ziel der Getreideproduktion gemacht. Dazu ist die **Isoquantenfunktion** I gegeben mit $I(x)=\frac{6}{x-2}+3$. ▶ Abschnitt 2.4, Beispiel 2.46

a) Bestimmen Sie den Definitionsbereich von I und zeichnen Sie die Isoquante.
b) Bestimmen Sie die Funktionsgleichungen $y=mx+b$ der Isokostenkurvenschar $I_{K,b}$.
c) Bestimmen Sie die **Minimalkostenkombination**, d.h. den Punkt, in dem **eine** Isokostenkurve der gesamten Schar die Isoquante berührt.
d) Ermitteln Sie die Funktionsgleichung dieser Isokostenkurve und zeichnen Sie diese Isokostenkurve in dasselbe Koordinatensystem.
e) Geben Sie den für die Realisierung der Minimalkostenkombination erforderlichen Geldbetrag an.

4

Zu a) Der Graph der Isoquantenfunktion ist eine Hyperbel. Weil aus ökonomischer Sicht sowohl $x>0$ als auch $I(x)>0$ gelten muss, besitzt die Funktion I den Definitionsbereich $D(I)=\mathbb{R}^{>2}$.

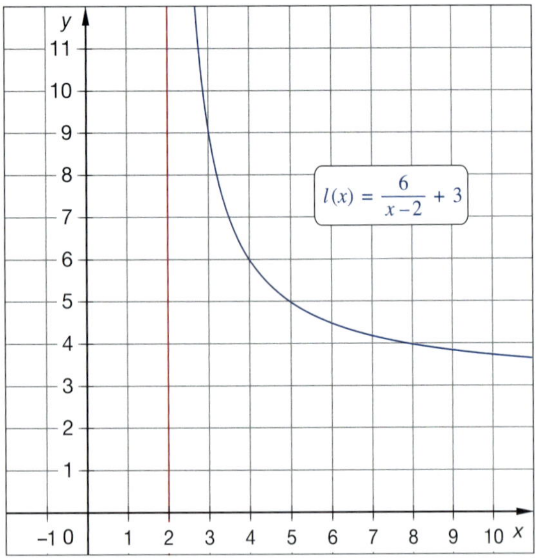

Zu b) Für alle **Isokostenkurven** gelten die Funktionsgleichungen $y=-\frac{p_x}{p_y}\cdot x+b$ mit $b=\frac{K}{p_y}$, wobei p_x den Kostenfaktor für x, p_y den Kostenfaktor für y und K den zur Verfügung stehenden Betrag für die Kosten bezeichnet.

Zu c) Soll eine der Isokostenkurven die Isoquante in einem Punkt berühren, so muss sie die Tangente an $G(I)$ in diesem Punkt sein. Der ***x*-Wert** dieses Punkts lässt sich daher dadurch bestimmen, dass bei ihm die **Steigung** des Graphen von I mit der **Steigung der Tangente** übereinstimmt. Man muss also die Gleichung $I'(x)=I'_{K,b}(x)$ lösen.

$$y=I_{K,b}(x)=-\frac{16}{24}x+b \quad ▶\ \begin{matrix}p_x=16\\p_y=24\end{matrix} \quad ▶\ b=\frac{K}{24}$$

$$=-\frac{2}{3}x+b$$

$$I'_{K,b}(x)=-\frac{2}{3}$$

$$I'(x)=\frac{-6}{(x-2)^2} \quad ▶ \text{ Kehrwertregel, Abschnitt 4.1.4}$$

$$I'(x)=I'_{K,b}(x)$$

Von beiden Lösungen dieser Gleichung ist nur die Lösung 5 Element der Definitionsmenge von I und daher Lösung der gestellten Aufgabe.

$$I'(x) = I'_{K,b}(x) \Leftrightarrow -\frac{6}{(x-2)^2} = -\frac{2}{3}$$
$$\Leftrightarrow \quad (x-2)^2 = 9$$
$$\Leftrightarrow \quad |x-2| = 3$$

Die Minimalkostenkombination wird durch $\langle 5 \,|\, I(5) \rangle = \langle 5 \,|\, 5 \rangle$ bestimmt.

$\Rightarrow x_1 = -1 \notin D(I)$ und $x_2 = 5 \in D(I)$

$\Rightarrow$ Mit $I(5) = 5$ ist MKK $\mathbf{\langle 5 \,|\, 5 \rangle}$.

▸ Minimalkostenkombination

Zu d) Durch Setzen von 5 für x und y erhält man aus der Gleichung $y = -\frac{2}{3}x + b$ den Wert $\frac{25}{3}$ für b und damit die Funktionsgleichung $y = -\frac{2}{3}x + \frac{25}{3}$.

$$5 = -\frac{2}{3} \cdot 5 + b \Leftrightarrow b = \mathbf{\frac{25}{3}}$$

Die Zeichnung bestätigt die Berechnungen.

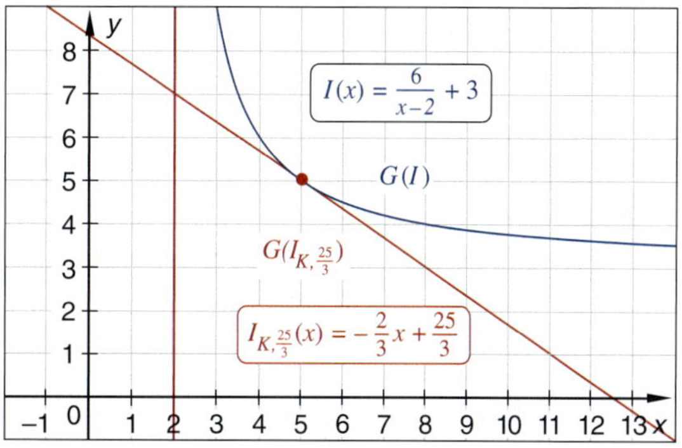

Zu e) Der für die Realisierung der Minimalkostenkombination $\langle 5 \,|\, 5 \rangle$ erforderliche Geldbetrag für K wird aus der Gleichung $K = p_x \cdot x + p_y \cdot y$ mit 200 € bestimmt.

Kosten: $K = p_x \cdot x + p_y \cdot y$

▸ $p_x = 16, \; p_y = 24, \; x = 5, \; y = 5$

$\Rightarrow \quad K = 5 \cdot 16 + 5 \cdot 24 = \mathbf{200}$

4.4.6 Exemplarische Kurvendiskussion einer Exponentialfunktion im weitern Sinne

Die Methode, mithilfe von Ableitungen Aussagen über Extrem- und Wendepunkte zu gewinnen, lässt sich selbstverständlich auf alle möglichen Funktionen anwenden, die nur genügend oft differenzierbar sind. Insbesondere lassen sich damit Funktionen untersuchen, die aus Exponentialfunktionen vom Typ $f(x) = b^x$ und ganzrationalen Funktionen zusammengesetzt sind. Derartige Funktionen werden hier **Exponentialfunktionen im weiteren Sinne** genannt.

Beispiel 4.44

Diskutieren Sie die Funktion $f(x) = (x^2 - 1) \cdot e^{-x}; x \in \mathbb{R}$ und ihren Graphen in Bezug auf Symmetrie- und Grenzwertverhalten sowie in Bezug auf Achsenschnitt-, Extrem- und Wendepunkte und zeichnen Sie $G(f)$ im Intervall $[-1{,}5; 8]$.

Symmetrieeigenschaften

Die Funktion ist weder gerade noch ungerade. Zum Nachweis reicht jeweils ein Gegenbeispiel an einer Teststelle aus. Damit ist der Graph von f **weder achsensymmetrisch** zur y-Achse **noch punktsymmetrisch** zum Koordinatenursprung.

Überprüfung z. B. an der Teststelle $x_0 = 2$:

$f(2) = 3\,e^{-2}$ und $f(-2) = 3\,e^2$ ► $f(2) \neq f(-2)$

$f(2) = 3\,e^{-2}$ und $-f(-2) = -3\,e^2$ ► $f(2) \neq -f(-2)$

Verhalten für $|x| \to \infty$

Während $\lim\limits_{x \to -\infty} f(x) = \infty$ noch sofort einsehbar ist, ist der Grenzwert für $x \to \infty$ ein sog. **unbestimmter Ausdruck**, weil man ihn nach den Rechenregeln aus Abschnitt 2.4 weder als ∞ noch als 0 interpretieren kann.

$$\lim_{x \to \infty} f(x) = \lim_{x \to -\infty} (x^2 - 1) \cdot e^{-x}$$ ► 2. Grenzwertsatz

$$= \lim_{x \to -\infty} (x^2 - 1) \cdot \lim_{x \to -\infty} e^{-x}$$

$$= \infty \cdot \infty = \infty$$ ► Abschnitt 2.4

$$\lim_{x \to \infty} f(x) = \lim_{x \to \infty} (x^2 - 1) \cdot e^{-x}$$ ► 2. Grenzwertsatz

$$= \lim_{x \to \infty} (x^2 - 1) \cdot \lim_{x \to \infty} e^{-x}$$

$$= \infty \cdot 0$$ ► unbestimmter Ausdruck

Schreibt man den Term $(x^2 - 1) \cdot e^{-x}$ aber als Quotienten $\frac{x^2 - 1}{e^x}$ und berechnet $\lim\limits_{x \to \infty} f(x)$ in dieser Form, so erhält man $\lim\limits_{x \to \infty} f(x) = 0$. Hierbei macht man davon Gebrauch, dass die e-Funktion stärker wächst als jede Potenzfunktion, d. h., es gilt:

$\lim\limits_{x \to \infty} \frac{x^n}{e^x} = 0$ für alle $n \in \mathbb{N}$. ► Übungsaufgabe 34

$$\lim_{x \to \infty} f(x) = \lim_{x \to \infty} \frac{(x^2 - 1)}{e^x}$$ ► $\lim\limits_{x \to \infty} \frac{x^n}{e^x} = 0$

$$= 0^+$$ ► $e^x > 0$

Achsenschnittpunkte

Die Ordinate des Schnittpunkts von $G(f)$ mit der y-Achse wird durch $f(0)$ bestimmt.

$f(0) = -1 \Rightarrow S_y\langle 0 \,|\, -1 \rangle$ ► Schnittpunkt mit der y-Achse

Die Nullstellen von $f(x)$ werden durch Lösen der Gleichung $f(x) = 0$ bestimmt. Die Nullstellen von f sind die Nullstellen der zum Zählerterm gehörenden Polynomfunktion in $D(f)$.

$f(x) = 0 \quad \Leftrightarrow x^2 - 1 = 0$

$\Leftrightarrow x^2 = 1 \quad | \sqrt{}$

$\Leftrightarrow |x| = 1$

Lösung: $x_{01} = \mathbf{-1}$ und $x_{02} = \mathbf{1}$ ► Nullstellen

Lokale Extrempunkte
Die Nullstellen der ersten Ableitung f' sind die möglichen lokalen Extremstellen von f. Die erste Ableitung $f'(x)$ wird mithilfe der **Produkt- und Kettenregel** ermittelt.

$f(x) = (x^2 - 1) \cdot e^{-x}$ ► $u(x) = (x^2 - 1), v(x) = e^{-x}$
$\Rightarrow u'(x) = 2x$ und $v'(x) = -e^{-x}$ ► Kettenregel
$f'(x) = u'(x) \cdot v(x) + u(x) \cdot v'(x)$ ► Produktregel
$= 2x \cdot e^{-x} + (x^2 - 1) \cdot (-e^{-x})$
$= \frac{x^2 - 2x - 1}{-e^x}$ ► $D(f') = \mathbb{R}$

Die Nullstellen von f' sind die Nullstellen der zum Zählerterm gehörenden Polynomfunktion in $D(f')$.

$f'(x) = 0 \Leftrightarrow x^2 - 2x - 1 = 0$ ► quadratische Ergänzung 1
$\Leftrightarrow x^2 - 2x + 1 = 2$ ► binomische Formel
$\Leftrightarrow (x-1)^2 = 2 \mid \sqrt{\ }$
$\Leftrightarrow |x - 1| = \sqrt{2}$
Lösung: $x_{E_1} = \mathbf{1 - \sqrt{2}}$ und $x_{E_2} = \mathbf{1 + \sqrt{2}}$

Für die ermittelten Nullstellen von f' werden die Funktionswerte der zweiten Ableitung f'' berechnet, um eine Aussage darüber treffen zu können, ob sie auch tatsächlich lokale Extremstellen der Funktion f sind.

Die zweite Ableitung wird wieder mithilfe der **Produkt- und Kettenregel** bestimmt.

$f'(x) = (x^2 - 2x - 1) \cdot (-e^{-x})$
► $u_1(x) = x^2 - 2x - 1 \Rightarrow u_1'(x) = 2x - 2$
$v_1(x) = -e^{-x} \Rightarrow v_1'(x) = e^{-x}$ ► Kettenregel

$f''(x) = (2x - 2) \cdot (-e^{-x}) + (x^2 - 2x - 1) \cdot e^{-x}$
$= (x^2 - 4x + 1) \cdot e^{-x}$

Da $f''(1 - \sqrt{2})$ und $f''(1 + \sqrt{2})$ von Null verschieden sind, liegen hier tatsächlich lokale Extremstellen der Funktion f vor.

Die Vorzeichen von $f''(1 - \sqrt{2})$ und $f''(1 + \sqrt{2})$ liefern weitere Aussagen über die Art der lokalen Extremstellen. Hier liegen sowohl ein lokaler **Tiefpunkt** als auch ein lokaler **Hochpunkt** von $G(f)$ vor.

$f'(1 - \sqrt{2}) = 0$ ► $1 - \sqrt{2}$ Nullstelle von f'
$f''(1 - \sqrt{2}) = 2\sqrt{2} \cdot e^{1-\sqrt{2}}$ ► Vorzeichen „+"
Extremstelle mit Linkskrümmung
$f(1 - \sqrt{2}) = (2 - 2\sqrt{2}) \cdot e^{1-\sqrt{2}}$
$\Rightarrow$ **T⟨− 0,41 | − 1,25⟩**
$f'(1 + \sqrt{2}) = 0$ ► $1 + \sqrt{2}$ Nullstelle von f'
$f''(1 + \sqrt{2}) = -2\sqrt{2} \cdot e^{1+\sqrt{2}}$ ► Vorzeichen „−"
Extremstelle mit Rechtskrümmung
$f(1 + \sqrt{2}) = (2 + 2\sqrt{2}) \cdot e^{1+\sqrt{2}} \Rightarrow$ **H⟨2,41 | 0,43⟩**

Da $\lim_{x \to -\infty} f(x) = \infty$ und $\lim_{x \to \infty} f(x) = 0$, ist der Tiefpunkt T⟨−0,41 | − 1,25⟩ sogar **absoluter Tiefpunkt** von $G(f)$.

Wendepunkte
Die Nullstellen der zweiten Ableitung f'' sind die möglichen Wendestellen von f. Die Nullstellen von f'' sind die Nullstellen der zum Zählerterm gehörenden Polynomfunktion in $D(f'')$.

$f''(x) = 0 \Leftrightarrow x^2 - 4x + 1 = 0$ ► quadratische Ergänzung 4
$\Leftrightarrow x^2 - 4x + 4 = 3$ ► binomische Formel
$\Leftrightarrow (x-2)^2 = 3 \mid \sqrt{\ }$
$\Leftrightarrow |x - 2| = \sqrt{3}$
Lösung: $x_{W_1} = \mathbf{2 - \sqrt{3}}$ und $x_{W_2} = \mathbf{2 + \sqrt{3}}$

Für die ermittelten Nullstellen von f'' werden die Funktionswerte der dritten Ableitung f''' berechnet, um eine Aussage darüber treffen zu können, ob sie auch tatsächlich Wendestellen der Funktion f sind. Die dritte Ableitung wird wieder mithilfe der **Produkt- und Kettenregel** bestimmt.

$f''(x) = (x^2 - 4x + 1) \cdot e^{-x}$
► $u_2(x) = x^2 - 4x + 1 \Rightarrow u_2'(x) = 2x - 4$
$v_2(x) = e^{-x} \Rightarrow v_2'(x) = -e^{-x}$ ► Kettenregel
$f'''(x) = (2x - 4) \cdot e^{-x} + (x^2 - 4x + 1) \cdot (-e^{-x})$
$= (x^2 - 6x + 5) \cdot (-e^{-x})$

Da $f'''(2+\sqrt{3})$ und $f'''(2-\sqrt{3})$ von Null verschieden sind, liegen hier tatsächlich Wendestellen der Funktion *f* vor.

$f''(2-\sqrt{3}) = 0$ ► $2-\sqrt{3}$ Nullstelle von f''

$f'''(2-\sqrt{3}) = 2\sqrt{3} \cdot (-e^{2-\sqrt{3}})$ ► Vorzeichen „–"
Wendestelle mit L-R-Krümmungswechsel

$f(2-\sqrt{3}) = (6-4\sqrt{3}) \cdot (e^{2-\sqrt{3}})$
$\Rightarrow$ **$W_1\langle 0{,}27 \mid -0{,}71\rangle$**

Die jeweiligen Vorzeichen von $f'''(2+\sqrt{3})$ und $f'''(2-\sqrt{3})$ liefern weitere Aussagen über die Art der Wendestellen. Hier liegt ein **Wendepunkt mit Rechts-Links-** und ein **Wendepunkt mit Links-Rechts-Krümmungswechsel** von $G(f)$ vor.

$f''(2+\sqrt{3}) = 0$ ► $2+\sqrt{3}$ Nullstelle von f''

$f'''(2+\sqrt{3}) = -2\sqrt{3} \cdot (-e^{2+\sqrt{3}})$ ► Vorzeichen „+"
Wendestelle mit R-L-Krümmungswechsel

$f(2+\sqrt{3}) = (6+4\sqrt{3}) \cdot (e^{2-\sqrt{3}})$ $\Rightarrow$ **$W_2\langle 3{,}73 \mid 0{,}31\rangle$**

Graph der Funktion
Die durch die Kurvendiskussion ermittelten Punke werden in ein Koordinatensystem eingetragen und unter Berücksichtigung des Symmetrie- und Grenzwertverhaltens zum Graphen der Funktion verbunden.

$P_{01}\langle -1 \mid 0\rangle$, $P_{02}\langle 1 \mid 0\rangle$ ► Schnittpunkte mit der *x*-Achse
$T\langle -0{,}41 \mid -1{,}25\rangle$ ► Tiefpunkt
$H\langle 2{,}41 \mid 0{,}43\rangle$ ► Hochpunkt
$W_1\langle 0{,}27 \mid -0{,}71\rangle$, $W_2\langle 3{,}73 \mid 0{,}31\rangle$ ► Wendepunkt

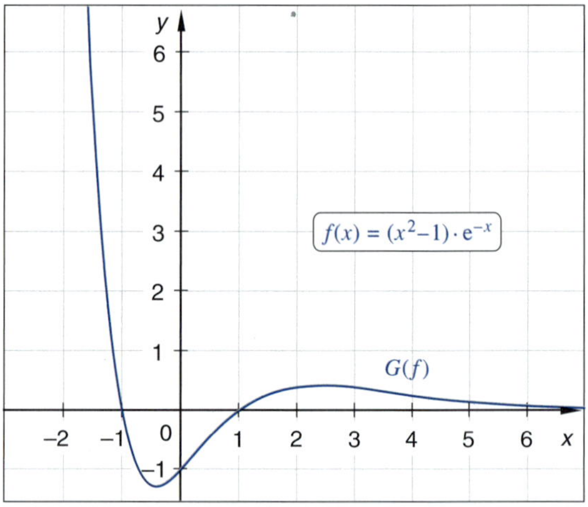

Beispiel 4.45

Die Gewinnsituation eines chemischen Unternehmens der Kosmetikbranche ist durch die Gewinnfunktion G_a mit $G_a(x) = (ax-2) \cdot e^{-0{,}5x}$; $x \geq 0$; $a > 0$ gegeben, wobei a ein erlösabhängiger Parameter ist. Die Controllingabteilung des Unternehmens soll die Gewinnsituation des Unternehmens analysieren.

Führen Sie folgende Schritte im Rahmen dieser Analyse durch:

a) Berechnen Sie die Fixkosten des Unternehmens und erläutern Sie Ihre Überlegungen in Bezug auf die Gewinnfunktion.

b) Ermitteln Sie in Abgängigkeit von a die Gewinnschwelle sowie das Gewinnmaximum und leiten Sie die Ortskurve der Gewinnmaxima her.

c) Zeichnen Sie die Graphen von G_a für $a = 1$ und $a = 4$ sowie die Ortskurve der Gewinnmaxima in einem geeigneten Intervall und beurteilen Sie den Einfluss des erlösabhängigen Faktors a.

d) Erläutern sie, wie sich der Gewinn für sehr große Produktionsmengen entwickelt.

e) Bestimmen Sie die Produktionsmengen, bei denen der Gewinn am stärksten steigt bzw. fällt und erläutern Sie für den Unternehmensvorstand den Gewinnverlauf, indem Sie angeben, für welche Produktionsmengen der Gewinn steigt und progressiv bzw. degressiv fällt (für $x \geq 2$).

Zu a) Da bei einer Produktion von 0 ME der Erlös 0 GE beträgt, entsprechen die Fixkosten dem negativen Gewinn beim Verkauf von 0 ME.

$K = E - G$ ▶ Kosten = Erlös minus Gewinn
$K(0) = E(0) - G(0)$ ▶ $G(0) = -2$
$= 0 - (-2) = \mathbf{2}$ ▶ $G(0)$ ist parameterunabhängig

Zu b) Die **Gewinnschwelle** ist eine Nullstelle von $G_a(x)$.

$G_a(x) = (ax-2)\cdot e^{-0{,}5x} = 0$

$\Rightarrow \quad ax - 2 = 0 \quad \Rightarrow \quad x_0 = \frac{2}{a}$ ▶ $a > 0$

Zur Bestätigung, dass $\frac{2}{a}$ die Gewinnschwelle ist, müssen die Graphen von G_a dort streng monoton steigend sein, was mithilfe von $G_a'\left(\frac{2}{a}\right) > 0$ gezeigt wird.

$G_a'(x) = a \cdot e^{-0{,}5x} + (ax-2)\cdot(-0{,}5)e^{-0{,}5x}$
$= e^{-0{,}5x}\cdot(-0{,}5ax + a + 1)$ ▶ Produkt- und Kettenregel

$G_a'\left(\frac{2}{a}\right) = a$ ▶ $G_a'\left(\frac{2}{a}\right) > 0$ für $a > 0$

$\Rightarrow G_a(x)$ ist streng monoton steigend.

Die **gewinnmaximalen Ausbringungsmengen** sind die Nullstellen von $G_a'(x)$.

$G_a'(x) = 0 \quad \Leftrightarrow \quad e^{-0{,}5x}\cdot(-0{,}5ax + a + 1) = 0$
$\Rightarrow -0{,}5ax + a + 1 = 0$
$\Rightarrow x_E = 2 + \frac{2}{a}$ ▶ $a > 0$

Die Berechnung von $G_a''(x)$ bestätigt, dass die ermittelten Nullstellen $2+\frac{2}{a}$ von $G_a'(x)$ lokale Maximalstellen sind.

$G_a''(x) = (-0{,}5)e^{-0{,}5x}\cdot(-0{,}5ax + a + 1) + e^{-0{,}5x}\cdot(-0{,}5a)$
$= e^{-0{,}5x}\cdot(0{,}25ax - a - 0{,}5)$
$\Rightarrow G_a''\left(2+\frac{2}{a}\right) = -0{,}5a$ ▶ $G_{a'}''\left(2+\frac{2}{a}\right) < 0$ für $a > 0$

$\Rightarrow x_E = 2 + \frac{2}{a}$ ist lokale Maximalstelle.

Mit steigendem Erlös (für a) wachsen auch die Gewinne und die Gewinnmaxima werden bei kleineren Ausbringungsmengen erreicht.

$G_a\left(2+\frac{2}{a}\right) = 2ae^{-\frac{a+1}{a}} \quad \Rightarrow \quad \mathbf{G_{max}} = \left(\mathbf{2+\frac{2}{a}} \middle| \mathbf{2ae^{-\frac{a+1}{a}}}\right)$

Zur Berechnung der Ortskurve der Gewinnmaxima stellt man die x-Koordinate des gewinnmaximalen Punkts nach a um und setzt $\frac{2}{x-2}$ für a in $G_a(x)$.

$x = 2 + \frac{2}{a} \quad \Leftrightarrow \quad a = \frac{2}{x-2}$ ▶ Setzen für a in G_a

$\Rightarrow G_E(x) = \frac{4}{x-2}\cdot e^{-0{,}5x}$ ▶ Ortskurve der Gewinnmaxima

Zu c) ▶ Aufrufen der „Graphs & Geometry"-Applikation

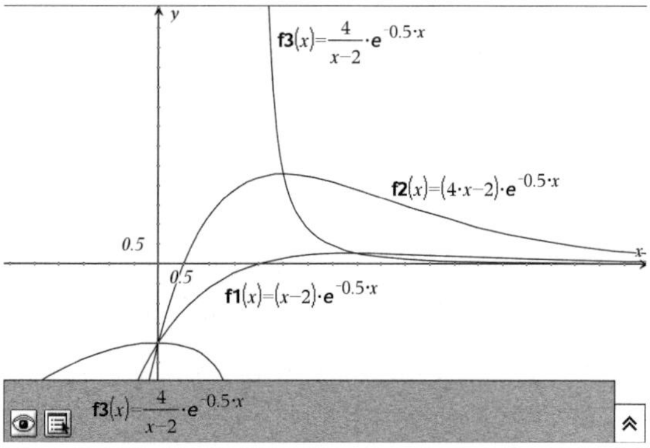

Der Ausschnitt von TI-Nspire zeigt die Graphen von G_1 und G_4 sowie die Ortskurve G_E der Gewinnmaxima.

▶ Mit dem Schieberegler lassen sich alle Graphen von G_a z.B. für $a \in (0; 10]$ und die Ortskurve im Intervall $[0; 10]$ zeichnen.

Die Graphik bestätigt, dass mit steigendem Wert (für a) die Gewinne steigen und die Gewinnmaxima bei kleineren Ausbringungsmengen erreicht werden.

Zu d) Für sehr große Produktionsmengen eignet sich der Grenzwert der Gewinnfunktionen G_a für $x \to \infty$. Dabei stellt sich heraus, dass sich der Gewinn bei sehr großen Produktionsmengen gegen Null entwickelt.

$$\lim_{x \to \infty} G_a(x) = \lim_{x \to \infty} (ax-2) \cdot e^{-0,5x} = 0^+$$

Zu e) Die Stellen, an denen die Graphen von G_a am stärksten steigen bzw. fallen, sind die Wendestellen von G_a.

$$G_a''(x) = 0 \quad \Leftrightarrow \quad e^{-0,5x} \cdot (0,25ax - a - 0,5) = 0$$
$$\Rightarrow 0,25ax - a - 0,5 = 0$$
$$\Rightarrow x_W = 4 + \frac{2}{a} \quad \blacktriangleright\ a > 0$$

Die Berechnung von $G_a'''(x)$ bestätigt, dass die ermittelten Nullstellen $4+\frac{2}{a}$ von $G_a''(x)$ Wendestellen sind. An den Stellen $x_W = 4+\frac{2}{a}$ fällt der Gewinn am stärksten, da dort G_a Wendestellen mit einem Rechts-Links-Krümmungswechsel hat.

$$G_a'''(x) = (-0,5)e^{-0,5x} \cdot (-0,25ax - a - 0,5) + e^{-0,5x} \cdot 0,25a$$
$$= e^{-0,5x} \cdot (-0,125ax + 0,75a + 0,25)$$
$$\Rightarrow G_a'''\left(4+\frac{2}{a}\right) = 0,25a \cdot e^{-2-\frac{1}{a}} \quad \blacktriangleright\ G_a'''\left(4+\frac{2}{a}\right) > 0 \text{ für } a > 0$$
$$\Rightarrow x_W = 4 + \frac{2}{a} \text{ ist Wendestelle mit RL-KW.}$$

▶ Für $a = 1$ ist $x_W = 6$, für $a = 4$ ist $x_W = 4,5$

Da keine weitere Wendestelle existiert, verlaufen die Graphen von G_a links von den Gewinnmaxima rechtsgekrümmt, sie steigen dort also degressiv.

Das wiederum bedeutet, dass die stärkste Gewinnsteigerung zu Beginn der Gewinnzone bei einer Produktionsmenge von $\frac{2}{a}$ ME erfolgt. Nach Erreichen der Gewinnmaxima fallen die Gewinne bis zu den Produktionsmengen $4+\frac{2}{a}$ progressiv, danach fallen sie degressiv.

$I_1 = \left[\frac{2}{a}; 2+\frac{2}{a}\right]$: In I_1 steigen die Graphen von G_a streng monoton und verlaufen rechtsgekrümmt.

$I_2 = \left[2+\frac{2}{a}; 4+\frac{2}{a}\right]$: In I_2 fallen die Graphen von G_a streng monoton und bleiben rechtsgekrümmt.

$I_3 = \left[4+\frac{2}{a}; \infty\right)$: In I_3 fallen die Graphen von G_a streng monoton und verlaufen linksgekrümmt.

Alles klar?

Untersuchen Sie die Schar von Funktionen f_a mit $f_a(x) = \frac{4e^x}{(e^x + a)^2}$ und $a > 0$ auf Extrempunkte, Wendepunkte und asymptotisches Verhalten und ermitteln Sie die Ortskurven der Extrempunkte und der Wendepunkte.

4.4.7 Exemplarische Kurvendiskussion einer Logarithmusfunktion im weiteren Sinne

Unter **Logarithmusfunktion im weiteren Sinne** werden hier Funktionen verstanden, deren Term aus einer Logarithmusfunktion vom Typ $\log_a(x)$ und einer ganzrationalen Funktion zusammengesetzt ist. Diese lassen sich ebenfalls mit den Methoden der Differentialrechnung untersuchen.

Beispiel 4.46

Diskutieren Sie die Logarithmusfunktion im weiteren Sinne $f(x) = \ln(x^2+1)$ in ihrem maximalen Definitionsbereich und ihren Graphen in Bezug auf Symmetrie- und Grenzwertverhalten sowie in Bezug auf Achsenschnitt-, Extrem- und Wendepunkte.
Zeichnen Sie $G(f)$ im Intervall $[-4; 4]$.

Definitionsbereich
Da ln-Funktionen nur für positive Argumente definiert sind, muss gelten: $x^2+1>0$. Diese Ungleichung gilt für alle $x \in \mathbb{R}$. Daher ist $D(f) = \mathbb{R}$.

$x^2+1>0$ gilt für alle $x \in \mathbb{R}$

$\Rightarrow$ $\boldsymbol{D(f) = \mathbb{R}}$

Symmetrieeigenschaften
$G(f)$ ist achsensymmetrisch zur y-Achse, da für alle $x \in \mathbb{R}$ gilt: $f(-x) = f(x)$.

Für alle $x \in \mathbb{R}$ gilt:
$f(-x) = \ln((-x)^2+1)$
$= \ln(x^2+1) = f(x)$. ► f gerade Funktion

Verhalten für $|x| \to \infty$
Da $G(f)$ achsensymmetrisch zur y-Achse ist, ergibt sich für $x \to \infty$ und für $x \to -\infty$ derselbe Grenzwert.

$$\lim_{|x| \to \infty} f(x) = \lim_{|x| \to \infty} \ln(x^2+1) = \infty$$

Achsenschnittpunkte
Die Ordinate des Schnittpunktes von $G(f)$ mit der y-Achse wird durch $f(0)$ bestimmt; seine Abszisse ist 0.

$f(0) = \ln 1 = 0 \Rightarrow S_y\langle 0 | 0 \rangle$ ► Schnittpunkt mit der y-Achse

Um die Nullstellen von f zu berechnen, wird die Gleichung $\ln(x^2+1) = 0$ gelöst. Hierbei wird davon Gebrauch gemacht, dass die e-Funktion die Umkehrfunktion der ln-Funktion ist.

$f(x) = 0 \Leftrightarrow \ln(x^2+1) = 0$
$\Leftrightarrow e^{\ln(x^2+1)} = e^0$ ► $e^{\ln a} = a$; $e^0 = 1$
$\Leftrightarrow x^2+1 = 1$
$\Leftrightarrow x^2 = 0$
$\Leftrightarrow |x| = 0$
Lösung: $x_0 = \mathbf{0}$

Lokale Extrempunkte
Die Nullstellen der ersten Ableitung f' sind die möglichen lokalen Extremstellen von f. Die erste Ableitung $f'(x)$ wird mithilfe der **Kettenregel** ermittelt.

Die Nullstellen von f' sind die Nullstellen der zum Zählerterm von $f'(x)$ gehörenden Polynomfunktion in $D(f')$.

$f'(x) = g'[h(x)] \cdot h'(x)$ ► $g(x) = \ln x, g'(x) = \frac{1}{x}$ ► $h(x) = x^2+1, h'(x) = 2x$

$= \frac{1}{x^2+1} \cdot 2x = \frac{2x}{x^2+1}$ ► $D(f') = \mathbb{R}$

$f'(x) = 0 \Leftrightarrow 2x = 0$
$\Leftrightarrow x = 0$
Lösung: $x_E = \mathbf{0}$

Für die ermittelte Nullstelle von f' wird der Funktionswert der zweiten Ableitung f'' berechnet, um eine Aussage darüber treffen zu können, ob sie auch tatsächlich lokale Extremstelle der Funktion f ist. Die zweite Ableitung wird mithilfe der **Quotientenregel** bestimmt.

$f'(x) = \frac{2x}{x^2+1} = \frac{u(x)}{v(x)}$ ► Quotientenregel

$\Rightarrow\ u'(x) = 2$ und $v'(x) = 2x$

$\Rightarrow\ f''(x) = \frac{2\cdot(x^2+1) - 2x\cdot 2x}{(x^2+1)^2}$

$= \frac{-2\cdot(x^2-1)}{(x^2+1)^2}$ ► $D(f'') = \mathbb{R}$

Da $f''(0)$ von Null verschieden ist, liegt hier tatsächlich eine lokale Extremstelle der Funktion f vor.

$f'(0) = 0$ ► 0 Nullstelle von f'

$f''(x_E) = f''(0) = 2$ ► Vorzeichen „+"

Extremstelle mit Linkskrümmung

$f(0) = 0 \Rightarrow$ **T⟨0 | 0⟩**

Das Vorzeichen von $f''(0)$ liefert eine weitere Aussage über die Art der lokalen Extremstelle. Hier liegt ein lokaler **Tiefpunkt** von $G(f)$ vor.

Wendepunkte

Die Nullstellen der zweiten Ableitung f'' sind die möglichen Wendestellen von f.

Die Nullstellen von f'' sind die Nullstellen der zum Zählerterm von $f''(x)$ gehörenden Polynomfunktion in $D(f'')$.

$f''(x) = \frac{-2\cdot(x^2-1)}{(x^2+1)^2}$

$f''(x) = 0 \Leftrightarrow -2\cdot(x^2-1) = 0$

$\Leftrightarrow x^2 = 1$

$\Leftrightarrow |x| = 1$

Lösung: $x_{W_1} = \mathbf{-1}$ und $x_{W_2} = \mathbf{1}$

Für die ermittelten Nullstellen von f'' werden die Funktionswerte der dritten Ableitung f''' berechnet, um eine Aussage darüber treffen zu können, ob sie auch tatsächlich Wendestellen der Funktion f sind. Die dritte Ableitung wird wiederum mithilfe der Quotientenregel bestimmt.

$f''(x) = \frac{-2\cdot(x^2-1)}{(x^2+1)^2} = \frac{u_1(x)}{v_1(x)}$

$\Rightarrow\ u_1'(x) = -4x$ und $v_1'(x) = 4x\cdot(x^2+1)$

$\Rightarrow\ f'''(x) = \frac{-4x\cdot(x^2+1)^2 - [-2\cdot(x^2-1)]\cdot 4x\cdot(x^2+1)}{(x^2+1)^4}$

$= \frac{4x\cdot(x^2-3)}{(x^2+1)^3}$ ► $D(f''') = \mathbb{R}$

Da $f'''(-1)$ und $f'''(1)$ von null verschieden sind, liegen hier tatsächlich Wendestellen der Funktion f vor.

$f''(-1) = 0$ ► -1 Nullstelle von f''

$f'''(x_{W_1}) = f'''(-1) = 1$ ► Vorzeichen „+"

Wendestelle mit R-L-Krümmungswechsel

$f(-1) = \ln 2 \approx 0{,}69 \Rightarrow$ **W₁⟨− 1 | 0,69⟩**

$\Rightarrow$ **W₂⟨1 | 0,69⟩** ► $G(f)$ achsensymmetrisch

Wendestelle mit L-R-Krümmungswechsel

Die jeweiligen Vorzeichen von $f'''(-1)$ und $f'''(1)$ liefern weitere Aussagen über die Art der Wendestellen.

Graph der Funktion

Die durch die Kurvendiskussion ermittelten Punkte werden in ein Koordinatensystem eingetragen und unter Berücksichtigung des Symmetrie- und Grenzwertverhaltens zum Graphen der Funktion verbunden.

T⟨0 | 0⟩ ► Tiefpunkt

$W_1\langle -1 \,|\, 0{,}69\rangle$, $W_2\langle 1 \,|\, 0{,}69\rangle$ ► Wendepunkt

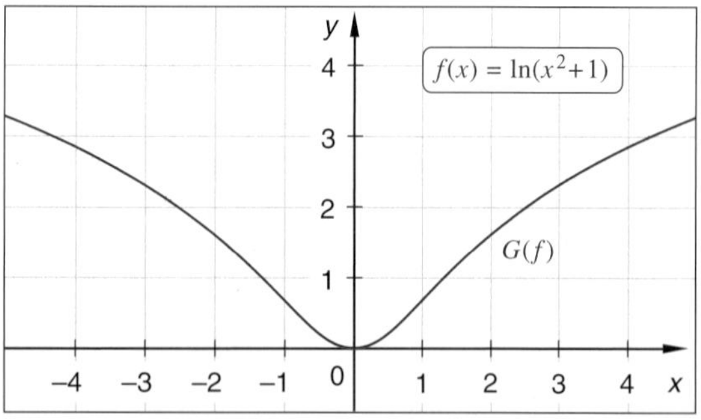

4.4.8 Exemplarische Kurvendiskussion einer trigonometrischen Funktion im weiteren Sinne

Die bisher gewonnenen Erkenntnisse, mithilfe der Ableitungen Aussagen über Extrem- und Wendestellen machen zu können, gelten auch für die trigonometrischen Funktionen als reelle Funktionen – sogar im weiteren Sinne; darunter versteht man jede Verkettung einer trigonometrischen Funktion mit rationalen Funktionen.

Beispiel 4.47

Diskutieren Sie den Graphen der trigonometrischen Funktion im weiteren Sinne $f(x)=(2\cos x-0{,}5)^2$; $x\in\mathbb{R}$ in Bezug auf sein Symmetrieverhalten sowie im Intervall $[-2\pi; 2\pi]$ in Bezug auf seine Achsenschnitt-, Extrem- und Wendepunkte und zeichnen Sie $G(f)$.

Symmetrieeigenschaften:
$G(f)$ ist achsensymmetrisch zur y-Achse, da für alle $x\in\mathbb{R}$ gilt: $f(-x)=f(x)$, d. h., f ist eine gerade Funktion.

Für alle $x\in\mathbb{R}$ gilt:

$f(-2)=(2\cos(-x)-0{,}5)^2$ ▶ $\cos(-x)=\cos x$

$=(2\cos x-0{,}5)^2=f(x)$.

Achsenschnittpunkte:
Wegen $0\in[-2\pi; 2\pi]$ besitzt $G(f)$ dort einen Schnittpunkt mit der y-Achse, seine Ordinate wird durch $f(0)$ bestimmt, seine Abszisse ist 0.

$f(0)=(2\cos 0-0{,}5)^2=1{,}5^2=2{,}25$ ▶ $\cos 0=1$

$\Rightarrow$ $S_y\langle \mathbf{0}\,|\,\mathbf{2{,}25}\rangle$ ▶ Schnittpunkt mit der y-Achse

Zur Berechnung der Nullstellen von f im Intervall $[-2\pi; 2\pi]$ wird die Gleichung $(2\cos x-0{,}5)^2=0$ gelöst. Hierbei wird von der Umkehrtaste $\boxed{\cos^{-1}}$ des TR Gebrauch gemacht. ▶ RAD-Einstellung des TR

Der TR liefert $x_{01}\approx 1{,}32$.

$$
\begin{aligned}
f(x)=0 &\Leftrightarrow (2\cos x-0{,}5)^2=0\\
&\Leftrightarrow 2\cos x=0{,}5 \quad ▶ \boxed{\cos^{-1}}\\
&\Leftrightarrow \cos x=0{,}25\\
&\Rightarrow \mathbf{x_{01}\approx 1{,}32}
\end{aligned}
$$

Wegen $\cos(-x)=\cos x$ erhält man die zweite Lösung $x_{02}\approx -1{,}32$. Sämtliche Lösungen der Gleichung $(2\cos x-0{,}5)^2=0$ erhält man durch Addition ganzzahliger Vielfacher von 2π zu diesen Lösungen, von denen aber nur die Lösungen $x_{03}\approx 4{,}97$ und $x_{04}\approx -4{,}97$ im Intervall $[-2\pi; 2\pi]$ liegen.

▶ $\cos(-x)=\cos x \Rightarrow x_{02}\approx -1{,}32$

$$
\begin{aligned}
&\cos x=0{,}25\\
\Leftrightarrow\ & x=x_{01}+2k\pi \text{ oder } x=x_{02}+2k\pi;\ k\in\mathbb{Z}\\
\Rightarrow\ & x_{03}=-1{,}32+2\pi\approx 4{,}97\in[-2\pi; 2\pi]\\
& x_{04}=1{,}32-2\pi\approx -4{,}97\in[-2\pi; 2\pi]
\end{aligned}
$$

Lösung: $x_{01}\approx \mathbf{1{,}32}$, $x_{02}\approx \mathbf{-1{,}32}$, $x_{03}\approx \mathbf{4{,}97}$ und $x_{04}\approx \mathbf{-4{,}97}$.

Lokale Extrempunkte:
Die Nullstellen der ersten Ableitung f' sind die möglichen lokalen Extremstellen von f.
Die erste Ableitung $f'(x)$ wird mithilfe der **Kettenregel** ermittelt.
Die Nullstellen von f' sind die Lösungen der Gleichung $-2\sin x\cdot(4\cos x-1)=0$.
Um sie zu ermitteln, wird von den Umkehrtasten $\boxed{\sin^{-1}}$ und $\boxed{\cos^{-1}}$ des TR Gebrauch gemacht. ▶ RAD-Einstellung des TR

▶ $g(x)=x^2$; $g'(x)=2x$

$f'(x)=g'[h(x)]\cdot h'(x)$ ▶ $h(x)=2\cos x-0{,}5$;

▶ $h'(x)=-2\sin x$

$=2\cdot(2\cos x-0{,}5)\cdot(-2\sin x)$

$=-2\sin x\cdot(4\cos x-1)$

▶ $D(f')=\mathbb{R}$

$$
\begin{aligned}
f'(x)=0 &\Leftrightarrow -2\sin x\cdot(4\cos x-1)=0\\
&\Leftrightarrow \sin x=0 \text{ oder } \cos x=0{,}25
\end{aligned}
$$

• $\sin x = 0$

Der TR liefert als Lösung von $\sin x = 0$ zunächst den Wert $x_{E_1} = 0$.

Wegen $\sin(\pi - x) = \sin x$ für alle $x \in \mathbb{R}$ (▶ Abschnitt 2.9, Übungsaufgabe 16) erhält man als zweite Lösung der Gleichung $\sin x = 0$ den Wert $x_{E_2} = \pi$. Sämtliche Lösungen dieser Gleichung erhält man durch Addition ganzzahliger Vielfacher von 2π zu den Lösungen für x_{E_1} und x_{E_2}, von denen aber nur die Lösungen $x_{E_3} = 2\pi$, $x_{E_4} = -2\pi$ und $x_{E_5} = -\pi$ im Intervall $[-2\pi; 2\pi]$ liegen.

• $\sin x = 0$

$\Leftrightarrow x = x_{E_1} + 2k\pi$ oder $x = x_{E_2} + 2k\pi;\ k \in \mathbb{Z}$

$\Rightarrow x_{E_3} = 0 + 2\pi = 2\pi \in [-2\pi; 2\pi]$

$x_{E_4} = 0 - 2\pi = -2\pi \in [-2\pi; 2\pi]$

$x_{E_5} = \pi - 2\pi = -\pi \in [-2\pi; 2\pi]$

Lösung: $x_{E_1} = \mathbf{0}$, $x_{E_2} = \boldsymbol{\pi}$, $x_{E_3} = \mathbf{2}\boldsymbol{\pi}$, $x_{E_4} = \mathbf{-2}\boldsymbol{\pi}$, $x_{E_5} = \boldsymbol{-\pi}$.

• $\cos x = 0{,}25$

Man erhält 4 weitere Nullstellen von f' im Intervall $[-2\pi; 2\pi]$ als Lösungen der Gleichung $\cos x = 0{,}25$. Hierbei kann man auf die schon für f berechneten Nullstellen in $[-2\pi; 2\pi]$ zurückgreifen.

• $\cos x = 0{,}25$

Lösung: $x_{E_6} \approx \mathbf{1{,}32}$, $x_{E_7} \approx \mathbf{-1{,}32}$, $x_{E_8} \approx \mathbf{4{,}97}$, $x_{E_9} \approx \mathbf{-4{,}97}$.

Für die ermittelten Nullstellen x_{E_1} bis x_{E_9} von f' werden die Funktionswerte der zweiten Ableitung f'' berechnet, um eine Aussage darüber treffen zu können, ob sie auch tatsächlich lokale Extremstellen der Funktion f sind. Die zweite Ableitung wird mithilfe der **Produktregel** bestimmt.

$f'(x) = -2\sin x \cdot (4\cos x - 1)$ ▶ Produktregel

$u(x) = -2\sin x;\quad v(x) = 4\cos x - 1$

$\Rightarrow u'(x) = -2\cos x;\quad v'(x) = -4\sin x$

$\Rightarrow f''(x) = -2\cos x \cdot (4\cos x - 1) + (-2\sin x)\cdot(-4\sin x)$

$= -8\cos^2 x + 2\cos x + 8\sin^2 x$ ▶ $\sin^2 x + \cos^2 x = 1$

$= -8\cos^2 x + 2\cos x + 8\cdot(1 - \cos^2 x)$

$= -16\cos^2 x + 2\cos x + 8$ ▶ $D(f'') = \mathbb{R}$

Da $f''(x_E)$ von Null verschieden ist, liegen hier tatsächlich lokale Extremstellen der Funktion f vor.

Die einzelnen Vorzeichen von $f''(x_E)$ liefern weitere Aussagen über die Art der lokalen Extremstellen.

$f'(0) = 0$ ▶ 0 Nullstelle von f'

$f''(0) = -6$ ▶ Vorzeichen „—"

Extremstelle mit Rechtskrümmung

$f(0) = 2{,}25 \Rightarrow$ **H₁⟨0|2,25⟩**

$f'(2\pi) = 0$ ▶ 2π Nullstelle von f'

$f''(2\pi) = -6$ ▶ Vorzeichen „—"

Extremstelle mit Rechtskrümmung

$f(2\pi) = 2{,}25 \Rightarrow$ **H₂⟨6,28|2,25⟩**

f gerade $\Rightarrow$ **H₃⟨− 6,28|2,25⟩**

$f'(\pi) = 0$ ▶ π Nullstelle von f'

$f''(\pi) = -10$ ▶ Vorzeichen „—"

Extremstelle mit Rechtskrümmung

$f(\pi) = 6{,}25 \Rightarrow$ **H₄⟨3,14|6,25⟩**

▶ f gerade $\Rightarrow$ **H₅⟨− 3,14|6,25⟩**

Hier liegen lokale **Hochpunkte** von $G(f)$ in den Punkten $H_1\langle 0|2{,}25\rangle$, $H_2\langle 6{,}28|2{,}25\rangle$, $H_3\langle -6{,}28|2{,}25\rangle$, $H_4\langle 3{,}14|6{,}25\rangle$ und $H_5\langle -3{,}14|6{,}25\rangle$ sowie lokale **Tiefpunkte** in den Punkten $T_1\langle 1{,}32|0\rangle$, $T_2\langle -1{,}32|0\rangle$, $T_3\langle 4{,}97|0\rangle$ und $T_4\langle -4{,}97|0\rangle$ vor.

$f'(1{,}32) = 0$ ▶ 1,32 Nullstelle von f'

$f''(1{,}32) \approx 7{,}51$ ▶ Vorzeichen „+"

Extremstelle mit Linkskrümmung

$f(1{,}32) = 0 \Rightarrow$ **T₁⟨1,32|0⟩**

▶ f gerade $\Rightarrow$ **T₂⟨− 1,32|0⟩**

$f'(4{,}97) = 0$ ▶ 4,97 Nullstelle von f'

$f''(4{,}97) \approx 7{,}47$ ▶ Vorzeichen „+"

Extremstelle mit Linkskrümmung

$f(4{,}97) = 0 \Rightarrow$ **T₃⟨4,97|0⟩**

▶ f gerade $\Rightarrow$ **T₄⟨− 4,97|0⟩**

Wendepunkte:

Die Nullstellen der zweiten Ableitung f'' sind die möglichen Wendestellen von f.
Die Nullstellen von f'' sind die Lösungen der Gleichung $-16\cos^2 x + 2\cos x + 8 = 0$.
Hierbei wird von der Umkehrtaste $\boxed{\cos^{-1}}$ des TR Gebrauch gemacht.
▶ RAD-Einstellung des TR

$f''(x) = -16\cos^2 x + 2\cos x + 8$

$f''(x) = 0 \Leftrightarrow -16\cos^2 x + 2\cos x + 8 = 0$

$\Leftrightarrow \cos^2 x - \frac{1}{8}\cos x = 0{,}5$ ▶ quadr. Erg. $\frac{1}{256}$

$\Leftrightarrow \cos^2 x - \frac{1}{8}\cos x + \frac{1}{256} = 0{,}5 + \frac{1}{256}$

$\Leftrightarrow \left(\cos x - \frac{1}{16}\right)^2 = \frac{129}{256} \mid \sqrt{}$

$\Rightarrow \cos x = \frac{1}{16} + \frac{\sqrt{129}}{16}$ oder $\cos x = \frac{1}{16} - \frac{\sqrt{129}}{16}$

Der TR liefert $x_{W_1} \approx 0{,}69$ und $x_{W_2} \approx 2{,}27$.

$\Rightarrow x_{W_1} \approx \mathbf{0{,}69}$ und $x_{W_2} \approx \mathbf{2{,}27}$

Wegen $\cos(-x) = \cos x$ erhält man die dritte Lösung $x_{W_3} \approx -0{,}69$ und die vierte Lösung $x_{W_4} \approx -2{,}27$.
Sämtliche Lösungen der Gleichung $-16\cos^2 x + 2\cos x + 8 = 0$ erhält man durch Addition ganzzahliger Vielfacher von 2π zu den schon ermittelten Lösungen, von denen aber nur die Lösungen $x_{W_5} \approx -5{,}59$, $x_{W_6} \approx -4{,}01$, $x_{W_7} \approx -5{,}59$ und $x_{W_8} \approx 4{,}01$ im Intervall $[-2\pi; 2\pi]$ liegen.

▶ $\cos(-x) = \cos x$

$\Rightarrow x_{W_3} \approx \mathbf{-0{,}69}$ und $x_{W_4} \approx \mathbf{-2{,}27}$

• $-16\cos^2 x + 2\cos x + 8 = 0$

$\Leftrightarrow x = x_{W_1} + 2k\pi$ oder $x = x_{W_2} + 2k\pi$ oder
$x = x_{W_3} + 2k\pi$ oder $x = x_{W_4} + 2k\pi$; $k \in \mathbb{Z}$

$\Rightarrow x_{W_5} \approx 0{,}69 - 2\pi \approx -5{,}59 \in [-2\pi; 2\pi]$
$x_{W_6} \approx 2{,}27 - 2\pi \approx -4{,}01 \in [-2\pi; 2\pi]$
$x_{W_7} \approx -0{,}69 - 2\pi \approx 5{,}59 \in [-2\pi; 2\pi]$
$x_{W_8} \approx -2{,}27 - 2\pi \approx 4{,}01 \in [-2\pi; 2\pi]$

Lösung: $x_{W_1} \approx \mathbf{0{,}69}$, $x_{W_2} \approx \mathbf{2{,}27}$, $x_{W_3} \approx \mathbf{-0{,}69}$, $x_{W_4} \approx \mathbf{-2{,}27}$, $x_{W_5} \approx \mathbf{-5{,}59}$, $x_{W_6} \approx \mathbf{-4{,}01}$, $x_{W_7} \approx \mathbf{5{,}95}$ und $x_{W_8} \approx \mathbf{4{,}01}$.

Für die ermittelten Nullstellen von f'' werden die Funktionswerte der dritten Ableitung f''' berechnet, um eine Aussage darüber treffen zu können, ob sie auch tatsächlich Wendestellen der Funktion f sind. Die dritte Ableitung wird mithilfe der **Summen-** und der **Kettenregel** bestimmt.

$f''(x) = -16\cos^2 x + 2\cos x + 8$

▶ Summen- und Kettenregel

$\Rightarrow f'''(x) = -16 \cdot 2 \cdot (\cos x) \cdot (-\sin x) - 2\sin x$
$= 2 \cdot (\sin x) \cdot (16\cos x - 1)$ ▶ $D(f''') = \mathbb{R}$

Da $f'''(x_W)$ von null verschieden ist, liegen hier tatsächlich Wendestellen der Funktion f vor.

$f''(0{,}69) = 0$ ▶ 0,69 Nullstelle von f''

$f'''(0{,}69) \approx 14{,}14$ ▶ Vorzeichen „+"

Wendestelle mit R-L-Krümmungswechsel

$f(0{,}69) \approx 1{,}09 \Rightarrow \mathbf{W_1\langle 0{,}69 | 1{,}09\rangle}$

▶ $G(f)$ achsensymmetrisch: $\mathbf{W_3\langle -0{,}69 | 1{,}09\rangle}$

Wendepunkt mit L-R-Krümmungswechsel

Die jeweiligen Vorzeichen von $f'''(x_W)$ liefern weitere Aussagen über die Art der Wendestellen.

Es liegen jeweils vier **Wendepunkte mit Rechts-Links-Krümmungswechsel** $W_1\langle 0{,}69\,|\,1{,}09\rangle$, $W_4\langle -2{,}27\,|\,3{,}22\rangle$, $W_5\langle -5{,}59\,|\,1{,}09\rangle$ und $W_8\langle 4{,}01\,|\,3{,}22\rangle$ und vier **Wendepunkte mit Links-Rechts-Krümmungswechsel** $W_2\langle 2{,}27\,|\,3{,}22\rangle$, $W_3\langle -0{,}69\,|\,1{,}09\rangle$, $W_6\langle -4{,}01\,|\,3{,}22\rangle$ und $W_7\langle 5{,}59\,|\,1{,}09\rangle$ von $G(f)$ vor.

$f''(2{,}27) = 0$ ► 2,27 Nullstelle von f''
$f'''(2{,}27) \approx -17{,}3$ ► Vorzeichen „–"
Wendestelle mit L-R-Krümmungswechsel
$f(2{,}27) \approx 3{,}22 \Rightarrow$ $\mathbf{W_2\langle 2{,}27|3{,}22\rangle}$
► $G(f)$ achsensymmetrisch: $\mathbf{W_4\langle -2{,}27|3{,}22\rangle}$
Wendepunkt mit R-L-Krümmungswechsel

$f''(-5{,}59) = 0$ ► –5,59 Nullstelle von f''
$f'''(-5{,}59) \approx -14{,}44$ ► Vorzeichen „–"
Wendestelle mit L-R-Krümmungswechsel

$f(-5{,}59) \approx 1{,}09 \Rightarrow$ $\mathbf{W_5\langle -5{,}59|1{,}09\rangle}$
► $G(f)$ achsensymmetrisch: $\mathbf{W_7\langle 5{,}59|1{,}09\rangle}$
Wendepunkt mit R-L-Krümmungswechsel

$f''(-4{,}01) = 0$ ► –4,01 Nullstelle von f''
$f'''(-4{,}01) \approx -17{,}3$ ► Vorzeichen „+"
Wendestelle mit R-L-Krümmungswechsel
$f(-4{,}01) \approx 3{,}22 \Rightarrow$ $\mathbf{W_6\langle -4{,}01|3{,}22\rangle}$
► $G(f)$ achsensymmetrisch: $\mathbf{W_8\langle 4{,}01|3{,}22\rangle}$
Wendepunkt mit L-R-Krümmungswechsel

Graph der Funktion:

Die durch die Kurvendiskussion ermittelten Punkte werden in ein Koordinatensystem eingetragen und unter Berücksichtigung des Symmetrieverhaltens zum Graphen der Funktion verbunden.

$T_1\langle 1{,}32\,|\,0\rangle$, $T_2\langle -1{,}32\,|\,0\rangle$, $T_3\langle 4{,}97\,|\,0\rangle$, $T_4\langle -4{,}97\,|\,0\rangle$ ► Tiefpunkte

$H_1\langle 0\,|\,2{,}25\rangle$, $H_2\langle 6{,}28\,|\,2{,}25\rangle$, $H_3\langle -6{,}28\,|\,2{,}25\rangle$, $H_4\langle 3{,}14\,|\,6{,}25\rangle$, $H_5\langle -3{,}14\,|\,6{,}25\rangle$ ► Hochpunkte

$W_1\langle 0{,}69\,|\,1{,}09\rangle$, $W_4\langle -2{,}27\,|\,3{,}22\rangle$, $W_5\langle -5{,}59\,|\,1{,}09\rangle$, $W_8\langle 4{,}01\,|\,3{,}22\rangle$
► Wendepunkte mit R-L-Krümmungswechsel

$W_2\langle 2{,}27\,|\,3{,}22\rangle$, $W_3\langle -0{,}69\,|\,1{,}09\rangle$, $W_6\langle -4{,}01\,|\,3{,}22\rangle$, $W_7\langle 5{,}59\,|\,1{,}09\rangle$
► Wendepunkte mit L-R-Krümmungswechsel

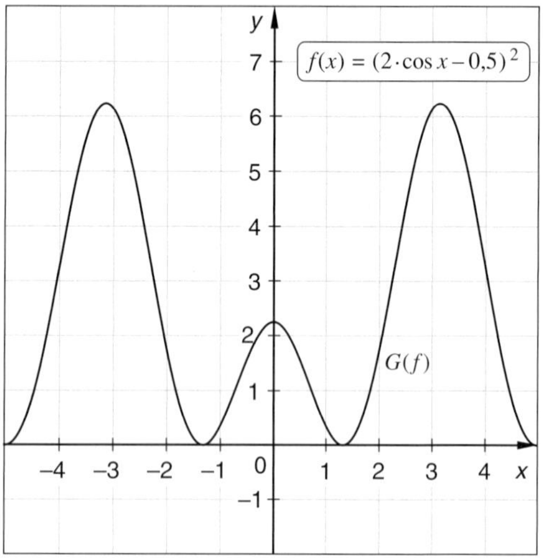

Übungen zu 4.4

1 Untersuchen Sie die rechts stehenden ganzrationalen Funktionen ($D(f) = \mathbb{R}$) in Bezug auf ihr Verhalten für $|x| \to \infty$ sowie ihre Graphen in Bezug auf ihre Symmetrieeigenschaften, ihre Achsenschnitt-, lokalen Extrem- und Wendepunkte und ihr Steigungs- und Krümmungsverhalten.
Skizzieren Sie die Graphen der Funktionen auf der Grundlage Ihrer Funktionsuntersuchungen.

a) $f(x) = x^3 - 2x^2 - 3x$
d) $f(x) = \frac{3}{16}x^3 - \frac{9}{8}x^2 + 6$
g) $f(x) = -0{,}2x^3 - x^2 + 0{,}2x + 1$
b) $f(x) = x^3 - 6x^2 + 12x - 8$
e) $f(x) = -x^4 + 2x^3$
h) $f(x) = 0{,}25x^4 - 3x^3 + 9x^2$
c) $f(x) = -\frac{1}{3}x^3 - \frac{2}{3}x^2 + 3x + 6$
f) $f(x) = x^3 - 2x^2 - 2{,}75x + 3{,}75$
i) $f(x) = 0{,}25x^4 - 3{,}25x^2 + 9$
j) $f(x) = -0{,}2x^3 + 0{,}6x^2 + 1{,}8x + 1$
k) $f(x) = 0{,}25x^4 - 0{,}25x^2 - 2x^2 + 3x$
l) $f(x) = \frac{1}{3}x^4 - \frac{7}{3}x^3 + \frac{13}{3}x^2 + x - 6$

Bestimmen von Funktionstermen (Steckbriefaufgaben)

2 Der Graph einer ganzrationalen Funktion dritten Grades berührt die x-Achse im Koordinatenursprung und hat im Punkt $P\langle -3\,|\,0\rangle$ die Steigung 9. Bestimmen Sie den Funktionsterm.

3 Der Graph einer ganzrationalen Funktion dritten Grades verläuft durch den Koordinatenursprung. Er hat bei $x_1 = 2$ eine waagerechte Tangente und bei $x_2 = 4$ eine Wendestelle. Die Wendetangente hat die Steigung -4. Bestimmen Sie den Funktionsterm.

4 Der Graph einer ganzrationalen Funktion vierten Grades ist symmetrisch zur y-Achse. Er hat in $P\langle 2\,|\,0\rangle$ die Steigung 2 und bei -1 eine Wendestelle. Bestimmen Sie den Funktionsterm.

5 Bestimmen Sie den Term der ganzrationalen Funktion dritten Grades, deren Graph bei -2 die x-Achse schneidet und bei 0 eine Wendestelle hat. Die Wendetangente dort ist Graph der reellen Funktion t mit $t(x) = \frac{1}{3}x + 2$.

6 Der Graph einer ganzrationalen Funktion fünften Grades ist punktsymmetrisch zum Koordinatenursprung, hat in $T\langle -1\,|\,-2\rangle$ einen Tiefpunkt und verläuft durch den Punkt $P\langle 2\,|\,-13{,}25\rangle$. Bestimmen Sie den Funktionsterm.

7 Ein durch den Koordinatenursprung verlaufender Graph einer ganzrationalen Funktion dritten Grades besitzt bei 6 eine Nullstelle und bei 3 eine Wendestelle mit der Steigung -3. Ermitteln Sie $f(x)$.

8 Der Graph einer ganzrationalen Funktion dritten Grades verläuft durch den Koordinatenursprung und schneidet bei 6 die x-Achse. Die Wendetangente durch den Punkt $\langle 0\,|\,0\rangle$ ist Graph der reellen Funktion t mit $t(x) = 2x$. Ermitteln Sie den Funktionsterm.

9 Der Graph einer ganzrationalen Funktion dritten Grades berührt die x-Achse an der Stelle 4 und hat an der Stelle $\frac{8}{3}$ eine Wendestelle. Die Wendetangente hat die Steigung $-\frac{4}{3}$. Ermitteln Sie den Funktionsterm.

10 Der Graph einer ganzrationalen Funktion dritten Grades hat in $H\langle 3\,|\,2\rangle$ einen Hochpunkt und an der Stelle 2 eine Wendestelle. Die Wendetangente hat die Steigung 1,5. Ermitteln Sie den Funktionsterm.

11 Bestimmen Sie den Term einer ganzrationalen Funktion 3. Grades, deren Graph die x-Achse an der Stelle 1 mit der Krümmung -4 berührt und an der Stelle 0 die Steigung 7 hat.

12 Der Graph einer ganzrationalen Funktion vierten Grades berührt die x-Achse an der Stelle -1 und hat in $W_S\langle 2\,|\,6{,}75\rangle$ einen Sattelpunkt. Ermitteln Sie den Funktionsterm.

13 Der Graph einer ganzrationalen Funktion f dritten Grades berührt die x-Achse an der Stelle -2 mit der Krümmung $-2{,}5$. Die Tangente an $G(f)$ an der Stelle 3 hat die Steigung 6,25. Bestimmen Sie $f(x)$.

14 Bestimmen Sie die reellen Zahlen für a, b und c im Term $f(x) = (ax^2 + bx + c) \cdot e^{-x}$ der Funktion f so, dass $G(f)$ an der Stelle 2 einen Hochpunkt hat und die x-Achse im Koordinatenursprung berührt.

15 Sei f mit $f(x) = (ax^2 + bx + c) \cdot e^{0{,}5x}$ eine reelle Funktion, deren Graph die x-Achse an der Stelle -1 schneidet sowie an der Stelle 0 die Steigung -2 und die Krümmung 0,5 hat. Bestimmen Sie $f(x)$.

16 Gegeben sind die reellen Scharfunktionen $f_a(x) = 0{,}2x^3 - 4{,}8ax + 1$ mit $a \in \mathbb{R}$. Bestimmen Sie die Zahl für a so, dass f_a an den Stellen -2 und 2 jeweils eine Extremstelle besitzt.

17 Gegeben sind die reellen Scharfunktionen $f_a(x) = x^4 - ax^2 + 34$ mit $a \in \mathbb{R}$. Bestimmen Sie die Zahl für a so, dass f_a an den Stellen -1 und 1 jeweils eine Wendestelle besitzt.

18 Gegeben sind die reellen Scharfunktionen $f_a(x) = x^4 - 8ax^3 + 18a^2x^2$ mit $a \neq 0$. Zeigen Sie, dass jeder Graph von f_a genau einen Sattelpunkt besitzt.

19 Gegeben sind die reellen Scharfunktionen $f_a(x) = ax^2 - 4a$ mit $a \neq 0$.

a) Bestimmen Sie die Funktionsterme $t_a(x)$ der Funktionen t_a, deren Graphen Tangenten an $G(f_a)$ im Punkt $P\langle 2 \mid 0 \rangle$ sind.

b) Bestimmen Sie die Funktionsterme $n_a(x)$ der Funktionen n_a, deren Graphen senkrecht zu $G(t_a)$ durch den Punkt $P\langle 2 \mid 0 \rangle$ verlaufen.

c) Zeichnen Sie $G(f_a), G(t_a)$ und $G(n_a)$ für $a = 0{,}5$.

20 Diskutieren Sie die reellen Scharfunktionen f_a mit $f_a(x) = x^3 + 2ax^2 + 8x; a \in \mathbb{R}$ in Bezug auf Grenzwerte für $|x| \to \infty$, Achsenschnittpunkte, Extrem*stellen* und Wendepunkte und zeichnen Sie $G(f_3)$ und $G(f_1)$ im Intervall $[-5; 1]$.

21 Untersuchen Sie die Graphen der folgenden reellen Scharfunktionen für $a \neq 0$ in Bezug auf ihr Symmetrie- und Grenzwertverhalten für $|x| \to \infty$ sowie ihre Achsenschnittpunkte, Extrem*stellen* und Wendepunkte.

Bestimmen Sie jeweils die Wendetangenten für $a \neq 0$ und zeichnen Sie $G(f_a)$.

► Eine **Wendetangente** ist eine Tangente an den Graphen einer Funktion durch dessen Wendepunkt.

a) $f_a(x) = 0{,}25x^4 + ax^2;\ a = -2; a = 1$

b) $f_a(x) = 0{,}25x^3 + 5ax^2 + 25x;\ a = -0{,}5;\ a = 2$

c) $f_a(x) = -0{,}5x^3 + ax^2 - 18x;\ a = 2;\ a = 9$

d) $f_a(x) = \frac{1}{2a}x^4 - \frac{3}{a}x^2 + a;\ a = 2$

22 Ein Radfahrer fährt bei einem Radrennen eine Ideallinie, die dem Graphen der Funktion $f(x) = -0{,}025x^4 + 0{,}6x^2 + 1$ entspricht. Die Start- bzw. Ziellinie ist auf der x-Achse.

a) Zeichnen Sie $G(f)$ z.B. mithilfe von Excel und untersuchen Sie $G(f)$ in Bezug auf Symmetrie.

b) Berechnen Sie Start- und Zielpunkt.

c) An welchen Punkten fährt der Radfahrer die „engsten" Kurven?

d) An welchen Stellen wechselt der Radfahrer die Kurvenlage, um auf der Ideallinie weiterfahren zu können?

e) Der Radfahrer rutscht am Punkt $\langle -1 \mid 1{,}575 \rangle$ aus. Wie lautet der Funktionsterm der Geraden, auf der er weiterrutscht? An welcher Stelle prallt er auf die Strohballen, die die Zuschauer auf der Ziellinie schützen sollen?

f) Wie lang ist seine Rutschstrecke bis zu den Strohballen?

23 Die Geschwindigkeit eines Fahrzeugs wird durch die Funktion $v(t) = t^3 - 9t^2 + 27t + 4;$ $t \in [0, 5]$ wiedergegeben (t in Sekunden, v in km/h).

a) Wie groß ist die Geschwindigkeit nach 2 Sekunden?

b) Zu welchen Zeitpunkten ist die Geschwindigkeit maximal bzw. minimal? Bestimmen Sie die maximale bzw. minimale Geschwindigkeit.

c) Zu welchen Zeitpunkten ist die Beschleunigung maximal bzw. minimal? Berechnen Sie die maximale bzw. minimale Beschleunigung.

d) Ein weiteres Fahrzeug hat zu den Zeitpunkten D und S dieselbe Geschwindigkeit wie obiges Fahrzeug, beschleunigt aber gleichmäßig. Welche lineare Funktion beschreibt seine Geschwindigkeit.

24 Ein idyllisch gelegener Golfplatz ist durch einen See zweigeteilt wie nebenstehend. Der inselartig geformte Teil des Golfplatzes wird durch ein Ufer begrenzt, dessen Uferlinie der Funktion $f(x) = -2x^4 + \frac{28}{3}x^3 - 14x^2 + 8x$ entspricht.

Der Hauptteil des Golfplatzes liegt nördlich auf dem Festland, seine Uferlinie ist durch die Funktionen $g(x) = 0{,}5x^2 - 0{,}25x + 2{,}5;\ 0 \le x \le 2$ und $h(x) = x^2 - 8x + 16;\ \ 2 \le x \le 4$ gekennzeichnet. Eine Einheit entspricht 100 Metern.

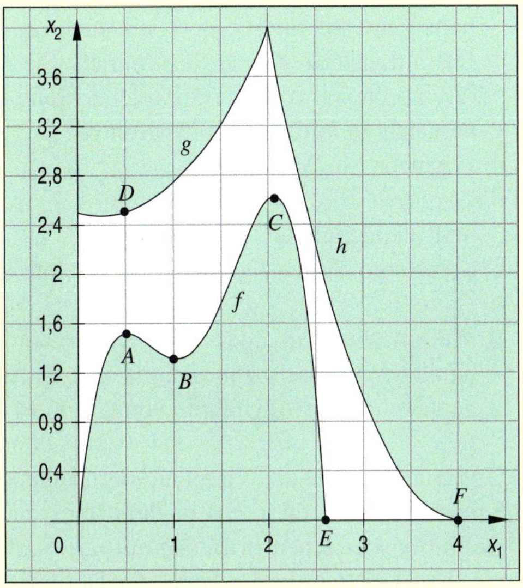

a) In der Nähe des Punktes B auf der Insel befindet sich der Abschlag für das Loch 7 (Punkt D), das auf dem Festland genau nördlich vom Punkt A liegt. Berechnen Sie die mit einem Schlag zu überbrückende Entfernung, wenn man davon ausgeht, dass der Ball genau von einer Uferstelle zur anderen fliegt.

b) Für eine TV-Übertragung soll eine bewegliche Kamera an einem Kabel befestigt werden, das die beiden Punkte A und C verbindet, so dass die sportlichen Attraktionen auf der Insel besser in Szene gesetzt werden können. Ermitteln Sie die Länge des Kabels.

c) Die Turnierleitung überlegt, an welchen Uferstellen auf der Insel Anlegeplätze für kleine Boote gebaut werden sollen. Bestimmen Sie die Koordinaten der krümmungsfreien Uferpunkte auf der Insel.

d) Als weitere Möglichkeit zur Seeüberquerung erwägen die Verantwortlichen den Bau einer kleinen Fußgängerbrücke, die an der kürzesten Entfernung zwischen der Insel und dem nordwestlichen Teil des Festlands in nördlicher Richtung gebaut werden soll.
Ermitteln Sie die Stelle für diese Brücke und ihre Länge.

e) Bestimmen Sie die Entfernung der Punkte E und F.

4

Herleitung der Formel für die Regressionsgerade

25 Leiten Sie für eine Punktwolke $\langle x_i \,|\, y_i \rangle$ mit $i = 1, \ldots, n$ die Gleichung der Regressionsgeraden her, wie sie in Kapitel 1.3 beschrieben wurde. Zeigen Sie also, dass für die Regressionsgerade $y = mx + b$ der Punktwolke gilt:

$$y = \frac{\sum_{i=1}^{n}(x_i - x_{aM}) \cdot (y_i - y_{aM})}{\sum_{i=1}^{n}(x_i - x_{aM})^2} \text{ und } b = y_{aM} - m x_{aM}.$$

Hinweis: Gehen Sie aus von den beiden charakteristischen Eigenschaften der Regressionsgeraden.

1. Die Gerade verläuft durch den Schwerpunkt $\langle x_{aM} \,|\, y_{aM} \rangle$ der Punktwolke.
2. Die Summe der Quadrate aus den Abweichungen der Werte für $y_i = mx_i + b$ von ihrem arithmetischen Mittel y_{aM}, also der Term soll minimal sein. D. h. der Ausdruck
$$\sum_{i=1}^{n}(y_i - y_{aM})^2 = \sum_{i=1}^{n}((mx_i + b) - y_{aM})^2$$
soll minimal sein.

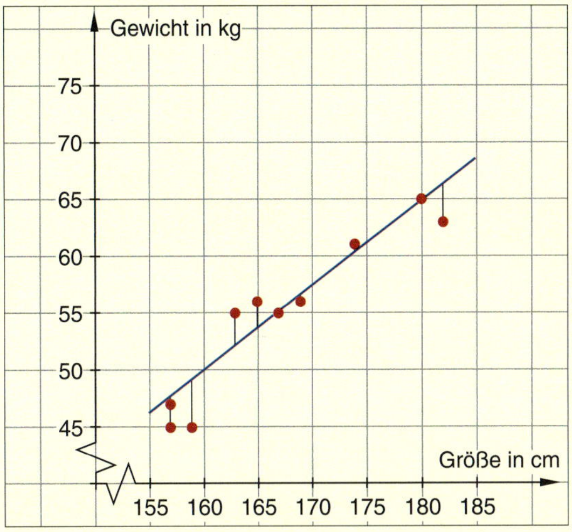

Kurvendiskussion von gebrochen-rationalen Funktionen

26 Diskutieren Sie die folgenden Funktionen in ihren maximalen Definitionsbereichen und ihre Graphen in Bezug auf Symmetrie- und Grenzwertverhalten sowie in Bezug auf Achsenschnitt-, Extrem- und Wendepunkte.
Bestimmen Sie die jeweilige Asymptotenfunktion y_A. Für welche x-Werte unterscheiden sich $f(x)$ und $y_A(x)$ um weniger als 0,25 und von welcher Seite nähert sich jeweils $G(f)$ seiner Asymptoten? Zeichnen Sie jeweils $G(f)$ und $G(y_A)$.

a) $f(x) = \frac{-7}{-x-4}$ b) $f(x) = \frac{x}{x^2+1}$

c) $f(x) = \frac{x^3}{x-1}$ d) $f(x) = \frac{x+1}{x^2}$

e) $f(x) = \frac{4x+4}{(x-1)^2}$ f) $f(x) = \frac{x^2+3x-4}{x-2}$

g) $f(x) = \frac{x^4-17x^2+16}{x^2}$ h) $f(x) = \frac{x-1}{x^2+1}$

i) $f(x) = \frac{4x^2}{1-x^2}$ j) $f(x) = \frac{0{,}5x^3-1{,}5x}{x^2-4}$

k) $f(x) = \frac{4x^2-4x+2}{(x+1)^2}$ l) $f(x) = \frac{9-x^2}{1-x^2}$

m) $f(x) = \frac{x^3}{x^2-1}$ n) $f(x) = \frac{x}{x^2-1}$

27 Es sind $f(x) = \frac{x^2-4}{x^2}$ und $g(x) = \frac{a}{x} - b;\ x \neq 0$ gegeben.
Für welche Zahlen anstelle von $a, b \in \mathbb{R}$ berührt der Graph von g den Graphen von f an der Stelle 2?

28 a) Diskutieren Sie den Graphen der reellen Funktion $f(x) = \frac{x^2+2x-4}{2x-4}$ in Bezug auf Symmetrie- und Grenzwertverhalten sowie in Bezug auf Achsenschnitt-, Extrem- und Wendepunkte. Bestimmen Sie die Asymptotenfunktion y_A und zeichnen Sie $G(f)$ und $G(y_A)$ im Intervall $[-6; 6]$.

b) Zeigen Sie, dass $G(f)$ punktsymmetrisch zum Schnittpunkt der Asymptote $G(y_a)$ mit der Polasymptote ist.

28 c) Bestimmen Sie den Funktionsterm der Tangente an $G(f)$ durch $P\langle 0|2\rangle$ (P liegt nicht auf $G(f)$) und begründen Sie kurz, warum keine weitere Tangente durch P an $G(f)$ existieren kann.

29 Gegeben ist die Funktion $f(x) = \frac{(5x+9)\cdot(x+5)}{x^2+2x-15}$.

a) Bestimmen Sie den maximalen Definitionsbereich von f.

b) Untersuchen Sie $G(f)$ in Bezug auf sein Verhalten sowohl für $|x| \to \infty$ als auch an den Definitionslücken und bestimmen Sie die Asymptote y_A von f. Von welcher Seite nähert sich $G(f)$ dem Graphen von y_A?

c) Ergänzen Sie f stetig durch f^*.

d) Ermitteln Sie die Achsenschnitt-, Extrem- und Wendepunkte von $G(f)$.

e) Skizzieren Sie $G(f)$ und $G(y_A)$ im Intervall $[-8; 12]$.

f) Weisen Sie nach, dass der Graph von f^* punktsymmetrisch zum Schnittpunk der Polgeraden mit der Asymptote von $G(f^*)$ ist.

30 Untersuchen Sie die Graphen der folgenden Scharfunktionen für $a \neq 0$ in ihren maximalen Definitionsbereichen in Bezug auf das Verhalten ihrer Graphen in der Nähe der Definitionslücken. Wie verhalten sich die Graphen von f_a für $|x| \to \infty$? Von welcher Seite nähern sich $G(f_a)$ ihren Asymptoten?
Untersuchen Sie die Graphen der Funktionen f_a in Bezug auf ihre Achsenschnittpunkte, Extrempunkte (bei Teil b) Extrem*stellen*) und Wendepunkte und zeichnen Sie jeweils die Graphen für $a = 1$.
Bestimmen Sie die Ortskurve $G(f_E)$ aller Extrempunkte von $G(f_a)$ und zeichnen Sie $G(f_E)$ in das vorhandene Koordinatensystem.

a) $f_a(x) = \frac{x}{x^2+a}$ b) $f_a(x) = \frac{x^2+6x+8}{x-a}$

c) $f_a(x) = \frac{ax^3}{2(x+a)^2}$ d) $f_a(x) = \frac{x^2-3x+2}{2x-4a}$

e) $f_a(x) = \frac{x^2-a}{x+2}$ f) $f_a(x) = \frac{x^2-5x-6}{2x-a}$

Kurvendiskussion von Exponentialfunktionen im weiteren Sinne

31 Diskutieren Sie die reelle Funktion $f(x) = (-2x-2) \cdot e^{-0,5x}$ in Bezug auf Grenzwert- und Symmetrieverhalten sowie Achsenschnitt-, Extrem- und Wendepunkte.
Skizzieren Sie den Graphen von f im Intervall $[-2; 8]$.

32 Diskutieren Sie die Graphen der folgenden Exponentialfunktionen im weiteren Sinne in Bezug auf Symmetrie- und Grenzwertverhalten sowie in Bezug auf Achsenschnitt-, Extrem- und Wendepunkte. Zeichnen Sie jeweils $G(f)$.

a) $f(x) = (x+1) \cdot e^{-x}$ b) $f(x) = -3x^2 \cdot e^{2x+4}$
c) $f(x) = (x^2-1) \cdot e^{-x^2}$ d) $f(x) = 4xe^{-\frac{x^2}{6}}$
e) $f(x) = (2x^2-6x-8) \cdot e^{-2x}$
f) $f(x) = (x^2-2x) \cdot e^{-x}$ g) $f(x) = e^{-x} \cdot (1-e^{-x})$
h) $f(x) = (e^x-1)^2$ i) $f(x) = e^{-x^2}$

33 Beweisen Sie, dass die e-Funktion stärker wächst als jede Potenzfunktion, indem Sie zeigen, dass es zu jedem $n > 0$ ein $c > 0$ gibt, sodass für alle $x > 0$ gilt: $\frac{x^n}{e^x} < \frac{c}{x}$.
Hinweis: Bestimmen Sie dazu die Maxima der rellen Funktionen vom Typ $f(x) = x^{n+1} \cdot e^{-x}$; $x > 0$; $n \in \mathbb{N}$.

34 Untersuchen Sie die Graphen der folgenden Scharfunktionen für $a \neq 0$ in Bezug auf ihr Grenzwertverhalten sowie ihre Achsenschnitt-, Extrem- und Wendepunkte und zeichnen Sie die Graphen für die angegebenen Zahlen anstelle von a.

a) $f_a(x) = (x+a)\,e^{a-x}$; $a = 1$
b) $f_a(x) = (x^2-a^2)\,e^{-x}$; $a = 1$
c) $f_a(x) = 4xe^{-ax^2}$; $a = -1$
d) $f_a(x) = 15x^2\,e^{-2ax}$; $a = -1$; $a = 1$
e) $f_a(x) = (x-2)\,e^{0,5ax}$; $a = 1$
f) $f_a(x) = axe^{-x^2+2}$; $a = -1$; $a = 1$

35 Bestimmen Sie die Zahl anstelle von $a \neq 0$ so, dass der Punkt $P\langle 1 \,|\, e \rangle$ auf dem Graphen der reellen Funktionen $f_a(x) = e^{ax-x^2}$ liegt. Für welche Zahl anstelle von a sind $G(f_a)$ symmetrisch zur y-Achse?

36 a) Diskutieren Sie die reellen Scharfunktionen $f_a(x) = 4a(x-1) \cdot e^{-0,5x^2+x}$ mit $a \neq 0$ in Bezug auf Grenzwert- und Symmetrieverhalten sowie Achsenschnitt-, Extrem- und Wendepunkte und zeichnen Sie $G(f_1)$ im Intervall $[-3; 5]$.

b) Es ist $g(x) = 4x \cdot e^{-0,5x^2}$ eine weitere Funktion. Zwischen $G(g)$ und der x-Achse soll im I. Quadranten ein rechtwinkliges Dreieck wie untenstehend einbeschrieben werden. Welche Seitenlängen und welche Fläche muss das Dreieck haben, wenn sein Inhalt maximal sein soll?

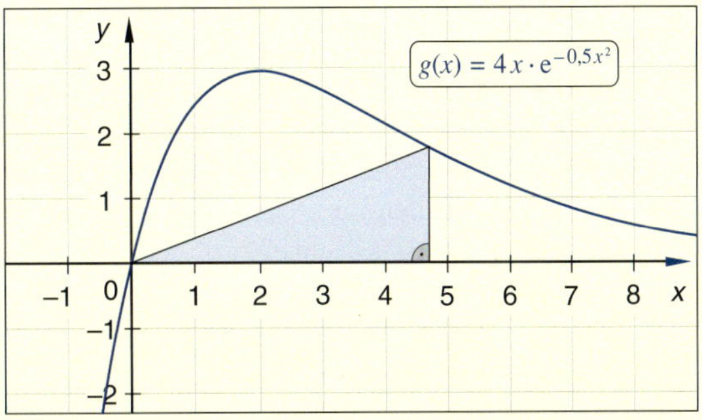

37 a) Diskutieren Sie die reellen Scharfunktionen $f_a(x) = ax \cdot e^x$ mit $a \neq 0$ in Bezug auf Grenzwert- und Symmetrieverhalten sowie Achsenschnitt-, Extrem- und Wendepunkte und zeichnen Sie $G(f_4)$ im Intervall $[-4; 0]$. Von welcher Seite nähern sich $G(f_a)$ ihren Asymptoten?

b) Mit $g(x) = -x^2 - 4x$ ist eine weitere reelle Funktion gegeben.

b_1) Skizzieren Sie den Graphen von g in die vorhandene Zeichnung.

b_2) Ermitteln Sie den Schnittpunkt der Graphen von g und f_4 im III. Quadranten mithilfe des „Newton-Verfahrens" mit der Genauigkeit 0,01.

38 a) Diskutieren Sie die reellen Scharfunktionen $f_a(x) = -0,5ax \cdot e^{-0,25x}$ mit $a \neq 0$ in Bezug auf Grenzwertverhalten sowie Achsenschnitt-, Extrem- und Wendepunkte.

b) Ermitteln Sie die Ortskurve der Extrempunkte von $G(f_a)$.

c) Zeichnen Sie den Graphen von f_4 im Intervall $[-2; 12]$.

39 a) Diskutieren Sie die reellen Scharfunktionen $f_a(x) = e^{2x} - ax - 4$ mit $a \neq 0$ in Bezug auf Grenzwertverhalten und Extrempunkte.
b) Ermitteln Sie die Ortskurve der Extrempunkte.
c) Bestimmen Sie die Achsenschnitt-, Extrem- und Wendepunkte von $G(f_2)$ und zeichnen Sie $G(f_2)$ im Intervall $[-3; 1]$. ► Newton-Verfahren

40 a) Diskutieren Sie die reellen Scharfunktionen $f_a(x) = 4x \cdot e^{-ax}$ mit $a \neq 0$ in Bezug auf Grenzwert- und Symmetrieverhalten sowie Achsenschnitt-, Extrem- und Wendepunkte.
b) Ermitteln sie die Funktionsterme der Tangenten t_a an $G(f_a)$ im Punkt $P\langle 2 \mid f_a(2)\rangle$.
c) Bestimmen Sie die Ortskurve der Extrema.
d) An welchen Stellen schneiden die Wendetangenten t_{W_a} an den im I. Quadranten liegenden Wendepunkt die x-Achse?
e) Zeichnen Sie $G(f_{0,5})$ im Intervall $[-1; 10]$.

41 a) Diskutieren Sie die reellen Scharfunktionen $f_a(x) = 0{,}5\,ax^2 \cdot e^{3-x}$ mit $a \neq 0$ in Bezug auf Grenzwertverhalten sowie Achsenschnitt-, Extrem- und Wendepunkte und zeichnen Sie $G(f_1)$ im Intervall $[-0{,}7; 8]$.
b) Die Tangente t_1 an $G(f_1)$ in dessen Hochpunkt und $G(f_1)$ schließen ein Flächenstück ein. Berechnen Sie mithilfe des Newton-Verfahrens den Schnittpunkt $S\langle x_s \mid y_s\rangle$ dieser Tangente mit $G(f_1)$ im Intervall $[-0{,}7; -0{,}5]$ mit der Genauigkeit 0,01.

42 a) Diskutieren Sie die reellen Scharfunktionen $f_a(x) = (a - e^x)^2 + e^x$ mit $a \neq 0$ in Bezug auf Extrem- und Wendepunkte.
b) Ermitteln Sie die Ortskurven der Extrem- und Wendepunkte von $G(f_a)$.
c) Diskutieren Sie die reelle Funktion $f_2(x) = (2 - e^x)^2 + e^x$ in Bezug auf Grenzwertverhalten sowie Achsenschnitt-, Extrem- und Wendepunkte und zeichnen Sie $G(f_2)$ im Intervall $[-5; 1]$. Von welcher Seite nähert sich $G(f_2)$ seiner Asymptote?
d) Mit $g(x) = x + 4$ ist eine weitere reelle Funktion gegeben. Zeichnen Sie die zugehörige Gerade in das bestehende Koordinatensystem ein. Ermitteln Sie mithilfe des „Newton-Verfahrens" die Schnittpunkte von $G(f_2)$ und $G(g)$ im Intervall $[-1; 0]$ bzw. $[1; 2]$ mit der Genauigkeit 0,01.

43 Auf der Zubereitungsanleitung einer Fast-Food-Tütensuppe ist zu lesen, dass der optimale Suppengeschmack erreicht wird, wenn die Suppe 2 Minuten nach der Wasserzugabe 55 °C und nach weiteren 6 Minuten noch 36 °C misst. Das Suppenpulver ist so beschaffen, dass eine Temperatur von 18 °C nicht unterschritten wird. Messungen zufolge wird der Temperaturverlauf der Suppe beschrieben durch die Funktion $S(t) = a_0 \cdot e^{-at} + 18$; $t \geq 0$, t in Minuten).
a) Bestimmen Sie $S(t)$. ► $S(t) = 47 \cdot e^{-0{,}12t} + 18$
b) Berechnen Sie die Suppentemperatur im Moment der Wasserzugabe und erklären Sie, warum die Temperatur dann am stärksten zurückgeht.
c) Ermitteln Sie, wann die Suppe verzehrt sein sollte, wenn 25 °C aus Geschmacksgründen nicht unterschritten werden sollten.
d) Berechnen Sie, wie stark der Temperaturrückgang nach 4 Minuten ist.

44 Durch die Funktion $f(x) = 40t \cdot e^{-0{,}5t}$; $t \geq 0$ wird die Konzentration eines Medikaments im Blut eines Patienten beschrieben.
► t in Stunden seit der Einnahme und $f(t)$ in mg/l
a) Skizzieren Sie (nach einer Kurvendiskussion) den zeitlichen Verlauf der Konzentration. Nach welcher Zeit erreicht die Konzentration ihren höchsten Wert? Wie groß ist dieser Wert?
b) Zu welchem Zeitpunkt wird das Medikament am stärksten abgebaut? Wie groß ist die momentane Änderungsrate der Konzentration nach 4 Stunden? Ab diesem Zeitpunkt wird die Konzentration des Medikaments näherungsweise durch die Tangente an $G(f)$ an der Stelle $t = 4$ beschrieben. Bestimmen Sie den Funktionsterm der Tangente und den Zeitpunkt, an dem das Medikament vollständig abgebaut ist.
c) Das Medikament wird nun in seiner Zusammensetzung verändert, seine Konzentration im Blut wird durch die Funktion $g(t) = at \cdot e^{-bt}$ mit $a > 0$ und $b > 0$ beschrieben. Dabei wird t in Stunden seit der Einnahme und $g(t)$ in mg/l gemessen. Bestimmen Sie die Konstanten a und b so, dass die Konzentration 4 Stunden nach der Einnahme ihren größten Wert mit 20 mg/l erreicht.

Kurvendiskussion von Logarithmusfunktionen im weiteren Sinne

45 Diskutieren Sie die folgenden Logarithmusfunktionen im weiteren Sinne in ihren maximalen Definitionsbereichen in Bezug auf Symmetrie- und Grenzwertverhalten sowie Achsenschnitt-, Extrem- und Wendepunkte. Zeichnen Sie jeweils $G(f)$.

a) $f(x)=2\ln x\cdot(2-\ln x)$ b) $f(x)=x\cdot\ln(x^2)$

c) $f(x)=(\ln x)^2-1$ d) $f(x)=x\cdot(\ln x-1)^2$

e) $f(x)=\frac{4}{x^2}\cdot\ln\left(\frac{1}{x}\right)$ f) $f(x)=\frac{(\ln x)^2-1}{x}$

g) $f(x)=\ln\left(\frac{3x}{x^2-4}\right)$ h) $f(x)=\ln\left(\frac{1+x}{1-x}\right)$

i) $f(x)=\frac{1-\ln x}{x}$ j) $f(x)=\frac{x^2-1}{x^2}\cdot\ln x$

k) Zeigen Sie, dass der Graph der Funktion $g(x)=\ln x;\ x>0$ Asymptote zu $G(f)$ aus Aufgabe j) ist, und bestimmen Sie den Schnittpunkt beider Graphen.

46 Beweisen Sie, dass die ln-Funktion schwächer wächst als jede Potenzfunktion, indem Sie zeigen, dass es zu jedem $n\in\mathbb{N}\setminus\{0\}$ ein $c>0$ gibt, sodass für alle $x>0$ gilt: $\frac{\ln x}{x^{n+1}}<\frac{c}{x}$.

Hinweis: Bestimmen Sie dazu die Maxima der Funktionen vom Typ $f(x)=x^{-n}\cdot\ln x;\ x>0;\ n\in\mathbb{N}\setminus\{0\}$.
Führen Sie den Fall für $n=0$ auf den Fall $\frac{x}{e^x}$ für $x\to\infty$ zurück, indem Sie x in $\frac{\ln x}{x}$ durch e^x ersetzen.

47 Diskutieren Sie die folgenden Scharfunktionen in ihren maximalen Definitionsbereichen und ihre Graphen in Bezug auf ihr Grenzwertverhalten an den Grenzen von $D(f_a)$ sowie in Bezug auf ihre Achsenschnitt-, Extrem- und Wendepunkte und zeichnen Sie die Graphen für die angegebenen Zahlen anstelle von $(a\neq 0)$.

a) $f_a(x)=a\cdot(\ln x)^2-2\ln x;\ a=-1;\ a=1$

b) $f_a(x)=a\cdot\ln x\cdot\sqrt{x};\ a=-1;\ a=1$

c) $f_a(x)=ax\cdot\ln(x^2);\ a=-1;\ a=1$

d) $f_a(x)=ax^2\cdot\ln x;\ a=-1;\ a=1$

e) $f_a(x)=(\ln ax)^2;\ a=1$

f) $f_a(x)=(\ln x)^2-a^2;\ a=1$

g) $f_a(x)=\frac{4}{x^2}\cdot\ln\left(\frac{a}{x}\right);\ a>0;\ a=1$

48 a) Diskutieren Sie die Funktionenschar $f_a(x)=a\cdot\ln x\cdot(a-\ln x)$ mit $a>0$ in ihrem maximalen Definitionsbereich in Bezug auf Grenzwertverhalten sowie Achsenschnitt-, Extrem- und Wendepunkte.

b) Ermitteln Sie die Ortskurven der Extrem- und Wendepunkte von $G(f_a)$.

c) Bestimmen Sie $a>0$ so, dass der Wendepunkt von $G(f_a)$ auf der x-Achse liegt.

d) Skizzieren Sie den Graphen von f_2 im Intervall $[0;12]$.

Kurvendiskussion von trigonometrischen Funktionen im weiteren Sinne

49 Diskutieren Sie die folgenden trigonometrischen Funktionen im weiteren Sinne jeweils im Intervall $[-2\pi;2\pi]$ in Bezug auf Symmetrieverhalten sowie Achsenschnitt-, Extrem- und Wendepunkte. Zeichnen Sie jeweils $G(f)$.

a) $f(x)=2\sin x+1$ b) $f(x)=1-2\cos x$ c) $f(x)=x\cdot\cos x$

d) $f(x)=2\sin x-2$ e) $f(x)=2\cos x+2$ f) $f(x)=x\cdot\sin x$

g) $f(x)=x^2\cdot\sin x$ h) $f(x)=2\sin x\cdot(1-2\cos x)$ i) $f(x)=2x^2\cdot\cos x$

j) $f(x)=\frac{3\sin x}{2-\cos x}$ k) $f(x)=\frac{3\cos x}{2+\sin x}$ l) $f(x)=\frac{3-2\sin x}{1+2\sin x}$

50 a) Welche Tangente berührt den Graphen der Funktion $f{:}\ f(x)=e^x;\ x\in\mathbb{R}$ im Punkt $P\langle 1\,|\,f(1)\rangle$ und unter welchem Winkel steigt diese Tangente an?

b) Untersuchen Sie die Funktion $f(x)=x\cdot\ln x-x;\ x>0$ auf Extremstellen.

c) Unter welchem Winkel steigt die Tangente an $G(f)$ an der Stelle 9 an?

Regel von L'Hospital

51 Vom französischen Mathematiker DE L'HOSPITAL (1661–1704) stammt eine nach ihm benannte Regel zur Berechnung eines Grenzwertes der Form $\lim\limits_{x \to \infty} \frac{f(x)}{g(x)}$, falls sowohl $\lim\limits_{x \to \infty} f(x) = \infty$ als auch $\lim\limits_{x \to \infty} g(x) = \infty$ gilt.

Sind die Funktionen f und g beide in einem nach rechts hin unbeschränkten offenen Intervall – z. B. im Intervall $(0; \infty)$ – differenzierbar mit $g'(x) \neq 0$ für alle $x \in (0; \infty)$ und ist $\lim\limits_{x \to \infty} f(x) = \infty$ und $\lim\limits_{x \to \infty} g(x) = \infty$, dann existiert der Grenzwert $\lim\limits_{x \to \infty} \frac{f(x)}{g(x)}$, falls der Grenzwert $\lim\limits_{x \to \infty} \frac{f'(x)}{g'(x)}$ existiert, und es gilt: $\lim\limits_{x \to \infty} \frac{f(x)}{g(x)} = \lim\limits_{x \to \infty} \frac{f'(x)}{g'(x)}$. ▶ Regel von DE L'HOSPITAL

a) Beweisen Sie mit dieser Regel $\lim\limits_{x \to \infty} \frac{x^n}{e^x} = 0$ für jedes $n \in \mathbb{N} \setminus \{0\}$. Wenden Sie die Regel dazu n-mal an.

▶ Übungsaufgabe 33

b) Beweisen Sie mit dieser Regel $\lim\limits_{x \to \infty} \frac{\ln x}{x^n} = 0$ für jedes $n \in \mathbb{N} \setminus \{0\}$.

Übungen zur Ökonomie

Anmerkungen zu den folgenden Übungen:

Das **Betriebsoptimum** (BO) ist die Ausbringungsmenge, bei deren Produktion die geringsten Durchschnittskosten entstehen.

Die **langfristige Preisuntergrenze** (LPU) ist hier der Preis, der so hoch ist wie die minimalen Durchschnittskosten.

Das **Betriebsminimum** (BM) ist die Ausbringungsmenge, bei deren Produktion die geringsten durchschnittlichen variablen Kosten entstehen.

Die **kurzfristige Preisuntergrenze** (KPU) ist hier der Preis, der so hoch ist wie die durchschnittlichen variablen Kosten.

Der **Cournot'sche Punkt** ist der Punkt auf dem Graphen der Preisabsatzfunktion eines Monopolisten, der an derselben Stelle liegt wie der Schnittpunkt der Graphen von Grenzkosten- und Grenzerlösfunktion. Der Cournot'sche Punkt gibt für einen Monopolisten die gewinnmaximale Ausbringungsmenge und den zu ihr gehörenden Preis an.

Der **Gewinn** eines Betriebes errechnet sich aus der Differenz des erzielten Erlöses und der entstandenen Kosten zur gleichen Ausbringungsmenge. Bei Aufnahme der Produktion sind die Kosten zunächst höher als die Erlöse, der Betrieb befindet sich in der **Verlustzone**. Bei einer bestimmten Produktionsmenge geht der Betrieb von der Verlustzone in die **Gewinnzone** über; bei dieser Produktionsmenge, die man als **Gewinnschwelle** bezeichnet, sind Erlöse und Kosten gleich, die Erlös- und die Kostenkurve schneiden sich an dieser Stelle. Bei ertragsgesetzlichem Kostenverlauf gibt es einen zweiten Schnittpunkt der Erlös- mit der Kostenkurve im ersten Quadranten. Er kennzeichnet den Übergang von der Gewinn- in die zweite Verlustzone und wird als **Gewinngrenze** bezeichnet.

Unter der **Sättigungsmenge** versteht man die Menge, bei der auf dem Markt selbst zum Preis von 0 GE keine weiteren Produkte abgesetzt werden können, weil weitere Produkte dem Verbraucher keinen zusätzlichen Nutzen bringen.

52 Zeigen Sie allgemein, dass die Schnittpunkte der Graphen einer konstanten Preisabsatzfunktion p eines Anbieters in vollständiger Konkurrenz und seiner Stückkostenfunktion k die Gewinnzone des Unternehmens markieren.

53 Beweisen Sie allgemein, dass im Stückkostenminimum x_{BO} gilt: $K'(x_{\text{BO}}) = k(x_{\text{BO}})$.

54 Die Niederlande kennt die Einrichtung einer Steuer auf Luxusartikel (Luxussteuer), die ausschließlich der Finanzierung des Staatshaushalts dient. Gegeben sind die Angebotsfunktion $A(x) = 0{,}5x + 2$, die bisher noch nicht mit der Luxussteuer belegt ist, und die entsprechende Nachfragefunktion
$N(x) = -0{,}25x^2 + 14;\ x \geq 0$.

a) Zeichnen Sie die Graphen beider Funktionen im Intervall $[0;8]$ und berechnen Sie das Marktgleichgewicht.

b) Es wird erwogen, den Artikel mit einer Luxussteuer s (bezogen auf € pro Stück) so zu belegen, dass der Gesamtsteuerbetrag S maximal groß wird. Die Angebotsfunktion A_s unter Berücksichtigung der Steuer lautet nun $A_s(x) = 0{,}5x + 2 + s; x \geq 0$.

b_1) Drücken Sie die Steuer für s in Abhängigkeit der Produktmenge für x aus. Gehen Sie hierbei vom neuen Marktgleichgewicht aus.

b_2) Geben Sie den Funktionsterm für den Gesamtsteuerbetrag S an.

b_3) Berechnen Sie das Maximum von S. Bestimmen Sie das neue Marktgleichgewicht unter Berücksichtigung von $s(x_{\max})$.

55 Die folgende Wertetabelle gehört zu einer ganzrationalen Funktion dritten Grades, die die Abhängigkeit der Gesamtkosten K von der Produktionsmenge x bis zur Kapazitätsgrenze 10 ME angibt.

Produktionsmenge (in Stück)	x	0	1	2	3
Kosten (in €)	$K(x)$	24	38	40	42

a) Bestimmen Sie den Funktionsterm der Gesamtkostenfunktion K.

b) Bestimmen Sie den Funktionsterm der Grenzkostenfunktion K' und ihr Minimum.

c) Die Erlösfunktion E ist gegeben durch $E(x) = 14x$. Bestimmen Sie die Gewinnschwelle und die Gewinngrenze.

d) Berechnen Sie die gewinnmaximale Produktionsmenge und den maximalen Gewinn.

56 Die Borgknawe-GmbH mit linearer Kostenstruktur bezieht CD-Receiver für 276 € pro Stück und verkauft sie für 434 € pro Stück. Die selbst produzierte Stückzahl in den Monaten Oktober 2006 bis März 2007 und die Gesamtkosten der ersten beiden Monate sind in der Tabelle vermerkt.
Ergänzen Sie untenstehende Tabelle und berechnen Sie die Gewinnschwelle.

Monat	Menge	K_{ges}	k_{ges}	K_v	K_{fix}	Erlös gesamt	Erlös je Stück	Gewinn gesamt	Gewinn je Stück
Oktober	55	23.400 €							
November	130	44.100 €							
Dezember	120								
Januar	30								
Februar	50								
März	70								

57 Der Produzent von Küchenwaagen beliefert seine Großhändler zu einem Stückpreis von 36 €. Seine Kosten für die Produktion der ersten 150 Waagen berechnen sich nach der Funktion $K_1(x) = 0{,}1x^2 + 10x + 850$; $D(K_1) = [0;150]$. Ab der Menge 150 Stück arbeitet der Produzent mit einer linearen Kostenfunktion, die Kapazitätsgrenze liegt bei 240 Stück.

a) Bestimmen Sie den Term der gesamten, aus zwei Termen zusammengesetzten Kostenfunktion K, die an der Stelle 150 differenzierbar ist.

b) Berechnen Sie die Gewinnschwelle.

c) Ermitteln sie die gewinnmaximale Produktionsmenge und den maximalen Gesamtgewinn.

d) Zeichnen Sie die Graphen der Erlös- und Kostenfunktion.

e) Bestimmen Sie den Term der Gewinnfunktion und zeichnen Sie ihren Graphen.

58 Ein Anbieter in vollständiger Konkurrenz arbeitet mit Fixkosten in Höhe von 42 000 €, seine variablen Stückkosten sind konstant 16 €.
Mit Rücksicht auf seine Konkurrenten kann der Anbieter seinen Artikel nur zum Preis von 40 € anbieten. Die Kapazitätsgrenze dieses Anbieters liegt bei 12 000 Stück pro Rechnungsperiode.

a) Bestimmen Sie $D_{ök}$.

b) Berechnen Sie die Gewinnschwelle.

c) Berechnen Sie den Gesamtgewinn an der Kapazitätsgrenze.

59 Der Gewinn einer Unternehmung ist gegeben durch die Funktion G mit $G(x) = -\frac{1}{3}x^3 + 2x^2 + 96x - 200$; $D_{ök} = [0;25]$.

4

a) Bei welcher Stückzahl wird das Gewinnmaximum erreicht?
b) Wie hoch ist der Gesamtgewinn?

60 Die Grenzkosten eines Betriebes sind mit 100 GE konstant. Der Gesamterlös hängt von der Produktionsmenge gemäß folgender Funktion ab: $E(x) = -0{,}5x^2 + 500x$.
a) Bestimmen Sie $D_{ök}$.
b) Bestimmen Sie den Cournot-Punkt.

61 Gegeben sind die Preisabsatzfunktion $p_N(x) = 0{,}01 \cdot (x - 100)^2$ und die Kostenfunktion K eines Monopolisten mit $K(x) = 0{,}01x^3 - x^2 + 40x + 300$.
a) Berechnen Sie den Höchstpreis und die Sättigungsmenge auf diesem Markt.
b) Ermitteln Sie den Funktionsterm der Erlösfunktion und das Erlösmaximum.
c) Berechnen Sie die Gewinnzone.
d) Bestimmen Sie die gewinnmaximale Ausbringungsmenge.

62 Gegeben sind die Nachfragefunktion $p_N(x) = -0{,}16x + 2{,}8$ und die Kostenfunktion $K(x) = 0{,}04x^3 - 0{,}6x^2 + 3x + 2$.
a) Berechnen Sie die Gewinnschwelle und die Gewinngrenze.
b) Bestimmen Sie die erlös- und gewinnmaximalen Ausbringungsmengen.
c) Ermitteln Sie das Betriebsminimum (BM).

63 Ein Winzer aus dem Moseltal versucht für seinen Riesling den günstigsten Preis herauszufinden. Er bietet den Wein in verschiedenen Verkaufsstellen zu unterschiedlichen Preisen an und hält die tägliche Absatzmenge fest. Das Ergebnis dieser Untersuchung fasst folgende Tabelle zusammen:

Preis pro Flasche	7,40 €	7 €	6,60 €	6,20 €	5,80 €
Absatz/ Flaschen	20	40	60	80	100

a) Die Abhängigkeit des Absatzes vom Preis ist offensichtlich linear. Bestimmen Sie den Term der Preisabsatzfunktion p.
b) Ermitteln Sie den Term der Erlösfunktion und berechnen Sie die Erlöse bei einer Absatzmenge von 50, 100 und 200 Flaschen Wein.
c) Die Weinproduktion verursacht Kosten, die durch die Kostenfunktion K angegeben werden können.
$K(x) = 0{,}001x^3 - 0{,}1x^2 + 5x + 80$;
$x \in [0; 500]$. Ermitteln Sie die Kosten für die Produktion von 50, 100 und 200 Flaschen.
d) Berechnen Sie die Gewinnschwelle und -grenze.
e) Bestimmen Sie die gewinnmaximale Produktionsmenge, den gewinnmaximalen Preis und den maximalen Gesamtgewinn.
f) Zeichnen Sie die Graphen der Erlös- und Kostenfunktion.

64 Gegeben sind die Kostenfunktion $K(x) = 5x^3 - 50x^2 + 215x + 360$ und die lineare Preisabsatzfunktion mit der Sättigungsmenge 20 ME und dem Höchstpreis 350 GE. Bestimmen Sie
a) die Funktionsterme der Nachfrage- und der Erlösfunktion,
b) die kostengünstigste Ausbringungsmenge,
c) das Gewinnmaximum,
d) das Gewinnmaximum unter der Bedingung, dass sich der Anbieter wie ein Anbieter in vollständiger Konkurrenz verhält.

▶ Für einen Anbieter in vollständiger Konkurrenz ist die Grenzkostenkurve seine individuelle Angebotskurve.

65 Ein Monopolist, dessen Kostensituation beschrieben wird, durch die Funktion K mit $K(x) = x^3 - 10x^2 + 43x + 72$ sieht sich einer linearen Nachfragefunktion mit der Sättigungsmenge 20 ME und dem Höchstpreis 70 GE gegenüber.
a) Bestimmen Sie aus obigen Angaben die Funktionsterme der Nachfrage- und der Erlösfunktion.
b) Errechnen Sie den Wendepunkt der Gesamtkostenkurve.
c) Bestimmen Sie die kostengünstigste Ausbringungsmenge.
d) Ermitteln Sie die Gewinnschwelle und die Gewinngrenze.
e) Bestimmen Sie die gewinnmaximale Ausbringungsmenge und den zugehörigen Gesamtgewinn.
f) Bestimmen Sie Ausbringungsmenge, Preis und Gewinn unter der Bedingung, dass sich der Monopolist wie ein Anbieter in vollstän-

diger Konkurrenz verhält und als solcher das Gewinnmaximum realisieren will. ▶ Für einen Anbieter in vollständiger Konkurrenz ist die Grenzkostenkurve seine individuelle Angebotskurve.

g) Zeichnen Sie die Graphen der Erlös- und Kostenfunktion im Intervall $[0; 20]$.

66 Die Preisabsatzfunktion eines Angebotsmonopolisten lautet $p_N(x) = -7x + 49$ und die Kostenfunktion $K(x) = x^3 - 6x^2 + 15x + 32$. Bestimmen Sie

a) $D_{ök}$,

b) das Betriebsoptimum und die langfristige Preisuntergrenze,

c) das Betriebsminimum und die kurzfristige Preisuntergrenze,

d) die Gewinnschwelle und die Gewinngrenze,

e) die gewinnmaximale Ausbringungsmenge und den Cournot'schen Punkt.

f) Aufgrund von Tarifverhandlungen werden die Lohnkosten, die 75 % der variablen Kosten ausmachen, um 8 % erhöht. Berechnen Sie

f_1) die gewinnmaximale Ausbringungsmenge und den Gesamtgewinn,

f_2) die Durchschnittskosten und

f_3) den Durchschnittsgewinn.

67 Die Gesamtkosten einer kleinen Werkzeugfabrik können durch eine Kostenfunktion mit ertragsgesetzlichem Verlauf beschrieben werden. Die jährlichen fixen Kosten betragen 30 000 €. Bei einer Ausbringungsmenge von 20 ME fallen insgesamt 60 000 € Kosten an. Bei einer Ausbringungsmenge von 60 ME entstehen 1200 € Durchschnittskosten; zugleich liegt bei dieser Ausbringungsmenge das Betriebsminimum. Ermitteln Sie den Funktionsterm der Gesamtkostenfunktion.

68 Ein Betrieb stellt Großgeräte für den Kraftwerksbau her. Die Marketingabteilung geht von einer Preis-Absatz-Funktion $p(x) = -80{,}625x + 7256{,}25$ aus und die Abteilung für das Rechnungswesen unterstellt eine Kostenstruktur, die durch die Kostenfunktion $K(x) = 0{,}5x^3 - 45x^2 + 1450x + 54000$ wiedergegeben wird.

a) Ermitteln Sie $D_{ök}$.

b) Berechnen Sie den Cournot-Punkt.

c) Ermitteln Sie die Gewinnzone.

d) Bestimmen Sie das Betriebsminimum und die kurzfristige Preisuntergrenze.

e) Berechnen Sie das Betriebsoptimum und die langfristige Preisuntergrenze.

69 Durch die Stückkostenfunktion $k(x) = x^2 - 9x + 30 + \frac{10}{x}$; $x > 0$ werden die Stückkosten eines Betriebs in einer Planperiode, durch die Funktion $p(x) = 42 - 6x$ die Nachfragefunktion eines Angebotsmonopolisten beschrieben.

a) Bestimmen Sie den ökonomischen Definitionsbereich $D_{ök}$.

b) Berechnen Sie das Grenzkosten- und das Betriebsminimum.

c) Ermitteln Sie das Betriebsoptimum mithilfe eines geeigneten Nährungsverfahrens.

d) Bestimmen Sie die Erlösfunktion E, die Elastizitätsfunktion e und das Erlösmaximum.

e) Berechnen Sie die Grenze zwischen dem elastischen sowie dem unelastischen Bereich und erklären sie kurz die wirtschaftliche Bedeutung beider Bereiche.

f) Stellen Sie die Gewinnfunktion G auf, berechnen Sie die Gewinnschwelle und -grenze sowie das Gewinnmaximum und den „Cournotschen Punkt".

70 Die Kosten eines Herstellers betragen 860 GE bei einer Ausbringungsmenge von 2 ME, die Grenzkosten belaufen sich bei einer Produktion von 3 ME auf 5 GE und bei einer Produktion von 8 ME auf 50 GE. Das Grenzkostenminimum liegt bei einer Produktionsmenge von 4 ME. Bestimmen Sie das LGS für den Term der Gesamtkostenfunktion dritten Grades. Die Funktion $K(x) = x^3 - 12x^2 + 50x + 800$ beschreibt die Kosten eines Betriebs in einer Planperiode, die Funktion p mit $p(x) = 660 - 55x$ die Nachfrage eines Angebotsmonopolisten.

a) Bestimmen Sie $D_{ök}$.

b) Zeichnen Sie mithilfe von EDV die Graphen der Funktion K, K', k_v, k, p, E und G.

c) Bestimmen Sie das Grenzkosten-, das Betriebsminimum sowie das Betriebsoptimum und erklären Sie kurz deren Bedeutung.

d) Ermitteln Sie die Elastizitätsfunktion e. Berechnen Sie die Grenze zwischen dem elastischen und dem unelastischen Bereich, und erklären Sie kurz die wirtschaftliche Bedeutung beider Bereiche.

e) Stellen Sie die Gewinnfunktion G auf, berechnen Sie die Gewinnschwelle und -grenze sowie das Gewinnmaximum und den „Cournotschen Punkt".

71 a) Zeigen Sie, dass die Kostenfunktion $K(x) = 0{,}25x^3 - 2x^2 + 7x + 40$ eines Herstellers in vollständiger Konkurrenz einen ertragsgesetzlichen Verlauf hat.

b) Die Erlösfunktion lautet $E(x) = 24x$. Berechnen Sie die Gewinnzone.

c) Ermitteln Sie rechnerisch und graphisch das Gewinnmaximum. Erläutern Sie Ihre Vorgehensweise bei der graphischen Lösung.

d) Die Erlösfunktion lautet jetzt $E(x) = mx$. Bestimmen Sie die gewinnmaximale Ausbringungsmenge in Abhängigkeit von m $(m > 0)$.

72 Ein Betrieb weist an seiner Kapazitätsgrenze von 7 ME Gesamtkosten in Höhe von 122 GE aus, hat bei einer Produktion von 4 ME Grenzkosten von 6 GE pro ME und sein Betriebsminimum im Punkt $\langle 4{,}5|9{,}75 \rangle$. Bestimmen Sie den Term der ganzrationalen Kostenfunktion dritten Grades mit ertragsgesetzlichem Verlauf.

4

73 Ein Monopolbetrieb hat bei der Produktion von 20 Stück eines Produkts Gesamtkosten in Höhe von 6000 € und bei 60 Stück Gesamtkosten von 18000 €. Bei diesen Produktionsmengen werden weder Gewinn noch Verlust erzielt. Die Kostenfunktion ist eine quadratische Funktion mit fixen Kosten in Höhe von 5400 €, die Erlösfunktion eine lineare Funktion; $D_{ök} = [0; 100]$.

a) Bestimmen Sie die Funktionsterme der Kosten- und Erlösfunktion.

b) Bestimmen Sie die gewinnmaximale Ausbringungsmenge und den maximalen Gewinn.

74 a) Die Kosten eines Herstellers für Sportartikel betragen 860 GE bei einer Ausbringungsmenge von 2 ME, die Grenzkosten belaufen sich bei einer Produktion von 3 ME auf 5 GE und bei einer Produktion von 8 ME auf 50 GE. Das Grenzkostenminimum liegt bei einer Produktionsmenge von 4 ME. Bestimmen Sie das LGS für den Term der Gesamtkostenfunktion dritten Grades. Der Sportartikelhersteller geht von der reellen Kostenfunktion $K_a(x) = x^3 - ax^2 + 50x + 800$ aus, wobei a $(a > 0)$ die Schwankungen der Weltmarktpreise für Textilien angibt.

b) Ermitteln Sie, für welche positiven Zahlen anstelle von a die Funktion K_a eine ertragsgesetzliche Kostenfunktion ist.

c_1) Bestimmen Sie in Abhängigkeit von a das Grenzkostenminimum, beziffern Sie die minimale Kostensteigerung für $a = 12$ und äußern Sie sich zu der ökonomischen Bedeutung.

c_2) Ermitteln Sie die Ortskurve der Grenzkostenminima.

c_3) Das Grenzkostenminimum soll jetzt bei einer Ausbringungsmenge von 3 ME erreicht werden. Ändern Sie die Kostenfunktion entsprechend ab.

d_1) Berechnen Sie in Abhängigkeit von a das Betriebsminimum sowie für $a = 12$ die kurzfristige Preisuntergrenze und äußern Sie sich zu deren ökonomischer Bedeutung.

d_2) Bestimmen Sie die Ortskurve der Betriebsminima.

e_1) Ermitteln Sie für $a = 12$ das Betriebsoptimum sowie die langfristige Preisuntergrenze und erläutern Sie, warum das Produkt langfristig zu diesem Preis angeboten werden kann.

e_2) Das Betriebsoptimum soll jetzt bei einer Ausbringungsmenge von 8 ME erreicht werden. Zeigen Sie, für welches a das möglich ist.

e_3) Aufgrund eines guten Kostenmanagements reduzieren sich die Fixkosten auf 750 GE. Bestimmen Sie das Betriebsoptimum für $a = 12$ mithilfe eines geeigneten Näherungsverfahrens.

e_4) Erläutern Sie rechnerisch, wie sich die Fixkosten ändern müssen, wenn das Betriebsoptimum für $a = 12$ bei einer Produktionsmenge von 9 ME erreicht werden soll.

Der Sportartikelhersteller hat in seinem Absatzgebiet eine gewisse Monopolstellung und sieht sich mit einer Preisabsatzfunktion vom Typ $p_N(x) = -mx + b$ konfrontiert mit $m,\ b > 0$. Er geht von einem Höchstpreis von 660 GE und einer Sättigungsmenge von 12 ME aus.

f) Bestimmen Sie seine Preisabsatzfunktion und die dazugehörige Erlösfunktion.

g_1) Berechnen Sie die Gewinnzone für $a = 12$.

g_2) Die Gewinnzone soll schon bei 1 ME erreicht werden. Erläutern Sie, wie die Zahl für a verändert werden muss.

h) Ermitteln Sie für $a = 12$ den Cournotschen Punkt.

i) In einer neuen Rechnungsperiode plant der Sportartikelhersteller mit der Preisabsatzfunktion $p_{Na}(x) = -a^2x^2 + 98$ und der Kostenfunktion $K_a(x) = a^2x^3 - 6ax^2 + 50x + 800$. Ermitteln Sie die Ortskurve der Gewinnmaxima.

j) Das Unternehmen rechnet mit einem Gewinnmaximum von 982 GE. Berechnen Sie, für welches $a (a > 0)$ dieses Maximum erreicht wird.

75 $E(x) = x^2 \cdot (x-4)^2; x \in [0; 4]$ ist die Erlösfunktion eines Elektroartikelherstellers. Bei der Produktion von 1 ME entstehen ihm Kosten von 9 GE und bei der Produktion von 2 ME Kosten von 16 GE.

a) Stellen Sie den Term $K(x)$ der linearen Kostenfunktion K auf.

b) Bestimmen Sie die Gewinnschwelle und die Gewinngrenze.

c) Die Kosten dieses Elektroherstellers für eine *neue Produktserie* betragen 138 GE bei einer Ausbringungsmenge von 3 ME und 162 GE bei einer Ausbringungsmenge von 5 ME. Das Grenzkostenminimum liegt bei einer Produktion von $3\frac{1}{3}$ ME. Der Kostenanstieg bei einer Produktion von 4 ME beträgt 11 GE. Bestimmen Sie den Term der Gesamtkostenfunktion dritten Grades.

76 Gegeben ist die Nachfragefunktion $p_N(x) = -0{,}1x + 10$.

a) Bestimmen Sie $D_{ök}$.

b) Bestimmen Sie die Funktionsterme der Gesamt- und der Grenzerlösfunktion.

c) Zeichnen Sie $G(p_N)$ und $G(E')$.

d) Bestimmen Sie den Funktionsterm der Elastizitätsfunktion.

e) Berechnen Sie den Gesamterlös und die Elastizität der Nachfrage bei einer Absatzmenge von 40 ME.

f) Berechnen Sie den Grenzerlös und die Elastizität für die Absatzmenge 50 ME.

77 Gegeben ist die Nachfragefunktion $p_N(x) = 9 - 0{,}25x^2$ bzw. die Angebotsfunktion $p_A(x) = 0{,}25x^2 + 2$.

a) Bestimmen Sie die Funktionsterme der Elastizitätsfunktionen e_N und e_A und geben Sie den ökonomischen Definitionsbereich an.

b) Berechnen Sie die Nachfragemenge, bei der die Nachfrage proportional elastisch ist.

c) Geben Sie das Nachfragemengenintervall an, in dem die Nachfrage elastisch ist.

78 Gegeben ist die Nachfragefunktion $p_N(x) = -0{,}25 \cdot (x^2 - 144)$.

a) Geben Sie den ökonomischen Definitionsbereich an und bestimmen Sie den Funktionsterm der Elastizitätsfunktion e.

b) Bestimmen Sie die Elastizität der Nachfrage bei 3 ME, 6 ME, 9 ME und 12 ME.

79 Ein Lebensmittelproduzent hat Kosten gemäß der Funktion $K(x) = 0{,}04x^3 - 0{,}6x^2 + 3x + 2$ und Erlöse gemäß der Funktion $E(x) = 20x \cdot e^{-0{,}5x}; x \geq 0$.

a) Zeichnen Sie die Graphen von E, K und G im Intervall [0; 15] mithilfe von EDV.

b) Diskutieren Sie die Erlösfunktion E in Bezug auf ihr Grenzwertverhalten sowie ihre Achsenschnitt-, Extrem- und Wendepunkte.

c) Berechnen Sie die Gewinnschwelle und -grenze mithilfe des Newton-Verfahrens und EDV.

80 Die Gewinnentwicklung beim Absatz eines neuen Produktes wird durch die Funktion $G_a(t) = 5e^{0{,}1t - 0{,}01at^2} - 3$ beschrieben. Dabei gibt t die Zeit in Monaten und G den Gewinn in GE an, 1 GE ≅ 10.000 €. Der Parameter a hängt von der Mitarbeiterzahl ab.

a) Ermitteln Sie die Gewinnzone für $a = 1$.

b) Berechnen Sie in Abhängigkeit von a den Zeitpunkt des maximalen Gewinns und beziffern Sie ihn für $a = 1$.

c) Bestimmen Sie in Abhängigkeit von a den Zeitpunkt des größten Gewinnrückgangs und beziffern Sie ihn für $a = 1$.

d) Berechnen Sie den Verlust, dem das Unternehmen im 2. Jahr entgegenstrebt und äußern Sie sich zu der ökonomischen Bedeutung dieser Entwicklung.

81 Die Marketingabteilung der Borgknawe GmbH hat zum Jahresbeginn einen Absatz von 9 ME ermittelt und geht im Jahresverlauf von der Absatzfunktion $A_a(t) = (t+7)e^{-0{,}1at} + 2; \quad t \geq 0$ aus, wobei $A_a(t)$ den Absatz in ME (1 ME ≅ 1.000 Stück) und t die Zeit in Monaten angibt.

a) Bestimmen Sie die reelle Zahl für a, wenn im August 8,74 ME abgesetzt werden und bestätigen Sie den Funktionsterm $A_1(t) = (t+7)e^{-0{,}1t} + 2$.

b) Zeichen Sie den Graphen von A_1 in einem geeigneten Koordinatensystem.

4

c) Begründen Sie die langfristige Absatzerwartung von 2.000 Stück pro Monat.

d) Ermitteln Sie in Abhängigkeit von $0 < a < \frac{10}{7}$ die Zeitpunkte des maximalen Absatzes und beziffern Sie ihn sowohl in Abhängigkeit von a als auch für $a = 1$.

e) Berechnen Sie in Abhängigkeit von $0 < a < \frac{10}{7}$ die Zeitpunkte des größten Absatzrückgangs und beziffern Sie ihn sowohl in Abhängigkeit von a als auch für $a = 1$.

f) Bestimmen Sie die Ortskurven der Extrema sowie Wendepunkte und äußern Sie sich zu deren ökonomischer Bedeutung.

g) Der maximale Gewinn von 12.345 € wird bei einem Absatz von 9,35 ME erzielt ($a = 1$). Ermitteln Sie mithilfe eines geeigneten Näherungsverfahrens die Zeitpunkte, an denen dieser Gewinn erzielt wird.

82 Die Kosten eines Unternehmens werden durch die Funktion $K_a(t) = 5 - 4e^{-at}$ beschrieben, wobei t für die Zeit in Tagen und K für die Kosten in GE pro Tag steht (1 GE ≅ 10.000 €).

a) Bestimmen Sie a im Funktionsterm von $K_a(t)$, wenn Sie davon ausgehen können, dass dem Unternehmen am 21. Tag Kosten von 3,6 GE entstehen (Hinweis: $a = 0{,}05$).

b) Ermitteln Sie Fixkosten und die Kosten nach 20 Tagen.

c) Begründen Sie, welchen Kosten pro Tag sich der Betrieb langfristig nähert.

d) Berechnen Sie die Dauer, bis 80 % der maximalen Kosten erreicht sind, und an welchem Tag der Kostenzuwachs 2 % pro Tag beträgt.

83 Die Funktion $A(t) = 3 - 3e^{-0{,}41t} + 3e^{-2t}$ beschreibt die typische Absatzkurve eines Textilgeschäfts im Jahresverlauf, wobei t für die Zeit in Monaten und K für den Absatz in ME pro Monat steht.

a) Begründen Sie rechnerisch, zu welchen Zeitpunkten der maximale Absatz und wann der minimale Absatz erreicht wird. Interpretieren Sie den Absatzverlauf.

b) Ermitteln Sie den Zeitpunkt des maximalen Absatzanstiegs und beziffern Sie ihn.

c) Der maximale Gewinn beträgt 10.000 € und wird bei einem Absatz von 2,8 ME erreicht. Berechnen Sie mithilfe eines geeigneten Näherungsverfahrens die Zeitpunkte, an denen dieser Gewinn erreicht wird.

84 Eine Unternehmerin rechnet mit einer Preisabsatzfunktion $p_N(x) = e^{-0{,}1x+2}$ und einer Kostenfunktion $K(x) = x + 10$; $x \in [0; 80]$.

a) Berechnen Sie das Erlösmaximum.

b) Ermitteln Sie mithilfe eines geeigneten Näherungsverfahrens die Gewinnzone und das Gewinnmaximum.

85 Die Gewinnsituation eines Unternehmes wird durch $G(x) = \frac{9}{1 + 500\,e^{-x}}$ wiedergegeben, wobei x den Absatz in ME und G den Gewinn in GE bezeichnet (1 GE ≅ 1.000 €).

a) Bestimmen Sie die Absatzmenge, bei der der Gewinn am stärksten steigt.

b) Begründen Sie, welchem Gewinn das Unternehmen langfristig entgegenstrebt.

c) Berechnen Sie, bei welcher Absatzmenge der Gewinn sein Maximum bis auf 10 € erreicht.

d) Bei einem Absatz von 20 ME beträgt der maximale Gewinn 9 GE, bei abgesetzten 26 ME liegt die Gewinngrenze. Ermitteln Sie den Term der quadratischen Funktion, der die Funktion G^* an der Stelle 20 differenzierbar fortsetzt.

86 Eine Fabrikantin geht für $x \in (0; 150]$ von einer Erlösfunktion $E(x) = 1{,}2x$ und einer Kostenfunktion
$K(x) = x \cdot (\ln 0{,}01x)^2 + x \cdot \ln(0{,}01x) + x + 10$
aus. Berechnen Sie die gewinnmaximale Ausbringungsmenge.

87 Die Borgknawe GmbH entwickelt eine neue Superkamera, deren Absatz durch die Funktion $A(t) = \begin{cases} 0 & \text{für } t \in [0; t_{AS}] \\ (t^2 - 2t) \cdot e^{1-0{,}2t} & \text{für } t \in [t_{AS}; t_{AG}] \end{cases}$ prognostiziert wird, wobei die Zeit bis zur Absatzschwelle t_{AS}, in der noch kein Absatz erfolgte, zur Entwicklung und Forschung genutzt wird. t misst die Zeit in Monaten und $A(t)$ gibt den Absatz in 500 Stück pro Monat an.

a) Zeigen Sie, dass dem Absatzmodell zufolge der Absatz nach 2 Monaten beginnt.

b) Ermitteln Sie, den Zeitpunkt des maximalen Absatzes und beziffern Sie ihn.

c) Zum Zeitpunkt t_{AG} des größten Absatzrückgangs soll die Testphase des Nachfolgemodells beginnen. Bestimmen Sie diesen Zeitpunkt und den Absatzrückgang.

d) Die Borgknawe GmbH errechnet, dass der Absatz ab dem Zeitpunkt seines größten Rückgangs (Teil c) durch eine lineare Funktion f beschrieben wird, die die Funktion A an dieser Stelle stetig fortsetzt. Berechnen Sie den Term dieser Funktion und das voraussichtliche Ende t_{AG} des Absatzzyklusses, an dem das Nachfolgemodell fertiggestellt sein muss.

Die Borgknawe GmbH erkennt, dass ihre Gewinnfunktion

$$G_a(x) = \frac{20 \cdot \ln(x) - a \cdot (\ln(x))^2}{x} + 1; \quad x \in [0; 60]$$

ist. Dabei bezeichnet x die abgesetzte Menge in 500 Stück und $G_a(x)$ den Gewinn in GE pro ME (1 GE $\hat{=}$ 10.000 €), $a(a > 0)$ ist ein vom Konsumklima abhängiger Parameter.

e) Ermitteln Sie die Gewinnschwelle mithilfe eines geeigneten Näherungsverfahrens für $a = 1$. Bei welcher ME erreicht der Gewinn 10.000 €?

f) Berechnen Sie in Abhängigkeit von $a(a > 0)$ die gewinnmaximale Absatzmenge und für $a = 1$ den maximalen Gewinn.

g) Das Gewinnmaximum beträgt 80.000 € für $a = 1$. Ermitteln Sie mithilfe eines geeigneten Näherungsverfahrens die Zeitpunkte, an denen dieses Gewinnmaximum erreicht wird.

h) Bestimmen Sie für $a = 1$ die Absatzmenge, bei der Gewinnrückgang maximal ist und beziffern Sie ihn.

88 Ein Unternehmen der Unterhaltungsbranche macht im Dreijahresverlauf zunächst Verluste und hat Gewinne gemäß der Funktion $G(t) = \frac{200 \ln(0{,}1\,t) + t^2 - 50}{t^2 - 25}$; $t \in [5; 156]$ steht für die Zeit in Wochen, G für den Gewinn in GE pro Woche (1 GE = 1.000 €).

a) Begründen Sie, dass langfristig ein Gewinn von 1.000 € pro Woche erreicht wird.

b) Berechnen Sie die Gewinnschwelle mithilfe eines geeigneten Näherungsverfahrens.

c) Ermitteln Sie mithilfe eines geeigneten Näherungsverfahren den Zeitpunkt des Gewinnmaximums und beziffern Sie seinen Wert.

d) Bestimmen Sie mithilfe eines geeigneten Verfahrens den Zeitpunkt des maximalen Gewinnrückgangs und beziffern Sie ihn.

89 Die Borgknawe GmbH erzielt Erlöse gemäß der Funktion $E_a(x) = \frac{a \cdot \ln(x+1)}{x+1}$ und hat Kosten gemäß der Funktion $K(x) = 0{,}5x + 1$; $x \geq 0$.
Es ist zunächst $a = 10$.

a) Bestimmen Sie die Erlösschwelle.

b) Begründen Sie, warum bei einer sehr großen Produktionsmenge kein Erlös erzielt wird.

c) Ermitteln Sie den maximalen Erlös sowie den maximalen Erlösrückgang.

d) Berechnen Sie die Gewinnzone, das Gewinnmaximum sowie den maximalen Gewinnrückgang mithilfe eines geeigneten Näherungsverfahrens.

e) Erörtern Sie, für welche $a > 0$ kein Gewinn erzielt wird.

90 Die Borgknawe GmbH hat festgestellt, dass ihre Nachfragefunktion $p_N(x) = -0{,}5x^2 + 24$, ihre Angebotsfunktion $p_A(x) = 0{,}5x^2 + x + 4$ und ihre Kostenfunktion $K(x) = x^3 - 8x^2 + 25x + 18$ lauten.

a) Berechnen Sie das Martkgleichgewicht.

b) Ermitteln Sie den Angebots- bzw. Nachfrageüberschuss bei einem Preis von 10 GE.

c) Bestimmen Sie die Wirtschaftlichkeitsfunktion $W(x) = \frac{E(x)}{K(x)}$, wobei der Verkaufspreis dem Gleichgewichtspreis entspricht.

d) Ermitteln Sie die Wirtschaftlichkeit bei einer Produktion von 3 ME bzw. 6 ME und erklären Sie diese Ergebnisse.

e) Berechnen Sie mithilfe eines geeigneten Näherungsverfahrens, bei welcher Produktionsmenge die maximale Wirtschaftlichkeit erreicht wird und beziffern Sie sie.

91 Gegeben ist die Isoquantenfunktion I mit $I(x) = \frac{9}{x-1} + 3$. Eine Einheit des Faktors x kostet 4 €, eine Einheit des Faktors y kostet 10 €.

a) Bestimmen Sie $D(I)$ und zeichnen Sie die Isoquante.

b) Bestimmen Sie die Funktionsgleichungen $y = mx + b$ der Isokostenkurvenschar $I_{K,b}$.

c) Bestimmen Sie die Minimalkostenkombination und geben Sie den für die Realisierung der MKK erforderlichen Geldbetrag an.

4

d) Ermitteln Sie die Funktionsgleichung dieser Isokostenkurve und zeichnen Sie diese Isokostenkurve in dasselbe Koordinatensystem.

92 Gegeben ist die Isoquantenfunktion $I(x) = \frac{24}{x-3} + 5$. Eine Einheit des Faktors x kostet 20 € und eine Einheit des Faktors y kostet 30 €.

a) Bestimmen Sie $D(I)$ und zeichnen Sie die Isoquante im Intervall $(3; 16]$.

b) Bestimmen Sie die Funktionsgleichungen $y = mx + b$ der Isokostenkurvenschar $I_{K,b}$.

c) Bestimmen Sie die Minimalkostenkombination.

d) Ermitteln Sie die Funktionsgleichung dieser Isokostenkurve und zeichnen Sie diese Isokostenkurve in dasselbe Koordinatenkreuz.

e) Geben Sie den für die Realisierung der Minimalkostenkombination erforderlichen Geldbetrag an.

93 Gegeben ist die Isoquantenfunktion $I(x) = \frac{6}{x-2} + 3$.

a) Bestimmen Sie ihren Definitionsbereich.

b) Berechnen Sie die Zunahme des Faktors y, wenn der Faktor x – ausgehend von 4 ME – um 1 ME, 0,1 ME, 0,01 ME bzw. 0,001 ME reduziert wird.

c) In welchem Verhältnis müssten x und y gegenseitig ausgetauscht werden, wenn man von $x_0 = 4$ ausgeht und die Veränderung Δx unendlich klein werden lässt (Grenzrate der Substitution)?

94 Ein Landwirt produziert Getreide auf 2 ha Ackerland, das er zu einem Jahresbetrag von 100 € (fixe Kosten) gepachtet hat. Neben dem ihm kostenlos zur Verfügung stehenden Saatgut setzt er noch Arbeitskräfte und Dünger ein (x entspricht der Einsatzmenge des Faktors Arbeit bezogen auf Arbeitsstunden, y entspricht der Einsatzmenge des Faktors Dünger bezogen auf dz). Eine Einheit des Faktors Arbeit kostet 60 € und eine Einheit des Faktors Dünger 40 €.
Dem Landwirt sind die Anbaubedingungen in Form eines Isoquantensystems mit folgenden Isoquantenfunktionen bekannt.

$I_1(x) = \frac{6}{x-5} + 3; x > 5$ (bezogen auf 1 Tonne)

$I_2(x) = \frac{6}{x-11} + 3; x > 11$ (bezogen auf 2 Tonnen)

$I_3(x) = \frac{6}{x-20} + 3; x > 20$ (bezogen auf 3 Tonnen)

a) Zeichnen Sie die Isoquanten in ein Koordinatensystem im Intervall $[0; 25]$.

b) Ermitteln Sie die Terme der durch die Faktorpreise festgelegten Schar von Isokostenfunktionen.

c) Bestimmen Sie für die drei Isoquanten die Minimalkostenkombinationen.

d) Zeichnen Sie die Isokostenkurven in das vorhandene Koordinatensystem.

e) Bestimmen Sie die Gesamtkosten für die Produktionsmengen 0 t, 1 t, 2 t und 3 t.

Im Folgenden steht x für die Produktionsmenge und $K(x)$ für die Kosten.

f) Ermitteln Sie aus den nach e) errechneten Wertepaaren $(\langle x \mid K(x) \rangle)$ den Term der zugehörigen ganzrationalen Kostenfunktion K dritten Grades.

g) Zeichnen Sie den Graphen der Kostenfunktion K im Intervall $[0; 3]$.

h) Bestimmen Sie das Betriebsminimum.

95 a) Ein Betrieb kann mit den Faktormengenkombinationen $\langle 4 \mid 22 \rangle$, $\langle 6 \mid 10 \rangle$ und $\langle 9 \mid 7 \rangle$ der Einsatzfaktoren x und y jeweils denselben Ertrag produzieren. Bestimmen Sie $I(x)$.

b) Eine Einheit des Faktors x kostet 30 €, eine Einheit des Faktors y kostet 40 €. Ermitteln Sie die Funktionsterme der Isokostenkurvenschar sowie die MKK und geben Sie den erforderlichen Geldbetrag für die MKK an.

4.5 Extremwertaufgaben

Viele Probleme ökonomischer, aber auch technischer, naturwissenschaftlicher und mathematischer Art bestehen darin, einen maximalen oder minimalen Wert einer gegebenen Funktion zu bestimmen. Werden dazu die Methoden der Differentialrechnung angewendet, so spricht man von **Extremwertberechnungen**. Extremwertberechnungen sind auch ein wesentlicher Bestandteil jeder Kurvendiskussion.

4.5.1 Extremwertaufgaben *ohne* Nebenbedingungen

Bei den Extremwertaufgaben ohne Nebenbedingungen ergibt sich der Funktionsterm der zu optimierenden funktional abhängigen Größe oft unmittelbar aus dem Aufgabentext:

Beispiel 4.48 (Erlösoptimierung)

Für ein Open-Air-Konzert erwartet der Veranstalter 10.000 Besucher bei einem Eintrittspreis von 80 €. Er geht auch davon aus, dass mit jeder Preissenkung um 5 € die Anzahl der Besucher um 1.000 steigt, mit jeder Preiserhöhung um 5 € aber die Besucherzahl um 1.000 sinkt.

Welchen Preis sollte der Veranstalter festsetzen, wenn er den Erlös maximieren will?

Den Überlegungen des Veranstalters liegen 2 Erlösfunktionen E_1 und E_2 zugrunde, je nachdem, ob er den Eintrittspreis erhöht oder senkt. Steht x für die Anzahl der Preiserhöhungen bzw. -senkungen, so ergibt sich der Funktionsterm $E_1(x)$ als Produkt aus dem um $5x$ erhöhten Preis und der um $1.000x$ gesunkenen Zuschauerzahl. Entsprechend ergibt sich $E_2(x)$ als Produkt aus dem um $5x$ reduzierten Preis und der um $1.000x$ erhöhten Zuschauerzahl.

Der **Erlös** ist das Produkt aus dem Eintrittspreis und der Zuschaueranzahl.

$$\text{Erlös} = \text{Eintrittspreis} \cdot \text{Zuschaueranzahl}$$
$$= 80 \cdot 10.000 = 800.000 \quad \blacktriangleright \text{ erwarteter Erlös}$$

$$E_1(x) = (80+5x)\cdot(10.000-1.000x) \quad \blacktriangleright\ x \geq 0$$
$$= -5.000x^2 - 30.000x + 800.000$$
$$E_2(x) = (80-5x)\cdot(10.000+1.000x) \quad \blacktriangleright\ x \geq 0$$
$$= -5.000x^2 + 30.000x + 800.000$$

Untersuchung der Funktion E_1 auf Extremwerte
Theoretisch könnte der Veranstalter den Eintrittspreis so in die Höhe treiben, dass niemand die Veranstaltung besucht. Er könnte den Preis 10-mal um je 5 € heraufsetzen.

$\Rightarrow x \in [0; 10]$, weil
$10.000 - 1.000x \geq 0 \Leftrightarrow x \leq 10$
und $x \geq 0$
$\Rightarrow 0 \leq x \leq 10$

Zu untersuchen ist also die **Zielfunktion** $E_1(x) = -5.000x^2 - 30.000x + 800.000$; $x \in [0; 10]$.

Untersuchung der Funktion E_2 auf Extremwerte
Theoretisch könnte der Veranstalter freien Eintritt gewähren, wenn er 16-mal den Preis um 5 € reduzierte.

$\Rightarrow x \in [0; 16]$, weil
$80 - 5x \geq 0 \Leftrightarrow x \leq 16$
und $x \geq 0$
$\Rightarrow 0 \leq x \leq 16$

Zu untersuchen ist also die **Zielfunktion** $E_2(x) = -5.000x^2 + 30.000x + 800.000$; $x \in [0; 16]$.

Die **möglichen Extremstellen** von E_1 sind die Lösungen der Gleichung $E_1'(x) = 0$.

$E_1(x) = -5.000x^2 - 30.000x + 800.000$
$\Rightarrow E_1'(x) = -10.000x - 30.000$

$E_1'(x) = 0 \Leftrightarrow -10.000x - 30.000 = 0$
$\Leftrightarrow \quad x = \mathbf{-3}$

Die Lösung -3 der Gleichung $E_1'(x) = 0$ ist **kein Element des Definitionsbereichs** von E_1.

Also kann im Inneren des Definitionsbereichs kein Extremwert vorliegen. Folglich müssen diese an den Rändern liegen.

In den Randpunkten hat die Funktion die Werte:

$E_1(0) = 800.000; E_1(10) = 0$

Der Randwert 800.000 entspricht dem erwarteten Erlös.

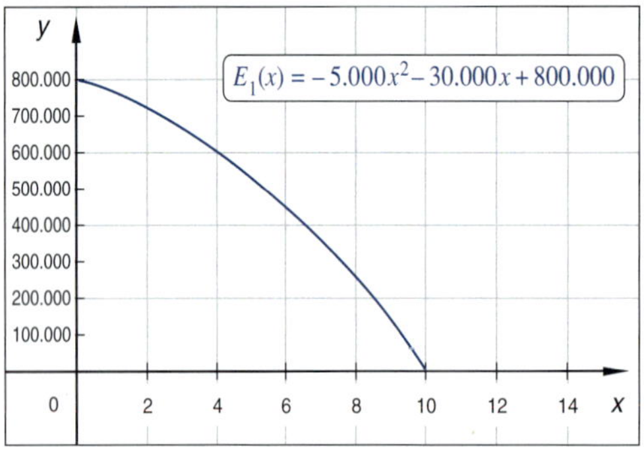

Die **möglichen Extremstellen** von E_2 sind die Lösungen der Gleichung $E_2'(x) = 0$.

$E_2(x) = -5.000x^2 + 30.000x + 800.000$
$\Rightarrow E_2'(x) = -10.000x + 30.000$

$E_2'(x) = 0 \Leftrightarrow -10.000x + 30.000 = 0$
$\Leftrightarrow \quad x = \mathbf{3}$

Die Lösung 3 der Gleichung $E_2'(x) = 0$ ist **Element des Definitionsbereichs** von E_2.
$\Rightarrow$ Durch eine Preisreduzierung könnte der Veranstalter seinen Erlös maximieren, falls 3 eine lokale Extremstelle ist.
$E_2''(x) = -10.000$
$\Rightarrow E_2''(3) = -10.000$ ▶ Vorzeichen „–"
$\Rightarrow$ 3 ist Maximalstelle von E_2.
$E_2(3) = 65 \cdot 13.000 = \mathbf{845.000}$.
$\Rightarrow E_{2\,\max}\langle \mathbf{3} \,|\, \mathbf{845.000} \rangle$.

Die **Randwerte** von E_2 müssen noch untersucht werden. Man erhält die Werte:
$E_2(0) = 800.000; E_2(16) = 0$
Da der Funktionswert $E_2(3)$ größer als beide Randwerte ist, ist das lokale Maximum auch das **absolute Maximum**.

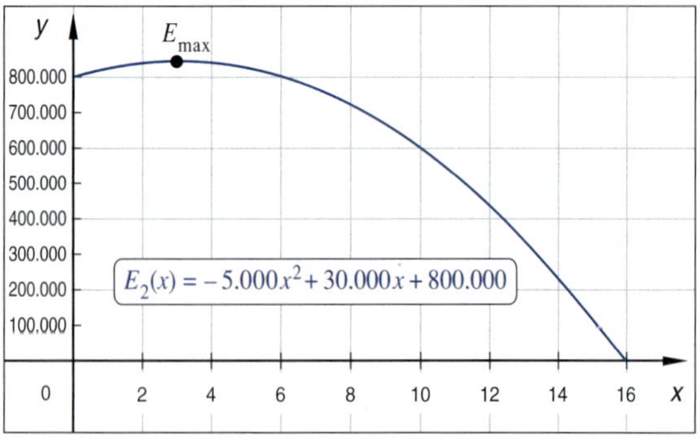

Der Veranstalter erzielt also bei einem Eintrittspreis von 65 € den maximalen Erlös von 845.000 € und muss dann mit 13.000 Besuchern rechnen.

Das vorstehende Beispiel zeigt exemplarisch, wie man mit Mitteln der Differentialrechnung Extremwertaufgaben lösen kann. Allerdings käme man in diesem Beispiel auch ohne Hilfsmittel aus der Differentialrechnung aus, da die Funktionen E_1 und E_2 beide quadratische Funktionen sind, ihre Graphen also Teile von Parabeln darstellen, die ihren maximalen Punkt nur im Scheitelpunkt oder an den Rändern der jeweiligen Definitionsbereiche annehmen können.

4.5.2 Extremwertaufgaben *mit* Nebenbedingungen

Verschiedene mathematische Anwendungsprobleme, insbesondere diejenigen mit geometrischem Bezug, erfordern die Bestimmung von Extrema **mit Nebenbedingungen**. Im Unterschied zur bisherigen Kurvendiskussion ist die zu untersuchende **Zielfunktion** zunächst nicht nur von **einer** Argumentvariablen abhängig, sondern von **mehreren**.

Durch die einzelnen **Nebenbedingungen** werden aber oft Zusammenhänge zwischen den verschiedenen Argumentvariablen hergestellt, sodass sich das Problem schließlich doch auf die Untersuchung der Zielfunktion mit nur **einer** Argumentvariablen zurückführen lässt.

Beispiel 4.49 (Spielfeld im Stadion)

In den meisten Sportstadien wird die Rasenfläche von einer 400 m langen Laufbahn (gemessen am inneren Rand) umgeben.

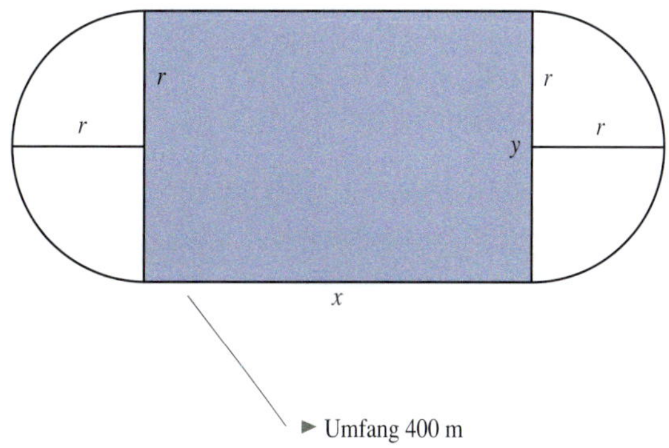

Wie sind die Länge der Parallelstrecken und der Radius der Halbkreise zu wählen, wenn bei einer solchen Laufbahn die rechteckige Spielfläche einen möglichst großen Flächeninhalt haben soll?

Zur Lösung dieser Extremwertaufgabe skizziert man zunächst eine rechteckige Fläche und eine ovale Laufbahn und bezeichnet die einzelnen Maßzahlen für die Streckenlängen mit x und y.

x ► Maßzahl für die Spielfeldlänge
y ► Maßzahl für die Spielfeldbreite

Der rechteckige Spielflächeninhalt soll maximiert werden. Somit lautet die **Zielfunktion** in Abhängigkeit der beiden Variablen x und y: $A(x,y) = x \cdot y$; wobei sich der **Definitionsbereich** der Funktion A aus allen zulässigen Werten für x und y zusammensetzt. Man nennt die Menge der zulässigen Werte von x bzw. von y auch den jeweiligen **Gültigkeitsbereich** der Variablen.

Flächeninhalt des Spielfeldes:

$A(x,y) = x \cdot y$ ► Zielfunktion A

Eine von zwei Argumentvariablen abhängige Funktion lässt sich mit den bisherigen Mitteln der Analysis nicht ableiten, so dass eine Variable mithilfe der Nebenbedingung durch einen Term in der anderen Variablen ersetzt werden muss. Dabei spielt es keine Rolle, welche der beiden Variablen ersetzt wird.

Die **Nebenbedingung** ermöglicht somit, die Abhängigkeit von A auf *eine* Variable (hier x) zu **reduzieren**.

Umfang der Laufbahn:

$U(x,y) = 2 \cdot x + 2 \cdot \pi \cdot r$ ► Nebenbedingung $r = 0{,}5\,y$

$= 2 \cdot x + 2 \cdot \pi \cdot 0{,}5 \cdot y = 400$

► $U(x,y) = 400$

$\Leftrightarrow \quad 2 \cdot x + \pi \cdot y = 400$

$\Leftrightarrow \quad y = \dfrac{400 - 2x}{\pi}$

$\Rightarrow A(x) = \dfrac{x \cdot (400 - 2x)}{\pi} = \dfrac{400x - 2x^2}{\pi}$

Wenn die Laufbahn nur aus zwei Geraden ohne Halbkreise und somit ohne integrierte Spielfläche bestünde, könnten die beiden Geraden höchstens 200 m lang sein.
$\Rightarrow x \in [0; 200]$.

$400 - 2x \geq 0 \Leftrightarrow x \leq 200$
und $x \geq 0$
$\Rightarrow 0 \leq x \leq 200$ ► Gültigkeitsbereich von x

Zu untersuchen ist also die **Zielfunktion**
$A(x) = \frac{400x - 2x^2}{\pi}$; $x \in [0; 200]$.

$$A(x) = \frac{400x - 2x^2}{\pi}$$
$$\Rightarrow A'(x) = \frac{400 - 4x}{\pi}$$

Die **möglichen Extremstellen** von A sind die Lösungen der Gleichung $A'(x) = 0$.

$A'(x) = 0 \Leftrightarrow 400 - 4x = 0$
$\Leftrightarrow x = \mathbf{100}$

Die gefundene Lösung 100 der Gleichung $A'(x) = 0$ liegt im **Gültigkeitsbereich** $[0; 200]$ für die Variable x.

$A''(x) = -\frac{4}{\pi}$ für alle $x \in [0; 200]$
$\Rightarrow A''(100) = -\frac{4}{\pi}$ ► Vorzeichen „–“

Da $A''(100) < 0$ gilt, ist bei $x_E = 100$ eine **lokale Maximalstelle** von A.

Lösung: $x_E = \mathbf{100}$ ► $x \in [0; 200]$.

$A(100) \approx \mathbf{6366{,}2}$.
$\Rightarrow A_{max} = \langle \mathbf{100} \,|\, \mathbf{6366{,}2} \rangle$.

Da der Funktionswert $A(100)$ größer als beide **Randwerte** ist, ist das lokale Maximum auch das **absolute Maximum**.

$A(0) = 0$ und $A(200) = 0$

Der Radius r entspricht $0{,}5\,y$, und somit ist $r = 31{,}83$.

$r = \frac{y}{2} = \frac{200}{2\pi} \approx \mathbf{31{,}83}$.

Die Spielfeldfläche ist also dann am größten ($6366{,}2\ \text{m}^2$), wenn die Geraden der Laufbahn 100 m lang sind und der Radius der Halbkreise 31,83 m beträgt.

Beispiel 4.50 (Spritverbrauch)

Ein mit Diesel betriebenes landwirtschaftliches Kombifahrzeug, dessen Kraftstoffkosten (bezogen auf € je Stunde) durch die Funktion $K_{St}(v) = 0{,}00002\,v^3 + 6$ beschrieben werden, muss zur Auslieferung von Getreide eine 120 km lange Strecke zurücklegen. (Dabei entspricht v der Geschwindigkeit in km/h. Die Höchstgeschwindigkeit des Kombis beträgt 80 km/h.)

Mit welcher Geschwindigkeit fährt das Kombifahrzeug am kostengünstigsten?

Wie hoch sind dann die Spritkosten für die 120 km lange Strecke?

Die Spritkosten für die Fahrt ergeben sich als Produkt aus den Kraftstoffkosten (bezogen auf € pro Stunde) und der Fahrtzeit (bezogen auf Stunden).

v ► Maßzahl der Geschwindigkeit des Kombis
t ► Maßzahl der Fahrtzeit

$\Rightarrow$ **Zielfunktion:** $K(v, t) = K_{St}(v) \cdot t$

Spritkosten:
$K(v, t) = K_{St}(v) \cdot t$ ► Zielfunktion K

Mittels der **Nebenbedingung** lässt sich die Abhängigkeit der Zielfunktion K auf *eine* Variable (v) **reduzieren**.

Fahrzeit: $s = v \cdot t$ ▶ Nebenbedingung: physikalische Formel

$\Leftrightarrow t = \frac{s}{v}$ hier: $t = \frac{120}{v}$

Der Term der **Zielfunktion** in Abhängigkeit der Variablen v lautet somit:
$K(v) = 0{,}0024\,v^2 + \frac{720}{v}$.

$$K(v) = (0{,}00002\,v^3 + 6) \cdot \frac{120}{v}$$
$$= 0{,}0024\,v^2 + \frac{720}{v}$$

Der **Gültigkeitsbereich** von v ergibt sich aus der Höchstgeschwindigkeit des Kombifahrzeugs: $v \in (0; 80]$.

$v > 0$ ▶ K bei 0 nicht definiert
$v \leq 80$ ▶ Höchstgeschwindigkeit des Kombis

Zu untersuchen ist also die **Zielfunktion**
$K(v) = 0{,}0024\,v^2 + \frac{720}{v}$; $v \in (0; 80]$.

$$K(v) = 0{,}0024\,v^2 + \frac{720}{v}$$
$$\Rightarrow K'(v) = 0{,}0048\,v - \frac{720}{v^2}$$

Die **möglichen Extremstellen** von K sind die Lösungen der Gleichung $K'(v) = 0$.

$$K'(v) = 0 \Leftrightarrow \frac{0{,}0048\,v^3 - 720}{v^2} = 0$$
$$\Rightarrow 0{,}0048\,v^3 = 720$$
$$\Leftrightarrow v = \sqrt[3]{150\,000}$$
$$\approx 53{,}13$$

Die gefundene Lösung 53,13 der Gleichung $K'(v) = 0$ ist **Element des Gültigkeitsbereiches** $(0; 80]$ von v.

Da $K''(53{,}13) > 0$ gilt, ist bei $v_E = 53{,}13$ eine **lokale Minimalstelle** von K.

$K''(v) = 0{,}0048 + \frac{1440}{v^3}$ für alle $v \in (0; 80]$

$K''(53{,}13) \approx 0{,}0144$ ▶ Vorzeichen „+“

Lösung: $v_E = \mathbf{53{,}13}$ ▶ $53{,}13 \in (0; 80]$

$K(53{,}13) \approx \mathbf{20{,}33}$
$\Rightarrow K_{\min}\langle \mathbf{53{,}13} \,|\, \mathbf{20{,}33} \rangle$.

Die **Randuntersuchungen** für $v \to 0$ und $v = 80$ ergeben, dass das lokale Minimum auch das **absolute Minimum** ist.

$\lim\limits_{v \to 0} K(v) = \infty$ und
$K(80) = 24{,}36$

Das Kombifahrzeug fährt also mit einer Geschwindigkeit von ca. 53,13 km/h am kostengünstigsten. Bei dieser Geschwindigkeit betragen die Spritkosten für die 120 km lange Strecke ca. 20,33 €.

Alles klar?

Untersuchen Sie, welches gleichschenklige Dreieck mit der Schenkellänge 10 cm den größten Flächeninhalt hat.

Beispiel 4.51 (Verlegung eines Kabels)

Ein Landwirt aus Oberbayern möchte auch an der Programmvielfalt des Kabelfernsehens teilhaben. Da er aus optischen Gründen keine Satellitenschüssel auf seinem Landwirtschaftsgut installieren will, beantragt er bei einem Telekommunikationsunternehmen die Verlegung des Kabels zu seinem Gehöft, das über einen Feldweg 5 km von der nächsten Hauptstraße entfernt liegt. Das Unternehmen teilt ihm die nächste Kabelanschlussstelle mit (auf der Hauptstraße noch 12 km entfernt) und unterbreitet ihm ein Sonderangebot für die Kabelverlegung längs der Hauptstraße (200 € pro km) und über das Feld (350 € pro km). Der Landwirt verlangt die kostengünstigste Kabelverlegung.

Um das Kostenminimum zu bestimmen ist es hilfreich, zunächst eine Skizze der Lagebeziehungen des Hofes zur Kabelanschlussstelle und Straße anzufertigen. (A bezeichnet die Kabelanschlussstelle, B das Landwirtschaftsgut und C die Kreuzung des Feldweges mit der Straße).

Nach dem **Satz des Pythagoras** gilt für das rechtwinklige Dreieck ABC, dass das Hypotenusenquadrat gleich der Summe der beiden Kathetenquadrate ist: $|\overline{AB}|^2 = 12^2 + 5^2$.

Dabei stellt man fest, dass die direkte Verlegung zwischen der Anschlussstelle und dem Landwirtschaftsgut sogar kostenaufwändiger ist (4 550 €) als die Verlegung über die 12 km lange Straße und den 5 km langen Feldweg zum Gehöft (4 150 €).

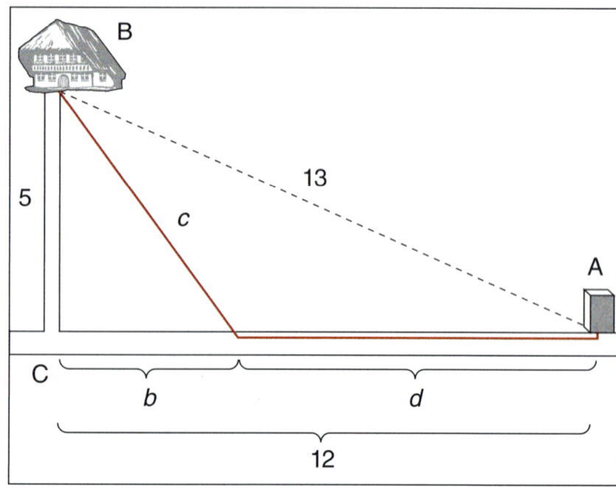

$\Rightarrow |\overline{AB}| = \sqrt{12^2 + 5^2} = \sqrt{169} = 13$

$K_1 = 350 \cdot 13 = 4550$

$K_2 = 350 \cdot 5 + 200 \cdot 12 = 4150$

Es ist anzunehmen, dass die kostengünstigste Lösung über einen „Mittelweg" führt, d. h. über eine schräge Verlegung des Kabels vom Landwirtschaftsgut zur Straße (c) mit anschließender Verlegung längs der Straße (d).

Die neue Kostenfunktion K hängt von zwei Argumentvariablen ab (c und d):

$K(c, d) = 350 \cdot c + 200 \cdot d$.

$K(c, d) = 350 \cdot c + 200 \cdot d$ ► Zielfunktion K

Führt man die Hilfsvariable b ein, so lassen sich die Argumentvariablen c und d mithilfe von b beschreiben, wobei der **Satz des Pythagoras** zur Bestimmung von c ausgenutzt wird **(Nebenbedingungen)**.

Nebenbedingungen:

$c^2 = 5^2 + b^2 \Leftrightarrow \mathbf{c = \sqrt{25 + b^2}}$

$b + d = 12 \quad \Leftrightarrow \mathbf{d = 12 - b}$

► $0 \leq b \leq 12$

Insgesamt ergibt sich als **Zielfunktion** die Kostenfunktion K in Abhängigkeit nur einer Argumentvariablen:

$K(b) = 350 \cdot \sqrt{25 + b^2} + 200 \cdot (12 - b);\ b \in [0; 12]$.

Der **Gültigkeitsbereich** $[0; 12]$ von b ergibt sich aus der minimal und maximal möglichen Größe von b. ► Skizze

Zielfunktion:

$K(c, d) = 350 \cdot c + 200 \cdot d$

$$\Rightarrow K(b) = 350 \cdot \sqrt{25 + b^2} + 200 \cdot (12 - b) = 350 \cdot (25 + b^2)^{0,5} + 2400 - 200b$$

► $b \in [0; 12]$

Zur Berechnung des Kostenminimums, d. h. zur Bestimmung des Tiefpunkts der Kostenfunktion

$K(b) = 350 \cdot (25+b^2)^{0,5} + 200 \cdot (12-b);\ b \in [0;\,12]$,

wird die erste Ableitung $K'(b)$ mittels **der Kettenregel** gebildet und die Gleichung $K'(b) = 0$ gelöst. Die möglichen Extremstellen von K sind die Lösungen dieser Gleichung.

$$K'(b) = 0 \Leftrightarrow \frac{350 \cdot b}{(25+b^2)^{0,5}} - 200 = 0$$
$$\Leftrightarrow \quad 350 \cdot b = 200 \cdot (25+b^2)^{0,5}$$
$$\Leftrightarrow \quad 1{,}75 \cdot b = (25+b^2)^{0,5} \quad \blacktriangleright \text{ Quadrieren}$$
$$\Rightarrow 3{,}0625 \cdot b^2 = 25 + b^2$$
$$\Leftrightarrow 2{,}0625 \cdot b^2 = 25$$
$$\Leftrightarrow \quad b^2 \approx 12{,}12$$
$$\Leftrightarrow \quad b \approx 3{,}48 \quad \text{oder} \quad b \approx -3{,}48$$
$$\Rightarrow \mathbf{b_1 \approx 3{,}48 \in [0;\,12]} \text{ und } b_2 \approx -3{,}48 \notin [0;\,12]$$

Von diesen Lösungen ist nur die Lösung 3,48 **Element des Gültigkeitsbereichs** $[0;\,12]$ von b und damit eine Lösung im Sinne der Aufgabenstellung.

Um zu überprüfen, ob an der Stelle 3,48 tatsächlich eine Minimalstelle vorliegt, wird die zweite Ableitung $K''(b)$ mithilfe der **Quotienten- und Kettenregel** gebildet.

$$K''(b) = \frac{350(25+b^2)^{0,5} - 350b \cdot 0{,}5(25+b^2)^{-0,5} \cdot 2b}{25+b^2}$$
$$= \frac{(25+b^2)^{-0,5} \cdot [350(25+b^2) - 350b^2]}{25+b^2}$$
$$= \frac{8750}{(25+b^2)^{1,5}}$$

Da $K''(3{,}48) > 0$ gilt, ist $b \approx 3{,}48$ eine **lokale Minimalstelle** von K.

$$K''(3{,}48) = \frac{8750}{37{,}12^{1,5}} \quad \blacktriangleright \text{ Vorzeichen „+“}$$
$$\Rightarrow \textbf{Lösung: } b \approx \mathbf{3{,}48} \quad \blacktriangleright\ 3{,}48 \in [0;\,12]$$

Die minimalen Kosten werden wieder durch die Funktion $K(b)$ berechnet.

$$K(3{,}48) \approx \mathbf{3836{,}42}$$
$$\Rightarrow K_{\min}\langle \mathbf{3{,}48 \,|\, 3836{,}42} \rangle$$

Da der Funktionswert $K(3{,}48)$ kleiner als beide **Randwerte** ist, ist das lokale Minimum auch das **absolute Minimum**.

$$K(0) = 350 \cdot 5 + 200 \cdot 12 = 4150$$
$$K(12) = 350 \cdot 13 = 4550$$

Anhand der Nebenbedingungen lassen sich die Maßzahlen für die Strecken c und d berechnen.

$$c = \sqrt{25 + 12{,}12} = \sqrt{37{,}12} \approx \mathbf{6{,}09}$$
$$d \approx 12 - 3{,}48 = \mathbf{8{,}52}$$

Das Unternehmen muss das Kabel 8,52 km auf der Hauptstraße und 6,09 km quer über das Feld verlegen, um mit Kosten von 3 836,42 € die für den Landwirt kostengünstigste Kabelverlegung zu erreichen.

Beispiel 4.52 (Minimale Flugzeit)

Ein Flugzeug fliegt geradlinig von A nach B (Entfernung 1 000 km) mit dem Wind und dann in entgegengesetzter Richtung von B nach C (Entfernung 250 km) gegen den Wind mit der konstanten Eigengeschwindigkeit von 420 km/h.

Bei welcher konstanten Windgeschwindigkeit legt das Flugzeug die Gesamtstrecke in der kürzesten Zeit zurück?

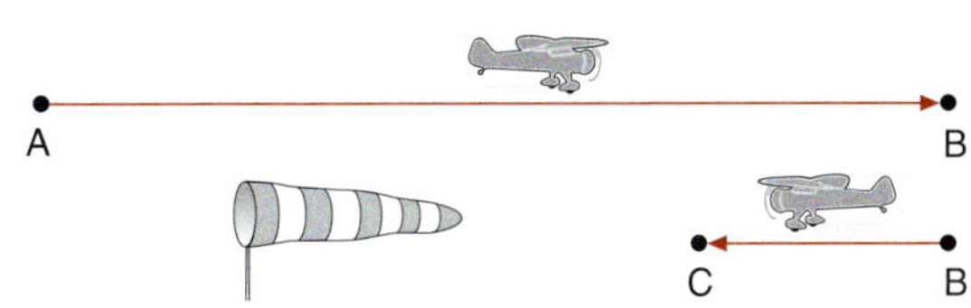

Die gesamte Flugstrecke ist die Summe der Teilstrecken $\overline{AB}$ und $\overline{BC}$. Die Flugzeit ergibt sich als Summe der Flugzeiten für beide Strecken, wobei das Flugzeug auf dem Weg von A nach B mit dem Wind und auf dem Weg von B nach C gegen den Wind fliegt. Auf dem Hinweg ist somit die Gesamtfluggeschwindigkeit durch den Wind größer $(v_E + v_W)$, auf dem Rückweg wird sie jedoch durch den Gegenwind vermindert $(v_E - v_W)$.

$s = s_1 + s_2$ ▶ $s_1 = |\overline{AB}|, s_2 = |\overline{BC}|$

$\Rightarrow\ t = t_1 + t_2$ ▶ t_1 Flugzeit von A nach B; t_2 Flugzeit von B nach C

$= \frac{s_1}{v_E + v_W} + \frac{s_2}{v_E - v_W}$ ▶ v_E Eigengeschwindigkeit; v_W Windgeschwindigkeit

Mithilfe der **Nebenbedingungen** $s_1 = 1\,000$, $s_2 = 250$ und $v_E = 420$ ergibt sich die Flugzeit t als Funktion in Abhängigkeit der Variablen v_W. Zu untersuchen ist also die **Zielfunktion**

$$t(v_W) = \frac{1\,000}{420 + v_W} + \frac{250}{420 - v_W};\ v_W \in [0; 420).$$

Nebenbedingungen:
$s_1 = 1\,000,\ \ s_2 = 250,\ \ v_E = 420$

$t(v_W) = \frac{1\,000}{420 + v_W} + \frac{250}{420 - v_W}$ ▶ t Zielfunktion

$\Rightarrow\ v_W \in [0; 420)$ ▶ Gültigkeitsbereich von v_W

Der **Gültigkeitsbereich** $[0; 420)$ von v_W ergibt sich aus der Überlegung, dass das Flugzeug auf dem Rückweg nur dann von B nach C gelangen kann, wenn die Windgeschwindigkeit kleiner als die Eigengeschwindigkeit des Flugzeugs, aber größer oder gleich 0 (Windstille) ist.

Zur Berechnung der günstigsten Windgeschwindigkeit für die kürzeste Flugzeit, also zur Bestimmung des Minimums von t, wird die erste Ableitung $t'(v_W)$ mittels der **Kehrwertregel** gebildet und die Gleichung $t'(v_W) = 0$ gelöst, denn die möglichen Extremstellen von t sind die Lösungen dieser Gleichung.

$$\begin{aligned}
t'(v_W) = 0 \Leftrightarrow\ & \frac{-1000}{(420 + v_W)^2} + \frac{-250 \cdot (-1)}{(420 - v_W)^2} = 0 \\
\Leftrightarrow\ & 250 \cdot (420 + v_W)^2 = 1\,000 \cdot (420 - v_W)^2 \\
\Leftrightarrow\ & (420 + v_W)^2 = 4 \cdot (420 - v_W)^2 \quad |\sqrt{\ } \\
\Leftrightarrow\ & 420 + v_W = 840 - 2v_W \\
\Leftrightarrow\ & 3v_W = 420 \\
\Leftrightarrow\ & v_W = 140 \quad ▶\ 140 \in [0; 420)
\end{aligned}$$

Während des Lösungsvorgangs muss radiziert werden. Dabei wird davon Gebrauch gemacht, dass die auftretenden Radikanden aufgrund des Gültigkeitsbereichs von v_W nicht negativ sein können. Als einzige Lösung der Gleichung $t'(v_W) = 0$ erhält man für v_W den Wert 140, der auch **Element des Gültigkeitsbereichs** $[0; 420)$ von v_W ist.

Die zweite Ableitung $t''(v_W)$ wird mithilfe der **Kehrwert-** und der **Kettenregel** gebildet, um zu überprüfen, ob an der Stelle 140 tatsächlich eine **lokale Minimalstelle** der Funktion t vorliegt. Da $f''(140) > 0$ gilt, ist das der Fall.

$t''(v_W) = \frac{2000}{(420 + v_W)^3} + \frac{-500 \cdot (-1)}{(420 - v_W)^3}$

$t''(140) \approx 0{,}000023$ ▶ Vorzeichen „+“

Die minimale Flugzeit entspricht dem Funktionswert $t(140)$.

$\Rightarrow$ **Lösung:** $\boldsymbol{v_W = 140}$ ▶ $140 \in [0; 420)$
$t(140) \approx 2{,}68$

Da der Funktionswert $t(140)$ kleiner als beide **Randwerte** ist, ist das lokale Minimum auch das **absolute Minimum**.

$\Rightarrow \boldsymbol{t_{\min}\langle 140 \,|\, 2{,}68 \rangle}$
$t(0) \approx 2{,}98$ und $\text{l-}\lim\limits_{v_W \to 420} t(v_W) = \infty$

Das Flugzeug legt also bei einer Windgeschwindigkeit von 140 km/h die Gesamtstrecke in der kürzesten Zeit von 2,68 Stunden zurück.

Beispiel 4.53

Zwischen dem Graphen der Funktion $f(x) = \frac{1}{25}x^4 - \frac{2}{3}x^2 + \frac{9}{5}$ und der x-Achse soll ein Rechteck mit maximalem Inhalt wie in der Zeichnung einbeschrieben werden. Untersuchen Sie, wie groß der maximale Rechteckinhalt ist und welche Längen die Rechteckseiten haben.

Da f eine gerade Funktion und $G(f)$ somit achsensymmetrisch zur y-Achse ist, liegt auch das Rechteck symmetrisch zu beiden Seiten der y-Achse zwischen den Nullstellen $-1{,}84$ und $1{,}84$ der Funktion f.

▶ Zeichnung

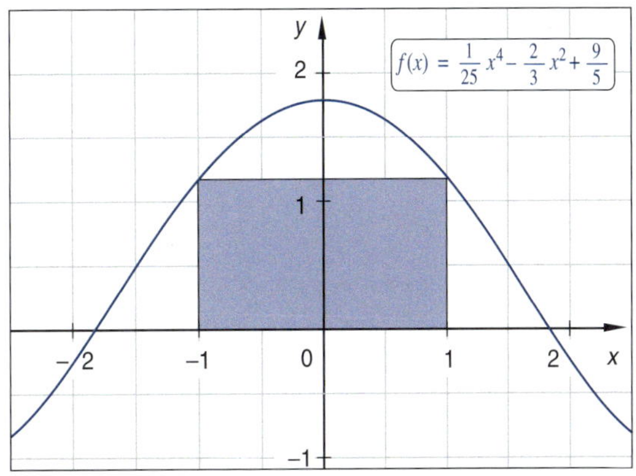

Diese Nullstellen lassen sich rechnerisch aus $\frac{1}{25}x^4 - \frac{2}{3}x^2 + \frac{9}{5} = 0$ mithilfe des Substitutionsverfahren ermitteln. Daher kann für $x \in [0; 1{,}84]$ die Länge der Grundseite des Rechtecks mit $2 \cdot x$ und die Länge der Höhe mit $y = f(x)$ (**Nebenbedingung**) bezeichnet werden.

Für $x \in [0; 1{,}84]$ gilt:

$2x$ ▶ Länge der Rechteckgrundseite

$y = f(x)$ ▶ Länge der Rechteckhöhe

Mithilfe der **Nebenbedingung** erhält man die von einer Argumentvariablen (x) abhängige **Zielfunktion**

$A(x) = 2 \cdot x \cdot f(x) = \frac{2}{25}x^5 - \frac{4}{3}x^3 + \frac{18}{5}x$;

$x \in [0; 184]$.

Flächeninhalt des Rechtecks

$A(x, y) = 2 \cdot x \cdot y$ ▶ Zielfunktion A

$\Rightarrow A(x) = 2 \cdot x \cdot f(x) = \frac{2}{25}x^5 - \frac{4}{3}x^3 + \frac{18}{5}x$;

$x \in [0; 1{,}84]$.

$\Rightarrow A'(x) = 0{,}4\,x^4 - 4x^2 + 3{,}6$

Die **möglichen Extremstellen** von A sind die Lösungen der Gleichung $A'(x) = 0$. Beim Lösen dieser Gleichung wird das **Substitutionsverfahren** angewendet.

▶ Abschnitt 2.3

Substitution (lat)
= Ersetzung

$$A'(x) = 0 \Leftrightarrow 0{,}4\,x^4 - 4x^2 + 3{,}6 = 0$$
$$\Leftrightarrow \quad x^4 - 10x^2 + 9 = 0$$

Substituiere $x^2 = z$:

$$x^4 - 10x^2 + 9 = 0 \Leftrightarrow z^2 - 10z + 9 = 0$$
$$\Leftrightarrow z^2 - 10z + 25 = 16$$
$$\Leftrightarrow (z-5)^2 = 16$$
$$\Leftrightarrow |z-5| = 4$$
$$\Leftrightarrow z = \mathbf{1} \text{ oder } z = \mathbf{9}$$

4

Nur die gefundene Lösung 1 ist **Element des Gültigkeitsbereichs** $[0; 1{,}84]$ von x.

Rücksubstituiere $z = x^2$:

$z = 1 \Leftrightarrow x^2 = 1 \Leftrightarrow |x| = 1$

$\Leftrightarrow x = -1$ ▶ $-1 \notin [0; 1{,}84]$

oder $x = \mathbf{1}$ ▶ $1 \in [0; 1{,}84]$

$z = 9 \Leftrightarrow x^2 = 9 \Leftrightarrow |x| = 3$

$\Leftrightarrow x = -3$ ▶ $-3 \notin [0; 1{,}84]$

oder $x = 3$ ▶ $3 \notin [0; 1{,}84]$

Da $A''(1) < 0$ gilt, ist $x_E = 1$ **lokale Maximalstelle** von A.

$A''(x) = 1{,}6x^3 - 8x$

$\Rightarrow A''(1) = -6{,}4$ ▶ Vorzeichen „–"

Lösung: $x_E = \mathbf{1}$ ▶ lokale Maximalstelle

$A'(1) = 0, A''(1) < 0$ und $A(1) \approx 2{,}35$
$\Rightarrow \boldsymbol{A_{max} = \langle 1 | 2{,}35 \rangle}$.

$A(1) = \frac{176}{75} \approx \mathbf{2{,}35}$

Da der Funktionswert $A(1)$ größer als beide **Randwerte** ist, ist das lokale Maximum auch das **absolute Maximum**.

$A(0) = 0$

$A(1{,}84) = 0$

Die Rechteckhöhe entspricht $f(1) \approx 1{,}17$.

$y = f(1) = \frac{88}{75} \approx \mathbf{1{,}17}$

Die Rechteckseiten müssen also 2 LE und ca. 1,17 LE lang sein, damit der maximale Rechteckinhalt von ca. 2,35 FE erreicht wird.

Zur Lösung von Extremwertaufgaben **mit** Nebenbedingungen empfiehlt sich folgende Vorgehensweise:

- Darlegung der Problemstellung möglichst anhand einer **Skizze** mit allen gegebenen Größen und den vorkommenden Variablen.
- Aufstellen der **Zielfunktion** in Abhängigkeit aller auftretenden Variablen.
- Formulierung der **Nebenbedingungen**, mit deren Hilfe die Zielfunktion als Funktion in **nur einer** Variablen reduziert wird.
- Bestimmung des **Gültigkeitsbereichs** der Argumentvariablen der Zielfunktion.
- Untersuchung der Zielfunktion auf **lokale Extremstellen**.
- Feststellen anhand der **Randuntersuchung**, ob das errechnete lokale Extremum auch absolutes Extremum ist.
- **Berechnung der Werte für die weiteren Variablen** mittels der Extrema und der Nebenbedingungen.

Alles klar?

Zwischen dem Graphen von $f(x) = 8xe^{-0{,}5x}$ und der x-Achse soll im I. Quadranten ein rechtwinkliges Dreieck wie nebenstehend einbeschrieben werden. Welche Seitenlängen und welche Fläche muss das Dreieck haben, wenn sein Inhalt maximal sein soll?

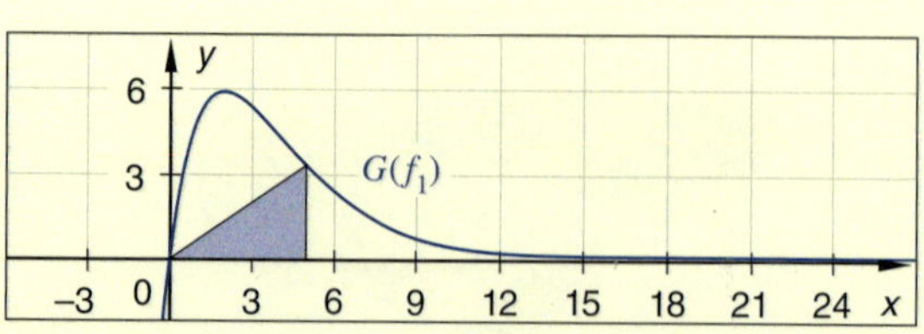

Übungen zu 4.5

1 Zeichnen Sie den Graphen der Funktionen $f(x)=\frac{x}{4}\cdot\sqrt{400-x^2}$; $x\in[0;20]$ und $f^2(x)=\frac{x^2}{16}\cdot(400-x^2)$; $x\in[0;20]$ und zeigen Sie am Beispiel dieser beiden Funktionen, dass die Funktion f^2 an denselben Stellen Extremstellen besitzt wie die Funktion f (f^2 kann aber unter Umständen noch zusätzliche Extremstellen haben).

Extremwertaufgaben *ohne* Nebenbedingungen

2 Welcher Punkt des zur Funktion $f(x)=\sqrt{6-x}$; $x\leq 6$ gehörenden Funktionsgraphen hat vom Koordinatenursprung den kürzesten Abstand?

3 Gegeben sind die Funktionen $f(x)=(x-2)^2+3$ und $g(x)=x-5$ mit $x\in\mathbb{R}$.

Ermitteln Sie die kürzeste Entfernung zwischen beiden Graphen.

Übungen aus der Ökonomie

4 Von einer Kaffeesorte wird bei einem Preis von 10 € je kg eine Menge von 10.000 kg abgesetzt. Einer Marktanalyse zufolge führt eine Preissenkung um jeweils 0,25 € je kg zu einer Absatzsteigerung von 1.000 kg.

Bei welchem Verkaufspreis wird der Gewinn maximal, wenn der Selbstkostenpreis 7 € pro kg beträgt? Wie hoch ist der Gewinn?

5 Beim Bau eines Mietshauses sollen die Kosten im Verhältnis zum Ertrag minimiert werden. Die Grundkosten betragen 1.600.000 €, das 1. Stockwerk kostet 200.000 €. Jedes weitere Stockwerk kostet 50.000 € mehr als das vorhergehende. Der Mietertrag beträgt 5.000 € pro Stockwerk.

Wie viele Stockwerke sollte man unter ökonomischen Gesichtspunkten bauen?

6 Gegeben ist die zu einer **Isoquante** (Kurve aller Kombinationen zweier Produktionsfaktoren mit gleichem mengenmäßigen Ertrag) gehörende Funktion I mit $I(x)=\frac{6}{x}+3$. ► Abschnitt 4.4.5

Der Einsatzfaktor Dünger, dessen Menge (bezogen auf die Einheit Sack) auf der x-Achse abgetragen wird, kostet 8 GE pro Sack; der Faktor Arbeit, dessen Menge (bezogen auf Stunden) auf der y-Achse abgetragen wird, kostet 12 GE pro Stunde. Es stehen 84 GE zur Verfügung.

a) Bestimmen Sie den Funktionsterm der **Isokostenfunktion** (Isokostenkurve = Kurve aller Mengenkombinationen der beiden Faktoren, die mit genau 84 GE realisiert werden können).

b) Bestimmen Sie die **Minimalkostenkombination**, das ist die kostengünstigste Faktormengenkombination (MKK liegt im Berührpunkt von Isoquante und Isokostenkurve).

7 Die 100-kg-Isoquante ist der Graph der Funktion $I(x)=\frac{12}{x^2}+2$. Der Produktionsfaktor x hat einen Stückpreis von 30 GE, der Produktionsfaktor y einen Stückpreis von 10 GE.

a) Bestimmen Sie die Minimalkostenkombination (MKK) mathematisch.

b) Bestimmen Sie den für die Realisierung der MKK erforderlichen Geldbetrag.

c) Ermitteln Sie den Funktionsterm der Isokostenfunktion.

8 Gegeben ist die Preisabsatzfunktion $p_N(x)=0{,}5\cdot(36-x^2)$.

a) Bestimmen Sie den Funktionsterm der Erlösfunktion.

b) Bestimmen Sie die erlösmaximale Ausbringungsmenge.

9 Eine Unternehmerin verkauft die Sektmarke Rotkappe zum Preis von 5 € pro Flasche. Dabei kann sie pro Woche 1.800 Flaschen absetzen. Der Verkaufsleiter weiß, dass bei Senkung des Preises je Flasche um jeweils 0,50 € die Absatzmenge um jeweils 200 Flaschen erhöht werden kann.

a) Bestimmen Sie die Preisabsatzfunktion p.
b) Wie groß ist die Absatzmenge zu wählen, damit der Erlös möglichst groß wird?

10 Die Einkaufsleiterin eines Unternehmens plant für das nächste Jahr die kostenminimale Bestellmenge. Sie geht in ihrer Planung davon aus, dass 9 000 Bleche einer bestimmten Qualität benötigt werden. Jede Anlieferung verursacht Transportkosten von 500 €. Die Kosten für die Lagerung betragen 4 € pro Blech.

Wie hoch ist die optimale Bestellmenge und wie hoch sind die minimalen Kosten?
Hinweis: Der **durchschnittliche Lagerbestand** ist die Hälfte der gelieferten Menge.
Setzen Sie x für die Anzahl der Bestellungen.

11 Ein Unternehmen produziert Spezialkopfkissen und verkauft diese zum Stückpreis von 42 €. Bei der Produktion entstehen täglich fixe Kosten in Höhe von 1.200 €. Das Unternehmen liegt bei täglichen Absatzmengen zwischen 100 Stück und 400 Stück in der Gewinnzone.

a) Bestimmen Sie den Term der Kostenfunktion zweiten Grades.
b) Berechnen Sie die gewinnmaximale Ausbringungsmenge und den Gesamtgewinn.
c) Aufgrund eines neuen Pachtvertrags für das Betriebsgrundstück steigen die fixen Kosten um 25 %, zugleich soll der maximale Gewinn auf 1.100 € täglich gesteigert werden.
c_1) Bei welcher Produktionsmenge wird das Gewinnmaximum erreicht?
c_2) Welchen Preis müsste der Hersteller nun verlangen?
d) Wie wäre seine Gewinnsituation, wenn eine 2 %ige Sondersteuer auf den Preis aufgeschlagen werden müsste, der Anbieter aber wegen der Konkurrenzsituation zu anderen Unternehmen den Preis nicht erhöhen könnte?

12 Unter der **Wirtschaftlichkeit** W eines Betriebes versteht man den Quotienten aus Ertrag und Aufwand (▶ Abschnitt 2.4, Übungsaufgabe 16).

Bei welcher Produktionsziffer arbeitet ein Betrieb am wirtschaftlichsten, wenn seine Ertragsfunktion $E_R(x) = 162x$ und seine Aufwandsfunktion $A(x) = x^2 + 5600$ sind?

Anmerkung zu Aufgabe 13:
Unter **Grenzproduktivität** versteht man ökonomisch den durch die letzte eingesetzte Einheit eines Produktionsfaktors erzielten Ertrag. Mathematisch ist die Grenzproduktivität die Ableitung der Produktionsfunktion.

13 Ein Betrieb produziert aufgrund der Gleichung $y = 50\sqrt{x-2}$.

a) Wie hoch ist die Grenzproduktivität bei einem Faktoreinsatz von 27 Stück ($x = 27$)?
b) Bei welcher Faktormenge beträgt die Grenzproduktivität 2,5?

14 Die Beziehung zwischen den Werbeausgaben W und dem Umsatz U eines Produkts lässt sich bei einem Unternehmen durch folgende Gleichung darstellen:
$U(W) = 20000 \lg(W - 10000)$.

a) Stellen Sie den Zusammenhang graphisch dar. Was sagt $G(U)$ aus?
b) Wie viele Euro müssen mindestens für Werbung ausgegeben werden, damit überhaupt eine Werbewirkung eintritt?
c) Berechnen Sie den Umsatz bei folgenden Werbeausgaben: 11.000 €; 20.000 € und 110.000 €. Was schließen Sie daraus?

Extremwertaufgaben *mit* Nebenbedingungen

15 Ein Rechteck mit dem Umfang 20 cm soll so gestaltet werden, dass die Diagonale möglichst klein wird.

16 Ein Kegel mit der Seitenkante 24 cm soll ein möglichst großes Volumen haben.

4

17 Einer Halbkugel mit dem Radius 20 cm soll ein Zylinder mit maximalem Volumen einbeschrieben werden.

18 Einem Halbkreis mit dem Radius 30 cm soll ein gleichschenkliges Dreieck einbeschrieben werden, dessen Spitze mit dem Halbierungspunkt des Durchmessers zusammenfällt.

Welche Maße muss das Dreieck haben, damit seine Fläche maximal groß ist?

19 Gesucht ist ein Rechteck mit der Diagonalen 15 cm, das den größten Flächeninhalt hat.

20 In eine Kugel mit dem Radius 18 cm soll ein Zylinder mit maximalem Volumen einbeschrieben werden.

21 Ein gleichschenkliges Dreieck mit dem Umfang 120 m soll so gewählt sein, dass der Flächeninhalt maximal ist.

22 Die Zahl 20 soll so in zwei Summanden zerlegt werden, dass

a) ihr Produkt möglichst groß und
b) die Summe ihrer Quadrate möglichst klein wird.

23 In einen Kreis mit dem Radius 8 cm soll ein Rechteck eingezeichnet werden, das

a) einen möglichst großen Flächeninhalt bzw.
b) einen möglichst großen Umfang besitzt.

24 Einem Halbkreis ist ein auf der Spitze stehendes gleichschenkliges Dreieck mit möglichst großem Inhalt einzubeschreiben.

Wie groß sind Höhe und Basis zu wählen?

25 Die beiden Katheten eines rechtwinkligen Dreiecks sind zusammen 10 cm lang.

Wie sind die Katheten zu wählen, damit die Hypotenuse möglichst klein wird?

26 Ein rundum gemauerter unterirdischer Abwasserkanal in der Form eines Rechtecks mit aufgesetztem Halbkreis (Gesamtumfang 5 m) soll wegen der günstigeren Strömungsverhältnisse einen möglichst großen Querschnitt haben.

Welche Abmessungen sind zu wählen?

27 In einer Wohnsiedlung, die durch 2 Häuserfronten längs der Koordinatenachsen und einen Fußweg begrenzt wird, dessen Verlauf der Funktion $e^{-0,5x}$; $x \geq 0$ entspricht, sollen Möglichkeiten für Freizeitsport geschaffen werden. Im Zentrum dieses Gebiets soll eine möglichst große rechteckige Spielfläche für Fußballspiele entstehen.

Berechnen Sie die Maße dieser maximalen Fläche, deren einer Eckpunkt mit dem Fußweg zusammenfällt.

28 Der Sicherheitsabstand $s(v)$ zweier mit der Geschwindigkeit v (bezogen auf km/h) fahrender Autos beträgt: $s(v) = \frac{v^2}{100} + \frac{v}{3,6} + 6$. Für eine Autokolonne, die eine 1 000 m lange Messstrecke in einer Stunde passiert, wird die Verkehrsdichte durch die folgende Gleichung angegeben:

$$y(v) = \frac{1\,000\,v}{\frac{v^2}{100} + \frac{v}{3,6} + 6}.$$

a) Ermitteln sie durch Differentiation die optimale Geschwindigkeit für eine maximale Verkehrsdichte.
b) Wie viele Autos können in einer Stunde mit dieser optimalen Geschwindigkeit die Messstrecke durchfahren?

29 Ein Ort A hat von einem geradlinig verlaufenden Kanal einen Abstand von 20 km (B ist der Fußpunkt des Lotes von A zum Kanal). Der Kanal führt zur Hafenstadt C, die 70 km von B entfernt ist. Zwischen B und C soll der Hafen H gebaut werden.

Wo muss der Hafen gebaut werden, damit die Frachtkosten von C nach A minimal sind, wenn die Kosten für die Wasserfracht 80 % der Kosten für die Landfracht ausmachen?

30 Bei einem Versuch wird ein Körper in einem großen Bassin einer Strömung ausgesetzt. Der Körper hat eine Eigengeschwindigkeit von 10 m/sec. Er soll 500 m hin- und 180 m zurückschwimmen.

Wie groß muss die Strömungsgeschwindigkeit sein, damit die gesamte Strecke in der kürzestmöglichen Zeit zurückgelegt werden kann?

31 Gegeben ist die Funktion $f(x)=0{,}5x^2-2x+1$. Welcher Punkt auf $G(f)$ hat von $P\langle 2\,|\,2\rangle$ den kleinsten Abstand?

32 Welcher Punkt des Graphen der Funktion $f(x)=(x-2)^2$ hat die kürzeste Entfernung zum Koordinatenursprung?

33 Bestimmen Sie die kürzeste Entfernung zwischen den Graphen der Funktionen $f(x)=x^2+1$ und $g(x)=x-4$.

34 Dem Graphen der Funktion $f(x)=-(x-2)^2+4$ soll in dem über der x-Achse liegenden Teil ein rechtwinkliges Dreieck mit maximalem Flächeninhalt einbeschrieben werden, dessen Katheten parallel zu den Koordinatenachsen verlaufen.

a) Welche Maße haben die Dreiecksseiten?
b) Welche Fläche hat das Dreieck?

35 Ein Marmeladenglas hat die Form eines Zylinders mit aufgesetzter Halbkugel. Das Fassungsvermögen des zylinderförmigen Teils beträgt 0,55 l. Zur besseren Haltbarkeit der Marmelade soll die gesamte Innenfläche des Marmeladenglases – also einschließlich der Innenfläche des Deckels – mit einem speziellen Kunststoff beschichtet werden. Berechnen Sie den Radius der Grundfläche des Zylinders so, dass möglichst wenig Innenfläche mit Kunststoff beschichtet werden muss.

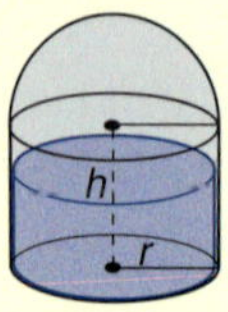

36 Ein quadratischer Platz mit der Seitenlänge 120 m soll von 4 Riesenlampen, die auf den Ecken des Quadrats stehen, beleuchtet werden. Die Leuchten werden durch Hochleistungskabel miteinander verbunden und an die Stromversorgung in der Mitte des Platzes angeschlossen.

a) Wie lang ist das benötigte Kabel, wenn der Kabelverbrauch minimiert werden soll?
b) Ermitteln sie den Term der Funktion, die den Kabelverbrauch für eine beliebige Seitenlänge des Platzes angibt.

Anwendung aus der EDV
Optimale Bestellmenge:

Unternehmen, die auf eine Lagerhaltung angewiesen sind, wie z. B. Einzelhandelsunternehmen, stehen vor der Frage, ob sie ihren gesamten Jahresbedarf durch eine einmalige Bestellung oder durch mehrmalige Bestellungen von gleich großen Teilmengen im Laufe eines Jahres decken sollen.
Je größer die Anzahl der Bestellungen ist, desto geringer ist der tatsächliche Lagerbestand und der rechnerisch ermittelte **durchschnittliche Lagerbestand**, welcher der Hälfte der Bestellmenge entspricht und dessen Wert die Bezugsgröße für die Berechnung der (kalkulatorischen) **Lagerkosten** ist. Im Gegensatz dazu wachsen die Kosten der Bestellung mit der Anzahl der Bestellungen pro Jahr.
Da Unternehmen auch in diesem Bereich Kostenminimierung anstreben, wird die Anzahl der Bestellungen (x) und damit die Bestellmenge gesucht, bei der die Summe aus Lagerkosten und Bestellkosten minimal ist. Diese Bestellmenge wird als **optimale Bestellmenge** bezeichnet.

37 Ein Elektronik-Unternehmen benötigt pro Rechnungsperiode 48.000 Stück von 1,5-V-Batterien zum Stückbezugspreis von 1 €. Es rechnet mit Lagerkosten von 15 %, berechnet vom Wert des durchschnittlichen Lagerbestands, und mit Bestellkosten von 100 € pro Bestellung.

a) Bestimmen Sie den durchschnittlichen Lagerbestand in Abhängigkeit von der Anzahl der jährlichen Bestellungen.
b) Bestimmen Sie die Lagerkosten.
c) Bestimmen Sie die Bestellkosten in Abhängigkeit von der Anzahl der Bestellungen.
d) Geben Sie die Gesamtkostenfunktion K an (Lagerkosten + Bestellkosten).
e) Fertigen Sie mithilfe von Excel eine Tabelle mit der Anzahl der Bestellungen, der Bestellmenge, dem durchschnittlichen Lagerbestand, den Lager- und Bestellkosten sowie den Gesamtkosten mit $x\in\{1,2,\ldots,8\}$ an und lesen Sie die optimale Bestellmenge aus der Tabelle ab.
f) Überprüfen Sie das Ergebnis anhand der Berechnung des Gesamtkostenminimums.

Zu a) Der durchschnittliche Lagerbestand *DLB* entspricht rechnerisch der Hälfte der Bestellmenge.

$$DLB(x) = \frac{\mathbf{48.000}}{\mathbf{2x}};\ x \in \{1, 2, \ldots, 8\}$$

Zu b) Die Lagerkosten *LK* errechnen sich zu 15 % vom durchschnittlichen Lagerbestand.

$$LK(x) = \mathbf{0{,}15} \cdot \boldsymbol{DLB(x)};\ x \in \{1, 2, \ldots, 8\}$$

Zu c) Die Bestellkosten *BK* betragen 100 € pro Bestellung.

$$BK(x) = \mathbf{100x};\ x \in \{1, 2, \ldots, 8\}$$

Zu d) Die Gesamtkosten *K* ergeben sich aus der Summe von Lager- und Bestellkosten.

$$K(x) = LK(x) + BK(x) = \mathbf{0{,}15} \cdot \frac{\mathbf{48.000}}{\mathbf{2x}} + \mathbf{100x};$$
$$x \in \{1, 2, \ldots, 8\}$$

Zu e) Nach den Rechnungen aus a) bis d) ergibt sich mithilfe von Excel folgende Tabelle, wobei der Eingabebereich hellgelb unterlegt ist.

	A	B	C	D	E	F
1	**Optimale Bestellmenge**					
2						
3	**Jahresverbrauch :**		**48.000**			
4	**Preis pro Stück :**		**1,00 €**			
5	**Kosten pro Bestellung :**		**100,00 €**			
6	**Lagerkostensatz :**		**15%**			
7						
8	**Anzahl der Bestellungen**	**Bestell-menge**	**Durchschnittl. Lagerbestand**	**Lager-kosten**	**Bestell-kosten**	**Gesamt-kosten**
9	**1**	48000	24.000,00 €	3.600,00 €	100,00 €	3.700,00 €
10	**2**	24000	12.000,00 €	1.800,00 €	200,00 €	2.000,00 €
11	**3**	16000	8.000,00 €	1.200,00 €	300,00 €	1.500,00 €
12	**4**	12000	6.000,00 €	900,00 €	400,00 €	1.300,00 €
13	**5**	9600	4.800,00 €	720,00 €	500,00 €	1.220,00 €
14	***6***	***8000***	***4.000,00 €***	***600,00 €***	***600,00 €***	***1.200,00 €***
15	**7**	6857	3.428,57 €	514,29 €	700,00 €	1.214,29 €
16	**8**	6000	3.000,00 €	450,00 €	800,00 €	1.250,00 €

Die optimale Bestellmenge ist demnach 8.000 Stück bei insgesamt 6 Bestellungen pro Rechnungsperiode. Bei dieser Konstellation betragen die Gesamtkosten 1.200 €.

Die Formeln zur Berechnung der einzelnen Werte werden hier in den ersten 3 Zeilen dargestellt.

	A	B	C	D	E	F
9	1	=$C$3/A9	=B9/2*$C$4	=C9*$C$6	=$C$5*A9	=SUMME(D9:E9)
10	2	=$C$3/A10	=B10/2*$C$4	=C10*$C$6	=$C$5*A10	=SUMME(D10:E10)

Zu f) Zur Bestimmung der Minimalstelle der Kostenfunktion *K* wird *K* gliedweise differenziert, wobei der gebrochen-rational Summand nach der Potenzregel und der Faktorregel abgeleitet wird. ▶ Abschnitt 4.4.2

Anschließend werden die Nullstellen der Ableitungsfunktion K' ermittelt.

An der Stelle $\boldsymbol{x_E = 6}$ besitzt *K* eine **lokale Minimalstelle.** Mit $K(6) = 1.200$ belaufen sich die Gesamtkosten bei 6 Bestellungen auf 1.200 €.

Die optimale Bestellmenge *OBM* ist somit 8.000 Stück bei 6 Bestellungen pro Rechnungsperiode.

$$K'(x) = -\frac{3.600}{x^2} + 100 = \frac{-3.600 + 100x^2}{x^2};$$
$$x \in \{1, 2, \ldots, 8\}$$
$$K'(x) = 0 \Leftrightarrow -3600 + 100x^2 = 0$$
$$\Leftrightarrow \quad |x| = 6$$

Lösung: $x_E = \mathbf{6}$ ▶ $-6 \notin \{1, 2, \ldots, 8\}$

$$K''(x) = \frac{7200}{x^3} \Rightarrow K''(6) = \frac{100}{3}$$ ▶ Vorzeichen „+“

$\Rightarrow x_E = 6$ ist lokale Minimalstelle von *K*.

▶ $K(6) = 1.200$

$$OBM(x) = \frac{48.000}{x};\ x \in \{1, 2, \ldots, 8\}$$
$$OBM(6) = \frac{48.000}{6} = \mathbf{8.000}$$

38 Ein Spielzeuggroßhandel benötigt pro Rechnungsperiode 7.200 Kinder-DVD-Player zum Bezugspreis von 35 € je Stück. Er rechnet mit Lagerkosten von 20 %, berechnet vom Wert des durchschnittlichen Lagerbestands, und mit Bestellkosten von 700 € pro Bestellung.

a) Geben Sie die Gesamtkostenfunktion K an (Lagerkosten und Bestellkosten).
b) Stellen Sie die Gesamtkosten in einem Koordinatensystem dar, indem sie auf der Abszisse die Anzahl der Bestellungen abtragen und berechnen Sie die optimale Bestellmenge.
c) Fertigen Sie mithilfe von Excel eine Tabelle mit der Anzahl der Bestellungen, der Bestellmenge, dem durchschnittlichen Lagerbestand, den Lager- und Bestellkosten sowie den Gesamtkosten mit $x \in \{1, 2, \ldots, 12\}$ an und lesen Sie die optimale Bestellmenge aus der Tabelle ab.
d) Überprüfen Sie das Ergebnis anhand der Berechnung des Gesamtkostenminimums.

39 Der Möbelproduzent Woody möchte Regalsysteme möglichst kostengünstig produzieren und lagern. Bei einem Jahresbedarf von 6.000 Stück geht der Produzent von 3.000 € Rüstkosten der Produktionsmaschine je Umrüstungsvorgang und Lagerkosten von 36 € je Stück aus.

a) Geben Sie die Gesamtkostenfunktion K an (Rüstkosten und Lagerkosten).
b) Stellen Sie die Gesamtkosten in einem Koordinatensystem dar, indem Sie auf der Abszisse die Losgröße (in Stück) abtragen und berechnen Sie die optimale Losgröße.
c) Fertigen Sie mithilfe von Excel eine Tabelle mit der Anzahl der Loswechsel, dem durchschnittlichen Lagerbestand, den Rüst- und Lagerkosten sowie den Gesamtkosten des Loses mit $x \in \{600, 750, 1.000, 1.500, 3.000\}$ (▶ mögliche Losgrößen) an und lesen Sie die optimale Losgröße aus der Tabelle ab.
d) Überprüfen Sie das Ergebnis anhand der Berechnung des Gesamtkostenminimums.

Anmerkungen:
Die **Losgröße** ist die in einem zusammenhängenden Fertigungsgang ohne Umrüstung der Fertigungsanlagen erstellte Menge, die innerhalb eines bestimmten Zeitraums auch abgesetzt werden kann.
Rüstkosten entstehen durch Umbauarbeiten an Maschinen, um diese auf die Erfordernisse des neuen Loses einzustellen, und sind unabhängig von der Losgröße.
Lagerkosten entstehen durch die Zwischenlagerung der Produktionserzeugnisse zwischen deren Fertigung und Absatz und sind abhängig von der Losgröße.

40 Eine Maschine im Anschaffungswert von 20.000 € hat eine technische Nutzungsdauer von 15 Jahren. Bei einer gleichbleibenden Jahresleistung (von z. B. 5.000 Stück) entstehen im 1. Jahr der Nutzung Kosten in Höhe von 900 €, die laufenden Kosten erhöhen sich in den folgenden Nutzungsjahren jeweils um 400 €. Berechnen Sie die optimale Nutzungsdauer.

Nutzungsdauer (in Jahren)	Kosten pro Nutzungsjahr	Laufende Kosten (im Jahr)	Durschnittl. laufende Kosten	Durchschnittl. Gesamtkosten
1				
2				
3				
4				
5				
6				
7				
8				
9				
10				
11				
12				
13				
14				
15				

5 Integralrechnung

„Integrieren" heißt soviel wie „ganz machen" und entsprechend bedeutet die Berechnung eines Integrals, das Verhalten einer Funktion auf einem Intervall in einem einzigen Ergebnis zusammenzufassen.

Derartige Fragen tauchen in den verschiedensten Zusammenhängen auf, etwa wenn es darum geht, den von der Achterbahn zurückgelegten Weg zu berechnen, wenn nur die Geschwindigkeit zu jedem Zeitpunkt bekannt ist. Geometrisch ist dies verwandt mit dem Problem, die Fläche unterhalb eines Graphen zu bestimmen.

5.1 Der Hauptsatz der Differential- und Integralrechnung

Die Differentialrechnung ist aus dem Bedürfnis heraus entstanden, den Anstieg der Tangente in einem Punkt des Graphen einer Funktion zu berechnen (**Tangentenproblem**), die Integralrechnung aus dem Bedürfnis heraus, den Flächeninhalt krummlinig begrenzter Flächenstücke ermitteln zu können (**Flächeninhaltsproblem**). Während sich das eine auf eine Eigenschaft im Kleinen bezieht, befasst sich das andere mit einer Eigenschaft im Ganzen.

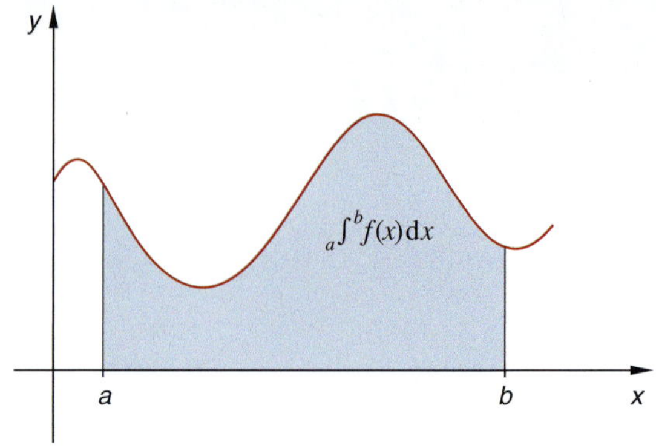

Trotz dieses grundlegenden Unterschieds besteht eine so enge Beziehung zwischen den beiden Problemen, dass beide unter gewissen Voraussetzungen als Umkehrungen voneinander angesehen werden können, ähnlich wie die Multiplikation und die Division Umkehrungen voneinander sind. Das ist im Wesentlichen **der Inhalt des sogenannten Hauptsatzes der Differential- und Integralrechnung**, der im Folgenden erarbeitet wird.

5.1.1 Die Fläche unter einem Graphen

Beispiel 5.1 (Erlös als Fläche)

Das Unternehmen Borgknawe plant die Markteinführung von zwei neuen Produkten A und B. Nach umfangreichen Marktanalysen und der Einschätzung der eigenen Produktionskapazitäten kommt die Unternehmensleitung zu folgenden Ergebnissen bezüglich der erwarteten Erlöse der beiden Produkte im Zeitablauf:

a) Für das Produkt A wird ein über die Jahre gleichbleibender Erlös E_A von 1.000 GE erwartet.

b) Der Erlös E_B vom Produkt B erhöht sich gemäß der Funktion $E_B(t) = 1.000t$ in Abhängigkeit von der Zeit t (t in Jahren), d. h., er steigt nicht nur gleich stark im Zeitablauf der einzelnen Jahre, sondern auch während eines Jahres.

Stellen Sie den Erlös der beiden Produkte jeweils graphisch in Abhängigkeit von der Zeit t (t in Jahren) dar und berechnen Sie jeweils den gesamten Erlös bis zum 10. Jahr, bis zum 3. Jahr, vom 3. bis zum 10. Jahr, bis zum Zeitpunkt t_2 und zwischen den Zeitpunkten t_1 und t_2.

Zu a) Der Erlös E_A vom Produkt A beträgt konstant 1.000 GE, sein Graph ist somit eine Parallele zur Zeitachse t.

Da der Erlös pro Jahr 1.000 GE beträgt, ergibt sich nach 10 Jahren ein Gesamterlös von 10.000 GE, der sich leicht als Maßzahl der gepunkteten **Rechteckfläche** bestimmen lässt, die zwischen dem Graphen von E_A und der t-Achse liegt.

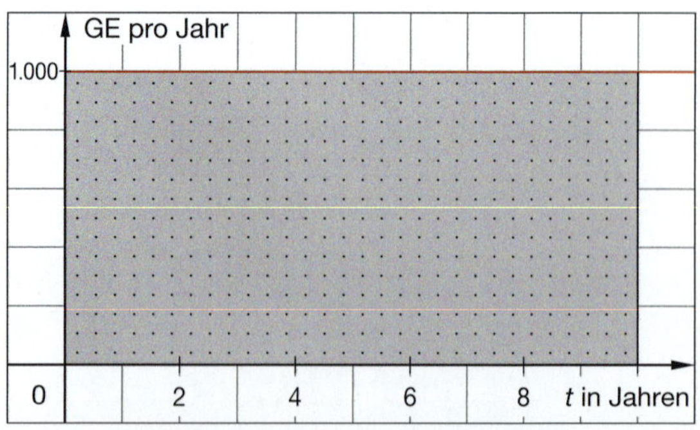

$E_A = 1.000 \cdot 10 = \mathbf{10.000}$

Der Gesamterlös bis zum 3. Jahr beträgt demnach 3.000 GE und entspricht dem **Flächeninhalt** des hellblau unterlegten Rechtecks mit den Seitenlängen 3 auf der Zeitachse und 1.000 auf der Erlösachse.

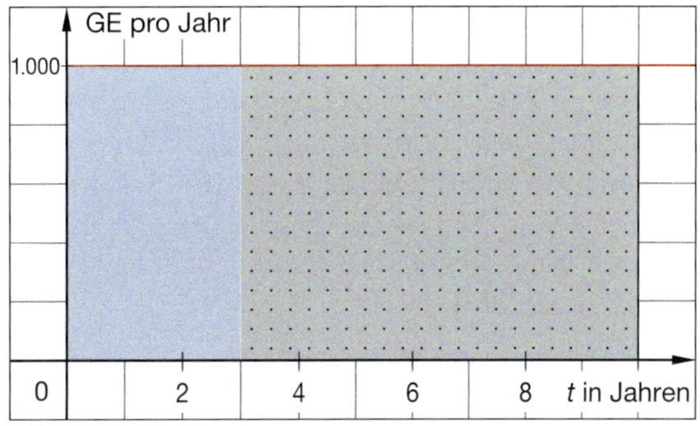

$E_A(3) = 1.000 \cdot 3 = \mathbf{3.000}$

Der Gesamterlös zwischen dem 3. und 10. Jahr beträgt 7.000 GE und lässt sich als Differenz der Maßzahlen der gepunkteten Rechteckfläche mit den Seitenlängen 10 auf der Zeitachse und 1.000 auf der Erlösachse und der hellblau unterlegten Fläche mit den Seitenlängen 3 auf der Zeitachse und 1.000 auf der Erlösachse berechnen. Er entspricht somit dem **Flächeninhalt** des dunkelblau unterlegten Rechtecks.

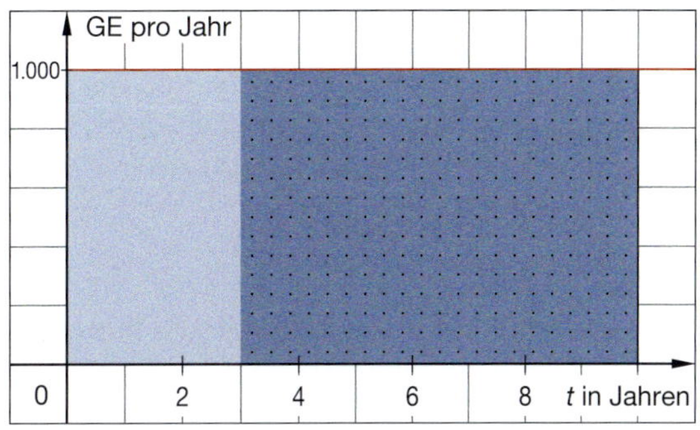

$E_A(\text{von 3 bis 10}) = E_A(10) - E_A(3)$
$= 10.000 - 3.000 = \mathbf{7.000}$

Allgemein ist der Erlös bis zum Zeitpunkt t_2 gleich der Maßzahl der Fläche mit den Seitenlängen t_2 auf der Zeitachse und 1.000 auf der Erlösachse. Er entspricht somit dem **Flächeninhalt** des hellblau unterlegten Rechtecks.

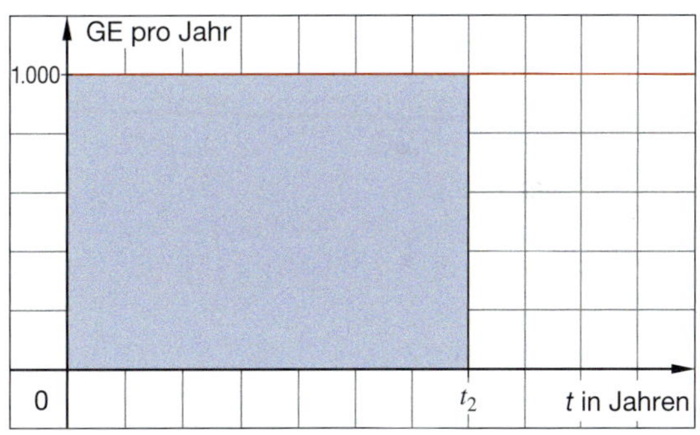

$E_A(t_2) = \mathbf{1.000 \cdot t_2}$

Demzufolge ist der Gesamterlös zwischen 2 Zeitpunkten t_1 und t_2 gleich der Maßzahl der Fläche mit den Seitenlängen $t_2 - t_1$ auf der Zeitachse und 1.000 auf der Erlösachse und entspricht somit dem **Flächeninhalt** des hellblau unterlegten Rechtecks.

Allgemein lässt sich der Gesamterlös als Maßzahl der jeweiligen **Rechteckfläche** interpretieren, die zwischen dem Graphen des konstanten Erlöses 1.000 GE und den jeweiligen Zeitpunkten auf der Zeitachse t liegt.

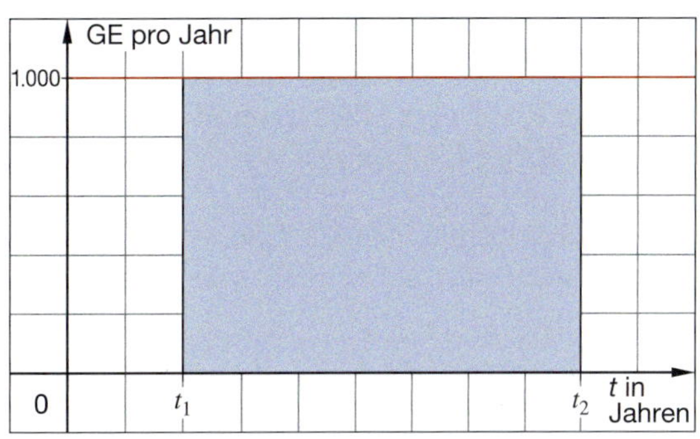

$E_A(\text{von } t_1 \text{ bis } t_2) = E_A(t_2) - E_A(t_1)$
$= 1.000 \cdot t_2 - 1.000 \cdot t_1 = \mathbf{1.000 \cdot (t_2 - t_1)}$

5

Zu b) Der Erlöszuwachs E_B vom Produkt B beträgt konstant 1.000 GE, sein Graph lässt sich im Zeitablauf als Gerade darstellen, deren Steigung der jährlichen Erlössteigerung entspricht (1.000 GE/Jahr), da die Unternehmensleitung davon ausgeht, dass der Erlös auch während eines Jahres gleichmäßig steigt: $E_B(t) = 1.000t$.

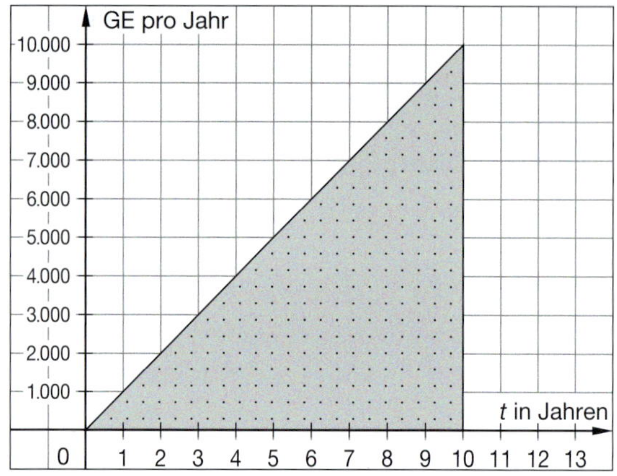

$$E_B(10) = \frac{1.000 \cdot 10}{2} \cdot 10 = \mathbf{50.000}$$

Der Gesamterlös ist der durchschnittliche Erlös, der über 10 Jahre erwirtschaftet wird $\left(\frac{10.000}{2}\right)$, multipliziert mit der Anzahl der Jahre (10). Er entspricht somit der Maßzahl der gepunkteten **Dreiecksfläche**, die mit den Seitenlängen 10 auf der Zeitachse und $1.000 \cdot 10 (= 10.000)$ auf der Erlösachse zwischen dem Graphen von E_B und der t-Achse liegt.

Bis zum 10. Jahr erzielt das Unternehmen einen Gesamterlös von 50.000 GE.

Entsprechend lässt sich der Gesamterlös bis zum 3. Jahr als Maßzahl der hellblau unterlegten Dreiecksfläche berechnen, die mit den Seitenlängen 3 auf der Zeitachse und $1.000 \cdot 3 (= 3.000)$ auf der Erlösachse zwischen dem Graphen von E_B und der t-Achse liegt.

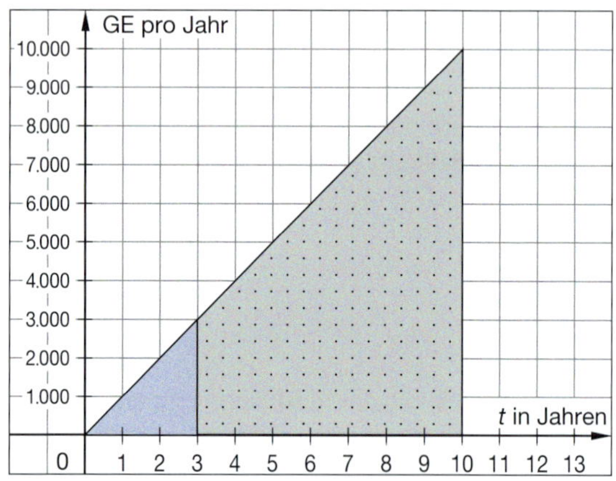

$$E_B(3) = \frac{1.000 \cdot 3}{2} \cdot 3 = \mathbf{4.500}$$

Bis zum 3. Jahr erzielt das Unternehmen einen Gesamterlös von 4.500 GE.

Der Gesamterlös zwischen dem 3. und 10. Jahr lässt sich als Differenz der Maßzahlen der gepunkteten Dreiecksfläche mit den Seitenlängen 10 auf der Zeitachse und 1.000 auf der Erlösachse und der hellblau unterlegten Fläche mit den Seitenlängen 3 auf der Zeitachse und 3.000 auf der Erlösachse berechnen. Er entspricht somit dem **Flächeninhalt** des dunkelblau unterlegten Trapezes.

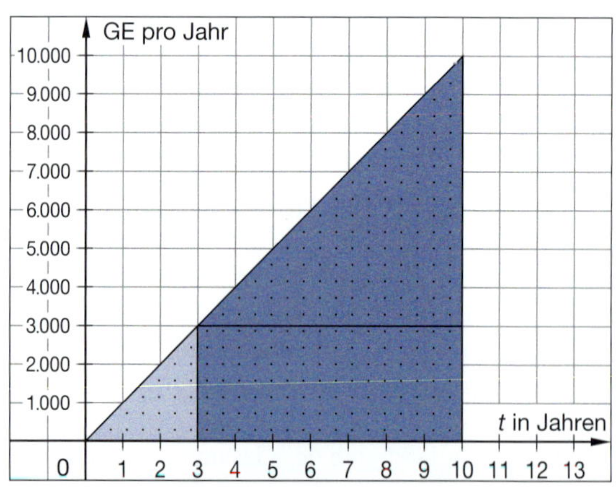

$$E_B(\text{von 3 bis 10}) = E_B(10) - E_B(3)$$
$$= \frac{1.000 \cdot 10}{2} \cdot 10 - \frac{1.000 \cdot 3}{2} \cdot 3$$
$$= 50.000 - 4.500 = \mathbf{45.500}$$

Zwischen dem 3. und 10. Jahr erzielt das Unternehmen einen Gesamterlös von 45.500 GE.

▶ Die Maßzahl dieses Trapezes lässt sich mit elementar-geometrischen Kenntnissen überprüfen, indem man das Trapez in ein Rechteck mit den Seitenlängen 7 und 3.000 (Maßzahl 21.000) und ein Dreieck mit der Grundseite 7 und der Höhe 7.000 (Maßzahl 24.500) aufteilt und beide Maßzahlen addiert.

Bis zum Zeitpunkt t_2 erzielt das Unternehmen einen Gesamterlös, der sich als Produkt des durchschnittlichen Erlöses im Zeitablauf $\frac{1.000 \cdot t_2}{2}$ und der Zeit t_2 berechnen lässt.

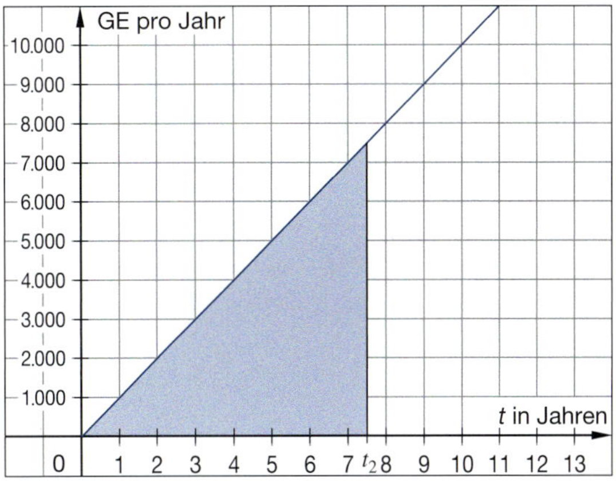

$$E_B(t_2) = \frac{1.000 \cdot t_2}{2} \cdot t_2 = \mathbf{500 \cdot t_2^2}$$

Demzufolge ist der Gesamterlös zwischen 2 Zeitpunkten t_1 und t_2 gleich der Maßzahl der Fläche des Dreiecks mit der Grundseite von 0 bis t_2 vermindert um die Maßzahl der Fläche des Dreiecks mit der Grundseite von 0 bis t_1 und entspricht somit dem **Flächeninhalt** des hellblau unterlegten Trapezes.

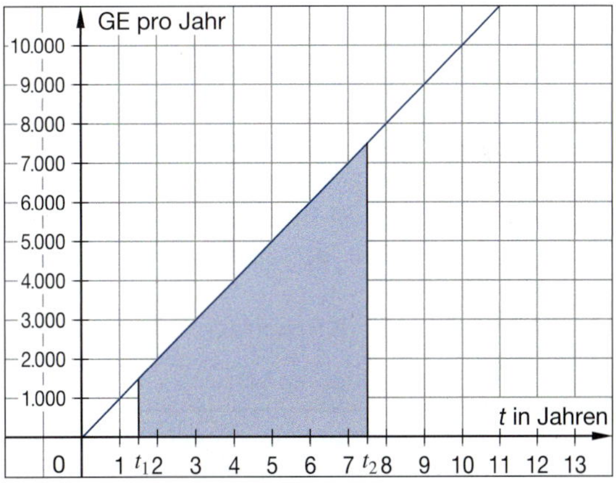

Allgemein lässt sich der Gesamterlös als Differenz aus dem Produkt der durchschnittlichen Erlöse im Zeitablauf $\frac{1.000 \cdot t_2}{2}$ und der Zeit t_1 sowie aus dem Produkt von $\frac{1.000 \cdot t_1}{2}$ und der Zeit t_1 berechnen.

$$E_B(\text{von } t_1 \text{ bis } t_2) = \frac{1.000 \cdot t_2}{2} \cdot t_2 - \frac{1.000 \cdot t_1}{2} \cdot t_1$$
$$= \mathbf{500 \cdot t_2^2 - 500 \cdot t_1^2}$$

Offensichtlich entspricht der Gesamterlös immer der Maßzahl der Fläche zwischen der x-Achse und dem Graphen der jeweiligen Erlösfunktion: Beim konstanten Erlös im Zeitablauf (a) sind es die Flächen der Rechtecke und beim linear steigenden Erlös (b) die Flächen der Dreiecke bzw. Trapeze.

Im Folgenden soll der Gesamterlös ermittelt werden, wenn der Erlös weder konstant ist noch linear steigt, wenn also die Fläche zwischen dem Graphen der Erlösfunktion E und der x-Achse krummlinig begrenzt wird und nicht mehr mit elementar-geometrischen Kenntnissen berechnet werden kann.

Beispiel 5.2 (Untersumme und Obersumme)

Das Unternehmen Borgknawe plant die Markteinführung eines weiteren Produkts, von dem die Marketingabteilung annimmt, dass es unmittelbar nach Markteinführung ($t = 0$) zu Erlösen in Höhe von 9.375 GE führt, die bis zum 5. Jahr progressiv steigen und im 10. Jahr am höchsten sind; nach 15 Jahren ist der Markt gesättigt.

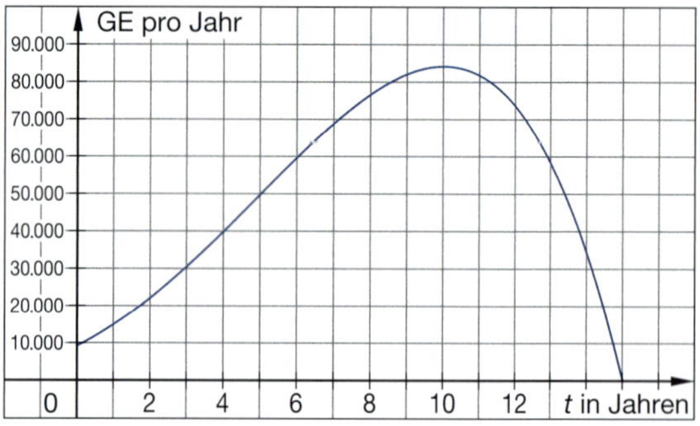

Die Prognose für den Produktlebenszyklus erfasst die Marketingabteilung durch die Erlösfunktion E mit $E(t) = -5t^4 + 750t^2 + 5.000t + 9.375$; $t \in [0; 15]$. Wie lässt sich der Gesamterlös in den ersten 8 Jahren ermitteln?

Der Gesamterlös entspricht der Maßzahl der Fläche zwischen dem Graphen von E und der x-Achse im Intervall $[0; 8]$. Zur näherungsweisen Ermittlung der Flächenmaßzahl verwendet man Rechtecke, deren Breite durch Zerlegung des Intervalls $[0; 8]$ in Teilintervalle entsteht und deren Höhen geeignete Funktionswerte der Erlösfunktion sind.

Bildet man z.B. 8 Rechtecke mit derselben Breite $\frac{8}{8} = 1$ und den Höhen $E(0)$, $E(1)$, $E(2)$, …, $E(7)$, dann ergibt die Summe U_8 dieser Rechteckflächen in einer ersten – sehr groben – Näherung die gesuchte Fläche unter der Kurve wieder: die gesuchte Fläche ist tatsächlich größer als die Summe dieser Rechteckflächen.

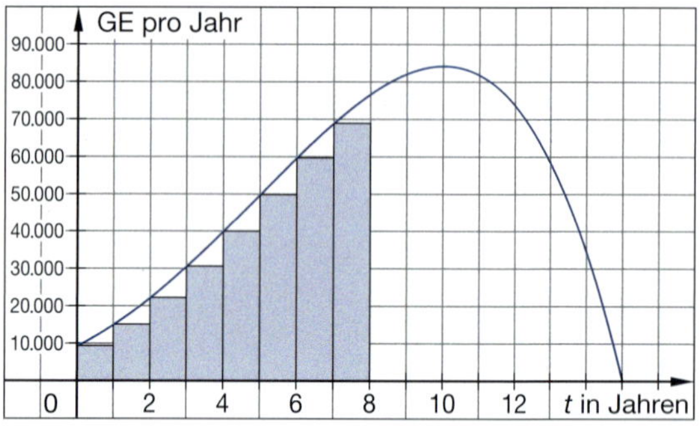

$$U_8 = \frac{8}{8} \cdot E(0) + \frac{8}{8} \cdot E(1) + \ldots + \frac{8}{8} \cdot E(7) = \sum_{i=0}^{7} E(i)$$

$$= 9.375 + 15.120 + 22.295 + 30.720 + 40.095 + 50.000 + 59.895 + 69.120 = \mathbf{296.620}$$

► Untersumme

Eine andere, allerdings auch sehr grobe Näherung erreicht man dadurch, dass man bei derselben Rechteckbreite die Höhe an den Stellen $t = 1, 2, 3, \ldots, 8$, also $E(1)$, $E(2)$, $E(3)$, …, $E(8)$ nimmt. Die Summe O_8 dieser Rechteckflächen ist dann größer als die gesuchte Fläche.

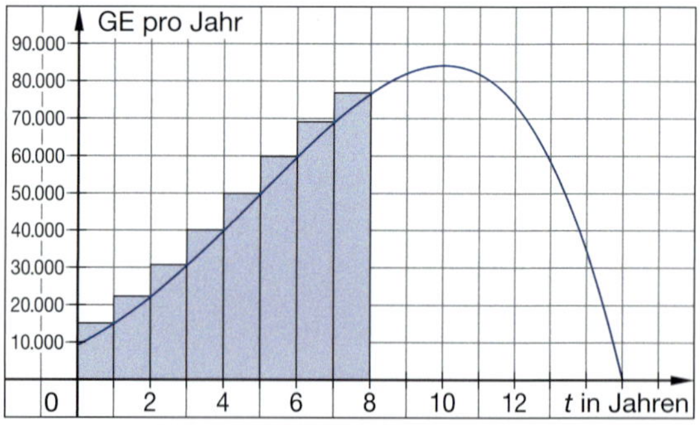

$$O_8 = \frac{8}{8} \cdot E(1) + \frac{8}{8} \cdot E(2) + \ldots + \frac{8}{8} \cdot E(8) = \sum_{i=1}^{8} E(i)$$

$$= 15.120 + 22.295 + 30.720 + 40.095 + 50.000 + 59.895 + 69.120 + 76.895 = \mathbf{364.440}$$

► Obersumme

Die **Differenz** zwischen der Summe der Rechteckflächen, die *oberhalb* des Graphen von E abschließen (**Obersummen** O_8) und der Summe der Rechteckflächen, die *unterhalb* des Graphen von E abschließen (**Untersummen** U_8) beträgt 67.820.

$$O_8 - U_8 = 364.440 - 296.620 = \mathbf{67.820}$$

5

In einer 2. Näherung kann man das Intervall in 16 Teilintervalle mit den Breiten $\frac{8}{16} = 0{,}5$ und den Höhen $E(0)$, $E(0{,}5)$, $E(1), \ldots, E(7{,}5)$ zur Bildung der Untersummen und $E(0{,}5)$, $E(1)$, $E(1{,}5)$, $\ldots$, $E(8)$ zur Bildung der Obersummen unterteilen.

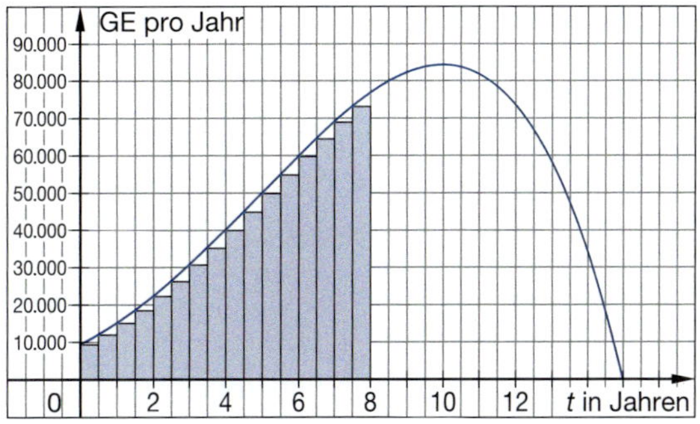

$$U_{16} = \frac{8}{16} \cdot \sum_{i=0}^{15} E\left(\frac{i}{2}\right) = 0{,}5 \cdot \sum_{i=0}^{15} E\left(\frac{i}{2}\right) = 313.388{,}75$$

Anschaulich wird deutlich, dass man dadurch eine bessere Näherung an die gesuchte Fläche erhält.

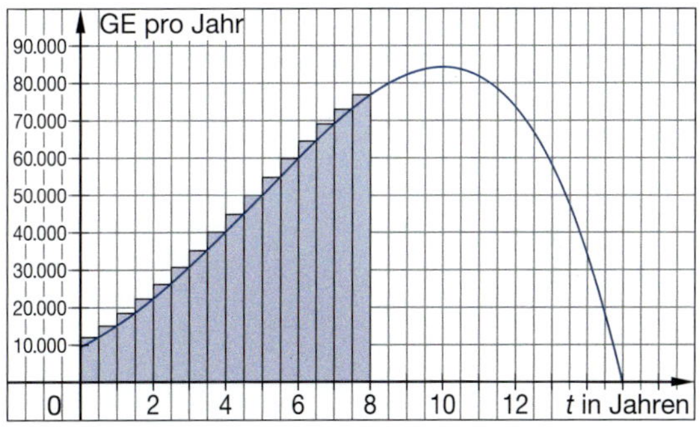

Das drückt sich auch darin aus, dass die Differenz $O_{16} - U_{16}$ nur noch 33.760 beträgt.

$$O_{16} = \frac{8}{16} \cdot \sum_{i=1}^{16} E\left(\frac{i}{2}\right) = 0{,}5 \cdot \sum_{i=1}^{16} \left(\frac{i}{2}\right) = 347.148{,}75$$

Je feiner man das Intervall [0; 8] in n Teilintervalle zerlegt, desto kleiner wird die Differenz $O_n - U_n$, desto besser wird also die Näherung.

▶ Tabelle mithilfe von TI-Nspire

	A n	B un	C on	D
◆				
1	8.	296620.	364140.	67520.
2	16.	313389.	347149.	33760.
3	32.	321801.	338681.	16880.
4	64.	326014.	334454.	8440.
5	128.	328123.	332343.	4220.
6	256.	329177.	331287.	2110.
7	512.	329705.	330760.	1055.
8	1024.	329968.	330496.	527.5
9	2048.	330100.	330364.	263.75
10	4096.	330166.	330298.	131.875
11	8192.	330199.	330265.	65.9375

Im Grenzfall erhält man für $n \to \infty$ Teilintervalle, deren Breite gegen Null strebt. ▶ $\lim\limits_{n \to \infty} \frac{8}{n} = 0$

Der Grenzwert der Differenz der Ober- und Untersummen strebt dann ebenfalls gegen Null.

▶ $\lim\limits_{n \to \infty} (O_n - U_n) = 0$

$$\lim_{n \to \infty} (O_n - U_n) = \lim_{n \to \infty} \left[\frac{8}{n} \cdot \sum_{i=1}^{n} E\left(i \cdot \frac{8}{n}\right) - \frac{8}{n} \cdot \sum_{i=0}^{n-1} E\left(i \cdot \frac{8}{n}\right)\right]$$

$$= \lim_{n \to \infty} \frac{8}{n} \cdot [E(8) - E(0)] = \lim_{n \to \infty} \frac{8}{n} \cdot (76.895 - 9.375)$$

$$= \lim_{n \to \infty} \frac{8}{n} \cdot 67.520 = \lim_{n \to \infty} \frac{540.160}{n} = 0$$

Das bedeutet, dass mit $\lim\limits_{n \to \infty} O_n = \lim\limits_{n \to \infty} U_n = A$ die tatsächliche Fläche der Kurve zwischen dem Graphen von E und der x-Achse erfasst wird.

▶ Zur Berechnung des Gesamterlöses in den ersten 8 Jahren, vgl. Übungsaufgabe 2.

5

Beispiel 5.3 (Flächeninhaltsfunktion)

Zeigen Sie, dass der Flächeninhalt unter dem Graphen der Funktion $f(x) = x^2 + x$ auf dem Intervall $[0, t]$ durch die Funktion $A(x) = \frac{1}{3}x^3 + \frac{1}{2}x^2$ gegeben ist, indem sie den Inhalt wie in Beispiel 5.2 durch die Obersummen O_n annähern und anschließend den Grenzübergang $n \to \infty$ durchführen.
Benutzen Sie dabei für die Umformung die Formeln

$$\sum_{i=1}^{n} i = \frac{n \cdot (n+1)}{2}$$

$$\sum_{i=1}^{n} i^2 = \frac{n \cdot (n-1) \cdot (2n+1)}{6}$$

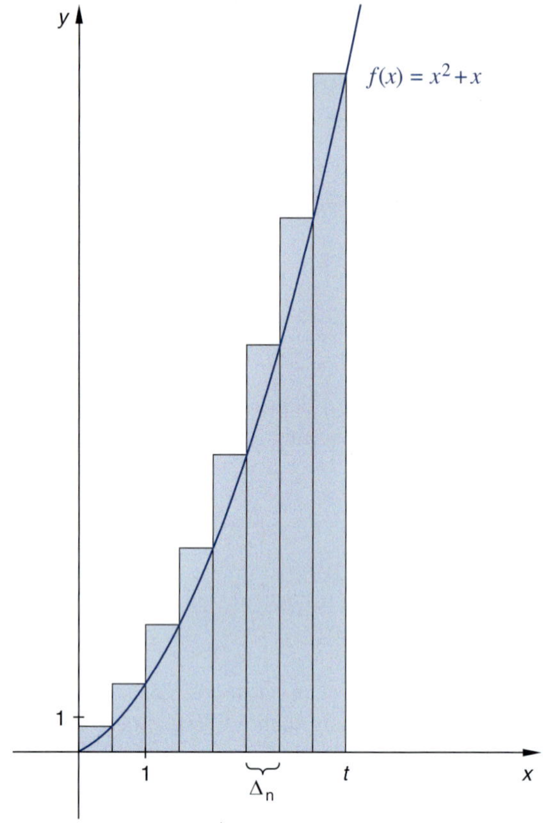

Um die Summe O_n zu berechnen, teilt man das Intervall $[0, t]$ in n Teilintervalle, die jeweils die Breite $\Delta_n = \frac{t}{n}$ besitzen. Die Höhe des i-ten Rechtecks beträgt dann $f(i \cdot \Delta_n)$. Für die Summe der Flächeninhalte aller Rechtecke gilt folglich

$$O_n = \sum_{i=1}^{n} \Delta_n \cdot f(i \cdot \Delta_n) = \Delta_n \cdot \sum_{i=1}^{n} f(i \cdot \Delta_n).$$

Um die Summe O_n umzuformen, benutzt man die oben angegebenen beiden Formeln.

Rechteckbreite: $\Delta_n = \frac{t}{n}$

Höhe der i-ten Rechtecks: $f(i \cdot \Delta_n)$

Fläche des i-ten Rechtecks: $\Delta_n \cdot f(i \cdot \Delta_n)$

Gesamtfläche: $\Delta_n \cdot \sum_{i=1}^{n} f(i \cdot \Delta_n) =$

$$\Delta_n \cdot \sum_{i=1}^{n} \left[(i \cdot \Delta_n)^2 + (i \cdot \Delta_n) \right]$$

$$\begin{aligned}
O_n &= \Delta_n \cdot \sum_{i=1}^{n} \left[(i \cdot \Delta_n)^2 + (i \cdot \Delta_n) \right] \\
&= \Delta_n \cdot \left[\Delta_n^2 \cdot \sum_{i=1}^{n} i^2 + \Delta_n \cdot \sum_{i=1}^{n} i \right] \\
&= \Delta_n^3 \cdot \sum_{i=1}^{n} i^2 + \Delta_n^2 \cdot \sum_{i=1}^{n} i \\
&= \Delta_n^3 \cdot \frac{n \cdot (n-1) \cdot (2n+1)}{6} + \Delta_n^2 \cdot \frac{n \cdot (n+1)}{2} \\
&= \Delta_n^3 \cdot \frac{2n^3 - n^2 - n}{6} + \Delta_n^2 \cdot \frac{n^2 + n}{2} \qquad \blacktriangleright\ \Delta_n = \frac{t}{n} \\
&= \frac{x^3}{n^3} \cdot \left(\frac{2n^3}{6} - \frac{n^2}{6} - \frac{n}{6} \right) + \frac{x^2}{n^2} \cdot \left(\frac{n^2}{2} + \frac{n}{2} \right) \\
&= \left(\frac{2x^3}{6} - \frac{x^3}{6n} - \frac{x^3}{6n^2} \right) + \left(\frac{x^2}{2} + \frac{x^2}{2n} \right)
\end{aligned}$$

An dieser Stelle kann man den Grenzübergang $n \to \infty$ nun leicht durchführen. Nur der erste Summand in den beiden Klammern geht nicht gegen Null. Daraus folgt

$$\lim_{n \to \infty} O_n = \frac{x^3}{3} + \frac{x^2}{2}.$$

$$\lim_{n \to \infty} O_n = \lim_{n \to \infty} \left(\frac{2x^3}{6} \underbrace{- \frac{x^3}{6n} - \frac{x^3}{6n^2}}_{\to 0} \right) + \lim_{n \to \infty} \left(\frac{x^2}{2} + \underbrace{\frac{x^2}{2n}}_{\to 0} \right)$$

$$= \lim_{n \to \infty} \frac{2x^3}{6} + \lim_{n \to \infty} \frac{x^2}{2}$$

$$= \frac{x^3}{3} + \frac{x^2}{2}.$$

Wendet man das gleiche Verfahren auf die Untersumme

$$U_n = \Delta_n \cdot \sum_{i=0}^{n-1} f(i \cdot \Delta_n)$$

an, so erhält man denselben Grenzwert.

Die **Flächeninhaltsfunktion** $A(x)$ zwischen dem Graphen von f und der x-Achse im Intervall $[0; x]$ ist also

$$A(x) = \frac{1}{3} \cdot x^3 + \frac{1}{2} \cdot x^2.$$

Für die Fläche, die der Graph von f über einem beliebigen Intervall $[x_1; x_2]$ mit der x-Achse einschließt, gilt somit

$$A = A(x_2) - A(x_1).$$

5

5.1.2 Der Hauptsatz für Flächeninhaltsfunktionen

Vergleicht man die Terme der beiden Funktionen $f(x) = x^2 + x$ und $A(x) = \frac{1}{3} \cdot x^3 + \frac{1}{2} \cdot x^2$ aus Beispiel 5.3 miteinander, so fällt auf, dass f gerade die Ableitung von A ist, dass also gilt

$$A'(x) = f(x).$$

Dies ist ein bedeutender Zusammenhang, der allgemeine Gültigkeit hat und gerade die Aussage des **Hauptsatzes der Differential- und Integralrechnung** ist. In einer ersten vorläufigen Formulierung, die im Folgenden noch präzisiert wird, lautet der Satz

Für eine im Intervall $[a; b]$ definierte stetige Funktion f, deren Funktionswerte dort nicht negativ sind, ist die zu f gehörende Flächenmaßzahlfunktion A in $[a; b]$ differenzierbar, wobei die Ableitungsfunktion von A mit der Funktion f übereinstimmt:

$$A'(x) = f(x) \text{ für alle } x \in [a; b].$$

Beweis des Hauptsatzes:
Man betrachte zwei benachbarte Stellen x_0 und x_0+h im Intervall $[a;b]$. Der Wert für $A(x_0+h)-A(x_0)$ ist dann die Maßzahl für die markierte Fläche im nebenstehenden Bild.

Um den Beweis überschaubar zu halten soll außerdem angenommen werden, dass die Funktion f wie in der Graphik im Intervall $[x_0;x_0+h]$ monoton verläuft. (Dies ist keine wesentliche Einschränkung, der Beweis für den allgemeinen Fall verläuft im Prinzip genauso, nur dass einige zusätzliche Bedingungen beachtet werden müssen.)

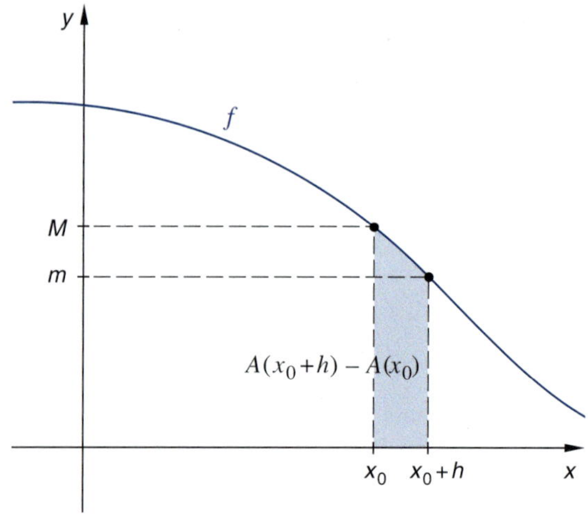

Bezeichnet M das Maximum und m das Minimum der Funktion f auf dem Intervall $[x_0;x_0+h]$, so ist der gesuchte Flächeninhalt offensichtlich größer als derjenige des kleinen Rechtecks mit der Grundlinie $[x_0;x_0+h]$ und der Höhe $m=f(x_0+h)$ und kleiner als der Flächeninhalt des Rechtecks mit derselben Grundlinie und der Höhe $M=f(x_0)$. Es gilt also

$$f(x_0+h)\cdot h \le A(x_0+h)-A(x_0) \le f(x_0)\cdot h$$

bzw.

$$f(x_0+h) \le \frac{A(x_0+h)-A(x_0)}{h} \le f(x_0).$$

Da die Funktion f stetig ist, gibt es aufgrund des Zwischenwertsatzes eine Stelle $x_0+t\cdot h$ mit $0\le t\le 1)$ im Intervall $[x_0,x_0+h]$, für die gilt:

$$\frac{A(x_0+h)-A(x_0)}{h} \le f(x_0+t\cdot h) \text{ mit } 0\le t\le 1.$$

$$\Rightarrow \lim_{h\to 0}\frac{A(x_0+h)-A(x_0)}{h} = \lim_{h\to 0} f(x_0+t\cdot h) = f(x_0).$$

Die linke Seite dieser Gleichung ist gleich der Ableitung von A an der Stelle X_0, also folgt $A'(x_0)=f(x_0)$, was zu beweisen war.

Alles klar?

Berechnen Sie für die Funktion $f(x)=-3x^2+3x+18$ die Maßzahl der Fläche zwischen $G(f)$ und der x-Achse im Intervall $[0;3]$ und $[0;b]$ mithilfe von Ober- und Untersummen.

Hinweis:
Benutzen Sie die Formeln $\sum_{i=1}^{n} i = \frac{n\cdot(n+1)}{2}$ und $\sum_{i=1}^{n} i^2 = \frac{n\cdot(n+1)\cdot(2n+1)}{6}$.

5.1.3 Stammfunktionen

Sind zwei Funktionen f und F beide in einem Intervall $[a; b] \subset D(f)$ definiert und gilt dort für alle $x \in [a; b]$ die Gleichung $F'(x) = f(x)$, so heißt F eine **Stammfunktion der Funktion f** in $[a; b]$. Zu jeder in einem Intervall $[a; b] \subset D(f)$ stetigen Funktion mit nicht negativen Funktionswerten ist also die Flächenmaßzahlfunktion A eine Stammfunktion der Funktion f.

Die Flächeninhaltsfunktion $A(x)$ aus dem Beispiel 5.3 ist eine Stammfunktion der gegebenen Funktion f.

- $f(x) = x^2 + x$
- $A(x) = \frac{1}{3}x^2 + \frac{1}{2}x^2$

Addiert man z. B. zum Term $A(x)$ der Stammfunktion A aus Beispiel 5.3 verschiedene reelle Konstante und leitet die jeweils zugehörigen neuen Funktionen F_c ab, so erhält man immer wieder die Funktion f als Ableitungsfunktion.

$F_1(x) = \frac{1}{3}x^3 + \frac{1}{2}x^2 + 1 \Rightarrow F_1'(x) = x^2 + x = f(x)$

$F_{-2}(x) = \frac{1}{3}x^3 + \frac{1}{2}x^2 - 2 \Rightarrow F_{-2}'(x) = x^2 + x = f(x)$

$F_4(x) = \frac{1}{3}x^3 + \frac{1}{2}x^2 + 4 \Rightarrow F_4'(x) = x^2 + x = f(x)$

$F_c(x) = \frac{1}{3}x^3 + \frac{1}{2}x^2 + c \Rightarrow F_c'(x) = x^2 + x = f(x)$

► $c \in \mathbb{R}$

Ist allgemeiner f irgendeine in $[a; b] \subset D(f)$ stetige Funktion, die dort nur nicht negative Funktionswerte hat, so ist ihre Flächenmaßzahlfunktion A eine Stammfunktion von f. Aber außer A besitzt f dann noch unendlich viele weitere Stammfunktionen. Denn mit A ist auch jede Funktion vom Typ $F_c(x) = A(x) + c$ mit einer reellen Zahl für c eine Stammfunktion, denn es gilt:

$F_c'(x) = (A(x) + c)' = A'(x) + 0 = f(x)$, also $F_c'(x) = f(x)$ für alle $x \in [a; b]$.

Der Funktionsterm jeder dieser Stammfunktionen F_c unterscheidet sich also von $A(x)$ nur durch eine additive Konstante.

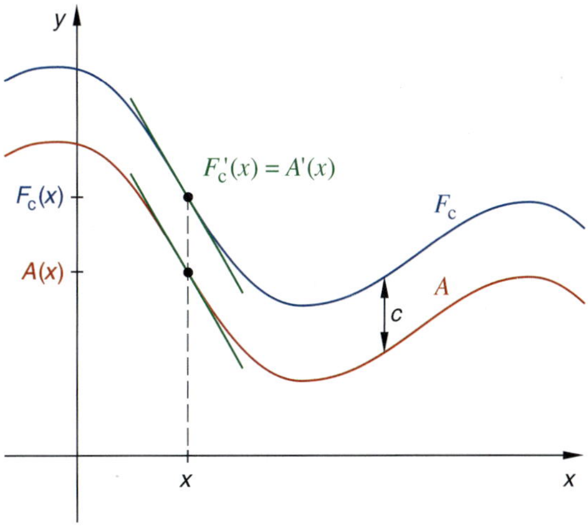

Diese Beziehung gilt sogar stets zwischen zwei beliebigen (ganzrationalen) Stammfunktionen F und G zu einer im Intervall $[a; b]$ erklärten (ganzrationalen) Funktion f.

Denn aus $[F(x) - G(x)]' = F'(x) - G'(x) = f(x) - f(x) = 0$ für alle $x \in [a; b]$ folgt, dass der Graph der Funktion $F - G$ mit $(F - G)(x) = F(x) - G(x)$ überall in $[a; b]$ die Steigung 0 hat.

$[F(x) - G(x)]' = 0$ ist aber gleichbedeutend damit, dass sowohl $[F(x) - G(x)]' \geq 0$ als auch $[F(x) - G(x)]' \leq 0$ für alle $x \in [a; b]$ gelten muss. Nach Abschnitt 4.2.1, Monotonieverhalten ist daher die Funktion $(F - G)(x) = F(x) - G(x)$ sowohl monoton steigend als auch monoton fallend. Das ist nur möglich, wenn die Funktion $F - G$ in $[a; b]$ **konstant** ist.

Daher gibt es eine reelle Zahl für c, sodass $(F - G)(x) = c$, also $F(x) - G(x) = c$, d. h., dass

$F(x) = G(x) + c$ für alle $x \in [a; b]$ gilt.

5

Ist nun wieder f eine stetige Funktion, die im Intervall $[a; b]$ nur nicht negative Funktionswerte hat, so ist die Flächenmaßzahlfunktion A **eine** Stammfunktion von f.

Zwischen einer beliebigen anderen Stammfunktion F von f und der Flächenmaßzahlfunktion muss dann für eine passende Zahl für c die Beziehung $F(x) = A(x) + c$ bestehen.

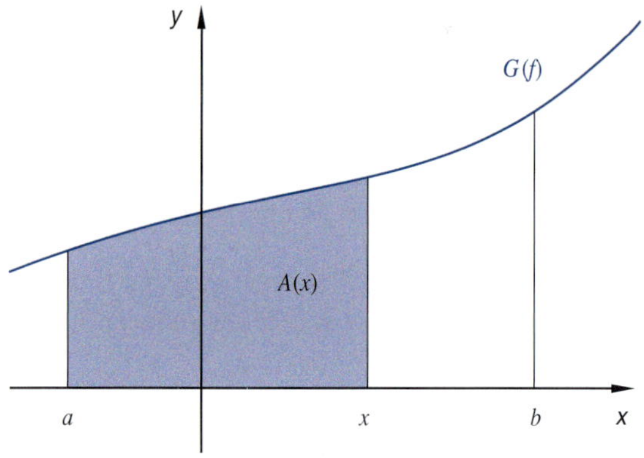

Die Flächenmaßzahlfunktion ist unter allen Stammfunktionen von f dadurch ausgezeichnet, dass für sie $A(a) = 0$ gelten muss. In der Zeichnung gilt für den gesamten Flächeninhalt im Intervall $[a; b]$ daher

$A(b) = F(b) - F(a)$ oder $A(b) = F(x)\Big|_a^b$.

$$F(x) = A(x) + c \;\blacktriangleright\; A(a) = 0$$
$$\Rightarrow F(a) = c$$
$$F(b) = A(b) + c$$
$$\Rightarrow F(b) - F(a) = A(b) + c - c = A(b)$$

Da eine Funktion f die Ableitung ihrer Stammfunktion F sein muss, liegt es nahe, F durch „**Aufleitung**" der ganzrationalen Funktion f nach dem Muster des folgenden Beispiels zu bestimmen.

5

Beispiel 5.4 (Stammfunktion von x^m)

Für eine Potenzfunktion vom Typ F mit $F(x) = \frac{1}{m+1} \cdot x^{m+1}$; $x \in \mathbb{R}$ und $m \in \mathbb{N}$ gilt: $F'(x) = x^m$ ist F eine Stammfunktion zu einer Funktion vom Typ $f(x) = x^m$.

$$\Rightarrow F'(x) = (m+1) \cdot \frac{1}{m+1} x^{m+1-1} = x^m = f(x)$$

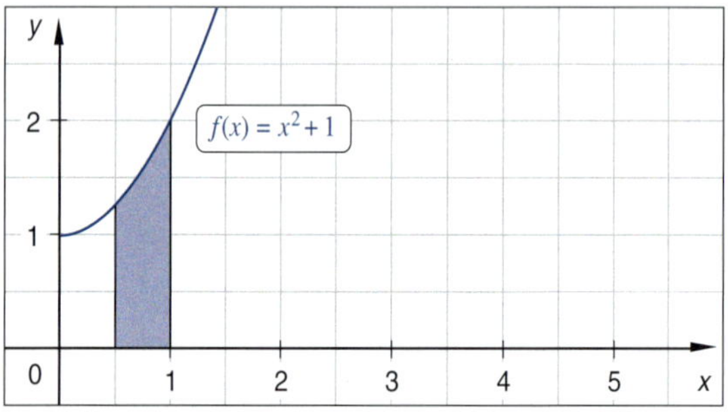

▶ Zu einer in einem Intervall $[a; b] \subset D(f)$ definierten Funktion f braucht es keine Stammfunktion F zu geben. Sie existiert aber, wenn f stetig ist. Doch selbst bei einer stetigen Funktion f ist eine Stammfunktion F für sie i. A. nicht durch „Aufleitung" zu erhalten.

Um die Stammfunktion einer ganzrationalen Funktion wie etwa der Funktion $f(x) = x^2 + 1$ zu bestimmen, kann man die Potenzregel umgekehrt anwenden. Die Exponenten der Argumentvariablen von f werden dabei um 1 erhöht.

$$f(x) = x^2 + 1 = x^2 + 1 \cdot x^0$$
$$\Rightarrow F(x) = \frac{1}{2+1} \cdot x^{2+1} + \frac{1}{0+1} \cdot x^{0+1}$$
$$= \frac{1}{3} \cdot x^3 + x$$

Die Kehrwerte der um 1 erhöhten Exponenten von x bilden die Koeffizienten von Potenzen der Argumentvariablen der Stammfunktion F zu f.

Zur Probe kann man wieder die Ableitung von F bilden und erhält f.

$$F'(x) = 3 \cdot \frac{1}{3} \cdot x^{3-1} + 1 \cdot x^{1-1} = x^2 + 1 = f(x)$$

Die **Maßzahl** der Fläche oberhalb der x-Achse zwischen $G(f)$ und der x-Achse im Intervall $[1; 2]$ wird nun mittels dieser Stammfunktion F durch die Differenz $F(2) - F(1)$ bestimmt.

Die markierte Fläche hat die Maßzahl $\frac{10}{3}$.

$$F(2) - F(1) = F(x)\Big|_1^2 = \frac{1}{3} \cdot x^3 + x\Big|_1^2 = \frac{1}{3} \cdot 8 + 2 - \left(\frac{1}{3} \cdot 1 + 1\right) = \mathbf{\frac{10}{3}}$$

Wie im Beispiel findet man für jede ganzrationale Funktion eine zugehörige Stammfunktion durch „Aufleitung" ihrer Summanden im Funktionsterm.

Besitzt eine Funktion f in einem Intervall $[a; b]$ eine Stammfunktion F, so nennt man die Funktion f in diesem Intervall **integrierbar**.

Man kann zeigen, dass jede **stetige Funktion** integrierbar ist. Auf den Beweis kann hier allerdings nicht näher eingegangen werden.

Stetige Funktionen sind also integrierbar. Verläuft der Graph einer stetigen Funktion f im Intervall $[a; b]$ ganz oberhalb der x-Achse, so wird durch die Differenz $F(b) - F(a)$ die Flächenmaßzahl der Fläche zwischen der x-Achse und dem Graphen von f im Intervall $[a; b]$ bestimmt.

Allgemein gilt:

- Existiert in einem Intervall $[a; b] \subset D(f)$ zu einer Funktion f eine Funktion F, deren Ableitung f ist, für die also für alle $x \in [a; b]$ gilt $F'(x) = f(x)$, so heißt F eine **Stammfunktion** von f und f heißt in diesem Intervall **integrierbar**.

- Ist f eine stetige Funktion in $[a; b]$, deren Graph ganz oberhalb der x-Achse verläuft und F eine Stammfunktion von f, so lässt sich die Flächenmaßzahl der Fläche zwischen der x-Achse und dem Graphen von f im Intervall $[a; b]$ durch die Differenz $F(b) - F(a)$ bestimmen. Für diese Differenz ist auch die Schreibweise $F(x)\Big|_a^b$ gebräuchlich:
  $F(b) - F(a) = F(x)\Big|_a^b$.

- Potenzfunktionen vom Typ $f(x) = x^m; x \in \mathbb{R}$ mit $m \in \mathbb{N}$ sowie ganzrationale Funktionen besitzen Stammfunktionen, die man durch die sog. „**Aufleitung**" von f erhalten kann:
  $f(x) = x^m \Rightarrow F(x) = \frac{1}{m+1} \cdot x^{m+1}$.

- **Zwei Stammfunktionen** zu einer (ganzrationalen) Funktion f unterscheiden sich nur durch eine **additive Konstante**.

Bisher wurden nur Maßzahlen von Flächeninhalten berechnet, deren Flächen oberhalb der x-Achse lagen. Im Folgenden soll nun auch die Maßzahl von Flächen bestimmt werden, die ganz oder teilweise **unterhalb** der x-Achse liegen können.

Beispiel 5.5 (positive und negative Flächen)

Zu berechnen ist der markierte Inhalt der Fläche, die zwischen der x-Achse und dem Graphen der Funktion $f(x) = -x^3 + 4x$; $x \in \mathbb{R}$ im Intervall $[-2; 2]$ liegt.

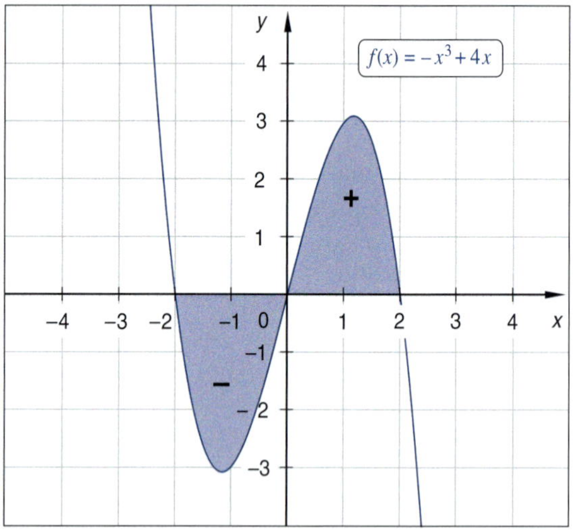

Zunächst wird der Inhalt der Fläche zwischen $G(f)$ und der x-Achse im Intervall $[0; 2]$ berechnet.

Wie im Beispiel 5.4 ermittelt man dazu eine Stammfunktion F von f durch Aufleitung von f.

$$f(x) = -x^3 + 4x \Rightarrow F(x) = -\frac{1}{4}x^4 + 2x^2$$

Da F Stammfunktion von f im Intervall $[-2; 2]$ ist, kann man die Flächenmaßzahl für die Fläche im Intervall $[0; 2]$ auf die Berechnung der Differenz $F(2) - F(0)$ zurückführen.

$$F(2) - F(0) = F(x)\Big|_0^2 = -0{,}25x^4 + 2x^2\Big|_0^2$$
$$= -4 + 8 - (-0 + 0) = \mathbf{4}.$$

► Flächenmaßzahl in $[0; 2]$

Will man nun den Inhalt der gesamten Fläche mit derselben Methode bestimmen, so erhält man $F(2) - F(-2) = 0$ obwohl man für das punktsymmetrisch liegende Flächenstück eher eine Verdoppelung des ersten Flächeninhalts vermuten würde.

$$F(2) - F(-2) = F(x)\Big|_{-2}^2 = -0{,}25x^4 + 2x^2\Big|_{-2}^2$$
$$= -4 + 8 - (-4 + 8) = \mathbf{0}.$$

Die formale Berechnung der Flächenmaßzahl für die Fläche im Intervall $[-2; 0]$, also von $F(0) - F(-2)$, ergibt mit -4 eine negative Zahl.

$$F(0) - F(-2) = F(x)\Big|_{-2}^0 = -0{,}25x^4 + 2x^2\Big|_{-2}^0$$
$$= 0 - (-4 + 8) = \mathbf{-4}.$$

Da aber auch die Maßzahl einer Fläche unterhalb der x-Achse positiv sein muss, ist der Betrag dieser Zahl 4.

$|F(0) - F(-2)| = |-4| = \mathbf{4}$. ► Flächenmaßzahl in $[-2; 0]$

Um die Maßzahl der markierten Fläche zu ermitteln, muss also zwischen der oberhalb der x-Achse und der unterhalb der x-Achse liegenden Fläche unterschieden werden. Man sagt, die eine Fläche ist **positiv orientiert**, die andere **negativ orientiert**.

Die Maßzahl der Gesamtfläche ist somit die Summe der Beträge $|F(0)-F(-2)|$ und $|F(2)-F(0)|$, die sich **zwischen den Nullstellen** der Funktion f bilden lassen. Hierbei kann man die Betragsstriche bei der positiv orientierten Fläche auch weglassen.

$|F(0)-F(-2)|+|F(2)-F(0)|$

$=|F(x)\Big|_{-2}^{0}|+|F(x)\Big|_{0}^{2}|$

$=4+4=\mathbf{8}$. ► Flächenmaßzahl in $[-2; 2]$

Im Unterschied zu $|F(x)\Big|_{-2}^{0}|+|F(x)\Big|_{0}^{2}|$ gibt hier $F(x)\Big|_{-2}^{2}$ **keine** Flächenmaßzahl an.

Trotzdem hat auch $F(x)\Big|_{a}^{b}$ oft die Bedeutung einer Flächenmaßzahl, wobei F eine Stammfunktion einer Funktion f in einem Intervall $[a; b]$ ist.

Daher führt man für die Differenz $F(b)-F(a)$ einen allgemeinen Namen und eine besondere Schreibweise ein. Ist F eine Stammfunktion einer Funktion f in einem Intervall $[a; b] \subset D(f)$, dann heißt die Zahl für $F(b)-F(a)$ das **Integral der Funktion f zwischen den Grenzen a und b** und wird mit $\int_a^b f(x)dx$ bezeichnet. Es gilt also: $\int_a^b f(x)dx = F(b)-F(a)$.

► Die Notation $\int_a^b f(x)dx$ stammt von Leibniz und beinhaltet noch Elemente, die daran erinnern, dass das Integral im Beispiel 5.2 zunächst durch Aufsummierung immer schmaler werdender Rechtecke gewonnen wurde. Das Integralzeichen $\int$ ist ein stilisiertes „S" wie „Summe", und das sogenannte **Differential** dx die gewissermaßen „unendlich kleine" Version der Rechteckbreiten Δ_n.

Dabei heißt f die **Integrandfunktion**, $f(x)$ der **Integrand**, x die **Integrationsvariable**, a die **untere Grenze** und b die **obere Grenze** des Integrals.

► Auf das Zeichen für die Integrationsvariable kommt es nicht an. Statt x kann man auch einen anderen Buchstaben, z. B. den Buchstaben t verwenden. Es gilt also auch $\int_a^b f(x)dx = \int_a^b f(t)dt$.

Nur für den Fall $a < b$ und $f(t) \geq 0$ für alle $t \in [a; b]$ stellt das Integral $\int_a^b f(t)dt$ die Flächenmaßzahl der Fläche zwischen der x-Achse und dem Graphen von f im Intervall $[a; b]$ dar.

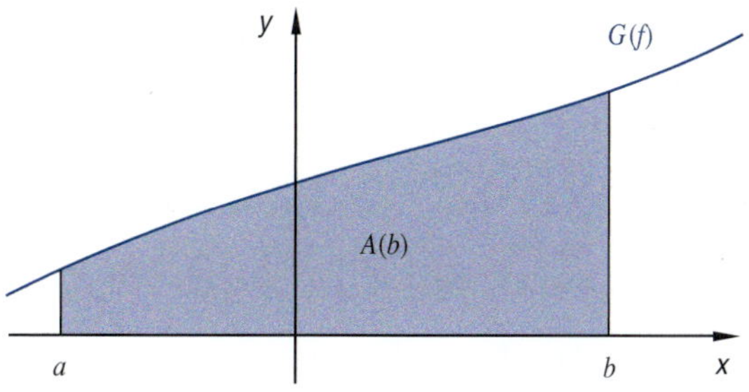

► Die markierte Fläche hat die Flächenmaßzahl $\int_a^b f(t)dt$

Wie bereits gezeigt wurde, gilt dann für die zugehörige Flächenmaßzahlfunktion A die Beziehung $A(x) = F(x) - F(a)$ oder in der Integralschreibweise $A(x) = \int_a^x f(t)dt$.

In dieser Schreibweise tritt die obere Grenze des Integrals als Funktionsvariable der Funktion A auf, der Ausdruck $\int_a^x f(t)\,dt$ gibt also den Flächeninhalt in Abhängigkeit von x an.

▶ Die markierte Fläche hat die Flächenmaßzahl $\int_a^x f(t)\,dt$

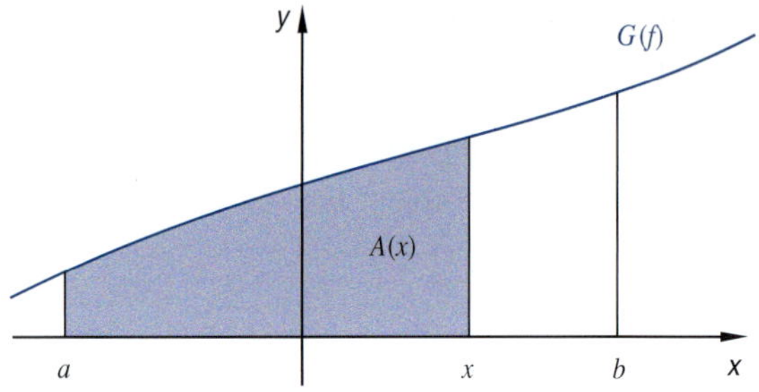

Auch für andere in einem Intervall $[a; b]$ integrierbare Funktionen f lässt sich der Integralbegriff erweitern, indem man die obere Grenze des Integrals als Funktionsvariable auffasst. Dadurch wird jedem Wert für die obere Grenze der betreffende Integralwert als Funktionswert zugeordnet. Man nennt solche Funktionen **Integralfunktionen** und bezeichnet sie mit I_a. Der Index a weist hier darauf hin, dass die Funktionen zu einer bestimmten unteren Grenze gebildet werden.

Unter der **Integralfunktion** einer zwischen den Grenzen a und b integrierbaren Funktion f versteht man die Funktion I_a mit $I_a(x) = \int_a^x f(t)\,dt$ für $x \in [a; b]$.

Jede Integralfunktion einer Funktion f ist auch eine Stammfunktion von f, wie die nebenstehende Rechnung zeigt.

Ist F irgendeine Stammfunktion von f in $[a; b]$, so gilt:

$I_a(x) = \int_a^x f(t)\,dt = F(x) - F(a).$

$\Rightarrow \quad I'_a(x) = F'(x) - 0 = f(x)$

$\Rightarrow \quad I'_a(x) = f(x)$ ▶ I_a ist Stammfunktion von f

Den Inhalt der Gleichung $I'_a(x) = f(x)$ oder – anders geschrieben – $\left(\int_a^x f(t)\,dt\right)' = f(x)$, kann man kurz folgendermaßen ausdrücken:

Bildet man zu einer integrierbaren Funktion f erst die Integralfunktion und differenziert diese dann, so erhält man wieder die ursprüngliche Funktion.

In diesem Sinne sagt man auch: **Die Differentiation ist die Umkehrung der Integration.**

Mithilfe des Begriffs der Integralfunktion lässt sich auch der Inhalt der Beziehung

$\int_a^b f(x)\,dx = F(b) - F(a)$ anders ausdrücken.

Da F eine Stammfunktion von f ist, gilt also $F'(x) = f(x)$ und somit

$\int_a^b F'(x)\,dx = F(b) - F(a)$ bzw.,

wenn man die obere Integrationsgrenze als Variable betrachtet:

$\int_a^x F'(t)\,dt = F(x) - F(a).$

Hat die Funktion F an der Stelle a eine Nullstelle, gilt also $F(a) = 0$, so erhält man

$\int_a^x F'(t)\,dt = F(x).$

Der wesentliche Inhalt dieser Gleichung ist:

Bildet man zu einer differenzierbaren Funktion F erst die Ableitungsfunktion F' und zu F' anschließend die Integralfunktion, so erhält man wieder die ursprüngliche Funktion, falls F an der unteren Integrationsstelle eine Nullstelle hat. (Dies ist z. B. der Fall, wenn F die Flächenmaßzahlfunktion A ist.)

In diesem Sinne sagt man auch: **Die Integration ist die Umkehrung der Differentiation.**

Diese Beziehungen sind der Inhalt des Hauptsatzes der Differential- und Integralrechnung, der sich in der prägnannten Formulierung zusammenfassen lässt:

Differenzieren und Integrieren sind einander entgegengesetzte Rechenoperationen.

Formal lässt sich die Aussage durch die Gleichungen $\int\limits_a^b f(x)\,dx = F(b) - F(a)$ und $\left(\int\limits_a^b f(t)\,dt\right)' = f(x)$ ausdrücken.

Hauptsatz der Differential- und Integralrechnung

Ist f eine integrierbare (z. B. stetige) Funktion auf dem Intervall $[a; b] \subset \mathbb{R}$, so ist für alle $x_0 \in [a; b]$ die Funktion F mit $F(x) = \int\limits_{x_0}^x f(t)\,dt$ differenzierbar und es gilt

- $F'(x) = f(x)$ für alle $x \in [a; b]$.
  D. h., F ist eine Stammfunktion von f.
- $\int\limits_a^b f(t)\,dt = F(b) - F(a)$.

Beweis:
Sei $x_0 \in [a; b]$ und $x \in [a; b]$ fest gewählt. Für $h \neq 0$ mit $x + h \in [a; b]$ gilt dann

$$\frac{F(x+h)-F(x)}{h} = \frac{1}{h}\cdot\left(\int_{x_0}^{x+h} f(t)\,dt - \int_{x_0}^{x} f(t)\,dt\right) \quad \blacktriangleright \text{ Vertauschen der Integrationsgrenzen}$$

$$= \frac{1}{h}\cdot\left(\int_{x_0}^{x+h} f(t)\,dt + \int_{x}^{x_0} f(t)\,dt\right) \quad \blacktriangleright \text{ Intervalladditivität}$$

$$= \frac{1}{h}\cdot\int_{x}^{x+h} f(t)\,dt.$$

Nach dem Mittelwertsatz der Differentialrechnung (► Abschnitt 3.1) existiert eine reelle Zahl z_h zwischen x und $x+h$, sodass $\int_x^{x+h} f(t)\,dt = h \cdot z_h$ gilt. Da z_h zwischen x und $x+h$ liegt, gilt $z_h \to x$ für $h \to 0$. Wegen der Stetigkeit von f folgt daraus

$$F'(x) = \lim_{h\to 0} \frac{F(x+h)-F(x)}{h} = \lim_{h\to 0} f(z_h) = f(x).$$

Das ist der erste Teil des Hauptsatzes.
Setzt man in die Stammfunktion $x_0 = a$, so ist $F(a) = \int_a^a f(t)\,dt = 0$ und $F(b) = \int_a^b f(t)\,dt$. Daraus folgt der zweite Teil des Satzes.

Zusammenfassend gilt:

- Für eine integrierbare Funktion f ist $\int\limits_a^b f(x)\,dx = F(x)\Big|_a^b = F(b) - F(a)$ das **Integral** von f im Intervall $[a; b]$.
- Besitzt f nur nicht negative Funktionswerte in $[a; b]$, so stellt das Integral $\int\limits_a^b f(x)\,dx$ die **Flächenmaßzahl** der Fläche zwischen der x-Achse und dem Graphen von f dar.
- Gilt für alle Funktionswerte $f(x) \leq 0$ in $[a; b]$, so stellt der **Betrag** von $\int\limits_a^b f(x)\,dx$ diese Flächenmaßzahl dar.

5.1.4 Integrationsregeln

Die folgenden Regeln über integrierbare Funktionen vereinfachen oft die Integration; sie werden formuliert, bewiesen und jeweils anhand eines Beispiels deutlich gemacht.

Faktorregel:

Ist f im Intervall $[a; b]$ integrierbar, so auch $c \cdot f$ für jede reelle Zahl für c, und es gilt:

$$\int\limits_a^b c \cdot f(x)dx = c \cdot \int\limits_a^b f(x)dx$$

Beispiel:

$$\int\limits_2^4 12x^3\,dx = 12 \cdot \int\limits_2^4 x^3\,dx$$

$$= 12 \cdot \frac{1}{4}x^4\Big|_2^4$$

$$= 3x^4\Big|_2^4 = 3 \cdot (256 - 16) = \mathbf{720}$$

▶ Durch das Herausziehen des konstanten Faktors 12 wird die Berechnung des Integrals vereinfacht.

Beweis:
Ist F eine Stammfunktion von f, dann ist $c \cdot F$ eine solche von $c \cdot f$, und es gilt:

$$\int\limits_a^b c \cdot f(x)\,dx = c \cdot F(x)\Big|_a^b = c \cdot F(b) - c \cdot F(a) \quad = c \cdot [F(b) - F(a)] = c \cdot \int\limits_a^b f(x)\,dx.$$

Summenregel:

Sind f und g im Intervall $[a; b]$ integrierbar, so auch $f + g$, und es gilt:

$$\int\limits_a^b [f(x) + g(x)]\,dx = \int\limits_a^b f(x)\,dx + \int\limits_a^b g(x)\,dx.$$

Beispiel:

$$\int\limits_1^3 (3x^2 + 4x^3)\,dx = \int\limits_1^3 3x^2\,dx + \int\limits_1^3 4x^3\,dx$$

$$= x^3\Big|_1^3 + x^4\Big|_1^3 = (27 - 1) + (81 - 1) = \mathbf{106}.$$

▶ Bei einer ganzrationalen Funktion kann die Integration „gliedweise" erfolgen. Das vereinfacht die Integration erheblich.

Beweis:
Ist F eine Stammfunktion von f und G eine Stammfunktion von g, dann ist $F + G$ eine Stammfunktion von $f + g$, und es gilt:

$$\int\limits_a^b [f(x) + g(x)]\,dx = [F(x) + G(x)]\Big|_a^b = [F(b) + G(b)] - [F(a) + G(a)]$$

$$= [F(b) - F(a)] + [G(b) - G(a)] = \int\limits_a^b f(x)\,dx + \int\limits_a^b g(x)\,dx.$$

Die vorstehenden beiden Regeln bezogen sich auf die Integrandenfunktion. Die nachfolgenden beiden Regeln beziehen sich auf die Integrationsgrenzen.

Intervalladditivität:

Ist f im Intervall $[a; b]$ und $[b; c]$ integrierbar, so auch im Intervall $[a; c]$, und es gilt:

$$\int_a^c f(x)dx = \int_a^b f(x)dx + \int_b^c f(x)dx$$

Beispiel:

$$\int_{-1}^{2} 6x^2\,dx + \int_{2}^{4} 6x^2\,dx$$

$$= 2x^3\Big|_{-1}^{2} + 2x^3\Big|_{2}^{4}$$

$$= 16 - (-2) + 128 - 16 = \mathbf{130}.$$

$$\int_{-1}^{4} 6x^2\,dx = 2x^3\Big|_{-1}^{4} = 128 - (-2) = \mathbf{130}.$$

► Die Intervalladditivität ist besonders dann von Bedeutung, wenn die Flächenmaßzahl einer Fläche oberhalb und unterhalb der x-Achse berechnet werden soll (Beispiel 5.5).

Beweis:
Ist F eine Stammfunktion von f im Intervall $[a; c] \subset D(f)$, dann ist F auch eine Stammfunktion von f für die Intervalle $[a; b] \subset D(f)$ und $[b; c] \subset D(f)$, und es gilt:

$$\int_a^c f(x)\,dx = F(c) - F(a) = [F(c) - F(a)] + F(b) - F(b) = [F(b) - F(a)] + [F(c) - F(b)]$$

$$= F(x)\Big|_a^b + F(x)\Big|_b^c = \int_a^b f(x)\,dx + \int_b^c f(x)\,dx.$$

Bisher wurde in der Integralscheibweise $\int_a^b f(x)\,dx$ immer stillschweigend vorausgesetzt, dass $a < b$ gilt, weil f im Intervall $[a; b]$ betrachtet wurde. Diese Einschränkung kann in der Integralschreibweise aber fallengelassen werden, wenn man zusätzlich $\int_a^a f(x)\,dx = 0$ festsetzt.

Vertauschen der Integrationsgrenzen:

Ist f integrierbar im Intervall $[a; b]$, so auch $-f$, und es gilt:

$$\int_a^b f(x)dx = -\int_b^a f(x)\,dx$$

Beispiel:

$$\int_1^3 -9x^2\,dx = -3x^3\Big|_1^3 = -81 - (-3) = \mathbf{-78}.$$

$$\int_1^3 -9x^2\,dx = -\int_3^1 -9x^2\,dx = \int_3^1 9x^2\,dx$$

$$= 3x^3\Big|_3^1 = 3 - 81 = \mathbf{-78}.$$

► Manchmal ist es für die Berechnung eines Integrals bequemer, vom entgegengesetzten Integranden mit vertauschten Integrationsgrenzen auszugehen.

Beweis:
Ist F eine Stammfunktion von f, dann gilt:

$$\int_a^b f(x)\,dx = F(x)\Big|_a^b = F(b) - F(a) = -[F(a) - F(b)] = -\int_a^b f(x)\,dx.$$

Für in Intervallen integrierbare Funktionen gelten:

- **Faktorregel:** $\int_a^b c \cdot f(x)\,dx = c \cdot \int_a^b f(x)\,dx$
- **Summenregel:** $\int_a^b [f(x) + g(x)]\,dx = \int_a^b f(x)\,dx + \int_a^b g(x)\,dx$
- **Intervalladditivität:** $\int_a^c f(x)\,dx = \int_a^b f(x)\,dx + \int_b^c f(x)\,dx$
- **Vertauschen der Integrationsgrenzen:** $\int_a^b f(x)\,dx = -\int_b^a f(x)\,dx$

Faktorregel

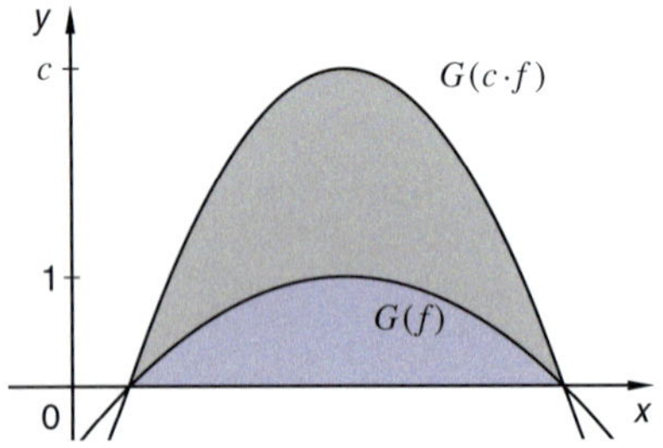

Summenregel

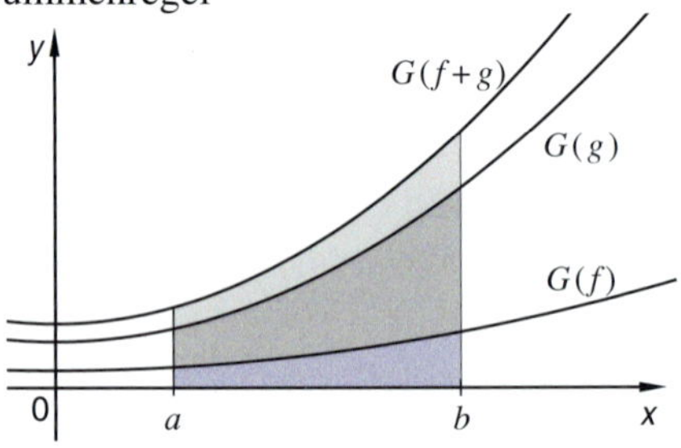

Intervalladditivität

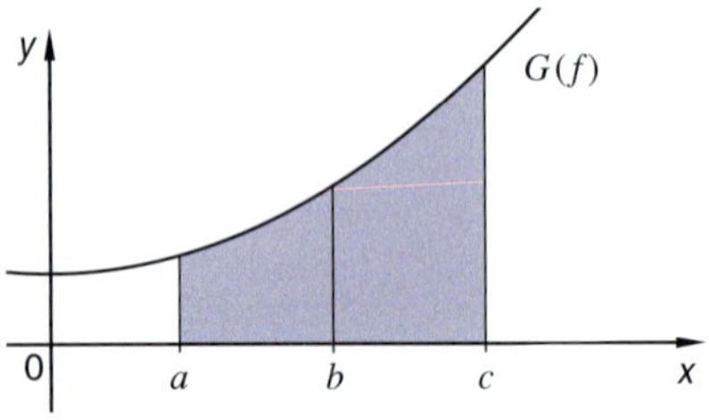

Alles klar?

1 Ermitteln Sie eine Stammfunktion von f mit
a) $f(x) = -4x^2 + 2x^2 + 3x - 5$ b) $f(x) = e^x$ c) $f(x) = e^{-2x}$

2 Berechnen Sie das Integral von f im Intervall $[a; b]$.
a) $f(x) = 2{,}4x^3 - 6x^2 + 2x - 5;\ a = 6;\ b = 8$ b) $f(x) = 3x^2 + 2x - 4;\ a = -3;\ b = 0$

3 Berechnen Sie die Maßzahl der Flächen zwischen dem Graphen von f und der x-Achse mit $f(x) = -0{,}5x^3 + 1{,}25x^2 + x - 0{,}75$ jeweils zwischen der 1. und 2. sowie zwischen der 2. und 3. Nullstelle der Funktion f.

4 Überprüfen Sie die Gleichungen a) $\left|\int_{-2}^{0} (-x^3 - 8x)\,dx\right| = \int_{0}^{-2} (-x^3 - 8x)\,dx$

b) $\int_{-2}^{1} (x^2 + 2x - 4)\,dx + \int_{1}^{4} (x^2 + 2x - 4)\,dx = \int_{-2}^{4} (x^2 + 2x - 4)\,dx$

Übungen zu 5.1

1 Berechnen Sie mithilfe der Grenzwerte der Ober- und Untersummen die Maßzahl der Fläche, die vom Graphen von f und der x-Achse im Intervall [0; 4] eingeschlossen wird.

a) $f(x) = -x^2 + 4x$ b) $f(x) = x^3 - 8x^2 + 16x$

c) $f(x) = -0{,}5x^2 + x + 4$

2 Berechnen Sie mithilfe der Grenzwerte der Ober- und Untersummen den Gesamterlös in den ersten 8 Jahren und bis zum Zeitpunkt t_1 aus dem Beispiel 5.2

▶ $E(t) = -5t^4 + 750\,t^2 + 5.000\,t + 9.375;\ t \in [0; 15]$.

3 Bilden Sie die Stammfunktionen zu folgenden reellen Funktionen für ein Intervall $[a; b]$.

a) $f(x) = 3x$ b) $f(x) = 2x + 5$

c) $f(x) = -0{,}5x^2$ d) $f(x) = 2x^2 - 3x$

e) $f(x) = 4x^3 + 2x^2 + x$ f) $f(x) = -5x^4 + 2x^2$

g) $f(x) = x^n$ h) $f(x) = ax^n - bx^{n-1}$

i) $f(x) = -3e^x$ j) $f(x) = 3e^{2x}$

k) $f(x) = \frac{1}{2}e^{-2x}$ l) $f(x) = -\frac{1}{x^2}$

m) $f(x) = \frac{4}{x^3}$ n) $f(x) = \frac{-2}{(x-2)^2}$

o) $f(x) = \frac{x^4 - 17x^2 + 16}{x^2}$ p) $f(x) = -2x + 4\sqrt{x}$

4 Gegeben ist die Funktion

$f(x) = -\frac{1}{3}x^3 + 2x^2 - \frac{5}{3}x$

a) Bestimmen Sie die Nullstellen der Funktion f und zeichnen Sie $G(f)$.

b) Berechnen Sie die Maßzahl der vom Graphen der Funktion und der x-Achse begrenzten Fläche.

5 Das Unternehmen Embawitt hat ein neues Produkt entwickelt, das ab 1. Juli 2009 verkauft wird. Der Produktlebenszyklus kann beschrieben werden durch die Funktion v mit $v(t) = -84.000t^2 + 840.000t + 2.800.000$; dabei gibt t den Zeitpunkt in Jahren an und v die Veränderung des Absatzes in Stück pro Jahr.

a) Nach wie vielen Jahren ist die Zunahme des Absatzes am größten?

b) Nach wie vielen Jahren wird der höchste Absatz erreicht sein und wie hoch wird er sein?

c) Wie viele Jahre wird das Produkt verkauft werden können?

d) Wie viele Produkte werden innerhalb des gesamten Produktlebens verkauft werden?

6 Nach der Renovierung eines Feuerlöschteichs soll dieser wieder befüllt werden. Der Wasserzufluss wird über die Fließgeschwindigkeit geregelt, die in Litern (l) pro Stunde gemessen wird. Die Fließgeschwindigkeit wird durch eine ganzrationale Funktion 3. Grades beschrieben, die im Koordinatenursprung beginnt und nach 9 Stunden mit 8.748 l/Std den höchsten Wert erreicht; nach 27 Stunden ist die Fließgeschwindigkeit auf 0 gesunken. Der Löschteich fasst 132.192 l. In wie vielen Stunden ist er vollgelaufen?

7 Der Kauf einer Maschine verursachte Anschaffungskosten in Höhe von 305.640 €. Die laufenden Betriebsausgaben für diese Maschine werden gemäß der Funktion b mit $b(t) = 620\,t^3 - 3.000\,t^2 + 7.500\,t + 1.600$ (in € pro Jahr) abgeschätzt (t in Jahren, b in €).
Berechnen Sie die optimale Nutzungsdauer der Maschine und ermitteln Sie den Abschreibungsbetrag, wenn die Maschine in der optimalen Nutzungsdauer vollständig abgeschrieben sein soll.

8 Der Landwirt H. Bauer besitzt u. a. ein Stück Land, das westlich von einer Straße und südlich von einem Graben begrenzt wird. Der Verlauf der nördlichen Grenze kann durch den Graphen der Funktion $f(x) = -e^{0{,}1x} + e^3$ beschrieben werden. H. Bauer ist bereit, dieses Stückchen Land an einen Bauinteressenten für 200 € pro m^2 abzugeben. Mit welchem Betrag kann er rechnen, wenn der Interessent den Kaufpreis akzeptiert?

9 Der Scheunenwirt möchte das Eingangstor zu seiner Gaststätte mit einem neuen Farbanstrich versehen. Das Tor ist symmetrisch zu seiner Mittelachse, hat am Boden eine Breite von 4 m, 2 senkrechte Pfosten mit einer Höhe von 2 m und einem parabelförmigen Aufsatz, der die Höhe der Tür auf 4 m erweitert. Wie viele Quadratmeter müssen für den Anstrich kalkuliert werden?

5.2 Flächen- und Volumenberechnung

5.2.1 Flächenberechnung

Mit den Integrationsregeln aus Abschnitt 5.1 lassen sich auch Maßzahlen komplizierterer Flächen berechnen. Dabei ist zu beachten:

Wenn der Funktionsterm einer Funktion f in einem Intervall einmal oder mehrmals das Vorzeichen wechselt, so ist das Intervall so in Teilintervalle zu zerlegen, dass der Funktionsterm in jedem Teilintervall sein Vorzeichen nicht wechselt. Hierzu ist es notwendig, die Nullstellen der Funktion f im gegebenen Intervall zu bestimmen. Für die Maßzahl der farbigen Fläche im nebenstehenden Bild gilt dann:

$$A(x) = |\int_a^b f(x)\,dx| + |\int_b^d f(x)\,dx| + |\int_d^e f(x)\,dx|.$$

► Hierbei könnte man die Betragsstriche beim ersten und dritten Summanden auch weglassen, weil die zugehörenden Flächen positiv orientiert sind.

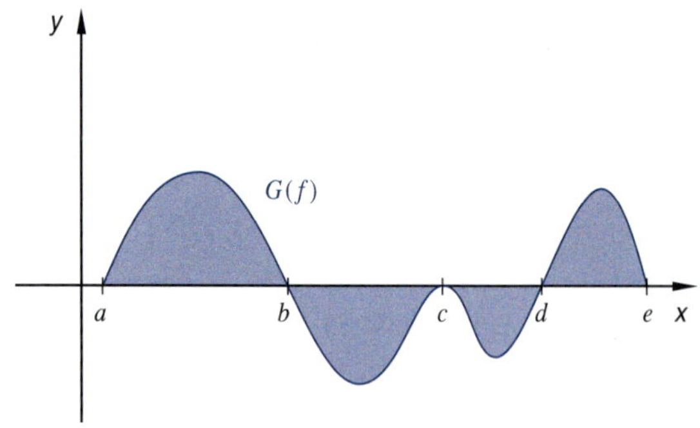

Beispiel 5.6

Bestimmen Sie die Maßzahl der Fläche zwischen der x-Achse und dem Graphen von f mit $f(x) = 0{,}25x^4 - 1{,}25x^2 + 1;\ x \in \mathbb{R}$ im Intervall $[-2; 2]$.

Um die Maßzahlen der einzelnen Teilflächen bestimmen zu können, müssen zunächst die Nullstellen der Funktion f im Intervall $[-2; 2]$ berechnet werden.

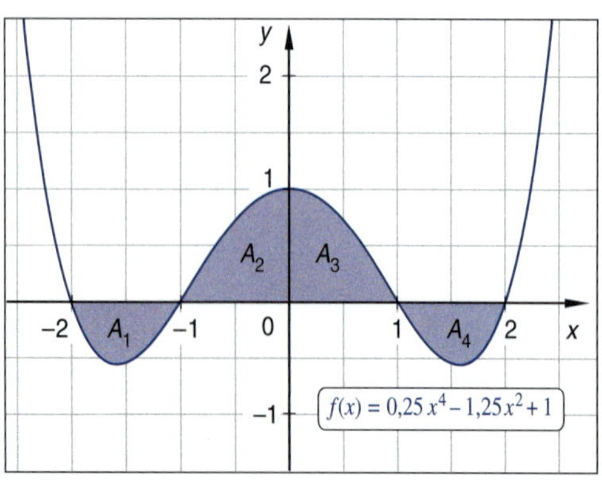

$f(x) = 0 \Leftrightarrow 0{,}25x^4 - 1{,}25x^2 + 1 = 0$

► biquadratische Gleichung; Substituiere $x^2 = z$

$\Leftrightarrow 0{,}25z^2 - 1{,}25z + 1 = 0 \quad |:0{,}25$

$\Leftrightarrow z^2 - 5z + 4 = 0$

$\Leftrightarrow (z-2{,}5)^2 = 2{,}25 \quad |\sqrt{\ }$

$\Leftrightarrow |z-2{,}5| = 1{,}5$

$\Leftrightarrow z = \mathbf{1}$ oder $z = \mathbf{4}$.

► Rücksubstituiere $z = x^2$:

- $z = 1$: $x^2 = 1$

  $\Leftrightarrow x = -1$ oder $x = 1$

$\Rightarrow$ **Lösung:** $x_{01} = \mathbf{-1}$ und $x_{02} = \mathbf{1}$

- $z = 4$: $x^2 = 4$

  $\Leftrightarrow x = -2$ oder $x = 2$

$\Rightarrow$ **Lösung:** $x_{03} = \mathbf{-2}$ und $x_{04} = \mathbf{2}$

$$f(x) = \frac{1}{4}x^4 - \frac{5}{4}x^2 + 1$$

$$\Rightarrow F(x) = \frac{1}{20}x^5 - \frac{5}{12}x^3 + x$$ ► Stammfunktion von f

Da $G(f)$ Graph einer geraden Funktion ist, müssen nur die Maßzahlen für A_3 und A_4 der Flächeninhalte zwischen 0 und 1 und zwischen 1 und 2 berechnet werden.

$$A_3 = \left| F(x) \Big|_0^1 \right| = \left| \frac{1}{20}x^5 - \frac{5}{12}x^3 + x \Big|_0^1 \right| = \left| \frac{3}{60} - \frac{25}{60} + \frac{60}{60} \right| = \left| \frac{19}{30} \right| = \mathbf{\frac{19}{30}}$$

Wegen der Achsensymmetrie von $G(f)$ zur y-Achse sind die Maßzahlen für A_1 und A_4 bzw. für A_2 und A_3 gleich.

$$A_4 = \left| F(x) \Big|_1^2 \right| = \left| \frac{1}{20}x^5 - \frac{5}{12}x^3 + x \Big|_1^2 \right| = \left| \frac{4}{15} - \frac{19}{30} \right| = \left| -\frac{11}{30} \right| = \mathbf{\frac{11}{30}}$$

Die Maßzahl für A der Gesamtfläche entspricht dann dem Doppelten der beiden Maßzahlen für A_3 und A_4.

$$A = 2 \cdot (A_3 + A_4) = 2 \cdot \frac{30}{30} = \mathbf{2}$$

▶ Flächeninhalt

Berechnung der von zwei Graphen eingeschlossenen Fläche

Im Folgenden werden Maßzahlen für Flächen berechnet, die von zwei Funktionsgraphen eingeschlossen werden.

Schließen zwei Funktionsgraphen $G(f)$ und $G(g)$ mit genau zwei Schnittpunkten eine Fläche ein, die **oberhalb** der x-Achse im Koordinatensystem liegt, so berechnet sich die Maßzahl dieser Fläche als Betrag der Differenz der Flächenmaßzahlen von den jeweils unter den einzelnen Funktionsgraphen mit der x-Achse eingeschlossenen Flächen. Die Integrationsgrenzen sind dabei die x-Werte x_1 und x_2 der beiden Schnittpunkte.

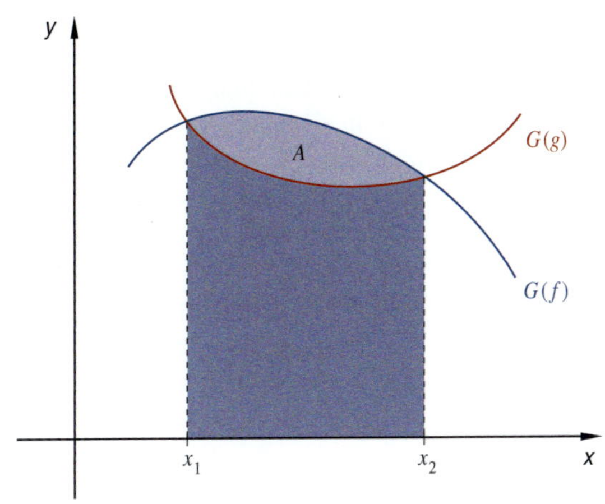

▶ $A = \left| \int_{x_1}^{x_2} f(x)\,dx - \int_{x_1}^{x_2} g(x)\,dx \right| = \left| \int_{x_1}^{x_2} [f(x) - g(x)]\,dx \right|$

▶ Hier könnte man die Betragsstriche auch weglassen, da in $[x_1; x_2]$ gilt: $f(x) \geq g(x)$.

Schließen zwei Funktionsgraphen $G(f)$ und $G(g)$ mit genau zwei Schnittpunkten eine Fläche ein, die teilweise oder ganz **unterhalb** der x-Achse im Koordinatensystem liegt, so darf man sich beide Funktionsgraphen in Richtung der positiven y-Achse zusammen verschoben denken, bis die eingeschlossene Fläche wie vorstehend oberhalb der x-Achse liegt. Durch diese Verschiebung ändert sich die Maßzahl der eingeschlossenen Fläche nicht, da sich die Funktionsterme beider Funktionen f und g um dieselbe additive Konstante c ändern, welche bei ihrer Differenzbildung wieder wegfällt.

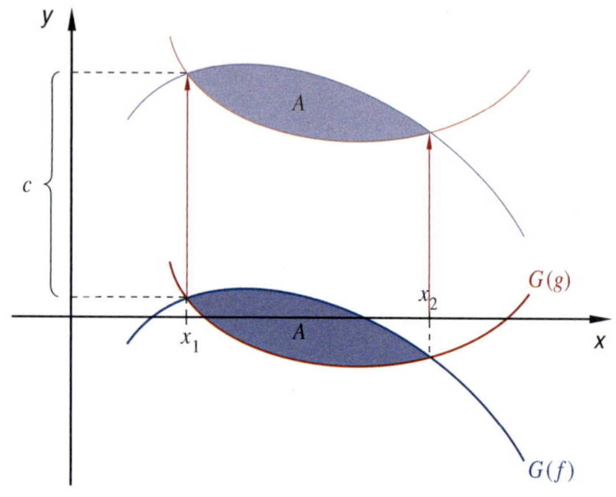

► $A = \left| \int_{x_1}^{x_2} [f(x)+c]\,dx - \int_{x_1}^{x_2} [g(x)+c]\,dx \right|$

$= \left| \int_{x_1}^{x_2} [f(x)-g(x)]\,dx \right|$

► Hier könnte man die Betragsstriche auch weglassen, da in $[x_1; x_2]$ gilt: $f(x) \geq g(x)$.

Man braucht bei der Berechnung der Maßzahl einer Fläche zwischen zwei benachbarten Schnittstellen von Funktionsgraphen $G(f)$ und $G(g)$ also **nicht** zu berücksichtigen, ob die Funktionen f und g dort selbst Nullstellen besitzen. Entscheidend ist vielmehr, ob die Differenz $f(x)-g(x)$ dort **vorzeichenbeständig** ist.

5

► $f(x)-g(x)$ ist der Funktionsterm der Differenzfunktion $h=f-g$ mit $h(x)=f(x)-g(x)$; die Nullstellen von h sind die x-Werte der Schnittpunkte von $G(f)$ und $G(g)$.

Besitzen die Funktionsgraphen $G(f)$ und $G(g)$ zweier Funktionen f und g mehr als zwei Schnittpunkte, so zerlegt man das Integrationsintervall zweckmäßigerweise in einzelne Abschnitte, in denen die Differenz $f(x)-g(x)$ vorzeichenbeständig ist, und bestimmt die Flächenmaßzahl der Fläche zwischen den Funktionsgraphen als Summe von Flächenmaßzahlen zwischen den x-Werten benachbarter Schnittpunkte.

► $A = \left| \int_{x_1}^{x_2} [f(x)-g(x)]\,dx \right| + \left| \int_{x_2}^{x_3} [f(x)-g(x)]\,dx \right| +$

$+ \left| \int_{x_3}^{x_4} [f(x)-g(x)]\,dx \right|$

► Hier könnte man beim 1. und 3. Summanden die Betragsstriche auch weglassen, da dort stets gilt: $f(x) \geq g(x)$.

Dieses Vorgehen wird am folgenden Beispiel verdeutlicht.

Beispiel 5.7

Bestimmen Sie die Maßzahl der Fläche zwischen den Graphen der Funktionen $f(x) = 0{,}5x^3 - x^2 - 2{,}5x + 6$ und $g(x) = -1{,}5x^3 + 3x^2 + 7{,}5x - 6$; $x \in \mathbb{R}$.

Die Maßzahl als Summe von Flächenmaßzahlen für die Fläche zwischen den Graphen der Funktionen f und g muss intervallweise bestimmt werden, weil in den verschiedenen Intervallen sowohl $f(x) - g(x) \geq 0$ als auch $f(x) - g(x) \leq 0$ gilt. Die Integrationsgrenzen sind hier die Abszissen (x-Stellen) der Schnittpunkte der Graphen $G(f)$ und $G(g)$.

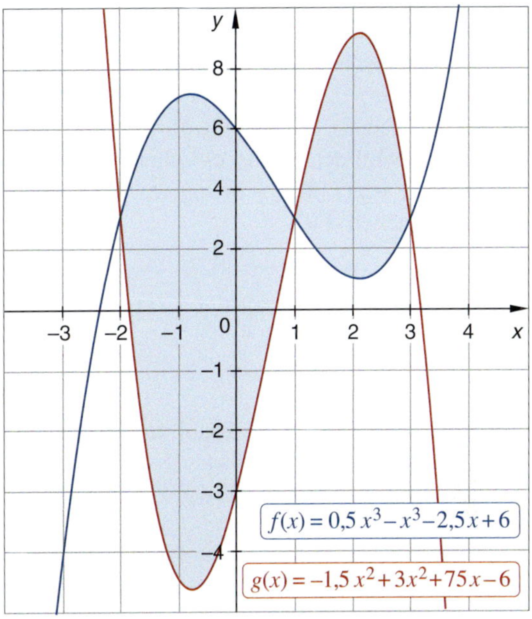

Diese y-Werte sind die Lösungen der Gleichung $f(x) = g(x)$.

$$\begin{aligned} & f(x) = g(x) \\ \Leftrightarrow\ & f(x) - g(x) = 0 \\ \Leftrightarrow\ & 2x^3 - 4x^2 - 10x + 12 = 0 \\ \Leftrightarrow\ & x^3 - 2x^2 - 5x + 6 = 0 \end{aligned}$$

Da $f(x) - g(x) = 2x^3 - 4x^2 - 10x + 12$ ein ganzrationaler Term dritten Grades ist und nicht direkt in ein Produkt von linearen oder quadratischen Termen umgeformt werden kann, muss eine Nullstelle der Differenzfunktion $(f - g)(x) = f(x) - g(x)$; $x \in \mathbb{R}$ durch Probieren gefunden werden.

$x_{01} = \mathbf{1}$ durch Probieren gefunden.

$$\begin{aligned} &(x^3 - 2x^2 - 5x + 6) : (x - 1) = \underbrace{x^2 - x - 6}_{q(x)} \\ &\underline{-(x^3 - x^2)} \\ &\quad -x^2 - 5x \\ &\quad \underline{-(-x^2 + x)} \\ &\qquad -6x + 6 \\ &\qquad \underline{-(-6x + 6)} \\ &\qquad\quad 0 \end{aligned}$$

Nachdem eine Nullstelle von $(f - g)$ gefunden worden ist, reduziert sich die weitere Suche nach Nullstellen von $(f - g)$ auf die Bestimmung der Nullstellen der zu dem Term $x^2 - x - 6$ gehörenden quadratischen Funktion q.

$$\begin{aligned} q(x) = 0 \Leftrightarrow\ & x^2 - x - 6 = 0 \\ \Leftrightarrow\ & x^2 - x + 0{,}25 = 6{,}25 \\ \Leftrightarrow\ & (x - 0{,}5)^2 = 6{,}25 \\ \Leftrightarrow\ & |x - 0{,}5| = 2{,}5 \\ \Leftrightarrow\ & x = -2 \text{ oder } x = 3 \end{aligned}$$

Lösung: $x_{02} = \mathbf{-2}$ und $x_{03} = \mathbf{3}$.

Die Lösung der quadratischen Gleichung $q(x) = 0$ liefert zwei weitere Nullstellen von $(f - g)$.

5

Zu berechnen ist also:
$A = A_1 + A_2$
$= |\int_{-2}^{1} [f(x) - g(x)]\,dx| + |\int_{1}^{3} [f(x) - g(x)]\,dx|.$

Diese Berechnung erfolgt für jeden der beiden Summanden nach der Faktor- und der Summenregel.

Die Maßzahl der Fläche zwischen den beiden Graphen von f und g beträgt ca. 42,17 Flächeneinheiten (FE).

$$|\int_{-2}^{1} (2x^3 - 4x^2 - 10x + 12)\,dx| + |\int_{1}^{3} (2x^3 - 4x^2 - 10x + 12)\,dx|$$
$$= |\tfrac{1}{2}x^4 - \tfrac{4}{3}x^3 - 5x^2 + 12x|_{-2}^{1}| + |\tfrac{1}{2}x^4 - \tfrac{4}{3}x^3 - 5x^2 + 12x|_{1}^{3}|$$
$$= |\tfrac{1}{2} - \tfrac{4}{3} - 5 + 12 - \left(8 + \tfrac{32}{3} - 20 - 24\right)| + $$
$$+ |\tfrac{81}{2} - 36 - 45 + 36 - \left(\tfrac{1}{2} - \tfrac{4}{3} - 5 + 12\right)|$$
$$= |\tfrac{63}{2}| + |-\tfrac{32}{3}| = \tfrac{189}{6} + \tfrac{64}{6}$$
$$= \tfrac{253}{6} \approx \mathbf{42{,}17}$$

Alles klar?

1 Berechnen Sie die Maßzahl der Fläche zwischen dem Graphen von f mit $f(x) = x^4 - 5x^2 + 4$ und der x-Achse im Intervall $[-3; 2]$.

2 Berechnen Sie die Maßzahl der Fläche, die vom Graphen von f mit $f(x) = 2x^3 + 2x^2 - 2$ und vom Graphen von g mit $g(x) = x^3 + 5x + 4$ eingeschlossen wird.

3 Berechnen Sie die Maßzahl der Fläche, die vom Graphen von f mit $f(x) = \frac{4}{e^x}$ und vom Graphen von g mit $g(x) = \frac{1}{4}e^x$ und der y-Achse im 1. Quadranten eingeschlossen wird.

Beispiel 5.8

Gegeben sind die Preisabsatzfunktion $p_N(x) = 0{,}0025 \cdot (200 - x)^2 - 16$ und die Angebotsfunktion $p_A(x) = 0{,}02x^2 + 16; x \in [0; 200]$.

a) Zeichnen Sie die Graphen beider Funktionen im Intervall $[0; 80]$.
b) Bestimmen Sie rechnerisch die Gleichgewichtsmenge und den Gleichgewichtspreis.
c) Errechnen Sie die Konsumentenrente.
d) Berechnen Sie die Produzentenwerte.

Zu a) Der Graph der Nachfragefunktion p_N ist streng monoton fallend. Das stimmt auch mit der Realität überein, weil bei sinkenden Preisen die nachgefragte Menge zunimmt.

Der Graph der Angebotsfunktion p_A ist streng monoton steigend. Das stimmt ebenso mit der Realität überein, weil steigende Preise die Unternehmer ermutigen, das Angebot zu erweitern.

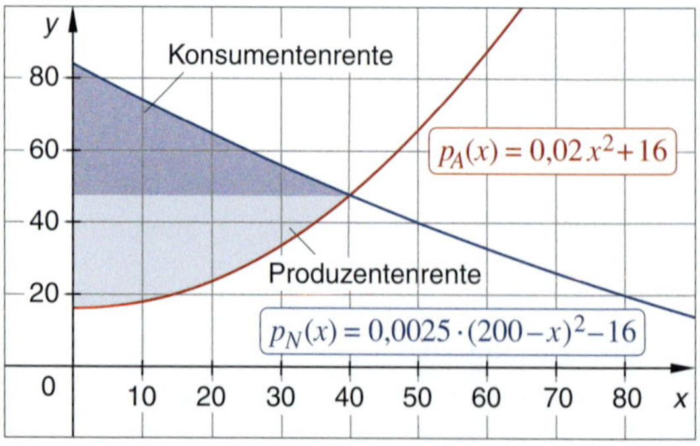

Zu b) Die **Gleichgewichtsmenge** ist die Menge, bei der die angebotene und die nachgefragte Menge gleich groß sind; sie ist die Menge, bei der alle Anbieter und Nachfrager dieser Menge zufrieden sind.

Der zugehörige Nachfrage- bzw. Angebotspreis wird als **Gleichgewichtspreis** bezeichnet.

$$0{,}02x^2+16=0{,}0025\cdot(200-x)^2-16$$

$$\Leftrightarrow 0{,}02x^2+16=0{,}0025\cdot(40.000-400x+x^2)-16$$

$$\Leftrightarrow 0{,}02x^2+16=100-x+0{,}0025x^2-16 \qquad |\cdot 400$$

$$\Leftrightarrow 8x^2+6.400=40.000-400x+x^2-6.400$$

$$\Leftrightarrow 7x^2+400x=27.200$$

$$\Leftrightarrow x^2+\frac{400}{7}x=\frac{27.200}{7}$$ ► quadratische Ergänzung

Deshalb werden die Funktionsterme der Nachfrage- und Angebotsfunktion gleichgesetzt und die Lösung bestimmt.

$$\Leftrightarrow x^2+\frac{400}{7}x+\left(\frac{200}{7}\right)^2=\frac{27.200}{7}+\left(\frac{200}{7}\right)^2$$

$$\Leftrightarrow \left(x+\frac{200}{7}\right)^2=\frac{230.400}{49} \Leftrightarrow \left|x+\frac{200}{7}\right|=\sqrt{\frac{230.400}{49}}$$

$$\Leftrightarrow x=-97{,}14 \text{ oder } x=40$$ ► $-97{,}14 \notin [0;200]$

Die Gleichgewichtsmenge beträgt 40 ME, der Gleichgewichtspreis 48 GE/ME.

$\Rightarrow$ **Lösung:** $x_A=\mathbf{40}$

$\Rightarrow p_A(40)=\mathbf{48}$

Zum Gleichgewichtspreis werden u. a. auch solche Nachfrager bedient, die bereit gewesen wären, einen höheren Preis als 48 GE zu zahlen. Diese Nachfrager beurteilen daher ihren Einkauf als besonders vorteilhaft.

Zu c) Der Geldbetrag, den diese Nachfrager insgesamt zu zahlen bereit gewesen wären, wird durch die Maßzahl der Fläche zwischen dem Graphen der Nachfragefunktion p_N und dem Graphen der konstanten Funktion $p_G(x)=48$ (► Parallele zur x-Achse im Abstand 48) im Intervall $[0;40]$ dargestellt. Der Ökonom sagt, diese Nachfrager erzielen eine **Konsumentenrente**.

Konsumentenrente:

$$KR=\int_0^{40}[0{,}0025\cdot(200-x)^2-16]\,dx-\int_0^{40}48\,dx$$

$$=\int_0^{40}(0{,}0025x^2-x+36)\,dx$$

$$=\left(0{,}0025\frac{x^3}{3}-\frac{x^2}{2}+36x\right)\Bigg|_0^{40}=\mathbf{693\frac{1}{3}}$$

Die Konsumentenrente beträgt 693,33 GE.)

Zu d) Auf der Anbieterseite gibt es Unternehmer, die aufgrund ihrer günstigen Kostensituation billiger als zum Gleichgewichtspreis verkaufen könnten; sie erzielen einen Zusatzgewinn, eine **Produzentenrente**, die dargestellt wird durch die Maßzahl der Fläche zwischen dem Graphen der Angebotsfunktion p_A und der Parallelen zur x-Achse im Abstand 48 im Intervall $[0;40]$.

Produzentenrente:

$$PR=\int_0^{40}48\,dx-\int_0^{40}(0{,}02x^2+16)\,dx$$

$$=\int_0^{40}(-0{,}02x^2+32)\,dx$$

$$=\left(-0{,}02\frac{x^3}{3}+32x\right)\Bigg|_0^{40}=\mathbf{853\frac{1}{3}}$$

Die Produzentenrente beträgt 853,33 GE.

Beispiel 5.9 (Optimale Nutzungsdauer)

Ein Unternehmen plant den Kauf einer Maschine, deren Anschaffungskosten $K_A = 20.000$ GE betragen und deren laufende Kosten gemäß der Funktion k_L mit $k_L(t) = 1.000 \cdot e^{0,2t}$ geschätzt werden, wobei t die Zeit in Jahren und $k_L(t)$ die laufenden Kosten im Zeitpunkt t wiedergeben. Die Maschine soll innerhalb der **optimalen Nutzungsdauer** vollständig linear abgeschrieben werden. Ermitteln Sie den jährlichen Abschreibungsbetrag.

Die **optimale Nutzungsdauer** ist dann erreicht, wenn die durchschnittlichen gesamten Kosten am geringsten sind. Die Gesamtkosten K innerhalb der optimalen Nutzungsdauer setzen sich zusammen aus den Anschaffungskosten K_A und den gesamten laufenden Kosten K_L.

Letztere sind als Integral über die zeitpunktbezogenen Kosten k_L zu ermitteln.

Optimalitätskriterium:

$k'(t) = 0 \quad \text{und } k''(t) > 0 \quad \text{mit}$

$$k(t) = \frac{K(t)}{t} = \frac{K_A + K_L(t)}{t} \text{ und } K_L(t) = \int_0^t k_L(x)dx$$

$$\int_0^t k_L(x)dx = \int_0^t 1.000 e^{0,2x} dx = 5.000 e^{0,2x}\Big|_0^t$$

$$= 5.000 e^{0,2t} - 5.000$$

$$\Rightarrow K(t) = K_A + K_L(t) = 20.000 + 5.000 e^{0,2t} - 5.000$$

$$= \mathbf{15.000 + 5.000 e^{0,2t}}$$

$$\Rightarrow k(t) = \frac{15.000 + 5.000 e^{0,2t}}{t}$$

$$\Rightarrow k'(t) = \frac{(1.000t - 5.000) \cdot e^{0,2t} - 15.000}{t^2}$$

$$\text{und } k''(t) = \frac{2.000 \cdot (t^2 - 15t + 55)e^{0,2t} + 30.000}{t^3}$$

Mit $k'(t) = 0$ ist – nach geeigneten Umformungen – die Exponentialgleichung $(t-5)e^{0,2t} - 15 = 0$ zu lösen.

$$k'(t) = 0 \Leftrightarrow \frac{(1.000t - 5.000) \cdot e^{0,2t} - 15.000}{t^2} = 0$$

$\Rightarrow (t-5)e^{0,2t} - 15 = 0$ ► Newton-Verfahren

$k''(8) \approx 56,1$ ► $k''(8) > 0 \Rightarrow 8$ ist lokale Minimalstelle

$$K_A = 20.000 \Rightarrow A = \frac{20.000}{8} = \mathbf{2.500}$$

Die Lösung kann mithilfe des Newtonschen Näherungsverfahrens und Excel berechnet werden, indem die Nullstelle von $f(t) = (t-5)e^{0,2t} - 15$ ermittelt wird:

$$t_n = t_{n-1} - \frac{(t_{n-1} - 5) \cdot e^{0,2t_{n-1}} - 15}{0,2 \cdot t_{n-1} \cdot e^{0,2t_{n-1}}} \quad ► f'(t) = 0,2te^{0,2t}$$

3	t_{n-1}	$f(t_{n-1})$	$f'(t_{n-1})$	t_n
4	=B1	=(A4-5)*EXP(0,2*A4)-1	=0,2*A4*EXP(0,2*A4)	=A4-B4/C4
5	=D4	=(A5-5)*EXP(0,2*A5)-1	=0,2*A5*EXP(0,2*A5)	=A5-B5/C5
6	=D5	=(A6-5)*EXP(0,2*A6)-1	=0,2*A6*EXP(0,2*A6)	**=A6-B6/C6**

	A	B	C	D
1	t_0:	**8**		
2				
3	t_{n-1}	$f(t_{n-1})$	$f'(t_{n-1})$	t_n
4	8	-0,14	7,92	8,017779856
5	8,01777986	0,00	7,97	8,017728698
6	8,0177287	0,00	7,97	**8,017728698**
7	$f(t) = (t-5)e^{0,2t}-15$		**Newton-Formel:**	
8	$f'(t) = 0,2te^{0,2t}$		$t_n = t_{n-1} - f(t_{n-1}) / f'(t_{n-1})$	

Der Startwert $t_0 = 8$ wird in 2 Schritten nur unwesentlich verbessert ($t = 8,0177$), sodass von der Lösung $t \approx 8$ ausgegangen werden kann.

Die Überprüfung durch die 2. Ableitung bestätigt die optimale Nutzungsdauer von 8 Jahren.

Verteilt man die Anschaffungskosten K_A linear auf diese 8 Jahre, dann ergibt sich ein jährlicher Abschreibungsbetrag von 2.500 GE.

5.2.2 Volumenberechnung

Im täglichen Leben begegnet man häufig geometrischen Körpern, z. B. Zylindern (Konservenbüchsen) oder Kegeln (Eistüten). Die Integralrechnung ermöglicht nun nicht nur die Flächenberechnung, sondern auch die Berechnung von Rauminhalten, also der Volumina solcher Körper, wenn man sie sich als Rotationskörper vorstellt, die durch Drehung einer Fläche z. B. um die x-Achse entstehen.

Beispiel 5.10 (Zylinder und Kegel)

- Lässt man z. B. die Fläche zwischen dem Graphen der Funktion $f(x) = 3$ und der x-Achse im Intervall $[1; 5]$ in einem rechtwinkligen, räumlichen x-y-z-Koordinatensystem um die x-Achse rotieren, so erhält man einen geraden Kreiszylinder der Höhe 4 mit Grundkreisen vom Radius 3.

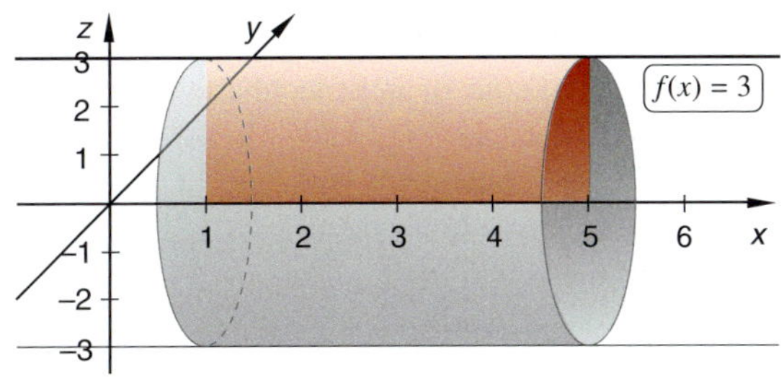

Gemäß der Formel $V(h, r) = h \cdot \pi \cdot r^2$ erhält man $V = 36\pi \approx 113{,}1$, also 113,1 als Maßzahl für das Volumen des entstandenen Rotationskörpers.

$V(4, 3) = 4 \cdot \pi \cdot 3^2$ ▶ $V = h \cdot \pi \cdot r^2,\ r = f(x_0)$

$\approx$ **113,1** ▶ Volumenmaßzahl

- Lässt man die Fläche zwischen dem Graphen der Funktion $f(x) = 0{,}5x$ und der x-Achse im Intervall $[0; 4]$ um die x-Achse rotieren, so entsteht ein gerader Kreiskegel der Höhe 4 mit einem Grundkreis vom Radius 2.

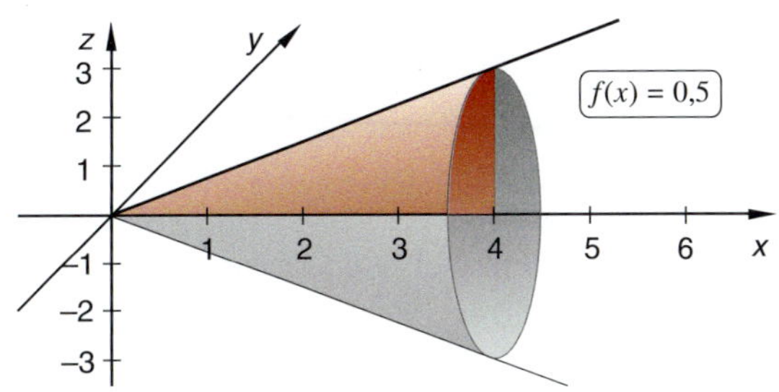

Gemäß der Formel $V(h, r) = \frac{1}{3} \cdot h \cdot \pi \cdot r^2$ erhält man $V = \frac{16}{3}\pi \approx 16{,}76$, also 16,76 als Maßzahl für das Volumen des entstandenen Rotationskörpers.

$V(4, 2) = \frac{1}{3} \cdot 4 \cdot \pi \cdot 2^2$ ▶ $V = \frac{1}{3} \cdot h \cdot \pi \cdot r^2,\ r = f(4)$

$\approx$ **16,76** ▶ Volumenmaßzahl

Da es sich um die Rotation einer Fläche handelt und das Rotationsvolumen von der Länge des „Rotationsintervalls“ abhängt, liegt die Vermutung nahe, dass auch die Volumenmaßzahlfunktion V – ähnlich wie die Flächenmaßzahlfunktion A aus Abschnitt 5.2.1 – in einem direkten Zusammenhang mit der Funktion f steht, deren Graph die Rotationsfläche begrenzt. Analog zum Zusammenhang der Flächenmaßzahlfunktion A zu einer stetigen Funktion f stellt die folgende Betrachtung den allgemeinen Zusammenhang zwischen V und f her.

Beispiel 5.11 (Rotationskörper)

Ist f eine in einem Intervall $[a; b] \subset D(f)$ definierte stetige Funktion, deren Funktionswerte dort nicht negativ sind, so entsteht durch Rotation der Fläche zwischen $G(f)$ und der x-Achse um die x-Achse in einem rechtwinkligen räumlichen x-y-z-Koordinatensystem ein **Rotationskörper**. Jede zur x-Achse orthogonale Ebene durch den Rotationskörper schneidet aus ihm an einer Stelle $x_0 \in [a; b]$ einen Kreis mit dem Flächeninhalt $\pi \cdot [f(x_0)]^2$ aus. Ist $x_0 + h \in [a; b]$ eine zu x_0 benachbarte Stelle, so muss die Maßzahl $V(x_0 + h) - V(x_0)$ des Volumens der „Scheibe" von der „Dicke" h zwischen den Maßzahlen der Volumina $h \cdot \pi \cdot [f(x_0)]^2$ und $h \cdot \pi \cdot [f(x_0 + h)]^2$ von geraden Kreiszylindern liegen, falls f streng monoton ist.

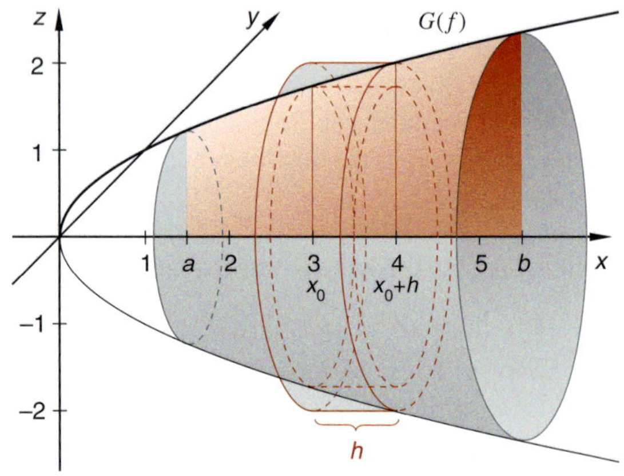

▸ Ist f streng monoton steigend, so gilt mit $h > 0$:

$$h \cdot \pi \cdot [f(x_0)]^2 \leq V(x_0 + h) - V(x_0) \leq h \cdot \pi \cdot [f(x_0 + h)]^2$$

$$\Leftrightarrow \pi \cdot [f(x_0)]^2 \leq \frac{V(x_0 + h) - V(x_0)}{h} \leq \pi \cdot [f(x_0 + h)]^2$$

$$\Rightarrow \lim_{h \to 0} \pi \cdot [f(x_0)]^2 \leq \lim_{h \to 0} \frac{V(x_0 + h) - V(x_0)}{h} \leq \lim_{h \to 0} \pi \cdot [f(x_0 + h)]^2$$

▸ f stetig

$$\Rightarrow \pi \cdot [f(x_0)]^2 \leq V'(x_0) \leq \pi \cdot [f(x_0)]^2$$

$$\Leftrightarrow \mathbf{V'(x_0) = \pi \cdot [f(x_0)]^2}.$$ ▸ $x_0 \in [a; b]$

▸ $V'(x_0)$ existiert für jedes $x_0 \in [a; b]$;
$V'(x) = \pi [f(x)]^2$ für jedes $x \in [a; b]$.

Da f in $[a; b]$ stetig ist, gilt insbesondere $\lim\limits_{h \to 0} f(x_0 + h) = f(x_0)$. ▸ Abschnitt 3.1

Somit strebt der Differenzenquotient $\frac{V(x_0 + h) - V(x_0)}{h}$ für $h \to 0$ gegen den Wert $\pi \cdot [f(x_0)]^2$.

Also existiert die Ableitung $V'(x_0)$ der Funktion V. Dies gilt für jedes $x_0 \in [a; b]$ und folglich ist daher die sicher vorhandene Volumenmaßzahlfunktion V differenzierbar.

Aber auch ohne die zusätzliche Voraussetzung der strengen Monotonie von f im Intervall $[a; b]$ lässt sich der Beweis mithilfe des Zwischenwertsatzes (▸ Abschnitt 3.1) analog zur Flächenberechnung durchführen.

Aufgrund des Zwischenwertsatzes kann dazu $V(x_0 + h) - V(x_0) = h \cdot \pi \cdot [f(x_0 + t \cdot h)]^2$ gesetzt werden, wenn t mit $0 \leq t \leq 1$ passend gewählt wird.
Da f bei x_0 stetig ist, folgt wieder $V'(x_0) = \pi \cdot [f(x_0)]^2$.

$$\frac{V(x_0 + h) - V(x_0)}{h} = \pi \cdot [f(x_0 + t \cdot h)]^2$$

$$\Rightarrow \lim_{h \to 0} \frac{V(x_0 + h) - V(x_0)}{h} = \lim_{h \to 0} \pi \cdot [f(x_0 + t \cdot h)]^2$$

$$\Rightarrow V'(x_0) = \pi \cdot [f(x_0)]^2$$

Die vorstehenden Ausführungen zeigen, dass die Volumenmaßzahlfunktion $V(x)$ eine Stammfunktion der stetigen Funktion $g(x) = \pi \cdot [f(x)]^2$ im Intervall $[a; b]$ ist. ▸ Mit f ist auch g stetig; Abschnitt 3.1, Übungsaufgabe 12.

Also ist die Funktion g integrierbar und es gilt für die Maßzahl des vorstehend beschriebenen Rotationskörpers im Intervall $[a; b]$: $V = \pi \cdot \int\limits_a^b [f(x)]^2 \, dx$.

Anhand dieses Ergebnisses lässt sich nachträglich feststellen, dass die Voraussetzung $f(x) \geq 0$ für alle $x \in [a; b]$ entbehrlich ist. Denn ist das nicht der Fall, so ist in $V = \pi \cdot \int_a^b [f(x)]^2 \, dx$ der Term $f(x)$ durch $|f(x)|$ zu ersetzen. Wegen $|f(x)|^2 = [f(x)]^2$ ändert sich dadurch am Ergebnis nichts.

Ist f eine im Intervall $[a; b] \subset D(f)$ definierte stetige Funktion, dann erzeugt die Fläche zwischen $G(f)$ und der x-Achse einen Rotationskörper, dessen Volumen durch die Maßzahl $V = \pi \cdot \int_a^b [f(x)]^2 \, dx$ bestimmt ist.

Die im Beispiel 5.10 elementar berechneten Volumenmaßzahlen von Rotationskörpern werden nachfolgend mithilfe der Integralrechnung überprüft.

Beispiel 5.12

Berechnen Sie die Volumenmaßzahlen des geraden Kreiszylinders der Höhe 4 mit den Grundkreisen vom Radius 3 und des geraden Kreiskegels der Höhe 4 mit dem Grundkreis vom Radius 2 aus Beispiel 5.10.

- Mithilfe der Berechnung des Integrals $\pi \cdot \int_1^5 [f(x)]^2 \, dx = \pi \cdot \int_1^5 3^2 \, dx$ wird die ermittelte Volumenmaßzahl 113,1 bestätigt und

$$\pi \cdot \int_1^5 [f(x)]^2 \, dx = \pi \cdot \int_1^5 3^2 \, dx = \pi \cdot 9x \Big|_1^5 = \pi \cdot (45 - 9) = 36\pi \approx \mathbf{113{,}1}$$

- durch $\pi \cdot \int_0^4 [f(x)]^2 \, dx = \pi \cdot \int_0^4 (0{,}5x)^2 \, dx$ wird die zweite Volumenmaßzahl 16,76 aus Beispiel 5.10 berechnet.

$$\pi \cdot \int_0^4 [f(x)]^2 \, dx = \pi \cdot \int_0^4 \left(\frac{1}{2}x\right)^2 dx = \frac{1}{4} \cdot \pi \cdot \int_0^4 x^2 \, dx = \frac{1}{12} \cdot \pi \cdot x^3 \Big|_0^4 = \frac{16}{3} \cdot \pi \approx \mathbf{16{,}76}$$

Beispiel 5.13

Berechnen Sie das Rotationsvolumen, das bei einer Rotation der Fläche zwischen dem Graphen von $f(x) = \sqrt{x}$ und der x-Achse um die x-Achse im Intervall $[0; 4]$ im rechtwinkligen räumlichen x-y-z-Koordinatensystem entsteht.

Zur Ermittlung dieses Rotationsvolumens bestimmt man das Integral $\pi \cdot \int_0^4 \left(\sqrt{x}\right)^2 dx = \pi \cdot \int_0^4 x \, dx$ und erhält die Volumenmaßzahl 25,13.

▶ Zeichnung, siehe Beispiel 5.11

$$\pi \cdot \int_0^4 [f(x)]^2 \, dx = \pi \cdot \int_0^4 \left(\sqrt{x}\right)^2 dx = \pi \cdot \int_0^4 x \, dx = \pi \cdot 0{,}5x^2 \Big|_0^4 = 8 \cdot \pi - 0 = 8 \cdot \pi \approx \mathbf{25{,}13}$$

Beispiel 5.14

Berechnen Sie die Volumenmaßzahl des Rotationskörpers, der durch Rotation der Fläche zwischen dem Graphen der reellen Funktion $f(x) = x^3 - x^2 - 2x$ und der x-Achse um die x-Achse zwischen den Nullstellen von f entsteht.

Zunächst werden die Nullstellen von f ermittelt, indem man die Gleichung $f(x) = 0$ löst. Durch Ausklammern von x wird $f(x)$ in ein Produkt aus dem linearen Term x und dem quadratischen Term $x^2 - x - 2$ umgeformt. ▶ $x_{01} = 0$

Die Lösung der quadratischen Gleichung $x^2 - x - 2 = 0$ liefert die weiteren Nullstellen $x_{02} = -1$ und $x_{03} = 2$.

Zur Bestimmung der in der Aufgabenstellung verlangten Volumenmaßzahl wird das Integral

$$\pi \cdot \int_{-1}^{2} [f(x)]^2 dx = \pi \cdot \int_{-1}^{2} (x^3 - x^2 - 2x)^2 dx$$

gebildet und eine Stammfunktion zur Funktion $f^2(x) = x^6 - 2x^5 - 3x^4 + 4x^3 + 4x^2$ ermittelt.

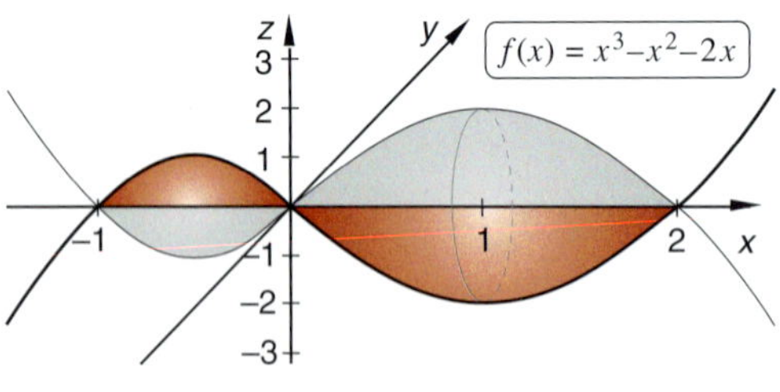

Das Volumen des Rotationskörpers beträgt 14,54 VE.

$$f(x) = 0 \Leftrightarrow x \cdot (x^2 - x - 2) = 0$$
$$\Leftrightarrow x = 0 \text{ oder } x^2 - x - 2 = 0 \quad \blacktriangleright \mathbf{x_{01} = 0}$$
$$\Rightarrow x^2 - x - 2 = 0 \mid \text{quadratische Ergänzung } 0{,}25$$
$$\Leftrightarrow (x - 0{,}5)^2 = 2{,}25 \mid \sqrt{\ }$$
$$\Leftrightarrow |x - 0{,}5| = 1{,}5$$
$$\Leftrightarrow x = -1 \text{ oder } x = 2$$

Lösung: $\mathbf{x_{02} = -1}$ und $\mathbf{x_{03} = 2}$

$$f(x) = x^3 - x^2 - 2x$$
$$\Rightarrow [f(x)]^2 = (x^3 - x^2 - 2x)^2 \quad \blacktriangleright [f(x)]^2 = f^2(x)$$
$$= x^6 - 2x^5 - 3x^4 + 4x^3 + 4x^2$$

$\Rightarrow$ Stammfunktion zu f^2 mittels Aufleitung

$$F(x) = \frac{1}{7}x^7 - \frac{1}{3}x^6 - \frac{3}{5}x^5 + x^4 + \frac{4}{3}x^3$$

$$V = \pi \cdot \int_{-1}^{2} [f(x)]^2 dx = \pi \cdot F(x)\Big|_{-1}^{2}$$
$$= \pi \cdot \left(\frac{1}{7}x^7 - \frac{1}{3}x^6 - \frac{3}{5}x^5 + x^4 + \frac{4}{3}x^3\right)\Big|_{-1}^{2}$$
$$= \pi \cdot \left[\frac{128}{7} - \frac{64}{3} - 19{,}2 + 16 + \frac{32}{3} - \left(-\frac{1}{7} - \frac{1}{3} + 0{,}6 + 1 - \frac{4}{3}\right)\right]$$
$$= \pi \cdot \left[-3{,}2 + \frac{160}{21} - \left(1{,}6 - \frac{38}{21}\right)\right]$$
$$= \pi \cdot \left(-4{,}8 + \frac{198}{21}\right) \approx \mathbf{14{,}54}$$

Alles klar?

Der Graph von f mit $f(x) = 4\mathrm{e}^{-x} - \frac{1}{4}\mathrm{e}^{x}$ schließt mit der x-Achse und der y-Achse eine Fläche ein.

Berechnen Sie das Volumen des Rotationskörpers, der dadurch entsteht, dass diese Fläche um die x-Achse rotiert.

Übungen zu 5.2

1 Bestimmen Sie die Nullstellen der folgenden ganzrationalen Funktionen und berechnen Sie jeweils die Maßzahl der von $G(f)$ und der x-Achse begrenzten Fläche.

a) $f(x) = x^2 + 3x - 10$
b) $f(x) = x^2 - 2{,}5x + 1{,}5$
c) $f(x) = -x^2 + 5x + 14$
d) $f(x) = 0{,}5x^3 - 4x^2 + 8x$
e) $f(x) = x^3 - 2x^2 - 3x$
f) $f(x) = -0{,}2x^3 - x^2 + 0{,}2x + 1$
g) $f(x) = -0{,}25x^3 + 1{,}5x - 6$
h) $f(x) = 0{,}25x^4 - 3{,}25x^2 + 9$
i) $f(x) = \frac{1}{48}x^4 - x^2 + 9$
j) $f(x) = \frac{x^4 - 17x^2 + 16}{x^2}$
k) $f(x) = -2x + 4\sqrt{x};\ x \geq 0$

2 Gegeben sind die reellen Funktionen $f(x) = x^2 - 6x + 5$ und $g(x) = 2{,}5x - 10$. Berechnen Sie die Maßzahl der Fläche, die zwischen den Graphen beider Funktionen liegt.

3 Gegeben sind die reellen Funktionen $f(x) = 0{,}1x^3$ und $g(x) = -x^2 + 1{,}1$. Berechnen Sie die Maßzahl der von beiden Graphen eingeschlossenen Fläche.

4 Gegeben sind die reellen Funktionen $f(x) = x^2 - 4$ und $g(x) = -x^2 + 14$. Berechnen Sie die Maßzahl der Fläche zwischen den beiden Graphen.

5 Gegeben sind die reellen Funktionen $f(x) = (x-2)^2$ und $g(x) = -(x-2)^2 + 8$. Berechnen Sie die Maßzahl der Fläche zwischen den beiden Graphen.

6 Gegeben sind die Funktionen f mit $f(x) = -3x^2 + 48$ und g mit $g(x) = \frac{x^4 - 17x^2 + 16}{x^2}$. Berechnen Sie die Maßzahl der Flächen zwischen den beiden Graphen und der 1. und 2. sowie 3. und 4. Nullstelle.

7 Zeigen Sie am Beispiel der reellen Funktion $f(x) = x$, dass nicht jede Stammfunktion auch eine Integralfunktion sein muss.

8 Berechnen Sie die Maßzahl der Fläche, die $G(f)$ und $G(g)$ einschließt. In welchem Verhältnis teilt $G(g)$ die Fläche, die $G(f)$ mit der x-Achse im angegebenen Intervall einschließt?
$f(x) = -0{,}8x^2 + 3;\ g(x) = 0{,}2x^4 + 2;\ I = [-1;\ 1]$

9 Bestimmen Sie die Zahlen für $a \in \mathbb{R}$ so, dass die reellen Funktionen f_a jeweils bei -3 eine Nullstelle haben, und berechnen Sie anschließend das Maß der Fläche, die $G(f_a)$ mit der x-Achse einschließt.

a) $f_a(x) = x^2 + ax - 3$ b) $f_a(x) = ax^2 + 3{,}5x + 6$

10 Ermitteln Sie das Maß der Fläche, die die Graphen der reellen Funktion $f(x) = -0{,}5x^4 + 2x^3$ und der zugehörigen Ableitungsfunktion f' für $x \geq 0$ einschließen. In welchem Verhältnis teilt $G(f)$ die Fläche, die $G(f')$ mit der x-Achse im Intervall $[0;\ 2]$ einschließt?

11 Der Graph der reellen Funktion $f(x) = x^2 - \frac{1}{6}x^3$ und die x-Achse begrenzen im I. Quadranten eine Fläche.

a) Skizzieren Sie den Graphen der Funktion und berechnen Sie die Maßzahl dieser Fläche.
b) Ein zur y-Achse paralleler Streifen mit der Breite 1 soll so gelegt werden, dass er aus der Fläche ein Flächenstück größten Inhalts ausschneidet. Berechnen Sie die Integrationsgrenzen a und b.
c) Es sei $a = 2$. Bestimmen Sie die obere Integrationsgrenze b so, dass die herausgeschnittene Fläche $\frac{26}{3}$ FE misst.

12 a) Gegeben sind die Ableitungsterme $f_a'(x) = 3x^2 - a$ und $g_a'(x) = \frac{1}{a}$. ▶ $a > 0$.
Für welche Stammfunktionen f_a und g_a gilt: $f_a(1) = 1 - a$ bzw. $g_a(2) = \frac{2}{a}$?

b) Bestimmen Sie das Volumenmaß des Körpers, der durch Rotation des Graphen von f_3 $(a = 3)$ um die positive x-Achse zwischen den beiden Nullstellen von f_3 entsteht.

5

c) Berechnen Sie die Maßzahlen $A(a)$ der Flächen, die die Graphen von f_a und g_a einschließen.

d) Für welchen Wert von a nehmen $A(a)$ absolute Minima an?

13 Gegeben sind die reellen Funktionen $f_a(x) = 0{,}25x^3 - 3a^2x + 4a$; $a \in \mathbb{R}$.

a) Bestimmen Sie die Maßzahlen $A(a)$ der Flächen, die $G(f_a)$ mit beiden Koordinatenachsen und der Parallelen zur y-Achse durch den jeweiligen Tiefpunkt von $G(f_a)$ begrenzen.

b) Für welche reellen Zahlen anstelle von a ist $A(a)$ maximal?

14 Ermitteln Sie das Volumen des Körpers, der durch Rotation von $G(f)$ um die x-Achse zwischen den Schnittpunkten von $G(f)$ mit der x-Achse entsteht.

a) $f(x) = x^2 - 4$ b) $f(x) = 0{,}5x^3 - 2x^2$

c) $f(x) = -0{,}5x^3 + x^2 + 1{,}5x$

d) $f(x) = 0{,}5x^3 + 4x^2 - 0{,}5x - 4$

15 Bestimmen Sie den Term für die Fläche, die vom Graphen einer Funktion vom Typ

$f_a(x) = a - \frac{1}{9} \cdot (a-3) \cdot x^2$ und der x-Achse eingeschlossen wird.

Für welche Zahl anstelle von $a > 3$ ist die Fläche minimal?

16 a) Bestimmen Sie die Zahlen für $a, b, c \in \mathbb{R}$ so, dass der Graph der Funktion

$f(x) = ax^2 + \frac{b}{x^2} + c$; $x \neq O$ durch den Punkt $A\langle 1|0\rangle$ geht und im Punkt $B\langle 2|-9\rangle$ eine waagerechte Tangente besitzt.

b) Berechnen Sie die Maßzahl der Fläche, die von $G(f)$ und der x-Achse eingeschlossen wird.

17 a) Bestimmen Sie die Zahlen für $a, b, c \in \mathbb{R}$ so, dass der Graph der Funktion

$f(x) = ax + \frac{b}{x^2} + c$; $x \neq 0$ durch den Punkt $A\langle 2|0\rangle$ geht und im Punkt $B\langle -1|0\rangle$ die Steigung 2,25 besitzt.

b) Berechnen Sie die Maßzahl der Fläche, die von $G(f)$ mit der x-Achse im Intervall $[-4; -1]$ eingeschlossen wird.

18 Diskutieren Sie die Graphen der folgenden Funktionen in ihren maximalen Definitionsbereichen in Bezug auf Grenzwertverhalten sowie Achsenschnitt-, Extrem- und Wendepunkte und zeichnen Sie jeweils $G(f)$. Berechnen Sie die Nullstellen mithilfe des Newton-Verfahrens und die Integrale in den angegebenen Intervallen.

a) $f(x) = e^x + 2x - 3$; $I = [0; 1]$

b) $f(x) = e^{2x} - x - 2$; $I = [-2; -1]$; $I = [0; 1]$

19 Ein Berufskolleg bezieht ein neues Schulgebäude außerhalb des Stadtkerns auf einem Gelände, das an einem See liegt, dessen Ufer durch die Graphen der reellen Funktionen $f(x) = -0{,}1x^3 + x^2 - 2{,}7x + 1{,}8$ und $g(x) = -0{,}1x^3 + 1{,}2x^2 - 3{,}6x$ begrenzt wird. Die Zugangsstraße verläuft entlang der negativen y-Achse, der Fußweg zur Schule teilweise über Brücken entlang der x-Achse (1 Einheit auf den Achsen entspricht 100 m). Der Schulbus hält an den Punkten $\langle 0|0\rangle$ und $\langle 0|-5\rangle$.

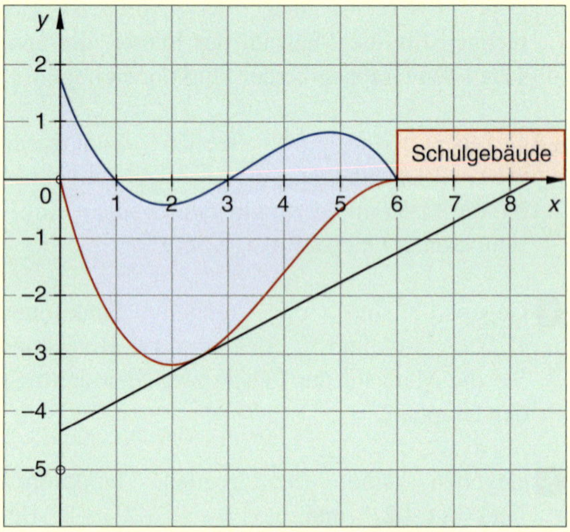

a) Ordnen Sie die beiden Graphen nachvollziehbar den einzelnen Ufern zu.

b) Berechnen Sie, wie lang die beiden Brücken und der Fußweg zur Schule sind.

c) Wie weit ist das Nordufer vom Fußweg bzw. von der rechten Brücke maximal entfernt?

d) An der Stelle, an der die beiden Ufer in nördlicher Richtung am weitesten von einander entfernt sind, soll eine „Zugfähre" gebaut werden, um einen zusätzlichen Seeübergang zu schaffen. Berechnen Sie die Stelle und ermitteln Sie diese maximale Entfernung.

e) Teile des Schulgebäudes liegen am Südufer des Sees. Um den Schülern eine weitere Zugangsmöglichkeit zu bieten, soll ein geradliniger Fuß- und Radweg von der Zugangsstraße *in der Nähe* der Haltestelle $\langle 0 \mid -5 \rangle$ am Südufer vorbei bis zum Schulgebäude führen, der das Südufer im Punkt $\langle 2{,}5 \mid g(2{,}5) \rangle$ berührt.
Wie lautet der Funktionsterm dieser Geraden, wie lang ist dieser Fuß- und Radweg und an welchen Punkten gelangt man von der Zugangsstraße bzw. vom Fußweg auf diesen neuen Weg?

f) Wie groß ist die gesamte Seefläche?

20 Auf dem Markt eines Produkts richtet sich die Nachfrage nach der Funktion $p_N(x) = 0{,}5 \cdot (36 - x^2)$ und das Angebot nach der Funktion $p_A(x) = 0{,}5x^2 + 2$.

a) Bestimmen Sie $D_{ök}$.

b) Stellen Sie die Marktverhältnisse in einem Koordinatensystem dar.

c) Berechnen Sie den Gleichgewichtspreis. ▶ Beispiel 5.8

d) Berechnen Sie die Konsumentenrente.

e) Berechnen Sie die Produzentenrente.

21 Gegeben ist die Nachfragefunktion $p_N(x) = 16 - 0{,}25x^2$ und die Angebotsfunktion $p_A(x) = 2x + 4$.

a) Zeichnen Sie die beiden Funktionsgraphen.

b) Berechnen Sie den Gleichgewichtspreis und die Gleichgewichtsmenge.

c) Ermitteln Sie die Konsumentenrente.

d) Bestimmen Sie die Produzentenrente.

22 Die Marktanalyse für ein Gut ergibt, dass die Nachfrage nach diesem Gut von 1 ME auf 5 ME steigt, wenn der Preis für dieses Gut von 21 € pro ME auf 13 € pro ME sinkt. Bei einem Preis von 6 € wird nur 1 ME, bei einem Preis von 22 € werden 5 ME angeboten.

a) Bestimmen Sie die Funktionsterme der Nachfrage- und Angebotsfunktion, wenn beide vom Typ $p(x) = ax^2 + b$ sind.

b) Berechnen Sie die Gleichgewichtsmenge und den Gleichgewichtspreis.

c) Ermitteln Sie die Konsumenten- und Produzentenrente.

d) Bestimmen Sie den Funktionsterm für die Nachfrageelastizität $e_N(x)$. ▶ Abschnitt 4.4

e) Berechnen Sie die Elastizität bei der Nachfragemenge 3 ME.

23 Gegeben ist die Nachfragefunktion $p_N(x) = 16 - 0{,}25x^2$ und die Angebotsfunktion $p_A(x) = 0{,}2 \cdot (x+1)^2 + 7$.

a) Berechnen Sie den Gleichgewichtspreis und die Gleichgewichtsmenge.

b) Ermitteln Sie die Konsumentenrente auf den beiden Teilmärkten und die gesamte Konsumentenrente. ▶ nachfolgende Anmerkung

c) Bestimmen Sie die gesamte Produzentenrente.

Anmerkung:
Der Markt kann so in zwei Teilmärkte zerlegt werden, dass die Nachfrager, die einen sehr hohen Preis zu zahlen bereit sind, auf dem **ersten Teilmarkt** (1. TM) bedient werden.

In der Übungsaufgabe 22 sind das die Nachfrager, die bereit sind, 15 GE oder mehr zu bezahlen; sie erhalten das Produkt für 15 GE.
Die Nachfrager, denen 15 GE für das Produkt zu viel sind, werden auf dem **zweiten Teilmarkt** (2. TM) bedient; sie bezahlen den Gleichgewichtspreis.

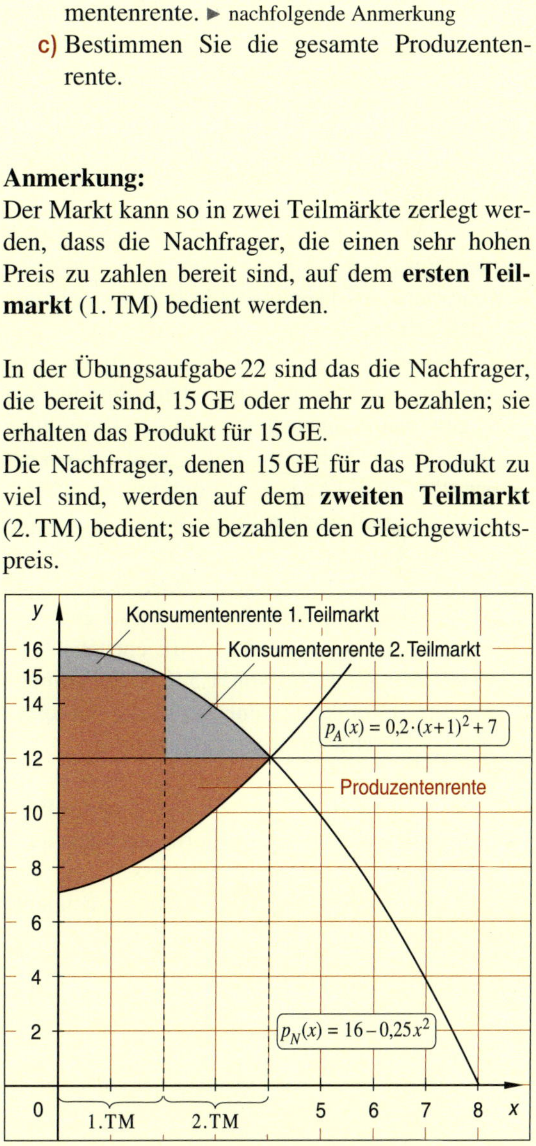

5

24 Für eine neue Sektmarke „Prickel“ wurde eine Marktanalyse durchgeführt, die zu einer Nachfragefunktion $p_N(x) = 10 \cdot e^{-0{,}1x} + e^2$ und einer Angebotsfunktion $p_A(x) = e^{0{,}2x} + 10 \cdot e^{-1}$ geführt hat. Unter diesen Bedingungen würde sich das Marktgleichgewicht bei $x = 10$ ME einstellen. Berechnen Sie die Produzenten- und Konsumentenrente.

25 Der Kauf einer neuen Maschine verursacht Anschaffungskosten von 30.564 GE. Ihre laufenden Betriebskosten glaubt die Betriebsleiterin mit der Funktion $k_L(t) = 62t^3 - 300t^2 + 750t + 160$ abschätzen zu können. Dabei gibt t den Zeitpunkt in Jahren und k_L die laufenden Kosten zum Zeitpunkt t in GE an. Die Maschine soll linear innerhalb ihrer optimalen Nutzungsdauer abgeschrieben werden. Ermitteln Sie den jährlichen Abschreibungsbetrag.

Anmerkung:
Der Zuwachs des Gewinns bei einer Ausdehnung der Ausbringungsmenge um 1 ME, der sog. **Grenzgewinn**, ergibt sich aus der Differenz von Grenzerlös und Grenzkosten. Die Summe der Grenzgewinne in einem Intervall $[a; b]$ kann durch die Maßzahl der Fläche zwischen den Graphen der Grenzerlös- und Grenzkostenfunktion in diesem Intervall ermittelt werden.

26 Die Grenzkostenfunktion $K'(x) = 1{,}2x^2 - 4{,}8x + 3{,}6;\ x \geq 0$ ist gegeben. Bei einer Produktion von 10 ME entstehen Gesamtkosten in Höhe von 1.540 €. Bestimmen Sie die Gesamtkostenfunktion K, die Fixkosten und die Durchschnittskostenfunktion k.

27 Eine Brauerei hat von einem Designer ein Bierglas in der nachstehenden Form mit einer inneren Höhe von 12 cm entwerfen lassen. Der Verlauf der Innenwand lässt sich bei geeigneter Darstellung im Koordinatensystem durch die Funktion $f(x) = 0{,}02x^2 - 0{,}25x + 3{,}2;\ x \geq 0$ beschreiben. ► Der Ordinatenabschnitt von f entspricht dem Bodenradius des Bierglases in cm.

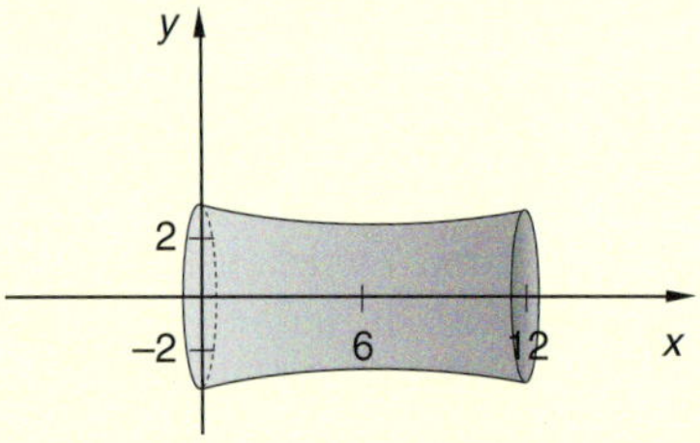

a) Bestimmen Sie die Volumenmaßzahl des Glases.

b) Der Designer nimmt an, dass der Eichstrich für 0,2 l in einer Höhe von ca. 10 cm anzubringen ist. Berechnen Sie die exakte Höhe des Eichstrichs. ► „Newton-Verfahren“

c) Die zu der oben abgebildeten Form passenden 16 cm hohen 0,5-l-Gläser haben am Fuß des Glases einen Innendurchmesser von 10 cm, in einer Höhe von 4 cm und am oberen Rand betragen die Innendurchmesser jeweils 8 cm.
Bestimmen Sie den Funktionsterm der ganzrationalen Funktion g zweiten Grades, deren Graph der Verlauf der Innenwand angibt.

d) Der Hersteller der Gläser hat für das laufende Jahr mit der Brauerei einen Preis in Höhe von 29 GE je ME der zu liefernden Gläserpaletten vereinbart. Seine Gewinnsituation wird durch die Funktion $G(x) = -0{,}01x^3 + x^2 - 7x - 720;\quad x \geq 0$ wiedergegeben. Beim Verkauf von 80 ME decken die Erlöse genau die Kosten.

d_1) Bestimmen Sie die Gewinnzone.

d_2) Das Betriebsminimum des Gläserherstellers liegt bei einer Produktion von 50 ME. Berechnen Sie das Betriebsoptimum.

5.3 Spezielle Integrationsverfahren

In den bisherigen Beispielen wurden nur Integrale grundlegender Funktionstypen berechnet. Allein mit diesen Methoden ist es noch nicht möglich, Funktionen wie z. B. $x \cdot e^x$ (ein Produkt zweier Funktionen) oder e^{x^2} (eine Verkettung zweier Funktionen) zu integrieren.

Für die Integration derartiger Funktionen sollen im Folgenden Methoden hergeleitet und Regeln formuliert werden. Als Leitfaden dient dabei der Zusammenhang zwischen Differentiation und Integration. Über diesen Zusammenhang lassen sich aus den bereits bekannten Ableitungsregeln entsprechende Integrationsregeln herleiten.

5.3.1 Partielle Integration (Produktintegration)

Mittels **partieller Integration** ist es in vielen Fällen möglich, Funktionen des Typs $f(x) = u(x) \cdot v(x)$ zu integrieren, also Funktionen, die das Produkt zweier Funktionen u und v sind.

Beispiel 5.15 (Partielle Integration)

Mithilfe der **Produktregel** der Differentialrechnung lassen sich Funktionen, die aus einem Produkt zweier differenzierbarer Funktionen u und v bestehen, ableiten.

► Abschnitt 4.1.3

Sind u und v zwei in ihrem Definitionsbereich differenzierbare Funktionen, so ist auch $u \cdot v$ an jeder Stelle ihres gemeinsamen Definitionsbereichs differenzierbar und es gilt:

$$[u(x) \cdot v(x)]' = u'(x) \cdot v(x) + u(x) \cdot v'(x).$$

Das bedeutet, dass die Funktion $F = u \cdot v$ Stammfunktion der Funktion $f = F' = u' \cdot v + u \cdot v'$ ist.

► $u \cdot v$ ist Stammfunktion von $u' \cdot v + u \cdot v'$.

Die Funktion f ist stetig und damit integrierbar, falls mit u und v auch die Ableitungen u' und v' stetig sind.

► u, v differenzierbar $\Rightarrow$ u, v stetig (Abschnitt 3.3)

Denn die Summe und das Produkt stetiger Funktionen ist wieder stetig.

► Abschnitt 3.1, Übungsaufgabe 12

Sind u' und v' stetige Funktionen, so ist auch die Funktion f mit $f = u' \cdot v + u \cdot v'$ eine stetige Funktion und damit integrierbar.

Nach der Definition des Integrals und der Summenregel erhält man für ein Intervall $[a; b] \subset D(f)$ das nebenstehende Ergebnis für $\int_a^b f(x)\,dx$.

$$\int_a^b f(x)\,dx = F(b) - F(a) \quad ► F(x) = u(x) \cdot v(x)$$

$$\Rightarrow \int_a^b [u'(x) \cdot v(x) + u(x) \cdot v'(x)]\,dx$$

$$= \int_a^b u'(x) \cdot v(x)\,dx + \int_a^b u(x) \cdot v'(x)\,dx = u(x) \cdot v(x)\Big|_a^b$$

$$\Rightarrow \int_a^b u'(x) \cdot v(x) = u(x) \cdot v(x)\Big|_a^b - \int_a^b u(x) \cdot v'(x)\,dx$$

Durch Subtraktion des zweiten Integrals in der letzten Gleichung erhält man die sog. Regel der **Produktintegration** oder **partiellen Integration**.

► Regel der partiellen Integration

$$\int_a^b u'(x) \cdot v(x)\,dx = u(x) \cdot v(x)\Big|_a^b - \int_a^b u(x) \cdot v'(x)\,dx$$

↑ **Ausgangsintegral** ↑ **Restintegral**

5

Die Bezeichnung „partielle Integration“ deutet an, dass bei Anwendung dieser Regel auf ein Ausgangsintegral die Integration nur teilweise (partiell) durchgeführt wird und ein Restintegral übrig bleibt. In vielen Fällen lässt sich das **Restintegral** und damit dann auch das Ausgangsintegral berechnen.

Partielle Integration, Produktintegration:
Sind zwei Funktionen u und v in einem Intervall $[a; b]$ differenzierbar und ihre Ableitungsfunktionen dort stetig, so gilt:

$$\int_a^b u'(x) \cdot v(x)\, dx = u(x) \cdot v(x)\Big|_a^b - \int_a^b u(x) \cdot v'(x)\, dx.$$

Bei sinnvoller Anwendung dieser Regel auf ein zu integrierendes Produkt von Funktionen muss man immer erst überlegen, welcher Faktor des Integranden die Rolle von $u'(x)$ und welcher die Rolle von $v(x)$ übernehmen soll, damit sich das Restintegral einfach berechnen lässt.

In aller Regel sind die beiden Alternativen nicht gleichwertig. Es kann gut möglich sein, dass eine Ersetzung zum Ziel führt, die andere dagegen nicht, wie das folgende Beispiel zeigt.

► Beim Integrieren kann man sich nicht wie beim Differenzieren in jedem Fall auf einfache und automatisch funktionierende Regeln verlassen. Man braucht häufig ein „Gespür“ dafür, welcher Weg zum Ziel führt. „Differenzieren ist Handwerk, Integrieren eine Kunst“, hat schon GAUSS gesagt.

Beispiel 5.16

Berechnen Sie $\int_0^1 4x\mathrm{e}^x\, dx$.

Zur Berechnung dieses Integrals benötigt man eine Stammfunktion der Integrandfunktion f mit $f(x) = 4x\mathrm{e}^x$, $x \in \mathbb{R}$.

Diese lässt sich auf Anhieb nicht finden. Daher deutet man f als das Produkt der Funktionen $u'(x) = 4x$ und $v(x) = \mathrm{e}^x$ oder als das Produkt der Funktionen $u'(x) = \mathrm{e}^x$ und $v(x) = 4x$; jeweils für $x \in \mathbb{R}$ in der Hoffnung, durch Anwendung der Regel der **partiellen Integration** ein leicht zu berechnendes Restintegral zu erhalten.

1. Wählt man $u'(x) = 4x$ und $v(x) = \mathrm{e}^x$, so erhält man ein **Restintegral** mit dem Integranden $u(x) \cdot v'(x) = 2x^2\mathrm{e}^x$, für den noch schwieriger eine Stammfunktion zu bestimmen ist als für das Ausgangsintegral.

$f(x) = 4x\mathrm{e}^x$
► $u'(x) = 4x \Rightarrow u(x) = 2x^2$
► $v(x) = \mathrm{e}^x \Rightarrow v'(x) = \mathrm{e}^x$

$$\int_0^1 4x\mathrm{e}^x\, dx = 2x^2 \cdot \mathrm{e}^x\Big|_0^1 - \int_0^1 2x^2 \cdot \mathrm{e}^x\, dx$$

2. Wählt man hingegen $u'(x) = \mathrm{e}^x$ und $v(x) = 4x$, so bleibt nur das leicht berechenbare **Restintegral** $\int_0^1 4\mathrm{e}^x\, dx$ übrig.

Das Ausgangsintegral $\int_0^1 4x\mathrm{e}^x\, dx$ berechnet sich bei dieser Wahl von $u'(x)$ und $v(x)$ sehr einfach zum Wert 4.

$f(x) = 4x\mathrm{e}^x$
► $u'(x) = \mathrm{e}^x \Rightarrow u(x) = \mathrm{e}^x$
► $v(x) = 4x \Rightarrow v'(x) = 4$

$$\int_0^1 4x\mathrm{e}^x\, dx = 4x\mathrm{e}^x\Big|_0^1 - \int_0^1 4\mathrm{e}^x\, dx \quad \text{► Faktorregel}$$

$$= 4x\mathrm{e}^x\Big|_0^1 - 4\mathrm{e}^x\Big|_0^1 \quad \text{► } (\mathrm{e}^x)' = \mathrm{e}^x$$

$$= 4\mathrm{e}^x(x-1)\Big|_0^1 = 0 - (-4) = \mathbf{4}$$

Lässt man in der Nr. 2 des vorstehenden Beispiels zur Vereinfachung der Schreibweise bei der Berechnung von $\int_0^1 4x\mathrm{e}^x\,dx$ die Integrationsgrenzen zunächst weg – **integriert** also, wie man auch sagt, zunächst **unbestimmt** –, so gilt $\int 4x\mathrm{e}^x\,dx = 4\mathrm{e}^x \cdot (x-1)$.

Hieraus erkennt man, dass $F(x) = 4\mathrm{e}^x \cdot (x-1)$ eine Stammfunktion der Integrandfunktion $f(x) = 4x\mathrm{e}^x$; $x \in \mathbb{R}$ ist. Also gilt $\int_0^1 f(x)\,dx = F(x)\Big|_0^1$.

In vielen Fällen lässt sich das Restintegral und damit auch das gegebene Integral nur in einem weiteren Schritt oder in mehreren Schritten berechnen.

Beispiel 5.17

Berechnen Sie $\int_0^1 x^2 \cdot \mathrm{e}^{-2x}\,dx$.

Bei einem solchen Beispiel wählt man $u'(x) = \mathrm{e}^{-2x}$ und $v(x) = x^2$, $x \in \mathbb{R}$, damit die Potenz von x im Restintegral durch Differentiation „abgebaut“ werden kann.

$$\int u'(x) \cdot v(x)\,dx = u(x) \cdot v(x) - \int u(x) \cdot v'(x)\,dx$$

↑ Ausgangsintegral ↑ Restintegral

Da die Integrandfunktion $f_1(x) = x \cdot \mathrm{e}^{-2x}$ des Restintegrals wiederum das Produkt einer ganzrationalen Funktion und einer Exponentialfunktion „im weiteren Sinne“ ist, wird das Verfahren der **partiellen Integration** auf f_1 erneut angewendet.

▶ $u'(x) = \mathrm{e}^{-2x} \Rightarrow u(x) = -0{,}5\mathrm{e}^{-2x}$ ▶ $(-0{,}5\mathrm{e}^{-2x})' = \mathrm{e}^{-2x}$

▶ $v(x) = x^2 \Rightarrow v'(x) = 2x$

$$\int x^2 \cdot \mathrm{e}^{-2x}\,dx = x^2 \cdot (-0{,}5\mathrm{e}^{-2x}) - \int 2x \cdot (-0{,}5\mathrm{e}^{-2x})\,dx$$
$$= -0{,}5x^2 \cdot \mathrm{e}^{-2x} + \int x \cdot \mathrm{e}^{-2x}\,dx$$

Zur besseren Übersicht geschieht das in einer Nebenrechnung.

Nebenrechnung:

▶ $u_1'(x) = \mathrm{e}^{-2x} \Rightarrow u_1(x) = -0{,}5\mathrm{e}^{-2x}$
$v_1(x) = x \Rightarrow v_1'(x) = 1$

$$\int x \cdot \mathrm{e}^{-2x}\,dx = x \cdot (-0{,}5\mathrm{e}^{-2x}) - \int 1 \cdot (-0{,}5\mathrm{e}^{-2x})\,dx$$

▶ Faktorregel

$$= -0{,}5x \cdot \mathrm{e}^{-2x} + 0{,}5 \cdot \int \mathrm{e}^{-2x}\,dx$$
$$= -0{,}5x \cdot \mathrm{e}^{-2x} + 0{,}5 \cdot (-0{,}5\mathrm{e}^{-2x})$$
$$= -0{,}5x \cdot \mathrm{e}^{-2x} - 0{,}25 \cdot \mathrm{e}^{-2x}$$

▶ Stammfunktionsterm von f_1

Man erkennt, dass $F_1(x) = -0{,}5x \cdot \mathrm{e}^{-2x} - 0{,}25 \cdot \mathrm{e}^{-2x}$ eine Stammfunktion von f_1 und somit $F(x) = -0{,}25\mathrm{e}^{-2x} \cdot (2x^2 + 2x + 1)$ eine Stammfunktion von f für $x \in \mathbb{R}$ ist.

$$\Rightarrow \int x^2 \cdot \mathrm{e}^{-2x}\,dx = -0{,}5x^2 \cdot \mathrm{e}^{-2x} + (-0{,}5x \cdot \mathrm{e}^{-2x} - 0{,}25 \cdot \mathrm{e}^{-2x})$$
$$= -0{,}25\mathrm{e}^{-2x} \cdot (2x^2 + 2x + 1)$$

▶ Stammfunktionsterm von f

Durch das nachträgliche Setzen der Integrationsgrenze für x erhält man:

$$\Rightarrow \int_0^1 x^2 \cdot \mathrm{e}^{-2x}\,dx = -0{,}25\mathrm{e}^{-2x} \cdot (2x^2 + 2x + 1)\Big|_0^1$$
$$= -1{,}25\mathrm{e}^{-2} + 0{,}25 \approx \mathbf{0{,}08}$$

$\int_0^1 x^2 \cdot \mathrm{e}^{-2x}\,dx \approx 0{,}08$.

5

Mithilfe des Verfahrens der partiellen Integration lässt sich auch eine natürliche Logarithmusfunktion integrieren.

Beispiel 5.18

Berechnen Sie $\int\limits_1^e \ln x\, dx$.

Durch Multiplikation des Funktionsterms $\ln x$ mit 1 erhält man in $1 \cdot \ln x$ einen Integranden, der die Bestimmung einer Stammfunktion für $1 \cdot \ln x$ mithilfe der partiellen Integration für $x > 0$ ermöglicht.

$f(x) = 1 \cdot \ln x$

▶ $u'(x) = 1 \;\Rightarrow\; u(x) = x$

▶ $v(x) = \ln x \Rightarrow\; v'(x) = \frac{1}{x}$

Dabei verzichtet man zunächst wieder auf die Integrationsgrenzen und integriert unbestimmt.

$$\int 1 \cdot \ln x\, dx = x \cdot \ln x - \int x \cdot \frac{1}{x} dx \quad ▶\; x \cdot \frac{1}{x} = 1;\, x > 0$$

$$= x \cdot \ln x - \int 1\, dx$$

$$= x \cdot \ln x - x$$

$$= x \cdot (\ln x - 1) \quad ▶\; \text{Stammfunktionsterm von } f$$

Man erkennt, dass die Funktion $F(x) = x \cdot (\ln x - 1);\ x > 0$ eine Stammfunktion von f ist.

Durch das nachträgliche Setzen der Integrationsgrenzen für x erhält man: $\int\limits_1^e \ln x\, dx = 1$.

$$\Rightarrow \int\limits_1^e 1 \cdot \ln x dx = x \cdot (\ln x - 1)\Big|_1^e$$

$$= 0 - (-1) = \mathbf{1}$$

5

Beispiel 5.19

Berechnen Sie das Integral $\int\limits_0^{\frac{\pi}{2}} \cos^2 x\, dx$.

Durch Zerlegen des Funktionsterms $\cos^2 x$ in $\cos x \cdot \cos x$ erhält man einen Integranden, der die Anwendung des Verfahrens der partiellen Integration ermöglicht. Integriert man zunächst unbestimmt, so erhält man ein Restintegral, das dem zu berechnenden Integral entspricht.
Löst man die erhaltene Gleichung nach $\int \cos^2 x\, dx$ auf, so erhält man einen Stammfunktionsterm $F(x)$ der Funktion f:
$F(x) = 0{,}5 \cdot (\sin x \cdot \cos x + x);\ x \in \mathbb{R}$.

$f(x) = \cos^2 x = \cos x \cdot \cos x$

▶ $u'(x) = \cos x \;\Rightarrow\; u(x) = \sin x$

▶ $v(x) = \cos x \;\Rightarrow\; v'(x) = -\sin x$

$$\int \cos^2 x\, dx = \int \cos x \cdot \cos x\, dx$$

$$= \sin x \cdot \cos x - \int -\sin^2 x\, dx$$

$$= \sin x \cdot \cos x + \int \sin^2 x\, dx \quad ▶\; \sin^2 x + \cos^2 x = 1$$

$$= \sin x \cdot \cos x + \int (1 - \cos^2 x)\, dx \quad ▶\; \text{Summenregel}$$

$$= \sin x \cdot \cos x + x - \int \cos^2 x\, dx \quad ▶\; \int \cos^2 x\, dx \text{ Restintegral}$$

$$\Rightarrow\; 2 \cdot \int \cos^2 x\, dx = \sin x \cdot \cos x + x$$

$$\Rightarrow\; \int \cos^2 x\, dx = 0{,}5 \cdot (\sin x \cdot \cos x + x)$$

▶ Stammfunktionsterm von f

Durch Setzen der Integrationsgrenzen für x erhält man: $\int\limits_0^{\frac{\pi}{2}} \cos^2 x dx - \frac{\pi}{4}$.

$$\Rightarrow \int\limits_0^{\frac{\pi}{2}} \cos^2 x dx = 0{,}5 \cdot (\sin x \cdot \cos x + x)\Big|_0^{\frac{\pi}{2}} \quad ▶\; \cos\frac{\pi}{2} = 0,\ \sin 0 = 0$$

$$= 0{,}5 \cdot \frac{\pi}{2} - 0 = \boldsymbol{\frac{\pi}{4}}$$

Alles klar?

Berechnen Sie die Integrale **a)** $\int\limits_0^{\ln 4} x \cdot e^x dx$ **b)** $\int\limits_0^1 \frac{x^2}{e^x} dx$.

5.3.2 Substitutionsregel

In gleicher Weise, wie sich aus der Produktregel der Differentialrechnung die ihr in der Integralrechnung entsprechende Regel der partiellen Integration herleiten lässt, lässt sich auch aus der Kettenregel der Differentialrechnung eine ihr entsprechende Regel **(Substitutionsregel)** in der Integralrechnung finden.

Beispiel 5.20

Ein auf den ersten Blick sehr kompliziert aussehendes Integral der Form

$\int\limits_a^b f[g(x)] \cdot g'(x)\, dx$ lässt sich sehr einfach berechnen, falls f eine Stammfunktion F besitzt, denn nach der Kettenregel ist dann $F[g(x)]$ eine Stammfunktion der Integrandfunktion $f[g(x)] \cdot g'(x)$. ► Abschnitt 4.1.5

Nun kann man den Term $F[g(b)] - F[g(a)]$ auch als Integral **nur** über der Funktion f deuten, wenn man sie mit der neuen Funktionsvariablen t anstelle von $g(x)$ mit $t \in g([a;b]) = \{g(x) \mid x \in [a;b]\}$ schreibt. Man ersetzt **(substituiert)** also gewissermaßen im Integral $\int\limits_a^b f[g(x)] \cdot g'(x)\, dx$ den Term $g(x)$ durch t und den Term $g'(x)\, dx$ durch dt sowie die Integrationsgrenzen a und b durch $g(a)$ und $g(b)$.

$= (F[g(x)])'$ ► Kettenregel

$= F'[g(x)] \cdot g'(x)$ ► $F' = f$

$= f[g(x)] \cdot g'(x)$

► f „äußere“ Funktion
g „innere“ Funktion

► $F[g(x)]$ ist Stammfunktion von $f[g'(x)] \cdot g'(x)$.

$\Rightarrow \int\limits_a^b f[g(x)] \cdot g'(x)\, dx = (F[g(x)])(x)\Big|_a^b$

$= F[g(b)] - F[g(a)] = \int\limits_{g(a)}^{g(b)} f(t)\, dt$

$\Rightarrow \int\limits_a^b f[g(x)] \cdot g'(x)\, dx = \int\limits_{g(a)}^{g(b)} f(t)\, dt$

► Substitutionsregel der Integralrechnung

► $g(x) = t, \quad g'(x)\, dx = dt$,
a wird ersetzt durch $g(a)$,
b wird ersetzt durch $g(b)$.

5

Auf diese Weise erhält man die sog. **Substitutionsregel** der Integralrechnung.

Um sicher zu stellen, dass die Funktion f eine Stammfunktion F besitzt und das Integral $\int\limits_a^b f[g(x)] \cdot g'(x)\, dx$ existiert, muss man fordern: ► Abschnitt 5.1 und Abschnitt 3.1, Übungsaufgabe 12

1. g ist in $[a;b]$ definiert, g und g' sind in $[a;b]$ stetig. **2.** f ist in $g([a;b])$ definiert und stetig.

Ist g eine in einem Intervall $[a;b]$ differenzierbare Funktion, deren Ableitung g' dort stetig ist, und f eine stetige Funktion in $g([a;b])$, so gilt:

$\int\limits_a^b f[g(x)] \cdot g'(x)\, dx = \int\limits_{g(a)}^{g(b)} f(t)\, dt$. ► Substitutionsregel

Anmerkungen:

- Die Bildmenge $g([a;b])$ eines Intervalls $[a;b]$ einer stetigen und streng monotonen Funktion g ist wieder ein Intervall, und zwar entweder das Intervall $[g(a);g(b)]$ oder das Intervall $[g(b);g(a)]$.

- Die Substitutionsregel lässt sich auf zwei Arten anwenden, je nachdem, ob man das Integral $\int_a^b f[g(x)]\cdot g'(x)\,dx$ oder das Integral $\int_{g(a)}^{g(b)} f(t)\,dt$ als das zu berechnende Integral ansieht.
  In diesem Buch wird nur der erste Fall behandelt.

Für $g(x) \neq 0$ für alle $x \in [a;b]$ enthält die Substitutionsregel den wichtigen Spezialfall

$$\int_a^b \frac{g'(x)}{g(x)}\,dx = \ln|g(x)|\Big|_a^b. \quad ▸\ f(t)=\frac{1}{t};\ t=g(x)$$

Das Setzen des Betrags von $g(x)$ ist hier nötig, weil die Funktion $f(t)=\frac{1}{t}$; $t \neq 0$ einerseits in „positiven" Intervallen — also Intervallen aus $\mathbb{R}^{>0}$ — $F(t)=\ln t$; $t>0$ als Stammfunktion besitzt, andererseits aber in „negativen" Intervallen – also Intervallen aus $\mathbb{R}^{<0}$ – $F(t)=\ln(-t)$; $t<0$. ▸ Kettenregel

Im folgenden Beispiel wird dieser Spezialfall angewendet.

Beispiel 5.21

Berechnen Sie $\int_2^3 \frac{x^2}{x-1}\,dx$.

Eine Stammfunktion F der Funktion $f(x)=\frac{x^2}{x-1}$; $x \neq 1$ lässt sich auf Anhieb nicht angeben. Schreibt man den Funktionsterm jedoch in der Form $f(x)=y_A(x)+R(x)$ und integriert zunächst unbestimmt unter Anwendung der Summenregel, so lässt sich eine Stammfunktion leicht finden. Hierbei wird einerseits davon Gebrauch gemacht, dass man zu ganzrationalen Funktionen Stammfunktionen durch Aufleitung erhalten kann, und andererseits davon, dass sich der genannte Spezialfall der Substitutionsregel anwenden lässt, weil die Funktion $g(x)=\frac{1}{x-1}$; $x \neq 1$ im Intervall $[2;3]$ keine Nullstellen enthält. Durch Setzen der Integrationsgrenzen 2 und 3 lässt sich jetzt das Integral sehr einfach berechnen. Es gilt: $\int_2^3 \frac{x^2}{x-1}\,dx \approx 4{,}19$.

$$f(x)=\frac{x^2}{x-1}=\underbrace{x+1}_{y_A(x)}+\underbrace{\frac{1}{x-1}}_{R(x)}$$

$$\Rightarrow \int f(x)\,dx=\int(x+1)\,dx+\int\frac{1}{x-1}\,dx$$

▸ Summenregel

$$=0{,}5x^2+x+\int\frac{1}{x-1}\,dx$$
$$=0{,}5x^2+x+\ln|x-1|$$

▸ Stammfunktionsterm von f

$\Rightarrow F(x)=0{,}5x^2+x+\ln|x-1|$ ist eine Stammfunktion von f im Intervall $[2;3]$.

$$\Rightarrow \int_2^3 f(x)\,dx=F(x)\Big|_2^3=0{,}5x^2+x+\ln|x-1|\Big|_2^3$$
$$=4{,}5+3+\ln 2-(2+2+\ln 1)$$
$$=3{,}5+\ln 2\approx \mathbf{4{,}19}$$

Die Anwendung der Substitutionsregel hängt im Wesentlichen davon ab, geeignete Substitutionen zu finden. Das ist nicht immer einfach und erfordert einige Erfahrung.

Beispiel 5.22

Berechnen Sie $\int_1^2 (3x^2+2) \cdot \sqrt{x^3+2x}\,dx$.

Man sieht unmittelbar, dass der Term $3x^2+2$ der Ableitungsterm der „inneren" Funktion $g(x)=x^3+2x;\ x \geq 0$ ist.

Setzt man daher $g(x)=x^3+2x$ und $f(t)=\sqrt{t}$ mit $t=g(x)$ (f „äußere" Funktion), so hat der Integrand genau die Form $f[g(x)] \cdot g'(x)$.

Da die Voraussetzungen für die **Substitutionsregel** erfüllt sind, kann man mit ihrer Hilfe das Integral z. B. mit der Stammfunktion $F(t)=\frac{2}{3}\sqrt{t^3}$ zur Funktion $f(t)=\sqrt{t};\ t \geq 0$ berechnen.

Es gilt: $\int_1^2 (3x^2+2) \cdot \sqrt{x^3+2x}\,dx \approx 24{,}25$.

$\int_1^2 (3x^2+2) \cdot \sqrt{x^3+2x}\,dx$ ► $g(x)=x^3+2x$

$= \int_1^2 g'(x) \cdot \sqrt{g(x)}\,dx$ ► g „innere Funktion"

$= \int_1^2 \sqrt{g(x)} \cdot g'(x)\,dx$ ► $f[g(x)]=\sqrt{g(x)}$

$= \int_1^2 f[g(x)] \cdot g'(x)\,dx$ ► $t=g(x)$, Substitutionsregel

$= \int_{g(1)}^{g(2)} f(t)\,dt$ ► $f(t)=\sqrt{t}=t^{\frac{1}{2}};\ g(2)=12;\ \ g(1)=3$

$= \int_3^{12} t^{\frac{1}{2}}\,dt$ ► $F(t)=\frac{2}{3}t^{\frac{3}{2}}$; F Stammfunktion von f

$= \frac{2}{3}t^{\frac{3}{2}}\Big|_3^{12} = \frac{2}{3}\sqrt{t^3}\Big|_3^{12}$

$= \frac{2}{3} \cdot (\sqrt{12^3} - \sqrt{3^3}) \approx$ **24,25**

Bei Anwendung der Substitutionsregel geht man am besten wie folgt vor:

1. Man vergewissert sich, dass der Integrand vom Typ $f[g(x)] \cdot g'(x)$ ist.

2. Man bestimmt explizit die „äußere" Funktion f und die „innere" Funktion g.

3. Man versucht, eine Stammfunktion F von f zu bestimmen.

Sind diese drei Bedingungen erfüllt, so reduziert sich die Berechnung des Ursprungsintegrals $\int_a^b f[g(x)] \cdot g'(x)\,dx$ nach der Substitutionsregel auf die Bestimmung des Integrals $\int_{g(a)}^{g(b)} f(t)\,dt$.

Alles klar?

Berechnen Sie die Integrale **a)** $\int_0^2 \frac{3x^2}{(x^3-27)^2}\,dx$ **b)** $\int_0^1 (x+3) \cdot e^{x^2+6x+2}\,dx$.

Übungen zu 5.3

1 Berechnen Sie folgende Integrale mithilfe des Verfahrens der partiellen Integration.

a) $\int_0^2 -2x \cdot e^{-x}\,dx$ b) $\int_1^2 x \cdot (7+x)^7\,dx$

c) $\int_1^2 -2x \cdot e^{-1,5x}\,dx$ d) $\int_1^2 -2x^2 \cdot e^{-x}\,dx$

e) $\int_0^1 6x^2 \cdot e^{-0,5x}\,dx$ f) $\int_0^1 0{,}5x^3 \cdot e^{-2x}\,dx$

g) $\int_1^e \sqrt{x} \cdot \ln x\,dx$ h) $\int_1^e \sqrt[3]{x^2} \cdot \ln x\,dx$

i) $\int_0^2 15x^2 \cdot e^{-3x}\,dx$ j) $\int_{-\pi}^{\pi} x \cdot \sin x\,dx$

k) $\int_{-\pi}^{\frac{\pi}{2}} x^2 \cdot \cos x\,dx$ l) $\int_0^{2\pi} e^{-x} \cdot \sin x\,dx$

2 Berechnen Sie die Stammfunktionen mithilfe des Verfahrens der partiellen Integration.

a) $\int \frac{\ln x}{x}\,dx$ b) $\int \frac{\ln x}{x^2}\,dx$ c) $\int \frac{(\ln x)^2}{x}\,dx$

3 Berechnen Sie folgende Integrale mithilfe des Substitutionsverfahrens.

a) $\int_0^2 4x \cdot e^{-x^2+1}\,dx$ b) $\int_0^1 x \cdot e^{x^2+3}\,dx$

c) $\int_0^1 x^2 \cdot e^{-x^3-1}\,dx$ d) $\int_0^1 4x \cdot e^{2x^2+2}\,dx$

e) $\int_0^e 2x \cdot \ln(x^2+1)\,dx$ f) $\int_0^1 3x^2 \cdot (x^3-1)^5\,dx$

g) $\int_1^{1,5} (8x-6) \cdot \sqrt{-2x^2+3x}\,dx$

h) $\int_1^3 \frac{2}{3}x^2 \cdot \sqrt{\frac{x^3}{4}+2}\,dx$ i) $\int_2^3 \frac{x}{\sqrt{x^2-1}}\,dx$

j) $\int_1^{\frac{\pi}{3}} \sin x \cdot \ln(\cos x)\,dx$

k) $\int_{\frac{\pi}{6}}^{\frac{\pi}{3}} \frac{1}{\cos^2 x \cdot \tan x}\,dx$ l) $\int_1^2 \frac{1+\cos x}{x+\sin x}\,dx$

4 Wählen Sie zunächst das geeignete Integrationsverfahren und berechnen Sie dann die folgenden Integrale.

a) $\int_1^2 (-e^{-x}+1) \cdot \sqrt{(x+e^{-x})}\,dx$

b) $\int_1^2 \frac{1}{x^2} \cdot e^{\frac{1}{x}}\,dx$ c) $\int_1^e x^2 \cdot \ln x\,dx$

d) $\int_1^e (-e^{-x}+1) \cdot \ln(x+e^{-x})\,dx$

e) $\int_1^2 \frac{4}{x^3} \cdot e^{\frac{1}{x^2}}\,dx$ f) $\int_1^{e^2} \sqrt[3]{x^2} \cdot \ln x\,dx$

g) $\int_0^{\pi} \sin x \cdot \cos x\,dx$ h) $\int_0^2 \frac{\sin x}{1+\cos x}\,dx$

i) $\int_{\frac{\pi}{4}}^{\frac{\pi}{3}} \frac{1}{\sin x \cdot \cos x}\,dx$ j) $\int_0^{\pi} \sin^2 x\,dx$

k) $\int_0^1 \tan^2 x\,dx$ l) $\int_0^1 \frac{\sin x}{\cos x}\,dx$

m) $\int_{\frac{\pi}{4}}^{\frac{\pi}{2}} \frac{\cos x}{\sin x}\,dx$ n) $\int_0^{\frac{\pi}{4}} \frac{\tan x}{\cos x}\,dx$

5 Berechnen Sie folgende Integrale mithilfe des Substitutionsverfahrens. Zerlegen Sie den Funktionsterm dazu ggf. mittels Polynomdivision in einen ganzrationalen und gebrochenrationalen Term.

a) $\int_{-3}^{-1} \frac{-7}{-x-4}\,dx$ b) $\int_{-1}^{2} \frac{6}{-x+3}\,dx$

c) $\int_1^2 \frac{-0{,}5}{x-3}\,dx$ d) $\int_2^4 \frac{x^2}{3x-3}\,dx$

e) $\int_3^5 \frac{x+4}{x-2}\,dx$ f) $\int_{-3}^{-2} \frac{x-3}{x+1}\,dx$

g) $\int_0^4 \frac{x^2+6x+8}{x+1}\,dx$ h) $\int_{-1}^{1} \frac{2x^2-8x-10}{3x-6}\,dx$

i) $\int_{-4}^{1} \frac{x^2+3x-4}{x-2}\,dx$ j) $\int_0^1 \frac{x^3}{x+1}\,dx$

6 Gegeben ist die Funktion $f(x)=\frac{5x+9}{x-3}$; $x \neq 3$.

a) Berechnen Sie die Maßzahl der Fläche zwischen $G(f)$ und der x-Achse im Intervall $[-1{,}8; 0]$.

b) $G(f)$ soll zwischen 0 und dem y-Achsenabschnitt von f um die y-Achse rotieren. Berechnen Sie die Maßzahl des Volumens des dabei entstehenden Rotationskörpers.

7 Gegeben sind die Scharfunktionen $f_a(x)=\frac{a(x^2-2x)}{(a+2)^2}$; $x \in \mathbb{R}$ mit $a>0$.
Für welche Zahl anstelle von a ist das Volumen des Körpers am größten, der durch Rotation der Fläche um die x-Achse entsteht, die von $G(f_a)$ und der x-Achse eingeschlossen wird? Wie groß ist das Volumen?

8 Gegeben sind die Scharfunktionen $g_a(x)=\frac{1}{2a}x^2+\frac{1}{a}x$; $x \in \mathbb{R}$ mit $a>0$ und $h_a(x)=0{,}125ax^3-0{,}5ax$; $x \in \mathbb{R}$ mit $a>0$.
Berechnen Sie die Maßzahl der Fläche, die für $x \geq 0$ von $G(g_a)$ und $G(h_a)$ eingeschlossen wird.
Für welche Zahl anstelle von a erhält man die kleinstmögliche Fläche?

9 Berechnen Sie die folgenden uneigentlichen Integrale.

a) $\lim\limits_{b\to\infty}\int_1^b \frac{1}{x^3}\,dx$ b) $\lim\limits_{b\to-\infty}\int_b^0 e^{2x}\,dx$

c) $\lim\limits_{b\to\infty}\int_0^b xe^{-x}\,dx$ d) $\lim\limits_{b\to-\infty}\int_b^0 e^{0{,}5x}\,dx$

10 Untersuchen Sie die Graphen der folgenden Scharfunktionen für $a \neq 0$ in Bezug auf ihr Grenzwertverhalten sowie ihre Achsenschnitt-, Extrem- und Wendepunkte und zeichnen Sie die Graphen für die angegebenen Zahlen anstelle von $a \neq 0$.
Bestimmen Sie die Maßzahlen der Flächen jeweils zwischen $G(f_1)$ und der x-Achse in dem angegebenen Intervall.
Lassen sich den ins Unendliche reichenden Flächen zwischen $G(f_1)$ und der x-Achse jeweils endliche Maßzahlen zuordnen?

a) $f_a(x)=(x+a)\,e^{a-x}$; $a=1$; $I=[-1;0]$
b) $f_a(x)=(x^2-a^2)\,e^{-x}$; $a=1$; $I=[-1;1]$
c) $f_a(x)=4xe^{-ax^2}$; $a=-1; a=1$; $I=[0;1]$
d) $f_a(x)=15x^2e^{-2ax}$; $a=-1; a=1$; $I=[0;2]$
e) $f_a(x)=(x-2)\,e^{0{,}5ax}$; $a=1$; $I=[0;2]$
f) $f_a(x)=axe^{-x^2+2}$; $a=-1; a=1$; $I=[0;2]$

11 a) Bestimmen Sie die reellen Zahlen für a, b und c im Term $f(x)=(ax^2+bx+c)\,e^x$ der Funktion f so, dass $G(f)$ die x-Achse an den Stellen 0 und 2 schneidet. Außerdem schließt $G(f)$ mit der x-Achse zwischen den Nullstellen von f eine Fläche mit der Maßzahl 4 ein.

b) Besitzt die ins Unendliche reichende Fläche zwischen $G(f)$ und der negativen x-Achse eine endliche Maßzahl?

12 a) Berechnen Sie die Maßzahl der ins Unendliche reichenden Fläche zwischen dem Graphen der Funktion $f(x)=x^2e^{-x}$; $x \in \mathbb{R}$ und der x-Achse im I. Quadranten.

b) Für welche Zahl $b \in \mathbb{R}^{>0}$ hat die Fläche zwischen $G(f)$ und der x-Achse im Intervall $[0;b]$ die Maßzahl 1? ▶ Newton-Verfahren

13 Für einen Angebotsmonopolisten lautet dessen Grenzerlösfunktion $E'(x)=-70x+3.500$ und die Grenzkostenfunktion $K'(x)=0{,}75x^2-60x+1.250$.

a) Bestimmen Sie die Erlös- und Preisabsatzfunktion sowie die Kosten- und die Gewinnfunktion des Angebotsmonopolisten, indem Sie von 20.000 GE Fixkosten ausgehen.

b) Der Betrieb erreicht seine Gewinngrenze bei 80 ME. Berechnen Sie die Gewinnschwelle sowie den Cournot-Punkt und erklären Sie dessen Bedeutung.

14 Für das Absatzveränderungsverhalten eines Jungunternehmens im Jahresverlauf gilt $A'(t)=e^{-0{,}05t}$; $t \in [0; 360]$, t in Tagen.

a) Bestimmen Sie $A(t)$ unter der Voraussetzung, dass der Absatz zum Jahresbeginn gestartet wird ($t=0$).

b) Berechnen Sie den Gesamtjahresabsatz.

c) Ermitteln Sie, ab wann der Absatz weniger als 2 % pro Tag steigt.

15 Die Borgknawe GmbH entwickelt eine neue Superkamera, deren Absatz durch die Funktion $A(t)=\begin{cases} 0 & \text{für } t\in[0;\,t_{AS}] \\ (t^2-2t)\cdot e^{1-0{,}2t} & \text{für } t\in[t_{AS};\,t_{AG}] \end{cases}$ prognostiziert wird, wobei die Zeit bis zur Absatzschwelle t_{AS}, in der noch kein Absatz erfolgt, zur Entwicklung und Forschung genutzt wird. t misst die Zeit in Monaten und $A(t)$ gibt den Absatz in 500 Stück pro Monat an.
Berechnen Sie den Gesamtabsatz im Absatzzyklus zwischen der Absatzschwelle a_{AS} und dem Zeitpunkt t_{AG} des größten Absatzrückgangs.

16 Die Kosten und Erlöse eines Start-Up-Unternehmens der IT-Branche in den Jahren 2009 bis Ende 2014 verlaufen gemäß den Funktion $K(t)=3-t^2\cdot e^{-t}$ und $E(t)=6t\cdot e^{-0{,}1t^2}$, $t\in[0;\,6]$, wobei K bzw. E die Kosten bzw. den Erlös in GE in t Jahren darstellen, 1 GE ≙ 100.000 €.

a) Bestimmen Sie die Gesamtkosten und Gesamterlöse der Unternehmen in den 6 Jahren.
b) Bestimmen Sie mithilfe von EDV die Gewinnzone und den Gesamtgewinn in diesem Zeitraum.

17 Ein Amateursportverein sucht neue Mitglieder und erstellt eine Homepage als Werbe- und Informationsmedium. Der Vorstand möchte die Resonanz auf die Werbemaßnahme u. a. mithilfe der Anzahl der Homepagebesucher messen und ist von der Anzahl der „Clicks" überrascht, die durch die Funktion $H(t)=25t\cdot e^{-0{,}15t}$; $t\geq 0$ ausgewiesen werden. Dabei misst $H(t)$ die Anzahl der Homepagebesucher pro Tag t.

a) Beschreiben Sie die Anzahl der Homepagebesucher im Zeitverlauf von 3 Monaten, indem Sie die Zeitpunkte des stärksten Besucheranstiegs und -rückgangs sowie der größten Besucheranzahl bestimmen und die jeweiligen Werte beziffern. Wie verhalten sich die Besucher langsfristig?
b) Berechnen Sie, wie viele Besucher die Homepage insgesamt in den ersten 90 Tagen hatte.

18 Ein Betrieb erzielt im 1. Halbjahr Erlöse gemäß der Erlösfunktion $E(t)=\frac{10\cdot\ln(t+1)}{t+1}$ (t in Monaten) und hat in diesem Zeitraum konstante Kosten in Höhe von 3 GE/ME.

a) Ermitteln Sie den Gesamterlös im 1. Halbjahr.
b) Berechnen Sie den Gesamtgewinn in dem Zeitraum zwischen Gewinnschwelle und -grenze sowie im gesamten 1. Halbjahr.

19 Die Kostenfunktion eines Polypolisten ist $K'(x)=\frac{1}{x+e}+x$, die Preisabsatzfunktion $p(x)=5$, $x\in[0;\,10]$. Ermitteln Sie die Gewinnzone mithilfe eines geeigneten Näherungsverfahrens und den Gesamtgewinn.

20 Der Absatz der Borgknawe GmbH verläuft gemäß der Funktion $A(t)=3-3e^{-0{,}41t}+3e^{-2t}$; $t\in[0;\,12]$, t in Monaten. Berechnen Sie den Gesamtjahresabsatz sowie die Zeitpunkte des Absatzminimums und des größten Absatzanstiegs. Welchem Absatz strebt das Unternehmen langfristig entgegen?

Übungen zur numerischen Integration

Vorbemerkung

Nach der im Lehrtext vorgestellten Methode benötigt man zur Berechnung eines bestimmten Integrals $\int_a^b f(x)\,dx$ eine Stammfunktion F von f im Intervall $[a;\,b]$. In vielen Fällen lässt sich die erforderliche Integration aber nicht ausführen, selbst dann nicht, wenn man weiß, dass die Funktion f integrierbar ist, weil sich entweder keine oder jedenfalls keine *integralfreie* Stammfunktion im Bereich der „**elementaren Funktionen**" (rationale Funktionen, Exponential- und Winkelfunktionen und deren Umkehrung) finden lässt. Dies ist z. B. der Fall, wenn die zu integrierende Funktion f nur zeichnerisch durch ihren Graphen gegeben ist oder wenn ein solcher Fund mathematisch sogar unmöglich ist. Letzteres ist schon bei so einfach aussehenden Integranden $f(x)$ wie etwa $\frac{1}{\sqrt{1+x^4}}\cdot e^{-x^2}$ der Fall. Hier ist zwar aufgrund der

stetigen Integranden die jeweils zugehörige Integralfunktion $F(x)=\int_a^x f(t)\,dt;\ x\in[a;b]$ eine Stammfunktion von f (► Abschnitt 5.1), aber diese lässt sich nachweisbar eben **nicht** integralfrei durch elementare Funktionen ausdrücken. In solchen Fällen bedient man sich u. a. einer der nachfolgend vorgestellten numerischen Methoden, um ein bestimmtes Integral wenigstens *näherungsweise* zu berechnen.
Zur besseren Veranschaulichung wird vorausgesetzt, dass $f(x)\geq 0$ für alle $x\in[a;b]$ gelten soll. Dann lässt sich ein bestimmtes Integral als Flächenmaßzahl deuten. ► Abschnitt 5.1

21 Die folgenden Bilder zeigen denselben Graphen einer Funktion f. Begründen Sie anhand der Bilder die Abschätzung $\int_a^b f(a)\,dx < A < \int_a^b f(b)\,dx$ für $A=\int_a^b f(x)\,dx$ nach der sog. **Rechtecksregel** $\int_a^b f(x)\,dx \approx \int_a^b P_0(x)\,dx$ mit der ganzrationalen Funktion 0. Grades $P_0(x)=f(a);\ x\in\mathbb{R}$ und werten Sie die Integrale $\int_a^b f(a)\,dx$ und $\int_a^b f(b)\,dx$ rechnerisch aus. Wie ändert sich die Abschätzung bei einem fallenden Graphen im Intervall $[a;b]$?

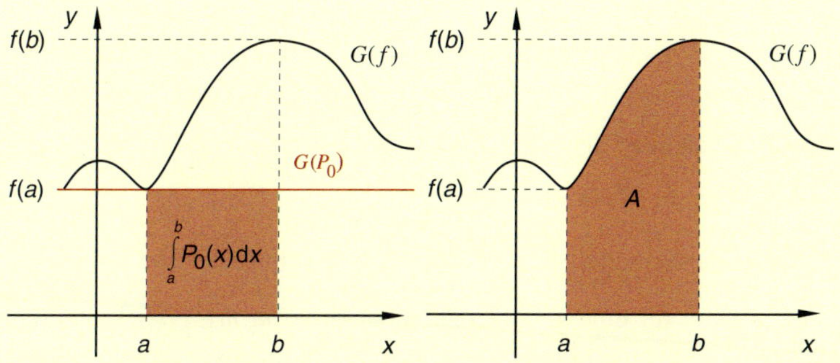

22 Die vorstehende Abschätzung für A ist von unten her zu klein und von oben her zu groß. Zeigen Sie rechnerisch und zeichnerisch anhand des nebenstehenden Bildes, dass das arithmetische Mittel der Integralwerte für $\int_a^b f(a)\,dx$ und $\int_a^b f(b)\,dx$ eine bessere Abschätzung von A von unten her liefert. Bestätigen Sie auf diese Weise die sog. **Sehnen-Trapez-Regel** $\int_a^b f(x)\,dx \approx \int_a^b P_1(x)\,dx$ mit der ganzrationalen Funktion 1. Grades

$P_1(x)=f(a)+\dfrac{f(b)-f(a)}{b-a}(x-a);\ x\in\mathbb{R}.$

Was ändert sich an der Aussage dieser Regel bei einem linksgekrümmten Graphen im Intervall $[a;b]$?

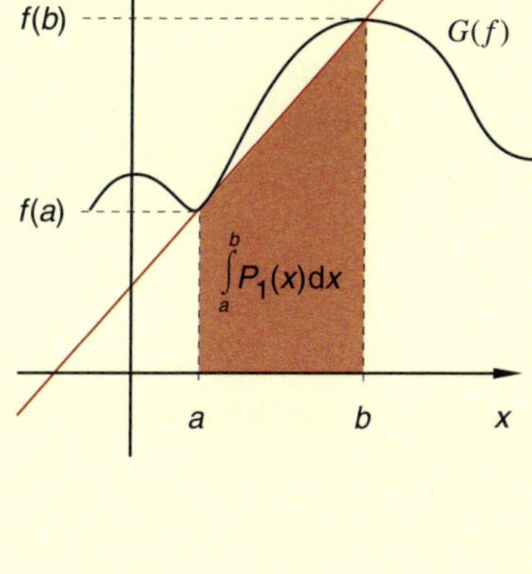

23 Nach den vorstehenden Regeln wird das auszumessende Flächenstück jeweils durch ein „inneres" Rechteck bzw. ein Trapez approximiert und folglich seine Flächenmaßzahl für A *linear* von unten angenähert. Reichen die so gewonnenen Approximationen nicht aus, so ersetzt man das zu dem Intervall $[a;b]$ gehörige Graphenstück von $G(f)$ durch das entsprechende Stück derjenigen Parabel zur ganzrationalen Funktion 2. Grades vom Typ $P_2(x)=c_2x^2+c_1x+c_0;\ x\in\mathbb{R}$, die durch die drei Graphenpunkte mit den Abszissen $x_0=a, x_1=\dfrac{a+b}{2}$ und $x_2=b$ **eindeutig** bestimmt ist.

Durch die Flächenmaßzahl für $\int_a^b P_2(x)\,dx$ des Parabelsegments wird dann A *quadratisch* noch besser angenähert.

► Über die Güte der Annäherung lassen sich mithilfe der Differentialrechnung Aussagen machen. Vergleichen Sie dazu die nachfolgenden Anmerkungen.

Erklären Sie diese Aussagen und weisen Sie durch Berechnung von $\int_a^b P_2(x)\,dx$ die sog.

Kepler'sche Fassregel

$$\int_a^b f(x)\,dx \approx \frac{b-a}{6}\left[f(a)+4f\left(\frac{a+b}{2}\right)+f(b)\right]$$

nach, die J. KEPLER um 1600 zur Berechnung des Rauminhaltes von Weinfässern entwickelt hatte.

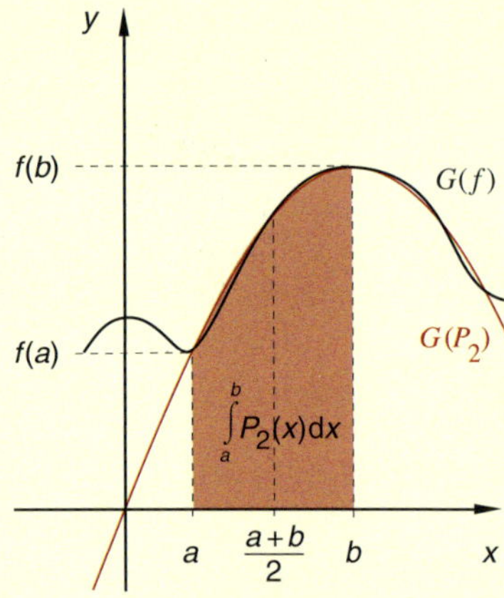

24 Die Genauigkeit der vorstehenden Regeln lässt sich erheblich verbessern, wenn man das Integrationsintervall $[a; b]$ in n gleich lange Teile mit $n \geq 2$ zerlegt und die Regeln auf jedes dieser Teilintervalle anwendet und anschließend die Ergebnisse addiert. Setzen Sie dazu $x_i = a + \frac{b-a}{n} i$ und zur Abkürzung $y_i = f(x_i)$ für $i \in \{0, 1, \ldots, n\}$ und weisen Sie die Richtigkeit der nachfolgenden Näherungsformeln für $\int_a^b f(x)\,dx$ nach. Hierbei wird bei der verallgemeinerten Kepler'schen Regel (Simpson'sche Regel) aus Vereinfachungsgründen angenommen, dass n für eine gerade Zahl steht ($n = 2m, m \in \mathbb{N}\setminus\{0\}$) und die Fassregel auf jedes der „Doppelintervalle" $[x_{2k}, x_{2k+2}]$ für $k \in \{0, 1, \ldots, m-1\}$ angewendet wird.

a) $R_n = \frac{b-a}{n}(y_0 + y_1 + \ldots + y_{n-1})$ ► **Rechtecksregel**

b) $T_n = \frac{b-a}{n}\left(\frac{1}{2}y_0 + y_1 + \ldots + y_{n-1} + \frac{1}{2}y_n\right)$ ► **Sehnen-Trapez-Regel**

c) $K_m = \frac{b-a}{6m}[y_0 + 4(y_1 + y_3 + \ldots + y_{2m-1}) + 2(y_2 + y_4 + \ldots + y_{2m-2}) + y_{2m}]$ ► **Simpson'sche Regel**

Anmerkungen:

- Die vorstehende für monoton steigende Funktionen entwickelte Rechtecksregel müsste man genauer als **untere Rechtecksregel** bezeichnen. Denn daneben gibt es auch noch die **obere Rechtecksregel** $S_n = \frac{b-a}{n}(y_1 + y_2 + \ldots + y_n)$. Wegen $S_n - R_n = \frac{b-a}{n}[f(b) - f(a)]$ weicht bei Anwendung einer dieser Regeln der Näherungswert um höchstens $\frac{b-a}{n}[f(b) - f(a)]$ vom wahren Wert für $\int_a^b f(x)\,dx$ ab. Man erkennt, dass der Fehler umso kleiner wird, je größer man die Zahl für n wählt.
- Ohne Beweis sei mitgeteilt: Bei Anwendung der Sehnen-Trapez-Regel beträgt der Fehler höchstens $\frac{(b-a)^3}{12n^2} \cdot \max f''(x)$ und bei der Simpson-Regel höchstens $\frac{(b-a)^5}{180(2m)^4} \cdot \max f^{(4)}(x)$, wobei jeweils vorausgesetzt ist, dass die entsprechenden Ableitungen existieren und stetig sind und max den jeweiligen Maximalwert der Ableitungen im Integrationsintervall $[a; b]$ bezeichnet.

- Die Kepler'sche Fassregel liefert trivialerweise den exakten Wert von $\int_a^b f(x)\,dx$ für jede ganzrationale Funktion f vom Grad kleiner oder gleich 2 (Warum?). Die vorstehende Fehlerangabe bei der Simpson'sschen Regel zeigt, dass dies auch noch für ganzrationale Funktionen vom Grad 3 richtig ist.

25 Berechnen Sie die bestimmten Integrale nachfolgender Integranden im Integrationsintervall $[1, 3]$ und überprüfen Sie die Genauigkeit der vorstehenden Näherungsformeln für $n = 1$ und $n = 4$.

a) x^4 **b)** $\frac{1}{x}$ **c)** $\sqrt{x}$ **d)** $\ln x$ **e)** e^x **f)** $\sin(x-1)$

Anwendung aus der EDV:
Bei der Aufgabe 26 erkennt man, dass der Rechenaufwand für $n = 4$ schon viel höher ist als für $n = 1$. Es ist offensichtlich, dass der Rechenaufwand mit steigender Zerlegungsanzahl für n des Integrationsintervalls $[a; b]$ noch erheblich wächst, sodass der Einsatz eines EDV-Programms sinnvoll ist.

26 Berechnen Sie mithilfe von Excel nach der Rechtecksregel und der Sehnen-Trapez-Regel Näherungswerte für die Maßzahl der Fläche zwischen der x-Achse und $G(f)$ mit $f(x) = 0{,}25x^4 + 2$; $x \in \mathbb{R}$ im Intervall $[1; 4]$. Wählen Sie 10.000 für n.

Vergleichen Sie die erhaltenen Näherungswerte mit dem Wert $\int_1^4 f(x)\,dx$.

Die Berechnung des Integrals ergibt die Maßzahl 57,15 für die Fläche zwischen der x-Achse und $G(f)$ im Intervall $[1; 4]$.

$$\int_1^4 f(x)\,dx = \int_1^4 (0{,}25x^4 + 2)\,dx = 0{,}05x^5 + 2x\Big|_1^4$$
$$= 51{,}2 + 8 - 0{,}05 - 2 = \mathbf{57{,}15}$$

Sinnvollerweise wird die Tabelle so angelegt, dass in der Spalte A die Variable i hochgezählt wird, in der Spalte B die einzelnen x-Werte x_i, in der Spalte C die Werte für die untere Rechtecksregel und in der Spalte D die Werte für die obere Rechtecksregel der einzelnen Rechteckflächen stehen.

Die fest gewählten Intervallgrenzen 1 und 4 sowie die Zahl 10.000 für n und der daraus resultierende Faktor $\frac{b-a}{n}$ werden im Eingabebereich oberhalb der Tabelle aufgeführt.

Die Rechnung zeigt, dass die Näherungswerte bei 10 000 Teilintervallen nur um höchstens 0,019125 vom wahren Wert für $\int_1^4 f(x)\,dx$ abweichen können. Somit stimmen diese Werte nur in der ersten Dezimalstelle mit 57,15 überein. ► $\int_1^4 f(x)\,dx = 57{,}15$

Mithilfe absoluter Adressierung der Zellen A4 und D4 und dem Gebrauch der Kopierfunktion bei Excel lassen sich in den 4 Spalten relativ schnell 10.000 Zeilen erzeugen und die Spalten C und D aufsummieren.

	A	B	C	D
1	Numerische Integration, Rechtecksregel			
3	*a*	*b*	*n*	*(b-a)/n*
4	1	4	10000	0,0003
6		Rechtecksregel		
7		Zerlegungs-stellen	Untere Rechtecksregel	Obere Rechtecksregel
8	*i*	$x_i = a + i\cdot(b-a)/n$	$[(b-a)/n]\cdot f(x_{i-1})$	$[(b-a)/n]\cdot f(x_i)$
9	0	1	0,000675	
10	1	1,0003	0,00067509	0,00067509
11	2	1,0006	0,00067518	0,00067518
12	3	1,0009	0,00067527	0,00067527
10007	9998	3,9994	0,019788483	0,019788483
10008	9999	3,9997	0,019794241	0,019794241
10009	10000	4		0,0198
10010			***57,14043797***	***57,15956297***

	A	B	C	D
3	*a*	*b*	*n*	*(b-a)/n*
4	1	4	10000	=(B4-A4)/C4
6			Rechtecksregel	
7		Zerlegungs-stellen	Untere Rechtecksregel	Obere Rechtecksregel
8	*i*	$x_i = a + i\cdot(b-a)/n$	$[(b-a)/n]\cdot f(x_{i-1})$	$[(b-a)/n]\cdot f(x_i)$
9	0	=$A$4+A9*$D$4	=$D$4*(0,25*B9^4+2)	
10	1	=$A$4+A10*$D$4	=$D$4*(0,25*B10^4+2)	=$D$4*(0,25*B10^4+2)
11	2	=$A$4+A11*$D$4	=$D$4*(0,25*B11^4+2)	=$D$4*(0,25*B11^4+2)
12	3	=$A$4+A12*$D$4	=$D$4*(0,25*B12^4+2)	=$D$4*(0,25*B12^4+2)
13	4	=$A$4+A13*$D$4	=$D$4*(0,25*B13^4+2)	=$D$4*(0,25*B13^4+2)
14	5	=$A$4+A14*$D$4	=$D$4*(0,25*B14^4+2)	=$D$4*(0,25*B14^4+2)
10007	999	=$A$4+A10007*$D$4	=$D$4*(0,25*B10007^4+2)	=$D$4*(0,25*B10007^4+2)
10008	999	=$A$4+A10008*$D$4	=$D$4*(0,25*B10008^4+2)	=$D$4*(0,25*B10008^4+2)
10009	10(	=$A$4+A10009*$D$4		=$D$4*(0,25*B10009^4+2)
10010			*=SUMME(C9:C10009)*	*=SUMME(D9:D10009)*

5

Der Aufbau der Tabelle zur Berechnung der Flächenmaßzahl nach der Sehnen-Trapez-Regel ist ähnlich wie bei der Rechtecksregel, nur dass die einzelnen Werte in Spalte C zusätzlich halbiert (=0,5*$D$4*0,25*B10^4+2 z. B. in Zelle C10) und in Spalte D jeweils paarweise addiert werden (z. B. in D10: =C9+C10), wobei für $i=0$ keine Trapezfläche existiert.

Nach der in den vorstehenden Anmerkungen angegebenen Formel für den maximalen Fehler ergibt sich ein Wert von 0,00000108; d. h., dass die Flächenmaßzahl mithilfe der Sehnen-Trapez-Regel bei 10 000 Teilintervallen mindestens bis auf 5 Dezimalstellen genau berechnet wurde, was ein Vergleich mit dem wahren Wert 57,15 auch bestätigt.

	A	B	C	D
1	**Numerische Integration, Sehnen-Trapez-Regel**			
3	*a*	*b*	*n*	(*b*-*a*)/*n*
4	1	4	10000	0,0003
6		**Sehnen-Trapez-Regel**		
7		**Zerlegungs-stellen**	**Werte**	**Flächenmaßzahlen**
8	*i*	x_i=a+i*(b-a)/n	[(b-a)/2n]*f(x_i)	[(b-a)/2n]*[f(x_{i-1})+f(x_i)
9	0	1	0,0003375	
10	1	1,0003	0,000337545	0,000675045
11	2	1,0006	0,00033759	0,000675135
12	3	1,0009	0,000337635	0,000675225
10007	9998	3,9994	0,009894241	0,019785604
10008	9999	3,9997	0,00989712	0,019791362
10009	10000	4	0,0099	0,01979712
10010				***57,1500004725***

8	*i*	x_i=a+i*(b-a)/n	[(b-a)/2n]*f(x_i)	)/2n]*[f(x_{i-1})·
9	0	=$A$4+A9*$D$4	=0,5*$D$4*(0,25*B9^4+2)	
10	1	=$A$4+A10*$D$4	=0,5*$D$4*(0,25*B10^4+2)	=C9+C10
11	2	=$A$4+A11*$D$4	=0,5*$D$4*(0,25*B11^4+2)	=C10+C11

27 Berechnen Sie mithilfe von Excel nach der Simpson-Regel Näherungswerte für die Fläche zwischen der x-Achse und $G(f)$ mit $f(x)=0{,}25x^4+2;\ x\in\mathbb{R}$ im Intervall $[1;4]$. Wählen Sie 20 für n.

Die Spalten A und B bleiben unverändert, i durchläuft jedoch nur die Zahlen von 0 bis 20. Im Unterschied zu den vorstehenden Regeln stehen in Spalte C die Funktionswerte für $f(x_i)$.

In Zelle D12 steht die Formel =(1/3)*$D$4*4*(C11+4*C12+C13), sodass C11 und später C13, C15, … doppelt aufsummiert werden.

Die Fehlerabschätzung nach der Formel aus den vorstehenden Anmerkungen ergibt einen maximalen Fehler von 0,000050625 bei 10 Teilintervallen und folglich wird die Flächenmaßzahl 57,15 nach der Simpson'schen Regel durch 57,150050625 auf 4 Dezimalstellen genau angenähert.

	A	B	C	D
1	**Numerische Integration, *Simpson*-Regel**			
3	*a*	*b*	*n* = 2*m*	(*b*-*a*)/2*m*
4	1	4	20	0,15
6		***Simpson*-Regel**		
7		**Zerlegungs-stellen**	**Funktions-werte**	**Fassregel**
8	*i*	x_i=a+i*(b-a)/2m	f(x_i) = 0,25x_i^4 + 2	(b-a)*[f(x_{i-1})+4*f(x_i)+f(x_i+1)]/6m
9	0	1	2,25	
10	1	1,15	2,437251563	0,735651563
11	2	1,3	2,714025	
12	3	1,45	3,105126563	0,938646563
28	19	3,85	56,92662656	17,12802656
29	20	4	66	
30				***57,1500506250***

8	*i*	x_i=a+i*(b-a)/2m	f(x_i) = 0,25x_i^4 + 2	(b-a)*[f(x_{i-1})+4*f(x_i)+f(x_i+1)]/6m
9	0	=$A$4+A9*$D$4	=0,25*B9^4+2	
10	1	=$A$4+A10*$D$4	=0,25*B10^4+2	=(1/3)*$D$4*(C9+4*C10+C11)
11	2	=$A$4+A11*$D$4	=0,25*B11^4+2	
12	3	=$A$4+A12*$D$4	=0,25*B12^4+2	=(1/3)*$D$4*(C11+4*C12+C13)

6 Stochastik

Das Faszinierende an der Wahrscheinlichkeitstheorie liegt in ihrem scheinbar widersprüchlichen Ansatz begründet, unvorhersehbare und regellose Erscheinungen mithilfe von mathematischen Gesetzmäßigkeiten zu beschreiben. Genau darin liegt aber ihre Stärke.

Denn wie das Ergebnis eines Würfelwurfs lassen sich Ereignisse in der Realität in den meisten Fällen nicht exakt vorhersagen. Das bedeutet aber nicht, dass deren Eintreten kein Muster zu Grunde liegt. Das Muster entsteht dadurch, dass das Eintreten einiger Ereignisse wahrscheinlicher ist als das anderer.

6.1 Wahrscheinlichkeitstheorie

Die Wahrscheinlichkeitstheorie beschäftigt sich mit der mathematischen Beschreibung und Untersuchung von zufälligen Ereignissen. Begrifflich wird dabei von sogenannten **Zufallsexperimenten** ausgegangen, das sind Vorgänge, deren jeweiliger Ausgang auch nach mehrmaliger Wiederholung nicht eindeutig vorausgesagt werden kann.

6.1.1 Ergebnisse und Ereignisse

Jeder mögliche Ausgang eines Zufallsexperiments heißt **Ergebnis** und die Menge aller möglichen Ergebnisse nennt man dann den **Ergebnisraum** oder die **Ergebnismenge** Ω.

Beispiel 6.1

Beim Werfen einer Münze können im idealisierten Fall nur zwei Ergebnisse auftreten:

Zahl (Z) Kopf (K)

Der Münzwurf ist ein typisches **Zufallsexperiment**. Die möglichen Ergebnisse „K" und „Z" werden zu der **Ergebnismenge** $\Omega = \{K; Z\}$ zusammengefasst.

Alle möglichen Ergebnisse des einmaligen Münzwurfs sind somit die Elemente der Ergebnismenge: $K \in \Omega$; $Z \in \Omega$.

Zufall ist nicht gleich Zufall

In der Mathematik wird Zufall stets als Idealzustand und nicht als reale Gegebenheit verstanden. Bei einem idealen Münzwurf setzt man beispielsweise voraus, dass beide Seiten der Münze die absolut gleiche Chance haben, oben zu liegen. So dürfen weder Unregelmäßigkeiten in der Form noch dem Gewicht der Münze, der Untergrund oder andere Umwelteinflüsse die Häufigkeit beeinflussen, mit der die Ergebnisse „Kopf" oder „Zahl" eintreten. Zudem setzt man voraus, dass neben diesen beiden Fällen kein weiteres Ergebnis möglich ist, dass die Münze also nicht auf dem Rand stehen bleiben kann.

Die Realität sieht dagegen manchmal anders aus. Zur Legende wurde das Europapokalspiel der Landesmeister im Fußball zwischen dem 1. FC Köln und dem FC Liverpool am 24.3.1965. Als es im Entscheidungsspiel nach der Verlängerung noch immer unentschieden stand und ein Elfmeterschießen damals noch nicht vorgesehen war, warf der belgische Schiedsrichter Schout erstmals eine Münze für die Entscheidung. Beim ersten Wurf blieb sie senkrecht im Boden stecken. Beim zweiten Wurf entschied sie zu Gunsten der Engländer.

Werden Zufallsexperimente mehrmals ausgeführt oder mehrere Zufallsexperimente hintereinander, spricht man von **mehrstufigen Zufallsexperimenten**.

Beispiel 6.2

Wirft man eine Münze 2-mal hintereinander (2-stufiges Zufallsexperiment), dann kann man die 4 **Ergebnisse** (K; K), (K; Z), (Z; K), (Z; Z) erhalten. Die **Ergebnismenge** besteht also aus 4 Elementen.

Doppelter Münzwurf ▶ 2-stufiges Zufallsexperiment

Seite der Münze ▶ Merkmal

(K; K), (K; Z), (Z; K), (Z; Z) ▶ Ergebnisse

$\Omega = \{(K;K); (K;Z); (Z;K); (Z;Z)\}$ ▶ Ergebnismenge

Mehrstufige Zufallsversuche können gut in einem **Baumdiagramm** veranschaulicht werden. Jede Stufe des rechts stehenden Baumdiagramms stellt einen Wurf dar.

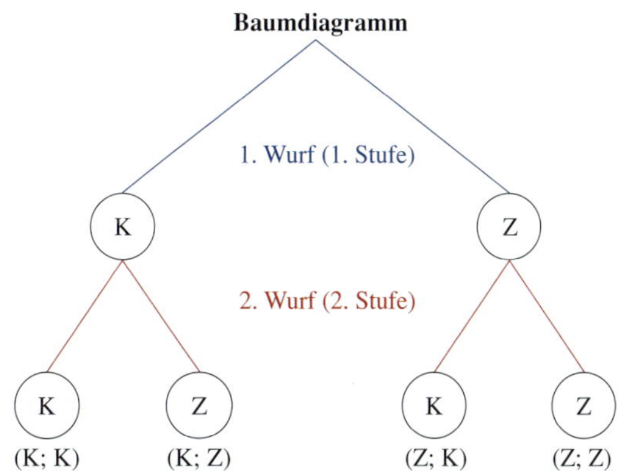

Die 4 **Ergebnisse** lassen sich entlang der 4 Pfade ablesen. Z. B. wird auf jeder Stufe des linken Pfads Kopf geworfen, sodass das Ergebnis (K; K) ist.

Mehrere Ergebnisse können zu einem **Ereignis** zusammengefasst werden.

Z. B. besteht das **Ereignis** E_1: „bei einem zweimaligen Münzwurf wird **genau** einmal Kopf geworfen“ aus den beiden Ergebnissen (K; Z) und (Z; K).

$E_1 = \{(K;Z); (Z;K)\}$

▶ Ereignis E_1: „genau einmal Kopf“
$E_1 \subseteq \Omega$

Die Ergebnisse (K; K), (K; Z), (Z; K) bilden das **Ereignis** E_2: „bei einem zweimaligen Münzwurf wird **mindestens** einmal Kopf geworfen“.

$E_2 = \{(K;K); (K;Z); (Z;K)\}$

▶ Ereignis E_2: „mindestens einmal Kopf“
$E_2 \subseteq \Omega$

Ein Ereignis E ist also eine Teilmenge der Ergebnismenge Ω: $E \subseteq \Omega$.

Ereignisse, die einelementige Teilmengen der Ergebnismenge Ω sind, bezeichnet man auch als **Elementarereignisse**.

Elementarereignisse:
$\{(K;K)\}, \{(K;Z)\}, \{(Z;K)\}, \{(Z;Z)\}$

▶ Die Elementarereignisse entsprechen den möglichen Ergebnissen, sind aber im Gegensatz dazu Mengen.

Man sagt, ein Ereignis E tritt bei einem Zufallsexperiment ein, wenn das Experiment mit einem Ergebnis endet, das in der Menge E enthalten ist. Z. B. tritt die leere Menge { } niemals ein, sie wird daher auch **unmögliches Ereignis** genannt. Die Ergebnismenge Ω enthält dagegen alle möglichen Ergebnisse und tritt folglich immer ein. Sie wird daher auch **sicheres Ereignis** genannt.

▶ Beim 2-maligen Wurf einer idealen Münze fällt jedes Mal entweder Kopf oder Zahl, sodass das Ereignis { } nie, das Ereignis $\Omega = \{(K;K); (K;Z); (Z;K); (Z;Z)\}$ aber immer eintritt.

Beispiel 6.3 (Vereinigung und Schnitt von Ereignissen)

Stellen Sie beim einmaligen Würfeln die Ereignisse A: „es tritt eine ungerade Zahl **oder** eine Primzahl ein" sowie B: „es tritt eine ungerade Zahl **und** eine Primzahl ein" als Menge dar.

Das Ereignis E_1: „ungerade Augenzahl" besteht aus den Elementen 1, 3, 5 und das Ereignis E_2: „Primzahl" aus den Elementen 2, 3, 5.

$E_1 = \{1; 3; 5\}$ ► Ereignis „ungerade Zahl"
$E_2 = \{2; 3; 5\}$ ► Ereignis „Primzahl"

Das Ereignis A: „ungerade Augenzahl **oder** Primzahl" ist die Vereinigungsmenge von E_1 und E_2.

$A = E_1 \cup E_2 = \{1; 3; 5\} \cup \{2; 3; 5\} = \{1; 2; 3; 5\}$
► Ereignis „ungerade Zahl **oder** Primzahl"

Das Ereignis B: „ungerade Augenzahl **und** Primzahl" ist die Schnittmenge von E_1 und E_2.

$B = E_1 \cap E_2 = \{1; 3; 5\} \cap \{2; 3; 5\} = \{3; 5\}$
► Ereignis „ungerade Zahl **und** Primzahl"

Mittels der Beschreibung von Ereignissen durch Mengen lassen sich Ereignisse eines Ergebnisraumes leicht verknüpfen. Sind E_1, E_2 Ereignisse aus Ω, so gilt:

Das verknüpfte Ereignis: „Ereignis E_1 **oder** Ereignis E_2 tritt ein" ist die **Vereinigungsmenge** $E_1 \cup E_2$.

► $E_1 \cup E_2$ tritt genau dann ein, wenn wenigstens eines der beiden Ereignisse E_1 oder E_2 eintritt.

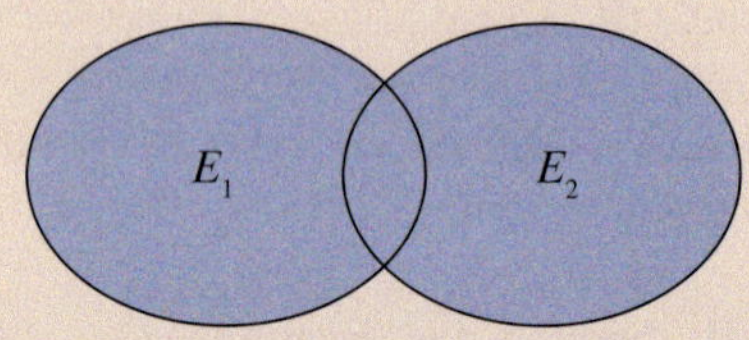

$E_1 \cup E_2$

Das Ereignis „beide Ereignisse E_1 **und** E_2 treten ein", ist die **Schnittmenge** $E_1 \cap E_2$.

► $E_1 \cap E_2$ tritt genau dann ein, wenn sowohl das Ereignis E_1 als auch das Ereignis E_2 eintreten.

Ist die Schnittmenge $E_1 \cap E_2$ die leere Menge, sind also die Mengen E_1 und E_2 **elementefremd**, so nennt man die beiden Ereignisse auch **unvereinbar**.

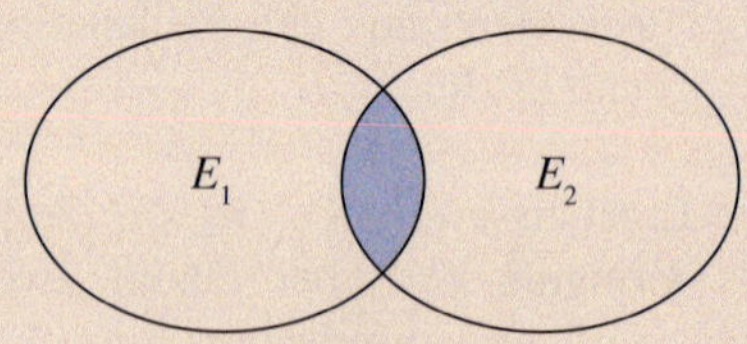

$E_1 \cap E_2$

Das **Gegenereignis** $\overline{E}$ eines Ereignisses E tritt genau dann ein, wenn das Ereignis E nicht eintritt. $\overline{E}$ enthält also alle Ergebnisse der Ergebnismenge Ω, die nicht in E enthalten sind.

Beispiel 6.4 (Gegenereignis)

Bilden Sie beim 2-fachen Münzwurf das Gegenereignis $\overline{E}$ zum Ereignis $E = \{(K; K)\}$.

Die Ergebnismenge Ω besteht aus den Ergebnissen (K; K), (K; Z), (Z; K), (Z; Z).

Ergebnismenge $\Omega = \{(K; K); (K; Z); (Z; K); (Z; Z)\}$

Entnimmt man Ω das Ergebnis (K; K), dann bleiben die 3 Ergebnisse (K; Z), (Z; K) und (Z; Z) zurück; die Menge mit diesen Ergebnissen ist das **Gegenereignis** $\overline{E}$.

$E = \{(K; K)\}$
$\overline{E} = \Omega \setminus E = \{(K; K); (K; Z); (Z; K); (Z; Z)\} \setminus \{(K; K)\}$
$= \{(K; Z); (Z; K); (Z; Z)\}$
► $\overline{E}$ ist das Ereignis:
„Es wird **nicht** zweimal Kopf geworfen".

Zu jedem Ereignis E gibt es ein **Gegenereignis** $\overline{E}$.

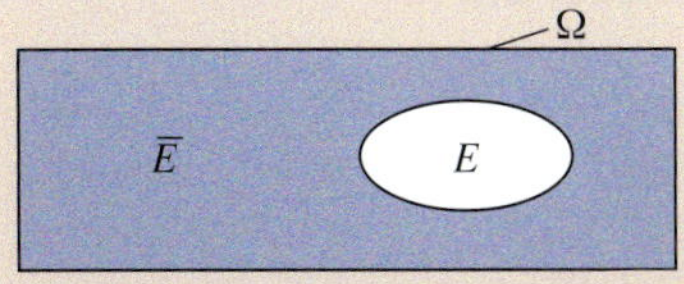

► $\overline{E}$ tritt ein, wenn E nicht eintritt. Die Differenzmenge $\overline{E} = \Omega \backslash E$ ist die Menge der Elemente, die zu Ω, nicht aber zu E gehören.

Alles klar?

1 Stellen Sie den 3-fachen Münzwurf in einem Baumdiagramm dar und formulieren Sie alle Elementarereignisse.

2 Beschreiben Sie für den Münzwurf alle 16 Ereignisse der Ergebnismenge $\Omega = \{(K; K); (K; Z); (Z; K); (Z; Z)\}$.

Wie viele Teilmengen eine Menge Ω von n Elementen besitzt, lässt sich leicht allgemein angeben: sie enthält genau 2^n Teilmengen. Alle Teilmengen zusammen bilden die **Potenzmenge** von Ω.

3 Bilden Sie beim 2-fachen Würfeln das Gegenereignis $\overline{E}$ zu dem Ereignis E: „kein Mal 6".

4 Stellen Sie beim einmaligen Würfeln die folgenden Ereignisse als Mengen dar. Geben Sie diese dazu zunächst als Vereinigung bzw. Schnitt zweier Mengen an.

a) „Es tritt eine ungerade Zahl oder eine Zahl größer als 3 ein".

b) „Es wird eine gerade Augenzahl geworfen, die kleiner als 5 ist".

c) „Es wird eine Primzahl geworfen, die größer als 5 ist".

6.1.2 Von der relativen Häufigkeit zur Wahrscheinlichkeit

Das Ergebnis eines Zufallsexperiments kann man nicht vorhersagen. Durch mehrmaliges Ausführen kann man aber die Wahrscheinlichkeit eines bestimmten Ergebnisses abschätzen.

Beispiel 6.5

Eine Münze bzw. ein Würfel wird 1 000-mal geworfen. Nach jedem 100. Wurf wird die absolute Häufigkeit $H(E)$ notiert, mit der das Ereignisse E: „Zahl" bzw. „1" auftritt. Man erkennt, dass sich die relativen Häufigkeiten mit wachsender Anzahl von Versuchen immer mehr dem Wert 0,5 beim Münzwurf bzw. $\frac{1}{6}$ beim Würfeln nähern.

► $h(E) = \frac{H(E)}{n}$; Abschnitt 1.1.1

Anzahl der Versuche n	Absolute Häufigkeiten $H(E)$		Relative Häufigkeiten $h(E)$	
	Münze	Würfel	Münze	Würfel
100	47	14	0,4700	0,1400
200	105	36	0,5250	0,1800
300	154	54	0,5133	0,1800
400	205	67	0,5125	0,1675
500	251	86	0,5020	0,1720
600	302	102	0,5033	0,1700
700	344	118	0,4914	0,1686
800	398	132	0,4975	0,1650
900	452	151	0,5022	0,1678
1.000	501	167	0,5010	0,1670

Führt man mehrere Versuchsserien durch, ergeben sich zwar andere Folgen für die relativen Häufigkeiten, aber mit steigender Versuchsanzahl stabilisieren sie sich immer wieder um die Werte 0,5 bzw. $\frac{1}{6}$.

Beispiel 6.6

Simulieren Sie mithilfe von TI-Nspire den 1 000-fachen Münzwurf und stellen Sie die relative Häufigkeit des Ergebnisses „Zahl" nach jedem Wurf graphisch dar.

Unter EINFÜGEN wird zunächst die Applikation LISTS & SPREADSHEETS geöffnet.

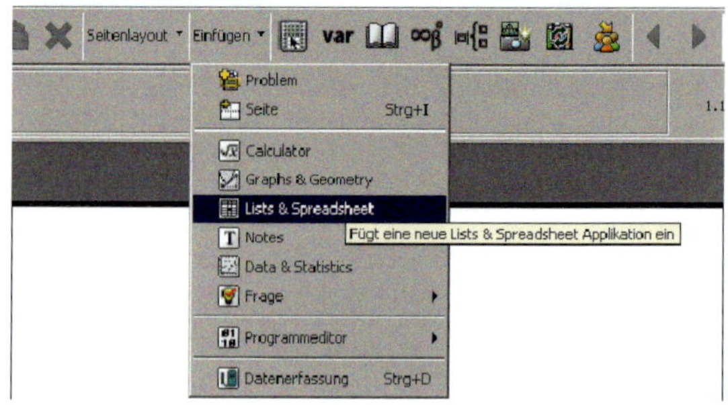

Dort definiert man die **1. Spalte** als „versuch" und fügt dann die Formel „=seq(n,n,1,1000)" für die Münzwürfe 1 bis 1 000 ein.

In der **2. Spalte** („ergebnis") wird das zufällige Ergebnis des jeweiligen Wurfs mithilfe von Zufallszahlen simuliert. Mit der Formel „=randint(0,1,1000)" erhält man dort 1 000 Zufallszahlen mit dem Wert 0 oder 1. Dabei steht 0 für „Kopf" und 1 für „Zahl".

Die **3. Spalte** („summe") gibt an, wie oft in den Versuchen bisher das Ergebnis „Zahl" aufgetreten ist. Dabei summiert die Formel „=cumsum(ergebnis)" alle bisherigen Werte der 2. Spalte.

In der **4. Spalte** („relhf") werden die relativen Häufigkeiten des Ergebnisses „Zahl" mit der Formel „=summe/versuch" ermittelt.

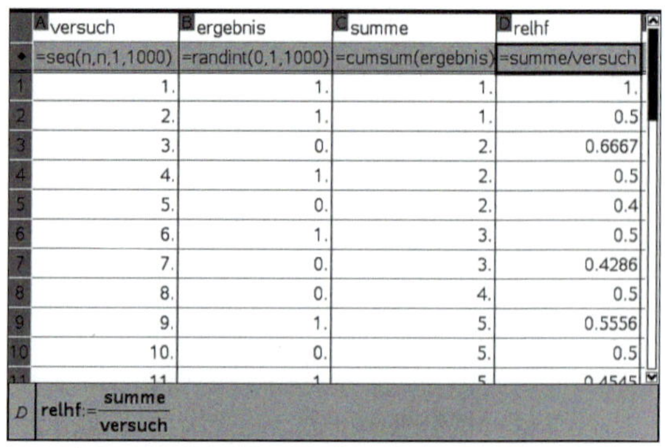

	A versuch	B ergebnis	C summe	D relhf
◆	=seq(n,n,1,1000)	=randint(0,1,1000)	=cumsum(ergebnis)	=summe/versuch
1	1.	1.	1.	1.
2	2.	1.	1.	0.5
3	3.	0.	2.	0.6667
4	4.	1.	2.	0.5
5	5.	0.	2.	0.4
6	6.	1.	3.	0.5
7	7.	0.	3.	0.4286
8	8.	0.	4.	0.5
9	9.	1.	5.	0.5556
10	10.	0.	5.	0.5

D relhf:= summe / versuch

► Das 1. und 2. Argument der Funktion „randint" geben die Grenzen des Intervalls an, in dem die möglichen Zufallszahlen (0 und 1 beim Münzwurf) liegen.

► Im gleichen Fenster kann man durch Anklicken des Menüs DATEN [1,3,5] und des Untermenüs SCHNELL-GRAPH einen Punktplot erhalten, der mithilfe der rechten Maustaste in ein Histogramm umgewandelt werden kann.

Durch Anklicken von GRAPH & GEOMETRY im EINFÜGEN-Menü und des STREU-PLOTS im Untermenü GRAPHIKTYP erhält man nebenstehenden Streuplot, indem die Spaltenbezeichnungen „versuch" der Variablen x und „relhf" der Variablen y durch Betätigen der entsprechenden Pfeiltasten am unteren Bildrand zugeordnet werden.

Die Darstellung des Streuplots kann mithilfe des Untermenüs FENSTER und dem Dialogfeld ACHSENEINSTELLUNGEN angepasst werden.

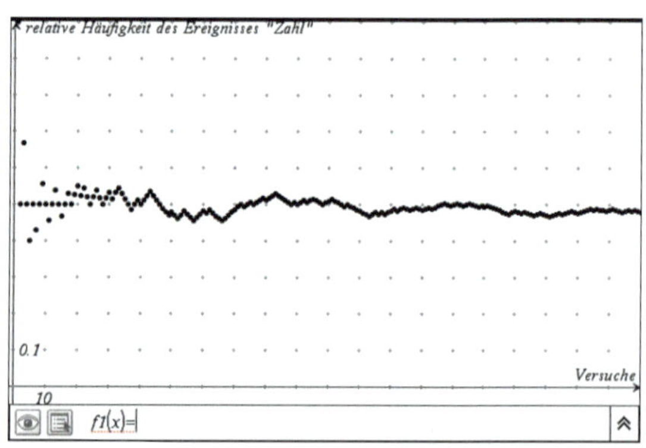

► Hier sind nur die ersten 200 Versuche dargestellt.

Man sieht deutlich, dass sich die relativen Häufigkeiten mit zunehmender Anzahl der Versuche um den Wert 0,5 stabilisieren. Man kann also erwarten, dass in der Hälfte aller Fälle „Zahl" fällt.

Die Beobachtungen aus den Beispielen 6.5 und 6.6 bringen ein allgemeines Gesetz zum Ausdruck, das **empirische Gesetz der großen Zahlen**:

Bei wachsender Zahl n von Durchführungen eines Zufallsexperiments schwanken die relativen Häufigkeiten $h(E)$ eines Ereignisses E immer weniger um einen festen Wert p.

Die Zahl p ist ein Maß dafür, wie stark mit dem Eintreten des Ereignisses E zu rechnen ist und heißt, daher die **Wahrscheinlichkeit des Ereignisses** E.

Jedem Ereignis E eines Ergebnisraums Ω ist dergestalt eine Zahl $p = P(E)$ als dessen Wahrscheinlichkeit zugeordnet. Die Zuordnung P nennt man eine **Wahrscheinlichkeitsfunktion**:

Eine Funktion P, die jedem Ereignis E einer Ergebnismenge Ω eine reelle Zahl $P(E)$ zuordnet, heißt **Wahrscheinlichkeitsfunktion** oder **Wahrscheinlichkeitsverteilung, wenn sie die folgenden Bedingungen erfüllt:**

1. $P(E) \geq 0$ ► Nicht-Negativität
2. $P(\Omega) = 1$ ► Normiertheit
3. $P(E_1 \cup E_2) = P(E_1) + P(E_2)$, falls $E_1 \cap E_2 = \{\ \}$. ► Additivität (E_1 und E_2 Teilmengen von Ω)

Man nennt diese 3 Bedingungen auch die **Axiome von Kolmogoroff**.

Beispiel 6.7

Eine unregelmäßige dreiseitige Pyramide wird geworfen. Ihre 4 Flächen sind mit den Zahlen 1, 2, 3 und 4 durchnummeriert. Ein Ereignis gilt als eingetreten, wenn die Pyramide auf einer ihrer 4 Flächen zum Liegen kommt. Zeigen Sie, dass durch die nachfolgenden Festlegungen eine Wahrscheinlichkeitsfunktion P auf der Ergebnismenge $\{1; 2; 3; 4\}$ erklärt ist:

$P(\{1\}) = \frac{1}{4}$, $P(\{2\}) = \frac{1}{5}$, $P(\{3\}) = \frac{3}{8}$, $P(\{4\}) = \frac{7}{40}$,

$P(\{1; 2\}) = \frac{9}{20}$, $P(\{1; 3\}) = \frac{5}{8}$, $P(\{1; 4\}) = \frac{17}{40}$, $P(\{2; 3\}) = \frac{23}{40}$, $P(\{2; 4\}) = \frac{3}{8}$, $P(\{3; 4\}) = \frac{11}{20}$,

$P(\{1; 2; 3\}) = \frac{33}{40}$, $P(\{1; 2; 4\}) = \frac{5}{8}$, $P(\{1; 3; 4\}) = \frac{4}{5}$, $P(\{2; 3; 4\}) = \frac{3}{4}$, $P(\{1; 2; 3; 4\}) = 1$ und

$P(\{\ \}) = 0$.

Es gibt insgesamt 16 Teilmengen von Ω:
$\{\ \}, \{1\}, \{2\}, \{3\}, \{4\}, \{1; 2\}, \{1; 3\}, \{1; 4\}, \{2; 3\}, \{2; 4\}, \{3; 4\}, \{1; 2; 3\}, \{1; 2; 4\}, \{1; 3; 4\}, \{2; 3; 4\}, \Omega$.

$\Omega = \{1; 2; 3; 4\}$ ► Ergebnismenge

Durch P wird jeder dieser Teilmengen eindeutig eine reelle Zahl zugeordnet. Damit ist P eine reellwertige Funktion der verlangten Art.

P erfüllt die Bedingung der **Nichtnegativität** gemäß den Festlegungen.

$P(E) \geq 0$ ► Festlegungen

Ebenso erfüllt P gemäß der Festlegung die Bedingung der **Normiertheit**.
Auch die **Additivität** gilt für P, wie sich für jeden Fall der Vereinigungsmenge zweier elementfremder Teilmengen von Ω zeigen lässt.
▶ Übungsaufgabe 27

Damit ist der Nachweis erbracht, dass P eine Wahrscheinlichkeitsfunktion auf der Ergebnismenge der schiefen dreiseitigen Pyramide ist.

$P(\Omega) = 1$ ▶ Festlegung

Ein Beispiel für die Additivität von P:
Einerseits gilt:
$P(\{1; 2\} \cup \{3; 4\}) = P(\{1; 2; 3; 4\}) = 1$ ▶ Festlegung
und andererseits:
$P(\{1; 2\}) + P(\{3; 4\}) = \frac{9}{20} + \frac{11}{20} = \frac{20}{20} = 1$
▶ Festlegungen und $\{1; 2\} \cap \{3; 4\} = \{\ \}$
Also gilt insgesamt:
$P(\{1; 2\} \cup \{3; 4\}) = P(\{1; 2\}) + P(\{3; 4\})$

Wahrscheinlichkeit von Gegenereignis, Schnitt und Vereinigung von Ereignissen

Die Eigenschaften der Wahrscheinlichkeitsfunktion kann man nutzen, um die Wahrscheinlichkeit des Gegenereignisses $\overline{E}$ zu einem Ereignis E (Beispiel 6.8) sowie die Wahrscheinlichkeiten des Schnitts (Beispiel 6.9) und der Vereinigung (Beispiel 6.10) zweier Ereignisse E_1 und E_2 zu bestimmen.

Beispiel 6.8 (Gegenereignis)

Ermitteln Sie die Wahrscheinlichkeit, beim einmaligen Würfeln keine 1 zu werfen.

Bei einem idealen Würfel ist die Wahrscheinlichkeit für jede Augenzahl gleich hoch, sie beträgt $\frac{1}{6}$.

Man kann die Wahrscheinlichkeit, keine 1 zu werfen, als Summe der Wahrscheinlichkeiten berechnen, eine 2, 3, 4, 5 oder 6 zu werfen, da diese Ereignisse unvereinbar sind. ▶ 3. Axiom

$\Omega = \{1; 2; 3; 4; 5; 6\}$

Wahrscheinlichkeit für jede Augenzahl: $\frac{1}{6}$

$E = \{2; 3; 4; 5; 6\}$ ▶ Ereignis „keine 1“

$P(E) = P(2) + P(3) + P(4) + P(5) + P(6)$
$= \frac{1}{6} + \frac{1}{6} + \frac{1}{6} + \frac{1}{6} + \frac{1}{6} = \mathbf{\frac{5}{6}}$

Häufig berechnet man die **Wahrscheinlichkeit des Gegenereignisses** schneller als die Wahrscheinlichkeit des Ereignisses selbst. Dies kann man nutzen:

Da das Ereignis E: „keine 1“ und das Gegenereignis $\overline{E}$: „1“ unvereinbar sind und zusammen die gesamte Ereignismenge Ω darstellen, gilt:
$P(E) + P(\overline{E}) = 1$ ▶ Axiome 2 und 3

Für die Wahrscheinlichkeit des Ereignisses E folgt also: $P(E) = 1 - P(\overline{E})$.

Man erhält wie oben $P(E) = \frac{5}{6}$.

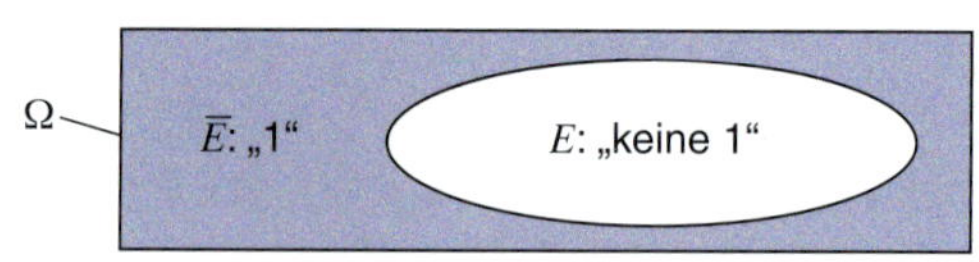

$E \cap \overline{E} = \{\ \}$ und $E \cup \overline{E} = \Omega \Rightarrow P(E) + P(\overline{E}) = 1$

$P(E) = 1 - P(\overline{E})$ ▶ $\overline{E} = \{1\}$ mit $P(\overline{E}) = \frac{1}{6}$
$= 1 - \frac{1}{6} = \mathbf{\frac{5}{6}}$

Gegenwahrscheinlichkeit: Die Summe der Wahrscheinlichkeit eines Ereignisses $E \subseteq \Omega$ und der des Gegenereignisses $\overline{E}$ ist gleich 1: $P(E) + P(\overline{E}) = 1$.

Beispiel 6.9 (Schnittmenge)

Ein idealer Würfel mit den Augenzahlen 1 bis 6 wird geworfen. Ermitteln Sie die Wahrscheinlichkeit, dass eine gerade Augenzahl geworfen wird, die kleiner als 5 ist.

Bezeichnet E_1 das Ereignis „gerade Augenzahl" und E_2 das Ereignis „Augenzahl kleiner als 5", dann stellt ihre Durchschnittsmenge das Ereignis E „gerade Augenzahl kleiner als 5" dar.

$E_1 = \{2; 4; 6\}$ ► Ereignis „gerade Augenzahl"
$E_2 = \{1; 2; 3; 4\}$ ► Ereignis „Augenzahl kleiner als 5"
$E = E_1 \cap E_2$ ► Ereignis „gerade Augenzahl kleiner als 5"
$= \{2; 4; 6\} \cap \{1; 2; 3; 4\} = \{2; 4\}$

Die gesuchte **Wahrscheinlichkeit** für die **Schnittmenge** $E_1 \cap E_2 = \{2; 4\}$ beträgt $\frac{1}{3}$.

$P(E_1 \cap E_2) = P(\{2; 4\})$ ► 3. Axiom
$= P(\{2\}) + P(\{4\}) = \frac{1}{6} + \frac{1}{6} = \mathbf{\frac{1}{3}}$

Beispiel 6.10 (Vereinigungsmenge)

Ein idealer Würfel mit den Augenzahlen 1 bis 6 wird geworfen. Ermitteln Sie für die beiden Ereignisse $E_1 = \{1; 2; 3\}$ und $E_2 = \{1; 2; 4\}$ die Wahrscheinlichkeit $P(E_1 \cup E_2)$.

Die **Wahrscheinlichkeit** für die **Vereinigungsmenge** $E_1 \cup E_2 = \{1; 2; 3; 4\}$ ist die Summe der Wahrscheinlichkeiten der unvereinbaren Elementarereignisse. Sie beträgt $\frac{2}{3}$.

$E_1 \cup E_2 = \{1; 2; 3\} \cup \{1; 2; 4\} = \{1; 2; 3; 4\}$
$P(E_1 \cup E_2) = P(\{1; 2; 3; 4\})$ ► 3. Axiom
$= P(\{1\}) + P(\{2\}) + P(\{3\}) + P(\{4\})$
$= 4 \cdot \frac{1}{6} = \mathbf{\frac{2}{3}}$

Diese Wahrscheinlichkeit erhält man auch, wenn man von der Summe der Wahrscheinlichkeiten der Ereignisse E_1 und E_2 die Wahrscheinlichkeit für das Eintreten des Ereignisses, das die gemeinsamen Elemente 1 und 2 enthält, subtrahiert:

$$
\begin{aligned}
P(E_1 \cup E_2) &= P(\{1; 2; 3; 4\}) \\
&= \underbrace{P(\{1\}) + P(\{2\}) + P(\{3\})}_{P(E_1)} + \underbrace{P(\{1\}) + P(\{2\}) + P(\{4\})}_{P(E_2)} - \underbrace{[P(\{1\}) + P(\{2\})]}_{P(E_1 \cap E_2)} \\
&= P(E_1) + P(E_2) - P(E_1 \cap E_2)
\end{aligned}
$$

Allgemein gilt:

Additionssatz oder **Satz von Sylvester**: Für zwei beliebige Ereignisse E_1 und E_2 eines Zufallsversuchs mit der Ergebnismenge Ω gilt: $P(E_1 \cup E_2) = P(E_1) + P(E_2) - P(E_1 \cap E_2)$.

Sind die beiden Ereignisse E_1 und E_2 unvereinbar, so gilt $P(E_1 \cap E_2) = 0$. Der Additionssatz von Sylvester lautet in diesem Fall $P(E_1 \cup E_2) = P(E_1) + P(E_2)$, stimmt also mit dem 3. Axiom von Kolmogoroff überein.

Der Additionssatz bzw. Satz von Sylvester: $\boldsymbol{P(E_1 \cup E_2) = P(E_1) + P(E_2) - P(E_1 \cap E_2)}$ lässt sich auch an der sogenannten **Vierfeldertafel** verdeutlichen:

Die Mengen in der 1. Spalte enthalten zusammen alle Elemente von E_1.
▶ $E_1 = (E_1 \cap E_2) \cup (E_1 \cap \overline{E}_2)$

Die Mengen in der 2. Spalte enthalten zusammen alle Elemente von $\overline{E}_1$.
▶ $\overline{E}_1 = (\overline{E}_1 \cap E_2) \cup (\overline{E}_1 \cap \overline{E}_2)$

Die Mengen in der 1. Zeile enthalten zusammen alle Elemente von E_2 .
▶ $E_2 = (E_1 \cap E_2) \cup (\overline{E}_1 \cap E_2)$

Die Mengen in der 2. Zeile enthalten zusammen alle Elemente von $\overline{E}_2$.
▶ $\overline{E}_2 = (E_1 \cap \overline{E}_2) \cup (\overline{E}_1 \cap \overline{E}_2)$

		1. Spalte	2. Spalte
	Ω	E_1	$\overline{E}_1$
1. Zeile	E_2	$E_1 \cap E_2$ 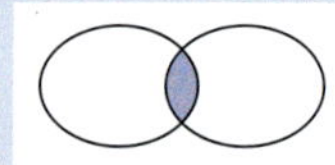	$\overline{E}_1 \cap E_2$ 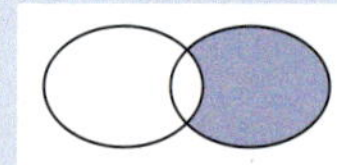
2. Zeile	$\overline{E}_2$	$E_1 \cap \overline{E}_2$ 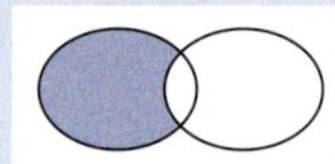	$\overline{E}_1 \cap \overline{E}_2$ 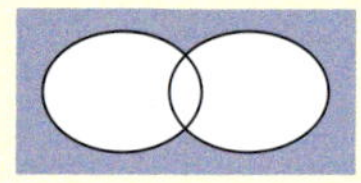

Die Gesamtheit der Elemente in den blauen Feldern bildet die Vereinigungsmenge $E_1 \cup E_2$:
$E_1 \cup E_2 = (E_1 \cap E_2) \cup (E_1 \cap \overline{E}_2) \cup (\overline{E}_1 \cap E_2)$.

Die Elemente aller 4 Felder bilden zusammen die Ergebnismenge Ω.

Weil in der Vierfeldertafel jedes Ereignis mit jedem anderen unvereinbar ist, gelten

$P(E_1) = P(E_1 \cap E_2) + P(E_1 \cap \overline{E}_2)$ und $P(E_2) = P(E_1 \cap E_2) + P(\overline{E}_1 \cap E_2)$

Addiert man die beiden Gleichungen, so erhält man den Satz von Sylvester:

$$P(E_1) + P(E_2) = 2 \cdot P(E_1 \cap E_2) + P(E_1 \cap \overline{E}_2) + P(\overline{E}_1 \cap E_2)$$
$$\Rightarrow P(E_1) + P(E_2) - P(E_1 \cap E_2) = P(E_1 \cap E_2) + P(E_1 \cap \overline{E}_2) + P(\overline{E}_1 \cap E_2)$$
$$\Rightarrow P(E_1) + P(E_2) - P(E_1 \cap E_2) = P((E_1 \cap E_2) \cup (E_1 \cap \overline{E}_2) \cup (\overline{E}_1 \cap E_2))$$ ▶ Axiom 3
$$\Rightarrow P(E_1) + P(E_2) - P(E_1 \cap E_2) = P(E_1 \cup E_2)$$ ▶ $E_1 \cup E_2 = (E_1 \cap E_2) \cup (E_1 \cap \overline{E}_2) \cup (\overline{E}_1 \cap E_2)$

6

Alles klar?

1 Ermitteln Sie, wie hoch die Wahrscheinlichkeit ist, beim Werfen von 2 Würfeln eine Augensumme von mindestens 3 zu erhalten. ▶ Gegenereignis

2 Ein idealer Würfel mit den Augenzahlen 1 bis 6 wird geworfen. Gegeben sind die Ereignisse $A = \{2;\ 4;\ 6\}$, $B = \{1;\ 2;\ 3\}$ und $C = \{6\}$. Berechnen Sie die folgenden Wahrscheinlichkeiten.
a) $P(A \cup B)$ b) $P(A \cap B)$ c) $P(B \cap C)$

3 Simulieren Sie mithilfe von Excel den 1 000-fachen Münzwurf.

4 Eine schiefe dreiseitige Pyramide, deren Flächen mit den Zahlen 1 bis 4 durchnummeriert sind, wird geworfen. Ein Ereignis gilt als eingetreten, wenn die Pyramide auf einer ihrer 4 Flächen zum Liegen kommt. ▶ Beispiel 6.7
Erstellen Sie eine Vierfeldertafel für die Ereignisse E_1: „es wird eine 3 oder eine 4 gewürfelt“ und E_2: „es wird eine 1 oder eine 3 gewürfelt“.

6.1.3 Laplace-Experimente

Unter den **Zufallsexperimenten** sind diejenigen von besonderer Bedeutung, bei denen alle möglichen Elementarereignisse die gleiche Wahrscheinlichkeit besitzen. Zufallsexperimente mit dieser Eigenschaft werden **Laplace-Experimente** genannt.

Pierre Simon de Laplace (1749–1827)

PIERRE SIMON DE LAPLACE war Astronom, Physiker und Mathematiker. Auf ihn geht die Definition der „klassischen Wahrscheinlichkeit“ zurück:

„Die Theorie des Zufalls ermittelt die gesuchte Wahrscheinlichkeit eines Ereignisses durch Zurückführung aller Ereignisse derselben Art auf eine gewisse Anzahl gleich möglicher Fälle, d. h. solcher, über deren Existenz wir in gleicher Weise unschlüssig sind, und durch Bestimmung der dem Ereignis günstigen Fälle. Das Verhältnis dieser Zahl zu der aller möglichen Fälle ist das Maß dieser Wahrscheinlichkeit, die also nichts anderes als ein Bruch ist, dessen Zähler die Zahl der günstigen Fälle und dessen Nenner die Zahl aller möglichen Fälle ist.“

Beispiel 6.11

1. Der Wurf eines idealen Würfels ist ein Laplace-Experiment, da jedes Elementarereignis dieselbe Wahrscheinlichkeit $\frac{1}{6}$ besitzt.

$\Omega = \{1; 2; 3; 4; 5; 6\}$
$P(\{1\}) = P(\{2\}) = P(\{3\}) = P(\{4\}) = P(\{5\}) = P(\{6\}) = \frac{1}{6}$

2. Der Wurf einer idealen Münze ist ein Laplace-Experiment, da jedes Elementarereignis die Wahrscheinlichkeit $\frac{1}{2}$ hat.

$\Omega = \{K; Z\}$
$P(\{K\}) = P(\{Z\}) = \frac{1}{2}$

3. Das Roulette-Spielen ist ein Laplace-Experiment, da jedes Elementarereignis dieselbe Wahrscheinlichkeit $\frac{1}{37}$ besitzt.

$\Omega = \{0; 1; 2; 3; \ldots, 36\}$
$P(\{0\}) = P(\{1\}) = P(\{2\}) = \ldots = P(\{36\}) = \frac{1}{37}$

Da bei einem Laplace-Experiment jedem Elementarereignis die gleiche Wahrscheinlichkeit zugeordnet ist, spricht man von einer **Gleichverteilung**.

Besteht ein Ergebnisraum Ω aus n Ergebnissen, dann ordnet eine Gleichverteilung jedem Elementarereignis die Wahrscheinlichkeit $p = \frac{1}{n}$ zu.
Einem zusammengesetzten Ereignis E, das aus k Ergebnissen besteht, wird durch eine Gleichverteilung dann entsprechend dem Additionssatz die Wahrscheinlichkeit $P(E) = k \cdot \frac{1}{n} = \frac{k}{n}$ zugeordnet.

Beispiel 6.12a

Ein idealer Würfel wird zweimal geworfen. Ermitteln Sie die Wahrscheinlichkeit, dass ein Augenpaar mindestens eine „2“ enthält.

Die Ergebnismenge enthält 36 Elementarereignisse $\{(i; j)\}$ mit $i = 1, 2, \ldots, 6$ für den 1. Wurf und $j = 1, 2, \ldots, 6$ für den 2. Wurf, die alle gleich wahrscheinlich sind.
► Gleichverteilung, Wahrscheinlichkeit $\frac{1}{36}$

$\Omega = \{(1; 1); (1; 2); \ldots; (1; 6); (2; 1); (2; 2); \ldots; (2; 6); (3; 1); (3; 2); (3; 3); \ldots; (3; 6); (4; 1); (4; 2); (4; 3); \ldots; (4; 6); (5; 1); (5; 2); (5; 3); \ldots; (5; 6); (6; 1); (6; 2); (6; 3); \ldots; (6; 6)\}$
► Laplace-Experiment

Von diesen 36 möglichen Ergebnissen haben 11 Ergebnisse mindestens eine „2“. Die Wahrscheinlichkeit, dass mindestens eine „2“ auftritt, ist damit $\frac{11}{36}$.

$E = \{(1; 2); (2; 1); (2; 2); \ldots; (2; 6); (3; 2); (4; 2); (5; 2); (6; 2)\}$ ► $k = 11$

$P(E) = k \cdot \frac{1}{n} = 11 \cdot \frac{1}{36} = \mathbf{\frac{11}{36}}$

Allgemein gilt:

Hat ein Zufallsversuch endlich viele mögliche Ergebnisse, die alle mit der gleichen Wahrscheinlichkeit eintreten, so hat ein beliebiges Ereignis E die Wahrscheinlichkeit:

$$P(E) = \frac{\text{Anzahl der für } E \text{ günstigen Ergebnisse}}{\text{Anzahl der möglichen Ergebnisse}}.$$

Beispiel 6.12b

Eine Münze wird dreimal hintereinander geworfen. Wie groß ist die Wahrscheinlichkeit, dass in den drei Würfen öfter „Kopf“ als „Zahl“ vorkommt?

Die Ergebnismenge enthält $2^3 = 8$ Elementarereignisse, von denen jedes gleich wahrscheinlich ist.
Bei 4 dieser 8 Ergebnisse wird häufiger „Kopf“ als „Zahl“ geworfen. Also beträgt die gesuchte Wahrscheinlichkeit $\frac{4}{8} = \frac{1}{2}$.

$\Omega = \{(K; K; K); (K; K; Z); (K; Z; K); (Z; K; K); (Z; Z; Z); (Z; Z; K); (Z; K; Z); (K; Z; Z)\}$

$E = \{(K; K; K); (K; K; Z); (K; Z; K); (Z; K; K)\}$

$P(E) = k \cdot \frac{1}{n} = 4 \cdot \frac{1}{8} = \frac{1}{2}$

Alles klar?

1 Bestimmen Sie die Wahrscheinlichkeit, dass eine zufällig bestimmte natürliche Zahl zwischen 1 und 100
a) durch 5 teilbar ist.
b) durch 13 teilbar ist.
c) durch 5 oder 13 teilbar ist.
d) durch 5 und 13 teilbar ist.

2 Ermitteln Sie die Wahrscheinlichkeit, bei einem doppelten Münzwurf
a) genau einmal „Kopf“ zu werfen.
b) genau zweimal „Zahl“ zu werfen.
c) mindestens einmal „Zahl“ zu werfen.
d) ein gemischtes Ergebnis zu erzielen.
e) im zweiten Wurf „Kopf“ zu erzielen.

6.1.4 Baumdiagramme und Pfadregeln

Ein mehrstufiges Zufallsexperiment lässt sich mithilfe eines Baumdiagramms übersichtlich darstellen.
▸ Beispiel 6.2
Mithilfe von Baumdiagrammen lassen sich die Wahrscheinlichkeiten von Ereignissen aber auch einfach berechnen.

Beispiel 6.13 a

In einer Urne liegen 5 rote und 5 schwarze Kugeln. Nacheinander werden 3 Kugeln entnommen, ohne dass die gezogenen Kugeln wieder zurückgelegt werden.
Berechnen Sie die Wahrscheinlichkeiten der möglichen Ergebnisse (Elementarereignisse).

Der Baum besteht aus 3 Stufen (3 Ziehungen). Er besitzt insgesamt 8 Pfade. ▸ $2^3 = 8$
Jeder Pfad führt zu einem Ergebnis des Zufallsexperiments.
Die Ergebnismenge Ω besteht also aus 8 möglichen Ergebnissen:
$\Omega = \{(r; r; r); (r; r; s); (r; s; r); (r; s; s); (s; r; r); (s; r; s); (s; s; r); (s; s; s)\}$.

Schreibt man an die Äste des Baumdiagramms jeweils die Wahrscheinlichkeit, mit der das Ergebnis der nächsten Ziehung eintritt, dann ist das Produkt der Wahrscheinlichkeiten entlang eines Pfades gleich der Wahrscheinlichkeit des Elementarereignisses am Ende dieses Pfades. Dabei ist zu beachten, dass nach jeder Ziehung eine Kugel weniger in der Urne liegt (entweder eine rote weniger oder eine schwarze weniger).

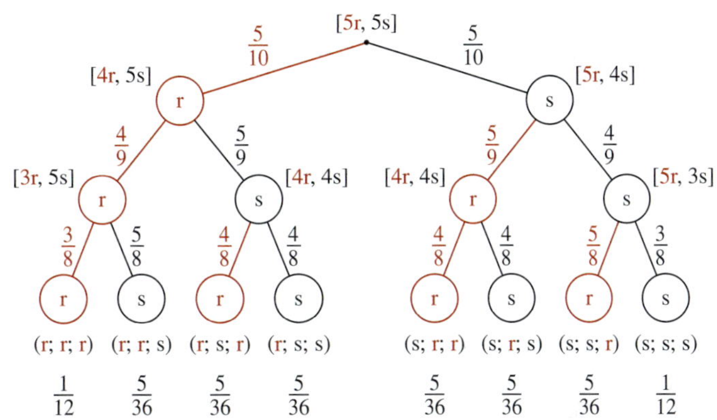

▸ Ziehen ohne Zurücklegen

Die Anzahl und die Farbe der Kugeln sind am Baumdiagramm in eckigen Klammern angegeben.

$P(\{(r; r; r)\}) = \frac{5}{10} \cdot \frac{4}{9} \cdot \frac{3}{8} = \mathbf{\frac{1}{12}}$; $P(\{(r; r; s)\}) = \frac{5}{10} \cdot \frac{4}{9} \cdot \frac{5}{8} = \mathbf{\frac{5}{36}}$;

$P(\{(r; s; r)\}) = \frac{5}{10} \cdot \frac{5}{9} \cdot \frac{4}{8} = \mathbf{\frac{5}{36}}$; $P(\{(r; s; s)\}) = \frac{5}{10} \cdot \frac{5}{9} \cdot \frac{4}{8} = \mathbf{\frac{5}{36}}$;

$P(\{(s; r; r)\}) = \frac{5}{10} \cdot \frac{5}{9} \cdot \frac{4}{8} = \mathbf{\frac{5}{36}}$; $P(\{(s; r; s)\}) = \frac{5}{10} \cdot \frac{5}{9} \cdot \frac{4}{8} = \mathbf{\frac{5}{36}}$;

$P(\{(s; s; r)\}) = \frac{5}{10} \cdot \frac{4}{9} \cdot \frac{5}{8} = \mathbf{\frac{5}{36}}$; $P(\{(s; s; s)\}) = \frac{5}{10} \cdot \frac{4}{9} \cdot \frac{3}{8} = \mathbf{\frac{1}{12}}$.

1. Pfadregel:
Die **Wahrscheinlichkeit eines Elementarereignisses in einem mehrstufigen Zufallsexperiment** ist gleich dem Produkt der Wahrscheinlichkeiten entlang des Pfades, an dessen Ende das Elementarereignis steht.

Beispiel 6.13 b

Ermitteln Sie die Wahrscheinlichkeit, mit der beim dreimaligen Ziehen aus einer Urne mit 5 roten und 5 schwarzen Kugeln ohne Zurücklegen die folgenden Ereignisse eintreten:

1. E_1: „unter den gezogenen Kugeln ist genau eine rote Kugel",
2. E_2: „unter den gezogenen Kugeln ist höchstens eine rote Kugel",
3. E_3: „unter den gezogenen Kugeln sind mindestens 2 rote Kugeln".

Die Wahrscheinlichkeit eines beliebigen Ereignisses ist gleich der Summe der Wahrscheinlichkeiten der „günstigen" Elementarereignisse.

Die Wahrscheinlichkeiten der „günstigen" Elementarereignisse können dem Baumdiagramm entnommen werden.

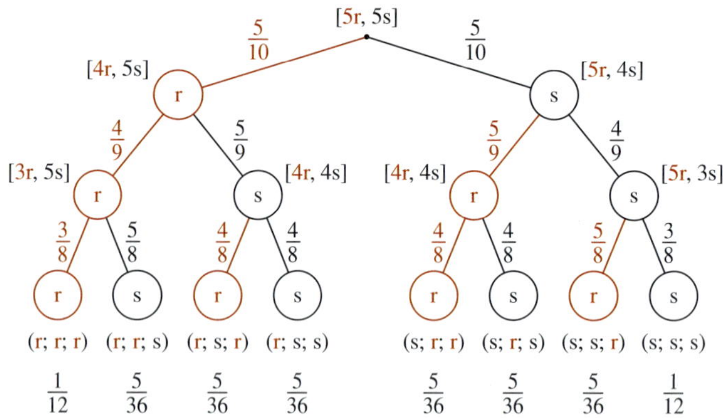

$$P(E_1) = P(\{(r; s; s)\}) + P(\{(s; r; s)\}) + P(\{(s; s; r)\}) = \frac{5}{36} + \frac{5}{36} + \frac{5}{36} = \mathbf{\frac{5}{12}}$$

$$P(E_2) = P(\{(r; s; s)\}) + P(\{(s; r; s)\}) + P(\{(s; s; r)\}) + P(\{(s; s; s)\}) = \frac{5}{36} + \frac{5}{36} + \frac{5}{36} + \frac{1}{12} = \mathbf{\frac{1}{2}}$$

$$P(E_3) = P(\{(r; r; r)\}) + P(\{(r; r; s)\}) + P(\{(r; s; r)\}) + P(\{(s; r; r)\}) = \frac{1}{12} + \frac{5}{36} + \frac{5}{36} + \frac{5}{36} = \mathbf{\frac{1}{2}}$$

2. Pfadregel:
Die **Wahrscheinlichkeit eines Ereignisses in einem mehrstufigen Zufallsexperiment** ist gleich der Summe der Wahrscheinlichkeiten der Pfade, die im Baumdiagramm dieses Ereignis bilden.

6

Alles klar?

1 Aus einer Urne, die 3 schwarze und 5 weiße Kugeln enthält, wird dreimal hintereinander eine Kugel zufällig gezogen und wieder zurückgelegt.

a) Stellen Sie den Zufallsversuch in einem Baumdiagramm dar.
b) Ermitteln Sie die Wahrscheinlichkeit, mit der 1) zwei schwarze und eine weiße Kugel, 2) mindestens eine weiße Kugel und 3) mindestens zwei weiße Kugeln gezogen werden.

2 Mit einem idealen Würfel wird dreimal hintereinander gewürfelt. Mit welcher Wahrscheinlichkeit erhält man

a) genau eine Sechs,
b) eine Sechs im 1. Wurf,
c) mindestens 2 Sechsen?

3 Beim Poker erhält ein Spieler von den insgesamt 52 Spielkarten zunächst zufällig 2 Stück. Mit welcher Wahrscheinlichkeit enthalten diese 2 Karten ein Paar Asse?

Übungen zu 6.1

1 Ein Glücksrad besitzt 10 gleich große Sektoren, die von 0 bis 9 durchnummeriert sind. Das Rad wird einmal gedreht.

a) Geben Sie eine geeignete Ergebnismenge an.

b) Stellen Sie das Ereignis E: „es kommt eine Primzahl“ als Menge dar.

c) Geben Sie die Elementarereignisse an.

d) Beschreiben Sie die Ereignisse
$E_1 = \{3; 6; 9\}$, $E_2 = \{2; 4; 6; 8\}$,
$E_3 = \{0; 2; 4; 6; 8\}$, $E_4 = \{\ \}$,
$E_5 = \{0; 1; 2; 3; 4; 5; 6; 7; 8; 9\}$ und
$E_6 = \{0; 1; 2; 3\}$.

2 Anna und Berta spielen gemeinsam Roulette. Anna setzt auf „Pair“ (alle geraden Zahlen) und Berta auf „Manque“ (die Zahlen von 1 bis 18).

a) Stellen Sie die drei Ereignisse E_1: „Anna gewinnt“, E_2: „Berta gewinnt“ und E_3: „Anna und Berta verlieren beide“ jeweils als Menge dar.

b) Geben Sie jeweils die Elemente der Ereignisse $E_1 \cup E_2$, $E_1 \cap E_2$, $E_1 \cap E_3$ an.

3 Ein Glücksrad ist in gleich große Sektoren unterteilt, die blau, rot, gelb oder weiß sind. Die Wahrscheinlichkeit, auf einen blauen Sektor zu treffen beträgt $\frac{1}{16}$, auf einen roten zu treffen $\frac{5}{16}$, auf einen gelben $\frac{1}{4}$ und auf einen weißen $\frac{3}{8}$.

a) Begründen Sie, warum die gegebenen Wahrscheinlichkeiten möglich sind.

b) In wie viele gleich große Sektoren könnte das Glücksrad eingeteilt sein?

c) Wie groß ist die Wahrscheinlichkeit, auf einen blauen oder roten Sektor zu treffen?

4 Anna und Berta werfen jeweils mit einem idealen Würfel. Anna erhält einen Punkt, wenn sie eine Augenzahl wirft, die Teiler von Bertas geworfener Augenzahl ist. Berta erhält einen Punkt, wenn sie eine a) kleinere,
b) größere Augenzahl als Anna wirft.
Ermitteln Sie jeweils, wer von den beiden Mädchen die größere Chance hat.

5 Aus einem gut gemischten Kartenspiel wird zufällig eine Karte gezogen. Ermitteln Sie die Wahrscheinlichkeit, dass

a) eine Herzkarte,

b) ein schwarzes Ass,

c) der Kreuz-König

gezogen wird.

6 Eine Münze wird dreimal geworfen. Ermitteln Sie die Wahrscheinlichkeit, dass

a) mindestens einmal Zahl,

b) mindestens dreimal Zahl,

c) Zahl und Kopf mindestens je einmal,

d) öfter Zahl als Kopf geworfen wird.

7 Ein idealer Würfel wird 10-mal geworfen.

a) Berechnen Sie die Wahrscheinlichkeit, 10-mal dieselbe Zahl zu würfeln (Pasch).

b) Wie groß ist die Wahrscheinlichkeit, mit einem Pasch eine Augensumme von mindestens 35 zu erzielen?

8 Frau Grewe hat zwei Kinder. Ermitteln Sie die Wahrscheinlichkeit dafür, dass

a) beide Kinder Mädchen sind,

b) das 2. Kind auch ein Mädchen ist, wenn man weiß, dass das jüngere ein Mädchen ist,

c) beide Kinder Mädchen sind, wenn man weiß, dass eines der Kinder ein Mädchen ist.

9 In einem Behälter befinden sich drei Karten. Die erste ist blau auf beiden Seiten, die zweite rot auf beiden Seiten, die dritte hat eine blaue und eine rote Seite.
Nun wird zufällig eine Karte gezogen und eine Seite betrachtet; sie ist blau. Wie groß ist die Wahrscheinlichkeit, dass die andere Seite ebenfalls blau ist?

10 Auf einem Oktaeder sind von den 8 Flächen 2 Flächen grün und jeweils 3 rot und blau.
- a) Wie groß ist beim Werfen dieses Körpers die Wahrscheinlichkeit dafür, dass er auf einer grünen (roten, blauen) Fläche zu liegen kommt?
- b) Mit welcher Wahrscheinlichkeit fällt er auf eine grüne oder auf eine rote Fläche?
- c) Mit welcher Wahrscheinlichkeit fällt er auf eine grüne und auf eine rote Fläche?

11 Bei einem Tierversuch wurden männliche (m) und weibliche (w) Mäuse einem Virus ausgesetzt. Die Ergebnisse des Versuchs sind in der folgenden Tabelle festgehalten worden (die Prozentzahlen beziehen sich auf die gesamte Anzahl der Mäuse):

	Infiziert und mit Krankheitssymptomen	Infiziert, aber ohne Krankheitssymptome	Nicht infiziert
m	20 %	12,5 %	17,5 %
w	30 %	7,5 %	12,5 %

Ermitteln Sie die Wahrscheinlichkeit, dass eine Maus
- a) weiblich und nicht infiziert ist,
- b) infiziert ist,
- c) weiblich oder ohne Anzeichen von Krankheit infiziert ist,
- d) männlich mit Krankheitssymptomen oder weiblich ohne Krankheitssymptome ist.

12 Stellen Sie die Ereignisse E_1 und E_2 aus Beispiel 6.10 in der Vierfeldertafel dar.

13 Es werden gleichzeitig zwei ideale Würfel geworfen. Wie groß ist die Wahrscheinlichkeit, dass die Augensumme 2 bzw. 6 bzw. 10 beträgt? Welche Augensumme hat die größte Wahrscheinlichkeit?

14 Aus einer Urne, die 2 blaue, 2 rote und 3 gelbe Kugeln enthält, wird dreimal nacheinander eine Kugel gezogen. Fertigen Sie ein Baumdiagramm an für den Fall, dass die Kugeln
- a) immer wieder zurückgelegt,
- b) nicht zurückgelegt werden.

Berechnen Sie die Wahrscheinlichkeit, dass
- c) 2 blaue Kugeln und eine rote Kugel,
- d) jeweils eine Kugel von jeder Farbe,
- e) mindestens eine gelbe Kugel gezogen wird.

15 Ein Roulettespieler setzt gleichzeitig 100 € auf „Rouge" und 100 € auf „12^P" (12^P bezeichnet die ersten 12 Zahlen: 1, 2, …, 12).
- a) Wie groß ist die Wahrscheinlichkeit, dass der Spieler Geld verliert?
- b) Wie groß ist die Wahrscheinlichkeit, dass der Spieler seinen gesamten Einsatz verliert?

16 $E_1 = \{1; 2\}$ und $E_2 = \{2; 3; 4\}$ sind zwei Teilmengen der Ergebnismenge $\Omega = \{1; 2; 3; 4; 5; 6\}$, auf der eine Wahrscheinlichkeitsfunktion P erklärt ist mit $P(E_1) = 0{,}4$, $P(E_2) = 0{,}5$, $P(E_1) \cap P(E_2) = 0{,}1$.
- a) Stellen Sie die Ereignisse in einer Vierfeldertafel dar.
- b) Bestimmen Sie die folgenden Ereignisse:
  1) $\overline{E}_1$, 2) $\overline{E}_2$, 3) $E_1 \cup E_2$, 4) $\overline{E}_1 \cap \overline{E}_2$,
  5) $\overline{E}_1 \cup \overline{E}_2$, 6) $E_1 \cap \overline{E}_2$, 7) $\overline{E}_1 \cap E_2$.
- c) Ermitteln Sie die Wahrscheinlichkeiten für die Ereignisse unter b).

17 Auf $\Omega = \{1; 2; 3; 4; 5; 6\}$ sei eine Wahrscheinlichkeitsfunktion P mit $P(\{k\}) = k \cdot P(\{1\})$ für $k = 1, 2, 3, 4, 5, 6$ erklärt. Ermitteln Sie die Wahrscheinlichkeit des Ereignisses
- a) $\{k\}$ für $k = 1, 2, 3, 4, 5, 6$,
- b) $\{x \mid x$ ist gerade$\}$,
- c) $\{x \mid x$ ist keine Primzahl$\}$,
- d) $\{x \mid x$ ist Primzahl und kleiner als $4\}$,
- e) $\{x \mid x < 6\}$.

18 Anna und Berta spielen „Papier, Schere, Stein". Dabei halten sie die rechte Hand unter dem Tisch versteckt und strecken dann auf Kommando über dem Tisch entweder alle Finger (Papier) aus oder spreizen nur 2 Finger (Schere) oder ballen die Faust (Stein). Bei Papier und Schere gewinnt Schere, bei Papier und Stein gewinnt Papier und bei Schere und Stein gewinnt Stein. Zeigen beide Spieler dasselbe, dann ist das Spiel unentschieden ausgegangen. Zeichnen Sie ein Baumdiagramm und beurteilen Sie die Gewinnchancen von Anna und Berta.

19 Bei einer schiefen Pyramide mit dreieckiger Grundfläche sind die 4 Seiten mit den Augenzahlen 1, 2, 3, 4 beschriftet. Wirft man die Pyramide, dann fällt eine gerade Augenzahl mit der Wahrscheinlichkeit 0,45, die Augenzahl 3 mit der Wahrscheinlichkeit 0,15 und die Augenzahl 2 mit der Wahrscheinlichkeit 0,2.

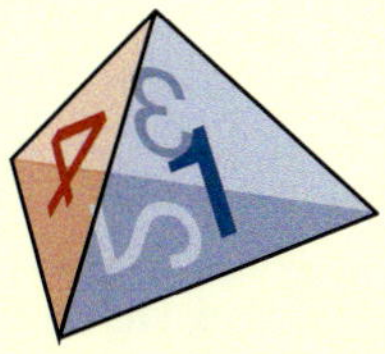

Wie groß ist die Wahrscheinlichkeit, dass die Augenzahl 1 bzw. 4 fällt?

20 Bei einem Test wurde 1000 Jungen und Mädchen eine umfangreiche Aufgabe gestellt. 700 Jugendliche lösten die Aufgabe. Von den Jungen waren nur 180 erfolgreich; 50 Mädchen versagten. Ermitteln Sie anhand einer Vierfeldertafel, wie viel Prozent der Mädchen die Aufgabe lösen konnten. Überprüfen Sie anhand der Tafel den Satz von Sylvester.

21 Traditionell werden am Wirtschaftsgymnasium die 5 Besten mit Buchpreisen ausgezeichnet. Die Stufenleiterin hat auch in diesem Jahr festgelegt, welche Schülerin bzw. welcher Schüler eines der 5 verschiedenen Bücher erhalten soll. Auf der Abiturfeier übergibt der Schulleiter die Bücher allerdings „auf gut Glück“.

a) Berechnen Sie die Chancen, dass dennoch alle 5 Abiturienten das ihnen zugedachte Buch erhalten.

b) Mit welcher Wahrscheinlichkeit erhalten genau 4 Abiturienten das für sie bestimmte Buch?

22 In einer Umfrage soll die Kaufneigung für zwei Produkte A und B ermittelt werden. Von insgesamt 500 befragten Personen erklärten 400, wenigstens eines der Produkte bereits gekauft zu haben; 200 Interviewte hatten nur A und 150 hatten nur B gekauft.

a) Ermitteln Sie mithilfe einer Vierfeldertafel, wie viele Personen sowohl A als auch B gekauft haben.

b) Wie viel Prozent der Interviewten hatten A bzw. B gekauft?

c) Wie viel Prozent der Interviewten hatten keines der Produkte gekauft?

23 Den Teilnehmer/innen einer Reise zum Gardasee werden zwei zusätzliche Ausflüge angeboten: Für den 4. Tag kann eine Weinkellerei – Weinprobe inbegriffen – in Bardolino und für den 5. Tag eine Fahrt mit der Kabinenbahn auf den Monte Baldo bestellt werden. Der Reiseveranstalter schätzt aus langjähriger Erfahrung, dass jeweils $\frac{1}{5}$ der Reisenden an beiden Ausflügen bzw. an keinem Ausflug teilnehmen werden, und dass $\frac{2}{5}$ ausschließlich an der Weinprobe teilnehmen wollen. Ermitteln Sie mithilfe einer Vierfeldertafel, wie viele Personen dem Kabinenbahnbetreiber gemeldet werden sollten.

24 Ein Körper, der aus 3 Seiten besteht, wird geworfen. Seine Flächen sind mit den Zahlen 1, 2 und 3 durchnummeriert. Ein Ereignis gilt als eingetreten, wenn ein Körper auf einer seiner 3 Flächen zum Liegen kommt. Prüfen Sie, ob durch die nachfolgenden Festlegungen eine Wahrscheinlichkeitsfunktion P auf der Ergebnismenge $\{1; 2; 3\}$ erklärt ist:
$P(\{\ \}) = 0$, $P(\{1\}) = P(\{2\}) = 20\,\%$,
$P(\{3\}) = 40\,\%$, $P(\{1; 2\}) = 80\,\%$,
$P(\{2; 3\}) = 60\,\%$, $P(\{1; 3\}) = 50\,\%$ und
$P(\{1; 2; 3\}) = 100\,\%$.

25 Ein Produkt durchläuft eine dreistufige Qualitätskontrolle. Zuerst wird sein Gewicht geprüft, dann seine Ausmaße kontrolliert und schließlich wird es auf Lackschäden untersucht. 10 % der Produkte haben ein falsches Gewicht, 5 % falsche Ausmaße und 15 % Lackschäden. Ein Produkt gilt als nicht verkäuflich, wenn es mindestens zwei Kontrollen nicht besteht.

a) Fertigen Sie ein Baumdiagramm an.

b) Wie groß ist die Wahrscheinlichkeit, dass ein Produkt nicht zum Verkauf zugelassen wird?

26 Zeigen Sie: Aus $P(A) > P(B)$ folgt $P(\overline{A}) < P(\overline{B})$.

27 Prüfen Sie die Additivität für die im Beispiel 6.7 auf $\Omega = \{1; 2; 3; 4\}$ erklärte Wahrscheinlichkeitsfunktion.
Hinweis: Es gibt 25 Möglichkeiten, elementefremde Teilmengen von Ω zu vereinigen.

6.2 Kombinatorik

Beim einmaligen Werfen einer Münze oder eines Würfels lassen sich die möglichen und günstigen Ergebnisse leicht ermitteln, indem man sie einzeln auflistet und zählt. ▶ Laplace-Wahrscheinlichkeiten
Im Unterschied zu solchen Experimenten ist das **Abzählen bei vielen mehrstufigen Experimenten** ungleich schwieriger, weil der Ergebnisraum so umfangreich sein kann, dass es nicht mehr sinnvoll ist, ihn durch Auflistung der Elemente oder Angabe eines Baumdiagramms zu beschreiben. In diesen Fällen verwendet man kombinatorische Abzählverfahren.

6.2.1 Die Produktregel

Die Darstellung im Baumdiagramm kann helfen, eine allgemeine Regel zur Bestimmung der Anzahlen aller möglichen Ergebnisse eines mehrstufigen Zufallsversuchs abzuleiten.

Beispiel 6.14

Eine Mensa wirbt damit, 18 verschiedene Menüs anzubieten. Stimmt das, wenn man unter 3 Vorspeisen, 2 Hauptgerichten und 3 Nachspeisen wählen kann?

Gesucht ist die Anzahl möglicher Menüs.
Im ersten Schritt wählt man zwischen 3 Vorspeisen, im 2. Schritt zwischen 2 Hauptgerichten und im 3. Schritt zwischen 3 Nachspeisen.

Das Baumdiagramm enthält $3 \cdot 2 \cdot 3 = 18$ Pfade. Es gibt also tatsächlich 18 verschiedene Menüs.

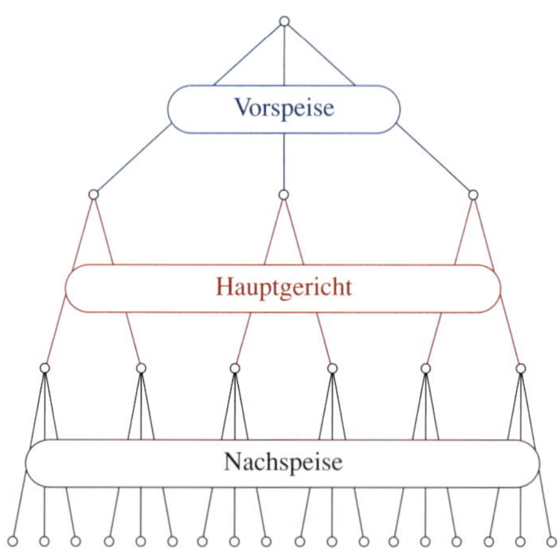

Allgemein gilt:

Produktregel: Wird ein Zufallsexperiment in mehreren Stufen durchgeführt und ist die Anzahl der Ergebnisse einer Stufe jeweils unabhängig von den Ergebnissen der vorhergehenden Stufe, so erhält man die Anzahl der möglichen verschiedenen Ergebnisse dieses Zufallsexperiments, indem man die Anzahlen der möglichen Ergebnisse auf jeder Stufe miteinander multipliziert.

Beispiel 6.15

Ein Textverarbeitungsprogramm besitzt 30 verschiedene Schriftarten mit 16 verschiedenen Größen in den Stilen normal, fett und kursiv. Wie viele verschiedene Schriftbilder lassen sich damit gestalten?

Man erhält insgesamt $30 \cdot 16 \cdot 3 = 1\,440$ verschiedene Schriftbilder.

6.2.2 Permutation, Variation und Kombination

Die **Kombinatorik** beschäftigt sich mit dem Abzählen der verschiedenen Möglichkeiten, wie Elemente von endlichen Mengen ausgewählt und angeordnet werden können. Um die Begriffe Permutation, Variation und Kombination voneinander abzugrenzen, soll das folgende Beispiel zunächst einen Überblick über die verschiedenen Problemstellungen geben.

Beispiel 6.16

Ein Eiscafé bietet 11 verschiedene Eissorten an.

a) Yannick kauft für sich und seine 11-köpfige Hockeymannschaft 11 Hörnchen mit je einer Kugel. Da er seine Mitspieler nicht nach den Geschmacksrichtungen gefragt hat, bestellt er 11 Hörnchen mit **verschiedenen** Geschmacksrichtungen.
Wie viele Möglichkeiten hat er, die Kugeln zu verteilen?

Stellt man sich die Spieler in irgendeiner Reihenfolge angeordnet vor, so kann der Erste zwischen 11 Kugeln wählen. Für den Zweiten bleiben dann noch 10 Möglichkeiten, für den Dritten 9 usw., bis schließlich für den Letzten nur noch eine Kugel zur Auswahl steht.

Mithilfe der Produktregel ergeben sich 11! Möglichkeiten, die 11 verschiedenen Eishörnchen mit je einer Kugel Eis zu verteilen.

▶ **Keine** Kugel **wiederholt** sich.

Anzahl der Möglichkeiten $= 11 \cdot 10 \cdot 9 \cdot \ldots \cdot 2 \cdot 1$
$= 11!$
$= \mathbf{39916800}$

▶ Für das Produkt der ersten n natürlichen Zahlen nach der Null schreibt man auch abkürzend $n!$.

$\boldsymbol{n!} = 1 \cdot 2 \cdot 3 \cdot \ldots \cdot n$ für $n > 0$ (gelesen: „**n Fakultät**“)
Zusätzlich definiert man: $0! = 1$.

$n!$ kann mit dem TR leicht berechnet werden.

b) Lisanne, Leonie und Hannah kaufen sich je ein Hörnchen mit einer Eiskugel.
Wie viele Möglichkeiten haben die 3 Mädchen, wenn sie **unterschiedliche** Eissorten kaufen, um von den anderen zu probieren?

Die Erste (Lisanne) hat 11 Möglichkeiten, die Zweite (Leonie) 10 und die Dritte (Hannah) noch 9 Möglichkeiten, eine Kugel zu wählen.
Es gibt also insgesamt $11 \cdot 10 \cdot 9 = 990$ Möglichkeiten.

Anzahl der Möglichkeiten
$= 11 \cdot 10 \cdot 9 = \mathbf{990}$

Man kann das Produkt $11 \cdot 10 \cdot 9$ auch mithilfe der Fakultät ausdrücken, indem man es mit 8! erweitert. Man erhält dann

$$\frac{11 \cdot 10 \cdot 9 \cdot 8!}{8!} = \frac{11!}{8!} = \frac{11!}{(11-3)!}$$

Allgemein gilt die Formel

$$n \cdot (n-1) \ldots (n-k+1) = \frac{n!}{(n-k)!}.$$

Anzahl der Möglichkeiten
$= 11 \cdot 10 \cdot 9$ ▶ Erweitern mit 8!

$$= \frac{11 \cdot 10 \cdot 9 \cdot 8!}{8!} = \frac{11 \cdot 10 \cdot 9 \cdot 8 \cdot 7 \cdot 6 \cdot 5 \cdot 4 \cdot 3 \cdot 2 \cdot 1}{8 \cdot 7 \cdot 6 \cdot 5 \cdot 4 \cdot 3 \cdot 2 \cdot 1}$$

$$= \frac{11!}{8!} = \frac{11!}{(11-3)!}$$

▶ Es ist ein **Auswahlproblem**, da 3 aus 11 Kugeln gewählt werden; es kommt auf die **Reihenfolge** an, mit der die Kugeln auf Lisanne, Leonie und Hannah verteilt werden. **Keine** Kugel **wiederholt** sich.

6

c) Yannick hat Appetit bekommen und möchte ein Eis mit 3 **verschiedenen** Geschmackssorten. Wie viele Möglichkeiten gibt es, ein Eishörnchen mit 3 verschiedenen Eissorten zusammenzustellen?

Es liegt eine Auswahl von 3 aus 11 Sorten vor. Allerdings kommt es hier, anders als bei Beispiel b) **nicht** auf die Reihenfolge der Anordnung der 3 Kugeln auf dem Hörnchen an.

Für je 3 Kugeln gibt es $3! = 6$ Möglichkeiten der Anordnung. Diese 3! Möglichkeiten schrumpfen jetzt – für **jede** Auswahl von 3 Kugeln – auf 1 Möglichkeit zusammen.

Also gibt es insgesamt auch nur ein Sechstel der Möglichkeiten aus Aufgabe b) und damit $990 : 6 = 165$ Möglichkeiten.

Anzahl der Möglichkeiten
mit Beachtung der Reihenfolge

$= \frac{11!}{(11-3)!} = 990$ ▶ Teil b)

Anzahl der Möglichkeiten
ohne Beachtung der Reihenfolge

$= \frac{11!}{3! \cdot (11-3)!} = \mathbf{165}$

▶ Es ist ein **Auswahlproblem**, da 3 aus 11 Sorten gewählt werden; es kommt **nicht** auf die **Reihenfolge** der Kugeln an; **keine** Kugel **wiederholt** sich.

d) Wie viele Möglichkeiten haben die 3 Mädchen aus Teil b), wenn sie auch **gleiche** Eissorten zulassen?

Im Unterschied zu der Situation in Teil b) gibt es nun für **jedes** Mädchen 11 Möglichkeiten, eine Kugel zu wählen. Also erhält man insgeamt $11 \cdot 11 \cdot 11 = 1\,331$ Möglichkeiten.

Anzahl der Möglichkeiten
$= 11 \cdot 11 \cdot 11 = 11^3 = \mathbf{1331}$

▶ Es ist ein **Auswahlproblem**, da 3 aus 11 Sorten gewählt werden; es kommt auf die **Reihenfolge** der Kugeln an; die Kugeln können sich **wiederholen**.

6

Die vorstehenden vier Beispiele 6.16 a)–d) beschäftigen sich mit der **Abzählung** der wichtigsten Möglichkeiten, wie die Elemente von endlichen Mengen ausgewählt und angeordnet werden können.

Man unterscheidet die Anordnungen nach folgenden **drei Kriterien**:
1. Existiert ein Auswahlproblem?
2. Ist die Reihenfolge der Elemente in der Anordnung zu beachten?
3. Treten Elemente wiederholt auf?

Im Beispiel 6.16 a) existiert **kein Auswahlproblem**, da alle 11 Kugeln verteilt werden. Die Reihenfolge der Kugeln ist zu beachten, da es darauf ankommt, wer welche Eissorte bekommt. Die Kugeln treten nicht wiederholt auf.
Bei den drei weiteren Beispielen handelt es sich um **Auswahlprobleme**.

Die Beispiele 6.16b) und 6.16c) unterscheiden sich dadurch, dass es im Beispiel 6.16b) auf die Reihenfolge ankommt, im Beispiel 6.16c) jedoch nicht. Bei beiden Beispielen kommen die Sorten nicht mehrfach vor.
Im Beispiel 6.16d) kommt es ebenfalls auf die Reihenfolge an, mit der die Kugeln ausgewählt werden. Jedoch können hier die Kugeln in einer Auswahl auch wiederholt vorkommen.

▶ Die Fälle „kein Auswahlproblem, mit Wiederholung“ und „Auswahlproblem ohne Beachtung der Reihenfolge mit Wiederholung“ werden noch in den folgenden Beispielen vorgestellt.

Je nachdem, ob die obigen drei Kriterien erfüllt sind oder nicht, unterscheidet man die Anordnungen in **Permutationen**, **Variationen** und **Kombinationen**. Das folgende Schema bietet eine Übersicht über die möglichen Anordnungen.

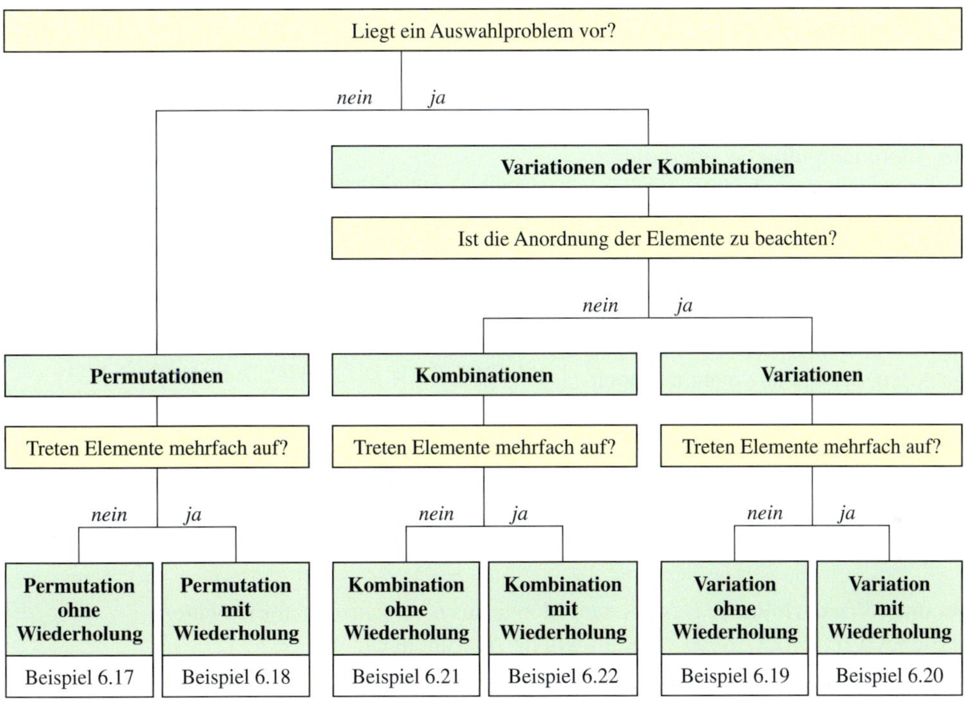

Alles klar?

1 Ordnen Sie die Probleme a) bis d) aus Beispiel 6.16 dem oben stehenden Schema zu.

2 Listen Sie alle möglichen – nicht unbedingt sinnvollen – Wörter auf, die man aus den Wörtern „Rat“ bzw. „Tat“ durch Umstellung der Buchstaben erhält.
Worin besteht im Hinblick auf das Schema der Unterschied?

3 Ordnen Sie die folgenden vier Probleme dem oben stehenden Schema zu. Aus den 7 Tönen der C-Dur-Tonleiter soll

a) ein Akkord, bestehend aus 3 Tönen, gebildet werden.

b) ein Jingle komponiert werden, der aus genau 4 verschiedenen Tönen besteht.

c) eine Melodie komponiert werden, die aus 20 Tönen besteht.

In den folgenden Beispielen 6.17 bis 6.22 werden alle Abzählmöglichkeiten genauer untersucht, systematisiert und verallgemeinert.

Permutationen

Unter einer **Permutation** versteht man jede mögliche Anordnung von n Elementen einer endlichen Menge, in der alle Elemente verwendet werden.

► Da alle n Elemente verwendet werden, liegt **kein** Auswahlproblem vor.

Man unterscheidet **zwei Arten von Permutationen**:
Permutationen ohne Wiederholung, bei denen die Elemente nur einmal auftreten, und
Permutationen mit Wiederholung, bei denen die Elemente mehrfach auftreten.

Beispiel 6.17 (Permutation *ohne* Wiederholung)

In einer 4 × 100 m-Staffel muss die Reihenfolge der Läufer A, B, C und D festgelegt werden. Wie viele Möglichkeiten gibt es für die Aufstellung?

Es ist **kein** Auswahlproblem und es handelt sich um eine Anordnung **ohne** Wiederholung, da jeder Läufer genau einmal läuft. Es liegt also eine Permutation ohne Wiederholung vor.

Der 1. Platz kann auf 4 verschiedene Arten belegt werden, der 2. Platz dann noch auf 3 verschiedene Arten, der 3. Platz noch auf 2 verschiedene Arten, der 4. Platz dann nur noch auf eine Art.
Es gibt somit $4! = 24$ Möglichkeiten.

{A; B; C; D} ► Menge mit 4 Elementen; $n = 4$

mögliche Anordnungen:
(A; B; C; D) (B; A; C; D) (C; A; B; D) (D; A; B; C)
(A; B; D; C) (B; A; D; C) (C; A; D; B) (D; A; C; B)
(A; C; B; D) (B; C; A; D) (C; B; A; D) (D; B; A; C)
(A; C; D; B) (B; C; D; A) (C; B; D; A) (D; B; C; A)
(A; D; B; C) (B; D; A; C) (C; D; A; B) (D; C; A; B)
(A; D; C; B) (B; D; C; A) (C; D; B; A) (D; C; B; A)

Anzahl der Möglichkeiten $= 4 \cdot 3 \cdot 2 \cdot 1 = 4! = \mathbf{24}$

Permutation ohne Wiederholung: Besteht eine Menge aus n verschiedenen Elementen, dann gibt es $n \cdot (n-1) \cdot (n-2) \cdot \ldots \cdot 2 \cdot 1 = n!$ mögliche Anordnungen.

Die Fakultät wächst enorm schnell an und führt schon für kleine Argumente auf gigantische Zahlen. Z. B. übersteigt $21! = 51\,090\,942\,171\,709\,440\,000$ bereits die Anzahl der Nano-, d. h. Milliardstelsekunden, die seit Beginn des Universums vergangen sind.

Beispiel 6.18 (Permutation *mit* Wiederholung)

In einer Urne befinden sich 2 blaue, 3 rote und 4 grüne Kugeln. Nacheinander werden alle Kugeln zufällig gezogen.
Wie viele mögliche Ziehungsergebnisse gibt es?

Es ist **kein** Auswahlproblem, weil alle 9 Kugeln gezogen werden. Da sich dabei nicht alle Kugeln voneinander unterscheiden, handelt es sich um eine Permutation mit Wiederholung.

Wären alle Kugeln verschieden, dann gäbe es 9! mögliche Anordnungen.

9 unterscheidbare Kugeln
$\Rightarrow 9! = 362\,880$ Möglichkeiten.
► Permutation ohne Wiederholung

Da nun die unterscheidenden Merkmale der 2 blauen Kugeln entfallen, kommt unter den zunächst 9! möglichen Anordnungen jeder Anordnung 2!-mal (doppelt) vor.

► Vertauscht man in einer Anordnung nur die 2 blauen Kugeln untereinander, so erhält man eine identische Anordnung.

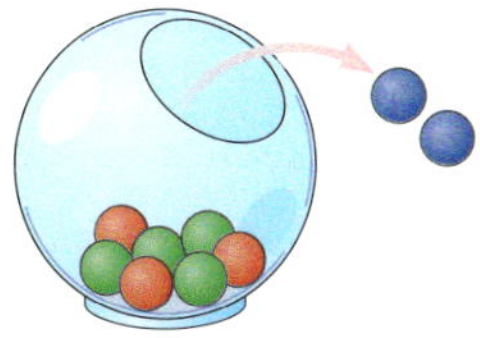

2 blaue, sonst nicht weiter unterscheidbare Kugeln

⇒ Das 2!-fache ist zu viel gezählt worden.

⇒ verbleibende Anzahl der Möglichkeiten

$$=\frac{9!}{2!}=\mathbf{181\,440}$$

Da auch die unterschiedlichen Merkmale der 3 roten Kugeln entfallen, kommt unter den noch verbliebenen möglichen Anordnungen jeder Anordnung 3!-mal (6-fach) vor.

► Vertauscht man in einer Anordnung nur die 3 roten Kugeln untereinander, so erhält man eine identische Anordnung.

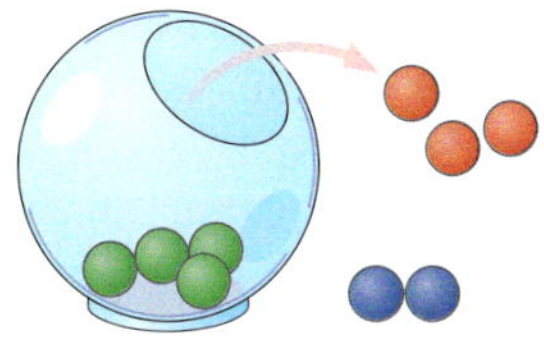

3 rote, sonst nicht weiter unterscheidbare Kugeln

⇒ Das 3!-fache ist zu viel gezählt worden.

⇒ verbleibende Anzahl der Möglichkeiten

$$=\frac{\frac{9!}{2!}}{3!}=\frac{9!}{2!\cdot 3!}=\mathbf{30\,240}$$

Entsprechendes gilt für die 4 grünen Kugeln.

► Vertauscht man in einer Anordnung nur die 4 grünen Kugeln untereinander, so erhält man eine identische Anordnung.

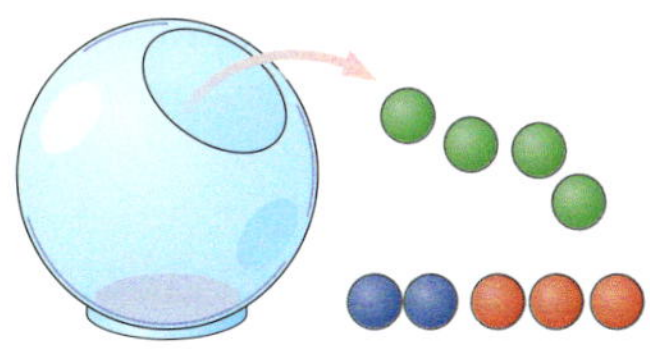

4 grüne, sonst nicht weiter unterscheidbare Kugeln

⇒ Das 4!-fache ist zu viel gezählt worden.

⇒ verbleibende Anzahl der Möglichkeiten

$$=\frac{\frac{9!}{2!\cdot 3!}}{4!}=\frac{9!}{2!\cdot 3!\cdot 4!}=\mathbf{1260}.$$

Insgesamt erhält man somit $\frac{9!}{2!\cdot 3!\cdot 4!}=1260$ unterschiedliche Ziehungsmöglichkeiten bzw. Anordnungen der 2 blauen, 3 roten und 4 grünen Kugeln.

Permutation mit Wiederholung: Treten unter insgesamt n Elementen r verschiedene Elemente mit den jeweiligen Vielfachheiten m_1, m_2, ..., m_r auf $(m_1+m_2+\ldots+m_r=n)$, so gibt es $\frac{n!}{m_1!\cdot m_2!\cdot\ldots\cdot m_r!}$ verschiedene Möglichkeiten, die n Elemente anzuordnen.

Permutationen sind Anordnungen, bei denen **alle** Objekte angeordnet werden müssen. Im Unterschied dazu handelt es sich bei **Variationen** und **Kombinationen** um Anordnungen **mit einem Auswahlproblem**, weil aus n Elementen einer endlichen Menge k Elemente $(k<n)$ ausgewählt werden.

Variationen und Kombinationen können anschaulich durch **Urnenmodelle** beschrieben werden:
Aus einer Urne mit n unterscheidbaren Kugeln werden zufällig k Kugeln gezogen.
Anhand der Urnenmodelle kann man die Auswahlprobleme gut darstellen und verallgemeinern.

Variationen

Bei **Variationen** handelt es sich um Auswahlprobleme, bei denen auch die **Reihenfolge** der ausgewählten Elemente zu beachten ist.

Beispiel 6.19 (Variation *ohne* Wiederholung)

Der Trainer einer 4×400 m-Staffel muss aus 6 geeigneten Läufern 4 Läufer auswählen. Wie viele Möglichkeiten muss er bedenken?

Es handelt sich um eine Variation, weil er aus 6 Läufern 4 Läufer auswählt und die Reihenfolge beachten muss. Jeder Läufer kann in jeder Anordnung höchstens ein Mal vorkommen; es liegt deshalb eine Variation ohne Wiederholung vor.

Es gibt 6 Möglichkeiten, den 1. Platz zu besetzen, dann 5 Möglichkeiten für die Besetzung des 2. Platzes, 4 Möglichkeiten für die Besetzung des 3. Platzes und dann noch 3 Möglichkeiten für die Besetzung des 4. Platzes.

► Produktregel und Beispiel 6.16 b)

Anzahl der Möglichkeiten

$= 6 \cdot 5 \cdot 4 \cdot 3$ ► mit 2! erweitern

$= \frac{6 \cdot 5 \cdot 4 \cdot 3 \cdot 2!}{2!} = \frac{6!}{(6-4)!} = \mathbf{360}$

Es gibt 360 Möglichkeiten, die 4 Staffelplätze mit den 6 Läufern zu besetzen.

Übertragen auf ein **Urnenmodell** lässt sich das Beispiel 6.19 wie folgt interpretieren:

Werden aus einer Urne mit 6 unterscheidbaren Kugeln nacheinander 4 Kugeln **ohne Zurücklegen** gezogen, dann gibt es $\frac{6!}{(6-4)!}$ Möglichkeiten, wenn die **Reihenfolge der Ziehungen berücksichtigt** wird.

Variation ohne Wiederholung: Werden aus einer Urne mit n unterscheidbaren Kugeln nacheinander k Kugeln **mit Beachtung der Reihenfolge** und **ohne Zurücklegen** gezogen, dann gibt es $\frac{n!}{(n-k)!}$ mögliche Ergebnisse.

Für konkrete Berechnungen ist es in vielen Fällen praktischer, statt des Quotienten $\frac{n!}{(n-k)!}$ das gleichwertige Produkt $n \cdot (n-1) \ldots (n-k+1)$ zu berechnen, vor allem dann, wenn n sehr groß und k verhältnismäßig klein ist. Z. B. ist $100 \cdot 99 = 9900$ leicht zu berechnen. Dagegen führt $\frac{100!}{98!}$ im Zähler und Nenner auf enorm große Zahlen, die die Kapazität jedes durchschnittlichen Taschenrechners übersteigen.

Beispiel 6.20 (Variation *mit* Wiederholung)

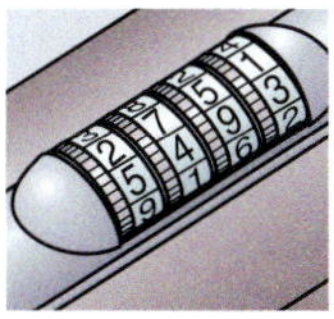

Ein vierstelliges Ziffernschloss besitzt 4 Rädchen, an denen die Ziffern zwischen 0 und 9 eingestellt werden können. Wie viele Einstellungen sind möglich?

Da jede Zahl auf dem 1. Rädchen mit jeder Zahl auf dem 2. Rädchen (▶ $10 \cdot 10$ Möglichkeiten) eingestellt werden kann, diese beiden Rädchen wieder mit jeder Zahl auf dem dritten Rädchen (▶ $10 \cdot 10 \cdot 10$ Möglichkeiten) und schließlich diese mit jeder Zahl auf dem 4. Rädchen eingestellt werden können, gibt es insgesamt 10 000 Möglichkeiten.

Es handelt sich um eine Variation von 10 Elementen von denen 4 mit Wiederholung ausgewählt werden können.

1. Rädchen		2. Rädchen		3. Rädchen		4. Rädchen
10	·	10	·	10	·	10
Möglichkeiten		Möglichkeiten		Möglichkeiten		Möglichkeiten

$= 10 \cdot 10 \cdot 10 \cdot 10 = 10^4 = \mathbf{10\,000}$

▶ Das Problem lässt sich auch mit der Überlegung lösen, wie viele Zahlen es zwischen einschließlich 0 und 9999 gibt.

Übertragen auf ein **Urnenmodell** kann man das Beispiel 6.20 wie folgt interpretieren:

Werden aus einer Urne mit 10 unterscheidbaren Kugeln nacheinander 4 Kugeln **mit Zurücklegen** gezogen, dann gibt es 10^4 Möglichkeiten, wenn die **Reihenfolge der Ziehungen berücksichtigt** wird.

Variation mit Wiederholung: Werden aus einer Urne mit n unterscheidbaren Kugeln nacheinander k Kugeln **mit Berücksichtigung der Reihenfolge** und **mit Zurücklegen** gezogen, dann gibt es n^k verschiedene Ergebnisse.

Kombinationen

Bei **Kombinationen** handelt es sich um Auswahlprobleme, bei denen es **nicht auf die Reihenfolge** der ausgewählten Elemente ankommt.

Beispiel 6.21 (Kombination *ohne* Wiederholung)

Im staatlichen Lotto „6 aus 49“ werden 6 aus 49 Zahlen gezogen. Jede gezogene Zahl steht bei der nächsten Ziehung nicht mehr zur Verfügung, da die entsprechende Kugel nicht wieder in die Lostrommel zurückgeworfen wird. Wie viele verschiedene Ziehungsergebnisse sind möglich?

Es werden 6 aus 49 Zahlen ausgewählt, wobei die Reihenfolge für das Ziehungsergebnis unbedeutend ist. Es handelt sich also um eine Kombination ohne Wiederholung.

Würde man die Reihenfolge berücksichtigen, erhielte man $\frac{49!}{(49-6)!}$ mögliche Ergebnisse.

► Beispiel 6.19

Anzahl der Möglichkeiten, wenn es auf die Reihenfolge ankäme: $\frac{49!}{(49-6)!}$. ► Variation ohne Wiederholungen

Je 6! dieser Ergebnisse unterscheiden sich nur in der Reihenfolge der Zahlen, fallen also zu einem Ergebnis zusammen.

Insgesamt gibt es $\frac{49!}{6!\cdot(49-6)!} = 13983816$ mögliche Ziehungsergebnisse.

Anzahl der Möglichkeiten ohne Wiederholung und **ohne** Berücksichtigung der Reihenfolge:

$$\frac{49!}{6!\cdot(49-6)!} = \frac{49!}{6!\cdot 43!} = \frac{49\cdot 48\cdot 47\cdot 46\cdot 45\cdot 44}{6\cdot 5\cdot 4\cdot 3\cdot 2\cdot 1}$$

$$= \mathbf{13983816}$$

Übertragen auf ein **Urnenmodell** lässt sich das Beispiel 6.20 wie folgt interpretieren:

Werden aus einer Urne mit 49 unterscheidbaren Kugeln 6 Kugeln **ohne Zurücklegen** gezogen, dann gibt es $\frac{49!}{6!\cdot(49-6)!}$ mögliche Ergebnisse, wenn die **Reihenfolge nicht berücksichtigt** wird.

Kombination ohne Wiederholung: Werden aus einer Urne mit n verschiedenen Kugeln k Kugeln **ohne Berücksichtigung der Reihenfolge** und **ohne Zurücklegen** gezogen, so gibt es $\frac{n!}{k!\cdot(n-k)!}$ mögliche Ergebnisse.

Für $\frac{n!}{k!\cdot(n-k)!}$ schreibt man kurz $\binom{n}{k}$ (gesprochen: „n über k"). Der Term $\binom{n}{k}$ wird auch **Binomialkoeffizient** genannt. Er gibt die Anzahl aller k-elementigen Teilmengen einer n-elementigen Menge an.

► In einer Menge ist die Reihenfolge der Elemente beliebig und jedes Element kommt auch nur einmal vor.

Viele Taschenrechner haben zur Berechnung des Binomialkoeffizienten die *nCr-Taste (engl.: n* Choose *r*).

Beispiel 6.22 (Kombination *mit* Wiederholung)

In einer Urne befinden sich 5 gleichartige Kugeln, die mit K_1, K_2, K_3, K_4 und K_5 gekennzeichnet sind. Aus der Urne wird 3-mal hintereinander jeweils eine Kugel gezogen und die gezogene Kugel wieder zurückgelegt. Wie viele Kombinationen der Kugeln sind möglich, wenn die Reihenfolge der Ziehungen unberücksichtigt bleibt?

Da es bei den 3 Ziehungen nicht darauf ankommen soll, wann welche Kugel gezogen wurde, kann man in den nebenstehenden 5 Feldern jedes Mal dann ein **X** eintragen, wenn die dem Feld entsprechende Kugel gezogen wurde.

Beispiel für ein 3-maliges Ziehungsergebnis:

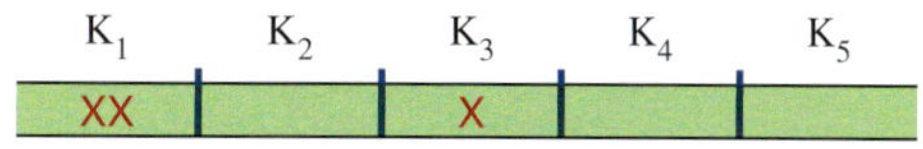

▶ K_1 wurde 2 Mal gezogen, K_2, K_4 und K_5 wurden nicht gezogen, K_3 wurde 1 Mal gezogen.

Die 3 Kreuze **X** (3 gezogene Kugeln) und die 4 Striche | ($5-1=4$ Trennstriche bei 5 Feldern für die 5 Kugeln) bilden zusammen eine Zeichenkette mit 7 Stellen.

X X | | X | |

▶ Zeichenkette mit 7 Stellen:
3 Kreuze für die gezogenen Kugeln und $5-1=4$ Trennstriche bei 5 Feldern für insgesamt 5 Kugeln, also $5-1+3=7$ Zeichen.

Die Anzahl der möglichen Zeichenketten ist gleich der Anzahl der Möglichkeiten, von den 7 Stellen 3 Stellen für ein **X** auszuwählen, sie beträgt folglich $\binom{7}{3}$.

▶ Anzahl der 3-elementigen Mengen aus einer 7-elementigen Menge.

Es gibt $\binom{7}{3}$ solcher Zeichenketten.

$$\binom{7}{3}=\frac{7!}{3!\cdot(7-4)!}=\frac{7!}{3!\cdot 4!}=\frac{1\cdot 2\cdot 3\cdot 4\cdot 5\cdot 6\cdot 7}{1\cdot 2\cdot 3\cdot 1\cdot 2\cdot 3\cdot 4}=\mathbf{35}$$

Es gibt also 35 mögliche Ziehungsergebnisse.

Kombination mit Wiederholung: Werden aus einer Urne mit n unterscheidbaren Kugeln k Kugeln **ohne Berücksichtigung der Reihenfolge** und **mit Zurücklegen** gezogen, dann gibt es $\binom{n-1+k}{k}$ verschiedene Ergebnisse.

Insgesamt lassen sich alle Formeln noch einmal in einer Tabelle zusammenfassen:

	Permutation (Anordnung von n Elementen)	**Variation** (Anordnung von k aus n Elementen mit Beachtung der Reihenfolge)	**Kombination** (Anordnung von k aus n Elementen ohne Beachtung der Reihenfolge)
ohne Wiederholung	$n!$	$n\cdot(n-1)\cdot\ldots\cdot(n-(k-1))=\frac{n!}{(n-k)!}$	$\binom{n}{k}=\frac{n!}{k!\cdot(n-k)!}$
mit Wiederholung	$\frac{n!}{m_1!\cdot m_2!\cdot\ldots\cdot m_r!}$	n^k	$\binom{n-1+k}{k}=\frac{(n-1+k)!}{k!\cdot(n-1)!}$

▶ m_i = Vielfachheit eines Elements $(m_1+m_2+\ldots+m_r=n)$

Alles klar?

1 Eine Urne enthält 3 rote, 4 gelbe und 2 blaue Kugeln. Wie viele Möglichkeiten gibt es, nacheinander 5 Kugeln **a)** mit Zurücklegen **b)** ohne Zurücklegen zu ziehen?

2 Wie viele Möglichkeiten erhält man in Aufgabe 1), wenn die 5 Kugeln nicht nacheinander sondern mit einem einzigen Griff gezogen werden?

Kombinatorische Methoden helfen dabei, neben der Anzahl der möglichen auch die der günstigen Fälle eines Zufallsversuchs zu bestimmen und damit die **Wahrscheinlichkeit** eines Ereignisses zu berechnen. Dazu müssen in vielen Fällen bestimmte Abzählverfahren mehrfach angewendet werden.

Beispiel 6.23

Eine Urne enthält 8 schwarze und 5 weiße gleichartige Kugeln. Wie groß ist die Wahrscheinlichkeit, dass beim Ziehen von 7 Kugeln ohne Zurücklegen 4 schwarze und 3 weiße Kugeln gezogen werden?

Insgesamt gibt es $\binom{13}{7} = 1716$ Möglichkeiten, 7 von 13 Kugeln ohne Wiederholung und ohne Berücksichtigung der Reihenfolge zu ziehen.

7 von 13 Kugeln insgesamt:
Anzahl der Möglichkeiten
$= \binom{13}{7} = \frac{13!}{7! \cdot (13-7)!} = \mathbf{1716}$

Günstig sind nur die Ergebnisse, bei denen 4 schwarze und 3 weiße Kugeln gezogen werden.

Es gibt $\binom{8}{4} = 70$ Möglichkeiten aus den 8 vorhandenen schwarzen Kugeln 4 Kugeln auszuwählen.

4 von 8 schwarzen Kugeln:
Anzahl der Möglichkeiten $= \binom{8}{4} = \frac{8!}{4! \cdot (8-4)!} = \mathbf{70}$

Zu jeder der 70 Möglichkeiten, 4 aus 8 schwarzen Kugeln auszuwählen, gibt es $\binom{5}{3} = 10$ Möglichkeiten, 3 aus 5 weißen Kugeln zu ziehen.
Insgesamt erhält man also $70 \cdot 10 = 700$ günstige Ergebnisse.
Bezogen auf die 1716 Möglichkeiten, 7 aus 13 Kugeln auszuwählen, beträgt die Wahrscheinlichkeit ca. 40,79 %, auf 4 schwarze und 3 weiße Kugeln zu treffen.

3 von 5 weißen Kugeln:
Anzahl der Möglichkeiten $= \binom{5}{3} = \frac{5!}{3! \cdot (5-3)!} = \mathbf{10}$

Wahrscheinlichkeit von 4 schwarzen und 3 weißen Kugeln:

$$P(4s{,}3w) = \frac{\binom{8}{4} \cdot \binom{5}{3}}{\binom{13}{7}} = \frac{70 \cdot 10}{1.716} \approx 0{,}4079 = \mathbf{40{,}79\ \%}$$

In einer Urne mit insgesamt N Kugeln befinden sind K schwarze und $N-K$ weiße. Werden n Kugeln ohne Zurücklegen gezogen, so gilt für die Wahrscheinlichkeit, k weiße Kugeln zu ziehen:

$$P(k \text{ weiße Kugeln}) = \frac{\binom{K}{k} \cdot \binom{N-K}{n-k}}{\binom{N}{n}}.$$

Alles klar?

Ermitteln Sie mithilfe des Modells am Beispiel 6.23 die Wahrscheinlichkeit, genau 4 Richtige beim Zahlenlotto „6 aus 49“ zu erzielen.

Übungen zu 6.2

1 Ein Modegeschäft bietet Jeans von 5 Modelabels in 8 verschiedenen Längen, 6 verschiedenen Umfangsgrößen und 7 verschiedenen Farben an. Wie viele Auswahlmöglichkeiten haben die Kunden?

2 In einer Urne befinden sich je eine blaue (b), grüne (g), rote (r), schwarze (s), violette (v) und weiße (w) Kugel. Es werden nacheinander alle Kugeln gezogen. Wie viele Farbkombinationen sind möglich, bei denen
a) die 1. Kugel blau ist?
b) die 1. Kugel blau und die 2. Kugel grün sind?
c) die 1. Kugel schwarz, die 4. Kugel blau und die 5. Kugel weiß sind?

3 In einer Urne befinden sich je eine blaue (b), grüne (g), rote (r), schwarze (s), violette (v) und weiße (w) Kugel. Es werden nacheinander 4 Kugeln gezogen.
► Die Reihenfolge ist aussschlaggebend.
Wie viele Farbkombinationen sind möglich, bei denen
a) die 1. Kugel blau ist?
b) die 1. Kugel blau und die 2. Kugel grün sind?
c) die 1. Kugel schwarz, die 3. Kugel blau und die 4. Kugel weiß sind?

4 In einer Urne befinden sich 3 blaue (b), 2 grüne (g), 3 rote (r), 2 schwarze (s) und 4 weiße (w) gleichartige Kugeln. Es werden nacheinander alle Kugeln gezogen. Wie viele Farbkombinationen sind möglich, bei denen
a) die 1. Kugel blau ist?
b) die 1. Kugel schwarz, die 2. Kugel rot, die 4. Kugel blau und die 5. Kugel weiß sind?
c) die ersten beiden Kugeln blau sind?
d) die 1. Kugel blau und die nächsten 3 Kugeln rot sind?
e) die 4 weißen Kugeln hintereinander als letzte gezogen werden?
f) die 4 weißen Kugeln hintereinander gezogen werden?

5 In einer Urne befinden sich blaue (b), grüne (g), rote (r), schwarze (s) und weiße (w) gleichartige Kugeln. Es werden nacheinander 4 Kugeln gezogen und wieder zurückgelegt.
Wie viele Kombinationen gibt es, bei denen
a) die 1. Kugel blau ist?
b) die 1. Kugel blau und die 2. Kugel grün sind?
c) die ersten beiden Kugeln schwarz und die 4. Kugel blau sind?
d) 4 weiße Kugeln gezogen werden?
e) 2 weiße und 2 grüne gezogen werden?

6 Zeigen Sie: Eine Menge Ω mit n Elementen besitzt 2^n Teilmengen.
Hinweis: Jede Teilmenge von Ω lässt sich als Anordnung von n Elementen mit den Ziffern 0 und 1 auffassen.

7 Zeigen Sie: $\binom{n}{0} + \binom{n}{1} + \ldots + \binom{n}{n} = 2^n$.

Hinweis: Denken Sie an die inhaltliche Bedeutung des Symbols $\binom{n}{k}$.

8 In einer Urne befinden sich je eine blaue (b), grüne (g), rote (r), schwarze (s), violette (v) und weiße (w) Kugel. Es werden 4 Kugeln gezogen. ► Die Reihenfolge ist nicht ausschlaggebend.
Wie viele Kombinationen gibt es, bei denen
a) 1 Kugel blau ist?
b) 1 Kugel blau und 1 Kugel grün sind?
c) je 1 Kugel schwarz, blau und weiß ist?

9 In einer Urne befinden sich blaue (b), grüne (g), rote (r), schwarze (s) und weiße (w) gleichartige Kugeln. Es werden 4 Kugeln gezogen und jeweils wieder zurückgelegt.
▶ Die Reihenfolge ist nicht ausschlaggebend.
Welche Kombinationen sind möglich, bei denen
a) 1 Kugel blau ist?
b) 1 Kugel blau und 1 Kugel grün sind?
c) 2 Kugeln schwarz und 1 Kugel blau sind?
d) 3 Kugeln blau sind?

10 In ein Bücherregal sollen 20 Bücher einsortiert werden.
a) Wie viele Möglichkeiten gibt es, die Bücher einzuordnen?
b) Von den 20 Büchern sind 10 Bücher von deutschsprachigen Autoren, die restlichen von fremdsprachigen Autoren. Wie viele mögliche Anordnungen gibt es, wenn im Regal zuerst die Bücher der deutschsprachigen und dann die Bücher der fremdsprachigen Autoren einsortiert werden sollen?
c) Unter den fremdsprachigen Büchern sind 5 von englischsprachigen Autoren, 4 von Franzosen und 1 von einem Spanier. Wie viele Möglichkeiten der Anordnung gibt es für die 20 Bücher, wenn die Bücher aus einem Sprachraum jeweils zusammenstehen sollen?

11 In der 1. Fußballbundesliga spielen 18 Vereine gegeneinander.
Wie viele Spiele müssen insgesamt (Hin- und Rückrunde) ausgetragen werden?

12 Wie viele Spielpaarungen sind in einem Schachklub mit 12 aktiven Mitgliedern möglich?

13 Wie viele Anordnungen gibt es für
a) 6 Personen in einer Reihe vor einem Verkaufsschalter?
b) die 18 beschrifteten Kleiderhaken einer Kindergartengruppe?
c) die 26 Buchstaben des Alphabets?

14 11 Mädchen finden sich zu einer Fußballmannschaft zusammen. Da sie aber ihre Schwächen und Stärken überhaupt nicht kennen, beschließen sie, dass jede einmal auf jeder der 11 möglichen Positionen spielen soll. Wie viele Spiele sind dafür notwendig?

15 Dem Trainer einer Jugendmannschaft stehen 18 Spieler zur Verfügung, und zwar 2 als Torwarte, 5 für den 3er-Sturm, 6 für das 4er-Mittelfeld und 5 für die Verteidigung.
Wie viele Teambildungen sind möglich?

16 In einer 3-stufigen Produktion müssen zuerst die Maschinen A_1 oder A_2 oder A_3, dann die Maschinen B_1 oder B_2 und zuletzt die Maschinen C_1 oder C_2 durchlaufen werden.
Wie viele Wege gibt es für ein Produkt über diese 3 Fertigungsstufen?

17 Beim Fußballtoto gilt es in der Elferwette für 11 verschiedene Spiele vorauszusagen, ob der Platzverein siegt (1), das Spiel unentschieden ausgeht (0) oder der Gastverein siegt (2).
Wie viele Tippreihen sind notwendig, um mit Sicherheit genau einmal im 1. Rang (alle Spielausgänge sind richtig getippt) zu gewinnen?

18 Ein Künstler erhält die Gelegenheit, 4 seiner 9 fertigen Bilder in einer Galerie auszustellen. Zwischen wie vielen Möglichkeiten muss er sich entscheiden?

19 Bei einem schulinternen Fußballturnier treten die verschiedenen Klassen in 5er-Teams gegeneinander an. Die Klasse 12/1 benennt 3 Schülerinnen und 6 Schüler für ihre Mannschaft.
Wie viele verschiedene Teamzusammenstellungen sind möglich, wenn immer mindestens 1 Mädchen spielen muss?

20 Die Deutsche Post will eine neue Briefmarkenserie mit 6 verschiedenen Marken herausgeben, auf denen Oldtimer abgebildet werden sollen. 9 Motive sind in die engere Auswahl gekommen.

a) Wie viele Möglichkeiten gibt es, 9 verschiedene Oldtimer zu einer 6-er-Serie zusammenzustellen?

b) Wie viele Möglichkeiten bleiben noch, wenn 1 bestimmtes Motiv auf jeden Fall vorkommen soll?

Bei Anordnungen unter Beachtung der Reihenfolge handelt es sich um **Variationen**.
Für die Berechnung von **Variationen ohne Wiederholungen** gibt es in Excel die Funktion VARIATIONEN, die 2 Elemente benötigt:
Die Anzahl für die gesamten n Elemente und die Anzahl für die k Elemente, aus denen die Variationsmöglichkeiten bestehen sollen.
Für die Berechnung von **Variationen mit Wiederholungen** berechnet man die Potenz n^k.
Nebenstehend sind die Funktionen zur Berechnung der Variationen in Excel aufgeführt.

	A	B	C	D	E
1	Variationen				
2					
3	n	Var. o. Wdhlg.		Var. m. Wdhlg.	
4	k	3	4	3	4
5	**5**	60	120	125	625
6	**6**	120	360	216	1.296
7	**7**	210	840	343	2.401
8	**8**	336	1.680	512	4.096
9	**9**	504	3.024	729	6.561
10	**10**	720	5.040	1.000	10.000

	A	B	C	D	E
3	n/	Var. o. Wdhlg.		Var. m. Wdhlg.	
4	/k	3	4	3	4
5	**5**	=VARIATIONEN($A5;B$4	=\	=$A5^D$4	=$A5^E$4
6	**6**	=VARIATIONEN($A6;B$4	=\	=$A6^D$4	=$A6^E$4
7	**7**	=VARIATIONEN($A7;B$4	=\	=$A7^D$4	=$A7^E$4
8	**8**	=VARIATIONEN($A8;B$4	=\	=$A8^D$4	=$A8^E$4
9	**9**	=VARIATIONEN($A9;B$4	=\	=$A9^D$4	=$A9^E$4
10	**10**	=VARIATIONEN($A10;B$	=\	=$A10^D$	=$A10^E$4

► Die Funktion VARIATION dient nicht der Bestimmung von Variationen, sondern der Trendberechnung.

► Das alleinige Festhalten der Spalte A mit dem $-Zeichen und das alleinige Festhalten der Zeile 4 bei den Funktionen VARIATIONEN, FAKULTÄT und der Potenzfunktion bewirkt, dass die 1. Formel aus der Zelle B5 in die Spalten B und C bzw. die 2. Formel aus der Zelle D5 in die Spalten D und E kopiert werden kann.

21 Wie groß ist die Anzahl der Anordnungen ohne Beachtung der Reihenfolge und ohne bzw. mit Wiederholungen

a) von 3 Elementen aus einer Menge von 5 (6; 7; 8; 9; 10) Elementen?

b) von 4 Elementen aus einer Menge von 5 (6; 7; 8; 9; 10) Elementen?

► Berechnung auch mithilfe von Excel

Bei Anordnungen ohne Beachtung der Reihenfolge handelt es sich um **Kombinationen**.
Für die Berechnung von **Kombinationen ohne Wiederholungen** gibt es in Excel die Funktion „KOMBINATIONEN", die 2 Elemente benötigt:
Die Anzahl für die gesamten n Elemente und die Anzahl für die k Elemente, aus denen die Kombinationsmöglichkeiten bestehen sollen.
Die **Kombinationen mit Wiederholungen** berechnet man mit der Formel
$(n+k-1)!/(k!\cdot(n-1)!)$.

	A	B	C	D	E
1	Kombinationen				
2					
3	n	Komb. o. Wdhlg.		Komb. m. Wdhlg.	
4	k	3	4	3	4
5	**5**	10	5	35	70
6	**6**	20	15	56	126
7	**7**	35	35	84	210
8	**8**	56	70	120	330
9	**9**	84	126	165	495
10	**10**	120	210	220	715

Nachfolgend sind die Funktionen zur Berechnung der Kombinationen in Excel aufgeführt.

	A	B	C	D	E
3	n/	Komb. o. Wdhlg.		Komb. m. Wdhlg.	
4	/k	3	4	3	4
5	5	=KOMBINATIONEN($A5;B$4	=	=FAKULTÄT($A5+D$4-1)/(FAKULTÄT(D$4)*FAKULTÄT($A5-1)	=FAKULTÄT($A5+E$4-1)/(FAKULTÄT(E$4)*FAKULTÄT($A5-1))
6	6	=KOMBINATIONEN($A6;B$4	=	=FAKULTÄT($A6+D$4-1)/(FAKULTÄT(D$4)*FAKULTÄT($A6-1)	=FAKULTÄT($A6+E$4-1)/(FAKULTÄT(E$4)*FAKULTÄT($A6-1))

22 Eine 12-köpfige Wandergruppe will nach einer anstrengenden Wanderung mit 3 Taxen zurück in ihr Hotel fahren. Jedes Taxi kann 4 Wanderer aufnehmen.
Wie viele Möglichkeiten hat die Gruppe, sich auf die Taxen zu verteilen?

23 Eine Hochzeitsgesellschaft aus 6 Frauen und 6 Männern soll in einem Halbkreis an Tischen verteilt werden.
a) Wie viele Möglichkeiten gibt es für die Platzverteilung?
b) Wie viele Möglichkeiten gibt es, wenn rechts neben jedem Mann eine Frau sitzen soll?
c) Wie viele Anordnungen sind möglich, wenn alle Frauen nebeneinander sitzen wollen?

24 Ein Möbelunternehmen hat in seinem Schaufenster 5 Scheinwerfer installiert, die alle einzeln eingeschaltet werden können. Über wie viele unterschiedliche Beleuchtungsvarianten verfügt das Unternehmen?

25 Wie viele Möglichkeiten gibt es,
a) die 10 Ziffern von 0 bis 9,
b) die 26 Buchstaben des Alphabets anzuordnen?
Wie lange bräuchte ein Großcomputer dazu, jeweils alle Möglichkeiten aus b) aufzulisten, wenn er 1 Billiarde Anordnungen pro Sekunde verarbeiten könnte?

26 Eine 20-köpfige Klasse wählt den Klassensprecher, seinen Vertreter und den Klassenbuchführer. Wie viele Wahlmöglichkeiten hat die Klasse?

27 Eine Unternehmerin möchte ihre 5 Mitarbeiterinnen mit 14 Designer-Teilen aus ihrer Designer-Boutique beschenken. Wie viele Verteilungsmöglichkeiten hat sie, wenn eine Mitarbeiterin 4, zwei weitere je 3 und die anderen beiden je 2 Artikel erhalten sollen?

28 Aus einer Urne mit 12 schwarzen und 7 weißen Kugeln werden 8 Kugeln ohne Zurücklegen gezogen. Mit welcher Wahrscheinlichkeit sind unter den gezogenen Kugeln
a) genau 4,
b) mindestens 5,
c) höchstens 6 schwarze Kugeln?

29 Wie groß ist die Wahrscheinlichkeit, dass in einer Klasse von 30 Schülern 2 am gleichen Tag Geburtstag haben?

30 Die Jahrgangsstufe 13 eines Wirtschaftsgymnasiums veranstaltet während eines Schulfests eine Tombola mit 250 Losen, unter denen sich 10 MP3-Player-Sticks, 25 Taschenrechner und 40 Gutscheine für den Schulkopierer als Gewinne befinden. Mit welcher Wahrscheinlichkeit zieht man beim Kauf
a) von 10 Losen genau einen MP3-Player-Stick und ansonsten Nieten,
b) von 20 Losen genau 2 Taschenrechner und 4 Gutscheine und ansonsten Nieten,
c) von 30 Losen höchstens 1 MP3-Player-Stick, 2 Gutscheine und ansonsten Nieten,
d) von 50 Losen mindestens 2 Taschenrechner und ansonsten nur Nieten?

31 Aus einer Urne mit 7 roten, 4 gelben und 5 blauen Kugeln werden 3 Kugeln ohne Zurücklegen gezogen. Mit welcher Wahrscheinlichkeit sind die 3 Kugeln
a) verschiedenfarbig, b) alle gelb,
c) alle gleichfarbig?

32 In einer Lieferung von 100 Polohemden sind 10 Hemden mit kleinen Fehlern, sogenannte Hemden 2. Wahl. Mit welcher Wahrscheinlichkeit enthält eine Stichprobe von 5 Polohemden
a) genau 3, b) höchstens 4,
c) mindestens 2 Hemden 2. Wahl?

33 Es sind 6 verschiedene Punkte in einem Koordinatensystem gegeben, die sowohl verschiedene x- als auch y-Koordinaten haben. Wie viele
a) Geraden, b) Parabeln,
c) Graphen von Funktionen 3. Grades
lassen sich durch diese 6 Punkte legen?

34 Wie viele verschiedene Augenzahlen kann man beim gleichzeitigen Werfen von 5 Würfeln erhalten?

6

6.3 Bedingte und totale Wahrscheinlichkeit

Bei einem zweistufigen Zufallsexperiment kann das Eintreten eines Ereignisses davon beeinflusst werden, ob ein anderes Ereignis eingetreten ist oder nicht. Derartige Situationen werden mit dem Konzept der **bedingten Wahrscheinlichkeit** untersucht und beschrieben. Mithilfe dieses Begriffs kann auch geklärt werden, unter welchen Bedingungen zwei Ereignisse voneinander **unabhängig** sind.

6.3.1 Bedingte Wahrscheinlichkeit

Interessiert man sich bei einem Zufallsexperiment dafür, wie hoch die Wahrscheinlichkeit für ein Ereignis B ist, wenn man weiß, dass ein Ereignis A bereits eingetreten ist, so sucht man nach der **bedingten Wahrscheinlichkeit** $P(B|A)$, sprich: „die Wahrscheinlichkeit von B unter der Bedingung von A".

Beispiel 6.24

In einer Lostrommel sind 25 Lose, darunter 10 Gewinne. Lisa zieht nacheinander zwei Lose.

a) Wie groß ist die Wahrscheinlichkeit, dass das 2. Los ein Gewinn ist, wenn das 1. Los schon ein Gewinn war?

b) Wie groß ist die Wahrscheinlichkeit, dass Lisa zwei Gewinne zieht?

Zu a) Wenn das erste Los schon ein Gewinn war, sind unter den verbliebenen 24 Losen nur noch 9 Gewinne. Die Wahrscheinlichkeit beim 2. Ziehen einen Gewinn zu erhalten, unter der Bedingung, dass beim 1. Ziehen schon ein Gewinn erzielt wurde, beträgt also $\frac{9}{24} = 37,5\,\%$.

Zu b) Nach der 1. Pfadregel gilt:

$P(A \cap B) = P(A) \cdot P(B|A) = \frac{10}{25} \cdot \frac{9}{24} = 15\,\%$.

Die Wahrscheinlichkeit, zwei Gewinne zu ziehen, beträgt also 15 %.

A:„Das 1. Los ist ein Gewinn."

B:„Das 2. Los ist ein Gewinn."

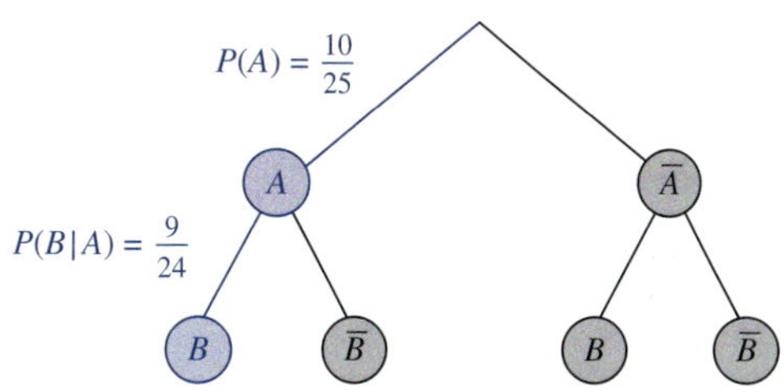

$P(A \cap B) = \frac{10}{25} \cdot \frac{9}{24} = \mathbf{15\,\%}$

Mit der Formel $P(A \cap B) = P(A) \cdot P(B|A)$ kann man die bedingte Wahrscheinlichkeit $P(B|A)$ definieren:

Allgemein gilt für die **bedingte Wahrscheinlichkeit**: $P(B|A) = \frac{P(A \cap B)}{P(A)}$. ► $P(A) \neq 0$

Die Formel für die bedingte Wahrscheinlichkeit lässt sich auch mittels „günstiger" und „möglicher" Fälle ableiten. Interessiert man sich für das Eintreten von B nur unter der Bedingung, dass A bereits eingetreten ist, so ist die Anzahl der möglichen Ergebnisse durch die Anzahl der Elemente in A gegeben. Die günstigen Ergebnisse sind dann diejenigen, die sowohl in A als auch in B, also in $A \cap B$, liegen. Damit folgt zunächst $P(B|A) = \frac{\text{Anzahl der Elemente aus } A \cap B}{\text{Anzahl der Elemente aus } A}$.

Dividiert man nun in dem Quotienten den Zähler und Nenner jeweils noch durch die Anzahl der Elemente aus dem Ergebnisraum Ω, dann steht im Zähler $P(A \cap B)$ und im Nenner $P(A)$. Insgesamt erhält man also wiederum die Formel für die bedingte Wahrscheinlichkeit.

Beispiel 6.25

Aus einem Stapel gut gemischter Skatkarten wird eine Karte gezogen. Wie hoch ist die Wahrscheinlichkeit für „Kreuz König“, wenn man schon weiß, dass eine „schwarze“ Karte gezogen wurde.

Gesucht ist die bedingte Wahrscheinlichkeit $P(B|A)$, dass ein „Kreuz König“ (Ereignis B) eintritt unter der Bedingung, dass die Karte „schwarz“ (Pik oder Kreuz) ist (Ereignis A).

Sie beträgt $\frac{1}{16}$.

A: „schwarze Karte“ und B: „Kreuz König“

$P(B|A) = \frac{P(A \cap B)}{P(A)}$ ► $P(A \cap B) = \frac{1}{32} (= P(B)$, da $B \subset A)$

$= \frac{\frac{1}{32}}{\frac{1}{2}} = \mathbf{\frac{1}{16}}$ ► $P(A) = \frac{16}{32} = \frac{1}{2}$

6.3.2 Totale Wahrscheinlichkeit

Kennt man die Wahrscheinlichkeit $P(A)$, mit der ein Ereignis A eintritt, und die bedingten Wahrscheinlichkeiten $P(B|A)$ bzw. $P(B|\overline{A})$, mit der ein Ereignis B unter der Bedingung von A bzw. $\overline{A}$ eintritt, kann man die totale Wahrscheinlichkeit $P(B)$, mit der B eintritt, berechnen.

Beispiel 6.26

An einem Wirtschaftsgymnasium beträgt der Anteil der Jungen 44 %. Bei einer Umfrage kam man zu dem Ergebnis, dass 40 % der Mädchen und 75 % der Jungen einen PC besitzen. Wie hoch ist der Anteil der Schüler- und Schülerinnen mit PC an der gesamten Schülerschaft?

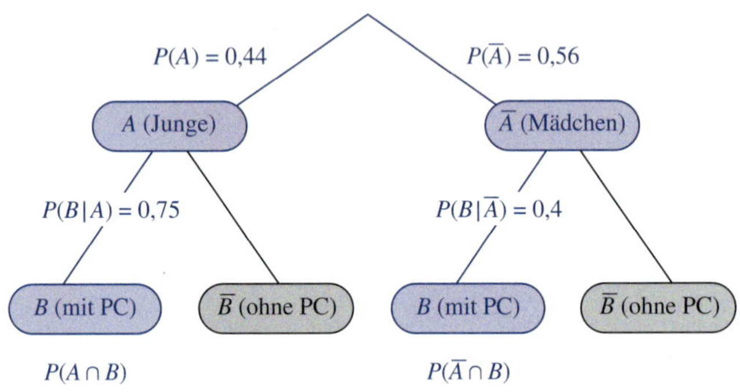

Die gesuchte Wahrscheinlichkeit $P(B)$ kann man mithilfe der Pfadregeln berechnen:

$P(B) = P(A) \cdot P(B|A) + P(\overline{A}) \cdot P(B|\overline{A})$ ► $P(B) = P(A \cap B) + P(\overline{A} \cap B)$

$= 0{,}44 \cdot 0{,}75 + 0{,}56 \cdot 0{,}4 = 0{,}554 = \mathbf{55{,}4\,\%}$

55,4 % aller Schüler- und Schülerinnen der Schule besitzen einen PC.

Satz von der totalen Wahrscheinlichkeit:
Sind A und B zwei Ereignisse mit $P(A) \neq 0$, dann gilt: $P(B) = P(A) \cdot P(B|A) + P(\overline{A}) \cdot P(B|\overline{A})$.

Satz von Bayes

In der Praxis trifft man häufig folgende Problematik an: Die Wahrscheinlichkeit $P(A)$, mit der ein Ereignis A eintritt sowie die bedingte Wahrscheinlichkeit $P(B \mid A)$, mit der ein Ereignis B unter der Bedingung von A eintritt, sind bekannt. Gesucht wird umgekehrt die Wahrscheinlichkeit, dass, wenn B eingetreten ist, auch A (bzw. $\overline{A}$) vorliegt, also die bedingte Wahrscheinlichkeit $P(A \mid B)$.

Bei der Bestimmung der gesuchten bedingten Wahrscheinlichkeiten wird das Baumdiagramm im Prinzip umgekehrt betrachtet.

Da $A \cap B$ und $B \cap A$ die gleichen Ereignisse darstellen, gilt:
$P(A \cap B) = P(B \cap A)$, also
$P(A) \cdot P(B \mid A) = P(B) \cdot P(A \mid B)$.
Die Gleichung lässt sich auch herleiten, indem man das Baumdiagramm des Zufallsexperiments mit dem zugehörigen **inversen Baumdiagramm** vergleicht.

Daraus erhält man für $P(A \mid B)$ die **Formel von Bayes**:

$$P(A \mid B) = \frac{P(A) \cdot P(B \mid A)}{P(B)}.$$

Ersetzt man $P(B)$ mithilfe der Formel für die totale Wahrscheinlichkeit erhält man:

$$P(A \mid B) = \frac{P(A) \cdot P(B \mid A)}{P(A) \cdot P(B \mid A) + P(\overline{A}) \cdot P(B \mid \overline{A})}.$$

Baumdiagramm:

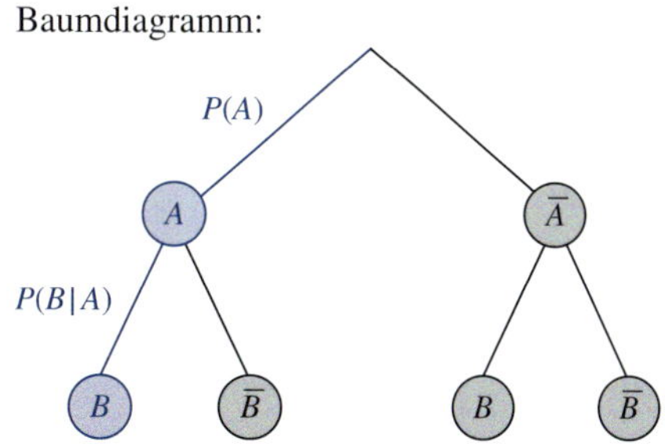

$P(A \cap B) = P(A) \cdot P(B \mid A)$ ▶ 1. Pfadregel

Inverses Baumdiagramm:

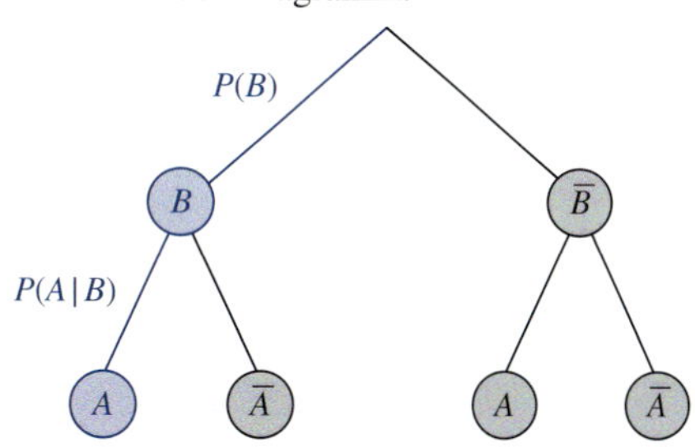

$P(B \cap A) = P(B) \cdot P(A \mid B)$ ▶ 1. Pfadregel

Allgemein gilt der

Satz von Bayes:
Für zwei Ereignisse A und B mit $P(A) \neq 0$ und $P(B) \neq 0$ gilt:

$$P(A \mid B) = \frac{P(A) \cdot P(B \mid A)}{P(B)} = \frac{P(A) \cdot P(B \mid A)}{P(A) \cdot P(B \mid A) + P(\overline{A}) \cdot P(B \mid \overline{A})}.$$

Beispiel 6.27

In einer statistischen Untersuchung wurde festgestellt, dass 2 % der Bevölkerung an einer bestimmten erblich bedingten Stoffwechselerkrankung leiden. Mithilfe eines Labortests wird die Erkrankung mit einer Wahrscheinlichkeit von 92 % erkannt (positiver Test). Allerdings zeigt der Test auch bei gesunden Personen in 5 % aller Fälle ein positives Ergebnis an.

a) Wie groß ist bei diesem Test die Wahrscheinlichkeit, dass eine positiv getestete Person tatsächlich an der Erkrankung leidet?

b) Wie groß ist die Wahrscheinlichkeit, dass eine Person zweimal hintereinander positiv getestet wird, obwohl sie in Wirklichkeit gesund ist?

Veranschaulichung im Baumdiagramm:

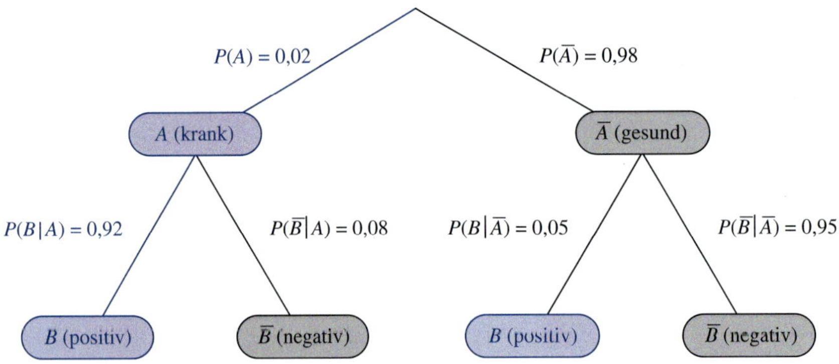

a) Gesucht ist die bedingte Wahrscheinlichkeit $P(A\,|\,B)$, dass eine positiv getestete Person tatsächlich krank ist.

A: „Person ist krank" $\quad \overline{A}$: „Person ist gesund"
B: „Test ist positiv" $\quad \overline{B}$: „Test ist negativ"
$P(A) = 0{,}02 \quad P(\overline{A}) = 0{,}98$
$P(B\,|\,A) = 0{,}92 \quad P(B\,|\,\overline{A}) = 0{,}05$

Nach dem Satz von BAYES gilt: $P(A\,|\,B) = \frac{P(A)\cdot P(B\,|\,A)}{P(B)}$.

$P(A\,|\,B) = \frac{P(A)\cdot P(B\,|\,A)}{P(B)}$ ▶ Formel von BAYES

$P(B)$ wird mithilfe der Formel für die totale Wahrscheinlichkeit berechnet.

$$P(B) = P(A)\cdot P(B\,|\,A) + P(\overline{A})\cdot P(B\,|\,\overline{A}) = 0{,}02\cdot 0{,}92 + 0{,}98\cdot 0{,}05 = \mathbf{0{,}0674}$$

▶ Formel von der totalen Wahrscheinlichkeit

Die Wahrscheinlichkeit, dass eine Person mit einem positiven Testergebnis tatsächlich an der Stoffwechselerkrankung leidet, beträgt nur 27 %.

$$\Rightarrow P(A\,|\,B) = P(A)\cdot\frac{P(B\,|\,A)}{P(B)} = \frac{0{,}02\cdot 0{,}92}{0{,}0674} \approx 0{,}27 = \mathbf{27\,\%}$$

Die gesuchte Wahrscheinlichkeit kann auch mithilfe der Vierfeldertafel berechnet werden: Ist B die Bedingung, liest man die Vierfeldertafel senkrecht:

$P(A\,|\,B) = \frac{0{,}0184}{0{,}0674} \approx 27\,\%$.

Ω	B (positiv)	$\overline{B}$ (negativ)	Summe
A (krank)	0,0184	0,0016	0,02
$\overline{A}$ (gesund)	0,049	0,931	0,98
Summe	0,0674	0,9326	1

b) Sei nun C das Ereignis „die Person wurde 2-mal hintereinander positiv getestet". Gesucht ist die Wahrscheinlichkeit $P(C\,|\,\overline{A})$.

A: „Person ist krank"
C: „Test 2-mal hintereinander positiv".

Da sowohl $P(A\,|\,C)$ als auch $P(\overline{A}\,|\,C)$ leicht berechnet werden können (▶ 1. Pfadregel), kann man die gesuchte Wahrscheinlichkeit mittels des Satzes von Bayes bestimmen.

$$P(C\,|\,A) = 0{,}92\cdot 0{,}92 = 0{,}8464$$
$$P(C\,|\,\overline{A}) = 0{,}05\cdot 0{,}05 = 0{,}0025$$
$$P(C) = P(A)\cdot P(C\,|\,A) + P(\overline{A})\cdot P(C\,|\,\overline{A}) = 0{,}02\cdot 0{,}8464 + 0{,}98\cdot 0{,}0025 = \mathbf{0{,}019378}.$$

Die Wahrscheinlichkeit, dass eine zweimal hintereinander positiv getestete Person in Wirklichkeit gesund ist, beträgt etwa 12,6 %.

$$P(\overline{A}\,|\,C) = \frac{P(\overline{A})\cdot P(C\,|\,\overline{A})}{P(C)} = \frac{0{,}98\cdot 0{,}0025}{0{,}019378} \approx 0{,}126 = \mathbf{12{,}6\,\%}$$

Beispiel 6.28

10 % der von der Firma Borgknawe produzierten MP3-Player sind fehlerhaft. Bei einer betriebsinternen Prüfung werden 85 % der mangelhaften Geräte beanstandet und 4 % der fehlerfreien MP3-Player bemängelt.

a) Stellen Sie mithilfe von Excel ein Baumdiagramm und eine Vierfeldertafel auf.

b) Mit welcher Wahrscheinlichkeit ist ein MP3-Player, der die Kontrolle bestanden hat, fehlerhaft?

c) Mit welcher Wahrscheinlichkeit ist ein negativ kontrollierter MP3-Player fehlerfrei?

d) Kontrollieren Sie Ihre Berechnungen mithilfe des „inversen Baumdiagramms“ in Excel.

Zu a) Mithilfe der ZEICHNEN-Symbolleiste konstruiert man die einzelnen Kreise (▶ „Symbol ELLIPSE) und Verbindungslinien (▶ „Symbol AUTOFORMEN_VERBINDUNGEN).

Die gegebenen Wahrscheinlichkeiten werden wie nebenstehend eingegeben und die Wahrscheinlichkeiten der Elementarereignisse berechnet (z. B. in der Zelle E4: =A8*C4) sowie in die Vierfeldertafel kopiert (z. B. in der Zelle B24: =E4).

In den orange unterlegten Zellen der Vierfeldertafel werden die Kontrollsummen gebildet.

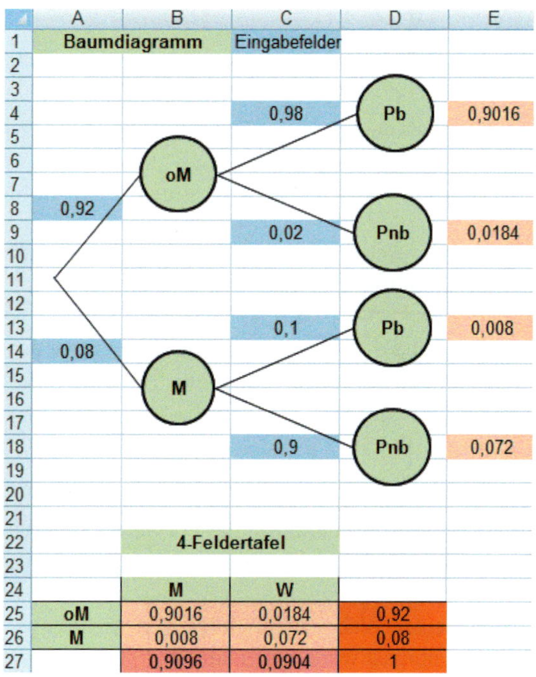

Zu b) Gesucht ist die Wahrscheinlichkeit, dass ein Gerät fehlerhaft ist unter der Bedingung, dass es die Kontrolle bestanden hat. Diese lässt sich mithilfe der Formel von BAYES oder der Vierfeldertafel bestimmen.
Die Wahrscheinlichkeit, dass ein MP3-Player, der die Kontrolle bestanden hat, fehlerhaft ist, beträgt ca. 1,67 %.

$$P(M\,|\,Kb) = \frac{P(M)\cdot P(Kb\,|\,M)}{P(M)\cdot P(Kb\,|\,M) + P(oM)\cdot P(Kb\,|\,oM)}$$
$$= \frac{0{,}1\cdot 0{,}15}{0{,}1\cdot 0{,}15 + 0{,}9\cdot 0{,}96} = \frac{0{,}015}{0{,}879} \approx \mathbf{0{,}0167}$$

Zu c) Die Wahrscheinlichkeit, dass ein beanstandeter MP3-Player fehlerfrei ist, beträgt 29,75 %:

$$P(oM\,|\,Knb) = \frac{P(oM)\cdot P(Knb\,|\,oM)}{P(oM)\cdot P(Knb\,|\,oM) + P(M)\cdot P(Knb\,|\,M)}$$
$$= \frac{0{,}9\cdot 0{,}04}{0{,}9\cdot 0{,}04 + 0{,}1\cdot 0{,}85} = \frac{0{,}036}{0{,}121} \approx \mathbf{0{,}2975}$$

Zu d) Das „inverse Baumdiagramm“ bestätigt die bedingten Wahrscheinlichkeiten aus den Aufgaben **b)** und **c)**:

Aus der Vierfeldertafel oder dem Baumdiagramm werden die Wahrscheinlichkeiten kopiert (z. B. in der Zelle E34: =B24 und in der Zelle A38: =B26).

Die dunkel-orange unterlegten bedingten Wahrscheinlichkeiten sind dann die Quotienten aus den (gelb unterlegten) Elementarwahrscheinlichkeiten und den (hell-orange unterlegten) totalen Wahrscheinlichkeiten (z. B. in der Zelle C34: =E34/A38).

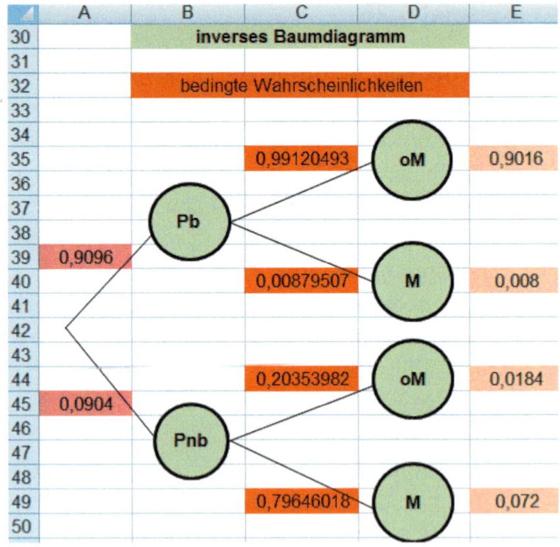

Beispiel 6.29

Ein Verkehrsbetrieb in NRW hat ermittelt, dass an Werktagen 60 % und an Sonn- und Feiertagen 85 % aller S-Bahnen pünktlich sind. Mit welcher Wahrscheinlichkeit ist ein Fahrgast werktags gefahren, wenn bei zweimaligem Umsteigen alle 3 S-Bahnen pünktlich waren?

Vorausgesetzt werden 300 Werktage (W) und 65 Sonn- und Feiertage ($\overline{W}$) im Jahr.

$P(W) = \frac{300}{365}$; $P(\overline{W}) = \frac{65}{365}$

$P(p\,|\,W) = 0{,}6$ ► S-Bahn ist pünktlich am Werktag

$P(ppp\,|\,W) = 0{,}6^3$ ► S-Bahn ist dreimal pünktlich am Werktag

$P(p\,|\,\overline{W}) = 0{,}85$ ► S-Bahn ist pünktlich am Sonn- oder Feiertag

$P(ppp\,|\,\overline{W}) = 0{,}85^3$ ► S-Bahn ist dreimal pünktlich am Sonn- oder Feiertag

Gesucht ist die Wahrscheinlichkeit, dass der Fahrgast werktags gefahren ist unter der Bedingung, dass alle 3 S-Bahnen pünktlich waren, also $P(W\,|\,ppp)$.

Diese lässt sich mithilfe der Formel von BAYES bestimmen.

$$P(W\,|\,ppp) = \frac{P(W)\cdot P(ppp\,|\,W)}{P(W)\cdot P(ppp\,|\,W) + P(\overline{W})\cdot P(ppp\,|\,\overline{W})}$$

$$= \frac{\frac{300}{365}\cdot 0{,}6^3}{\frac{300}{365}\cdot 0{,}6^3 + \frac{65}{365}\cdot 0{,}85^3} \approx 0{,}6188 = \mathbf{61{,}88\,\%}$$

Mit einer Wahrscheinlichkeit von 61,88 % ist der Fahrgast werktags gefahren.

Alles klar?

In einem Betrieb verlassen erfahrungsgemäß 5 % aller Produkte den Herstellungsprozess mit Mängeln. Deshalb wurde zur Qualitätssicherung ein Testgerät angeschafft, das mit einer Wahrscheinlichkeit von 97 % mangelhafte Geräte als solche erkennt und mit einer Wahrscheinlichkeit von 93 % Geräte ohne Mängel als solche erkennt.

a) Ermitteln Sie die Wahrscheinlichkeit, mit der ein Produkt mangelhaft ist, wenn das Testgerät den Mangel angezeigt hat.

b) Wie groß ist die Wahrscheinlichkeit, mit der ein Produkt fehlerfrei ist, wenn das Testgerät keinen Mangel angezeigt hat?

6.3.3 Unabhängigkeit von Ereignissen

Hängt die Wahrscheinlichkeit des Ereignisses B nicht davon ab, ob das Ereignis A eingetreten ist, dann nennt man die beiden Ereignisse **stochastisch unabhängig** oder auch nur kurz **unabhängig**.

Ist B also unabhängig von A, dann ist die Wahrscheinlichkeit von B gleich der Wahrscheinlichkeit von B unter der Bedingung von A. Es gilt also

$P(B|A) = \frac{P(A \cap B)}{P(A)} = P(B)$ mit $P(A) \neq 0$.

Durch Umformen erhält man daraus die Gleichung $P(A \cap B) = P(A) \cdot P(B)$, die zur formalen Definition der stochastischen Unabhängigkeit benutzt wird:

Zwei Ereignisse A und B heißen **(stochastisch) unabhängig**, wenn gilt:
$P(A \cap B) = P(A) \cdot P(B)$.
Andernfalls heißen die Ereignisse **(stochastisch) abhängig**.

Beispiel 6.30

Aus einer Urne, die 6 schwarze und 4 rote Kugeln enthält, werden nacheinander 2 Kugeln gezogen. Sei A das Ereignis „die erste Kugel ist schwarz" und B das Ereignis „die zweite Kugel ist schwarz". Zeigen Sie, dass die Ereignisse A und B

a) unabhängig sind, wenn die Kugel nach dem ersten Zug wieder zurückgelegt wird

b) abhängig sind, wenn die Kugel nach dem ersten Zug **nicht** wieder zurückgelegt wird.

Zu a) Es muss gezeigt werden, dass die Wahrscheinlichkeit von B denselben Wert wie die Wahrscheinlichkeit von B unter der Bedingung von A (bzw. $\overline{A}$) besitzt. Das lässt sich anhand des rechts stehenden Baumdiagramms leicht überprüfen:

$$P(B|A) = \frac{P(A \cap B)}{P(A)} = \frac{\frac{9}{25}}{\frac{6}{10}} = \frac{\mathbf{3}}{\mathbf{5}} = P(B)$$

Die Ereignisse A und B sind also tatsächlich unabhängig.

Baumdiagramm

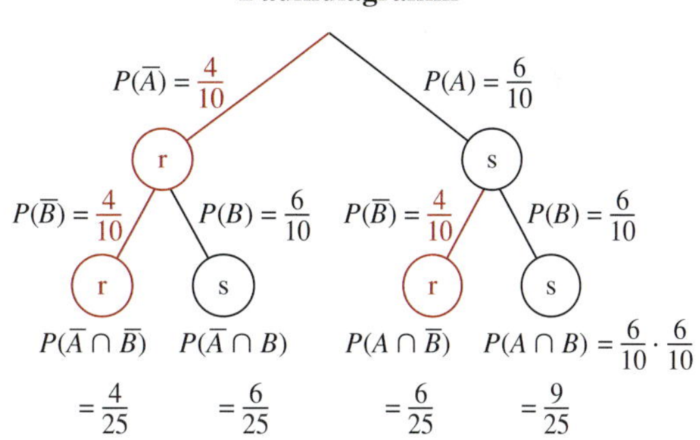

Zu b) Für die Wahrscheinlichkeit $P(B)$ gilt:

$$P(B) = \frac{4}{10} \cdot \frac{6}{9} + \frac{6}{10} \cdot \frac{5}{9} = \frac{4}{15} + \frac{1}{3} = \frac{3}{5}.$$

Mit $P(A) = \frac{6}{10} = \frac{3}{5}$ folgt:

$$P(A) \cdot P(B) = \frac{3}{5} \cdot \frac{3}{5} = \frac{\mathbf{9}}{\mathbf{25}}.$$

Für $P(A \cap B)$ gilt aber:

$$P(A \cap B) = \frac{6}{10} \cdot \frac{5}{9} = \frac{\mathbf{1}}{\mathbf{3}}.$$

Also gilt $P(A \cap B) \neq P(A) \cdot P(B)$ und somit sind A und B stochastisch abhängig.

Baumdiagramm

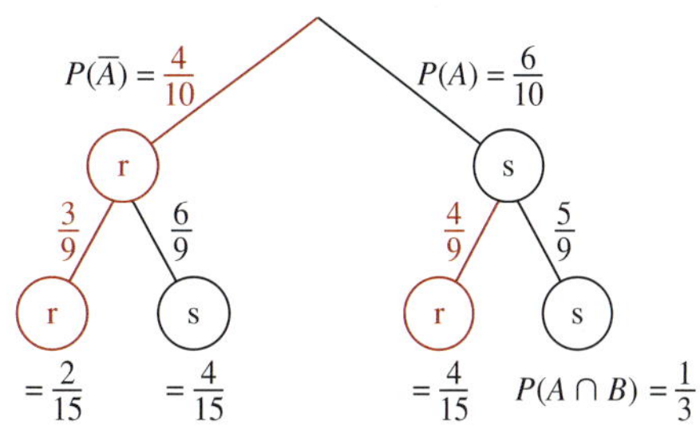

Bei vielen statistischen Erhebungen ist ein Zusammenhang zwischen 2 zufälligen Ereignissen unklar. In solchen Fällen versucht man, durch einen Vergleich der Wahrscheinlichkeiten $P(A \cap B)$ mit $P(A) \cdot P(B)$ die Abhängigkeit bzw. die Unabhängigkeit der Ereignisse festzustellen.

Beispiel 6.31

Dem Datenreport 2006 des Bundesamts für Statistik kann man entnehmen, dass von 35 528 untersuchten Haushalten (davon 28 831 aus dem früheren Bundesgebiet und 6 697 aus den neuen Bundesländern) 8 669 Haushalte einen ISDN-Anschluss besitzen (davon 7 640 aus dem früheren Bundesgebiet und 1 029 aus den neuen Bundesländern). Untersuchen Sie die Ereignisse A „aus dem früheren Bundesgebiet“ und B „mit ISDN-Anschluss“ auf ihre Abhängigkeit bzw. Unabhängigkeit.

Der Ereignisraum Ω ist die Menge der untersuchten Haushalte, A bzw. B bezeichnet die Teilmenge der Haushalte aus den früheren Bundesgebieten bzw. der Haushalte mit ISDN-Anschluss.

$A = \{$„Haushalt aus dem früheren Bundesgebiet“$\}$
$\overline{A} = \{$„Haushalt aus den neuen Bundesländern“$\}$
$B = \{$„Haushalt mit ISDN-Anschluss“$\}$
$\overline{B} = \{$„Haushalt ohne ISDN-Anschluss“$\}$

Mithilfe der Vierfeldertafel lassen sich $P(A \cap B)$, $P(A)$ und $P(B)$ leicht bestimmen.

Dabei gibt $P(A)$ die Wahrscheinlichkeit an, ein Haushalt aus dem früheren Bundesgebiet zu sein, $P(B)$ gibt die Wahrscheinlichkeit an, dass ein Haushalt einen ISDN-Anschluss hat und $P(A \cap B)$ gibt die Wahrscheinlichkeit an, mit der ein Haushalt aus dem früheren Bundesgebiet einen ISDN-Anschluss hat.

Vierfeldertafel

Ω	B	$\overline{B}$	
A	7 640	21 191	28 831
$\overline{A}$	1 029	5 668	6 697
	8 669	26 859	35 528

Wegen $P(A \cap B) \neq P(A) \cdot P(B)$ sind die Ereignisse A und B abhängig voneinander. Die Wahrscheinlichkeit, dass ein Haushalt einen ISDN-Anschluss hat, hängt davon ab, ob er sich in den neuen oder alten Bundesländern befindet.

$P(A) = \frac{28\,831}{35\,528} \approx \mathbf{0{,}8115}$; $P(B) = \frac{8\,669}{35\,528} \approx \mathbf{0{,}2440}$

$P(A \cap B) = \frac{7\,640}{35\,528} \approx \mathbf{0{,}2150}$

$P(A) \cdot P(B) = 0{,}8115 \cdot 0{,}2440 \approx \mathbf{0{,}1980}$

► $P(A \cap B) \neq P(A) \cdot P(B)$

Alles klar?

Um die Präsentation seiner Produkte auf das Käuferverhalten abzustimmen, führte das Unternehmen Borgknawe – ein Hersteller von Haushaltsgeräten – eine statistische Erhebung durch:
Von 400 Kunden, die einen Kühlschrank und einen Elektroherd kauften, entschieden sich 160 für einen Herd und 100 für einen Kühlschrank des Herstellers Borgknawe; 180 Kunden kauften weder Elektroherd noch Kühlschrank dieses Produzenten.
Von 200 Kunden, die einen Waschautomaten und einen Trockner kauften, entschieden sich 50 für eine Waschmaschine von Borgknawe. Unter den 55 Kunden, die einen Trockner desselben Herstellers kauften, hatten 25 Kunden Waschautomaten konkurrierender Unternehmen gekauft.
Untersuchen Sie, ob einerseits die Käufe von Elektroherden und Kühlschränken und andererseits die Käufe von Waschautomaten und Trocknern stochastisch unabhängig voneinander sind.

Übungen zu 6.3

1 Für zwei Ereignisse A und B gelte: $P(A)=\frac{1}{3}$, $P(B)=\frac{1}{2}$, $P(A\cap B)=\frac{2}{9}$.
Berechnen Sie: $P(A|B)$, $P(B|A)$, $P(\overline{A}|B)$, $P(\overline{B}|A)$, $P(A|\overline{B})$, $P(B|\overline{A})$, $P(\overline{A}|\overline{B})$, $P(\overline{B}|\overline{A})$.

2 Mit welcher Wahrscheinlichkeit ist eine zufällig herausgegriffene Zahl zwischen 1 und 100 durch 7 teilbar, wenn sie durch 3 teilbar ist?

3 Mit welcher Wahrscheinlichkeit erhält man
a) beim zweifachen Würfelwurf eine gerade Augensumme, wenn man weiß, dass 2 verschiedene Zahlen oben liegen?
b) beim Roulette eine gerade Zahl, wenn man weiß, dass „Rot“ bereits eingetreten ist?

4 Aus einer Urne mit 5 schwarzen und gleichartigen 5 roten Kugeln werden nacheinander 2 Kugeln zufällig gezogen, ohne dass sie wieder zurückgelegt werden. Berechnen Sie die Wahrscheinlichkeiten dafür, dass
a) die 1. Kugel schwarz ist;
b) die 2. Kugel schwarz ist;
c) die 2. Kugel schwarz ist, wenn die 1. Kugel bereits schwarz war;
d) die 1. Kugel und die 2. Kugel schwarz sind.
e) Sind die Ereignisse unter **a)** und **b)** stochastisch abhängig?

5 Lösen Sie die Aufgaben unter **4 a)** bis **e)** für den Fall, dass die 1. Kugel zurückgelegt wird.

6 Lösen Sie die Aufgaben unter **4 a)** bis **e)** für den Fall, dass in der Urne 3 schwarze und 5 rote Kugeln liegen und dass die 1. Kugel wieder zurückgelegt wird.

7 Lösen Sie die Aufgaben unter **4 a)** bis **e)** für den Fall, dass in der Urne 3 schwarze und 5 rote Kugeln liegen und dass die 1. Kugel nicht wieder zurückgelegt wird.

8 Ein Skatblatt wird gut gemischt. Berechnen Sie die Wahrscheinlichkeit dafür, dass
a) die 1. Karte der Kreuz-Bube ist;
b) die 1. Karte schwarz ist;
c) die 1. Karte der Kreuz-Bube ist, wenn man weiß, dass die erste schwarz ist.

9 In einem Sportverein sind 80 männliche (m) und 64 weibliche (w) Nichtschwimmer (NS) sowie 120 männliche und 96 weibliche Schwimmer (S) als Mitglieder eingeschrieben. Eine Person wird zufällig aus der Mitgliederliste ausgelost.
Berechnen Sie die Wahrscheinlichkeit, dass die ausgeloste Person
a) männlich ist; b) weiblich ist;
c) Schwimmer ist; d) Nichtschwimmer ist;
e) männlich ist, wenn man weiß, dass sie ein Schwimmer ist;
f) männlich ist, wenn man weiß, dass sie ein Nichtschwimmer ist;
g) weiblich ist, wenn man weiß, dass sie ein Schwimmer ist;
h) weiblich ist, wenn man weiß, dass sie ein Nichtschwimmer ist;
i) Schwimmer ist, wenn man weiß, dass sie männlich ist;
j) Schwimmer ist, wenn man weiß, dass sie weiblich ist;
k) Nichtschwimmer ist, wenn man weiß, dass sie männlich ist.

10 Nach der Stellenausschreibung eines Unternehmens werden von 300 Bewerbern 30 zu einem Einstellungstest eingeladen, den schließlich 15 bestehen, die dann an einem Auswahlgespräch teilnehmen dürfen. Herr Müller bewirbt sich um die Stelle.
a) Ermitteln Sie die Wahrscheinlichkeit dafür, dass Herr Müller zum Einstellungsgespräch eingeladen wird.
b) Herr Müller wird zum Test zugelassen. Wie groß ist die Wahrscheinlichkeit, dass er zum Einstellungsgespräch eingeladen wird?
c) Überprüfen Sie rechnerisch, ob die Ereignisse A: „Herr Müller nimmt am Test teil.“ und B: „Herr Müller besteht den Test.“ stochastisch unabhängig sind.

11 Von einer T-Shirt-Produktion haben 10 % einen Web- und 20 % einen Farbfehler, 75 % aller T-Shirts sind einwandfrei. Erstellen Sie eine vollständige Vierfeldertafel und überprüfen Sie die Fehler auf Unabhängigkeit.

6

12 Aus einer Klasse der Fachoberschule nehmen 20 Mädchen und 10 Jungen an der FHR-Prüfung teil. 15 Mädchen und 7 Jungen bestehen die Prüfung.

a) Stellen Sie die Ereignisse A: „der Prüfling ist ein Mädchen“ und B: „der Prüfling besteht die Prüfung“ in einer Vierfeldertafel dar.

b) Stellen Sie die Ereignisse A: „der Prüfling ist ein Mädchen“ und B: „der Prüfling besteht die Prüfung“ in einem Baumdiagramm dar.

c) Wie groß ist die Wahrscheinlichkeit, dass die Prüfung bestanden wird, unter der Bedingung, dass der Prüfling ein Mädchen ist.

d) Ermitteln Sie, ob die Ereignisse A und B stochastisch unabhängig sind.

13 An einem Berufskolleg wird ein Gesundheitstag zum Thema „Rauchen“ geplant. Zu diesem Zweck hat sich die Schulsprecherin bereit erklärt, eine Umfrage unter den 3 000 Schülerinnen und Schülern des Berufskollegs nach deren Rauchgewohnheiten zu organisieren. Auf einem Workshop am Gesundheitstag präsentiert sie die Umfrageergebnisse anhand von zwei Vierfeldertafeln:

	Raucher	Nichtraucher
Minderjährige	600	1 000
Volljährige	600	800

	Raucher	Nichtraucher
Weiblich	620	930
Männlich	580	870

a) Die Schulsprecherin behauptet, dass das Ereignis A: „Raucher“ stochastisch unabhängig ist von dem Ereignis B: „Volljährigkeit“. Überprüfen Sie diese Aussage.

b) Die Schulsprecherin behauptet, dass das Ereignis A: „Raucher“ stochastisch abhängig von dem Ereignis B: „weiblich“ ist. Überprüfen Sie diese Aussage.

14 Der Mathematikkurs der 12. Jahrgangsstufe eines Wirtschaftsgymnasiums hatte sich zur Aufgabe gemacht, bei den Schülerinnen und Schülern des Berufskollegs zu untersuchen, ob

a) bei den Schülerinnen ein stochastischer Zusammenhang zwischen deren blonder Haarfarbe und ihren blauen Augen und

b) bei den Schülern ein stochastischer Zusammenhang zwischen deren schwarzer Haarfarbe und ihren braunen Augen bestehen könnte.

Insgesamt waren an dieser statistischen Erhebung 1 500 Schülerinnen und 1 400 Schüler beteiligt. 450 Schülerinnen waren blond, von denen immerhin 5 Sechstel blaue Augen besaßen; insgesamt hatten aber nur 60 % aller Schülerinnen blaue Augen. 392 Schüler hatten weder braune Augen noch schwarze Haare; 63 Schüler waren schwarzhaarig mit braunen Augen; 980 Schüler waren nicht schwarzhaarig. Ermitteln Sie das Ergebnis der Untersuchung.

15 Im Halbfinale der Rugby-Weltmeisterschaft stehen sich im ersten Spiel die beiden Nationalmannschaften A und B und im zweiten Spiel die Mannschaften C und D gegenüber. Aufgrund langjähriger Statistiken weiß man, mit welchen Wahrscheinlichkeiten die vier Mannschaften jeweils gegeneinander gewinnen. Diese Wahrscheinlichkeiten sind in der folgenden Tabelle eingetragen

	A	B	C	D
A	–	0,6	0,4	0,3
B		–	0,8	0,5
C			–	0,1

Z. B. gewinnt A gegen B mit einer Wahrscheinlichkeit von 0,6.

a) Mit welcher Wahrscheinlichkeit gewinnt Team B im Finale gegen Team C?

b) Mit welcher Wahrscheinlichkeit wird Team A Weltmeister?

c) Sind die Ereignisse „Team A wird Weltmeister“ und „Team C verliert das Halbfinale“ unabhängig voneinander?

6.4 Die Zufallsgröße

Die Wahrscheinlichkeitsrechnung hat historisch ihren Ursprung im Glücksspiel. Ein Spieler interessiert sich zum einen für die Wahrscheinlichkeiten, die die möglichen Ausgänge eines Glücksspiels besitzen. Um aber sein Risiko abschätzen zu können muss er außerdem wissen, welche Gewinne bzw. Verluste mit den jeweiligen Ergebnissen verknüpft sind. Entscheidend für ihn ist also, dass jedem Ergebnis eine bestimmte Größe, etwa ein Geldbetrag, zugeordnet ist.

6.4.1 Zufallsgrößen und ihre Verteilungen

Beispiel 6.32 a

Tugba und Mehmet haben sich auf ein Spiel geeinigt, bei dem dreimal nacheinander eine Münze geworfen wird. Tugba erhält von Mehmet 4 €, wenn nacheinander dreimal Kopf oder dreimal nacheinander Zahl erscheint. Sie muss aber 2 € an Mehmet zahlen, wenn die Münzen in der Reihenfolge K, K, Z bzw. Z, Z, K fallen. In allen restlichen Fällen muss sie 1 € abgeben.
Geben Sie die Wahrscheinlichkeiten an, mit denen Tugba 4 € erhält bzw. 2 € bzw. 1 € verliert.

Es gibt $2^3 = 8$ mögliche Ergebnisse, die alle gleich wahrscheinlich sind.

Jedem Ergebnis wird ein Gewinn X zugeordnet, der 4 €, -2 € oder -1 € beträgt (aus der Sicht von Tugba).
Da es vom Zufall abhängt, welchen Betrag die Größe X annimmt, bezeichnet man diese Zuordnung als **Zufallsgröße** oder auch **Zufallsvariable**.

Eine Zufallsgröße oder Zufallsvariable ist also eine **Funktion**, die jedem Ergebnis eines Zufallsversuchs einen Wert zuordnet.

Ergebnisse: zugeordneter Gewinn $(+)$/Verlust $(-)$:

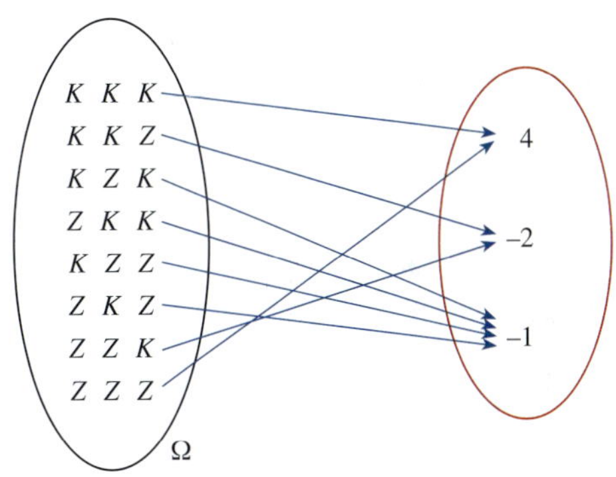

Alle Ergebnisse, denen der gleiche Gewinn bzw. Verlust zugeordnet wird, kann man zu einem Ereignis zusammenfassen. Die Ergebnisse $(K; K; K)$ und $(Z; Z; Z)$ bilden z. B. das Ereignis $X = 4$ €.

Den Ereignissen kann man nun ihre Wahrscheinlichkeiten zuordnen:

Mit einer Wahrscheinlichkeit von $\frac{1}{4}$ macht Tugba einen Gewinn von 4 €, 1 € Verlust mit einer Wahrscheinlichkeit von $\frac{1}{2}$ und 2 € Verlust mit einer Wahrscheinlichkeit von $\frac{1}{4}$.

$P(X = 4\,€) = \frac{2}{8} = \frac{1}{4}$ ▸ Laplace-Experiment mit $p = \frac{1}{8}$

$P(X = -1\,€) = \frac{4}{8} = \frac{1}{2}$

$P(X = -2\,€) = \frac{2}{8} = \frac{1}{4}$

Die Zuordnung von Wahrscheinlichkeiten zu den einzelnen Werten der Zufallsgröße X heißt **Wahrscheinlichkeitsverteilung** P der Zufallsgröße X.

Wahrscheinlichkeitsverteilung von X

x	4 €	-1 €	-2 €
$P(X = x_i)$	$\frac{1}{4}$	$\frac{1}{2}$	$\frac{1}{4}$

Das folgende Schema fasst die auf der vorherigen Seite durchgeführten Schritte zusammen:
Die Zufallsgröße X ordnet den Ergebnissen aus Ω Werte zu. Diesen Werten werden wiederum durch die Wahrscheinlichkeitsverteilung P Wahrscheinlichkeiten zugeordnet.

Ergebnisse $\subset \Omega$	$\xrightarrow{X}$	**Werte der Zufallsgröße** $x_i \in \mathbb{R}$	$\xrightarrow{P}$	**Wahrscheinlichkeiten** $P(X = x_i) \subset [0; 1]$
$(K; K; K)$; $(Z; Z; Z)$	$\longmapsto$	4 €	$\longmapsto$	$\frac{1}{4}$
$(K; Z; K)$; $(Z; K; K)$ $(K; Z; Z)$; $(Z; K; Z)$	$\longmapsto$	-1 €	$\longmapsto$	$\frac{1}{2}$
$(K; K; Z)$; $(Z; Z; K)$	$\longmapsto$	-2 €	$\longmapsto$	$\frac{1}{4}$

Die Funktion X, die jedem Ergebnis e_i aus einer Ergebnismenge Ω eine reelle Zahl x_i zuordnet, heißt **Zufallsvariable** oder **Zufallsgröße:** $X(e_i) = x_i$.
Die Funktion P, die allen möglichen Werten x_i Wahrscheinlichkeiten $P(X = x_i)$ zuordnet, heißt **Wahrscheinlichkeitsverteilung** von X.

Die Möglichkeiten der graphischen Darstellung der Wahrscheinlichkeitsverteilung sind vielfältig. In Anlehnung an die graphischen Darstellungen von Häufigkeiten werden Wahrscheinlichkeitsverteilungen als Säulendiagramm, als Stabdiagramm oder als Polygonzug dargestellt.

Beispiel 6.32 b

Geben Sie den Definitionsbereich und den Wertebereich der Wahrscheinlichkeitsfunktion P aus Beispiel 6.32 a an und stellen Sie die Funktion als Säulendiagramm dar.

Der Definitionsbereich umfasst alle Beträge, die von der Zufallsgröße X angenommen werden, also –2 €, –1 € und 4 €.
Zum Wertebereich der Wahrscheinlichkeitsfunktion gehören die diesen Beträgen zugeordneten Wahrscheinlichkeiten.

$D(P) = \{-2\,€, -1\,€, 4\,€\}$; $W(P) = \left\{\frac{1}{4}, \frac{1}{2}\right\}$

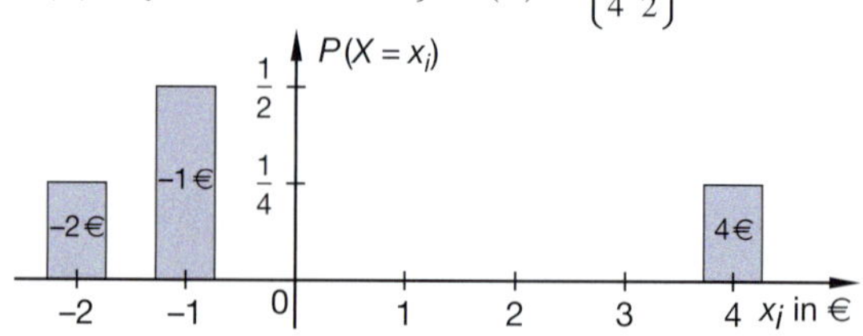

Alles klar?

Zwei Spieler A und B werfen gleichzeitig je einen Würfel. Ist die Augenzahl des Spielers A höher, so erhält er 1 € von Spieler B. Hat Spieler B eine höhere Augenzahl, so erhält dieser 2 € von Spieler A. Bei gleicher Augenzahl zahlt Spieler B den Betrag von 5 € an seinen Gegner. Stellen Sie die Wahrscheinlichkeitsverteilung aus Sicht des Spielers A in einem Säulendiagramm dar.

Beispiel 6.33 a

Albert und Kevin haben sich auf ein Glücksspiel mit zwei Würfeln geeinigt: Albert zahlt an Kevin 1,50 €, wenn die Augenzahl kleiner als 8 ist.
Andererseits erhält er von Kevin nebenstehende Beträge, wenn die Augenzahl mindestens 8 ist.

Augenzahl	8	9	10	11	12
Zahlbetrag	1 €	2 €	3 €	4 €	5 €

Es sei X die Zufallsgröße, die angibt, wie viele Euro Albert erhält (positive Beträge) bzw. an Kevin zahlt (negative Beträge).

a) Stellen Sie die Wahrscheinlichkeitsverteilung der Zufallsgröße X in einem Stabdiagramm dar.

b) Wie groß ist die Wahrscheinlichkeit, dass Albert
1) höchstens 2 €, 2) mehr als 2 €, 3) mehr als 1 €, aber höchstens 4 € erhält?

Zu a) Den Ergebnissen wird entsprechend der Augenzahl der Gewinn bzw. Verlust zugeordnet:

Ergebnis	Augenzahl	Gewinn/Verlust
(1; 1)	2	
(1; 2); (2; 1)	3	
(1; 3); (2; 2); (3; 1)	4	−1,50 €
(1; 4); (2; 3); (3; 2); (4; 1)	5	
(1; 5); (2; 4); (3; 3); (4; 2); (5; 1)	6	
(1; 6); (2; 5); (3; 4); (4; 3); (5; 2); (6; 1)	7	
(2; 6); (3; 5); (4; 4); (5; 3); (6; 2)	8	1 €
(3; 6); (4; 5); (5; 4); (6; 3)	9	2 €
(4; 6); (5; 5); (6; 4)	10	3 €
(5; 6); (6; 5)	11	4 €
(6; 6)	12	5 €

Jedes Ergebnis tritt mit einer Wahrscheinlichkeit von $\frac{1}{36}$ ein.
Für die Werte der Zufallsgröße X ergeben sich somit folgende Wahrscheinlichkeiten:

Gewinn/Verlust x_i in €	−1,5	1	2	3	4	5
$P(X = x_i)$	$\frac{21}{36}$	$\frac{5}{36}$	$\frac{4}{36}$	$\frac{3}{36}$	$\frac{2}{36}$	$\frac{1}{36}$

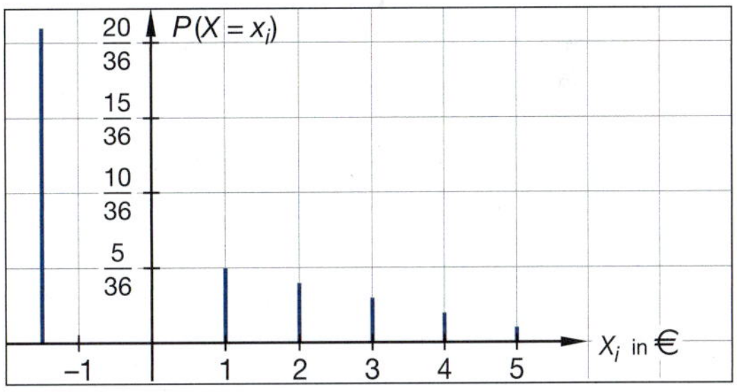

Zu 1) Die Wahrscheinlichkeit, dass Albert höchstens 2 € erhält, beträgt $\frac{5}{6}$.

$$P(X \leq 2\,€) = P(X = -1{,}5\,€) + P(X = 1\,€) + P(X = 2\,€) = \frac{21}{36} + \frac{5}{36} + \frac{4}{36} = \frac{30}{36} = \mathbf{\frac{5}{6}}$$

Zu 2) Die Wahrscheinlichkeit, dass Albert mehr als 2 € erhält, beträgt $\frac{1}{6}$.

$$P(X > 2\,€) = 1 - P(X \leq 2\,€) = 1 - \frac{5}{6} = \mathbf{\frac{1}{6}}$$

Zu 3) Die Wahrscheinlichkeit, dass Albert mehr als 1 €, aber höchstens 4 € erhält, beträgt $\frac{1}{4}$.

$$P(1\,€ < X \leq 4\,€) = P(X = 2\,€) + P(X = 3\,€) + P(X = 4\,€) = \frac{4}{36} + \frac{3}{36} + \frac{2}{36} = \frac{9}{36} = \mathbf{\frac{1}{4}}$$

Diese Wahrscheinlichkeit kann man auch mithilfe folgender Formel bestimmen:
$P(a < X \leq b) = P(X \leq b) - P(X \leq a)$.

$$P(1\,€ < X \leq 4\,€) = P(X \leq 4\,€) - P(X \leq 1\,€) = \frac{35}{36} - \frac{26}{36} = \frac{9}{36} = \mathbf{\frac{1}{4}}$$

Um Aufgaben wie in Beispiel 6.33 a zu lösen ist es sinnvoll, eine Funktion F einzuführen, die die Wahrscheinlichkeit angibt, mit der die Zufallsgröße X Werte annimmt, die kleiner oder gleich einer Zahl x sind: $F(x) = P(X \leq x)$. Eine solche Funktion nennt man **Verteilungsfunktion** der Zufallsgröße X.

Beispiel 6.33 b

Stellen Sie die Verteilungsfunktion der Zufallsgröße X aus dem Beispiel 6.33 a dar.

Gewinn/Verlust x_i in €	$-1{,}5$	1	2	3	4	5
$P(X = x_i)$	$\frac{21}{36}$	$\frac{5}{36}$	$\frac{4}{36}$	$\frac{3}{36}$	$\frac{2}{36}$	$\frac{1}{36}$

Um die Verteilungsfunktion F zu bestimmen, werden die Werte der Wahrscheinlichkeitsfunktion P summiert: $F(x) = P(X \leq x) = \sum_{x_i \leq x} P(X = x_i)$, z. B. $F(1) = P(X = -1{,}5\,€) + P(X = 1\,€)$.

$$F(x) = \begin{cases} 0 & \text{für } x < -1{,}5 \\ \frac{21}{36} & \text{für } -1{,}5 \leq x < 1 \\ \frac{26}{36} & \text{für } 1 \leq x < 2 \\ \frac{30}{36} & \text{für } 2 \leq x < 3 \\ \frac{33}{36} & \text{für } 3 \leq x < 4 \\ \frac{35}{36} & \text{für } 4 \leq x < 5 \\ 1 & \text{für } 5 \leq x \end{cases}$$

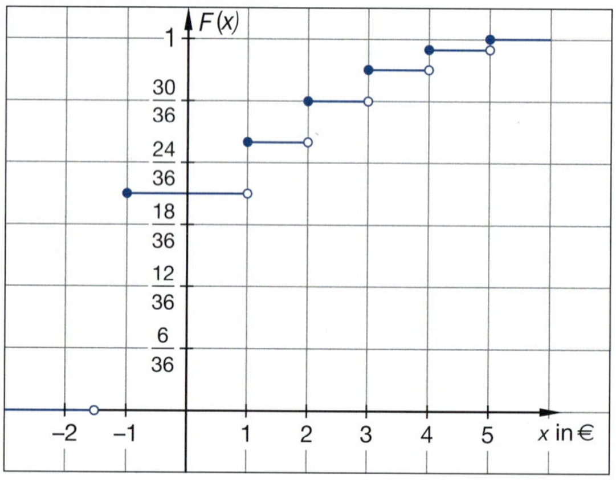

Die **Verteilungsfunktion** F einer Zufallsgröße X gibt an, mit welcher Wahrscheinlichkeit die Zufallsgröße kleiner oder gleich einer Zahl x ist: $F(x) = P(X \leq x)$.

Für jede Verteilungsfunktion F gilt:

- F ist eine monoton wachsende Treppenfunktion mit $0 \leq F(x) \leq 1$.
- Die Sprunghöhen entsprechen den Wahrscheinlichkeiten $P(X = x_i)$.
- Ist M der größte Wert, den die Zufallsgröße X annehmen kann, so ist $F(x) = 1$ für alle $x \geq M$.
- Ist m der kleinste Wert, den die Zufallsgröße X annehmen kann, so ist $F(x) = 0$ für alle $x < m$.

Für das Rechnen mit der Verteilungsfunktion gelten folgende Regeln:

$P(X > a) = 1 - F(a)$,

$P(a < X \leq b) = F(b) - F(a)$,

$P(a < X < b) = F(b) - F(a) - P(X = b)$,

$P(a \leq X \leq b) = F(b) - F(a) + P(X = a)$,

$P(a \leq X < b) = F(b) - F(a) + P(X = a) - P(X = b)$.

Die genannten Eigenschaften und Rechenregeln ergeben sich unmittelbar aus der Definition einer Wahrscheinlichkeitsfunktion.

Alles klar?

1 Aus einer Urne mit 3 blauen und 2 roten Kugeln werden nacheinander 2 Kugeln mit Zurücklegen gezogen. Die Zufallsgröße X gibt die Anzahl der gezogenen blauen Kugeln an. Ermitteln Sie die Wahrscheinlichkeitsverteilung von X und stellen Sie diese graphisch dar.

2 Die Verteilungsfunktion $F(x)$ einer Zufallsgröße X ist in der folgenden Tabelle festgehalten:

x	0	1	2	3	4	5	6	7	8	9	10
$F(x)$	0	0,01	0,05	0,17	0,38	0,62	0,82	0,95	0,98	0,99	1

Berechnen Sie **a)** $P(X=8)$, **b)** $P(X>5)$, **c)** $P(3<X\leq 7)$, **d)** $P(5\leq X\leq 9)$.

6.4.2 Erwartungswert einer Zufallsgröße

Tugba, die sich auf den dreifachen Münzwurf mit den Gewinn- und Verlustaussichten aus den Beispielen 6.32a und 6.32b einlässt (siehe Tabelle) möchte natürlich gerne wissen, ob sie „auf lange Sicht", also bei einer großen Anzahl von Durchführungen des Zufallsversuchs, eher mit einem Gewinn oder mit einem Verlust rechnen kann.

Ergebnis	$(K;K;Z)$ $(Z;Z;K)$	$(K;Z;K)$ $(Z;K;K)$ $(K;Z;Z)$ $(Z;K;Z)$	$(K;K;K)$ $(Z;Z;Z)$
Gewinn/Verlust x_i	−2 €	−1 €	4 €
$P(X=x_i)$	$\frac{1}{4}$	$\frac{1}{2}$	$\frac{1}{4}$

Beispiel 6.32 c

Ermitteln Sie den Gewinn oder Verlust, den Tugba „im Mittel" erwarten kann, indem Sie die einzelnen Wahrscheinlichkeiten für einen Gewinn oder Verlust mit berücksichtigen.

Um den Betrag zu ermitteln, den Tugba auf lange Sicht pro Spiel erwarten kann, werden die möglichen Gewinne mit ihren Wahrscheinlichkeiten multipliziert und dann addiert. Das Ergebnis nennt man den **Erwartungswert der Zufallsgröße *X***; man bezeichnet ihn mit $E(X)$ oder auch μ.

$P(X=4\,€)=\frac{1}{4};\ P(X=-1\,€)=\frac{1}{2};\ P(X=-2\,€)=\frac{1}{4}$

$E(X)=4\,€\cdot\frac{1}{4}+(-1\,€)\cdot\frac{1}{2}+(-2\,€)\cdot\frac{1}{4}=0\,€$

▶ gewichtetes arithmetisches Mittel der möglichen „Gewinne" von 4 €, –1 € und –2 €

Tugbas Erwartungswert beträgt 0 €, sie wird auf lange Sicht weder Gewinn noch Verlust machen.

Nimmt eine Zufallsgröße die Werte $x_1, x_2, \ldots, x_n$ mit den Wahrscheinlichkeiten $P(X=x_i)$; $i=1, 2, \ldots, n$ an, dann heißt die Zahl

$\mu=E(X)=x_1\cdot P(X=x_1)+x_2\cdot P(X=x_2)+\ldots+x_n\cdot P(X=x_n)$, kurz $\mu=E(X)=\sum\limits_{i=1}^{n}x_i\cdot P(X=x_i)$

Erwartungswert der Zufallsgröße X.

Da der Erwartungswert $E(X)$ das gewichtete arithmetische Mittel der Zahlen für $x_1, x_2, \ldots, x_n$ ist, nennt man ihn auch den **Mittelwert der Zufallsvariablen *X***.

6

Ein Spiel, bei dem der Erwartungswert Null ist, nennt man ein **faires Spiel**, weil weder Spieler noch Spielbetreiber auf lange Sicht gewinnen bzw. verlieren können.

Beispiel 6.34 a

Das Spiel „Die böse 7“ wird mit 2 Würfeln gespielt. Der Bankhalter erklärt die Regeln: Fällt die Augensumme 7, muss der Spieler 35 € an die Bank zahlen; in allen anderen Fällen erhält er die Augensumme von der Bank in Euro ausgezahlt. Prüfen Sie, ob das Spiel fair ist.

Die Zufallsgröße X beschreibt den Gewinn bzw. Verlust bei diesem Spiel. Ähnlich wie im Beispiel 6.33 a erhält man die folgende Wahrscheinlichkeitsverteilung:

Augenzahl	2	3	4	5	6	7	8	9	10	11	12
Gewinn/Verlust x_i	2€	3€	4 €	5 €	6 €	−35 €	8 €	9 €	10 €	11 €	12 €
$P(X=x_i)$	$\frac{1}{36}$	$\frac{2}{36}$	$\frac{3}{36}$	$\frac{4}{36}$	$\frac{5}{36}$	$\frac{6}{36}$	$\frac{5}{36}$	$\frac{4}{36}$	$\frac{3}{36}$	$\frac{2}{36}$	$\frac{1}{36}$

Zur Berechnung des Erwartungswerts werden die 11 Werte der Zufallsgröße X mit ihrer Eintrittswahrscheinlichkeit $P(X=x_i)$ multipliziert und die Produkte dann addiert.
Das Spiel ist fair, weil der Erwartungswert null ist.

$$E(X)=2\,€\cdot\frac{1}{36}+3\,€\cdot\frac{2}{36}+4\,€\cdot\frac{3}{36}+5\,€\cdot\frac{4}{36}+6\,€\cdot\frac{5}{36}+(-35\,€)\cdot\frac{6}{36}+8\,€\cdot\frac{5}{36}+9\,€\cdot\frac{4}{36}+$$
$$+10\,€\cdot\frac{3}{36}+11\,€\cdot\frac{2}{36}+12\,€\cdot\frac{1}{36}$$
$$=\frac{2+6+12+20+30-210+40+36}{36}\,€+\frac{30+22+12}{36}\,€=\mathbf{0\,€}$$

Bei manchen Spielen wird dem Spieler vor dem Spiel ein Einsatz abverlangt. Dabei ist zu erwarten, das der Erwartungswert dann um den Einsatz niedriger ausfällt als beim Erwartungswert ohne diesen Einsatz.

Beispiel 6.34 b

Das Spiel „Die böse 7“ wird nach denselben Regeln wie in Beispiel 6.34 a gespielt. Allerdings verlangt der Bankhalter vorab einen Einsatz von 3 €. Ermitteln Sie den Erwartungswert, der sich unter diesen neuen Bedingungen ergibt.

Alle Werte der neuen Zufallsgröße X^* sind unter den veränderten Spielregeln um 3 € kleiner als die Werte der Zufallsgröße X, weil der Einsatz von 3 € berücksichtigt werden muss. Die zugeordneten Wahrscheinlichkeiten sind aber dieselben.

Augenzahl	2	3	4	5	6	7	8	9	10	11	12
Gewinn/Verlust x_i	−1 €	0 €	1 €	2 €	3 €	−38 €	5 €	6 €	7 €	8 €	9 €
$P(X=x_i)$	$\frac{1}{36}$	$\frac{2}{36}$	$\frac{3}{36}$	$\frac{4}{36}$	$\frac{5}{36}$	$\frac{6}{36}$	$\frac{5}{36}$	$\frac{4}{36}$	$\frac{3}{36}$	$\frac{2}{36}$	$\frac{1}{36}$

Die 11 Werte der neuen Zufallsvariablen X^* werden mit denselben Wahrscheinlichkeiten gewichtet und dann addiert.
Wie erwartet beträgt der (neue) Erwartungswert –3 €. Das Spiel ist also nicht mehr fair.

$$E(X^*) = -1\,€\cdot\frac{1}{36} + 0\,€\cdot\frac{2}{36} + 1\,€\cdot\frac{3}{36} + 2\,€\cdot\frac{4}{36} + 3\,€\cdot\frac{5}{36} + (-38\,€)\cdot\frac{6}{36} + 5\,€\cdot\frac{5}{36} + 6\,€\cdot\frac{4}{36} +$$
$$+ 7\,€\cdot\frac{3}{36} + 8\,€\cdot\frac{2}{36} + 9\,€\cdot\frac{1}{36} = \frac{-1+0+3+8+15-228+25+24}{36} + \frac{21+16+9}{36}\,€ = \mathbf{-3\,€}$$

Alles klar?

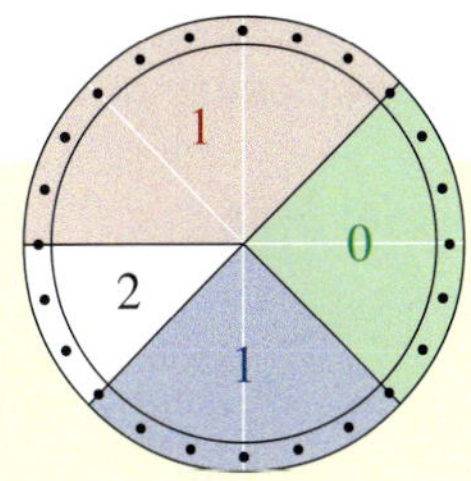

Das rote Segment ist dreimal und das grüne und blaue Segment jeweils doppelt so groß wie das weiße Segment der Drehscheibe. Die Zellen geben den Gewinn in € an.
Wie hoch muss der Einsatz des Spielers sein, damit das Spiel fair ist?

Beispiel 6.35

Vor Auslieferung von täglich 1 500 produzierten Handys werden in einem Fertigungsbetrieb u. a. die Displays dieser Geräte geprüft. Dabei werden bei 20 % der Handys Fehler festgestellt. Da eine Reparatur der Displays nach der Endfertigung teuer ist, sollen die Displays vor dem Einbau auf ihre Funktionsfähigkeit geprüft werden. Das Prüfgerät erkennt mit einer Wahrscheinlichkeit von 95 % defekte Displays, zeigt jedoch auch mit einer Wahrscheinlichkeit von 3 % einwandfreie Displays als fehlerhaft an. Die Reparatur eines Displays vor dem Einbau kostet 2 €, nach der Endfertigung aber 4,50 €. Die Kosten für ein Prüfgerät betragen 256.200 €. Nach welcher Zeit hat sich ein Prüfgerät bezahlt gemacht?

Zunächst werden anhand eines Baumdiagramms die Elementarereignisse mit ihren Wahrscheinlichkeiten am Ende der einzelnen Äste notiert. ► 1. Pfadregel

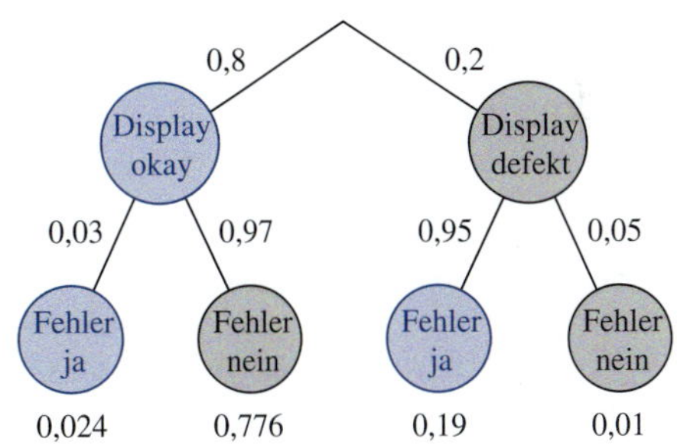

X_{vor} gibt die Reparaturkosten an, wenn man die Displays vor der Endfertigung prüft und X_{nach} dementsprechend die Kosten bei einer nachträglichen Prüfung.

Die Berechnung der Erwartungswerte zeigt, dass die durchschnittlichen Reparaturkosten pro Handy bei der Prüfung vor der Endfertigung um 0,427 € geringer sind.

$$E(X_{vor}) = 2\,€\cdot 0{,}024 + 2\,€\cdot 0{,}19 + 4{,}5\,€\cdot 0{,}01 = \mathbf{0{,}473\,€}$$

$$E(X_{nach}) = 4{,}5\,€\cdot 0{,}2 = \mathbf{0{,}90\,€}$$

Bei 1 500 kontrollierten Handys ergibt sich eine tägliche Kostenersparnis von 640,50 €, wenn die Displays bereits vor der Endfertigung geprüft werden.

Tägliche Kostenersparnis
bei Prüfung vor Endfertigung:
$1500\cdot(0{,}9\,€ - 0{,}473\,€) = \mathbf{640{,}50\,€}$

Insgesamt lohnt sich die Investition, wenn man das Prüfgerät mindestens 400 Tage einsetzt.

Tage bis zur Amortisierung des Prüfgeräts:
$256200\,€ : 640.50\,€ = \mathbf{400}$

6.4.3 Varianz und Standardabweichung einer Zufallsgröße

Der Erwartungswert einer Zufallsvariablen ist ein charakteristischer Parameter dieser Zufallsgröße: er gibt ihren „mittleren Wert“ an, vergleichbar mit dem arithmetischen Mittel von Beobachtungswerten (▶ Seite 31). Der Erwartungswert sagt jedoch nichts darüber aus, wie stark die Werte der Zufallsvariablen um diesen Mittelwert streuen, weil er nur angibt, um welchen mittleren Wert sie gruppiert sind.

Als Maß für die durchschnittliche Abweichung der Werte der Zufallsgröße X von ihrem Erwartungswert $E(X)$ führt man deshalb – analog zur Statistik (▶ Seite 34) – die Varianz $V(X)$ der Zufallsgröße X bzw. ihre Standardabweichung $\sigma(X)$ ein:

Beispiel 6.36

Für die Fertigung eines Produkts, bei dem es auf die exakte Länge ankommt, stehen zwei ältere Maschinen zur Verfügung, die beide nicht immer ausreichend genau arbeiten:
Maschine A fertigt Produkte in 10 % der Fälle mit einer Längenabweichung +1 mm, in 5 % der Fälle mit einer Abweichung von +2 mm und in 1 % der Fälle mit einer Abweichung von +3 mm.
Maschine B fertigt 20 % der Produkte mit einer Abweichung von −0,5 mm, 10 % mit einer Abweichung von −1 mm und 1 % mit einer Abweichung von −1,5 mm.

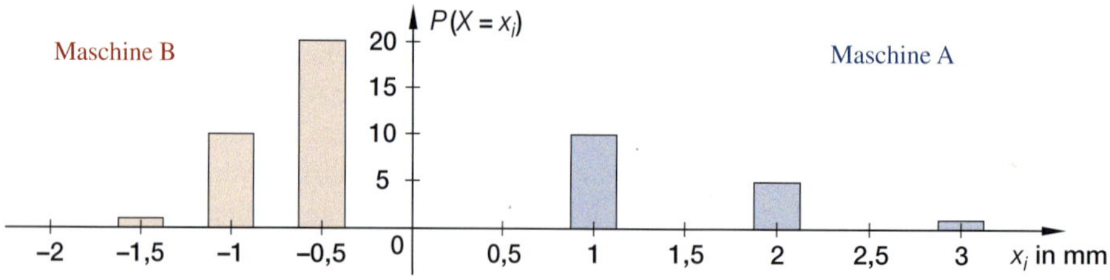

Die mangelhaften Produkte können zwar noch verkauft werden, aber nur mit zum Teil erheblichen Abschlägen beim Verkaufspreis, was zu zusätzlichen Kosten führt:

Abweichung	+3 mm	+2 mm	+1 mm	−0,5 mm	−1 mm	−1,5 mm
Zusatzkosten	250 €	100 €	10 €	20 €	40 €	50 €

Für welche Maschine sollte sich der Betriebsleiter entscheiden, wenn für einen Auftrag die Kapazität einer einzelnen Maschine ausreicht?

Der Betriebsleiter wird sich für die Maschine entscheiden, die die geringeren durchschnittlichen Zusatzkosten verursacht. Dazu wird der Erwartungswert der beiden Zufallsgrößen X und Y bestimmt, wobei X für die Zusatzkosten bei Maschine A steht und Y für die Zusatzkosten bei Maschine B.

X: Zusatzkosten bei Maschine A
Y: Zusatzkosten bei Maschine B

Maschine A

x_i	250 €	100 €	10 €
$P(X = x_i)$	0,01	0,05	0,1

$E(X) = 250\,€ \cdot 0{,}01 + 100\,€ \cdot 0{,}05 + 10\,€ \cdot 0{,}1 = \mathbf{8{,}50\,€}$

Maschine B

y_i	20 €	40 €	50 €
$P(Y = y_i)$	0,2	0,1	0,01

$E(Y) = 20\,€ \cdot 0{,}2 + 40\,€ \cdot 0{,}1 + 50\,€ \cdot 0{,}01 = \mathbf{8{,}50\,€}$

Da aber für beide Maschinen der Erwartungswert gleich ist: $E(X) = E(Y) = 8{,}50\,€$, hilft der Erwartungswert hier als Entscheidungskriterium nicht weiter.

Deshalb will der Betriebsleiter nun die Streuung als Entscheidungskriterium heranziehen und berechnet die Varianz und Standardabweichung der beiden Zufallsgrößen X und Y.

Entsprechend der Formel für die Varianz werden die einzelnen Differenzen aus den Werten der Zufallsgrößen und dem Erwartungswert quadriert, mit ihren Wahrscheinlichkeiten multipliziert und anschließend addiert.
Für die Ermittlung der Standardabweichung wird dann nur noch die Wurzel aus der Varianz gezogen.

Der Betriebsleiter wird sich für Maschine B entscheiden, weil bei ihr die Standardabweichung und damit die Streuung der Zusatzkosten am geringsten ist.

Maschine A

$$V(X) = (250\,€ - 8{,}50\,€)^2 \cdot 0{,}01 + (100\,€ - 8{,}50\,€)^2 \cdot 0{,}05 + (10\,€ - 8{,}50\,€)^2 \cdot 0{,}1 = 1\,002{,}06\,€^2$$

$$\sigma(X) = \sqrt{1\,002{,}06\,€^2} \approx \mathbf{31{,}66\,€}$$

Maschine B

$$V(X) = (20\,€ - 8{,}50\,€)^2 \cdot 0{,}2 + (40\,€ - 8{,}50\,€)^2 \cdot 0{,}1 + (50\,€ - 8{,}50\,€)^2 \cdot 0{,}01 = 142{,}8975\,€^2$$

$$\sigma(X) = \sqrt{142{,}8975\,€^2} \approx \mathbf{11{,}95\,€}$$

Nimmt eine Zufallsgröße die Werte $x_1, x_2, \ldots, x_n$ an, und ist $E(X)$ ihr Erwartungswert, so heißt

$$V(X) = (x_1 - E(X))^2 \cdot P(X = x_1) + (x_2 - E(X))^2 \cdot P(X = x_2) + \ldots + (x_n - E(X))^2 \cdot P(X = x_n) = \sum_{i=1}^{n} (x_i - E(X))^2 \cdot P(X = x_i)$$

die **Varianz** der Zufallsgröße X und $\sigma(X) = \sqrt{V(X)}$ die **Standardabweichung** von X.

Alles klar?

Ein Glücksspiel, bei dem eine Münze dreimal geworfen wird, ergab nebenstehende Wahrscheinlichkeitsverteilung der Zufallsgröße X (= Gewinn bzw. Verlust). ▶ Beispiel 6.32 a
Berechnen Sie die Varianz und die Standardabweichung.

Wahrscheinlichkeitsverteilung von X

x	4 €	−1 €	−2 €
$P(X = x_i)$	$\frac{1}{4}$	$\frac{1}{2}$	$\frac{1}{4}$

Übungen zu 6.4

1 In einem Karton mit 8 Glühlampen befinden sich 2 defekte. Dem Karton werden zufällig 3 Glühlampen entnommen. X sei die Zufallsgröße, die die Anzahl der defekten Lampen angibt.
Ermitteln Sie die Wahrscheinlichkeitsverteilung und die Verteilungsfunktion der Zufallsgröße X und stellen Sie beide tabellarisch und graphisch dar.

2 In einer Lostrommel befinden sich 10 Lose, von denen 5 Nieten sind. Jemand zieht 3 Lose. Die Zufallsgröße X gibt die Anzahl der gezogenen Gewinne wieder.
Ermitteln Sie die Wahrscheinlichkeitsverteilung und die Verteilungsfunktion der Zufallsgröße X und stellen Sie beide tabellarisch und graphisch dar.

3 Beim Skatspiel sind den einzelnen Karten verschiedene Punkte zugeordnet: dem Ass 11 Punkte, der Zehn 10 Punkte, dem König 4 Punkte, der Dame 3 Punkte, dem Buben 2 Punkte und der Sieben, der Acht und der Neun jeweils 0 Punkte.

a) Mit welcher Wahrscheinlichkeit hat eine zufällig gezogene Karte den Wert x ($x = 0, 1, 2, \ldots, 11$)?

b) Stellen Sie die Wahrscheinlichkeitsverteilung der Zufallsgröße X: Anzahl der Punkte der gezogenen Karte und ihre Verteilungsfunktion graphisch dar.

4 In einer Urne befinden sich 20 Kugeln, die von 1 bis 20 nummeriert sind. Eine Kugel wird zufällig gezogen. Bestimmen Sie die Verteilung und Verteilungsfunktion der Zufallsgröße X und stellen Sie beide graphisch dar.

a) X: Anzahl der Teiler der Kugelnummer.

b) X: Anzahl der Primteiler der Kugelnummer.

5 Bei einem Schachturnier treten 2 Mannschaften mit jeweils 3 Spielern gegeneinander an. Jeder Spieler der einen spielt gegen jeden Spieler der anderen Mannschaft.
Am Ende werden die Ergebnisse ausgewertet und die Spieler in einer Rangliste von 1 bis 6 eingetragen. Für die Gesamtwertung wird für jede Mannschaft die Summe aus den Rängen gebildet, die ihre Spieler belegen.
Gehen Sie davon aus, dass alle 6 Spieler vollkommen gleichwertig sind.

a) Bestimmen Sie die Anzahl der Rangkombinationen.

b) Die Zufallsgröße X ordne den Rangkombinationen die Rangsumme zu. Ermitteln Sie die Wahrscheinlichkeitsverteilung und die Verteilungsfunktion von X.

6 Beim Werfen von 3 verschiedenen Würfeln erhält ein Spieler 10 € für einen Dreierpasch, 2 € für einen Zweierpasch, 4 € für 3 aufeinander folgende Zahlen und 5 €, wenn er nur ungerade oder nur gerade verschiedene Augenzahlen wirft. In allen anderen Fällen muss er 3 € an den Gegenspieler zahlen.
Ermitteln Sie die Wahrscheinlichkeitsverteilung und die Verteilungsfunktion der Zufallsgröße X, die den Gewinn bzw. Verlust des Spielers wiedergibt.

7 In einem Produktionsbetrieb beruhen die Störungen im Betriebsablauf zu 15 % auf Fehlern in der Elektrik, die zu durchschnittlichen Kosten von 2 400 € pro Woche führen; 10 % der Störungen sind auf mechanische Fehler zurückzuführen, die durchschnittlich 4 200 € pro Woche verursachen; menschliches Versagen ist Grundlage für 45 % der Störungen mit Fehlerkosten von 750 € pro Woche; Pannen bei der Software sind Ursache für 10 % der Störungen und verursachen Fehlerkosten von 7 500 € je Woche; die übrigen Störungen ergeben sich daraus, dass die von Zulieferern bezogenen Produkte mangelhaft waren (Kosten von 1 500 € pro Woche). Ermitteln Sie mithilfe der Verteilungsfunktion einer geeigneten Zufallsgröße die Wahrscheinlichkeit, dass die Fehlerkosten zwischen 1 000 € und 5 000 € pro Woche liegen.

Erwartungswert, Varianz und Standardabweichung von Zufallsgrößen

8 In einer Lostrommel befinden sich 200 Lose, davon 10 mit einem Gewinn von 10 €, 20 mit einem Gewinn von 5 € und 40 mit einem Gewinn von 1 €; die restlichen Lose sind Nieten. Was müssen die Lose kosten, damit der Veranstalter weder Gewinn noch Verlust macht?

9 Ein Fischhändler bietet an jedem Wochentag einen besonderen Fischsalat an, der am Herstellungstag verkauft werden muss, weil er sonst verdirbt. Seine Erfahrung über ein Jahr hat ihm gezeigt, dass er unabhängig vom Wochentag an 10 % der Tage 10 Portionen, an 15 % der Tage 15 Portionen, an 25 % der Tage 30 Portionen, an 20 % der Tage 35 Portionen, an 15 % der Tage 40 Portionen, an 10 % der Tage 45 und an 5 % der Tage 50 Portionen verkaufen kann.
Pro verkaufter Portion macht er einen Gewinn von 3 €. Kann er eine Portion nicht verkaufen, dann macht er einen Verlust von 7 €.

a) Wie viele Portionen sollte er täglich bereithalten, damit sein Gewinn maximal ist und wie hoch ist dieser dann?
b) Berechnen Sie die Varianz und Standardabweichung der Zufallsgröße X: Anzahl der verkauften Portionen.

10 Frau Baldus möchte ihre Erfahrung als Elektrotechnikerin nutzen und sich selbstständig machen. Ihre Geschäftsidee: Reparatur von Küchenkleingeräten zu einem Pauschalpreis. Für die Reparatur von Handmixern geht sie davon aus, dass die defekten Teile in der unten tabellierten Häufigkeit vorkommen und mit den angegebenen Material- und Lohnkosten für die Reparatur verbunden sind. Der Versand des Mixers zum Kunden in Höhe von 6 € soll in dem Pauschalpreis eingeschlossen werden.

defektes Teil	Anteil an allen defekten Geräten	Material- und Lohnkosten
Motor	10,4 %	16,50 €
Schalter	25,2 %	1,25 €
Hemmlatte	27,5 %	10,75 €
Gehäuse	12,6 %	9,50 €
Platine	14,3 %	7,20 €
Sonstiges	10 %	4,30 €

Wie hoch muss Frau Baldus den Pauschalbetrag ansetzen, wenn sie einen Gewinnzuschlag von 20 % einkalkulieren will?

11 „Die böse Drei“ wird mit 2 idealen Würfeln gespielt. Der Spieler muss 3 € einsetzen. Tritt bei einem Wurf die 3 nicht auf, so erhält er die Augensumme in € ausbezahlt. Tritt dagegen die 3 mindestens ein Mal auf, so hat er die Augensumme in € zu zahlen.
Berechnen Sie den Erwartungswert und die Standardabweichung der Zufallsgröße X: Gewinn/Verlust bei diesem Spiel. Ist das Spiel fair?

12 „Pentagramm“ wird mit 3 Würfeln gespielt: Fällt eine 5, so erhält der Spieler 5 €, bei 2 Fünfen 9 € und bei 3 Fünfen 30 €.
Berechnen Sie den Einsatz des Spielers, damit das Spiel fair wird.

13 Ein Spielautomat besteht aus zwei Scheiben, die sich unabhängig voneinander drehen. Jede Scheibe ist in 10 gleich große Segmente eingeteilt, die von 0 bis 9 durchnummeriert sind. Der Spieleinsatz beträgt 1 €. Man erhält 20 €, wenn auf beiden Scheiben die Zahl 9 oder auf beiden Scheiben die Zahl 0 erscheint. Erscheinen auf beiden Scheiben zwei andere gleiche Zahlen, dann erhält man 5 €.

a) Welchen Gewinn bzw. Verlust kann der Spieler im Mittel erwarten?
b) Um wie viele Euro müsste der Einsatz verändert werden, damit das Spiel fair ist?

14 Eine Münze wird zweimal hintereinander geworfen. Jemand beteiligt sich an dem Spiel mit 18 €. Wenn Kopf erscheint, wird das Spielkapital verdreifacht; erscheint Zahl, wird das Spielkapital gedrittelt. Die Zufallsgröße X stehe für den Betrag, der dem Spieler nach 2 Münzwürfen zusteht.
Ermitteln Sie den Erwartungswert von X.

15 Ein idealer Würfel wird geworfen. Fällt dabei keine Sechs, so wird die Augenzahl des Wurfes als Ergebnis notiert. Fällt im ersten Wurf hingegen eine Sechs, so darf noch einmal gewürfelt werden, und die Augenzahl des zweiten Wurfs wird zur ersten dazu addiert und als Ergebnis notiert.
Ermitteln Sie den Erwartungswert und die Standardabweichung der Zufallsgröße X, die für das Wurfergebnis dieses Spiels steht.

6

16 Ein Spieler setzt beim Roulette auf die Zahlen 1 bis 18 (1-facher Spielgewinn) und 13 bis 24 (2-facher Spielgewinn) jeweils einen Chip im Wert von 20 €.

a) Wie groß ist seine Gewinnerwartung bezüglich der Wette auf die Zahlen 1 bis 18?

b) Wie groß ist seine Gewinnerwartung bezüglich der Wette auf die Zahlen 13 bis 24?

c) Wie groß ist seine Gewinnerwartung bezüglich der Gesamtwette?

d) Ermitteln Sie jeweils die Varianz für a), b) und c).

17 Für den Wurf mit einem idealen Würfel geben die Zufallsgröße X die Augenzahl und die Zufallsgröße X^* die um den Wert 4 erhöhte Augenzahl an.

a) Zeigen Sie, dass der Erwartungswert von X^* um den Betrag 4 größer ist als der Erwartungswert von X und dass X und X^* dieselbe Varianz und Standardabweichung besitzen.

b) Zeigen Sie nun allgemein: Sind X und X^* zwei Zufallsgrößen derselben Wahrscheinlichkeitsverteilung, wobei die Werte von X^* um den Betrag a größer als diejenigen von X sind, so ist der Erwartungswert von X^* ebenfalls um den Betrag a größer als derjenige von X, während die Varianzen und Standardabweichungen von X und X^* gleich sind.

18 Jan und Jörn einigen sich auf folgendes Spiel mit zwei Würfeln:
Jan erhält von Jörn 2 €, wenn beim einmaligen Würfeln das Ergebnis „1" oder „6" ist, bei allen anderen Ergebnissen muss er 1,25 € zahlen.

Das Spiel wird nun mit verdoppelten Geldbeträgen ein zweites Mal gespielt.

a) Zeigen Sie, dass sich im zweiten Spiel gegenüber dem ersten der Erwartungswert verdoppelt und die Varianz vervierfacht hat.

b) Zeigen Sie nun allgemein: Sind X und X^* Zufallsgrößen bezüglich derselben Wahrscheinlichkeitsverteilung, die sich nur darin unterscheiden, dass die Werte von X^* das a-fache der Werte von X annehmen, so beträgt der Erwartungswert von X^* das a-fache des Erwartungswerts von X und die Standardabweichung von X^* das a^2-fache der Standardabweichung von X.
Kurz gesagt: Zeigen Sie, dass aus $X^* = a \cdot X$ folgt
$E(X^*) = a \cdot E(X)$,
$V(X^*) = a^2 \cdot V(X)$.

19 Ein idealer Würfel wird geworfen. Die Zufallsgröße X_1 gebe die Augenzahl an und die Zufallsgröße X_2 die Anzahl der Teiler (einschließlich 1) der Augenzahl. Die Zufallsgröße X gibt die Summe aus Augenzahl und Teileranzahl an.

a) Zeigen Sie, dass der Erwartungswert von X gleich der Summe der Erwartungsgwerte von X_1 und X_2 ist.

b) Zeigen Sie nun allgemein: Sind X_1, X_2 und X drei Zufallsgrößen, die auf demselben Ereignisraum Ω definiert sind, sodass für alle Werte x_1 von X_1, x_2 von X_2 und x von X gilt: $x = x_1 + x_2$, so folgt
$E(X) = E(X_1) + E(X_2)$.

c) Verallgemeinern Sie das Ergebnis aus b) für die Summe endlich vieler Zufallsvariablen $X_1, X_2, \ldots, X_n$, die auf demselben Ereignisraum Ω definiert sind.

6

6.5 Binomialverteilung

Viele Zufallsexperimente lassen nur zwei Ergebnisse (Ereignisse) zu, von denen das eine als „Erfolg“ oder „Treffer“ und das andere als „Misserfolg“ oder „Niete“ bezeichnet werden. Z. B.:

- das Werfen einer Münze (Kopf oder Zahl),
- das Ziehen aus einer Urne mit weißen und schwarzen Kugeln (weiß oder schwarz),
- das Prüfen eines Werkstückes auf Brauchbarkeit oder Unbrauchbarkeit.

6.5.1 Bernoulli-Kette und Verteilungsfunktion

Ein Zufallsexperiment, bei dem genau zwei Ereignisse E und $\overline{E}$ eintreten können, heißt nach dem Schweizer Mathematiker JAKOB BERNOULLI ein **Bernoulli-Experiment**.
Die Wahrscheinlichkeit für das Eintreten eines Erfolgs (Ereignis E) wird **Trefferwahrscheinlichkeit** genannt und mit p bezeichnet. ▸ $P(E) = p$
Für die Wahrscheinlichkeit q des Gegenereignisses $\overline{E}$ gilt dann: $P(\overline{E}) = q = 1 - p$.

Wird ein Bernoulli-Experiment n-mal hintereinander ausgeführt, dann spricht man von einer **Bernoulli-Kette** der Länge n. Eine Bernoulli-Kette setzt voraus, dass die Wahrscheinlichkeiten für die einzelnen Versuche (Experimente der Kette) gleich sind.

BERNOULLI ist der Name einer Gelehrtenfamilie, die seit dem 16. Jahrhundert bis heute viele berühmte Persönlichkeiten hervorgebracht hat, darunter besonders viele Mathematiker. Einer davon ist **JAKOB BERNOULLI** (1654–1705). Er beschäftigte sich mit vielen Bereichen der Mathematik und lieferte Lösungen für deren Probleme. Auf dem Gebiet der Wahrscheinlichkeitsrechnung entdeckte er als Erster unter anderem das **Gesetz der großen Zahlen**. ▸ Kapitel 6.1

Beispiel 6.37

Aus einer Urne mit 3 blauen und 2 roten Kugeln wird viermal eine Kugel **mit Zurücklegen** gezogen. Mit welcher Wahrscheinlichkeit wird genau dreimal eine blaue Kugel entnommen?

Bei jedem Ziehen ist die Trefferwahrscheinlichkeit für eine blaue Kugel 0,6 und für eine rote Kugel $1 - 0{,}6 = 0{,}4$.
▸ Bernoulli-Kette der Länge $n = 4$ mit $p = 0{,}6$

Anhand des Baumdiagramms erkennt man, dass jeder Pfad mit genau 3 Treffern (3 blaue Kugeln) die Wahrscheinlichkeit $0{,}6^3 \cdot 0{,}4$ hat.
▸ 1. Pfadregel

Es gibt $\binom{4}{3}$ solcher Pfade, da man 4 Möglichkeiten hat, die 3 Treffer auf die 4 Stufen eines Pfades zu verteilen.

E: Treffer (blaue Kugel); $\overline{E}$: Niete (rote Kugel)

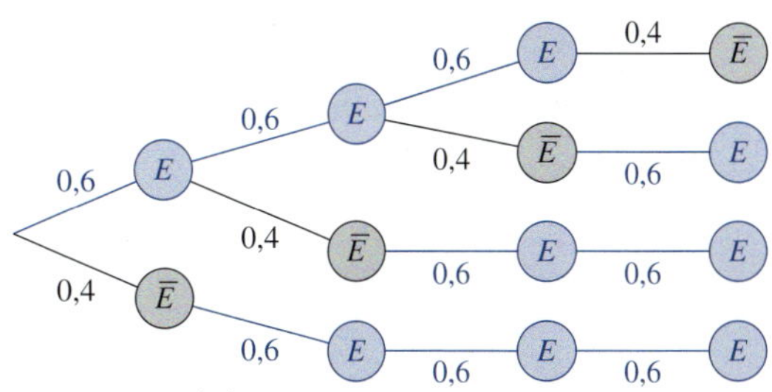

$P(X = 3) = \binom{4}{3} \cdot 0{,}6^3 \cdot 0{,}4^1 = \mathbf{0{,}3456}$

▸ Zufallsvariable X: Anzahl der blauen Kugeln

Mit einer Wahrscheinlichkeit von 34,56 % werden beim viermaligen Ziehen einer Kugel **mit Zurücklegen** genau 3 blaue Kugeln aus einer Urne mit 3 blauen und 2 roten Kugeln gezogen.

In einer Bernoulli-Kette muss die Grundgesamtheit immer die gleiche bleiben. Deswegen ist das **Zurücklegen** einer Probe notwendig. Ist die Grundgesamtheit in Relation zu den entnommenen Proben aber *sehr* groß, dann ist die Wahrscheinlichkeit von Experiment zu Experiment annähernd die gleiche, weshalb man in diesem Fall in der Praxis auf ein Zurücklegen verzichten kann. ▶ Formel 5

Beispiel 6.38

In einem Betrieb werden bei einer Produktion von 1000 Stück täglich 3 Werkstücke einer Qualitätskontrolle unterzogen. Aufgrund der Erfahrungen des Betriebs rechnet man mit einer Fehlerquote von 6 %. Ermitteln Sie die Wahrscheinlichkeiten, mit denen 3, 2, 1 bzw. 0 fehlerhafte Werkstücke unter den 3 entnommenen Werkstücken vorkommen.

Es handelt sich bei dieser Stichprobe mit dem Umfang 3 um eine Bernoulli-Kette der Länge 3, da 3 Bernoulli-Experimente hintereinander geschaltet sind.

▶ Die Grundgesamtheit 1000 ist groß genug, um bei allen 3 Bernoulli-Experimenten von derselben Wahrscheinlichkeit $p = 0{,}06$ ausgehen zu können.

E: Das Werkstück ist fehlerhaft.
$\overline{E}$: Das Werkstück ist fehlerfrei.

$P(E) = 0{,}06$ ▶ $p = 0{,}06$
$P(\overline{E}) = 1 - p = 1 - 0{,}06 = 0{,}94$ ▶ $q = 0{,}94$

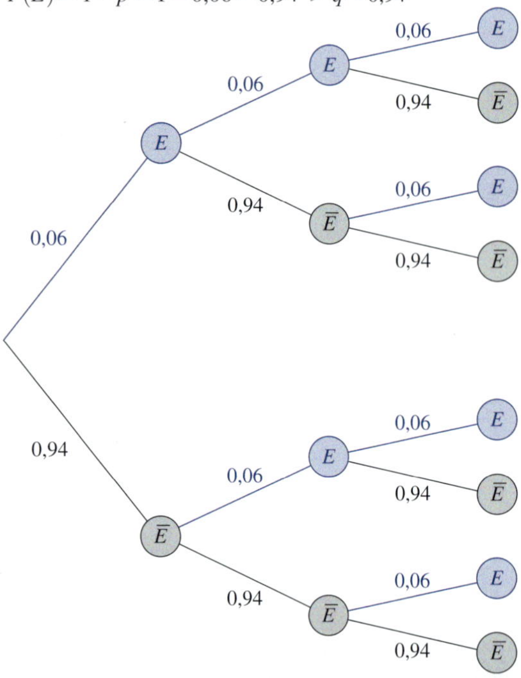

X sei die Anzahl der fehlerhaften Werkstücke unter den entnommenen Werkstücken.

Beispielhaft wird die Wahrscheinlichkeit $P(X=2)$ bestimmt, mit der 2 fehlerhafte Werkstücke gezogen werden:

Es gibt $\binom{3}{2} = 3$ Pfade, die zu diesem Ereignis führen.
Die Wahrscheinlichkeit eines jeden solchen Pfades beträgt $0{,}06^2 \cdot 0{,}94$.
Somit beträgt die gesuchte Wahrscheinlichkeit
$P(X=2) = \binom{3}{2} \cdot 0{,}06^2 \cdot 0{,}94^1 = 0{,}010152.$

Analog können die Wahrscheinlichkeiten $P(X=0)$, $P(X=1)$ und $P(X=3)$ bestimmt werden.

k	$P(X=k)$
0	$\binom{3}{0} \cdot 0{,}06^0 \cdot 0{,}94^3 \approx 0{,}830584$
1	$\binom{3}{1} \cdot 0{,}06^1 \cdot 0{,}94^2 \approx 0{,}159048$
2	$\binom{3}{2} \cdot 0{,}06^2 \cdot 0{,}94^1 \approx 0{,}010152$
3	$\binom{3}{3} \cdot 0{,}06^3 \cdot 0{,}94^0 \approx 0{,}000216$

Verallgemeinert man die Rechnung aus dem Beispiel erhält man folgende Aussage:

Formel von Bernoulli:
Bei einer Bernoulli-Kette der Länge n mit Trefferwahrscheinlichkeit p gilt für die Wahrscheinlichkeit, genau k Treffer zu erzielen:

$$P(X=k)=B(n;p;k)=\binom{n}{k}\cdot p^k\cdot(1-p)^{n-k} \text{ für } k=0,1,2,\ldots,n.$$

Die Zufallsgröße X, die die Anzahl der Treffer angibt, heißt **binomialverteilt** mit den Parametern n und p, ihre Wahrscheinlichkeitsverteilung nennt man **Binomialverteilung**. Der Wert der Binomialverteilung an der Stelle k wird mit $B(n;p;k)$ bezeichnet.

Beispiel 6.39 a

Berechnen Sie die Wahrscheinlichkeit, dass beim 10-maligen Werfen eines idealen Würfels **genau** 4-mal die 6 eintritt.

Das einmalige Werfen des Würfels kann als Bernoulli-Experiment aufgefasst werden, bei dem das Ereignis „6" mit der Trefferwahrscheinlichkeit $\frac{1}{6}$ und das Gegenereignis „keine 6" mit der Wahrscheinlichkeit $\frac{5}{6}$ eintreten.
Das zehnmalige Werfen ist dann eine Bernoulli-Kette der Länge $n=10$.

Die gesuchte Wahrscheinlichkeit wird mit der Formel von Bernoulli berechnet. ► $k=4$

Bernoulli-Kette mit: $n=10, p=\frac{1}{6}$

$$P(X=k)=B(n;p;k)=\binom{n}{k}\cdot p^k\cdot(1-p)^{n-k}$$

$$P(X=4)=B\left(10;\frac{1}{6};4\right)=\binom{10}{4}\cdot\left(\frac{1}{6}\right)^4\cdot\left(\frac{5}{6}\right)^6$$

$$=215\cdot\frac{15{,}625}{60\,466\,176}$$

$$\approx 0{,}054$$

$$= \mathbf{5{,}4\,\%}$$

Beim zehnmaligen Werfen eines Würfels wird die Augenzahl 6 mit einer Wahrscheinlichkeit von ungefähr 5,4 % genau 4-mal auftreten.

6

Oft interessiert man sich nicht nur für $P(X=k)$, sondern z. B. auch für $P(X\leq k)$ oder für $P(a\leq X\leq b)$ und damit für die Verteilungsfunktion der Binomialverteilung.

Ist X eine binomialverteilte Zufallsgröße mit den Parametern n und p, so gilt für die zugehörige Verteilungsfunktion F:
$F(x)=P(X\leq x)=P(X=0)+P(X=1)+\ldots+P(X=k)$,
wobei k die größte ganze Zahl ist, die kleiner oder gleich x ist. Man bezeichnet die rechts stehende Summe mit $F(n;p;k)$. Mit der Formel von Bernoulli ergibt sich:

$$F(x)=F(n;p;k)=\sum_{i=0}^{k}\binom{n}{i}\cdot p^i\cdot(1-p)^{n-i}$$

Die dazugehörige Verteilung wird **kumulierte Binomialverteilung** genannt.

Beispiel 6.39 b

Ermitteln Sie die Wahrscheinlichkeit dafür, dass man beim 10-maligen Würfeln
a) *höchstens* 4-mal eine 6 erhält,
b) *mindestens* 5-mal eine 6 würfelt,
c) *mindestens* 2-mal, aber *höchstens* 4-mal eine Sechs erhält.

Zu a) Die Wahrscheinlichkeit, höchstens 4-mal die Augenzahl 6 zu werfen, ist die Summe der Wahrscheinlichkeiten, genau 0-mal, 1-mal, 2-mal, 3-mal und 4-mal das Ergebnis „6" zu erhalten:
$P(X \leq 4) = P(X=0) + P(X=1) + \ldots + P(X=4)$.

Gesucht ist also die Wahrscheinlichkeit

$$P(X \leq 4) = F\left(10; \frac{1}{6}; 4\right) = B\left(10; \frac{1}{6}; 0\right) + \ldots + B\left(10; \frac{1}{6}; 4\right).$$

Sie beträgt etwa 0,9845.
Mit einer Wahrscheinlichkeit von 98,45 % werden somit unter 10 Würfen höchstens 4 Sechsen sein.

Binomialverteilung mit $n = 10$ und $p = \frac{1}{6}$

$$B\left(10; \frac{1}{6}; 0\right) = \binom{10}{0} \cdot \left(\frac{1}{6}\right)^0 \cdot \left(\frac{5}{6}\right)^{10} \approx 0{,}1615$$

$$B\left(10; \frac{1}{6}; 1\right) = \binom{10}{1} \cdot \left(\frac{1}{6}\right)^1 \cdot \left(\frac{5}{6}\right)^{9} \approx 0{,}3230$$

$$B\left(10; \frac{1}{6}; 2\right) = \binom{10}{2} \cdot \left(\frac{1}{6}\right)^2 \cdot \left(\frac{5}{6}\right)^{8} \approx 0{,}2907$$

$$B\left(10; \frac{1}{6}; 3\right) = \binom{10}{3} \cdot \left(\frac{1}{6}\right)^3 \cdot \left(\frac{5}{6}\right)^{7} \approx 0{,}1550$$

$$B\left(10; \frac{1}{6}; 4\right) = \binom{10}{4} \cdot \left(\frac{1}{6}\right)^4 \cdot \left(\frac{5}{6}\right)^{6} \approx 0{,}0543$$

$$P(X \leq 4) = F\left(10; \frac{1}{6}; 4\right) = B\left(10; \frac{1}{6}; 0\right) + \ldots + B\left(10; \frac{1}{6}; 4\right).$$

$$\approx 0{,}9845 = \mathbf{98{,}45\ \%}$$

Zu b) Gesucht ist die Wahrscheinlichkeit $P(X \geq 5)$. Diese kann mithilfe der Gegenwahrscheinlichkeit von $P(X \leq 4)$ ermittelt werden.
Die Wahrscheinlichkeit beim 10-maligen Würfeln mindestens 5-mal eine Sechs zu erhalten beträgt 1,55 %.

$$P(X \geq 5) = 1 - P(X \leq 4) = 1 - F\left(10; \frac{1}{6}; 4\right) \approx 1 - 0{,}9845 = 0{,}0155 = \mathbf{1{,}55\ \%}$$

Zu c) Gesucht ist $P(2 \leq X \leq 4)$. Es gilt:
$$P(2 \leq X \leq 4) = P(X=2) + P(X=3) + P(X=4) = P(X \leq 4) - P(X \leq 1).$$

Beim 10-maligen Würfeln wird man mit einer Wahrscheinlichkeit von 50 % zwischen 2 und 4 Sechsen erhalten.

$$P(2 \leq X \leq 4) = P(X \leq 4) - P(X \leq 1) = F\left(10; \frac{1}{6}; 4\right) - F\left(10; \frac{1}{6}; 1\right) \approx 0{,}9845 - (0{,}1615 + 0{,}3230) = 0{,}5 = \mathbf{50\ \%}$$

Die Wahrscheinlichkeiten $P(X \leq k)$, beim zehnfachen Würfelwurf mindestens k-mal eine 6 zu werfen, sind für alle k zwischen 0 und 10 in dem rechts stehenden Säulendiagramm dargestellt.

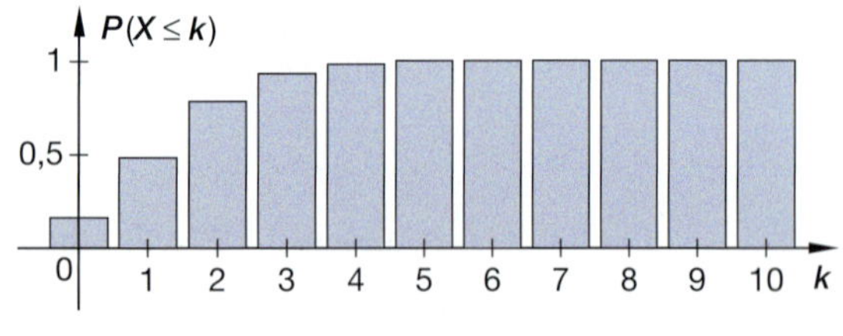

Kennt man die Verteilungsfunktion, kann man umgekehrt auch Punktwahrscheinlichkeiten berechnen.

Zum Beispiel ist $P(X=4)$ die Differenz aus $F\left(10; \frac{1}{6}; 4\right)$ und $F\left(10; \frac{1}{6}; 3\right)$.

$$P(X=4) = F\left(10; \frac{1}{6}; 4\right) - F\left(10; \frac{1}{6}; 3\right) \approx 0{,}9845 - 0{,}9302 = \mathbf{0{,}0543}$$

Vor allem bei langen Bernoulli-Ketten können die Berechnungen von Wahrscheinlichkeiten sehr aufwändig werden. Zur Vereinfachung kann man die gesuchten Werte Tabellen entnehmen (im Anhang) oder mithilfe eines Rechners bestimmen.

Beispiel 6.40 a

Ein Elektronikbetrieb stellt CD-Rohlinge her und rechnet mit einem Ausschuss von 3 %. Bestimmen Sie mithilfe der Tabellen zur Binomialverteilung die Wahrscheinlichkeit, dass unter 10 CD-Rohlingen **a)** genau 2 CDs Ausschuss und **b)** höchstens 2 CDs Ausschuss sind.

Zu a) Gesucht ist die Wahrscheinlichkeit $P(X=2)=B(10;\,0{,}03;\,2)$

$$=\binom{10}{2}\cdot 0{,}03^2\cdot 0{,}97^8$$

$$\approx \mathbf{0{,}0317}=\mathbf{3{,}17\,\%}.$$

Diesen Wert kann man auch wie nebenstehend aus der Tabelle ablesen.

Tabelle zur Binomialverteilung ▶ Tabellenanhang

$B(n;p;k)=\binom{n}{k}\cdot p^k\cdot(1-p)^{n-k}$

n	k	0,02	0,03	0,04	0,05	0,10	1/6
10	0	0,8171	7374	6648	5987	3487	1615
	1	1667	2281	2770	3151	3874	3230
	2	0153	**0317**	0519	0746	1937	2907
	3	0008	0026	0058	0105	0574	1550
	4		0001	0004	0010	0112	0543
	5				0001	0015	0130
	6					0001	0022
	7						0002
	8						
	9						
	10						

Zu b) Gesucht ist die Wahrscheinlichkeit $P(X\le 2)=F(10;\,0{,}03;\,2)$

$=P(X=0)\quad+P(X=1)\quad+P(X=2)$

$=B(10;\,0{,}03;\,0)+B(10;\,0{,}03;\,1)+B(10;\,0{,}03;\,2)$

$\approx 0{,}7374\quad+0{,}2281\quad+0{,}0317$

$=\mathbf{0{,}9972}=\mathbf{99{,}7\,\%}.$

Gerade bei der kumulierten (summierten) Binomialverteilung kann das Ablesen des gesuchten Wertes aus der Tabelle viel Rechenarbeit sparen.

Tabelle zur summierten Binomialverteilung ▶ Tabellenanhang

$F(n;p;k)=B(n;p;0)+\ldots+B(n;p;k)$

n	k	0,02	0,03	0,04	0,05	0,10	1/6
10	0	0,8171	7374	6648	5987	3487	1615
	1	9838	9655	9418	9139	7361	4845
	2	9991	**9972**	9938	9885	9298	7752
	3		9999	9996	9990	9872	9303
	4				9999	9984	9845
	5					9999	9976
	6						9997
	7						
	8						
	9						

Beispiel 6.40 b

Überprüfen Sie mithilfe von TI-Nspire die Werte für $B(10;\,0{,}03;\,2)$ und $F(10;\,0{,}03;\,2)$.

Unter EINFÜGEN wird zunächst die Applikation CALCULATOR geöffnet.
Klickt man im Untermenü WAHRSCHEINLICHKEIT ⇒ VERTEILUNGEN an, gelangt man zu BINOMIAL PDF bzw. BINOMIAL CDF für die kumulierte Binomialverteilung.
▶ Gibt man bei BINOMIAL PDF für X keinen speziellen Wert an, wird $B(10;\,0{,}03;\,k)$ für alle k-Werte von 0 bis 10 angegeben.

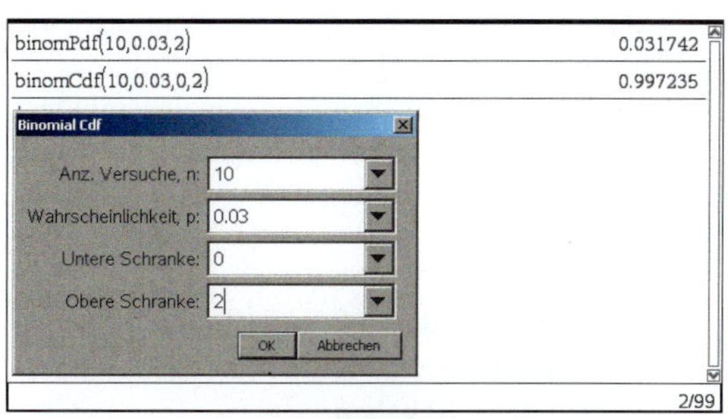

Beispiel 6.41

Konstruieren Sie mit Excel die Binomialverteilungen $B(10; 0{,}05; k)$, $B\left(10; \frac{1}{6}; k\right)$ und $B(10; 0{,}5; k)$ sowie die summierten Binomialverteilungen $F(10; 0{,}05; k)$, $F\left(10; \frac{1}{6}; k\right)$ und $F(10; 0{,}5; k)$.

Die Funktion „BINOMVERT" berechnet die einzelnen Binomialverteilungen.
Dabei wird die Erfolgszahl für k als 1. Argument, die Versuchsanzahl für n als 2. Argument und die Erfolgswahrscheinlichkeit für p als 3. Argument benötigt. Beim 4. Argument „Kumulierung" trägt man eine 0 für die Binomialverteilung und eine 1 für die summierte Binomialverteilung ein.

	A	B	C	D	E	F	G
1		Binomialverteilung			Summierte Binomialverteilung		
2							
3	*n*	10	10	10	10	10	10
4	*p*	5%	16,67%	50%	5%	16,67%	50%
5	*k*						
6	0	0,5987	0,1615	0,0010	0,5987	0,1615	0,0010
7	1	0,3151	0,3230	0,0098	0,9139	0,4845	0,0107
8	2	0,0746	0,2907	0,0439	0,9885	0,7752	0,0547
9	3	0,0105	0,1550	0,1172	0,9990	0,9303	0,1719
10	4	0,0010	0,0543	0,2051	0,9999	0,9845	0,3770
11	5	0,0001	0,0130	0,2461	1,0000	0,9976	0,6230
12	6	0,0000	0,0022	0,2051	1,0000	0,9997	0,8281
13	7	0,0000	0,0002	0,1172	1,0000	1,0000	0,9453
14	8	0,0000	0,0000	0,0439	1,0000	1,0000	0,9893
15	9	0,0000	0,0000	0,0098	1,0000	1,0000	0,9990
16	10	0,0000	0,0000	0,0010	1,0000	1,0000	1,0000

Formeln Binomialverteilung

	A	B
3	*n*	10
4	*p*	0,05
5	*k*	
6	0	=RUNDEN(BINOMVERT($A6;B$3;B$4;0);4)
7	1	=RUNDEN(BINOMVERT($A7;B$3;B$4;0);4)

Formeln Summierte Binomialverteilung

	A	E
3	*n*	10
4	*p*	0,05
5	*k*	
6	0	=RUNDEN(BINOMVERT($A6;E$3;E$4;1);4)
7	1	=RUNDEN(BINOMVERT($A7;E$3;E$4;1);4)

► Das Festsetzen mit dem $-Zeichen in der Zelle B6 bewirkt, dass die Formel in alle Zellen kopiert werden kann.

Die Funktion „RUNDEN" mit einer 4 als 2. Argument liefert die genau auf 4 Stellen gerundeten Binomialverteilungen.

In den vorangegangen Beispielen waren die Werte für n und p gegeben und es ist jeweils $P(X = k)$ bzw. $P(X \leq k)$ berechnet worden. Im folgenden Beispiel soll nun die Länge einer Bernoulli-Kette n bei gegebenen Werten für p und $P(X = k)$ ermittelt werden.

Beispiel 6.42 (Länge einer Bernoulli-Kette)

Wie oft muss man mindestens eine Kugel aus einer mit 3 blauen und 2 roten Kugeln gefüllten Urne ziehen und wieder zurücklegen, wenn man mit einer Wahrscheinlichkeit von mindestens 99% mindestens einmal eine rote Kugel ziehen will?

Die Zufallsvariable X steht für die Anzahl der gezogenen roten Kugeln. Gesucht ist die Anzahl n der Ziehungen.
Da mit einer Wahrscheinlichkeit von mindestens 99 % mindestens eine rote Kugel gezogen werden soll, muss gelten: $P(X \geq 1) \geq 0{,}99$.

Es müssen mindestens 10 Kugeln gezogen werden, die Bernoulli-Kette muss also mindestens die Länge 10 haben.

X: Anzahl der gezogenen roten Kugeln
n: Anzahl der Ziehungen

$$P(X \geq 1) \geq 0{,}99 \quad \Leftrightarrow \quad 1 - P(X = 0) \geq 0{,}99$$
$$\Leftrightarrow \quad P(X = 0) \leq 0{,}01 \quad \Leftrightarrow \quad B(n; 0{,}4; 0) \leq 0{,}01$$
$$\Leftrightarrow \quad \binom{n}{0} \cdot 0{,}4^0 \cdot 0{,}6^n \leq 0{,}01 \qquad ► \binom{n}{0} = 1$$
$$\Leftrightarrow \quad 0{,}6^n \leq 0{,}01 \qquad ► \mid \lg$$
$$\Leftrightarrow \quad n \cdot \lg 0{,}6 \leq \lg 0{,}01 \qquad ► \lg 0{,}6 < 0$$
$$\Leftrightarrow \quad \mathbf{n \geq 9{,}02}$$

In zahlreichen Aufgabenstellungen wird nach der Trefferwahrscheinlichkeit p bei gegebenen Werten für n und $P(X=k)$ gesucht.

Beispiel 6.43 (Trefferwahrscheinlichkeit)

Eine Fußballmannschaft besteht aus 11 Spielern und 3 Auswechselspielern. Damit die gesamte Mannschaft mit einer hohen Wahrscheinlichkeit konstant leistungsfähig ist, muss jeder einzelne Spieler eine gewisse Mindestwahrscheinlichkeit mitbringen, an einem Spieltag fit und damit einsatzfähig zu sein. Diese Mindestwahrscheinlichkeit soll für jeden Spieler gleich hoch veranschlagt werden.

a) Mit welcher Wahrscheinlichkeit muss jeder einzelne der 14 Spieler fit sein, damit mit über 90 % Wahrscheinlichkeit die gesamte Mannschaft einsatzfähig ist?

b) Mit welcher Wahrscheinlichkeit muss jeder einzelne Spieler fit sein, damit die Mannschaft mit über 99 % Wahrscheinlichkeit wenigstens 11 Spieler aufs Feld schicken kann?

Zu a) Gibt X die Anzahl der einsatzfähigen Spieler an, so lautet die Forderung:
$P(X=14) > 90\,\% = 0{,}9$.
Die Zufallsgröße X ist binomialverteilt mit den Parametern n und p, wobei $n=14$ die Gesamtzahl der Spieler angibt und p die Fitnesswahrscheinlichkeit für jeden einzelnen. Die obige Ungleichung ist somit gleichbedeutend mit $B(14; p; 14) > 0{,}9$.

Löst man diese Ungleichung nach p auf, so folgt $p \geq 0{,}9925$

X: Anzahl der voll leistungsfähigen Spieler
n: Anzahl der Spieler ($n=14$)

$$P(X=14) = B(14, p, 14) = \binom{14}{14} \cdot p^{14} \cdot (1-p)^0 = p^{14}$$

$$\begin{aligned} & P(X=14) > 0{,}9 \\ \Leftrightarrow \quad & p^{14} > 0{,}9 \\ \Leftrightarrow \quad & p > \sqrt[14]{0{,}9} \\ \Leftrightarrow \quad & p > 0{,}992502496\ldots \approx \mathbf{0{,}9925} \end{aligned}$$

Jeder Spieler muss also mit einer Wahrscheinlichkeit von mindestens 99,25 % spielfähig sein, damit mit einer Wahrscheinlichkeit von mehr als 90 % die gesamte Mannschaft eingesetzt werden kann.

Zu b) Es ist nun ein Mindestwert für p zu ermitteln, für den die Ungleichung
$P(X \geq 11) > 0{,}99$
bzw. die äquivalente Ungleichung
$F(14; p; 10) < 0{,}01$
erfüllt ist. Mithilfe von TI-Nspire erkennt man, dass die Ungleichung für $p = 93\,\%$ noch nicht, für $p \geq 94\,\%$ aber erfüllt ist. Die gesuchte Mindestwahrscheinlichkeit liegt daher zwischen 93 % und 94 %.

$$\begin{aligned} & P(X \geq 11) > 0{,}99 \\ \Leftrightarrow \quad & 1 - P(X \leq 10) > 0{,}99 \\ \Leftrightarrow \quad & P(X \leq 10) < 0{,}01 \\ \Leftrightarrow \quad & F(14; p; 10) < 0{,}01 \end{aligned}$$

$F(14; 0{,}93; 10) \approx 0{,}0116$
$F(14; 0{,}94; 10) \approx 0{,}0070$
$\Rightarrow \mathbf{93\,\%} < p < \mathbf{94\,\%}$

6

Alles klar?

Ein Multiple-Choice Test besteht aus 50 Fragen, bei denen jeweils nur eine von vier Antwortmöglichkeiten richtig ist. Wie groß ist die Wahrscheinlichkeit, durch zufälliges Ankreuzen

a) genau 20 Fragen richtig zu beantworten?

b) mehr als 15 Fragen richtig zu beantworten?

c) mindestens 15 und höchstens 20 Fragen richtig zu beantworten?

6.5.2 Erwartungswert und Varianz

Wenn in einer Lostrommel ein Viertel der Lose Gewinne sind und man 8 Lose zieht, erwartet man in der Regel $8 \cdot \frac{1}{4} = 2$ Gewinne. Das lässt vermuten, dass für den Erwartungswert einer mit den Parametern n und p binomialverteilten Zufallsgröße X allgemein gilt: $E(X) = n \cdot p$.

Um diese Formel herzuleiten, fasst man die Zufallsgröße X als Summe von n Zufallsgrößen $X_1, X_2, \ldots, X_n$ auf, die jeweils nur 2 Werte annehmen können (1 für „Treffer" und 0 für „kein Treffer").

Für den **Erwartungswert** der Zufallsgröße X gilt dann:

$$\begin{aligned} E(X) &= E(X_1 + X_2 + \ldots + X_n) \\ &= E(X_1) + E(X_2) + \ldots + E(X_n) \quad ▶ \; E(X_i) = 1 \cdot p + 0 \cdot (1-p) = 1 \cdot p \text{ für } 1 \leq i \leq n \\ &= 1 \cdot p + 1 \cdot p + \ldots + 1 \cdot p \\ &= \boldsymbol{n \cdot p} \end{aligned}$$

Da die Zufallsgrößen X_i unabhängig voneinander sind, gilt entsprechend für die **Varianz**:

$$\begin{aligned} V(X) &= V(X_1 + X_2 + \ldots + X_n) \\ &= V(X_1) + V(X_2) + \ldots + V(X_n) \quad ▶ \; V(X_i) = (0-p)^2 \cdot (1-p) + (1-p)^2 \cdot p = p \cdot (1-p) \text{ für } 1 \leq i \leq n \\ &= p \cdot (1-p) + p \cdot (1-p) + \ldots + p \cdot (1-p) \\ &= \boldsymbol{n \cdot p \cdot (1-p)} \end{aligned}$$

Für die **Standardabweichung** folgt: $\boldsymbol{\sigma(X) = \sqrt{n \cdot p \cdot (1-p)}}$.

Für eine mit den Parametern n und p binomialverteilte Zufallsgröße X gilt:
- **Erwartungswert** $\mu = E(X) = n \cdot p$,
- **Varianz** $V(X) = n \cdot p \cdot (1-p)$,
- **Standardabweichung** $\sigma(X) = \sqrt{n \cdot p \cdot (1-p)}$.

Beispiel 6.44

Bei einem Medikament treten mit einer Wahrscheinlichkeit von 8 % Nebenwirkungen auf. In einer Klinik werden 25 Patienten mit diesem Medikament behandelt. Bei wie vielen Patienten sind Nebenwirkungen zu erwarten? Wie groß ist die Streuung um diesen Mittelwert?

Bei 2 von den 25 Patienten sind Nebenwirkungen zu erwarten.

X: Anzahl der Patienten mit Nebenwirkungen
X ist binomialverteilt mit $n = 25$ und $p = 0{,}08$

Um die Stärke der Streuung zu bestimmen, wird die Varianz bzw. Standardabweichung ermittelt.

$E(X) = n \cdot p = 25 \cdot 0{,}08 = \mathbf{2}$
$V(X) = n \cdot p \cdot (1-p) = 25 \cdot 0{,}08 \cdot 0{,}92 = \mathbf{1{,}84}$
$\sigma(X) = \sqrt{n \cdot p \cdot (1-p)} = \sqrt{25 \cdot 0{,}08 \cdot 0{,}92} = \mathbf{1{,}356}$

Alles klar?

Eine Zufallsvariable X ist binomialverteilt mit $n = 100$ und $p = 0{,}3$. Ermitteln Sie den Erwartungswert, die Varianz und die Standardabweichung von X.

6.5.3 Eigenschaften von Binomialverteilungen

Jede Binomialverteilung ist durch Angabe der Parameter n (Länge der Bernoulli-Kette) und p (Treffer- oder Erfolgswahrscheinlichkeit) gekennzeichnet.

Im Folgenden soll untersucht werden, wie sich die Binomialverteilungen verändern, wenn man jeweils einen Parameter variiert, während man den anderen konstant hält.

Beispiel 6.45 (p ist konstant und n variiert)

$B(5; 0{,}4; k)$

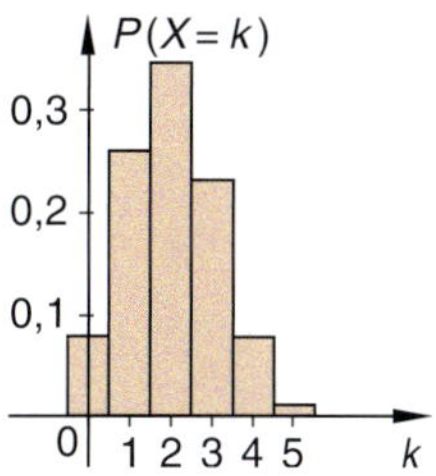

$B(10; 0{,}4; k)$

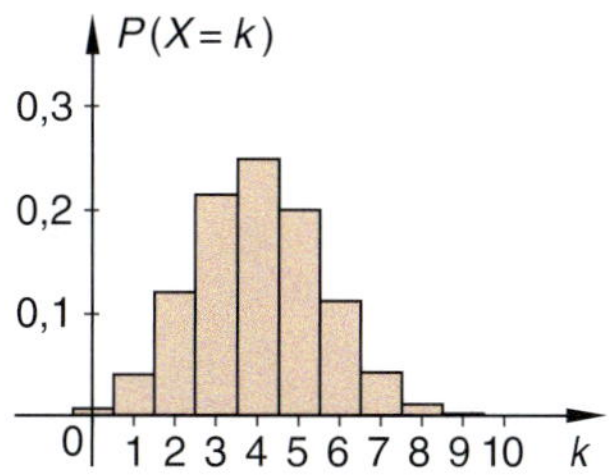

$B(15; 0{,}4; k)$

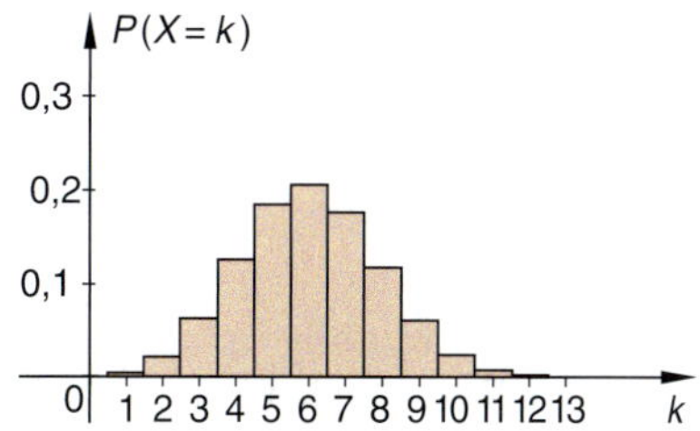

Man erkennt, dass mit wachsendem n die Histogramme immer flacher werden und sich immer mehr einer symmetrischen Form nähern.

Beispiel 6.46 (n ist konstant und p variiert)

$B(10; 0{,}25; k)$

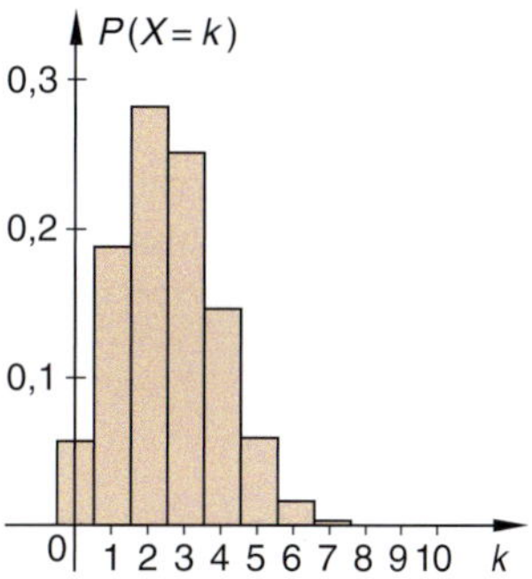

$B(10; 0{,}5; k)$

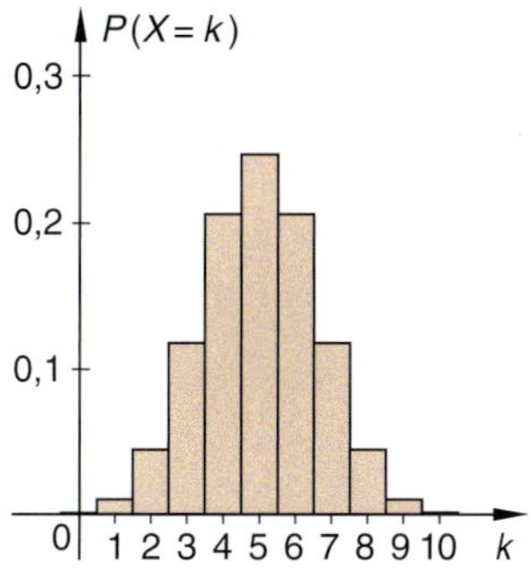

$B(10; 0{,}75; k)$

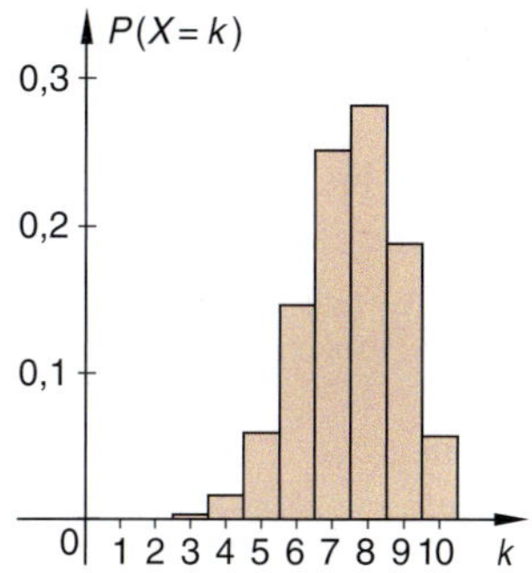

Man erkennt, dass das Maximum der Verteilung mit wachsendem p immer weiter nach rechts wandert. Außerdem lässt sich feststellen, dass für $p = 0{,}5$ das Histogramm symmetrisch ist.

Für **Binomialverteilungen** $B(n; p; k)$ gelten folgende Eigenschaften:

- Je größer p ist, desto weiter rechts liegt das Maximum der Verteilung.
- Mit wachsendem n werden die Verteilungen flacher und symmetrischer.
- Für $p = 0{,}5$ ist die Verteilung symmetrisch: $B(n; p; k) = B(n; p; n-k)$.

Alles klar?

Stellen Sie die folgenden Binomialverteilungen dar und bestätigen Sie die ermittelten Eigenschaften.

a) $B(15; 0{,}3; k)$; $B(15; 0{,}5; k)$; $B(15; 0{,}8; k)$

b) $B(10; 0{,}6; k)$; $B(15; 0{,}6; k)$; $B(20; 0{,}6; k)$

Beispiel 6.47

Formulieren Sie eine Vermutung über den Zusammenhang zwischen der Lage des Maximums und dem Erwartungswert einer Binomialverteilung, indem Sie die Erwartungswerte der 6 Binomialverteilungen aus den Beispielen 6.45 und 6.46 berechnen.

Ein Vergleich der Erwartungswerte mit den Histogrammen führt zu der Erkenntnis, dass die Maxima der Binomialverteilungen
- **genau** an der Stelle $k = E(X)$ liegen, wenn $E(X)$ **ganzzahlig** ist oder
- **dicht bei** der Stelle $k = E(X)$ liegen, wenn $E(X)$ **nicht ganzzahlig** ist.

Das bedeutet, dass diejenige Trefferanzahl die größte Wahrscheinlichkeit besitzt, die gleich oder annähernd gleich dem Erwartungswert ist.

$E(X) = n \cdot p$

$p = 0{,}4 \quad n = 5 \Rightarrow E(X) = 2$
$\qquad\quad\; n = 10 \Rightarrow E(X) = 4$
$\qquad\quad\; n = 15 \Rightarrow E(X) = 6$

$n = 10 \quad p = 0{,}25 \Rightarrow E(X) = 2{,}5$
$\qquad\quad\; p = 0{,}5 \Rightarrow E(X) = 5$
$\qquad\quad\; p = 0{,}75 \Rightarrow E(X) = 7{,}5$

Diese Vermutung lässt sich allgemein beweisen. ▶ Übungsaufgabe 17

Es ist sinnvoll, symmetrische Bereiche um das Maximum bzw. um den Erwartungswert zu betrachten.

Beispiel 6.48

70 % der 10- bis 14-jährigen Einwohner einer Stadt besitzen einen MP3-Player. Der führende Hersteller startet eine Umfrage zu den Musikgewohnheiten und wählt zufällig 100 Zielpersonen aus.
Mit welcher Wahrscheinlichkeit wird die Anzahl der Personen mit MP3-Player höchstens um den Wert σ, 2σ bzw. 3σ vom Erwartungswert abweichen?

Die Zufallsgröße X gibt die Anzahl der Personen mit einem MP3-Player an. X besitzt den Erwartungswert $\mu = 70$ und die Standardabweichung $\sigma \approx 4{,}58$.
Gesucht ist zunächst die Wahrscheinlichkeit, dass der Wert von X um höchstens 4,58 von 70 abweicht, also $P(65{,}42 \leq X \leq 74{,}58)$.
Diese entspricht $P(66 \leq X \leq 74) \approx 67{,}4\,\%$.
Analog ergibt sich für eine 2σ-Umgebung $(2\sigma = 9{,}17)$ bzw. für eine 3σ-Umgebung $(3\sigma = 13{,}75)$ um den Erwartungswert 70 eine Wahrscheinlichkeit von 96,25 % bzw. 99,69 %.

$\mu = n \cdot p = 100 \cdot 0{,}7 = 70$

$\sigma = \sqrt{n \cdot p \cdot q} = \sqrt{100 \cdot 0{,}7 \cdot 0{,}3} \approx 4{,}58$

$P(|X - \mu| \leq \sigma)$
$= P(|X - 70| \leq 4{,}58)$
$= P(65{,}42 \leq X \leq 74{,}58)$
$= P(X \leq 74) - P(X \leq 65)$
$= F(100; 0{,}7; 74) - F(100; 0{,}7; 65)$
$\approx (1 - 0{,}1631) - (1 - 0{,}8371)$
$= \mathbf{0{,}6740}$
$P(|X - 70| \leq 9{,}17) \approx \mathbf{0{,}9625}$
$P(|X - 70| \leq 13{,}75) \approx \mathbf{0{,}9969}$

Mit einer Wahrscheinlichkeit von ca. 67,4 % werden zwischen 66 und 74 der gefragten Personen einen MP3-Player besitzen. Mit einer Wahrscheinlichkeit von 96,25 % werden zwischen 61 und 79 Personen einen MP3-Player besitzen. Mit 99,69 % Wahrscheinlichkeit befinden sich unter den befragten Personen zwischen 57 und 83 Besitzer eines MP3-Players.

Histogramm der $B(100; 0{,}7; k)$-Verteilung

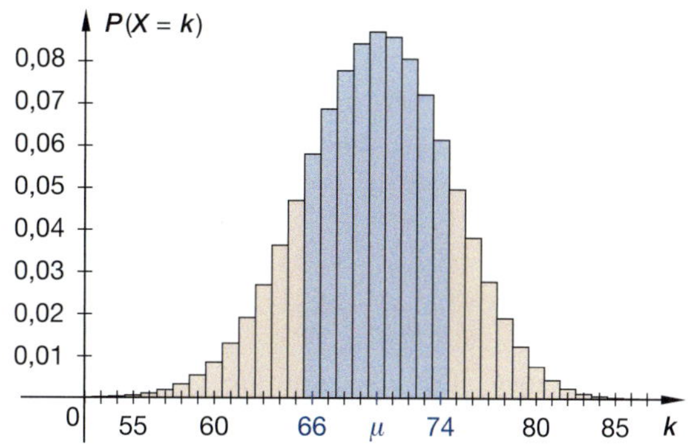

Es lässt sich zeigen, dass die in dem Beispiel gefundenen Werte allgemein gültig sind.

Sigmaregeln: Ist X eine mit den Parametern n und p binomialverteilte Zufallsgröße mit dem Erwartungswert $\mu = n \cdot p$ und der Standardabweichung $\sigma = \sqrt{n \cdot p \cdot (1-p)}$, dann liegen die Werte für X in der Regel mit einer Wahrscheinlichkeit von ungefähr

- 68% im Intervall $[\mu - \sigma; \mu + \sigma]$,
- 95,5 % im Intervall $[\mu - 2\sigma; \mu + 2\sigma]$ und
- 99,7% im Intervall $[\mu - 3\sigma; \mu + 3\sigma]$.

Die Sigmaregeln gelten umso genauer, je größer der Stichprobenumfang n ist, insbesondere falls die **LAPLACE-Bedingung** $\sigma = \sqrt{n \cdot p \cdot (1-p)} > 3$ erfüllt ist.

Ist die Trefferwahrscheinlichkeit p bekannt, interessiert man sich in der Praxis oft dafür, in welchem Intervall die Anzahl der Treffer einer Stichprobe mit einer vorgegebenen Wahrscheinlichkeit liegt.

Beispiel 6.49

Für eine Sorte Saatkartoffeln gibt der Lieferer eine Keimgarantie von 90 %. Wie viele Kartoffeln werden aus einer Stichprobe vom Umfang 200 mit einer Sicherheit von mindestens 95 % keimen?

Gibt X die Anzahl der keimfähigen Kartoffeln an, so liegen die Werte von X in der Regel mit einer Wahrscheinlichkeit von 95,5 % in der 2σ-Umgebung des Erwartungswerts von X.

▸ LAPLACE-Bedingung ist erfüllt: $\sigma > 3$

Man kann mit einer Wahrscheinlichkeit von über 95 % erwarten, dass zwischen 172 und 188 Kartoffeln keimen werden.

$n = 200;\ p = 0{,}9$

$\mu = n \cdot p = 200 \cdot 0{,}9 = 180$

$\sigma = \sqrt{n \cdot p \cdot (1-p)} = \sqrt{200 \cdot 0{,}9 \cdot 0{,}1} \approx 4{,}24$

$\Rightarrow 2\sigma \approx 8{,}5$

$|X - \mu| \leq 2\sigma \Leftrightarrow |X - 180| \leq 8{,}5$

$\Rightarrow \mathbf{172 \leq X \leq 188}$

Alles klar?

Eine Zufallsvariable X ist binomialverteilt mit $n = 100$ und $p = 0{,}3$. Berechnen Sie die Wahrscheinlichkeit, mit der die Werte für X im Intervall $[\mu - \sigma; \mu + \sigma]$ liegen.

Übungen zu 6.5

1 Die Zufallsgröße X sei binomialverteilt. Bestimmen Sie die Wahrscheinlichkeit $P(X=k)$ mit
a) $n=10$; $p=0{,}1$; $k=1$ $(k=2, k=3, k=4)$,
b) $n=20$; $p=0{,}2$; $k=1$ $(k=2, k=3, k=4)$,
c) $n=30$; $p=0{,}3$; $k=5$ $(k=6, k=7, k=8)$.

2 Bei einer Qualitätskontrolle werden der Produktionsmenge von Glühlampen täglich 20 Lampen entnommen. Man weiß aus Erfahrung, dass 5 % der Produkte Mängel aufweisen. Ermitteln Sie die Wahrscheinlichkeit, dass
a) 1 (2, 3, 4, 5) der entnommenen Lampen fehlerhaft ist (sind).
b) höchstens 1 (2, 3, 4, 5) der entnommenen Lampen fehlerhaft ist (sind).

3 In einem Klassenraum stehen 20 PCs. Jeder PC greift im Mittel 9 Minuten pro doppelter Schulstunde (90 Minuten) auf einen gemeinsamen Drucker zu. Legen Sie mithilfe von Excel eine Tabelle an, die die Verteilung der Zufallsgröße X enthält. X sei dabei die Anzahl der zu diesem Zeitpunkt benötigten Drucker.

4 Wie oft muss man einen idealen Würfel mindestens werfen, damit mit einer Wahrscheinlichkeit von
a) 50 %, b) 60 %, c) 75 %,
d) 80 %, e) 90 %, f) 95 %
mindestens einmal eine 6 erscheint?

5 Auf einem Jahrmarkt befinden sich zwei Losbuden. Bei beiden muss man für ein Los dasselbe bezahlen und erhält für ein Gewinnlos denselben Preis. Die blauen bzw. roten Säulen in dem Diagramm geben die kumulierte Verteilung der Gewinne beim zehnmaligen Ziehen eines Loses an. Wo würden Sie ein Los ziehen?

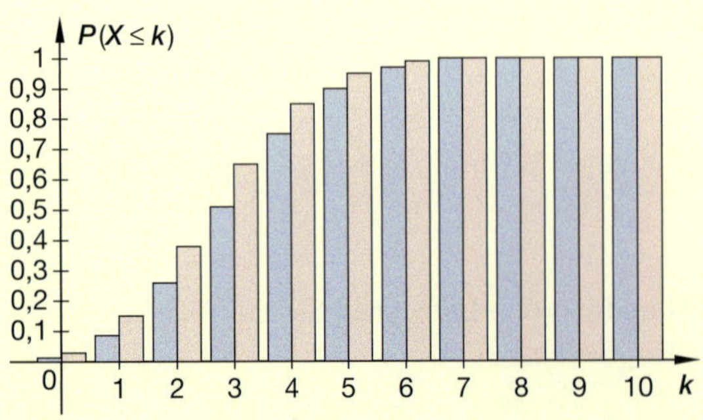

6 Ein Anlageberater wirbt damit, dass bisher 80 % seiner Empfehlungen bzw. Prognosen eingetreten seien. Eine ehemalige Lottogemeinschaft aus 20 Personen, die vom staatlichen Zahlenlotto enttäuscht ist, folgt unabhängig voneinander den Anlageempfehlungen des Beraters. Mit welcher Wahrscheinlichkeit werden mindestens 75 % der neuen Kunden richtig beraten?

7 Bei einem Multiple-Choice-Test werden den Testpersonen bei 20 Fragen jeweils 4 mögliche Antworten gegenübergestellt, von denen nur eine richtig ist. Der Test ist bestanden, wenn 8 Fragen korrekt beantwortet wurden. Mit welcher Wahrscheinlichkeit besteht ein unvorbereiteter Prüfling den Test, der völlig zufällig jeweils eine Antwort ankreuzt?

8 Eine Münze wird 100-mal (80-mal) geworfen. Mit welcher Wahrscheinlichkeit hat man
a) mindestens 40-mal Wappen,
b) mindestens 50-mal Wappen,
c) höchstens 40-mal Wappen,
d) zwischen 40- und 60-mal Wappen?

9 Der Leiter eines Callcenters geht davon aus, dass von den ausgesuchten Telefoninhabern im Mittel nur 80 % angetroffen werden. Mit welcher Wahrscheinlichkeit werden von
a) 50 ausgesuchten Anschlüssen weniger als 30 erfolgreich angewählt?
b) 80 ausgesuchten Anschlüssen weniger als 60 erfolgreich angewählt?
c) 100 ausgesuchten Anschlüssen weniger als 70 erfolgreich angewählt?
d) 100 ausgesuchten Anschlüssen mehr als 90 erfolgreich angewählt?

6

10 Ein Taxistandplatz ist für 50 Taxen vorgesehen. Die Erfahrung hat gezeigt, dass ein Wagen sich durchschnittlich 12 Minuten pro Stunde am Standplatz aufhält. Genügt es, den Standplatz für 20 Wagen anzulegen, wenn in 95 % aller Fälle der Platz ausreichen soll?

11 Der Vorstand eines Vereins erwartet aus langjähriger Erfahrung, dass 30 % der 100 Vereinsmitglieder zur Hauptversammlung erscheinen. Mit welcher Wahrscheinlichkeit reicht eine Bestuhlung des Versammlungsraums
a) mit 40 b) mit 30
Sitzgelegenheiten aus?

12 Berechnen Sie zu den Aufgaben 6 bis 11 (auch mithilfe von Excel) jeweils den Erwartungswert, die Varianz und die Standardabweichung.

13 Etwa 2 % der produzierten elektronischen Waagen einer Firma sind ungenau eingestellt. Ein Großhändler nimmt 4 200 Waagen ab. Bei wie vielen Waagen muss er erwartungsgemäß mit Ungenauigkeiten rechnen?

14 Zeigen Sie *nur* unter Zuhilfenahme der Definition der Varianz und der Bernoulli-Formel, dass für das Beispiel 6.38 gilt: $V(X) = 3 \cdot pq$.

15 Die Binomialverteilung besitzt die Eigenschaft, dass aus der Kenntnis der Wahrscheinlichkeit für $k-1$ Erfolge auf die Wahrscheinlichkeit für k Erfolge geschlossen werden kann (rekursive Berechnung).
Zeigen Sie die **Rekursionsformel** für die Wahrscheinlichkeiten einer binomialverteilten Zufallsgröße

$$P(X=k) = \frac{n-k+1}{k} \cdot \frac{p}{q} \cdot P(X=k-1).$$

Tipp: Betrachten Sie $\frac{P(X=k)}{P(X=k-1)}$.

16 Eine ideale Münze wird 24-mal geworfen. Ermitteln Sie mithilfe der Rekursionsformel die Wahrscheinlichkeit dafür, dass 10-mal „Zahl" erscheint.

17 Zeigen Sie, dass dasjenige Ergebnis eines Bernoulli-Experiments die größte Wahrscheinlichkeit besitzt, das gleich oder annähernd gleich $E(X)$ ist.
Hinweis: Ermitteln Sie, für welche Zahlen anstelle von k die Wahrscheinlichkeit $P(X=k)$ größer ist als die Wahrscheinlichkeit $P(X=k-1)$. Benutzen Sie dafür die Rekursionsformel.

18 Ein Handy-Hersteller erhält von seinem Zulieferer die Garantie, dass 98 % der gelieferten Chips völlig fehlerlos funktionieren. Der Hersteller macht eine Stichprobe von 1 000 Chips.
a) Wie viele Chips müssten einwandfrei funktionieren, wenn der Produzent für seinen Test die erste Sigmaregel zu Grunde legt.
b) 970 Chips funktionieren einwandfrei. Interpretieren Sie das Ergebnis aus der Sicht des Produzenten.
c) 978 Chips funktionieren einwandfrei. Interpretieren Sie das Ergebnis aus der Sicht des Produzenten.

19 Ein großer Discounter beabsichtigt, in einer Sonderaktion ein Dampfbügeleisen zu einem Preis von 29,90 € anzubieten. Er erhält von zwei Herstellern A und B Angebote zu Preisen von 24,90 € (A) und 25,10 € (B) und lässt die Geräte von einem unabhängigen Institut überprüfen. Das Institut teilt ihm mit, dass aufgrund ihrer Stichproben mit einer Wahrscheinlichkeit von 95,5 % die Funktionssicherheit der Geräte von A zu 97 % und der Geräte von B zu 98 % gewährleistet sei.
In den Fällen einer berechtigten Reklamation seiner Kunden muss der Discounter mit Kosten von 12,00 € (A) bzw. 10,50 € (B) rechnen.
a) Für welches der Angebote sollte sich der Discounter entscheiden, wenn er 25 000 Bügeleisen an- und verkaufen will?
b) Der Discounter entscheidet sich für das Angebot des Herstellers B und verkauft alle 25 000 Bügeleisen. Davon werden 535 Geräte reklamiert. Liegt diese Anzahl in dem vom Prüfungsinstitut angegebenen Bereich?

6.6 Von der Binomialverteilung zur Normalverteilung

Für ausgewählte Parameter n und p kann man die Werte der Binomialverteilungen $B(n; p; k)$ und ihrer Verteilungsfunktionen $F(n; p; k)$ in Tabellen ablesen oder mithilfe der EDV berechnen. Mit zunehmendem Stichprobenumfang n werden diese Methoden aber immer aufwändiger und irgendwann kaum noch praktikabel.

Im Folgenden soll deshalb eine Möglichkeit vorgestellt werden, wie man insbesondere die Werte der Verteilungsfunktionen $F(n; p; k)$ näherungsweise mithilfe einer einzigen Funktion bestimmen kann.

6.6.1 Standardisierung und lokale Näherungsformel

Binomialverteilungen sehen im Histogramm unterschiedlich aus. Abhängig von den Parametern n und p unterscheiden sie sich in der Form und Lage:

- Bei wachsendem n und konstantem p wandert die höchste Säule des Histogramms nach rechts und damit auch die Stelle des Erwartungswerts μ. Außerdem wird das Histogramm breiter und flacher.
- Bei größer werdendem p und konstantem n rückt das Maximum ebenfalls weiter nach rechts. Für $p = 0{,}5$ ist die Verteilung symmetrisch.

Möchte man alle Binomialverteilungen durch eine Funktion erfassen, muss man die Verteilungen zunächst auf ein einheitliches „Aussehen" bringen. Dies bezeichnet man als **Standardisierung**.

Beispiel 6.50

Betrachtet werden die folgenden drei Binomialverteilungen:

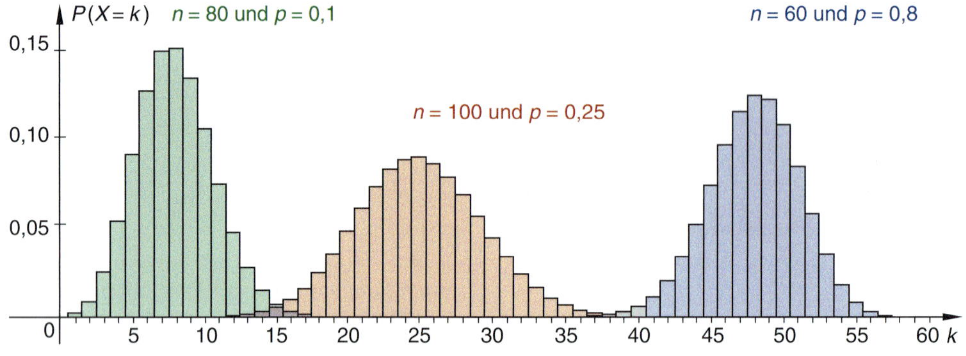

Die Standardisierung der Binomialverteilungen geschieht jeweils in drei Teilschritten:

1. Teilschritt:
Der Erwartungswert $E(X) = \mu$ wird durch eine Koordinatentransformation $Y = X - \mu$ in den Ursprung verschoben, sodass $E(Y) = 0$ gilt. Das entsprechende Histogramm hat seine höchste Säule somit an der Stelle $Y = 0$.

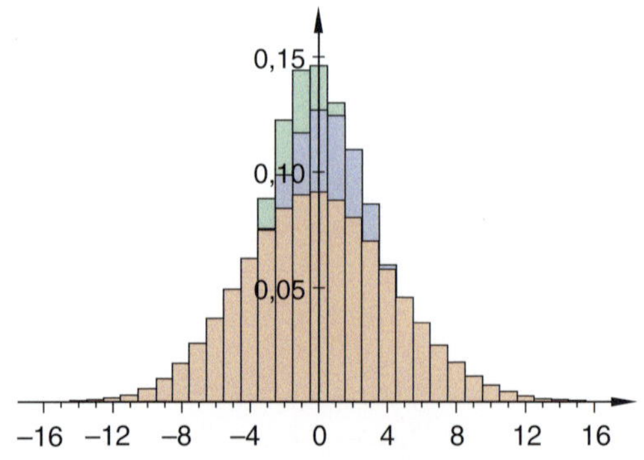

2. Teilschritt:
Mit $Z = \frac{Y}{\sigma} = \frac{X-\mu}{\sigma}$ wird die Standardabweichung auf 1 normiert.
Dadurch ist das Histogramm unabhängig von n immer etwa gleich breit. Die Breite der Säulen verändert sich von 1 auf $\frac{1}{\sigma}$.
Der Erwartungswert $E(Y) = E(Z) = 0$ bleibt erhalten.

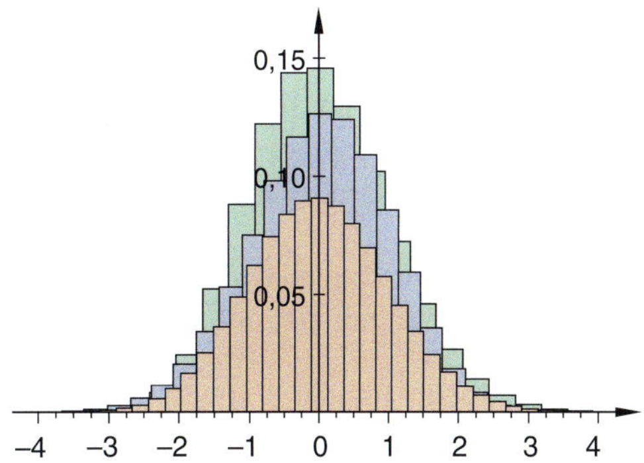

3. Teilschritt:
Da die Säulenbreite im 2. Teilschritt verändert wurde, wird nun die Säulenhöhe mit σ multipliziert. Dadurch erhält man die ursprünglichen Flächeninhalte der Säulen zurück, sodass gewährleistet ist, dass die Säule zu k auch in der standardisierten Form den Flächeninhalt $B(n; p; k)$ und das Histogramm die Gesamtflächenmaßzahl 1 besitzen.

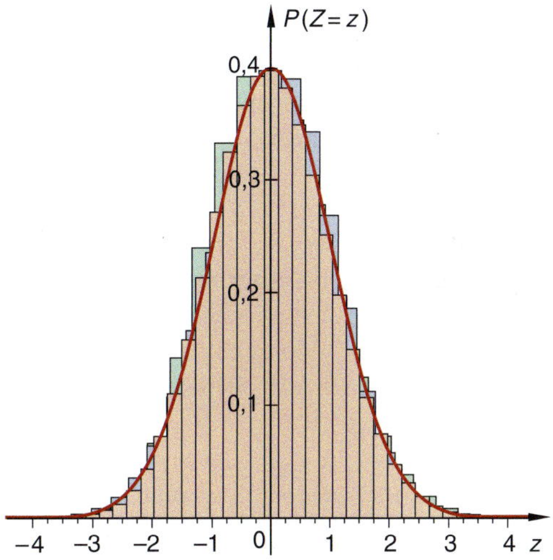

Jedes Histogramm einer in dieser Weise standardisierten binomialverteilten Zufallsgröße Z kann nun durch die nach dem großen deutschen Mathematiker CARL FRIEDRICH GAUSS (1777–1855) benannte **GAUSS'sche Glockenkurve** mit der Gleichung $\varphi(z) = \frac{1}{\sqrt{2 \cdot \pi}} \cdot e^{-0,5z^2}$ angenähert werden. Das folgt aus dem **Zentralen Grenzwertsatz**, der ein sehr grundlegendes Theorem der Wahrscheinlichkeitstheorie formuliert. Dessen Beweis würde über das Ziel dieses Buches aber hinausgehen.

Der Funktionswert von φ an der Stelle $z = \frac{k-\mu}{\sigma}$ entspricht ungefähr der Höhe der k-ten Säule der standardisierten Binomialverteilung, also $\sigma \cdot B(n; p; k)$. Somit gilt $B(n; p; k) \approx \frac{1}{\sigma} \cdot \varphi(z)$ mit $z = \frac{k-\mu}{\sigma}$.

Damit die Approximation der Binomialverteilungen durch die Gauß'sche Glockenkurve hinreichend genau ist, muss für die Standardabweichung die **LAPLACE-Bedingung** $\sigma = \sqrt{n \cdot p \cdot (1-p)} > 3$ erfüllt sein.

Lokale Näherungsformel von LAPLACE und DE MOIVRE:
Ist X eine binomialverteilte Zufallsgröße mit dem Erwartungswert $\mu = n \cdot p$ und der Standardabweichung $\sigma = \sqrt{n \cdot p \cdot (1-p)}$ und erfüllt X die Laplace-Bedingung $\sigma > 3$, dann gilt:
$P(X = k) = B(n; p; k) \approx \frac{1}{\sigma \cdot \sqrt{2 \cdot \pi}} \cdot e^{-0,5 \cdot z^2}$ mit $z = \frac{k-\mu}{\sigma}$.

Beispiel 6.51 a

Eine ideale Münze wird 100-mal geworfen. Wie groß ist die Wahrscheinlichkeit, dass genau 55-mal „Zahl“ erscheint? Vergleichen Sie den Tabellenwert für die Binomialverteilung und den mithilfe der lokalen Näherungsformel bestimmten Wert.

Da die Tabelle zur Binomialverteilung $B(n; p; k)$ den Eintrag $n = 100$ nicht enthält, wird die gesuchte Wahrscheinlichkeit mithilfe der Verteilungsfunktion $F(n; p; k)$ bestimmt.

Aus der **Tabelle** für die Verteilungsfunkion ergibt sich, dass die gesuchte Wahrscheinlichkeit 4,85 % beträgt.

$$n = 100;\ p = 0{,}5;\ k = 55$$
$$B(100; 0{,}5; 55) = F(100; 0{,}5; 55) - F(100; 0{,}5; 54) \approx 0{,}8644 - 0{,}8159 = \mathbf{0{,}0485}$$

Auf denselben Wert kommt man, wenn man die Wahrscheinlichkeit mittels der **Bernoulli-Formel** direkt berechnet.

$$B(100; 0{,}5; 55) = \binom{100}{55} \cdot 0{,}5^{55} \cdot (1 - 0{,}5)^{100-55} \approx \mathbf{0{,}0485}$$

Mithilfe der lokalen **Näherungsformel** erhält man eine Wahrscheinlichkeit von 4,84 %. Dieser Wert liegt sehr dicht an der aus der Tabelle abgelesenen bzw. berechneten Wahrscheinlichkeit.

▶ Die Laplace-Bedingung $\sigma > 3$ ist erfüllt.

$$\mu = n \cdot p = 100 \cdot 0{,}5 = 50$$
$$\sigma = \sqrt{n \cdot p \cdot (1-p)} = \sqrt{100 \cdot 0{,}5 \cdot 0{,}5} = 5 \ \blacktriangleright\ \sigma > 3$$
$$\Rightarrow z = \frac{k - \mu}{\sigma} = \frac{55 - 50}{5} = 1$$
$$B(n; p; k) \approx \frac{1}{\sigma} \cdot \varphi(z)$$
$$B(100; 0{,}5; 55) \approx \frac{1}{5} \cdot \varphi(1) = \frac{1}{5 \cdot \sqrt{2 \cdot \pi}} \cdot e^{-0{,}5 \cdot 1^2} \approx \mathbf{0{,}0484 = 4{,}84\,\%}$$

Alles klar?

Berechnen Sie mithilfe der lokalen Näherungsformel die Wahrscheinlichkeit, dass bei 1 000 Würfen mit einem idealen Würfel

a) genau 150-mal eine „6“, **b)** genau 850-mal keine „6“ erscheint

▶ Wegen der Symmetrie des Graphen von φ zur y-Achse gilt: $\varphi(-z) = \varphi(z)$.

Zufallsgrößen Z, deren Wahrscheinlichkeitsverteilungen durch die GAUSS’sche Glockenkurve

$$\varphi(z) = \frac{1}{\sigma\sqrt{2\pi}} e^{-0{,}5z^2}$$

wiedergegeben werden können, bezeichnet man als **standard-normalverteilte Zufallsgrößen**. Ihre Wahrscheinlichkeitsverteilung nennt man **Standardnormalverteilung**.

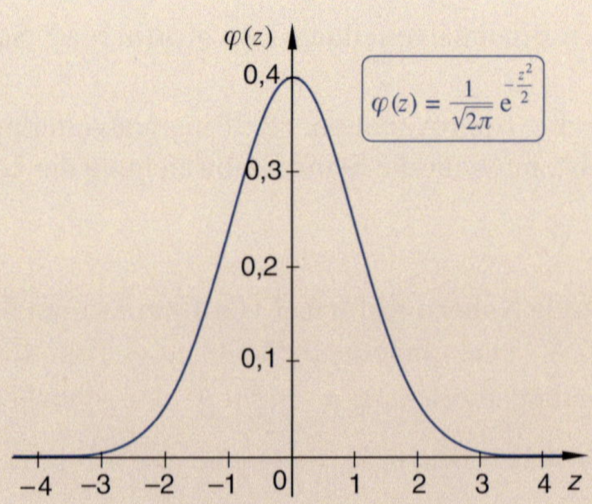

6.6.2 Integrale Näherungsformel von LAPLACE und DE MOIVRE:

Besonders hilfreich ist die Approximation der Binomialverteilungen durch die GAUSS'sche Glockenkurve bei der Bestimmung der Werte der kumulierten Binomialverteilungen (Verteilungsfunktionen).

Der Wert der Verteilungsfunktion $F(n; p; k)$ entspricht dem Flächeninhalt der ersten k_0 Säulen des Histogramms.

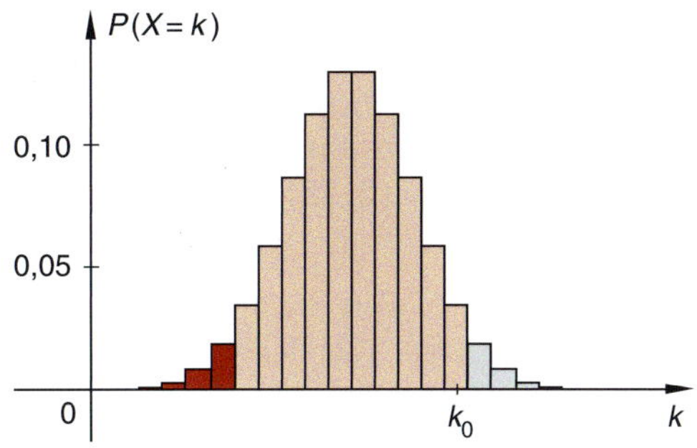

Für große n wird die Summation der Flächeninhalte der Säulen durch die Integration der GAUSS'schen Glockenkurve angenähert:

$$F(n; p; k) \approx \int_{-\infty}^{z} \varphi(t)dt = \frac{1}{\sqrt{2 \cdot \pi}} \cdot \int_{-\infty}^{z} e^{-0{,}5t^2} dt,$$

bzw. $F(n; p; k) \approx \Phi(z)$, wenn Φ Stammfunktion von φ ist.

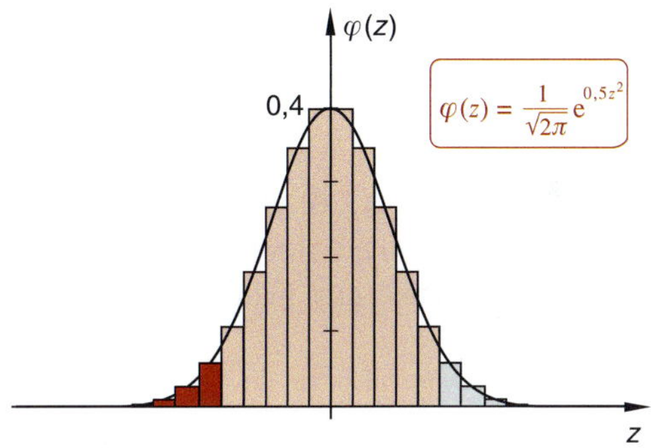

Der rechte Rand z des Integrationsintervalls muss gleich dem rechten Rand der standardisierten Säule Nr. k sein, damit die gesamte Breite $\frac{1}{\sigma}$ der Säule Nr. k berücksichtigt wird. Deshalb addiert man zu $\frac{k-\mu}{\sigma}$ die halbe Säulenbreite, also $\frac{0{,}5}{\sigma}$ hinzu: $z = \frac{k-\mu+0{,}5}{\sigma}$.

► Für große n kann die Korrektur $+\frac{0{,}5}{\sigma}$ entfallen.

$$P(X \leq k) = F(n; p; k)$$

$$F(n; p; k) \approx \int_{-\infty}^{z} \varphi(t)dt = \frac{1}{\sqrt{2 \cdot \pi}} \cdot \int_{-\infty}^{z} e^{-0{,}5t^2} dt$$

$$F(n; p; k) \approx \Phi(z) \text{ mit } z = \frac{k-\mu+0{,}5}{\sigma}$$

► Die Funktionswerte von $\Phi(z)$ kann man im Tabellenanhang finden oder mithilfe eines Rechners bestimmen.

Die Funktion Φ mit der Gleichung $\Phi(z) = \frac{1}{\sqrt{2 \cdot \pi}} \cdot \int_{-\infty}^{z} e^{-0{,}5t^2} dt$ heißt **GAUSS'sche Integralfunktion** oder auch **GAUSS'sche Summenfunktion**.

Globale bzw. integrale Näherungsformel von LAPLACE und DE MOIVRE:
Ist X eine binomialverteilte Zufallsgröße mit dem Erwartungswert $E(X) = \mu = n \cdot p$ und der Standardabweichung $\sigma = \sqrt{n \cdot p \cdot (1-p)} > 3$, dann lässt sich $P(X \leq k)$ durch die Gauß'sche Integralfunktion Φ approximieren:
$P(X \leq k) = F(n; p; k) \approx \Phi(z)$ mit $z = \frac{k-\mu+0{,}5}{\sigma}$ und $\Phi(z) = \frac{1}{\sqrt{2 \cdot \pi}} \cdot \int_{-\infty}^{z} e^{-0{,}5t^2} dt$.

Beispiel 6.51 b

Ermitteln Sie mithilfe der GAUSS'schen Integralfunktion Φ die Wahrscheinlichkeit, dass bei 100 Würfen einer idealen Münze höchstens 55-mal „Zahl“ erscheint und vergleichen Sie diesen Wert mit dem Tabellenwert der kumulierten Binomialverteilung.

Da die Standardabweichung σ größer als 3 ist, kann die globale Näherungsformel von LAPLACE und DE MOIVRE angewendet werden:
$P(X \leq 55) = F(100; 0{,}5; 55) \approx \Phi(1{,}1) = 86{,}43\,\%$.

$n = 100;\ p = 0{,}5;\ k = 55$

$\mu = n \cdot p = 100 \cdot 0{,}5 = 50$

$\sigma = \sqrt{n \cdot p \cdot (1-p)} = \sqrt{100 \cdot 0{,}5 \cdot 0{,}5} = 5$ ► $\sigma > 3$

$z = \frac{k - \mu + 0{,}5}{\sigma} = \frac{55 - 50 + 0{,}5}{5} = 1{,}1$

Der so ermittelte Wert weicht nur um 0,01 Prozentpunkte vom Tabellenwert der kumulierten Binomialverteilung ab.

Tabellenwert der Normalverteilung:
$F(100; 0{,}5; 55) \approx \Phi(1{,}1) = 0{,}8643 =$ **86,43 %**

Tabellenwert der kumulierten Binomialverteilung:
$F(100; 0{,}5; 55) = 0{,}8644 =$ **86,44 %**

Anstelle einer Tabelle kann man auch TI-Nspire verwenden, um $\Phi(1{,}1)$ zu ermitteln.

Dazu klickt man in der Applikation CALCULATOR im Untermenü WAHRSCHEINLICHKEIT ⇒VERTEILUNGEN und wählt NORMAL CDF.
Als untere Schranke gibt man der Wert für z ein.

► μ und σ beziehen sich hier auf die Normalverteilung. Zur Approximation wird die Standardnormalverteilung mit $\mu = 0$ und $\sigma = 1$ verwendet.

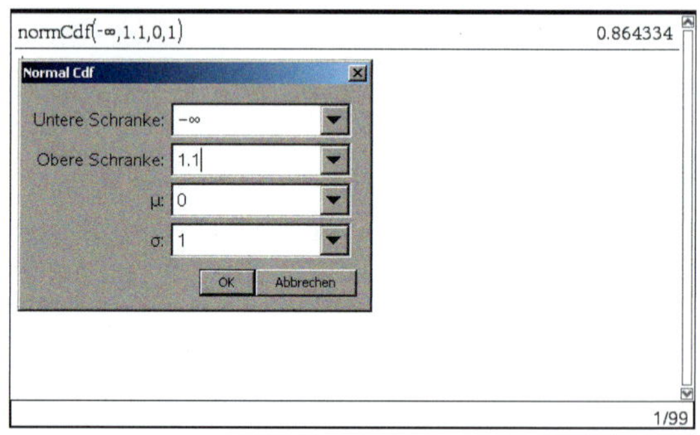

Der Graph der GAUSS'schen Glockenkurve ist symmetrisch zur y-Achse und der gesamte Flächeninhalt zwischen dem Graphen $G(\varphi)$ und der x-Achse hat die Maßzahl 1.

Daraus folgt:
$\Phi(0) = 0{,}5$ und $\phi(-z) = 1 - \Phi(z)$.

Zur Berechnung von $\Phi(z)$ mit $z < 0$ kann man also auf die Tabellierung für $z > 0$ zurückgreifen.

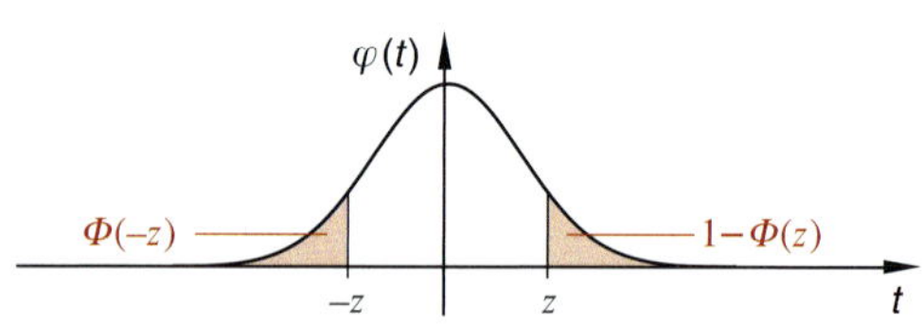

Beispiel 6.52

Ein Sägewerk garantiert, dass 95% der gelieferten Dielenbretter die Dicke von 25 mm haben.

a) Ein Baumarkt wird mit 4000 Brettern beliefert. Mit welcher Wahrscheinlichkeit weichen mehr als 180 Bretter von der angegebenen Dicke ab?

b) Zur Renovierung seiner Wohnung kauft ein Hauseigentümer 200 Bretter. Mit welcher Wahrscheinlichkeit erhält er höchstens 12 Bretter, die nicht die geforderte Dicke aufweisen?

c) Wie groß ist die Wahrscheinlichkeit, beim Kauf von 400 Brettern höchstens 24, aber mindestens 12 Stück zu erhalten, die nicht die geforderte Dicke aufweisen?

Die Zufallsgröße $X =$ „Anzahl der Bretter, die nicht 25 mm dick sind." ist binomialverteilt mit $p = 0{,}05$ und je nach Aufgabenstellung variierendem Umfang n.

Zu a) Die gesuchte Wahrscheinlichkeit $P(X > 180)$ wird mithilfe der Gegenwahrscheinlichkeit
$P(X \leq 180) = F(4000; 0{,}05; 180)$
ermittelt.
Um $P(X \leq 180) = F(4000; 0{,}05; 180)$ zu bestimmen, wird die integrale Näherungsformel von LAPLACE und DE MOIVRE verwendet.
Die Wahrscheinlichkeit, dass mehr als 180 Bretter von der angegebenen Dicke abweichen, beträgt ungefähr 92 %.

$n = 4000;\ p = 0{,}05;\ k = 180$

$\mu = n \cdot p = 4000 \cdot 0{,}05 = 200$

$\sigma = \sqrt{n \cdot p \cdot (1-p)} = \sqrt{4000 \cdot 0{,}05 \cdot 0{,}95} \approx 13{,}8$ ▶ $\sigma > 3$

$$z = \frac{k - \mu + 0{,}5}{\sigma} = \frac{180 - 200 + 0{,}5}{13{,}8} \approx -1{,}41$$

$$\begin{aligned} \mathbf{P(X > 180)} &= 1 - (X \leq 180) \\ &= 1 - F(4000; 0{,}05; 180) \\ &\approx 1 - \Phi(-1{,}41) \quad ▶\ \Phi(-1{,}41) = 1 - \Phi(1{,}41) \\ &= 1 - [1 - \Phi(1{,}41)] = \Phi(1{,}41) \\ &= 0{,}9207 \approx \mathbf{92\,\%} \end{aligned}$$

Zu b) Gesucht ist die Wahrscheinlichkeit $P(X \leq 12) = F(200; 0{,}05; 12)$. Diese wird, wie bei a), mithilfe der GAUSS'schen Integralfunktion Φ approximiert.

Mit einer Wahrscheinlichkeit von etwa 79 % haben höchstens 12 Bretter nicht die Dicke von 25 mm.

$n = 200;\ p = 0{,}05;\ k = 12$

$\mu = n \cdot p = 200 \cdot 0{,}05 = 10$

$\sigma = \sqrt{n \cdot p \cdot (1-p)} = \sqrt{200 \cdot 0{,}05 \cdot 0{,}95} \approx 3{,}08$ ▶ $\sigma > 3$

$$z = \frac{k - \mu + 0{,}5}{\sigma} = \frac{12 - 10 + 0{,}5}{3{,}08} \approx 0{,}81$$

$$\begin{aligned} \mathbf{P(X \leq 12)} &= F(200; 0{,}05; 12) \approx \Phi(0{,}81) \\ &= 0{,}7910 \approx \mathbf{79\,\%} \end{aligned}$$

Zu c) Um die gesuchte Wahrscheinlichkeit $P(12 \leq X \leq 24)$ zu bestimmen, wendet man die globale Näherungsformel zweimal an.

Die Wahrscheinlichkeit, dass die Anzahl der mangelhaften Bretter zwischen 12 und 24 liegt, beträgt ca. 82 %.

▶ Die näherungsweise Bestimmung von $P(12 \leq X \leq 24)$ mithilfe der GAUSS'schen Integralfunktion Φ entspricht der Bestimmung des Flächeninhalts unter dem Graphen von Φ über des von z_1 und z_2 begrenzte Intervall.

$n = 400;\ p = 0{,}05$

$\mu = 400 \cdot 0{,}05 = 20$

$\sigma \sqrt{n \cdot p \cdot (1-p)} = \sqrt{400 \cdot 0{,}05 \cdot 0{,}95} \approx 4{,}36$ ▶ $\sigma > 3$

$$z_1 = \frac{k - \mu + 0{,}5}{\sigma} = \frac{24 - 20 + 0{,}5}{4{,}36} \approx 1{,}03$$

$$z_2 = \frac{k - \mu + 0{,}5}{\sigma} = \frac{11 - 20 + 0{,}5}{4{,}36} \approx -1{,}95$$

$$\begin{aligned} \mathbf{P(12 \leq X \leq 24)} &= P(X \leq 24) - P(X \leq 11) \\ &= F(400; 0{,}05; 24) - F(400; 0{,}05; 11) \\ &= \Phi(1{,}03) - \Phi(-1{,}95) \quad ▶\ \Phi(-1{,}95) = 1 - \Phi(1{,}95) \\ &= \Phi(1{,}03) - [1 - \Phi(1{,}95)] \\ &= \Phi(1{,}03) + \Phi(1{,}95) - 1 \\ &\approx 0{,}8485 + 0{,}9744 - 1 \\ &= 0{,}8229 \approx \mathbf{82\,\%} \end{aligned}$$

6

Alles klar?

1 Begründen Sie, weshalb die Gleichung

$$\int_{-\infty}^{+\infty} \mathrm{e}^{-0{,}5z^2}\, dz = \sqrt{2\pi}$$

gültig ist.

2 Ein idealer Würfel wird 600-mal geworfen. Berechnen Sie die Wahrscheinlichkeit, dass

a) höchstens 95-mal die „6",

b) mindestens 110-mal die „6",

c) die „6" zwischen 98 und 105-mal erscheint.

Übungen zu 6.6

1 Untersuchen Sie die GAUSS'sche Glockenkurve φ mit $\varphi(z) = \frac{1}{\sqrt{2 \cdot \pi}} \cdot e^{-0,5z^2}$ auf Symmetrie, ihr Verhalten an den Rändern ihres Definitionsbereichs sowie auf Extrem- und Wendepunkte.

2 Bei einem manipulierten Würfel wird eine „6" mit einer Wahrscheinlichkeit von 25 % geworfen. Wie groß ist die Wahrscheinlichkeit, bei 1 000 Würfen

a) höchstens 240-mal,
b) mehr als 280-mal,
c) zwischen 220 und 290-mal,
d) genau 240-mal eine „6" zu werfen.

3 In umfangreichen Tests hat ein Pharmaunternehmen ermittelt, dass sein neues Medikament gegen Kopfschmerzen zu 95 % wirkt. In einer letzten Versuchsreihe an 5 000 Patienten wird festgestellt, dass bei 262 Personen das Mittel nicht angeschlagen hat. Nehmen Sie dazu Stellung.

4 Der Hersteller eines Fahrradtachometers garantiert, dass 98 % seiner ausgelieferten Geräte im erlaubten Toleranzbereich liegen. Ein Großhändler kauft 700 Stück.

a) Mit welcher Wahrscheinlichkeit sind höchstens 10 Tachos mangelhaft?
b) Mit welcher Wahrscheinlichkeit liegt die Anzahl der zu beanstandenden Geräte zwischen 12 und 18?

5 Auf Betreiben von 50 unzufriedenen Angehörigen eines Unternehmens soll in einer Belegschaftsversammlung darüber abgestimmt werden, ob der Pachtvertrag für die Kantine gekündigt werden soll. Insgesamt 900 Personen erscheinen auf der Versammlung, von denen 850 der Entscheidung gleichgültig gegenüberstehen. Allerdings ist eine Stimmenthaltung ausgeschlossen. Wie groß ist die Wahrscheinlichkeit, dass die Kündigung ausgesprochen wird, wenn dazu eine einfache Mehrheit genügt?

6 Auszüge aus der Bevölkerungsstatistik des Bundesamtes für Statistik:

1	2	3	4	5
in 2007 geborene Mädchen	in 2007 insgesamt Neugeborene	in 2007 geborene Zwillingskinder	in 2007 geborene uneheliche Kinder	im Mai 2008 insgesamt Neugeborene
333 023	684 862	3,22 % aller Neugeborenen	211 053	55 873

Gehen Sie im Folgenden davon aus, dass die Wahrscheinlichkeit für den Anteil an Mädchen, Zwillings- und unehelichen Kindern unter den Neugeborenen im Mai 2008 gleich dem entsprechenden Prozentsatz aus dem Vorjahr ist. Mit welcher Wahrscheinlichkeit wurden dann im Mai 2008

a) zwischen 27 000 und 27 500 Mädchen geboren?
b) höchstens 17 500 Kinder unehelich geboren?
c) mindestens 1 700 Zwillinge geboren?

7 Mit welcher Wahrscheinlichkeit liegt das Ergebnis „Zahl" beim 200-maligen Werfen einer idealen Münze in der σ-Umgebung vom Erwartungswert?

8 Das ehemalige Mitglied der ABC-Partei, Josef Schmitz, gründet mit 50 weiteren Überläufern die Unabhängige Wählergemeinschaft UWG. Im Laufe eines Jahres ist die Mitgliederzahl der UWG auf 400 gewachsen. Für die anstehende Kommunalwahl sollen diese 400 Mitglieder darüber abstimmen, ob Herr Schmitz oder seine Konkurrentin Frau Zabel für den Stadtrat kandidieren wird. Aufgrund ihrer vorbildlichen Parteiarbeit haben beide grundsätzlich die gleiche Chance nominiert zu werden. Für die Nominierung genügt die einfache Mehrheit der 400 Mitglieder; Stimmenthaltungen sind bei dieser Wahl nicht zugelassen. Durch persönliche Ansprache der 50 mit ihm von der ABC-Partei zur UWG übergetretenen Mitglieder erreicht Herr Schmitz unmittelbar vor der Mitgliederversammlung, dass diese 50 ihm versprechen, auf jeden Fall für ihn zu votieren. Ermitteln Sie, wie sich die Wahlchancen der beiden Bewerber dadurch verändert haben.

6.7 Testen von Hypothesen

Viele Entscheidungen werden aufgrund von Annahmen getroffen, denen nur ein bestimmtes Maß an Sicherheit zukommt. So könnte z. B. die Geschäftsleitung eines großen Unternehmens zu der Entscheidung gelangen, eine hausinterne Kantine einzurichten, indem sie von der Annahme ausgeht, dass mehr als die Hälfte der Mitarbeiter diese auch nutzen würden. Um die Gültigkeit der Annahme ohne allzu großen Aufwand zu testen und damit ein höheres Maß an Sicherheit bei der Entscheidung zu erlangen, könnte stichprobenartig ein Teil der Belegschaft dazu befragt werden, ob Interesse an einer Kantine besteht oder nicht. Durch einen solchen Test wird das Risiko einer Fehlentscheidung abschätzbar.

Zu den wichtigsten und bekanntesten Testverfahren gehören der **Alternativtest** und der **Signifikanztest**. Beide sollen im Folgenden vorgestellt werden.

6.7.1 Alternativtest

Der **Alternativtest** wird herangezogen, wenn man sich zwischen zwei alternativen Hypothesen – der sogenannten **Nullhypothese** H_0 und der **Gegenhypothese** H_1 – entscheiden muss. Die Null- und Gegenhypothese schließen einander aus.

Beispiel 6.53 a

In einem Versandlager befinden sich Kisten mit Werkstücken unterschiedlicher Qualität. Ein Teil der Kisten stammt aus Betrieb A, in dem mit einem Ausschuss von 10 % produziert wird. Die restlichen Kisten stammen aus Betrieb B, dessen Ausschussrate 30 % beträgt. Die Werkstücke aus Betrieb B werden deshalb auch zu einem niedrigeren Preis verkauft als die Produkte aus Betrieb A. Im Versandlager stellt man nun fest, dass eine Kiste nicht gekennzeichnet ist. Welche Konsequenzen kann der Verkauf der Kiste nach sich ziehen?

Verkauf	**Konsequenz**
• Die Kiste enthält die schlechtere Qualität und wird als solche verkauft.	• Keine ökonomischen Konsequenzen.
• Die Kiste enthält die bessere Qualität und wird als solche verkauft.	• Keine ökonomischen Konsequenzen.
• Die Kiste enthält die schlechtere Qualität und wird als bessere Qualität verkauft.	• Es sind Regressansprüche zu erwarten. ▶ Schadensersatzforderungen, Konventionalstrafen
• Die Kiste enthält die bessere Qualität und wird als schlechtere Qualität verkauft.	• Das Unternehmen hat Opportunitätskosten. ▶ Entgangener Gewinn

Um überhaupt ein Entscheidungsverfahren entwickeln zu können, damit die Kosten so gering wie möglich ausfallen, müssen die Kosten für die beiden „irrtümlichen" Verkäufe bekannt sein:

Wird die Qualität A als Qualität A und die Qualität B als Qualität B verkauft, dann entsteht kein Verlust.

Wird die Qualität A aber als Qualität B verkauft, entsteht ein Verlust von 2 000 €.

Wird die Qualität B als Qualität A verkauft, entsteht ein Verlust von 20 000 €.

		Kiste ist von	
		Qualität B (30 % fehlerhaft)	Qualität A (10 % fehlerhaft)
Kiste wird verkauft als	Qualität B	Kein Verlust	2 000 € Verlust
	Qualität A	20 000 € Verlust	Kein Verlust

Grundsätzlich muss man sich zwischen den beiden Hypothesen „In der Kiste liegen Produkte der Qualität B“ (Nullhypothese H_0) und „In der Kiste liegen Produkte der Qualität A“ (Gegenhypothese H_1) entscheiden. Beide Hypothesen schließen einander aus.

Entnimmt man nun zur Prüfung der Kiste nach Zufall eine bestimmte Anzahl n von Produkten, zieht man also aus der Grundgesamtheit der Produkte eine **Zufallsstichprobe vom Umfang n**, dann ergeben sich zwei grundsätzliche Fragen:

1. Wie groß sollte der Umfang n der Stichprobe sein? Dabei ist zu bedenken, dass die Prüfung eines Artikels auch Kosten verursacht.
2. Wie viele fehlerhafte Stücke müssen in der Stichprobe sein, damit man sich für die Hypothese H_0 (Verkauf als Qualität B) entscheidet? Es muss also ein **kritischer Wert k_n** für die Anzahl der fehlerhaften Produkte in der Stichprobe festgelegt werden, der sicherlich vom Umfang n der Stichprobe abhängt.

Das Risiko einer Fehleinschätzung hängt entscheidend von dem gewählten Stichprobenumfang n und dem kritischen Wert k ab. Man unterscheidet dabei folgende Fälle:

Fehler 1. Art: Die Nullhypothese H_0 wird aufgrund des Stichprobenergebnisses abgelehnt, obwohl sie tatsächlich wahr ist.
Die Wahrscheinlichkeit, mit der ein Fehler 1. Art begangen wird, bezeichnet man auch als **Fehler-** oder **Irrtumswahrscheinlichkeit α**.

Fehler 1. Art: Obwohl die Kiste Qualität B enthält, wird angenommen, dass die Werkstücke von höherer Qualität sind.
Qualität B wird also als Qualität A verkauft.

Fehler 2. Art: Die Nullhypothese H_0 wird beibehalten, obwohl die Gegenhypothese H_1 wahr ist. Die Wahrscheinlichkeit, mit der ein Fehler 2. Art begangen wird, bezeichnet man auch als **Fehler-** oder **Irrtumswahrscheinlichkeit β**.

Fehler 2. Art: Obwohl die Kiste in Wirklichkeit Qualität A enthält, wird angenommen, dass die Werkstücke von minderer Qualität sind.
Qualität A wird also als Qualität B verkauft.

Die Kombinationen lassen sich in einer Tabelle veranschaulichen:

Realität / Testergebnis	H_0 ist wahr	H_1 ist wahr
Entscheidung für H_0	richtige Entscheidung	Fehler 2. Art (β-Fehler)
Entscheidung für H_1	Fehler 1. Art (α-Fehler)	richtige Entscheidung

Beispiel 6.53 b

Der Kiste werden 20 Werkstücke entnommen und auf Fehler geprüft. Die Prüfung jedes Artikels verursacht Kosten von 5 €. Der Prüfer setzt den kritischen Wert aufgrund von Erfahrungswerten auf 4 fest.

Ermitteln Sie aus der Wahrscheinlichkeit für den Fehler 1. Art (Entscheidung für H_1, obwohl H_0 richtig ist) und aus der Wahrscheinlichkeit für den Fehler 2. Art (Entscheidung für H_0, obwohl H_1 richtig ist) den erwarteten Verlust (Erwartungswert für den Verlust).

Der Prüfer muss sich zwischen der Nullhypothese H_0 und der Gegenhypothese H_1 entscheiden.

Hypothesen:
$\boldsymbol{H_0}$: „Es handelt sich um Qualität B"; $p = 0{,}3$
$\boldsymbol{H_1}$: „Es handelt sich um Qualität A"; $p = 0{,}1$
▶ p gibt den Anteil der fehlerhaften Werkstücke in der Kiste an

Die **Prüfgröße** $\boldsymbol{X}$ beschreibt die Anzahl der fehlerhaften Werkstücke in der **Stichprobe** vom Umfang $n = 20$. Die Wahrscheinlichkeit, eine Kiste aus A zu prüfen, beträgt 50 %.
Es werden immer ebenso viele Kisten vom Standort B an das Versandlager geliefert wie vom Betrieb A.

Der Stichprobenumfang beträgt 20 Werkstücke. Wenn mehr als 4 Werkstücke der Stichprobe fehlerhaft sind, entscheidet sich der Prüfer für H_0.

Entscheidungsregel:
$0 \le X \le 4$: Entscheidung für H_1
$4 < X \le 20$: Entscheidung für H_0
▶ kritische Zahl $k = 4$

***P*(Fehler 1. Art):**
Gesucht ist die Wahrscheinlichkeit, dass eine Kiste der Qualität B nach obiger Entscheidungsregel als Qualität A eingeschätzt wird. Zu ermitteln ist also die Wahrscheinlichkeit, mit der sich unter den 20 geprüften Werkstücken höchstens 4 defekte befinden, obwohl die Werkstücke von geringerer Qualität sind.

***P*(Fehler 1. Art):**
$0{,}5 \cdot P(\text{Entscheidung für } H_1 \text{ und es gilt } H_0)$
$0{,}5 \cdot P(X \le 4)$ ▶ $n = 20$ und $p = 0{,}3$
$= 0{,}5 \cdot F(20; 0,3; 4)$ ▶ Tabelle im Anhang
$\approx 0{,}5 \cdot 0{,}2375 = \mathbf{0{,}11875}$
▶ Irrtumswahrscheinlichkeit 1. Art (α-Fehler)
▶ Wahrscheinlichkeit, dass Qualität B als Qualität A verkauft wird

***P*(Fehler 2. Art):**
Gesucht ist die Wahrscheinlichkeit, dass eine Kiste der Qualität A nach obiger Entscheidungsregel als Qualität B eingeschätzt wird. Zu ermitteln ist also die Wahrscheinlichkeit, mit der sich unter den 20 geprüften Werkstücken mehr als 4 fehlerhafte befinden, obwohl die Werkstücke eigentlich von hoher Qualität sind.

***P*(Fehler 2. Art):**
$0{,}5 \cdot P(\text{Entscheidung für } H_0 \text{ und es gilt } H_1)$
$0{,}5 \cdot P(X > 4)$
$= 0{,}5[1 - P(X \le 4)]$ ▶ $n = 20$ und $p = 0{,}1$
$= 0{,}5[1 - F(20; 0,1; 4)]$ ▶ Tabelle im Anhang
$\approx 0{,}5[1 - 0{,}9568]$
$= \mathbf{0{,}0216}$
▶ Irrtumswahrscheinlichkeit 2. Art (β-Fehler)
▶ Wahrscheinlichkeit, dass Qualität A als Qualität B verkauft wird

Mithilfe der errechneten Irrtumswahrscheinlichkeiten kann man nun den erwarteten Verlust berechnen. Dabei müssen auch die Prüfkosten von 5 € pro Prüfung berücksichtigt werden:

$$E(V) = 20000\,€ \cdot 0{,}11875 + 2000\,€ \cdot 0{,}0216 + 20 \cdot 5\,€ = \mathbf{2518{,}20\,€}$$

▶ Kosten, wenn Qualität B als Qualität A verkauft wird: 20 000 €
▶ Kosten, wenn Qualität A als Qualität B verkauft wird: 2 000 €

Auf lange Sicht würde man einen Verlust von **2 518,20 €** machen.

Da die Entscheidung für H_0 bei einem kritischen $k_{20} = 4$ zu einer höheren Verlusterwartung (2.518,20 €) führt, als wenn man den Inhalt der Kiste gleich als B-Qualität verkaufen würde (1.000 €), liegt es nahe, sich für einen anderen kritischen Wert zu entscheiden in der Hoffnung, eine Verlusterwartung unter 1.000 € zu erhalten.

Beispiel 6.53 c

Erstellen Sie eine Tabelle, aus der entnommen werden kann, bei welchem kritischen Wert k_{20} im Beispiel 6.53 c der geringste Verlust erwartet werden kann ($0 \le k_{20} \le 10$).

	A	B	C	D	E	F	G	H	I
1	Summierte Binomialverteilung				Verlusterwartung in Abhängigkeit des kritischen Wertes			Prüfko/Stk	Wahrsch.
2								5 €	0,5
3									
4	*n*	20	20		*n*	20	20	Verlust 1	Verlust 2
5	*p*	10%	30%		*p*	10%	30%	20.000 €	2.000 €
6									
7	k_{20}				k_{20}	*P*(Fehler 2. Art) * Verlust 2	*P*(Fehler 1. Art) * Verlust 1	Prüfkosten	Verlusterwartung
8	0	0,1216	0,0008		0	878,40 €	8,00 €	100 €	986,40 €
9	1	0,3917	0,0076		1	608,30 €	76,00 €	100 €	784,30 €
10	2	0,6769	0,0355		2	323,10 €	355,00 €	100 €	778,10 €
11	3	0,8670	0,1071		3	133,00 €	1.071,00 €	100 €	1.304,00 €
12	4	0,9568	0,2375		4	43,20 €	2.375,00 €	100 €	2.518,20 €
13	5	0,9887	0,4164		5	11,30 €	4.164,00 €	100 €	4.275,30 €
14	6	0,9976	0,6080		6	2,40 €	6.080,00 €	100 €	6.182,40 €
15	7	0,9996	0,7723		7	0,40 €	7.723,00 €	100 €	7.823,40 €
16	8	0,9999	0,8867		8	0,10 €	8.867,00 €	100 €	8.967,10 €
17	9	1,0000	0,9520		9	0,00 €	9.520,00 €	100 €	9.620,00 €
18	10	1,0000	0,9829		10	0,00 €	9.829,00 €	100 €	9.929,00 €

Für die „summierte Binomialverteilung“ muss in der BINOMVERT-Funktion aus Beispiel 6.41 nur das 4. Argument 0 durch 1 ersetzt werden.

	A	B	C	D	E	F	G	H	I
8	0	=RUNDEN(BINOMVERT($A8;B$4;B$5;1);4)	=		0	=$I$2*(1-B8)*$I$5	=$I$2*C8*$H$5	=$G$4*$H$2	=SUMME(F8:H8)
9	1	=RUNDEN(BINOMVERT($A9;B$4;B$5;1);4)	=		1	=$I$2*(1-B9)*$I$5	=$I$2*C9*$H$5	=$G$4*$H$2	=SUMME(F9:H9)

Beim kritischen Wert $k_{20} = 2$ kann mit 778,10 € der geringste Verlust erwartet werden.

Wenn also mehr als 2 Werkstücke der Stichprobe fehlerhaft sind, sollte man sich bereits für H_0 entscheiden, also dafür, den Inhalt der Kiste als B-Qualität zu verkaufen.

Häufig trifft man auch auf den Fall, dass die Irrtumswahrscheinlichkeiten vorgegeben sind und eine passende Entscheidungsregel gesucht wird.

6

Beispiel 6.53 d

Betrachtet wird wieder die folgende Situation:
In einem Versandlager befinden sich Kisten mit Werkstücken der Qualität A (Ausschussrate 10 %) und Qualität B (Ausschussrate 30 %). Eine der Kisten ist nicht gekennzeichnet. Der Prüfer entnimmt eine Stichprobe von 20 Werkstücken, um zu prüfen, von welcher Qualität die Werkstücke sind.

a) Formulieren Sie die Entscheidungsregel so, dass der Fehler 1. Art höchstens 5 % beträgt.
b) Berechnen Sie die Irrtumswahrscheinlichkeit für den Fehler 2. Art.

Die Hypothesen entsprechend denen aus Beispiel 6.53 b.

Hypothesen:
$\boldsymbol{H_0}$: „Es handelt sich um Qualität B“; $p = 0{,}3$
$\boldsymbol{H_1}$: „Es handelt sich um Qualität A“; $p = 0{,}1$
► *p* gibt den Anteil der fehlerhaften Werkstücke in der Kiste an

Die **Prüfgröße *X*** beschreibt die Anzahl der fehlerhaften Werkstücke in der **Stichprobe** vom Umfang $n = 20$.

Zu a) Die Entscheidungsregel wird zunächst allgemein mithilfe der zu bestimmenden kritischen Zahl $k \in \mathbb{N}$ formuliert.

Der Fehler 1. Art tritt ein, wenn H_0 fälschlicherweise abgelehnt wird.
Sind die Werkstücke von geringer Qualität, soll also die Wahrscheinlichkeit, dass sich unter den 20 geprüften Werkstücken höchstens k defekte befinden, maximal 5 % betragen.

Entscheidungsregel:
$0 \leq X \leq k$ Entscheidung für H_1
$k < X \leq 20$ Entscheidung für H_0

Bestimmung der kritischen Zahl k:
$P(X \leq k) \leq 0{,}05$ ► $n = 20;\ p = 0{,}3$
$F(20;\ 0{,}3;\ k) \leq 0{,}05$

Der Tabelle im Anhang entnimmt man:
$F(20;\ 0{,}3;\ 2) \approx 0{,}0355$ und $F(20;\ 0{,}3;\ 3) \approx 0{,}1071$.
Für $k = 2$ gilt also: $F(20;\ 0{,}3;\ 2) \leq 0{,}05$

Aus dieser Bedingung ergibt sich die gesuchte kritische Zahl $k = 2$.

Wirft man einen Blick auf die Tabelle aus Beispiel 6.53c wird das Ergebnis bestätigt: Wählt man 2 als kritische Zahl, ist die Irrtumswahrscheinlichkeit für den Fehler 1. Art kleiner als 5 %.

Zu b) Ändert man die Entscheidungsregel, steigt das Risiko des Fehlers 2. Art auf 32,31 % an.
► Beispiel 6.53b: $k = 4$
P(Fehler 2. Art) = 4,32 %

***P*(Fehler 2. Art):**
$P(X > 2)$
$= 1 - P(X \leq 2)$ ► $n = 20$ und $p = 0{,}1$
$= 1 - F(20;\ 0{,}1;\ 2)$ ► Tabelle
$\approx 1 - 0{,}6769 = \mathbf{0{,}3231}$

Beide Fehlerarten sind voneinander abhängig: Verringert man das Risiko für den Fehler 1. Art, erhöht sich das Risiko, den Fehler 2. Art zu begehen und umgekehrt.

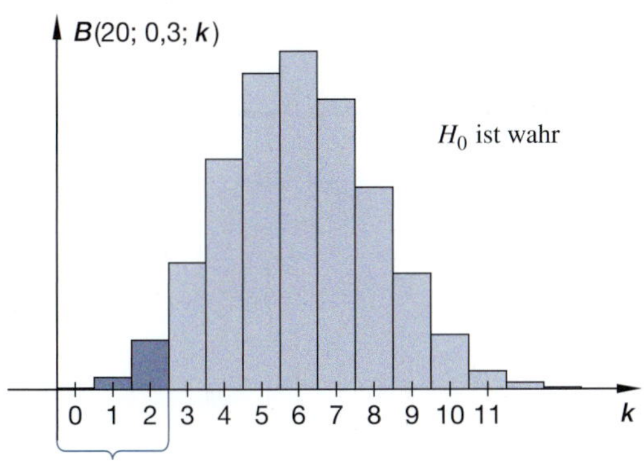

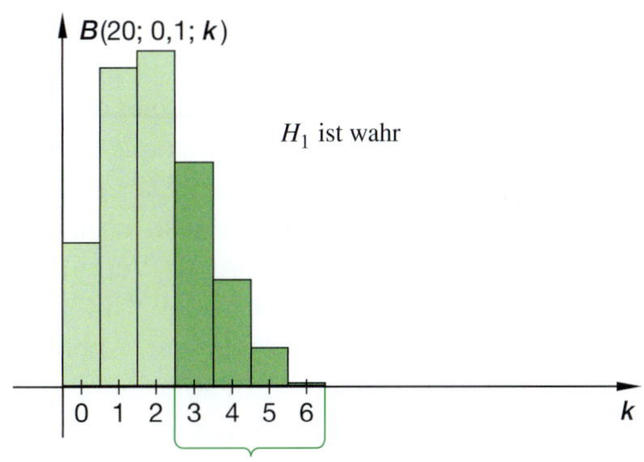

Alles klar?

Von 2 Urnen Y und Z ist bekannt, dass Y zur Hälfte und Z zu einem Viertel weiße Kugeln enthält. Es werden aus jeder Urne 20 Kugeln gezogen, um zu prüfen, welche Urne jeweils vorliegt.

a) Erhält man mindestens 8 weiße Kugeln, so entscheidet man sich für Y. Ermitteln Sie die Wahrscheinlichkeiten für die Fehler 1. und 2. Art.

b) Ermitteln Sie einen kritischen Wert k so, dass die Wahrscheinlichkeit für den Fehler 1. Art höchstens 5 % beträgt.

6.7.2 Signifikanztest

Die Testtheorie beschäftigt sich damit, aus den Ergebnissen einer Zufallsstichprobe auf die zugrundeliegende Wahrscheinlichkeitsverteilung einer Zufallsgröße X zu schließen.
Bei den ökonomischen Entscheidungsproblemen in den Beispielen zu 6.53 musste man sich dazu nur zwischen zwei gegebenen Wahrscheinlichkeitsverteilungen entscheiden, deren Parameter von Anfang an bekannt waren.
Bei vielen praktischen Anwendungen steht man dagegen vor dem Problem, dass über die zu ermittelnde Wahrscheinlichkeit einer Zufallsgröße X keine näheren Informationen bekannt sind, sondern nur Vermutungen angestellt werden können. In diesen Fällen bietet der **Signifikanztest** ein Verfahren, sich zwischen zwei Hypothesen H_0 und H_1 zu entscheiden.
Hierzu mag das folgende Beispiel als Illustration dienen:

- Für eine bestimmte Krankheit wurde eine neue Therapie entwickelt, bei der die Vermutung besteht, dass sie eine höhere Heilungsrate besitzt als die bisher angewandte. Um die Hypothese zu untersuchen, wird eine Zufallsstichprobe unter einer bestimmten Anzahl von Patienten durchgeführt. Bei wie vielen Patienten müsste die Therapie erfolgreich sein, damit man mit einem bestimmten Maß an Sicherheit sagen kann, dass die neue Therapie eine größere Heilungsrate als die herkömmliche besitzt?

Bei einem Signifikanztest wird das angestrebte Maß an Sicherheit vor dem Test durch das **Signifikanzniveau** festgelegt. Dies ist eine **obere Grenze α** für die Wahrscheinlichkeit des Fehlers 1. Art. Das Signifikanzniveau gibt also die maximale Wahrscheinlichkeit an, mit der man bereit ist, eine richtige Nullhypothese fälschlicherweise abzulehnen.
Nach Vorgabe von α kann man die Werte der Testvariablen X berechnen, bei deren Eintreten die Nullhypothese H_0 abgelehnt wird (**Ablehnungsbereich**); die übrigen Werte für X bilden den **Annahmebereich** von H_0.

Im Bezug auf das obige Beispiel könnte die Nullhypothese z. B. lauten: Die neue Therapie ist **nicht** erfolgreicher als die herkömmliche. Dies ist schon dann der Fall, wenn sie nur **genauso** erfolgreich ist. Die zur Nullhypothese gehörende Verteilungsfunktion für eine Stichprobe vom Umfang n besitzt dann eine Gestalt wie in der Abbildung rechts. Liegt die Anzahl der Patienten aus der Stichprobe, bei denen die Therapie erfolgreich war, im Bereich $\{0, \ldots, k\}$, so wird H_0 angenommen, andernfalls abgelehnt.

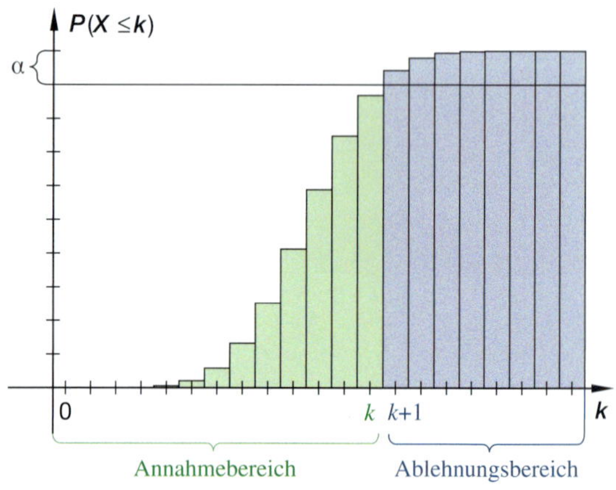

Beispiel 6.54

Auf der Spielwarenmesse in Nürnberg beschwert sich ein Besucher bei einem Hersteller von Würfeln über die Qualität der Würfel: „*Die Würfel sind nicht ideal, beim Werfen kommt die Augenzahl 6 zu oft vor*". Der Hersteller, der mit der besonderen Präzision seiner Würfel wirbt, bittet daraufhin Messebesucher, jeweils 50-mal mit einem beanstandeten Würfel zu werfen.

Bei welchen Anzahlen geworfener Sechsen muss der Hersteller seine Hypothese, dass der Würfel ideal ist, verwerfen, wenn das Signifikanzniveau 5 % betragen soll?

Der Hersteller ist der Meinung, dass der Würfel ideal ist und damit die Wahrscheinlichkeit, eine Sechs zu werfen, genau $\frac{1}{6}$ beträgt (Nullhypothese H_0). Der Messebesucher vertritt dagegen die Alternativhypothese H_1. Er nimmt an, dass die Wahrscheinlichkeit, eine Sechs zu werfen, größer als $\frac{1}{6}$ ist.

Hypothesen:

H_0: „Der Würfel ist ideal."; $p = \frac{1}{6}$ ► Nullhypothese

H_1: „Der Würfel bevorzugt die 6." $p > \frac{1}{6}$ ► Alternativhypothese

$n = 50$ ► Stichprobenumfang

$\alpha = 5\,\% = 0{,}05$ ► Signifikanzniveau

Der Annahme- und Ablehnungsbereich wird zunächst allgemein mithilfe der zu bestimmenden kritischen Zahl $k \in \mathbb{N}$ formuliert.

Entscheidungsregel:

$X \leq k$: H_0 wird angenommen

$X > k$: H_0 wird abgelehnt; Entscheidung für H_1

► X = Anzahl der geworfenen Sechsen

Das Signifikanzniveau ist auf 5 % festgelegt. Die Wahrscheinlichkeit für den Fehler 1. Art soll also höchstens 0,05 betragen.

$$\alpha \leq 0{,}05$$
$$P(X > k) \leq 0{,}05$$
$$1 - P(X \leq k) \leq 0{,}05$$
$$0{,}95 \leq P(X \leq k) \quad ► \; n = 50;\, p = \frac{1}{6}$$
$$0{,}95 \leq F\left(50; \frac{1}{6}; k\right)$$

Das Diagramm zeigt die Wahrscheinlichkeitsverteilung der Zufallsgröße X = „Anzahl der Sechser bei 50 Würfen" einmal für einen idealen Würfel (blau) mit $p = \frac{1}{6}$ und einen gezinkten Würfel (rot) mit $p = \frac{1}{5}$. Es geht darum, einen Wert für k so zu bestimmen, dass die blauen Säulen rechts von k_0 einen Anteil von höchstens 5 % an der blauen Gesamtfläche haben.

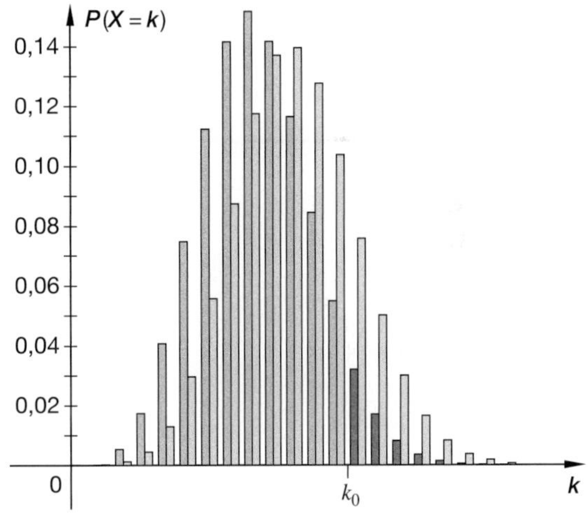

Der Ansatz $\alpha < 0{,}05$ führt laut nebenstehender Rechnung auf $k_0 = 13$.

Der Tabelle im Anhang entnimmt man:

$F\left(50; \frac{1}{6}; 12\right) \approx 0{,}9373$ und $F\left(50; \frac{1}{6}; 13\right) \approx 0{,}9693$

Für $k \geq 13$ gilt also $0{,}95 \leq F\left(50; \frac{1}{6}; k\right)$.

Würfelt der Messebesucher also mehr als 13-mal die Sechs, ist das Ergebnis signifikant und die Nullhypothese abzulehnen.

Annahmebereich: $X \leq 13$
$\{0; 1; 2; \ldots; 13\}$

Ablehnungsbereich: $X > 13$
$\{14; 15; \ldots; 50\}$

Bei dem vorhergehendem Beispiel bestand der Ablehnungsbereich aus einem Intervall. Einen derartigen Test bezeichnet man als **einseitigen Signifikanztest**. Setzt sich der Ablehnungsbereich aus zwei Intervallen zusammen, spricht man von einem **zweiseitigen Signifikanztest**.

Beispiel 6.55 (Zweiseitiger Signifikanztest)

Von einer Klinik wird behauptet, dass dort genau so viele Mädchen wie Jungen geboren werden. Zur stochastischen Überprüfung der Behauptung werden die 100 Geburten im Monat Juni herangezogen. Unter diesen Geburten waren 54 Jungen. Berechnen Sie den Ablehnungsbereich, wenn man bereit ist, eine 5 %-ige α-Fehlerwahrscheinlichkeit zuzulassen.

Wenn gleich viele Jungen und Mädchen geboren werden, beträgt der Anteil der Jungen 50 %. ► Nullhypothese

Die Prüfgröße X gibt die Anzahl der geborenen Jungen an. Unter Annahme der Nullhypothese ist X binomialverteilt mit $p = 0{,}5$ und $n = 100$.

Der Annahmebereich liegt zwischen der linken (k_l) und der rechten (k_r) Signifikanzgrenze. Der Ablehnungsbereich besteht also aus zwei Intervallen.
► zweiseitiger Signifikanztest

Die vorgegebene Irrtumswahrscheinlichkeit α wird bei symmetrischen Verteilungen üblicherweise in je $\frac{\alpha}{2}$ für die beiden Seiten aufgeteilt. ► $\frac{\alpha}{2} = 0{,}025$

Die beiden Ansätze $P(X < k_l) \leq 0{,}025$ und $P(X > k_r) \leq 0{,}025$ führen zu $k_l = 40$ und $k_r = 60$:

Annahmebereich:
$40 \leq X \leq 60$; also
$\{40; 41; \ldots; 60\}$

Ablehnungsbereich:
$X < 40$ und $X > 60$; also
$\{0; 1; \ldots; 39\} \cup \{61; 62; \ldots; 100\}$.

Da 54 im Annahmebereich liegt, muss weiterhin davon ausgegangen werden, dass in dieser Klinik genauso viele Mädchen wie Jungen geboren werden.

Hypothesen:
H_0: „Es werden 50 % Jungen geboren"; $p = 0{,}5$
► Nullhypothese
H_1: „Es werden nicht 50 % Jungen geboren"; $p \neq 0{,}5$
► Alternativhypothese; $p < 0{,}5$ oder $p > 0{,}5$
$n = 100$ ► Stichprobenumfang

Entscheidungsregel:
$k_l \leq X \leq k_r$: H_0 wird angenommen
$X < k_l$ oder $X > k_r$: H_0 wird abgelehnt;
Entscheidung für H_1
► X = Anzahl der geborenen Jungen

$\alpha = 5\,\% = 0{,}05$ ► Signifikanzniveau
$\frac{\alpha}{2} = 0{,}025$

linke Seite:
$P(X < k_l) \leq 0{,}025$
$P(X \leq k_l - 1) \leq 0{,}025$ ► $n = 100$; $p = 0{,}5$
$F(100; 0{,}5; k_l - 1) \leq 0{,}025$

Der Tabelle im Anhang entnimmt man:
$F(100; 0{,}5; 39) \approx 0{,}0176$ und $F(100; 0{,}5; 40) \approx 0{,}0284$.
Für $k_l - 1 \leq 39$, also $k_l \leq 40$ gilt $F(100; 0{,}5; k_l - 1) \leq 0{,}025$.

rechte Seite:
$P(X > k_r) \leq 0{,}025$
$1 - P(X \leq k_r) \leq 0{,}025$
$0{,}975 \leq P(X \leq k_r)$ ► $n = 100$; $p = 0{,}5$
$0{,}975 \leq F(100; 0{,}5; k_r)$

Der Tabelle im Anhang entnimmt man:
$F(100; 0{,}5; 59) \approx 0{,}9716$ und $F(100; 0{,}5; 60) \approx 0{,}9824$.
Für $k_r \geq 60$ gilt also $0{,}975 \leq F(100; 0{,}5; k_r)$.

Alles klar?

1 Franz behauptet, dass er bei seinen Mitschülern von der Größe ihrer Ohrläppchen auf die Schuhgröße schließen könne und dass er in 70 % der Fälle richtig liege.
Bei den darauf folgenden 20 Diagnosen trifft die Vorhersage in 11 Fällen zu.
Wird durch dieses Versuchsergebnis die Behauptung von Franz auf einem Signifikanzniveau von 5 % widerlegt?

2 In einer Urne befinden sich rote und blaue Kugeln.
Frieda behauptet, dass 75 % der Kugeln rot sind. In einer Stichprobe vom Umfang $n = 50$ befinden sich 30 rote Kugeln.
Kann die Behauptung von Frieda auf einem Signifikanzniveau von 5 % aufrechterhalten werden?

Testen von Hypothesen anhand von Stichproben

n steht für den Umfang der Stichprobe.
X ist die Prüfgröße, die angibt, wie oft das zu untersuchende Merkmal in der Stichprobe vorkommt.
H_0 ist die Nullhypothese.
H_1 ist die Alternativhypothese (Gegenhypothese zu H_0).
α gibt die Wahrscheinlichkeit des Fehlers 1. Art (Irrtumswahrscheinlichkeit α) an.
Der Fehler 1. Art tritt auf, wenn H_0 verworfen wird, obwohl H_0 richtig ist.
β gibt die Wahrscheinlichkeit des Fehlers 2. Art (Irrtumswahrscheinlichkeit β) an.
Der Fehler 2. Art tritt auf, wenn H_1 verworfen wird, obwohl H_1 richtig ist.
k ist die kritische Zahl, mit deren Hilfe man den Bereich beschreibt, in dem H_0 angenommen bzw. verworfen wird.

Alternativtest:
Entscheidung zwischen H_0: $p = p_0$ und H_1: $p = p_1$
Berechnung der Fehlerwahrscheinlichkeiten

Signifikanztest:
Vorgabe eines Signifikanzniveaus als Irrtumswahrscheinlichkeit

rechtsseitiger Test:
Entscheidung zwischen
H_0: $p = p_0$ und H_1: $p > p_0$

linksseitiger Test:
Entscheidung zwischen
H_0: $p = p_0$ und H_1: $p < p_0$

Berechnung einer kritischen Zahl

zweiseitiger Test:
Entscheidung zwischen H_0: $p = p_0$ und H_1: $p \neq p_0$
Berechnung einer linksseitigen und einer rechtsseitigen kritischen Zahl

6

Übungen zu 6.7

Alternativtests

1 Für eine Tombola wurden zwei Lostrommeln vorbereitet, wobei die eine 75 % Gewinnlose und die andere nur 40 % Gewinnlose enthält. Versehentlich wurden die Lostrommeln nicht beschriftet. Für einen Test entnimmt Peter einer der Trommeln 80 Lose. Falls unter den 80 gezogenen Losen mindestens 55 Gewinnlose sind, entscheidet er sich dafür, der Trommel eine 75 %ige Gewinnchance zuzuordnen.

a) Berechnen Sie die Irrtumswahrscheinlichkeiten des beschriebenen Testverfahrens.

b) Formulieren Sie die Entscheidungsregel so, dass der Fehler 1. Art höchstens 5 % beträgt.

2 Nach der Optimierung der Produktion eines Bauteils soll die Ausschussrate in einem Betrieb von vorher 8 % auf nur noch 4 % gesunken sein. Um dies zu überprüfen, wird eine Stichprobe von 300 Teilen gezogen. Sind davon höchstens 20 defekt, entscheidet man sich dafür, dass die Rate tatsächlich gesunken ist.

a) Berechnen Sie die Irrtumswahrscheinlichkeiten.

b) Wie lautet die Entscheidungsregel, wenn der α-Fehler höchstens 5 % betragen soll?

3 Ein Massenprodukt wird auf 2 verschiedenen Anlagen A und B hergestellt. Anlage A arbeitet weniger fehlerhaft als Anlage B: 10 % des Outputs von Anlage A, aber 20 % des Outputs von Anlage B sind mit Mängeln behaftet.
Bei der Auslieferung wird festgestellt, dass auf einer Kiste mit Produkten die Angabe fehlt, von welcher Anlage sie stammt. Gehen Sie davon aus, dass H_0 die Hypothese ist, dass die Kiste Produkte enthält, die auf Anlage B gefertigt wurden.

a) Die Kiste wird als Qualität von Anlage A verkauft, falls sich in einer Stichprobe vom Umfang 20 Stück höchstens 4 Stück als fehlerhaft erweist. Wie groß ist die Wahrscheinlichkeit für den Fehler 1. Art und die Wahrscheinlichkeit für den Fehler 2. Art?

b) Wie muss die Entscheidungsvorschrift geändert werden, damit die Wahrscheinlichkeit für den Fehler 1. Art höchstens 10 % beträgt? Wie groß ist dann die Wahrscheinlichkeit für den Fehler 2. Art?

4 In einem Betrieb wird auf den Maschinen A und B dasselbe Massenprodukt hergestellt. 10 % der auf Maschine A hergestellten Produkte weisen Mängel auf. Maschine B produziert 40 % Ausschuss. Die Produkte werden in großer Stückzahl in Kisten verpackt und als von A bzw. B stammend bezeichnet.
Auf einer Kiste fehlt die Herkunftsbezeichnung. Durch eine Stichprobe vom Umfang 20 soll festgestellt werden, ob die Produkte von A oder B gefertigt wurden. Wird die Kiste fälschlicherweise als von Maschine B stammend verkauft, obwohl die Produkte auf A gefertigt wurden, so muss mit einem Verlust von 3 € je Produkt gerechnet werden, da der Verkaufspreis um 3 € geringer ist. Werden die Produkte aus der Kiste fälschlicherweise als die bessere Qualität A verkauft, obwohl sie auf B gefertigt wurden, dann entsteht ein Verlust von 40 € je Stück.
Ermitteln Sie den kritischen Wert k, für den die Verlusterwartung minimal ist, wenn die Prüfung je Stück der Stichprobe 0,50 € kostet.

5 In einer Lostrommel befinden sich ca. 1 000 Lose. Rolf Skrupellos behauptet, dass das Verhältnis von Nieten zu Gewinnlosen 3 : 7 (Nullhypothese) beträgt, während Jost Ahnungslos vom umgekehrten Verhältnis 7 : 3 (Alternativhypothese) ausgeht. Es soll getestet werden, welches der Verhältnisse tatsächlich vorliegt. Zu diesem Zweck werden 10 Lose entnommen. Sind mehr als 4 Nieten in der Stichprobe, dann entscheidet man sich für die Alternativhypothese von J. Ahnungslos, ansonsten für die Nullhypothese von R. Skrupellos.

a) Welche Irrtümer können auftreten und wie groß sind deren Wahrscheinlichkeiten?

b) Die Irrtumswahrscheinlichkeit α des Fehlers 1. Art soll nicht mehr als 10 % betragen und die Irrtumswahrscheinlichkeit β des Fehlers 2. Art möglichst klein bleiben. Wie lautet dafür die Entscheidungsregel?

c) Beide Irrtumswahrscheinlichkeiten sollen 10 % nicht überschreiten. Wie groß muss unter diesen Bedingungen dann der Stichprobenumfang mindestens sein?

Signifikanztests

6 X sei eine binomialverteilte Zufallsgröße mit den Wahrscheinlichkeiten $B(n; p; k)$. Ermitteln Sie zu der Nullhypothese H_0: $p = 0{,}25$ und der Alternativhypothese H_1: $p > 0{,}25$ den Ablehnungsbereich bei einer Stichprobe vom Umfang 20 und bei einem Signifikanzniveau von
a) 5 %, b) 2 % und c) 1 %.

7 Ein Südfrüchte-Importeur behauptet, dass höchstens 5 % seiner Apfelsinen Mängel aufweisen. Bei einer Stichprobe vom Umfang 20 zeigen 3 Früchte Anzeichen von Fäulnis.
a) Formulieren Sie geeignete Hypothesen H_0 und H_1 für einen Signifikanztest.
b) Ermitteln Sie die Irrtumswahrscheinlichkeit, wenn bei 3 faulen Apfelsinen die Nullhypothese noch angenommen wird.
c) Liegt das Ergebnis der Stichprobe im Ablehnungsbereich bei einem Signifikanzniveau von 5 %?
d) Ist die Nullhypothese bei einem Signifikanzniveau von 1 % abzulehnen?

8 Ein Pharma-Hersteller testet ein neues Schmerzmittel an 100 Personen daraufhin, ob es sein altes Mittel, das in 75 % der Anwendungsfälle erfolgreich ist, in seiner Wirkung noch übertrifft.
a) Formulieren Sie eine geeignete Nullhypothese und eine geeignete Alternativhypothese für einen Signifikanztest.
b) 80 Personen sprechen auf das neue Mittel an. Wie hoch ist die Wahrscheinlichkeit, dass dem neuen Mittel eine bessere Wirkung zugesprochen wird als dem alten, wenn dieser Sachverhalt tatsächlich nicht zutrifft?
c) Bei mindestens wie vielen Testpersonen hätte das Medikament bei einer vorgegebenen Irrtumswahrscheinlichkeit von 5 % ansprechen müssen?

9 Ein Lieferant von Kompostwürmern behauptet, dass mindestens 90 % aller von ihm gelieferten Würmer lebend seien. Ein belieferter Gärtner entnimmt eine Probe von 20 Stück.
a) Formulieren Sie eine geeignete Nullhypothese und eine geeignete Alternativhypothese für einen Signifikanztest.
b) Ermitteln Sie den Ablehnungsbereich für ein Signifikanzniveau von 5 %.
c) Die Allgemeinen Geschäftsbedingungen des Lieferanten enthalten den Passus: „Die Lieferung kann nur reklamiert werden, wenn in einer Stichprobe vom Umfang 50 mehr als 10 tote Würmer sind.“ Ermitteln Sie die Irrtumswahrscheinlichkeit.

10 Ein Lebensmitteldiscounter wirbt für eine Sonderaktion mit der Behauptung, dass von den massenhaft angebotenen Nektarinen jede Zweite die Qualität „Handelsklasse 1“ und die Restlichen die Qualität „Handelsklasse 2“ haben.
Ein Prüfer stellt nach einem Kauf fest, dass 42 Früchte der besseren Qualität, aber 58 Nektarinen der Handelsklasse 2 zuzuordnen sind.
Prüfen Sie auf einem Signifikanzniveau von 5 %, ob es sich bei der Sonderaktion des Discounters um unlauteren Wettbewerb handelt.

11 In einer Urne befinden sich rote und weiße Kugeln. Man vermutet, dass der Anteil der roten Kugeln 50 % beträgt. Befinden sich in einer Stichprobe mit $n = 10$ mindestens 3 und höchstens 7 rote Kugeln, so stimmt man für die Nullhypothese H_0 ($p = 50\,\%$). Zieht man weniger als 3 oder mehr als 7 rote Kugeln, so verwirft man H_0. Berechnen Sie die Wahrscheinlichkeiten für die Fehler 1. und 2. Art.

12 Die Elektrohändlerin Borgknawe kauft oft Restbestände von Glühlampen minderer Qualität zu günstigen Preisen auf. Der Anteil der defekten Glühlampen soll jedoch 10 % nicht überschreiten. Deshalb entnimmt Frau Borgknawe einer Lieferung 100 Glühlampen und testet sie, mit dem Ergebnis, dass 18 Glühlampen defekt sind. Kann Frau Borgknawe daraus mit einer Irrtumswahrscheinlichkeit von höchstens 5% schließen, dass der Anteil der defekten Glühlampen größer als 10 % ist?

6

13 Ein Großhändler bietet eine Lieferung von Apfelsinen mit der Zusicherung an, dass 10% der Früchte unverkäuflich sind. Sollte sich bei einer Stichprobe vom Umfang 50 herausstellen, dass die Qualität besser ist, dann wird ein Preisaufschlag vereinbart; sollte sie schlechter sein, so erhält der Käufer einen Preisnachlass. Der Preis soll erhöht werden, wenn weniger als 3 Apfelsinen und gesenkt werden, wenn mehr als 9 Früchte unverkäuflich sind.

a) Ermitteln Sie die Wahrscheinlichkeit dafür, dass der Verkäufer einen ungerechtfertigten Preisnachlass hinnehmen muss.

b) Ermitteln Sie die Wahrscheinlichkeit dafür, dass der Käufer eine ungerechtfertigte Preiserhöhung hinnehmen muss.

c) Die Wahrscheinlichkeit, aufgrund der Stichprobe anzunehmen, dass die Lieferung weniger als 10% unverkäufliche Früchte enthält, soll unter 4% liegen. Wie viele unverkäufliche Apfelsinen dürfen dann höchstens gefunden werden?

14 In der letzten Legislaturperiode wurde Frau Kuhn mit 60% der abgegebenen Stimmen direkt in den Landtag gewählt. Kurz vor der nächsten Landtagswahl möchte sie wissen, ob sie mit demselben Stimmenanteil rechnen kann. Zu diesem Zweck lässt sie a) 100 b) 500 zufällig ausgesuchte Personen ihres Wahlkreises befragen.
Ermitteln Sie mit einem Signifikanzniveau von 10% den Annahmebereich für die Nullhypothese „Frau Kuhn erhält mindestens 60% der Wählerstimmen".

15 Eine Porzellanmanufaktur bietet ein Tafelservice in den Farbvarianten rot und blau an. Aus alter Erfahrung rechnet man damit, dass 70% der Kunden sich für das blaue Service entscheiden. Zur Sicherheit startet das Unternehmen einer Händlerabfrage, bei der die letzten 800 Käufe erfasst werden. Ermitteln Sie den Annahmebereich für die Hypothese „70% der Kunden kaufen das blaue Service" auf der Grundlage eines Signifikanzniveaus von 4%.

16 Der Mechatroniker Franz möchte sich für eine Fernsehshow mit der Wette bewerben, dass er mit einer Wahrscheinlichkeit von mindestens 90% am Motorengeräusch eines vorbeifahrenden PKWs dessen Fabrikat erkennen kann. Für einen letzten Probelauf setzt ihn seine Freundin Tugba in ihr Cabrio und lässt ihn auf einer Autobahnfahrt von Hamburg in den Süden Deutschlands bei 500 überholten PKWs das Fabrikat erraten. Weil Franz auf der Fahrt von vielen Nebengeräuschen gestört wurde, gelang es ihm nur bei 425 von 500 PKWs, die Motorengeräusche richtig dem Fabrikat zuzuordnen. Daraufhin rät ihm seine Freundin, von einer Bewerbung für die Fernsehshow Abstand zu nehmen. Wie beurteilen Sie den Rat der Freundin?

17 Der Treppenlifthersteller „up and down" geht davon aus, dass 10% der Senioren zwischen 75 und 90 Jahren den Kauf des neuen Modells „speedy goncales" in Erwägung ziehen. In einer Umfrage unter 100 Personen der Zielgruppe soll diese Einschätzung bestätigt werden. Wenn zwischen 8 und 12 Personen den Kauf erwägen, wird die Hypothese $H_0\ p = 10\%$ angenommen.

a) Wie groß ist die Wahrscheinlichkeit für den Fehler 1. Art?

b) Das Signifikanzniveau wird auf 5% festgelegt. Ermitteln Sie den Annahmebereich.

18 Peter sammelt seit einigen Jahren 1 € und 2 €-Münzen, die er in einen Leinensack wirft. Er schätzt, dass in dem Beutel etwa 60% 1 €-Geldstücke sind.

a) Nachdem er im Mathematikunterricht den Signifikanztest kennen gelernt hat, möchte er sein Wissen anwenden und seine Hypothese testen. Er entnimmt dem Beutel willkürlich einige Hände voller Münzen und zählt 124 Stück á 2 € und 216 Stück à 1 €. Für seinen Test unterstellt er ein Signifikanzniveau von 4%. Kann Peter sich unter diesen Umständen in seiner Hypothese bestätigt fühlen?

b) Peter wirft die Münzen wieder in den Sack und entnimmt ihm diesmal willkürlich genau 200 Münzen. Mit welcher Wahrscheinlichkeit befinden sich darunter mindestens 75, aber höchstens 100 Münzen im Wert von 2 €?

7 Lineare Algebra

Die obere Grafik veranschaulicht ein sogenanntes Transportproblem zwischen drei Betonwerken B_1, B_2 und B_3 und zwei Kiesgruben K_1 und K_2. Jedes Werk hat einen bestimmten Bedarf an Kies (20 t, 60 t bzw. 40 t). Die Kiesgruben können die Werke in diesem Zeitraum mit 80 t bzw. 40 t Kies beliefern. Die anfallenden Transportkosten in Euro je Tonne stehen auf den Pfeilen. Für die vielen Möglichkeiten, den Bedarf der Betonwerke zu decken, ergeben sich unterschiedliche Transportkosten, die man aus wirtschaftlicher Sicht so klein wie möglich halten möchte.

Die Lineare Algebra strukturiert wirtschaftliche Prozesse mithilfe von Matrizen und linearen Gleichungssystemen. ▶ Abschnitt 7.3.2, Übungsaufgabe 16

7.1 Matrizen

Die lineare Algebra ist eine mathematische Disziplin, die sich mit Größen beschäftigt, welche in linearer Beziehung zueinander stehen. In diesem Kapitel wird aus dieser Disziplin das Matrixkalkül behandelt und auf volks und betriebswirtschaftliche Verflechtungen angewendet sowie beim Lösen linearer Gleichungssysteme und von Problemen aus dem Bereich der linearen Optimierung benutzt.

In den Wirtschaftswissenschaften fallen oft große Datenmengen an, die zu „Blöcken" zusammengefasst werden können. Mithilfe der **Matrizenrechnung** lassen sich viele Beziehungen zwischen solchen Datenblöcken, wie sie z. B. bei betriebs- und volkswirtschaftlichen Verflechtungen bestehen, sehr übersichtlich darstellen und auf eine komprimierte Art auswerten.

Die Ausdehnung der Anwendung der Matrizenrechnung auf betriebs- und volkswirtschaftliche Aufgabenstellungen wird vor allem durch den Einsatz der EDV begünstigt, die es ermöglicht, große Datenmengen in immer kürzerer Zeit zu verarbeiten. In der Praxis liegen solche Datenblöcke oft schon in Form von Tabellen vor.

7.1.1 Darstellung und Arten von Matrizen

Beispiel 7.1 (Transportmatrix)

Ein Unternehmen betreibt 4 Kiesgruben K_1, K_2, K_3 und K_4 und 3 Betonwerke B_1, B_2 und B_3, in denen der Kies aus den Kiesgruben zu Beton verarbeitet wird. Für den Monat Januar sind die Transporte (bezogen auf die ME Tonnen) von den Kiesgruben zu den Betonwerken in einer Tabelle zusammengefasst worden.

von \ nach	B_1	B_2	B_3
K_1	100	200	50
K_2	150	150	200
K_3	0	200	250
K_4	150	0	0

Betrachtet man in dieser Tabelle nur den Zahlenblock und fasst diesen durch eine runde Klammer zusammen, so erhält man die **Transportmatrix *T*.**

$$\boldsymbol{T} = \begin{pmatrix} 100 & 200 & 50 \\ 150 & 150 & 200 \\ 0 & 200 & 250 \\ 150 & 0 & 0 \end{pmatrix}$$ ► Transportmatrix

Beispiel 7.2 (Kostenmatrix)

In einer Tabelle werden die Transportkosten (bezogen auf die Geldeinheit € pro Tonne) zusammengefasst, die beim Transport des Kieses von den Kiesgruben K_i $(i = 1, 2, 3, 4)$ zu den Betonwerken B_j $(j = 1, 2, 3)$ anfallen.

	B_1	B_2	B_3
K_1	0,50	0,30	0,80
K_2	0,50	0,50	0,45
K_3	1,00	0,65	0,55
K_4	0,25	0,80	0,90

Die Zusammenfassung des Zahlenblocks durch eine runde Klammer ergibt die sog. **Kostenmatrix *K*.**

$$\boldsymbol{K} = \begin{pmatrix} 0{,}50 & 0{,}30 & 0{,}80 \\ 0{,}50 & 0{,}50 & 0{,}45 \\ 1{,}00 & 0{,}65 & 0{,}55 \\ 0{,}25 & 0{,}80 & 0{,}90 \end{pmatrix}$$ ► Kostenmatrix

Beispiel 7.3 (Herstellungsmatrix)

Ein Unternehmen stellt 2 Endprodukte E_1 und E_2 in zweistufiger Produktion her. Aus den Rohstoffen R_1 und R_2 werden die Zwischenprodukte Z_1, Z_2 und Z_3 gewonnen; aus diesen wiederum die beiden Endprodukte.

Die erste Stückliste gibt an, wie viele ME der Rohstoffe (R) für die Herstellung *einer* ME des jeweiligen Zwischenprodukts (Z) notwendig sind.

Die zweite Stückliste gibt an, wie viele ME der Zwischenprodukte (Z) jeweils für die Herstellung *einer* ME der Endprodukte (E) benötigt werden.

1. Stückliste	Z_1	Z_2	Z_3
R_1	2	3	4
R_2	3	1	2

$$\boldsymbol{RZ} = \begin{pmatrix} 2 & 3 & 4 \\ 3 & 1 & 2 \end{pmatrix}$$

▶ Herstellungsmatrix für die Zwischenprodukte

2. Stückliste	E_1	E_2
Z_1	2	1
Z_2	1	2
Z_3	1	3

$$\boldsymbol{ZE} = \begin{pmatrix} 2 & 1 \\ 1 & 2 \\ 1 & 3 \end{pmatrix}$$

▶ Herstellungsmatrix für die Endprodukte

Beispiel 7.4 (Input-Output-Matrix)

Eine Volkswirtschaft ist in 4 Produktionssektoren aufgeteilt, die sich untereinander beliefern. Die einzelnen Beziehungen werden durch das nebenstehende **Verflechtungsdiagramm** wiedergegeben.

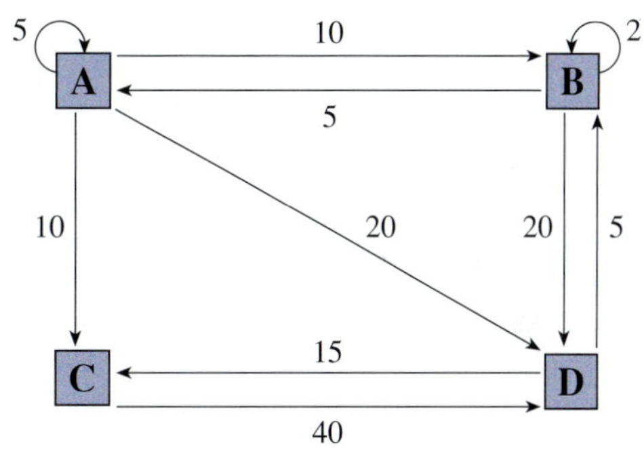

Daraus ergibt sich die **Input-Output-Matrix** $\boldsymbol{M}$ dieser 4-Sektoren-Wirtschaft.

$$\boldsymbol{M} = \begin{pmatrix} 5 & 10 & 10 & 20 \\ 5 & 2 & 0 & 20 \\ 0 & 0 & 0 & 40 \\ 0 & 5 & 15 & 0 \end{pmatrix}$$

▶ Input-Output-Matrix

Beispiel 7.5 (Koeffizientenmatrix)

Aus dem linearen Gleichungssystem (LGS)

$$\begin{aligned} 2x_1 + 3x_2 + 4x_3 &= 1 \\ 5x_1 - 2x_2 + 2x_3 &= 1 \\ x_1 \qquad\quad - x_3 &= 2, \end{aligned}$$

mit 3 Gleichungen und 3 Variablen, lässt sich die **Koeffizientenmatrix** $\boldsymbol{A}$ bilden.

$$\boldsymbol{A} = \begin{pmatrix} 2 & 3 & 4 \\ 5 & -2 & 2 \\ 1 & 0 & -1 \end{pmatrix}$$

▶ quadratische Koeffizientenmatrix

Hauptdiagonale

Unter einer **Matrix** (Plural: **Matrizen**) versteht man ein Schema von Zahlen bzw. ein Schema für deren Platzhalter, die in **Zeilen** und **Spalten** angeordnet sind. Enthält eine Matrix z. B. 3 Zeilen und 5 Spalten, so spricht man kurz von einer **3×5-Matrix** (gelesen: 3 mal 5 Matrix).

Die Zahlen bzw. deren Platzhalter innerhalb der Matrix heißen **Elemente** der Matrix. Sind in einer Matrix die Zeilen- und Spaltenanzahl gleich, ist ihre Form also quadratisch, so nennt man eine solche Matrix eine **quadratische Matrix**. In einer quadratischen Matrix bezeichnet man die Diagonale „von links oben nach rechts unten" als ihre **Hauptdiagonale**.

Beispiel 7.6 (Aktienkurse)

Die Aktienkurse der Unternehmen ABC, DEF und GHI sind für den Zeitraum einer Woche bezogen auf die Geldeinheit Euro in einer Tabelle angegeben.

	Mo	Di	Mi	Do	Fr
ABC	128	128	131	136	140
DEF	1.035	1.030	1.036	1.040	1.050
GHI	398	400	400	402	450

Will man ein bestimmtes Element der Matrix ***A*** herausgreifen, dann muss angegeben werden, in welcher Zeile und in welcher Spalte dieses Element steht.

Matrix der Aktienkurse

$$\boldsymbol{A} = \begin{pmatrix} 128 & 128 & 131 & 136 & 140 \\ 1.035 & 1.030 & 1.036 & 1.040 & 1.050 \\ 398 & 400 & 400 & 402 & 450 \end{pmatrix}$$

Jedes Element einer Matrix wird deshalb mit **Doppelindizes** versehen; der erste Index gibt an, aus welcher Zeile, und der zweite, aus welcher Spalte der Matrix das Element kommt.

$$\boldsymbol{A} = \begin{pmatrix} a_{11} & a_{12} & a_{13} & a_{14} & a_{15} \\ a_{21} & a_{22} & a_{23} & a_{24} & a_{25} \\ a_{31} & a_{32} & a_{33} & a_{34} & a_{35} \end{pmatrix}$$

a_{24} ist das Element, das in der Matrix ***A*** in der 2. Zeile und in der 4. Spalte steht. ► $a_{24} = 1.040$

- Charakterisiert man die Zusammengehörigkeit der rechteckigen Anordnungen von Zahlen (oder ihren Platzhaltern) dadurch, dass man sie in Klammern setzt, so spricht man von einer **Matrix**.
- Matrizen werden mit großen **lateinischen Buchstaben** bezeichnet (***A, B, C, … , X, Y***), ihre Elemente mit entsprechenden kleinen lateinischen Buchstaben.
- Eine Matrix ***A*** mit n Zeilen und m Spalten wird als ***n×m*-Matrix** bezeichnet. Sie besteht aus $n \cdot m$ Elementen a_{ij} $(1 \leq i \leq n; 1 \leq j \leq m; i, j \in \mathbb{N} \setminus \{0\})$. Dabei gibt der Doppelindex ij die Position des Elementes a_{ij} in der Matrix an. a_{ij} ist das Element in der i-ten Zeile und j-ten Spalte.
- Die Elemente a_{ij} einer **quadratischen Matrix** mit $i = j$ liegen auf der **Hauptdiagonalen** der Matrix.

7

Je nach der Betrachtungsweise können Matrizen unterschiedliche Formate haben und auf unterschiedliche Art mit Elementen besetzt sein.

Beispiel 7.7 a (Koeffizientenmatrix)

Ein lineares Gleichungssystem (LGS), das aus 3 Gleichungen mit 3 Variablen besteht, besitzt eine **quadratische Koeffizientenmatrix**:

$$\begin{aligned} 5x_1 + 3x_2 + x_3 &= 0 \\ 2x_1 - x_2 + 4x_3 &= -3 \\ -2x_1 - 2x_2 + 3x_3 &= 1. \end{aligned}$$

$$\boldsymbol{A} = \begin{pmatrix} 5 & 3 & 1 \\ 2 & -1 & 4 \\ -2 & -2 & 3 \end{pmatrix}$$ ► quadratische Koeffizientenmatrix

Beispiel 7.7 b (Spaltenvektor)

Die rechte Seite des LGS aus Beispiel 7.7 a lässt sich als eine 1-spaltige Matrix darstellen:

$$\begin{aligned} 5x_1 + 3x_2 + x_3 &= 0 \\ 2x_1 - x_2 + 4x_3 &= -3 \\ -2x_1 - 2x_2 + 3x_3 &= 1. \end{aligned}$$

$$\boldsymbol{B} = \begin{pmatrix} 0 \\ -3 \\ 1 \end{pmatrix} = \boldsymbol{b}$$ ► $\boldsymbol{B}$ ist eine 3×1-Matrix

Eine Matrix, die nur aus einer Spalte besteht, wird auch **Spaltenvektor** genannt und mit kleinen lateinischen Buchstaben (***a, b, c, ..., x, y, z***) bezeichnet.

In Analogie dazu heißt eine Matrix, die aus nur einer Zeile besteht, auch **Zeilenvektor**.
Spalten- und Zeilenvektoren werden nur einfach indiziert. Es wird also z. B. nur
$\begin{pmatrix} a_1 \\ a_2 \\ a_3 \end{pmatrix}$ statt $\begin{pmatrix} a_{11} \\ a_{21} \\ a_{31} \end{pmatrix}$ geschrieben. Entsprechendes gilt für einen Zeilenvektor.

Sind alle Elemente eines Spaltenvektors bzw. eines Zeilenvektors gleich Null, dann bezeichnet man ihn als **Nullvektor**.

Beispiel 7.7 c (obere Dreiecksmatrix)

Durch geeignete Äquivalenzumformungen lässt sich das LGS aus Beispiel 7.7 b in ein dazu gleichwertiges, d. h. lösungsgleiches LGS mit der Koeffizientenmatrix $\boldsymbol{D}$ überführen.

$$\begin{aligned} 5x_1 + 3x_2 + x_3 &= 0 \\ 11x_2 - 18x_3 &= 15 \\ 23x_3 &= 23 \end{aligned}$$

Eine solche quadratische Matrix, deren Elemente unterhalb der Hauptdiagonalen nur den Wert 0 besitzen, heißt **obere Dreiecksmatrix**.

$$\boldsymbol{D} = \begin{pmatrix} 5 & 3 & 1 \\ 0 & 11 & -18 \\ 0 & 0 & 23 \end{pmatrix}$$ ► obere Dreiecksmatrix

7

Beispiel 7.7 d (Einheitsmatrix)

Führt man noch weitere Äquivalenzumformungen an dem LGS aus Beispiel 7.7 c durch, so kann man auf ein dazu gleichwertiges LGS kommen, bei dem die Elemente in der Hauptdiagonalen der Koeffizientenmatrix den Wert 1 und alle anderen Elemente der Matrix den Wert 0 haben.

$$\begin{aligned} x_1 \qquad\qquad &= -2 \\ x_2 \qquad &= +3 \\ x_3 &= \ \ 1 \end{aligned}$$

Eine solche Matrix wird als **Einheitsmatrix** bezeichnet. In der Regel verwendet man für die Einheitsmatrix den Buchstaben $\boldsymbol{E}$.

$$\boldsymbol{E} = \begin{pmatrix} 1 & 0 & 0 \\ 0 & 1 & 0 \\ 0 & 0 & 1 \end{pmatrix}$$ ▶ Einheitsmatrix

- Matrizen, die nur aus einer Spalte bestehen, heißen **Spaltenvektoren**.

$$\begin{pmatrix} x_1 \\ x_2 \\ \dots \\ x_n \end{pmatrix}$$ ▶ ist ein Spaltenvektor, der aus n Zeilen und damit aus n Elementen besteht ($n \times 1$-Matrix)

- Matrizen, die nur aus einer Zeile bestehen, heißen **Zeilenvektoren**.

$(p_1, p_2, \dots, p_m)$ ▶ ist ein Zeilenvektor, der aus m Spalten und damit aus m Elementen besteht ($1 \times m$-Matrix). Bei Zeilenvektoren trennt man die Elemente voneinander durch Kommata (oder Semikoli) ab.

- Zeilen- und Spaltenvektoren, deren Elemente alle gleich Null sind, nennt man **Nullvektoren**.

$(0, 0, 0, 0, 0)$ ▶ Nullvektor als Zeilenvektor; $\begin{pmatrix} 0 \\ 0 \\ 0 \end{pmatrix}$ ▶ Nullvektor als Spaltenvektor

- Eine $n \times m$-Matrix besteht aus n Zeilenvektoren und m Spaltenvektoren.

- Eine quadratische Matrix $\boldsymbol{D}$, deren Elemente unterhalb der Hauptdiagonalen den Wert 0 haben, heißt eine **obere Dreiecksmatrix**.

$$\boldsymbol{D} = \begin{pmatrix} d_{11} & d_{12} & \dots & d_{1n} \\ 0 & d_{22} & \dots & d_{2n} \\ \dots & \dots & \dots & \dots \\ 0 & 0 & \dots & d_{nn} \end{pmatrix}$$ mit $d_{ij} = 0$ für alle $i > j$ $(1 \le i \le n; 1 \le j \le n; i, j \in \mathbb{N} \setminus \{0\})$.

- Eine quadratische Matrix $\boldsymbol{E}$, deren Elemente in der Hauptdiagonalen alle den Wert 1 und deren andere Elemente alle den Wert 0 haben, heißt **Einheitsmatrix**.

$$\boldsymbol{E} = \begin{pmatrix} 1 & 0 & \dots & 0 \\ 0 & 1 & \dots & 0 \\ \dots & \dots & \dots & \dots \\ 0 & 0 & \dots & 1 \end{pmatrix}$$ mit $e_{ij} = 1$ für alle $i = j$ und $e_{ij} = 0$ für alle $i \neq j$ $(1 \le i \le n; 1 \le j \le n)$.

7

Beispiel 7.8 (Verflechtungsdiagramm)

In einem Betrieb werden 4 Einzelteile E_1, E_2, E_3 und E_4 zu 5 Bauteilen B_1, B_2, B_3, B_4 und B_5 zusammengesetzt. Das untenstehende Verflechtungsschema gibt an, wie viele Einzelteile für je 1 Bauteil benötigt werden.

Stellen Sie die Matrix auf, in der sich die Elemente in den Spalten auf 1 Bauteil beziehen.

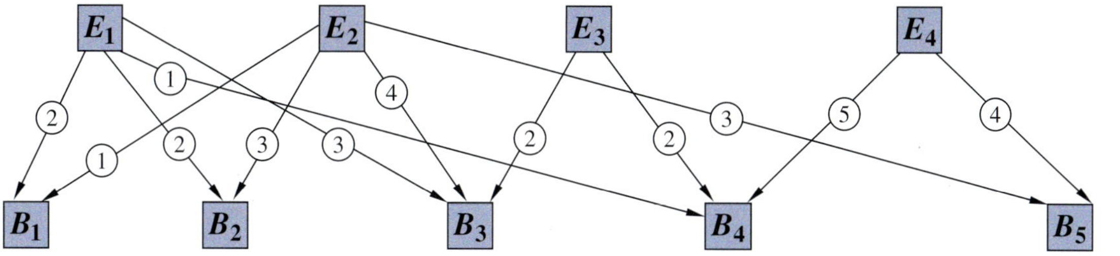

Man kann das Schema zunächst in eine Stückliste umsetzen, bevor man die Matrix $\boldsymbol{S}$ erstellt.

	B_1	B_2	B_3	B_4	B_5
E_1	2	2	3	1	0
E_2	1	3	4	0	3
E_3	0	0	2	2	0
E_4	0	0	0	5	4

$$\boldsymbol{S} = \begin{pmatrix} 2 & 2 & 3 & 1 & 0 \\ 1 & 3 & 4 & 0 & 3 \\ 0 & 0 & 2 & 2 & 0 \\ 0 & 0 & 0 & 5 & 4 \end{pmatrix}$$

Beispiel 7.9 (Schulnoten)

Die dem Alphabet nach ersten 5 Schülerinnen und Schüler einer 12. Klasse erhalten in der Zulassungskonferenz zur Fachhochschulreifeprüfung folgende Vornoten in Mathematik, BWL/Rechnungswesen, Deutsch und Englisch: Carola A. 2, 2, 3, 3; Franz B. 3, 2, 4, 5; Josef C. 3, 3, 4, 4; Dennis D. 4, 2, 2, 3 und Tanja E. 2, 3, 2, 3.

Ordnen Sie die Vornoten so zu einer Matrix, dass eine Spalte die Vornoten für eine Schülerin bzw. einen Schüler wiedergibt.

In jeder Spalte müssen alle Vornoten einer Schülerin oder eines Schülers und in jeder Zeile die Noten in den jeweiligen Fächern stehen. Es entsteht eine 4×5-Matrix.

$$\begin{matrix} \text{A} & \text{B} & \text{C} & \text{D} & \text{E} \end{matrix}$$
$$\begin{pmatrix} 2 & 3 & 3 & 4 & 2 \\ 2 & 2 & 3 & 2 & 3 \\ 3 & 4 & 4 & 2 & 2 \\ 3 & 5 & 4 & 3 & 3 \end{pmatrix} \begin{matrix} \text{Mathematik} \\ \text{BWL/ReWe} \\ \text{Deutsch} \\ \text{Englisch} \end{matrix}$$

7

Alles klar?

Die Nachbarskinder Anna, Berta und Claus sind von ihren Eltern gebeten worden, einige Lebensmittel einzukaufen. Anna soll 2 Liter Milch, 1 Pfund Butter, 1 Packung Eier und 5 Brötchen kaufen, Berta 4 Liter Milch, 2 Pfund Butter und 8 Brötchen sowie Claus 1 Liter Milch, 2 Packungen Eier und 4 Brötchen. Stellen Sie die Einkäufe der 3 Kinder in einer geeigneten Matrix dar.

7.1.2 Matrizenverknüpfungen

Matrizen können miteinander verknüpft werden. Für diese Verknüpfungen gelten spezielle Regeln der Matrizenrechnung.

Beispiel 7.10 (Addition von Matrizen)

Die schon aus dem Beispiel 7.1 bekannte Transportmatrix $\boldsymbol{A}$ gibt die von den Kieswerken K_i $(i \in \{1, 2, 3, 4\})$ zu den Betonwerken B_j $(j \in \{1, 2, 3\})$ transportierten Mengen (bezogen auf die ME Tonnen) für den Monat Januar wieder. Die Transportmatrix $\boldsymbol{B}$ gibt entsprechende Mengen für den Monat Februar an.

Berechnen Sie die Gesamtmengen, die in beiden Monaten von den einzelnen Kiesgruben zu den einzelnen Betonwerken transportiert werden, und stellen Sie diese Mengen in einer neuen Matrix $\boldsymbol{C}$ dar.

Addiert man zu jedem Element der Matrix $\boldsymbol{A}$ dasjenige Element der Matrix $\boldsymbol{B}$, das in der gleichen Spalte und in der gleichen Zeile wie das Element von $\boldsymbol{A}$ steht, dann erhält man die Elemente der gesuchten Matrix $\boldsymbol{C}$.

$$\boldsymbol{A} = \begin{pmatrix} 100 & 200 & 50 \\ 150 & 150 & 200 \\ 0 & 200 & 250 \\ 150 & 0 & 0 \end{pmatrix}$$

▶ Transportmatrix für Januar

$$\boldsymbol{B} = \begin{pmatrix} 150 & 200 & 100 \\ 100 & 200 & 150 \\ 50 & 100 & 200 \\ 100 & 100 & 0 \end{pmatrix}$$

▶ Transportmatrix für Februar

Man addiert also „positionsgleiche“ Elemente und schreibt dafür

$\boldsymbol{A} + \boldsymbol{B} = \boldsymbol{C}$ mit $a_{ij} + b_{ij} = c_{ij}$
für alle $i \in \{1, 2, 3, 4\}$; $j \in \{1, 2, 3\}$.

$$\boldsymbol{C} = \begin{pmatrix} 100+150 & 200+200 & 50+100 \\ 150+100 & 150+200 & 200+150 \\ 0+50 & 200+100 & 250+200 \\ 150+100 & 0+100 & 0+0 \end{pmatrix}$$

$$= \begin{pmatrix} 250 & 400 & 150 \\ 250 & 350 & 350 \\ 50 & 300 & 450 \\ 250 & 100 & 0 \end{pmatrix}$$

▶ Transportmatrix für Januar und Februar

Analog zur Addition ist auch die Subtraktion der Matrizen $\boldsymbol{A}$ und $\boldsymbol{B}$ erklärt:

$\boldsymbol{A} - \boldsymbol{B} = \boldsymbol{D}$ mit $a_{ij} - b_{ij} = d_{ij}$
für alle $i \in \{1, 2, 3, 4\}$; $j \in \{1, 2, 3\}$.

Die Matrix $\boldsymbol{D}$ gibt hier den Unterschied der Transportmengen vom Januar zum Februar an.

$$\boldsymbol{D} = \begin{pmatrix} 100-150 & 200-200 & 50-100 \\ 150-100 & 150-200 & 200-150 \\ 0-50 & 200-100 & 250-200 \\ 150-100 & 0-100 & 0-0 \end{pmatrix}$$

$$= \begin{pmatrix} -50 & 0 & -50 \\ 50 & -50 & 50 \\ -50 & 100 & 50 \\ 50 & -100 & 0 \end{pmatrix}$$

▶ Transportdifferenz zwischen Januar und Februar

Da nur „positionsgleiche“ Elemente addiert bzw. subtrahiert werden, muss das Format der Matrix $\boldsymbol{A}$ mit dem Format der Matrix $\boldsymbol{B}$ übereinstimmen; dasselbe Format hat dann auch die aus der Addition bzw. Subtraktion hervorgehende Matrix $\boldsymbol{C}$ bzw. $\boldsymbol{D}$.

Beispiel 7.11 (S-Multiplikation)

Das Betonunternehmen rechnet damit, dass sich alle Kosten für den Transport von den Kiesgruben zu den Betonwerken innerhalb der nächsten 5 Jahre verdoppeln werden.
Stellen Sie aus der Matrix $\boldsymbol{K}$ die neue Kostenmatrix $\boldsymbol{K}^*$ auf.
▶ Beispiel 7.2

Da sich alle Kosten verdoppeln werden, muss man jedes Element von $\boldsymbol{K}$ mit 2 multiplizieren, um die neue Kostenmatrix $\boldsymbol{K}^*$ zu erhalten.

$$\boldsymbol{K}=\begin{pmatrix} 0{,}50 & 0{,}30 & 0{,}80 \\ 0{,}50 & 0{,}50 & 0{,}45 \\ 1{,}00 & 0{,}65 & 0{,}55 \\ 0{,}25 & 0{,}80 & 0{,}90 \end{pmatrix}$$ ▶ derzeitige Kostenmatrix

Man sagt: $\boldsymbol{K}$ wurde mit der reellen Zahl 2 multipliziert ($\boldsymbol{K}^* = 2 \cdot \boldsymbol{K}$) und nennt diese Rechenoperation ***S*-Multiplikation** oder Skalar-Multiplikation.

$$\boldsymbol{K}^*=\begin{pmatrix} 2\cdot 0{,}50 & 2\cdot 0{,}30 & 2\cdot 0{,}80 \\ 2\cdot 0{,}50 & 2\cdot 0{,}50 & 2\cdot 0{,}45 \\ 2\cdot 1{,}00 & 2\cdot 0{,}65 & 2\cdot 0{,}55 \\ 2\cdot 0{,}25 & 2\cdot 0{,}80 & 2\cdot 0{,}90 \end{pmatrix} = \begin{pmatrix} 1{,}00 & 0{,}60 & 1{,}60 \\ 1{,}00 & 1{,}00 & 0{,}90 \\ 2{,}00 & 1{,}30 & 1{,}10 \\ 0{,}50 & 1{,}60 & 1{,}80 \end{pmatrix}$$ ▶ neue Kostenmatrix

Die S-Multiplikation ist an kein Matrixformat gebunden.

Es gilt für jedes Element k_{ij}^* von $\boldsymbol{K}^*$ und k_{ij} von $\boldsymbol{K}$: $k_{ij}^* = 2 \cdot k_{ij}$.

- Matrizen, die das gleiche Format haben, werden **addiert** (subtrahiert), indem man ihre Elemente, die die gleiche Position innerhalb der einzelnen Matrizen haben, addiert (subtrahiert).

$$\boldsymbol{A}=\begin{pmatrix} a_{11} & a_{12} & \dots & a_{1m} \\ a_{21} & a_{22} & \dots & a_{2m} \\ \dots & \dots & \dots & \dots \\ a_{n1} & a_{n2} & \dots & a_{nm} \end{pmatrix}; \boldsymbol{B}=\begin{pmatrix} b_{11} & b_{12} & \dots & b_{1m} \\ b_{21} & b_{22} & \dots & b_{2m} \\ \dots & \dots & \dots & \dots \\ b_{n1} & b_{n2} & \dots & b_{nm} \end{pmatrix}$$

$$\boldsymbol{A}+\boldsymbol{B}=\begin{pmatrix} a_{11}+b_{11} & a_{12}+b_{12} & \dots & a_{1m}+b_{1m} \\ a_{21}+b_{21} & a_{22}+b_{22} & \dots & a_{2m}+b_{2m} \\ \dots & \dots & \dots & \dots \\ a_{n1}+b_{n1} & a_{n2}+b_{n2} & \dots & a_{nm}+b_{nm} \end{pmatrix}$$

- Eine Matrix $\boldsymbol{A}$ wird mit einer reellen Zahl für s multipliziert (***S*-Multiplikation**), indem man jedes Element von $\boldsymbol{A}$ mit der Zahl für s multipliziert.

$$s\cdot\boldsymbol{A}=\begin{pmatrix} s\cdot a_{11} & s\cdot a_{12} & \dots & s\cdot a_{1m} \\ s\cdot a_{21} & s\cdot a_{22} & \dots & s\cdot a_{2m} \\ \dots & \dots & \dots & \dots \\ s\cdot a_{n1} & s\cdot a_{n2} & \dots & s\cdot a_{nm} \end{pmatrix}$$

Beispiel 7.12 (Skalarprodukt)

Ein Aktienanleger kauft an einem Tag 30 ABC-, 50 DEF- und 20 GHI-Aktien. Der Kurs (bezogen auf die Geldeinheit €) der ABC-Aktie beträgt 136, der DEF-Aktie 1.040 und der GHI-Aktie 402. Berechnen Sie den Preis, den der Käufer für alle Aktien zu zahlen hat.

Ordnet man die Aktienkurse zu einem Zeilenvektor und die Anzahl der Aktien zu einem Spaltenvektor, dann lässt sich eine Multiplikation von Zeilen- und Spaltenvektor erklären, die dem Gesamtpreis für alle Aktien entspricht, indem die Summe aus den Produkten gebildet wird, die aus der Multiplikation des i-ten Zeilenelements mit dem i-ten Spaltenelement hervorgehen.

$$(136, 1.040, 402) \cdot \begin{pmatrix} 30 \\ 50 \\ 20 \end{pmatrix}$$
$$= (136 \cdot 30 + 1.040 \cdot 50 + 402 \cdot 20)$$
$$= (64.120) \quad \blacktriangleright\ 1 \times 1\text{-Matrix}$$
$$= 64.120 \quad \blacktriangleright\ \text{Zahl}$$

Der Gesamtpreis aller Aktien beträgt also 64.120,– €.

Das Ergebnis ist eine 1×1-Matrix, die man mit ihrem Element identifiziert.

▶ Man lässt bei einer 1×1-Matrix die Klammern weg.

Die Anzahl der Zeilenelemente muss dabei gleich der Anzahl der Spaltenelemente sein.

$$(a_1, a_2, \ldots, a_n) \cdot \begin{pmatrix} b_1 \\ b_2 \\ \ldots \\ \ldots \\ b_n \end{pmatrix} \quad \blacktriangleright\ \text{Skalarprodukt}$$

Das Produkt aus einem Zeilenvektor und einem Spaltenvektor bezeichnet man als **Skalarprodukt**.

$$= a_1 \cdot b_1 + a_2 \cdot b_2 + \ldots + a_n \cdot b_n$$

Beispiel 7.13 (Matrizenmultiplikation, Teil 1)

Ein Aktienspekulant kauft an zwei verschiedenen Tagen jeweils 30 ABC-, 50 DEF- und 20 GHI-Aktien. Die Aktienkurse an diesen beiden Tagen betragen für ABC 136 und 140, für DEF 1.040 und 1.050 und für GHI 402 und 450.

Wie hoch ist der Gesamtkaufpreis an den jeweiligen Tagen?
Am 1. Tag beträgt der Gesamtpreis aller Aktien 64.120,– €. ▶ Beispiel 7.12
Am 2. Tag werden 30 ABC-Aktien zum Stückpreis von 140 €, 50 DEF-Aktien für 1.050 € und 20 GHI-Aktien für 450 € pro Stück gekauft; das ist insgesamt ein Kaufpreis von 140 € · 30 + 1.050 € · 50 + 450 € · 20 = 65.700 €.

Fasst man die Kurse in dieser Reihenfolge in einer 2×3-Matrix und die gekauften Mengen in gleicher Reihenfolge in einem 3-zeiligen Spaltenvektor zusammen, dann lässt sich eine Rechenoperation **„Matrizenmultiplikation"** erklären, die dem Gesamtpreis aller Aktien für jeden der beiden Tage entspricht, indem die Zeilenvektoren der linksseitigen Matrix jeweils mit dem Spaltenvektor muliplziert werden. Das Ergebnis ist ein 2-zeiliger Spaltenvektor.

$$\begin{pmatrix} 136 & 1.040 & 402 \\ 140 & 1.050 & 450 \end{pmatrix} \cdot \begin{pmatrix} 30 \\ 50 \\ 20 \end{pmatrix}$$
$$= \begin{pmatrix} 136 \cdot 30 + 1.040 \cdot 50 + 402 \cdot 20 \\ 140 \cdot 30 + 1.050 \cdot 50 + 450 \cdot 20 \end{pmatrix}$$
$$= \begin{pmatrix} 64.120 \\ 65.700 \end{pmatrix} \quad \blacktriangleright\ \text{2-zeiliger Spaltenvektor}$$

7

Beispiel 7.14 (Matrizenmultiplikation, Teil 2)

Ein Börsenmakler kauft an einem Tag u. a. für 4 Kunden ABC-, DEF- und GHI-Aktien zu den Tageskursen 136, 1.040 bzw. 402.

Der 1. Kunde orderte 30 ABC-, 50 DEF- und 20 GHI-Aktien, der 2. Kunde 60 ABC- und 70 DEF-Aktien, der 3. Kunde 15 ABC- und 25 GHI-Aktien und der 4. Kunde 10 ABC- und jeweils 30 DEF- und GHI-Aktien. Brechnen Sie, welche Kaufpreise den 4 Kunden in Rechnung gestellt werden.

Fasst man die Anzahlen der gekauften Aktien zu einer Matrix zusammen, die so aufgebaut ist, dass eine Zeile die Anzahlen einer Aktienart und eine Spalte die Kaufaufträge eines bestimmten Kunden wiedergeben, dann lässt sich eine Multiplikation des Zeilenvektors der Kurse von links mit dieser Matrix erklären, die dem Gesamtpreis aller Aktien für jeden einzelnen Kunden entspricht, indem der Kursvektor mit jedem Spaltenvektor der Matrix multipliziert wird.

$$\begin{array}{r} \text{ABC} \quad \text{DEF} \quad \text{GHI} \\ \text{Kurs}\ (136,\ 1.040,\ 402) \end{array} \cdot \begin{array}{c} \text{1.K 2.K 3.K 4.K} \\ \begin{pmatrix} 30 & 60 & 15 & 10 \\ 50 & 70 & 0 & 30 \\ 20 & 0 & 25 & 30 \end{pmatrix} \end{array} \begin{array}{l} \text{ABC} \\ \text{DEF} \\ \text{GHI} \end{array}$$

$$\begin{aligned} = (&136 \cdot 30 + 1.040 \cdot 50 + 402 \cdot 20, \\ &136 \cdot 60 + 1.040 \cdot 70 + 402 \cdot 0, \\ &136 \cdot 15 + 1.040 \cdot 0 + 402 \cdot 25, \\ &136 \cdot 10 + 1.040 \cdot 30 + 402 \cdot 30) \end{aligned}$$

Das Ergebnis dieser Multiplikation ist ein Zeilenvektor, der die Kaufpreise aller Aktien für jeden der 4 Kunden wiedergibt: Der 1. Kunde zahlt 64.120 €, der 2. Kunde 80.960 €, der 3. Kunde 12.090 € und der 4. Kunde 44.620 €.

$$= (64.120,\ 80.960,\ 12.090,\ 44.620)$$

▶ Zeilenvektor des Gesamtpreises der Aktien jedes Kunden

Beispiel 7.15 (Matrizenmultiplikation, Teil 3)

Ein Börsenmakler kauft an 2 verschiedenen Tagen für 4 Kunden ABC-, DEF- und GHI-Aktien. Kurse und Kauforder sind den beiden folgenden Tabellen zu entnehmen.

	ABC-Kurs	DEF-Kurs	GHI-Kurs
1. Tag	136	1.040	402
2. Tag	140	1.050	450

	1. K	2. K	3. K	4. K
ABC	30	60	15	10
DEF	50	70	0	30
GHI	20	0	25	30

Ermitteln Sie, welchen Betrag jeder Kunde am jeweiligen Tag zu zahlen hat.

Stellt man die Aktienkurse für jeden Tag als Matrix $\boldsymbol{K}$ und die Kauforder der 4 Kunden für die 3 Aktien als Matrix $\boldsymbol{A}$ dar, so gibt jede Spalte der Kursmatrix $\boldsymbol{K}$ die Stückpreise der einzelnen Aktien an den verschiedenen Tagen wieder.

$$\boldsymbol{K} = \begin{array}{c} \text{ABC DEF GHI} \\ \begin{pmatrix} 136 & 1.040 & 402 \\ 140 & 1.050 & 450 \end{pmatrix} \end{array} \begin{array}{l} \text{1. Tag} \\ \text{2. Tag} \end{array}$$

Der 1. Spaltenvektor von A entspricht dann den Anzahlen der einzelnen Aktien, die der 1. Kunde ordert.

	1. K	2. K	3. K	4. K
ABC	30	60	15	10
DEF	50	70	0	30
GHI	20	0	25	30

$$A = \begin{pmatrix} 30 & 60 & 15 & 10 \\ 50 & 70 & 0 & 30 \\ 20 & 0 & 25 & 30 \end{pmatrix}$$

Die Multiplikation des 1. Zeilenvektors von K mit dem 1. Spaltenvektor von A ergibt den Kaufpreis, den der 1. Kunde für seine Käufe am 1. Tag zu zahlen hat.

$$(136,\ 1.040,\ 402) \cdot \begin{pmatrix} 30 \\ 50 \\ 20 \end{pmatrix}$$

$$= 136 \cdot 30 + 1.040 \cdot 50 + 402 \cdot 20$$

$= \mathbf{64.120}$ ► Kaufpreis der Aktien für den 1. Kunden

Multipliziert man nacheinander alle Zeilenvektoren der Matrix K mit allen Spaltenvektoren der Matrix A, dann erhält man eine Matrix, die die gesuchten Beträge für jeden Kunden an den beiden Tagen enthält. ► in Euro

$$K \cdot A = \begin{pmatrix} 136 & 1.040 & 402 \\ 140 & 1.050 & 450 \end{pmatrix} \cdot \begin{pmatrix} 30 & 60 & 15 & 10 \\ 50 & 70 & 0 & 30 \\ 20 & 0 & 25 & 30 \end{pmatrix}$$

$$(136 \cdot 30 + 1.040 \cdot 50 + 402 \cdot 20,\ 136 \cdot 60 + 1.040 \cdot 70 + 402 \cdot 0,\ 136 \cdot 15 + 1.040 \cdot 0 + 402 \cdot 25,\ 136 \cdot 10 + 1.040 \cdot 30 + 402 \cdot 30)$$

► 1. Zeile der Produktmatrix

$$(140 \cdot 30 + 1.050 \cdot 50 + 450 \cdot 20,\ 140 \cdot 60 + 1.050 \cdot 70 + 450 \cdot 0,\ 140 \cdot 15 + 1.050 \cdot 0 + 450 \cdot 25,\ 140 \cdot 10 + 1.050 \cdot 30 + 450 \cdot 30)$$

► 2. Zeile der Produktmatrix

	1. K	2. K	3. K	4. K
1. Tag	64.120	80.960	12.090	44.620
2. Tag	65.700	81.900	13.350	46.400

$$= \begin{pmatrix} 64.120 & 80.960 & 12.090 & 44.620 \\ 65.700 & 81.900 & 13.350 & 46.400 \end{pmatrix}$$ ► Produktmatrix

► Matrix der Kaufbeträge jedes Kunden an den verschiedenen Tagen

Da jeder Zeilenvektor der Matrix K mit jedem Spaltenvektor der Matrix A **elementweise** multipliziert wird, muss die Matrix K genau so viele Spalten haben wie die Matrix A Zeilen besitzt.

Ist allgemeiner K eine $n \times m$-Matrix und A eine $r \times s$-Matrix, dann muss also $m = r$ gelten, damit das Produkt $K \cdot A$ gebildet werden kann. Die Produktmatrix KA hat dann das Format $n \times s$, also genau so viele Zeilen wie die Matrix K und genau so viele Spalten wie die Matrix A.

Der Doppelindex eines Elementes von KA gibt an, welcher Zeilenvektor der Matrix K mit welchem Spaltenvektor der Matrix A multipliziert wurde.

$$\underset{K}{\begin{pmatrix} 136 & 1.040 & 402 \\ 140 & 1.050 & 450 \end{pmatrix}} \cdot \underset{A}{\begin{pmatrix} 30 & 60 & 15 & 10 \\ 50 & 70 & 0 & 30 \\ 20 & 0 & 25 & 30 \end{pmatrix}} = \underset{KA}{\begin{pmatrix} 64.120 & 80.960 & 12.090 & 44.620 \\ 65.700 & 81.900 & 13.350 & 46.400 \end{pmatrix}}$$

► $ka_{23} = k_{21} \cdot a_{13} + k_{22} \cdot a_{23} + k_{23} \cdot a_{33} = 140 \cdot 15 + 1.050 \cdot 0 + 450 \cdot 25 = 13.350$

Die durchgeführte Matrizenmultiplikation lässt sich mit Excel überprüfen oder auch direkt ausführen. Dazu notiert man die beiden (hier orange unterlegten) Matrizen, markiert einen leeren (hier grünen) Bereich (E5:H6) vom Format 2×4 der Produktmatrix, gibt dort die Formel =MMULT(A5:C6;E1:H3) ein und *muss* – wie bei *allen* Matrizenrechnungen mit Excel – mit gleichzeitiger Betätigung der Tastenfolge „Strg“, „Umschalt“ (⇑) und „Enter“ abschließen.

	A	B	C	D	E	F	G	H
1					30	60	15	10
2					50	70	0	30
3					20	0	25	30
5	136	1040	402		64120	80960	12090	44620
6	140	1050	450		65700	81900	13350	46400
8	▶ Grünen Bereich markieren: =MMULT(A5:C6;E1:H3),							
9	Abschluss mit Strg+Umschalt+Enter							

▶ Die versetzte Platzierung der Matrizen $\boldsymbol{K}$ und $\boldsymbol{A}$ verschafft einen besseren Überblick, da das jeweilige Ergebnis des Skalarprodukts „Zeile mal Spalte“ am „Kreuzungspunkt“ der jeweiligen Zeile und Spalte steht (hier rote Zahlen).

▶ Vgl. auch die Matrizenmultiplikation mit TI-Nspire, Übungsaufgabe 26.

Beispiel 7.16 (Herstellungsmatrix mit Zwischenprodukten)

Berechnen Sie auf der Grundlage der Stücklisten aus Beispiel 7.3, wie viele ME der Rohstoffe R_1 und R_2 jeweils benötigt werden, um je 1 ME der Endprodukte E_1 und E_2 herstellen zu können.

Da die 1. Stückliste angibt, wie viele ME von R_1 und R_2 für die Produktion je 1 ME der Zwischenprodukte Z_1, Z_2 und Z_3 notwendig sind, und die 2. Stückliste die Anzahl ME von Z_1, Z_2 und Z_3 enthält, die für die Herstellung je 1 ME von E_1 und E_2 benötigt werden, müssen die beiden zugehörigen Matrizen in dieser Reihenfolge miteinander multipliziert werden.

$$\boldsymbol{RZ} = \begin{pmatrix} 2 & 3 & 4 \\ 3 & 1 & 2 \end{pmatrix}$$

$$\boldsymbol{ZE} = \begin{pmatrix} 2 & 1 \\ 1 & 2 \\ 1 & 3 \end{pmatrix}$$

Die Stückliste, die angibt, wie viele Rohstoffe jeweils für die Produktion von je 1 ME von E_1 und E_2 gebraucht werden, ist also:

	E_1	E_2
R_1	11	20
R_2	9	11

$$\boldsymbol{RZ} \cdot \boldsymbol{ZE} = \begin{pmatrix} 2 & 3 & 4 \\ 3 & 1 & 2 \end{pmatrix} \cdot \begin{pmatrix} 2 & 1 \\ 1 & 2 \\ 1 & 3 \end{pmatrix}$$

$$= \begin{pmatrix} 2 \cdot 2 + 3 \cdot 1 + 4 \cdot 1 & 2 \cdot 1 + 3 \cdot 2 + 4 \cdot 3 \\ 3 \cdot 2 + 1 \cdot 1 + 2 \cdot 1 & 3 \cdot 1 + 1 \cdot 2 + 2 \cdot 3 \end{pmatrix}$$

$$= \begin{pmatrix} 11 & 20 \\ 9 & 11 \end{pmatrix} = \boldsymbol{RE}$$ ▶ Herstellungsmatrix

Beispiel 7.17 (Herstellungsvektor)

Auf der Grundlage der Stückliste aus Beispiel 7.16 soll die Gesamtzahl der ME an Rohstoffen R_1 und R_2 ermittelt werden, die notwendig sind, wenn 10 ME von E_1 und 30 ME von E_2 hergestellt werden sollen.

Die der Matrix $\boldsymbol{RE}$ entsprechende Stückliste gibt an, wie viele ME der Rohstoffe R_1 und R_2 jeweils für die Produktion von je 1 ME der Endprodukte E_1 und E_2 benötigt werden.

$$\boldsymbol{RE} = \begin{pmatrix} 11 & 20 \\ 9 & 11 \end{pmatrix}$$

Multipliziert man diese Matrix mit dem Spaltenvektor, dessen Elemente die Anzahl der ME von E_1 und E_2 wiedergeben, dann erhält man einen Spaltenvektor, dessen Elemente die Anzahl der für die Gesamtproduktion benötigten ME an Rohstoffen R_1 und R_2 angeben:

$$\begin{pmatrix} 11 & 20 \\ 9 & 11 \end{pmatrix} \cdot \begin{pmatrix} 10 \\ 30 \end{pmatrix}$$

$$= \begin{pmatrix} 11 \cdot 10 + 20 \cdot 30 \\ 9 \cdot 10 + 11 \cdot 30 \end{pmatrix}$$

Von R_1 sind 710 ME und von R_2 sind 420 ME nötig, um 10 ME von E_1 und 30 ME von E_2 produzieren zu können.

$$= \begin{pmatrix} 710 \\ 420 \end{pmatrix}$$ ▶ Herstellungsvektor

Man beachte:
Die Multiplikation der Matrix $\boldsymbol{RE} = \begin{pmatrix} 11 & 20 \\ 9 & 11 \end{pmatrix}$ mit dem Vektor $\begin{pmatrix} 10 \\ 30 \end{pmatrix}$ lässt sich nur dann ausführen, wenn ***RE*** „Multiplikand" und $\begin{pmatrix} 10 \\ 30 \end{pmatrix}$ „Multiplikator" ist, wenn also ***RE*** als erster und $\begin{pmatrix} 10 \\ 30 \end{pmatrix}$ als zweiter Faktor auftritt:

$$\boldsymbol{RE} \cdot \begin{pmatrix} 10 \\ 30 \end{pmatrix}.$$

Multiplikand Mulitplikator

Die Schreibfigur $\begin{pmatrix} 10 \\ 30 \end{pmatrix} \cdot \boldsymbol{RE}$ ist **kein** Matrizenprodukt, da die Anzahl der Spalten von $\begin{pmatrix} 10 \\ 30 \end{pmatrix}$ nicht mit der Anzahl der Zeilen von ***RE*** übereinstimmt.

Auch das folgende Beispiel zeigt, dass die Multiplikation zweier Matrizen oft nur auf *eine* Weise möglich sein kann.

Beispiel 7.18 (Matrizenmultiplikation)

Die beiden nebenstehenden Matrizen ***A*** und ***B*** können nur miteinander multipliziert werden, wenn ***A*** erster Faktor und ***B*** zweiter Faktor ist:

$\boldsymbol{A} \cdot \boldsymbol{B}$.

$$\boldsymbol{A} = \begin{pmatrix} 4 & -1 & 3 & 0 \\ 2 & 0{,}5 & 0 & 1 \\ 10 & 5 & -7 & -1 \\ 0 & 0 & 0 & -\frac{1}{3} \end{pmatrix} \qquad \boldsymbol{B} = \begin{pmatrix} 1 & 0 \\ -4 & 8 \\ 0 & -2 \\ 6 & 9 \end{pmatrix}$$

In der anderen Reihenfolge ist die Multiplikation nicht möglich, weil die Anzahl der Spalten von $\boldsymbol{B}\ (=2)$ nicht mit der Anzahl der Zeilen von $\boldsymbol{A}\ (=4)$ übereinstimmt.

$$\boldsymbol{A} \cdot \boldsymbol{B} = \begin{pmatrix} 8 & -14 \\ 6 & 13 \\ -16 & 45 \\ -2 & -3 \end{pmatrix}$$

Für zwei quadratische Matrizen ***A*** und ***B*** vom selben Format lässt sich stets sowohl das Produkt ***A·B*** als auch das Produkt ***B·A*** bilden. Die Ergebnismatrizen sind i.a. aber nicht gleich, d.h., die **Matrizenmultiplikation** ist im Unterschied zu der Zahlenmultiplikation **nicht kommutativ**.
Dies soll durch das folgende Beispiel noch einmal verdeutlicht werden.

7

Beispiel 7.19 (Matrizenmultiplikation ist nicht kommutativ)

Bilden Sie die Matrizenprodukte $A \cdot B$ und $B \cdot A$ für $A = \begin{pmatrix} 4 & -2 & 5 \\ 0{,}2 & 6 & 0 \\ 3 & 3 & 3 \end{pmatrix}$ und $B = \begin{pmatrix} 1 & 0 & 0 \\ 0 & 2 & -3 \\ 6 & -6 & 2 \end{pmatrix}$.

Die quadratische Matrix B kann sowohl links- als auch rechtsseitig mit der formatgleichen Matrix A multipliziert werden.

Die Ergebnismatrizen sind zwar in beiden Fällen vom selben Format, ihre Elemente aber verschieden.

Zwei Matrizen vom selben Format heißen **gleich**, wenn sie in allen einander entsprechenden Elementen übereinstimmen.

$\Rightarrow A \cdot B \neq B \cdot A$ ▸ Matrizenmultiplikation ist nicht kommutativ

$$A \cdot B = \begin{pmatrix} 4 & -2 & 5 \\ 0{,}2 & 6 & 0 \\ 3 & 3 & 3 \end{pmatrix} \cdot \begin{pmatrix} 1 & 0 & 0 \\ 0 & 2 & -3 \\ 6 & -6 & 2 \end{pmatrix} = \begin{pmatrix} 34 & -34 & 16 \\ 0{,}2 & 12 & -18 \\ 21 & -12 & -3 \end{pmatrix}$$

$$B \cdot A = \begin{pmatrix} 1 & 0 & 0 \\ 0 & 2 & -3 \\ 6 & -6 & 2 \end{pmatrix} \cdot \begin{pmatrix} 4 & -2 & 5 \\ 0{,}2 & 6 & 0 \\ 3 & 3 & 3 \end{pmatrix} = \begin{pmatrix} 4 & -2 & 5 \\ -8{,}6 & 3 & -9 \\ 28{,}8 & -42 & 36 \end{pmatrix}$$

Beispiel 7.20 (Multiplikation mit der Einheitsmatrix ist kommutativ)

Lässt sich für eine Matrix A das Produkt $E \cdot A$ bzw. $A \cdot E$ mit einer Einheitsmatrix E bilden, so ist die Produktmatrix jeweils wieder A.

Ist A eine $n \times m$-Matrix, so kann diese von links mit der $n \times n$-Einheitsmatrix E und von rechts mit der $m \times m$-Einheitsmatrix E multipliziert werden. In beiden Fällen bestätigt man die Richtigkeit von $E \cdot A = A$ bzw. $A \cdot E = A$ leicht im Kopf.

Gilt $n = m$, so ist A eine quadratische Matrix und die Multiplikation mit der Einheitsmatrix ist somit kommutativ.

$n \times n$-Matrix

$$E = \begin{pmatrix} 1 & \dots & 0 \\ \dots & \dots & \dots \\ 0 & \dots & 1 \end{pmatrix}; \; A = \begin{pmatrix} a_{11} & \dots & a_{1m} \\ \dots & \dots & \dots \\ a_{n1} & \dots & a_{nm} \end{pmatrix}$$

$m \times m$-Matrix

$$A = \begin{pmatrix} a_{11} & \dots & a_{1m} \\ \dots & \dots & \dots \\ a_{n1} & \dots & a_{nm} \end{pmatrix}; \; E = \begin{pmatrix} 1 & \dots & 0 \\ \dots & \dots & \dots \\ 0 & \dots & 1 \end{pmatrix}$$

Für eine quadratische Matrix gilt:
$E \cdot A = A$ und $A \cdot E = A$.

Alles klar?

Die Nachbarskinder Anna, Berta und Claus sind von ihren Eltern gebeten worden, einige Lebensmittel einzukaufen. Anna soll 2 Liter Milch, 1 Pfund Butter, 1 Packung Eier (10 Stück) und 5 Brötchen kaufen, Berta 4 Liter Milch, 2 Pfund Butter und 8 Brötchen sowie Claus 1 Liter Milch, 2 Packungen Eier und 4 Brötchen. 1 Liter Milch kostet 0,80 €, 1 Pfund Butter 1,10 €, 10 Eier kosten 1,80 € und für 1 Brötchen muss 0,25 € bezahlt werden. Welche Mengen haben die Kinder insgesamt gekauft, wie viele Euro musste jedes Kind zahlen und wie hoch war der gesamte Kaufpreis? Stellen Sie die Ergebnisse mithilfe einer geeigneten Matrizenrechnung dar.

- Unter einem **Skalarprodukt** versteht man das Produkt aus einem Zeilenvektor

$\boldsymbol{a} = (a_1, a_2, \ldots, a_n)$ mit einem Spaltenvektor $\boldsymbol{b} = \begin{pmatrix} b_1 \\ b_2 \\ \ldots \\ b_n \end{pmatrix}$, das folgendermaßen erklärt ist:

$$\boldsymbol{a} \cdot \boldsymbol{b} = (a_1, a_2, \ldots, a_n) \cdot \begin{pmatrix} b_1 \\ b_2 \\ \ldots \\ b_n \end{pmatrix} = a_1 \cdot b_1 + a_2 \cdot b_2 + \ldots + a_n \cdot b_n.$$

Der Zeilenvektor und der Spaltenvektor müssen gleich viele Elemente haben.
Das Skalarprodukt ist eine **Zahl**.

- Das **Produkt** $\boldsymbol{A} \cdot \boldsymbol{B}$ einer $n \times m$-Matrix $\boldsymbol{A}$ mit einer $m \times r$-Matrix $\boldsymbol{B}$ ist als $n \times r$-Matrix $\boldsymbol{C}$ erklärt, die alle Skalarprodukte jedes Zeilenvektors von $\boldsymbol{A}$ mit jedem Spaltenvektor von $\boldsymbol{B}$ enthält.

  Der **Doppelindex** eines Elements von $\boldsymbol{C}$ gibt an, welcher Zeilenvektor von $\boldsymbol{A}$ mit welchem Spaltenvektor von $\boldsymbol{B}$ multipliziert wurde.

- Die beiden **Produkte** $\boldsymbol{A} \cdot \boldsymbol{B}$ und $\boldsymbol{B} \cdot \boldsymbol{A}$ sind nur dann erklärt, wenn beide Matrizen quadratisch sind **oder** A eine $n \times m$-Matrix und B eine $m \times n$-Matrix ist. Diese Produkte sind i.a. nicht gleich, die **Matrizenmultiplikation** ist also **nicht kommutativ**.

- Für die Multiplikation einer quadratischen Matrix $\boldsymbol{A}$ mit der Einheitsmatrix $\boldsymbol{E}$ ist die Produktbildung $\boldsymbol{E} \cdot \boldsymbol{A}$ und $\boldsymbol{A} \cdot \boldsymbol{E}$ kommutativ und es gilt:

$$\boldsymbol{E} \cdot \boldsymbol{A} = \boldsymbol{A} \text{ und } \boldsymbol{A} \cdot \boldsymbol{E} = \boldsymbol{A}$$

7.1.3 Mehrstufige Produktionsprozesse

Mithilfe der Matrizenrechnung lässt sich eine große Anzahl von Fragen beantworten, die im Zusammenhang mit innerbetrieblichen Verflechtungen auftreten.

Insbesondere können einige Problemstellungen, die sich aus mehrstufigen Produktionsprozessen ergeben, durch Matrizenmultiplikationen gelöst werden.

Beispiel 7.21 (Zweistufiger Produktionsprozess)

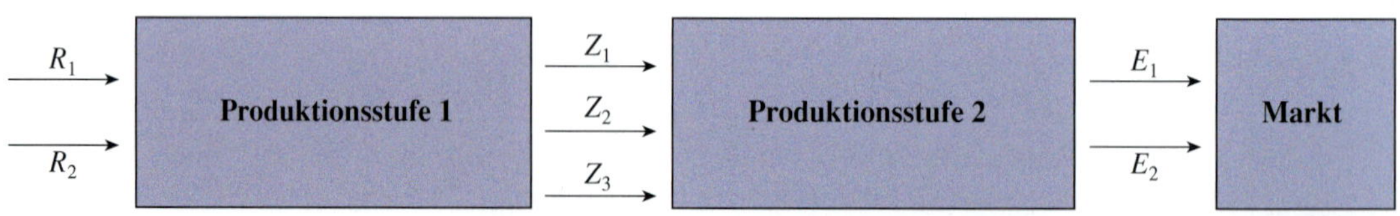

Die benötigten Rohstoffe je ME der einzelnen Zwischenprodukte und die erforderlichen Zwischenprodukte zur Herstellung je einer ME der Endprodukte können den nebenstehenden Stücklisten entnommen werden.

	Z_1	Z_2	Z_3
R_1	2	3	4
R_2	3	1	2

	E_1	E_2
Z_1	2	1
Z_2	1	2
Z_3	1	3

Insgesamt werden 10 ME von E_1 und 30 ME von E_2 in einer Rechnungsperiode produziert und am Markt abgesetzt.

Die Kosten für die Rohstoffe je ME und die von den Rohstoffkosten unabhängigen Kosten für die Herstellung der Zwischenprodukte je ME sind in den beiden nebenstehenden Tabellen aufgelistet.

	R_1	R_2
Kosten	6	8

	Z_1	Z_2	Z_3
Kosten	5	7	4

Zusätzlich verursacht die Herstellung der Endprodukte Kosten von 12 GE je ME für E_1 und 20 GE je ME für E_2.

Die Fixkosten pro Rechnungsperiode belaufen sich auf 520 GE.

Das Unternehmen kann seine Enderzeugnisse zu Preisen von 500 GE je ME für E_1 und von 400 GE je ME für E_2 verkaufen.

Ermitteln Sie den Gewinn des Unternehmens in der Rechnungsperiode.

Aus den Stücklisten für die Zwischen- und Endprodukte werden die Matrizen ***RZ*** und ***ZE*** gebildet.

$$\boldsymbol{RZ} = \begin{pmatrix} 2 & 3 & 4 \\ 3 & 1 & 2 \end{pmatrix} \quad \boldsymbol{ZE} = \begin{pmatrix} 2 & 1 \\ 1 & 2 \\ 1 & 3 \end{pmatrix}$$

Das Produkt ***RZ*** · ***ZE*** entspricht der Stückliste, in der die Anzahlen der ME der benötigten Rohstoffe für die Herstellung je 1 ME von E_1 und E_2 stehen.

$$\boldsymbol{RE} = \boldsymbol{RZ} \cdot \boldsymbol{ZE} = \begin{pmatrix} 2 & 3 & 4 \\ 3 & 1 & 2 \end{pmatrix} \cdot \begin{pmatrix} 2 & 1 \\ 1 & 2 \\ 1 & 3 \end{pmatrix} = \begin{pmatrix} 11 & 20 \\ 9 & 11 \end{pmatrix}$$

▶ Herstellungsmatrix für 1 ME der Endprodukte

Stückliste

	E_1	E_2
R_1	11	20
R_2	9	11

Für die Herstellung von 10 ME bzw. 30 ME der Endprodukte werden dann insgesamt 710 ME von R_1 und 420 ME von R_2 benötigt.

$$\begin{pmatrix} 11 & 20 \\ 9 & 11 \end{pmatrix} \cdot \begin{pmatrix} 10 \\ 30 \end{pmatrix} = \begin{pmatrix} 710 \\ 420 \end{pmatrix}$$

▶ Herstellungsvektor für die Endprodukte

Die Rohstoffpreise je ME werden als Zeilenvektor mit den Rohstoffmengen als Spaltenvektor multipliziert. Das Ergebnis sind die gesamten Rohstoffkosten K_R. Sie betragen 7.620 GE.

$$(6, 8) \cdot \begin{pmatrix} 710 \\ 420 \end{pmatrix} = \mathbf{7.620}$$

▶ $K_R = 7.620$ Gesamt-Rohstoffkosten

Die Herstellungskosten je ME für die Zwischenprodukte werden als Zeilenvektor geschrieben und mit der Matrix ***ZE*** multipliziert, um so die Herstellungskosten für alle Zwischenprodukte zu berechnen, die für die Fertigung je einer ME der Endprodukte anfallen.

$$(5, 7, 4) \cdot \begin{pmatrix} 2 & 1 \\ 1 & 2 \\ 1 & 3 \end{pmatrix} = \mathbf{(21, 31)}$$

▶ Herstellungsvektor für 1 ME der Zwischenprodukte

Multipliziert man diesen Zeilenvektor mit dem Spaltenvektor der Gesamtproduktion von E_1 und E_2, dann hat man die Herstellungskosten für die Zwischenprodukte K_Z ermittelt.

$$(21, 31) \cdot \begin{pmatrix} 10 \\ 30 \end{pmatrix} = \mathbf{1.140}$$

▶ $K_Z = 1.140$; Gesamtherstellungskosten für die Zwischenprodukte

Die Herstellungskosten je ME für E_1 und E_2 werden als Zeilenvektor mit dem Spaltenvektor der Gesamtproduktion multipliziert.

$$(12,\ 20)\cdot\begin{pmatrix}10\\30\end{pmatrix}=\mathbf{720}$$ ▶ Gesamtherstellungskosten der Endprodukte

Das Produkt ergibt die gesamten Herstellungskosten K_E der Endprodukte. Sie betragen 720 GE.

Damit sind jetzt die gesamten variablen Kosten K_V, die direkt von der produzierten Menge der Endprodukte abhängen, bekannt. Sie betragen 9.480 GE.

▶ $K_V = K_R + K_Z + K_E$
$= 7.620 + 1.140 + 720$
$= \mathbf{9.480}$ ▶ variable Gesamtkosten

Addiert man dazu noch die Fixkosten von 520 GE, so erhält man die Gesamtkosten der Rechnungsperiode von 10.000 GE.

▶ $K = K_V + K_{fix}$
$= 9.480 + 520$
$= \mathbf{10.000}$ ▶ Gesamtkosten in der Rechnungsperiode

Der Erlös E ergibt sich aus der Multiplikation des Zeilenvektors, in dem die Preise je ME der Fertigprodukte stehen, mit dem Spaltenvektor ihrer produzierten Menge. Er beträgt 17.000 GE.

▶ $E = (500, 400)\cdot\begin{pmatrix}10\\30\end{pmatrix}$
$= \mathbf{17.000}$ ▶ Erlös

Der Gewinn in der Rechnungsperiode ist die Differenz aus Erlös und Kosten und beträgt 7.000 GE.

▶ $G = E - K = 17.000 - 10.000$
$= \mathbf{7.000}$ ▶ Gewinn in der Rechnungsperiode

Beispiel 7.22 (Deckungsbeitrag und Gewinn)

Ermitteln Sie auf der Grundlage der Wert- und Mengenangaben aus Beispiel 7.21 zuerst den **Deckungsbeitrag** je ME der beiden Endprodukte und dann den Gewinn in der Rechnungsperiode.

Für die Berechnung des Deckungsbeitrags je ME von E_1 und E_2 müssen zunächst die durchschnittlichen variablen Kosten k_v ermittelt werden, die anschließend von den jeweiligen Verkaufspreisen der Endprodukte zu subtrahieren sind. Die Kosten k_v setzen sich aus den Rohstoffkosten und den Herstellungskosten für die Zwischen- und Endprodukte je ME zusammen.

Die Rohstoffkosten ergeben sich aus der Multiplikation des Zeilenvektors der Rohstoffpreise mit der Matrix $\boldsymbol{RE}$.

$(6, 8)\cdot \boldsymbol{RE}$
$= (6, 8)\cdot\begin{pmatrix}11 & 20\\9 & 11\end{pmatrix}$

Die Rohstoffkosten betragen 138 GE je ME von E_1 und 208 GE je ME von E_2.

$= \mathbf{(138,\ 208)}$ ▶ Vektor für die Rohstoffkosten

Die Herstellungskosten für die Zwischen- und Endprodukte je ME kann man aus Beispiel 7.21 übernehmen.

(21, 31) ▶ Vektor für die Herstellungskosten der Zwischenprodukte

(12, 20) ▶ Vektor für die Herstellungskosten der Endprodukte

Die Addition aller 3 Zeilenvektoren, die für die verschiedenen Kosten der Produktion je 1 ME der Endprodukte stehen, ergibt einen Zeilenvektor, der sämtliche durchschnittlichen variablen Kosten enthält: Für 1 ME von E_1 sind das 171 GE und für E_2 sind das 259 GE.

$(138, 208) + (21, 31) + (12, 20)$

$= \mathbf{(171, 259)}$ ► Vektor der durchschnittlichen variablen Kosten für die Endprodukte E_1 und E_2

Subtrahiert man diesen Zeilenvektor von dem der Preise für die Endprodukte, dann erhält man einen Zeilenvektor, der die Deckungsbeiträge je ME von E_1 und E_2 angibt.

$(500, 400) - (171, 259)$

$= \mathbf{(329, 141)}$ ► Vektor des Deckungsbeitrags je ME

Für die Berechnung des Deckungsbeitrags D der Gesamtproduktion multipliziert man diesen Zeilenvektor mit dem Spaltenvektor der Gesamtproduktion. Der Deckungsbeitrag beträgt 7.520 GE.

$(329, 141) \cdot \begin{pmatrix} 10 \\ 30 \end{pmatrix}$

$= \mathbf{7.520}$ ► Deckungsbeitrag der Gesamtproduktion

Zieht man vom Gesamtdeckungsbeitrag die fixen Kosten ab, so hat man den Gewinn in der Rechnungsperiode in Höhe von 7.000 GE.
► Beispiel 7.21

$G = D - K_{fix}$

$= 7.520 - 520$

$= \mathbf{7.000}$ ► Gewinn in der Rechnungsperiode

Alles klar?

In einem zweistufigen Produktionsprozess werden aus 3 Rohstoffen R_1, R_2 und R_3 zuerst 5 Zwischenprodukte Z_1 bis Z_5 gefertigt, die dann zu 3 Endprodukten E_1, E_2 und E_3 weiterverarbeitet werden.

	Z_1	Z_2	Z_3	Z_4	Z_5
R_1	1	2	1	1	1
R_2	2	1	2	0	0
R_3	2	0	0	2	4

	E_1	E_2	E_3
Z_1	1	1	2
Z_2	2	3	2
Z_3	3	2	2
Z_4	1	4	0
Z_5	1	0	2

Berechnen Sie die Gesamtmengen der 3 Rohstoffe, die für die Produktion von 100 ME von E_1, 150 ME von E_2 und 120 ME von E_3 benötigt werden.

Beispiel 7.23 (Matrizenmultiplikation mit Ti-Nspire)

Multiplizieren Sie mithilfe von TI-Nspire die beiden untenstehenden Matrizen $\boldsymbol{A}$ und $\boldsymbol{B}$.

$$\boldsymbol{A} = \begin{pmatrix} 3 & -4 \\ 2 & 0 \\ -7 & 5 \end{pmatrix}; \; \boldsymbol{B} = \begin{pmatrix} -2 & 6 & 0 & -4 \\ 3 & -5 & 7 & 0 \end{pmatrix}$$

Nach dem Aufruf von Calculator, der Eingabe „a:=“ und „Matrix erstellen“ aus den Mathematischen Vorlagen wird die Matrix $\boldsymbol{A}$ definiert. Entsprechend gibt man die Matrix $\boldsymbol{B}$ ein, bevor mit $a \cdot b$ die Produktmatrix errechnet wird.

$$a := \begin{bmatrix} 3 & -4 \\ 2 & 0 \\ -7 & 5 \end{bmatrix} \qquad \begin{bmatrix} 3 & -4 \\ 2 & 0 \\ -7 & 5 \end{bmatrix}$$

$$b := \begin{bmatrix} -2 & 6 & 0 & -4 \\ 3 & -5 & 7 & 0 \end{bmatrix} \qquad \begin{bmatrix} -2 & 6 & 0 & -4 \\ 3 & -5 & 7 & 0 \end{bmatrix}$$

$$a \cdot b \qquad \begin{bmatrix} -18 & 38 & -28 & -12 \\ -4 & 12 & 0 & -8 \\ 29 & -67 & 35 & 28 \end{bmatrix}$$

Übungen zu 7.1

Allgemeine Übungen

1 $A = \begin{pmatrix} 3 & 7 & -5 & -16 \\ 0 & 4 & 3 & \sqrt{2} \\ 6 & 0{,}5 & 0 & -0{,}3 \end{pmatrix}$

a) Welches Format hat die Matrix A?

b) Welche Zahlenwerte haben die Elemente für a_{12}, a_{34}, a_{24}, a_{32}, a_{21}, a_{33} der Matrix A?

2 $A = \begin{pmatrix} 6 & 3 & 5 & 4 \\ 7 & -7 & 0 & 8 \\ 4 & -5 & 6 & 1 \\ 0 & 0 & 3 & -0{,}5 \end{pmatrix}$

a) Welches Format hat die Matrix A?

b) Geben Sie die einzelnen Werte der Elemente in der Hauptdiagonalen an.

3 Erstellen Sie eine 4×4-Matrix, für deren Elemente gilt:

a) $a_{ij} = \begin{cases} 1 \text{ für } i \leq j \\ 0 \text{ für } i > j \end{cases}$ b) $a_{ij} = \begin{cases} i \text{ für } i < j \\ 0 \text{ für } i = j \\ j \text{ für } i > j \end{cases}$

c) $a_{ij} = i \cdot j$ d) $a_{ij} = |i-j| \cdot (-1)^i$

4 Addieren Sie die Matrizen A und B.

a) $A = \begin{pmatrix} 4 & 3 & 7 & 1 \\ 0 & 4 & 2 & 5 \\ 0 & 3 & 6 & -1 \end{pmatrix}$; $B = \begin{pmatrix} -5 & -2 & 0 & 3{,}1 \\ 4{,}5 & 3 & -2 & 0{,}5 \\ 7 & 0 & 0 & 3 \end{pmatrix}$

b) $A = \begin{pmatrix} a_{11} & a_{12} \\ a_{21} & a_{22} \\ a_{31} & a_{32} \end{pmatrix}$; $B = \begin{pmatrix} b_{11} & b_{12} \\ b_{21} & b_{22} \\ b_{31} & b_{32} \end{pmatrix}$

5 Multiplizieren Sie die Matrix A mit 4; –0,5; $s \in \mathbb{R}$. $A = \begin{pmatrix} -6 & 0 & 3 & 6 \\ 4 & 0 & 0 & 6 \\ 7 & -2 & -8 & 1 \end{pmatrix}$

6 $A = \begin{pmatrix} 6 & 8 & 3 \\ 4 & -2 & 0 \end{pmatrix}$; $B = \begin{pmatrix} 0 & 2 & -1 \\ 3 & 2 & 2 \end{pmatrix}$

Berechnen Sie $4 \cdot (A+B)$ sowie $4 \cdot A + 4 \cdot B$ und vergleichen Sie die Ergebnisse.

Übungen aus der Ökonomie

7 In einem Unternehmen werden aus 6 Einzelteilen 3 Bauteile hergestellt. Die Stücklisten für die Bauteile sind in der unten stehenden Tabelle zusammengefasst.

	B_1	B_2	B_3
E_1	1	2	8
E_2	2	0	0
E_3	3	2	0
E_4	0	7	0
E_5	0	2	4
E_6	4	2	1

a) Wie viele Einzelteile werden wöchentlich benötigt, wenn 80 Stück von B_1, 70 Stück von B_2 und 130 Stück von B_3 pro Woche gefertigt werden sollen?

b) Wie hoch sind die Kosten für die Einzelteile je Bauteil, wenn die Stückkosten in dieser Reihenfolge für E_1 bis E_6 jeweils 15 €; 22,50 €; 17,20 €; 12,30 €; 24,30 € und 52,80 € betragen?

c) Wie hoch sind die wöchentlichen Kosten für den Bezug der Einzelteile, wenn die Stückzahlen aus a) produziert werden?

8 Eine Schülergruppe hat den Auftrag, für eine Klassenfahrt in die Lüneburger Heide die Verpflegung für den 1. Tag einzukaufen:
3 Flaschen Ketchup, 3 Gläser Senf, 100 Würstchen, 100 Brötchen, 30 Liter Limonade.
Die Preise der Waren pro Stück bzw. pro Liter lauten:
2,10 €; 0,35 €; 0,90 €; 0,20 €; 0,75 €.

a) Ordnen Sie die Einzelpreise zu einem Zeilenvektor und die Mengen zu einem Spaltenvektor.

b) Bilden Sie das Skalarprodukt und interpretieren Sie es.

9 Koch, Ludwig, Menne, Naujokat und Olbrig sind Obsthändler auf den Wochenmärkten im Kölner Stadtgebiet. Sie kaufen ihren Tagesbedarf frühmorgens auf dem Großmarkt ein. Die Mengen sind der unten stehenden Tabelle zu entnehmen (bezogen auf kg).
Die Einkaufspreise pro kg betragen für Äpfel 0,75 €, für Birnen 0,90 €, für Erdbeeren 1,10 € und für Kirschen 4,15 €.

	K	L	M	N	O
Äpfel	100	150	200	180	180
Birnen	80	100	100	90	100
Erdbeeren	500	300	280	260	320
Kirschen	20	25	22	30	100

a) Berechnen Sie mithilfe der Multiplikation von 2 Matrizen die Höhe des Rechnungsbetrags der 5 Einkäufer.

b) Die 5 Händler haben alle etwa 95 % ihrer Obstmengen verkaufen können, und zwar zu folgenden Preisen je kg: Äpfel 1,50 €, Birnen 1,75 €; Erdbeeren 2 €; Kirschen 7,40 €. Wie hoch sind ihre Umsatzerlöse?

10 Für die 100-Jahr-Feier eines Großunternehmens sind an den 4 verschiedenen Produktionsstätten Festbankette geplant, zu denen je 3 Menüs zur Auswahl stehen sollen.
5 überregionale Cateringgesellschaften (CG) sind für die Lieferung der Menüs um Angebote gebeten worden (bezogen auf Euro).

	Menü 1	Menü 2	Menü 3
CG_1	34	31	38,50
CG_2	32,50	27	40
CG_3	33,50	28,50	40
CG_4	35	28	37
CG_5	33	30	35

Der überörtliche Festausschuss soll nun entscheiden, welche Cateringgesellschaft an welchen Ort liefern soll, damit die Gesamtkosten so gering wie möglich sind. Die örtlichen Festausschüsse gehen von folgenden Menü-Mengen aus:

	Dortmund	Dresden	Hamburg	Karlsruhe
Menü 1	250 Stück	50 Stück	150 Stück	80 Stück
Menü 2	150 Stück	50 Stück	140 Stück	250 Stück
Menü 3	400 Stück	100 Stück	200 Stück	100 Stück

Ermitteln Sie durch Matrizenmultiplikation die Angebote der Lieferanten für die verschiedenen Festorte und entscheiden Sie, welcher Service an welchen Ort zu liefern hat.

11 Die Impex KG bezieht aus Amerika von 4 verschiedenen Lieferanten die Produkte I, II und III. Die Handelsgesellschaft tätigt ihre Käufe auf Dollarbasis; die Kaufpreise werden für die Kalkulation des Verkaufspreises in Euro umgerechnet und sind in nachstehender Liste zusammengefasst.

Lieferant \ Produkt	I	II	III
Brubeck Inc.	10,30	412,10	110,80
American Globe	12,10	400,20	105,30

a) Durch den Kurssturz des Dollars sind alle €-Preise um 10 % gesunken. Berechnen Sie mittels *S*-Muliplikation die neuen €-Preise.

b) Ermitteln Sie durch Matrizenmultiplikation den günstigsten Lieferanten, wenn die Impex KG folgende Mengen von einem einzigen Lieferanten beziehen will:
2.400 Stück von I, 560 Stück von II und 1.250 Stück von III.

12 Multiplizieren Sie $\boldsymbol{A}$ von links und von rechts jeweils mit einer passenden Einheitsmatrix.

a) $\boldsymbol{A} = \begin{pmatrix} 6 & 1 & 2 \\ 4 & -3 & 0 \end{pmatrix}$ b) $\boldsymbol{A} = (8,\ 2)$

c) $\boldsymbol{A} = \begin{pmatrix} 6 \\ -4 \\ 3 \end{pmatrix}$ d) $\boldsymbol{A} = \begin{pmatrix} 4 & 1 \\ 0 & -3 \\ -4 & 6 \end{pmatrix}$

e) $\boldsymbol{A} = \begin{pmatrix} 3 & 0 & 5 \\ -2 & 1 & 7 \\ 6 & 0 & -8 \end{pmatrix}$ f) $\boldsymbol{A} = \begin{pmatrix} 0 & 1 \\ 1 & 0 \end{pmatrix}$

13 Bilden Sie, soweit möglich, die Matrizenprodukte $\boldsymbol{A} \cdot \boldsymbol{B}$ und $\boldsymbol{B} \cdot \boldsymbol{A}$.

a) $\boldsymbol{A} = \begin{pmatrix} 6 & -2 & 4 \\ 3 & 1 & -1 \\ 0 & 2 & 10 \end{pmatrix}$; $\boldsymbol{B} = \begin{pmatrix} 0{,}5 & 1{,}25 & 4 \\ 3 & -1{,}5 & 0 \\ 7 & 0 & -4 \end{pmatrix}$

b) $\boldsymbol{A} = \begin{pmatrix} 6 & 4 & 2 \\ 3 & 2 & 1 \end{pmatrix}$; $\boldsymbol{B} = \begin{pmatrix} 1 & -2 \\ 1 & 0 \\ 0 & 1 \end{pmatrix}$

c) $\boldsymbol{A} = \begin{pmatrix} 1 & 3 & 2 \\ 2 & 4 & 6 \\ -1 & 7 & -11 \end{pmatrix}$; $\boldsymbol{B} = \begin{pmatrix} 43 & -23{,}5 & -5 \\ -8 & 4{,}5 & 1 \\ -9 & 5 & 1 \end{pmatrix}$

14 Bilden Sie $\boldsymbol{A} \cdot \boldsymbol{B} + \boldsymbol{C}$ mit $\boldsymbol{A} = \begin{pmatrix} 6 & 3 & -1 \\ 4 & 7 & 5 \end{pmatrix}$;

$\boldsymbol{B} = \begin{pmatrix} 2 & 0 & 5 & 2 \\ 4 & 3 & 4 & 1 \\ 0 & 1 & 0 & -4 \end{pmatrix}$; $\boldsymbol{C} = \begin{pmatrix} 0 & 5 & 3 & 4 \\ 1 & 1 & -6 & 8 \end{pmatrix}$

15 Zeigen Sie am Beispiel der untenstehenden Matrizen, dass für die Matrizenmultiplikation das **Assoziativgesetz** $(\boldsymbol{A} \cdot \boldsymbol{B}) \cdot \boldsymbol{C} = \boldsymbol{A} \cdot (\boldsymbol{B} \cdot \boldsymbol{C})$ gilt, indem Sie jeweils zuerst das Produkt in den Klammern berechnen.

$\boldsymbol{A} = \begin{pmatrix} 4 & 2 & 1 \\ 6 & 3 & 0 \end{pmatrix}$; $\boldsymbol{B} = \begin{pmatrix} 5 & 8 & 6 & -5 \\ 1 & 0 & 3 & 0 \\ -2 & 2 & 1 & 0 \end{pmatrix}$;

$\boldsymbol{C} = \begin{pmatrix} 6 \\ -4 \\ 3 \\ 1 \end{pmatrix}$.

16 a) Zeigen Sie am Beispiel der nachfolgenden Matrizen, dass für die Matrizenmultiplikation das **Distributivgesetz**

$\boldsymbol{A} \cdot (\boldsymbol{B} + \boldsymbol{C}) = \boldsymbol{A} \cdot \boldsymbol{B} + \boldsymbol{A} \cdot \boldsymbol{C}$ gilt.

$\boldsymbol{A} = \begin{pmatrix} 6 & 0 & 4 \\ 2 & 3 & 1 \\ -2 & -1 & 1 \end{pmatrix}$; $\boldsymbol{B} = \begin{pmatrix} 2 & 4 \\ 5 & 6 \\ -2 & 0 \end{pmatrix}$;

$\boldsymbol{C} = \begin{pmatrix} 0 & 3 \\ -1 & 5 \\ 1 & 1 \end{pmatrix}$.

b) Zeigen Sie am Beispiel der nachfolgenden Matrizen, dass für die Matrizenmultiplikation das **Distributivgesetz**

$(\boldsymbol{A} + \boldsymbol{B}) \cdot \boldsymbol{C} = \boldsymbol{A} \cdot \boldsymbol{C} + \boldsymbol{B} \cdot \boldsymbol{C}$ gilt.

$\boldsymbol{A} = \begin{pmatrix} 4 & 5 & 7 \\ -2 & 8 & 0 \end{pmatrix}$; $\boldsymbol{B} = \begin{pmatrix} 1 & 2 & -1 \\ 0 & 3 & 0 \end{pmatrix}$;

$\boldsymbol{C} = \begin{pmatrix} -5 & 1 & 2 & 4 \\ 3 & -2 & 0 & 1 \\ 4 & 0 & 0 & 1 \end{pmatrix}$.

Übungen aus der Ökonomie

17 In einem zweistufigen Produktionsprozess werden zuerst aus den 4 Einzelteilen T_1, T_2, T_3 und T_4 die 3 Bauteile B_1, B_2 und B_3 und aus diesen dann die 3 Endprodukte E_1, E_2 und E_3 hergestellt.

Das nebenstehende Diagramm gibt die Einsatzmengen je Bauteil bzw. je Endprodukt an.

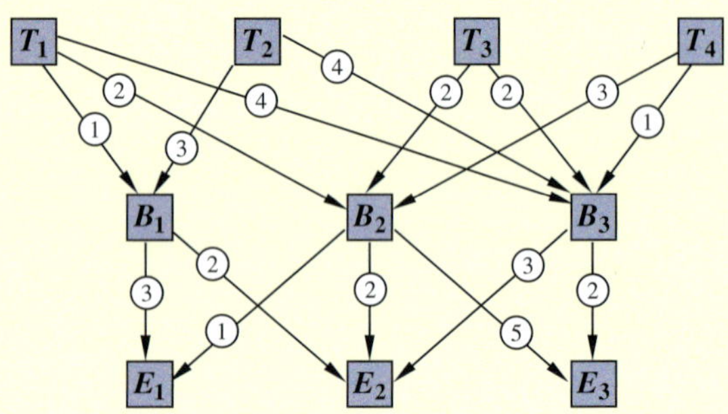

Die Kosten für die Einzelteile, die Herstellung der Bauteile und die Fertigung der Endprodukte können der folgenden Tabelle entnommen werden.

	T_1	T_2	T_3	T_4	B_1	B_2	B_3	E_1	E_2	E_3
Kosten	40 €	45 €	50 €	30 €	12 €	16 €	15 €	128 €	240 €	232 €

Die Verkaufspreise der Endprodukte betragen je Stück 1.200 € für E_1 und je 3.000 € für E_2 und E_3.

a) Stellen Sie die beiden Stücklisten auf.

b) Berechnen Sie die Kosten für die Einzelteile je Endprodukt und die Herstellungskosten der Bauteile je Endprodukt.

c) Ermitteln Sie die Deckungsbeiträge je Endprodukt.

18 Eine chemische Fabrik stellt aus sechs Rohstoffen R_1 bis R_6 vier verschiedene Grundsubstanzen G_1 bis G_4 und aus diesen Grundsubstanzen dann fünf verschiedene Fettcremes F_1 bis F_5 her.

In den Tabellen ist angegeben, wie viele ME der Rohstoffe für je 1 ME der Grundsubstanzen bzw. wie viele ME der Grundsubstanzen für je 1 ME der Fettcremes benötigt werden.

	G_1	G_2	G_3	G_4
R_1	18	0	24	25
R_2	12	75	0	135
R_3	130	60	72	0
R_4	45	30	0	60
R_5	0	15	18	23
R_6	0	28	32	67

	F_1	F_2	F_3	F_4	F_5
G_1	18	27	60	37	84
G_2	36	60	34	0	29
G_3	17	5	0	34	26
G_4	11	5	18	21	0

a) Ermitteln Sie, wie viele Rohstoffe jeweils für eine ME der verschiedenen Fettcremes notwendig sind.

b) Berechnen Sie den gesamten Rohstoffbedarf für die wöchentliche Produktion von 2.000 ME von F_1, 3.200 ME von F_2, 3.000 ME von F_3, 7.800 ME von F_4 und 11.500 ME von F_5.

19 Das Unternehmen Compelec braucht zur Fertigung seiner Mikroprozessoren M_1, M_2, M_3 und M_4 die Einzelteile E_1, E_2 und E_3. Die pro Mikroprozessor benötigten ME an Einzelteilen ergeben sich aus der nachstehenden Tabelle.

	M_1	M_2	M_3	M_4
E_1	2	8	6	4
E_2	4	4	0	8
E_3	0	2	4	4

Das Unternehmen stellt aus den Mikroprozessoren die Geräte G_1, G_2 und G_3 her.

Die Anzahl der pro Gerät benötigten Mikroprozessoren ergibt sich aus unten stehender Tabelle.

	G_1	G_2	G_3
M_1	2	3	4
M_2	1	2	2
M_3	0	1	1
M_4	1	0	1

a) Die Preise pro ME für die Einzelteile betragen 0,25 GE für E_1, 2,40 GE für E_2 und 16,50 GE für E_3. Berechnen Sie die Gesamtkosten der Einzelteile für jedes der 3 Geräte.

b) Die Firma Handelec liefert die Einzelteile für 100 Geräte G_1, 300 Geräte G_2 und 200 Geräte G_3. Was ist von dem Unternehmen insgesamt für die Einzelteile zu bezahlen?

20 Ein Unternehmen fertigt 3 verschiedene Gehäusekästen, die in verschiedenen Kombinationen zu 5 verschiedenen Verkaufslosen verpackt werden. Die Teileverwendung für je 1 Gehäuse kann der 1. Tabelle, die Art der Zusammenstellung für den Verkauf der 2. Tabelle entnommen werden. Die 3. Tabelle gibt die Kosten der Teile pro Stück wieder.

a) Berechnen Sie, wie viele Teile jeweils für je eines der fünf Verkaufslose benötigt werden.

b) Ermitteln Sie die Teilekosten je Verkaufslos.

2. Tabelle	L_1	L_2	L_3	L_4	L_5
G_1	1	1	2	4	2
G_2	1	2	2	0	0
G_3	1	1	2	2	4

	1. Tabelle	G_1	G_2	G_3
Seitenwand	T_1	2	2	1
Vorder- und Rückwand	T_2	2	1	2
Oberschale	T_3	1	1	1
Unterschale	T_4	1	1	1
Befestigungsecken	T_5	8	6	6
Verstrebungen	T_6	12	4	8
Scharniere	T_7	4	4	2
Muttern	T_8	48	40	20
Schrauben	T_9	48	40	20
Nieten	T_{10}	16	12	40

3. Tabelle	T_1	T_2	T_3	T_4	T_5	T_6	T_7	T_8	T_9	T_{10}
€	6	1,50	2	2	0,20	3	0,60	0,65	0,30	0,25

7

21 In einem Unternehmen werden aus 3 Rohstoffen 4 verschiedene Zwischenprodukte gefertigt, die selbst wieder der Herstellung von 2 verschiedenen Endprodukten dienen. Die 1. Tabelle gibt den Rohstoffbedarf (bezogen auf ME) für 1 ME der Zwischenprodukte und die 2. Tabelle den Bedarf an Zwischenprodukten für je 1 ME der Endprodukte an.

1. Tabelle	Z_1	Z_2	Z_3	Z_4
R_1	3	3	6	7
R_2	4	0	2	5
R_3	5	8	1	0

2. Tabelle	E_1	E_2
Z_1	5	6
Z_2	2	0
Z_3	0	5
Z_4	3	4

a) Wie viele ME der verschiedenen Rohstoffe sind für die Herstellung je ME eines Endprodukts erforderlich?

b) Ermitteln Sie die gesamten ME je Rohstoff, wenn 420 ME von E_1 und 750 ME von E_2 produziert werden.

c) Wie hoch sind die gesamten Rohstoffkosten für die Gesamtproduktion aus b), wenn R_1 je ME 25 €, R_2 je ME 51 € und R_3 je ME 37,50 € kosten?

22 In einem dreistufigen Produktionsprozess werden aus 3 verschiedenen Rohstoffen R_1, R_2 und R_3 die 4 Einzelteile E_1, E_2, E_3 und E_4 hergestellt, aus denen 3 Halbfertigfabrikate H_1, H_2 und H_3 produziert werden. Die Halbfertigfabrikate dienen selbst wieder der Produktion von 2 verschiedenen Endprodukten P_1 und P_2. Die Tabellen geben an, wie viele ME der benötigten Input-Güter in je 1 ME des Outputs eingehen.

	E_1	E_2	E_3	E_4
R_1	3	1	4	6
R_2	2	2	1	2
R_3	1	2	1	3

	H_1	H_2	H_3
E_1	3	1	1
E_2	4	1	4
E_3	0	2	3
E_4	2	3	0

	P_1	P_2
H_1	6	13
H_2	11	8
H_3	2	1

a) Ermitteln Sie, wie viele Rohstoffe für je ein Halbfertigfabrikat nötig sind.

b) Bestimmen Sie, wie viele Einzelteile für je ein Endprodukt notwendig sind.

c) Ermitteln Sie, wie viele Rohstoffe in je ein Endprodukt eingehen.

d) Berechnen Sie die Rohstoffmengen für die Produktion von je 500 Stück von P_1 und P_2.

e) Wie hoch sind die gesamten Rohstoffkosten, wenn R_1 je ME 4 €, R_2 je ME 2,50 € und R_3 je ME 4,50 € kosten?

23 Ein Betrieb verarbeitet die Materialien M_1, M_2 und M_3 zu den Zwischenprodukten Z_1, Z_2 und Z_3 und diese Zwischenprodukte zu den Endprodukten E_1, E_2 und E_3. Die folgenden Stücklisten geben an, wie viele ME der einzelnen Materialien zu je einer ME eines Zwischenproduktes bzw. wie viele der einzelnen Zwischenprodukte für je eines der Endprodukte benötigt werden.

	Z_1	Z_2	Z_3
M_1	1	4	3
M_2	2	2	4
M_3	2	2	2

	E_1	E_2	E_3
Z_1	2	3	4
Z_2	1	2	2
Z_3	2	1	2

Berechnen Sie den Gewinn der letzten Rechnungsperiode unter Berücksichtigung folgender Angaben: Die Verkaufspreise für die Endprodukte betragen jeweils 2.000 GE pro ME. Die fixen Kosten belaufen sich auf 40.000 GE. Die Materialkosten betragen pro ME jeweils 10 GE für M_1, 15 GE für M_2 und 20 GE für M_3. Die Fertigungskosten bei der Produktion der Zwischenprodukte betragen pro ME jeweils 80 GE für Z_1, 100 GE für Z_2 und 120 GE für Z_3. Die Fertigungskosten für die Endprodukte betragen pro ME der Endprodukte 410 GE bei E_1, 510 GE bei E_2 und 620 GE bei E_3.
Es wurden insgeamt 130 ME von E_1, 175 ME von E_2 und 150 ME von E_3 hergestellt und verkauft. Warum sollte man die Produktion von E_3 einstellen?

7.2 Lineare Gleichungssysteme

In den Wirtschaftswissenschaften ist man bestrebt, die Beziehungen zwischen wirtschaftlichen Größen mathematisch auszudrücken, um sie so „rechenbar“ zu machen. Eine Möglichkeit der Mathematisierung bietet die lineare Algebra in Form linearer Gleichungssysteme. Für diese Mathematisierung versucht man, die Beziehungen zwischen mehreren wirtschaftlichen Größen durch ein System linearer Gleichungen zu erfassen.

7.2.1 Darstellung linearer Gleichungssysteme mithilfe von Matrizen

Große Systeme linearer Gleichungen können heute mithilfe der Matrizenrechnung durch die EDV auf rationelle Art behandelt werden. Dazu ist es notwendig, lineare Gleichungssysteme (LGS) in Matrizenschreibweise zu erfassen. In diesem Abschnitt werden zunächst lineare Gleichungssysteme behandelt, die eine eindeutige Lösung besitzen.

Beispiel 7.24 a (Additionsverfahren für LGS)

Ein Unternehmen stellt bisher aus 3 Einzelteilen T_1, T_2 und T_3 die 3 Endprodukte E_1, E_2 und E_3 her. Die Stückliste auf der rechten Seite gibt an, wie viele Teile jeweils für die Herstellung je eines Endprodukts benötigt werden.

Stückliste	E_1	E_2	E_3
T_1	1	3	2
T_2	2	2	3
T_3	4	3	1

Die Produktion von E_1, E_2 und E_3 soll damit auslaufen, dass der Lagerbestand an Einzelteilen aufgebraucht wird. 560 Stück von E_1, 590 Stück von E_2 und 810 Stück von E_3 sind momentan noch vorrätig.

a₁) Stellen Sie als Ansatz zur Lösung des Problems ein LGS auf.
a₂) Lösen Sie das LGS nach dem Additionsverfahren.
b₁) Stellen Sie das LGS mithilfe von Matrizen dar.
b₂) Lösen Sie das LGS, indem Sie dieselben Rechenschritte wie unter **a₂)** auf Matrizen anwenden.

Zu a₁) Bezeichnet man die Produktionsmengen von E_1, E_2 und E_3 mit x_1, x_2 und x_3, so ergibt sich ein 3×3-System aus 3 linearen Gleichungen in 3 Variablen, dessen Lösung gesucht ist.

$$\begin{aligned} x_1 + 3x_2 + 2x_3 &= 560 \\ 2x_1 + 2x_2 + 3x_3 &= 590 \\ 4x_1 + 3x_2 + x_3 &= 810 \end{aligned}$$

Zu a₂) Beim Lösungsgang geht man zweckmäßigerweise so vor, das 3×3-System durch geeignete Rechenoperationen derart umzuformen, dass zuerst ein 2×2-System als Untersystem des 3×3-Systems entsteht und dann ein 1×1-System als Untersystem des 2×2-Systems.

Das System

$$\begin{aligned} a_{11} \cdot x_1 + a_{12} \cdot x_2 + a_{13} \cdot x_3 &= b_1 \\ a_{21} \cdot x_1 + a_{22} \cdot x_2 + a_{23} \cdot x_3 &= b_2 \\ a_{31} \cdot x_1 + a_{32} \cdot x_2 + a_{33} \cdot x_3 &= b_3 \end{aligned}$$

wird überführt in ein System

$$\begin{aligned} a_{11} \cdot x_1 + a_{12} \cdot x_2 + a_{13} \cdot x_3 &= b_1 \\ \left.\begin{aligned} a_{22}^* \cdot x_2 + a_{23}^* \cdot x_3 &= b_2^* \\ a_{32}^* \cdot x_2 + a_{33}^* \cdot x_3 &= b_3^* \end{aligned}\right\} & \; 2 \times 2\text{-Untersystem} \end{aligned}$$

Das 1×1-System besteht nur noch aus einer Gleichung mit der einen Variablen x_3, welches man unmittelbar lösen kann.

und dann in

$$\begin{aligned} a_{11} \cdot x_1 + a_{12} \cdot x_2 + a_{13} \cdot x_3 &= b_1 \\ a_{22}^* \cdot x_2 + a_{23}^* \cdot x_3 &= b_2^* \\ a_{33}^{**} \cdot x_3 &= b_3^{**} \end{aligned} \quad \} \ 1 \times 1\text{-Untersystem}$$

Durch rückschreitendes Ersetzen der Lösung für x_3 berechnet man dann nacheinander die Werte für x_2 und dann für x_1.

$$x_3 = \frac{b_3^{**}}{a_{33}^{**}}$$ ► Lösung für x_3

Ein geeignetes Verfahren, nach diesem Prinzip ein LGS aufzulösen, ist das **Additionsverfahren.**
► Abschnitte 2.2, 2.3, 4.3

Dabei wird ein Vielfaches des linken Terms und des rechten Terms einer Gleichung so zu dem linken und rechten Term einer anderen Gleichung addiert, dass eine Variable wegfällt. Man sagt verkürzt: „Man addiert das Vielfache einer Gleichung zu einer anderen Gleichung.“

Im Beispiel addiert man zweckmäßigerweise das (–2)-fache der 1. Gleichung zur 2. Gleichung und das (–4)-fache der 1. Gleichung zur 3. Gleichung. Es entsteht ein 2×2-Untersystem.

$$\begin{aligned} x_1 + 3x_2 + 2x_3 &= 560 \quad |\cdot(-2) \quad |\cdot(-4) \\ 2x_1 + 2x_2 + 3x_3 &= 590 \\ 4x_1 + 3x_2 + x_3 &= 810 \end{aligned}$$

Anschließend addiert man das $\left(-\frac{9}{4}\right)$-fache der neuen 2. Gleichung zur 3. Gleichung, deren Lösung man unmittelbar angeben kann.

$$\begin{aligned} x_1 + 3x_2 + 2x_3 &= 560 \\ -4x_2 - x_3 &= -530 \quad \Big|\cdot\left(-\tfrac{9}{4}\right) \\ -9x_2 - 7x_3 &= -1.430 \end{aligned} \quad \Big\} \ 2 \times 2\text{-Untersystem}$$

$$\begin{aligned} x_1 + 3x_2 + 2x_3 &= 560 \\ -4x_2 - x_3 &= -530 \\ -4{,}75x_3 &= -237{,}5 \end{aligned}$$

Dann ersetzt man in dieser 2. Gleichung x_3 durch 50 und bestimmt die Lösung für x_2.

$$\Rightarrow \quad x_3 = \frac{-237{,}5}{-4{,}75} = \mathbf{50}$$ ► Lösung für x_3

$$-4x_2 - 50 = -530$$

Schließlich ersetzt man in der 1. Gleichung x_3 durch 50 sowie x_2 durch 120 und bestimmt die Lösung für x_1.

$$\Rightarrow \quad x_2 = \mathbf{120}$$ ► Lösung für x_2

$$x_1 + 3 \cdot 120 + 2 \cdot 50 = 560$$

$$\Rightarrow \quad x_1 = \mathbf{100}$$ ► Lösung für x_1

Damit ist das LGS vollständig gelöst.

Werden 100 Stück vom 1. Endprodukt, 120 Stück vom 2. Endprodukt und 50 Stück vom 3. Endprodukt hergestellt, dann werden alle Einzelteile aufgebraucht.

Anmerkungen:

- Operationen an einer Gleichung des Systems werden hinter der betreffenden Gleichung angegeben. Hier wird nur das Additionsverfahren angewendet.
- Umformungen, die beide Gleichungen betreffen, werden durch das Symbol ⅃+ markiert, das angibt, welche Gleichung zu welcher anderen Gleichung addiert wird. Bei dieser Addition wird immer die Gleichung umgeformt, auf die der Pfeil hinweist. Hierbei müssen eventuell durchzuführende Operationen mit der anderen Gleichung zuvor beachtet werden. Die Gleichung, von der der Pfeil wegweist, wird entweder unverändert oder gekürzt übernommen.

- Die Sprechweise z. B. „Addition der 1. Gleichung zur 2. Gleichung“ drückt lediglich aus, dass man zur linken Seite der 2. Gleichung die linke Seite der 1. Gleichung addieren und entsprechend mit den rechten Seiten verfahren soll. Durch diese Addition fällt die 1. Gleichung nicht etwa weg; andernfalls erhielte man kein neues, zum Ausgangssystem lösungsgleiches System.

Zu b₁) Fasst man die Koeffizienten der 1. Gleichung zu einem Zeilenvektor und die Variablen x_1, x_2 und x_3 zu einem Spaltenvektor zusammen, dann soll das Skalarprodukt aus beiden Vektoren 560 betragen. Entsprechendes gilt für die beiden anderen Gleichungen.

$$(1,3,2)\cdot\begin{pmatrix}x_1\\x_2\\x_3\end{pmatrix}=560 \quad \blacktriangleright \text{ Skalarprodukt}$$

$$(2,2,3)\cdot\begin{pmatrix}x_1\\x_2\\x_3\end{pmatrix}=590 \quad \blacktriangleright \text{ Skalarprodukt}$$

$$(4,3,1)\cdot\begin{pmatrix}x_1\\x_2\\x_3\end{pmatrix}=810 \quad \blacktriangleright \text{ Skalarprodukt}$$

Bildet man aus allen 3 Zeilenvektoren die Koeffizientenmatrix, dann ergibt deren Multiplikation mit dem Spaltenvektor der Variablen eine Matrix, die gleich dem Spaltenvektor ist, der der rechten Seite des LGS entspricht.

$$\begin{pmatrix}1&3&2\\2&2&3\\4&3&1\end{pmatrix}\cdot\begin{pmatrix}x_1\\x_2\\x_3\end{pmatrix}=\begin{pmatrix}560\\590\\810\end{pmatrix} \quad \blacktriangleright \text{ Matrizenprodukt, Matrizengleichung}$$

Bezeichnet man die Koeffizientenmatrix mit $\boldsymbol{A}$, den Spaltenvektor der Variablen mit $\boldsymbol{x}$ und den Spaltenvektor der rechten Seite des LGS mit $\boldsymbol{b}$, so gilt:

$$\boldsymbol{A}=\begin{pmatrix}1&3&2\\2&2&3\\4&3&1\end{pmatrix} \quad \boldsymbol{x}=\begin{pmatrix}x_1\\x_2\\x_3\end{pmatrix} \quad \boldsymbol{b}=\begin{pmatrix}560\\590\\810\end{pmatrix}$$

$$\boldsymbol{A}\cdot\boldsymbol{x}=\boldsymbol{b}.$$

Zu b₂) Die Umformungen, die am LGS mithilfe des Additionsverfahrens in **a₂)** vorgenommen wurden, verändern nur die Koeffizienten und die rechte Seite des LGS. Man kann sich daher bei den Umformungen der Matrizengleichung auf die Koeffizientenmatrix und den Vektor der rechten Seite beschränken.

Das Additionsverfahren, angewandt auf die Koeffizientenmatrix $\boldsymbol{A}$ und den Vektor $\boldsymbol{b}$ der rechten Seite, führt zu Matrizen, die bezüglich des LGS gleichwertig mit den Ausgangsmatrizen sind.

(Auf die runden Klammern wird der besseren Übersicht wegen verzichtet.)

$$\begin{array}{rcl} x_1+3x_2+2x_3&=&560 \quad |\cdot(-2) \text{ zur 2. Gl. } +,\ |\cdot(-4) \text{ zur 3. Gl. } +\\ 2x_1+2x_2+3x_3&=&590\\ 4x_1+3x_2+\ \ x_3&=&810 \end{array}$$

$$\begin{array}{ccc|c} 1&3&2&560 \quad |\cdot(-2) \text{ zur 2. Zeile } +,\ |\cdot(-4) \text{ zur 3. Zeile } +\\ 2&2&3&590\\ 4&3&1&810 \end{array}$$

$$\begin{array}{rcl} x_1+3x_2+2x_3&=&560\\ -4x_2-\ \ x_3&=&-530 \quad |\cdot\left(-\frac{9}{4}\right) \text{ zur 3. Gl. } +\\ -9x_2-7x_3&=&-1.430 \end{array}$$

$$\begin{array}{ccc|c} 1&3&2&560\\ 0&-4&-1&-530 \quad |\cdot\left(-\frac{9}{4}\right) \text{ zur 3. Zeile } +\\ 0&-9&-7&-1.430 \end{array}$$

$$\begin{array}{rcl} x_1+3x_2+2x_3&=&560\\ -4x_2-\ \ x_3&=&-530\\ -4{,}75x_3&=&-237{,}5 \end{array}$$

$$\begin{array}{ccc|c} 1&3&2&560\\ 0&-4&-1&-530\\ 0&0&-4{,}75&-237{,}5 \end{array}$$

Die Koeffizientenmatrix ist nun eine obere Dreiecksmatrix, bei der sämtliche Elemente auf der Hauptdiagonalen von 0 verschieden sind.

Fügt man an die Koeffizientenmatrix als zusätzliche Spalte den Spaltenvektor der rechten Seite des LGS an, so bezeichnet man diese neue Matrix als **die um *b* erweiterte Matrix *A*** und schreibt $(\boldsymbol{A}|\boldsymbol{b})$.

Mann kann weder aus dem letzten Gleichungssystem direkt seine Lösung ablesen, noch ist sie aus der letzten erweiterten Matrix ersichtlich.

Wendet man das Additionsverfahren aber noch weiter an, so lassen sich die Gleichungen bzw. die erweiterte Matrix so weit umformen, dass die Lösung des LGS direkt in der rechten Spalte abgelesen werden kann.

Beispiel 7.24 b (Additionsverfahren für LGS)

Formen Sie ausgehend von Beispiel 7.24 a mithilfe des Additionsverfahrens das letzte Gleichungssystem bzw. die letzte erweiterte Matrix so um, dass die Lösung des LGS direkt zu erkennen ist.

$$\begin{aligned} x_1+3x_2+2x_3 &= 560 \\ -4x_2-\ \ x_3 &= -530 \\ -4{,}75x_3 &= -237{,}5 \quad |:(-4{,}75) \end{aligned}$$

Die letzte Gleichung wird durch $-4{,}75$ dividiert.

$$\left(\begin{array}{ccc|c} 1 & 3 & 2 & 560 \\ 0 & -4 & -1 & -530 \\ 0 & 0 & -4{,}75 & -237{,}5 \end{array}\right) \quad |:(-4{,}75)$$

Die letzte Zeile wird durch $-4{,}75$ dividiert.

$$\begin{aligned} x_1+3x_2+2x_3 &= 560 \\ -4x_2-\ \ x_3 &= -530 \\ x_3 &= 50 \quad |\cdot(-2) \end{aligned}$$

Die 3. Gleichung wird zur 2. Gleichung und das (-2)-fache der 3. Gleichung zur 1. Gleichung addiert.

$$\left(\begin{array}{ccc|c} 1 & 3 & 2 & 560 \\ 0 & -4 & -1 & -530 \\ 0 & 0 & 1 & 50 \end{array}\right) \quad |\cdot(-2)$$

Das 1-fache der 3. Zeile wird zur 2. Zeile und das (-2)-fache der 3. Zeile zur 1. Zeile addiert.

$$\begin{aligned} x_1+3x_2 \qquad &= 460 \\ -4x_2 \qquad &= -480 \quad |:(-4) \quad |\cdot(-3) \\ x_3 &= 50 \end{aligned}$$

Die 2. Gleichung wird durch -4 dividiert; anschließend wird das (-3)-fache der 2. Gleichung zur 1. Gleichung addiert.

$$\left(\begin{array}{ccc|c} 1 & 3 & 0 & 460 \\ 0 & -4 & 0 & -480 \\ 0 & 0 & 1 & 50 \end{array}\right) \quad |:(-4) \quad |\cdot(-3)$$

Die 2. Zeile wird durch -4 dividiert; anschließend wird das (-3)-fache der 2. Zeile zur 1. Zeile addiert.

$$\begin{aligned} x_1 \qquad\qquad &= 100 \\ x_2 \qquad &= 120 \\ x_3 &= 50 \end{aligned}$$

$$\left(\begin{array}{ccc|c} 1 & 0 & 0 & 100 \\ 0 & 1 & 0 & 120 \\ 0 & 0 & 1 & 50 \end{array}\right)$$

Die Lösung des LGS ist jetzt aus dem Gleichungssystem und aus der erweiterten Matrix direkt ablesbar.

Die Lösungsmenge ist von der Gestalt

$$L=\left\{\begin{pmatrix} x_1 \\ x_2 \\ x_3 \end{pmatrix}\right\}=\left\{\begin{pmatrix} 100 \\ 120 \\ 50 \end{pmatrix}\right\}.$$

Anmerkung:

Die Schreibweise $\begin{array}{ccc|c} 1 & 0 & 0 & 100 \\ 0 & 1 & 0 & 120 \\ 0 & 0 & 1 & 50 \end{array}$ ist lediglich eine Verkürzung der Matrizengleichung

$\begin{pmatrix} 1 & 0 & 0 \\ 0 & 1 & 0 \\ 0 & 0 & 1 \end{pmatrix} \cdot \begin{pmatrix} x_1 \\ x_2 \\ x_3 \end{pmatrix} = \begin{pmatrix} 100 \\ 120 \\ 50 \end{pmatrix}$, wobei $\begin{pmatrix} 1 & 0 & 0 \\ 0 & 1 & 0 \\ 0 & 0 & 1 \end{pmatrix}$ die **3 × 3-Einheitsmatrix** $\boldsymbol{E}$ ist.

Wendet man das Additionsverfahren auf Gleichungssysteme bzw. Matrizengleichungen mit dem Ziel an, Variablen aus Gleichungen zu eliminieren, dann nennt man dieses Verfahren **Gaußsches Eliminationsverfahren**, benannt nach dem Mathematiker GAUSS.

Mithilfe des Gaußschen Eliminationsverfahrens versucht man, die erweiterte Koeffizientenmatrix $(\boldsymbol{A}|\boldsymbol{b})$ in $(\boldsymbol{E}|\boldsymbol{b}^*)$ zu überführen, also so weit umzuformen, dass die Elemente in der **Hauptdiagonalen der quadratischen Matrix** 1, alle anderen Elemente der Matrix aber 0 sind.

Das Element, das im Zuge der Umformungen beim nächsten Rechenschritt zu 1 gemacht werden soll, heißt **Pivot-Element**. Die Zeile bzw. die Spalte, in denen das Pivot-Element steht, heißen **Pivot-Zeile** bzw. **Pivot-Spalte**. In der Pivot-Spalte werden alle Elemente durch das Gaußsche Eliminationsverfahren zum Wert 0 umgeformt, mit Ausnahme des Pivot-Elements, das zum Wert 1 umgeformt wird.

Beispiel 7.25 a (Gaußsches Eliminationsverfahren)

In einem Betrieb werden 3 verschiedene Teile von 3 Maschinen bearbeitet. Die Belegungszeiten pro Teil sind in der nebenstehenden Tabelle bezogen auf Minuten angegeben.

Belegungszeittabelle

	T_1	T_2	T_3
M_1	2	8	6
M_2	4	6	1
M_3	7	0	2

Die für die Bearbeitung der Teile zur Verfügung stehenden Zeiten pro Woche betragen bei der 1. Maschine 9.000 Minuten, bei der 2. Maschine 5.200 Minuten und bei der 3. Maschine 5.100 Minuten.

a) Stellen Sie ein LGS auf, dessen Lösung angibt, wie viele Teile bei Ausnutzung der zur Verfügung gestellten Zeit bearbeitet werden können (das Problem der zeitlichen Reihenfolge der Maschinenbelegung wird außer Acht gelassen).

b) Ermitteln Sie die Lösung des LGS, indem Sie das Gaußsche Eliminationsverfahren so auf die zum LGS gehörenden Matrizen anwenden, dass die Lösungen sofort abgelesen werden können.

Zu a) Man bezeichnet die Anzahl der Teile, die produziert werden können, mit x_1, x_2 und x_3.

$$\begin{aligned} 2x_1 + 8x_2 + 6x_3 &= 9.000 \\ 4x_1 + 6x_2 + x_3 &= 5.200 \\ 7x_1 + 2x_3 &= 5.100 \end{aligned}$$

Zu b) Das Gleichungssystem wird in Matrizenschreibweise dargestellt. Dann wird das Gaußsche Eliminationsverfahren auf die erweiterte Koeffizientenmatrix angewendet.

$$\begin{pmatrix} 2 & 8 & 6 \\ 4 & 6 & 1 \\ 7 & 0 & 2 \end{pmatrix} \cdot \begin{pmatrix} x_1 \\ x_2 \\ x_3 \end{pmatrix} = \begin{pmatrix} 9.000 \\ 5.200 \\ 5.100 \end{pmatrix}$$

Das Pivot-Element steht in der 1. Zeile (Pivot-Zeile), 1. Spalte (Pivot-Spalte).

Schritt 1:
Man teilt die Pivot-Zeile durch 2 und addiert dann ihr (–4)-faches zur 2. Zeile und ihr (–7)-faches zur 3. Zeile. Das Pivot-Element steht jetzt in der 2. Zeile, 2. Spalte.

$$\left.\begin{array}{ccc|l} 2 & 8 & 6 & 9.000 \quad |:2 \quad |\cdot(-4) \quad |\cdot(-7) \\ 4 & 6 & 1 & 5.200 \leftarrow + \\ 7 & 0 & 2 & 5.100 \leftarrow + \end{array}\right.$$

▶ 2 Pivot-Element

Schritt 2:
Man teilt die Pivot-Zeile durch –10 und addiert dann ihr (–4)-faches zur 1. Zeile und ihr 28-faches zur 3. Zeile. Das Pivot-Element steht jetzt in der 3. Zeile, 3. Spalte.

$$\left.\begin{array}{ccc|l} 1 & 4 & 3 & 4.500 \leftarrow + \\ 0 & -10 & -11 & -12.800 \quad |:(-10) \quad |\cdot(-4) \quad |\cdot 28 \\ 0 & -28 & -19 & -26.400 \leftarrow + \end{array}\right.$$

▶ –10 Pivot-Element

Schritt 3:
Man teilt die Pivot-Zeile durch 11,8 und addiert dann ihr (–1,1)-faches zur 2. Zeile und ihr 1,4-faches zur 1. Zeile.

$$\left.\begin{array}{ccc|l} 1 & 0 & -1{,}4 & -620 \leftarrow + \\ 0 & 1 & 1{,}1 & 1.280 \leftarrow + \\ 0 & 0 & 11{,}8 & 9.440 \quad |:11{,}8 \quad |\cdot(-1{,}1) \quad |\cdot 1{,}4 \end{array}\right.$$

▶ 11,8 Pivot-Element

Die Lösung kann jetzt abgelesen werden: Von den einzelnen Teilen können 500 Stück bzw. 400 Stück bzw. 800 Stück bearbeitet werden.

$$\begin{array}{ccc|c} 1 & 0 & 0 & 500 \\ 0 & 1 & 0 & 400 \\ 0 & 0 & 1 & 800 \end{array} \blacktriangleright \begin{pmatrix} 1 & 0 & 0 \\ 0 & 1 & 0 \\ 0 & 0 & 1 \end{pmatrix} \cdot \begin{pmatrix} x_1 \\ x_2 \\ x_3 \end{pmatrix} = \begin{pmatrix} 500 \\ 400 \\ 800 \end{pmatrix}$$

$$L = \left\{ \begin{pmatrix} 500 \\ 400 \\ 800 \end{pmatrix} \right\}.$$

$$\Rightarrow L = \left\{ \begin{pmatrix} x_1 \\ x_2 \\ x_3 \end{pmatrix} \right\} = \left\{ \begin{pmatrix} 500 \\ 400 \\ 800 \end{pmatrix} \right\}$$

Das Gaußsche Eliminationsverfahren kann also so lange auf die erweiterte Koeffizientenmatrix $(\boldsymbol{A}|\boldsymbol{b})$ angewendet werden, bis die Koeffizientenmatrix $\boldsymbol{A}$ zu der Einheitsmatrix $\boldsymbol{E}$ in demselben Format umgeformt worden ist.

Da man dieselben Umformungen an dem Spaltenvektor der rechten Seite der erweiterten Matrix $(\boldsymbol{A}|\boldsymbol{b})$ ausführt, stehen in ihm dann die Werte der Lösung als Spaltenvektor $\boldsymbol{b}^{(\mathrm{L})}$.

$$\begin{aligned} \boldsymbol{A} \cdot \boldsymbol{x} = \boldsymbol{b} &\Leftrightarrow \boldsymbol{E} \cdot \boldsymbol{x} = \boldsymbol{b}^{(\mathrm{L})} \\ &\Leftrightarrow \boldsymbol{x} = \boldsymbol{b} \\ &\Leftrightarrow x_1 = b_1^{(\mathrm{L})} \text{ und } x_2 = b_2^{(\mathrm{L})} \text{ und } x_3 = b_3^{(\mathrm{L})} \text{ und } \ldots \end{aligned}$$

Die Umformungen (Schritt 1 bis Schritt 3) des LGS in Matrizenform aus Beispiel 7.25a lassen sich auch durch Links-Multiplikation von $(\boldsymbol{A}|\boldsymbol{b})$ mit geeigneten **Umformungsmatrizen $\boldsymbol{U_1}, \boldsymbol{U_2}$ und $\boldsymbol{U_3}$ in Excel** erklären. ▶ folgendes Beispiel

7

Beispiel 7.25 b (Gaußsches Eliminationsverfahren mithilfe von Excel)

Zu Schritt 1:
$(\boldsymbol{A}|\boldsymbol{b})$ wird mit der folgenden Matrix $\boldsymbol{U_1}$ von links multipliziert, für die gilt:

$$U_1 = \begin{pmatrix} \frac{1}{a_{11}} & 0 & 0 \\ -\frac{a_{21}}{a_{11}} & 1 & 0 \\ -\frac{a_{31}}{a_{11}} & 0 & 1 \end{pmatrix} = \begin{pmatrix} 0{,}5 & 0 & 0 \\ -2 & 1 & 0 \\ -3{,}5 & 0 & 1 \end{pmatrix}.$$

	A	B	C	D	E	F	G	H
1					2	8	6	9000
2					4	6	1	5200
3					7	0	2	5100
5	0,5	0	0		1	4	3	4500
6	-2	1	0		0	-10	-11	-12800
7	-3,5	0	1		0	-28	-19	-26400
9	►Grünen Bereich markieren: =MMULT(A5:C7;E1:H3),							
10	Abschluss mit Strg+Umschalt+Enter							

► Zur Kopie der Excel-Teilergebnismatrix markiert man den (orangen) Bereich E12:H14, gibt dort =E5:H7 ein und schließt mit Strg+Umschalt+Enter ab. Man kann aber auch mit der (grünen) Matrix aus E5:H7 weiterrechnen.

Zu Schritt 2:
Die neu entstandene erweiterte Matrix – sie wird der Einfachheit halber wieder mit $(\boldsymbol{A}|\boldsymbol{b})$ bezeichnet – wird mit der folgenden Matrix $\boldsymbol{U_2}$ von links multipliziert, für die gilt:

$$U_2 = \begin{pmatrix} 1 & -\frac{a_{12}}{a_{22}} & 0 \\ 0 & \frac{1}{a_{22}} & 0 \\ 0 & -\frac{a_{32}}{a_{22}} & 1 \end{pmatrix} = \begin{pmatrix} 1 & \frac{4}{10} & 0 \\ 0 & -\frac{1}{10} & 0 \\ 0 & -\frac{28}{10} & 1 \end{pmatrix}.$$

	A	B	C	D	E	F	G	H
12					1	4	3	4500
13					0	-10	-11	-12800
14					0	-28	-19	-26400
16	1	0,4	0		1	0	-1,4	-620
17	0	-0,1	0		0	1	1,1	1280
18	0	-2,8	1		0	0	11,8	9440
20	►Grünen Bereich markieren: =MMULT(A16:C18;E12:H14),							
21	Abschluss mit Strg+Umschalt+Enter							

Zu Schritt 3:
Die neu entstandene erweiterte Matrix – sie wird der Einfachheit halber auch wieder mit $(\boldsymbol{A}|\boldsymbol{b})$ bezeichnet – wird mit der folgenden Matrix $\boldsymbol{U_3}$ von links multipliziert, für die gilt:

$$U_3 = \begin{pmatrix} 1 & 0 & -\frac{a_{13}}{a_{33}} \\ 0 & 1 & -\frac{a_{23}}{a_{33}} \\ 0 & 0 & \frac{1}{a_{33}} \end{pmatrix} = \begin{pmatrix} 1 & 0 & \frac{1{,}4}{11{,}8} \\ 0 & 1 & -\frac{1{,}1}{11{,}8} \\ 0 & 0 & \frac{1}{11{,}8} \end{pmatrix}.$$

	A	B	C	D	E	F	G	H
23					1	0	-1,4	-620
24					0	1	1,1	1280
25					0	0	12	9440
27	1	0	7/59		1	0	0	500
28	0	1	- 11/118		0	1	0	400
29	0	0	5/59		0	0	1	800
31	►Grünen Bereich markieren: =MMULT(A27:C29;E23:H25),							
32	Abschluss mit Strg+Umschalt+Enter							

► Bei Eingabe von =1/11,8 rechnet Excel selbst in 5/59 um (FORMAT, ZELLEN, BRUCH, TYP DREISTELLIG).

► Vom 2. zum 3. Schritt wurde die zuvor erhaltene erweiterte Matrix $(\boldsymbol{A}|\boldsymbol{b})$ zu $(\boldsymbol{E}|\boldsymbol{b}^{(L)})$ umgeformt, aus der man die Lösungen direkt ablesen kann: $x_1 = 500$; $x_2 = 400$; $x_3 = 800$.

Bei jedem Schritt lässt sich die dazugehörende Umformungsmatrix $\boldsymbol{U}$ wie folgt ermitteln:

1. Man teilt die Pivot-Spalte der jeweiligen Matrix $\boldsymbol{A}$ durch ihr Pivot-Element und multipliziert danach alle Ergebnisse mit (–1), außer dem Ergebnis in der Pivot-Zeile selbst.
2. In der dem Typ $\boldsymbol{A}$ entsprechenden Einheitsmatrix $\boldsymbol{E}$ wird die gleiche Pivot-Spalte wie in $\boldsymbol{A}$ durch die eben ermittelte Spalte ersetzt. Das Ergebnis ist die zum jeweiligen Schritt zugehörende Umformungsmatrix $\boldsymbol{U}$.

Mithilfe von TI-Nspire lässt sich die Lösung einfach bestätigen. ► Abschnitte 2.2, 2.3, 4.3

7

Beispiel 7.25 b (LGS mithilfe von TI-Nspire lösen)

Lösen Sie das nebenstehende LGS, indem Sie dabei das Gaußsche Eliminationsverfahren anwenden.

$$\begin{aligned} 2x_1 + 8x_2 + 6x_3 &= 9.000 \\ 4x_1 + 6x_2 - x_3 &= 5.200 \\ 7x_1 + 8x_2 + 2x_3 &= 5.100 \end{aligned}$$

► $x_1 = x,\ x_2 = y,\ x_3 = z$

Nach dem Einfügen von CALCULATOR und der „Vorlage System von 3 Gleichungen“ aus den MATHEMATISCHEN VORLAGEN öffnet sich das Menü GLEICHUNGSSYSTEM ERSTELLEN, in das man zunächst „solve(“ vor der Klammer

$$\begin{cases} \square \\ \square \\ \square \end{cases}$$

und danach die Gleichungen wie nebenstehend eingibt.

Die durch Kommata getrennten Variablen und die Klammer beschließen die Eingabe.

$$\text{solve}\left(\begin{cases} 2\cdot x+8\cdot y+6\cdot z=9000 \\ 4\cdot x+6\cdot y+z=5200 \\ 7\cdot x+2\cdot z=5100 \end{cases}, x, y, z\right)$$

Durch Betätigung der Enter-Taste erhält man die folgende Lösung.

$x = 500$ and $y = 400$ and $z = 800$

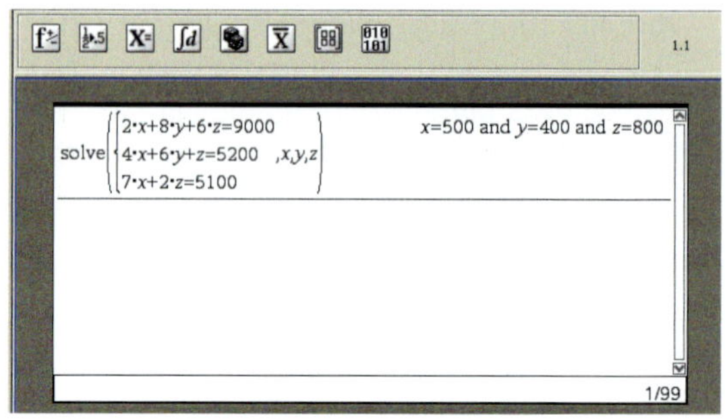

Beispiel 7.26 (inhomogenes LGS)

Lösen Sie das nebenstehende LGS, indem Sie dabei das Gaußsche Eliminationsverfahren anwenden.

$$\begin{aligned} x_1 + 2x_2 - x_3 + 3x_4 &= -3 \\ 3x_1 + 7x_2 - x_3 + 6x_4 &= -4 \\ -6x_1 - 13x_2 + 3x_3 - 9x_4 &= 14 \\ x_1 + 2x_2 \phantom{{}-3x_3} - 2x_4 &= -3 \end{aligned}$$

Das Pivot-Element steht in der 1. Zeile (Pivot-Zeile), 1. Spalte (Pivot-Spalte); es hat schon den Wert 1. Man addiert das (−3)-fache der Pivot-Zeile zur 2. Zeile, ihr 6-faches zur 3. Zeile und ihr (−1)-faches zur 4. Zeile.

$$\left(\begin{array}{cccc|c} 1 & 2 & -1 & 3 & -3 \\ 3 & 7 & -1 & 6 & -4 \\ -6 & -13 & 3 & -9 & 14 \\ 1 & 2 & 0 & -2 & -3 \end{array}\right)$$

► 1 Pivot-Element

Das Pivot-Element steht in der 2. Zeile (Pivot-Zeile), 2. Spalte (Pivot-Spalte); es hat schon den Wert 1. Man addiert das (−2)-fache der Pivot-Zeile zur 1. Zeile und ihr 1-faches zur 3. Zeile; in der 4. Zeile steht bereits in der 2. Spalte die gewünschte 0.

$$\left(\begin{array}{cccc|c} 1 & 2 & -1 & 3 & -3 \\ 0 & 1 & 2 & -3 & 5 \\ 0 & -1 & -3 & 9 & -4 \\ 0 & 0 & 1 & -5 & 0 \end{array}\right)$$

► 1 Pivot-Element

7

Das Pivot-Element steht in der 3. Zeile, 3. Spalte; es hat den Wert –1. Man teilt die Pivot-Zeile durch –1 und addiert ihr 5-faches zur 1. Zeile, ihr (–2)-faches zur 2. Zeile und ihr (–1)-faches zur 4. Zeile.

$$\left(\begin{array}{cccc|c} 1 & 0 & -5 & 9 & -13 \\ 0 & 1 & 2 & -3 & 5 \\ 0 & 0 & -1 & 6 & 1 \\ 0 & 0 & 1 & -5 & 0 \end{array}\right)$$

▶ –1 Pivot-Element (3. Zeile)

Das Pivot-Element steht in der 4. Zeile, 4. Spalte; es hat schon den Wert 1. Man addiert das 6-fache der Pivot-Zeile zur 3. Zeile, ihr (–9)-faches zur 2. Zeile und ihr 21-faches zur 1. Zeile.

$$\left(\begin{array}{cccc|c} 1 & 0 & 0 & -21 & -18 \\ 0 & 1 & 0 & 9 & 7 \\ 0 & 0 & 1 & -6 & -1 \\ 0 & 0 & 0 & 1 & 1 \end{array}\right)$$

▶ 1 Pivot-Element (4. Zeile)

Die Lösung des LGS ist der Spaltenvektor $\begin{pmatrix} 3 \\ -2 \\ 5 \\ 1 \end{pmatrix}$.

$$\left(\begin{array}{cccc|c} 1 & 0 & 0 & 0 & 3 \\ 0 & 1 & 0 & 0 & -2 \\ 0 & 0 & 1 & 0 & 5 \\ 0 & 0 & 0 & 1 & 1 \end{array}\right) \quad \blacktriangleright\ \boldsymbol{E} \cdot \begin{pmatrix} x_1 \\ x_2 \\ x_3 \\ x_4 \end{pmatrix} = \begin{pmatrix} 3 \\ -2 \\ 5 \\ 1 \end{pmatrix}$$

Das LGS aus Beispiel 7.26 heißt **inhomogen**, weil der Spaltenvektor $\boldsymbol{b}$ auf der rechten Seite der erweiterten Matrix Elemente besitzt, deren Werte von 0 verschieden sind.

Das LGS im folgenden Beispiel 7.27 heißt **homogen**, weil der Spaltenvektor $\boldsymbol{b}$ auf der rechten Seite der Nullvektor ist.

Beispiel 7.27 (homogenes LGS)

Lösen Sie das nebenstehende LGS, indem Sie dabei das Gaußsche Eliminationsverfahren anwenden.

$$\begin{aligned} x_1 + 2x_2 - x_3 + 3x_4 &= 0 \\ 3x_1 + 7x_2 - x_3 + 6x_4 &= 0 \\ -6x_1 - 13x_2 + 3x_3 - 9x_4 &= 0 \\ x_1 + 2x_2 \qquad - 2x_4 &= 0 \end{aligned}$$

Das LGS besitzt dieselbe Koeffizientenmatrix wie das LGS aus Beispiel 7.26. Die durchzuführenden Umformungsschritte nach dem Gaußschen Eliminationsverfahren sind hier also dieselben wie dort.

$$\left(\begin{array}{cccc|c} 1 & 2 & -1 & 3 & 0 \\ 3 & 7 & -1 & 6 & 0 \\ -6 & -13 & 3 & -9 & 0 \\ 1 & 2 & 0 & -2 & 0 \end{array}\right)$$

Die Umformungen ändern aber hier nicht den Spaltenvektor auf der rechten Seite, so dass er am Ende der Umformungen immer noch aus Elementen besteht, die alle den Wert 0 haben.

$$\left(\begin{array}{cccc|c} 1 & 2 & -1 & 3 & 0 \\ 0 & 1 & 2 & -3 & 0 \\ 0 & -1 & -3 & 9 & 0 \\ 0 & 0 & 1 & -5 & 0 \end{array}\right)$$

....

Die Lösung des LGS ist also der Nullvektor $\begin{pmatrix} 0 \\ 0 \\ 0 \\ 0 \end{pmatrix}$.

$$\left(\begin{array}{cccc|c} 1 & 0 & 0 & 0 & 0 \\ 0 & 1 & 0 & 0 & 0 \\ 0 & 0 & 1 & 0 & 0 \\ 0 & 0 & 0 & 1 & 0 \end{array}\right)$$

7

- Lineare Gleichungssysteme (LGS) in der Form

$$\begin{aligned} a_{11}x_1 + a_{12}x_2 + \ldots + a_{1n}x_n &= b_1 \\ a_{21}x_1 + a_{22}x_2 + \ldots + a_{2n}x_n &= b_2 \\ \ldots \quad \ldots \quad & \ldots \quad \ldots \\ a_{m1}x_1 + a_{m2}x_2 + \ldots + a_{mn}x_n &= b_m \end{aligned}$$

kann man als **Matrizengleichung** ausdrücken.

$$\begin{pmatrix} a_{11} & a_{12} & \ldots & a_{1n} \\ a_{21} & a_{22} & \ldots & a_{2n} \\ \ldots & \ldots & \ldots & \ldots \\ a_{m1} & a_{m2} & \ldots & a_{mn} \end{pmatrix} \cdot \begin{pmatrix} x_1 \\ x_2 \\ \ldots \\ x_n \end{pmatrix} = \begin{pmatrix} b_1 \\ b_2 \\ \ldots \\ b_m \end{pmatrix} \text{ oder kurz } \boldsymbol{A} \cdot \boldsymbol{x} = \boldsymbol{b}$$

- Ein LGS heißt **inhomogen**, wenn der Spaltenvektor $\boldsymbol{b}$ mindestens *ein* Element besitzt, dessen Wert von 0 verschieden ist.
  Ein LGS heißt **homogen**, wenn der Spaltenvektor $\boldsymbol{b}$ der Nullvektor ist.

- Zur **Lösung** eines $n \times n$-LGS kann man das **Gaußsche Eliminationsverfahren** auf die um den Spaltenvektor $\boldsymbol{b}$ erweiterte Koeffizientenmatrix $\boldsymbol{A}$ anwenden, also auf die Matrix

$$(\boldsymbol{A}|\boldsymbol{b}) = \left(\begin{array}{cccc|c} a_{11} & a_{12} & \ldots & a_{1n} & b_1 \\ a_{21} & a_{22} & \ldots & a_{2n} & b_2 \\ \ldots & \ldots & & \ldots & \ldots \\ a_{n1} & a_{n2} & \ldots & a_{nn} & b_n \end{array}\right).$$

Erhält man mit dem Gaußschen Eliminationsverfahren aus $(\boldsymbol{A}|\boldsymbol{b})$ die erweiterte Koeffizientenmatrix $(\boldsymbol{E}|\boldsymbol{b}^{(\mathrm{L})})$ mit $(\boldsymbol{E}|\boldsymbol{b}^{(\mathrm{L})}) = \left(\begin{array}{cccc|c} 1 & 0 & \ldots & 0 & b_1^{(\mathrm{L})} \\ 0 & 1 & \ldots & 0 & b_2^{(\mathrm{L})} \\ \ldots & \ldots & \ldots & \ldots & \ldots \\ 0 & 0 & \ldots & 1 & b_n^{(\mathrm{L})} \end{array}\right)$,

so ist $\begin{pmatrix} b_1^{(\mathrm{L})} \\ b_2^{(\mathrm{L})} \\ \ldots \\ b_n^{(\mathrm{L})} \end{pmatrix}$ der Lösungsvektor des LGS, d. h. es gilt $\begin{pmatrix} x_1 \\ x_2 \\ \ldots \\ x_n \end{pmatrix} = \begin{pmatrix} b_1^{(\mathrm{L})} \\ b_2^{(\mathrm{L})} \\ \ldots \\ b_n^{(\mathrm{L})} \end{pmatrix}$.

► Das Gauß-Verfahren führt nicht in allen Fällen von $(\boldsymbol{A}|\boldsymbol{b})$ auf $(\boldsymbol{E}|\boldsymbol{b}^{(\mathrm{L})})$. ► Abschnitt 7.2.3, Beispiele 7.35 bis 7.37.

Alles klar?

In einem Betrieb werden drei Fertigteile F_1, F_2 und F_3 zu drei verschiedenen Produkten P_1, P_2 und P_3 gemäß nebenstehender Stückliste zusammenmontiert.

	P_1	P_2	P_3
F_1	3	4	5
F_2	3	3	2
F_3	4	2	3

Im Vertriebslager liegen 4.250 Stück von F_1, 2.895 Stück von F_2 und 3.335 Stück von F_3. Berechnen Sie die Anzahl der herzustellenden Produkte, wenn die Lagerbestände möglichst aufgebraucht werden sollen.

Übungen zu 7.2.1

Allgemeine Übungen

1 Stellen Sie die Gleichungssysteme in Matrizenschreibweise dar und lösen Sie die Systeme.

a)
$$\begin{aligned} 5x_1+2x_2+x_3&=5\\ -3x_1+x_2-4x_3&=-3\\ 8x_1-3x_2+10x_3&=8 \end{aligned}$$

b)
$$\begin{aligned} 4x_1+3x_2-2x_3-x_4&=4\\ -3x_1+4x_2-8x_3&=-7\\ 9x_2+8x_4&=17\\ 5x_1+3x_3-8x_4&=0 \end{aligned}$$

2 Bestimmen Sie mithilfe des Gaußschen Eliminationsverfahrens die Lösung des LGS bzw. der Matrizengleichung.

a)
$$\begin{aligned} 5x_1+10x_2&=45\\ 3x_1+2x_2&=7 \end{aligned}$$

b)
$$\begin{aligned} 2x_1+2x_2+4x_3&=6\\ -3x_1-2x_2+5x_3&=-1\\ 0{,}5x_1+3x_2+2x_3&=-5 \end{aligned}$$

c) $$\begin{pmatrix} 2 & -4\\ 5 & 3 \end{pmatrix}\cdot\begin{pmatrix} x_1\\ x_2 \end{pmatrix}=\begin{pmatrix} -38\\ 35 \end{pmatrix}$$

d) $$\begin{pmatrix} 7 & 14 & -7\\ 2 & -3 & 5\\ -6 & 2 & 0 \end{pmatrix}\cdot\begin{pmatrix} x_1\\ x_2\\ x_3 \end{pmatrix}=\begin{pmatrix} 70\\ -22\\ -8 \end{pmatrix}$$

e) $$\begin{pmatrix} 1 & 4 & 2 & -3\\ 1 & -3 & 6 & 2\\ 5 & 2 & -1 & 0\\ 0 & 3 & 5 & 4 \end{pmatrix}\cdot\begin{pmatrix} x_1\\ x_2\\ x_3\\ x_4 \end{pmatrix}=\begin{pmatrix} 18\\ -66\\ 104\\ 18 \end{pmatrix}$$

3 Der Graph einer ganzrationalen Funktion 3. Grades hat in $W\langle\frac{4}{3}|\frac{40}{27}\rangle$ einen Wendepunkt und die Funktion bei -2 und 2 Nullstellen.
Ermitteln Sie den Funktionsterm.

4 Der Graph einer ganzrationalen Funktion dritten Grades hat in $S\langle 50|245.000\rangle$ einen Sattelpunkt und schneidet die y-Achse im Punkt $P\langle 0|120.000\rangle$.
Ermitteln Sie den Funktionsterm.

Übungen aus der Ökonomie

5 Die Erlösfunktion E eines Anbieters wird durch eine ganzrationale Funktion 2. Grades vom Typ $E(x)=ax^2+bx+c$; $x\in[0;\,10]$ mit reellen Zahlen für a, b und c wiedergegeben.
Das Erlösmaximum von 250 GE wird beim Verkauf von 5 ME erreicht. Beim Verkauf von 8 ME erzielt man einen Erlös von 160 GE.
Ermitteln Sie den Funktionsterm und überprüfen Sie Ihr Ergebnis mithilfe der Scheitelpunktgleichung. ▶ Abschnitt 2.2

6 In einem Betrieb werden aus 3 verschiedenen Einzelteilen E_1, E_2 und E_3 die 3 Bauteile B_1, B_2 und B_3 nach unten stehender Stückliste hergestellt.

	B_1	B_2	B_3
E_1	2	3	4
E_2	4	2	1
E_3	2	0	1

Wie viele Bauteile müssen produziert werden, wenn das Lager mit 1.627 Stück von E_1, 1.018 Stück von E_2 und 508 Stück von E_3 geräumt werden soll?

7 Ermitteln Sie den Term der Kostenfunktion K vom Typ $K(x)=ax^3+bx^2+cx+d$; $x\in[0;\,10]$ mit reellen Zahlen für a, b, c und d aufgrund folgender Angaben:
Bei der Produktion von 1 ME betragen die Gesamtkosten 38 GE und die Grenzkosten 15 GE. Die Produktion von 3 ME verursacht Kosten von 52 GE. Die Grenzkosten sind bei einer Produktion von 3 ME minimal.

8 Der Graph einer ganzrationalen Kostenfunktion 3. Grades hat in $W\langle 3|52\rangle$ einen Wendepunkt und in $P_1\langle 4|56\rangle$ und $P_2\langle 15|1.816\rangle$ zwei weitere Punkte. Ermitteln Sie den Funktionsterm.

9 Ermitteln Sie den Term der Kostenfunktion K vom Typ $K(x)=ax^3+bx^2+cx+d$; $x\in[0;\,10]$ mit reellen Zahlen für a, b, c und d.
Bei der Produktion von 1 ME betragen die Gesamtkosten 26 GE. Die Produktion von 4 ME verursacht Kosten von 44 GE und Grenzkosten von 18 GE. Bei einer Produktion von 2 ME betragen die durchschnittlichen Kosten 14 GE.

10 Die Gewinnfunktion G eines Anbieters wird durch eine ganzrationale Funktion 3. Grades vom Typ $G(x) = ax^3 + bx^2 + cx + d$; $x \in [0; 10]$ mit reellen Zahlen für a, b, c und d wiedergegeben. Das Gewinnmaximum von 8 GE wird beim Verkauf von 4 ME erreicht. Die Gewinnschwelle liegt bei 2 ME; dort beträgt der Grenzgewinn 6 GE.
Ermitteln Sie die Werte für die Koeffizienten im Funktionsterm der Gewinnfunktion.

11 In einem Betrieb werden die 4 Produkte P_1, P_2, P_3 und P_4 auf 4 verschiedenen Maschinen M_1, M_2, M_3 und M_4 bearbeitet.
Die unten stehende Tabelle gibt an, wie viele Stunden wöchentlich für die Bearbeitung je eines Produkts notwendig sind.

	P_1	P_2	P_3	P_4
M_1	1,5	0,75	4,5	0
M_2	0	1,5	4,5	1,5
M_3	0	3	6	0
M_4	1,5	0	1,5	1,5

Wie viele Produkte können jeweils wöchentlich gefertigt werden, wenn alle Maschinen 60 Stunden eingesetzt werden können?

12 Ute, Heinrich, Renate und Rolf haben zu einer Party eingeladen. Da sie sich nicht abgesprochen hatten, wer für die Getränke sorgen sollte, kauften sie unabhängig voneinander in demselben Getränkemarkt Bier, Mineralwasser, Saft und Cola ein, zufällig auch jeweils von derselben Marke.
Die Anzahl Kästen, die von den vier Freundinnen und Freunden besorgt wurden, stehen in der folgenden Tabelle.

	Bier	Wasser	Saft	Cola
Ute	3	1	3	1
Heinrich	3	1	2	1
Renate	2	1	2	2
Rolf	5	1	1	1

Bei der Abrechnung der Getränkekosten stellen sie fest, dass sie nur noch den Rechnungsendbetrag kennen. Ute bezahlte 52,50 €, Heinrich 47,50 €, Renate 44 € und Rolf 61,50 €.
Ermitteln Sie jeweils die Preise für einen Kasten von jeder Getränkesorte.

13 Eine Studentin der Elektrotechnik benötigt im Rahmen ihrer Diplomarbeit für den Bau eines Industrieroboters 20 Chips des Typs C_1, 23 Chips des Typs C_2 und 11 Chips des Typs C_3. In dem der Universität am nächsten gelegenen Elektronikfachgeschäft werden diese Chips in drei verschiedenen Packungseinheiten angeboten. Paket 1 enthält je 2 Chips vom Typ C_1 und C_2; Paket 2 ist mit 4 Chips vom Typ C_1, 5 Chips vom Typ C_2 und 5 Chips vom Typ C_3 bestückt; im Paket 3 sind 6 Chips vom Typ C_1, 7 Chips vom Typ C_2 und 3 Chips vom Typ C_3.
Wie viele Pakete sollte die Diplomandin jeweils kaufen?

14 In der Versandabteilung eines Betriebs werden 3 Fertigprodukte F_1, F_2 und F_3 zu 3 verschiedenen Versandpaketen P_1, P_2 und P_3 gemäß nachfolgender Stückliste zusammengestellt.

	P_1	P_2	P_3
F_1	3	4	5
F_2	3	3	2
F_3	4	2	3

Im Vertriebslager liegen 4.250 Stück von F_1, 2.895 Stück von F_2 und 3.335 Stück von F_3. Wie viele Pakete können jeweils zusammengestellt werden, wenn die Lagerbestände aufgebraucht werden sollen?

15 Ein Unternehmen montiert aus 3 Bauteilen B_1, B_2 und B_3 die 3 Fertigprodukte F_1, F_2 und F_3, wobei von F_2 aus sortimentspolitischen Erwägungen immer doppelt soviel wie von F_1 hergestellt werden muss.
Die Montage erfolgt nach der folgenden Stückliste

	F_1	F_2	F_3
B_1	2	4	6
B_2	2	5	3
B_3	4	2	2

Von Bauteil B_1 sind noch 4.300 Stück und von Bauteil B_3 noch 2.600 Stück vorrätig; von B_2 gibt es keinen Lagerbestand. Welche Mengen können von den Fertigprodukten hergestellt werden, wenn die Vorräte an den Bauteilen vollständig aufgebraucht werden sollen, und wie viele Bauteile müssen von B_2 noch eingekauft werden?

7

16 In einem zweistufigen Produktionsprozess werden aus 3 Rohstoffen R_1, R_2 und R_3 zuerst die 3 Zwischenprodukte Z_1, Z_2 und Z_3 und aus diesen dann die 3 Endprodukte E_1, E_2 und E_3 gemäß den nachstehenden Stücklisten hergestellt (Angaben bezogen auf ME).

	Z_1	Z_2	Z_3
R_1	6	7	0
R_2	4	2	1
R_3	3	3	8

	E_1	E_2	E_3
Z_1	3	2	2
Z_2	6	4	2
Z_3	1	2	8

Wie viele Endprodukte sind gefertigt worden, wenn 5.560 ME von R_1, 2.555 ME von R_2 und 5.025 ME von R_3 verbraucht worden sind?

17 Das Unternehen Inter Electronics braucht zur Fertigung ihrer 4 Mikroprozessoren M_1, M_2, M_3 und M_4 die 3 Rohstoffe R_1, R_2 und R_3. Die pro Mikroprozessor benötigten Mengeneinheiten an Rohstoffen ergeben sich aus der folgenden Tabelle.

	M_1	M_2	M_3	M_4
R_1	1	4	3	2
R_2	2	2	0	4
R_3	0	1	2	2

Das Unternehmen stellt aus den Mikroprozessoren die 3 Steuergeräte S_1, S_2 und S_3 her. Die Anzahl der pro Steuergerät benötigten Mikroprozessoren ist der nachstehenden Tabelle zu entnehmen.

	S_1	S_2	S_3
M_1	2	3	4
M_2	1	2	2
M_3	0	1	1
M_4	1	0	1

a) Die Rohstoffpreise pro ME betragen 0,25 GE für R_1, 2,4 GE für R_2 und 16,5 GE für R_3. Berechnen Sie die Rohstoffgesamtkosten für jedes der 3 Steuergeräte.

b) Die Firma Mineral liefert die Rohstoffe für 100 Geräte S_1, 300 Geräte S_2 und 200 Geräte S_3. Welchen Betrag muss das Unternehmen insgesamt an Rohstoffkosten bezahlen?

c) Wie viele Steuergeräte S_1, S_2 und S_3 können aus folgenden Rohstoffmengen hergestellt werden? R_1: 11.050 ME; R_2: 9.500 ME; R_3: 3.550 ME

d) Das Unternehmen produziert die Steuergeräte im Stückzahlenverhältnis $S_1 : S_2 : S_3 = 1 : 3 : 2$, wobei die Rohstoffe R_2 und R_3 nur in begrenzten Mengen erhältlich sind.
Von R_2 sind maximal 1.368.000 ME und von R_3 sind maximal 391.500 ME vorhanden. Wie viele Steuergeräte können unter diesen Umständen maximal produziert werden?

18 In einem Süßwarenbetrieb werden zu Weihnachten aus den 3 Schokoladenrohstoffen R_1, R_2 und R_3 die 3 Zwischenformen Z_1, Z_2 und Z_3 von Weihnachtsmännern und aus diesen 3 verschiedene Weihnachtsmänner W_1, W_2 und W_3 gemäß untenstehender Stücklisten hergestellt.

	Z_1	Z_2	Z_3
R_1	20	8	19
R_2	35	14	44
R_3	25	10	25

	W_1	W_2	W_3
Z_1	2	0	1
Z_2	3	1	2
Z_3	1	2	4

Sämtliche Kosten sind in der untenstehenden Tabelle vermerkt.

	R_1	R_2	R_3	Z_1	Z_2	Z_3	W_1	W_2	W_3
€/ME	0,05	0,02	0,01	0,80	0,80	1,20	1,80	2,00	1,60

a) Ein Handelsdiscounter erteilt für die Nikolauszeit einen Auftrag über 20 ME von W_1, 14 ME von W_2 und 16 ME von W_3, wobei der Discounter mit Fixkosten von 159,40 € rechnet. Berechnen Sie die Gesamtherstellungskosten dieses Auftrags.

b) Die Verkaufspreise der Kartons Weihnachtsmänner sollen im Verhältnis 3:2:4 stehen. Wie hoch müssen die Verkaufspreise mindestens sein, damit bei diesem Auftrag kein Verlust entsteht?

c) Von den Schokoladenrohstoffen existieren noch 86 ME von R_1, 172 ME von R_2 im Kühllager. Ermitteln Sie, wie viele ME von R_3 zur Produktion der Weihnachtsmann-*Zwischenformen* gebraucht werden, damit alle ME vollständig verarbeitet werden können.

19 In einem zweistufigen Produktionsprozess werden auf der ersten Stufe aus den 3 Rohstoffen R_1, R_2 und R_3 die 4 Zwischenprodukte Z_1, Z_2, Z_3 und Z_4 hergestellt, aus denen dann schließlich auf der zweiten Produktionsstufe die 3 Endprodukte E_1, E_2 und E_3 gefertigt werden. Außerdem gehen einige Rohstoffe noch zusätzlich direkt in die Endprodukte ein, wie das folgende Verflechtungsdiagramm zeigt.

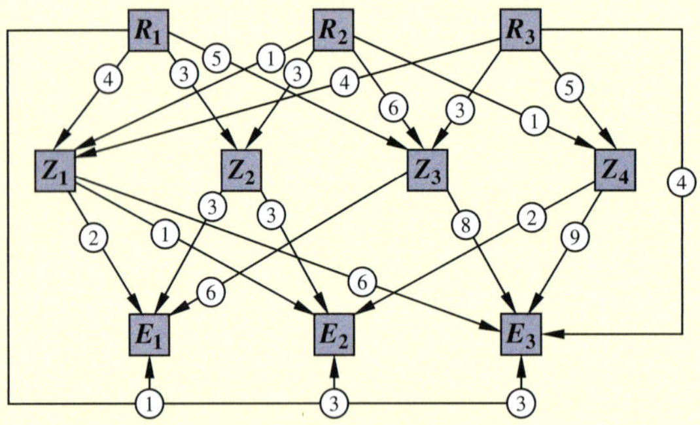

a) Berechnen Sie, wie viele ME der einzelnen Rohstoffe für je eine ME der einzelnen Endprodukte benötigt werden.
Für die weitere Bearbeitung der Teilaufgaben **b), c)** und **d)** gehen Sie von der nachstehenden Rohstoffverbrauchsmatrix ***RE*** aus.

$$\boldsymbol{RE} = \begin{pmatrix} 44 & 16 & 55 \\ 47 & 14 & 63 \\ 26 & 9 & 97 \end{pmatrix}$$

b) Es liegt ein Kundenauftrag über 120 ME von E_1, 200 ME von E_2 und 150 ME von E_3 vor. Die Rohstoffkosten je ME betragen 5 GE für R_1, 3 GE für R_2 und 2 GE für R_3. Berechnen Sie die Materialkosten für diesen Auftrag.

c) Für die nächste Rechnungsperiode gelten folgende Rohstoffkosten.

Rohstoffe	R_1	R_2	R_3
GE/ME	6	2,5	4

Der Energie- und Arbeitseinsatz pro ME der Endprodukte wird durch nachfolgende Tabelle angegeben.

Endprodukte	E_1	E_2	E_3
Energie	5	4	6
Arbeit	7	10	12

Bestimmen Sie die Produktionskosten (Material-, Energie- und Arbeitskosten) je ME der einzelnen Endprodukte, wenn die Energiekosten 9,5 GE/ME und die Arbeitskosten 15 GE/ME betragen.

d) Beobachtungen auf dem Absatzmarkt haben ergeben, dass es sinnvoll ist, im Stückzahlenverhältnis $E_1 : E_2 : E_3 = 1 : 3 : 2$ zu produzieren. Von den Rohstoffen R_2 und R_3 sind jedoch nur 18.275 ME bzw. 18.525 ME erhältlich. Berechnen Sie, wie viele ME der Endprodukte unter diesen Bedingungen maximal produziert werden können.

20 Ein Betrieb verarbeitet die 3 Materialien M_1, M_2 und M_3 zu den 3 Zwischenprodukten Z_1, Z_2 und Z_3 und diese Zwischenprodukte zu den 3 Endprodukten E_1, E_2 und E_3. Die folgenden Tabellen stellen Stücklisten dar.

	Z_1	Z_2	Z_3
M_1	1	4	3
M_2	2	2	4
M_3	1	2	2

	E_1	E_2	E_3
Z_1	2	3	4
Z_2	1	2	2
Z_3	2	1	2

a) Berechnen Sie die Materialkosten für je eine ME der 3 Endprodukte, wenn die Kosten der Materialien pro ME 10 GE für M_1, 15 GE für M_2 und 20 GE für M_3 betragen.

b) Die Fertigungskosten bei der Produktion der Zwischenprodukte pro ME betragen 80 GE für Z_1, 100 GE für Z_2 und 120 GE für Z_3.
Berechnen Sie für jedes der 3 Endprodukte die Kosten je ME, die durch die Fertigung der Zwischenprodukte entstehen.

c) Die Fertigungskosten bei der Produktion der Endprodukte pro ME betragen 410 GE bei E_1, 510 GE bei E_2 und 620 GE bei E_3.
Die Endprodukte können zu folgenden Preisen je ME verkauft werden: 1.500 GE bei E_1, 2.000 GE bei E_2 und 2.500 GE bei E_3.
Wie hoch sind die Deckungsbeiträge je ME?

d) Der Betrieb erhält einen Auftrag über die Lieferung von 130 ME von E_1, 175 ME von E_2 und 150 ME von E_3. Ermitteln Sie den Gewinn, wenn mit Fixkosten von 123.000 GE gerechnet werden muss.

e) Bei der Erledigung eines anderen Auftrags wurden 4.100 ME von M_1, 4.500 ME von M_2 und 2.700 ME von M_3 verarbeitet.
Wie viele Endprodukte jeder Art wurden in Auftrag gegeben?

21 Ein Betrieb fertigt – wie im nachfolgenden Diagramm dargestellt – aus den 3 Rohstoffen R_1, R_2 und R_3 die 2 Zwischenprodukte Z_1 und Z_2, sowie aus den Zwischenprodukten und aus den Rohstoffen R_1 und R_3 die 3 Endprodukte E_1, E_2 und E_3.

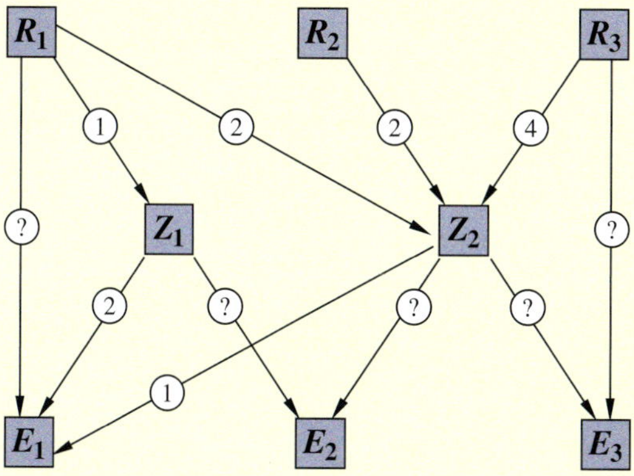

Die folgende Tabelle gibt jeweils die Gesamtzahl der einzelnen Rohstoffe an, die für je ein Endprodukt benötigt werden.

	E_1	E_2	E_3
R_1	6	9	10
R_2	2	8	10
R_3	4	16	23

a) Bestimmen Sie die Matrix ***RZ***, die den Rohstoffeinsatz für je ein Zwischenprodukt, die Matrix ***ZE***, die den Zwischenprodukteinsatz für je ein Endprodukt und die Matrix ***RE****, die den direkten Rohstoffeinsatz für je ein Endprodukt angibt.

b) Es ist ein Rohstoffvorrat von 570 ME von R_1, 390 ME von R_2 und 825 ME von R_3 verfügbar, der vollständig für die Produktion der Endprodukte verbraucht werden soll, wobei von E_3 75 % der Menge von E_2 hergestellt werden sollen.
Bestimmen Sie die Anzahl der herzustellenden Endprodukte.

c) Aufgrund einer Rohstoffknappheit von R_1 stehen nur 1.176 ME von R_1 zur Verfügung. Aus Wettbewerbsgründen sollen 12 ME von E_1 hergestellt werden. Von E_2 soll viermal soviel wie von E_3 produziert werden.
Wie viele ME von E_2 und E_3 können noch hergestellt werden?
Wie viele ME von den Rohstoffen R_2 und R_3 werden benötigt?

22 Ein Betrieb stellt aus 2 Einzelteilen 3 Mikroprozessoren M_1 bis M_3 her und aus diesen die 3 Elektronikgeräte G_1 bis G_3 her. Die nachfolgenden Tabellen geben an, wie viele ME der Einzelteile für je 1 Mikroprozessor bzw. wie viele Mikroprozessoren für je 1 Elektronikgerät bzw. wie viele Einzelteile für 1 Elektronikgerät benötigt werden.

	M_1	M_2	M_3
E_1	a	b	c
E_2	1	3	0

	G_1	G_2	G_3
M_1	2	2	0
M_2	1	2	1
M_3	0	1	1

	G_1	G_2	G_3
E_1	5	10	5
E_2	5	8	3

a) Berechnen Sie die ***EG***-Matrix, die den Verbrauch der Einzelteile für je 1 Mikroprozessor angibt, wobei a, b, c für positive reelle Zahlen stehen.

b) Die Kosten für die Einzelteile, die Herstellung der Mikroprozessoren und die Fertigung der Elektronikgeräte selbst können aus nachfolgender Tabelle entnommen werden.
Berechnen Sie die Gesamtherstellungskosten für je 1 ME der Elektronikgeräte.

	E_1	E_2	M_1	M_2	M_3	G_1	G_2	G_3
GE/ME	2	4	3	4	2	10	32	12

c) Der Betrieb möchte die günstigsten und höchsten Herstellungskosten errechnen. Für die kommende Rechnungsperiode gilt der Produktionsvektor
$\boldsymbol{x_a} = (64a;\ -0{,}2a^3 + 8a^2;\ a^2 + 10a)^T$, wobei der Parameter a von den Kosten der Einzelteile am Weltmarkt abhängig ist.
Die betrieblichen Fixkosten sind 18.000 GE.
Für welche reellen Zahlen anstelle von $a \in [5; 30]$ sind die gesamten Produktionskosten am günstigsten bzw. am höchsten?

d) Ermitteln Sie mithilfe des Newton-Verfahrens die Gewinnzone im Intervall [5; 30], wenn die Betriebserlöse durch $E(a) = -24a^3 + 1.008a^2 + 4.320a$ gegeben sind.

23 Ein Betrieb stellt aus 4 Rohstoffen 3 Zwischenprodukte her, aus denen 3 Endprodukte gefertigt werden. Der Materialfluss und die Zahlenangaben sind dem Diagramm und der Tabelle zu entnehmen.

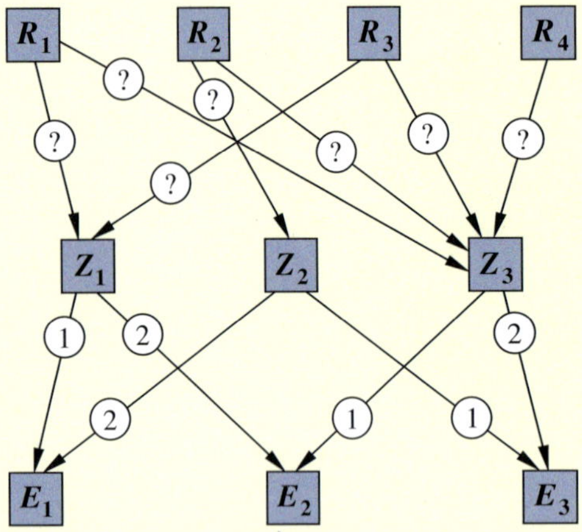

	E_1	E_2	E_3
R_1	1	3	2
R_2	2	1	3
R_3	1	3	2
R_4	0	1	2

a) Berechnen Sie die Matrix ***RZ***.

b) Der Betrieb hat einen Rohstoffvorrat von 44 ME von R_1, 50 ME von R_2, 44 ME von R_3 und 22 ME von R_4. Bestimmen Sie, wie viele ME von jedem Endprodukt hergestellt werden können, wenn der Rohstoffvorrat voll verarbeitet werden soll.

c) Es werden 10 ME von E_1, 6 ME von E_2 und 8 ME von E_3 produziert. Die Kosten für die Rohstoffe und die Herstellungskosten für die Zwischen- und Endprodukte je ME ergeben sich aus nachstehender Tabelle.

Mengen (ME)	R_1	R_2	R_3	R_4	Z_1	Z_2	Z_3	E_1	E_2	E_3
Kosten (GE)	0,25	0,25	0,5	0,25	1	0,5	1	2	1	0,5

Die Fixkosten betragen insgesamt 54 GE.
Die Endprodukte E_1 und E_3 werden zum gleichen Preis verkauft, der doppelt so groß ist wie der Verkaufspreis von E_2.
Ermitteln Sie, welche Verkaufspreise mindestens festgesetzt werden müssen, damit der Betrieb keinen Verlust macht.

24 Ein Betrieb stellt in einem zweistufigen Produktionsprozess aus 4 Rohstoffen R_1, R_2, R_3 und R_4 3 Zwischenprodukte Z_1, Z_2 und Z_3 und daraus die 3 Endprodukte E_1, E_2 und E_3 her. Der Materialfluss (bezogen auf ME) ist durch die beiden folgenden Stücklisten gegeben, wobei $a \geq 0$ ein technologieabhängiger Parameter ist.

	Z_1	Z_2	Z_3
R_1	6	8	2
R_2	2	0	$2+a$
R_3	0	4	1
R_4	4	6	0

	E_1	E_2	E_3
Z_1	6	2	2
Z_2	2	4	4
Z_3	$6+a$	2	6

a) Ermitteln Sie, wie groß der Vorrat für $a = 0$ an den einzelnen Rohstoffen sein muss, damit von den Endprodukten je 1.000 ME hergestellt werden können.

b) Das Lager zeigt momentan einen Bestand von 18.800 ME von R_1, 4.800 ME von R_2 und 6.100 ME von R_3 an. Von R_4 ist keine ME auf Lager.

b_1) Berechnen Sie, wie viele ME des Rohstoffs R_4 noch gekauft werden müssen, damit für $a = 0$ der Lagerbestand vollständig verarbeitet werden kann.

b_2) Wie viele ME können dann von jedem Endprodukt hergestellt werden?

c) Die Produktion soll auf eine neue Technologie umgestellt werden, deren Auswirkungen beim Materialfluss und bei den Kosten durch den Parameter $a \geq 0$ dargestellt werden. Die Kosten (bezogen auf GE je ME) sind durch die folgenden Vektoren gegeben:

$\boldsymbol{k_R} = (2; 1; 2; 1)$;

$\boldsymbol{k_Z} = (20; 60 - 6{,}4a + 0{,}2a^2; 2)$;

$$\boldsymbol{k_E} = \left(15; 25; 40 + \frac{1}{3}a^3\right).$$

c_1) Berechnen Sie die Gesamtkosten für die Produktion von je einer ME der Endprodukte in Abhängigkeit von a.

c_2) Bestimmen Sie a so, dass die Gesamtkosten minimal werden.

25 Ein Betrieb stellt in einem zweistufigen Produktionsprozess aus 4 Rohstoffen R_1, R_2, R_3 und R_4 3 Zwischenprodukte Z_1, Z_2 und Z_3 und daraus die 3 Endprodukte E_1, E_2 und E_3 her. Die nebenstehende Tabelle gibt an, wie viele ME der einzelnen Zwischenprodukte für je ein Endprodukt benötigt werden.

	E_1	E_2	E_3
Z_1	6	2	2
Z_2	2	4	3
Z_3	6	2	6

a) Bestimmen Sie die Matrix ***RZ*** unter Beachtung der Matrix ***RE*** aus dem Aufgabenteil b).

b) Erfahrungsgemäß kaufen die Kunden monatlich 20 ME von E_1, 45 ME von E_2 und 32 ME von E_3.
Berechnen Sie die Rohstoffbedarfsmengen unter Berücksichtigung der untenstehenden Rohstoff-Endproduktmatrix ***RE***.

$$\boldsymbol{RE} = \begin{pmatrix} 64 & 48 & 56 \\ 24 & 8 & 16 \\ 14 & 18 & 16 \\ 36 & 32 & 34 \end{pmatrix}$$

c) Das Lager zeigt momentan einen Bestand von 6.864 ME von R_1, 1.824 ME von R_2, 2.064 ME von R_3 und 4.236 ME von R_4 an.
Stellen Sie die Anzahl der Kombinationsmöglichkeiten der Endprodukte E_1, E_2 und E_3 fest, die hergestellt werden können, damit der Lagerbestand vollständig verbraucht wird.

d) Die Rohstoffbestände R_2 und R_3 sind auf Grund ihrer Herkunft aus verschiedenen Abbaugebieten Schwankungen in ihrer chemischen Zusammensetzung unterworfen, wobei die Verarbeitung der Rohstoffe Auswirkungen auf die Rohstoffkosten hat, die durch den Parameter p mit $p \in [1; 3]$ berücksichtigt werden.

Kosten	R_1	R_2	R_3	R_4
GE/ME	1	$0{,}4p^3$	$-p^2+5$	2

d_1) Berechnen Sie die Rohstoffkosten für den Rohstoffbestand aus Teil c) für $p = 2$.

d_2) Für welche reellen Zahlen anstelle von $p \in [1; 3]$ sind die Rohstoffkosten für den Rohstoffbestand aus Teil c) am günstigsten bzw. am ungünstigsten?

26 Ein Fertighaushersteller produziert aus den 4 Rohprodukten Holz (R_1), Stahl (R_2), Glas (R_3) und Ziegel (R_4) 3 Baugruppen:
Treppen/Wände/Decken (B_1), Fenster/Türen (B_2) und Dächer (B_3).
Aus diesen Baugruppen werden die Rohbauten für 3 Häusertypen (H_1, H_2, H_3) gefertigt. Der Materialfluss in ME bei der Fertigung geht aus den folgenden Stücklisten hervor.

	B_1	B_2	B_3
R_1	3	2	3
R_2	3	1	1
R_3	0	4	1
R_4	1	0	5

	H_1	H_2	H_3
B_1	12	13	11
B_2	10	11	9
B_3	1	1	1

Die Rohproduktkosten in Euro je ME sind $\boldsymbol{k_R}$ = (400; 200; 100; 40). Bei der Rohbauproduktion entstehen $\boldsymbol{k_L}$ = (2.800; 700; 500) Lohnkosten in Euro je verarbeiteter Baugruppe. Beim Innenausbau entstehen dann noch die Kosten $\boldsymbol{k_I}$ = (40.000; 42.000; 39.000) in Euro je Haustyp.

a) Bestimmen Sie die Kosten für die vollständige Erstellung eines jeden Haustyps.

b) Ermitteln Sie die Rohproduktmengen jeder Sorte, die bereit stehen müssen, wenn 3 Häuser von H_1, 4 Häuser von H_2 und 3 Häuser von H_3 gebaut werden sollen.

c) Es wird festgestellt, dass bei etwas höherem Verbrauch an Stahl sich die Lohnkosten bei Montage und Innenausbau senken lassen. Bei dieser Herstellungsart gilt: Der Verbrauch von Stahl verändert sich bei der Herstellung der Baugruppe B_1 auf $3 + \frac{t}{100}$.
Die Kostenvektoren lauten jetzt:
$\boldsymbol{k_L}^*$ = (2.800 – $10t + t^2$; 700; 500) und
$\boldsymbol{k_I}^*$ = (40.000 – $9t^2 + t^3$; 42.000 – $10t^2 + t^3$; 39.000 + $22t - 9t^2 - t^3$).
Bestimmen Sie $t \in [0; 30]$ so, dass bei gleichbleibenden Rohproduktkosten die gesamten Kosten für die Produktion von 3 Häusern des Typs H_1, 2 Häusern des Typs H_2 und 4 Häusern des Typs H_3 minimal werden.

7

7.2.2 Die inverse Matrix

Das Gaußsche Eliminationsverfahren ist mitunter ein sehr zeitaufwendiges Verfahren, um die Lösung eines LGS schriftlich zu ermitteln. Es gibt aber 2 wesentliche Gründe für seinen Einsatz:

(1) Als streng schematisches Verfahren kann man es einerseits sehr vorteilhaft in der EDV einsetzen und damit den Zeitaufwand zur Lösung verringern.

(2) Andererseits ist es mithilfe dieses Verfahrens möglich, die Lösungen in linearen Gleichungssystemen sehr rationell zu ermitteln, wenn die Koeffizientenmatrix erhalten bleibt und sich nur die rechten Seiten der LGS verändert.

Beispiel 7.28 a (Simultanes Lösen zweier LGS)

Ermitteln Sie die Lösungen der LGS

1. $x_1 + 3x_2 = 1$
$-2x_1 - 2x_2 = 0$

2. $x_1 + 3x_2 = 0$
$-2x_1 - 2x_2 = 1$

Zur Auflösung der beiden LGS nach dem Gauß-Verfahren müssen jedes Mal **dieselben Umformungsschritte** durchgeführt werden, weil die Koeffizientenmatrix $\boldsymbol{A}$ in beiden Fällen **dieselbe** ist und sich nur die rechten Seiten der Gleichungen geändert haben.

Zu 1.

1	3	1	$\vert \cdot 2$
−2	−2	0	+
1	3	1	
0	4	2	$\vert :4 \quad \vert \cdot (-3)$ +
1	0	−0,5	
0	1	0,5	

Die Lösungsvektoren sind jeweils $\begin{pmatrix} -0{,}5 \\ 0{,}5 \end{pmatrix}$ und $\begin{pmatrix} -0{,}75 \\ 0{,}25 \end{pmatrix}$.

Zu 2.

1	3	0	$\vert \cdot 2$
−2	−2	1	+
1	3	0	
0	4	1	$\vert :4 \quad \vert \cdot (-3)$ +
1	0	−0,75	
0	1	0,25	

Da die Umformungsschritte wegen derselben Koeffizientenmatrix dieselben sind, kann man beide LGS auch simultan lösen.

Simultane Lösung der LGS 1 und 2:

1	3	1	0	$\vert \cdot 2$
−2	−2	0	1	+
1	3	1	0	
0	4	2	1	$\vert :4 \quad \vert \cdot (-3)$ +
1	0	−0,5	−0,75	
0	1	0,5	0,25	

Bezeichnet man die Lösungsvektoren mit $\boldsymbol{i}_1$ und $\boldsymbol{i}_2$, dann gilt:

$\boldsymbol{A} \cdot \boldsymbol{i}_1 = \begin{pmatrix} 1 \\ 0 \end{pmatrix}$ und $\boldsymbol{A} \cdot \boldsymbol{i}_2 = \begin{pmatrix} 0 \\ 1 \end{pmatrix}$.

$$\begin{pmatrix} 1 & 3 \\ -2 & -2 \end{pmatrix} \cdot \begin{pmatrix} -0{,}5 \\ 0{,}5 \end{pmatrix} = \begin{pmatrix} 1 \\ 0 \end{pmatrix} \quad \blacktriangleright\ \boldsymbol{i}_1 = \begin{pmatrix} -0{,}5 \\ 0{,}5 \end{pmatrix}$$

$$\begin{pmatrix} 1 & 3 \\ -2 & -2 \end{pmatrix} \cdot \begin{pmatrix} -0{,}75 \\ 0{,}25 \end{pmatrix} = \begin{pmatrix} 0 \\ 1 \end{pmatrix} \quad \blacktriangleright\ \boldsymbol{i}_2 = \begin{pmatrix} -0{,}75 \\ 0{,}25 \end{pmatrix}$$

Fasst man andererseits $\boldsymbol{i}_1$ und $\boldsymbol{i}_2$ als Spaltenvektoren der Matrix $\boldsymbol{I}$ mit

$\boldsymbol{I} = \begin{pmatrix} -0{,}5 & -0{,}75 \\ 0{,}5 & 0{,}25 \end{pmatrix}$ auf, dann gilt $\boldsymbol{A} \cdot \boldsymbol{I} = \boldsymbol{E}$.

$$\begin{pmatrix} 1 & 3 \\ -2 & -2 \end{pmatrix} \cdot \begin{pmatrix} -0{,}5 & -0{,}75 \\ 0{,}5 & 0{,}25 \end{pmatrix} = \begin{pmatrix} 1 & 0 \\ 0 & 1 \end{pmatrix}$$

$$\blacktriangleright\ \boldsymbol{I} = \begin{pmatrix} -0{,}5 & -0{,}75 \\ 0{,}5 & 0{,}25 \end{pmatrix}$$

Beispiel 7.28 b (Inverse Matrix)

Berechnen Sie die Produktmatrix $\boldsymbol{I} \cdot \boldsymbol{A}$ der Matrizen aus Beispiel 7.28 a).

Die Produktmatrix ist die Einheitsmatrix $\boldsymbol{E}$: $\boldsymbol{I} \cdot \boldsymbol{A} = \boldsymbol{E}$.

$$\begin{pmatrix} -0{,}5 & -0{,}75 \\ 0{,}5 & 0{,}25 \end{pmatrix} \cdot \begin{pmatrix} 1 & 3 \\ -2 & -2 \end{pmatrix} = \begin{pmatrix} 1 & 0 \\ 0 & 1 \end{pmatrix}$$

Wenn es zu einer quadratischen Matrix $\boldsymbol{A}$ – wie in den Beispielen 7.28 a) und 7.28 b) – eine Matrix $\boldsymbol{I}$ mit $\boldsymbol{A} \cdot \boldsymbol{I} = \boldsymbol{E}$ **und** $\boldsymbol{I} \cdot \boldsymbol{A} = \boldsymbol{E}$ gibt, so heißt $\boldsymbol{I}$ **inverse Matrix** zu $\boldsymbol{A}$ und wird mit $\boldsymbol{A}^{-1}$ bezeichnet in Analogie zu der Inversen a^{-1} einer Zahl für a.

Eine inverse Matrix $\boldsymbol{A}^{-1}$ kann es **nur** zu einer quadratischen Matrix $\boldsymbol{A}$ geben, da sowohl das Produkt $\boldsymbol{A} \cdot \boldsymbol{A}^{-1}$ als auch das Produkt $\boldsymbol{A}^{-1} \cdot \boldsymbol{A}$ **dieselbe** Einheitsmatrix $\boldsymbol{E}$ sein müssen.

Wenn zu einer Matrix $\boldsymbol{A}$ eine inverse Matrix $\boldsymbol{A}^{-1}$ existiert, dann ist $\boldsymbol{A}^{-1}$ **eindeutig** bestimmt.

Beweis: Angenommen, es gäbe zwei Inverse $\boldsymbol{A}_1^{-1}$ und $\boldsymbol{A}_2^{-1}$. Dann müsste gelten:
$\boldsymbol{A}_1^{-1} \cdot \boldsymbol{A} = \boldsymbol{E}$ und $\boldsymbol{A} \cdot \boldsymbol{A}_1^{-1} = \boldsymbol{E}$ bzw. $\boldsymbol{A}_2^{-1} \cdot \boldsymbol{A} = \boldsymbol{E}$ und $\boldsymbol{A} \cdot \boldsymbol{A}_2^{-1} = \boldsymbol{E}$.

Dann gilt unter Benutzung des Assoziativgesetzes
einerseits $(\boldsymbol{A}_1^{-1} \cdot \boldsymbol{A}) \cdot \boldsymbol{A}_2^{-1} = \boldsymbol{E} \cdot \boldsymbol{A}_2^{-1}$; andererseits $\boldsymbol{A}_1^{-1} \cdot (\boldsymbol{A} \cdot \boldsymbol{A}_2^{-1}) = \boldsymbol{A}_1^{-1} \cdot \boldsymbol{E}$;
also $\boldsymbol{A}_1^{-1} \cdot \boldsymbol{E} = \boldsymbol{E} \cdot \boldsymbol{A}_2^{-1}$
$\Leftrightarrow$ $\boldsymbol{A}_1^{-1} = \boldsymbol{A}_2^{-1}$ ► Die beiden Inversen sind gleich.
$\Rightarrow$ Es gibt nur *eine* Inverse zu $\boldsymbol{A}$.

Beispiel 7.28 c (LGS mithilfe der inversen Matrix lösen)

Ermitteln Sie die Lösung des LGS
$$\begin{aligned} x_1 + 3x_2 &= -8 \\ -2x_1 - 2x_2 &= -4. \end{aligned}$$

Das LGS lässt sich als Matrizengleichung $\boldsymbol{A} \cdot \boldsymbol{x} = \boldsymbol{b}$ mit $\boldsymbol{A} = \begin{pmatrix} 1 & 3 \\ -2 & -2 \end{pmatrix}$, $\boldsymbol{x} = \begin{pmatrix} x_1 \\ x_2 \end{pmatrix}$ und $\boldsymbol{b} = \begin{pmatrix} b_1 \\ b_2 \end{pmatrix} = \begin{pmatrix} -8 \\ -4 \end{pmatrix}$ auffassen.
Die Lösung des LGS bzw. der zugehörenden Matrizengleichung kann man jetzt sehr schnell mithilfe der zu $\boldsymbol{A}$ inversen Matrix $\boldsymbol{A}^{-1}$ ermitteln, indem man beide Seiten der Matrizengleichung mit der Inversen $\boldsymbol{A}^{-1}$ von links multipliziert und dabei das Assoziativgesetz der Matrizenmultiplikation anwendet.
Der Lösungsvektor $\boldsymbol{x}$ kann also dadurch ermittelt werden, dass man den Spaltenvektor $\boldsymbol{b}$ der rechten Seite der Ausgangsgleichung mit der zur Koeffizientenmatrix $\boldsymbol{A}$ inversen Matrix $\boldsymbol{A}^{-1}$ multipliziert.

$$\underbrace{\begin{pmatrix} 1 & 3 \\ -2 & -2 \end{pmatrix}}_{\boldsymbol{A}} \cdot \underbrace{\begin{pmatrix} x_1 \\ x_2 \end{pmatrix}}_{\boldsymbol{x}} = \underbrace{\begin{pmatrix} -8 \\ -4 \end{pmatrix}}_{\boldsymbol{b}}$$ ► Ausgangsgleichung

► $\begin{pmatrix} -0{,}5 & -0{,}75 \\ 0{,}5 & 0{,}25 \end{pmatrix}$ ist die zu $\boldsymbol{A}$ inverse Matrix $\boldsymbol{A}^{-1}$; Beispiele 7.28 a) und 7.28 b)

$$\begin{aligned} \boldsymbol{A} \cdot \boldsymbol{x} &= \boldsymbol{b} \\ \Leftrightarrow \boldsymbol{A}^{-1} \cdot (\boldsymbol{A} \cdot \boldsymbol{x}) &= \boldsymbol{A}^{-1} \cdot \boldsymbol{b} \\ \Leftrightarrow (\boldsymbol{A}^{-1} \cdot \boldsymbol{A}) \cdot \boldsymbol{x} &= \boldsymbol{A}^{-1} \cdot \boldsymbol{b} \\ \Leftrightarrow \boldsymbol{E} \cdot \boldsymbol{x} &= \boldsymbol{A}^{-1} \cdot \boldsymbol{b} \\ \Leftrightarrow \boldsymbol{x} &= \boldsymbol{A}^{-1} \cdot \boldsymbol{b} \end{aligned}$$ ► $\boldsymbol{E} \cdot \boldsymbol{x} = \boldsymbol{x}$

$$\boldsymbol{x} = \begin{pmatrix} -0{,}5 & -0{,}75 \\ 0{,}5 & 0{,}25 \end{pmatrix} \cdot \begin{pmatrix} -8 \\ -4 \end{pmatrix}$$ ► $\boldsymbol{x} = \boldsymbol{A}^{-1} \cdot \boldsymbol{b}$

$$= \begin{pmatrix} 7 \\ -5 \end{pmatrix}$$ ► Lösung

7

Beispiel 7.28 d (LGS mithilfe der inversen Matrix lösen)

Ermitteln Sie die Lösungen der LGS.

1. $\begin{aligned} x_1 + 3x_2 &= 21 \\ -2x_1 - 2x_2 &= 30 \end{aligned}$ **2.** $\begin{aligned} x_1 + 3x_2 &= -1{,}6 \\ -2x_1 - 2x_2 &= -4 \end{aligned}$ **3.** $\begin{aligned} x_1 + 3x_2 &= 2 \\ -2x_1 - 2x_2 &= 2 \end{aligned}$

Die zur Koeffizientenmatrix $\boldsymbol{A}$ inverse Matrix $\boldsymbol{A}^{-1}$ ist aus den Beispielen 7.28 b) und 7.28 c) bekannt. Zur Berechnung der Lösungsvektoren müssen nur die Spaltenvektoren der rechten Seiten mit der Matrix $\boldsymbol{A}^{-1}$ multipliziert werden.

Zu 1. $\boldsymbol{x} = \begin{pmatrix} -0{,}5 & -0{,}75 \\ 0{,}5 & 0{,}25 \end{pmatrix} \cdot \begin{pmatrix} 21 \\ 30 \end{pmatrix} = \begin{pmatrix} -33 \\ 18 \end{pmatrix}$

Zu 2. $\boldsymbol{x} = \begin{pmatrix} -0{,}5 & -0{,}75 \\ 0{,}5 & 0{,}25 \end{pmatrix} \cdot \begin{pmatrix} -1{,}6 \\ -4 \end{pmatrix} = \begin{pmatrix} 3{,}8 \\ -1{,}8 \end{pmatrix}$

Zu 3. $\boldsymbol{x} = \begin{pmatrix} -0{,}5 & -0{,}75 \\ 0{,}5 & 0{,}25 \end{pmatrix} \cdot \begin{pmatrix} 2 \\ 2 \end{pmatrix} = \begin{pmatrix} -2{,}5 \\ 1{,}5 \end{pmatrix}$

Beispiel 7.29 (Inversenbildung)

a) Ermitteln Sie die zur Matrix $\boldsymbol{A}$ inverse Matrix $\boldsymbol{A}^{-1}$ für $\boldsymbol{A} = \begin{pmatrix} 1 & 2 & 3 \\ 1 & 1 & 2 \\ 2 & 1 & 4 \end{pmatrix}$.

b) Überprüfen Sie, dass Ihre ermittelte Matrix tatsächlich die Inverse von $\boldsymbol{A}$ ist, indem Sie sie von links und von rechts mit $\boldsymbol{A}$ multiplizieren.

c) Führen Sie die Inversenbildung von $\boldsymbol{A}$ mithilfe von Linksmultiplikationen mit geeigneten Umformungsmatrizen in Excel aus und kontrollieren Sie Ihr Ergebnis im Anschluss zusätzlich mit der Excel-Formel „MINV“.

d) Berechnen Sie mithilfe von $\boldsymbol{A}^{-1}$ und von Excel die Lösungen der drei folgenden LGS.

1. $\begin{aligned} x_1 + 2x_2 + 3x_3 &= 5 \\ x_1 + x_2 + 2x_3 &= -2 \\ 2x_1 + x_2 + 4x_3 &= 1 \end{aligned}$ **2.** $\begin{aligned} x_1 + 2x_2 + 3x_3 &= 0 \\ x_1 + x_2 + 2x_3 &= 1 \\ 2x_1 + x_2 + 4x_3 &= -3 \end{aligned}$ **3.** $\begin{aligned} x_1 + 2x_2 + 3x_3 &= 10 \\ x_1 + x_2 + 2x_3 &= 10 \\ 2x_1 + x_2 + 4x_3 &= 10 \end{aligned}$

Zu a) Die Matrix $\boldsymbol{A}$ wird nach dem Gaußschen Eliminationsverfahren in die Matrix $\boldsymbol{E}$ transformiert. Dieselben Umformungen werden gleichzeitig an der Einheitsmatrix $\boldsymbol{E}$ vorgenommen. Hat man so die Matrix $\boldsymbol{A}$ zur Einheitsmatrix $\boldsymbol{E}$ transformiert, dann hat man parallel dazu die Einheitsmatrix $\boldsymbol{E}$ zu $\boldsymbol{A}^{-1}$ umgeformt.

$$\Rightarrow \boldsymbol{A}^{-1} = \begin{pmatrix} -2 & 5 & -1 \\ 0 & 2 & -1 \\ 1 & -3 & 1 \end{pmatrix}$$

$$\begin{array}{ccc|ccc|l}
1 & 2 & 3 & 1 & 0 & 0 & |\cdot(-1) \quad |\cdot(-2) \\
1 & 1 & 2 & 0 & 1 & 0 & \leftarrow + \\
2 & 1 & 4 & 0 & 0 & 1 & \leftarrow + \\
\hline
1 & 2 & 3 & 1 & 0 & 0 & \leftarrow + \\
0 & -1 & -1 & -1 & 1 & 0 & |\cdot(-3) \quad |\cdot 2 \\
0 & -3 & -2 & -2 & 0 & 1 & \leftarrow + \\
\hline
1 & 0 & 1 & -1 & 2 & 0 & \leftarrow + \\
0 & 1 & 1 & 1 & -1 & 0 & \leftarrow + \\
0 & 0 & 1 & 1 & -3 & 1 & |\cdot(-1) \\
\hline
1 & 0 & 0 & -2 & 5 & -1 & \\
0 & 1 & 0 & 0 & 2 & -1 & \\
0 & 0 & 1 & 1 & -3 & 1 &
\end{array}$$

($\boldsymbol{A} \rightarrow \boldsymbol{E}$ auf der linken Seite, $\boldsymbol{E} \rightarrow \boldsymbol{A}^{-1}$ auf der rechten Seite)

Zu b) Sowohl die links- als auch die rechtsseitige Multiplikation der ermittelten Matrix $\boldsymbol{A}^{-1}$ mit der Koeffizientenmatrix $\boldsymbol{A}$ ergibt die Einheitsmatrix $\boldsymbol{E}$.

$$\begin{pmatrix} 1 & 2 & 3 \\ 1 & 1 & 2 \\ 2 & 1 & 4 \end{pmatrix} \cdot \begin{pmatrix} -2 & 5 & -1 \\ 0 & 2 & -1 \\ 1 & -3 & 1 \end{pmatrix} = \begin{pmatrix} 1 & 0 & 0 \\ 0 & 1 & 0 \\ 0 & 0 & 1 \end{pmatrix}$$

$$\begin{pmatrix} -2 & 5 & -1 \\ 0 & 2 & -1 \\ 1 & -3 & 1 \end{pmatrix} \cdot \begin{pmatrix} 1 & 2 & 3 \\ 1 & 1 & 2 \\ 2 & 1 & 4 \end{pmatrix} = \begin{pmatrix} 1 & 0 & 0 \\ 0 & 1 & 0 \\ 0 & 0 & 1 \end{pmatrix}$$

Zu c) Man erklärt die Umformungen des LGS in Matrizenform aus Beispiel 7.29, Teilaufgabe **a)** durch Multiplikation mit geeigneten Umformungsmatrizen $\boldsymbol{U}_1$, $\boldsymbol{U}_2$ und $\boldsymbol{U}_3$ von links in Excel wie in Beispiel 7.24, Teilaufgabe b).

$(\boldsymbol{A}|\boldsymbol{b})$ wird mit der folgenden Matrix $\boldsymbol{U}_1$ von links multipliziert, für die gilt:

▸ Excel-Tipp zu Beispiel 7.24 b)

$$\boldsymbol{U}_1 = \begin{pmatrix} \frac{1}{a_{11}} & 0 & 0 \\ -\frac{a_{21}}{a_{11}} & 1 & 0 \\ -\frac{a_{31}}{a_{11}} & 0 & 1 \end{pmatrix} = \begin{pmatrix} 1 & 0 & 0 \\ -1 & 1 & 0 \\ -2 & 0 & 1 \end{pmatrix}.$$

	A	B	C	D	E	F	G	H	I	J
1					1	2	3	1	0	0
2					1	1	2	0	1	0
3		U_1			2	1	4	0	0	1
5	1	0	0		1	2	3	1	0	0
6	-1	1	0		0	-1	-1	-1	1	0
7	-2	0	1		0	-3	-2	-2	0	1
9	▸Grünen Bereich markieren: =MMULT(A5:C7;E1:J3),									
10	Abschluss mit Strg+Umschalt+Enter									

Jede Matrizenoperation in Excel wird mit der Tastenfolge „Strg", „Umschalt" (⇑) und „Enter" abgeschlossen.

▸ Zur Kopie der Teilergebnismatrix markiert man den (orangen) Bereich E12:J14, gibt dort =E5:J7 ein und schließt mit Strg+Umschalt+Enter ab. Man kann aber auch mit der (grünen) Matrix aus E5:J7 weiterrechnen.

Die neu entstandene erweiterte Matrix – sie wird der Einfachheit halber wieder mit $(\boldsymbol{A}|\boldsymbol{b})$ bezeichnet – wird mit der folgenden Matrix $\boldsymbol{U}_2$ von links multipliziert, für die gilt:

$$\boldsymbol{U}_2 = \begin{pmatrix} 1 & -\frac{a_{12}}{a_{22}} & 0 \\ 0 & \frac{1}{a_{22}} & 0 \\ 0 & -\frac{a_{32}}{a_{22}} & 1 \end{pmatrix} = \begin{pmatrix} 1 & 2 & 0 \\ 0 & -1 & 0 \\ 0 & -3 & 1 \end{pmatrix}.$$

	A	B	C	D	E	F	G	H	I	J
12					1	2	3	1	0	0
13					0	-1	-1	-1	1	0
14		U_2			0	-3	-2	-2	0	1
16	1	2	0		1	0	1	-1	2	0
17	0	-1	0		0	1	1	1	-1	0
18	0	-3	1		0	0	1	1	-3	1
20	▸Grünen Bereich markieren: =MMULT(A16:C18;E12:J14),									
21	Abschluss mit Strg+Umschalt+Enter									

Die neu entstandene erweiterte Matrix – sie wird der Einfachheit halber auch wieder mit $(\boldsymbol{A}|\boldsymbol{b})$ bezeichnet – wird mit der folgenden Matrix $\boldsymbol{U}_3$ von links multipliziert, für die gilt:

$$\boldsymbol{U}_3 = \begin{pmatrix} 1 & 0 & -\frac{a_{13}}{a_{33}} \\ 0 & 1 & -\frac{a_{23}}{a_{33}} \\ 0 & 0 & \frac{1}{a_{33}} \end{pmatrix} = \begin{pmatrix} 1 & 0 & -1 \\ 0 & 1 & -1 \\ 0 & 0 & 1 \end{pmatrix}.$$

▸ $\boldsymbol{A}^{-1} = \begin{pmatrix} -2 & 5 & -1 \\ 0 & 2 & -1 \\ 1 & -3 & 1 \end{pmatrix}$

	A	B	C	D	E	F	G	H	I	J	K
23					1	0	1	-1	2	0	
24					0	1	1	1	-1	0	
25		U_3			0	0	1	1	-3	1	
27	1	0	-1		1	0	0	-2	5	-1	
28	0	1	-1		0	1	0	0	2	-1	A^{-1}
29	0	0	1		0	0	1	1	-3	1	
31	▸Grünen Bereich markieren: =MMULT(A27:C29;E23:J25),										
32	Abschluss mit Strg+Umschalt+Enter										

▸ Wenn $\boldsymbol{A}$ auf der linken Seite von $(\boldsymbol{A}|\boldsymbol{E})$ in $\boldsymbol{E}$ umgerechnet wurde, kann man auf der rechten Seite $\boldsymbol{A}^{-1}$ ablesen.

Multipliziert man die 3 „Umformungsmatrizen" $\boldsymbol{U}_3$, $\boldsymbol{U}_2$ und $\boldsymbol{U}_1$ wie nebenstehend, so erhält man auch $\boldsymbol{A}^{-1}$.

	A	B	C	D	E	F	G	H	I	J
34								-2	5	-1
35		$A^{-1} = U_3 * U_2 * U_1 =$						0	2	-1
36								1	-3	1
38	▸=MMULT(MMULT(A27:C29;A16:C18);A5:C7)									
39	Abschluss mit Strg+Umschalt+Enter									

Die Excel-Formel „MINV" zur Inversenbildung einer Matrix erlaubt zwar die schnelle Überprüfung einer Rechnung, erfordert aber nicht die methodisch sinnvolle selbstständige Überlegung zur Inversenbildung wie im Beispiel 7.29, Teilaufgabe b).

7

Zur Bildung der **Inversen A^{-1}** muss zunächst ein leerer Bereich 3 × 3 vom Format der inversen Matrix (gleich dem Format von A) markiert werden (hier: C5:E7, grün unterlegt).
Die Formeleingabe „=MINV(C1:E3)“ im grünen Bereich *muss* wie bei allen Matrizenrechnungen mit *gleichzeitigem* Halten der Tasten „Strg“, „Umschalt“ (⇑) und „Enter“ abgeschlossen werden.

	A	B	C	D	E
1			1	2	3
2	A =		1	1	2
3			2	1	4
5			-2	5	-1
6	A^{-1} =		0	2	-1
7			1	-3	1
9	►Grüner Bereich =MINV(C1:E3),				
10	Abschluss mit Strg+Umschalt+Enter				

Die einfachste Art der Inversenbildung mit Excel erfolgt mit der Formel „MINV“.

Zu d) Die Lösungen der drei LGS erhält man, indem man den Spaltenvektor $\boldsymbol{b}$ der rechten Seite jeweils linksseitig mit der Inversen A^{-1} multipliziert.

$$A^{-1} \cdot \boldsymbol{b} = \boldsymbol{b}^{(L)}$$

1. $$\begin{pmatrix} -2 & 5 & -1 \\ 0 & 2 & -1 \\ 1 & -3 & 1 \end{pmatrix} \cdot \begin{pmatrix} 5 \\ -2 \\ 1 \end{pmatrix} = \begin{pmatrix} -21 \\ -5 \\ 12 \end{pmatrix}$$

2. $$\begin{pmatrix} -2 & 5 & -1 \\ 0 & 2 & -1 \\ 1 & -3 & 1 \end{pmatrix} \cdot \begin{pmatrix} 0 \\ 1 \\ -3 \end{pmatrix} = \begin{pmatrix} 8 \\ 5 \\ -6 \end{pmatrix}$$

3. $$\begin{pmatrix} -2 & 5 & -1 \\ 0 & 2 & -1 \\ 1 & -3 & 1 \end{pmatrix} \cdot \begin{pmatrix} 10 \\ 10 \\ 10 \end{pmatrix} = \begin{pmatrix} 20 \\ 10 \\ -10 \end{pmatrix}$$

Die Lösungsvektoren $\boldsymbol{b}^{(L)}$ sind jeweils

$$\begin{pmatrix} -21 \\ -5 \\ 12 \end{pmatrix}, \begin{pmatrix} 8 \\ 5 \\ -6 \end{pmatrix} \text{ und } \begin{pmatrix} 20 \\ 10 \\ -10 \end{pmatrix}.$$

Bei der Überprüfung mithilfe von Excel benötigt man noch nicht einmal die Matrix A^{-1}; man kann A benutzen und die Formel „MINV“ in die „MMULT“-Formel „einbetten“.

Zur Berechnung z. B. von x_1 markiert man den 1. (grün unterlegten) Bereich E7:E9, gibt dort die Formel „=MMULT(MINV(A7:C9);E3:E5)“ ein und schließt die Eingabe mit der Tastenfolge „Strg“, „Umschalt“ (⇑) und „Enter“ wie gewohnt ab.

► analog für x_2 und x_3 in den Zellen G7:G9 bzw. I7:I9.

	A	B	C	D	E	F	G	H	I
3					5		0		10
4					-2		1		10
5		A			1		-3		10
7	1	2	3		-21		8		20
8	1	1	2		-5		5		10
9	2	1	4		12		-6		-10
11					x_1		x_2		x_3

Die einfachste Art der Lösung eines eindeutig lösbaren LGS (vgl. Abschnitt 7.2.3) mit Excel erfolgt durch „Einbettung“ der Formel „MINV“ in die Formel „MMULT“.

► Vgl. auch Inversenbildung mithilfe von TI-Nspire in Übungsaufgabe 7

7

Beispiel 7.30 (mithilfe der Inversenbildung mehrere LGS gleichzeitig lösen)

In einem Betrieb werden aus den 3 Materialien M_1, M_2 und M_3 die 3 Produkte P_1, P_2 und P_3 gemäß nebenstehender Stückliste hergestellt.

	P_1	P_2	P_3
M_1	2	2	2
M_2	0	2	2
M_3	8	4	8

Wegen eines Programmabsturzes in der EDV-Anlage können die wöchentlichen Produktionsmengen im vergangenen Monat nur noch über den Materialverbrauch errechnet werden.

Die laut Materialentnahmeschein dem Lager entnommenen ME in den 4 Wochen sind in der nebenstehenden Tabelle aufgeführt.

	1. Woche	2. Woche	3. Woche	4. Woche
M_1	2.400	2.140	2.420	2.440
M_2	1.600	1.240	1.420	1.400
M_3	8.000	7.360	8.480	8.640

Ermitteln Sie, wie viele ME von den Produkten P_1, P_2 und P_3 in den jeweiligen Wochen hergestellt worden sind.

Es sind 4 LGS zu lösen, die alle dieselbe Koeffizientenmatrix $\boldsymbol{A}$ besitzen und sich nur in den rechten Seiten unterscheiden.

$$\boldsymbol{A} = \begin{pmatrix} 2 & 2 & 2 \\ 0 & 2 & 2 \\ 8 & 4 & 8 \end{pmatrix}$$ ▸ Koeffizientenmatrix

$$\begin{aligned} 2x_1 + 2x_2 + 2x_3 &= b_1 \\ 2x_2 + 2x_3 &= b_2 \\ 8x_1 + 4x_2 + 8x_3 &= b_3 \end{aligned}$$

	1. W	2. W	3. W	4. W
b_1	2.400	2.140	2.420	2.440
b_2	1.600	1.240	1.420	1.400
b_3	8.000	7.360	8.480	8.640

$$\left(\begin{array}{ccc|ccc} 2 & 2 & 2 & 1 & 0 & 0 \\ 0 & 2 & 2 & 0 & 1 & 0 \\ 8 & 4 & 8 & 0 & 0 & 1 \end{array}\right) \quad \begin{array}{l} |:(-2) \quad |\cdot 8 \quad |:2 \\ \\ + \end{array}$$

$$\left(\begin{array}{ccc|ccc} 1 & 1 & 1 & 0{,}5 & 0 & 0 \\ 0 & 2 & 2 & 0 & 1 & 0 \\ 0 & -4 & 0 & -4 & 0 & 1 \end{array}\right) \quad \begin{array}{l} + \\ |\cdot 2 \quad |:(-2) \quad |:2 \\ + \end{array}$$

$$\left(\begin{array}{ccc|ccc} 1 & 0 & 0 & 0{,}5 & -0{,}5 & 0 \\ 0 & 1 & 1 & 0 & 0{,}5 & 0 \\ 0 & 0 & 4 & -4 & 2 & 1 \end{array}\right) \quad \begin{array}{l} + \\ |:(-4) \\ |:4 \end{array}$$

$$\left(\begin{array}{ccc|ccc} 1 & 0 & 0 & 0{,}5 & -0{,}5 & 0 \\ 0 & 1 & 0 & 1 & 0 & -0{,}25 \\ 0 & 0 & 1 & -1 & 0{,}5 & 0{,}25 \end{array}\right)$$

Mit der zur Koeffizientenmatrix $\boldsymbol{A}$ gehörenden inversen Matrix $\boldsymbol{A}^{-1}$ lassen sich durch Ausführung der Multiplikation $\boldsymbol{A}^{-1} \cdot \boldsymbol{b}$ die Lösungen für alle 4 LGS ausrechnen.

$$\boldsymbol{A}^{-1} = \begin{pmatrix} 0{,}5 & -0{,}5 & 0 \\ 1 & 0 & -0{,}25 \\ -1 & 0{,}5 & 0{,}25 \end{pmatrix}$$

In der 1. Woche sind von jedem Produkt 400 ME hergestellt worden.

$$\begin{pmatrix} 0{,}5 & -0{,}5 & 0 \\ 1 & 0 & -0{,}25 \\ -1 & 0{,}5 & 0{,}25 \end{pmatrix} \cdot \begin{pmatrix} 2.400 \\ 1.600 \\ 8.000 \end{pmatrix} = \begin{pmatrix} 400 \\ 400 \\ 400 \end{pmatrix}$$

In der 2. Woche sind 450 ME von P_1, 300 ME von P_2 und 320 ME von P_3 gefertigt worden.

$$\begin{pmatrix} 0{,}5 & -0{,}5 & 0 \\ 1 & 0 & -0{,}25 \\ -1 & 0{,}5 & 0{,}25 \end{pmatrix} \cdot \begin{pmatrix} 2.140 \\ 1.240 \\ 7.360 \end{pmatrix} = \begin{pmatrix} 450 \\ 300 \\ 320 \end{pmatrix}$$

In der 3. Woche wurden 500 ME von P_1, 300 ME von P_2 und 410 ME von P_3 produziert.

$$\begin{pmatrix} 0{,}5 & -0{,}5 & 0 \\ 1 & 0 & -0{,}25 \\ -1 & 0{,}5 & 0{,}25 \end{pmatrix} \cdot \begin{pmatrix} 2.420 \\ 1.420 \\ 8.480 \end{pmatrix} = \begin{pmatrix} 500 \\ 300 \\ 410 \end{pmatrix}$$

In der 4. Woche betrugen die produzierten Mengen 520 ME von P_1, 280 ME von P_2 und 420 ME von P_3.

$$\begin{pmatrix} 0{,}5 & -0{,}5 & 0 \\ 1 & 0 & -0{,}25 \\ -1 & 0{,}5 & 0{,}25 \end{pmatrix} \cdot \begin{pmatrix} 2.440 \\ 1.400 \\ 8.640 \end{pmatrix} = \begin{pmatrix} 520 \\ 280 \\ 420 \end{pmatrix}$$

- Eine Matrix $\boldsymbol{I}$ heißt die zu $\boldsymbol{A}$ inverse Matrix, wenn gilt: $\boldsymbol{I} \cdot \boldsymbol{A} = \boldsymbol{E}$ und $\boldsymbol{A} \cdot \boldsymbol{I} = \boldsymbol{E}$.
Für $\boldsymbol{I}$ schreibt man dann auch $\boldsymbol{A}^{-1}$.
- Die Inverse $\boldsymbol{A}^{-1}$ zu $\boldsymbol{A}$ hat dasselbe quadratische Format wie $\boldsymbol{A}$.
- Ist $\boldsymbol{A}$ eine quadratische Koeffizientenmatrix und existiert ihre Inverse $\boldsymbol{A}^{-1}$, dann lässt sich die Lösung der Matrizengleichung $\boldsymbol{A} \cdot \boldsymbol{x} = \boldsymbol{b}$ aus $\boldsymbol{x} = \boldsymbol{A}^{-1} \cdot \boldsymbol{b}$ **eindeutig** ermitteln.
- Existiert zu einer Matrix $\boldsymbol{A}$ ihre Inverse $\boldsymbol{A}^{-1}$ und wendet man dieselben „Transformationen", die $\boldsymbol{A}$ in $\boldsymbol{E}$ überführen, auf die Matrix $\boldsymbol{E}$ an, so erhält man $\boldsymbol{A}^{-1}$.

Alles klar?

Lösen Sie die linearen Gleichungssysteme $\boldsymbol{A} \cdot \boldsymbol{x} = \boldsymbol{b}$, indem Sie die Inverse $\boldsymbol{A}^{-1}$ berechnen.

$$\boldsymbol{A} = \begin{pmatrix} 1 & 0 & 2 & 1 \\ 2 & 1 & 0 & 1 \\ 1 & -2 & -1 & 0 \\ 2 & 0 & 0 & 1 \end{pmatrix} \quad \text{a) } \boldsymbol{b} = \begin{pmatrix} 3 \\ 0 \\ 4 \\ -2 \end{pmatrix} \quad \text{b) } \boldsymbol{b} = \begin{pmatrix} 3 \\ 1 \\ 4 \\ -2 \end{pmatrix}$$

Übungen zu 7.2.2

Allgemeine Übungen

1 Berechnen Sie jeweils die inverse Matrix.

a) $\begin{pmatrix} 1 & -1 \\ 2 & 2 \end{pmatrix}$ b) $\begin{pmatrix} 2 & 4 \\ 1 & 4 \end{pmatrix}$ c) $\begin{pmatrix} 1 & 3 \\ -1 & 4 \end{pmatrix}$ d) $\begin{pmatrix} 0{,}1 & -0{,}5 & 0{,}15 \\ -0{,}2 & -0{,}1 & 0{,}1 \\ -0{,}2 & -0{,}5 & 0{,}2 \end{pmatrix}$

e) $\begin{pmatrix} 1 & 0 & 1 \\ 0 & 2 & 2 \\ 8 & 4 & 8 \end{pmatrix}$ f) $\begin{pmatrix} 4 & -3 & 0 \\ 0 & 4 & -4 \\ 4 & 4 & -2 \end{pmatrix}$ g) $\begin{pmatrix} 5 & -2 & 0 & 3 \\ 5 & 2 & 0 & -1 \\ 0 & 1 & 1 & 0 \\ 0 & -1 & -1 & 2 \end{pmatrix}$

2 Lösen Sie das LGS mithilfe von Matrizen.

a) $\begin{aligned} x_1 + x_3 &= 1 \\ x_2 + x_3 &= 3 \\ 2x_2 + x_3 + x_4 &= 13 \\ 3x_2 - x_3 &= 13 \end{aligned}$ b) $\begin{aligned} x_1 + x_3 &= -2 \\ x_2 + x_3 &= 2 \\ 2x_2 + x_3 + x_4 &= 9 \\ 3x_2 - x_3 &= 6 \end{aligned}$ c) $\begin{aligned} x_1 + x_3 &= 22 \\ x_2 + x_3 &= 8 \\ 2x_2 + x_3 + x_4 &= 12 \\ 3x_2 - x_3 &= -24 \end{aligned}$

3 Lösen Sie die Matrizengleichungen für die jeweils angegebene Matrix $\boldsymbol{A}$.

a) $\boldsymbol{A} = \begin{pmatrix} 2 & 1 & 2 \\ 2 & 1 & -1 \\ -4 & 3 & -4 \end{pmatrix}$ a_1) $\boldsymbol{A} \cdot \boldsymbol{x} = \begin{pmatrix} 10 \\ 10 \\ 10 \end{pmatrix}$ a_2) $\boldsymbol{A} \cdot \boldsymbol{x} = \begin{pmatrix} 20 \\ 0 \\ 15 \end{pmatrix}$ a_3) $\boldsymbol{A} \cdot \boldsymbol{x} = \begin{pmatrix} -5 \\ 8 \\ 6 \end{pmatrix}$

b) $\boldsymbol{A} = \begin{pmatrix} 1 & 2 & 0 & 0 \\ -1 & 0 & 1 & 1 \\ 0 & 1 & 1 & 1 \\ 1 & -1 & -1 & 0 \end{pmatrix}$ b_1) $\boldsymbol{A} \cdot \boldsymbol{x} = \begin{pmatrix} 4 \\ -3 \\ 2 \\ 5 \end{pmatrix}$ b_2) $\boldsymbol{A} \cdot \boldsymbol{x} = \begin{pmatrix} 0 \\ 3 \\ 4 \\ -2 \end{pmatrix}$ b_3) $\boldsymbol{A} \cdot \boldsymbol{x} = \begin{pmatrix} 210 \\ 300 \\ -80 \\ -4 \end{pmatrix}$

c) $\boldsymbol{A} = \begin{pmatrix} 9 & -8 & -7{,}5 \\ -6{,}5 & 6 & 5{,}5 \\ 1 & -1 & -1 \end{pmatrix}$ c_1) $\boldsymbol{A} \cdot \boldsymbol{x} = \begin{pmatrix} 76 \\ 19 \\ 38 \end{pmatrix}$ c_2) $\boldsymbol{A} \cdot \boldsymbol{x} = \begin{pmatrix} 1 \\ -4 \\ 1 \end{pmatrix}$ c_3) $\boldsymbol{A} \cdot \boldsymbol{x} = \begin{pmatrix} 1 \\ 6 \\ 4 \end{pmatrix}$

Übungen aus der Ökonomie

4 In der Versandabteilung eines Unternehmens werden 4 verschiedene Produkte P_1, P_2, P_3 und P_4 in unterschiedlichen Kombinationen zu den 4 Gebinden G_1, G_2, G_3 und G_4 zusammengestellt. Die Anzahl der Produkte pro Gebinde sind in der folgenden Tabelle angegeben.

	G_1	G_2	G_3	G_4
P_1	2	2	2	4
P_2	0	1	4	8
P_3	2	4	2	0
P_4	4	4	2	2

In den 3 Wochen vor Weihnachten sind nachfolgende Stückzahlen verpackt worden.

	P_1	P_2	P_3	P_4
1. Woche	368	475	258	428
2. Woche	630	812	418	730
3. Woche	810	1.070	570	940

Wie viele Gebinde G_1, G_2, G_3 und G_4 sind in jeder Woche zusammengestellt worden?

5 In einem zweistufigen Produktionsprozess werden aus 3 Rohstoffen R_1, R_2 und R_3 zuerst 5 Zwischenprodukte Z_1, Z_2, Z_3, Z_4 und Z_5 gefertigt, die dann zu 3 Endprodukten E_1, E_2 und E_3 weiterverarbeitet werden. Die nachstehenden Stücklisten geben an, wie viele ME der Rohstoffe in je 1 ME der Zwischenprodukte und wie viele ME der Zwischenprodukte in je 1 ME der Endprodukte eingehen.

	Z_1	Z_2	Z_3	Z_4	Z_5
R_1	1	2	1	1	1
R_2	2	1	2	0	0
R_3	2	0	0	2	4

	E_1	E_2	E_3
Z_1	1	1	2
Z_2	2	3	2
Z_3	3	2	2
Z_4	1	4	0
Z_5	1	0	2

a) Ermitteln Sie die Matrix, die angibt, wie viele ME der Rohstoffe in je 1 ME der Endprodukte eingehen.

b) Berechnen Sie die Gesamtmengen der 3 Rohstoffe, die für eine Produktion von 100 ME von E_1, 150 ME von E_2 und 120 ME von E_3 benötigt werden.

c) Im ersten Vierteljahr sind nachstehende Rohstoffmengen zur Produktion verwendet worden.
Berechnen Sie, wie viele ME der Produkte E_1, E_2 und E_3 in den einzelnen Monaten hergestellt wurden.

	R_1	R_2	R_3
Januar	6.130	5.290	5.620
Februar	7.230	6.390	6.680
März	7.280	6.480	6.744

6 Die Gesamtkosten K und der Gewinn G eines Betriebs können durch 2 ganzrationale Funktionen 3. Grades wiedergegeben werden.

$K(x) = ax^3 + bx^2 + cx + d$ und
$G(x) = ex^3 + fx^2 + gx + h;\ x \in [0;\ 8].$

Bei der Produktion von 1 ME entstehen Kosten von 58 GE und ein Verlust von 30 GE. Werden 3 ME hergestellt, dann betragen die Kosten 72 GE, die Grenzkosten 3 GE, der Grenzgewinn 15 GE, und der Betrieb erreicht die Gewinnschwelle. Wenn 6 ME produziert werden, ist die Gewinngrenze erreicht und die Kosten haben dort eine Höhe von 108 GE.

a) Stellen Sie zur Ermittlung der Werte für *a, b, c* und *d* ein LGS und zur Ermittlung der Werte für *e, f, g* und *h* ein weiteres LGS auf.

b) Ermitteln Sie beide Funktionsterme.

c) Wie müssen die Terme der Erlösfunktion und der Preisabsatzfunktion lauten?

7 Berechnen Sie mithilfe von TI-Nspire die Inverse zur Matrix aus Übungsaufgabe 1 e).
Nach dem Aufruf von CALCULATOR, der Eingabe „a:=“ und „Matrix erstellen“ aus den MATHEMATISCHEN VORLAGEN WIRD DIE MATRIX $\boldsymbol{A}$ definiert. Durch Eingabe von a^{-1} wird die Inverse Matrix $\boldsymbol{A}^{-1}$ errechnet.

7.2.3 Kriterien für die Lösbarkeit linearer Gleichungssysteme

In den bisher verwendeten Beispielen für LGS handelte es sich stets um $n \times n$-Systeme mit quadratischen Koeffizientenmatrizen, die eine Inverse besaßen; die Lösung war stets eindeutig.

Es gibt aber auch LGS, die nicht eindeutig lösbar sind und/oder keine quadratische Koeffizientenmatrix besitzen.

Beispiel 7.31 (LGS mit unendlich vielen Lösungen)

In dem LGS
$$\begin{aligned} 2x_1 + 2x_2 + 2x_3 &= 6 \\ 2x_1 + x_2 - x_3 &= 2 \\ 4x_1 + 3x_2 + x_3 &= 8 \end{aligned}$$
ist die 3. Gleichung die Summe aus den beiden ersten Gleichungen. Formt man die erweiterte Matrix nach dem Gaußschen Eliminationsverfahren so lange um, bis alle Elemente unterhalb der Hauptdiagonalen 0 sind, dann erhält man eine Matrix, deren Gestalt man als **Staffelgestalt** bezeichnet.

$$A = \begin{pmatrix} 2 & 2 & 2 \\ 2 & 1 & -1 \\ 4 & 3 & 1 \end{pmatrix}; \; b = \begin{pmatrix} 6 \\ 2 \\ 8 \end{pmatrix}$$

$$\left(\begin{array}{ccc|c} 2 & 2 & 2 & 6 \\ 2 & 1 & -1 & 2 \\ 4 & 3 & 1 & 8 \end{array}\right) \quad |\cdot(-1) \text{ zur 2. Zeile } +;\; |\cdot(-2) \text{ zur 3. Zeile } +;\; |:2$$

$$\left(\begin{array}{ccc|c} 1 & 1 & 1 & 3 \\ 0 & -1 & -3 & -4 \\ 0 & -1 & -3 & -4 \end{array}\right) \quad \text{2. Zeile zur 1. Zeile } +;\; |\cdot(-1) \text{ zur 3. Zeile } +$$

In dieser Matrix in Staffelgestalt ist die 3. Zeile nur mit Elementen besetzt, die 0 sind. Fasst man die Elemente einer Matrix als Zeilenvektor auf, dann ist die 3. Zeile dieser Matrix der Nullvektor.

Matrix in Staffelgestalt

$$\left(\begin{array}{ccc|c} 1 & 0 & -2 & -1 \\ 0 & 1 & 3 & 4 \\ 0 & 0 & 0 & 0 \end{array}\right)$$
▶ Nullvektor (3. Zeile); Hauptdiagonale

Da **alle** Elemente in der 3. Zeile dieser Matrix 0 sind, lässt sich das Gauß-Verfahren nicht weiter fortsetzen, um damit die Einheitsmatrix zu erhalten.

Ein zu dem gegebenen LGS gleichwertiges System, d. h., ein System mit den gleichen Lösungen wie das gegebene System, ist also das nebenstehende LGS.

$$\begin{aligned} x_1 \qquad - 2x_3 &= -1 \\ x_2 + 3x_3 &= 4 \\ 0\cdot x_1 + 0\cdot x_2 + 0\cdot x_3 &= 0 \end{aligned}$$
▶ zum Ausgangssystem gleichwertiges LGS

Dieses System ist nicht eindeutig lösbar. Z. B. sind die Werte für x_1 und x_2 davon abhängig, welche Werte für x_3 gesetzt werden:

$$\begin{aligned} x_1 &= -1 + 2x_3 \\ x_2 &= 4 - 3x_3 \end{aligned} \; ; x_3 \in \mathbb{R}.$$

- ▶ $x_3 = 0 \Rightarrow x_1 = -1$ und $x_2 = 4$
- ▶ $x_3 = 5 \Rightarrow x_1 = 9$ und $x_2 = -11$
- ▶ $x_3 = -2{,}5 \Rightarrow x_1 = -6$ und $x_2 = 11{,}5$

Das Gleichungssystem besitzt daher unendlich viele Lösungen.

$$L = \left\{ \begin{pmatrix} -1 + 2x \\ 4 - 3x \\ x \end{pmatrix}; \; x \in \mathbb{R} \right\}.$$

Beispiel 7.32 (ein weiteres LGS)

Das LGS
$$\begin{aligned}2x_1+2x_2+2x_3&=6\\2x_1+x_2-x_3&=2\end{aligned}$$

besteht aus 2 Gleichungen und 3 Variablen, ist also ein 2×3-System mit einer 2×3-Koeffizientenmatrix $\boldsymbol{A}$.

Die Matrix $\boldsymbol{A}$ lässt sich in Analogie zur quadratischen Matrix so weit mithilfe des Gaußschen Eliminationsverfahrens umformen, bis das gleichwertige System

$$\begin{aligned}x_1\qquad-2x_3&=-1\\x_2+3x_3&=4\end{aligned}$$

entsteht, dessen erweiterte Matrix Staffelgestalt besitzt.

Das LGS besitzt also dieselben unendlich vielen Lösungen wie das LGS aus Beispiel 7.31.

$$\boldsymbol{A}=\begin{pmatrix}2&2&2\\2&1&-1\end{pmatrix};\ \boldsymbol{b}=\begin{pmatrix}6\\2\end{pmatrix}$$

$$\left(\begin{array}{ccc|c}2&2&2&6\\2&1&-1&2\end{array}\right)\quad |\cdot(-1)\ \text{(zur 2. Zeile addieren)};\ |:2$$

$$\left(\begin{array}{ccc|c}1&1&1&3\\0&-1&-3&-4\end{array}\right)\quad \text{2. Zeile zur 1. addieren};\ |\cdot(-1)$$

$$\left(\begin{array}{ccc|c}1&0&-2&-1\\0&1&3&4\end{array}\right)$$

▶ Matrix in Staffelgestalt

Lösungen:

$$\begin{aligned}x_1&=-1+2x_3\\x_2&=4-3x_3\end{aligned}\ ;\ x_3\in\mathbb{R}.$$

Beispiel 7.33 (LGS ohne Lösung)

Das LGS
$$\begin{aligned}2x_1+2x_2+2x_3&=6\\2x_1+x_2-x_3&=2\\4x_1+3x_2+x_3&=10\end{aligned}$$

kann keine Lösungen besitzen, weil die linke Seite der 3. Gleichung die Summe der linken Seite der ersten beiden Gleichungen ist; die rechte Seite der 3. Gleichung ist aber um 2 größer als die Summe der rechten Seiten der beiden ersten Gleichungen. Hier liegt innerhalb des LGS insofern ein Widerspruch vor, der sich auch in der nach dem Gaußschen Eliminationsverfahren umgeformten erweiterten Matrix widerspiegelt.

$$\begin{aligned}x_1&=-1+2x_3\\x_2&=4-3x_3\\0&=2\end{aligned}$$

▶ falsche Aussage

Das LGS besitzt daher keine Lösung.

$$\boldsymbol{A}=\begin{pmatrix}2&2&2\\2&1&-1\\4&3&1\end{pmatrix};\ \boldsymbol{b}=\begin{pmatrix}6\\2\\10\end{pmatrix}$$

$$\left(\begin{array}{ccc|c}2&2&2&6\\2&1&-1&2\\4&3&1&10\end{array}\right)\quad |\cdot(-1)\ \text{(zur 2. Zeile addieren)};\ |\cdot(-2)\ \text{(zur 3. Zeile addieren)};\ |:2$$

$$\left(\begin{array}{ccc|c}1&1&1&3\\0&-1&-3&-4\\0&-1&-3&-2\end{array}\right)\quad \text{2. Zeile zur 1. addieren};\ |\cdot(-1)\ \text{(zur 3. Zeile addieren)};\ |\cdot(-1)$$

$$\left(\begin{array}{ccc|c}1&0&-2&-1\\0&1&3&4\\0&0&0&2\end{array}\right)$$

▶ $L=\{\,\}$

Die vorangegangenen drei Beispiele zeigen, dass die Anzahl der Lösungen eines LGS von einer Eigenschaft abhängt, die sowohl die Koeffizientenmatrix $\boldsymbol{A}$ selbst als auch die erweiterte Koeffizientenmatrix $(\boldsymbol{A}\,|\,\boldsymbol{b})$ betrifft und als **Rang der Matrix *A*** bezeichnet wird.
Man schreibt dafür $\mathrm{Rg}\,\boldsymbol{A}$.

7

Unter dem **Rang einer Matrix A** wird allgemein die Anzahl der vom Nullvektor verschiedenen Zeilenvektoren der Matrix in Staffelgestalt verstanden, die aus $\boldsymbol{A}$ durch Umwandlung nach dem Gaußschen Eliminationsverfahren entstanden ist. Entsprechendes gilt für die erweiterte Koeffizientenmatrix $(\boldsymbol{A}|\boldsymbol{b})$.

Aus dieser Erklärung folgt: Der Rang einer Matrix $\boldsymbol{A}$ ist nie größer als der Rang der erweiterten Matrix $(\boldsymbol{A}|\boldsymbol{b})$, d. h., es gilt stets $\mathrm{Rg}\boldsymbol{A} \leq \mathrm{Rg}(\boldsymbol{A}|\boldsymbol{b})$.

Demnach gilt für das LGS aus Beispiel 7.31: $\mathrm{Rg}\boldsymbol{A} = 2$ und $\mathrm{Rg}(\boldsymbol{A}|\boldsymbol{b}) = 2$;
für das LGS aus Beispiel 7.32: $\mathrm{Rg}\boldsymbol{A} = 2$ und $\mathrm{Rg}(\boldsymbol{A}|\boldsymbol{b}) = 2$ und
für das LGS aus Beispiel 7.33: $\mathrm{Rg}\boldsymbol{A} = 2$ und $\mathrm{Rg}(\boldsymbol{A}|\boldsymbol{b}) = 3$.

Zur Aufklärung des Zusammenhangs zwischen der Lösbarkeit eines LGS bzw. einer Matrizengleichung $\boldsymbol{A} \cdot \boldsymbol{x} = \boldsymbol{b}$ und den Rängen von $\boldsymbol{A}$ und $(\boldsymbol{A}|\boldsymbol{b})$ dient das folgende Beispiel.

Beispiel 7.34 (Rangbestimmung von Koeffizientenmatrizen)

Ermitteln Sie den Rang der jeweiligen Koeffizientenmatrix der einzelnen LGS und die Anzahl ihrer Lösungen. Die Anzahl der Variablen ist 3 in allen LGS ($n = 3$).

a)
$$\begin{aligned} x_1 + 3x_2 + x_3 &= 1 \\ 2x_1 + 8x_2 + 4x_3 &= 6 \\ 2x_2 + 4x_3 &= -2 \end{aligned}$$

b)
$$\begin{aligned} x_1 + 3x_2 + x_3 &= 1 \\ 2x_1 + 8x_2 + 4x_3 &= 6 \\ 2x_2 + 2x_3 &= 4 \end{aligned}$$

c)
$$\begin{aligned} x_1 + 3x_2 + x_3 &= 1 \\ 2x_1 + 8x_2 + 4x_3 &= 6 \\ 2x_2 + 2x_3 &= 5 \end{aligned}$$

d)
$$\begin{aligned} x_1 + 3x_2 + x_3 &= 0 \\ 2x_1 + 8x_2 + 4x_3 &= 0 \\ 2x_2 + 4x_3 &= 0 \end{aligned}$$

Zu a) Die Umformung der erweiterten Koeffizientenmatrix zeigt, dass die Koeffizientenmatrix und die erweiterte Koeffizientenmatrix denselben Rang besitzen. Dieser Rang stimmt mit der Anzahl der Variablen überein.

$$\begin{array}{ccc|c|l} 1 & 3 & 1 & 1 & |\cdot(-2) \\ 2 & 8 & 4 & 6 & \leftarrow + \\ 0 & 2 & 4 & -2 & \end{array}$$

$$\begin{array}{ccc|c|l} 1 & 3 & 1 & 1 & \leftarrow + \\ 0 & 2 & 2 & 4 & |\cdot(-1) \quad |:2 \quad |\cdot(-3) \\ 0 & 2 & 4 & -2 & \leftarrow + \end{array}$$

$$\begin{array}{ccc|c|l} 1 & 0 & -2 & -5 & \leftarrow + \\ 0 & 1 & 1 & 2 & \leftarrow + \\ 0 & 0 & 2 & -6 & |:(-2) \quad |:2 \end{array}$$

$$\begin{array}{ccc|c} 1 & 0 & 0 & -11 \\ 0 & 1 & 0 & 5 \\ 0 & 0 & 1 & -3 \end{array}$$

▶ $\mathrm{Rg}\,\boldsymbol{A} = 3$, $\mathrm{Rg}(\boldsymbol{A}|\boldsymbol{b}) = 3$, $n = 3$
▶ $\mathrm{Rg}\,\boldsymbol{A} = \mathrm{Rg}(\boldsymbol{A}|\boldsymbol{b}) = n$

Die Lösung ist **eindeutig**.

$$L = \left\{ \begin{pmatrix} -11 \\ 5 \\ -3 \end{pmatrix} \right\}$$

▶ $x_1 = -11$
▶ $x_2 = 5$
▶ $x_3 = -3$

Zu b) Nach Umformung des LGS mithilfe des Gaußschen Eliminationsverfahrens ist die letzte Zeile der erweiterten Koeffizientenmatrix vollständig mit 0 besetzt. Der Zeilenvektor ist der Nullvektor.

$$\begin{array}{ccc|c|l} 1 & 3 & 1 & 1 & |\cdot(-2) \\ 2 & 8 & 4 & 6 & \leftarrow + \\ 0 & 2 & 2 & 4 & \end{array}$$

$$\begin{array}{ccc|c|l} 1 & 3 & 1 & 1 & \leftarrow + \\ 0 & 2 & 2 & 4 & |\cdot(-1) \quad |:2 \quad |\cdot(-3) \\ 0 & 2 & 2 & 4 & \leftarrow + \end{array}$$

$$\begin{array}{ccc|c|l} 1 & 0 & -2 & -5 & \blacktriangleright\ x_1 = -5 + 2x_3 \\ 0 & 1 & 1 & 2 & \blacktriangleright\ x_2 = 2 - x_3 \\ 0 & 0 & 0 & 0 & \blacktriangleright\ \text{Nullvektor} \end{array}$$

Der Rang der Koeffizientenmatrix ist zwar auch so groß wie der Rang der erweiterten Matrix, aber kleiner als die Anzahl der Variablen. Es gibt **unendlich viele Lösungen**, da für x_3 jeder reelle Wert gesetzt werden kann.

▶ $\text{Rg}\boldsymbol{A} = 2$, $\text{Rg}(\boldsymbol{A}|\boldsymbol{b}) = 2$, $n = 3$
▶ $\text{Rg}\boldsymbol{A} = \text{Rg}(\boldsymbol{A}|\boldsymbol{b})$; $\text{Rg}\boldsymbol{A} < n$

$$L = \left\{ \begin{pmatrix} -5+2t \\ 2-t \\ t \end{pmatrix};\ t \in \mathbb{R} \right\}$$

▶ $x_1 = -5+2t$
▶ $x_2 = 2-t$
▶ $x_3 = t$

Zu c) Die Koeffizientenmatrix $\boldsymbol{A}$ wird nach dem Gauß-Verfahren in die Staffelgestalt transformiert. Nach den Umformungen beinhaltet die letzte Zeile die falsche Aussage: $0 = 1$.

$$\begin{array}{ccc|c} 1 & 3 & 1 & 1 \\ 2 & 8 & 4 & 6 \\ 0 & 2 & 2 & 5 \end{array}$$

$$\begin{array}{ccc|c} 1 & 3 & 1 & 1 \\ 0 & 2 & 2 & 4 \\ 0 & 2 & 2 & 5 \end{array}$$

$$\begin{array}{ccc|c} 1 & 0 & -2 & -5 \\ 0 & 1 & 1 & 2 \\ 0 & 0 & 0 & 1 \end{array}$$

▶ $0 = 1$; falsche Aussage.

Das LGS enthält also einen Widerspruch, der darauf beruht, dass der Rang der Koeffizientenmatrix kleiner ist als der Rang der erweiterten Matrix.

▶ $\text{Rg}\,\boldsymbol{A} = 2$, $\text{Rg}(\boldsymbol{A}|\boldsymbol{b}) = 3$, $n = 3$
▶ $\text{Rg}\,\boldsymbol{A} < \text{Rg}(\boldsymbol{A}|\boldsymbol{b})$

Das LGS ist **nicht lösbar**, die Lösungsmenge daher leer. $L = \{\}$

Zu d) Dieses **homogene** LGS besitzt eine **eindeutige Lösung**, weil der Rang der Koeffizientenmatrix und der Rang der erweiterten Koeffizientenmatrix gleich groß sind und mit der Anzahl der Variablen übereinstimmt. Die Lösung besteht aus einem Spaltenvektor, in dem jedes Element den Wert 0 hat; die Lösung ist also der Nullvektor.

$$L = \left\{ \begin{pmatrix} 0 \\ 0 \\ 0 \end{pmatrix} \right\}$$

▶ $x_1 = 0$
▶ $x_2 = 0$
▶ $x_3 = 0$

$$\begin{array}{ccc|c} 1 & 3 & 1 & 0 \\ 2 & 8 & 4 & 0 \\ 0 & 2 & 4 & 0 \end{array}$$

$$\begin{array}{ccc|c} 1 & 3 & 1 & 0 \\ 0 & 2 & 2 & 0 \\ 0 & 2 & 4 & 0 \end{array}$$

$$\begin{array}{ccc|c} 1 & 0 & -2 & 0 \\ 0 & 1 & 1 & 0 \\ 0 & 0 & 2 & 0 \end{array}$$

$$\begin{array}{ccc|c} 1 & 0 & 0 & 0 \\ 0 & 1 & 0 & 0 \\ 0 & 0 & 1 & 0 \end{array}$$

Der Rang der Koeffizientenmatrix $\boldsymbol{A}$ ist gleich dem Rang der erweiterten Matrix $(\boldsymbol{A}|\boldsymbol{b})$.

▶ $\text{Rg}\,\boldsymbol{A} = 3$, $\text{Rg}(\boldsymbol{A}|\boldsymbol{b}) = 3$, $n = 3$
▶ $\text{Rg}\,\boldsymbol{A} = \text{Rg}(\boldsymbol{A}|\boldsymbol{b}) = n$

Da der Nullvektor immer Lösung eines homogenen LGS ist, ist die Lösung eines homogenen LGS dann eindeutig, wenn der Nullvektor die einzige Lösung ist.

7

Die vorstehenden Beispiele zeigen:

Ein LGS bzw. eine Matrizengleichung $\boldsymbol{A} \cdot \boldsymbol{x} = \boldsymbol{b}$ ist nur dann **lösbar**, wenn $\text{Rg}\boldsymbol{A} = \text{Rg}(\boldsymbol{A}|\boldsymbol{b})$ gilt. Die Lösung ist **eindeutig**, falls außerdem $\text{Rg}\boldsymbol{A} = n$ gilt, wenn also der Rang der Koeffizientenmatrix $\boldsymbol{A}$ mit der Anzahl der Variablen im LGS übereinstimmt.

Im Abschnitt 7.2.2 wurde gezeigt, dass die Ermittlung der **eindeutigen Lösung** der Matrizengleichung $\boldsymbol{A} \cdot \boldsymbol{x} = \boldsymbol{b}$ mithilfe der Inversen $\boldsymbol{A}^{-1}$ möglich ist, falls diese Inverse existiert.

Man kann daher vermuten, dass es eine Beziehung zwischen dem Rang einer quadratischen Matrix $\boldsymbol{A}$ und der Existenz ihrer Inversen $\boldsymbol{A}^{-1}$ gibt.

Zur Aufklärung des Sachverhaltes dienen die nachfolgenden beiden Beispiele.

Beispiel 7.35 (Rang und Invertierbarkeit, Rg A = n)

Die Lösungsmenge der Gleichung $\boldsymbol{A} \cdot \boldsymbol{x} = \boldsymbol{b}$ mit $\boldsymbol{A} = \begin{pmatrix} 2 & 2 & 2 \\ -2 & -1 & 2 \\ 2 & -1 & -1 \end{pmatrix}$ und $\boldsymbol{b} = \begin{pmatrix} 8 \\ 9 \\ 2 \end{pmatrix}$ wird auf zwei Arten ermittelt, indem das Gaußsche Eliminationsverfahren einerseits auf $\boldsymbol{A}$ und $\boldsymbol{E}$ und andererseits auf $\boldsymbol{A}$ und $\boldsymbol{b}$ angewandt wird.

Die Matrix $\boldsymbol{A}$ ist eine 3×3-Matrix. ► $n = 3$

$\boldsymbol{A} \to \boldsymbol{E}$, $\boldsymbol{E} \to \boldsymbol{A}^{-1}$:

$$\left(\begin{array}{rrr|rrr} 2 & 2 & 2 & 1 & 0 & 0 \\ -2 & -1 & 2 & 0 & 1 & 0 \\ 2 & -1 & -1 & 0 & 0 & 1 \\ \hline 1 & 1 & 1 & \frac{1}{2} & 0 & 0 \\ 0 & 1 & 4 & 1 & 1 & 0 \\ 0 & -3 & -3 & -1 & 0 & 1 \\ \hline 1 & 0 & -3 & -\frac{1}{2} & -1 & 0 \\ 0 & 1 & 4 & 1 & 1 & 0 \\ 0 & 0 & 9 & 2 & 3 & 1 \\ \hline 1 & 0 & 0 & \frac{1}{6} & 0 & \frac{1}{3} \\ 0 & 1 & 0 & \frac{1}{9} & -\frac{1}{3} & -\frac{4}{9} \\ 0 & 0 & 1 & \frac{2}{9} & \frac{1}{3} & \frac{1}{9} \end{array}\right)$$

$$\Rightarrow \boldsymbol{A}^{-1} = \begin{pmatrix} \frac{1}{6} & 0 & \frac{1}{3} \\ \frac{1}{9} & -\frac{1}{3} & -\frac{4}{9} \\ \frac{2}{9} & \frac{1}{3} & \frac{1}{9} \end{pmatrix}$$

$$\Rightarrow \boldsymbol{A}^{-1} \cdot \boldsymbol{b} = \begin{pmatrix} 2 \\ -3 \\ 5 \end{pmatrix}$$ ► $\boldsymbol{b}^{(\mathrm{L})} = \boldsymbol{A}^{-1} \cdot \boldsymbol{b}$

$n = 3$, $\mathrm{Rg}\,\boldsymbol{A} = n$; Inverse $\boldsymbol{A}^{-1}$ existiert

$\boldsymbol{A} \to \boldsymbol{E}$, $\boldsymbol{b} \to \boldsymbol{b}^{(\mathrm{L})}$:

$$\left(\begin{array}{rrr|r} 2 & 2 & 2 & 8 \\ -2 & -1 & 2 & 9 \\ 2 & -1 & -1 & 2 \end{array}\right) \quad |\cdot(-1)\ |:2 \text{ (+ zu Zeile 2, Zeile 3)}$$

$$\left(\begin{array}{rrr|r} 1 & 1 & 1 & 4 \\ 0 & 1 & 4 & 17 \\ 0 & -3 & -3 & -6 \end{array}\right) \quad |\cdot(-1) \text{ (+ zu Zeile 1)},\ |\cdot 3 \text{ (+ zu Zeile 3)}$$

$$\left(\begin{array}{rrr|r} 1 & 0 & -3 & -13 \\ 0 & 1 & 4 & 17 \\ 0 & 0 & 9 & 45 \end{array}\right) \quad |\cdot\left(-\tfrac{4}{9}\right) \text{ (+ zu Zeile 2)},\ |:3 \text{ (+ zu Zeile 1)},\ |:9$$

$$\left(\begin{array}{rrr|r} 1 & 0 & 0 & 2 \\ 0 & 1 & 0 & -3 \\ 0 & 0 & 1 & 5 \end{array}\right)$$

$$\Rightarrow \boldsymbol{b}^{(\mathrm{L})} = \begin{pmatrix} 2 \\ -3 \\ 5 \end{pmatrix}$$

$$L = \left\{ \begin{pmatrix} x_1 \\ x_2 \\ x_3 \end{pmatrix} \right\} = \left\{ \begin{pmatrix} 2 \\ -3 \\ 5 \end{pmatrix} \right\}$$

$\mathrm{Rg}\,\boldsymbol{A} = \mathrm{Rg}(\boldsymbol{A}|\boldsymbol{b}) = n$; eindeutige Lösung

Beispiel 7.36 (Rang und Invertierbarkeit, Rg A < n)

Die Lösungsmenge der Gleichung $\boldsymbol{A} \cdot \boldsymbol{x} = \boldsymbol{b}$ mit

$\boldsymbol{A} = \begin{pmatrix} 2 & 2 & 2 \\ -2 & -1 & 2 \\ 2 & 3 & 6 \end{pmatrix}$ und $\boldsymbol{b} = \begin{pmatrix} 8 \\ 9 \\ 25 \end{pmatrix}$ soll ermittelt werden. ► $n = 3$

Wie im Beispiel 7.35 wird das Gaußsche Eliminationsverfahren einerseits auf $\boldsymbol{A}$ und $\boldsymbol{E}$ und andererseits auf $\boldsymbol{A}$ und $\boldsymbol{b}$ angewandt. ► $n = 3$

$$\begin{array}{l|rrr|rrr|l}
A & 2 & 2 & 2 & 1 & 0 & 0 & E \\
 & -2 & -1 & 2 & 0 & 1 & 0 & \\
 & 2 & 3 & 6 & 0 & 0 & 1 & \\
\hline
 & 1 & 1 & 1 & \frac{1}{2} & 0 & 0 & \\
 & 0 & 1 & 4 & 1 & 1 & 0 & \\
 & 0 & 1 & 4 & -1 & 0 & 1 & \\
\hline
 & 1 & 0 & -3 & -\frac{1}{2} & -1 & 0 & \\
\neq E & 0 & 1 & 4 & 1 & 1 & 0 & \neq A^{-1} \\
 & 0 & 0 & 0 & -2 & -1 & 1 &
\end{array}$$

$n=3$, $\operatorname{Rg} A = 2$, $\operatorname{Rg} A \neq n$;
A lässt sich nicht zur Einheitsmatrix umformen. Es existiert keine Inverse von A.

$$\begin{array}{l|rrr|r|l}
A & 2 & 2 & 2 & 8 & \vert\cdot(-1);\ \vert:2 \quad b \\
 & -2 & -1 & 2 & 9 & + \\
 & 2 & 3 & 6 & 25 & + \\
\hline
 & 1 & 1 & 1 & 4 & + \\
 & 0 & 1 & 4 & 17 & \vert\cdot(-1);\ \vert\cdot(-1) \\
 & 0 & 1 & 4 & 17 & + \\
\hline
 & 1 & 0 & -3 & -13 & \\
\neq E & 0 & 1 & 0 & 17 & \neq b^{(L)} \\
 & 0 & 0 & 0 & 0 &
\end{array}$$

$n=3$, $\operatorname{Rg} A = \operatorname{Rg}(A\,|\,b) = 2$; mehrdeutige Lösung

$$L = \left\{ \begin{pmatrix} -13+3t \\ 17 \\ t \end{pmatrix};\ t \in \mathbb{R} \right\}$$

Die vorstehenden beiden Beispiele zeigen: Zu einer quadratischen $n \times n$-Matrix A existiert nur dann eine Inverse A^{-1}, wenn A den Rang n hat.

Beispiel 7.37 (Rangbestimmung)

Überprüfen Sie, ob die Matrix A mit $A = \begin{pmatrix} 1 & -2 & 2 \\ 2 & -5 & 2 \\ -1 & 4 & 2 \end{pmatrix}$ eine Inverse besitzt.

Die Matrix A wird mithilfe des Gauß-Verfahrens in eine Matrix mit Staffelgestalt umgeformt. Da sich bei dieser Umformung in der dritten Zeile der Nullvektor ergibt, kann die Matrix A nicht zur Einheitsmatrix E transformiert werden und damit A keine Inverse besitzen.

▶ $n=3$, $\operatorname{Rg} A = 2$, $\operatorname{Rg} A \neq n$;
es existiert keine Inverse von A.

$$\begin{array}{rrr|rrr|l}
1 & -2 & 2 & 1 & 0 & 0 & \vert\cdot(-2);\ \vert\cdot 1 \\
2 & -5 & 2 & 0 & 1 & 0 & + \\
-1 & 4 & 2 & 0 & 0 & 1 & + \\
\hline
1 & -2 & 2 & 1 & 0 & 0 & + \\
0 & -1 & -2 & -2 & 1 & 0 & \vert\cdot 2;\ \vert\cdot(-2);\ \vert:(-1) \\
0 & 2 & 4 & 1 & 0 & 1 & + \\
\hline
1 & 0 & 6 & 5 & -2 & 0 & \\
0 & 1 & 2 & 2 & -1 & 0 & \\
0 & 0 & 0 & -3 & 2 & 1 & \blacktriangleright \operatorname{Rg} A = 2
\end{array}$$

Beispiel 7.38 (Interpretation einer nicht eindeutigen Lösung des LGS)

In einem Betrieb werden 3 Materialien M_1, M_2 und M_3 zu den 3 Bauteilen B_1, B_2 und B_3 nach nebenstehender Stückliste verarbeitet.
Im Lager befinden sich noch 580 ME von M_1, 300 ME von M_2 und 440 ME von M_3.

	B_1	B_2	B_3
M_1	2	4	3
M_2	2	2	1
M_3	2	3	2

a) Ermitteln Sie, wie viele Bauteile hergestellt werden können, wenn die Lagervorräte vollständig aufgebraucht werden sollen.

b) Bestimmen Sie, wie viele Bauteile von B_1 und B_2 hergestellt werden konnten, wenn 80 ME von B_3 produziert wurden?

7

Zu a) Es ist das LGS

$2x_1 + 4x_2 + 3x_3 = 580$

$2x_1 + 2x_2 + x_3 = 300$

$2x_1 + 3x_2 + 2x_3 = 440$

mit 3 Variablen zu lösen.

$$\begin{array}{ccc|c} 2 & 4 & 3 & 580 \\ 2 & 2 & 1 & 300 \\ 2 & 3 & 2 & 440 \end{array}$$

$$\begin{array}{ccc|c} 1 & 2 & 1{,}5 & 290 \\ 0 & -2 & -2 & -280 \\ 0 & -1 & -1 & -140 \end{array}$$

Nach der Anwendung des Gaußschen Eliminationsverfahrens erkennt man, dass der Rang der Koeffizientenmatrix und der Rang der erweiterten Matrix gleich groß sind, aber kleiner als die Anzahl der Variablen. Es gibt also unendlich viele Lösungen.

$$\begin{array}{ccc|c} 1 & 0 & -0{,}5 & 10 \\ 0 & 1 & 1 & 140 \\ 0 & 0 & 0 & 0 \end{array} \quad \begin{array}{l} \blacktriangleright\ x_1 = 10 + 0{,}5x_3 \\ \blacktriangleright\ x_2 = 140 - x_3 \\ \end{array}$$

▶ $\operatorname{Rg}\boldsymbol{A} = 2$, $\operatorname{Rg}(\boldsymbol{A}\,|\,\boldsymbol{b}) = 2$, $n = 3$

▶ $\operatorname{Rg}\boldsymbol{A} = \operatorname{Rg}(\boldsymbol{A}\,|\,\boldsymbol{b})$; $\operatorname{Rg}\boldsymbol{A} < n$

Da die Anzahl der gefertigten Bauteile jeweils eine ganze positive Zahl sein muss, muss für diese unendlich vielen Lösungen der Geltungsbereich für die Variable t eingeschränkt werden. Die Variable t darf nur für eine gerade natürliche Zahl kleiner oder gleich 140 stehen.

$$L = \left\{ \begin{pmatrix} 10 + 0{,}5t \\ 140 - t \\ t \end{pmatrix};\ t \in \mathbb{N}^{\leq 140} \text{ und gerade} \right\}$$

▶ $x_1 = 100 + 0{,}5t$

▶ $x_2 = 140 - t$

▶ $x_3 = t$

Zu b) In diesem Fall muss $t = 80$ gelten. 50 ME konnten von B_1 und 60 ME von B_2 hergestellt werden.

$$L = \left\{ \begin{pmatrix} 10 + 0{,}5 \cdot 80 \\ 140 - 80 \\ 80 \end{pmatrix} \right\} = \left\{ \begin{pmatrix} 50 \\ 60 \\ 80 \end{pmatrix} \right\}$$

Beispiel 7.39 (Innerbetriebliche Verflechtung)

Ein Industriebetrieb fertigt gemäß nebenstehendem Verflechtungsdiagramm aus den rohstoffen R_1, R_2 und R_3 die Zwischenprodukte Z_1, Z_2 und Z_3 und aus diesen drei Zwischenprodukten die beiden Endprodukte E_1 und E_2.

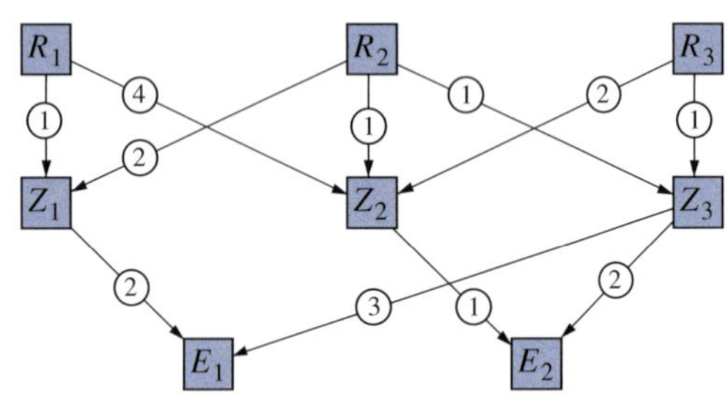

a) Bestimmen Sie die Rohstoff-Zwischenprodukt-Matrix $\boldsymbol{RZ}$, die Zwischenprodukt-Endprodukt-Matrix $\boldsymbol{ZE}$ und die rohstoff-Endprodukt-Matrix $\boldsymbol{RE}$.

b) Der Betrieb hat 40 ME von R_1 und 63 ME von R_2 auf Lager. Welche Anzahl von jedem Endprodukt kann hergestellt werden und wie viele ME von R_3 werden dazu benötigt, wenn sämtliche Rohstoffe aufgebraucht werden sollen?

c) Die Kosten zur Verarbeitung je 1 ME der Rohstoffe betragen jeweils 1 GE, die Herstellung der Zwischenprodukte kostet 1 GE je ME von Z_1, 3 GE je ME von Z_2 und 2 GE je ME von Z_3. Die Produktion der Endprodukte verursacht Kosten in Höhe von 5 GE je ME von E_1 und 2 GE je ME von E_2, die Fixkosten betragen 940 GE. Berechnen Sie die Kosten bei einer Produktion von x^2 ME von E_1 und $0{,}5x^3$ ME von E_2.

d) Die Erlöse lassen sich gemäß der Funktion $E(x) = 100x^2 + 720x$; $x \geq 0$ berechnen. Bei welcher Produktionsmenge wird der Gewinn maximal?

Zu a) Das Produkt $\boldsymbol{RZ} \cdot \boldsymbol{ZE} = \boldsymbol{RE}$ entspricht der Anzahl der ME der benötigten Rohstoffe für die Herstellung je 1 ME der Endprodukte von E_1 und E_2.

$$\underset{\boldsymbol{RZ}}{\begin{pmatrix} 1 & 4 & 0 \\ 2 & 1 & 1 \\ 0 & 2 & 1 \end{pmatrix}} \cdot \underset{\boldsymbol{ZE}}{\begin{pmatrix} 2 & 0 \\ 0 & 1 \\ 3 & 2 \end{pmatrix}} = \underset{\boldsymbol{RE}}{\begin{pmatrix} 2 & 4 \\ 7 & 3 \\ 3 & 4 \end{pmatrix}}$$

Zu b) Die Lösung des LGS $\boldsymbol{RE} \cdot \boldsymbol{e} = \boldsymbol{r}$ liefert die gesuchten ME von E_1 und E_2 sowie R_3.

$$\underset{\boldsymbol{RE}}{\begin{pmatrix} 2 & 4 \\ 7 & 3 \\ 3 & 4 \end{pmatrix}} \cdot \underset{\boldsymbol{e}}{\begin{pmatrix} e_1 \\ e_2 \end{pmatrix}} = \underset{\boldsymbol{r}}{\begin{pmatrix} 40 \\ 63 \\ r_3 \end{pmatrix}} \Leftrightarrow \begin{array}{cc|c} 2 & 4 & 40 \\ 7 & 3 & 63 \\ 3 & 4 & r_3 \end{array}$$

Dabei ist zu beachten, dass für die eindeutige Lösung des LGS $\text{Rg}\,\boldsymbol{RE} = \text{Rg}(\boldsymbol{RE}\,|\,\boldsymbol{r}) = 2$ gelten und somit der Wert für r_3 so bestimmt werden muss, dasss die dritte Zeile zur Nullzeile wird.

$$\Leftrightarrow \begin{array}{cc|c} 2 & 4 & 40 \\ 7 & 3 & 63 \\ 3 & 4 & r_3 \end{array} \quad \begin{array}{l} |:2\,|\cdot(-7)\,|\cdot(-3) \\ + \\ + \end{array}$$

$$\Leftrightarrow \begin{array}{cc|c} 1 & 2 & 20 \\ 0 & -11 & -77 \\ 0 & -2 & r_3 - 60 \end{array} \quad \begin{array}{l} + \\ |:(-11\,|\cdot 2\,|\cdot(-2) \\ + \end{array}$$

Der Betrieb kann 6 ME von E_1 und 7 ME von E_2 herstellen und benötigt dazu noch 46 ME von R_3, um alle Rohstoffe aufzubrauchen.

$$\Leftrightarrow \begin{array}{cc|c} 1 & 0 & 6 \\ 0 & 1 & 7 \\ 0 & 0 & r_3 - 46 \end{array} \quad \begin{array}{l} \blacktriangleright\ e_1 = 6 \\ \blacktriangleright\ e_2 = 7 \\ \blacktriangleright\ r_3 = 46 \end{array}$$

Zu c) Die Produktionskosten für die Verarbeitung der Rohstoffe betragen $12x^2 + 5{,}5x^3$, für die Herstellung der Zwischenprodukte $8x^2 + 3{,}5x^2$ und für die Produktion der Endprodukte $5x^2 + x^3$.

$$\boldsymbol{k_R} = (1;\,1;\,1) \cdot \begin{pmatrix} 2 & 4 \\ 7 & 3 \\ 3 & 4 \end{pmatrix} = (12;\,11)$$

$$(12;\,11) \cdot \begin{pmatrix} x^2 \\ 0{,}5x^3 \end{pmatrix} = 12x^2 + 5{,}5x^3 \quad \blacktriangleright \text{ Produktionskosten Rohstoffe}$$

$$\boldsymbol{k_Z} = (1;\,3;\,2) \cdot \begin{pmatrix} 2 & 0 \\ 0 & 1 \\ 3 & 2 \end{pmatrix} = (\mathbf{8;\,7})$$

$$(8;\,7) \cdot \begin{pmatrix} x^2 \\ 0{,}5x^3 \end{pmatrix} = 8x^2 + 3{,}5x^3 \quad \blacktriangleright \text{ Produktionskosten Zwischenprodukte}$$

$$\boldsymbol{k_E} = (\mathbf{5;\,2})$$

Einschließlich der Fixkosten von 940 GE ergibt sich die Kostenfunktion

$K(x) = 10x^3 + 25x^2 + 940;\ x \geq 0$.

$$(5;\,2) \cdot \begin{pmatrix} x^2 \\ 0{,}5x^3 \end{pmatrix} = 5x^2 + x^3 \quad \blacktriangleright \text{ Produktionskosten Endprodukte}$$

$$\Rightarrow K(x) = 10x^3 + 25x^2 + 940;\ x \geq 0$$

Zu d) Der Term der Gewinnfunktion ist die Differenz der Terme der Erlös- und Kostenfunktion.

$$\begin{aligned} G(x) &= E(x) - K(x) \quad \blacktriangleright\ E(x) = 100x^2 + 720x \\ &= 100x^2 + 720x - (10x^3 + 25x^2 + 940) \\ &= -10x^3 + 75x^2 + 720x - 940 \end{aligned}$$

Die Lösung der Gleichung $G'(x) = 0$ liefert die mögliche Extremstelle $x_G = 8$, die wegen $G''(8) < 0$ als Maximalstelle bestätigt wird.

$$\begin{aligned} G'(x) &= -30x^3 + 150x + 720 \\ G''(x) &= -60x + 150 \\ G'(x) = 0 &\Leftrightarrow -30x^2 + 150x + 720 = 0 \\ &\Leftrightarrow x = -3 \text{ oder } x = 8 \quad \blacktriangleright\ -3 \notin D(G) \end{aligned}$$

Lösung: $\mathbf{x_G = 8}$ ▶ $8 \in D(G)$

Das Gewinnmaximum wird bei einer Ausbringungsmenge von 8 ME erzielt und beträgt 4.500 GE.

$G'(8) = 4.500;\ G'(8) = 0;\ G''(8) = -330$

$\Rightarrow$ 8 ist Maximalstelle von G mit $\mathbf{G_{max}\ \langle 8\,|\,4.500 \rangle}$

Häufig findet man in der linearen Algebra LGS, deren Lösungsmenge von der Wahl eines Parameters abhängt.

Beispiel 7.40 (LGS mit Parameter)

Für welche reellen Zahlen anstelle von a ist das LGS $(n=2)$ eindeutig lösbar, mehrdeutig lösbar oder nicht lösbar?

$$\begin{aligned} x_1 + 2x_2 &= -1 \\ 2x_1 + ax_2 &= 2-a \end{aligned}$$

Das LGS enthält den Parameter a, von dem die Lösungsmöglichkeiten des LGS abhängen können.
Die Umformung der erweiterten Koeffizientenmatrix zeigt, dass für $a=4$ der zweite Zeilenvektor zum Nullvektor wird, während der 1. Zeilenvektor vom Nullvektor verschieden ist. In diesem Fall ist daher der Rang der Koeffizientenmatrix $\boldsymbol{A}$ und der Rang der erweiterten Koeffizientenmatrix $(\boldsymbol{A}\,|\,\boldsymbol{b})$ gleich 1.
Das LGS besitzt folglich unendlich viele Lösungen.

$$\begin{array}{cc|cl} \multicolumn{2}{c}{\boldsymbol{A}} & \boldsymbol{b} & \\ 1 & 2 & -1 & |\cdot(-2) \\ 2 & a & 2-a & \leftarrow + \\ 1 & 2 & -1 & \\ 0 & a-4 & 4-a & \end{array}$$

$$\boldsymbol{a=4}: \quad \begin{array}{cc|c} 1 & 2 & -1 \\ 0 & 0 & 0 \end{array} \quad \blacktriangleright\ x_1 = -1-2x_2$$

▶ $Rg\boldsymbol{A} = Rg(\boldsymbol{A}\,|\,\boldsymbol{b}) = 1$

$$L = \left\{ \begin{pmatrix} -1-2t \\ t \end{pmatrix}; t \in \mathbb{R} \right\} = \left\{ \begin{pmatrix} -1 \\ 0 \end{pmatrix} + t \cdot \begin{pmatrix} -2 \\ 1 \end{pmatrix}; t \in \mathbb{R} \right\}$$

▶ $x_1 = -1-2t;\ x_2 = t$

Für jede andere reelle Zahl außer 4 anstelle von a ist der Rang der Koeffizientenmatrix und der Rang der erweiterten Matrix gleich 2 und damit ist das LGS lösbar.

▶ $Rg\boldsymbol{A} = 2,\ Rg(\boldsymbol{A}\,|\,\boldsymbol{b}) = 2,\ n = 2$
▶ $Rg\boldsymbol{A} = Rg(\boldsymbol{A}\,|\,\boldsymbol{b}) = n$

Das LGS ist also immer lösbar.

$$\boldsymbol{a \neq 4}: \quad \begin{array}{cc|cl} 1 & 2 & -1 & \leftarrow + \\ 0 & a-4 & 4-a & |:(a-4)\ \ |\cdot(-2) \\ 1 & 0 & 1 & \\ 0 & 1 & -1 & \end{array}$$

▶ $Rg\boldsymbol{A} = Rg(\boldsymbol{A}\,|\,\boldsymbol{b}) = 2$

$$L = \left\{ \begin{pmatrix} 1 \\ -1 \end{pmatrix} \right\}$$

▶ $x_1 = 1$
▶ $x_2 = -1$

Beispiel 7.41 (LGS mit Parameter)

Für welche reellen Zahlen anstelle von a ist das LGS $(n=3)$ eindeutig lösbar, mehrdeutig lösbar oder nicht lösbar?

$$\begin{aligned} 2x_1 - 3x_2 - x_3 &= 2+\frac{a}{2} \\ -2x_1 + 8x_2 + (a+4)\cdot x_3 &= 2 \\ -2x_1 - (a+4)\cdot x_2 + (a+2)\cdot x_3 &= 0 \end{aligned}$$

Die erweiterte Koeffizientenmatrix $(\boldsymbol{A}\,|\,\boldsymbol{b})$ wird so lange umgeformt, bis sie Staffelgestalt hat.

Um die Koeffizientenmatrix auf Dreiecksform zu bekommen, muss die zweite Zeile mit $-(a+1)$ multipliziert werden, bevor sie zur dritten Zeile addiert wird. Dabei wird $a \neq -1$ vorausgesetzt. Das bedeutet aber auch, dass das LGS für $a=-1$ gesondert untersucht werden muss.

$$\begin{array}{ccc|cl} \multicolumn{3}{c}{\boldsymbol{A}} & \boldsymbol{b} & \\ 2 & -3 & -1 & 2+\frac{a}{2} & \\ -2 & 8 & a+4 & 2 & \leftarrow + \\ -2 & a+4 & a+2 & 0 & \leftarrow + \\ 2 & -3 & -1 & 2+\frac{a}{2} & \\ 0 & 5 & a+3 & 4+\frac{a}{2} & |:5\ \ |\cdot[-(a+1)] \\ 0 & a+1 & a+1 & 2+\frac{a}{2} & \leftarrow + \end{array}$$

Nachdem man die Terme, in denen der Parameter a vorkommt, in **Linearfaktoren** zerlegt hat, lässt sich sofort ablesen:

$$\left(\begin{array}{ccc|c} 2 & -3 & -1 & 2+\frac{a}{2} \\ 0 & 1 & \frac{a+3}{5} & \frac{a+8}{10} \\ 0 & 0 & \frac{(a+1)\cdot(-a+2)}{5} & \frac{(-a+2)\cdot(a+6)}{10} \end{array}\right)$$

Setzt man 2 für a, dann ist der Rang der Koeffizientenmatrix $\boldsymbol{A}$ gleich dem Rang der erweiterten Koeffizientenmatrix $(\boldsymbol{A}\,|\,\boldsymbol{b})$, und es gilt: $\mathrm{Rg}\boldsymbol{A} = \mathrm{Rg}(\boldsymbol{A}|\boldsymbol{b}) = 2,\ n = 3$. ▶ $\mathrm{Rg}\boldsymbol{A} < \boldsymbol{n}$

Das LGS besitzt folglich unendlich viele Lösungen; es ist mehrdeutig lösbar.

$a = 2$:

$$\left(\begin{array}{ccc|c} 2 & -3 & -1 & 3 \\ 0 & 1 & 1 & 1 \\ 0 & 0 & 0 & 0 \end{array}\right)$$

▶ $\mathrm{Rg}\boldsymbol{A} = \mathrm{Rg}(\boldsymbol{A}|\boldsymbol{b}) = 2,\ n = 3$
▶ $\mathrm{Rg}\boldsymbol{A} < \boldsymbol{n}$

Setzt man -1 für a, dann gilt $\mathrm{Rg}\boldsymbol{A} = 2$ und $\mathrm{Rg}(\boldsymbol{A}|\boldsymbol{b}) = 3$ ▶ $\mathrm{Rg}\boldsymbol{A} < \mathrm{Rg}(\boldsymbol{A}|\boldsymbol{b})$

▶ Man muss bis zu dem Punkt der Umformungen zurück, bei dem angenommen wurde, dass $a \neq -1$ gilt.

Das LGS ist nicht lösbar, die Lösungsmenge daher leer.

$a = -1$:

$$\left(\begin{array}{ccc|c} 2 & -3 & -1 & \frac{3}{2} \\ 0 & 1 & \frac{2}{5} & \frac{7}{10} \\ 0 & 0 & 0 & \frac{3}{2} \end{array}\right)$$

▶ $\mathrm{Rg}\boldsymbol{A} = 2,\ \mathrm{Rg}(\boldsymbol{A}|\boldsymbol{b}) = 3$
▶ $\mathrm{Rg}\boldsymbol{A} < \mathrm{Rg}(\boldsymbol{A}|\boldsymbol{b})$

In allen anderen Fällen $(a \in \mathbb{R}\setminus\{-1{,}2\})$ ist das LGS eindeutig lösbar.

$a \in \mathbb{R}\setminus\{-1{,}2\}$ LGS ist eindeutig lösbar

Sieht man sich in diesem Abschnitt die Lösungsmengen inhomogener LGS genauer an, dann kann man feststellen, dass sich ihre Lösungsmengen jeweils aus einer speziellen Lösung des LGS $\boldsymbol{A}\cdot\boldsymbol{x} = \boldsymbol{b}$ und der allgemeinen Lösung des zugehörigen homogenen Systems $\boldsymbol{A}\cdot\boldsymbol{x} = \boldsymbol{0}$ zusammensetzen.

Alles klar?

1 Lösen Sie die linearen Gleichungssysteme $\boldsymbol{A}\cdot\boldsymbol{x} = \boldsymbol{b}$.

a) $\begin{pmatrix} 1 & 0{,}5 & 1 \\ 2 & 1 & -1 \\ -2 & 1{,}5 & -2 \end{pmatrix} \cdot \begin{pmatrix} x_1 \\ x_2 \\ x_3 \end{pmatrix} = \begin{pmatrix} -6 \\ 18 \\ 22 \end{pmatrix}$

b) $\begin{pmatrix} 1 & -2 & 2 \\ 2 & -5 & 2 \\ -1 & 4 & 2 \end{pmatrix} \cdot \begin{pmatrix} x_1 \\ x_2 \\ x_3 \end{pmatrix} = \begin{pmatrix} -10 \\ 4 \\ -37 \end{pmatrix}$

c) $\begin{pmatrix} 1 & 1 & 1 \\ 2 & 1 & -1 \\ -8 & -6 & -2 \end{pmatrix} \cdot \begin{pmatrix} x_1 \\ x_2 \\ x_3 \end{pmatrix} = \begin{pmatrix} 2 \\ -2 \\ -4 \end{pmatrix}$

2 Gegeben ist die Matrix $\boldsymbol{A}_a = \begin{pmatrix} a & -1 & 2 \\ 2 & 2a+4 & -2a+6 \\ 3 & 3 & 3a-3 \end{pmatrix}$, $a \in \mathbb{R}$ und der Vektor $\boldsymbol{b} = \begin{pmatrix} 0 \\ 8 \\ -6 \end{pmatrix}$.

a) Untersuchen Sie, für welche Zahlen anstelle von $a \in \mathbb{R}$ das inhomogene LGS $\boldsymbol{A}_a \cdot \boldsymbol{x} = \boldsymbol{b}$ keine Lösung, eine Lösung bzw. unendlich viele Lösungen hat.

b) Bestimmen Sie die Lösungsmenge des LGS für $a = -3$.

In den nachfolgenden Beispielen soll erarbeitet werden, warum man die allgemeine Lösungsmenge $\boldsymbol{L}$ eines LGS immer in der Form $\boldsymbol{L} - \{\boldsymbol{x_0} + \boldsymbol{h} \,|\, \boldsymbol{h} \in \boldsymbol{L_h}\}$ darstellen kann, wobei $\boldsymbol{x_0}$ eine spezielle Lösung des inhomogenen LGS $\boldsymbol{A} \cdot \boldsymbol{x} = \boldsymbol{b}$ und $\boldsymbol{L_H}$ die Lösungsmenge des zugehörigen homogenen LGS $\boldsymbol{A} \cdot \boldsymbol{x} = \boldsymbol{0}$ ist.

Beispiel 7.42 (allgemeine Lösungsmenge eine LGS)

$\boldsymbol{A} = \begin{pmatrix} 1 & 2 & -3 \\ 2 & -1 & -1 \\ -1 & 8 & -7 \end{pmatrix}$ ist die Koeffizientenmatrix des LGS $\boldsymbol{A} \cdot \boldsymbol{x} = \begin{pmatrix} 14 \\ 8 \\ 26 \end{pmatrix}$. Zeigen Sie, dass die Gesamtheit der Lösungen des LGS als Summe aus einer speziellen Lösung dieses inhomogenen LGS und der allgemeinen Lösung des zugehörigen homogenen LGS $\boldsymbol{A} \cdot \boldsymbol{x} = \boldsymbol{0}$ dargestellt werden kann.

Die Umformungen der erweiterten Koeffizientenmatrix $(\boldsymbol{A} \,|\, \boldsymbol{b})$ nach dem Gauß-Verfahren führen zu den Lösungen $\boldsymbol{x} = \begin{pmatrix} 6+t \\ 4+t \\ t \end{pmatrix}$, $t \in \mathbb{R}$.

Diese Lösungen lassen sich auch als $\boldsymbol{x} = \begin{pmatrix} 6 \\ 4 \\ 0 \end{pmatrix} + t \cdot \begin{pmatrix} 1 \\ 1 \\ 1 \end{pmatrix}$ schreiben.

Dabei stellt $\begin{pmatrix} 6 \\ 4 \\ 0 \end{pmatrix}$ eine spezielle Lösung $\boldsymbol{x}_0$ $(t = 0)$ des inhomogenen LGS und $t \cdot \begin{pmatrix} 1 \\ 1 \\ 1 \end{pmatrix}$; $t \in \mathbb{R}$ die allgemeine Lösung $\boldsymbol{x}_{\mathrm{H}}$ des homogenen LGS $\boldsymbol{A} \cdot \boldsymbol{x} = \boldsymbol{0}$ dar.

Also gilt: $\boldsymbol{x} = \boldsymbol{x_0} + \boldsymbol{x}_{\mathrm{H}}$.

A			**b**	
1	2	−3	14	$\cdot(-2)$ → + zu Zeile 2; → + zu Zeile 3
2	−1	−1	8	
−1	8	−7	26	
1	2	−3	14	
0	−5	5	−20	$\cdot 2$ → + zu Zeile 3; $:(-5)$; $\cdot(-2)$ → + zu Zeile 1
0	10	−10	40	
1	0	−1	6	▶ $x_1 = 6 + t$
0	1	−1	4	▶ $x_2 = 4 + t$
0	10	0	0	▶ $x_3 = t, \in \mathbb{R}$

▶ $\boldsymbol{A} \cdot \boldsymbol{x} = \boldsymbol{0} \Rightarrow \boldsymbol{x}_{\mathrm{H}} = t \cdot \begin{pmatrix} 1 \\ 1 \\ 1 \end{pmatrix}; t \in \mathbb{R}$

Beispiel 7.43 (Differenz von zwei speziellen Lösungen eines LGS)

Zeigen Sie am Beispiel des LGS aus Beispiel 7.42, dass die Differenz zweier verschiedener Lösungen des inhomogenen LGS $\boldsymbol{A} \cdot \boldsymbol{x} = \boldsymbol{b}$ eine Lösung des zugehörigen homogenen Systems $\boldsymbol{A} \cdot \boldsymbol{x} = \boldsymbol{0}$ ist.

Man erhält zwei verschiedene Lösungen $x_{\mathrm{I}1}$ und $x_{\mathrm{I}2}$ des inhomogenen Systems $\boldsymbol{A} \cdot \boldsymbol{x} = \boldsymbol{b}$, indem man in die allgemeine Lösung $\boldsymbol{x} = \begin{pmatrix} 6 \\ 4 \\ 0 \end{pmatrix} + t \cdot \begin{pmatrix} 1 \\ 1 \\ 1 \end{pmatrix} t \in \mathbb{R}$ spezielle Werte für t setzt, z. B. 2 bzw. −3 für t. Ihre Differenz $x_{\mathrm{I}1} - x_{\mathrm{I}2}$ ist $5 \cdot \begin{pmatrix} 1 \\ 1 \\ 1 \end{pmatrix}$, also ein Element der Lösungsmenge L_{H} des zugehörigen homogenen LGS. ▶ 5 für t

Es gilt: $\boldsymbol{A} = \begin{pmatrix} 1 & 2 & -3 \\ 2 & -1 & -1 \\ -1 & 8 & -7 \end{pmatrix}$ und $\boldsymbol{b} = \begin{pmatrix} 14 \\ 8 \\ 26 \end{pmatrix}$.

$t = 2$: $x_{\mathrm{I}1} = \begin{pmatrix} 8 \\ 6 \\ 2 \end{pmatrix}$; $t = -3$: $x_{\mathrm{I}2} = \begin{pmatrix} 3 \\ 1 \\ -3 \end{pmatrix}$

$$\Rightarrow \quad x_{\mathrm{I}1} - x_{\mathrm{I}2} = \begin{pmatrix} 8 \\ 6 \\ 2 \end{pmatrix} - \begin{pmatrix} 3 \\ 1 \\ -3 \end{pmatrix} = \begin{pmatrix} 5 \\ 5 \\ 5 \end{pmatrix} = 5 \cdot \begin{pmatrix} 1 \\ 1 \\ 1 \end{pmatrix}$$

▶ $5 \cdot \begin{pmatrix} 1 \\ 1 \\ 1 \end{pmatrix} \in L_{\mathrm{H}}$

- Der **Rang einer Matrix** A wird bestimmt durch die Anzahl der vom Nullvektor verschiedenen Zeilenvektoren in der Matrix mit Staffelgestalt, die sich aus A nach Anwendung des Gauß-Verfahrens auf die Matrix A ergibt. Man schreibt: $\text{Rg}\boldsymbol{A}$.
- Die mögliche **Anzahl von Lösungen** eines LGS ist abhängig
  - vom Rang der Koeffizientenmatrix $\boldsymbol{A}$,
  - vom Rang der erweiterten Koeffizientenmatrix $(\boldsymbol{A}|\boldsymbol{b})$ und
  - von der Anzahl n der Variablen.

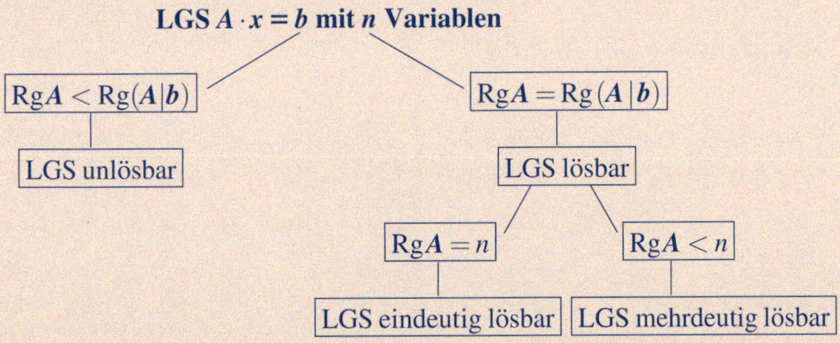

- Ein **homogenes** LGS mit n Variablen bzw. einer Matrizengleichung $\boldsymbol{A}\cdot\boldsymbol{x}=\boldsymbol{b}$ mit $\boldsymbol{b}=\begin{pmatrix}0\\0\\\dots\\0\end{pmatrix}$ besitzt stets die Lösung $\begin{pmatrix}x_1\\x_2\\\dots\\x_n\end{pmatrix}=\begin{pmatrix}0\\0\\\dots\\0\end{pmatrix}$. Diese ist genau dann die einzige Lösung, falls $\text{Rg}\boldsymbol{A}=n$ gilt.
- Alle Lösungen eines inhomogenen LGS $\boldsymbol{A}\cdot\boldsymbol{x}=\boldsymbol{b}$ erhält man, wenn man zu einer speziellen Lösung $\boldsymbol{x_0}$ des inhomogenen Systems $\boldsymbol{A}\cdot\boldsymbol{x}=\boldsymbol{b}$ jede Lösung $\boldsymbol{h}$ des zugehörigen homogenen LGS $\boldsymbol{A}\cdot\boldsymbol{x}=\boldsymbol{0}$ addiert: $\boldsymbol{L}=\boldsymbol{x_0}+\boldsymbol{L}_{\mathbf{H}}$.
- Zu einer quadratischen $n\times n$-Matrix $\boldsymbol{A}$ existiert nur dann eine **Inverse $\boldsymbol{A^{-1}}$**, wenn die Matrix $\boldsymbol{A}$ den Rang n hat.

Übungen zu 7.2.3

Allgemeine Übungen

1 Ermitteln Sie den Rang der Matrix.

a) $\begin{pmatrix}2 & -4\\-2 & 5\end{pmatrix}$ b) $\begin{pmatrix}1 & -2 & 3\\3 & 4 & 1\\5 & 0 & 7\end{pmatrix}$ c) $\begin{pmatrix}-2 & 3 & 6\\4 & -7 & -3\\-2 & 4 & -3\end{pmatrix}$ d) $\begin{pmatrix}6 & 12 & -6 & 0\\-3 & -5 & 3 & 1\\-11 & -18 & 11 & 4\end{pmatrix}$

2 Überprüfen Sie, zu welchen der Matrizen eine Inverse existiert.

a) $\begin{pmatrix}3 & -6\\2 & 4\end{pmatrix}$ b) $\begin{pmatrix}2 & -8 & 4\\2 & 0 & 4\\-4 & 6 & 1\end{pmatrix}$ c) $\begin{pmatrix}2 & -8 & 4\\2 & 0 & 4\end{pmatrix}$ d) $\begin{pmatrix}3 & 6 & 9\\-3 & 0 & 9\\0 & -1 & -3\end{pmatrix}$

e) $\begin{pmatrix}3 & 6 & 9 & -3\\0 & 2 & 0 & -1\\-3 & 0 & 0 & 3\\0 & 4 & 6 & 2\end{pmatrix}$ f) $\begin{pmatrix}5 & 0\\2 & 4\\3 & -1\end{pmatrix}$ g) $\begin{pmatrix}3 & 6 & 9 & -3\\0 & 2 & 0 & -1\\-3 & 0 & 0 & 3\\6 & 4 & 9 & -5\end{pmatrix}$ h) $\begin{pmatrix}3 & 6 & 9 & -3\\0 & 2 & 0 & 1\\-6 & 0 & -18 & 12\\3 & 18 & 9 & 3\end{pmatrix}$

7

3 Beweisen Sie: Eine 2×2-Matrix $\boldsymbol{A} = \begin{pmatrix} a_{11} & a_{12} \\ a_{21} & a_{22} \end{pmatrix}$ besitzt dann eine Inverse $\boldsymbol{A}^{-1}$, wenn für den Term D mit $D = a_{11} \cdot a_{22} - a_{12} \cdot a_{21}$ gilt: $D \neq 0$. ► Man nennt D auch die **Determinante** der 2×2-Matrix $\boldsymbol{A}$.

4 Ermitteln Sie die Lösungsmenge der Matrizengleichung.

a) $\begin{pmatrix} -0{,}5 & -1 & -1{,}5 & 0{,}5 \\ 0 & 4 & 0 & 2 \\ -2 & 0 & -6 & 4 \\ 2 & 12 & 6 & 2 \end{pmatrix} \cdot \begin{pmatrix} x_1 \\ x_2 \\ x_3 \\ x_4 \end{pmatrix} = \begin{pmatrix} -2 \\ 56 \\ 48 \\ 120 \end{pmatrix}$

b) $\begin{pmatrix} 1 & 2 & 3 & -1 \\ 0 & -4 & 0 & 2 \\ -1 & 0 & 0 & 1 \\ 3 & 2 & 4{,}5 & -2{,}5 \end{pmatrix} \cdot \begin{pmatrix} x_1 \\ x_2 \\ x_3 \\ x_4 \end{pmatrix} = \begin{pmatrix} 2 \\ 16 \\ -2 \\ 10 \end{pmatrix}$

5 Ermitteln Sie die Lösungsmenge des LGS.

a) $\begin{aligned} 5x_1 - 10x_2 \phantom{{}+2x_3} &= 15 \\ 4x_1 - 6x_2 + 2x_3 &= 4 \\ x_1 + 3x_2 + 6x_3 &= -12 \end{aligned}$

b) $\begin{aligned} x_1 - 2x_2 \phantom{{}-x_3} &= 3 \\ -2x_1 + 3x_2 - x_3 &= -2 \\ 2x_1 + 6x_2 + 12x_3 &= 0 \end{aligned}$

c) $\begin{aligned} -x_1 \phantom{{}+4x_2} + 2x_3 &= -3 \\ x_1 + 4x_2 + 6x_3 &= -21 \\ 4x_1 - 6x_2 + 2x_3 &= 4 \end{aligned}$

d) $\begin{aligned} 7x_1 - 14x_2 + 7x_3 &= 21 \\ x_1 - 10x_2 + 5x_3 &= 15 \\ -2x_1 + 4x_2 - 2x_3 &= -6 \end{aligned}$

e) $\begin{aligned} 2x_1 - 3x_2 - 10x_3 &= 16 \\ 2x_1 + 2x_2 + 3x_3 &= 9 \\ -2x_1 - 5x_2 - 8x_3 &= -2 \end{aligned}$

f) $\begin{aligned} x_1 + x_2 + 1{,}5x_3 &= 4{,}5 \\ -2x_1 + 3x_2 + 10x_3 &= -16 \\ 6x_1 + x_2 - 4x_3 &= 34 \end{aligned}$

g) $\begin{aligned} 3x_1 + 12x_2 + 18x_3 &= -63 \\ -2x_1 + 3x_2 - x_3 &= 4 \\ 3x_1 \phantom{{}+3x_2} - 6x_3 &= 9 \end{aligned}$

h) $\begin{aligned} 0{,}5x_1 - 2x_2 + 3x_3 &= 15 \\ 3x_1 + 10x_2 - 2x_3 &= -16 \\ 6x_1 + 9x_2 + 6x_3 &= 27 \end{aligned}$

i) $\begin{aligned} x_1 + 5x_2 + 9x_3 &= 5 \\ 2x_1 + 6x_2 + 10x_3 &= 6 \\ 3x_1 + 7x_2 + 11x_3 &= 7 \\ 4x_1 + 8x_2 + 12x_3 &= 8 \end{aligned}$

6 Ermitteln Sie die Lösungsmenge des inhomogenen LGS.

a) $\begin{aligned} x_1 - 2x_2 + 4x_3 + 6x_4 &= 11 \\ 5x_2 + 5x_3 + 10x_4 &= 35 \\ -2x_1 + 3x_2 \phantom{{}+4x_3} - 4x_4 &= -8 \\ 6x_1 - 3x_2 + 4x_3 + x_4 &= -1 \end{aligned}$

b) $\begin{aligned} x_1 - 1{,}5x_2 \phantom{{}+2x_3} + 2x_4 &= 4 \\ 0{,}5x_1 - x_2 + 2x_3 + 3x_4 &= 5{,}5 \\ -x_2 - x_3 - 2x_4 &= -7 \\ -2x_1 + 2x_2 + 8x_3 + 4x_4 &= 6 \end{aligned}$

c) $\begin{aligned} 5x_1 - 2x_2 + 4x_3 + 3x_4 &= -1 \\ 12x_1 - 9x_2 + 12x_3 + 9x_4 &= 0 \\ -2x_1 - x_2 + 2x_3 \phantom{{}+3x_4} &= 4 \\ -8x_1 + 4x_2 - 8x_3 - 6x_4 &= -2 \end{aligned}$

d) $\begin{aligned} 2x_1 - 4x_2 + 8x_3 + 3x_4 &= -2 \\ 3x_2 + 3x_3 - 3x_4 &= 72 \\ 6x_1 + 4x_2 - 5x_3 + x_4 &= 44 \\ 8x_1 + x_2 + 4x_3 + 3x_4 &= 60 \end{aligned}$

e) $\begin{aligned} 3x_1 + 8x_2 + 2x_3 - 4x_4 &= -2 \\ 3x_1 - 3x_2 \phantom{{}+2x_3} - 3x_4 &= -72 \\ 2x_1 - 10x_2 + 12x_3 + 8x_4 &= 88 \\ 3x_1 + 4x_2 + 8x_3 + x_4 &= 66 \end{aligned}$

f) $\begin{aligned} 2x_1 + x_2 - 2x_3 + 2x_4 &= 24 \\ 4x_1 - 3x_2 + 6x_3 \phantom{{}+2x_4} &= 20 \\ 2x_1 + 6x_2 - 12x_3 + 6x_4 &= 52 \\ -16x_1 + 17x_2 - 34x_3 + 4x_4 &= -52 \end{aligned}$

7 Ermitteln Sie die Lösungsmengen des homogenen LGS.

a) $\begin{aligned} x_1 - 2x_2 + 2x_3 &= 0 \\ 2x_1 - x_2 + 2x_3 &= 0 \\ -x_1 + 2x_2 - x_3 &= 0 \end{aligned}$

b) $\begin{aligned} -2x_1 + 3x_2 - 4x_3 &= 0 \\ 4x_1 - 5x_2 - x_3 &= 0 \\ 8x_1 - 9x_2 - 11x_3 &= 0 \end{aligned}$

c) $\begin{aligned} -3x_1 + 6x_2 - 3x_3 &= 0 \\ -2x_1 + 4x_2 - 4x_3 &= 0 \\ -x_1 + 2x_2 - 11x_3 &= 0 \end{aligned}$

d) $\begin{aligned} x_1 + 4x_2 + 2x_3 - 5x_4 &= 0 \\ x_2 \phantom{{}+2x_3} - x_4 &= 0 \\ x_1 + 2x_2 + x_3 - 3x_4 &= 0 \\ -2x_1 - 8x_2 - 4x_3 + 11x_4 &= 0 \end{aligned}$

e) $\begin{aligned} x_1 \phantom{{}+x_2} + 2x_3 + x_4 &= 0 \\ 2x_1 + x_2 \phantom{{}+2x_3} + x_4 &= 0 \\ x_1 - 2x_2 - x_3 \phantom{{}+x_4} &= 0 \\ 2x_1 \phantom{{}+x_2+2x_3} + x_4 &= 0 \end{aligned}$

f) $\begin{aligned} 2x_1 - 4x_2 - 2x_3 \phantom{{}+2x_4} &= 0 \\ 4x_1 + x_2 \phantom{{}+2x_3} + 2x_4 &= 0 \\ 3x_1 + x_2 + 2x_3 + 2x_4 &= 0 \\ -5x_2 - 6x_3 - 2x_4 &= 0 \end{aligned}$

8 Ermitteln Sie, für welche reellen Zahlen anstelle von a die Matrizengleichung eindeutig lösbar, mehrdeutig lösbar oder unlösbar ist.

a) $\begin{pmatrix} 1 & 4 & 3 \\ 0 & 1 & 2 \\ 0 & 0 & a \end{pmatrix} \cdot \begin{pmatrix} x_1 \\ x_2 \\ x_3 \end{pmatrix} = \begin{pmatrix} 4 \\ -3 \\ a \end{pmatrix}$

b) $\begin{pmatrix} 1 & -2 & 1 \\ 0 & 1 & 3 \\ 0 & 0 & a\cdot(a-2) \end{pmatrix} \cdot \begin{pmatrix} x_1 \\ x_2 \\ x_3 \end{pmatrix} = \begin{pmatrix} -5 \\ 1 \\ a \end{pmatrix}$

c) $\begin{pmatrix} 1 & 2 & 3 \\ 2 & 5 & 2-a \\ 4 & 10 & 2-3a \end{pmatrix} \cdot \begin{pmatrix} x_1 \\ x_2 \\ x_3 \end{pmatrix} = \begin{pmatrix} 4 \\ 10 \\ 14 \end{pmatrix}$

d) $\begin{pmatrix} 1 & -1 & -2a \\ -2 & 4 & 6a^2 \\ 6 & 9 & -12a \end{pmatrix} \cdot \begin{pmatrix} x_1 \\ x_2 \\ x_3 \end{pmatrix} = \begin{pmatrix} -3 \\ -6 \\ 27 \end{pmatrix}$

e) $\begin{pmatrix} 2 & 2 & 2 \\ 2 & 1 & -1 \\ -4 & 3 & a \end{pmatrix} \cdot \begin{pmatrix} x_1 \\ x_2 \\ x_3 \end{pmatrix} = \begin{pmatrix} 0 \\ 0 \\ 0 \end{pmatrix}$

f) $\begin{pmatrix} 1 & 1 & a^2-2a \\ 1 & 2 & 0 \\ 4 & 5 & 4a^2-8a \end{pmatrix} \cdot \begin{pmatrix} x_1 \\ x_2 \\ x_3 \end{pmatrix} = \begin{pmatrix} a+5 \\ 8 \\ 3a+23 \end{pmatrix}$

9 Ermitteln Sie, für welche reellen Zahlen anstelle von a das inhomogene LGS eindeutig lösbar, mehrdeutig lösbar oder unlösbar ist.

a) $$\begin{aligned} 2x_1 + 2ax_2 \quad &= 4 \\ (a+3)x_2 + x_3 &= 1 \\ a\cdot(a^2-4)x_3 &= a^2 - a - 2 \end{aligned}$$

b) $$\begin{aligned} -2x_1 + 5x_2 - 3x_3 &= -3 \\ 6x_1 - 4x_2 + 2ax_3 &= 8 \\ -3x_1 - 9x_2 + 3x_3 &= -1 \end{aligned}$$

c) $$\begin{aligned} 4x_1 - 2ax_2 + 14x_3 &= -2 \\ -12x_1 - 12x_2 + 34x_3 &= -26 \\ -3x_1 - 3x_2 - 15x_3 &= -18 \end{aligned}$$

d) $$\begin{aligned} (a^2+2a-4)x_3 &= -3a^2 - 3a \\ x_1 - x_2 \quad &= a \\ (-2a^2-2a)x_3 &= 6a^2 + 6a \\ -2x_2 - 2ax_3 &= 3a - 1 \end{aligned}$$

10 Gegeben ist eine Matrix A_a vom Typ $A_a = \begin{pmatrix} 4 & -6 & -2 \\ -2 & 8 & a+4 \\ -2 & a+4 & a+2 \end{pmatrix}$.

a) Für welche reellen Zahlen anstelle von a ist die Matrizengleichung $A_a \cdot \begin{pmatrix} x_1 \\ x_2 \\ x_3 \end{pmatrix} = \begin{pmatrix} 0 \\ 0 \\ 0 \end{pmatrix}$ mehrdeutig lösbar?

b) Ermitteln Sie die Lösungsmenge für $A_4 \cdot \begin{pmatrix} x_1 \\ x_2 \\ x_3 \end{pmatrix} = \begin{pmatrix} 8 \\ 2 \\ 0 \end{pmatrix}$.

c) Für welche reellen Zahlen anstelle von a ist die Matrizengleichung $A_a \cdot \begin{pmatrix} x_1 \\ x_2 \\ x_3 \end{pmatrix} = \begin{pmatrix} a+4 \\ 2 \\ 0 \end{pmatrix}$ eindeutig lösbar, mehrdeutig lösbar oder unlösbar?

11 Gegeben ist die Matrix $A_a = \begin{pmatrix} 1 & 2a & 0 \\ -1 & a^2 & a \\ 4 & 16 & a \end{pmatrix}$, $a \in \mathbb{R}$ und der Vektor $b_a = \begin{pmatrix} a \\ -a \\ 2a \end{pmatrix}$.

Untersuchen Sie, für welche Zahlen anstelle von $a \in \mathbb{R}$ das inhomogene LGS $A_a \cdot x = b_a$ keine Lösung, eine Lösung bzw. unendlich viele Lösungen hat.

12 Gegeben ist die Matrix $A_a = \begin{pmatrix} -2 & a-2 & a^2 \\ -1 & -1 & 3a \\ a & -a^2 & 5a+2 \end{pmatrix}$, $a \in \mathbb{R}$ und der Vektor $b_a = \begin{pmatrix} 0 \\ -a \\ -5a+2 \end{pmatrix}$.

a) Untersuchen Sie, für welche Zahlen anstelle von $a \in \mathbb{R}$ das inhomogene LGS $A_a \cdot x = b_a$ keine Lösung, eine Lösung bzw. unendlich viele Lösungen hat.

b) Bestimmen Sie die Nullstellen der Funktion $f_t(a) = (a-2; -1; -a^2) \begin{pmatrix} a^2 \\ 3a \\ 5a+2 \end{pmatrix} + a \cdot t$, $a, t \in \mathbb{R}$.

Für welche Zahlen anstelle von $t \in \mathbb{R}$ hat $f_t(a)$ eine Nullstelle bzw. 2 bzw. 3 Nullstellen?

13 Für 4 Kreuzungen A, B, C und D, die durch Einbahnstraßen miteinander verbunden sind, sind jeweils die Anzahlen der zu- und abfahrenden Fahrzeuge pro Stunde bekannt. Die Verkehrsdichte zwischen den Kreuzungen ist unbekannt und mit x_1, x_2, x_3 und x_4 bezeichnet. Die Pfeile geben die jeweiligen Fahrtrichtungen an.

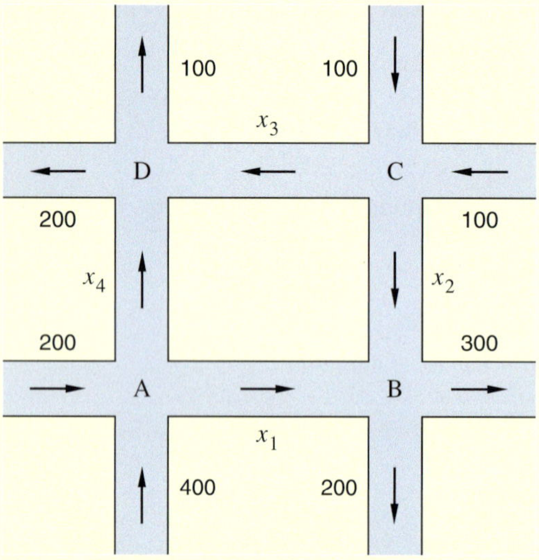

a) Stellen Sie mit den Verkehrsdichten x_1, x_2, x_3 und x_4 ein lineares Gleichungssystem (LGS) mit 4 Gleichungen auf und lösen Sie das LGS mit dem Gauß-Verfahren. Zeigen Sie mithilfe des Rangkriteriums, dass das LGS mehrdeutig lösbar ist.

b) Geben Sie die Lösungen des LGS in Parameterdarstellung an und geben Sie den Zahlenbereich an, in dem der Parameter sinnvoll liegen darf.
Beantworten Sie die folgenden Fragen auf der Basis Ihrer Überlegungen und Ergebnisse zu Aufgabenteil b) mit rechnerischer und ggf. schriftlicher Begründung.

c_1) Bestimmen Sie die maximale Verkehrsdichte auf der Straße von C nach D.

c_2) Ermitteln Sie die minimale Verkehrsdichte auf der Straße von A nach B.

c_3) Begründen Sie, ob die Straße von C nach B ohne weitere verkehrstechnische Maßnahmen gesperrt werden kann.

c_4) Zeigen Sie, dass die Straße von A nach D ohne weitere verkehrstechnische Maßnahmen *nicht* gesperrt werden kann.

Übungen aus der Ökonomie

14 In einem Unternehmen, das Tee versendet, werden 4 verschiedene Teemischungen aus 3 reinen Teesorten gemischt.
Aus nachstehender Tabelle können die Mischungsverhältnisse für jeweils eine Tonne Teemischung entnommen werden (bezogen auf Kilogramm).

	M_1	M_2	M_3	M_4
S_1	200	350	450	500
S_2	200	250	150	200
S_3	600	400	400	300

27 t Tee stehen von Sorte S_1, 14 t von S_2 und 29 t von S_3 zur Verfügung. Die gesamten Vorräte sollen für die Mischungen aufgebraucht werden.

a) Es soll so gemischt werden, dass jede der Mischungen eine ganze Anzahl von Tonnen Tee ergibt. Welche Möglichkeiten gibt es unter dieser Bedingung?

b) Es soll so gemischt werden, dass die Menge M_1 zur Menge von M_2 im Verhältnis 3 : 4 steht. Wie schwer sind dann die einzelnen Mischungen?

15 In einem Betrieb der chemischen Industrie werden aus 4 verschiedenen Rohstoffen R_1, R_2, R_3 und R_4 u. a. die 4 Grundsubstanzen G_1, G_2, G_3 und G_4 hergestellt.
Die nachstehende Stückliste gibt an, wie viele ME von jedem Rohstoff in 1 ME der jeweiligen Grundsubstanz eingehen.
700 ME stehen von R_1, 1.100 ME von R_2, 1.400 ME von R_3 und 1.600 ME von R_4 zur Verfügung. Aus Gründen der Haltbarkeit sollen alle Mengen verarbeitet werden.

	G_1	G_2	G_3	G_4
R_1	1	2	1	3
R_2	0	4	4	3
R_3	1	0	7	6
R_4	1	3	6	6

a) Aus verpackungstechnischen Gründen muss die Substanz G_4 immer zu Gebinden zu 40 ME abgefüllt werden.
Welche Möglichkeiten gibt es, die Grundsubstanzen herzustellen?

b) Können die Grundsubstanzen im Mengenverhältnis 1:1:1:1 hergestellt werden?

7

16 In einem Betrieb werden für die Produktion der 4 Güter P_1, P_2, P_3 und P_4 die 5 Maschinen M_1, M_2, M_3, M_4 und M_5 benötigt.
Die zur Herstellung je eines Stückes notwendigen Belegungszeiten und die freien Kapazitäten der Maschinen sind – bezogen auf Minuten – in der nachstehenden Tabelle angegeben.

	P_1	P_2	P_3	P_4	Kapazität
M_1	1	6	0	2	220
M_2	4	1	2	1	140
M_3	15	24	12	12	1.260
M_4	10	8	4	2	500
M_5	0	8	4	6	340

a) Wie viele Stücke können jeweils von den 4 Produkten hergestellt werden, wenn die Kapazitäten voll ausgenutzt werden?

b) Die Maschinen M_4 und M_5 müssen in der neuen Planperiode gegen zwei andere ausgetauscht werden. Damit ergibt sich die veränderte nachfolgende Tabelle.

	P_1	P_2	P_3	P_4	Kapazität
M_1	1	6	0	2	220
M_2	4	1	2	1	140
M_3	15	24	12	12	1.260
M_4	5	8,5	5	4,5	450
M_5	0	6	12	6	360

b_1) Lösen Sie das zugehörige LGS ohne Rücksicht auf die Unteilbarkeit der Produkte.

b_2) Wie viele Stücke können höchstens von P_4 produziert werden und wie hoch sind dann die Stückzahlen für die anderen Produkte?

b_3) Wie viele Stücke müssen mindestens von P_4 produziert werden, wenn die Kapazitäten voll ausgenutzt werden, und wie hoch sind dann die Stückzahlen für die anderen Produkte?

17 Ein Unternehmen verkaufte im ersten Vierteljahr von den 3 Produkten P_1, P_2 und P_3 unterschiedliche Stückzahlen gemäß nachfolgender Tabelle.

	P_1	P_2	P_3	Umsatz
Januar	10.000	20.000	30.000	560.000 €
Februar	20.000	15.000	15.000	455.000 €
März	10.000	32.500	52.500	892.500 €

a) Warum lässt sich aus den Angaben in der Tabelle nicht eindeutig auf die Preise der Produkte schließen?

b) Wie hoch waren die Verkaufspreise der Produkte P_1 und P_3, wenn P_2 für 5 € pro Stück verkauft wurde?

c) Wie hoch hätte – unabhängig von b) – der Preis von P_2 höchstens sein können?

18 Ein Edelstahlwerk recycelt 4 verschiedene Stahlsorten mit Aluminium, Chrom und Titan. In der untenstehenden Tabelle ist angegeben, wie hoch der Anteil der drei Elemente in den vier Stahlsorten ist und mit welchen Anteilen daraus eine neue Stahlsorte hergestellt werden soll.

	I	II	III	IV	neu
Chromgehalt	1 %	2 %	4 %	5 %	2,5 %
Titangehalt	4 %	2 %	4 %	2 %	2,5 %
Aluminiumgehalt	80 %	80 %	70 %	70 %	77,5 %

Ermitteln Sie, welchen Anteil die Stahlsorte IV an der neuen Legierung höchstens haben darf.

19 Gegeben ist die Matrix

$$\boldsymbol{A_a} = \begin{pmatrix} 1 & 1 & a+4 \\ 3 & a+1 & -2 \\ a & 2 & 2 \end{pmatrix}, a \in \mathbb{R}$$

und der Vektor $\boldsymbol{b} = \begin{pmatrix} 5 \\ -1 \\ 1 \end{pmatrix}$.

Untersuchen Sie, für welche Zahlen anstelle von a das inhomogene LGS $\boldsymbol{A_a} \cdot \boldsymbol{x} = \boldsymbol{b}$ keine Lösung, eine Lösung bzw. unendlich viele Lösungen hat.

7.2.4 Lineare Abhängigkeit

Die mögliche Anzahl von Lösungen eines linearen Gleichungssystems (LGS) $\boldsymbol{A} \cdot \boldsymbol{x} = \boldsymbol{b}$ ist abhängig vom Rang der Koeffizientenmatrix $\boldsymbol{A}$ und vom Rang der erweiterten Matrix $(\boldsymbol{A} \mid \boldsymbol{b})$. Der Rang einer Matrix wird bestimmt durch die Anzahl der von Nullzeilen verschiedenen Zeilen der Matrix in Staffelgestalt, die sich aus $\boldsymbol{A}$ nach der Anwendung des Gauß-Verfahrens auf $\boldsymbol{A}$ ergibt. ▶ Abschnitt 7.2.3
Somit liegt die Vermutung nahe, dass es eine Verbindung gibt zwischen dem Rang einer Matrix und den Vektoren, aus denen die Matrix aufgebaut ist.

Im Folgenden wird gezeigt, dass der Rang einer Matrix $\boldsymbol{A}$ von einer Eigenschaft ihrer Spaltenvektoren abhängt.

Beispiel 7.44 (Linearkombination eines Vektors)

Gegeben ist das homogene LGS $\begin{pmatrix} 1 & 4 & -2 \\ 3 & -1 & 7 \\ -7 & 11 & -25 \end{pmatrix} \cdot \begin{pmatrix} x_1 \\ x_2 \\ x_3 \end{pmatrix} = \begin{pmatrix} 0 \\ 0 \\ 0 \end{pmatrix}$.

Zeigen Sie, dass sich der 3. Spaltenvektor $\boldsymbol{a}_3 = \begin{pmatrix} -2 \\ 7 \\ -25 \end{pmatrix}$ als Summe eines jeweils Vielfachen der beiden anderen Spaltenvektoren $\boldsymbol{a}_1 = \begin{pmatrix} 1 \\ 3 \\ -7 \end{pmatrix}$ und $\boldsymbol{a}_2 = \begin{pmatrix} 4 \\ -1 \\ 11 \end{pmatrix}$ darstellen lässt.

Formt man die Matrix $\boldsymbol{A}$ mithilfe des Gauß-Verfahrens um, dann erhält man die Lösungsvektoren $\boldsymbol{x} = s \cdot \begin{pmatrix} -2 \\ 1 \\ 1 \end{pmatrix}$.

$$\left(\begin{array}{ccc|c} 1 & 4 & -2 & 0 \\ 3 & -1 & 7 & 0 \\ -7 & 11 & -25 & 0 \end{array}\right) \sim \left(\begin{array}{ccc|c} 1 & 0 & 2 & 0 \\ 0 & 1 & -1 & 0 \\ 0 & 0 & 0 & 0 \end{array}\right)$$

▶ Gauß-Verfahren ▶ $\operatorname{Rg} \boldsymbol{A} = \operatorname{Rg}(\boldsymbol{A} \mid \boldsymbol{b}) = 2\ (< n)$

Setzt man 1 anstelle von s, so lautet der zugehörige Lösungsvektor $\begin{pmatrix} x_1 \\ x_2 \\ x_3 \end{pmatrix} = \begin{pmatrix} -2 \\ 1 \\ 1 \end{pmatrix}$, mit dem sich der 3. Spaltenvektor $\boldsymbol{a}_3$ durch $\boldsymbol{a}_1$ und $\boldsymbol{a}_2$ ausdrücken lässt:
$\boldsymbol{a}_3 = 2\boldsymbol{a}_1 - \boldsymbol{a}_2$.

$$\Rightarrow \begin{pmatrix} 1 & 4 & -2 \\ 3 & -1 & 7 \\ -7 & 11 & -25 \end{pmatrix} \cdot \begin{pmatrix} -2 \\ 1 \\ 1 \end{pmatrix} \quad ▶\ s = 1$$

$$= -2 \cdot \begin{pmatrix} 1 \\ 3 \\ -7 \end{pmatrix} + \begin{pmatrix} 4 \\ -1 \\ 11 \end{pmatrix} + \begin{pmatrix} -2 \\ 7 \\ -25 \end{pmatrix} = \begin{pmatrix} 0 \\ 0 \\ 0 \end{pmatrix}$$

$$\Rightarrow -2\boldsymbol{a}_1 + \boldsymbol{a}_2 + \boldsymbol{a}_3 = \boldsymbol{0}$$

$$\Rightarrow \boldsymbol{a}_3 = 2\boldsymbol{a}_1 - \boldsymbol{a}_2$$

7

Man sagt, dass sich der Vektor $\boldsymbol{a}_3$ aus den Vektoren $\boldsymbol{a}_1$ und $\boldsymbol{a}_2$ **linear kombinieren** lässt und nennt $2\boldsymbol{a}_1 - \boldsymbol{a}_2$ eine **Linearkombination** des Vektors $\boldsymbol{a}_3$.

Durch Umstellen der Vektorgleichung $\boldsymbol{a}_3 = 2\boldsymbol{a}_1 - \boldsymbol{a}_2$ nach $\boldsymbol{a}_2$ bzw. $\boldsymbol{a}_1$ erhält man äquivalente Linearkombinationen für $\boldsymbol{a}_2$ bzw. $\boldsymbol{a}_1$: $\boldsymbol{a}_2 = 2\boldsymbol{a}_1 - \boldsymbol{a}_3$ bzw. $\boldsymbol{a}_1 = 0{,}5\boldsymbol{a}_2 + 0{,}5\boldsymbol{a}_3$.

Da sich jeweils einer der Vektoren durch die beiden anderen linear kombinieren lässt, nennt man die 3 Vektoren $\boldsymbol{a}_1$, $\boldsymbol{a}_2$ und $\boldsymbol{a}_3$ **linear abhängig**.

Beispiel 7.45 (Lineare Unabhängigkeit)

Prüfen Sie, ob die Spaltenvektoren der Koeffizientenmatrix $\boldsymbol{A}$ des nebenstehenden LGS linear abhängig sind.

$$\begin{pmatrix} 1 & 3 & -4 & 5 \\ 2 & 4 & -8 & 10 \\ -3 & 5 & 1 & 7 \\ 2 & 8 & 4 & -5 \end{pmatrix} \cdot \begin{pmatrix} x_1 \\ x_2 \\ x_3 \\ x_4 \end{pmatrix} = \begin{pmatrix} 0 \\ 0 \\ 0 \\ 0 \end{pmatrix}$$

Durch Umformen der Matrix $\boldsymbol{A}$ mithilfe des Gauß-Verfahrens erhält man eindeutig die triviale Lösung $\begin{pmatrix} x_1 \\ x_2 \\ x_3 \\ x_4 \end{pmatrix} = \begin{pmatrix} 0 \\ 0 \\ 0 \\ 0 \end{pmatrix}$. Damit ist die Gleichung $c_1\boldsymbol{a_1} + c_2\boldsymbol{a_2} + c_3\boldsymbol{a_3} + c_4\boldsymbol{a_4} = \boldsymbol{0}$ mit $c_i \in \mathbb{R}$ $(i = 1, 2, 3, 4)$ nur erfüllt, wenn $c_1 = c_2 = c_3 = c_4 = 0$ gilt.

$$\left(\begin{array}{cccc|c} 1 & 3 & -4 & 5 & 0 \\ 2 & 4 & -8 & 10 & 0 \\ -3 & 5 & 1 & 7 & 0 \\ 2 & 8 & 4 & -5 & 0 \end{array}\right) \sim \left(\begin{array}{cccc|c} 1 & 0 & 0 & 0 & 0 \\ 0 & 1 & 0 & 0 & 0 \\ 0 & 0 & 1 & 0 & 0 \\ 0 & 0 & 0 & 1 & 0 \end{array}\right)$$

▶ Gauß-Verfahren ▶ $\mathrm{Rg}\,\boldsymbol{A} = \mathrm{Rg}\,(\boldsymbol{A}\,|\,\boldsymbol{b}) = n = 4$

$$\Rightarrow \begin{pmatrix} x_1 \\ x_2 \\ x_3 \\ x_4 \end{pmatrix} = \begin{pmatrix} 0 \\ 0 \\ 0 \\ 0 \end{pmatrix} \text{ bzw. } \boldsymbol{x} = \boldsymbol{0}$$

▶ Der einzige Lösungsvektor ist der Nullvektor.

Also lässt sich keiner der Vektoren $\boldsymbol{a_i}$ $(i = 1, 2, 3, 4)$ durch die jeweils 3 anderen linear kombinieren.

Daraus folgt, dass die 4 Vektoren nicht linear abhängig sind. Man nennt sie daher **linear unabhängig**.

Beispiel 7.46 a (Lineare Unabhängigkeit)

Zeigen Sie, dass sich der Vektor $\boldsymbol{b} = \begin{pmatrix} -7 \\ -4 \\ 5 \end{pmatrix}$ nicht allein aus den Vektoren $\boldsymbol{a_1} = \begin{pmatrix} 2 \\ 4 \\ 2 \end{pmatrix}$ und $\boldsymbol{a_2} = \begin{pmatrix} 2 \\ 5 \\ 0 \end{pmatrix}$ linear kombinieren lässt.

Die Gleichung $x_1 \cdot \boldsymbol{a_1} + x_2 \cdot \boldsymbol{a_2} = \boldsymbol{b}$; $x_1, x_2 \in \mathbb{R}$ führt zu einem inhomogenen LGS mit 3 Gleichungen und 2 Variablen x_1 und x_2:

$$\begin{aligned} 2x_1 + 2x_2 &= -7 \\ 4x_1 + 5x_2 &= -4 \\ 2x_1 &= 5. \end{aligned}$$

A		b	
2	2	−7	|:2 |·(−4) + (zu Zeile 2) |·(−2) + (zu Zeile 3)
4	5	−4	
2	0	5	
1	1	−3,5	+
0	1	10	|·2 + (zu Zeile 3) |·(−1) + (zu Zeile 1)
0	−2	12	
1	0	−13,5	
0	1	10	▶ $\mathrm{Rg}\,\boldsymbol{A} = 2$, $\mathrm{Rg}(\boldsymbol{A}\,|\,\boldsymbol{b}) = 3$
0	0	32	▶ $\mathrm{Rg}\,\boldsymbol{A} < \mathrm{Rg}(\boldsymbol{A}\,|\,\boldsymbol{b})$

Da $\mathrm{Rg}\,\boldsymbol{A} < \mathrm{Rg}(\boldsymbol{A}\,|\,\boldsymbol{b})$ gilt, ist das LGS nicht lösbar.
Der Vektor $\boldsymbol{b}$ lässt sich nicht allein aus den beiden Vektoren $\boldsymbol{a_1}$ und $\boldsymbol{a_2}$ linear kombinieren.

Das Beispiel 7.46 a zeigt, dass nicht jedes Element des $\mathbb{R}^3$ als Linearkombination von zwei anderen Vektoren darstellbar ist.

Man bezeichnet den Vektor $\boldsymbol{b}$ als **linear unabhängig** von den Vektoren $\boldsymbol{a_1}$ und $\boldsymbol{a_2}$, weil $\boldsymbol{b}$ sich nicht als Linearkombination von $\boldsymbol{a_1}$ und $\boldsymbol{a_2}$ darstellen lässt.

Damit sich $\boldsymbol{b}$ mithilfe der Vektoren $\boldsymbol{a}_1$ und $\boldsymbol{a}_2$ linear kombinieren lässt, ist noch ein geeigneter dritter Vektor $\boldsymbol{a}_3$ notwendig.

Beispiel 7.46 b (Lineare Abhängigkeit)

Zeigen Sie, dass sich der Vektor $\boldsymbol{b} = \begin{pmatrix} -7 \\ -4 \\ 5 \end{pmatrix}$ durch die Vektoren $\boldsymbol{a}_1 = \begin{pmatrix} 2 \\ 4 \\ 2 \end{pmatrix}$ und $\boldsymbol{a}_2 = \begin{pmatrix} 2 \\ 5 \\ 0 \end{pmatrix}$ des Beispiels 7.46 a und $\boldsymbol{a}_3 = \begin{pmatrix} -4 \\ 4 \\ 4 \end{pmatrix}$ linear kombinieren lässt.

Die Gleichung $x_1 \cdot \boldsymbol{a}_1 + x_2 \cdot \boldsymbol{a}_2 + x_3 \cdot \boldsymbol{a}_3 = \boldsymbol{b}$; $x_1, x_2, x_3 \in \mathbb{R}$ führt zu einem inhomogenen LGS mit den Variablen x_1, x_2 und x_3, dessen Lösung eindeutig ist:

$x_1 = 0{,}5$; $x_2 = -2$; $x_3 = 1$.

▶ $\operatorname{Rg} A = 3$, $\operatorname{Rg}(A|\boldsymbol{b}) = 3$, $n = 3$

A			$\boldsymbol{b}$	
2	2	−4	−7	$\|:2$ $\|\cdot(-4)$ $\|\cdot(-2)$
4	5	4	−4	← + (Zeile 1 $\cdot(-4)$)
2	0	4	5	← + (Zeile 1 $\cdot(-2)$)
1	1	−2	−3,5	← +
0	1	12	10	$\|\cdot 2$ $\|\cdot(-1)$
0	−2	8	12	← +
1	0	−14	−13,5	← +
0	1	12	10	← +
0	0	32	32	$\|:32$ $\|\cdot(-12)$ $\|\cdot 14$
1	0	0	0,5	
0	1	0	−2	▶ $\operatorname{Rg} A = \operatorname{Rg}(A\|\boldsymbol{b})$
0	0	1	1	

Der Vektor $\boldsymbol{b}$ kann also durch die Vektoren $\boldsymbol{a}_1$, $\boldsymbol{a}_2$ und $\boldsymbol{a}_3$ linear kombiniert werden:

$\boldsymbol{b} = 0{,}5\boldsymbol{a}_1 - 2\boldsymbol{a}_2 + \boldsymbol{a}_3$

Der Vektor $\boldsymbol{b}$ ist von den Vektoren $\boldsymbol{a}_1$, $\boldsymbol{a}_2$ und $\boldsymbol{a}_3$ **linear abhängig**, weil $\boldsymbol{b}$ als Linearkombination von $\boldsymbol{a}_1$, $\boldsymbol{a}_2$ und $\boldsymbol{a}_3$ dargestellt werden kann.

Beispiel 7.47 (Lineare Abhängigkeit)

Gegeben sind die Vektoren $\boldsymbol{a}_1 = \begin{pmatrix} -2 \\ 8 \end{pmatrix}$, $\boldsymbol{a}_2 = \begin{pmatrix} 4 \\ 2 \end{pmatrix}$ und $\boldsymbol{a}_3 = \begin{pmatrix} -2 \\ 26 \end{pmatrix}$. Untersuchen Sie, ob

a) die Vektoren $\boldsymbol{a}_1$ und $\boldsymbol{a}_2$, **b)** die Vektoren $\boldsymbol{a}_1$ und $\boldsymbol{a}_3$ **c)** die Vektoren $\boldsymbol{a}_1$, $\boldsymbol{a}_2$ und $\boldsymbol{a}_3$ voneinander linear abhängig oder voneinander linear unabhängig sind.

Zu a) Die Gleichung $x_1 \cdot \boldsymbol{a}_1 = \boldsymbol{a}_2$ mit $x_1 \in \mathbb{R}$ besitzt keine Lösung. ▶ $\operatorname{Rg} A = 1$, $\operatorname{Rg}(A|\boldsymbol{a}_1) = 2$

$\boldsymbol{a}_2$ kann also durch $\boldsymbol{a}_1$ nicht linear kombiniert werden. ▶ $\boldsymbol{a}_2$ ist von $\boldsymbol{a}_1$ linear unabhängig.

A	$\boldsymbol{a}_2$	
−2	4	$\|:(-2)$ $\|\cdot(-8)$
8	2	
1	−2	
0	18	▶ $\operatorname{Rg} A < \operatorname{Rg}(A\|\boldsymbol{a}_1)$

Zu b) Die Gleichung $x_1 \cdot \boldsymbol{a}_1 = \boldsymbol{a}_3$ mit $x_1 \in \mathbb{R}$ besitzt keine Lösung. ▶ $\operatorname{Rg} A = 1$, $\operatorname{Rg}(A|\boldsymbol{a}_3) = 2$

$\boldsymbol{a}_3$ kann also durch $\boldsymbol{a}_1$ nicht linear kombiniert werden. ▶ $\boldsymbol{a}_3$ ist von $\boldsymbol{a}_1$ linear unabhängig.

A	$\boldsymbol{a}_3$	
−2	−2	$\|:(-2)$ $\|\cdot(-8)$
8	26	
1	1	
0	18	▶ $\operatorname{Rg} A < \operatorname{Rg}(A\|\boldsymbol{a}_3)$

c) Die Gleichung $x_1 \cdot \boldsymbol{a_1} + x_2 \cdot \boldsymbol{a_2} = \boldsymbol{a_3}$; $x_1,\ x_2 \in \mathbb{R}$ besitzt die eindeutige Lösung $x_1 = 3,\ x_2 = 1$. ▶ $\text{Rg}\,\boldsymbol{A} = \text{Rg}\,(\boldsymbol{A}|\boldsymbol{a_3}) = 2$

$\boldsymbol{a_3}$ lässt sich durch $\boldsymbol{a_1}$ und $\boldsymbol{a_2}$ linear kombinieren: $3\boldsymbol{a_1} + \boldsymbol{a_2} = \boldsymbol{a_3}$

▶ $\boldsymbol{a_1}, \boldsymbol{a_2}$ und $\boldsymbol{a_3}$ sind linear abhängig.

$$\begin{array}{rr|rl} \multicolumn{2}{c}{\boldsymbol{A}} & \boldsymbol{a_3} & \\ -2 & 4 & -2 & |:(-2)\ \ |\cdot(-8) \\ 8 & 2 & 26 & \leftarrow + \\ \hline 1 & -2 & 1 & \leftarrow + \\ 0 & 18 & 18 & |:18\ \ |\cdot 2 \\ \hline 1 & 0 & 3 & \\ 0 & 1 & 1 & \end{array}$$

▶ $\text{Rg}\,\boldsymbol{A} = \text{Rg}(\boldsymbol{A}|\boldsymbol{a_3}) = n = 2$

Die Definition der linearen Unabhängigkeit und der linearen Abhängigkeit kann ganz allgemein auf beliebige reelle Vektorräume übertagen werden.

Beispiel 7.48 (Lineare Abhängigkeit)

Beweisen Sie, dass die Elemente $\boldsymbol{a_1}, \boldsymbol{a_2} \ldots, \boldsymbol{a_n}$ genau dann **linear abhängig** sind, wenn die Gleichung $x_1 \cdot \boldsymbol{a_1} + x_2 \cdot \boldsymbol{a_2} + \ldots + x_n \cdot \boldsymbol{a_n} = \boldsymbol{0}$ mit $x_1,\ x_2,\ \ldots,\ x_n \in \mathbb{R}$ nicht nur die triviale Lösung $x_1 = x_2 = \ldots = x_n = \boldsymbol{0}$ besitzt.

1. Nachzuweisen ist:
Lässt sich einer der Vektoren (z. B. $\boldsymbol{a_1}$) durch die anderen linear kombinieren, dann lässt sich der Nullvektor aus allen n Vektoren linear kombinieren, wobei einer der Koeffizienten von Null verschieden ist.

$\boldsymbol{a_1}$ ist von $\boldsymbol{a_2}, \ldots, \boldsymbol{a_n}$ liniear abhängig und $\boldsymbol{a_1} \neq 0$:
Es gibt $x_2, \ldots x_n \in \mathbb{R}$, so dass gilt:

$$\boldsymbol{a_1} = x_2 \cdot \boldsymbol{a_2} + \ldots + x_n \cdot \boldsymbol{a_n} \quad |-\boldsymbol{a_1}$$
$$\Rightarrow \boldsymbol{0} = -\boldsymbol{a_1} + x_2 \cdot \boldsymbol{a_2} + \ldots + x_n \cdot \boldsymbol{a_n}$$

▶ Der Koeffizient von $\boldsymbol{a_1}$ ist -1, also von Null verschieden.

2. Nachzuweisen ist:
Hat die Gleichung

$$x_1 \cdot \boldsymbol{a_1} + x_2 \cdot \boldsymbol{a_2} + \ldots + x_n \cdot \boldsymbol{a_n} = \boldsymbol{0}$$

nicht die triviale Lösung (z. B. $x_1 \neq 0$), dann lässt sich einer der Vektoren durch die anderen linear kombinieren.

$$x_1 \cdot \boldsymbol{a_1} + x_2 \cdot \boldsymbol{a_2} + \ldots + x_n \cdot \boldsymbol{a_n} = \boldsymbol{0} \quad ▶\ x_1 \neq 0$$
$$\Rightarrow \boldsymbol{a_1} = -\frac{x_2}{x_1} \cdot \boldsymbol{a_2} - \ldots - \frac{x_n}{x_1} \cdot \boldsymbol{a_n}$$

▶ $\boldsymbol{a_1}$ ist Linearkombination von $\boldsymbol{a_2}, \ldots, \boldsymbol{a_n}$

Allgemein gilt:

- Sind $\boldsymbol{a_2}, \ldots, \boldsymbol{a_n}$ Vektoren, dann heißt jede Darstellung der Form $x_2 \cdot \boldsymbol{a_2} + x_3 \cdot \boldsymbol{a_3} + \ldots + x_n \cdot \boldsymbol{a_n}$ mit reellen Zahlen für $x_2, x_3, \ldots, x_n$ **Linearkombination** der Elemente $\boldsymbol{a_2}, \boldsymbol{a_3}, \ldots, \boldsymbol{a_n}$
  Man sagt, ein Vektor $\boldsymbol{a_1}$ lässt sich durch die Vektoren $\boldsymbol{a_2}, \boldsymbol{a_3}, \ldots, \boldsymbol{a_n}$ **linear kombinieren**, wenn es reelle Zahlen für $x_2, x_3, \ldots, x_n$ gibt, sodass gilt: $\boldsymbol{a_1} = x_2 \cdot \boldsymbol{a_2} + x_3 \cdot \boldsymbol{a_3} + \ldots + x_n \cdot \boldsymbol{a_n}$.
- Vektoren heißen **linear abhängig**, wenn sich wenigstens einer unter ihnen als Linearkombination der anderen darstellen lässt.
  Sie heißen **linear unabhängig**, wenn sie nicht linear abhängig sind.
- Vektoren $\boldsymbol{a_1},\ \boldsymbol{a_2},\ \ldots,\ \boldsymbol{a_n}$ sind genau dann **linear unabhängig**, wenn die Gleichung $x_1 \cdot \boldsymbol{a_1} + x_2 \cdot \boldsymbol{a_2} + \ldots + x_n \cdot \boldsymbol{a_n} = \boldsymbol{0}$ mit $x_1, x_2, \ldots, x_n \in \mathbb{R}$ nur die triviale Lösung $x_1 = x_2 = \ldots = x_n = 0$ besitzt.
- Ein einzelner Vektor ist genau dann linear unabhängig, wenn er nicht der Nullvektor ist.

Die Kriterien für die Lösbarkeit von LGS, für die im Abschnitt 7.2.3 der Rang der Koeffizientenmatrix $\boldsymbol{A}$ und der erweiterten Matrix $(\boldsymbol{A}|\boldsymbol{b})$ verwendet wurden, lassen sich auch mithilfe des Begriffs der linearen Unabhängigkeit bzw. der linearen Abhängigkeit formulieren.

Beispiel 7.49 (Eindeutige Lösbarkeit von LGS)

Beweisen Sie: Ein lösbares LGS $\boldsymbol{A} \cdot \boldsymbol{x} = \boldsymbol{b}$ mit n Variablen ist genau dann eindeutig lösbar, wenn n zugleich auch für die Anzahl der linear unabhängigen Spaltenvektoren der Matrix $\boldsymbol{A}$ steht.

Vorbemerkung:
Die Darstellung des LGS durch die Matrizengleichung $\boldsymbol{A} \cdot \boldsymbol{x} = \boldsymbol{b}$ mit der Koeffizientenmatrix $\boldsymbol{A}$ ist äquivalent zur Gleichung $x_1 \cdot \boldsymbol{a}_1 + x_2 \cdot \boldsymbol{a}_2 + \ldots + x_n \cdot \boldsymbol{a}_n = \boldsymbol{b}$, wobei $\boldsymbol{a}_1$ der erste Spaltenvektor von $\mathbf{A}$, $\boldsymbol{a}_2$ der zweite, usw. ist.

$$\boldsymbol{A} \cdot \boldsymbol{x} = \boldsymbol{b}$$

$$\boldsymbol{a}_1 \quad \boldsymbol{a}_2 \quad \ldots \quad \boldsymbol{a}_n \qquad \boldsymbol{x} \qquad \boldsymbol{b}$$

$$\begin{pmatrix} a_{11} & a_{12} & \ldots & a_{1n} \\ a_{21} & a_{22} & \ldots & a_{2n} \\ \ldots & \ldots & \ldots & \ldots \\ a_{m1} & a_{m2} & \ldots & a_{mn} \end{pmatrix} \cdot \begin{pmatrix} x_1 \\ x_2 \\ \ldots \\ x_n \end{pmatrix} \cdot \begin{pmatrix} b_1 \\ b_2 \\ \ldots \\ b_n \end{pmatrix}$$

Man muss also **einerseits** zeigen:

1. Aus $\text{Rg}\boldsymbol{A} = \text{Rg}(\boldsymbol{A}|\boldsymbol{b}) = n$ folgt, dass $\boldsymbol{a}_1, \boldsymbol{a}_2, \ldots, \boldsymbol{a}_n$ linear unabhängig sind.

▶ Das LGS $\boldsymbol{A} \cdot \boldsymbol{x} = \boldsymbol{b}$ mit n Variablen ist eindeutig lösbar $\Leftrightarrow \text{Rg}\boldsymbol{A} = \text{Rg}(\boldsymbol{A}|\boldsymbol{b}) = n$.

Wären $\boldsymbol{a}_1, \boldsymbol{a}_2, \ldots, \boldsymbol{a}_n$ linear abhängig, so gäbe es eine nicht-triviale Lösung von $x_1 \cdot \boldsymbol{a}_1 + x_2 \cdot \boldsymbol{a}_2 + \ldots + x_n \cdot \boldsymbol{a}_n = \boldsymbol{0}$, also von $\boldsymbol{A} \cdot \boldsymbol{x} = \boldsymbol{0}$. Ist $\boldsymbol{x}_0$ diese Lösung und $\boldsymbol{b}_0$ eine spezielle Lösung von $\boldsymbol{A} \cdot \boldsymbol{x} = \boldsymbol{b}$, so ist auch $\boldsymbol{x}_0 + \boldsymbol{b}_0$ eine Lösung von $\boldsymbol{A} \cdot \boldsymbol{x} = \boldsymbol{b}$.

▶ $\boldsymbol{A} \cdot \boldsymbol{x} = \boldsymbol{b}$ ist also lösbar vorausgesetzt

Annahme: $\boldsymbol{a}_1, \boldsymbol{a}_2, \ldots, \boldsymbol{a}_n$ sind linear abhängig.

$\Rightarrow x_1 \cdot \boldsymbol{a}_1 + x_2 \cdot \boldsymbol{a}_2 + \ldots + x_n \cdot \boldsymbol{a}_n = \boldsymbol{0}$ besitzt eine nicht-triviale Lösung $\boldsymbol{x}_0$ mit $\boldsymbol{A} \cdot \boldsymbol{x}_0 = \boldsymbol{0}$.

$\boldsymbol{A} \cdot \boldsymbol{x} = \boldsymbol{b}$ besitzt eine spezielle Lösung $\boldsymbol{b}_0$ mit $\boldsymbol{A} \cdot \boldsymbol{b}_0 = \boldsymbol{b}$.

$\Rightarrow \boldsymbol{x}_0 + \boldsymbol{b}_0$ ist Lösung von $\boldsymbol{A} \cdot \boldsymbol{x} = \boldsymbol{b}$, da

$$\begin{aligned} \boldsymbol{A} \cdot (\boldsymbol{x}_0 + \boldsymbol{b}_0) &= A \cdot \boldsymbol{x}_0 + A \cdot \boldsymbol{b}_0 \\ &= \boldsymbol{0} + \boldsymbol{b} = \boldsymbol{b}. \end{aligned}$$

Wegen $\boldsymbol{x}_0 + \boldsymbol{b}_0 \neq \boldsymbol{b}_0$ widerspricht dies aber der Eindeutigkeit der Lösung von $\boldsymbol{A} \cdot \boldsymbol{x} = \boldsymbol{b}$. Folglich müssen $\boldsymbol{a}_1, \boldsymbol{a}_2, \ldots, \boldsymbol{a}_n$ linear unabhängig sein.

Wegen $\boldsymbol{x}_0 + \boldsymbol{b}_0 \neq \boldsymbol{b}_0$ folgt:
$\boldsymbol{A} \cdot \boldsymbol{x} = \boldsymbol{b}$ ist nicht eindeutig lösbar.
▶ Widerspruch zur Voraussetzung
$\Rightarrow \boldsymbol{a}_1, \boldsymbol{a}_2, \ldots, \boldsymbol{a}_n$ sind linear unabhängig

Andererseits muss man zeigen:

▶ $\boldsymbol{a}_1, \boldsymbol{a}_2, \ldots, \boldsymbol{a}_n$ sind die Spaltenvektoren von A.

2. Aus der linearen Unabhängigkeit der Spaltenvektoren $\boldsymbol{a}_1, \boldsymbol{a}_2, \ldots, \boldsymbol{a}_n$ folgt, dass das LGS $\boldsymbol{A} \cdot \boldsymbol{x} = \boldsymbol{b}$ eindeutig lösbar ist.

Da $\boldsymbol{a}_1, \boldsymbol{a}_2, \ldots, \boldsymbol{a}_n$ linear unabhängig sind, besitzt die Gleichung $x_1 \cdot \boldsymbol{a}_1 + x_2 \cdot \boldsymbol{a}_2 + \ldots + x_n \cdot \boldsymbol{a}_n = \boldsymbol{0}$ nur die triviale Lösung und damit auch $\boldsymbol{A} \cdot \boldsymbol{x} = \boldsymbol{0}$.

Sind $\boldsymbol{a}_1, \boldsymbol{a}_2, \ldots, \boldsymbol{a}_n$ linear unabhängig
$\Rightarrow \text{Rg}\boldsymbol{A} = n$ ▶ Übungsaufgabe 6

Folglich gilt $\text{Rg}\boldsymbol{A} = n$. Da $\boldsymbol{A} \cdot \boldsymbol{x} = \boldsymbol{b}$ als lösbar vorausgesetzt ist, gilt $\text{Rg}\boldsymbol{A} = \text{Rg}(\boldsymbol{A}|\boldsymbol{b})$. Wegen $\text{Rg}\boldsymbol{A} = n$ gilt also $\text{Rg}\boldsymbol{A} = \text{Rg}(\boldsymbol{A}|\boldsymbol{b}) = n$; also ist das LGS $\boldsymbol{A} \cdot \boldsymbol{x} = \boldsymbol{b}$ eindeutig lösbar.

$\boldsymbol{A} \cdot \boldsymbol{x} = \boldsymbol{b}$ ist lösbar $\Rightarrow \text{Rg}\boldsymbol{A} = \text{Rg}(\boldsymbol{A}|\boldsymbol{b})$
▶ $\text{Rg}\boldsymbol{A} = n \Rightarrow \text{Rg}\boldsymbol{A} = \text{Rg}(\boldsymbol{A}|\boldsymbol{b}) = n$
$\Rightarrow \boldsymbol{A} \cdot \boldsymbol{x} = \boldsymbol{b}$ ist eindeutig lösbar.

Besitzt die Koeffizientenmatrix $\boldsymbol{A}$ des LGS $\boldsymbol{A} \cdot \boldsymbol{x} = \boldsymbol{b}$ das Format $n \times n$, dann kann aus der Aussage des vorstehenden Beispiels 7.49 unmittelbar gefolgert werden:

Eine quadratische **Matrix** $\boldsymbol{A}$ des Formats $n \times n$ besitzt genau dann eine **Inverse**, wenn n für die Anzahl der linear unabhängigen Spaltenvektoren von $\boldsymbol{A}$ steht.

In den nächsten Beispielen soll untersucht werden, welche Beziehung zwischen der Anzahl der linear unabhängigen Spaltenvektoren der Koeffizientenmatrix $\boldsymbol{A}$ bzw. der erweiterten Koeffizientenmatrix $(\boldsymbol{A}|\boldsymbol{b})$ und dem Rang der jeweiligen Matrizen $\boldsymbol{A}$ bzw. $(\boldsymbol{A}|\boldsymbol{b})$ für die Lösbarkeit eines LGS $\boldsymbol{A} \cdot \boldsymbol{x} = \boldsymbol{b}$ besteht.

Beispiel 7.50 a (Mehrdeutige Lösbarkeit von LGS)

Untersuchen Sie, ob das nebenstehende LGS lösbar ist.
Ermitteln Sie die Anzahl der linear unabhängigen Spaltenvektoren in der Koeffizientenmatrix $\boldsymbol{A}$ und in der erweiterten Koeffizientenmatrix $(\boldsymbol{A}|\boldsymbol{b})$ im LGS und vergleichen Sie diese Anzahl mit $\operatorname{Rg}\boldsymbol{A}$ und $\operatorname{Rg}(\boldsymbol{A}|\boldsymbol{b})$.

$$\begin{aligned} x_1 \phantom{{}+x_2} + 2x_3 - x_4 &= -3 \\ x_2 + 2x_3 + 3x_4 &= 0 \\ 2x_1 + x_2 + 7x_3 - 4x_4 &= -14 \\ -6x_1 - 4x_2 - 22x_3 + 4x_4 &= 34 \end{aligned}$$

Das LGS lässt sich als Matrizengleichung $\boldsymbol{A} \cdot \boldsymbol{x} = \boldsymbol{b}$ schreiben. Diese Gleichung ist äquivalent zur Gleichung

$$x_1 \cdot \boldsymbol{a_1} + x_2 \cdot \boldsymbol{a_2} + x_3 \cdot \boldsymbol{a_3} + x_4 \cdot \boldsymbol{a_4} = \boldsymbol{b},$$

wobei $\boldsymbol{a}_1$, $\boldsymbol{a_2}, \boldsymbol{a_3}, \boldsymbol{a_4}$ und $\boldsymbol{b}$ vierzeilige Spaltenvektoren sind.

$$\underset{\boldsymbol{a_1}\ \boldsymbol{a_2}\ \boldsymbol{a_3}\ \boldsymbol{a_4}}{\boldsymbol{A}} \cdot \underset{\boldsymbol{x}}{\boldsymbol{x}} = \underset{\boldsymbol{b}}{\boldsymbol{b}}$$

$$\begin{pmatrix} 1 & 0 & 2 & -1 \\ 0 & 1 & 2 & 3 \\ 2 & 1 & 7 & -4 \\ -6 & -4 & -22 & 4 \end{pmatrix} \cdot \begin{pmatrix} x_1 \\ x_2 \\ x_3 \\ x_4 \end{pmatrix} = \begin{pmatrix} -3 \\ 0 \\ -14 \\ 34 \end{pmatrix}$$

Nach der Umformung der Matrix $(\boldsymbol{A}|\boldsymbol{b})$ nach dem Gauß-Verfahren kann man erkennen, dass der Rang der Koeffizientenmatrix $\boldsymbol{A}$ und der Rang der erweiterten Koeffizientenmatrix $(\boldsymbol{A}|\boldsymbol{b})$ beide gleich 3 sind. ▶ das LGS ist lösbar

$$\left(\begin{array}{cccc|c} 1 & 0 & 2 & -1 & -3 \\ 0 & 1 & 2 & 3 & 0 \\ 2 & 1 & 7 & -4 & -14 \\ -6 & -4 & -22 & 4 & 34 \end{array}\right)$$

Zeile 1: $|\cdot(-2)$ zu Zeile 3 +; $|\cdot 6$ zu Zeile 4 +

$$\left(\begin{array}{cccc|c} 1 & 0 & 2 & -1 & -3 \\ 0 & 1 & 2 & 3 & 0 \\ 0 & 1 & 3 & -2 & -8 \\ 0 & -4 & -10 & -2 & 16 \end{array}\right)$$

Zeile 2: $|\cdot(-1)$ zu Zeile 3 +; $|\cdot 4$ zu Zeile 4 +

$$\left(\begin{array}{cccc|c} 1 & 0 & 2 & -1 & -3 \\ 0 & 1 & 2 & 3 & 0 \\ 0 & 0 & 1 & -5 & -8 \\ 0 & -4 & -2 & -10 & 16 \end{array}\right)$$

Zeile 3: $|\cdot 2$ zu Zeile 4 +; $|\cdot(-2)$ zu Zeile 1 und Zeile 2 +

$$\left(\begin{array}{cccc|c} 1 & 0 & 0 & 9 & 13 \\ 0 & 1 & 0 & 13 & 16 \\ 0 & 0 & 1 & -5 & -8 \\ 0 & 0 & 0 & 0 & 0 \end{array}\right)$$

▶ $\operatorname{Rg}\boldsymbol{A} = \operatorname{Rg}(\boldsymbol{A}|\boldsymbol{b}) = 3$

Ebenfalls ist sofort zu sehen, dass die ersten 3 Spaltenvektoren der Matrix $\boldsymbol{A}$ linear unabhängig sind; der 4. Spaltenvektor $\boldsymbol{a_4}$ lässt sich aber als Linearkombination der ersten drei Spaltenvektoren darstellen:

$$\boldsymbol{a_4} = 9 \cdot \boldsymbol{a_1} + 13 \cdot \boldsymbol{a_2} - 5 \cdot \boldsymbol{a_3}$$

$$\begin{pmatrix} -1 \\ 3 \\ -4 \\ 4 \end{pmatrix} = 9 \cdot \begin{pmatrix} 1 \\ 0 \\ 2 \\ -6 \end{pmatrix} + 13 \cdot \begin{pmatrix} 0 \\ 1 \\ 1 \\ -4 \end{pmatrix} - 5 \cdot \begin{pmatrix} 2 \\ 2 \\ 7 \\ -22 \end{pmatrix}$$

$\boldsymbol{a_4} = 9 \cdot \boldsymbol{a_1} + 13 \cdot \boldsymbol{a_2} - 5 \cdot \boldsymbol{a_3}$.

Ebenso kann der Spaltenvektor $\boldsymbol{b}$ der erweiterten Koeffizientenmatrix $(\boldsymbol{A}|\boldsymbol{b})$ aus den ersten drei Spaltenvektoren der Matrix $\boldsymbol{A}$ linear kombiniert werden:

$\boldsymbol{b} = 13 \cdot \boldsymbol{a}_1 + 16 \cdot \boldsymbol{a}_2 - 8 \cdot \boldsymbol{a}_3$.

$$\boldsymbol{b} = 13 \cdot \boldsymbol{a}_1 + 16 \cdot \boldsymbol{a}_2 - 8 \cdot \boldsymbol{a}_3$$

$$\begin{pmatrix} -3 \\ 0 \\ -14 \\ 34 \end{pmatrix} = 13 \cdot \begin{pmatrix} 1 \\ 0 \\ 2 \\ -6 \end{pmatrix} + 16 \cdot \begin{pmatrix} 0 \\ 1 \\ 1 \\ -4 \end{pmatrix} - 8 \cdot \begin{pmatrix} 2 \\ 2 \\ 7 \\ -22 \end{pmatrix}$$

Also besteht sowohl die Matrix $\boldsymbol{A}$ also auch die erweiterte Matrix $(\boldsymbol{A}|\boldsymbol{b})$ aus genau drei linear unabhängigen Spaltenvektoren. Der Rang der beiden Matrizen stimmt jeweils mit der Anzahl ihrer linear unabhängigen Vektoren überein.

Beispiel 7.50 b (Nicht-Lösbarkeit von LGS)

Untersuchen Sie, ob das nebenstehende LGS lösbar ist. Ermitteln Sie die Anzahl der linear unabhängigen Spaltenvektoren in der Matrix $\boldsymbol{A}$ und in der erweiterten Matrix $(\boldsymbol{A}|\boldsymbol{b})$ zum LGS und vergleichen Sie diese Anzahl mit $\operatorname{Rg}\boldsymbol{A}$ und $\operatorname{Rg}(\boldsymbol{A}|\boldsymbol{b})$.

$$\begin{aligned} x_1 \quad\quad + 2x_3 - x_4 &= -3 \\ x_2 + 2x_3 + 3x_4 &= 0 \\ 2x_1 + x_2 + 7x_3 - 4x_4 &= -14 \\ -6x_1 - 4x_2 - 22x_3 + 4x_4 &= 35 \end{aligned}$$

Das LGS lässt sich als Matrizengleichung $\boldsymbol{A} \cdot \boldsymbol{x} = \boldsymbol{b}$ schreiben.

$$\begin{pmatrix} 1 & 0 & 2 & -1 \\ 0 & 1 & 2 & 3 \\ 2 & 1 & 7 & -4 \\ -6 & -4 & -22 & 4 \end{pmatrix} \cdot \begin{pmatrix} x_1 \\ x_2 \\ x_3 \\ x_4 \end{pmatrix} = \begin{pmatrix} -3 \\ 0 \\ -14 \\ 34 \end{pmatrix}$$

Nach der Umformung der Matrix $(\boldsymbol{A}|\boldsymbol{b})$ nach dem Gauß-Verfahren kann man erkennen, dass der Rang der Koeffizientenmatrix $\boldsymbol{A}$ gleich 3, der Rang der erweiterten Koeffizientenmatrix $(\boldsymbol{A}|\boldsymbol{b})$ aber gleich 4 ist. ► das LGS ist nicht lösbar

$$\left(\begin{array}{cccc|c} 1 & 0 & 2 & -1 & -3 \\ 0 & 1 & 2 & 3 & 0 \\ 2 & 1 & 7 & -4 & -14 \\ -6 & -4 & -22 & 4 & 35 \end{array}\right)$$

► Operationen wie in Beispiel 7.50 a

$$\left(\begin{array}{cccc|c} 1 & 0 & 0 & 9 & 13 \\ 0 & 1 & 0 & 13 & 16 \\ 0 & 0 & 1 & -5 & -8 \\ 0 & 0 & 0 & 0 & 1 \end{array}\right)$$

► $\operatorname{Rg}\boldsymbol{A} = 3, \operatorname{Rg}(\boldsymbol{A}|\boldsymbol{b}) = 4, n = 4$ ► $\operatorname{Rg}\boldsymbol{A} < \operatorname{Rg}(\boldsymbol{A}|\boldsymbol{b})$

Wie in Beispiel 7.50a lässt sich der 4. Spaltenvektor $\boldsymbol{a}_4$ der Matrix $\boldsymbol{A}$ als Linearkombination der ersten drei Spaltenvektoren darstellen.

$$\boldsymbol{a}_4 = 9 \cdot \boldsymbol{a}_1 + 13 \cdot \boldsymbol{a}_2 - 5 \cdot \boldsymbol{a}_3$$

$$\begin{pmatrix} -1 \\ 3 \\ -4 \\ 4 \end{pmatrix} = 9 \cdot \begin{pmatrix} 1 \\ 0 \\ 2 \\ -6 \end{pmatrix} + 13 \cdot \begin{pmatrix} 0 \\ 1 \\ 1 \\ -4 \end{pmatrix} - 5 \cdot \begin{pmatrix} 2 \\ 2 \\ 7 \\ -22 \end{pmatrix}$$

Ebenso erkennt man aus der umgeformten Matrix $(\boldsymbol{A}|\boldsymbol{b})$, dass $\boldsymbol{b}$ keine Linearkombination der Spaltenvektoren der Matrix $\boldsymbol{A}$ sein kann, weil sonst in der 4. Zeile 1 ein Vielfaches von 0 sein müsste. $\boldsymbol{b}$ ist also linear unabhängig von den ersten drei Spaltenvektoren; die Anzahl der linear unabhängigen Spaltenvektoren in der erweiterten Matrix $(\boldsymbol{A}|\boldsymbol{b})$ ist also 4.

$$\boldsymbol{b} \neq k_1 \cdot \boldsymbol{a}_1 + k_2 \cdot \boldsymbol{a}_2 + k_3 \cdot \boldsymbol{a}_3$$

für jedes $k_1, k_2, k_3 \in \mathbb{R}$

$$\begin{pmatrix} -3 \\ 0 \\ -14 \\ 34 \end{pmatrix} \neq k_1 \cdot \begin{pmatrix} 1 \\ 0 \\ 2 \\ -6 \end{pmatrix} + k_2 \cdot \begin{pmatrix} 0 \\ 1 \\ 1 \\ -4 \end{pmatrix} + k_3 \cdot \begin{pmatrix} 2 \\ 2 \\ 7 \\ -22 \end{pmatrix}$$

Auch hier stimmt der Rang der Matrizen mit der Anzahl ihrer linear unabhängigen Spaltenvektoren überein.

Die aus den Beispielen 7.50 gewonnene Erkenntnis gilt ganz allgemein:

Der Rang einer Matrix $\boldsymbol{A}$ ist gleich der Anzahl ihrer linear unabhängigen Spaltenvektoren.

Damit lässt sich nach den Ergebnissen des Abschnitts 7.2.3 sagen:

Ein **LGS** $\boldsymbol{A} \cdot \boldsymbol{x} = \boldsymbol{b}$ ist genau dann **lösbar**, wenn die Anzahl der linear unabhängigen Spaltenvektoren der Matrix $\boldsymbol{A}$ gleich der Anzahl der linear unabhängigen Spaltenvektoren der erweiterten Matrix $(\boldsymbol{A}|\boldsymbol{b})$ ist; genau dann gilt nämlich $\mathbf{Rg}\boldsymbol{A} = \mathbf{Rg}(\boldsymbol{A}\,|\,\boldsymbol{b})$.

Die folgende Merkregel übersetzt die alte Merkregel aus Abschnitt 7.2.3 unter Verwendung des Begriffs „lineare Unabhängigkeit".

- Der **Rang** einer Matrix $\boldsymbol{A}$ stimmt mit der Anzahl ihrer linear unabhängigen Spaltenvektoren überein.
- Ein LGS $\boldsymbol{A} \cdot \boldsymbol{x} = \boldsymbol{b}$ mit n Variablen ist
  - **lösbar**, wenn die Anzahl der linear unabhängigen Spaltenvektoren der Matrix $\boldsymbol{A}$ gleich der Anzahl der linear unabhängigen Spaltenvektoren der Matrix $(\boldsymbol{A}\,|\,\boldsymbol{b})$ ist;
    ▶ gleichbedeutend mit $\mathrm{Rg}A = \mathrm{Rg}(A|\boldsymbol{b})$
  - **eindeutig lösbar**, wenn die Anzahl der linear unabhängigen Spaltenvektoren der Matrix $\boldsymbol{A}$ und der Matrix $(\boldsymbol{A}|\boldsymbol{b})$ ebenfalls gleich der Zahl für n ist;
    ▶ gleichbleibend mit $\mathrm{Rg}A = \mathrm{Rg}(A|\boldsymbol{b}) = n$
  - **mehrdeutig lösbar**, wenn die Anzahl der linear unabhängigen Spaltenvektoren der Matrix $\boldsymbol{A}$ mit der Anzahl der linear unabhängigen Spaltenvektoren der Matrix $(\boldsymbol{A}\,|\,\boldsymbol{b})$ übereinstimmt, aber kleiner als die Zahl für n ist.
    ▶ gleichbedeutend mit $\mathrm{Rg}A = \mathrm{Rg}(A\,|\,\boldsymbol{b}), \mathrm{Rg}A < n$
- Ein LGS $\boldsymbol{A} \cdot \boldsymbol{x} = \boldsymbol{b}$ mit n Variablen ist
  nicht lösbar, wenn die Anzahl der linear unabhängigen Spaltenvektoren der Matrix $\boldsymbol{A}$ nicht gleich der Anzahl der linear unabhängigen Spaltenvektoren der Matrix $(\boldsymbol{A}\,|\,\boldsymbol{b})$ ist.
  ▶ gleichbedeutend mit $\mathrm{Rg}A \neq \mathrm{Rg}(A\,|\,\boldsymbol{b})$
- Eine Matrix $\boldsymbol{A}$ vom Format $n \times n$ besitzt eine Inverse $\boldsymbol{A}^{-1}$, wenn alle Spaltenvektoren von $\boldsymbol{A}$ linear unabhängig sind.

Alles klar?

Zeigen Sie,

a) dass die Matrizen $\boldsymbol{a}, \boldsymbol{b}$ und $\boldsymbol{c}$ mit $\boldsymbol{a} = \begin{pmatrix} -1 & 2 \\ 0 & 3 \end{pmatrix}$, $\boldsymbol{b} = \begin{pmatrix} 2 & 4 \\ 2 & -2 \end{pmatrix}$ und $\boldsymbol{c} = \begin{pmatrix} 3 & 3 \\ 1 & 4 \end{pmatrix}$ linear unabhängig, und

b) dass die Matrizen $\boldsymbol{a}, \boldsymbol{b}, \boldsymbol{c}$ und $\boldsymbol{d} = \begin{pmatrix} -8 & -16 \\ -3 & -26 \end{pmatrix}$ linear abhängig sind.

Übungen zu 7.2.4

1 Zeigen Sie, dass sich die Vektoren für $\boldsymbol{b}$ als Linearkombination der Vektoren $\begin{pmatrix} 2 \\ 3 \\ -4 \end{pmatrix}$, $\begin{pmatrix} -2 \\ -1 \\ 4 \end{pmatrix}$ und $\begin{pmatrix} 6 \\ 1 \\ -10 \end{pmatrix}$ darstellen lassen.

a) $\boldsymbol{b} = \begin{pmatrix} 6 \\ 3 \\ -10 \end{pmatrix}$ b) $\boldsymbol{b} = \begin{pmatrix} 30 \\ 19 \\ -52 \end{pmatrix}$ c) $\boldsymbol{b} = \begin{pmatrix} 2 \\ -11 \\ -6 \end{pmatrix}$ d) $\boldsymbol{b} = \begin{pmatrix} -60 \\ -8 \\ 100 \end{pmatrix}$

2 Zeigen Sie, dass sich der Vektor $\begin{pmatrix} 1 \\ 6 \\ -2 \\ 18 \end{pmatrix}$, nicht aber der Vektor $\begin{pmatrix} 1 \\ 6 \\ -2 \\ 19 \end{pmatrix}$ als Linearkombination der Vektoren $\begin{pmatrix} 1 \\ 2 \\ 0 \\ 3 \end{pmatrix}$, $\begin{pmatrix} 3 \\ 8 \\ 2 \\ 9 \end{pmatrix}$ und $\begin{pmatrix} 1 \\ 4 \\ 4 \\ -2 \end{pmatrix}$ darstellen lassen.

3 Zeigen Sie, dass sich der Vektor $\begin{pmatrix} 1 \\ 6 \\ 4 \end{pmatrix}$ auf unendlich viele Arten als Linearkombination der Vektoren $\begin{pmatrix} 1 \\ 2 \\ 0 \end{pmatrix}$, $\begin{pmatrix} 3 \\ 8 \\ 2 \end{pmatrix}$ und $\begin{pmatrix} 1 \\ 4 \\ 2 \end{pmatrix}$ darstellen lässt.

4 Bestimmen Sie diejenige reelle Zahl für den Parameter a, für die der jeweils letzte Vektor eine Linearkombination der vorherigen Vektoren ist.

a) $\begin{pmatrix} 1 \\ 0 \\ 0 \end{pmatrix}$, $\begin{pmatrix} 2 \\ a \\ 0 \end{pmatrix}$

b) $\begin{pmatrix} 1 \\ 1 \\ a \end{pmatrix}$, $\begin{pmatrix} 1 \\ a \\ -1 \end{pmatrix}$, $\begin{pmatrix} 2a \\ 2 \\ -1 \end{pmatrix}$

c) $\begin{pmatrix} 0 \\ 1 \\ 0 \end{pmatrix}$, $\begin{pmatrix} 0 \\ 1 \\ a \end{pmatrix}$, $\begin{pmatrix} a \\ 0 \\ 1 \end{pmatrix}$

d) $\begin{pmatrix} a \\ 1 \\ a+1 \end{pmatrix}$, $\begin{pmatrix} a \\ 2 \\ a+2 \end{pmatrix}$, $\begin{pmatrix} a \\ 3 \\ a+3 \end{pmatrix}$

5 Zeigen Sie, dass ein einzelner Vektor genau dann linear unabhängig ist, wenn er nicht der Nullvektor ist.

6 Zeigen Sie: Sind $\boldsymbol{a}_1, \boldsymbol{a}_2, \ldots, \boldsymbol{a}_n$ linear unabhängige Spaltenvektoren einer Matrix $\boldsymbol{A}$, dann gilt: $\mathrm{Rg}\boldsymbol{A} = n$.

7 Begründen Sie, dass drei Vektoren $\boldsymbol{a}_1, \boldsymbol{a}_2,$ und $\boldsymbol{a}_3$ linear abhängig sind, wenn $\boldsymbol{a}_1 = k \cdot \boldsymbol{a}_3$ mit $k \in \mathbb{R}$ ist.

8 Begründen Sie, dass Vektoren $\boldsymbol{a}_1, \ldots, \boldsymbol{a}_{n+1}$ linear abhängig sind, wenn $\boldsymbol{a}_1, \boldsymbol{a}_2, \ldots, \boldsymbol{a}_n$ linear abhängig sind.

7.2.5 Lineare Matrizengleichungen

In der Arithmetik nennt man Gleichungen der Form $a \cdot x + b = c$ mit a, b, $c \in \mathbb{R}$ lineare Gleichungen mit der Gleichungsvariablen $x (x \in \mathbb{R})$. Entsprechend nennt man die Gleichung der Form $\boldsymbol{A} \cdot \boldsymbol{X} + \boldsymbol{B} = \boldsymbol{C}$ mit den Matrizen $\boldsymbol{A}$, $\boldsymbol{B}$ und $\boldsymbol{C}$ sowie der Matrizenvariablen $\boldsymbol{X} (\boldsymbol{X} \in \mathbb{M}$; $\mathbb{M}$ Menge aller Matrizen) eine **lineare Matrizengleichung (LMG)**.

Im Unterschied zu linearen Gleichungen in der Arithmetik müssen bei linearen Matrizengleichungen Bedingungen an die Formate der Matrizen gestellt werden, damit die Matrizenverknüpfungen ausführbar sind.

Ist $\boldsymbol{A}$ eine $m \times r$-Matrix, dann muss $\boldsymbol{X}$ für eine $r \times n$-Matrix stehen, damit das Produkt ausführbar ist, zudem muss $\boldsymbol{B}$ das Format $m \times n$ haben, damit die Addition ausführbar ist. Daraus folgt, dass $\boldsymbol{C}$ auch das Format $m \times n$ haben muss. Ist eine dieser Voraussetzungen verletzt, dann ist die Matrizengleichung $\boldsymbol{A} \cdot \boldsymbol{X} + \boldsymbol{B} = \boldsymbol{C}$ *nicht* lösbar.

Im Folgenden sollen daher dieVoraussetzungen erfüllt sein, die an die Formate der Matrizen gestellt werden müssen, damit die Gleichungen überhaupt lösbar sein können.

Wie in der Arithmetik die Frage nach der Lösbarkeit der Gleichung $a \cdot x + b = c$ darauf zurückgeführt werden kann, in welchem Fall die Gleichung $a \cdot x = c - b$ lösbar ist, so reduziert sich auch bei linearen Matrizengleichungen das Problem auf die Frage nach der Lösbarkeit von Gleichungen des Typs $\boldsymbol{A} \cdot \boldsymbol{X} = \boldsymbol{C} - \boldsymbol{B}$ und damit letztlich von Gleichungen des Typs $\boldsymbol{A} \cdot \boldsymbol{X} = \boldsymbol{B}$.

Die Lösungsvielfalt bei einer linearen Gleichung $a \cdot x = b$ in der Arithmetik ist in der nebenstehenden Tabelle dargestellt.

	$b = 0$	$b \neq 0$
$a = 0$	$L = \mathbb{R}$	$L = \{\,\}$
$a \neq 0$	$L = \{0\}$	$L = \left\{\frac{b}{a}\right\}$

Bei linearen Matrizengleichungen kann man eine entsprechende Tabelle erst einmal nur unvollständig füllen.

Wenn $\boldsymbol{A}$ die Nullmatrix ist, ist jedes Produkt mit $\boldsymbol{A}$ ebenfalls die Nullmatrix. Daher hat die Gleichung $\boldsymbol{A} \cdot \boldsymbol{X} = \boldsymbol{B}$ keine Lösung für $\boldsymbol{B} \neq \boldsymbol{0}$ und unendlich viele Lösungen für $\boldsymbol{B} = \boldsymbol{0}$.

	$\boldsymbol{B} = \boldsymbol{0}$	$\boldsymbol{B} \neq \boldsymbol{0}$
$\boldsymbol{A} = \boldsymbol{0}$	$L = \mathbb{M}$	$L = \{\,\}$
$\boldsymbol{A} \neq \boldsymbol{0}$	1. Fall	2. Fall

Im Unterschied zur Arithmetik, in der in den Fällen für $a \neq 0$ die Gleichung nur durch a dividiert bzw. mit a^{-1} multipliziert zu werden braucht, um die Lösung ablesen zu können, kann man bei einer LMG mit $\boldsymbol{A} \neq \boldsymbol{0}$ noch nicht einmal entscheiden, ob die Gleichung lösbar ist, weil einerseits die Matrizendivision nicht definiert ist und andererseits das inverse Element $\boldsymbol{A}^{-1}$ der Matrizenmultiplikation höchstens bei quadratischen Matrizen existiert.

Die Entscheidung über die Lösbarkeit von LMG lässt sich aber auf die Lösbarkeit von LGS zurückführen: Die LMG $\boldsymbol{A} \cdot \boldsymbol{X} = \boldsymbol{B}$, bei der $\boldsymbol{A}$ das Format $m \times r$ und $\boldsymbol{X}$ das Format $r \times n$ besitzt (und damit $\boldsymbol{B}$ das Format $m \times n$), kann in ein LGS mit $r \cdot n$ Variablen und $m \cdot n$ Gleichungen überführt werden, bei dem sich mit den bisher bekannten Mitteln immer entscheiden lässt, ob es lösbar ist oder nicht.

Beispiel 7.51 (für den 1. Fall)

Begründen Sie, warum die LMG $\begin{pmatrix} 4 & 3 & -1 \\ 0 & 6 & 2 \end{pmatrix} \cdot \boldsymbol{X} = \boldsymbol{0}$ mehrdeutig lösbar ist.

Es gilt trivialerweise:
Die LMG ist immer mit $\boldsymbol{0}$ für $\boldsymbol{X}$ lösbar.

$$\begin{pmatrix} 4 & 3 & -1 \\ 0 & 6 & 2 \end{pmatrix} \cdot \begin{pmatrix} x_{11} & x_{12} \\ x_{21} & x_{22} \\ x_{31} & x_{32} \end{pmatrix} = \begin{pmatrix} 0 & 0 \\ 0 & 0 \end{pmatrix}$$

Sie ist aber nicht eindeutig lösbar, weil ein LGS mit mehr Variablen als Gleichungen entsteht. ▶ Abschnitt 7.2.3

x_{11}	x_{21}	x_{31}	x_{12}	x_{22}	x_{32}	
4	3	−1	0	0	0	0
0	0	0	4	3	−1	0
0	6	2	0	0	0	0
0	0	0	0	6	2	0

Da das LMG also mehrdeutig lösbar ist, muss es außer der Nullmatrix noch andere Matrizen als Lösung geben. Aus dem Beispiel 7.51 folgt, dass im Unterschied zur Arithmetik ein Produkt von 2 Matrizen $\boldsymbol{0}$ sein kann, ohne dass einer der Faktoren $\boldsymbol{0}$ sein muss. ▶ Übungsaufgabe 4

Anmerkung:
Es lässt sich zeigen, dass die LMG $\boldsymbol{A} \cdot \boldsymbol{X} = \boldsymbol{B}$, wobei $\boldsymbol{A}$ vom Format $m \times r$ ist, mehrdeutig lösbar ist, falls $\text{Rg}\boldsymbol{A} = \text{Rg}(\boldsymbol{A}|\boldsymbol{B}) < r$ gilt. Dabei ist $\text{Rg}(\boldsymbol{A}|\boldsymbol{B})$ die Verallgemeinerung der Schreibweise $\text{Rg}(\boldsymbol{A}\,|\,\boldsymbol{b})$ bei LGS.

Beispiel 7.52 (für den 2. Fall)

Ermitteln Sie, falls vorhanden, die Lösung der LMG $\begin{pmatrix} 4 & -2 \\ 3 & 1 \\ -6 & 0 \end{pmatrix} \cdot \boldsymbol{X} = \begin{pmatrix} 6 & -8 \\ 7 & 4 \\ -12 & 0 \end{pmatrix}$.

Die LMG kann zurückgeführt werden auf ein LGS mit 4 Variablen und 6 Gleichungen, aus dem sich sofort die Lösung ablesen lässt:

$$\begin{pmatrix} 4 & -2 \\ 3 & 1 \\ -6 & 0 \end{pmatrix} \cdot \begin{pmatrix} x_{11} & x_{12} \\ x_{21} & x_{22} \end{pmatrix} = \begin{pmatrix} 6 & -8 \\ 7 & 4 \\ -12 & 0 \end{pmatrix}$$

x_{11}	x_{21}	x_{31}	x_{12}		
4	−2	0	0	6	▶ b_{11}
0	0	4	−2	−8	▶ b_{12}
3	1	0	0	7	▶ b_{21}
0	0	3	1	4	▶ b_{22}
−6	0	0	0	−12	▶ b_{31}
0	0	−6	0	0	▶ b_{32}

$x_{11} = 2; x_{12} = 0; x_{21} = -2; x_{22} = 4.$

Die LMG ist also eindeutig lösbar mit $\begin{pmatrix} 2 & 0 \\ 1 & 4 \end{pmatrix}$ für X.

Die Zurückführung der LMG $\boldsymbol{A} \cdot \boldsymbol{X} = \boldsymbol{B}$ auf ein LGS ist meistens sehr arbeitsaufwändig. Deshalb versucht man, diese Vorgehensweise zu vermeiden, wenn $\boldsymbol{A}$ eine quadratische Matrix ist.

Hat man nämlich nachgeprüft, dass $\boldsymbol{A}$ invertierbar ist, dann lässt sich die (eindeutige) Lösung für $\boldsymbol{X}$ durch die linksseitige Multiplikation mit $\boldsymbol{A}^{-1}$ ermitteln.

$\boldsymbol{A} \cdot \boldsymbol{X} = \boldsymbol{B}$ ▶ $\boldsymbol{A}$ und $\boldsymbol{B}$ sind $n \times n$-Matrizen
Annahme: $\boldsymbol{A}$ besitzt Inverse $\boldsymbol{A}^{-1}$

$$\boldsymbol{A}^{-1} \cdot \boldsymbol{A} \cdot \boldsymbol{X} = \boldsymbol{A}^{-1} \cdot \boldsymbol{B} \quad ▶ \quad \boldsymbol{A}^{-1} \cdot \boldsymbol{A} = \boldsymbol{E}$$
$$\Rightarrow \quad \boldsymbol{E} \cdot \boldsymbol{X} = \boldsymbol{A}^{-1} \cdot \boldsymbol{B} \quad ▶ \quad \boldsymbol{E} \cdot \boldsymbol{X} = \boldsymbol{X}$$
$$\boldsymbol{X} = \boldsymbol{A}^{-1} \cdot \boldsymbol{B}$$

7

Anmerkungen:

- Im vorstehenden Beispiel muss mit A^{-1} von **links** multipliziert werden, da die Multiplikation mit A^{-1} von rechts $(A \cdot X \cdot A^{-1})$ nicht zur Isolierung von X auf der linken Seite der Gleichung führen würde.
- Zur Lösung der Gleichung $X \cdot A = B$ müssten beide Seiten der Gleichung von rechts mit A^{-1} multipliziert werden ($\Rightarrow X = B \cdot A^{-1}$).

▶ Abschnitt 7.1.2, Matrizenmultiplikation ist i.A. nicht kommutativ.

Alles klar?

Ermitteln Sie, falls vorhanden, die Lösung der LMG: $\begin{pmatrix} 1 & 2 & 3 \\ 1 & 1 & 2 \\ 2 & 1 & 4 \end{pmatrix} \cdot X = \begin{pmatrix} -1 & 7 \\ -1 & 6 \\ -5 & 12 \end{pmatrix}$.

Übungen zu 7.2.5

1 Begründen Sie, warum die LMG nicht lösbar sind.

a) $\begin{pmatrix} 3 & 1 \\ 4 & -2 \end{pmatrix} \cdot X = \begin{pmatrix} 4 & 3 \\ 7 & 1 \\ -2 & 0 \end{pmatrix}$

b) $\begin{pmatrix} 2 & 4 & -7 & 6 \\ 3 & 1 & 4 & 1 \\ 0 & 4 & 3 & 5 \end{pmatrix} \cdot X + \begin{pmatrix} 7 & 3 & 4 \\ 5 & 1 & -3 \end{pmatrix} = \begin{pmatrix} 6 & -2 & 0 \\ 0 & 3 & 1 \\ 4 & 5 & 7 \end{pmatrix}$

2 Ermitteln Sie, falls vorhanden, die Lösungsmenge der LMG.

a) $5 \cdot X = \begin{pmatrix} 30 & -20 & 10 \\ 5 & 3 & 0 \end{pmatrix}$

b) $\begin{pmatrix} 1 & 3 \\ -2 & -2 \end{pmatrix} \cdot X = \begin{pmatrix} 0 \\ 0 \end{pmatrix}$

c) $\begin{pmatrix} 1 & 3 \\ -2 & -2 \end{pmatrix} \cdot X = \begin{pmatrix} 0 & 0 \\ 0 & 0 \end{pmatrix}$

d) $\begin{pmatrix} 1 & 3 \\ -2 & -2 \end{pmatrix} \cdot X = \begin{pmatrix} -13 & 36 & 6 \\ 6 & -28 & -4 \end{pmatrix}$

e) $\begin{pmatrix} 1 & 3 \\ -2 & -2 \end{pmatrix} \cdot X + \begin{pmatrix} 2 & 0 \\ -3 & 5 \end{pmatrix} = \begin{pmatrix} 0 & 6 \\ -7 & -3 \end{pmatrix}$

f) $\begin{pmatrix} 0 & 0 \\ 0 & 0 \end{pmatrix} \cdot X \begin{pmatrix} 0 & 0 \\ 0 & 0 \end{pmatrix}$

g) $\begin{pmatrix} 0 & 0 \\ 0 & 0 \end{pmatrix} \cdot X = \begin{pmatrix} 2 \\ 3 \end{pmatrix}$

h) $(3, 4, 7) \cdot X = 3$

i) $\begin{pmatrix} 1 & 1 & 1 \\ 0 & 1 & 1 \\ 4 & 2 & 4 \end{pmatrix} \cdot X = \begin{pmatrix} 12 \\ 8 \\ 40 \end{pmatrix}$

j) $\begin{pmatrix} 1 & 1 & 1 \\ 0 & 1 & 1 \\ 4 & 2 & 4 \end{pmatrix} \cdot X = \begin{pmatrix} 7 & 5 \\ 1 & 4 \\ 32 & 12 \end{pmatrix}$

k) $\begin{pmatrix} 1 & 1 & 1 \\ 0 & 1 & 1 \\ 4 & 2 & 4 \end{pmatrix} \cdot X = \begin{pmatrix} 2 & 12 & 4 & 2 & 7 \\ -5 & 12 & 0 & 1 & 1 \\ 2 & 34 & 20 & 8 & 28 \end{pmatrix}$

l) $\begin{pmatrix} 1 & 2 & 3 \\ 1 & 1 & 2 \\ 2 & 1 & 4 \end{pmatrix} \cdot X + \begin{pmatrix} 6 & -2 \\ 3 & 4 \\ 1 & -7 \end{pmatrix} = \begin{pmatrix} 5 & 5 \\ 4 & 10 \\ 5 & 5 \end{pmatrix}$

m) $\begin{pmatrix} 4 & -2 \\ 3 & 1 \\ -6 & 0 \end{pmatrix} \cdot X = \begin{pmatrix} 6 & -8 \\ 7 & 4 \\ -14 & 0 \end{pmatrix}$

n) $\begin{pmatrix} 1 & 2 \\ 0 & 0 \end{pmatrix} \cdot X = \begin{pmatrix} 0 & 0 \\ 0 & 0 \end{pmatrix}$

o) $X \cdot \begin{pmatrix} 1 & -1 & 0 \\ 2 & 0 & -0{,}5 \\ -2 & 1 & 0{,}5 \end{pmatrix} = \begin{pmatrix} 4 & 1 & -0{,}5 \\ 10 & -8 & -1 \end{pmatrix}$

3 Lösen Sie die LMG nach der Variablen X auf. Unterstellen Sie dabei, dass alle dazu notwendigen Inversen existieren.

a) $A \cdot X = B$ b) $X \cdot A = B$ c) $A \cdot X + B = C$ d) $A \cdot X + B = X$

e) $B \cdot X \cdot C + 3 \cdot A = D$ f) $A \cdot X + C = B \cdot X$ g) $A + B \cdot X \cdot D = C \cdot X \cdot D$

4 Ermitteln Sie, welche Beziehung zwischen den Elementen der Matrix A vom Format 2×2 bestehen muss, damit die Gleichung $A \cdot X = 0$ von Matrizen für X erfüllt wird, die nicht die Nullmatrix sind.

7.2.6 Stochastische Matrizen

Viele dynamische Prozesse bewirken im Laufe der Zeit Zustandsveränderungen, die mithilfe von Matrizen dargestellt werden können. Da man mit diesen Matrizen den Übergang von einem Zustand in den nächsten erfasst, nennt man sie **Übergangsmatrizen**.

Beispiel 7.53 (Populationsentwicklung bei Mäusen)

Ein neugeborenes Mäusepaar ist nach 6 Wochen geschlechtsreif und bringt bis zu 4 neue Mäusepaare zur Welt, immer ein männliches und ein weibliches Tier. Nimmt man an, dass keine Umweltfaktoren diese Fortpflanzungsregeln beeinflussen (dass insbesondere kein Tier stirbt), dann lässt sich mithilfe von Matrizen berechnen, wie viele Tiere nach einer bestimmten Zeit existieren, wenn der Anfangszustand gegeben ist.
Ermitteln Sie die Größe der Population nach 6, 12, 18 und 24 Wochen, wenn am Anfang ein erwachsenes Mäusepaar existiert.

Die Fortpflanzungsregel kann man als Graph veranschaulichen. Die Zahlen an den Verbindungslinien bedeuten:

- Jedes Jungtierpaar wird zu einem fortpflanzungsfähigen Paar (**1**).
- Jungtierpaare bringen keine Jungtierpaare zur Welt (0).
- Erwachsene Paare bleiben erwachsene Paare (1).
- Erwachsene Paare bringen 4 Jungtierpaare zur Welt (4).

x steht für die aktuelle Anzahl der Jungtierpaare,
y steht für die aktuelle Anzahl der fortpflanzungsfähigen Paare.

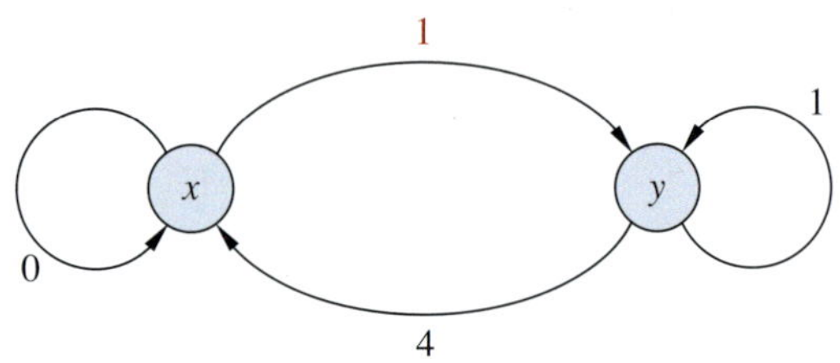

Dieser Graph lässt sich auch als Übergangsmatrix darstellen. Geht man von einem erwachsenen Paar zu Beginn der Fortpflanzungskette aus ($\begin{pmatrix} 0 \\ 1 \end{pmatrix}$ beschreibt den Anfangszustand), dann gibt es nach 6 Wochen 5 Paare, nämlich das erwachsene Paar und 4 Jungtierpaare.

$\begin{pmatrix} 0 & 4 \\ 1 & 1 \end{pmatrix}$ ► **Übergangsmatrix**

$\begin{pmatrix} y \\ x \end{pmatrix}$ ► **Zustandsvektor** $\begin{pmatrix} 0 \\ 1 \end{pmatrix}$ ► Anfangszustand

Zustand nach 6 Wochen:

$$\begin{pmatrix} 0 & 4 \\ 1 & 1 \end{pmatrix} \cdot \begin{pmatrix} 0 \\ 1 \end{pmatrix} = \begin{pmatrix} 4 \\ 1 \end{pmatrix}$$

Nach weiteren 6 Wochen sind aus den 4 Jungtierpaaren 4 erwachsene geworden, das alte erwachsene Paar ist nicht gestorben und hat wieder 4 Jungtierpaare zur Welt gebracht.

Zustand nach 12 Wochen:

$$\begin{pmatrix} 0 & 4 \\ 1 & 1 \end{pmatrix} \cdot \begin{pmatrix} 4 \\ 1 \end{pmatrix} = \begin{pmatrix} 4 \\ 5 \end{pmatrix}$$

Nach 18 Wochen existieren schon 29 Mäusepaare, davon 9 erwachsene.

Zustand nach 18 Wochen:

$$\begin{pmatrix} 0 & 4 \\ 1 & 1 \end{pmatrix} \cdot \begin{pmatrix} 4 \\ 5 \end{pmatrix} = \begin{pmatrix} 20 \\ 9 \end{pmatrix}$$

6 Wochen später hat sich die Anzahl der Paare auf 65 erhöht: Die 9 erwachsenen Paare haben 36 Jungtierpaare zur Welt gebracht und zu den 9 erwachsenen Paaren sind 20 ehemalige Jungtierpaare dazugekommen.

Zustand nach 24 Wochen:

$$\begin{pmatrix} 0 & 4 \\ 1 & 1 \end{pmatrix} \cdot \begin{pmatrix} 20 \\ 9 \end{pmatrix} = \begin{pmatrix} 36 \\ 29 \end{pmatrix}$$

7

Eine besondere Art der Übergangsmatrizen sind die **stochastischen Matrizen**. Man verwendet sie, um Übergangswahrscheinlichkeiten zwischen verschiedenen Zuständen zu beschreiben.

Beispiel 7.54 (Wahlergebnisse)

In einem Land mit 3 politischen Parteien A, B und C soll gewählt werden. Analysen vergangener Wahlen haben ergeben, dass immer 10% der Wahlberechtigten, die A gewählt haben, bei der nächsten Wahl zur Partei B und 5% zur Partei C wechseln werden; von denjenigen, die B gewählt haben, werden beim nächsten Mal 10% zu A und 10% zu C wechseln; von denen, die C gewählt haben, werden 5% zu A und 5% zu B überlaufen.

Berechnen Sie die Anzahl der Wähler der einzelnen Parteien und die Wahlergebnisse in Prozent der nächsten 3 Wahlen, wenn sowohl das Wahlverhalten als auch die Anzahl der 40.000.000 Wahlberechtigten konstant bleiben. Die Ergebnisse der letzten Wahl: 40% stimmten für Partei A, 40% für Partei B und 20% für Partei C.

Das Wahlverhalten und der Anfangszustand lassen sich in einer Tabelle zusammenfassen, aus der die **Übergangsmatrix** und der **erste Zustandsvektor** abgeleitet werden. Da sich alle Prozentzahlen einer Spalte auf die Anzahl der Wähler der jeweiligen Partei beziehen, *muss* die Summe aus den Elementen jeder Spalte jeweils 1 sein.

nach \ von	A	B	C	Anzahl der Wähler
A	0,85	0,10	0,05	16 Mio.
B	0,10	0,80	0,05	16 Mio.
C	0,05	0,10	0,90	8 Mio.

Eine Übergangsmatrix, in der jede Spaltensumme 1 ergibt und kein Matrixelement negativ ist, nennt man eine **stochastische Übergangsmatrix** oder kurz auch **stochastische Matrix**.

Übergangsmatrix:
$$\begin{pmatrix} 0{,}85 & 0{,}10 & 0{,}05 \\ 0{,}10 & 0{,}80 & 0{,}05 \\ 0{,}05 & 0{,}10 & 0{,}90 \end{pmatrix}$$

1. Zustandsvektor:
$$\begin{pmatrix} 16\text{ Mio.} \\ 16\text{ Mio.} \\ 8\text{ Mio.} \end{pmatrix}$$

Zur Berechnung der nächsten 3 Wahlergebnisse werden die jeweiligen Zustandsvektoren mit der stochastischen Übergangsmatrix von links multipliziert. Bezieht man die einzelnen Elemente des jeweiligen Zustandsvektors auf die Anzahl der Wahlberechtigten (40 Mio.), dann erhält man das Wahlergebnis in Prozent.

1. Wahl:
$$\begin{pmatrix} 0{,}85 & 0{,}10 & 0{,}05 \\ 0{,}10 & 0{,}80 & 0{,}05 \\ 0{,}05 & 0{,}10 & 0{,}90 \end{pmatrix} \cdot \begin{pmatrix} 16\text{ Mio.} \\ 16\text{ Mio.} \\ 8\text{ Mio.} \end{pmatrix} = \begin{pmatrix} 15.600.000 \\ 14.800.000 \\ 9.600.000 \end{pmatrix} \mathrel{\hat{=}} \begin{pmatrix} 39\% \\ 37\% \\ 24\% \end{pmatrix}$$

2. Wahl:
$$\begin{pmatrix} 0{,}85 & 0{,}10 & 0{,}05 \\ 0{,}10 & 0{,}80 & 0{,}05 \\ 0{,}05 & 0{,}10 & 0{,}90 \end{pmatrix} \cdot \begin{pmatrix} 15{,}6\text{ Mio.} \\ 14{,}8\text{ Mio.} \\ 9{,}6\text{ Mio.} \end{pmatrix} = \begin{pmatrix} 15.220.000 \\ 13.880.000 \\ 10.900.000 \end{pmatrix}$$
$$\mathrel{\hat{=}} \begin{pmatrix} 38{,}05\% \\ 34{,}70\% \\ 27{,}25\% \end{pmatrix}$$

Das Wahlergebnis verschiebt sich von Wahl zu Wahl immer weiter zu Gunsten von Partei C: Von ehemals 20% Wählerstimmen erhöht sich der Anteil für C auf fast 30% nach 3 weiteren Wahlgängen. Entsprechend sinken die Anteile der Parteien A und B von 40% auf ca. 37% bzw. von 40% auf ca. 33%.

3. Wahl:
$$\begin{pmatrix} 0{,}85 & 0{,}10 & 0{,}05 \\ 0{,}10 & 0{,}80 & 0{,}05 \\ 0{,}05 & 0{,}10 & 0{,}90 \end{pmatrix} \cdot \begin{pmatrix} 15{,}22\text{ Mio.} \\ 13{,}88\text{ Mio.} \\ 10{,}9\text{ Mio.} \end{pmatrix} = \begin{pmatrix} 14.870.000 \\ 13.171.000 \\ 11.959.000 \end{pmatrix}$$
$$\mathrel{\hat{=}} \begin{pmatrix} 37{,}175\% \\ 32{,}9275\% \\ 29{,}8975\% \end{pmatrix}$$

Die Aneinanderreihung der Ergebnisse aus den wiederholten Anwendungen einer stochastischen Übergangsmatrix auf einen Zustandsvektor nennt man eine **Markov-Kette** nach dem russischen Mathematiker ANDREI ANDREJEWITSCH MARKOV (1856 – 1922): $\begin{pmatrix} 15.600.000 \\ 14.800.000 \\ 9.600.000 \end{pmatrix}, \begin{pmatrix} 15.220.000 \\ 13.880.000 \\ 10.900.000 \end{pmatrix}, \begin{pmatrix} 14.870.000 \\ 13.171.000 \\ 11.959.000 \end{pmatrix}$.

Bezeichnet man die stochastische Übergangsmatrix mit S und den anfänglichen Zustandsvektor mit v, dann lässt sich die **Markov-Kette** auch allgemein beschreiben als:
$S \cdot v, S \cdot S \cdot v, S \cdot S \cdot S \cdot v, \ldots$ bzw. als $S \cdot v, S^2 \cdot v, S^3 \cdot v, \ldots$

Aus dem letzten Beispiel 7.54 erkennt man, dass die Zuwächse der Partei C und die Abnahmen bei den Parteien A und B immer geringer werden. Das legt die Vermutung nahe, dass es einen Zustand gibt, aus dem heraus keine Veränderungen mehr stattfinden.

Beispiel 7.55 (Verteilung von Rädern im Gleichgewicht)

Eine Kleinstadt im Münsterland stellt der Bevölkerung 500 Fahrräder an 3 Einstellplätzen zur Verfügung: am Bahnhof (B), am Rathaus (R) und am Rand der Fußgängerzone (F). Die Räder müssen am Tag der Ausleihe spätestens bis 22:00 Uhr wieder an einem der Standorte B, R oder F abgestellt werden.

Nach einem Monat stellt man fest, dass viele Räder täglich ihren Standort wechseln und zwar immer nach demselben Schema: Von den am Bahnhof entliehenen Rädern werden 5% am Rathaus und 25% an der Fußgängerzone zurückgestellt.

Von den am Rathaus entliehenen Rädern werden 30% am Bahnhof und 20% an der Fußgängerzone zurückgestellt. Von den an der Fußgängerzone entliehenen Rädern werden jeweils 10% am Rathaus und am Bahnhof zurückgestellt.

Der städtische Mathematiker Dr. Nietenschil erhält daraufhin den Auftrag, auf der Grundlage dieses Verhaltens die Räder grundsätzlich so deponieren zu lassen, dass am nächsten Tag an denselben Stellen jeweils dieselbe Anzahl zur Verfügung stehen.

Die Aufgabe besteht darin, in der Markov-Kette zwei Mal nacheinander **dasselbe Kettenglied** zu erhalten (und damit auch immer wieder danach). Das bedeutet, dass die Multiplikation eines Zustandsvektors mit der stochastischen Matrix von links wieder **denselben Zustandsvektor** ergeben muss.

Stochastische Übergangsmatrix:

$$S = \begin{pmatrix} 0{,}70 & 0{,}30 & 0{,}10 \\ 0{,}05 & 0{,}50 & 0{,}10 \\ 0{,}25 & 0{,}20 & 0{,}80 \end{pmatrix}$$

1. Zustandsvektor:

$$v = \begin{pmatrix} f_B \\ f_R \\ f_F \end{pmatrix}$$

Bedingung: $S \cdot v = v$

$$\begin{pmatrix} 0{,}70 & 0{,}30 & 0{,}10 \\ 0{,}05 & 0{,}50 & 0{,}10 \\ 0{,}25 & 0{,}20 & 0{,}80 \end{pmatrix} \cdot \begin{pmatrix} f_B \\ f_R \\ f_F \end{pmatrix} = \begin{pmatrix} f_B \\ f_R \\ f_F \end{pmatrix}$$

$$\begin{aligned} & 0{,}7\ f_B + 0{,}3 f_R + 0{,}1 f_F = f_B \\ \Leftrightarrow\ & 0{,}05 f_B + 0{,}5 f_R + 0{,}1 f_R = f_R \\ & 0{,}25 f_B + 0{,}2 f_R + 0{,}8 f_F = f_F \end{aligned}$$

Diese Bedingung führt zu einem Gleichungssystem, das in ein **homogenes lineares Gleichungssystem** (LGS) überführt werden kann.

▶ LGS immer lösbar

$$\begin{aligned} & -0{,}3f_B + 0{,}3f_R + 0{,}1f_F = 0 \\ \Leftrightarrow\ & 0{,}05f_B - 0{,}5f_R + 0{,}1f_F = 0 \\ & 0{,}25f_B + 0{,}2f_R - 0{,}2f_F = 0 \end{aligned}$$

$$\left.\begin{array}{rrr|r} -3 & 3 & 1 & 0 \\ 0{,}5 & -5 & 1 & 0 \\ 2{,}5 & 2 & -2 & 0 \end{array}\right. \sim \left.\begin{array}{rrr|r} -3 & 3 & 1 & 0 \\ 3{,}5 & -8 & 0 & 0 \\ -3{,}5 & 8 & 0 & 0 \end{array}\right.$$

Der Rang dieses LGS ist 2, die Anzahl der Variablen 3; das homogene LGS ist also mehrdeutig lösbar.

$$\sim \left.\begin{array}{rrr|r} -1{,}6875 & 0 & 1 & 0 \\ -0{,}4374 & 1 & 0 & 0 \\ 0 & 0 & 0 & 0 \end{array}\right. \Leftrightarrow \begin{aligned} f_R &= 0{,}4375 \cdot f_B \\ f_F &= 1{,}6875 \cdot f_B \end{aligned}$$

▶ homogenes LGS mit $\operatorname{Rg} \boldsymbol{S} = 2$, $n = 3$

Nimmt man als zusätzliche Bedingung hinzu, dass die Anzahl aller Fahrräder 500 ist, dann müssen 160 am Bahnhof, 70 am Rathaus und 270 an der Fußgängerzone deponiert werden.

$$\begin{aligned} & f_B + f_R + f_F = 500 \\ \Leftrightarrow\ & f_B + 0{,}4375f_B + 1{,}6875f_B = 500 \\ \Leftrightarrow\ & f_B = \mathbf{160} \Rightarrow f_R = \mathbf{70} \text{ und } f_F = \mathbf{270} \end{aligned}$$

Allgemein gilt:

- **Übergangsmatrizen** sind quadratische Matrizen, die den Übergang von einem Zustand in den nächsten erfassen.
- **Stochastische Matrizen** beschreiben **Übergangswahrscheinlichkeiten** zwischen verschiedenen Zuständen. In einer stochastischen Matrix ist kein Element negativ und jede Spaltensumme 1.
- Die Aneinanderreihung der Ergebnisse aus den wiederholten Anwendungen einer stochastischen Übergangsmatrix auf einen Zustandsvektor nennt man eine **Markov-Kette**.
- In der Gleichung $\boldsymbol{S} \cdot \boldsymbol{v} = \boldsymbol{v}$ mit der Übergangsmatrix $\boldsymbol{S}$ beschreibt der **Fixvektor** $\boldsymbol{v}$ den Zustand, der nach jedem Übergang wieder erreicht wird.

Alles klar?

Ein Unternehmen, das Pkw vermietet, unterhält in den Städten Hamburg, Essen und München Niederlassungen, die sowohl Pkw vermieten als auch vermietete Pkw wieder zurücknehmen. Aus Erfahrung schätzt man, dass ein Wagen, der in Hamburg vermietet wird, mit einer Wahrscheinlichkeit von 10% in München und mit einer Wahrscheinlichkeit von 20% in Essen zurückgegeben wird. In Essen vermietete Wagen werden jeweils zu 5% in Hamburg und in München abgegeben. Von den in München vermieteten Pkw nimmt die Filiale in Hamburg 15% und die in Essen 20% zurück. Diese Statistiken beziehen sich immer auf eine Woche. Am Abend des 5. Juni 2009 befinden sich in Hamburg 90 Pkw, in Essen 70 Pkw und in München 110 Pkw.

a) Ermitteln Sie, wie viele Pkw eine Woche bzw. zwei Wochen später in den einzelnen Städten deponiert sind.

b) Berechnen Sie, wie viele Pkw in den 3 Städten bereitgestellt werden sollten, damit am Anfang jeder Woche jeweils die gleiche Anzahl an Pkw zur Verfügung stehen wie in der Vorwoche.

Übungen zu 7.2.6

1 Frau Kahabi hat sich beruflich damit selbstständig gemacht, dass sie Elektrowerkzeuge vermietet. Dabei hat sie eifrig Buch u. a. über ihre Schlagbohrhämmer (SBH) geführt und nach einiger Zeit festgestellt, dass von einem Tag auf den anderen von den ausgeliehenen SBH 80% ausgeliehen bleiben, 5% reparaturbedürftig zurückkommen und 15% heil zurückgegeben werden und von ihr gelagert werden müssen. Von den in ihrem Lager befindlichen SBH verleiht sie am nächsten Tag 70%, 30% bleiben auf Lager. Von den in Reparatur befindlichen SBH kann sie am nächsten Tag 30% vermieten, 10% kommen so spät zurück, dass sie nur gelagert werden können, der Rest ist noch in Reparatur.
Am 22. Februar 2010 sind 100 SBH vermietet, 30 auf Lager und 10 in Reparatur.
Ermitteln Sie, wo sich die 140 Geräte am 24. Februar 2010 befinden.

2 Eine Blumenart kann in 3 Farben blühen: dunkelblau (d), hellblau (h) und weiß (w). Bei der Kreuzung dieser Pflanzen mit einer hellblauen Blume entstehen in Abhängigkeit von deren Blütenfarben wieder Pflanzen mit dunkelblauen, hellblauen oder weißen Blüten und zwar in nebenstehenden Anteilen.

	dunkelblau	hellblau	weiß
hellblau mit dunkelblau	40%	60%	0%
hellblau mit hellblau	10%	80%	10%
hellblau mit weiß	0%	60%	40%

a) Stellen Sie die Übergänge der Blütenfarben von einer Generation zur nächsten graphisch dar.
b) Stellen Sie die Übergänge der Blütenfarben von einer Generation zur nächsten in einer stochastischen Übergangsmatrix dar.
c) Ermitteln Sie die Farbverteilung für die ersten 3 Nachfolgegenerationen, wenn die Kreuzung mit
c_1) je 5.000 dunkelblau, hellblau und weiß blühenden Pflanzen begonnen wird;
c_2) 10.000 dunkelblau blühenden, 5.000 hellblau blühenden und ohne weiß blühende Pflanzen begonnen wird;
c_3) 5.000 dunkelblau blühenden, 6.000 hellblau blühenden und 4.000 weiß blühenden Pflanzen begonnen wird. Welche Schlussfolgerung lässt sich aus den Ergebnissen ziehen?

3 Die drei Unternehmen A, B und C führen ein völlig neuartiges Konstruktionsteil auf dem Markt ein. Im ersten Jahr erreicht A einen Marktanteil von 50%, B von 35% und C von 15%. Im Verlauf des 2. Jahres wechseln 10% der Kunden von A zum Konkurrenten B und 13% zu C, 10% der Kunden von B gehen zu A bzw. zu C, 7% der Kunden von C werden Kunden von A und 8% der Kunden von C werden Kunden von B. In den folgenden Jahren verändern sich die Marktanteile immer nach demselben Schema.
Berechnen Sie die ersten 30 Glieder der MARKOV-Kette unter Einsatz von Excel und interpretieren Sie Ihr Ergebnis.

4 Zeigen Sie, dass es zu einer stochastischen Übergangsmatrix vom Format 3 x 3 immer einen Zustandsvektor gibt, der sich selbst reproduziert (**Fixvektor**).

5 Bei der Kostenanalyse in einem Industriebetrieb wurde unter anderem die Reparaturanfälligkeit einiger Produktionsroboter untersucht. Dabei ging man davon aus, dass die Roboter sich in den drei Zuständen „voll funktionsfähig (f)“, „reparaturbedürftig (r)“ und „irreparabel (i)“ befinden. Nach einer Woche sind die voll funktionsfähigen zu 80% immer noch voll funktionsfähig, zu je 10% aber reparaturbedürftig bzw. irreparabel. Die reparaturbedürftigen Roboter konnten nach einer Woche wieder zu 60% voll eingesetzt werden, 10% erwiesen sich aber als irreparabel.
a) Erstellen Sie aus diesen Angaben einen Übergangsgraphen und eine stochastische Matrix, die den Übergang von einer Woche zur nächsten beschreibt.
b) Bei der Erfassung des Zustands der Roboter in einer aktuellen Woche stellte man fest: Von 150 Robotern waren 114 voll funktionsfähig, 22 reparaturbedürftig und 14 hoffnungslos kaputt. Ermitteln sie den Zustand in der folgenden Woche (Ergebnis kaufmännisch runden).
c) In welchem Zustand waren die Roboter in der Woche vor der aktuellen Zustandserfassung aus Teil b)?

7.2.7 Das Leontief-Modell

In den Jahren 1919 bis 1929 entwickelte der Amerikaner Wassily W. Leontief ein Modell, das dazu dienen sollte, die Strukturen einer Volkswirtschaft offenzulegen. Zu diesem Zweck unterteilte er die Volkswirtschaft in Sektoren (z. B. Industrie, Verkehr, Landwirtschaft, Dienstleistung) und beschrieb die Verflechtung der Sektoren untereinander dadurch, dass er angab, wie viele Güter aus den verschiedenen Sektoren in einer bestimmten Periode (z. B. ein Jahr) verbraucht wurden (**Input**), um die in dieser Periode an den Konsumenten gelieferten Güter (**Output**) herstellen zu können. Diese volkswirtschaftliche Verflechtung kann graphisch als **Verflechtungsdiagramm** oder tabellarisch in der Form einer **Input-Output-Tabelle** dargestellt werden.

Beispiel 7.56 a (Verflechtung einer Volkswirtschaft)

Eine Volkswirtschaft sei in die drei Sektoren A, B und C unterteilt. Der Sektor A liefert 130 Einheiten an den Sektor B, 270 Einheiten an den Sektor C sowie 50 Einheiten an den Markt für den Endverbraucher (Konsum) und verbraucht selbst 50 Einheiten (interner Verbrauch).

Sektor B hat einen internen Verbrauch von 130 Einheiten und liefert an die Sektoren A bzw. C 200 bzw. 270 Einheiten und ebenfalls 50 Einheiten an die Konsumenten.

Sektor C versorgt den Konsumentenmarkt mit 225 Einheiten, beliefert den Sektor A mit 50 Einheiten und den Sektor B mit 130 Einheiten. Der interne Verbrauch im Sektor C beträgt 45 Einheiten.

Stellen Sie die volkswirtschaftliche Verflechtung in einem Diagramm und in einer Input-Output-Tabelle dar, die um eine Spalte für den Konsumenten ergänzt werden soll.

Die **Verflechtung** der Volkswirtschaft wird durch Pfeile verdeutlicht, die vom liefernden zum belieferten Sektor und zum Konsumentenmarkt führen und mit den jeweiligen Mengenangaben versehen sind.

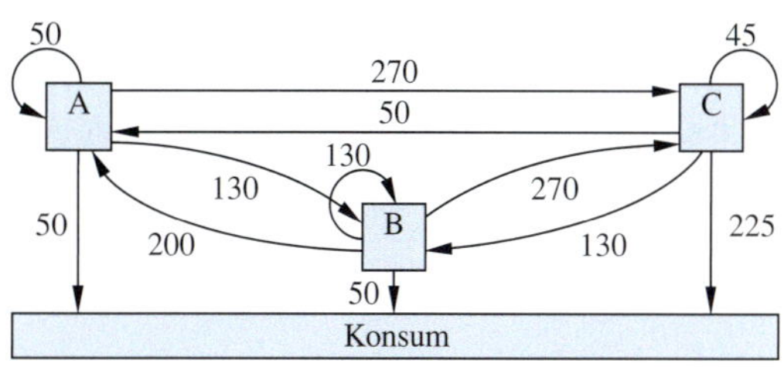

Die **Input-Tabelle** besteht aus Zeilen, in denen die Liefermengen eines Sektors an die zu belieferten Sektoren stehen, und aus Spalten, in denen die Mengen stehen, die aus den jeweiligen Sektoren bezogen werden.

Input-Tabelle

geliefert von \ geliefert an	A	B	C
A	50	130	270
B	200	130	270
C	50	130	45

Ergänzt man die Input-Tabelle um die Spalte Y, in der die an den Konsumenten gelieferten Mengen der einzelnen Sektoren aufgeführt werden, so spricht man von der **Input-Output-Tabelle.**

Input-Output-Tabelle

geliefert von \ geliefert an	A	B	C	Y
A	50	130	270	50
B	200	130	270	50
C	50	130	45	225

Beispiel 7.56 b (Verflechtung einer Volkswirtschaft)

Berechnen Sie die Gesamtproduktion der drei Sektoren aus dem vorstehenden Beispiel 7.56a und ermitteln Sie, wie hoch der Input je Einheit dieser Gesamtproduktion in den einzelnen Sektoren sein muss.

Die Summe der Einheiten, die ein Sektor an die anderen Sektoren, an sich selbst und an den Konsumentenmarkt liefert, ist die **Gesamtproduktion** dieses Sektors. Man erhält diese Summen, indem man die Zahlen in jeder Zeile der Input-Output-Tabelle addiert und das jeweilige Ergebnis dahinter in der sog. **Gesamtproduktionsspalte *X*** notiert.

geliefert an / geliefert von	A	B	C	Y	X
A	50	130	270	50	500
B	200	130	270	50	650
C	50	130	45	225	450

Im **Verflechtungsdiagramm** vermerkt man die Gesamtproduktion direkt an der Stelle, an der die Sektoren eingezeichnet sind.

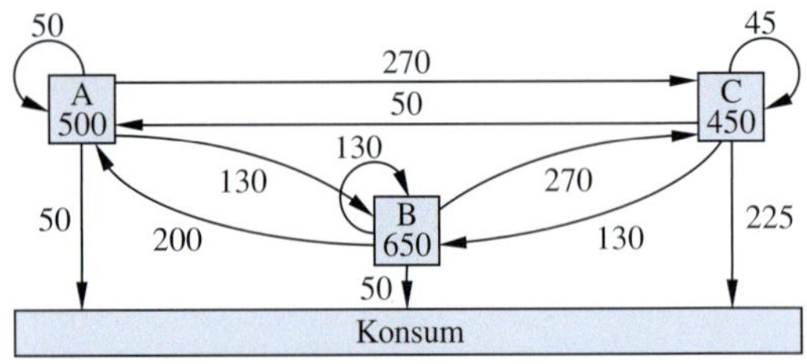

Der Sektor A hat 50 Einheiten aus A selbst, 200 Einheiten aus B und 50 Einheiten aus C verbraucht, um 500 Einheiten herstellen zu können. **Pro Produktionseinheit** ergibt das im Sektor A einen Input von $\frac{50}{500}$ Einheiten aus A, $\frac{200}{500}$ Einheiten aus B und $\frac{50}{500}$ Einheiten aus C. Entsprechend verbraucht Sektor B pro Produktionseinheit je $\frac{130}{650}$ Einheiten aus A, B und C. Sektor C benötigt je Produktionseinheit $\frac{270}{450}$ Einheiten aus A und B sowie $\frac{45}{450}$ Einheiten aus der eigenen Herstellung.

für 1 Einheit von / benötigte Einheiten von	A	B	C
A	0,1	0,2	0,6
B	0,4	0,2	0,6
C	0,1	0,2	0,1

► 0,4 bedeutet hier, dass 0,4 Einheiten aus dem Sektor B benötigt werden um **eine Einheit** des Sektors A zu produzieren; $0{,}4 = \frac{200}{500}$.

Tabellen eignen sich dazu, in Matrizenform mathematisch weiterverarbeitet werden zu können. So lässt sich aus der Input-Output-Tabelle die **Input-Output-Matrix *S*** herstellen und lassen sich die Spalten für den Konsum *Y* und die Gesamtproduktion *X* als Spaltenvektoren ***y*** und ***x*** schreiben.

$$S = \begin{pmatrix} 50 & 130 & 270 \\ 200 & 130 & 270 \\ 50 & 130 & 45 \end{pmatrix}$$ ► Input-Output-Matrix

$$y = \begin{pmatrix} 50 \\ 50 \\ 225 \end{pmatrix}$$ ► Konsumvektor

$$x = \begin{pmatrix} 500 \\ 650 \\ 450 \end{pmatrix}$$ ► Produktionsvektor

Ebenso kann die Tabelle, in der der **Input je Produktionseinheit** steht, als Matrix ***A*** geschrieben werden; ***A*** heißt **technologische Matrix** oder **Inputmatrix *A***, weil in ihr die technologischen Vorraussetzungen der Produktion als Input pro Produktionseinheit zum Ausdruck kommen.

$$A = \begin{pmatrix} 0{,}1 & 0{,}2 & 0{,}6 \\ 0{,}4 & 0{,}2 & 0{,}6 \\ 0{,}1 & 0{,}2 & 0{,}1 \end{pmatrix}$$ ► technologische Matrix, Inputmatrix

7

Beispiel 7.56 c (Verflechtung einer Volkswirtschaft)

Stellen Sie eine Beziehung zwischen der Gesamtproduktion, dem Konsum und den in den Sektoren verbrauchten Gütermengen durch eine Matrizengleichung her.

Multipliziert man die technologische Matrix $\boldsymbol{A}$ mit dem Vektor $\boldsymbol{x}$ der Gesamtproduktion, so erhält man für den Sektor die Gütermenge, die der Sektor produzieren muss, damit alle Sektoren ihre Gesamtproduktion herstellen können (**gesamter Input**).

$$\boldsymbol{A}\cdot\boldsymbol{x}=\begin{pmatrix}0{,}1 & 0{,}2 & 0{,}6\\ 0{,}4 & 0{,}2 & 0{,}6\\ 0{,}1 & 0{,}2 & 0{,}1\end{pmatrix}\cdot\begin{pmatrix}500\\650\\450\end{pmatrix}=\begin{pmatrix}500\\600\\225\end{pmatrix}$$

► Zur Produktion von 500 Einheiten im Sektor A, 650 Einheiten im Sektor B und 450 Einheiten im Sektor C werden insgesamt 450 Einheiten aus dem Sektor A, 600 Einheiten aus dem Sektor B und 225 Einheiten aus dem Sektor C eingesetzt.

Die Differenz aus dem Vektor $\boldsymbol{x}$ der Gesamtproduktion und dem Vektor $\boldsymbol{A}\cdot\boldsymbol{x}$ für dem Input ergibt dann den Konsumvektor $\boldsymbol{y}$.

$$\underbrace{\begin{pmatrix}500\\650\\450\end{pmatrix}}_{\boldsymbol{x}}-\underbrace{\begin{pmatrix}450\\600\\225\end{pmatrix}}_{\boldsymbol{A}\cdot\boldsymbol{x}}=\underbrace{\begin{pmatrix}50\\50\\225\end{pmatrix}}_{\boldsymbol{y}}$$

Die technologische Matrix hat den Vorteil, dass sie **unabhängig** vom Konsum und der Gesamtproduktion ist. Sie bleibt so lange unverändert, bis sich die technologischen Gegebenheiten in der Produktion der Wirtschaftssektoren ändern. Deshalb kann mit ihrer Hilfe das Leontief-Modell in der Wirtschaftspolitik dazu benutzt werden, Prognosen zu stellen und Entscheidungen zu untermauern. Denn bei gegebener technologischen Matrix $\boldsymbol{A}$ kann *einerseits* die Frage beantwortet werden, welche Gütermengen für den Konsumenten bei vorgegebener Gesamtproduktion zur Verfügung stehen; *anderseits* lässt sich ermitteln, wie viele Güter produziert werden müssen, um eine bestimmte Konsumentenanfrage befriedigen zu können.

Beispiel 7.57 (Berechnung des Konsums)

Berechnen Sie die Mengen, die an die Konsumenten geliefert werden können, wenn die Gesamtproduktion durch den Produktionsvektor $x=\begin{pmatrix}600\\700\\500\end{pmatrix}$ ausgedrückt wird. Unterstellen Sie dieselbe technologische Matrix $\boldsymbol{A}$ wie in den Beispielen 7.56.

Zieht man von der Gesamtproduktion den dafür benötigten Input ab, so erhält man die Mengen, die für den Konsum zur Verfügung stehen.

$$\boldsymbol{y}=\boldsymbol{x}-\boldsymbol{A}\cdot\boldsymbol{x}$$
$$=\begin{pmatrix}600\\700\\500\end{pmatrix}-\begin{pmatrix}0{,}1 & 0{,}2 & 0{,}6\\ 0{,}4 & 0{,}2 & 0{,}6\\ 0{,}1 & 0{,}2 & 0{,}1\end{pmatrix}\cdot\begin{pmatrix}600\\700\\500\end{pmatrix}$$
$$=\begin{pmatrix}600\\700\\500\end{pmatrix}-\begin{pmatrix}500\\680\\250\end{pmatrix}=\begin{pmatrix}100\\20\\250\end{pmatrix}$$

100 Einheiten aus dem Sektor A, 20 Einheiten aus dem Sektor B und 250 Einheiten aus dem Sektor C werden für den Konsum zur Verfügung gestellt.

Beispiel 7.58 (Leontief-Inverse)

Gegeben ist die technologische Matrix $\boldsymbol{A}$ aus den Beispielen 7.56. Für das nächste Jahr sollen 25 Einheiten aus dem Sektor A, 60 aus dem Sektor B und 119 aus dem Sektor C in den Konsum fließen. Wie hoch muss dann die Gesamtproduktion in den einzelnen Sektoren sein?

Zur Ermittlung des Produktionsvektors $\boldsymbol{x}$ ist die Matrizengleichung $\boldsymbol{y} = \boldsymbol{x} - \boldsymbol{A} \cdot \boldsymbol{x}$ nach $\boldsymbol{x}$ aufzulösen, indem in ihr zuerst $\boldsymbol{x}$ rechtsseitig ausgeklammert und dann die Gleichung von links mit $(\boldsymbol{E} - \boldsymbol{A})^{-1}$ multipliziert wird, vorausgesetzt, die inverse Matrix zu $(\boldsymbol{E} - \boldsymbol{A})$ existiert. ▶ Abschnitt 7.2.5

$\boldsymbol{y} = \boldsymbol{x} - \boldsymbol{A} \cdot \boldsymbol{x}$ ▶ $x = E \cdot x$; x rechtsseitig ausklammern

$\Leftrightarrow \boldsymbol{y} = (\boldsymbol{E} - \boldsymbol{A}) \cdot \boldsymbol{x}$

$\Leftrightarrow (\boldsymbol{E} - \boldsymbol{A})^{-1} \cdot \boldsymbol{y} = (\boldsymbol{E} - \boldsymbol{A})^{-1} \cdot (\boldsymbol{E} - \boldsymbol{A}) \cdot \boldsymbol{x}$

$\Leftrightarrow (\boldsymbol{E} - \boldsymbol{A})^{-1} \cdot \boldsymbol{y} = \boldsymbol{E} \cdot \boldsymbol{x}$

$\Leftrightarrow (\boldsymbol{E} - \boldsymbol{A})^{-1} \cdot \boldsymbol{y} = \boldsymbol{x}$ ▶ $(\boldsymbol{E} - \boldsymbol{A})^{-1}$ ist Inverse zu $(\boldsymbol{E} - \boldsymbol{A})$

$$(\boldsymbol{E} - \boldsymbol{A}) = \begin{pmatrix} 1 & 0 & 0 \\ 0 & 1 & 0 \\ 0 & 0 & 1 \end{pmatrix} - \begin{pmatrix} 0{,}1 & 0{,}2 & 0{,}6 \\ 0{,}4 & 0{,}2 & 0{,}6 \\ 0{,}1 & 0{,}2 & 0{,}1 \end{pmatrix}$$

$$= \begin{pmatrix} 0{,}9 & -0{,}2 & -0{,}6 \\ -0{,}4 & 0{,}8 & -0{,}6 \\ -0{,}1 & -0{,}2 & 0{,}9 \end{pmatrix}$$

Für die Berechnungen von $\boldsymbol{x}$ wird also zuerst einmal die Matrix $(\boldsymbol{E} - \boldsymbol{A})$ und dann deren **Inverse** benötigt. Die Inverse kann nach dem **Gaußschen Eliminationsverfahren** gebildet werden. ▶ Abschnitt 7.2.2

$$\begin{array}{rrr|rrr|l} 0{,}9 & -0{,}2 & -0{,}6 & 1 & 0 & 0 & \cdot 10 \\ -0{,}4 & 0{,}8 & -0{,}6 & 0 & 1 & 0 & \cdot 10 \\ -0{,}1 & -0{,}2 & 0{,}9 & 0 & 0 & 1 & \cdot(-10) \end{array}$$

$$\begin{array}{rrr|rrr|l} 1 & 2 & -9 & 0 & 0 & -10 & |\cdot(-9) \quad |\cdot 4 \\ 9 & -2 & -6 & 10 & 0 & 0 & \leftarrow + \\ -4 & 8 & -6 & 0 & 10 & 0 & \leftarrow + \end{array}$$

$$\begin{array}{rrr|rrr|l} 1 & 2 & -9 & 0 & 0 & -10 & \leftarrow + \\ 0 & -20 & 75 & 10 & 0 & 90 & |:(-20) \quad |\cdot(-2) \quad |\cdot(-16) \\ 0 & 16 & -42 & 0 & 10 & -40 & \leftarrow + \end{array}$$

$$\begin{array}{rrr|rrr|l} 1 & 0 & -1{,}5 & 1 & 0 & -1 & \leftarrow + \\ 0 & 1 & -3{,}75 & -0{,}5 & 0 & -4{,}5 & \leftarrow + \\ 0 & 0 & 18 & 8 & 10 & 32 & |:18 \quad |\cdot 3{,}75 \quad |\cdot 1{,}5 \end{array}$$

$$\begin{array}{rrr|rrr} 1 & 0 & 0 & \frac{5}{3} & \frac{5}{6} & \frac{5}{3} \\ 0 & 1 & 0 & \frac{7}{6} & \frac{25}{12} & \frac{13}{6} \\ 0 & 0 & 1 & \frac{4}{9} & \frac{5}{9} & \frac{16}{9} \end{array}$$

▶ Inverse zu $(\boldsymbol{E} - \boldsymbol{A})$ existiert und hat nur nicht-negative Elemente

Man nennt die zu $(\boldsymbol{E} - \boldsymbol{A})$ inverse Matrix $(\boldsymbol{E} - \boldsymbol{A})^{-1}$ **Leontief-Inverse**.

$$\Rightarrow (\boldsymbol{E} - \boldsymbol{A})^{-1} = \frac{1}{36} \cdot \begin{pmatrix} 60 & 30 & 60 \\ 42 & 75 & 78 \\ 16 & 20 & 64 \end{pmatrix}$$

▶ Leontief-Inverse zu $(\boldsymbol{E} - \boldsymbol{A})$

Die linksseitige Multiplikation der Inversen $(\boldsymbol{E} - \boldsymbol{A})^{-1}$ mit dem Konsumvektor $\boldsymbol{y}$ ergibt dann den Produktionsvektor $\boldsymbol{x}$.

$$\boldsymbol{x} = (\boldsymbol{E} - \boldsymbol{A})^{-1} \cdot \boldsymbol{y}$$

$$= \frac{1}{36} \cdot \begin{pmatrix} 60 & 30 & 60 \\ 42 & 75 & 78 \\ 16 & 20 & 64 \end{pmatrix} \cdot \begin{pmatrix} 25 \\ 60 \\ 119 \end{pmatrix}$$

$$= \begin{pmatrix} 290 \\ 412 \\ 256 \end{pmatrix}$$

Um die Nachfrage zu befriedigen, muss Sektor A somit 290 Einheiten, Sektor B 412 Einheiten und Sektor C 256 Einheiten herstellen.

Beispiel 7.59 (Verflechtung einer Volkswirtschaft)

Eine Volkswirtschaft sei nach dem Leontief-Modell eingeteilt in drei Sektoren: Industrie (I), Landwirtschaft (L) und Dienstleistungen (D). Ihre Verflechtung wird wiedergegeben durch das folgende Diagramm, in dem die Gesamtproduktion der Sektoren in den Kästchen angegeben ist.

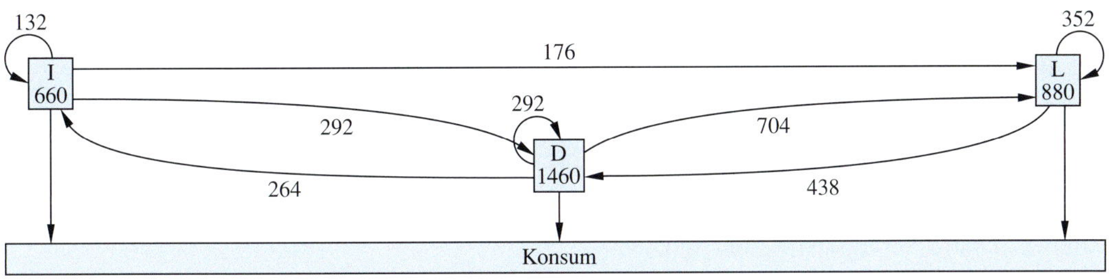

a) Ermitteln Sie welche Mengen an den Endverbraucher gegeben werden.

b) Stellen Sie die technologische Matrix A auf.

c) Berechnen Sie, welche Mengen an den Konsumenten geliefert werden können, wenn die Gesamtproduktion 500 Einheiten in der Industrie, 350 Einheiten in der Landwirtschaft und 700 Einheiten im Dienstleistungsbereich betragen.

d) Bestimmen Sie die zu produzierenden Einheiten in den drei Sektoren, damit eine Nachfrage nach 520 Einheiten aus der Industrie, 270 Einheiten aus der Landwirtschaft und 600 Einheiten aus dem Dienstleistungsbereich befriedigt werden kann.

Zu a) Zur übersichtlichen Ermittlung des Konsumvektors $\boldsymbol{y}$ wird eine Input-Output-Tabelle aus dem Verflechtungsdiagramm abgeleitet. Die Differenz aus der Gesamtproduktion und dem Input in den Sektoren ergibt die Mengen, die an den Konsumentenmarkt geliefert werden können.

	I	L	D	X
I	132	176	292	660
L	0	352	438	880
D	264	704	292	1.460

$$\boldsymbol{y} = \begin{pmatrix} 660-(132+176+292) \\ 880-(352+438) \\ 1.460-(264+704+292) \end{pmatrix} = \begin{pmatrix} 60 \\ 90 \\ 200 \end{pmatrix}$$

▶ Konsumvektor

Der Industriesektor beliefert den Markt mit 60 Einheiten, die Landwirtschaft mit 90 Einheiten und der Dienstleistungsbereich mit 200 Einheiten.

Zu b) Die spaltenweise Division der Zahlen in der Input-Output-Tabelle durch die jeweilige Gesamtproduktion eines der drei Sektoren I, L und D ergibt die Elemente der technologischen Matrix $\boldsymbol{A}$.

$$\boldsymbol{A} = \begin{pmatrix} \frac{132}{660} & \frac{176}{880} & \frac{292}{1.460} \\ \frac{0}{660} & \frac{352}{880} & \frac{438}{1.460} \\ \frac{264}{660} & \frac{704}{880} & \frac{292}{1.460} \end{pmatrix} = \begin{pmatrix} 0,2 & 0,2 & 0,2 \\ 0 & 0,4 & 0,3 \\ 0,4 & 0,8 & 0,2 \end{pmatrix}$$

▶ technologische Matrix

Zu c) Man muss vom Produktionsvektor $\boldsymbol{x}$ den Vektor abziehen, der den Input wiedergibt; dieser ergibt sich als Produkt der technologischen Matrix $\boldsymbol{A}$ mit dem Produktionsvektor $\boldsymbol{x}$.

$$\boldsymbol{y} = \boldsymbol{x} - \boldsymbol{A} \cdot \boldsymbol{x}$$

$$= \begin{pmatrix} 500 \\ 350 \\ 700 \end{pmatrix} - \begin{pmatrix} 0,2 & 0,2 & 0,2 \\ 0 & 0,4 & 0,3 \\ 0,4 & 0,8 & 0,2 \end{pmatrix} \cdot \begin{pmatrix} 500 \\ 350 \\ 700 \end{pmatrix}$$

$$= \begin{pmatrix} 500 \\ 350 \\ 700 \end{pmatrix} - \begin{pmatrix} 310 \\ 350 \\ 620 \end{pmatrix} = \begin{pmatrix} 190 \\ 0 \\ 80 \end{pmatrix}$$

Aus dem Industriesektor fließen 190 Einheiten auf den Markt, aus dem Dienstleistungsbereich 80 Einheiten; die Landwirtschaft verbraucht ihre Gesamtproduktion selbst vollständig.

7

Zu d) Zur Berechung des Produktionsvektors $\boldsymbol{x}$ wird die Inverse $(\boldsymbol{E}-\boldsymbol{A})^{-1}$ der Matrix $(\boldsymbol{E}-\boldsymbol{A})$ nach dem Gauß'schen Eliminationsverfahren ermittelt.

$$(\boldsymbol{E}-\boldsymbol{A}) = \begin{pmatrix} 0{,}8 & -0{,}2 & -0{,}2 \\ 0 & 0{,}6 & -0{,}3 \\ -0{,}4 & -0{,}8 & 0{,}8 \end{pmatrix}$$

$$\Rightarrow (\boldsymbol{E}-\boldsymbol{A})^{-1} = \begin{pmatrix} 2 & \frac{8}{3} & \frac{3}{2} \\ 1 & \frac{14}{3} & 2 \\ 2 & 6 & 4 \end{pmatrix}$$

Das Produkt aus der Inversen $(\boldsymbol{E}-\boldsymbol{A})^{-1}$ und dem Konsumvektor $\boldsymbol{y}$ ist dann der Produktionsvektor $\boldsymbol{x}$.

$$\boldsymbol{x} = (\boldsymbol{E}-\boldsymbol{A})^{-1} \cdot \boldsymbol{y}$$

$$= \begin{pmatrix} 2 & \frac{8}{3} & \frac{3}{2} \\ 1 & \frac{14}{3} & 2 \\ 2 & 6 & 4 \end{pmatrix} \cdot \begin{pmatrix} 520 \\ 270 \\ 600 \end{pmatrix} = \begin{pmatrix} 2.660 \\ 2.980 \\ 5.060 \end{pmatrix}$$

In der Industrie müssen 2.600 Einheiten, in der Landwirtschaft 2.980 Einheiten und im Dienstleistungssektor 5.060 Einheiten produziert werden, um die Nachfrage zu befriedigen.

Anmerkung:
Die Existenz der Leontief-Inversen $(\boldsymbol{E}-\boldsymbol{A})^{-1}$ reicht im Allgemeinen nicht aus, damit für jeden Konsumvektor $\boldsymbol{y}$ ein **zulässiger Outputvektor** $\boldsymbol{x}$ existiert, denn nur solche Outputvektoren sind ökonomisch sinnvoll, d. h. zulässig, deren Elemente **nicht negativ** sind. Um **jede** Nachfrage befriedigen zu können, *müssen* die Elemente von $(\boldsymbol{E}-\boldsymbol{A})^{-1}$ **nicht-negativ** sein.

- Das **Leontief-Modell** ist ein Input-Output-Modell, in dem die Volkswirtschaft in drei Sektoren eingeteilt wird. Auf der Grundlage der Mengen, die diese Sektoren in einer Periode eingesetzt haben, wird eine Input-Output-Tabelle erstellt. Die Einsatzmengen je Sektor werden auf je eine Einheit der Gesamtproduktion bezogen.
- Die Zahlen dieser Tabelle sind die Elemente der **technologischen Matrix** A. Die Gesamtproduktion wird durch den Spaltenvektor $\boldsymbol{x}$ ausgedrückt; der Spaltenvektor $\boldsymbol{y}$ bezeichnet die Lieferungen an den Konsumentenmarkt.
- Die Beziehungen zwischen der technologischen Matrix $\boldsymbol{A}$, dem Produktionsvektor $\boldsymbol{x}$ und dem Konsumentenvektor $\boldsymbol{y}$ werden durch die Matrizengleichungen $\boldsymbol{y} = \boldsymbol{x} - \boldsymbol{A} \cdot \boldsymbol{x} = (\boldsymbol{E}-\boldsymbol{A}) \cdot \boldsymbol{x}$ und $\boldsymbol{x} = (\boldsymbol{E}-\boldsymbol{A})^{-1} \cdot \boldsymbol{y}$ wiedergegeben, vorausgesetzt, $(\boldsymbol{E}-\boldsymbol{A})^{-1}$ existiert und besteht nur aus nichtnegativen Elementen. $(\boldsymbol{E}-\boldsymbol{A})^{-1}$ heißt **Leontief-Inverse**.

Alles klar?

7

Drei volkswirtschaftliche Sektoren A, B und C sind nach dem Leontief-Modell verflochten, der Markt kann von ihnen befriedigt werden. Gegeben ist $(\boldsymbol{E}-\boldsymbol{A})^{-1} = \begin{pmatrix} \frac{80}{57} & \frac{80}{57} & \frac{50}{57} \\ \frac{15}{38} & \frac{55}{19} & \frac{45}{38} \\ \frac{10}{19} & \frac{10}{19} & \frac{30}{19} \end{pmatrix}$.

a) Bestimmen Sie die Input-Matrix $\boldsymbol{A}$.
b) Bestimmen Sie die Verflechtungstabelle für eine Produktion von $\boldsymbol{x} = \begin{pmatrix} 30 \\ 40 \\ 20 \end{pmatrix}$.

Das Leontief-Modell lässt sich auch auf innerbetriebliche Verflechtungen übertragen, bei denen mehrere Betriebe eines Unternehmens sich gegenseitig und den außerbetrieblichen Markt mit ihren Produkten beliefern.

Beispiel 7.60 (Innerbetriebliche Verflechtung eines Unternehmens)

Ein Unternehmen besteht aus den drei Betrieben B_1, B_2 und B_3 die sich gegenseitig mit ihren Produkten beliefern.

Diese Verflechtung kann aus nebenstehender Input-Output-Tabelle abgelesen werden. Außerdem versorgt B_1 den Markt mit 60 ME, B_2 mit 80 ME und B_3 mit 40 ME.

	B_1	B_2	B_3
B_1	160	40	40
B_2	40	20	20
B_3	20	20	20

a) Bestimmen Sie die Gesamtproduktion in den drei Betrieben.
b) Erstellen Sie die technologische Matrix $\boldsymbol{A}$.
c) Das Unternehmung hat Lieferverpflichtungen in Höhe von 255 Einheiten der Produkte von B_1, 459 Einheiten der Produkte von B_2 und 153 Einheiten der Produkte von B_3. Berechnen Sie die Gesamtproduktion, die notwendig ist, um die Lieferverpflichtungen zu erfüllen.

Zu a) Die Gesamtproduktion ist die Summe aus den Produktionsmengen, die an die Betriebe und an den Markt geliefert und selbst verbraucht werden.

$$x_1 = 160+40+40+60 = 300 \quad \text{► Produktion von } B_1$$
$$x_2 = 40+20+20+80 = 160 \quad \text{► Produktion von } B_2$$
$$x_3 = 20+20+20+40 = 100 \quad \text{► Produktion von } B_3$$

Zu b) Die Mengen in der Input-Output-Tabelle, die in einer Spalte stehen, werden durch die Gesamtproduktion des jeweiligen Betriebs dividiert.

Dadurch bezieht man den Input in einem Betrieb auf je eine Einheit des gesamten Outputs.

$$\boldsymbol{A} = \begin{pmatrix} \frac{160}{300} & \frac{40}{160} & \frac{40}{100} \\ \frac{40}{300} & \frac{20}{160} & \frac{20}{100} \\ \frac{20}{300} & \frac{20}{160} & \frac{20}{100} \end{pmatrix} = \begin{pmatrix} \frac{8}{15} & \frac{1}{4} & \frac{2}{5} \\ \frac{2}{15} & \frac{1}{8} & \frac{1}{5} \\ \frac{1}{15} & \frac{1}{8} & \frac{1}{5} \end{pmatrix} \quad \text{► technologische Matrix}$$

Zu c) Die Mengen, die an den Markt geliefert werden müssen, werden zum Konsumvektor $\boldsymbol{y}$ zusammengefasst.

$$(\boldsymbol{E}-\boldsymbol{A}) = \begin{pmatrix} \frac{7}{15} & -\frac{1}{4} & -\frac{2}{5} \\ -\frac{2}{15} & \frac{7}{8} & -\frac{1}{5} \\ -\frac{1}{15} & -\frac{1}{8} & \frac{4}{5} \end{pmatrix}; \quad \boldsymbol{y} = \begin{pmatrix} 255 \\ 459 \\ 153 \end{pmatrix}$$

Aus der technologischen Matrix $\boldsymbol{A}$ und der Einheitsmatrix $\boldsymbol{E}$ wird die Matrix $(\boldsymbol{E}-\boldsymbol{A})$ ermittelt, die nach dem Gauß'schen Eliminationsverfahren invertiert wird. ► Abschnitt 7.2.2

$$(\boldsymbol{E}-\boldsymbol{A})^{-1} = \begin{pmatrix} \frac{135}{51} & \frac{50}{51} & \frac{80}{51} \\ \frac{72}{153} & \frac{208}{153} & \frac{88}{153} \\ \frac{5}{17} & \frac{5}{17} & \frac{25}{17} \end{pmatrix} \quad \text{► Leontief-Inverse}$$

Das Produkt aus der Inversen $(\boldsymbol{E}-\boldsymbol{A})^{-1}$ und dem Konsumvektor $\boldsymbol{y}$ ergibt den Produktionsvektor $\boldsymbol{x}$.

$$\boldsymbol{x} = (\boldsymbol{E}-\boldsymbol{A})^{-1} \cdot \boldsymbol{y} = \begin{pmatrix} \frac{135}{51} & \frac{50}{51} & \frac{80}{51} \\ \frac{72}{153} & \frac{208}{153} & \frac{88}{153} \\ \frac{5}{17} & \frac{5}{17} & \frac{25}{17} \end{pmatrix} \cdot \begin{pmatrix} 255 \\ 459 \\ 153 \end{pmatrix} = \begin{pmatrix} 1.365 \\ 832 \\ 435 \end{pmatrix}$$

1365 Einheiten müssen im Betrieb B_1, 832 Einheiten in B_2 und 435 Einheiten in B_3 hergestellt werden, damit die Lieferverpflichtungen des Unternehmens erfüllt werden können.

Übungen zu 7.2.7

1 Die volkswirtschaftliche Verflechtung der drei Sektoren A, B und C zeigt die unten stehende Input-Output-Tabelle.

	A	B	C	Y
A	5	10	30	55
B	15	20	15	150
C	20	10	15	255

a) Bestimmen Sie Inputmatrix $\boldsymbol{A}$.

b) Mit welchem Konsum wird gerechnet, wenn eine Gesamtproduktion $\boldsymbol{x} = \begin{pmatrix} 140 \\ 300 \\ 240 \end{pmatrix}$ geplant ist?

2 In einer Volkswirtschaft ist die Inputmatrix $\boldsymbol{A}$ wie unten stehend gegeben.

$$\boldsymbol{A} = \begin{pmatrix} 0{,}1 & 0{,}2 & 0{,}2 \\ 0 & 0{,}6 & 0{,}4 \\ 0{,}4 & 0{,}5 & 0{,}1 \end{pmatrix}$$

a) Durch welche Produktion wird der Konsum $\boldsymbol{y} = \begin{pmatrix} 5 \\ 4 \\ 3 \end{pmatrix}$ ermöglicht?

b) Kann in diesem Modell jede Nachfrage befriedigt werden?

3 Die drei Betriebe eines Unternehmens sind nach dem Leontief-Modell miteinander verflochten. In der letzten Periode belieferten sie sich gegenseitig und den Markt gemäß unten stehender Tabelle.

	B_1	B_2	B_3	Markt
B_1	40	195	65	100
B_2	0	195	130	325
B_3	160	0	65	100

a) Berechnen Sie die Gesamtproduktion in jedem Betrieb und stellen Sie die technologische Matrix $\boldsymbol{A}$ auf.

b) Die Geschäftsführung plant, in der nächsten Periode die Gesamtproduktion in den drei Betrieben im Verhältnis $4:2:1$ zu fahren. Äußern Sie sich dazu!

c) Die Produkte der Betriebe B_1 und B_2 sind nicht mehr gefragt, die Produktion ist deshalb danach auszurichten, dass 600 Einheiten aus dem Betrieb B_3 auf den Markt geworfen werden können. Wie hoch muss die Gesamtproduktion in den drei Betrieben sein?

4 Die drei Zweige A, B und C einer Volkswirtschaft sind nach dem Leontief-Modell miteinander verflochten.

Gegeben ist $(\boldsymbol{E} - \boldsymbol{A})^{-1} = \begin{pmatrix} \frac{9}{2} & \frac{53}{8} & 2 \\ \frac{9}{2} & \frac{73}{8} & 2 \\ 2 & \frac{7}{2} & 2 \end{pmatrix}$

a) Bestimmen Sie die Inputmatrix $\boldsymbol{A}$.

b) Zeichnen Sie ein Verflechtungsdiagramm für einen Konsum von $\boldsymbol{y} = \begin{pmatrix} 300 \\ 120 \\ 700 \end{pmatrix}$.

c) In der nächsten Periode wird mit einem Anstieg des Konsums gerechnet. Die Steigerung des Konsums bei Produkten des Sektors A soll viermal so hoch sein wie bei den Produkten des Sektors C; die Konsumsteigerung bei Produkten des Sektors B soll wiederum viermal so hoch sein wie bei den Produkten des Sektors A. Aufgrund des Konsumanstiegs vergrößert sich die Gesamtproduktion um $\Delta\boldsymbol{x} = \begin{pmatrix} 63 \\ 83 \\ 33 \end{pmatrix}$.

Berechnen Sie den **Konsumanstieg** der Produkte der einzelnen Sektoren.

5 In einer Volkswirtschaft sind die drei Sektoren S_1, S_2 und S_3 nach dem Leontief-Modell so miteinander verflochten, wie es das unten stehende Verflechtungsdiagramm zeigt.

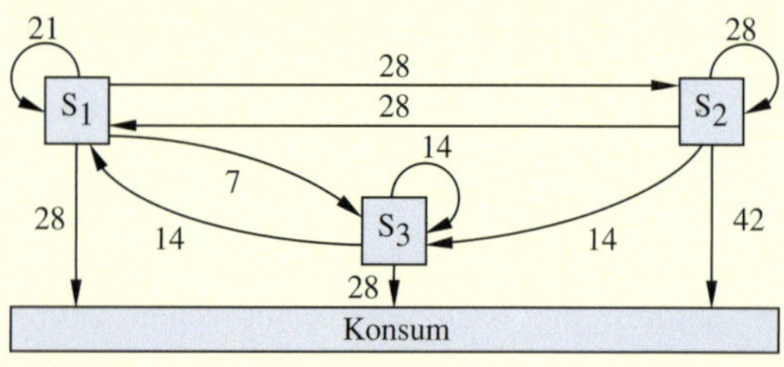

a) Ermitteln Sie die Gesamtproduktion der drei Sektoren und die technologische Matrix.

b) Welche Nachfrage kann befriedigt werden, wenn die Produktion in den Sektoren S_1 und S_2 verdoppelt und in Sektor 3 verdreifacht wird?

c) Wie hoch ist die Gesamtproduktion in den drei Wirtschaftssektoren, wenn die Nachfrage nach Gütern im Sektor 2 auf das Doppelte der Vorperiode steigt?

6 Bei einer betriebswirtschaftlichen Verflechtung von drei Betrieben sind Input und Output in den drei Betrieben A, B und C durch die untenstehende Tabelle wiedergegeben.

Output \ Input	A	B	C	Außerbetrieblicher Markt
A	234	468	1.404	2.574
B	702	936	702	7.020
C	936	468	2.106	10.530

a) Ermitteln Sie die technologische Matrix $\boldsymbol{A}$ und den Produktionsvektor $\boldsymbol{x}$.

b) Für die nächste Periode sind eine Produktion von 4.680 ME für Betrieb A, 14.040 ME für Betrieb B und 4.680 ME für Betrieb C geplant.
Welcher Absatz an den außerbetrieblichen Markt wurde dabei unterstellt?

c) Zeichnen Sie ein Verflechtungsdiagramm auf der Grundlage der Produktionsmengen von Teil b).

7 Eine Volkswirtschaft ist in drei Sektoren eingeteilt, die sich und den Konsumentenmarkt gemäß des nebenstehenden Verflechtungsdiagramms mit ihren Produkten versorgen.

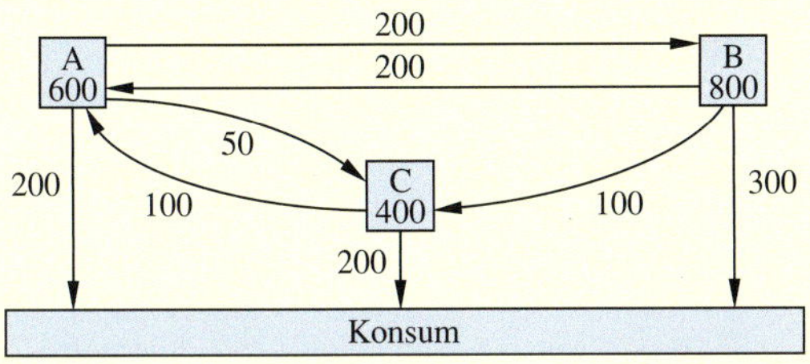

a) Ermitteln Sie den internen Verbrauch und stellen Sie die technologische Matrix $\boldsymbol{A}$ auf.

b) Lässt es die Art der Verflechtung zu, dass alle drei Sektoren dieselbe Anzahl von Mengeneinheiten herstellen können?

c) Berechnen Sie die Produktionsmengen, die benötigt werden, um im nächsten Jahr eine um 400 ME höhere Nachfrage nach den Produkten des Sektors A befriedigen zu können; die Nachfrage in den beiden anderen Sektoren wird als konstant angenommen.

d) In einem früheren Jahr wurde eine Nachfrage von 100 Einheiten aus jedem Sektor befriedigt. Wie hoch war damals die Produktion in den einzelnen Sektoren?

8 In einem Unternehmen beliefern sich drei Betriebe gegenseitig und den außerbetrieblichen Markt mit ihren Produkten. Im letzten Monat wurden die untenstehenden Daten festgehalten.

Output \ Input	A	B	C	Außerbetrieblicher Markt
A	952	1.904	5.712	952
B	2.720	5.440	4.080	1.360
C	2.720	5.440	8.160	4.080

a) Ermitteln Sie die technologische Matrix $\boldsymbol{A}$.

b) Begründen Sie, warum eine Verdoppelung aller Mengen, die auf dem außerbetrieblichen Markt abgesetzt werden, eine Verdoppelung der Gesamtproduktion in den Betrieben bedeutet.

c) Berechnen Sie den Produktionsvektor $\boldsymbol{x}$, wenn auf dem außerbetrieblichen Markt 1470 ME mehr abgesetzt werden sollen.

9 Im letzten Jahr wurden in den drei Sektoren S_1, S_2 und S_3 einer Volkswirtschaft die Mengen gemäß untenstehender Input-Output-Tabelle eingesetzt, damit 1.600 Einheiten in S_1, 4.000 Einheiten in S_2 und 2.000 Einheiten in S_3 produziert werden konnten.

Output \ Input	S_1	S_2	S_3
S_1	160	400	400
S_2	480	800	200
S_3	640	400	600

a) Veranschaulichen Sie die Verflechtung der drei Sektoren in einem Diagramm, in das Sie den Konsumentenmarkt einbeziehen.

b) Stellen Sie die technologische Matrix $\boldsymbol{A}$ auf.

c) Wie viele Einheiten könnte jeder Sektor an die Konsumenten weitergeben, wenn die Gesamtproduktion im ersten Sektor auf 2.000 Einheiten, im zweiten Sektor auf 5.000 Einheiten und im dritten Sektor auf 2.500 Einheiten gesteigert würde?

d) Berechnen Sie, wie hoch im nächsten Jahr die Gesamtproduktion in den Sektoren sein muss, damit aus dem ersten Sektor 1.000 Einheiten, aus dem zweiten Sektor 1.600 Einheiten und aus dem dritten Sektor 4.000 Einheiten an den Konsumentenmarkt geliefert werden können.

10 Die Werke A, B, C der G13-Firma sind nach dem Leontief-Modell wie in nebenstehender Input-Output-Tabelle miteinander verflochten und beliefern den Markt:

	A	B	C	x
A	40	20	30	100
B	10	40	10	100
C	0	20	70	100

a) Berechnen Sie die Marktabgabe und die Input-Matrix $\boldsymbol{A}$.

b) Bestimmen Sie den Produktionsvektor, wenn die externe Nachfrage $\boldsymbol{y}=\begin{pmatrix}210\\70\\420\end{pmatrix}$ beträgt. Entscheiden Sie begründet, ob jede Nachfrage befriedigt werden kann.

c) Ermitteln Sie die Marktabgabe für $\boldsymbol{x}=\begin{pmatrix}50\\50\\50\end{pmatrix}$. Entscheiden Sie, ob der Verkauf bei einem Produktionskostenvektor $\boldsymbol{k}=(1{,}1;\ 1{,}2;\ 1{,}3)$ und einem Preisvektor $\boldsymbol{p}=(30;\ 40;\ 50)$ ökonomisch sinnvoll ist.

d) Berechnen Sie x_1, y_2 und y_3, wenn $\boldsymbol{x}=\begin{pmatrix}x_1\\100\\300\end{pmatrix}$ und $\boldsymbol{y}=\begin{pmatrix}10\\y_2\\y_3\end{pmatrix}$ gegeben sind.

e) Saisonbedingt werden Produkte aus dem Werk A nicht mehr auf dem Markt abgesetzt, während von y_3 doppelt soviel wie von y_2 verkauft wird. Die Produktion x_2 soll 30 ME betragen. Berechnen Sie $\boldsymbol{x}$ und $\boldsymbol{y}$.

f) Aus technischen Gründen erfolgt die Produktion von x_1, x_2 und x_3 im Verhältnis $5:3:4$, von y_1 werden 600 ME nachgefragt. Leiten Sie den Produktionsvektor $\boldsymbol{x}$ her.

g) Marktanalysen haben ergeben, dass das Produkt y_2 konstant mit 400 ME nachgefragt wird. Wegen mangelnder Nachfrage können von y_1 und y_3 zusammen nur 200 ME abgesetzt werden. Aus transporttechnischen Gründen darf die Summe der Produktionsmengen x_2 und x_3 2.000 ME nicht überschreiten. Leiten Sie her, dass die Ergebnisvektoren für $\boldsymbol{x}\begin{pmatrix}1.000\\1.000\\1.000\end{pmatrix}$ und für $\boldsymbol{y}\begin{pmatrix}100\\400\\100\end{pmatrix}$ sind.

h) Aufgrund einer neuen Entwicklung werden die Produkte y_1, y_2 und y_3 im Verhältnis $1:2:3$ nachgefragt, wobei die folgenden maximalen Produktionskapazitäten gelten: $x_1=150$ ME; $x_2=110$ ME und $x_3=190$ ME. Berechnen Sie den maximal möglichen Marktvektor. Dokumentieren Sie Ihren Lösungsweg und begründen Sie Ihre Entscheidung.

i) Die G13-Firma möchte demnächst im Werk A 300 ME und im Werk C 420 ME produzieren. Bestimmen Sie die herzustellenden ME aus Werk B, damit mindestens 12 ME aus jedem Werk an den Markt abgegeben werden können.

j) Für die nächste Produktionsperiode wird in Abhängigkeit von einem Parameter a mit $0\leq a\leq 1$, der eine neue steuerliche Belastung der Produkte berücksichtigt, mit der Produktion $\boldsymbol{x}=\begin{pmatrix}100-0{,}1a^2\\80-0{,}1a\\100\end{pmatrix}$ gerechnet.
Untersuchen Sie,

j_1) für welchen Wert von a die Summe der Marktabgaben maximal wird.

j_2) für welchen Wert von a die Marktabgabe y_1 maximal wird. Wie groß sind x_1 und x_2?

j_3) für welche Werte von a die Marktabgabe y_1 14 ME beträgt.

11 Die Verflechtung der drei Sektoren A, B und C einer Volkswirtschaft nach dem Leontief-Modell ist durch nachstehende Input-Tabelle wiedergegeben.

	A	B	C	Gesamt-produktion
A	132	176	292	660
B	0	352	438	880
C	264	704	292	1.460

a) Vervollständigen Sie obige Tabelle zu einer Input-Output-Tabelle und erstellen Sie ein Verflechtungsdiagramm.

b) Geben Sie die Technologiematrix $\boldsymbol{A}$ an.

c) Berechnen Sie, welche Mengen an den Konsumenten geliefert werden können, wenn die Gesamtproduktion 500 ME im Sektor A, 350 ME im Sektor B und 700 ME im Sektor C betragen.

d) Bestimmen Sie, wie viele Einheiten in den drei Sektoren jeweils produziert werden müssen, damit eine Nachfrage nach 520 ME aus dem Sektor A, 270 ME aus dem Sektor B und 600 ME aus dem Sektor C befriedigt werden kann.

12 Für eine Volkswirtschaft sollen modellhaft anhand der 3 Sektoren „Automobile“ (Sektor A), „Banken“ (Sektor B, insbesondere das Einlagengeschäft) und „Wohnungsbau“ (Sektor W) die Auswirkungen einer Diskontsatzsenkung der Deutschen Bundesbank auf den privaten Konsum untersucht werden. Das folgende Diagramm gibt die gegenseitige Verflechtung an (bezogen auf GE).

Gegeben ist der Produktionsvektor $\boldsymbol{x}^* = \begin{pmatrix} 40 \\ 10a \\ \frac{60}{a} \end{pmatrix}$

mit $a > 0$ als diskontabhängigem Parameter: $a = 0{,}4p$.

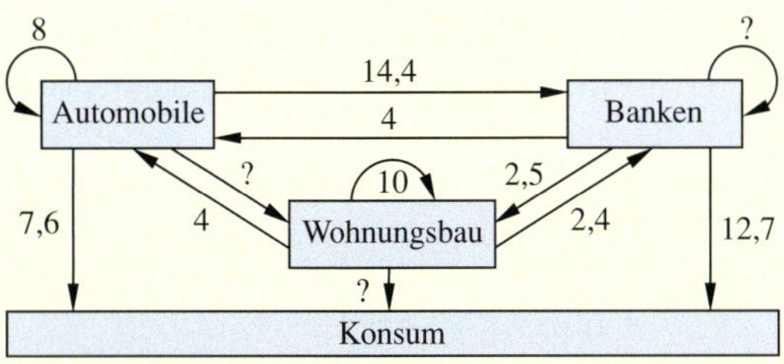

a) Für diesen Aufgabenteil ist $p = 6$.

a_1) Bestimmen Sie den Konsumvektor $\boldsymbol{y}$ und die technologische Matrix $\boldsymbol{A}$.

a_2) Der Sektor A produziert das Doppelte vom Sektor B. Die Konsumnachfrage nach Gütern des Sektors A beträgt 18 GE, die nach Gütern des Sektors W die Hälfte. Bestimmen Sie den Konsum- und den Produktionsvektor.

b) Es ist $a > 0$ mit dem oben angegebenen Produktionsvektor $\boldsymbol{x}^*$ zu ermitteln.

b_1) Bei welchem Diskontsatz ist die Privatnachfrage nach Automobilen am größten?

b_2) Wie wirkt sich die Diskontsatzsenkung nach Teil b_1) auf den privaten Konsum im Vergleich zu Teil a_1) aus? Überprüfen Sie die Aussagekraft des Modells auf seine Realitätsnähe.

c) Gegeben sind die Jahres-Produktionsvektoren $\boldsymbol{x}_{2007} = \begin{pmatrix} 20 \\ 10 \\ 10 \end{pmatrix}$, $\boldsymbol{x}_{2008} = \begin{pmatrix} 20 \\ 20 \\ 10 \end{pmatrix}$ und $\boldsymbol{x}_{2009} = \begin{pmatrix} 30 \\ 20 \\ 20 \end{pmatrix}$ sowie die Jahreskonsumvektoren $\boldsymbol{y}_{2007} = \begin{pmatrix} 13 \\ 4 \\ 8 \end{pmatrix}$, $\boldsymbol{y}_{2008} = \begin{pmatrix} 11 \\ 12 \\ 7 \end{pmatrix}$ und $\boldsymbol{y}_{2009} = \begin{pmatrix} 18 \\ 10 \\ 16 \end{pmatrix}$.

c_1) Ermitteln Sie die technologische Matrix $\boldsymbol{A}$ durch Bildung einer geeigneten Inversen.

Hinweis: Fassen Sie die drei Produktionsvektoren zur Matrix $\boldsymbol{X}$ und die drei Konsumvektoren zur Matrix $\boldsymbol{Y}$ zusammen.

c_2) Berechnen Sie mithilfe von $\boldsymbol{x}_{2009}$ die ME, die der Sektor W zur Produktion benötigt.

13 Die 3 Zweigwerke A, B und C eines Unternehmens zur Produktion von Baustoffen sind nach dem Leontief-Modell wie nachstehend verflochten und beliefern sich selbst und den Markt.

	A	B	C	Y
A	30	16	0	4
B	10	16	20	34
C	0	32	20	48

a) Bestimmen Sie die Inputmatrix $\boldsymbol{A}$.

b) Berechnen Sie die Leontief-Inverse $(\boldsymbol{E}-\boldsymbol{A})^{-1}$ und bestätigen Sie

$$(\boldsymbol{E}-\boldsymbol{A})^{-1} = \begin{pmatrix} \frac{35}{12} & \frac{5}{6} & \frac{5}{24} \\ \frac{5}{6} & \frac{5}{3} & \frac{5}{12} \\ \frac{5}{12} & \frac{5}{6} & \frac{35}{24} \end{pmatrix}.$$

c) Zukünftig wird mit einer Marktabgabe von $\boldsymbol{y} = \begin{pmatrix} 12w \\ 24 \\ \frac{72}{w} \end{pmatrix}$ gerechnet, wobei $w > 0$ eine weltmarktpreisabhängige Größe ist.
Berechnen Sie die zur Deckung der Marktabgabe notwendige Produktion $\boldsymbol{x}$ der 3 Werke und die Zahl anstelle von w, bei der die Summe der Produktionen aller 3 Werke minimal wird.

14 Die 3 Zweigwerke A, B und C eines Unternehmens zur Herstellung von Unterhaltungselektronik sind nach dem Leontief-Modell verflochten. Die Leontief-Inverse der aktuellen Rechnungsperiode lautet

$$(\boldsymbol{E}-\boldsymbol{A})^{-1} = \begin{pmatrix} 2 & \frac{8}{3} & 1{,}5 \\ 1 & \frac{14}{3} & 2 \\ 2 & 6 & 4 \end{pmatrix}.$$

a) Ermitteln Sie die Input-Matrix $\boldsymbol{A}$.

b) Im nächsten Jahr wird mit einem Konsum von $\boldsymbol{y} = (25; 60; 119)^T$ gerechnet.
Berechnen Sie die Gesamtproduktion $\boldsymbol{x}$ sowie den internen Verbrauch der einzelnen Sektoren und erstellen Sie eine Input-Output-Tabelle.

c) In einer weiteren Volkswirtschaft gilt die Inputmatrix $\boldsymbol{A}* = \begin{pmatrix} 0{,}1 & 0{,}2 & 0{,}16 \\ 0{,}25 & 0{,}05 & 0{,}16 \\ 0{,}5 & 0{,}4 & 0{,}08 \end{pmatrix}$.
Berechnen Sie den Konsum $\boldsymbol{y}^*$ bei einer Produktion von $\boldsymbol{x}^* = (492; 492; 590)^T$.

d) Nach neueren Berechnungen ändert sich die Inputmatrix $\boldsymbol{B} = \begin{pmatrix} 0{,}1 & c & 0{,}4 \\ 0{,}4 & d & 0 \\ 0{,}2 & 0{,}2 & 0{,}1 \end{pmatrix}$
mit $c, d \in \mathbb{R}$.
Es wird ein Konsum von $\boldsymbol{y_B} = (30; 30; 5)^T$ erwartet. Die Gesamtproduktion beträgt 100 ME beim Sektor B und ist beim Sektor A doppelt so hoch wie beim Sektor C.
Ermitteln Sie die Matrix $\boldsymbol{B}$.

15 Die drei Zweige A, B und C einer Volkswirtschaft sind nach dem Leontief-Modell miteinander verflochten. Gegeben ist das Verflechtungsdiagramm:

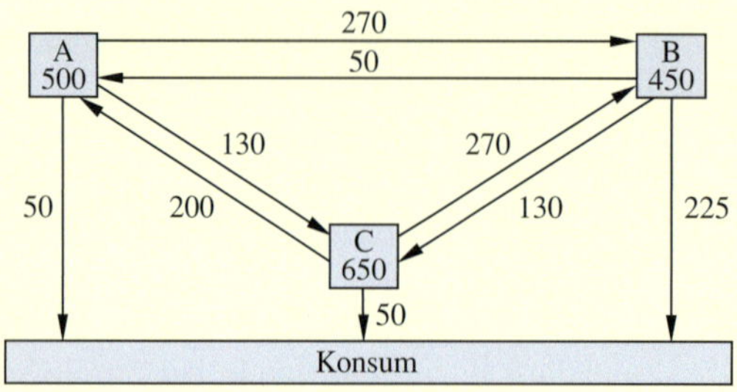

a) Berechnen Sie die Inputmatrix $\boldsymbol{A}$.

b) Erstellen Sie ein Verflechtungsdiagramm, wenn der Marktvektor $\boldsymbol{y} = (12; 18; 40)^T$ beträgt.

c) Im nächsten Rechnungsjahr stellt $\boldsymbol{y}_p = \begin{pmatrix} 28 \cdot \ln p \\ 3p \\ 105p^{-1} \end{pmatrix}$ für $p \geq 2$ die wöchentliche Marktabgabe in der p-ten Woche dar.
Bestimmen Sie, wie viele ME im Werk B minimal zur Nachfragebefriedigung produziert werden müssen und ab welcher Woche dort der Produktionszuwachs abnimmt.

d) Für das übernächste Jahr ist ein neues Produktionsverfahren geplant. Die intern an das Werk A gelieferten Mengen werden verdoppelt und die an das Zweigwerk B adressierten Mengen werden halbiert. Das Werk C benötigt keine ME für den Eigenverbrauch, produziert jedoch 200 ME, während das Zweigwerk B doppelt so viel herstellt wie das Werk A.
Berechnen Sie die Anteile für das Zweigwerk C und den Produktionsvektor $\boldsymbol{x}$, wenn das Werk A 12 ME, B 18 ME und C 24 ME für den Markt herstellt.

16 Die T-Shirt-Produktionsstätten A, B, C der G13-Firma sind nach dem Leontief-Modell miteinander verflochten und beliefern den Markt. Es gilt die nachstehende Inputmatrix $\boldsymbol{A}$.

$$\boldsymbol{A} = \begin{pmatrix} 0{,}4 & 0{,}05 & 0{,}4 \\ 0{,}3 & a_{22} & 0 \\ 0{,}12 & 0{,}1 & 0{,}2 \end{pmatrix}$$

a) Zeichnen Sie ein Verflechtungsdiagramm, wenn 800 ME von A, 520 ME von B und 450 ME von C produziert werden und $a_{22} = 0{,}25$ ist.

b_1) Entscheiden Sie begründet, für welche Werte anstelle von $a_{22} \in [0; 1]$ jede Nachfrage befriedigt werden kann.

b_2) Für die kommende Rechnungsperiode wird mit $a_{22} = 0{,}25$ und $\boldsymbol{y} = \begin{pmatrix} 374 \\ 150 \\ 112 \end{pmatrix}$ gerechnet.
Ermitteln Sie die Gesamtproduktion.

c) Die Zukunftsstrategen der G13-Firma planen für das nächste Jahr eine Produktion von 760 ME im Werk B und von 600 ME im Werk C. Berechnen Sie, welche ME im Werk A hergestellt werden müssen, um eine Mindestabgabe aller Werke von jeweils 260 ME an den Markt zu ermöglichen.

d) Durch ein neues Produktionsverfahren ändern sich die Koeffizienten a_{11} und a_{21} der Inputmatrix $\boldsymbol{A}$. Außerdem soll die Produktion der Werke A, B und C auf das Verhältnis 10 : 8 : 5 umgestellt werden. Ermitteln Sie die neue Inputmatrix $\boldsymbol{A}^*$ und den neuen Produktionsvektor $\boldsymbol{x}$, wenn der neue Marktvektor $\boldsymbol{y} = \begin{pmatrix} 549 \\ 297 \\ 180 \end{pmatrix}$ beträgt.

17 Die Verflechtung dreier Zweigwerke A, B und C eines Betriebs nach dem Leontief-Modell ist durch folgende Input-Output-Tabelle mit $a \in [0{,}4;\, 1{,}2]$ als statistisch bedingter Anpassungsgröße gegeben.

von / nach	A	B	C	Konsum	Produktion
A	1.200	300	$250a$		2.000
B	0	2.400	250		3.000
C	$2.000 \cdot (a^2 - 0{,}4a)$	0	1.750		2.500

a) Ergänzen Sie die Tabelle und bestimmen Sie die Technologiematrix $\boldsymbol{A}$.

b$_1$) Berechnen Sie in Abhängigkeit von a den Konsum $\boldsymbol{y}$ bei einer Produktion von $\boldsymbol{x} = \begin{pmatrix} 2.500 \\ 3.000 \\ 2.500 \end{pmatrix}$.

b$_2$) Der Gewinn beträgt pro verkaufte ME 20 GE bei Produkten aus dem Werk B und 1,5 GE bei Produkten aus dem Werk C. Bei Produkten aus dem Werk A muss mit einem Verlust von 12 GE je verkaufte ME gerechnet werden. Berechnen Sie $a \in \mathbb{R}$ so, dass der Gesamtgewinn bei dem im Aufgabenteil b$_1$) berechneten Konsum maximal ist.

c) Berechnen Sie für $a = 0{,}5$ die Produktion für einen Konsum von $\boldsymbol{y} = \begin{pmatrix} 20{,}5 \\ 25 \\ 39 \end{pmatrix}$.

d) Für $a = 0{,}5$ beträgt der Konsum $\boldsymbol{y} = \begin{pmatrix} y \\ 4 \\ z \end{pmatrix}$ bei einer Produktion von $\boldsymbol{x} = \begin{pmatrix} 160 \\ x \\ 120 \end{pmatrix}$.

d$_1$) Bestimmen Sie x, y und z.

d$_2$) Berechnen Sie für $a = 0{,}4$ die Leontief-Inverse.
Um welchen Faktor muss sich die Produktion des Werks B bei $a = 0{,}4$ ändern, wenn sich der Konsum von $\boldsymbol{y}_1 = \begin{pmatrix} 20 \\ 10 \\ 40 \end{pmatrix}$ auf $\boldsymbol{y}_2 = \begin{pmatrix} 100 \\ 40 \\ 120 \end{pmatrix}$ steigert?

18 Ein Chemie-Unternehmen entwickelt seine Produkte an 3 Standorten, die den Markt und sich auch gegenseitig wie folgt mit $w \in [0{,}8;\, 1{,}3]$ als weltmarktpreisabhängiger Größe beliefern.

	A	B	C	Y
A	600	200	$150w$	$200 - 150w$
B	0	1.600	150	250
C	$(w^2 - 0{,}8w) \cdot 1.000$	0	1.050	$-1.000w^2 + 800w + 450$

a) Bestimmen Sie für $w = 1$ die Inputmatrix $\boldsymbol{A}$.

b) Ermitteln Sie, welche Produktionsmengen jeder Standort für $w = 1$ herstellen muss, wenn eine Marktabgabe von $\boldsymbol{y} = \begin{pmatrix} 900 \\ 90 \\ 450 \end{pmatrix}$ prognostiziert wird?

c) Der 1. Standort erleidet momentan einen Verlust von 12 GE je ME, der aus betriebsinternen Gründen noch geduldet wird, damit kein Mitarbeiter entlassen werden muss. Der 2. Standort erwirtschaftet einen Gewinn von 30 GE pro ME und Standort C einen Gewinn von 1 GE je ME. Berechnen Sie die Zahl anstelle von w, für die bei einer Produktion von $\boldsymbol{x} = \begin{pmatrix} 2.000 \\ 3.000 \\ 2.000 \end{pmatrix}$ der Gesamtgewinn maximal wird, und das Gewinnmaximum.

7.3 Lineare Optimierung

Die lineare Optimierung ist ein Anwendungsgebiet der linearen Algebra, das in den letzten 60 Jahren entwickelt wurde. Ihre große Bedeutung für die Lösung von Optimierungsproblemen in Wirtschaft, Verwaltung und Technik ist mit der rasanten Entwicklung der EDV noch gewachsen, die es ermöglichte, immer größere Datenbestände in immer kürzerer Zeit zu verarbeiten.

7.3.1 Das graphische Verfahren

Bei der linearen Optimierung geht es darum, den Wert einer Größe unter einschränkenden Bedingungen zu maximieren oder zu minimieren. Optimal bedeutet also nicht extremal, sondern vielmehr „extremal unter gewissen Bedingungen". Man will z. B. für einen Betrieb, der zwei Produkte herstellt, ermitteln, wie viele Mengeneinheiten zu produzieren sind, damit bei gegebenen Verkaufspreisen pro ME der Gewinn möglichst groß wird. Dabei werden die Produktionsmöglichkeiten aber durch Kapazitätsgrenzen, Finanzierungsengpässe oder Absatzbedingungen eingeschränkt. Diese Einschränkungen werden durch lineare Ungleichungen erfasst.

Beispiel 7.61 a (Graphisches Verfahren)

Ein Unternehmen produziert Kühl- und Gefrierschränke. Die Produktionskapazitäten lassen aber nur zu, dass von beiden Produkten zusammen höchstens 200 Stück pro Tag hergestellt werden können. Veranschaulichen Sie die Produktionsmöglichkeiten in einem Koordinatensystem.

Bezeichnet man mit x die Variable für die Anzahl der Kühlschränke und mit y die Variable für die Anzahl der Gefrierschränke, dann ergibt es keinen Sinn, negative Werte für x und y zuzulassen. Man sagt: Die Variablen unterliegen den **Nichtnegativitätsbedingungen**. Die Nichtnegativitätsbedingungen beschränken die graphische Darstellung auf den 1. Quadranten des Koordinatensystems.

$x \geq 0$
$y \geq 0$ ► Nichtnegativitätsbedingungen

$x + y \leq 200$ ► Kapazitätsbeschränkung

$y \leq -x + 200$ ► umgeformte Beschränkung

$f(x) = -x + 200$ ► zugehörende Funktion

Die Beschränkung der Produktion auf insgesamt 200 Stück bedeutet, dass die Summe aus den Werten für x und y die Zahl 200 nicht überschreiten darf.

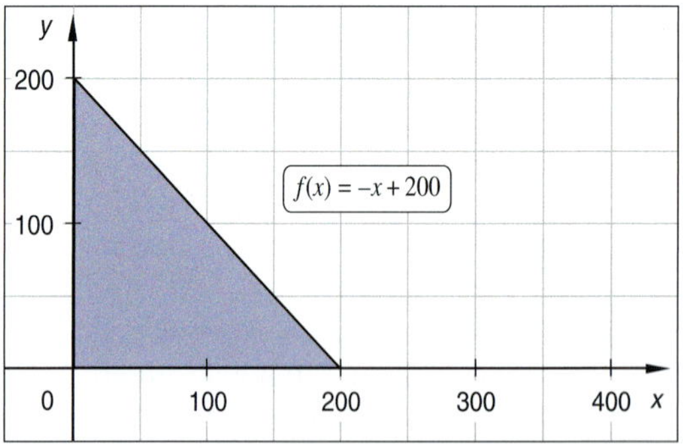

► Die Koordinaten $\langle x | y \rangle$ aller Punkte, die rechts von der y-Achse und auf ihr liegen, genügen der Bedingung $x \geq 0$.

► Die Koordinaten $\langle x | y \rangle$ aller Punkte, die oberhalb der x-Achse und auf ihr liegen, genügen der Bedingung $y \geq 0$.

Löst man die Ungleichung, die für die Kapazitätsbeschränkung steht, nach y auf, so kann man den Term $-x + 200$ als Funktionsterm einer linearen Funktion $f(x) = -x + 200$; $x \in \mathbb{N}$ auffassen, deren Graph aus Punkten besteht, die auf einer Geraden liegen.

Auf der Geraden liegen alle Punkte mit den Koordinaten, deren Summe 200 beträgt; *unterhalb* der Geraden liegen alle Punkte, deren Koordinatensumme kleiner als 200 ist.

► Die Koordinaten $\langle x|y\rangle$ aller Punkte, die auf $G(f)$ oder unterhalb von $G(f)$ liegen, genügen der Bedingung $x+y\leq 200$.

► Die Koordinaten $\langle x|y\rangle$ aller Punkte, die in dem blauen Dreieck und auf seinen Seiten liegen, genügen den Nichtnegativitätsbedingungen und der Kapazitätsbeschränkung, sind also Lösungen des Systems von Ungleichungen $x\geq 0$, $y\geq 0$ und $x+y\leq 200$.

Ein System von Ungleichungen wie $\begin{aligned} x &\geq 0 \\ y &\geq 0 \\ x+y &\leq 200 \end{aligned}$ mit den Variablen x und y heißt ein **lineares Ungleichungssystem**, weil in ihm die Variablen nur linear, d. h. höchstens in erster Potenz vorkommen. Die Lösungen eines solchen Systems lassen sich in einem kartesischen Koordinatensystem als Punktmengen veranschaulichen. Im Beispiel liegen in dem Dreieck und auf seinen Seiten alle Punkte, deren Koordinaten die Kombinationsmöglichkeiten von Stückzahlen angeben, die unter der gegebenen Bedingung produziert werden können. Man bezeichnet diese Punktmenge als **Lösungsraum**.

Beispiel 7.61 b (Graphisches Verfahren)

Zusätzlich zu den Produktionsbeschränkungen dürfen pro Tag höchstens 45.000 € Kosten bei der Produktion der Kühlgeräte anfallen. Die Herstellung der Kühlschränke verursacht 150 € Kosten pro Stück, die erheblich aufwendigere Fertigung der Gefriergeräte 300 € pro Stück. Die Marketingabteilung informiert darüber, dass täglich höchstens 150 Kühlschränke absetzbar sind.

Die Finanzierungsbeschränkung (Restriktion) und die Absatzrestriktion werden als Ungleichungen der Ungleichung aus der Produktionsrestriktion hinzugefügt.

Die Ungleichung, die für die Finanzierungsbeschränkung steht, wird nach y aufgelöst. Der Term $-0{,}5x+150$ kann ebenfalls als Funktionsterm einer linearen Funktion $g(x)=-0{,}5x+150$; $x\in\mathbb{N}$ angesehen werden, deren Graph aus Punkten besteht, die auf einer Geraden liegen.

$x\geq 0$ $y\geq 0$	► Nichtnegativitätsbedingungen
$x+y\leq 200$	► Kapazitätsbeschränkung
$150x+300y\leq 45.000$	► Finanzierungsbeschränkung
$x\leq 150$	► Absatzbeschränkung

Die Koordinaten aller Punkte auf und unterhalb dieser Geraden genügen der Bedingung $150x+300y\leq 45.000$.

Die Koordinaten $\langle x|y\rangle$ aller Punkte, die links von der Senkrechten durch den Punkt $P\langle 150|0\rangle$ liegen, genügen der Bedingung $x\leq 150$.

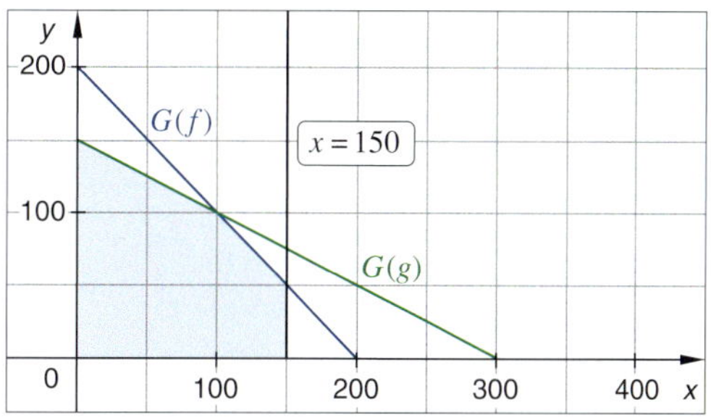

Da alle Restriktionen erfüllt sein müssen, ist der Lösungsraum eingeschränkt. Er wird jetzt im Koordinatensystem durch das blaue Gebiet, das **Planungsvieleck**, wiedergegeben.

- Ein **lineares Ungleichungssystem** in den Variablen x und y besteht aus mehreren linearen Ungleichungen in diesen Variablen. Ihre Lösungsräume lassen sich in einem rechtwinkligen Koordinatensystem darstellen.
- Der **Lösungsraum** des linearen Ungleichungssystems besteht aus allen Punkten, in denen sich die Lösungsräume der einzelnen Ungleichungen überschneiden.

Beispiel 7.61 c (Graphisches Verfahren)

Der Gewinn pro Kühlschrank beträgt 100 € und pro Gefrierschrank 150 €.

Ermitteln Sie, wie viele Kühlschränke bzw. Gefrierschränke produziert (und verkauft) werden müssen, damit der Gewinn möglichst groß ist, und berechnen Sie diesen maximalen Gewinn.

Der Gewinn ist die Summe aus den beiden Gewinnanteilen, die entstehen, wenn jeweils der Stückgewinn mit der Stückzahl multipliziert wird.

$G = 100x + 150y$ ► Gewinngleichung

$y = -\frac{2}{3}x + \frac{G}{150}$ ► umgeformte Gewinngleichung

Löst man die Gewinngleichung nach y auf, so lässt sich der Term $-\frac{2}{3}x + \frac{G}{150}$ als Funktionsterm aller linearen Funktionen auffassen, deren Steigungsfaktor $-\frac{2}{3}$ ist.

Die Graphen dieser Funktionenschar sind parallele Geraden, die danach unterschieden werden können, in welchen Punkten $P_G\left(0\middle|\frac{G}{150}\right)$ sie die y-Achse schneiden.

Punkte auf einer bestimmten Gewinngeraden geben die Kombinationen von Stückzahlen der produzierten Kühl- bzw. Gefrierschränke wieder, die alle zu demselben Gesamtgewinn führen. Die Gerade, die z. B. bei 200 die y-Achse schneidet, repräsentiert einen Gewinn von 30.000 €.

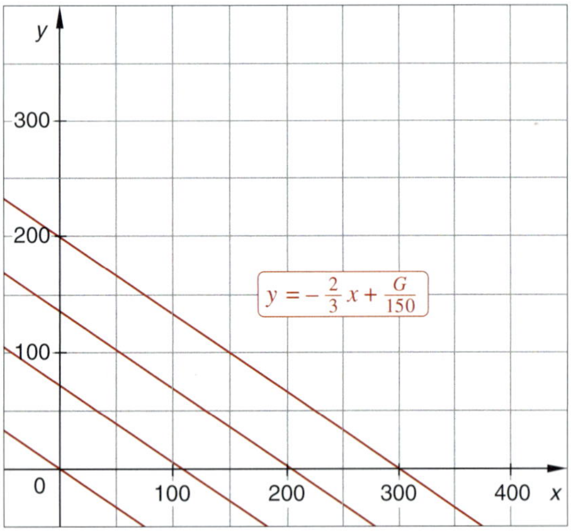

► z. B. $\frac{G}{150} = 200 \Rightarrow G = 30.000$

Die Maximierung des Gewinns unter den gegebenen Restriktionen bedeutet, die Gerade aus der ganzen Schar auszuwählen, die „möglichst weit oben" die y-Achse schneidet, auf der aber mindestens noch *ein* Punkt des Lösungsraumes liegt.

Gegebenes Bedingungssystem

$$x \geq 0, y \geq 0$$
$$x + y \leq 200$$
$$150x + 300y \leq 45.000$$
$$x \leq 150$$

Zeichnet man eine beliebige Gerade aus der Geradenschar, z. B. die Gerade, die durch den Ursprung geht, in das Koordinatensystem ein, so erreicht man durch Parallelverschiebung dieser Geraden in Richtung der positiven y-Achse, dass die Werte für $\frac{G}{150}$ und damit für G immer größer werden.

Gegebene Gewinngleichung
$G = 100x + 150y$; $G \rightarrow$ max!

Umgeformtes Bedingungssystem
$x \geq 0, y \geq 0$
$y \leq -x + 200$
$y \leq -0{,}5x + 150$
$x \leq 150$

Umgeformte Gewinngleichung
$y = -\frac{2}{3}x + \frac{G}{150}$; $\frac{G}{150} \rightarrow$ max!

Die Gerade, die unter den gegebenen Bedingungen durch den Punkt $\langle 100 \mid 100 \rangle$ geht, ist diejenige optimale Gewinngerade, die den maximalen Gewinn anzeigt; Geraden, die weiter oberhalb verlaufen, haben keinen Punkt mehr mit dem Lösungsraum gemeinsam.

Der Punkt $\langle 100 \mid 100 \rangle$ ist der gewinnmaximale Punkt, er ist ein Eckpunkt des Planungsvielecks.

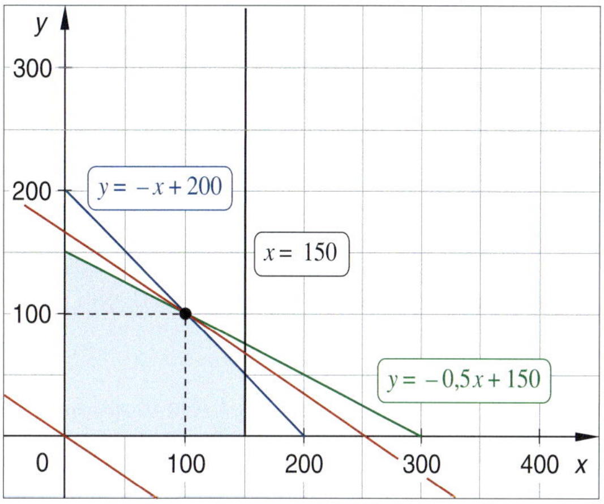

Gewinnmaximaler Punkt: $\langle 100 \mid 100 \rangle$
Maximaler Gewinn: $G = 100 \cdot 100 + 150 \cdot 100$
$= \mathbf{25.000}$

Der maximale Gewinn beträgt 25.000 €. Er wird erreicht, wenn 100 Kühlschränke und 100 Gefrierschränke produziert und verkauft werden.

Beispiel 7.62 (Maximumproblem)

Eine Unternehmung stellt 2 Produkte P_1 und P_2 her. Die Fertigung erfolgt auf den Maschinen M_1, M_2 und M_3 und erfordert unterschiedliche Belegungszeiten. Die Bearbeitungsdauer (in Minuten pro ME) und die Kapazitäten der Maschinen (in Minuten) sind in der nachfolgenden Tabelle angegeben.

	Bearbeitungszeit für P_1	Bearbeitungszeit für P_2	Kapazität
M_1	20	40	8.000
M_2	15	10	3.000
M_3	30	10	5.400

a) Der Deckungsbeitrag pro ME beträgt 90 GE von P_1 und 120 GE von P_2. Wie viele ME sind von P_1 und P_2 herzustellen, damit der gesamte Deckungsbeitrag möglichst groß ist? Wie hoch ist dieser maximale Deckungsbeitrag?

b) Durch radikal gesunkene Rohstoffpreise für P_1 hat sich dessen Deckungsbeitrag pro ME verdoppelt, der Deckungsbeitrag für P_2 ist gleichzeitig auf 90 GE gesunken. Wie hoch ist jetzt der maximale Deckungsbeitrag; bei welcher Mengenkombination wird er erreicht?

Zu a) Bezeichnet man mit x die Variable für die Anzahl der produzierten ME von P_1 und mit y die Variable für die Anzahl der produzierten ME von P_2, dann kann man die Kapazitätsbeschränkungen als Ungleichungen und den Deckungsbeitrag als sog. **Zielgröße** D in einer Gleichung angeben. Die gegebenen Ungleichungen und die sog. **Zielgleichung** werden nach y umgestellt.

Gegebenes Bedingungssystem

$x \geq 0, y \geq 0$ ▶ Nichtnegativitätsbedingungen

$20x + 40y \leq 8.000$ ▶ Maschine M_1

$15x + 10y \leq 3.000$ ▶ Maschine M_2

$30x + 10y \leq 5.400$ ▶ Maschine M_3

Umgeformtes Bedingungssystem

$x \geq 0, y \geq 0$

$y \leq -0{,}5x + 200$ ▶ M_1

$y \leq -1{,}5x + 300$ ▶ M_2

$y \leq -3x + 540$ ▶ M_3

Damit erhält man 3 Ungleichungen, deren rechter Term jeweils als Term einer linearen Funktion aufgefasst werden kann, deren Graph eine Gerade ist.

Zugehörende Funktionen

$f_1(x) = -0{,}5x + 200$

$f_2(x) = -1{,}5x + 300$

$f_3(x) = -3x + 540$

Die Geraden werden in den 1. Quadranten eingezeichnet.

▶ Nichtnegativitätsbedingungen

Gegebene Zielgleichung

$D = 90x + 120y;\ D \to \max!$

Umgeformte Zielgleichung

$y = -\frac{3}{4}x + \frac{D}{120};\ \frac{D}{120} \to \max!$

Die Koordinatenachsen und die Geraden umranden ein Planungsvieleck, das den Lösungsraum darstellt.

Nach Auflösung der Zielgleichung nach y kann der Term $-\frac{3}{4}x + \frac{D}{120}$ als Term einer Schar von linearen Faktoren aufgefasst werden, deren Graphen parallel verlaufen.

Unter diesen parallelen Geraden wird diejenige gesucht, deren Ordinatenabschnitt $\frac{D}{120}$ einen möglichst großen Wert annimmt, auf der aber mindestens noch *ein* Punkt des Lösungsraumes liegt.

An vielen Ecken planen!

Das Problem löst man, indem man eine Gerade aus der Geradenschar (z. B. die durch den Koordinatenursprung) so weit parallel verschiebt, bis unter Beachtung des Lösungsraums der Wert für $\frac{D}{120}$ maximal ist.

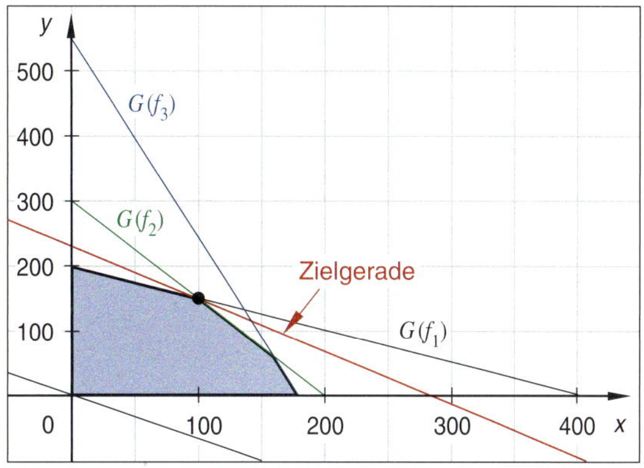

Das Ziel ist erreicht, wenn diese Gerade durch den Punkt $\langle 100 | 150 \rangle$ geht. Dieser Punkt ist der optimale Punkt. Man erzielt den höchsten Deckungsbeitrag, wenn 100 ME von P_1 und 150 ME von P_2 hergestellt werden. Dieser maximale Deckungsbeitrag beträgt 27.000 GE.

$P_{max}\langle 100 | 150 \rangle$
$D_{max} = 90 \cdot 100 + 120 \cdot 150 = \mathbf{27.000}$

Zu b) Der verdoppelte Deckungsbeitrag von P_1 führt zu einer veränderten Zielgleichung. So liegt jetzt eine Geradenschar mit dem Steigungsfaktor -2 vor.

Veränderte Zielgleichung
$D = 180x + 90y$; $D \to$ max!
$y = -2x + \frac{D}{90}$; $\frac{D}{90} \to$ max!

Verschiebt man eine dieser Geraden (z. B. die durch den Koordinatenursprung) so weit parallel in Richtung der positiven y-Achse, wie es die Restriktionen erlauben, dann erhält man als optimalen Punkt $P\langle 160 | 60 \rangle$ und als maximalen Deckungsbeitrag 34.200 GE.

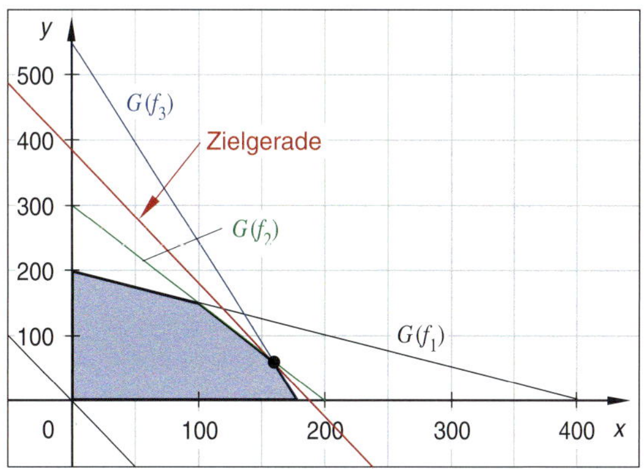

$P_{max}\langle 160 | 60 \rangle$; $D_{max} = 180 \cdot 160 + 90 \cdot 60 = \mathbf{34.200}$

Beispiel 7.63 (Minimumproblem)

Eine Großhandlung für Süßwaren mischt 2 Pralinensorten S_1 und S_2 zu einer 3. Sorte zusammen. Die Mischungen S_1 und S_2 enthalten in unterschiedlicher Zusammenstellung Nuss-, Marzipan- und Alkoholpralinen. Die neue Mischung soll mindestens 146 kg Nusspralinen, mindestens 550 kg Marzipanpralinen und mindestens 400 kg Alkoholpralinen enthalten.

Die nebenstehende Tabelle gibt an, wie viele kg Nuss-, Marzipan- und Alkoholpralinen in den Sorten S_1 und S_2 vorhanden sind und wie teuer eine Packungseinheit dieser Sorten jeweils ist.

	S_1	S_2
Nusspralinen	2	1
Marzipanpralinen	4	5
Alkoholpralinen	2	5
Sortenpreis (in €)	500	450

Wie viele kg von jeder der Sorten S_1 und S_2 müssen für die neue Mischung genommen werden, damit die gesamten Kosten möglichst gering sind?

Die Menge (bezogen auf kg) der Sorte S_1 wird mit x, die Menge der Sorte S_2 mit y bezeichnet.

Gegebenes Bedingungssystem

$x \geq 0, y \geq 0$ ► Nichtnegativitätsbedingungen
$2x + \quad y \geq 146$ ► Nusspralinen
$4x + 5y \geq 550$ ► Marzipanpralinen
$2x + 5y \geq 400$ ► Alkoholpralinen

Die Ungleichungen, die sich aus den Restriktionen ergeben, werden nach y aufgelöst. Die zugehörenden Geraden werden in den 1. Quadranten des Koordinatensystems eingezeichnet. Da es Größer-gleich-Bedingungen sind, ist der Lösungsraum in den Richtungen der positiven Koordinatenachsen offen.

Umgeformtes Bedingungssystem

$y \geq -2x + 146$ ► Nusspralinen
$y \geq -0{,}8x + 110$ ► Marzipanpralinen
$y \geq -0{,}4x + 80$ ► Alkoholpralinen

Zugehörende Funktionen

$f_1(x) = -2x + 146$
$f_2(x) = -0{,}8x + 110$
$f_3(x) = -0{,}4x + 80$

Der Gesamtpreis wird als Zielgleichung formuliert und dann nach y aufgelöst.

Gegebene Zielgleichung

$Z = 500x + 400y;\ Z \to \text{min!}$

Umgeformte Zielgleichung

$y = -\frac{5}{4}x + \frac{Z}{400};\ \frac{Z}{400} \to \text{min!}$

Aus der zu der Zielgleichung gehörenden Geradenschar wird eine Gerade (z. B. die Gerade, die durch den Koordinatenursprung geht) eingezeichnet und so weit parallel verschoben, dass sie möglichst weit unten die y-Achse schneidet, aber noch mindestens *einen* Punkt mit dem Lösungsraum gemeinsam hat. Das ist erfüllt, wenn die Gerade durch den Punkt P⟨30 | 86⟩ geht.

Von der 1. Sorte müssen also 30 Packungseinheiten zu je 8 kg und von der 2. Sorte 86 Packungseinheiten zu je 11 kg genommen werden; das entspricht 240 kg von Sorte 1 und 946 kg von Sorte 2.

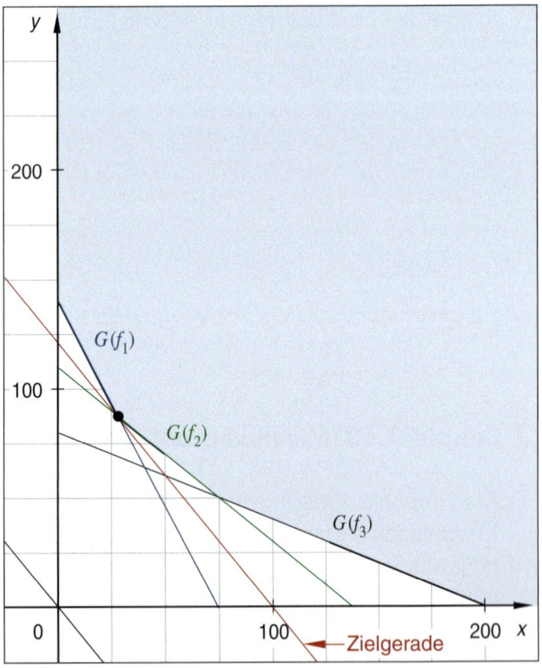

Die geringsten Kosten betragen somit 49.400 €.

$P_{min}\langle 30 | 86 \rangle$
$Z_{min} = 500 \cdot 30 + 400 \cdot 86 = \mathbf{49.400}$

- Ein Problem aus dem Bereich der linearen Optimierung besteht aus einschränkenden Bedingungen, die als lineares Ungleichungssystem formuliert werden können, und aus einer Zielgröße Z, die sich als linearer Term ausdrücken lässt.
  Die **Zielgröße** soll unter den einschränkenden Bedingungen optimiert, d. h. je nach Problemstellung maximiert oder minimiert werden.
- Das **graphische Verfahren** kann dann angewendet werden, wenn die Lösung des Problems nur von zwei Variablen x, y abhängt.
- Bei wirtschaftlichen Problemen gelten für die Variablen x und y die **Nichtnegativitätsbedingungen** $x \geq 0$ und $y \geq 0$; und für die **Zielgleichung** $Z = ax + by$ gilt, dass für a und b nur positive reelle Zahlen in Frage kommen.
- Zuerst wird der Lösungsraum des Ungleichungssystems bestimmt. Er liegt wegen der Nichtnegativitätsbedingungen im 1. Quadranten des Koordinatensystems und wird durch ein Vieleck begrenzt. Dann wird eine der **Zielgeraden** so lange parallel verschoben, bis unter Beachtung des Lösungsraums die Gerade möglichst weit oben **(Maximumproblem)** oder möglichst weit unten **(Minimumproblem)** die y-Achse schneidet **(Optimierung)**.
  Die für das Optimum ermittelten Werte für x und y werden anschließend in Verbindung mit der Problemstellung interpretiert.

Alles klar?

Auf dem Dortmunder Weihnachtsmarkt betreibt die Jahrgangsstufe 13 eine Pfannkuchenbude und vertreibt zwei Sorten von Pfannkuchen, einen Speck- und einen Lachspfannkuchen. In jeder Viertelstunde können aus Platzgründen höchstens 15 Pfannkuchen hergestellt werden. Die Zutaten reichen in diesem Zeitraum jeweils für maximal 10 Speck- und 12 Lachspfannkuchen. Familienpackungen bestehen aus 3 Speck- und 2 Lachspfannkuchen und dürfen aus markttechnischen Gründen höchstens zu 40 € verkauft werden.
Der Gewinn beim Verkauf von einem Speck- bzw. einem Lachspfannkuchen beträgt 1 € bzw. 3 €. Ermitteln Sie graphisch den maximalen Gewinn und die dabei zu Grunde liegende Anzahl der Speck- und Lachspfannkuchen.

Übungen zu 7.3.1

Allgemeine Übungen

1 Ermitteln Sie den Lösungsraum der Ungleichungssysteme.

a) $x \geq 0; y \geq 0$
$x \leq 20$
$y \leq 30$

b) $x \geq 0; y \geq 0$
$x + y \leq 10$

c) $x \geq 0; y \geq 0$
$x \geq 5$
$x + y \leq 15$

d) $x \geq 0; y \geq 0$
$y \geq 2$
$2x + y \leq 10$

e) $x \geq 0; y \geq 0$
$x + y \leq 20$
$2x + y \leq 30$
$0{,}5x + 2y \leq 15$

f) $x \geq 0; y \geq 0$
$5x + 2y \leq 25$
$2x + 3y \leq 21$

g) $x \geq 0; y \geq 0$
$2x + y \geq 20$
$3x + 2y \geq 36$
$x + 2y \geq 30$

h) $x \geq 0; y \geq 0$
$2x + y \leq 200$
$x + y \leq 130$
$x \leq 90; y \leq 80$

2 Zeichnen Sie in ein Koordinatensystem jeweils 4 Geraden aus der Geradenschar, die mit der jeweiligen Gleichung gegeben ist.

a) $y = -x + \frac{Z}{2}$ b) $y = -\frac{1}{2}x + \frac{Z}{20}$ c) $y = -2x + \frac{G}{30}$

3 Ermitteln Sie graphisch das Optimum und geben Sie die Funktionsgleichung der Zielgeraden durch den optimalen Punkt an.

a)	b)	c)	d)
$x \geq 0; y \geq 0$	$x \geq 0; y \geq 0$	$x \geq 0; y \geq 0$	$x \geq 0; y \geq 0$
$3x + 4y \leq 30$	$2x + 3y \leq 30$	$2x + 6y \leq 300$	$10 \leq x \leq 50$
$15x + 10y \leq 90$	$2x + 2y \leq 24$	$4x + 8y \leq 480$	$7x + 10y \leq 700$
	$x \leq 10$	$7{,}5x + 5y \leq 750$	$11x + 6y \leq 660$
$Z = 10x + 10y;$	$Z = 15x + 10y;$	$Z = 30x + 40y;$	$Z = 50x + 50y;$
$Z \to$ max!	$Z \to$ max!	$Z \to$ max!	$Z \to$ max!

e)	f)	g)	h)
$x \geq 0; y \geq 0$	$x \geq 0; y \geq 0$	$x \geq 0; y \geq 0$	$x \geq 0; y \geq 0$
$4x + 2y \geq 10$	$x \geq 4; y \geq 6$	$5x + 10y \geq 50$	$20 \leq x \leq 140$
$2x + 2y \geq 16$	$2x + 4y \geq 40$	$x + 5y \geq 15$	$20 \leq y \leq 90$
		$4x + 2y \geq 20$	$2x + y \geq 140$
			$x + 2y \geq 160$
$Z = 10x + 30y;$	$Z = 30x + 20y;$	$Z = 36x + 9y;$	$Z = 50x + 200y;$
$Z \to$ min!	$Z \to$ min!	$Z \to$ min!	$Z \to$ min!

4 Ermitteln Sie graphisch das Optimum und geben Sie die Funktionsgleichung der Zielgeraden durch den optimalen Punkt an.

$x \geq 0; y \geq 0;$ $10 \leq x \leq 140;$ $20 \leq y \leq 90;$ $3x + 4y \geq 270;$

$x - y \leq 110;$ $x + 4y \geq 170;$ $x + y \leq 170;$ $x + 4y \leq 400;$

a) $Z = 80x + 40y; Z \to$ min! b) $Z = 10x + 90y; Z \to$ min! c) $Z = 2x + 5y; Z \to$ min!

d) $Z = 80x + 40y; Z \to$ max! e) $Z = 10x + 90y; Z \to$ max! f) $Z = 2x + 5y; Z \to$ max!

Übungen aus der Ökonomie

5 Für Sportler soll eine Kraftnahrung aus 2 Nahrungsmitteln N_1 und N_2 hergestellt werden. Jede Mischung muss eine Mindestmenge an Kohlehydraten K, Eiweiß E und Fett F enthalten.
Der Gehalt pro ME sowie die Preise für die Nahrungsmittel und die Mindestmengen sind in der nachstehenden Tabelle angegeben.
Welche Mengen müssen von den einzelnen Nahrungsmitteln gewählt werden, damit der Gesamtpreis (GP) möglichst gering wird?

	Gehalt der Nahrungsmittel		Mindest-mengen
	N_1	N_2	
K	2	1	8
E	1	3	6
F	3	3	12
Preis je ME	10	12	GP → min!

6 Ein Unternehmer möchte 2 neue Produkte A und B in sein Fertigungsprogramm aufnehmen. Seine freien Kapazitäten erlauben es ihm, bis zu 11 Stück von Produkt A und bis zu 12 Stück von A und B zusammen zu fertigen. Die Anzahl der von Sorte B gefertigten Produkte muss aus technischen Gründen mindestens das Doppelte der Anzahl der von Sorte A gefertigten Produkte betragen.
Aus absatzwirtschaftlichen Überlegungen sollen von Produkt A mindestens 2 Stück, von Produkt B mindestens 6 Stück hergestellt werden.
Die Produktionskosten pro Stück betragen 1.000 € für Sorte A und 3.000 € für Sorte B. Das Produkt A kann für 3.000 € und das Produkt B für 4.000 € abgesetzt werden.

a) Welche Mengen sind von A und B zu produzieren, damit die Kosten möglichst gering gehalten werden?

b) Welche Mengen sind von A und B zu produzieren, damit der Gewinn möglichst hoch ausfällt?

7 Beim Neubau einer Schule soll eine Bodenfläche von 10.000 qm mit einem Bodenbelag ausgelegt werden. Es stehen die beiden Sorten A und B zur Auswahl. Sorte A kostet 15 € pro qm, Sorte B kostet 10 € pro qm. Wegen eines bereits abgeschlossenen Kaufvertrages müssen von Sorte B mindestens 5.000 qm genommen werden. Die jährlichen Reinigungskosten betragen 3 € pro qm für A und 4 € pro qm für B. Die Auswahl soll so erfolgen, dass die gesamten Anschaffungskosten zwischen 110.000 € und 120.000 € liegen und die jährlichen Reinigungskosten minimal werden.

8 Eine Fabrik stellt die beiden Produkte P_1 und P_2 her. Dazu werden 3 Produktionsautomaten A_1, A_2 und A_3 benötigt. Das Produkt P_1 durchläuft im Produktionsprozess alle 3 Automaten, das Produkt P_2 nur die Automaten A_1 und A_2.
In der nachstehenden Tabelle ist angegeben, wie viele Minuten jeder Automat für die Herstellung eines der Produkte benötigt.

	A_1	A_2	A_3
P_1	3	5	6
P_2	6	4	–

Der Automat A_1 kann täglich höchstens 420 Minuten, der Automat A_2 täglich höchstens 400 Minuten und der Automat A_3 täglich höchstens 360 Minuten eingesetzt werden.

a) Der Gewinn beträgt 6 € bei P_1 und 8 € bei P_2 je Stück. Wie hoch ist der größtmögliche Gewinn und für welche Mengenkombination wird er erreicht?

b) Muss eine neue Mengenkombination produziert werden, wenn unter sonst gleichen Bedingungen der Gewinn für Produkt P_1 nun 10 € beträgt? Begründen Sie Ihre Antwort.

9 Ein Landwirt plant, höchstens 22 Hektar seiner Ackerflächen mit Weizen und Gemüse zu bebauen. Der Arbeitsaufwand pro Hektar Weizen beträgt 4 Tage, der pro Hektar Gemüse 24 Tage. Insgesamt stehen ihm nicht mehr als 240 Arbeitstage zur Bewirtschaftung der Fläche zur Verfügung. An Kapital können höchstens 11.200 € eingesetzt werden. Dabei beträgt der Kapitalaufwand 400 € pro Hektar Weizen und 800 € pro Hektar Gemüse.
Der Landwirt möchte unter den genannten Anbaubedingungen maximalen Gewinn erzielen, wobei er pro Hektar Weizen mit 500 € Gewinn und pro Hektar Gemüse mit 1.250 € Gewinn rechnet.

10 Es wird ein Campingplatz für Wohnwagen und für Zelte geplant. Insgesamt können abzüglich der Verkehrs- und Versorgungsflächen höchstens 7.500 Quadratmeter eingerichtet werden. Für einen Wohnwagen rechnet man mit 100 Quadratmetern, für ein Zelt mit 50 Quadratmetern Stellfläche. Es sind höchstens 60 Wohnwagenplätze vorgesehen.
Das Herrichten einschließlich der Anschlüsse für Wasser und Strom kostet je Wohnwagenplatz 1.250 € und je Zeltplatz 1.000 €. Insgesamt stehen maximal 120.000 € zur Verfügung.
Nach Fertigstellung des Campingplatzes wird mit einer Einnahme von 24 € je Wohnwagenplatz und von 16 € je Zeltplatz pro Tag gerechnet. Wie viele Wohnwagenplätze und wie viele Zeltplätze sollen eingerichtet werden, wenn die Einnahmen maximal sein sollen?

11 Zur Herstellung eines Produkts stehen 4 verschiedene Automaten für jeweils 8 Stunden täglich zur Verfügung. Das Produkt kann nach 2 Verfahren A und B hergestellt werden. Verfahren A erfordert alle 4 Automaten, Verfahren B nur die ersten 3.
Die nachstehende Tabelle gibt an, wie viele Minuten jeder Automat nach dem jeweiligen Verfahren bei der Produktion von einem Stück beansprucht wird.

Automat / Verfahren	I	II	III	IV
A	2,4	4	4	3
B	4,8	4	2	–

Der Stückgewinn beträgt 120 € nach Verfahren A und 80 € nach Verfahren B. Der Gesamtgewinn soll maximiert werden.

12 In einer Fabrik werden die Produkte A und B auf den Automaten I, II und III hergestellt.
Die folgende Tabelle gibt an, wie viele Minuten (pro Stück) die Automaten für die Bearbeitung der beiden Produkte benötigen und wie lange (bezogen auf Minuten) die Automaten für die Produkte zur Verfügung stehen.

	Bearbeitungszeit		Maximale
	A	B	Nutzungszeit
Automat I	2	4	320
Automat II	4	4	400
Automat III	4	2	360

Der Gewinn pro Stück beträgt 9 € für Produkt A und 12 € für Produkt B.
Welche Stückzahlen müssen von Produkt A und von Produkt B hergestellt werden, damit ein maximaler Gewinn erzielt werden kann?

7

7.3.2 Die Simplexmethoden

Das graphische Verfahren zur Lösung von linearen Optimierungsproblemen ist nur anwendbar bei zwei, höchstens drei Variablen. Aber schon bei drei Variablen trifft man auf erhebliche Schwierigkeiten, weil drei Variable eine räumliche Darstellung in der Zeichenebene verlangen.

Die **Simplexmethode** ist eine algebraische Methode, die es ermöglicht, lineare Optimierungsprobleme mit beliebig vielen Variablen einfach und übersichtlich zu lösen. Die Methode ist seit 1950 immer weiter verfeinert worden. In diesem Buch sind die Optimierungsaufgaben aber so beschaffen, dass auch ohne diese Verfeinerungen gerechnet werden kann. Dies geschieht nach der sog. **regulären Simplexmethode** (Beispiele 7.64, 7.65) bzw. nach der sog. **revidierten Simplexmethode** (Beispiel 7.66).

Es sind 2 Voraussetzungen für die Anwendbarkeit der Simplexmethoden notwendig:
1. Die Nulllösung, bei der alle Variablen $x_1, x_2, \dots, x_n$ gleich 0 sind, muss möglich sein;
2. es muss sich um ein Maximierungsproblem handeln.

Die erste Voraussetzung bedeutet, dass das Ungleichungssystem nur aus Ungleichungen vom Typ $a_1 \cdot x_1 + a_2 \cdot x_2 + \dots + a_n \cdot x_n \leq b$ mit $a_1, a_2, \dots, a_n,\ b \geq 0$ besteht und die Nichtnegativitätsbedingungen für alle x_i gelten.

Die zweite Voraussetzung ist deshalb sinnvoll, weil bei einem Minimierungsproblem die Nulllösung bereits die optimale Lösung ist.

Beispiel 7.64 (Reguläre Simplexmethode)

In einer Fabrik werden die Produkte A und B auf den Automaten I, II und III hergestellt.

Die nebenstehende Tabelle gibt an, wie viele Minuten (pro Stück) die Automaten für die Bearbeitung der beiden Produkte benötigen und wie lange (bezogen auf Minuten) die Automaten für die Produkte zur Verfügung stehen.

▶ Abschnitt 7.3.1, Übungsaufgabe 12

	Bearbeitungszeit		Maximale Nutzungszeit
	A	*B*	
Automat I	2	4	320
Automat II	4	4	400
Automat III	4	2	360

Der Gewinn pro Stück beträgt 9 € für Produkt A und 12 € für Produkt B.

Welche Stückzahlen müssen von Produkt A und von Produkt B hergestellt werden, damit ein maximaler Gewinn erzielt werden kann?

Es gelten die Nichtnegativitätsbedingungen.

Gegebenes Bedingungssystem:

$x_1 \geq 0, x_2 \geq 0$ ▶ Nichtnegativitätsbedingungen
$2x_1 + 4x_2 \leq 320$ ▶ Automat I
$4x_1 + 4x_2 \leq 400$ ▶ Automat II
$4x_1 + 2x_2 \leq 360$ ▶ Automat III

Die Kapazitätsbeschränkungen werden durch das Ungleichungssystem und der zu maximierende Gewinn durch die Zielgleichung wiedergegeben.

Gegebene Zielgleichung:

$Z = 9x_1 + 12x_2;\ Z \rightarrow \max!$

Das Ungleichungssystem wird zu einem Gleichungssystem umgeformt, indem für jede Ungleichung eine zusätzliche Variable eingefügt wird, die ebenfalls die Nichtnegativitätsbedingung erfüllen soll.

Gleichungssystem:

$2x_1 + 4x_2 + u_1 \qquad = 320$ ▶ Automat I

$4x_1 + 4x_2 \quad + u_2 \quad = 400$ ▶ Automat II

$4x_1 + 2x_2 \qquad + u_3 = 360$ ▶ Automat III

$u_1 \geq 0, u_2 \geq 0, u_3 \geq 0$ ▶ Nichtnegativitätsbedingungen für die Schlupfvariablen

Jede dieser Variablen heißt **Schlupfvariable**, weil sie den noch vorhandenen „Spielraum" ausfüllt, wenn die Werte für x_1 und x_2 des linken Teils der Ungleichung kleiner als der Wert des rechten Teils sind; die Schlupfvariablen u_1, u_2 und u_3 übernehmen also die Werte der jeweils noch freien Kapazität der Maschinen M_1, M_2 und M_3.

$x_1 \geq 0, x_2 \geq 0, u_1 \geq 0, u_2 \geq 0, u_3 \geq 0$

$2x_1 + \ 4x_2 + \quad u_1 + 0 \cdot u_2 + 0 \cdot u_3 = 320$ ▶ Automat I

$4x_1 + \ 4x_2 + 0 \cdot u_1 + \quad u_2 + 0 \cdot u_3 = 400$ ▶ Automat II

$4x_1 + \ 2x_2 + 0 \cdot u_1 + 0 \cdot u_2 + \quad u_3 = 360$ ▶ Automat III

$9x_1 + 12x_2 + 0 \cdot u_1 + 0 \cdot u_2 + 0 \cdot u_3 = Z$ ▶ Zielgleichung

Die Werte für die Schlupfvariablen haben keinen Einfluss auf die Zielgröße, sondern nur die Werte für die Variablen x_1 und x_2, die man auch **Problemvariable** nennt.

u_1, u_2, u_3 ▶ Schlupfvariable

x_1, x_2 ▶ Problemvariable

Insgesamt hat man also

- die Nichtnegativitätsbedingungen,
- ein System aus 3 linearen Gleichungen mit 5 Variablen mit der Koeffizientenmatrix $\boldsymbol{A}$ und dem Spaltenvektor $\boldsymbol{b}$,
- die Zielgleichung, bei der der Wert für die Zielgröße von den Werten für die Problemvariablen abhängt.

$x_1 \geq 0, x_2 \geq 0, u_1 \geq 0, u_2 \geq 0, u_3 \geq 0$

$$\begin{array}{ccccc|c} & & \boldsymbol{A} & & & \boldsymbol{b} \\ 2 & 4 & 1 & 0 & 0 & 320 \\ 4 & 4 & 0 & 1 & 0 & 400 \\ 4 & 2 & 0 & 0 & 1 & 360 \end{array} \quad \blacktriangleright\ \boldsymbol{A} \cdot \begin{pmatrix} x_1 \\ x_2 \\ u_1 \\ u_2 \\ u_3 \end{pmatrix} = \boldsymbol{b}$$

▶ $9x_1 + 12x_2 = Z \rightarrow \max!$

Aus der Staffelform der Koeffizientenmatrix $\boldsymbol{A}$ erkennt man, dass der Rang der Koeffizientenmatrix 3 ist.

▶ Übungsaufgabe 1

Aus den 3 Gleichungen mit 5 Variablen kann man also 3 Variable in Abhängigkeit von den 2 anderen Variablen bestimmen.

$u_1 = 320 - 2x_1 - 4x_2$

$u_2 = 400 - 4x_1 - 4x_2$

$u_3 = 360 - 4x_1 - 2x_2$

Diese 3 Variablen heißen **Basisvariable**, die anderen 2 heißen **Nichtbasisvariable**.

u_1, u_2, u_3 ▶ Basisvariable

x_1, x_2 ▶ Nichtbasisvariable

Man setzt nun 0 als Wert für die Nichtbasisvariablen und erhält eine zulässige Lösung als 1. Näherungslösung des Gleichungssystems, in dem die Problemvariablen den Wert 0 haben. Die Schlupfvariablen haben jeweils den Wert der gesamten Kapazität der Maschinen.

$$\left.\begin{array}{l} x_1 = 0 \\ x_2 = 0 \\ u_1 = 320 \\ u_2 = 400 \\ u_3 = 360 \end{array}\right\} \blacktriangleright \text{ 1. Näherungslösung}$$

Bei dieser Ausgangslösung hat die Zielgröße auch den Wert 0; die Lösung ist im Sinne der Maximierung von Z aber eine „schlechte" Lösung.

$\Rightarrow Z = 9 \cdot 0 + 12 \cdot 0 + 0 \cdot 320 + 0 \cdot 400 + 0 \cdot 360 = \mathbf{0}$

Die erweiterte Matrix $(\boldsymbol{A}\,|\,\boldsymbol{b})$ und die Koeffizienten der Zielgleichung fasst man zu einem **1. Tableau** zusammen. Diesem Tableau können alle Informationen entnommen werden, insbesondere, dass der Wert der Zielgröße jeweils um 9 GE steigt, wenn der Wert von x_1 um 1 ME steigt, und dass der Wert für Z um 12 GE zunimmt, wenn der Wert für x_2 um 1 ME zunimmt.

1. Tableau

2	4	1	0	0	320
4	4	0	1	0	400
4	2	0	0	1	360
9	12	0	0	0	Z

► Nichtbasisvariable $x_1 = 0, x_2 = 0$

► Basisvariable $u_1 = 320, u_2 = 400, u_3 = 360$

► $Z = 0$

Der Wert für die Zielgröße, der jetzt noch 0 ist, kann also noch verbessert werden, und zwar am stärksten dadurch, dass x_2 zur Basisvariablen bestimmt wird.
Die zur Variablen x_2 gehörende 2. Spalte im 1. Tableau heißt **Pivot-Spalte**.

Pivot-Spalte
↓

2	4	1	0	0	320
4	4	0	1	0	400
4	2	0	0	1	360
9	12	0	0	0	Z

Wenn x_2 zur Basisvariablen wird, dann muss man eine der bisherigen Basisvariablen zur Nichtbasisvariablen machen. Der Wert für x_2 unterliegt den Beschränkungen durch die noch vorhandenen Kapazitäten der Automaten. Die „engste" Einschränkung wird durch den 1. Automaten verursacht, dort liegt der **„Engpass"** für x_2.

► $4x_2 \le 320 \Rightarrow x_2 \le 80$ ► „Engpass"
$4x_2 \le 400 \Rightarrow x_2 \le 100$
$2x_2 \le 360 \Rightarrow x_2 \le 180$

2	4	1	0	0	320	► 320 : 4 = 80
4	4	0	1	0	400	► 400 : 4 = 100
4	2	0	0	1	360	► 360 : 2 = 180
9	12	0	0	0	Z	

► 4 ist Pivot-Element

Der Engpass liegt immer in der Zeile, in der der Quotient aus dem Element der rechten Spalte und dem Wert in der Pivot-Spalte am kleinsten ist. Diese Zeile heißt **Pivot-Zeile**, das Element der Koeffizientenmatrix in der Pivot-Spalte und der Pivot-Zeile nennt man **Pivot-Element**.

Das komplette 1. Tableau wird jetzt nach dem Gaußschen Eliminationsverfahren so umgeformt, dass das Pivot-Element den Wert 1 erhält und alle anderen Elemente in der Pivot-Spalte den Wert 0. Am Ende der Umformungen hat man das 2. Tableau erhalten.

2. Tableau

0,5	1	0,25	0	0	80
2	0	−1	1	0	80
3	0	−0,5	0	1	200
3	0	−3	0	0	$Z - 960$

Die Variable u_1 ist jetzt Nichtbasisvariable zusammen mit x_1. Die Basisvariablen x_2, u_2 und u_3 kann man in Abhängigkeit von x_1 und u_1 bestimmen.

$x_2 = 80 - 0{,}5x_1 - 0{,}25u_1$
$u_2 = 80 - 2x_1 + u_1$
$u_3 = 200 - 3x_1 + 0{,}5u_1$

x_2, u_2, u_3 ► Basisvariable

x_1, u_1 ► Nichtbasisvariable

Setzt man den Wert 0 für x_1 und u_1, so erhält man wieder eine zulässige Lösung als 2. Näherungslösung: Werden 80 ME des Produkts *B* hergestellt, dann betragen der Gewinn 960 €, die freie Kapazität (der Schlupf) der 2. Maschine 80 Minuten und die freie Kapazität der 3. Maschine 200 Minuten.

$$\left.\begin{array}{l} x_1 = 0 \\ u_1 = 0 \\ x_2 = 80 \\ u_2 = 80 \\ u_3 = 200 \end{array}\right\} \text{► 2. Näherungslösung}$$

$$\Rightarrow Z = 9 \cdot 0 + 12 \cdot 80 = \mathbf{960}$$

Man kann aus dem 2. Tableau aber auch ablesen, dass der Wert der Zielgröße *Z* noch gesteigert werden kann: Eine Erhöhung des Werts für x_1 um 1 ME führt zu einer Steigerung des Werts für *Z* um 3 GE. Das 2. Tableau ist also noch nicht optimal, der Gewinn lässt sich noch erhöhen, indem man auch x_1 zur Basisvariablen macht. Die 1. Spalte ist daher jetzt die Pivot-Spalte.

Pivot-Spalte
↓

0,5	**1**	0,25	0	0	80	► 80 : 0,5 = 160
2	0	−1	1	0	80	► 80 : 2 = 40
3	0	−0,5	0	1	200	► 200 : 3 = 66,67
3	0	−3	0	0	Z − 960	

Der Engpass für x_1 liegt in der 2. Ungleichung: x_1 darf höchstens den Wert 40 annehmen; die Pivot-Zeile ist damit die 2. Zeile, u_2 wird also neben u_1 zur Nichtbasisvariablen, indem x_1 zur Basisvariablen gemacht wird. Die Pivot-Zeile ist die 2. Zeile, das Pivot-Element also 2.

► $0{,}5x_1 \leq 80 \Rightarrow x_1 \leq 160$

$2x_1 \leq 80 \Rightarrow x_1 \leq 40$ ► **„Engpass"**

$3x_1 \leq 200 \Rightarrow x_1 \leq \frac{200}{3}$

► 2 ist Pivot-Element

Man formt nach dem Gaußschen Eliminationsverfahren das 2. Tableau wieder so um, dass alle Elemente in der Pivot-Spalte den Wert 0 erhalten, nur das Pivot-Element den Wert 1.

Damit erhält man das 3. Tableau. Dieses Tableau ist das optimale, weil ein Austauschen der Basisvariablen x_1, x_2, u_3 gegen Nichtbasisvariable u_1, u_2 keine Steigerung der Werte der Zielgröße nach sich zieht; denn nimmt man u_1 oder u_2 als Basisvariable, dann ginge der Gewinn zurück.

3. Tableau (optimal)

0	**1**	0,5	−0,25	0	**60**
1	0	−0,5	0,5	0	**40**
0	0	1	−1,5	1	80
0	0	−1,5	−1,5	0	Z − 1.080

► Kein Koeffizient in der Zeile der Zielgleichung ist noch positiv.

$x_1 = 40 + 0{,}5u_1 - 0{,}5u_2$

$x_2 = 60 - 0{,}5u_1 + 0{,}25u_2$

$u_3 = 80 - u_1 + 1{,}5u_2$

Setzt man den Wert 0 für u_1 und u_2, so erhält man die optimale Lösung.

Der Gewinn ist also mit 1.080 € maximal, wenn 40 ME von Produkt *A* und 60 ME von Produkt *B* hergestellt werden. Die 3. Maschine hat in diesem Fall dann noch eine freie Kapazität von 80 Minuten, die Maschinen M_1 und M_2 sind ausgelastet.

$$\left.\begin{array}{l} u_1 = 0 \\ u_2 = 0 \\ x_1 = 40 \\ x_2 = 60 \\ u_3 = 80 \end{array}\right\} \text{► optimale Lösung}$$

$u_3 = 80$ ► freie Kapazität von M_3

x_1, x_2, u_3 ► Basisvariable

u_1, u_2 ► Nichtbasisvariable

$$\Rightarrow Z = 9 \cdot 40 + 12 \cdot 60 = \mathbf{1.080}$$

Die reguläre Simplexmethode soll an einem weiteren Optimierungsproblem verdeutlicht werden.

Beispiel 7.65 (Reguläre Simplexmethode)

Aus 3 Teesorten T_1, T_2 und T_3 sollen 5 Teemischungen M_1, M_2, M_3, M_4 und M_5 hergestellt werden. Das Mischungsverhältnis und die maximal zur Verfügung stehenden Vorräte (bezogen auf kg) sind in der nebenstehenden Tabelle angegeben.

	M_1	M_2	M_3	M_4	M_5	Vorrat
T_1	2	1	3	1	2	1.200
T_2	1	1	1	0	0	400
T_3	0	1	1	2	1	800

Der Gewinn für die Mischungen M_1 bis M_5 beträgt der Reihe nach 4 €, 10 €, 2 €, 4 € bzw. 2 €. Ermitteln Sie den maximal erzielbaren Gewinn und bestimmen Sie, wie viele Kilogramm der Mischungen jeweils dafür erforderlich sind.

Bezeichnet man mit x_i $(i = 1, 2, 3, 4, 5)$ die Menge (bezogen auf kg) der Mischung M_i, dann muss das jeweilige Mischungsverhältnis auf 1 kg bezogen werden. So benötigt man für 1 kg der Mischung M_1 genau $\frac{2}{3}$ kg $\left(\frac{2}{3} = \frac{2}{(2+1+0)}\right)$ der Teesorte T_1 und $\frac{1}{3}$ kg $\left(\frac{1}{3} = \frac{1}{(2+1+0)}\right)$ von T_2, damit das Mischungsverhältnis $2:1:0$ erfüllt ist. Zur Aufrechterhaltung des Mischungsverhältnisses $1:1:1$ sind für 1 kg der Mischung M_2 jeweils $\frac{1}{3}$ kg der 3 Teesorten erforderlich $\left(\frac{1}{3} = \frac{1}{(1+1+1)}\right)$. 1 kg der Mischung M_3 setzt sich dann aus $\frac{3}{5}$ kg $\left(\frac{3}{5} = \frac{3}{(3+1+1)}\right)$ der Teesorte T_1, $\frac{1}{5}$ kg $\left(\frac{1}{5} = \frac{1}{(3+1+1)}\right)$ von T_2 und $\frac{1}{5}$ kg $\left(\frac{1}{5} = \frac{1}{(3+1+1)}\right)$ von T_3 zusammen; so bleibt das Mischungsverhältnis $3:1:1$ gewahrt. Entsprechend müssen die Mischungsverhältnisse für die Mischungen M_4 und M_5 umgerechnet werden. Damit erhält man eine neue Tabelle, in der alle Angaben auf kg bezogen sind und aus der man das gegebene Bedingungssystem herleiten kann.

	M_1	M_2	M_3	M_4	M_5	Vorrat
T_1	$\frac{2}{3}$	$\frac{1}{3}$	$\frac{3}{5}$	$\frac{1}{3}$	$\frac{2}{3}$	1.200
T_2	$\frac{1}{3}$	$\frac{1}{3}$	$\frac{1}{5}$	0	0	400
T_3	0	$\frac{1}{3}$	$\frac{1}{5}$	$\frac{2}{3}$	$\frac{1}{3}$	800

Gegebenes Bedingungssystem

$$\begin{aligned} \frac{2}{3}x_1 + \frac{1}{3}x_2 + \frac{3}{5}x_3 + \frac{1}{3}x_4 + \frac{2}{3}x_5 &\le 1.200 \\ \frac{1}{3}x_1 + \frac{1}{3}x_2 + \frac{1}{5}x_3 &\le 400 \\ \frac{1}{3}x_2 + \frac{1}{5}x_3 + \frac{2}{3}x_4 + \frac{1}{3}x_5 &\le 800 \end{aligned}$$

Gegebene Zielgleichung

$Z = 4x_1 + 10x_2 + 2x_3 + 4x_4 + 2x_5$; $Z \to$ max!

▶ Nichtnegativitätsbedingungen: $x_i \ge 0$ für alle i

Für die 3 Ungleichungen wird je eine Schlupfvariable gewählt, mit der die jeweilige Ungleichung zur Gleichung umgeformt wird. Für die Schlupfvariablen gelten ebenfalls die Nichtnegativitätsbedingungen.

$$\begin{aligned} \frac{2}{3}x_1 + \frac{1}{3}x_2 + \frac{3}{5}x_3 + \frac{1}{3}x_4 + \frac{2}{3}x_5 + u_1 &= 1.200 \\ \frac{1}{3}x_1 + \frac{1}{3}x_2 + \frac{1}{5}x_3 + u_2 &= 400 \\ \frac{1}{3}x_2 + \frac{1}{5}x_3 + \frac{2}{3}x_4 + \frac{1}{3}x_5 + u_3 &= 800 \end{aligned}$$

Die erweiterte Koeffizientenmatrix, ergänzt um die Koeffizienten der Zielgleichung, bildet das 1. Tableau.

$u_1 \ge 0, u_2 \ge 0, u_3 \ge 0$

7

Eine zulässige Ausgangslösung erhält man, wenn die Schlupfvariablen als Basisvariablen gewählt werden und für die Problemvariablen als Nichtbasisvariablen der Wert 0 gesetzt wird. Der Gewinn ist dann 0. Die größte Gewinnsteigerung von 10 € pro kg verspricht die Umwandlung von x_2 zur Basisvariablen.

Der Engpass liegt in der 2. Zeile. Das **Pivot-Element** ist demnach das Element in der 2. Zeile und in der 2. Spalte.

1. Tableau

$\frac{2}{3}$	$\frac{1}{3}$	$\frac{3}{5}$	$\frac{1}{3}$	$\frac{2}{3}$	1	0	0	1.200	▸ $\frac{1200}{\frac{1}{3}} = 3.600$
$\frac{1}{3}$	$\mathbf{\frac{1}{3}}$	$\frac{1}{5}$	0	0	0	1	0	400	▸ $\frac{400}{\frac{1}{3}} = 1.200$
0	$\frac{1}{3}$	$\frac{1}{5}$	$\frac{2}{3}$	$\frac{1}{3}$	0	0	1	800	▸ $\frac{800}{\frac{1}{3}} = 2.400$
4	10	2	4	2	0	0	0	Z	

- Nichtbasisvariable: $x_i = 0$, für alle i
- Basisvariable: $u_1 = 1.200, u_2 = 400, u_3 = 800$
- Zielgröße $Z = \mathbf{0}$

Mithilfe des Gaußschen Eliminationsverfahrens wird die 2. Spalte so umgeformt, dass das Pivot-Element den Wert 1 und alle anderen Elemente den Wert 0 erhalten.

Die Gesamtheit der Umformungen ergibt das 2. Tableau. Es gibt an, dass 1.200 kg der Mischung M_2 zu einem Gewinn von 12.000 € führen. Die Teesorte T_2 ist dabei aufgebraucht; 800 kg stehen noch von T_1 und 400 kg von T_3 zur Verfügung.

2. Tableau

$\frac{1}{3}$	0	$\frac{2}{5}$	$\frac{1}{3}$	$\frac{2}{3}$	1	−1	0	800	▸ $\frac{800}{\frac{1}{3}} = 2.400$
1	**1**	$\frac{3}{5}$	0	0	0	3	0	1.200	
$-\frac{1}{3}$	0	0	$\mathbf{\frac{2}{3}}$	$\frac{1}{3}$	0	−1	1	400	▸ $\frac{400}{\frac{2}{3}} = 600$
−6	0	−4	4	2	0	−30	0	$Z - 12.000$	

- Nichtbasisvariable: $x_1 = 0, x_3 = 0, x_4 = 0, x_5 = 0, u_2 = 0$
- Basisvariable: $x_2 = 1.200, u_1 = 800, u_3 = 400$
- Zielgröße $Z - 12.000 = 0 \Leftrightarrow Z = \mathbf{12.000}$

Der Gewinn lässt sich noch erhöhen, indem die Mischung von M_4 und/oder von M_5 in das Produktionsprogramm übernommen wird. Da M_4 den größeren Gewinnzuwachs pro kg ergibt, wird x_4 zur Basisvariablen und die 4. Spalte zur Pivot-Spalte. Die 3. Zeile ist die Pivot-Zeile.

Die 4. Spalte wird so umgeformt, dass das Pivot-Element den Wert 1 und alle anderen Elemente den Wert 0 erhalten. Die Gesamtheit der Umformungen ergibt das 3. Tableau. Es gibt an, dass 1.200 kg der Mischung M_2 und 600 kg der Mischung M_4 zu einem Gewinn von 14.400 € führen.

Im 3. Tableau ist kein Koeffizient in der Zielzeile positiv, eine Verbesserung der Zielgröße ist also nicht möglich. Deshalb ist das 3. Tableau das optimale.

3. Tableau

$\frac{1}{2}$	0	$\frac{2}{5}$	0	$\frac{1}{2}$	1	$-\frac{1}{2}$	$-\frac{1}{2}$	600
1	**1**	$\frac{3}{5}$	0	0	0	3	0	**1.200**
$-\frac{1}{2}$	0	0	**1**	$\frac{1}{2}$	0	$-\frac{3}{2}$	$\frac{3}{2}$	**600**
−4	0	−4	0	0	0	−24	−6	$Z - 14.400$

- Nichtbasisvariable: $x_1 = 0, x_3 = 0, x_5 = 0, u_2 = 0, u_3 = 0$
- Basisvariable: $x_2 = 1.200, x_4 = 600, u_1 = 600$
- Zielgröße $Z - 14.400 = 0 \Leftrightarrow Z = \mathbf{14.400}$

Der Gewinn ist am höchsten, wenn 1.200 kg der Mischung M_2 und 600 kg von M_4 hergestellt und verkauft werden. Dabei werden die Teesorten T_2 und T_3 vollständig aufgebraucht. Von T_1 bleiben noch 600 kg übrig. Der maximale Gewinn beträgt 14.400 €.

Im Unterschied zur regulären Simplexmethode werden die einzelnen Tableaus bei Anwendung der **revidierten Simplexmethode** mithilfe der Linksmultiplikation von Matrizen (vgl. Beispiel 7.29 b) gebildet. Sie eignet sich dadurch für einen Einsatz von Excel.

Beispiel 7.66 (Revidierte Simplexmethode)

In einem Betrieb werden aus vier Teilen T_1, T_2, T_3 und T_4 drei Bauteile B_1, B_2 und B_3 nach nebenstehender Stückliste zusammengesetzt. Von T_1 stehen höchstens 480 Stück, von T_2 höchstens 600 Stück, von T_3 höchstens 540 Stück und von T_4 höchstens 300 Stück zur Verfügung. Der Deckungsbeitrag pro Bauteil beträgt 50 € für B_1, 40 € für B_2 und 60 € für B_3.

	B_1	B_2	B_3
T_1	1	6	1
T_2	2	4	2
T_3	3	1	2
T_4	1	1	1

Welche Stückzahlen sollten von den einzelnen Bauteilen hergestellt werden, damit der Gesamtdeckungsbeitrag möglichst groß ist, und wie hoch ist dieser dann? Führen Sie Ihre Berechnungen mithilfe der revidierten Simplexmethode und Excel durch.

Für die Anzahlen der herzustellenden Bauteile werden die Problemvariablen x_1, x_2 und x_3 eingeführt.
Aus den einschränkenden Bedingungen wird das lineare Ungleichungssystem aufgestellt.

Gegebenes Bedingungssystem

$x_1 \geq 0, x_2 \geq 0, x_3 \geq 0$ ▶ Nichtnegativitätsbedingungen

$x_1 + 6x_2 + x_3 \leq 480$ ▶ T_1

$2x_1 + 4x_2 + 2x_3 \leq 600$ ▶ T_2

$3x_1 + x_2 + 2x_3 \leq 540$ ▶ T_3

$x_1 + x_2 + x_3 \leq 300$ ▶ T_4

Die Zielgröße Z steht also für den Gesamtdeckungsbeitrag, der zu maximieren ist.
Wie auch schon bei der regulären Simplexmethode (vgl. Beispiele 7.64 und 7.65) werden die Ungleichungen mithilfe der Schlupfvariablen u_1, u_2, u_3 und u_4 zu Gleichungen aufgefüllt.

Gegebene Zielgleichung

$Z = 50x_1 + 40x_2 + 60x_3$; $Z \rightarrow$ max!

$$\begin{array}{l}
x_1 + 6x_2 + x_3 + u_1 = 480 \\
2x_1 + 4x_2 + 2x_3 + u_2 = 600 \\
3x_1 + x_2 + 2x_3 + u_3 = 540 \\
x_1 + x_2 + x_3 + u_4 = 300 \\
\hline
50x_1 + 40x_2 + 60x_3 = Z
\end{array}$$

Aus dem Gleichungssystem und der Zielgleichung erhält man das 1. Tableau $(\boldsymbol{A_1}|\boldsymbol{B_1}|\boldsymbol{b_1})$, wobei $\boldsymbol{A_1}$ aus den Koeffizienten der Problemvariablen der einzelnen Restriktionen, $\boldsymbol{B_1}$ aus den Koeffizienten der Schlupfvariablen und $\boldsymbol{b_1}$ aus den Begrenzungskoeffizienten besteht.

1. Tableau:

	A_1			B_1			b_1
1	6	1	1	0	0	0	480
2	4	2	0	1	0	0	600
3	1	2	0	0	1	0	540
1	1	1	0	0	0	1	300
50	40	60	0	0	0	0	0

Macht man die Schlupfvariablen zu Basis- und die Problemvariablen zu Nichtbasisvariablen und setzt man für die Nichtbasisvariablen den Wert 0, dann wird kein Gerät geliefert; der Gesamtgewinn ist 0.

▶ Nichtbasisvariable: $x_1 = 0, x_2 = 0, x_3 = 0$

▶ Basisvariable: $u_1 = 480$, $u_2 = 600$, $u_3 = 540$, $u_4 = 300$

▶ Zielgröße $Z = 0$

Der Wert der Zielgröße Z kann am stärksten erhöht werden, wenn man die Problemvariable x_3 als größte der 3 Problemvariablen zur Basisvariablen macht. Die 3. Spalte ist also die Pivot-Spalte. Die 3. Zeile ist die Pivot-Zeile, da dort der „Engpass“ für x_3 liegt.

$(\boldsymbol{A_1}|\boldsymbol{B_1}|\boldsymbol{b_1})$ wird mit der folgenden Matrix von $\boldsymbol{U_1}$ von links multipliziert:
(▶ Beispiele 7.24 b, 7.29 c)

$$U_1 = \begin{pmatrix} 1 & 0 & \frac{-a_{13}}{a_{33}} & 0 & 0 \\ 0 & 1 & \frac{-a_{23}}{a_{33}} & 0 & 0 \\ 0 & 0 & \frac{1}{a_{33}} & 0 & 0 \\ 0 & 0 & \frac{-a_{43}}{a_{33}} & 1 & 0 \\ 0 & 0 & \frac{-x_3}{a_{33}} & 0 & 1 \end{pmatrix} = \begin{pmatrix} 1 & 0 & -0{,}5 & 0 & 0 \\ 0 & 1 & -1 & 0 & 0 \\ 0 & 0 & 0{,}5 & 0 & 0 \\ 0 & 0 & -0{,}5 & 1 & 0 \\ 0 & 0 & -30 & 0 & 1 \end{pmatrix}$$

	A	B	C	D	E	F	G	H	I	J	K	L	M	N
1							1. Tableau:							
3								A_1			B_1			b_1
4	$x_3 \le 480 \Rightarrow x_3 \le 480$						1	6	1	1	0	0	0	480
5	$2x_3 \le 600 \Rightarrow x_3 \le 300$						2	4	2	0	1	0	0	600
6	$2x_3 \le 540 \Rightarrow x_3 \le 270$					▶Engpass	3	1	2	0	0	1	0	540
7	$x_3 \le 300 \Rightarrow x_3 \le 300$						1	1	1	0	0	0	1	300
8							50	40	60	0	0	0	0	0
10							2. Tableau:							
12								A_2			B_2			b_2
13	1	0	-1	0	0		-0,5	5,5	0	1	0	-0,5	0	210
14	0	1	-1	0	0		-1	3	0	0	1	-1	0	60
15	0	0	0,5	0	0		1,5	0,5	1	0	0	0,5	0	270
16	0	0	-1	1	0		-0,5	0,5	0	0	0	-0,5	1	30
17	0	0	-30	0	1		-40	10	0	0	0	-30	0	-16200
18	▶Bereich G13:N17 vom Format 5x8 markieren: =MMULT(A13:E17;G4:N8), "Strg+Umschalt+Enter"													

▶ Nichtbasisvariable: $x_1 = 0, x_2 = 0, u_3 = 0$

▶ Basisvariable: $x_3 = 270, u_1 = 210, u_2 = 60, u_4 = 30$

▶ Zielgröße $Z = \mathbf{16.200}$

Da noch *ein* Wert in der Zielzeile positiv ist (10), kann der Zielwert Z noch vergrößert werden. Das 2. Tableau ist deshalb noch nicht das optimale Tableau.

Der Wert der Zielgröße Z kann nur noch erhöht werden, wenn man die Problemvariable x_2 zur Basisvariablen macht, da 10 die einzige positive Zahl in der Zielzeile ist. Die 2. Spalte ist dann die Pivot-Spalte. Die 2. Zeile ist die Pivot-Zeile, da dort der „Engpass“ für x_2 ist. $(\boldsymbol{A_2}|\boldsymbol{B_2}|\boldsymbol{b_2})$ wird mit der folgenden Matrix U_2 von links multipliziert:

$$U_1 = \begin{pmatrix} 1 & \frac{-a_{12}}{a_{22}} & 0 & 0 & 0 \\ 0 & \frac{1}{a_{22}} & 0 & 0 & 0 \\ 0 & \frac{-a_{32}}{a_{22}} & 1 & 0 & 0 \\ 0 & \frac{-a_{42}}{a_{22}} & 0 & 1 & 0 \\ 0 & \frac{-x_2}{a_{22}} & 0 & 0 & 1 \end{pmatrix} = \begin{pmatrix} 1 & \frac{-11}{6} & 0 & 0 & 0 \\ 0 & \frac{1}{3} & 0 & 0 & 0 \\ 0 & \frac{-1}{6} & 1 & 0 & 0 \\ 0 & \frac{-1}{6} & 0 & 1 & 0 \\ 0 & \frac{-10}{3} & 0 & 0 & 1 \end{pmatrix}$$

	A	B	C	D	E	F	G	H	I	J	K	L	M	N
20								A_2			B_2			b_2
21	$5{,}5x_2 \le 210 \Rightarrow x_2 \le 420/11$						-0,5	5,5	0	1	0	-0,5	0	210
22	$3x_2 \le 60 \Rightarrow x_2 \le 20$					▶Engpass	-1	3	0	0	1	-1	0	60
23	$0{,}5x_2 \le 270 \Rightarrow x_2 \le 540$						1,5	0,5	1	0	0	0,5	0	270
24	$0{,}5x_2 \le 30 \Rightarrow x_2 \le 60$						-0,5	0,5	0	0	0	-0,5	1	30
25							-40	10	0	0	0	-30	0	-16200
27							3. Tableau (optimal):							
29								A_3			B_3			b_3
30	1	-1 5/6	0	0	0		1 1/3	0	0	1	-1 5/6	1 1/3	0	100
31	0	1/3	0	0	0		- 1/3	1	0	0	1/3	- 1/3	0	20
32	0	- 1/6	1	0	0		1 2/3	0	1	0	- 1/6	2/3	0	260
33	0	- 1/6	0	1	0		- 1/3	0	0	0	- 1/6	- 1/3	1	20
34	0	-3 1/3	0	0	1		-36 2/3	0	0	0	-3 1/3	-26 2/3	0	-16400
35	▶Bereich G30:N34 vom Format 5x8 markieren: =MMULT(A30:E34;G21:N25), "Strg+Umschalt+Enter"													

▶ Nichtbasisvariable: $x_1 = 0, u_2 = 0, u_3 = 0$

▶ Basisvariable: $x_2 = 20, x_3 = 260, u_1 = 100, u_4 = 20$

▶ Zielgröße $Z = \mathbf{16.400}$

Der Gesamtdeckungsbeitrag ist also mit 16.400 € am größten, wenn 20 Stück von B_2 und 260 Stück von B_3 hergestellt werden. Dabei werden alle Teile T_2 und T_3 verarbeitet, von T_1 stehen noch 100 Stück und von T_4 noch 20 Stück zur Verfügung.

7

Alles klar?

Lösen Sie das folgende Optimierungsproblem mithilfe eines Simplexverfahrens.

$2x_1 + 4x_2 + 8x_3 \le 40$ $\qquad$ $x_1 + 4x_2 + 6x_3 \le 36$

$4x_1 + 6x_2 + 10x_3 \le 60$ $\qquad$ $3x_1 + 40x_2 + 30x_3 \le 360$

$Z = 4x_1 + 6x_2 + 12x_3 \to \max!$ $\qquad$ $x_1, x_2, x_3 \ge 0$

Allgemein gilt:

Nach der **regulären Simplexmethode** können Aufgaben aus der linearen Optimierung gelöst werden, wenn es sich dabei um ein Maximierungsproblem handelt und die Nulllösung eine zulässige Lösung ist.

Die folgende **Vorgehensweise** ist dabei zweckmäßig:

1. Aus dem Aufgabentext werden mit den n **Problemvariablen** das lineare Ungleichungssystem aus m Ungleichungen und die Zielgleichung aufgestellt.
2. Mithilfe von je einer **Schlupfvariablen** für jede Ungleichung wird das lineare Ungleichungssystem in ein lineares Gleichungssystem umgeformt, das aus n Problemvariablen, m Schlupfvariablen, also $n+m$ Variablen, aber nur aus m Gleichungen besteht. Man wählt aus den $n+m$ Variablen die Schlupfvariablen als Basisvariablen, die von den Problemvariablen (Nichtbasisvariablen) abhängen.
3. Man erstellt aus den Koeffizienten der Problem- und Schlupfvariablen des LGS das **1. Tableau** – einschließlich der Zielgleichung und dem Spaltenvektor der rechten Seite.
4. Für die Nichtbasisvariablen setzt man den Wert 0. Für das 1. Tableau bedeutet das, dass von der Nulllösung ausgegangen wird, also davon, dass alle Problemvariablen 0 sind. Damit hat auch die Zielgröße den Wert 0. Ist ein Koeffizient in der Zeile der Zielgleichung positiv, dann lässt sich der Wert für die Zielgröße noch erhöhen.
5. Zur Verbesserung des Werts der Zielgröße wählt man **die** Nichtbasisvariable zur neuen Basisvariablen, die den größten Beitrag zur Verbesserung des Werts der Zielgröße leistet. Dieser größte Wert in der Zielgleichung steht in der **Pivot-Spalte**.
Die **Pivot-Zeile** wird durch den **„Engpass“** für die zur Pivot-Spalte gehörende Variable bestimmt. Dieser Engpass ist in der Zeile, in der der Quotient aus den Elementen des Spaltenvektors der rechten Seite und den entsprechenden Elementen der Pivot-Spalte den kleinsten *positiven* Wert hat.
6. Das **Pivot-Element**, das in der Pivot-Spalte und in der Pivotzeile steht, wird mithilfe des Gaußschen Eliminationsverfahrens zu 1 umgeformt, alle anderen Elemente in der Pivot-Spalte zu 0. Am Ende dieser Umformungen steht das **nächste Tableau**.
7. Ist noch mindestens *ein* Koeffizient in der Zielgleichung positiv, dann kann der Wert für die Zielgröße noch weiter erhöht werden. Man führt das Verfahren wieder ab Nr. 5 fort.
8. Ist kein Wert in der Zielgleichung positiv, dann ist das **Tableau optimal**.
Die optimale Lösung und der optimale Wert für die Zielgröße können aus dem Tableau abgelesen werden.

Im Unterschied zur regulären Simplexmethode werden die einzelnen Tableaus bei Anwendung der **revidierten Simplexmethode** mithilfe der Linksmultiplikation von Matrizen gebildet. Sie eignet sich dadurch für den Einsatz eines Tabellenkalkulationsprogramms.

7

Übungen zu 7.3.2

Allgemeine Übungen

1 Ermitteln Sie den maximalen Wert für Z.

a) $Z = 10x_1 + 5x_2 + 20x_3 \rightarrow \max!$

$x_1 \geq 0, x_2 \geq 0, x_3 \geq 0$

$25x_1 + 5x_2 + 15x_3 \leq 30$

$15x_1 + 10x_3 \leq 60$

$15x_1 + 10x_2 + 5x_3 \leq 15$

b) $Z = 4x_1 + 12x_2 + 8x_3 \rightarrow \max!$

$x_1 \geq 0, x_2 \geq 0, x_3 \geq 0$

$8x_1 + 16x_2 \leq 100$

$8x_2 + 16x_3 \leq 600$

$16x_1 + 8x_3 \leq 200$

2 Ermitteln Sie den maximalen Wert für Z.

a) $Z = 3x_1 + 7{,}5x_2 + 1{,}5x_3 + 3x_4 + 1{,}5x_5 \rightarrow \max!$

$x_1 \geq 0, x_2 \geq 0, x_3 \geq 0, x_4 \geq 0, x_5 \geq 0$

$2x_1 + x_2 + 3x_3 + x_4 + 2x_5 \leq 36$

$x_1 + x_2 + x_3 \leq 12$

$x_2 + x_3 + 2x_4 + x_5 \leq 24$

$3x_1 + x_2 + x_5 \leq 30$

b) $Z = 5x_1 + 2x_2 + 4x_3 \rightarrow \max!$

$x_1, x_2, x_3 \geq 0$

$3x_1 + 3x_2 + 6x_3 \leq 84; \quad 3x_1 \leq 36$

$6x_1 + 9x_2 + 3x_3 \leq 150; \quad 3x_2 + 3x_3 \leq 39$

c) Beschreiben Sie, wie bei einer Aufgabe zur linearen Optimierung eine Lösung entstehen könnte, die nicht mehr eindeutig ist und ändern Sie die beiden Teilaufgaben a) und b) entsprechend ab.

d) Beschreiben Sie, wie der Fall eintreten könnte, dass eine Aufgabe zur linearen Optimierung nicht lösbar ist und ändern Sie die Teilaufgaben a) und b) entsprechend ab.

Übungen aus der Ökonomie

3 Ein Betrieb stellt in einem einstufigen Produktionsprozess aus den Rohstoffen R_1 und R_2 die Produkte A, B, C und D her. Die Planungsabteilung muss folgende Vorgaben beachten:

Produktion: Die Produkte A, B, C und D belegen die Produktionsmaschine I mit 2 Stunden je Stück; Maschine II wird nur von Produkt B mit 8 Stunden je Stück belegt.

Die Maschine I hat eine **Kapazität** von 120 Stunden, die Maschine II von 200 Stunden.

Den **Einsatz** der Rohstoffe R_1 und R_2 zur Herstellung je Stück der 4 Produkte zeigt nachstehende Tabelle.

	A	B	C	D
R_1	2	–	–	2
R_2	–	1	1	1

Die **Belegungskosten** (in € pro Stück) betragen für die Produkte (A, B, C, D) jeweils (800; 600; 200; 400).

Einkauf/Finanzierung: Von R_1 können höchstens 100 Stück, von R_2 höchstens 200 Stück beschafft werden.

R_1 kostet 500 € pro Stück, R_2 700 € pro Stück. Für den Einkauf der Rohstoffe R_1 und R_2 stehen insgesamt 100.000 € zur Verfügung.

Verkauf: Von (A, B, C und D) können höchstens (50, 10, 50, 100) Stück verkauft werden.

Die Verkaufspreise stehen fest und betragen (in € pro Stück): (13.000; 14.000; 13.000; 14.000).

a) Stellen Sie die Kapazitäts-, Einkaufs-, Finanzierungs- und Verkaufsbeschränkungen in einem linearen Ungleichungssystem dar.

b) Bestimmen Sie die Gewinnfunktion.

4 In einer chemischen Fabrik sollen 4 Gase gemischt werden, sodass der Heizwert möglichst groß wird. Bei der Herstellung der Mischung ist zu beachten, dass der Schwefelgehalt der Mischung einen Höchstwert von 3 g/m^3 nicht überschreiten, die Mischung nicht mehr als 500 € kosten und der Anteil des 4. Gases an der Mischung nicht mehr als 50 % ausmachen darf.

Vom 2. Gas muss mindestens 8 m^3 in der Mischung sein; insgesamt muss eine Gasmenge von genau 100 m^3 zur Verfügung stehen. Die Eigenschaften der einzelnen Gase sind in nachstehender Tabelle zusammengefasst.

	G_1	G_2	G_3	G_4
Schwefelgehalt	7,244	0,000	0,200	2,000
Heizwert	1,056	2,043	0,170	5,740
Kosten	15,00	38,00	1,40	2,90

Stellen Sie für das Optimierungsproblem das Ungleichungssystem auf und bestimmen Sie die Zielfunktion.

5 Ein Gemüsebauer hat für den Anbau von Möhren und Gurken insgesamt 20 Hektar Land zur Verfügung. Davon sollten aber höchstens 12 Hektar für Möhren und höchstens 15 Hektar für Gurken verwendet werden. Die Pflege der Äcker bindet bei Möhren 4 Arbeitstage pro Hektar und bei Gurken 2 Arbeitstage pro Hektar. Mehr als 60 Arbeitstage können insgesamt nicht erübrigt werden. Der Gewinn pro Hektar ist bei Möhren 50 % höher als bei Gurken. Auf wie viele Hektar sollten Möhren bzw. Gurken ausgesät werden, damit der Gewinn möglichst groß ist?

a) Lösen Sie die Aufgabe graphisch.

b) Lösen Sie die Aufgabe nach beiden Simplexmethoden.

6 Ein Geflügelzüchter zieht Hühner, Enten und Gänse auf. Die Kosten für die Aufzucht eines Huhns betragen 2 €, einer Ente 6 € und einer Gans 10 €. Im Durchschnitt erhält der Züchter beim Verkauf eines Huhns 6 €, einer Ente 18 € und einer Gans 26 €.
Mehr als 800 Enten und mehr als 400 Gänse kann er nicht verkaufen. Außerdem darf er aus hygienischen Gründen nicht mehr als insgesamt 1.000 Tiere halten. Ermitteln Sie, wie viele Hühner, Enten und Gänse der Züchter halten muss, damit er maximalen Gewinn erzielt.

7 Die 3 Produkte P_1, P_2 und P_3 werden auf den 3 Maschinen M_1, M_2 und M_3 hergestellt. Die Belegungszeiten der Produkte auf der Maschine M_1 betragen 2 Minuten für P_1, 4 Minuten für P_2 und 3 Minuten für P_3; M_1 besitzt eine freie Kapazität von 1.050 Minuten. Alle Produkte belegen die Maschine M_2 mit je einer Minute; die Kapazität dieser Maschine beträgt noch 450 Minuten. Auf der dritten Maschine M_3 kann nur P_2 gefertigt werden; sie besitzt noch eine Kapazität von 150 Minuten. Die Belegungszeit von P_2 auf M_3 beträgt 1 Minute.
Der Deckungsbeitrag je Stück der 3 Produkte beträgt 50 €, 80 € bzw. 60 €.

a) Welche Stückzahlen sind jeweils herzustellen, damit der Gesamtdeckungsbeitrag maximal wird?

b) Wie groß ist der optimale Gesamtdeckungsbeitrag und wie hoch sind die freien Kapazitäten der drei Maschinen im Optimum?

8 Für 3 Fertigprodukte F_1, F_2 und F_3 sollen Rind-, Kalb- und Schweinefleisch in unterschiedlichen Mengenverhältnissen gemischt werden. Dafür stehen vom Rindfleisch maximal 600 kg, vom Kalbfleisch maximal 300 kg und vom Schweinefleisch höchstens 900 kg zur Verfügung. Die Mischungsverhältnisse für Rind-, Kalb- und Schweinefleisch betragen beim ersten Fertiggericht 1 : 2 : 3, beim zweiten Fertiggericht 1 : 4 : 5 und beim dritten Fertiggericht 2 : 5 : 5.
Wie viele Gerichte sollen jeweils zusammengestellt werden, damit der Gesamtgewinn maximal wird, wenn der Gewinn je 500 g der Fertiggerichte 2 € für F_1, 4 € für F_2 und 1 € für F_3 beträgt?

9 Ein landwirtschaftlicher Betrieb kann maximal 30 Hektar Freiland bewirtschaften. Der Betrieb möchte Obst und Gemüse anpflanzen. Der Landwirt möchte seine Arbeitskosten auf 26.000 € begrenzen, wobei pro Hektar Obstanbau 600 € und pro Hektar Gemüseanbau 1.000 € Kosten anfallen.
Die Erträge pro Hektar Obstanbau betragen 7 t und pro Hektar Gemüseanbau 5 t. Eine Einzelhandelskette garantiert ihm insgesamt eine Abnahme von maximal 190 t Obst und Gemüse.
Pro Hektar kann der Landwirt 20.000 Liter Obstsaft und 14.000 Liter Gemüsesaft abfüllen. Der Erlös für einen Liter Obstsaft liegt bei 0,40 € und je Liter Gemüsesaft bei 0,50 €.

a) Bestimmen Sie graphisch und rechnerisch die Aufteilung der Anbaufläche, damit der Landwirt einen maximalen Umsatz erzielen kann.

b) Erläutern Sie, wie sich eine Erlössenkung beim Obstsaft auf 0,35 € pro Liter auf die Obstanbaufläche auswirkt, wenn der Erlös für Gemüsesaft gleich bleibt und ein maximaler Umsatz angestrebt werden soll.

10 Ein Sportartikelhersteller produziert die beiden Sportschuhmodelle „Feelgood" und „Gazelle". Die Herstellung erfolgt in 4 Arbeitsgängen auf den Maschinen M_1, M_2, M_3 und M_4. An jeder Maschine kann zu einer Zeit immer nur ein Schuh bearbeitet werden.
Die Arbeitszeiten, die Betriebsstunden der Maschinen und der Gewinn sind der unten stehenden Tabelle zu entnehmen.

	Arbeitszeiten pro Schuhe		Tägliche Betriebsstunden
	Feelgood	Gazelle	
M_1	–	0,5 h	6
M_2	0,25 h	0,25 h	5
M_3	0,5 h	–	8
M_4	0,25 h	0,5 h	7
Gewinn je Schuh	15 €	10 €	$G \to$ max!

Wie viele Schuhe müssen hergestellt werden, damit der Gewinn möglichst groß wird?

11 Ein Betrieb stellt die Produkte A, B, C und D her. Die Abteilungen Einkauf, Produktion und Verkauf geben der Planungsabteilung folgende Daten für die Tagesproduktion bekannt.
Einkauf: Es findet keine Lagerhaltung statt. Von A und B können zusammen nur 100 Stück und von C und D nur 150 Stück täglich beschafft werden. A, B, C und D kosten im Einkauf je 20 GE.
Produktion: Die Produktionskosten für A, B, C und D betragen 80 GE, 60 GE, 20 GE und 40 GE. Die Produkte durchlaufen 3 Automaten I, II und III mit den Kapazitäten 200, 400 und 400 Minuten.
Das Produkt A belegt den Automaten I mit 4 Minuten pro Stück und den Automaten II mit 2 Minuten pro Stück; B belegt II mit 4 und III mit 2 Minuten pro Stück; C belegt III mit 2 Minuten pro Stück und D belegt I mit 4 und III mit 2 Minuten pro Stück.
Verkauf: Von den Produkten A, B, C und D können maximal 40, 100, 100 und 80 Stück zu Festpreisen von 140 GE, 100 GE, 50 GE und 75 GE abgesetzt werden.

a) Stellen Sie ein lineares Ungleichungssystem und die Gewinnfunktion auf.
b) Maximieren Sie den Gewinn.

12 In der Versandabteilung eines Unternehmens werden jeweils 2 von 3 Erzeugnissen zu einem Verkaufslos zusammengestellt. Das erste Verkaufslos V_1 enthält 1 Einheit des Erzeugnisses E_1 und 2 Einheiten des Erzeugnisses E_2, das zweite Verkaufslos V_2 enthält 1 Einheit von E_2 und 2 Einheiten von E_3 und das dritte Verkaufslos V_3 enthält 2 Einheiten von E_1 und 1 Einheit von E_3.
Für die Zusammenstellung der Verkaufslose kann höchstens auf 1.000 Einheiten von E_1, auf 6.000 Einheiten von E_2 und auf 2.000 Einheiten von E_3 zurückgegriffen werden.
Die Deckungsbeiträge je Verkaufslos betragen 10 € beim Verkauf von V_1, 30 € beim Verkauf von V_2 und 20 € beim Verkauf von V_3.

a) Wie viele Verkaufslose sollten jeweils zusammengestellt werden, damit der Gesamtdeckungsbeitrag möglichst groß wird?
b) Wie hoch ist der maximale Deckungsbeitrag?
c) Wie viele Einheiten bleiben jeweils von E_1, E_2 und E_3 ungenutzt?

13 Am Ende eines Fertigungsprozesses müssen die 4 Erzeugnisse E_1, E_2, E_3 und E_4 noch von jeweils 3 der 4 Maschinen bearbeitet werden. Maschine M_1 steht für insgesamt 50 Stunden, M_2 und M_3 für je 100 Stunden und M_4 für 75 Stunden zur Verfügung. Die Deckungsbeiträge pro Stück betragen 60 € für E_1, 30 € für E_2, 150 € für E_3 und 60 € für E_4.
Die Belegungsdauer der Erzeugnisse kann der unten stehenden Tabelle entnommen werden (alle Angaben bezogen auf Minuten).

	E_1	E_2	E_3	E_4
M_1	60	120	30	–
M_2	30	–	150	30
M_3	–	30	120	60
M_4	30	30	–	30

a) Wie viele Erzeugnisse sollten hergestellt werden, damit der Gesamtdeckungsbeitrag maximal ist?
b) Wie hoch ist dann der maximale Deckungsbeitrag?
c) Wie hoch sind dann die freien Kapazitäten im Optimum?

7

14 Ein Gemüsebauer hat 30 Morgen Land zum Anbau von Erbsen und Bohnen zur Verfügung. Er macht pro Morgen Erbsen einen Gewinn von 200 € und pro Morgen Bohnen einen Gewinn von 300 €.
Für einen Morgen Erbsen muss der Betrieb im Durchschnitt einen Arbeitstag aufwenden, für Bohnen dagegen zwei Tage. Insgesamt stehen 50 Arbeitstage zur Verfügung.
Die Ausgaben für Saatgut für einen Morgen Erbsen betragen 200 €, die Ausgaben für Bohnen betragen die Hälfte der Ausgaben für Erbsen. Insgesamt stehen dem Bauern 5.000 € an Barmitteln für Saatgut zur Verfügung. Lösen Sie die folgenden Aufgaben zeichnerisch.

a) Ermitteln Sie, wie viele Morgen Erbsen und Bohnen der Bauer anbauen muss, damit sein Gewinn möglichst groß wird. Wie groß ist dieser maximale Gewinn?
b) Geben Sie die Lösung an, falls der Gewinn pro Morgen Bohnen auf 100 € sinkt, der Gewinn pro Morgen Erbsen jedoch gleich bleibt.

15 Ein Betrieb stellt 3 Produkte P_1, P_2 und P_3 auf 2 Maschinen M_1 und M_2 her. Die produktionstechnischen Daten und die Deckungsbeiträge gehen aus der untenstehenden Tabelle hervor (Bearbeitungszeit bezogen auf Std pro ME, Kapazität bezogen auf Std).

Maschine	P_1	P_2	P_3	Kapazität
M_1	6	2	2	200
M_1	6	2	6	400
Deckungsbeiträge in GE/ME	4	2	3	DB → max!

a) Formulieren Sie das Problem als lineares Produktionsprogramm unter der Voraussetzung, dass der Betrieb nach maximalem Deckungsbeitrag strebt.
b) Zeigen Sie mithilfe einer Simplexmethode, dass der optimale Deckungsbeitrag 250 GE pro ME beträgt.
c) Die Unternehmensleitung möchte wissen, ob sich eine Kapazitätserweiterung lohnt. Nehmen Sie hierzu Stellung.
d) Es wird zusätzlich eine Mindestproduktion von 80 ME gefordert. Geben Sie die zugehörige Restriktion an und zeigen Sie, dass die optimale Lösung diese Bedingung erfüllt.
e) Bestimmen Sie die Mindesthöhe des Deckungsbeitrags von P_1, so dass P_1 ins Produktionsprogramm aufgenommen wird.
f) Ermitteln Sie ausgehend vom optimalen Tableau die reduzierten Kosten für P_1, indem Sie die Auswirkungen der Aufnahme von 1 ME von P_1 berechnen.
g) Das Unternehmen erwägt die Neueinführung eines Produkts mit einem Deckungsbeitrag von 4,5 GE je ME. Die Bearbeitungszeit auf Maschine M_1 beträgt 4 Std je ME und 8 Std je ME auf Maschine M_2. Geben Sie das optimale Produktionsprogramm unter Einbeziehung des neuen Produkts an.

16 Lösen Sie das Transportproblem das im Titelbild zur Linearen Algebra auf S. 485 dargestellt ist.

a) Stellen Sie ein geeignetes LGS auf, das die Mengenbeziehungen zwischen den Kiesgruben und Betonwerken erfasst (▶ 6 Variable, 5 Gleichungen) und lösen Sie das LGS.
b) Benutzen Sie die Nichtnegativitätsbedingungen für die Variablen zur Erstellung eines linearen Ungleichungssystems und die Lösung des LGS zur Formulierung der Kostenfunktion.
c) Lösen Sie das Minimierungsproblem.

17 Ein Unternehmen stellt in zweistufiger Produktion zuerst ein Zwischenprodukt Z und dann ein Fertigprodukt F in insgesamt 5 Betrieben her. In den Betrieben A und B wird Z, in den Betrieben C, D und E wird F produziert.
Die Anlieferung der Zwischenprodukte geschieht „just in time" und auch die Betriebe A und B unterhalten keine Lager für die Zwischenprodukte Z.
A liefert in einer Periode 140 ME an die 2. Produktionsstufe und B 160 ME.
C benötigt in einer Periode 80 ME von Z, D 100 ME und E 120 ME.
Die Kosten je ME für den Transport von A aus betragen nach C 5 GE, nach D 4 GE und nach E 3 GE. Die Kosten je ME für den Transport von B aus betragen nach C 4 GE, nach D 5 GE und nach E 3 GE.
Ermitteln Sie, wie viele ME auf den 6 möglichen Wegen transportiert werden müssen, damit die Transportkosten minimal ausfallen.

7

Anwendung aus der EDV:

18 Ein Betrieb produziert Socken. Die monatlich produzierte Menge kann der untenstehenden Tabelle entnommen werden. Der Unternehmer rechnet mit Herstellkosten von 3 € je Stück und einem Verkaufspreis von 5 € pro Stück (der Eingabebereich ist in der Tabelle grün unterlegt.)

	A	B	C	D	E
1	**Verkaufsplanung:**				
2					
3	VK-Preis pro Stück:		5,00 €		
4	Herstellkosten pro Stück:		3,00 €		
5	Vertriebskosten pro Stück:			(25% der Herstellkosten)	
6					
7		Januar	Februar	März	1. Quartal
8	Stückzahl	10.000	20.000	30.000	
9	Herstellkosten				
10	Vertriebskosten				
11	Feste Kosten	13.000,00 €	14.000,00 €	15.000,00 €	
12	Gesamtkosten				
13	Umsatzerlöse				
14	Gewinn-Summe				

a) Berechnen Sie mithilfe von Excel zunächst jeweils den Gewinn in den ersten drei Monaten und dann den Gesamtgewinn im ersten Quartal.

Als Ergebnis ergibt sich bei konsequenter Kalkulation nebenstehende Tabelle

Beispielhaft werden die Formeln für den Monat Januar dargestellt.

▶ Absolute und relative Adressierung

Januar
10000
=B8*$C$4
=B8*$C$5
13000
=SUMME(B9:B11)
=B8*$C$3
=B13-B12

	A	B	C	D	E
1	**Verkaufsplanung:**				
2					
3	VK-Preis pro Stück:		5,00 €		
4	Herstellkosten pro Stück:		3,00 €		
5	Vertriebskosten pro Stück:		0,75 €	(25% der Herstellkosten)	
6					
7		Januar	Februar	März	1. Quartal
8	Stückzahl	10.000	20.000	30.000	60.000
9	Herstellkosten	30.000,00 €	60.000,00 €	90.000,00 €	180.000,00 €
10	Vertriebskosten	7.500,00 €	15.000,00 €	22.500,00 €	45.000,00 €
11	Feste Kosten	13.000,00 €	14.000,00 €	15.000,00 €	42.000,00 €
12	Gesamtkosten	50.500,00 €	89.000,00 €	127.500,00 €	267.000,00 €
13	Umsatzerlöse	50.000,00 €	100.000,00 €	150.000,00 €	300.000,00 €
14	Gewinn-Summe	-500,00 €	11.000,00 €	22.500,00 €	33.000,00 €

b) Untersuchen Sie mithilfe des „Solvers" in Excel, wie sich die Herstellkosten und der Verkaufspreis pro Stück optimal verändern müssen, damit sich der Gesamtgewinn des Unternehmens im ersten Quartal auf 70.000 € vergrößern kann, wobei die Gesamtherstellkosten im ersten Quartal 150.000 € und die Gesamtkosten im ersten Quartal 230.000 € nicht überschreiten sollen.

Zur Lösung dieser linearen Optimierungsaufgabe öffnen Sie über das Einfügen-Menü unter Analyse den Solver. Die Zielwertzelle (hier E14), die veränderbaren Zellen (hier C3 (VK-Preis) und C4 (Herstellkosten je Stück)) und die beiden Nebenbedingungen (hier E9<=150000 und E12<=230000; über „Hinzufügen") werden festgelegt.

Durch Anklicken des Schalters „Lösen" wird die Aufgabe bearbeitet. Wenn Sie möchten, können Sie sich durch Anklicken von „Antwort" im „Ergebnisfenster" einen Bericht über die veränderten Werte erstellen lassen.

Bei einem Verkaufspreis von 4,86 € pro Stück und bei Herstellkosten von 2,39 € pro Stück wird der Gewinn von 70.000 € im ersten Quartal erreicht.

7.4 Vektorgeometrie

Im Abschnitt 7.1.1 wurde der Vektor bereits eingeführt als Spalten- und Zeilenvektor $\vec{a}$ im Zusammenhang mit Matrizen und im Abschnitt 7.2.4 wurde die lineare Unabhängigkeit dieser Vektoren definiert.

Der ursprüngliche Begriff des Vektors besitzt dagegen eine anschauliche geometrische Bedeutung, der auch in der Schreibweise als $\vec{a}$ Rechnung getragen wird.

7.4.1 Der geometrische Vektor

Bezeichnet man in der Anschauungsebene (= Zeichenebene) oder im Anschauungsraum die Menge aller zu einem Pfeil gleich langer, paralleler und gleichorientierter Pfeile mit $\vec{a}$ und ist der Pfeil $\overrightarrow{AB}$ vom Punkt A zum Punkt B ein Element dieser Menge ($\overrightarrow{AB} \in \vec{a}$), dann nennt man den Pfeil $\overrightarrow{AB}$ einen **Repräsentanten** der Menge $\vec{a}$. Der Punkt A heißt **Anfangspunkt** und der Punkt B **Spitze** des Pfeils $\overrightarrow{AB}$.

Jeder Pfeil, der zu $\overrightarrow{AB} \in \vec{a}$ parallel, gleich orientiert und gleich lang ist, ist dann ebenfalls ein Repräsentant von $\vec{a}$, z. B. der Pfeil $\overrightarrow{CD}$.

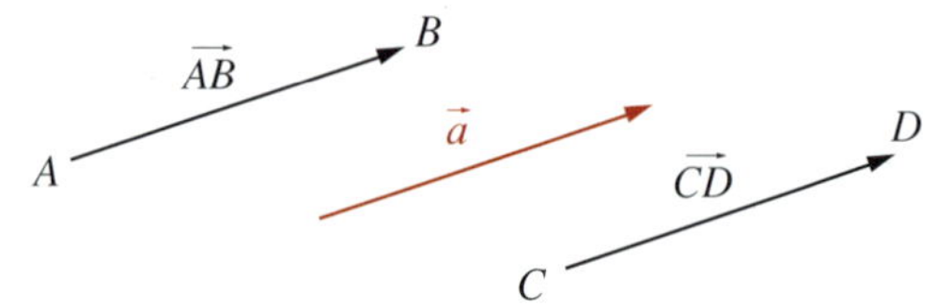

Mit anderen Worten: Jede Parallelverschiebung eines Pfeils $\overrightarrow{AB}$ vertritt dieselbe Menge $\vec{a}$. Man sagt daher auch, dass jede Menge $\vec{a}$ von Pfeilen bereits durch einen **frei verschiebbaren Pfeil** aus dieser Menge eindeutig festgelegt ist und kennzeichnet diese Menge $\vec{a}$ daher selbst durch einen frei verschiebbaren Pfeil von gleicher Länge und Richtung wie jeden Pfeil eines seiner Repräsentanten.

Pfeilmengen lassen sich addieren und vervielfachen:

- Man addiert zwei Pfeilmengen $\vec{a}$ und $\vec{b}$ zur Pfeilmenge $\vec{a} + \vec{b}$, indem ein Repräsentant von $\vec{b}$ so an einen Repräsentanten $\overrightarrow{AB}$ von $\vec{a}$ verschoben (gehängt) wird, dass sein Anfangspunkt an der Spitze B von $\overrightarrow{AB}$ liegt und im Punkt C endet. Dann versteht man unter der Summe von $\vec{a}$ und $\vec{b}$ den Vektor, der durch den Pfeil $\overrightarrow{AC}$ repräsentiert wird.

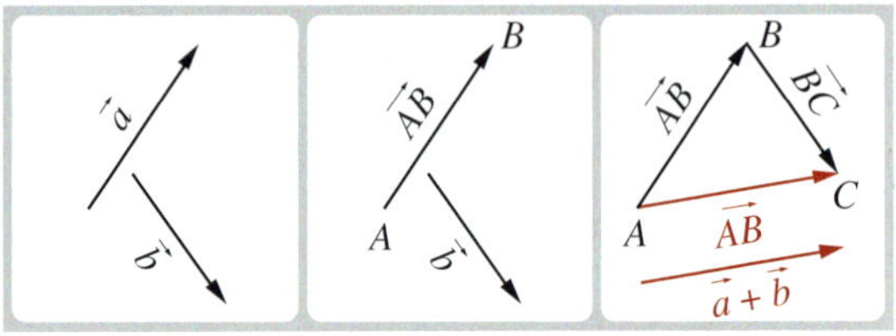

- Man definiert eine **Skalarmultiplikation** $k \cdot \vec{a}, k \in \mathbb{R}$ so, dass $k \cdot \vec{a}$ der Vektor ist, der von einem Pfeil $\overrightarrow{AC}$ repräsentiert wird, der die k-fache Länge eines Repräsentanten $\overrightarrow{AB} \in \vec{a}$ hat und für $k > 0$ dieselbe Richtung besitzt, für $k < 0$ aber entgegengesetzt gerichtet ist. Für $k = 0$ ist $k \cdot \vec{a}$ die Pfeilmenge $\vec{0}$, die durch einen fiktiven Pfeil repräsentiert wird, dessen Anfangspunkt und Spitze zusammenfallen. Einem solchen Pfeil ordnet man die **jede** Richtung zu.

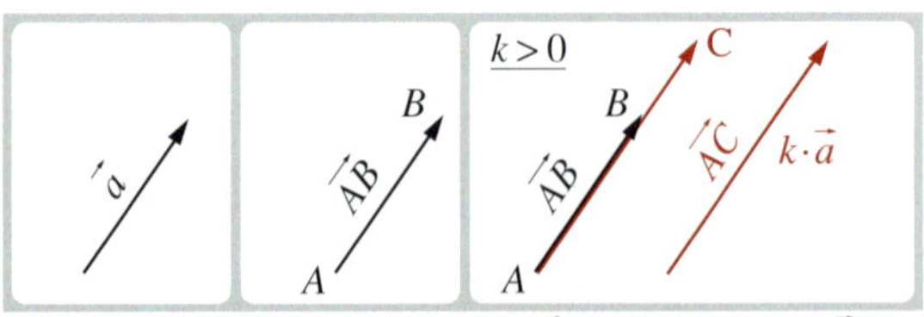

▶ $k\vec{a}$ gleichorientiert zu $\vec{a}$

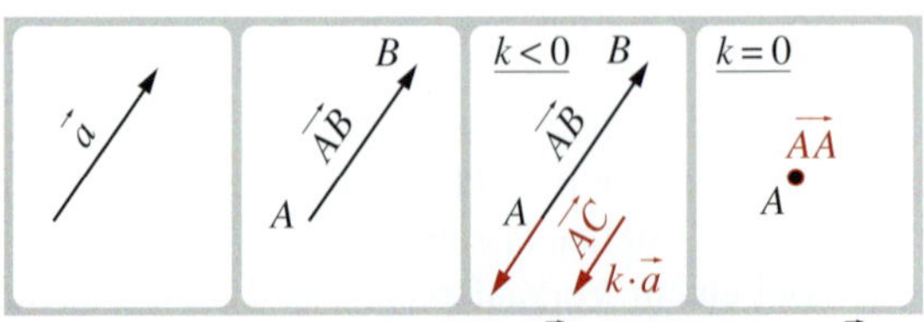

▶ $k\vec{a}$ entgegengesetzt zu $\vec{a}$

Mithilfe der Skalarmultiplikation lässt sich auch die Differenz $\vec{a}-\vec{b}$ durch $\vec{a}-\vec{b}=\vec{a}+(-1)\cdot\vec{b}$ erklären.

Der Vektor $-\vec{b}$ wird auch **Gegenvektor** zu $\vec{b}$ genannt. ▶ Beispiel 6.7.8

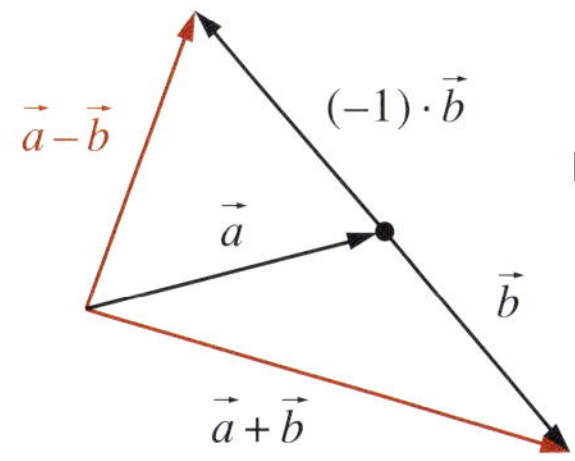

▶ $\vec{a}-\vec{b}=\vec{a}+(-1)\cdot\vec{b}$

Die Menge A aller so erklärten Pfeilmengen $\vec{a}, \vec{b}, \vec{c}, \ldots$ in der Anschauungsebene oder im Anschauungsraum ist bezüglich der vorstehenden Addition und Skalarmultiplikation abgschlossen und nicht leer. ▶ $\vec{0}\in A$

Beispiel 7.68

Zeigen Sie, dass die Menge A aller Pfeilmengen in der Anschauungsebene bezüglich der voranstehenden Addition und Skalarmultiplikation einen reellen Vektorraum bildet, indem Sie die Eigenschaften 1–7 eines Vektorraums durch frei verschiebbare Pfeile in der Zeichenebene veranschaulichen.

1. Assoziativität bzgl. „+“:
Addiert man zuerst $\vec{a}$ und $\vec{b}$ durch Anhängen eines Pfeils für $\vec{b}$ an einen Pfeil für $\vec{a}$ und hängt dann an den Pfeil für die Summe $\vec{a}+\vec{b}$ einen Pfeil für $\vec{c}$, so erhält man denselben Pfeil, der sich ergibt, indem man zuerst $\vec{b}$ und $\vec{c}$ und dann zu $\vec{a}$ die Summe $\vec{b}+\vec{c}$ addiert. Es gilt also: $(\vec{a}+\vec{b})+\vec{c}=\vec{a}+(\vec{b}+\vec{c})$.

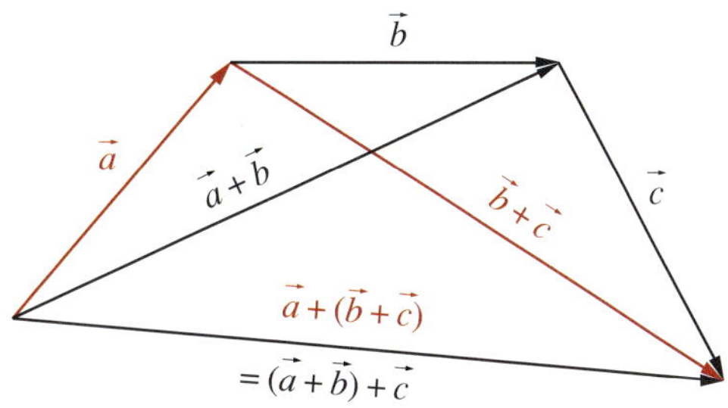

2. Kommutativität bzgl. „+“:
Hängt man an einen Pfeil für $\vec{a}$ einen Pfeil für $\vec{b}$, so erhält man denselben Pfeil als Summe, als wenn man an einenPfeil für $\vec{b}$ einen Pfeil für $\vec{a}$ hängt. ▶ Parallelogrammregel.

Es gilt also: $\vec{a}+\vec{b}=\vec{b}+\vec{a}$.

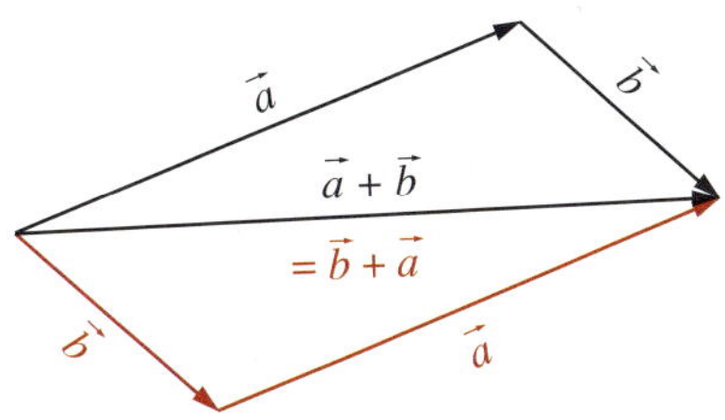

3. Neutrales Element bzgl. „+“:
$\vec{0}$ ist das bezüglich „+“ neutrale Element. Denn ein Pfeil verändert sich nicht, wenn man an ihn einen Punktpfeil anhängt.
▶ $\vec{a}+\vec{0}=\vec{a}$ für jedes $\vec{a}\in A$

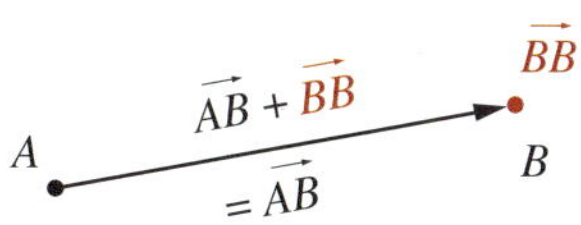

4. Inverses Element bzgl. „+“:
$(-1)\cdot\vec{a}$ ist das zu $\vec{a}$ inverse Element. Denn hängt man an einen Pfeil den entgegengesetzten gleich langen Pfeil, so erhält man einen Punktpfeil. Es gilt also: $(-1)\cdot\vec{a}=-\vec{a}$
▶ $\vec{a}+(-1)\cdot\vec{a}=\vec{a}-\vec{a}=\vec{0}$ für jedes $\vec{a}\in A$

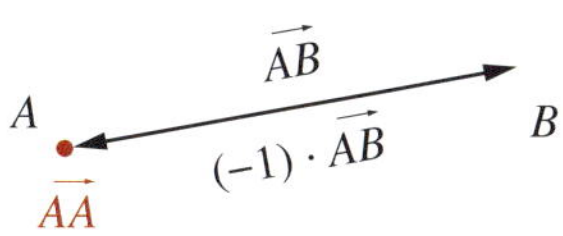

5. Neutrales Element bzgl. „·“:
$1 \in \mathbb{R}$ ist das bezüglich „·“ neutrale Element. Denn das 1-fache eines Pfeils ist der Pfeil selbst. Es gilt also $1 \cdot \vec{a} = \vec{a}$ für jedes $\vec{a} \in A$.

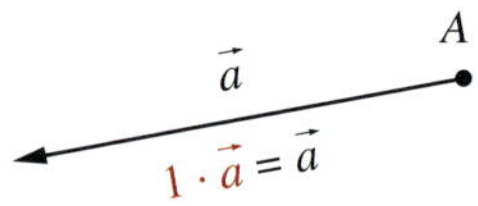

6. Assoziativgesetz bzgl. „·“:
Verlängert oder verkürzt man einen Pfeil $\vec{a}$ zuerst um das s-fache zu $s \cdot \vec{a}$ und einen Pfeil für $s \cdot \vec{a}$ danach um das r-fache zu $r \cdot (s \cdot \vec{a})$, so ergibt sich ein Pfeil mit derselben Länge und Richtung wie einer, der als $(r \cdot s)$-faches von $\vec{a}$ entsteht. Für alle $r,\ s \in \mathbb{R}$ gilt also: $(r \cdot s) \cdot \vec{a} = r \cdot (s \cdot \vec{a})$. ▶ z. B. $r = 2; s = 3$

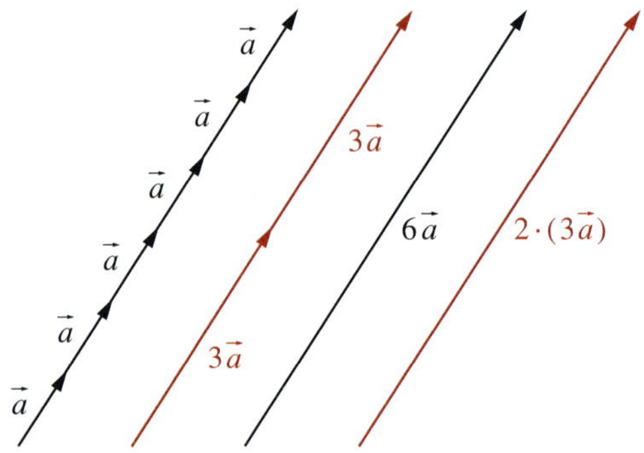

7 Distributivgesetze:
a) Das Anhängen eines Pfeils für $s \cdot \vec{a}$ an einen Pfeil für $r \cdot \vec{a}$ ergibt einen Pfeil, der Repräsentant für $(r + s) \cdot \vec{a}$ ist. Für alle $r, s \in \mathbb{R}$ gilt also: $(r + s) \cdot \vec{a} = r \cdot \vec{a} + s \cdot \vec{a}$.
▶ z. B. $r = 2; s = 3$

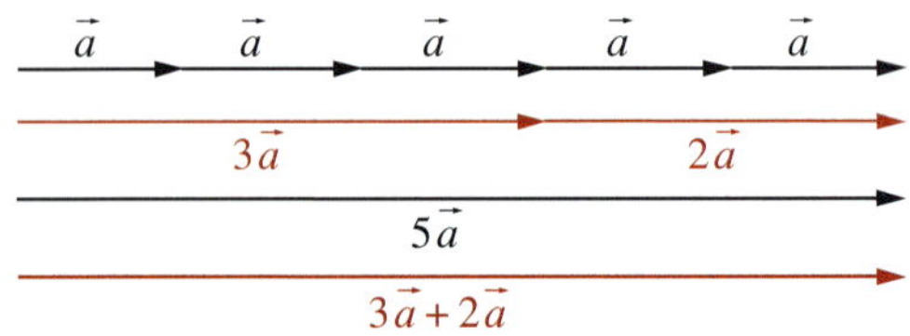

b) Das s-fache eines Pfeils für $\vec{a} + \vec{b}$ ist nach dem Strahlensatz die Summe des s-fachen von Pfeilen für $\vec{a}$ und $\vec{b}$. Für alle $s \in \mathbb{R}$ gilt also: $s \cdot (\vec{a} + \vec{b}) = s \cdot \vec{a} + s \cdot \vec{b}$.
▶ z. B. $s = 3$

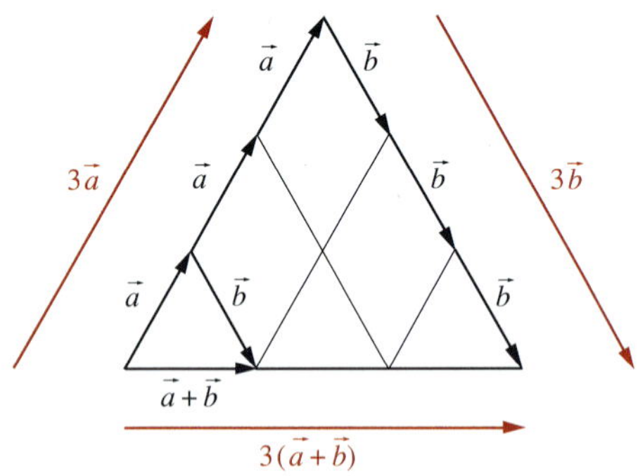

Nach Beispiel 7.68 stellt jede Pfeilmenge $\vec{a}$ von Pfeilen gleicher Länge und gleicher Orientierung in der Zeichenebene einen Vektor dar; man nennt sie **ebene Vektoren**

Dasselbe trifft auch für Pfeilmengen $\vec{a}$ im Anschauungsraum zu; man nennt sie **räumliche Vektoren**.

Aufgrund des geometrischen Ursprungs dieser Vektoren als Pfeile nennt man sie auch **geometrische Vektoren** und den zugehörigen ebenen oder geometrischen Vektorraum A jeweils einen **geometrischen Vektorraum**.

Oft ist es nützlich, in einem Pfeil eine Zuordnungsvorschrift zu sehen, die einem Punkt – dem Anfangspunkt eines Pfeils – einen weiteren Punkt – die Spitze des Pfeils – zuordnet. Dann lassen sich Vektoren auch als Parallelverschiebungen (**Translationen**) in der Anschauungsebene oder im Anschauungsraum auffassen. Dadurch erhält der Vektorbegriff eine dynamische Deutung.

Beispiel 7.69

Deuten Sie die folgenden Vektorgleichungen in der Zeichenebene und im Anschauungsraum geometrisch: $\vec{a} = k \cdot \vec{b}$ und $\vec{c} = s \cdot \vec{a} + t \cdot \vec{b}$.

- $\vec{a} = k \cdot \vec{b}$

Diese Gleichung bedeutet sowohl in der Zeichenebene als auch im Anschauungsraum, dass die Repräsentanten (Pfeile) der Vektoren $\vec{a}$ und $\vec{b}$ parallel sind und es sogar Vertreter unter ihnen gibt, die auf ein und derselben Geraden g liegen. Man nennt solche Vektoren **kollinear** und sagt auch, dass es sich um **parallele Vektoren** handelt.

- $\vec{a} = k \cdot \vec{b}$

$\overrightarrow{AB} \in \vec{a}$, $\overrightarrow{CD} \in \vec{b}$;

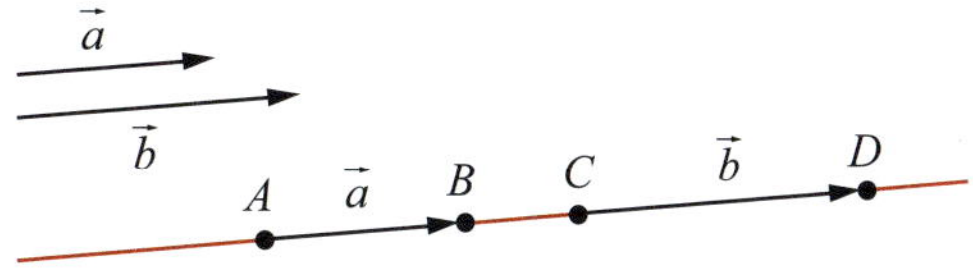

▶ Für $k > 0$ sind die Vektoren $\vec{a}$ und $\vec{b}$ gleich und für $k < 0$ entgegengesetzt orientiert. Für $k = 0$ ist $\vec{a}$ der Nullvektor $\vec{0}$.

- $\vec{c} = s \cdot \vec{a} + t \cdot \vec{b}$

Diese Gleichung bedeutet, dass es Repräsentanten (Pfeile) der Vektoren $\vec{a}$, $\vec{b}$ und $\vec{c}$ gibt, die in derselben Ebene E liegen. Diese Ebene wird von den Vektoren $\vec{a}$ und $\vec{b}$ aufgespannt, falls $\vec{a}$ und $\vec{b}$ **nicht** kollinear sind. Im Allgemeinen gibt es für beliebige räumliche Vektoren $\vec{a}$, $\vec{b}$ und $\vec{c}$ keine Repräsentanten, die in derselben Ebene liegen. Man nennt Vektoren, die in ein und derselben Ebene liegen, **komplanar**.

▶ Sind $\vec{a}$ und $\vec{b}$ räumliche Vektoren, so wird von ihnen auch jede zur Ebene E parallel liegende andere Ebene aufgespannt.

- $\vec{c} = s \cdot \vec{a} + t \cdot \vec{b}$

$\overrightarrow{AB} \in \vec{a}$, $\overrightarrow{CD} \in \vec{b}$

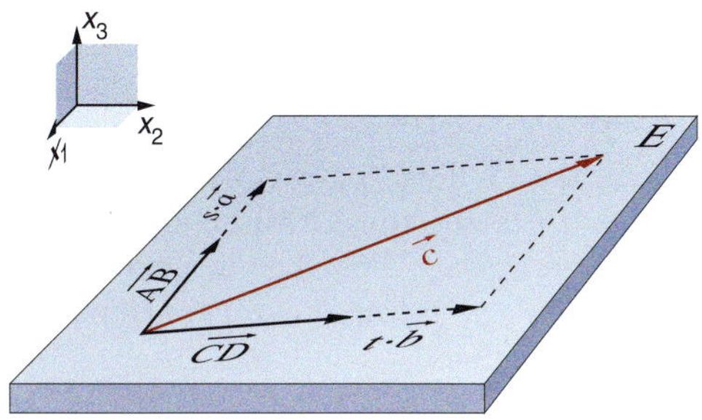

▶ Sind $\vec{a}$ und $\vec{b}$ kollinear, so ist auch $\vec{c}$ zu $\vec{a}$ und $\vec{b}$ kollinear. Kollineare Vektoren sind erst recht komplanar.

Die Vektorgleichungen $\vec{a} = k \cdot \vec{b}$ und $\vec{c} = s \cdot \vec{a} + t \cdot \vec{b}$ besagen, dass im ersten Fall die Vektoren $\vec{a}$ und $\vec{b}$ und im zweiten Fall die Vektoren $\vec{a}$, $\vec{b}$ und $\vec{c}$ linear abhängig sind.

Weil ebene Vektoren naturgemäß komplanar sind, müssen drei ebene Vektoren stets linear abhängig sein. Eine entsprechende Aussage gilt auch für vier räumliche Vektoren.

- Zwei geometrische Vektoren sind genau dann linear abhängig, wenn sie kollinear sind.
- Drei ebene Vektoren $\vec{a}$, $\vec{b}$ und $\vec{c}$ sind stets linear abhängig.
- Drei geometrische Vektoren sind genau dann linear abhängig, wenn sie komplanar sind.
- Vier räumliche Vektoren $\vec{a}$ $\vec{b}$, $\vec{c}$ *und* $\vec{d}$ sind stets linear abhängig.

Um räumliche geometrische Probleme auch algebraisch zu behandeln, wird mithilfe eines **kartesischen Koordinatensystems** ein Maßsystem in die Geometrie eingeführt. Es besteht im Anschauungsraum aus 3 senkrecht aufeinander stehenden Achsen, die in jeweils gleichen Abständen eingeteilt sind und mit x_1, x_2 und x_3 (statt x, y und z) bezeichnet werden. Entsprechend verwendet man bei ebenen geometrischen Problemen ein kartesisches Koordinatensystem nur mit den x_1- und x_2-Achsen.

Bei der Darstellung eines räumlichen Koordinatensystems in der Zeichenebene zeichnet man die positive x_1-Achse in einem Winkel von 135° gegenüber der positiven x_2-Achse und die x_3-Achse senkrecht zur x_2-Achse.

Am besten führt man solche Zeichnungen auf quadratischem Karopapier aus, weil sich dort Winkelmaße von 135° leicht durch Diagonalen ergeben. Die Einheit auf der x_1-Achse zeichnet man dann gegenüber den Einheiten auf der x_2- und x_3-Achse verkürzt.

Dadurch lassen sich Punkte des Anschauungsraums auch in der Zeichenebene bequem darstellen, z. B. wie nebenstehend der Punkt P⟨4 | 3 | 3⟩.

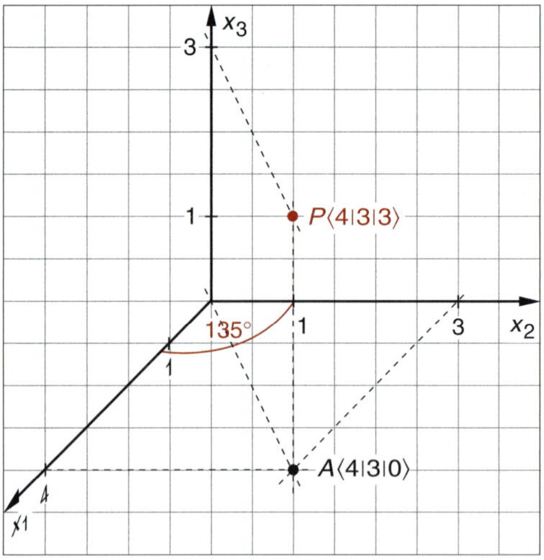

Beschränkt man sich in der Behandlung der Geometrie auf eine Koordinatenebene, dann reicht für die Beschreibung von Punkten die Angabe von Zahlenpaaren, z. B. ⟨4 | 3⟩ des Punktes A ⟨4 | 3⟩ aus.

Ist nun z. B. der Pfeil $\overrightarrow{PQ}$ ein Repräsentant eines ebenen Vektors $\vec{a}$, so ordnet man dem Vektor $\vec{a}$ die Differenz der Punktkoordinaten von $Q\,\langle q_1\,|\,q_2\rangle$ und $P\,\langle p_1\,|\,p_2\rangle$ als **Vektorkoordinaten** zu und schreibt dafür:

$$\vec{a} = \begin{pmatrix} q_1 - p_1 \\ q_2 - p_2 \end{pmatrix}$$

und nennt $q_1 - p_1$ die **erste** und $q_2 - p_2$ die **zweite Koordinate des Vektors $\vec{a}$**.

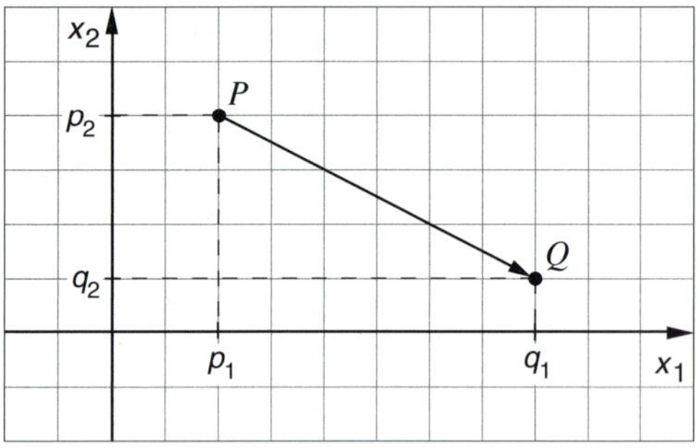

► $\overrightarrow{PQ} \in \vec{a} \Rightarrow \vec{a} = \begin{pmatrix} q_1 - p_1 \\ q_2 - p_2 \end{pmatrix}$

$q_1 - p_1$ ► 1. Koordinate des Vektors $\vec{a}$

$q_2 - p_2$ ► 2. Koordinate des Vektors $\vec{a}$

Analoges gilt, wenn der Pfeil $\overrightarrow{PQ}$ mit den Punktkoordinaten $P\,\langle p_1\,|\,p_2\,|\,p_3\rangle$ und $Q\,\langle q_1\,|\,q_2\,|\,q_3\rangle$ ein Repräsentant eines räumlichen Vektors $\vec{a}$ ist:

$$\vec{a} = \begin{pmatrix} q_1 - p_1 \\ q_2 - p_2 \\ q_3 - p_3 \end{pmatrix}$$

Allerdings ist eine solche Schreibweise nur dann sinnvoll, wenn man zeigen kann, dass zwei **verschiedene** Repräsentanten eines Vektors $\vec{a}$ stets auch dieselben Vektorkoordinaten liefern, diese also aus den Punktkoordinaten **eindeutig** bestimmbar sind.

Da auf der Grundlage eines kartesischen Koordinatensystems jede Pfeilmenge $\vec{a}$ durch einen Pfeil repräsentiert werden kann, der vom Ursprung 0 ausgeht und in einem Punkt P endet, lässt sich ein geometrischer Vektor immer durch die Punktkoordinaten von P beschreiben.

Man nennt einen geometrischen Vektor $\vec{p}$, der durch einen Pfeil $\overrightarrow{OP}$ vom Ursprung O des Koordinatensystems zum Pukt P repräsentiert wird, den **Ortsvektor** des Punktes P. Der Ortsvektor eines Punktes P besitzt dieselben Koordinaten wie der Punkt P. Das gilt sowohl für ebene als auch für räumliche Koordinaten.

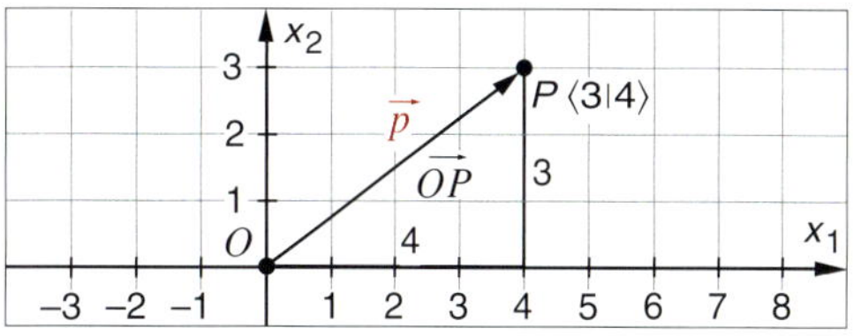

▸ $\vec{p}=\begin{pmatrix}4\\3\end{pmatrix}$

Die Einführung eines kartesischen Koordinatensystems in der zweidimensionalen Anschauungsebene A^2 bzw. im dreidimensionalen Anschauungsraum A^3 ermöglicht es, Ortsvektoren auf den Koordinatenachsen anzugeben, mit denen sich jeder Vektor auf einfache Art **linear kombinieren** lässt. ▸ Abschnitt 7.2.4

Im A^2: $\vec{e}_1=\begin{pmatrix}1\\0\end{pmatrix}$ und $\vec{e}_2=\begin{pmatrix}0\\1\end{pmatrix}$; $\quad \vec{a}=\begin{pmatrix}a_1\\a_2\end{pmatrix}=a_1\cdot\vec{e}_1+a_2(e)_2$

▸ $\vec{e}_1$ und $\vec{e}_2$ sind linear unabhängig ▸ $\vec{a}$ ist **Linearkombination** von $\vec{e}_1$ und $\vec{e}_2$

Im A^3: $\vec{e}_1=\begin{pmatrix}1\\0\\0\end{pmatrix}, \vec{e}_2=\begin{pmatrix}0\\1\\0\end{pmatrix}, \vec{e}_3=\begin{pmatrix}0\\0\\1\end{pmatrix}$; $\quad \vec{a}=\begin{pmatrix}a_1\\a_2\\a_3\end{pmatrix}=a_1\cdot\vec{e}_1+a_2\cdot\vec{e}_2+a_3\cdot\vec{e}_3$

▸ $\vec{e}_1, \vec{e}_2, \vec{e}_3$ sind linear unabhängig ▸ $\vec{a}$ ist **Linearkombination** von $\vec{e}_1$, $\vec{e}_2$ und $\vec{e}_3$

Man nennt die Vektoren $\vec{e}_1, \vec{e}_2 \in A^2$ bzw. $\vec{e}_1, \vec{e}_2, \vec{e}_3 \in A^3$ auch **kanonische Vektoren** und da mit ihnen jeder Vektor im A^2 bzw. A^3 als Linearkombination dargestellt werden kann, heißt die Menge $\{\vec{e}_1, \vec{e}_2\} \subset A^2$ bzw. $\{\vec{e}_1, \vec{e}_2, \vec{e}_3\} \subset A^3$ die **kanonische Basis** des A^2 bzw. A^3.

- Ein **geometrischer Vektor** $\vec{a}$ ist die Menge aller zu einem Pfeil $\vec{a}$ ist die Menge aller zu einem Pfeil gleich langer, paralleler und gleich orientierter Vektoren.
- Jeder geometrische Vektor $\vec{a}$ kann durch einen frei verschiebbaren Pfeil repräsentiert werden. Für einen Pfeil vom Punkt A zum Punkt B wird die Schreibweise $\overrightarrow{AB}$ verwendet.
- Ein Vektor $\vec{p}$, der durch einen Pfeil $\overrightarrow{OP}$ vom Ursprung O des Koordinatensystems zum Punkt P repräsentiert wird, heißt **Ortsvektor** des Punktes P. Er hat dieselben Koordinaten wie der Punkt P.
- Durch Einführung eines **kartesischen Koordinatensystems** können geometrische Vektoren arithmetisch beschrieben werden und umgekehrt arithmetische Vektoren geometrisch interpretiert werden. Ein kartesisches Koordinatensystem legt in der Anschauungsebene A^2 und im Anschauungsraum A^3 jeweils eine **kanonische Basis** fest.

Alles klar?

Gegeben sind die Vektoren $\vec{a}=\begin{pmatrix}-2\\4\end{pmatrix}$ und $\vec{b}=\begin{pmatrix}-2\\2\end{pmatrix}$ im A^2.

1 Zeichnen Sie die zugehörigen Ortsvektoren in ein kartesisches Koordinatensystem.
2 Ermitteln Sie den Vektor $\vec{c}=0{,}5\vec{a}-2\vec{b}$ sowohl geometrisch als auch arithmetisch und vergleichen Sie Ihre Ergebnisse
3 Stellen Sie $\vec{a}, \vec{b}$ und $\vec{c}$ als Linearkombination der kanonischen Vektoren des A^2 dar.

Übungen zu 7.4.1

1 Zeigen Sie, dass die Addition und Skalarmultiplikation von Pfeilmengen unabhängig von der Wahl ihrer Repräsentanten ist:

a) Addition: Gilt $\overrightarrow{AB}, \overrightarrow{A'B'} \in \vec{a}$ und $\overrightarrow{CD}, \overrightarrow{C'D'} \in \vec{b}$ so gilt $\overrightarrow{AB} + \overrightarrow{CD}, \overrightarrow{A'B'} + \overrightarrow{C'D'} \in \vec{a} + \vec{b}$.

b) Skalarmultiplikation: Gilt $\overrightarrow{AB}, \overrightarrow{A'B'} \in \vec{a}$ so gilt $k \cdot \overrightarrow{AB}, k \cdot \overrightarrow{A'B'} \in k \cdot \vec{a}$ für jedes $k \in \mathbb{R}$.

c) Begründen Sie anhand der nebenstehenden Figur die Gültigkeit des Assoziativgesetzes der Addition für räumliche Vektoren.

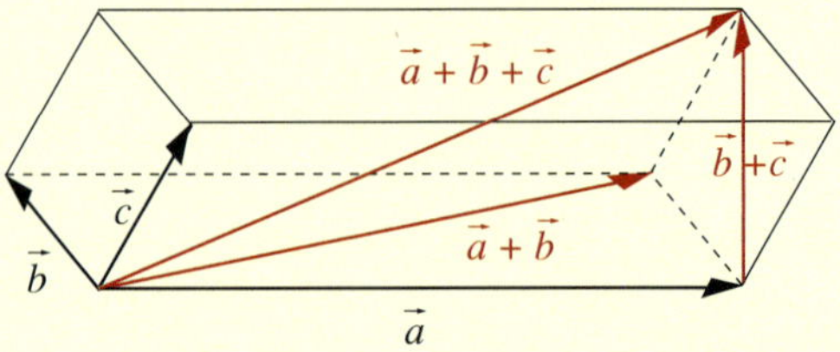

3 Zeigen Sie: Wenn in einem Viereck ein Paar Gegenseiten gleich lang und parallel sind, dann handelt es sich um ein Parallelogramm.

4 Zeigen Sie, dass die Mittelpunkte der Seiten eines beliebigen Vierecks die Eckpunkte eines Parallelogramms bilden.

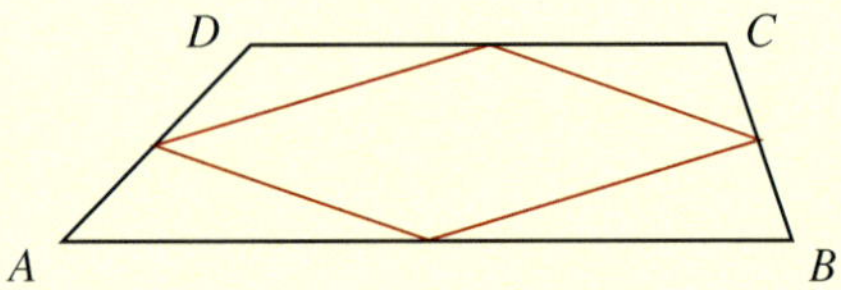

5 Zeigen Sie, dass die vektorielle Summe der Seitenhalbierenden eines Dreiecks $\vec{0}$ ergibt.

► geschlossene Vektorkette

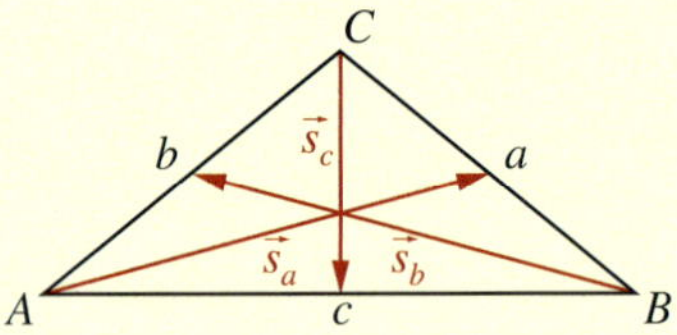

6 Bestimmen Sie einen Vektor $\vec{d}$ so, dass $\vec{a}, \vec{b}, \vec{c}$ und $\vec{d}$ eine geschlossene Vektorkette bilden.

(d. h. $\vec{a} + \vec{b} + \vec{c} + \vec{d} = \vec{0}$). $\quad \vec{a} = \begin{pmatrix} 5 \\ 3 \\ 2 \\ -1 \end{pmatrix}, \vec{b} = \begin{pmatrix} -2 \\ 4 \\ 1 \\ 6 \end{pmatrix}, \vec{c} = \begin{pmatrix} 3 \\ -2 \\ 1 \\ 0 \end{pmatrix}$.

7 Zeigen Sie, dass kollineare Vektoren auch komplanar sind.

8 Zeigen Sie, dass vier räumliche Vektoren stets linear abhängig sind.

9 Entscheiden Sie, ob die drei Vektoren komplanar sind.

a) $\begin{pmatrix} 3 \\ 0 \\ 4 \end{pmatrix}, \begin{pmatrix} 2 \\ 1 \\ 0 \end{pmatrix}, \begin{pmatrix} 0 \\ 4 \\ -2 \end{pmatrix}$ b) $\begin{pmatrix} -2 \\ 1 \\ 0 \end{pmatrix}, \begin{pmatrix} 3 \\ 3 \\ 0 \end{pmatrix}, \begin{pmatrix} 8 \\ 14 \\ 0 \end{pmatrix}$ c) $\begin{pmatrix} -2 \\ 1 \\ 0 \end{pmatrix}, \begin{pmatrix} 3 \\ 3 \\ 0 \end{pmatrix}, \begin{pmatrix} 8 \\ -14 \\ 0 \end{pmatrix}$

10 Drücken Sie die Veketoren als Linerakombinationen der kanonischen Basis aus.

a) $\begin{pmatrix} 4 \\ 3 \\ -2 \end{pmatrix}$ b) $\begin{pmatrix} -10 \\ 8 \\ 0 \end{pmatrix}$ c) $\begin{pmatrix} 6 \\ 6 \\ 1 \end{pmatrix}$ d) $\begin{pmatrix} 0{,}5 \\ 4{,}5 \\ -2{,}3 \end{pmatrix}$ e) $\begin{pmatrix} -2 \\ -3 \\ 8 \end{pmatrix}$ f) $\begin{pmatrix} 0 \\ 0 \\ 5 \end{pmatrix}$ g) $\begin{pmatrix} 2 \\ 0 \\ 1 \end{pmatrix}$

7.4.2 Geraden und Ebenen

In diesem Abschnitt werden Geraden und Ebenen mithilfe von geometrischen Vektoren dargestellt, die ihrerseits wieder nach Einführung eines kartesischen Koordinatensystems eindeutig durch Ortsvektoren beschrieben werden können. Die Methode, Geometrie vollständig arithmetisch darzustellen, heißt **analytische Geometrie**. Jedes geometrische Problem lässt sich in der analytischen Geometrie rechnerisch behandeln, denn die Beschreibung geometrischer Gebilde durch geometrische Vektoren und deren Darstellung als Ortsvektoren ermöglicht das Rechnen wie mit Spaltenvektoren.

Geraden

Eine Gerade g ist bekanntlich bereits durch zwei verschiedene Punkte P und Q auf ihr **eindeutig** festgelegt. Jeder weitere Punkt X auf ihr muss daher Spitze eines Vielfachen des Pfeils $\overrightarrow{PQ}$ sein.

▸ $\overrightarrow{PQ}$ und $\overrightarrow{PX}$ sind also Repräsentanten **kollinearer** Vektoren.

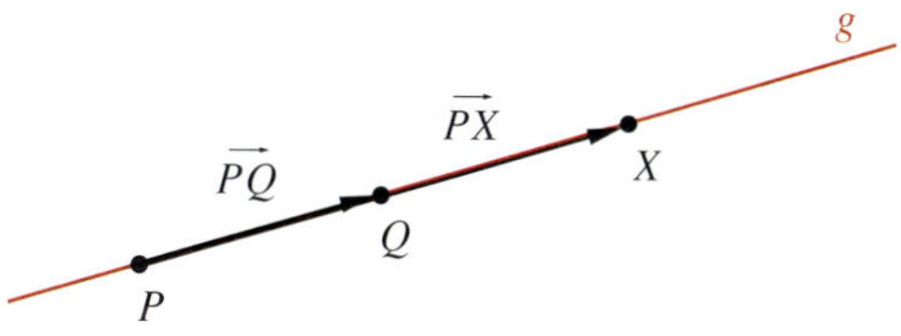

Diese Überlegung führt zu der vektoriellen Darstellung von Geraden in der Anschauungsebene (Zeichenebene) und im Anschauungsraum.

Beispiel 7.70

Auf einer Geraden g liegen mit P und Q zwei verschiedene Punkte; X ist ein beliebiger Punkt auf g. Dann lässt sich $\overrightarrow{\mathrm{PX}}$ als Vielfaches von $\overrightarrow{\mathrm{PQ}}$ darstellen. Es gibt also eine reelle Zahl für s, so dass gilt:
$\overrightarrow{\mathrm{PX}} = s \cdot \overrightarrow{\mathrm{PQ}}$.
Addiert man auf beiden Seiten der Gleichung $\overrightarrow{\mathrm{OP}}$, so erhält man:
$\overrightarrow{OP} + \overrightarrow{PX} = \overrightarrow{OP} + s \cdot \overrightarrow{PQ}$.
Da $\overrightarrow{OP} + \overrightarrow{PX} = \overrightarrow{OX}$ gilt, ergibt sich:
$\overrightarrow{OX} = \overrightarrow{OP} + s \cdot \overrightarrow{PQ}, s \in \mathbb{R}$.

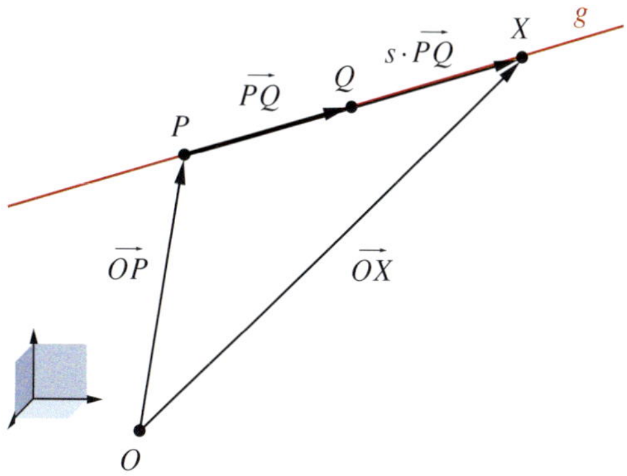

Ist $\vec{p}$ der Ortsvektor von P und X ein variabler Punkt auf der Geraden, dann lässt sich X durch den Ortsvektor $\vec{x}$ mit $\vec{x} = \vec{p} + s \cdot \vec{u}$; $s \in \mathbb{R}$ beschreiben, wobei $\vec{u}$ der Vektor ist, der durch den Pfeil $\overrightarrow{PQ}$ repräsentiert wird.

▸ $\vec{u} \neq \vec{0}$, weil $P \neq Q$

▸ $\overrightarrow{OX} = \overrightarrow{OP} + s \cdot \overrightarrow{PQ}$ bzw. $\vec{x} = \vec{p} + s \cdot \vec{u}$; $s \in \mathbb{R}$

$s > 1$:	X liegt rechts von Q
$s = 1$:	X ist Q
$0 < s < 1$:	X liegt zwischen P und Q
$s = 0$:	X ist P
$s < 0$:	X liegt links von P

Eine Gleichung der Form $\vec{x} = \vec{p} + s \cdot \vec{u}$ bzw. $\overrightarrow{OX} = \overrightarrow{OP} + s \cdot \overrightarrow{PQ}$; $s \in \mathbb{R}$ heißt **Punkt-Richtungs-Gleichung der Geraden**. Man schreibt dafür auch $g{:}\ \vec{x} = \vec{p} + s \cdot \vec{u}$ bzw. $g{:}\ \overrightarrow{OX} = \overrightarrow{OP} + s \cdot \overrightarrow{PQ}$; $s \in \mathbb{R}$. Durch den Vektor $\vec{u}$ bzw. durch seinen Repräsentanten $\overrightarrow{PQ}$ erhält die Gerade g einen Durchlaufsinn – eine Orientierung; man spricht deshalb auch von einer **orientierten Geraden**. Daher nennt man den Vektor $\vec{u}$ auch den **Richtungsvektor der Geraden**. Den Punkt P nennt man den **Aufpunkt der Geraden**, weil man gewissermaßen bei ihm beginnend die Gerade durchläuft.

7

Da der Richtungsvektor $\vec{u}$ die Differenz der beiden Ortsvektoren $\vec{q}$ und $\vec{p}$ von Q und P ist, lässt sich die Gerade g auch in der Form
$\vec{x}=\vec{p}+s\cdot(\vec{q}-\vec{p})$ bzw.
$\overrightarrow{OX}=\overrightarrow{OP}+s\cdot(\overrightarrow{OQ}-\overrightarrow{OP})$
darstellen. $\vec{x}=\vec{p}+s\cdot\vec{u}$ ▶ $s\in\mathbb{R}$

Punkt-Richtungs-Gleichung
▶ $\vec{u}=\vec{q}-\vec{p}$
$\vec{x}=\vec{p}+s\cdot(\vec{q}-\vec{p})$
Zwei-Punkte-Gleichung

Eine Vektorgleichung der Form $\vec{x}=\vec{p}+s\cdot(\vec{q}-\vec{p})$ bzw. $\overrightarrow{OX}=\overrightarrow{OP}+s\cdot(\overrightarrow{OQ}-\overrightarrow{OP})$heißt daher auch **Zwei-Punkte-Gleichung der Geraden** g.

Sowohl die vektorielle Beschreibung einer Geraden g durch eine Punkt-Richtungs-Gleichung, als auch durch eine Zwei-Punkte-Gleichung sind Beispiele für eine **Parameterdarstellung einer Geraden** g, weil in ihnen s die Rolle eines Parameters (einer Hilfsvariablen) spielt.

Statt genauer von einer Geraden **mit der Gleichung** $\vec{x}=\vec{p}+s\cdot\vec{u}$ bzw. $\vec{x}=\vec{p}+s\cdot(\vec{q}-\vec{p})$ zu sprechen, wird im Folgenden die kürzere Sprechweise „die Gerade $g{:}\,\vec{x}=\vec{p}+s\cdot\vec{u}$ bzw. $g{:}\,\vec{x}=\vec{p}+s\cdot(\vec{q}-\vec{p})$“ verwendet.

Beispiel 7.71 a

Bestimmen Sie eine Gleichung der Geraden durch die Punkte $P\,\langle 3|2|1\rangle$ und $Q\,\langle 2|1|4\rangle$.

Mithilfe der Zwei-Punkte-Gleichung einer Geraden lässt sich der Ortsvektor $\vec{x}$ jedes Punktes X auf der Geraden angeben:

$$\vec{x}=\begin{pmatrix}3\\2\\1\end{pmatrix}+s\cdot\begin{pmatrix}-1\\-1\\3\end{pmatrix};s\in\mathbb{R}.$$

$\vec{x}=\vec{p}+s\cdot(\vec{q}-\vec{p})$ mit $\vec{p}=\begin{pmatrix}3\\2\\1\end{pmatrix}$ und $\vec{q}=\begin{pmatrix}2\\1\\4\end{pmatrix}$

$$\vec{x}=\begin{pmatrix}3\\2\\1\end{pmatrix}+s\cdot\begin{pmatrix}2-3\\1-2\\4-1\end{pmatrix} \quad ▶ s\in\mathbb{R}$$
$$=\begin{pmatrix}3\\2\\1\end{pmatrix}+s\cdot\begin{pmatrix}-1\\-1\\3\end{pmatrix}$$

Beispiel 7.71 b

Prüfen Sie nach, ob der Punkt $A\,\langle 0|-1|10\rangle$ auf der Geraden

$$g{:}\,\vec{x}=\begin{pmatrix}3\\2\\1\end{pmatrix}+s\cdot\begin{pmatrix}-1\\-1\\3\end{pmatrix};s\in\mathbb{R}$$

liegt.

Falls A ein Punkt der Geraden ist, muss die Gleichung $\vec{a}=\begin{pmatrix}3\\2\\1\end{pmatrix}+s\cdot\begin{pmatrix}-1\\-1\\3\end{pmatrix};s\in\mathbb{R}$ erfüllt werden, wobei $\vec{a}$ der Ortsvektor von A ist.

Diese Gleichung führt zu einem LGS mit 3 Gleichungen und einer Variablen, das die Lösung 3 für s besitzt.
A liegt auf der Geraden g.

$$\vec{a}=\begin{pmatrix}3\\2\\1\end{pmatrix}+s\cdot\begin{pmatrix}-1\\-1\\3\end{pmatrix} \quad ▶ \vec{a}=(0-110)$$

$$\begin{pmatrix}0\\-1\\10\end{pmatrix}=\begin{pmatrix}3\\2\\1\end{pmatrix}+s\cdot\begin{pmatrix}-1\\-1\\3\end{pmatrix} \quad ▶ s\in\mathbb{R}$$

$-s+3=0$ ▶ $s=3$
$-s+2=-1$ ▶ $s=3$
$3s+1=10$ ▶ $s=3$

7

In der Geometrie werden Geraden im A^2 in einem kartesischen x-y-Koordinatensystem durch Gleichungen der Form $a \cdot x + b \cdot y = c$ parameterfrei oder als Funktionsgleichungen der Form $y = m \cdot x + b$ beschrieben. Es lässt sich leicht zeigen, dass man im A^2 von einer vektoriellen Parameterdarstellung einer Geraden zu ihrer parameterfreien Darstellung gelangen kann, und dass umgekehrt aus der parameterfreien Darstellung eine vektorielle Parameterdarstellung entwickelt werden kann.

Beispiel 7.72 a

Entwickeln Sie aus der Parameterdarstellung der Geraden $g\colon \vec{x} = \begin{pmatrix} 2 \\ -1 \end{pmatrix} + s \cdot \begin{pmatrix} -2 \\ 4 \end{pmatrix}$; $s \in \mathbb{R}$ ihre parameterfreie Darstellung $g\colon y = -2x + 3$.

Aus der Parameterdarstellung wird der Parameter s eliminiert. Beachtet man, dass die Koordinatenachsen in der Ebene üblicherweise mit x und y anstatt mit x_1 und x_2 bezeichnet werden, so erhält man die Gleichung $y = -2x + 3$.

$$\vec{x} = \begin{pmatrix} x_1 \\ x_2 \end{pmatrix} = \begin{pmatrix} 2 \\ -1 \end{pmatrix} + s \cdot \begin{pmatrix} -2 \\ 4 \end{pmatrix} \quad \blacktriangleright\ s \in \mathbb{R}$$
$$x_1 = 2 - 2s \Rightarrow s = 1 - 0{,}5x_1$$
$$\begin{aligned} x_2 &= -1 + 4s \\ &= -1 + 4(1 - 0{,}5x_1) \\ &= -2x_1 + 3 \quad \blacktriangleright\ x_2 = y;\ x_1 = x \end{aligned}$$
$$\Rightarrow y = -2x + 3$$

Beispiel 7.72 b

Entwickeln Sie aus der Geradengleichung $g\colon y = -2x + 3$ eine Parameterdarstellung dieser Geraden.

Schreibt man x_1 für x und x_2 für y, dann lassen sich die Gleichungen $x_1 = x$ und $x_2 = -2x_1 + 3$ zusammenfassen zu $\begin{pmatrix} x_1 \\ x_2 \end{pmatrix} = \begin{pmatrix} x_1 \\ -2x_1 + 3 \end{pmatrix}$ und damit zu $\vec{x} = \begin{pmatrix} 0 \\ 3 \end{pmatrix} + x_1 \cdot \begin{pmatrix} 1 \\ -2 \end{pmatrix}$; $x_1 \in \mathbb{R}$. Dies ist eine Parameterdarstellung von g, die für $x_1 = 2$ denselben Ortsvektor $\begin{pmatrix} 2 \\ -1 \end{pmatrix}$ des Aufpunkts aus Beispiel 7.72 a) und für $x_1 = -2$ denselben Richtungsvektor aus Beispiel 7.72 a) ergibt.

$$y = -2x + 3 \quad \blacktriangleright\ x_1 = x;\ x_2 = y$$
$$x_2 = -2x_1 + 3$$
$$\begin{aligned} \begin{pmatrix} x_1 \\ x_2 \end{pmatrix} &= \begin{pmatrix} x_1 \\ -2x_1 + 3 \end{pmatrix} \\ &= \begin{pmatrix} 0 \\ 3 \end{pmatrix} + \begin{pmatrix} x_1 \\ -2x_1 \end{pmatrix} \\ &= \begin{pmatrix} 0 \\ 3 \end{pmatrix} + x_1 \cdot \begin{pmatrix} 1 \\ -2 \end{pmatrix} \end{aligned}$$

Alles klar?

Gegeben sind die Punkte $P\langle 3\,|\,0\,|\,-2\rangle$ und $Q\langle 4\,|\,1\,|\,3\rangle$

a) Ermitteln Sie die Gleichung der Geraden g, auf der die Punkte P und Q liegen.

b) Prüfen Sie nach, ob die Punkte $A\langle -1\,|\,-4\,|\,-22\rangle$ und $B\langle 5\,|\,2\,|\,6\rangle$ auf der Geraden g liegen.

c) Wie lautet die parameterfreie Darstellung der Geraden g?

7

Ebenen

Eine Ebene E ist bekanntlich bereits durch drei verschiedene Punkte P, Q und R in ihr, die nicht auf derselben Geraden liegen, **eindeutig** festgelegt. Die Punkte P, Q und R bilden dann die Eckpunkte eines Dreiecks.

Deutet man die Seiten dieses Dreiecks als Pfeile, so erkennt man, dass sie paarweise zu nicht kollinearen Vektoren gehören. Solche Vektoren bilden eine Basis im A^2.

Daher muss z. B. jeder Punkt X der Ebene E Spitze eines Pfeils $\overrightarrow{PX}$ sein, der Repräsentant einer Linearkombination der Vektoren $\vec{u}$ und $\vec{v}$ ist.

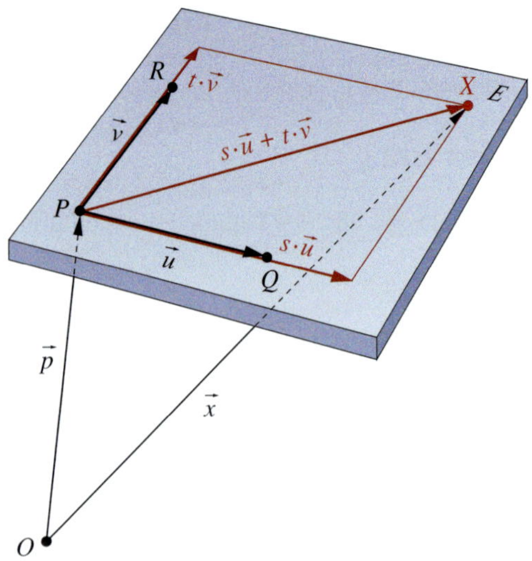

▶ Es gibt $s \in \mathbb{R}$ und $t \in \mathbb{R}$ mit $\overrightarrow{PX} = s \cdot \overrightarrow{PQ} + t \cdot \overrightarrow{PR}$; $\overrightarrow{PX} \in \langle \vec{u}, \vec{v} \rangle = A^2$

▶ Die Menge $\{\vec{u}, \vec{v}\}$ ist eine Basis im A^2.

Diese Überlegung führt zur vektoriellen Darstellung von Ebenen im Anschauungsraum.

▶ in der Zeichenebene gibt es keine von ihr verschiedene Ebene

Beispiel 7.73

In einer Ebene E liegen drei verschiedene Punkte P, Q und R, die nicht alle auf derselben Geraden liegen. X ist ein beliebiger Punkt in E. Dann lässt sich $\overrightarrow{PX}$ als Summe der Vielfachen von $\overrightarrow{PQ}$ und $\overrightarrow{PR}$ darstellen:

$\overrightarrow{PX} = s \cdot \overrightarrow{PQ} + t \cdot \overrightarrow{PR}$; $s, t \in \mathbb{R}$

Addiert man auf beiden Seiten der Vektorgleichung $\overrightarrow{OP}$, so erhält man:

$\overrightarrow{OP} + \overrightarrow{PX} = \overrightarrow{OP} + s \cdot \overrightarrow{PQ} + t \cdot \overrightarrow{PR}$.

Da $\overrightarrow{OP} + \overrightarrow{PX} = \overrightarrow{OX}$ gilt, ergibt sich:

$\overrightarrow{OX} = \overrightarrow{OP} + s \cdot \overrightarrow{PQ} + t \cdot \overrightarrow{PR}$; $s, t \in \mathbb{R}$.

Ist $\vec{p}$ der Ortsvektor von P und X ein variabler Punkt der Ebene, dann lässt sich X durch den Ortsvektor $\vec{x}$ mit $\vec{x} = \vec{p} + s \cdot \vec{u} + t \cdot \vec{v}$, $s, t \in \mathbb{R}$ beschreiben, wobei $\vec{u}$ der Vektor ist, der durch den Pfeil $\overrightarrow{PQ}$ und $\vec{v}$ der Vektor ist, der durch den Pfeil $\overrightarrow{PR}$ repräsentiert wird.

▶ $\vec{u} \neq 0$ und $\vec{v} \neq 0$, weil $P \neq Q$ und $P \neq R$

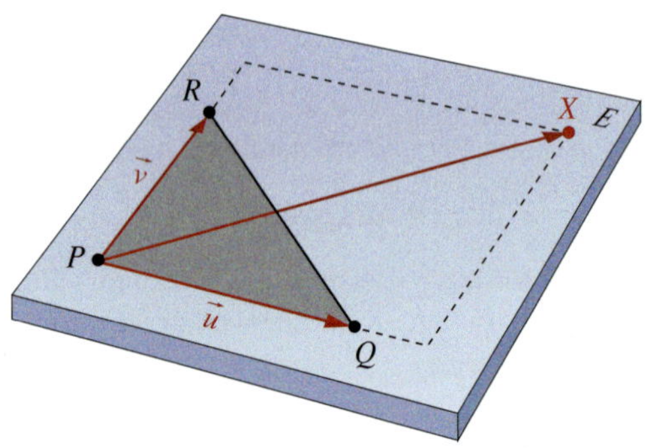

$$\overrightarrow{PX} = s \cdot \overrightarrow{PQ} + t \cdot \overrightarrow{PR}$$
▶ $s, t \in \mathbb{R}$

$$\Rightarrow \overrightarrow{OP} + \overrightarrow{PX} = \overrightarrow{OP} + s \cdot \overrightarrow{PQ} + t \cdot \overrightarrow{PR}$$
$$\Rightarrow \overrightarrow{OX} = \overrightarrow{OP} + s \cdot \overrightarrow{PQ} + t \cdot \overrightarrow{PR}$$

▶ $\vec{x} = \vec{p} + s \cdot \vec{u} + t \cdot \vec{v}$, $s, t \in \mathbb{R}$

7

Eine Gleichung der Form $\vec{x} = \vec{p} + s \cdot \vec{u} + t \cdot \vec{v}$ bzw. $\overrightarrow{OX} = \overrightarrow{OP} + s \cdot \overrightarrow{PQ} + t \cdot \overrightarrow{PR}$; $s, t \in \mathbb{R}$ heißt **Punkt-Richtungs-Gleichung der Ebene**. Man schreibt dafür auch $E: \vec{x} = \vec{p} + s \cdot \vec{u} + t \cdot \vec{v}, s, t \in \mathbb{R}$ bzw. $E: \overrightarrow{OX} = \overrightarrow{OP} + s \cdot \overrightarrow{PQ} + t \cdot \overrightarrow{PR}$. Dabei nennt man $\vec{u}$ und $\vec{v}$ die **Spannvektoren der Ebene**, weil sie die Ebene aufspannen, und – analog zur Geraden – P den **Aufpunkt der Ebene**.

Ersetzt man den Spannvektor $\vec{u}$ durch die Differenz der Ortsvektoren von Q und P und den Spannvektor $\vec{v}$ durch die Differenz der Ortsvektoren von R und P, dann erhält man eine **Drei-Punkte-Gleichung von E**
$\vec{x} = \vec{p} + s \cdot (\vec{q} - \vec{p}) + t \cdot (\vec{r} - \vec{p}); s, t \in \mathbb{R}$.

$\vec{x} = \vec{p} + s \cdot \vec{u} + t \cdot \vec{v}$ ▶ $s, t \in \mathbb{R}$
Punkt-Richtungs-Gleichung

▶ $\vec{u} = \vec{q} - \vec{p}; \vec{v} = \vec{r} - \vec{p}$
$\vec{x} = \vec{p} + s \cdot (\vec{q} - \vec{p}) + t \cdot (\vec{r} - \vec{p})$ ▶ $s, t \in \mathbb{R}$
Drei-Punkte-Gleichung

Sowohl die vektorielle Beschreibung einer Ebene E durch eine Punkt-Richtungs-Gleichung als auch durch eine Drei-Punkte-Gleichung sind Beispiele für eine **Parameterdarstellung einer Ebene E** mit den Parametern s und t.

Statt genauer von einer Ebene E **mit der Gleichung**

$\vec{x} = \vec{p} + s \cdot \vec{u} + t \cdot \vec{v}$ bzw. $\vec{x} = \vec{p} + s \cdot (\vec{q} - \vec{p}) + t \cdot (\vec{r} - \vec{p})$

zu sprechen, wird im Folgenden die kürzere Sprechweise

„die Ebene $E: \vec{x} = \vec{p} + s \cdot \vec{u} + t \cdot \vec{v}$ bzw. $E: \vec{x} = \vec{p} + s \cdot (\vec{q} - \vec{p}) + t \cdot (\vec{r} - \vec{p})$"

verwendet.

Beispiel 7.74

Bestimmen Sie eine Gleichung der Ebene, in der die Punkte $P\langle 3|2|1\rangle$, $Q\langle 2|1|4\rangle$ und $R\langle -4|3|0\rangle$ liegen.

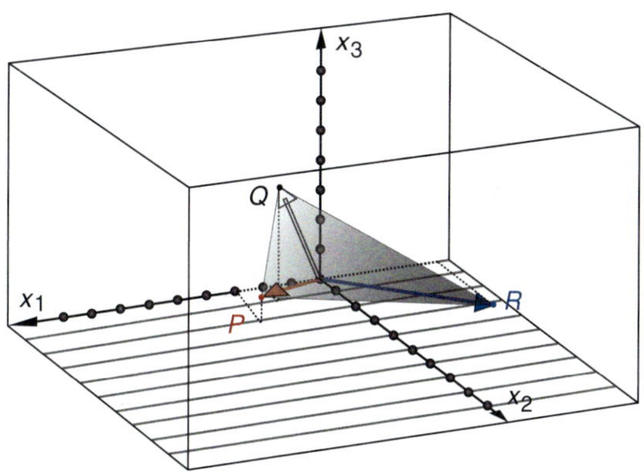

Mithilfe der Drei-Punkte-Gleichung einer Ebene lässt sich der Ortsvektor $\vec{x}$ von jedem Punkt X in der Ebene angeben:

$$\vec{x} = \begin{pmatrix} 3 \\ 2 \\ 1 \end{pmatrix} + s \cdot \begin{pmatrix} -1 \\ -1 \\ 3 \end{pmatrix} + t \cdot \begin{pmatrix} -7 \\ 1 \\ -1 \end{pmatrix}; s, t \in \mathbb{R}.$$

$\vec{x} = \vec{p} + s \cdot (\vec{q} - \vec{p}) + t \cdot (\vec{r} - \vec{p})$ ▶ $s, t \in \mathbb{R}$

mit $\vec{p} = \begin{pmatrix} 3 \\ 2 \\ 1 \end{pmatrix}, \vec{q} = \begin{pmatrix} 2 \\ 1 \\ 4 \end{pmatrix}, \vec{r} = \begin{pmatrix} -4 \\ 3 \\ 0 \end{pmatrix}$

$$\vec{x} = \begin{pmatrix} 3 \\ 2 \\ 1 \end{pmatrix} + s \cdot \begin{pmatrix} 2-3 \\ 1-2 \\ 4-1 \end{pmatrix} + t \cdot \begin{pmatrix} -4-3 \\ 3-2 \\ 0-1 \end{pmatrix}$$
$$= \begin{pmatrix} 3 \\ 2 \\ 1 \end{pmatrix} + s \cdot \begin{pmatrix} -1 \\ -1 \\ 3 \end{pmatrix} + t \cdot \begin{pmatrix} -7 \\ 1 \\ -1 \end{pmatrix}$$

Durch die Punkte P, Q und R wird die Ebene bereits eindeutig bestimmt, weil der Punkt R nicht auf der Geraden durch die Punkte P und Q liegt. ▶ Beispiel 7.71 a

▶ Das LGS $\begin{pmatrix} -4 \\ 3 \\ 0 \end{pmatrix} = \begin{pmatrix} 3 \\ 2 \\ 1 \end{pmatrix} + s \cdot \begin{pmatrix} -1 \\ -1 \\ 3 \end{pmatrix}$ ist nicht lösbar.

7

Beispiel 7.75

Prüfen Sie nach, ob der Punkt $A\,\langle 20|3|10\rangle$ in der Ebene

$$E: \vec{x} = \begin{pmatrix}3\\2\\1\end{pmatrix} + s\cdot\begin{pmatrix}-1\\-1\\3\end{pmatrix} + t\cdot\begin{pmatrix}-7\\1\\-1\end{pmatrix};\ s,t\in\mathbb{R} \text{ liegt.}$$

Falls A ein Punkt in der Ebene E ist, muss die Gleichung

$$\vec{b} = \begin{pmatrix}3\\2\\1\end{pmatrix} + s\cdot\begin{pmatrix}-1\\-1\\3\end{pmatrix} + t\cdot\begin{pmatrix}-7\\1\\-1\end{pmatrix};\ s,t\in\mathbb{R}$$

erfüllt werden, wobei $\vec{b}$ der Ortsvektor von A ist.

$$\vec{b} = \begin{pmatrix}3\\2\\1\end{pmatrix} + s\cdot\begin{pmatrix}-1\\-1\\3\end{pmatrix} + t\cdot\begin{pmatrix}-7\\1\\-1\end{pmatrix} \quad \blacktriangleright\ \vec{b} = \begin{pmatrix}20\\3\\10\end{pmatrix};$$

$$\begin{pmatrix}20\\3\\10\end{pmatrix} = \begin{pmatrix}3\\2\\1\end{pmatrix} + s\cdot\begin{pmatrix}-1\\-1\\3\end{pmatrix} + t\cdot\begin{pmatrix}-7\\1\\-1\end{pmatrix} \quad \blacktriangleright\ s,t\in\mathbb{R}$$

$-s-7t=17;\ -s+t=1;\ 3s-t=9$

Diese Gleichung führt zu einem LGS mit 3 Gleichungen und zwei Variablen, das keine Lösung besitzt.

▶ $n=2;\ RgA=2;\ Rg(A\,|\,b)=3$

▶ $RgA < Rg(A\,|\,b)$

A liegt also nicht in der Ebene E.

A		**b**
−1	−7	17
−1	1	1
3	−1	9
1	0	−5
0	1	−2
0	0	22

▶ $RgA < Rg(A\,|\,b)$

In der Geometrie werden Ebenen in einem kartesischen x-y-z-Koordinatensystem durch Gleichungen der Form $ax+by+cz=d$ mit $a,b,c,d\in\mathbb{R}$ parameterfrei beschrieben. Es lässt sich leicht zeigen, dass man von einer vektoriellen Parameterdarstellung einer Ebene zu ihrer parameterfreien Darstellung gelangen kann, und dass umgekehrt aus der parameterfreien Darstellung eine vektorielle Parameterdarstellung entwickelt werden kann.

Eine parameterfreie Darstellung der Ebene erhält man, indem man die Parameter s und t aus der Vektorgleichung eliminiert.

Beispiel 7.76 a

Entwickeln Sie aus der Parameterdarstellung der Ebene

$$E: \vec{x} = \begin{pmatrix}0\\0\\10\end{pmatrix} + s\cdot\begin{pmatrix}1\\0\\-2\end{pmatrix} + t\cdot\begin{pmatrix}0\\1\\4\end{pmatrix};\ s,t\in\mathbb{R}$$

ihre parameterfreie Darstellung $E\colon 2x-4y+z=10$.

Bei der Parameterdarstellung werden die Parameter s und t eliminiert.

$$\vec{x} = \begin{pmatrix}x_1\\x_2\\x_3\end{pmatrix} = \begin{pmatrix}s\\t\\10+2s+4t\end{pmatrix} \quad \blacktriangleright\ s=x_1, t=x_2$$

$\Rightarrow x_2 = 10-2x_1+4x_2$

Beachtet man, dass die Koordinatenachsen im Raum üblicherweise mit x, y und z statt x_1, x_2 und x_3 bezeichnet werden, so erhält man die Gleichung $2x-4y+z=10$ der Ebene E.

▶ $x_1=x,\ x_2=y,\ x_3=z$

$\Rightarrow 2x-4y+z=10$

7

Beispiel 7.76 b

Entwickeln Sie aus der Ebenengleichen $E\colon x+2y+2z$ eine Parameterdarstellung dieser Ebene.

Man löst die Gleichung nach x auf, um Brüche zu vermeiden. Schreibt man x_1 für x, x_2 für y und x_3 für z, dann lassen sich die Gleichungen $x_1 = 9-2x_2-2x_3$, $x_2 = y$ und $x_3 = z$ zusammenfassen zu

$$\begin{pmatrix} x_1 \\ x_2 \\ x_3 \end{pmatrix} = \begin{pmatrix} 9-2x_2-2x_3 \\ x_2 \\ x_2 \end{pmatrix}$$

und damit zur vektoriellen Parameterdarstellung der Ebene

$$E\colon \vec{x} = \begin{pmatrix} 9 \\ 0 \\ 0 \end{pmatrix} + x_1 \cdot \begin{pmatrix} -2 \\ 1 \\ 0 \end{pmatrix} + x_2 \cdot \begin{pmatrix} -2 \\ 0 \\ 1 \end{pmatrix}.$$

$$x+2y+2z=9 \Leftrightarrow x = 9-2y-2z$$

► $x_1 = x, x_2 = y, x_3 = z$

$$\begin{pmatrix} x_1 \\ x_2 \\ x_3 \end{pmatrix} = \begin{pmatrix} 9-2x_2-2x_3 \\ x_2 \\ x_2 \end{pmatrix} = \begin{pmatrix} 9 \\ 0 \\ 0 \end{pmatrix} + x_2 \cdot \begin{pmatrix} -2 \\ 1 \\ 0 \end{pmatrix} + x_3 \cdot \begin{pmatrix} -2 \\ 0 \\ 1 \end{pmatrix}$$

Allgemein kann man sagen, dass

$$\vec{x} = \begin{pmatrix} x \\ y \\ z \end{pmatrix} = \begin{pmatrix} \frac{1}{a} \cdot (d-by-cz) \\ y \\ z \end{pmatrix} = \begin{pmatrix} \frac{d}{a} \\ 0 \\ 0 \end{pmatrix} + y \cdot \begin{pmatrix} -\frac{b}{a} \\ 1 \\ 0 \end{pmatrix} + z \cdot \begin{pmatrix} -\frac{c}{a} \\ 0 \\ 1 \end{pmatrix}$$

eine Parameterdarstellung der Ebene E mit der Gleichung $ax+by+cz=d$ ist, falls $a \neq 0$ gilt.

- Ist eine Gerade g durch zwie verschiedene Punkte P und Q mit den Ortsvektoren $\vec{p}$ und $\vec{q}$ festgelegt, dann gilt für die Ortsvektoren $\vec{x}$ der Punkte von g:
  $\vec{x} = \vec{p} + s \cdot \vec{u}$ mit $\vec{u} = \vec{q} - \vec{p}$ (**Punkt-Richtungs-Gleichung** bzw.
  $\vec{x} = \vec{p} + s \cdot (\vec{q} - \vec{p})$ (**Zwei-Punkte-Gleichung**); $s \in \mathbb{R}$
- Ist eine Ebene E durch drei Punkte P, Q und R, die nicht alle auf derselben Geraden liegen, mit den Ortsvektoren $\vec{p}$, $\vec{q}$ und $\vec{r}$ festgelegt, dann gilt für die Ortsvektoren $\vec{x}$ der Punkte von E:
  $\vec{x} = \vec{p} + s \cdot \vec{u} + t \cdot \vec{v}$ mit $\vec{u} = \vec{q} - \vec{p}$ und $\vec{v} = \vec{r} - \vec{p}$ (**Punkt-Richtungs-Gleichung** bzw.
  $\vec{x} = \vec{p} + s \cdot (\vec{q} - \vec{p}) + t \cdot (\vec{r} - \vec{p})$ (**Zwei-Punkte-Gleichung**); $s, t \in \mathbb{R}$

P heißt **Aufpunkt** der Ebene E und $\vec{u}$ und b$\vec{v}$ sind ihre **Spannvektoren**

Alles klar?

a) Bestimmen Sie die Gleichung der Ebene E, in der die Punkte $P\langle -2|4|6\rangle$, $Q\langle 3|0|1\rangle$ und $R\langle 4|-2|-1\rangle$ liegen.

b) Liegt der Punkt $A\langle -2|2|3\rangle$ in der Ebene?

c) Ermitteln Sie die parameterfreie Gleichung der Ebene E.

7

Übungen zu 7.4.2

1 Bestimmen Sie eine Parametergleichung der Geraden g durch die Punkte P und Q.

a) $P\langle 4|2|-3\rangle, Q\langle 0|1|-5\rangle$
b) $P\langle -2|0|0\rangle, Q\langle 8|2|0\rangle$
c) $P\langle 4|-2|3\rangle, Q\langle 4|-2|0\rangle$

2 Prüfen Sie nach, auf welcher der drei Geraden g_1, g_2 und g_3 die Punkte liegen.

$$g_1: \vec{x} = \begin{pmatrix} 2 \\ 4 \\ -2 \end{pmatrix} + r \cdot \begin{pmatrix} 5 \\ -7 \\ 3 \end{pmatrix}; r \in \mathbb{R},$$

$$g_2: \vec{x} = \begin{pmatrix} 7 \\ 4 \\ 0 \end{pmatrix} + s \cdot \begin{pmatrix} 1 \\ 2 \\ -4 \end{pmatrix}; s \in \mathbb{R},$$

$$g_3: \vec{x} = \begin{pmatrix} 5 \\ -3 \\ -2 \end{pmatrix} + t \cdot \begin{pmatrix} 1 \\ 2{,}5 \\ -1{,}5 \end{pmatrix}; t \in \mathbb{R}.$$

a) $A\langle 7|2|-5\rangle$
b) $B\langle -8|18|-8\rangle$
c) $C\langle -1|-18|7\rangle$
d) $D\langle 4|4|-4\rangle$
e) $E\langle 4|-3|12\rangle$
f) $F\langle 9|7|-8\rangle$
g) $G\langle 3|0|4\rangle$
h) $H\langle 12|-10|4\rangle$

3 Untersuchen Sie, ob der Punkt P auf der Geraden liegt, die durch $A\langle 2|4|-3\rangle$ und $B\langle 6|-8|0\rangle$ geht.

a) $P\langle 4|-2|-1{,}5\rangle$
b) $P\langle -10|30|-12\rangle$
c) $P\langle 0|10|-4{,}5\rangle$
d) $P\langle 2{,}4|2{,}8|-2{,}7\rangle$

4 Bestimmen Sie 4 weitere Parameterdarstellungen der Geraden $g: \vec{x} = \begin{pmatrix} 7 \\ 3 \\ 0 \end{pmatrix} + s \cdot \begin{pmatrix} 6 \\ -2 \\ -1 \end{pmatrix}; s \in \mathbb{R}$ mit jeweils unterschiedlichen Aufpunkten.

5 Entwickeln Sie aus der Parameterdarstellung der Geraden g eine parameterfreie Darstellung; $s \in \mathbb{R}$.

a) $g: \vec{x} = \begin{pmatrix} 6 \\ 2 \end{pmatrix} + s \cdot \begin{pmatrix} 5 \\ -1 \end{pmatrix}$
b) $g: \vec{x} = \begin{pmatrix} -2 \\ 4 \end{pmatrix} + s \cdot \begin{pmatrix} 2 \\ 1 \end{pmatrix}$
c) $g: \vec{x} = \begin{pmatrix} 0 \\ 3 \end{pmatrix} + s \cdot \begin{pmatrix} 7 \\ -2 \end{pmatrix}$

6 Entwickeln Sie aus der parameterfreien Darstellung der Geraden g eine Parameterdarstellung.

a) $g: y = -2x + 4$
b) $g: y = 3x + 1$
c) $g: y = -x - 7$
d) $g: y = 0{,}5x - 3$

7 Überprüfen Sie, welche der vier Geraden g_1, g_2, g_3 und g_4 identisch bzw. echt parallel sind, $s \in \mathbb{R}$.

$$g_1: \vec{x} = \begin{pmatrix} 3 \\ 2 \\ -4 \end{pmatrix} + s \cdot \begin{pmatrix} -1 \\ 3 \\ 1 \end{pmatrix}$$

$$g_2: \vec{x} = \begin{pmatrix} 3 \\ 2 \\ -4 \end{pmatrix} + s \cdot \begin{pmatrix} -3 \\ 6 \\ 3 \end{pmatrix}$$

$$g_3: \vec{x} = \begin{pmatrix} 4 \\ 6 \\ -5 \end{pmatrix} + s \cdot \begin{pmatrix} -1 \\ 2 \\ 1 \end{pmatrix}$$

$$g_4: \vec{x} = \begin{pmatrix} 5 \\ 2 \\ 0 \end{pmatrix} + s \cdot \begin{pmatrix} 2 \\ -6 \\ -2 \end{pmatrix}$$

8 Ermitteln Sie alle Durchstoßpunkte der Geraden mit den Koordinatenebenen, $s \in \mathbb{R}$

$$g: \vec{x} = \begin{pmatrix} 3 \\ 2 \\ -4 \end{pmatrix} + s \cdot \begin{pmatrix} -1 \\ 3 \\ 1 \end{pmatrix}$$

$$g: \vec{x} = \begin{pmatrix} 5 \\ 2 \\ 0 \end{pmatrix} + s \cdot \begin{pmatrix} 2 \\ -6 \\ -2 \end{pmatrix}$$

$$g: \vec{x} = \begin{pmatrix} 3 \\ 2 \\ -4 \end{pmatrix} + s \cdot \begin{pmatrix} -3 \\ 6 \\ 3 \end{pmatrix}$$

$$g: \vec{x} = \begin{pmatrix} 4 \\ 0 \\ 5 \end{pmatrix} + s \cdot \begin{pmatrix} -2 \\ 5 \\ 1 \end{pmatrix}$$

$$g: \vec{x} = \begin{pmatrix} 4 \\ 0 \\ 5 \end{pmatrix} + s \cdot \begin{pmatrix} -1 \\ 2 \\ 1 \end{pmatrix}$$

$$g: \vec{x} = \begin{pmatrix} 12 \\ -10 \\ -3 \end{pmatrix} + s \cdot \begin{pmatrix} 8 \\ -7 \\ 11 \end{pmatrix}$$

7

9 Bestimmen Sie eine Gleichung der Ebene, in der die Punkte P, Q und R liegen.

a) $P\langle 2|4|-2\rangle, Q\langle 3|6|5\rangle, R\langle -7|2|-1\rangle$
b) $P\langle 0|3|-4\rangle, Q\langle 4|6|0\rangle, R\langle -1|-2|5\rangle$
c) $P\langle 1|1|-1\rangle, Q\langle 0|3|4\rangle, R\langle 3|3|4\rangle$
d) $P\langle 9|8|4\rangle, Q\langle 2|-2|3\rangle, R\langle -7|,5|0\rangle$

10 Prüfen Sie nach, in welcher der drei Ebenen E_1, E_2 und E_3 die Punkte liegen; $s \in \mathbb{R}$.

$$E_1\colon \vec{x} = \begin{pmatrix} 7 \\ 2 \\ 3 \end{pmatrix} + s \cdot \begin{pmatrix} 4 \\ -2 \\ 0 \end{pmatrix} + t \cdot \begin{pmatrix} -3 \\ 2 \\ 1 \end{pmatrix}$$

$$E_2\colon \vec{x} = \begin{pmatrix} 8 \\ 9 \\ 1 \end{pmatrix} + s \cdot \begin{pmatrix} 6 \\ 2 \\ 3 \end{pmatrix} + t \cdot \begin{pmatrix} -7 \\ -4 \\ 1 \end{pmatrix}$$

$$E_3\colon \vec{x} = \begin{pmatrix} 3 \\ 0 \\ 3 \end{pmatrix} + s \cdot \begin{pmatrix} 7 \\ 4 \\ 2 \end{pmatrix} + t \cdot \begin{pmatrix} -3 \\ -2 \\ 1 \end{pmatrix}$$

a) $A\langle -5|3|-1\rangle$
b) $B\langle 13|0|5\rangle$
c) $C\langle -6|8|2\rangle$
d) $D\langle -2|-2|-4\rangle$
e) $E\langle 6|4|0\rangle$
f) $F\langle 7|2|6\rangle$
g) $G\langle 10|13|-7\rangle$
h) $H\langle 0|0|-4\rangle$

11 Bestimmen Sie zu der Ebene

$$E\colon \vec{x} = \begin{pmatrix} 2 \\ 1 \\ -3 \end{pmatrix} + s \cdot \begin{pmatrix} 4 \\ -2 \\ 0 \end{pmatrix} + t \cdot \begin{pmatrix} 0 \\ 3 \\ 5 \end{pmatrix};\ s, t \in \mathbb{R}$$

vier weitere Parameterdarstellungen, die sich alle im Aufpunkt unterscheiden, und bei denen keiner der Spannvektoren der einen Darstellung kollinear mit den Spannvektoren einer anderen Darstellung ist.

12 Entwickeln Sie aus der Parameterdarstellung der Ebene E eine parameterfreie Darstellung $s, t \in \mathbb{R}$.

a) $E\colon \vec{x} = \begin{pmatrix} 2 \\ 4 \\ -1 \end{pmatrix} + s \cdot \begin{pmatrix} 6 \\ -5 \\ 1 \end{pmatrix} + t \cdot \begin{pmatrix} 0 \\ 3 \\ 1 \end{pmatrix}$

b) $E\colon \vec{x} = \begin{pmatrix} 8 \\ 2 \\ 1 \end{pmatrix} + s \cdot \begin{pmatrix} 7 \\ 8 \\ -2 \end{pmatrix} + t \cdot \begin{pmatrix} -2 \\ -2 \\ 4 \end{pmatrix}$

c) $E\colon \vec{x} = \begin{pmatrix} 0 \\ 0 \\ 4 \end{pmatrix} + s \cdot \begin{pmatrix} 0 \\ 1 \\ -3 \end{pmatrix} + t \cdot \begin{pmatrix} 4 \\ 0 \\ 5 \end{pmatrix}$

d) $E\colon \vec{x} = \begin{pmatrix} -2 \\ -5 \\ 3 \end{pmatrix} + s \cdot \begin{pmatrix} 3 \\ 5 \\ 2{,}5 \end{pmatrix} + t \cdot \begin{pmatrix} 1{,}5 \\ -2 \\ 4 \end{pmatrix}$

13 Entwickeln Sie aus der parameterfreien Darstellung der Ebene E eine Parameterdarstellung.

a) $E\colon 2x + 3y - 2z = 4$
b) $E\colon 5x + 10y - 10z = -6$
c) $E\colon x - y + z = 2$
d) $E\colon\ -5x + 2y - z = 0$
e) $E\colon 0{,}5x + y - 3z = 10$
f) $E\colon 7x - 3y + z = -5$

14 Eine Pyramide hat als Grundfläche das Dreieck mit den Eckpunkten $A\langle 2|2|0\rangle$, $B\langle 8|3|0\rangle$ und $C\langle 5|8|0\rangle$ sowie die Spitze in $S\langle 6|4|8\rangle$. repl Sie Gleichungen für die 4 Begrenzungsebenen.

7

7.4.3 Lagebeziehung zwischen Geraden

Denkt man sich die Linienführungen einer Landstraße, eines Radwegs und einer Eisenbahntrasse durch *gerichtete* Geraden dargestellt, dann erkennt man, dass grundsätzlich zwischen 4 Fällen unterschieden werden muss, in die man die Lagebeziehungen zwischen zwei Geraden einteilen kann:

1 Zwei Geraden sind identisch; sie stimmen in allen Punkten überein; ihre Richtungsvektoren sind kollinear, also linear abhängig.

2 Zwei Geraden schneiden sich; sie haben einen Punkt, den Schnittpunkt S beider Geraden, gemeinsam; ihre Richtungsvektoren sind nicht kollinear, also linear unabhängig.

3 Zwei Geraden sind parallel; sie haben keinen Punkt gemeinsam; ihre Richtungsvektoren sind kollinear, also linear abhängig.

4 Zwei Geraden sind **windschief** sie sind nicht parallel, haben aber auch keinen Punkt gemeinsam; ihre Richtungsvektoren sind nicht kollinear, also linear unabhängig. ▶ Abschnitt 7.4.1

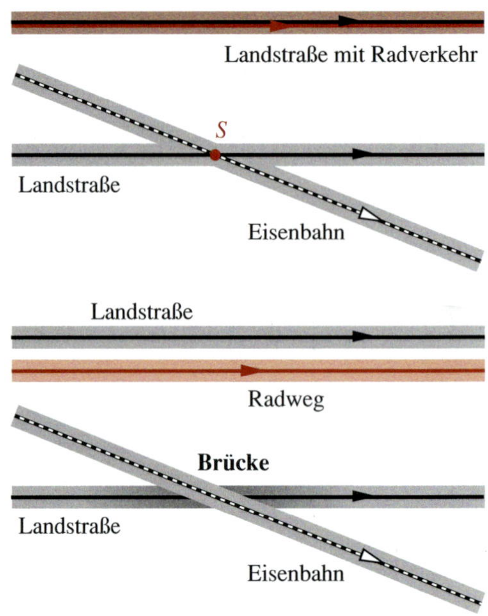

Anmerkungen:
- Die Identität ist ein Sonderfall der Parallelität. Im Folgenden wird zur begrifflichen Unterscheidung oft von **echter Parallelität** gesprochen, wenn die Geraden nicht identisch sind.
- Im Unterschied zu den Lagebeziehungen in 1.–3. kann die in 4. beschriebene Lagebeziehung zwischen Geraden nur im Raum auftreten.

Man kann die vier möglichen Lagebeziehungen von gerichteten Geraden im Raum in ein Schema unter den Gesichtspunkten anordnen, ob sie einen Punkt bzw. mehrere Punkte gemeinsam haben und ob die Richtungsvektoren kollinear sind oder nicht.

Die Geraden haben	Die Richtungsvektoren sind	
	kollinear (linear abhängig)	nicht kollinear (linear unabhängig)
mindestens einen Punkt gemeinsam	Identität	Schnitt
keinen Punkt gemeinsam	Parallelität	Windschiefe

Untersuchungen, wie zwei gerichtete Geraden zueinander liegen, können deshalb mit der Betrachtung der linearen Abhängigkeit bzw. linearen Unabhängigkeit ihrer Richtungsvektoren beginnen oder bei der Ermittlung gemeinsamer Punkte bzw. eines gemeinsamen Punktes ansetzen.

Beispiel 7.77

Untersuchen Sie, ob sich die beiden Geraden

$g_1\colon \vec{x} = \begin{pmatrix} 1 \\ 3 \\ -1 \end{pmatrix} + r \cdot \begin{pmatrix} 2 \\ 1 \\ 4 \end{pmatrix}$ und

$g_2\colon \vec{x} = \begin{pmatrix} 4 \\ 2 \\ 1 \end{pmatrix} + t \cdot \begin{pmatrix} 6 \\ 8 \\ 20 \end{pmatrix}$; $r, t \in \mathbb{R}$

in einem Punkt schneiden und geben Sie ggf. die Koordinaten des Schnittpunkts an.

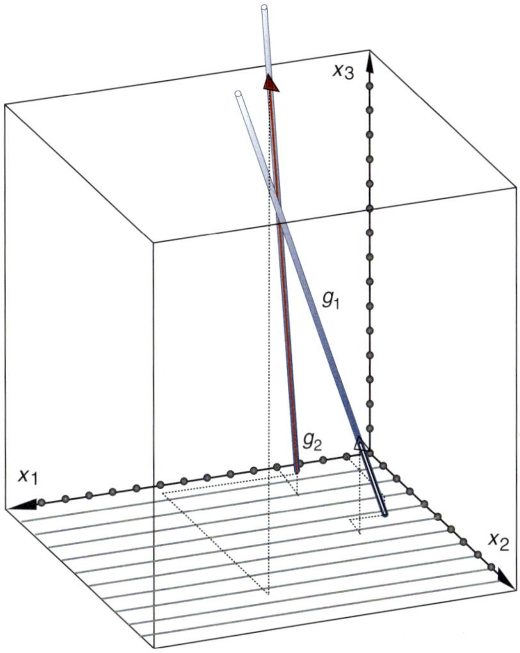

Die Richtungsvektoren sind nicht kollinear.

▶ Wären sie kollinear, also linear abhängig, so müsste ein Vektor ein Vielfaches des anderen sein. Aufgrund der 1. Koordinaten müsste der Richtungsvektor von g_2 das 3-fache des Richtungsvektors von g_1 sein. Ein Vergleich der übrigen Koordinaten aber zeigt, dass dies nicht der Fall sein kann.

$$\vec{s} = \begin{pmatrix} 1 \\ 3 \\ -1 \end{pmatrix} + r \cdot \begin{pmatrix} 2 \\ 1 \\ 4 \end{pmatrix}; \vec{s} = \begin{pmatrix} 4 \\ 2 \\ 1 \end{pmatrix} + t \cdot \begin{pmatrix} 6 \\ 8 \\ 20 \end{pmatrix}$$

▶ $\vec{s}$ Ortsvektor des möglichen Schnittpunkts S

Also sind die Geraden g_1 und g_2 entweder windschief oder sie schneiden sich in einem Punkt.

Wenn sich g_1 und g_2 in einem Punkt S schneiden, dann muss sein Ortsvektor $\vec{s}$ beide Geradengleichungen erfüllen.

$$\begin{pmatrix} 1 \\ 3 \\ -1 \end{pmatrix} + r \cdot \begin{pmatrix} 2 \\ 1 \\ 4 \end{pmatrix} = \begin{pmatrix} 4 \\ 2 \\ 1 \end{pmatrix} + t \cdot \begin{pmatrix} 6 \\ 8 \\ 20 \end{pmatrix}$$

$$r \cdot \begin{pmatrix} 2 \\ 1 \\ 4 \end{pmatrix} - t \cdot \begin{pmatrix} 6 \\ 8 \\ 20 \end{pmatrix} = \begin{pmatrix} 3 \\ -1 \\ 2 \end{pmatrix}$$

Man erhält ein LGS mit zwei Variablen und drei Gleichungen, das lösbar ist.

▶ Es ist sogar eindeutig lösbar, weil der Rang der Koeffizientenmatrix A und der Rang der erweiterten Matrix $(A\,|\,b)$ gleich der Anzahl der Variablen ist.

A		**b**	
2	−6	3	
1	−8	−1	
4	−20	2	
1	−3	1,5	
0	−4	−2,5	
0	−8	−4	
0	0	3	▶ $r = 3$
0	1	0,5	▶ $t = 0{,}5$
0	0	0	▶ $RgA = Rg(A\,|\,b) = 2$

Also existiert ein Schnittpunkt der beiden Geraden. Den Schnittpunkt der beiden Geraden bekommt man, wenn man in die Gleichung für die 1. Gerade 3 anstelle von r oder in die Gleichung für g_2 die Zahl −0,5 anstelle von t setzt.

Der Schnittpunkt S hat also die Koordinaten $\langle 7\,|\,6\,|\,11 \rangle$.

$$\vec{s} = \begin{pmatrix} 1 \\ 3 \\ -1 \end{pmatrix} + 3 \cdot \begin{pmatrix} 2 \\ 1 \\ 4 \end{pmatrix} = \begin{pmatrix} 7 \\ 6 \\ 11 \end{pmatrix}$$ ▶ $S\langle 7\,|\,6\,|\,11 \rangle$

7

Beispiel 7.78

Untersuchen Sie die gegenseitige Lagebeziehung der beiden Geraden g_1 und g_2.

$$g_1: \vec{x} = \begin{pmatrix} 1 \\ 3 \\ -1 \end{pmatrix} + r \cdot \begin{pmatrix} 2 \\ 1 \\ 4 \end{pmatrix} \text{ und}$$

$$g_2: \vec{x} = \begin{pmatrix} -1 \\ 2 \\ -5 \end{pmatrix} + t \cdot \begin{pmatrix} -4 \\ -2 \\ -8 \end{pmatrix}.$$

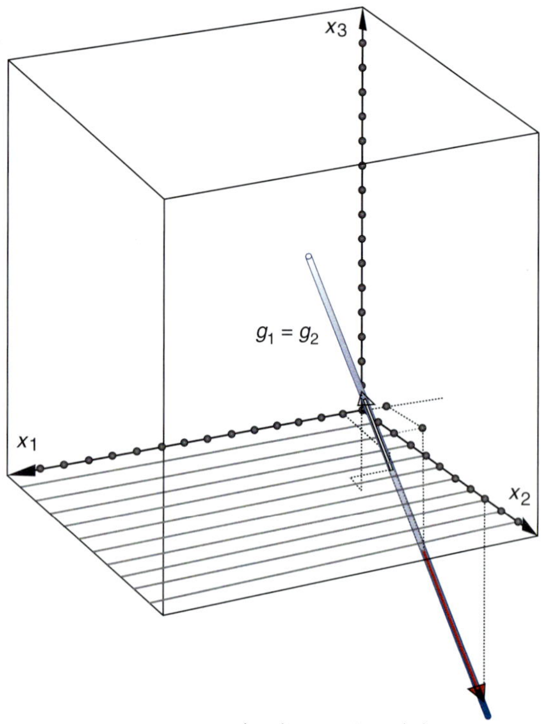

Da die Richtungsvektoren $\vec{u}$ und $\vec{v}$ der beiden Geraden kollinear sind (▸ $\vec{u} = -2\vec{v}$), muss nur noch untersucht werden, ob die Geraden identisch sind und damit unendlich viele Punkte gemeinsam haben, oder ob sie echt parallel sind und somit keinen Punkt gemeinsam haben.

$$g_1: \vec{x} = \vec{p} + r \cdot \vec{u} \text{ mit } \vec{p} = \begin{pmatrix} 1 \\ 3 \\ -1 \end{pmatrix} \text{ und } \vec{u} = \begin{pmatrix} 2 \\ 1 \\ 4 \end{pmatrix},$$

$$g_2: \vec{x} = \vec{q} + t\vec{v} \text{ mit } \vec{q} = \begin{pmatrix} -1 \\ -2 \\ -5 \end{pmatrix} \text{ und } \vec{v} = \begin{pmatrix} -4 \\ -2 \\ -8 \end{pmatrix}$$

$\vec{v} = -2 \cdot \vec{u}$ ▸ $\vec{u}$ und $\vec{v}$ sind kollinear

Wenn die beiden Geraden gemeinsame Punkte haben, dann müssen deren Ortsvektoren beide Geradengleichungen erfüllen.

$$\begin{pmatrix} 1 \\ 3 \\ -1 \end{pmatrix} + r \cdot \begin{pmatrix} 2 \\ 1 \\ 4 \end{pmatrix} = \begin{pmatrix} -1 \\ 2 \\ -5 \end{pmatrix} + t \cdot \begin{pmatrix} -4 \\ -2 \\ -8 \end{pmatrix}$$

$$r \cdot \begin{pmatrix} 2 \\ 1 \\ 4 \end{pmatrix} - t \cdot \begin{pmatrix} -4 \\ -2 \\ -8 \end{pmatrix} = \begin{pmatrix} -2 \\ -1 \\ -4 \end{pmatrix}$$

Durch Gleichsetzen der rechten Seiten $\vec{p} + r \cdot \vec{u}$ und $\vec{q} + t \cdot \vec{v}$; $r, t \in \mathbb{R}$ der Vektorgleichungen erhält man ein inhomogenes LGS, das lösbar ist. Es gibt sogar unendlich viele Lösungen.

Die beiden Geraden sind identisch; sie haben unendlich viele Punkte gemeinsam.

A		**b**	
2	4	−2	
1	2	−1	
4	8	−4	
1	2	−1	▸ $RgA = 1$
0	0	0	▸ $Rg(A\|b) = 1$
0	0	0	▸ $n = 2$

Beispiel 7.79

Untersuchen Sie die gegenseitige Lagebeziehung der beiden Geraden

$g_1\colon \begin{pmatrix} 1 \\ 3 \\ -1 \end{pmatrix} + r \cdot \begin{pmatrix} 2 \\ 1 \\ 4 \end{pmatrix}$ und

$g_2\colon = \begin{pmatrix} 1 \\ 3 \\ 6 \end{pmatrix} + t \cdot \begin{pmatrix} -4 \\ -2 \\ -8 \end{pmatrix}$

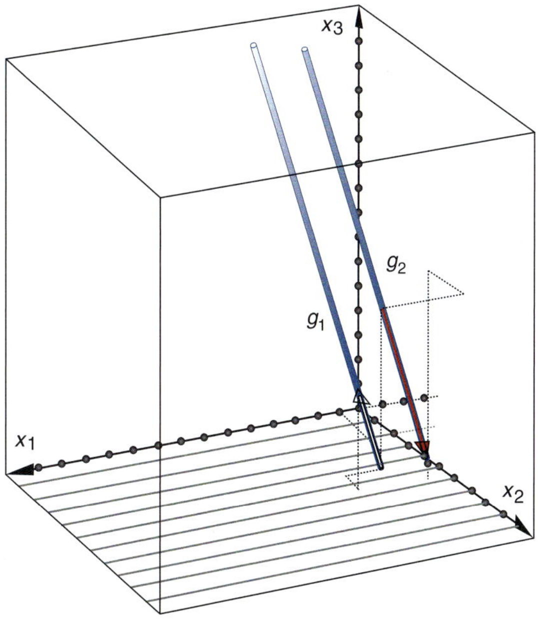

Da die Richtungsvektoren der beiden Geraden kollinear sind (▶ $\vec{v} = 2\vec{u}$), muss nur noch untersucht werden, ob sie identisch sind und damit unendlich viele Punkte gemeinsam haben, oder ob sie echt parallel sind und somit keinen Punkt gemeinsam haben.

$$g_1\colon \vec{x} = \vec{p} + r \cdot \vec{u} \text{ mit } \vec{p} = \begin{pmatrix} 1 \\ 3 \\ -1 \end{pmatrix} \text{ und } \vec{u} = \begin{pmatrix} 2 \\ 1 \\ 4 \end{pmatrix}$$

$$g_2\colon = \vec{x} = \vec{q} + t \cdot \vec{v} \text{ mit } \vec{q} = \begin{pmatrix} 1 \\ 3 \\ 6 \end{pmatrix} \text{ und } \vec{v} = \begin{pmatrix} -4 \\ -2 \\ -8 \end{pmatrix}.$$

$$\begin{pmatrix} -4 \\ -2 \\ -8 \end{pmatrix} = -2 \cdot \begin{pmatrix} 2 \\ 1 \\ 4 \end{pmatrix}$$ ▶ $\vec{u}$ und $\vec{v}$ sind kollinear

Durch Gleichsetzen der rechten Seiten der Vektorgleichungen erhält man ein inhomogenes LGS, das nicht lösbar ist.
▶ $A = 1 < (A\,|\,b) = 2$

$$\begin{pmatrix} 1 \\ 3 \\ -1 \end{pmatrix} + r \cdot \begin{pmatrix} 2 \\ 1 \\ 4 \end{pmatrix} = \begin{pmatrix} 1 \\ 3 \\ 6 \end{pmatrix} + t \cdot \begin{pmatrix} -4 \\ -2 \\ -8 \end{pmatrix}$$

$$r \cdot \begin{pmatrix} 2 \\ 1 \\ 4 \end{pmatrix} - t \cdot \begin{pmatrix} -4 \\ -2 \\ -8 \end{pmatrix} = \begin{pmatrix} 0 \\ 0 \\ 7 \end{pmatrix}$$

A		**b**	
2	4	0	
1	2	0	
4	8	7	
1	2	0	▶ $Rg A = 1$
0	0	0	▶ $Rg(A\,|\,b) = 2$
0	0	7	▶ $Rg A < Rg(A\,|\,b)$

Die beiden Geraden sind daher echt parallel; sie haben keinen Punkt gemeinsam.

7

Beispiel 7.80

Untersuchen Sie die gegenseitige Lagebeziehung der beiden Geraden

$g_1\colon \vec{x} = \begin{pmatrix} 1 \\ 3 \\ -1 \end{pmatrix} + r \cdot \begin{pmatrix} 2 \\ 1 \\ 4 \end{pmatrix}$ und

$g_2\colon \vec{x} = \begin{pmatrix} 1 \\ 3 \\ 6 \end{pmatrix} + t \cdot \begin{pmatrix} 0 \\ -2 \\ 1 \end{pmatrix}.$

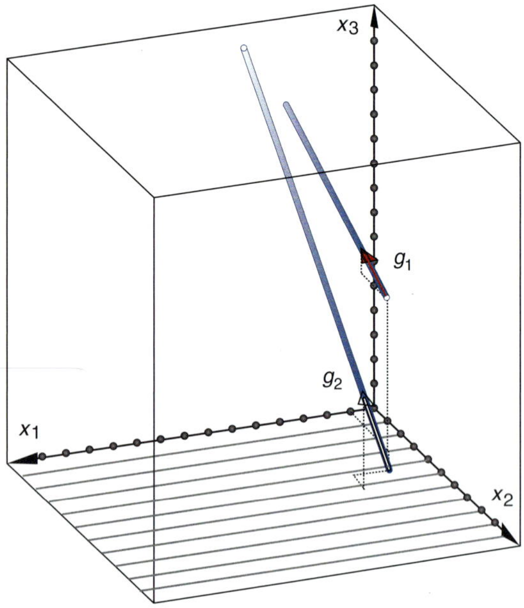

Da die Richtungsvektoren $\vec{u}$ und $\vec{v}$ der beiden Geraden nicht kollinear sind, muss nur noch untersucht werden, ob die Geraden einen gemeinsamen Schnittpunkt haben, oder ob sie keinen Punkt gemeinsam haben und somit windschief sind.

► „Nicht kollinear" bedeutet im A^2 „komplanar" und sowohl im A^2 als auch im A^3 dasselbe wie „linear unabhängig".

$g_1\colon \vec{x} = \vec{p} + r \cdot \vec{u}$ mit $\vec{p} = \begin{pmatrix} 1 \\ 3 \\ -1 \end{pmatrix}$ und $\vec{u} = \begin{pmatrix} 2 \\ 1 \\ 4 \end{pmatrix}$

$g_2\colon = \vec{x} = \vec{q} + t \cdot \vec{v}$ mit $\vec{q} = \begin{pmatrix} 1 \\ 3 \\ 6 \end{pmatrix}$ und $\vec{v} = \begin{pmatrix} 0 \\ -2 \\ 1 \end{pmatrix}$.

$$k_1 \cdot \begin{pmatrix} 2 \\ 1 \\ 4 \end{pmatrix} + k_2 \cdot \begin{pmatrix} 0 \\ -2 \\ 1 \end{pmatrix} = \begin{pmatrix} 0 \\ 0 \\ 0 \end{pmatrix} \Leftrightarrow k_1 = k_2 = 0$$

► $\vec{u}$ und $\vec{v}$ sind nicht kollinear (linear unabhängig)

Durch Gleichsetzen der rechten Seiten $\vec{p} + r \cdot \vec{u}$ und $\vec{q} = t \cdot \vec{v}$, $r, t \in \mathbb{R}$ der Vektorgleichungen erhält man ein inhomogenes LGS, das nicht lösbar ist.

$$\begin{pmatrix} 1 \\ 3 \\ -1 \end{pmatrix} + r \cdot \begin{pmatrix} 2 \\ 1 \\ 4 \end{pmatrix} = \begin{pmatrix} 1 \\ 3 \\ 6 \end{pmatrix} + t \cdot \begin{pmatrix} 0 \\ -2 \\ 1 \end{pmatrix}$$

$$r \cdot \begin{pmatrix} 2 \\ 1 \\ 4 \end{pmatrix} - t \cdot \begin{pmatrix} 0 \\ -2 \\ 1 \end{pmatrix} = \begin{pmatrix} 0 \\ 0 \\ 7 \end{pmatrix}$$

A		**b**			
2	0	0	1	0	0
1	2	0	0	1	0
4	−1	7	0	0	7

1	0	0
0	2	0
0	−1	7

1	1	0	► $Rg A = 2$
0	0	0	► $Rg(A\,\vert\,b) = 3$
0	0	7	► $Rg A < Rg(A\,\vert\,b)$

Die beiden Geraden haben also keinen Punkt gemeinsam. Somit müssen die Geraden windschief sein.

Zwei Geraden $g_1: \vec{x} = \vec{p} + r \cdot \vec{u}$ und $g_2: \vec{x} = \vec{q} + t \cdot \vec{v}$; $r, t \in \mathbb{R}$ werden auf ihre **Lagebeziehung** zueinander untersucht, indem ermittelt wird, ob ihre Richtungsvektoren $\vec{u}$ und $\vec{v}$ kollinear sind oder nicht und ob die Geraden mindestens einen oder keinen gemeinsamen Punkt haben:

- Sind die Richtungsvektoren $\vec{u}$ und $\vec{v}$ **kollinear** (linear abhängig),
  dann liegt **Identität** vor, wenn die Vektorgleichung $\vec{p} + r \cdot \vec{u} = \vec{q} + t \cdot \vec{v}$; $r, t \in \mathbb{R}$ **lösbar** ist.
  dann liegt echte **Parallelität** vor, wenn die Vektorgleichung $\vec{p} + r \cdot \vec{u} = \vec{q} + t \cdot \vec{v}$; $r, t \in \mathbb{R}$ **nicht lösbar** ist.

- Sind die Richtungsvektoren $\vec{u}$ und $\vec{v}$ nicht **kollinear** (linear unabhängig),
  dann **schneiden** sich die Geraden in einem Punkt S, wenn die Vektorgleichung $\vec{p} + r \cdot \vec{u} = \vec{q} + t \cdot \vec{v}$; $r, t \in \mathbb{R}$ **lösbar** ist; sie ist dann sogar eindeutig lösbar. Setzt man die Lösung in eine der beiden Geradengleichungen ein, so erhält man die Vektorkoordinaten des Ortsvektors $\vec{s}$ vom Schnittpunkt S.
  dann verlaufen die Geraden **windschief**, wenn die Vektorgleichung $\vec{p} + r \cdot \vec{u} = \vec{q} + t \cdot \vec{v}$; $r, t \in \mathbb{R}$ **nicht lösbar** ist.

Alles klar?

Untersuchen Sie die gegenseitige Lage der Geraden g_1, g_2 und g_3.

$$g_1: \vec{x} = \begin{pmatrix} -1 \\ -4 \\ -22 \end{pmatrix} + s \cdot \begin{pmatrix} 2 \\ 2 \\ 10 \end{pmatrix}; \quad g_2: \vec{x} = \begin{pmatrix} 0 \\ -3 \\ -17 \end{pmatrix} + t \cdot \begin{pmatrix} -1 \\ -1 \\ -5 \end{pmatrix}; \quad g_3: \vec{x} = \begin{pmatrix} -3 \\ -6 \\ -32 \end{pmatrix} + u \cdot \begin{pmatrix} 1 \\ 0 \\ 5 \end{pmatrix};$$

7

Übungen zu 7.4.3

1 Untersuchen Sie die gegenseitige Lage der Geraden g und h zueinander $(s, t \in \mathbb{R})$.

a) $g\colon \vec{x} = \begin{pmatrix} 5 \\ 6 \end{pmatrix} + s \cdot \begin{pmatrix} 2 \\ 1 \end{pmatrix}, h\colon \vec{x} = \begin{pmatrix} 2 \\ 0 \end{pmatrix} + t \cdot \begin{pmatrix} -2 \\ -4 \end{pmatrix}$

b) $g\colon \vec{x} = \begin{pmatrix} 5 \\ 2 \end{pmatrix} + s \cdot \begin{pmatrix} 1 \\ 0 \end{pmatrix}, h\colon \vec{x} = \begin{pmatrix} 0 \\ 4 \end{pmatrix} + t \cdot \begin{pmatrix} 1 \\ 1 \end{pmatrix}$

c) $g\colon \vec{x} = \begin{pmatrix} 3 \\ 1 \end{pmatrix} + s \cdot \begin{pmatrix} 4 \\ 2 \end{pmatrix}, h\colon \vec{x} = \begin{pmatrix} 2 \\ 4 \end{pmatrix} + t \cdot \begin{pmatrix} -2 \\ -1 \end{pmatrix}$

d) $g\colon \vec{x} = \begin{pmatrix} 3 \\ 2 \end{pmatrix} + s \cdot \begin{pmatrix} 1 \\ 3 \end{pmatrix}, h\colon \vec{x} = \begin{pmatrix} 3 \\ -1 \end{pmatrix} + t \cdot \begin{pmatrix} 5 \\ 7 \end{pmatrix}$

2 Stellen Sie die Parametergleichungen der Geraden g durch die Punkte A und B und h durch die Punkte C und D auf und untersuchen Sie ihre gegenseitige Lage zueinander. Bestimmen Sie ggf. den Schnittpunkt beider Geraden.

a) $A\langle 1|0|1\rangle, B\langle 0|-1|2\rangle,$
$C\langle 3|0|2\rangle, D\langle 4|-1|4\rangle$

b) $A\langle 11|10|-4\rangle, B\langle 7|6|-2\rangle,$
$C\langle 1|0|1\rangle, D\langle 3|2|0\rangle$

c) $A\langle 8|6|1\rangle, B\langle 7|8|3\rangle,$
$C\langle 1|2|3\rangle, D\langle 4|2|1\rangle$

3 Geben Sie eine Parametergleichung einer zu g parallelen Geraden durch den Punkt P an $(s \in \mathbb{R})$.

a) $g\colon \vec{x} = \begin{pmatrix} 4 \\ 3 \\ 2 \end{pmatrix} + s \cdot \begin{pmatrix} 1 \\ 0 \\ 2 \end{pmatrix}, P\langle -2|5|3\rangle$

b) $g\colon \vec{x} = \begin{pmatrix} -7 \\ -2 \\ 3 \end{pmatrix} + s \cdot \begin{pmatrix} -3 \\ 4 \\ 8 \end{pmatrix}, P\langle 5|-7|0\rangle$

4 Geben Sie zu der gegebenen Geraden g jeweils eine identische, eine echt parallele, eine windschiefe und eine Gerade an, die g in genau einem Punkt schneidet $(s \in \mathbb{R})$.

a) $g\colon \vec{x} = \begin{pmatrix} 3 \\ 2 \\ 4 \end{pmatrix} + s \cdot \begin{pmatrix} 1 \\ 3 \\ 5 \end{pmatrix}$

b) $g\colon \vec{x} = \begin{pmatrix} 1 \\ 2 \\ 3 \end{pmatrix} + s \cdot \begin{pmatrix} 1 \\ -6 \\ -4 \end{pmatrix}$

c) $g\colon \vec{x} = \begin{pmatrix} 7 \\ -3 \\ -5 \end{pmatrix} + s \cdot \begin{pmatrix} 1 \\ -6 \\ -2 \end{pmatrix}$

5 Untersuchen Sie die gegenseitige Lage der Geraden g und h zueinander $(s, t \in \mathbb{R})$. Für welche reellen Zahlen anstelle von a und b sind beide Geraden echt parallel, identisch bzw. schneiden sich in genau einem Punkt?

a) $g\colon \vec{x} = \begin{pmatrix} 0 \\ 1 \\ a \end{pmatrix} + s \cdot \begin{pmatrix} b \\ 2 \\ 6 \end{pmatrix}, h\colon \vec{x} = \begin{pmatrix} 1 \\ 2 \\ 1 \end{pmatrix} + t \cdot \begin{pmatrix} 2 \\ 1 \\ 3 \end{pmatrix}$

b) $g\colon \vec{x} = \begin{pmatrix} 2 \\ 2 \\ 4 \end{pmatrix} + s \cdot \begin{pmatrix} 1 \\ 1 \\ 2 \end{pmatrix},$

$h\colon \vec{x} = \begin{pmatrix} 1 \\ -1 \\ a \end{pmatrix} + t \cdot \begin{pmatrix} 2 \\ 2 \\ 4-b \end{pmatrix}$

6 Entscheiden Sie, ob die Punkte A, B, C und D in einer Ebene liegen, indem Sie die gegenseitige Lagebeziehung der Geraden g_1 durch die Punkte A und B und g_2 durch die Punkte C und D untersuchen.

a) $A\langle 3{,}5|0|0\rangle, B\langle 0|2|0\rangle,$
$C\langle 0|0|7\rangle, D\langle 4|4|7\rangle$

b) $A\langle 6|3|2\rangle, B\langle -2|4|6\rangle,$
$C\langle 0|17|8\rangle, D\langle -4262|4|8\rangle$

7 Unter den **Spurpunkten einer Geraden** versteht man die Durchstoßpunkte der Geraden g mit den Koordinatenebenen. Ermitteln Sie die Spurpunkte der Geraden g $(s \in \mathbb{R})$.

a) $g\colon \vec{x} = \begin{pmatrix} 2 \\ 4 \\ -21 \end{pmatrix} + s \cdot \begin{pmatrix} -1 \\ 4 \\ 7 \end{pmatrix}$

b) $g\colon \vec{x} = \begin{pmatrix} 9 \\ 11 \\ 0 \end{pmatrix} + s \cdot \begin{pmatrix} 3 \\ -1 \\ 2 \end{pmatrix}$

c) $g\colon \vec{x} = \begin{pmatrix} 6 \\ -7 \\ 4 \end{pmatrix} + s \cdot \begin{pmatrix} 1 \\ 1 \\ -2 \end{pmatrix}$

d) $g\colon \vec{x} = \begin{pmatrix} 2 \\ 4 \\ 1 \end{pmatrix} + s \cdot \begin{pmatrix} -2 \\ -4 \\ 3 \end{pmatrix}$

e) $g\colon \vec{x} = \begin{pmatrix} 0 \\ 1 \\ 0 \end{pmatrix} + s \cdot \begin{pmatrix} 3 \\ 3 \\ 6 \end{pmatrix}$

f) $g\colon \vec{x} = \begin{pmatrix} 3 \\ 3 \\ 6 \end{pmatrix} + s \cdot \begin{pmatrix} 0 \\ 1 \\ 0 \end{pmatrix}$

7.4.4 Lagebeziehungen zwischen Geraden und Ebenen

Die Untersuchung der Lagebeziehung zwischen einer Geraden und einer Ebene führt – ähnlich wie bei der Untersuchung der Beziehung zwische zwei Geraden – auf die Frage, ob der Richtungsvektor der Geraden mit den Spannvektoren der Ebene komplanar ist oder nicht. Im Fall der Komplanarität (linearen Abhängigkeit) der drei Vektoren kann die Gerade entweder in der Ebene liegen (g_1) und damit unendlich viele Punkte mit der Ebene gemeinsam haben, oder echt parallel zur Ebene sein (g_2) und damit keinen Punkt mit ihr gemeinsam haben. Im Fall der Nicht-Komplanarität (linearen Unabhängigkeit) der drei Vektoren durchstößt die Gerade die Ebene, beide haben den Durchstoßpunkt gemeinsam (g_3).

Die Untersuchung dreier Vektoren auf Komplanarität ist in der Regel mit großem Rechenaufwand verbunden. Daher geht man zweckmäßigerweise so vor, dass man zunächst versucht, die Punkte zu bestimmen, die sowohl in der Ebene als auch auf der Geraden liegen. Deren Ortsvektoren müssen beide Gleichungen erfüllen.

Beispiel 7.81

Untersuchen Sie die gegenseitige Lagebeziehung zwischen der Ebene

$$E\colon \vec{x} = \begin{pmatrix} 4 \\ 1 \\ 1 \end{pmatrix} + r \cdot \begin{pmatrix} 1 \\ 1 \\ 0 \end{pmatrix} + s \cdot \begin{pmatrix} -4 \\ 2 \\ 3 \end{pmatrix} \text{ und der Geraden } g\colon \vec{x} = \begin{pmatrix} 3 \\ 6 \\ 4 \end{pmatrix} + t \cdot \begin{pmatrix} 4 \\ -8 \\ -6 \end{pmatrix};\, r,s,t \in \mathbb{R}.$$

Die Lagebeziehung zwischen der Ebene E und der Geraden g wird ermittelt über die Lösung der Gleichung

$$\begin{pmatrix} 4 \\ 1 \\ 1 \end{pmatrix} + r \cdot \begin{pmatrix} 1 \\ 1 \\ 0 \end{pmatrix} + s \cdot \begin{pmatrix} -4 \\ 2 \\ 3 \end{pmatrix} = \begin{pmatrix} 3 \\ 6 \\ 4 \end{pmatrix} + t \cdot \begin{pmatrix} 4 \\ -8 \\ -6 \end{pmatrix};$$

$$r, s, t \in \mathbb{R}.$$

$$\begin{pmatrix} 4 \\ 1 \\ 1 \end{pmatrix} + r \cdot \begin{pmatrix} 1 \\ 1 \\ 0 \end{pmatrix} + s \cdot \begin{pmatrix} -4 \\ 2 \\ 3 \end{pmatrix} = \begin{pmatrix} 3 \\ 6 \\ 4 \end{pmatrix} + t \cdot \begin{pmatrix} 4 \\ -8 \\ -6 \end{pmatrix};\ r,s,t \in \mathbb{R}\}$$

$$r \cdot \begin{pmatrix} 1 \\ 1 \\ 0 \end{pmatrix} + s \cdot \begin{pmatrix} -4 \\ 2 \\ 3 \end{pmatrix} - t \cdot \begin{pmatrix} 4 \\ -8 \\ -6 \end{pmatrix} = \begin{pmatrix} -1 \\ 5 \\ 3 \end{pmatrix}$$

Sie führt zu einem inhomogenen LGS mit 3 Gleichungen und 3 Variablen, das unendlich viele Lösungen besitzt.

$$\begin{array}{ccc|c} & \boldsymbol{A} & & \boldsymbol{b} \\ 1 & -4 & -4 & -1 \\ 1 & 2 & 8 & 5 \\ 0 & 3 & 6 & 3 \end{array}$$

► $\operatorname{Rg}\boldsymbol{A} = \operatorname{Rg}(\boldsymbol{A} \,|\, \boldsymbol{b}) = 2;\ n = 3$

$$\begin{array}{ccc|c} 1 & -4 & -4 & -1 \\ 0 & 6 & 12 & 6 \\ 0 & 3 & 6 & 3 \end{array}$$

Das umgeformte LGS zeigt, dass nur zwei Zeilenvektoren der Matrix $\boldsymbol{A}$ linear unabhängig sind, deshalb muss der Richtungsvektor der Geraden linear abhängig sein von den Spannvektoren der Ebene; alle drei Vektoren sind also komplanar.

$$\begin{array}{ccc|c} 1 & 0 & 4 & 3 \\ 0 & 1 & 2 & 1 \\ 0 & 0 & 0 & 0 \end{array}$$

► $\operatorname{Rg}\boldsymbol{A} = \operatorname{Rg}(\boldsymbol{A} \,|\, \boldsymbol{b})$
► $n = 3$
► $(\boldsymbol{A} \,|\, \boldsymbol{b}) = 2 < n$

Die Lösungsmengen- und Komplanaritätsaussage zusammen besagt: Die Ebene E und die Gerade g haben unendlich viele Punkte gemeinsam; die Gerade g liegt somit in der Ebene E.

Beispiel 7.82

Untersuchen Sie die gegenseitige Lagebeziehung zwischen der Ebene

$E: \vec{x} = \begin{pmatrix} 4 \\ 1 \\ 1 \end{pmatrix} + r \cdot \begin{pmatrix} 1 \\ 1 \\ 0 \end{pmatrix} + s \cdot \begin{pmatrix} -4 \\ 2 \\ 3 \end{pmatrix}$ und der Geraden $g: \vec{x} = \begin{pmatrix} 1 \\ 4 \\ -5 \end{pmatrix} + t \cdot \begin{pmatrix} 4 \\ -8 \\ -6 \end{pmatrix}$; $r,s,t \in \mathbb{R}$.

Die Lagebeziehung zwischen der Ebene E und der Geraden g wird ermittelt über die Lösung der Gleichung

$$\begin{pmatrix} 4 \\ 1 \\ 1 \end{pmatrix} + r \cdot \begin{pmatrix} 1 \\ 1 \\ 0 \end{pmatrix} + s \cdot \begin{pmatrix} -4 \\ 2 \\ 3 \end{pmatrix} = \begin{pmatrix} 1 \\ 4 \\ -5 \end{pmatrix} + t \cdot \begin{pmatrix} 4 \\ -8 \\ -6 \end{pmatrix}; \quad r,s,t \in \mathbb{R}.$$

Sie führt zu einem inhomogenen LGS mit 3 Gleichungen und 3 Variablen, das nicht lösbar ist.

▶ $\mathrm{Rg}\boldsymbol{A} = 2$; $\mathrm{Rg}(\boldsymbol{A} \mid \boldsymbol{b}) = 3$

Das umgeformte LGS zeigt, dass nur zwei Zeilenvektoren der Matrix $\boldsymbol{A}$ linear unabhängig sind, deshalb muss der Richtungsvektor der Geraden linear abhängig sein von den Spannvektoren der Ebene; alle drei Vektoren sind also komplanar.

Die Lösungsmengen- und Komplanaritätsaussage zusammen besagt:

$$\begin{pmatrix} 4 \\ 1 \\ 1 \end{pmatrix} r \cdot \begin{pmatrix} 1 \\ 1 \\ 0 \end{pmatrix} + s \cdot \begin{pmatrix} -4 \\ 2 \\ 3 \end{pmatrix} = \begin{pmatrix} 1 \\ 4 \\ -5 \end{pmatrix} + t \cdot \begin{pmatrix} 4 \\ -8 \\ -6 \end{pmatrix}; \quad r,s,t \in \mathbb{R}$$

$$r \cdot \begin{pmatrix} 1 \\ 1 \\ 0 \end{pmatrix} + s \cdot \begin{pmatrix} -4 \\ 2 \\ 3 \end{pmatrix} - t \cdot \begin{pmatrix} 4 \\ -8 \\ -6 \end{pmatrix} = \begin{pmatrix} -3 \\ 3 \\ -6 \end{pmatrix}$$

$\boldsymbol{A}$			$\boldsymbol{b}$
1	−4	−4	−3
1	2	8	3
0	3	6	−6

1	−4	−4	−3
0	6	12	6
0	3	6	−6

1	0	4	1	▶ $\mathrm{Rg}\boldsymbol{A} = 2$
0	1	2	1	▶ $\mathrm{Rg}(\boldsymbol{A} \mid \boldsymbol{b}) = 3$
0	0	0	−9	▶ $\mathrm{Rg}\boldsymbol{A} < \mathrm{Rg}(\boldsymbol{A} \mid \boldsymbol{b})$

Die Ebene E und die Gerade g haben keinen Punkt gemeinsam; die Gerade g verläuft parallel zur Ebene E.

Beispiel 7.83

Untersuchen Sie die gegenseitige Lagebeziehung zwischen der Ebene

$E: \vec{x} = \begin{pmatrix} 4 \\ 1 \\ 1 \end{pmatrix} + r \cdot \begin{pmatrix} 1 \\ 1 \\ 0 \end{pmatrix} + s \cdot \begin{pmatrix} -4 \\ 2 \\ 3 \end{pmatrix}$ und der Geraden $g: \vec{x} = \begin{pmatrix} 1 \\ 4 \\ -5 \end{pmatrix} + t \cdot \begin{pmatrix} -2 \\ 4 \\ 1 \end{pmatrix}$; $r,s,t \in \mathbb{R}$.

Die Lagebeziehung zwischen der Ebene E und der Geraden g wird ermittelt über die Lösung der Gleichung

$$\begin{pmatrix} 4 \\ 1 \\ 1 \end{pmatrix} + r \cdot \begin{pmatrix} 1 \\ 1 \\ 0 \end{pmatrix} + s \cdot \begin{pmatrix} -4 \\ 2 \\ 3 \end{pmatrix} = \begin{pmatrix} 1 \\ 4 \\ -5 \end{pmatrix} + t \cdot \begin{pmatrix} -2 \\ 4 \\ 1 \end{pmatrix}; \quad r,s,t \in \mathbb{R}.$$

Sie führt zu einem inhomogenen LGS mit 3 Gleichungen und 3 Variablen, das eine eindeutige Lösung besitzt.

$$\begin{pmatrix} 4 \\ 1 \\ 1 \end{pmatrix} + r \cdot \begin{pmatrix} 1 \\ 1 \\ 0 \end{pmatrix} + s \cdot \begin{pmatrix} -4 \\ 2 \\ 3 \end{pmatrix} = \begin{pmatrix} 1 \\ 4 \\ -5 \end{pmatrix} + t \cdot \begin{pmatrix} -2 \\ 4 \\ 1 \end{pmatrix}; \quad r,s,t \in \mathbb{R}.$$

$$r \cdot \begin{pmatrix} 1 \\ 1 \\ 0 \end{pmatrix} + s \cdot \begin{pmatrix} -4 \\ 2 \\ 3 \end{pmatrix} - t \cdot \begin{pmatrix} -2 \\ 4 \\ 1 \end{pmatrix} = \begin{pmatrix} -3 \\ 3 \\ -6 \end{pmatrix}$$

$\boldsymbol{A}$			$\boldsymbol{b}$
1	−4	2	−3
1	2	−4	3
0	3	−1	−6

Da das LGS eindeutig lösbar ist, ist der Richtungsvektor der Geraden linear unabhängig von den Spannvektoren der Ebene; die drei Vektoren sind nicht komplanar.

Die Lösungsmengen- und Komplanaritätsaussage zusammen besagt:

Die Gerade g durchstößt die Ebene E.

$$\left(\begin{array}{ccc|c} 1 & -4 & 2 & -3 \\ 0 & 6 & -6 & 6 \\ 0 & 3 & -1 & -6 \end{array}\right) \Rightarrow \left(\begin{array}{ccc|c} 1 & 0 & -2 & 1 \\ 0 & 1 & -1 & 1 \\ 0 & 0 & 2 & -9 \end{array}\right)$$

$$\left(\begin{array}{ccc|c} 1 & 0 & 0 & -8 \\ 0 & 1 & 0 & -3{,}5 \\ 0 & 0 & 1 & -4{,}5 \end{array}\right) \quad \begin{array}{l} \blacktriangleright\ r=-8 \\ \blacktriangleright\ s=-3{,}5 \\ \blacktriangleright\ t=-4{,}5 \end{array}$$

Die Ebene E und die Gerade g haben keinen Punkt gemeinsam; die Gerade g verläuft parallel zur Ebene E.
Den Durchstoßpunkt der Geraden g durch die Ebene E erhält man, wenn man $-4{,}5$ anstelle von t in die Geradengleichung oder -8 anstelle von r und $-3{,}5$ anstelle von s in die Ebenengleichung einsetzt.

Der Durchstoßpunkt S hat also die Koordinaten $\langle 10\,|-14\,|-9{,}5\rangle$.

Eine Ebene E mit $E: \vec{x}=\vec{p}+r\cdot\vec{u}+s\cdot\vec{v};\ r,s\in\mathbb{R}$ und eine Gerade g mit $g: \vec{x}=\vec{q}+t\cdot\vec{w};\ t\in\mathbb{R}$ werden auf ihre Lagebeziehung zueinander untersucht, indem man die Lösungen der Vektorgleichung $\vec{p}+r\cdot\vec{u}+s\cdot\vec{v}=\vec{q}+t\cdot\vec{w}$ für r, s und t ermittelt.

- Besitzt die Vektorgleichung eine **eindeutige Lösung** für r, s und t, so durchstößt die Gerade g die Ebene E in einem Durchstoßpunkt S; der Richtungsvektor $\vec{w}$ der Geraden g ist dann linear unabhängig von den Spannvektoren $\vec{u}$ und $\vec{v}$ der Ebene E; die Vektoren $\vec{u}$, $\vec{v}$ und $\vec{w}$ sind nicht komplanar. Die Vektorkoordinaten des Ortsvektors $\vec{s}$ vom Durchstoßpunkt S erhält man, indem man die Lösung für t in die Geradengleichung oder die Lösungen für r und s in die Ebenengleichung einsetzt.
- Besitzt die Vektorgleichung **unendlich viele Lösungen**, so liegt die Gerade g in der Ebene E; der Richtungsvektor $\vec{w}$ der Geraden g ist dann linear abhängig von den Spannvektoren $\vec{u}$ und $\vec{v}$ der Ebene E. Der Richtungsvektor und die Spannvektoren sind komplanar.
- Besitzt die Vektorgleichung **keine Lösung**, so verläuft die Gerade g parallel zur Ebene E; der Richtungsvektor $\vec{w}$ der Geraden g ist dann linear abhängig von den Spannvektoren $\vec{u}$ und $\vec{v}$ der Ebene E. Der Richtungsvektor und die Spannvektoren sind komplanar.

Alles klar?

1 Ermitteln Sie die gegenseitige Lage der Ebene E und der Geraden g.

$$E: \vec{x}=\begin{pmatrix}2\\-4\\6\end{pmatrix}+r\cdot\begin{pmatrix}1\\0\\-1\end{pmatrix}+s\cdot\begin{pmatrix}2\\-1\\3\end{pmatrix};\ g: \vec{x}=\begin{pmatrix}2\\2\\-4\end{pmatrix}+t\cdot\begin{pmatrix}-1\\1\\0\end{pmatrix}$$

2 Untersuchen Sie die gegenseitige Lage der Geraden g und der Ebene E zueinander. Für welche reellen Zahlen anstelle von a verläuft die Gerade echt parallel oder genau in der Ebene bzw. durchstößt die Ebene in einem Punkt?

$$g: \vec{x}=\begin{pmatrix}a+2\\1\\2\end{pmatrix}+r\cdot\begin{pmatrix}-4\\2\\2\end{pmatrix};\ E: \vec{x}=\begin{pmatrix}-2\\-1\\2\end{pmatrix}+s\cdot\begin{pmatrix}-6\\8\\a+4\end{pmatrix}+t\cdot\begin{pmatrix}-2\\a+4\\a+2\end{pmatrix}$$

Übungen zu 7.4.4

1 Untersuchen Sie die gegenseitige Lage der Geraden g und der Ebene E zueinander. Bestimmen Sie ggf. den Durchstoßpunkt der Geraden durch die Ebene $(r,s,t \in \mathbb{R})$.

a) $g\colon \vec{x} = \begin{pmatrix}0\\2\\5\end{pmatrix} + r\cdot\begin{pmatrix}1\\4\\3\end{pmatrix}$, $E\colon \vec{x} = \begin{pmatrix}1\\0\\2\end{pmatrix} + s\cdot\begin{pmatrix}2\\2\\0\end{pmatrix} + t\cdot\begin{pmatrix}1\\4\\0\end{pmatrix}$

b) $g\colon \vec{x} = \begin{pmatrix}2\\-4\\-3\end{pmatrix} + r\cdot\begin{pmatrix}0\\1\\1\end{pmatrix}$, $E\colon \vec{x} = \begin{pmatrix}2\\1\\-1\end{pmatrix} + s\cdot\begin{pmatrix}0\\1\\1\end{pmatrix} + t\cdot\begin{pmatrix}-5\\16\\13\end{pmatrix}$

c) $g\colon \vec{x} = \begin{pmatrix}13\\-11\\-4\end{pmatrix} + r\cdot\begin{pmatrix}4\\1\\-5\end{pmatrix}$, $E\colon \vec{x} = \begin{pmatrix}-7\\8\\3\end{pmatrix} + s\cdot\begin{pmatrix}4\\-7\\1\end{pmatrix} + t\cdot\begin{pmatrix}0\\4\\-3\end{pmatrix}$

d) $g\colon \vec{x} = \begin{pmatrix}4\\1\\5\end{pmatrix} + r\cdot\begin{pmatrix}2\\0\\1\end{pmatrix}$, $E\colon \vec{x} = \begin{pmatrix}-4\\1\\-1\end{pmatrix} + s\cdot\begin{pmatrix}4\\0\\3\end{pmatrix} + t\cdot\begin{pmatrix}0\\0\\1\end{pmatrix}$

e) $g\colon \vec{x} = \begin{pmatrix}1\\1\\1\end{pmatrix} + r\cdot\begin{pmatrix}4\\6\\10\end{pmatrix}$, $E\colon \vec{x} = \begin{pmatrix}1\\1\\1\end{pmatrix} + s\cdot\begin{pmatrix}8\\10\\12\end{pmatrix} + t\cdot\begin{pmatrix}-50\\72\\-98\end{pmatrix}$

f) $g\colon \vec{x} = \begin{pmatrix}-7\\-8\\10\end{pmatrix} + r\cdot\begin{pmatrix}1\\10\\24\end{pmatrix}$, $E\colon \vec{x} = \begin{pmatrix}3\\2\\-2\end{pmatrix} + s\cdot\begin{pmatrix}3\\5\\2\end{pmatrix} + t\cdot\begin{pmatrix}-1\\0\\4\end{pmatrix}$

g) $g\colon \vec{x} = \begin{pmatrix}1\\1\\2\end{pmatrix} + r\cdot\begin{pmatrix}-3\\3\\-3\end{pmatrix}$, $E\colon \vec{x} = \begin{pmatrix}1\\1\\1\end{pmatrix} + s\cdot\begin{pmatrix}-6\\0\\-3\end{pmatrix} + t\cdot\begin{pmatrix}3\\3\\-9\end{pmatrix}$

h) $g\colon \vec{x} = \begin{pmatrix}0\\-4\\-5\end{pmatrix} + r\cdot\begin{pmatrix}3\\-2\\-5\end{pmatrix}$, $E\colon \vec{x} = \begin{pmatrix}-2\\-3\\-2\end{pmatrix} + s\cdot\begin{pmatrix}-1\\-1\\-1\end{pmatrix} + t\cdot\begin{pmatrix}2\\-3\\-6\end{pmatrix}$

i) $g\colon \vec{x} = \begin{pmatrix}0\\-2\\-3\end{pmatrix} + r\cdot\begin{pmatrix}-2\\-4\\6\end{pmatrix}$, $E\colon \vec{x} = \begin{pmatrix}-1\\3\\5\end{pmatrix} + s\cdot\begin{pmatrix}4\\6\\-10\end{pmatrix} + t\cdot\begin{pmatrix}3\\7\\-6\end{pmatrix}$

j) $g\colon \vec{x} = \begin{pmatrix}1\\-3\\7\end{pmatrix} + r\cdot\begin{pmatrix}-3\\1\\-6\end{pmatrix}$, $E\colon \vec{x} = \begin{pmatrix}-1\\5\\-3\end{pmatrix} + s\cdot\begin{pmatrix}5\\10\\-5\end{pmatrix} + t\cdot\begin{pmatrix}4\\6\\2\end{pmatrix}$

k) $g\colon \vec{x} = \begin{pmatrix}9\\7\\8\end{pmatrix} + r\cdot\begin{pmatrix}-2\\-1\\-3\end{pmatrix}$, $E\colon \vec{x} = \begin{pmatrix}-5\\2\\1\end{pmatrix} + s\cdot\begin{pmatrix}3\\1\\-2\end{pmatrix} + t\cdot\begin{pmatrix}4\\1\\-3\end{pmatrix}$

2 Stellen Sie eine Parametergleichung der Geraden g durch die Punkte A und B und der Ebene E durch die Punkte C, D und E auf und untersuchen Sie ihre gegenseitige Lage zueinander. Bestimmen Sie ggf. den Durchstoßpunkt der Geraden durch die Ebene.

a) $A\,\langle 3|0|4\rangle$, $B\,\langle 5|0|8\rangle$, $C\,\langle 1|0|0\rangle$, $D\,\langle 2|1|1\rangle$, $E\,\langle 2|-1|3\rangle$
b) $A\,\langle 2|1|-1\rangle$, $B\,\langle 1|1|-5\rangle$, $C\,\langle 2|1|1\rangle$, $D\,\langle 2|2|1\rangle$, $E\,\langle 3|0|3\rangle$
c) $A\,\langle 0|1|2\rangle$, $B\,\langle 1|1|3\rangle$, $C\,\langle -1|0|2\rangle$, $D\,\langle -2|1|3\rangle$, $E\,\langle 2|1|4\rangle$
d) $A\,\langle 2|2|0\rangle$, $B\,\langle 2|1|0\rangle$, $C\,\langle 4|1|4\rangle$, $D\,\langle 4|1|5\rangle$, $E\,\langle 5|1|4\rangle$

7

3 Untersuchen Sie die gegenseitige Lage der Geraden g und der Ebene E zueinander. Für welche reellen Zahlen anstelle von a verläuft die Gerade echt parallel oder genau in der Ebene bzw. durchstößt die Gerade die Ebene in einem Durchstoßpunkt $(r,s,t \in \mathbb{R})$?

a) $g\colon \vec{x} = \begin{pmatrix} a+2 \\ 1 \\ 2 \end{pmatrix} + r \cdot \begin{pmatrix} -4 \\ 2 \\ 2 \end{pmatrix}$, $E\colon \vec{x} = \begin{pmatrix} -2 \\ -1 \\ 2 \end{pmatrix} + s \cdot \begin{pmatrix} -6 \\ 8 \\ a+4 \end{pmatrix} + t \cdot \begin{pmatrix} -2 \\ a+4 \\ a+2 \end{pmatrix}$

b) $g\colon \vec{x} = \begin{pmatrix} 3 \\ 1 \\ 1 \end{pmatrix} + r \cdot \begin{pmatrix} -1 \\ -3 \\ -a \end{pmatrix}$, $E\colon \vec{x} = \begin{pmatrix} -2 \\ 2 \\ 0 \end{pmatrix} + s \cdot \begin{pmatrix} 1 \\ a+1 \\ 2 \end{pmatrix} + t \cdot \begin{pmatrix} a+4 \\ -2 \\ 2 \end{pmatrix}$

c) $g\colon \vec{x} = \begin{pmatrix} 1 \\ 0 \\ 2 \end{pmatrix} + r \cdot \begin{pmatrix} -2 \\ 3 \\ -a \end{pmatrix}$, $E\colon \vec{x} = \begin{pmatrix} -3 \\ 2 \\ 0 \end{pmatrix} + s \cdot \begin{pmatrix} a+2 \\ 1 \\ -1 \end{pmatrix} + t \cdot \begin{pmatrix} 2 \\ a-1 \\ -2 \end{pmatrix}$

d) $g\colon \vec{x} = \begin{pmatrix} 1 \\ 3 \\ 0 \end{pmatrix} + r \cdot \begin{pmatrix} -a \\ -3 \\ 3-3a \end{pmatrix}$, $E\colon \vec{x} = \begin{pmatrix} 0 \\ 2a \\ 1 \end{pmatrix} + s \cdot \begin{pmatrix} 2 \\ 4+2a \\ 8 \end{pmatrix} + t \cdot \begin{pmatrix} 3 \\ 2a+2 \\ 8-a \end{pmatrix}$

e) $g\colon \vec{x} = \begin{pmatrix} -12 \\ a \\ a+3 \end{pmatrix} + r \cdot \begin{pmatrix} 4-8a \\ -3a-3 \\ 3a-2 \end{pmatrix}$, $E\colon \vec{x} = \begin{pmatrix} a \\ -1 \\ -3 \end{pmatrix} + s \cdot \begin{pmatrix} 1-2a \\ 1 \\ a \end{pmatrix} + t \cdot \begin{pmatrix} 1-2a \\ a+1 \\ a \end{pmatrix}$

f) $g\colon \vec{x} = \begin{pmatrix} 2a \\ a+1 \\ 5a+4 \end{pmatrix} + r \cdot \begin{pmatrix} 1-a \\ -1 \\ -a-1 \end{pmatrix}$, $E\colon \vec{x} = \begin{pmatrix} 3 \\ -2 \\ -5 \end{pmatrix} + s \cdot \begin{pmatrix} a^2-4a+3 \\ 3a-3 \\ a^2-1 \end{pmatrix} + t \cdot \begin{pmatrix} -2a+4 \\ -4 \\ a^2-3a-14 \end{pmatrix}$

g) $g\colon \vec{x} = \begin{pmatrix} -3 \\ 2 \\ 1 \end{pmatrix} + r \cdot \begin{pmatrix} -2a \\ -2 \\ 4 \end{pmatrix}$, $E\colon \vec{x} = \begin{pmatrix} -2 \\ 1 \\ -1 \end{pmatrix} + s \cdot \begin{pmatrix} -4 \\ 1 \\ a+2 \end{pmatrix} + t \cdot \begin{pmatrix} -5 \\ a \\ 8 \end{pmatrix}$

h) $g\colon \vec{x} = \begin{pmatrix} 0 \\ 3 \\ 4 \end{pmatrix} + r \cdot \begin{pmatrix} 1-a \\ a-3 \\ -2 \end{pmatrix}$, $E\colon \vec{x} = \begin{pmatrix} 2 \\ -1 \\ 4 \end{pmatrix} + s \cdot \begin{pmatrix} 1 \\ a+2 \\ -1 \end{pmatrix} + t \cdot \begin{pmatrix} 1 \\ 1 \\ a \end{pmatrix}$

4 Untersuchen Sie die gegenseitige Lage der Geraden g und der Ebene E zueinander und bestimmen Sie ggf. den Durchstoßpunkt $(r \in \mathbb{R})$.

a) $g\colon \vec{x} = \begin{pmatrix} 5 \\ 1 \\ 1 \end{pmatrix} + r \cdot \begin{pmatrix} 1 \\ 0 \\ 1 \end{pmatrix}$, $E\colon 3x+5y-2z=7$

b) $g\colon \vec{x} = \begin{pmatrix} 8 \\ 12 \\ 4 \end{pmatrix} + r \cdot \begin{pmatrix} 2 \\ 4 \\ 6 \end{pmatrix}$, $E\colon 2x+2y-2z=2$

c) $g\colon \vec{x} = \begin{pmatrix} 12 \\ 18 \\ 6 \end{pmatrix} + r \cdot \begin{pmatrix} 3 \\ 6 \\ 9 \end{pmatrix}$, $E\colon 15y-21z=39$

d) $g\colon \vec{x} = \begin{pmatrix} 3 \\ 0 \\ 27 \end{pmatrix} + r \cdot \begin{pmatrix} 3 \\ 6 \\ 15 \end{pmatrix}$, $E\colon 9x+15y-6z=21$

5 Gegeben ist die Ebene

$$E\colon \vec{x} = \begin{pmatrix} 3 \\ -4 \\ 1 \end{pmatrix} + s \cdot \begin{pmatrix} 2 \\ 4 \\ 1 \end{pmatrix} + t \cdot \begin{pmatrix} -3 \\ 6 \\ -2 \end{pmatrix};\ s,t \in \mathbb{R}.$$

Geben Sie je eine Gerade in Parameterdarstellung an, die

a) in der Ebene $E\}$ liegt,

b) die Ebene E in genau einem Punkt schneidet und

c) echt parallel zur Ebene E ist.

6 Ermitteln Sie die Durchstoßpunkte der Koordinatenachsen mit der Ebene E; $s,t \in \mathbb{R}$.

a) $E\colon \vec{x} = \begin{pmatrix} 2 \\ 3 \\ -5 \end{pmatrix} + s \cdot \begin{pmatrix} 4 \\ -2 \\ 3 \end{pmatrix} + t \cdot \begin{pmatrix} -2 \\ 1 \\ 1 \end{pmatrix}$

b) $E\colon \vec{x} = \begin{pmatrix} 0 \\ 4 \\ 0 \end{pmatrix} + s \cdot \begin{pmatrix} 1 \\ 1 \\ 0 \end{pmatrix} + t \cdot \begin{pmatrix} 3 \\ 0 \\ -2 \end{pmatrix}$

c) $E\colon \vec{x} = \begin{pmatrix} 4 \\ 4 \\ 0 \end{pmatrix} + s \cdot \begin{pmatrix} -2 \\ 4 \\ 0 \end{pmatrix} + t \cdot \begin{pmatrix} 7 \\ -3 \\ 0 \end{pmatrix}$

d) $E\colon \vec{x} = \begin{pmatrix} 2 \\ 1 \\ -1 \end{pmatrix} + s \cdot \begin{pmatrix} 1 \\ 2 \\ -2 \end{pmatrix} + t \cdot \begin{pmatrix} 3 \\ 4 \\ -1 \end{pmatrix}$

7.4.5 Lagebeziehungen zwischen Ebenen

Die Art der Lagebeziehung zwischen einer Ebene $E_1\colon \vec{x} = \vec{p} + a \cdot \vec{t} + b \cdot \vec{u};\ a,b \in \mathbb{R}$ und einer Ebene $E_2\colon \vec{x} = \vec{q} + c \cdot \vec{v} + d \cdot \vec{w};\ c,d \in \mathbb{R}$ ist davon abhängig, ob die 4 Spannvektoren beider Ebenen komplanar sind oder nicht. Im Fall der Komplanarität der 4 Spannvektoren sind die Ebenen entweder identisch oder echt parallel zueinander, je nachdem ob sie unendlich viele oder keine Punkte gemeinsam haben. Im Fall der Nicht-Komplanarität der 4 Spannvektoren schneiden sich die beiden Ebenen und haben eine gemeinsame Gerade ▶ Schnittgerade.

Identische Ebenen
(Beispiel 7.8.4)

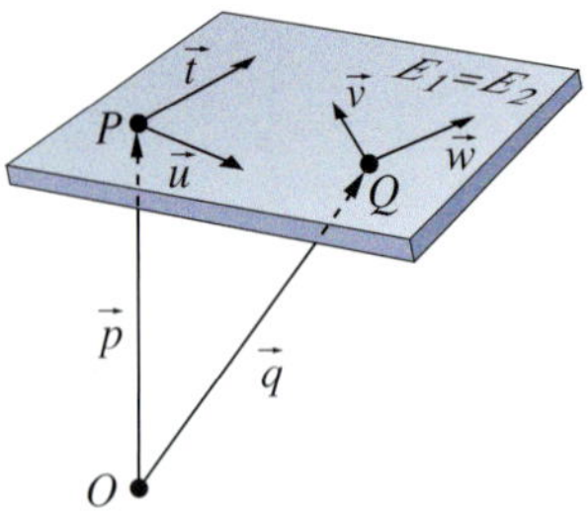

Echt parallele Ebenen
(Beispiel 7.8.5)

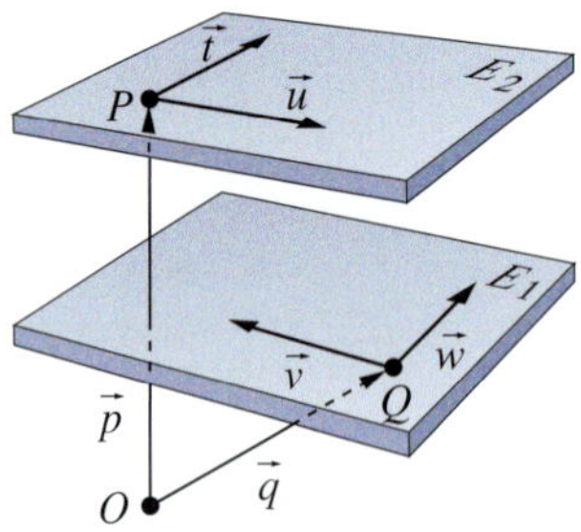

Sich schneidende Ebenen
(Beispiel 7.8.6)

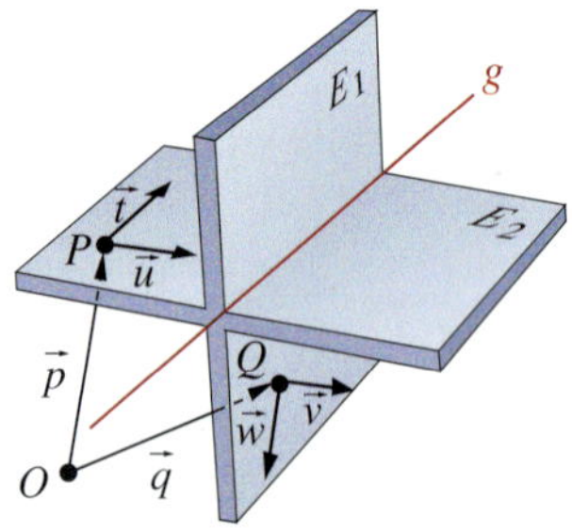

Die Untersuchung auf Komplanarität von 4 Vektoren ist in der Regel sehr kompliziert. Daher geht man auch in diesem Fall zweckmäßigerweise so vor, dass man versucht, die Punkte zu bestimmen, die beiden Ebenen gemeinsam sind.

Beispiel 7.84

Untersuchen Sie die gegenseitige Lagebeziehung der beiden Ebenen E_1 und E_2 mit

$$E_1\colon \vec{x} = \begin{pmatrix} 5 \\ 2 \\ -1 \end{pmatrix} + a \cdot \begin{pmatrix} 1 \\ 0 \\ 5 \end{pmatrix} + b \cdot \begin{pmatrix} 2 \\ 1 \\ 3 \end{pmatrix} \text{ und } E_2\colon \vec{x} = \begin{pmatrix} -2 \\ -3 \\ -1 \end{pmatrix} + c \cdot \begin{pmatrix} 4 \\ 3 \\ -1 \end{pmatrix} + d \cdot \begin{pmatrix} -1 \\ -2 \\ 9 \end{pmatrix};\ a,b,c,d \in \mathbb{R}.$$

Die Lagebeziehung der beiden Ebenen wird ermittelt über die Lösung der Gleichung

$$\begin{pmatrix} 5 \\ 2 \\ -1 \end{pmatrix} + a \cdot \begin{pmatrix} 1 \\ 0 \\ 5 \end{pmatrix} + b \cdot \begin{pmatrix} 2 \\ 1 \\ 3 \end{pmatrix} = \begin{pmatrix} -2 \\ -3 \\ -1 \end{pmatrix} + c \cdot \begin{pmatrix} 4 \\ 3 \\ -1 \end{pmatrix} + d \cdot \begin{pmatrix} -1 \\ -2 \\ 9 \end{pmatrix};$$

$a,b,c,d \in \mathbb{R}$.

$$\begin{pmatrix} 5 \\ 2 \\ -1 \end{pmatrix} + a \cdot \begin{pmatrix} 1 \\ 0 \\ 5 \end{pmatrix} + b \cdot \begin{pmatrix} 2 \\ 1 \\ 3 \end{pmatrix} = \begin{pmatrix} -2 \\ -3 \\ -1 \end{pmatrix} + c \cdot \begin{pmatrix} 4 \\ 3 \\ -1 \end{pmatrix} + d \cdot \begin{pmatrix} -1 \\ -2 \\ 9 \end{pmatrix};$$

$$a \cdot \begin{pmatrix} 1 \\ 0 \\ 5 \end{pmatrix} + b \cdot \begin{pmatrix} 2 \\ 1 \\ 3 \end{pmatrix} - c \cdot \begin{pmatrix} 4 \\ 3 \\ -1 \end{pmatrix} - d \cdot \begin{pmatrix} -1 \\ -2 \\ 9 \end{pmatrix} = \begin{pmatrix} -7 \\ -5 \\ 0 \end{pmatrix}$$

Man erhält ein inhomogenes LGS mit 3 Gleichungen und 4 Variablen. Das LGS hat unendlich viele Lösungen.

▶ $\operatorname{Rg}\boldsymbol{A} = \operatorname{Rg}(\boldsymbol{A}\,|\,\boldsymbol{b}) = 2$; $n = 4$; $\operatorname{Rg}\boldsymbol{A}$

Da der Rang der Matrix A um 2 kleiner ist als die Anzahl 4 der Variablen des LGS, hängt die Lösungsmenge des LGS von zwei frei wählbaren Variablen (z. B. c und d) ab. Somit müssen beide Ebenen alle Punkte gemeinsam haben, sie sind also identisch.

$$\begin{array}{rrrr|r} & & \boldsymbol{A} & & \boldsymbol{b} \\ 1 & 2 & -4 & 1 & -7 \\ 0 & 1 & -3 & 2 & -5 \\ 5 & 3 & 1 & -9 & \end{array}$$

$$\begin{array}{rrrr|r} 1 & 2 & -4 & 1 & -7 \\ 0 & 1 & 3 & 2 & -5 \\ 0 & -7 & 21 & -14 & 35 \end{array}$$

$$\begin{array}{rrrr|r} 1 & 0 & 2 & -3 & 3 \\ 0 & 1 & -3 & 2 & -5 \\ 0 & 0 & 0 & 0 & 0 \end{array}$$

▶ $a = 3 - 2c + 3d$
▶ $b = -5 + 3c - 3d$
▶ $\operatorname{Rg}\boldsymbol{A} = \operatorname{Rg}(\boldsymbol{A}\,|\,\boldsymbol{b}) = 2$; $n = 4$

Beispiel 7.85

Untersuchen Sie die gegenseitige Lagebeziehung der beiden Ebenen E_1 und E_2 mit

$$E_1\colon \vec{x} = \begin{pmatrix} 5 \\ 2 \\ -1 \end{pmatrix} + a \cdot \begin{pmatrix} 1 \\ 0 \\ 5 \end{pmatrix} + b \cdot \begin{pmatrix} 2 \\ 1 \\ 3 \end{pmatrix} \text{ und } E_2\colon \vec{x} = \begin{pmatrix} 4 \\ 2 \\ 2 \end{pmatrix} + c \cdot \begin{pmatrix} 4 \\ 3 \\ -1 \end{pmatrix} + d \cdot \begin{pmatrix} -1 \\ -2 \\ 9 \end{pmatrix};\ a, b, c, d \in \mathbb{R}.$$

Die Lagebeziehung der beiden Ebenen wird ermittelt über die Lösung der Gleichung

$$\begin{pmatrix} 5 \\ 2 \\ -1 \end{pmatrix} + a \cdot \begin{pmatrix} 1 \\ 0 \\ 5 \end{pmatrix} + b \cdot \begin{pmatrix} 2 \\ 1 \\ 3 \end{pmatrix} = \begin{pmatrix} 4 \\ 2 \\ 2 \end{pmatrix} + c \cdot \begin{pmatrix} 4 \\ 3 \\ -1 \end{pmatrix} + d \cdot \begin{pmatrix} -1 \\ -2 \\ 9 \end{pmatrix};\quad a, b, c, d \in \mathbb{R}.$$

$$\begin{pmatrix} 5 \\ 2 \\ -1 \end{pmatrix} + a \cdot \begin{pmatrix} 1 \\ 0 \\ 5 \end{pmatrix} + b \cdot \begin{pmatrix} 2 \\ 1 \\ 3 \end{pmatrix} = \begin{pmatrix} 4 \\ 2 \\ 2 \end{pmatrix} + c \cdot \begin{pmatrix} 4 \\ 3 \\ -1 \end{pmatrix} + d \cdot \begin{pmatrix} -1 \\ -2 \\ 9 \end{pmatrix}$$

$$a \cdot \begin{pmatrix} 1 \\ 0 \\ 5 \end{pmatrix} + b \cdot \begin{pmatrix} 2 \\ 1 \\ 3 \end{pmatrix} - c \cdot \begin{pmatrix} 4 \\ 3 \\ -1 \end{pmatrix} - d \cdot \begin{pmatrix} -1 \\ -2 \\ 9 \end{pmatrix} = \begin{pmatrix} -1 \\ 0 \\ 3 \end{pmatrix}$$

Man erhält ein inhomogenes LGS mit 3 Gleichungen und 4 Variablen. Das LGS ist nicht lösbar.

$\operatorname{Rg}\boldsymbol{A} = 2$; $\operatorname{Rg}(\boldsymbol{A}\,|\,\boldsymbol{b}.) = 3$; $n = 4$; $\operatorname{Rg}\boldsymbol{A} < \operatorname{Rg}(\boldsymbol{A}\,|\,\boldsymbol{b})$

Somit können beide Ebenen keinen Punkt gemeinsam haben, sie sind **echt** parallel.

$$\begin{array}{rrrr|r} & & \boldsymbol{A} & & \boldsymbol{b} \\ 1 & 2 & -4 & 1 & -1 \\ 0 & 1 & -3 & 2 & 0 \\ 5 & 3 & 1 & -9 & -3 \end{array}$$

$$\begin{array}{rrrr|r} 1 & 2 & -4 & 1 & -1 \\ 0 & 1 & -3 & 2 & 0 \\ 0 & -7 & 21 & -14 & 8 \end{array}$$

$$\begin{array}{rrrr|r} 1 & 0 & 2 & -3 & -1 \\ 0 & 1 & -3 & 2 & 0 \\ 0 & 0 & 0 & 0 & 8 \end{array}$$

▶ $\operatorname{Rg}\boldsymbol{A} = 2$
▶ $\operatorname{Rg}(\boldsymbol{A}\,|\,\boldsymbol{b}) = 3$
▶ $\operatorname{Rg}\boldsymbol{A} < \operatorname{Rg}(\boldsymbol{A}\,|\,\boldsymbol{b})$

Beispiel 7.86

Untersuchen Sie die gegenseitige Lagebeziehung der beiden Ebenen E_1 und E_2 mit

$$E_1\colon \vec{x} = \begin{pmatrix} 5 \\ 2 \\ -1 \end{pmatrix} + a \cdot \begin{pmatrix} 1 \\ 0 \\ 5 \end{pmatrix} + b \cdot \begin{pmatrix} 2 \\ 1 \\ 3 \end{pmatrix} \text{ und } E_2\colon \vec{x} = \begin{pmatrix} 4 \\ 2 \\ 2 \end{pmatrix} + c \cdot \begin{pmatrix} 3 \\ 4 \\ -5 \end{pmatrix} + d \cdot \begin{pmatrix} -1 \\ -5 \\ 6 \end{pmatrix};\ a,b,c,d \in \mathbb{R}.$$

Die Lagebeziehung der beiden Ebenen wird ermittelt über die Lösung der Gleichung

$$\begin{pmatrix} 5 \\ 2 \\ -1 \end{pmatrix} + a \cdot \begin{pmatrix} 1 \\ 0 \\ 5 \end{pmatrix} + b \cdot \begin{pmatrix} 2 \\ 1 \\ 3 \end{pmatrix} = \begin{pmatrix} 4 \\ 2 \\ 2 \end{pmatrix} + c \cdot \begin{pmatrix} 3 \\ 4 \\ -5 \end{pmatrix} + d \cdot \begin{pmatrix} -1 \\ -5 \\ 6 \end{pmatrix};$$

$a,b,c,d \in \mathbb{R}$.

$$\begin{pmatrix} 5 \\ 2 \\ -1 \end{pmatrix} + a \cdot \begin{pmatrix} 1 \\ 0 \\ 5 \end{pmatrix} + b \cdot \begin{pmatrix} 2 \\ 1 \\ 3 \end{pmatrix} = \begin{pmatrix} 4 \\ 2 \\ 2 \end{pmatrix} + c \cdot \begin{pmatrix} 3 \\ 4 \\ -5 \end{pmatrix} + d \cdot \begin{pmatrix} -1 \\ -5 \\ 6 \end{pmatrix}$$

$$a \cdot \begin{pmatrix} 1 \\ 0 \\ 5 \end{pmatrix} + b \cdot \begin{pmatrix} 2 \\ 1 \\ 3 \end{pmatrix} - c \cdot \begin{pmatrix} 3 \\ 4 \\ -5 \end{pmatrix} + d \cdot \begin{pmatrix} -1 \\ -5 \\ 6 \end{pmatrix} = \begin{pmatrix} -1 \\ 0 \\ 3 \end{pmatrix}$$

Sie führt zu einem inhomogenen LGS mit 3 Gleichungen und 4 Variablen. Das LGS hat unendlich viele Lösungen.

► $\operatorname{Rg}\boldsymbol{A} = \operatorname{Rg}(\boldsymbol{A}\,|\,\boldsymbol{b}) = 3;\ n = 4$

Da der Rang der Matrix A um 1 kleiner ist als die Anzahl 4 der Variablen des LGS, hängt die Lösungsmenge des LGS von **einer** frei wählbaren Variablen z. B. d ab.

Somit müssen beide Ebenen unendlich viele Punkte gemeinsam haben, die alle auf einer Schnittgeraden liegen.

$$\begin{array}{rrrr|r} & & \boldsymbol{A} & & \boldsymbol{b} \\ 1 & 2 & -3 & 1 & -1 \\ 0 & 1 & -4 & 5 & 0 \\ 5 & 3 & 5 & -6 & 3 \end{array}$$

$$\begin{array}{rrrr|r} 1 & 2 & -3 & 1 & -1 \\ 0 & 1 & -4 & 5 & 0 \\ 0 & -7 & 20 & -11 & 8 \end{array}$$

$$\begin{array}{rrrr|r} 1 & 0 & 5 & -9 & 1 \\ 0 & 1 & -4 & 5 & 0 \\ 0 & 0 & -8 & 24 & 8 \end{array}$$

$$\begin{array}{rrrr|r} 1 & 0 & 0 & -6 & 4 \\ 0 & 1 & 0 & -7 & -4 \\ 0 & 0 & 0 & -3 & -1 \end{array}$$

► $a = 4 - 6d$
► $b = -4 + 7d$
► $c = -1 + 3d$

Die Gleichung der Schnittgeraden g_s erhält man, wenn man die Lösung fur c in die Gleichung von $E2$ oder jeweils die Lösungen fur a und b in die Gleichung von $E1$ einsetzt.

$$g_s\colon \vec{x} = \begin{pmatrix} 4 \\ 2 \\ 2 \end{pmatrix} + (-1+3d) \cdot \begin{pmatrix} 3 \\ 4 \\ -5 \end{pmatrix} + d \cdot \begin{pmatrix} -1 \\ -5 \\ 6 \end{pmatrix} = \begin{pmatrix} 1 \\ -2 \\ 7 \end{pmatrix} + d \cdot \begin{pmatrix} 8 \\ 7 \\ -9 \end{pmatrix}$$

► vektorielle Gleichung der Schnittgeraden

7

Zwei Ebenen $E_1: \vec{x} = \vec{p} + a \cdot \vec{t} + b \cdot \vec{u}, a, b \in \mathbb{R}$ und $E_2: \vec{x} = \vec{q} + c \cdot \vec{v} + d \cdot \vec{w}, c, d \in \mathbb{R}$ werden auf ihre Lagebeziehung zueinander untersucht, indem man ermittelt, ob das durch die Vektorgleichung $\vec{p} + a \cdot \vec{t} + b \cdot \vec{u} = \vec{q} + c \cdot \vec{v} + d \cdot \vec{w}$ gegebene LGS lösbar ist oder nicht.

- Ist das LGS **lösbar**, dann gilt:
  – Die Ebenen schneiden sich in einer **Schnittgeraden**, falls die Lösung des LGS nur einen Parameter enthält.
  – Die Ebenen sind **identisch falls die Lösung der LGS zwei Parameter enthält.**
- Ist das LGS **nicht lösbar,** so sind die beiden Ebenen **echt parallel.**

Alles klar?

Ermitteln Sie die gegenseitige Lage der Ebenen

$$E_1: \vec{x} = \begin{pmatrix} 8 \\ 3 \\ 7 \end{pmatrix} + q \cdot \begin{pmatrix} -2 \\ -1 \\ -3 \end{pmatrix} + r \cdot \begin{pmatrix} 1 \\ 0 \\ 5 \end{pmatrix}; E_2: \vec{x} = \begin{pmatrix} -1 \\ -5 \\ 12 \end{pmatrix} + s \cdot \begin{pmatrix} 1 \\ 2 \\ -9 \end{pmatrix} + t \cdot \begin{pmatrix} 2 \\ 1{,}5 \\ -0{,}5 \end{pmatrix}$$

7

Übungen zu 7.4.5

1 Untersuchen Sie die gegenseitige Lage der beiden Ebenen E_1 und E_2 zueinander und bestimmen Sie ggf. die Schnittgerade beider Ebenen $(a, b, c, d \in \mathbb{R})$.

a) $E_1\colon \vec{x} = \begin{pmatrix} 1 \\ 0 \\ -2 \end{pmatrix} + a \cdot \begin{pmatrix} 0 \\ -1 \\ -2 \end{pmatrix} + b \cdot \begin{pmatrix} -1 \\ -1 \\ 1 \end{pmatrix}$, $\quad E_2\colon \vec{x} = \begin{pmatrix} -6 \\ -13 \\ -7 \end{pmatrix} + c \cdot \begin{pmatrix} -2 \\ -5 \\ -4 \end{pmatrix} + d \cdot \begin{pmatrix} -3 \\ -5 \\ -1 \end{pmatrix}$

b) $E_1\colon \vec{x} = \begin{pmatrix} -6 \\ -1 \\ 0 \end{pmatrix} + a \cdot \begin{pmatrix} 2 \\ 3 \\ 2 \end{pmatrix} + b \cdot \begin{pmatrix} 0 \\ 2 \\ 2 \end{pmatrix}$, $\quad E_2\colon \vec{x} = \begin{pmatrix} 2 \\ 3 \\ 2 \end{pmatrix} + c \cdot \begin{pmatrix} 2 \\ 1 \\ 0 \end{pmatrix} + d \cdot \begin{pmatrix} 4 \\ 8 \\ 6 \end{pmatrix}$

c) $E_1\colon \vec{x} = \begin{pmatrix} 0 \\ 0 \\ 2 \end{pmatrix} + a \cdot \begin{pmatrix} 1 \\ 2 \\ 0 \end{pmatrix} + b \cdot \begin{pmatrix} 1 \\ 0 \\ 0 \end{pmatrix}$, $\quad E_2\colon \vec{x} = \begin{pmatrix} 1 \\ 6 \\ 3 \end{pmatrix} + c \cdot \begin{pmatrix} 2 \\ 0 \\ 3 \end{pmatrix} + d \cdot \begin{pmatrix} 0 \\ 2 \\ 3 \end{pmatrix}$

d) $E_1\colon \vec{x} = \begin{pmatrix} 2 \\ 1 \\ 3 \end{pmatrix} + a \cdot \begin{pmatrix} 2 \\ 0 \\ 6 \end{pmatrix} + b \cdot \begin{pmatrix} 4 \\ 3 \\ 3 \end{pmatrix}$, $\quad E_2\colon \vec{x} = \begin{pmatrix} 4 \\ 2 \\ 6 \end{pmatrix} + c \cdot \begin{pmatrix} 4 \\ 1 \\ 0 \end{pmatrix} + d \cdot \begin{pmatrix} 6 \\ 4 \\ -3 \end{pmatrix}$

e) $E_1\colon \vec{x} = \begin{pmatrix} -3 \\ -2 \\ 2 \end{pmatrix} + a \cdot \begin{pmatrix} -1 \\ 4 \\ 4 \end{pmatrix} + b \cdot \begin{pmatrix} -3 \\ 2 \\ 0 \end{pmatrix}$, $\quad E_2\colon \vec{x} = \begin{pmatrix} 0 \\ 8 \\ 4 \end{pmatrix} + c \cdot \begin{pmatrix} -1 \\ 6 \\ 9 \end{pmatrix} + d \cdot \begin{pmatrix} -2 \\ 0 \\ -3 \end{pmatrix}$

2 Geben Sie eine Ebene in Parameterdarstellung an, die die Ebene

$E\colon \vec{x} = \begin{pmatrix} 4 \\ -3 \\ 1 \end{pmatrix} + s \cdot \begin{pmatrix} 1 \\ 0 \\ 2 \end{pmatrix} + t \cdot \begin{pmatrix} -3 \\ 2 \\ 0 \end{pmatrix}$; $s, t \in \mathbb{R}$ in der Geraden $g\colon \vec{x} = \begin{pmatrix} 9 \\ -5 \\ 5 \end{pmatrix} + r \cdot \begin{pmatrix} -9 \\ 4 \\ -6 \end{pmatrix}$; $r \in \mathbb{R}$ schneidet.

3 Die Schnittgeraden einer Ebene E mit den Koordinatenebenen heißen **Spurgeraden der Ebene E.** Ermitteln Sie die Spurgeraden der Ebene E mit den drei Koordinatenebenen.

$E\colon \vec{x} = \begin{pmatrix} 4 \\ 2 \\ -1 \end{pmatrix} + s \cdot \begin{pmatrix} 3 \\ 4 \\ 8 \end{pmatrix} + t \cdot \begin{pmatrix} -2 \\ 0 \\ 3 \end{pmatrix}$; $s, t \in \mathbb{R}$.

4 Untersuchen Sie die gegenseitige Lage der beiden Ebenen E_1 und E_2 zueinander und bestimmen Sie ggf. die Schnittgerade beider Ebenen; $(s, t \in \mathbb{R})$.

a) $E_1\colon \vec{x} = \begin{pmatrix} 12 \\ 4 \\ 20 \end{pmatrix} + s \cdot \begin{pmatrix} -4 \\ 0 \\ 12 \end{pmatrix} + t \cdot \begin{pmatrix} 8 \\ -4 \\ 0 \end{pmatrix}$, $\quad E_2\colon 16y + 20z = 80$

b) $E_1\colon \vec{x} = \begin{pmatrix} -10 \\ 0 \\ 0 \end{pmatrix} + s \cdot \begin{pmatrix} 0 \\ 0 \\ -2 \end{pmatrix} + t \cdot \begin{pmatrix} 8 \\ -2 \\ 0 \end{pmatrix}$, $\quad E_2\colon -2x - 2y - 2z = -20$

c) $E_1\colon -4x + 6y - 2z = -7$; $E_2\colon 2x - 3y + z = -5$

d) $E_1\colon x + y = 2$; $E_2\colon x + y + z = 3$

e) $E_1\colon 2x + 4y - 6z = 2$; $E_2\colon -x - 2y + 3z = -1$

f) $E_1\colon x + y + z = 1$; $E_2\colon x + 5z = 8$

g) $E_1\colon 1{,}2x = -z$; $E_2\colon y = 1{,}2$

5 Untersuchen Sie die gegenseitige Lage der drei Ebenen E_1, E_2 und E_3 zueinander und bestimmen Sie ggf. die gemeinsame Schnittgerade oder den gemeinsamen Schnittpunkt der Ebenen.

a) $E_1\colon \vec{x} = \begin{pmatrix} -5 \\ 0 \\ 0 \end{pmatrix} + p \cdot \begin{pmatrix} 0 \\ 0 \\ -1 \end{pmatrix} + r \cdot \begin{pmatrix} 4 \\ -1 \\ 0 \end{pmatrix}$; $E_2\colon \vec{x} = \begin{pmatrix} -3 \\ -1 \\ -5 \end{pmatrix} + s \cdot \begin{pmatrix} -2 \\ 1 \\ -3 \end{pmatrix} + t \cdot \begin{pmatrix} 1 \\ 0 \\ -3 \end{pmatrix}$; $E_3\colon -x - y - z = -10$

b) $E_1\colon -x + y - z = -2$; $E_2\colon -x + y + z = 0$; $E_3\colon y - x = -1$

c) $E_1\colon 5x - y + 3z = 2$; $E_2\colon -y = 1$; $E_3\colon -2x - 3y = -1$

7

8 Beispiele für Klausuren

In diesem Kapitel werden typische Klausuraufgaben aus den Bereichen Analysis, Stochastik und Lineare Algebra präsentiert.

Die fünf Abiturklausuren enthalten beispielhaft kompetenzorientierte Aufgabenstellungen zu den Inhalten der Jahrgangsstufen 12 und 13.

Übungen zur Klausur- und Abiturvorbereitung

In den folgenden Übungen zur Klausur- und Abiturvorbereitung wird nicht nach Leistungs- und Grundkursen unterschieden.
Die einzelnen Übungen werden unterteilt in Aufgaben zur Analysis, zur Stochastik und zur Linearen Algebra bzw. Vektorgeometrie unterteilt.

Übungen zur Analysis

1. Ein Betrieb weist an seiner Kapazitätsgrenze von 8 ME Gesamtkosten in Höhe von 177 GE aus, hat sein Grenzkostenminimum bei $\langle 3 \,|\, 0 \rangle$ und sein Betriebsminimum liegt bei 4,5 ME. Bestimmen Sie den Term der ganzrationalen Kostenfunktion 3. Grades mit ertragsgesetzlichem Verlauf.

2. Durch die Funktion $K(x) = 0{,}1x^3 - 1{,}2x^2 + 5x + 80$ werden die Kosten eines Betriebs in einer Planperiode, durch die Funktion p mit $p(x) = 66 - 5{,}5x$ die Nachfragefunktion eines Angebotsmonopolisten beschrieben.
   a) Ermitteln Sie rechnerisch den Höchstpreis, die Sättigungsmenge und $D_{ök}$.
   b) Zeigen Sie, dass K eine Funktions mit ertragsgesetzlichem Kostenverlauf ist.
   c) Zeichnen Sie mithilfe von Excel die Graphen von K, K', k_v und k in 0,5er-Schritten in ein Tabellenblatt.
   d) Berechnen Sie, bis zu welcher Produktionsmenge der Gesamtkostenverlauf degressiv ist und ab welcher Produktionsmenge progressiv?
   e) Berechnen Sie das Betriebsminimum sowie das Betriebsoptimum und erklären Sie kurz deren Bedeutung.
   f) Bestimmen Sie die Terme der Erlösfunktion E und der Gewinnfunktion G und zeichnen Sie die Graphen von p, K, E und G in 0,5er-Schritten in ein weiteres Tabellenblatt derselben Datei.
   g) Berechnen Sie die Gewinnschwelle und -grenze sowie das Gewinnmaximum.

3. Wie zu jedem Jahresbeginn versuchen 2 Getränkehersteller ihren Getränkeabsatz vorherzubestimmen. Der Getränkehersteller A setzt einen jahreszeitbedingten Absatz gemäß der Absatzfunktion $A_1(x) = 0{,}5x^3 - 9x^2 + 40{,}5x + 150;\ x \in [0;\, 12]$ voraus. Hersteller B geht von demselben Absatz zu Beginn und am Ende des Jahres, ansonsten jedoch von einer linearen Steigerung innerhalb der 12 Monate aus.
   a) Zeichnen Sie den Graphen von A_1 mithilfe von Excel im Intervall $[0;\, 12]$.
   b) Bestimmen Sie den Term der linearen Absatzfunktion A_2 des Getränkeherstellers B und zeichnen Sie den zugehörigen Graphen in das vorhandene Koordinatensystem. (Kontrolle: $A_2(x) = 4{,}5x + 150$).
   c) Ermitteln Sie den Zeitraum, in dem der prognostizierte Absatz des Herstellers A abnimmt.
   d) Berechnen Sie, an welchem Monatsbeginn im zweiten Drittel des Jahres sich der vorhergesagte Getränkeabsatz des Herstellers A am stärksten verändert.
   e) Berechnen Sie, zu welchen Zeitpunkten die beiden Hersteller die größten Unterschiede in ihren Getränkeabsätzen erwarten?
   Warum sind zu diesen Zeitpunkten die Steigerungsraten beider Vorhersagen gleich groß?

4. Die Firma G13 bringt deutschlandweit ein neues Super-Abi-T-Shirt Rent'Abi'lität auf den Markt.
   a_1) Bei einer Produktionsanfrage überprüft die G13 zunächst ihre ertragsgesetzliche Kostenfunktion vom Typ $K(x) = ax^3 + bx^2 + cx + d$, wobei x die Produktionsmenge in 1.000 Stück angibt. Bei einer Produktion von 3 ME entstehen Kosten von 545 GE, die Fixkosten machen 200 GE aus. Die Grenzkosten betragen 10 GE pro ME bei einer Produktion von 4 ME. Das Betriebsminimum liegt bei einer Ausbringungsmenge von $40w$ ME. Begründen Sie mithilfe des Rangkriteriums, welchen Wert w nicht annehmen darf.

a_2) Die momentane Weltmarktlage erfordert $w = 0{,}15$. Berechnen Sie $K(x)$ und zeigen Sie, dass K unter diesen Bedingungen eine ertragsgesetzliche Kostenfunktion ist.

b) Zur Gewinnberechnung verwendet die Firma G 13 die Preis-Absatz-Funktion $p_N(x) = 312{,}5 - 31{,}25x$ eines Angebotsmonopolisten und die Kostenfunktion $K(x) = ax^3 - 60x^2 + 250x + 200$. Dabei gibt x die Produktionsmenge in 1.000 Stück und $K(x)$ die Kosten bzw. Preise in GE an, $a > 0$ hängt von den Textilweltmarktpreisen ab.

b_1) Bestimmen Sie den Definitionsbereich von p_N.

b_2) Zeigen Sie, dass für die Nachfragemenge 5 ME die Mengen- und Preisänderungen proportional elastisch sind und bestätigen Sie allgemein, dass für die Preis-Absatz-Funktion eines Angebotsmonopolisten vom Typ $p_N(x) = -\frac{p_h}{x_s} \cdot x + p_h$ die Mengen- und Preisänderungen proportional elastisch bei der Nachfragemenge $0{,}5x_s$ sind ($x_s \cong$ Sättigungsmenge, $p_h \cong$ Höchstpreis).

b_3) Erläutern Sie, welcher Summand im Term der Kostenfunktion K keine Auswirkung auf das Grenzkosten- und das Betriebsminimum sowie das Betriebsoptimum hat.

b_4) Bestimmen Sie für $a = 5$ die langfristige Preisuntergrenze mithilfe des Newton-Verfahrens auf 4 Nachkommastellen genau.

b_5) Ermitteln Sie, für welchen Parameter anstelle von a das Betriebsoptimum bei 6 ME liegt.

b_6) Geben Sie für $a = 5$ die Gewinnzone an, wenn die Gewinnschwelle bei 2 ME liegt.

b_7) Berechnen Sie, bei welcher Produktionsmenge in Abhängigkeit von a das Gewinnmaximum erreicht wird und geben Sie für $a = 5$ das Gewinnmaximum an.

b_8) Die Angebotsfunktion lautet $p_A(x) = e^{0{,}8x}$. Berechnen Sie zunächst mithilfe des Newton-Verfahrens das Marktgleichgewicht auf 4 Nachkommastellen genau und dann die Produzentenrente.

c) Die G13-Marketingstrategen gehen nach intensiven Marktforschungen von der Absatzfunktion $A_a(t) = 20at^2 \cdot e^{-at^2-0{,}1}$ aus. Dabei gibt t die Zeit in Monaten und $A_a(t)$ den Absatz in 1.000 Stück an, wobei $a > 0$ für die Abhängigkeit von den Schülerzahlen eines jeweiligen Abiturjahrgangs steht.

c_1) Ermitteln Sie in Abhängigkeit vom Parameter a den Zeitpunkt des maximalen Absatzes sowie den maximalen Absatz für $a = 0{,}15$ und interpretieren Sie das Ergebnis ökonomisch.

c_2) Bestimmen Sie die Ortskurve der Absatzmaxima und erläutern Sie deren Bedeutung für das G13-Unternehmen. Zu welchen Zeitpunkten hat das Unternehmen einen maximalen Absatz von ca. 6.660 ME? Welche Konsequenzen ergeben sich daraus?

c_3) Zu welchen Zeitpunkten wird der maximale Gewinn von 209,73 GE erwirtschaftet. Wenden Sie zur Berechnung der Zeitpunkte das Newton-Verfahren auf 2 Stellen nach dem Komma genau an. Dokumentieren Sie dabei die gewählten Startwerte und die Zwischenergebnisse.

c_4) Ermitteln Sie in Abhängigkeit vom Parameter a die Zeitpunkte, ab dem die Absatzsteigerungen und -minderungen nicht mehr zunehmen und begründen Sie rechnerisch den Absatzverlauf bis zum Jahresende.

c_5) Das Motiv auf dem T-Shirt soll eine moderne Designer-Form haben, dessen Rand durch die Funktion $f(x) = 9 - \frac{1}{4}x^4$ abgebildet wird (siehe Skizze). Berechnen Sie wie groß ein rechteckiger Aufdruck auf dem T-Shirt maximal sein kann.

c_6) Skizzieren Sie den Verlauf von $A_a(t)$ im Bereich $0 \leq t \leq 12$ für $a = 0{,}15$.

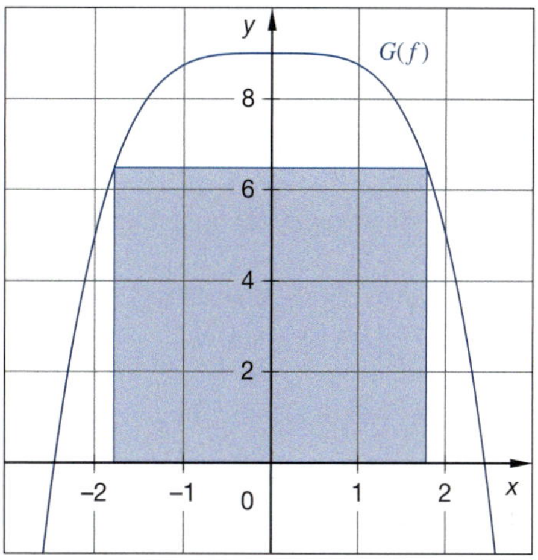

5. a) Die Kosten eines Betriebs zur Herstellung von PCs betragen 545 GE bei einer Ausbringungsmenge von 3 ME, die minimalen Grenzkosten 10 GE bei einer Produktion von 4 ME. Die kurzfristige Preisuntergrenze beträgt 70 GE bei einer Ausbringungsmenge von 6 ME. Bestimmen Sie den Term der Gesamtkostenfunktion 3. Grades.
Der PC-Hersteller kann die Gesamtkosten ihres Betriebs bei der Produktion von x ME durch die Funktion $K(x) = 5x^3 - 60x^2 + 250cx + 200$, $x \in [0; 10]$ beschreiben. Dabei gibt $c > 0$ die Abhängigkeit vom Weltmarktpreis an.

b) Bestimmen Sie den Wendepunkt des Graphen der Gesamtkostenfunktion K für $c = 1$ und geben Sie die ökonomische Bedeutung dieses Punktes auch in Bezug auf die Grenzkosten an.

c_1) Ermitteln Sie das Betriebsminimum und zeigen Sie seine Unabhängigkeit von c.

c_2) Bestimmen Sie für $c = 1$ die kurzfristige Preisuntergrenze.

d) Der PC-Hersteller vertreibt seine Produkte auf einem Markt in vollständiger Konkurrenz zu einem Verkaufspreis von 140 GE.

d_1) Ermitteln Sie, für welche Zahl anstelle von c die Gewinnschwelle bei 4 ME liegt?

d_2) Berechnen Sie die Gewinngrenze sowie das Gewinnmaximum.

6. Der Jahresbedarf eines Modebetriebs an T-Shirts beträgt 120.000 Stück, die Beschaffungsmenge ist in gleichgroße Bestellmengen x aufzuteilen, die Kosten pro Bestellung betragen 180 € und sind fix. Der Lagerkostensatz beläuft sich auf 10 % des eingesetzten Kapitals, wobei grundsätzlich vom durchschnittlichen Lagerbestand ausgegangen wird. Der Einstandspreis pro T-Shirt ist 3 €. Ermitteln Sie die optimale Bestellmenge, wobei weder Lieferzeiten noch Fehlmengen zu berücksichtigen sind.

7. Eine Unternehmerin produziert ein neuartiges Speichermedium und hat ein Monopol darauf. Die Gesamtkosten betragen 3.500 GE bei einer Produktion von 20 ME und 3.550 GE bei einer Ausbringungsmenge von 30 ME. Sie erreicht ihr Betriebsminimum bei einer Produktion von 40 ME und kommt auf Grenzkosten von 10 GE bei einer Ausbringungsmenge von 20 ME.

a) Bestimmen Sie den Term der Gesamtkostenfunktion dritten Grades und begründen Sie, warum Ihre Lösung eindeutig ist.

Für die weiteren Rechnungen ist der Kostenverlauf des Betriebs bei der Produktion von x ME durch die Funktion $K(x) = 0{,}05x^3 - 4x^2 + ax + 2.500$, $x \in [0; 100]$ beschrieben. Dabei gibt $a > 0$ die Abhängigkeit vom Weltmarktpreis an.

b_1) Bestimmen Sie, für welche reellen Zahlen anstelle von a die Kostenfunktion ertragsgesetzlich ist und begründen Sie, warum die Kostenfunktion für alle anderen Zahlen anstelle von a keinen ertragsgesetzlichen Verlauf hat.

b_2) Berechnen Sie, ab welcher Produktionsmenge der Kostenverlauf progressiv ist, und interpretieren Sie die Bedeutung dieser Ausbringungsmenge im Hinblick auf die Grenzkosten.

b_3) Ermitteln Sie das Betriebsminimum und zeigen Sie seine Unabhängigkeit von a.
Bestimmen Sie für $a = 110$ die kurzfristige Preisuntergrenze.

Im Folgenden gilt $a = 110$. Die Monopolistin hat die Preisabsatzfunktion $p(x) = -1{,}25x + 200$ ermittelt.

c_1) Bestätigen Sie rechnerisch den Funktionsterm $G(x) = -0{,}05x^3 + 2{,}75x^2 + 90x - 2.500$ der Gewinnfunktion.

c_2) Zeigen Sie, dass die Gewinnschwelle bei 20 ME liegt und geben Sie die Gewinnzone an.

c_3) Berechnen Sie den Cournotschen Punkt und erklären Sie seine Bedeutung.

8. Aufgrund einer Marktforschung liegen folgende Informationen über die preisabhängige Nachfrage nach einem Produkt vor: Bei einem Preis von 6 GE beträgt die nachgefragte Menge 1 ME, kostet das Produkt 3,75 GE werden 2 ME nachgefragt und bei einem Preis von 1,875 GE sogar 4 ME.

a) Das Verhältnis zwischen Preis P und Nachfrage x soll durch eine Funktion P vom Typ $P(x) = \frac{a}{x^2 + bx + c}$ näherungsweise beschrieben werden. Bestimmen Sie die Zahlen für a, b und c.

8

b) Für die weiteren Untersuchungen soll von der Funktion $P(x) = \frac{90}{x^2 + 6x + 8}$ ausgegangen werden.

b_1) Bestimmen Sie den Definitionsbereich von P.

b_2) Ermitteln Sie, für welche Nachfragemenge die Mengen- und Preisänderungen proportional elastisch sind.

b_3) Die Absatzmenge soll gleich der Nachfragemenge sein. Zeigen Sie für die differenzierbare Funktion P allgemein, dass bei der umsatzmaximalen Absatzmenge Mengen- und Preisänderung proportional elastisch sind.

c) Der Marktpreis liegt bei 1,875 GE. Stellen Sie die Konsumentenrente in einem Schaubild dar und berechnen Sie diese.

9. Gegeben sind die reellen Funktionen $f_a(x) = \frac{1}{a} + \ln(ax^2 + a)$ mit $a > 0$.

a) Bestimmen Sie den maximalen Definitionsbereich von f_a und ermitteln Sie das Grenzwert- und Symmetrieverhalten des Graphen von f_a.

b) Berechnen Sie die Achsenschnittpunkte, Extrem- und Wendestellen von $G(f_a)$.

c) Ein Designer hat eine Likörschale in der abgebildeten Form entworfen. Der Designer möchte, dass das Glas eine Gesamthöhe von 6,5 cm und einen Durchmesser von 8 cm am oberen Glasrand hat.
Die Unternehmensleitung der Glasfabrik beschließt, dass bei einer Gesamthöhe des Glases von 6,5 cm für die Produktion $a = 0{,}19$ zu Grunde gelegt werden soll.
Welches Likörvolumen kann in das Glas gefüllt werden, wenn man davon ausgeht, dass das Glas nur bis 0,5 cm unter den oberen Rand gefüllt wird?

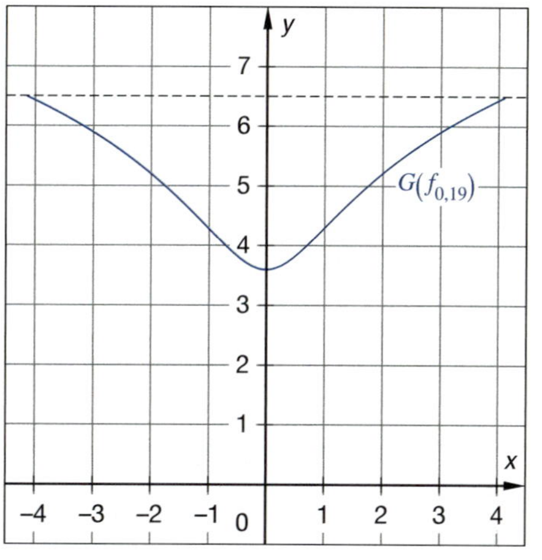

d) Die Gläserfabrikantin geht für $x \in (0;150]$ von der Erlösfunktion $E(x) = 1{,}2x$ und der Kostenfunktion $K(x) = x \cdot (\ln 0{,}01x)^2 + x \cdot \ln(0{,}01x) + x + 10$ aus. Bei welcher Ausbringungsmenge ist der Gewinn maximal?

e) Der Betrieb rechnet zukünftig mit einer Gewinnfunktion $G(x) = -\frac{x}{(\ln x)^2} + \frac{5x}{4 \cdot \ln x} - \frac{x}{4}$; $x > 1$.
Ermitteln Sie die Gewinnschwelle und -grenze. ► Hinweis: Substitution

10. Ein landwirtschaftlicher Betrieb kann mit den Faktormengenkombinationen $\langle 4|10 \rangle$, $\langle 6|7 \rangle$ und $\langle 14|5 \rangle$ der Einsatzfaktoren Spezialdünger (x) und Maschine (y) jeweils denselben Ertrag produzieren.

a) Stellen Sie den Term der Isoquantenfunktion I vom Typ $y = \frac{k}{x-a} + b$ auf, indem Sie die Zahlen anstelle von k, a und b bestimmen.

b) Die weitere Isoquantenfunktion $I(x) = \frac{10}{2x-5} + 4$ und die Preise der Einsatzfaktoren sind gegeben.
Eine Einheit des Faktors x kostet 16 €, eine Einheit von y kostet 20 €

b_1) Bestimmen Sie $D(I)$ und zeichnen Sie die Isoquante in einem sinnvollen Intervall.

b_2) Bestimmen Sie in Teil b) die Funktionsgleichungen $I_{K,b}(x)$ der Isokostenkurvenschar.

b_3) Berechnen Sie mithilfe der Differentialrechnung die Minimalkostenkombination.

b_4) Ermitteln Sie rechnerisch die Funktionsgleichung $I_K(x)$ dieser Isokostenkurve und zeichnen Sie sie in die vorhandene Zeichnung ein.

b_5) Berechnen Sie den für die Realisierung der Minimalkombination erforderlichen Geldbetrag.

11. Die G13-Firma „Summer-Feeling" betreibt ein Geschäft für Sommermode und hat für die ersten Wochen im Jahr einen Umsatz prognostiziert, der der Funktion $U_1(t) = \frac{6}{e^{9-t} + 3}$, $t \geq 0$ entspricht. Der Umsatz U_1 in t Wochen wird in GE gemessen, 1 GE entspricht 100.000 €.

a) Zeichnen Sie den Graphen von U_1 mithilfe von EDV in einem geeigneten Intervall.

b) Berechnen Sie den Zeitpunkt, an dem die Firma den stärksten Umsatzanstieg verzeichnet, und beziffern sie ihn.

c) Bestimmen Sie den langfristig erreichbaren Umsatz und äußern Sie sich zur ökonomischen Bedeutung der Funktion U_1 für den Betrieb.

Die Firma „Summer-Feeling" erkennt, dass die Funktion U_1 den Umsatz im Frühling bis zur 20. Woche durchaus gut beschreibt, danach aber unrealistisch ist. Mit Beginn der 21. Woche verläuft der Umsatz zunächst gemäß der Funktion $U_2(t) = 0{,}037\,t^2 \cdot e^{-0{,}1t}$, $t > 20$.

d) Zeichnen Sie den Graphen von U_2 in die vorhandene Zeichnung ein.

e) Untersuchen Sie die abschnittsweise definierte Funktion U, die aus U_1 mit $t \in [0; 20]$ und aus U_2 mit $t > 20$ besteht, auf Stetigkeit an der Stelle 20 und äußern Sie sich zu der ökonomischen Bedeutung.

Zum Zeitpunkt des stärksten Umsatzrückgangs erkennt die Firmenleitung, dass die Funktion U_2 durch eine lineare Funktion U_3 ersetzt werden muss, die zu diesem Zeitpunkt den gleichen Umsatzrückgang ausweist.

f) Bestimmen Sie den Zeitpunkt des stärksten Umsatzrückgangs sowie den Funktionsterm von U_3 und äußern Sie sich zu der ökonomischen Bedeutung.

g) Ermitteln Sie den Umsatz in der 45. Woche und zeichnen Sie den Graphen von U_3 in die vorhandene Zeichnung ein.

Die Controllingabteilung erkennt, dass der Umsatz nach der 45. Woche noch stärker abnimmt.

h) Berechnen Sie den Term einer quadratischen Funktion U_4, die am Ende der 45. Woche die Funktion U_3 stetig (nahtlos) fortsetzt und am Ende der 52. Woche keinen Umsatz mehr ausweist.

i) Notieren Sie den Funktionsterm der abschnittsweise definierten Funktion U, die aus den Teilfunktionen U_1, U_2, U_3 und U_4 besteht, und bewerten Sie U unter ökonomischen Aspekten.

j) Die Betriebsleitung hat erkannt, dass der Jahresumsatz der Fläche unterhalb des Graphen von U im Intervall $[0; 52]$ entspricht. Bestimmen Sie den Gesamtjahresumsatz auch mithilfe von EDV.

12. Die Firma G13 bringt ein neues Super-Handy mit einer 120 Megapixel-Kamera auf den Markt.

a_1) Bei einer Produktionsanfrage überprüft das Unternehmen zunächst seine ertragsgesetzliche Kostenfunktion vom Typ $K(x) = ax^3 + bx^2 + cx + d$. Bei einer Produktion von 4 ME entstehen Kosten von 44 GE, die Fixkosten betragen 4 GE. Die Grenzkosten bei einer Produktion von 1 ME betragen 3 GE pro ME. Bis zu einer Produktion von t ME steigen die Kosten degressiv, danach progressiv. Bestimmen Sie den Funktionsterm in Abhängigkeit von $t \in \mathbb{R}$ und begründen Sie mithilfe des Rangkriteriums, dass t nicht den Wert $\frac{13}{6}$ annehmen darf.

a_2) Bei näherer Überprüfung wird festgestellt, dass $a > 0$ und $b = -3$ ist. Ermitteln Sie die Beziehung zwischen a und c, damit eine ertragsgesetzliche Kostenfunktion vorliegt.

b) Für die Gewinnberechnung verwendet die Firma G 13 die Preis-Absatz-Funktion $p_N(x) = 30 - 0{,}5x$ eines Angebotsmonopolisten und die Kostenfunktion $K(x) = 10x + 5$. Dabei gibt x die Produktionsmenge in ME und $K(x)$ die Kosten bzw. Preise in GE an.

b_2) Bestimmen Sie den Definitionsbereich von p_N.

b_2) Für welche Nachfragemenge sind Mengen- und Preisänderung proportional elastisch?

b_3) Weisen Sie allgemein den Zusammenhang zwischen der Grenzerlösfunktion E' und der Funktion der Nachfrageelastizitäten e durch die Amoroso-Robinson-Relation

$E'(x) = p(x) \cdot \left(1 - \frac{1}{e(x)}\right)$ nach.

8

b_4) Untersuchen Sie mithilfe von $e(x)$ und der Amoroso-Robinson-Relation den Verlauf der Erlösfunktion und bestimmen Sie so die Bereiche elastischer und unelastischer Nachfrage. Welche Auswirkungen haben Preisänderungen in diesen Bereichen jeweils auf die Mengenänderungen?

b_5) Berechnen Sie, bei welcher Absatzmenge das Gewinnmaximum erreicht wird und geben Sie das Gewinnmaximum an.

c) Die Marketing-Abteilung beauftragte ein Marktforschungsinstitut, das folgende Absatzfunktion in Abhängigkeit von dem Werbebudget w der Firma G 13 erstellt: $f_w(t) = \frac{1}{w} t^2 \cdot e^{-0,1 \cdot \frac{1}{w} t}$.

Dabei gibt t die Zeit in Monaten und $f_w(t)$ den Absatz in ME an. Rechnen Sie zunächst mit $w = 0,5$.

c_1) Zur Bestimmung eines optimalen Produktportfolios möchte die Unternehmensleitung wissen, zu welchem Zeitpunkt der Absatz am höchsten ist und welcher Absatzhöhe er sich langfristig nähert. Berechnen Sie die gefragten Daten.

c_2) Ermitteln Sie den Zeitpunkt, ab dem die Absatzsteigerungen und -minderungen nicht mehr zunehmen.

c_3) Skizzieren Sie den Verlauf von $f(t)$ im Bereich $0 \le t \le 25$. Maßstab: 5 Monate = 2,5 cm.

c_4) Zu welchen Zeitpunkten wird der maximale Gewinn von 195 GE erwirtschaftet. Wenden Sie zur Berechnung der Zeitpunkte das Newton-Verfahren auf zwei Stellen nach dem Komma genau an. Dokumentieren Sie dabei die gewählten Startwerte und die Zwischenergebnisse.

c_5) Berechnen Sie, wie hoch der Absatz insgesamt im 1. Halbjahr ist.

d) In einer Modellrechnung ermittelt das Unternehmen, wie sich eine Veränderung des Parameters w mit $0,5 \le w \le 1$ auf das Absatz-Maximum auswirkt.

d_1) Berechnen Sie die Koordinaten des Maximums.

d_2) Bei welchem Wert für den Parameter w mit $0,5 \le w \le 1$ ist der Absatz am größten? Zu welchem Zeitpunkt wird das stattfinden?

d_3) Marktforschungen gehen davon aus, dass der maximal mögliche Absatz 50 ME beträgt. Zu welchem Zeitpunkt wird das sein?

13. Ein Start-Up-Unternehmen der IT-Branche leidet unter der Wirtschaftskrise, zu Beginn des Jahres 2009 ist der Absatz total eingebrochen. Um zukünftig besser reagieren zu können, betreibt das Unternehmen Marktforschungen, aus deren Prognosen sich die betrieblichen Kosten- und Erlösfunktionen für die 6 Jahre 2009 bis 2014 ableiten lassen:
$K(t) = 3 - t^2 \cdot e^{-t}$ und $E_a(t) = 6t \cdot e^{-0,1at^2}$, $t \in [0, 6]$, wobei K bzw. E_a die Kosten bzw. den Erlös in GE in t Jahren darstellen. 1 GE ≅ 100.000 €, $t = 0$ markiert den Beginn des Jahres 2009, $a > 0$ ist eine vom Geschäftsklimaindex abhängige Größe.

a) Bestimmen Sie die Kosten und den Erlös der Unternehmung im Januar 2009 sowie nach dem Jahr 2014, zeichnen Sie $G(K)$ und $G(E.)$ und interpretieren Sie die ökonomischen Situationen.

b) Ermitteln Sie die Zeitpunkte der minimalen Kosten und des maximalen Erlöses. Erörtern Sie den Einfluss von a auf die Erlösentwicklung.

c) Berechnen Sie, zu welchen Zeitpunkten die Kosten bzw. Erlöse am stärksten steigen bzw. fallen.

d) Bestimmen Sie mithilfe von EDV die Gewinnzone und den Zeitpunkt des Gewinnmaximums der Unternehmung für $a = 1$. Äußern Sie sich zum Einfluss von a auf den Gewinnverlauf.

e) Berechnen Sie die Gesamtkosten und Gesamterlöse der Unternehmung und für $a = 1$ in den 6 Jahren.

14. a) Ein PC-Hersteller kann die Gesamtkosten seines Betriebs bei der Produktion von x ME durch die Funktion $K(x) = 5x^3 - 60x^2 + 250x + 200$, $x \in [0; 10]$ beschreiben. Neben K sind die Erlösfunktionen $E_a(x) = ax$ gegeben, G_a sind die zugehörigen Gewinnfunktionen. Bestimmen Sie die reelle Zahl anstelle von a so, dass $\int_0^2 G_a(x)\,dx = 40$ gilt.

b) Für ein Notebook mit besonders großem Display wird eine Marktanalyse durchgeführt, wobei sich die Nachfragesituation entsprechend der Funktion p_N mit $p_N(x) = 10e^{-0,1x} + e^2$ und die Angebotssituation entsprechend der Funktion p_A mit $p_A(x) = e^{0,2x} + 10e^{-1}$ darstellt. Bei diesen Bedingungen wird das Marktgleichgewicht bei 10 ME angenommen. Ermitteln Sie die Produzentenrente.

15. Gegeben ist die Funktion $f(x) = a \cdot \cos(bx) + c$ mit $a, b, c \in \mathbb{R} \setminus \{0\}$ und der Definitionsmenge $\mathbb{R}$.

a) Bestimmen Sie reelle Zahlen für a, b, c so, dass der Graph der Funktion f durch den Punkt $P\langle 0|5\rangle$ verläuft und im Punkt $W\left\langle \frac{1}{2} \middle| 2 \right\rangle$ den Wendepunkt mit dem kleinsten positiven x-Wert besitzt.

b) Welche Periode besitzt die Funktion f?

c) Ermitteln Sie die Hoch- und Tiefpunkte der Funktion f im Intervall $[-2; 2]$. Geben Sie für den gesamten Definitionsbereich allgemein an, an welchen Stellen die Hoch- bzw. Tiefpunkte der Funktion f zu finden sind.

d) Zeichnen Sie den Graphen von f im Intervall $[-2; 2]$.

e) Gebeben ist nun die weitere Funktion $g(x) = e^{0,5 \cdot x}$. Bestimmen Sie mithilfe des Newton-Verfahrens auf vier Nachkommastellen genau den Schnittpunkt von $G(f)$ und $G(g)$ im ersten Quadranten.

f) Zeichnen Sie den Graphen von g in das Koordinatensystem aus Aufgabenteil **c)**.

g) Berechnen Sie die Maßzahl der Fläche, die der Graph von f und g mit der x- und y-Achse im ersten Quadranten einschließen.

Übungen zur Stochastik

16. Das Robert-Koch-Institut testete für ein Pharmaunternehmen an 600 Personen ein neues Medikament gegen Heuschnupfen, von dem der Hersteller behauptet, dass es besser sei als sein bisher verkauftes altes Medikament, das sich in 70% aller Fälle als wirksam erwies.

a) Der Test ergab, dass das neue Medikament bei 440 Personen eine positive Wirkung zeigte. Sollte das neue Medikament das alte ersetzen bei einem Signifikanzniveau von 5%?

b) Bleibt die Entscheidung wie bei a), wenn die Irrtumswahrscheinlichkeit 1. Art nicht größer als 2,5% betragen darf?

c) Welchen Fehler macht man mit der Entscheidung gegen das neue Medikament, wenn die tatsächliche Erfolgsquote des neuen Medikaments bei 80% liegt?

d) Ermitteln Sie zu der Nullhypothese H_0: „Das neue Medikament wirkt zu 80%" den Verwerfungsbereich zu einem Signifikanzniveau von 2,5%.

17. Ein Hersteller von Badarmaturen fertigt das Modell „Luxus" in drei Produktionsstufen, auf denen unabhängig voneinander Mängel auftreten können. Der Hersteller rechnet aus Erfahrung, dass auf der 1. Stufe 10 %, auf der 2. Stufe 5,5 % und auf der 3. Stufe 11,8 % Mängel entstehen. Zwischen den einzelnen Produktionsstufen findet keine Qualitätskontrolle statt.

a) Zeigen Sie, dass mit einer Wahrscheinlichkeit von ungefähr 75 % eine fertig gestellte Armatur völlig ohne Mängel ist (Qualität A).

b) Die Zufallsvariable X gibt die Anzahl der Armaturen an, die nicht die Qualität A erreichen.
Begründen Sie, unter welchen Voraussetzungen man davon ausgehen kann, dass X binomialverteilt ist.
Geben Sie die Wahrscheinlichkeitsfunktion von X, ihren Erwartungswert, ihre Varianz und ihre Standardabweichung in Abhängigkeit vom Umfang n der Produktion an.

Gehen Sie bei den folgenden Aufgabenteilen c) bis f) davon aus, dass X binomialverteilt ist und die Wahrscheinlichkeit, dass eine fertig gestellte Armatur Mängel aufweist, 25 % beträgt.

c) Die Annahme $p = 0,25$ soll an einer Stichprobe von 100 Armaturen mithilfe eines geeigneten Testverfahrens überprüft werden, bei dem die Wahrscheinlichkeit für den Fehler 1. Art (die Annahme $p = 0,25$ wird fälschlicherweise verworfen) nicht größer als 5 % ist. Erläutern Sie Ihre Entscheidung.

d) Nach der 3. Produktionsstufe werden die Armaturen auf ihre Qualität hin überprüft, weil nur Geräte der Qualität A in den Verkauf kommen sollen. Dabei werden erfahrungsgemäß aber 2 % der fehlerhaften Armaturen fälschlicherweise als Qualität A und 1 %, die eigentlich der Qualität A zuzurechnen sind, als fehlerhaft eingestuft. Weisen Sie nach, dass der Anteil der in den Verkauf gehenden Armaturen 74,75 % beträgt und bestimmen Sie die Wahrscheinlichkeit, dass eine als Qualität A eingestufte Armatur fehlerhaft ist.

e) Die durchschnittlichen variablen Produktionskosten einer Armatur betragen 269,10 €. Jede an den Großhändler verkaufte Armatur ergibt einen Stückdeckungsbeitrag von 60 €. Ermitteln Sie den Verkaufspreis.

f) Bemerkt der Großhändler, dass eine ihm verkaufte Armatur nicht der Qualität A entspricht, dann muss der Hersteller laut Vertrag das Gerät umtauschen.
Bestimmen Sie den Prozentsatz an gerechtfertigten Reklamationen, von dem an der Stückdeckungsbeitrag unter 55 € sinkt (eine weitere Reklamation wird ausgeschlossen). Beurteilen Sie Ihr Ergebnis.

18. In einem Betrieb werden Buchstützen hergestellt. Auf der 1. Produktionsstufe werden zugeschnittene Metallplatten rechtwinklig gebogen, auf der 2. Stufe werden sie dann beschichtet. Erfahrungsgemäß betragen die Fehlerquoten auf der 1. Stufe 2 % und auf der 2. Stufe 8 %. Die Fehler treten unabhängig voneinander auf.

a) Ermitteln Sie die Wahrscheinlichkeit für ein fehlerhaftes Produkt.

b) Am Ende des gesamten Produktionsprozesses werden täglich zufällig 20 Buchstützen entnommen. Unterstellen Sie eine Wahrscheinlichkeit von 10 %, dass eine Buchstütze fehlerhaft ist. Berechnen Sie die Wahrscheinlichkeit, dass in der Stichprobe

b_1) genau die als 2., 3. und 4. entnommenen Buchstützen;

b_2) höchstens 3 Buchstützen;

b_3) genau 3 Buchstützen;

b_4) zwischen 2 und 4 Buchstützen fehlerhaft sind.

c) In einem anderen Betrieb des Unternehmens werden aus Blechen DVD–Halter gebogen und mit Farbe beschichtet. Dabei treten 2 Fehler unabhängig von einander auf. Fehlertyp B: Die Bleche werden nicht exakt gebogen; Fehlertyp F: Die Farbe wird nicht korrekt aufgetragen. 10 % der Produkte haben mindestens einen der beiden Fehler.

c_1) Bestimmen Sie die Wahrscheinlichkeit dafür, dass die Bleche nicht exakt gebogen werden, wenn bekannt ist, dass die Wahrscheinlichkeit für die Fehlerart F 7 % beträgt.

c_2) Mit welcher Wahrscheinlichkeit tritt genau einer der Fehlerarten B oder F auf?

d) Eine Veränderung des Produktionsprozesses soll die Fehlerquote auf maximal 6 % senken. In einer Stichprobe vom Umfang 100 Stück werden 8 fehlerhafte DVD–Halter gefunden. Ist das Ziel, die Fehlerquote auf 6 % zu senken, erreicht, wenn der Produktionsleiter von einem Signifikanzniveau von 5 % ausgeht?

e) Am Ende des Produktionsprozesses werden die DVD–Halter einer Kontrolle unterzogen, bei der mit einer Wahrscheinlichkeit von 97 % ein Fehler erkannt und das Produkt daraufhin aussortiert wird. Allerdings wird in 2 % der Fälle ein fehlerloses Produkt aus Versehen aussortiert. Tatsächlich weisen 4 % der DVD–Halter Fehler auf.

e_1) Wie hoch ist der Anteil der als fehlerlos erkannten (und damit nicht aussortierten) DVD–Halter?

e_2) Ermitteln Sie die Wahrscheinlichkeit dafür, dass unbeanstandete DVD–Halter Fehler haben.

e_3) Die Endkontrolle wurde bisher von einem Mitarbeiter als Sichtkontrolle vorgenommen; dabei entstanden Kosten von 0,50 € pro produziertem Stück. Allerdings muss pro berechtigter Reklamation mit Kosten von 100 € gerechnet werden.
Der Produktionsleiter zieht deshalb die Anschaffung eines elektronischen Prüfgeräts in Betracht, bei dem mit variablen Kosten von 0,10 € pro produziertem Stück und in einer Periode mit fixen Kosten von 500 € pro Periode kalkuliert werden muss. Der Hersteller des Prüfgeräts garantiert, dass es jedes fehlerhafte Produkt erkennt.

Zeigen Sie, ab welcher Produktionsmenge pro Periode sich eine Umstellung des Kontrollverfahrens lohnt. Dabei kann man davon ausgehen, dass die Kosten für ungerechtfertigte Reklamationen vernachlässigbar gering sind.

19. Der Medipharmkonzern möchte für sein neues Schmerzmittel den benötigten Grundstoff Ranitidinhydrochlorid (RHC) von der Chem AG beziehen. Dieser Lieferer hat in den letzten Jahren festgestellt, dass bei der Produktion von RHC höchstens 5% Ausschuss entstehen.

a) Berechnen Sie die Wahrscheinlichkeit, dass von 50 ME mindestens 3 ME fehlerhaft sind.

b) Aufgrund vermehrter Reklamationen scheint aber der Anteil fehlerhafte Produkte in letzter Zeit über 5% zu liegen. In einem solchen Fall muss der Produktionsprozess angehalten und müssen die Fertigungsapparaturen mit hohem Zeit- und Kostenaufwand überprüft werden.
Deshalb wird in der Fertigungsabteilung darüber nachgedacht, eine neue Teststrategie einzuführen: Der laufenden Produktion wird eine Stichprobe von 50 ME entnommen und überprüft. Sind davon mehr als 3 ME fehlerhaft, so wird die Annahme verworfen, dass der Anteil der fehlerhaften Produkte nicht mehr als 5% beträgt. In diesem Fall wird die Produktion gestoppt.

b_1) Geben Sie die Hypothese in Kurzform (mathematisch) an. Berechnen Sie das Signifikanzniveau des Testverfahrens.

b_2) Bei dem Test stellt sich heraus, dass 10% (statt der erwarteten 5%) fehlerhaft sind. Berechnen Sie hierfür, wie groß die Wahrscheinlichkeit ist, dass die Produktion nicht unterbrochen wird.

c) Die Chem AG geht weiterhin davon aus, dass höchstens 5% der Produktion von RHC fehlerhaft sind. Es wird darüber nachgedacht, ein neues Testverfahren einzuführen:
Sind bei einer Stichprobe von 50 ME höchstens 2 ME fehlerhaft, dann wird die Produktion nicht unterbrochen, sind mehr als 5 ME fehlerhaft, dann wird die Produktion gestoppt.
Außerdem werden bei 3, 4, und 5 fehlerhaften ME weitere 25 ME überprüft. Ist davon mehr als 1 ME fehlerhaft, dann wird die Produktion ebenfalls gestoppt, andernfalls weiter geführt.
Stellen Sie dieses Testverfahren übersichtlich in einem Baumdiagramm dar. Berechnen Sie, wie groß das Risiko ist, dass die Produktion unnötigerweise unterbrochen wird.

d) Weil dem Vorstand der Chem AG die Anzahl der fehlerhaften Produkte zu groß ist, will er das Risiko, die Produktion unnötigerweise zu unterbrechen, auf höchstens 5% beschränken und verlangt, dass 200 ME getestet werden.
Berechnen Sie für $p = 0{,}05$ den kritischen Wert für eine Entscheidungsregel, die dem genannten Signifikanzniveau genügt.

e) Gehen Sie jetzt davon aus, dass 6% der ME fehlerhaft sind. Trotzdem soll die Produktion nicht unterbrochen werden. Stattdessen werden alle ME einer Endkontrolle unterworfen.
Allerdings ist diese Kontrolle nicht fehlerfrei: 2% der fehlerlosen ME werden als fehlerhaft eingestuft und 4% der fehlerhaften ME passieren die Kontrolle ohne Beanstandungen.

e_1) Stellen Sie die Situation in einem Baumdiagramm oder in einer Vierfeldertafel dar.

e_2) Ermitteln Sie die Wahrscheinlichkeit, dass eine als fehlerhaft eingestufte ME einwandfrei ist.

e_3) Berechnen Sie die Wahrscheinlichkeit, dass eine als einwandfrei eingestufte ME fehlerhaft ist.

e_4) Beurteilen Sie das Testverfahren.

20. Zur laufenden Fußballbundesligasaison bringt ein Produzent Tüten mit Sammelbildern von Fußballern der Bundesliga heraus, wobei sich nur in jeder 4. Tüte ein Nationalspieler befindet.

a) Ein Kunde kauft 20 Tüten. Erklären Sie, welche Bedeutung in diesem Zusammenhang die folgende Rechnung hat:

$$\binom{20}{2} \cdot \left(\frac{1}{4}\right)^2 \cdot \left(\frac{3}{4}\right)^{18} \approx 0{,}0669.$$

Ermitteln Sie die Wahrscheinlichkeiten $P(A)$ und $P(B)$ der Ereignisse:

A: In keiner der 20 Tüten ist das Bild eines Nationalspielers.

B: Es befinden sich höchstens 3 Bilder von Nationalspielern in den 20 Tüten.

b) Ein Kunde befürchtet, dass nicht in jeder 4. Tüte ein Bild eines Nationalspielers steckt. Er kauft deshalb 100 Tüten.
Erklären Sie, warum aus Sicht des Kunden die Behauptung des Herstellers abzulehnen ist, dass jede 4. Tüte ein Bild eines Nationalspielers enthält.
Der Kunde geht von einem Betrug aus, wenn in weniger als 18 Tüten ein Bild eines Nationalspielers ist. Erklären Sie, was in diesem Zusammenhang ein Fehler 1. Art ist und berechnen Sie seine Wahrscheinlichkeit.

c) Ein Käufer möchte unbedingt das Bild eines Nationalspielers erhalten. Berechnen Sie, wie viele Tüten er erwerben muss, um mit einer Sicherheit von 99,9 % mindestens eine Tüte mit dem Bild eines Nationalspielers zu bekommen.

d) Bei der Herstellung der Bilder der Nationalspieler treten ausschließlich die beiden Fehler F_1 und F_2 auf, die unabhängig von einander sind. Ein Bild ist einwandfrei, wenn es keinen der beiden Fehler aufweist. Erfahrungsgemäß sind 90 % der Bilder einwandfrei und bei 7,5 % tritt der Fehler F_1 auf.
Veranschaulichen Sie die Zusammenhänge in einem Baumdiagramm und bestimmen Sie die Wahrscheinlichkeit, mit der der Fehler F_2 auftritt.

21. Der Arzneimittelkonzern Medipharm lud im Mai 500 Pharmareferenten aus der ganzen Welt zu einem Tag der offenen Tür mit anschließendem Kongress nach Mannheim ein. Ziel der Veranstaltung war die Vorstellung eines neuen Schmerzmittels, das schon vorab für Schlagzeilen in Fachzeitschriften und sogar in der Tagespresse gesorgt hatte. Um auszuloten, wie groß der Bekanntheitsgrad des neuen Mittels bereits war, wurde ein Markforschungsinstitut (MFI) mit einigen Umfragen beauftragt.

Die Marketingabteilung geht davon aus, dass sich 20% der Pharmareferenten schon detailliert über das neue Medikament informiert haben. Berechnen Sie die Wahrscheinlichkeit, dass

a_1) von 100 Befragten genau 30,

a_2) von 100 Befragten mehr als 30

a_3) von 100 Befragten wenigstens 18, aber höchstens 24 detaillierte Vorabinformationen besitzen.

b) Gehen Sie weiter davon aus, dass 20% der Kongressbesucher schon detailliert informiert sind. Das MFI möchte bei seiner Umfrage mindestens 58 informierte Händler befragen. Ermitteln Sie den Stichprobenumfang, damit diese Bedingung mit einer Sicherheitswahrscheinlichkeit von 95,5 % erfüllt wird.

c) Nach Vorstellung des neuen Medikaments sollten alle 500 Teilnehmer die Frage beantworten: „Würden Sie das neue Medikament bei Ihren Arztbesuchen empfehlen?“ 256 Referenten antworteten mit „ja“. Darauf hin stellte das MFI in seinem Bericht an die Marketingabteilung fest: „Die Mehrheit der Pharmareferenten ist bereit, das Medikament zu empfehlen.“
Überprüfen Sie, ob diese Behauptung mit einer Sicherheitswahrscheinlichkeit von 99,7 % aufgestellt werden kann.

d) Am Ende des Kongresses soll das MFI ausforschen, ob die Vorstellung des Produkts eine ausreichende Werbewirkung bei den Teilnehmern erzielt hat oder ob zusätzliche Werbemaßnahmen ergriffen werden müssen. Da sich der Kongress langsam auflöst und die Teilnehmer den Ausgängen zustreben, versucht das MFI diese Frage mithilfe eines Hypothesentests zu klären. Dazu wird folgende Hypothese vorgeschlagen: H_0: $p < 0{,}4$ und die Entscheidungsregel lautet: „Es soll keine zusätzliche Werbung bei den Pharmareferenten betrieben werden, wenn mehr als 48 der befragten 100 Personen das Medikament unbedingt ihren Kunden empfehlen werden.“
Beschreiben und beurteilen Sie die Fehler, die bei dieser Hypothese auftreten können. Entscheiden Sie, welcher dieser Fehler von der 1. Art ist und berechnen Sie ihn.

e) Die Hypothese soll auf dem Signifikanzniveau von 5 % getestet werden.
Ermitteln Sie die kritische Zahl k, mit der die Entscheidungsregel formuliert werden darf.

Übungen zur Linearen Algebra und Vektorgeometrie

22. Am Wirtschaftsgymnasium werden in der G 13 zur Abiturvorbereitung 2 T-Shirts aus 3 Rohstoffen bzw. 4 Zwischenprodukten gemäß nachstehender Tabellen gefertigt.

	Z_1	Z_2	Z_3	Z_4
R_1	3	3	6	7
R_2	4	0	2	5
R_3	5	8	1	0

	T_1	T_2
Z_1	5	6
Z_2	a	0
Z_3	0	b
Z_4	c	4

	T_1	T_2
R_1	42	70
R_2	35	52
R_3	41	34

a) Bestimmen Sie die Matrix ZT.

b) Zunächst sollen alle von den Eltern gespendeten Rohstoffe verbraucht werden. Es sind noch 1.554 ME von R_1, 1.200 ME von R_2 und 1.002 ME von R_3 vorhanden. Berechnen Sie, wie viele T-Shirts hergestellt werden können.

c) 42 Schülerinnen und Schüler haben ein T-Shirt T_1 bestellt, für das T-Shirt T_2 interessieren sich auch Lehrerkräfte und Eltern, so dass davon 75 Exemplare bestellt werden müssen. Ermitteln Sie, wie viele ME der einzelnen Rohstoffe benötigt werden.

d) Wegen der noch nicht gesicherten Finanzierung der Abifete entschließt man sich, die T-Shirts nicht zu verschenken. Die Kosten für die Rohstoffe und die Verkaufspreise je ME ergeben sich aus nachstehender Tabelle. Berechnen Sie, welcher Deckungsbeitrag erwirtschaftet wird, wenn alle 42 T-Shirts T_1 und 75 T-Shirts T_2 verkauft werden.

Produkt	R_1	R_2	R_3
Kosten €	0,025	0,051	0,0375

Produkt	T_1	T_2
Verkaufspreise €	5	8

23. Ein Betrieb stellt, wie dem Diagramm und der Tabelle zu entnehmen ist, aus drei Rohstoffen R_1, R_2 und R_3 zwei Zwischenprodukte Z_1 und Z_2 sowie aus den Rohstoffen und den Zwischenprodukten drei Endprodukte E_1, E_2 und E_3 her.
Die Tabelle gibt jeweils die Gesamtzahl der einzelnen Rohstoffe an, die für je ein Endprodukt benötigt werden.

	E_1	E_2	E_3
R_1	8	6	3
R_2	9	5	4
R_3	3	9	4

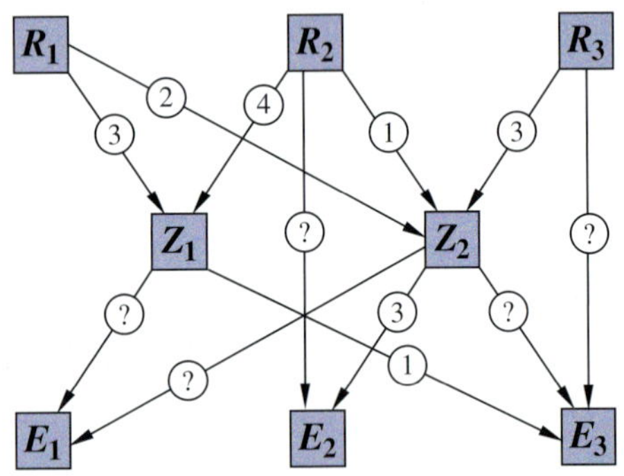

a) Bestimmen Sie
– die Matrix $\boldsymbol{RZ}$, die den Rohstoffeinsatz für je ein Zwischenprodukt angibt,
– die Matrix $\boldsymbol{ZE}$, die den Zwischenprodukteinsatz für je ein Endprodukt angibt und
– die Matrix $\boldsymbol{RE_{dir}}$, die den direkten Rohstoffeinsatz für je ein Endprodukt angibt.

b) Berechnen Sie den Vorrat an den einzelnen Rohstoffen, damit 5 ME von E_1, 6 ME von E_2 und 3 ME von E_3 hergestellt werden können.

c) Zur Herstellung der Zwischenprodukte werden 48 ME vom Rohstoff R_1 und 44 ME von R_2 verbraucht.

c$_1$) Ermitteln Sie, wie viele ME vom Rohstoff R_3 notwendig sind, wenn alle Rohstoffmengen verarbeitet werden sollen.

c$_2$) Wie viele ME der einzelnen Zwischenprodukte können produziert werden?

d) Der Produktionsvektor ist $\boldsymbol{x} = (5, 6, 3)^T$, (vgl. Teil b).
Die Rohstoffkosten betragen in GE pro ME: $\boldsymbol{k_R} = (2, 1, 5)$.
Die Herstellungskosten je ME der Endprodukte für die einzelnen Zwischenprodukte Z_1 und Z_2 sind gleich groß.
Die Produktionskosten für E_1 und E_2 sind dreimal, die Kosten für E_3 viermal so groß wie die Kosten für jedes einzelne Zwischenprodukt. Die Fixkosten betragen 103 GE.
Aus Wettbewerbsgründen sind die Verkaufspreise für je eine ME der Endprodukte wie nebenstehend festgelegt.

E_1	E_2	E_3
90	50	140

Berechnen Sie, wie hoch die Produktionskosten je ME für die Zwischen- bzw. Endprodukte sein dürfen, wenn weder Gewinn noch Verlust erwirtschaftet werden soll.

24. Ein Betrieb stellt aus 2 Rohstoffen R_1 und R_2 3 Zwischenprodukte Z_1, Z_2 und Z_3 sowie aus den Zwischenprodukten 3 Endprodukte E_1, E_2 und E_3 her. Gegeben ist die Matrix $\boldsymbol{A}$, die die Anzahl der Rohstoffe für je ein Zwischenprodukt, die Matrix $\boldsymbol{B}$, die die Anzahl der Zwischenprodukte für je ein Endprodukt und die Matrix $\boldsymbol{C}$, die den Rohstoffeinsatz für je ein Endprodukt angibt.

$$\boldsymbol{A} = \begin{pmatrix} 1 & 4 & 0 \\ 3 & 2 & 1 \end{pmatrix}, \quad \boldsymbol{B} = \begin{pmatrix} b_{11} & b_{12} & 5 \\ 0 & b_{22} & b_{23} \\ 3 & 0 & b_{33} \end{pmatrix}, \quad \boldsymbol{C} = \begin{pmatrix} 2 & 16 & 9 \\ 9 & 18 & 19 \end{pmatrix}$$

a) Bestimmen Sie die Matrix $\boldsymbol{B}$ und zeichnen Sie ein Verflechtungsdiagramm.
Hinweis: $\boldsymbol{B} = \begin{pmatrix} 2 & 4 & 5 \\ 0 & 3 & 1 \\ 3 & 0 & 2 \end{pmatrix}$

b) Der Betrieb hat 111 ME von R_1 und 101 ME von R_2 auf Lager. Bestimmen Sie die Anzahl, die von jedem Zwischenprodukt hergestellt werden kann, wenn von Z_2 das dreifache von Z_3 benötigt wird und R_1 sowie R_2 vollständig verarbeitet werden sollen.

c) Für einen weiteren Auftrag wurden insgesamt 820 ME von R_1 und 1.750 ME von R_2 verarbeitet. Der Auftraggeber bestellte 40 ME vom Endprodukt E_3. Ermitteln Sie, wie viele Endprodukte E_1 und E_2 von ihm geordert wurden.

d) Der Betrieb hat vom Endprodukt E_1 doppelt soviel wie von E_2 und halb soviel wie von E_3 gefertigt und dabei 210 ME vom Zwischenprodukt Z_2 verarbeitet. Berechnen Sie, welche Mengen von Z_1 und Z_3 benötigt und wie viele Endprodukte jeweils hergestellt wurden.

e) Die Gesamtkosten für die Rohstoffe, Zwischen- und Endprodukte lassen sich durch die Kostenfunktion K mit $K(x) = x^3 + 28{,}5x^2 + 36{,}5x + 2$; $x \geq 0$ darstellen.
Der Produktionsvektor $\boldsymbol{x}$ ist von der Form $\boldsymbol{x} = (x^2; 2x; 0{,}5x)^T$. Die Erlöse je Einheit eines Endprodukts (in GE) kann man neben stehender Tabelle entnehmen. Berechnen Sie das Gewinnmaximum.

E_1	E_2	E_3
30	15	25

f) Die Kosten dieses Betriebs für eine neue Produktserie betragen 60 GE bei einer Ausbringungsmenge von 4 ME, die minimalen Grenzkosten 3 GE bei einer Produktion von 2 ME. Die kurzfristige Preisuntergrenze ist durch einen Stückpreis von 6 GE festgelegt (bei einer Ausbringungsmenge von 3 ME). Erstellen Sie den Term der Gesamtkostenfunktion dritten Grades.

25. Die drei Sektoren Landwirtschaft L, Industrie I und Bergbau B einer Volkswirtschaft sind untereinander nach nebenstehender Tabelle verbunden. Die Zahlen geben die Liefermengen untereinander und an die Endverbraucher an (in ME)

	L	I	B	Y
L	20	12	4	4
I	5	18	4	21
B	0	12	12	8

a) Bestimmen Sie die Inputmatrix $\boldsymbol{A}$.

b) Berechnen Sie die Leontief-Inverse und bestätigen Sie $(\boldsymbol{E}-\boldsymbol{A})^{-1}=\begin{pmatrix}2{,}3 & 1{,}2 & 0{,}7\\ 0{,}5 & 2 & 0{,}5\\ 0{,}2 & 0{,}8 & 1{,}8\end{pmatrix}$.

c) Berechnen Sie, wie viele ME in den einzelnen Sektoren produziert werden müssen, wenn jeder Sektor 20 ME für den Konsum bereit stellen soll.

d) Die Gesamtproduktion eines Rechnungsabschnitts soll $\boldsymbol{x}^*=(70;\,50;\,40)^{\mathrm{T}}$ betragen. Bestimmen Sie, welche Mengen in diesem Fall an den Konsumbereich abgegeben werden können.

e) Veränderungen in den Produktionsbedingungen führen zu einer Inputmatrix $\boldsymbol{A}_a=0{,}125\cdot\begin{pmatrix}4 & 2 & 1\\ 1 & 3 & 2a\\ 0 & 2a & 11-4a\end{pmatrix}$. Bilden Sie $(\boldsymbol{E}-\boldsymbol{A}_a)$.

f) Zeigen Sie, warum für $a=1$ ein Konsum von $\boldsymbol{y}=(20;\,20;\,15)^{\mathrm{T}}$ nicht befriedigt werden kann.

g) Für $a=2$ sollen alle drei Sektoren die gleiche Menge produzieren. An den Konsum soll die Landwirtschaft 3 ME liefern, an die Industrie s ME und an den Bergbau t ME.
Bestimmen Sie $\boldsymbol{x}$ und $\boldsymbol{y}$.

26. Gegeben sind die Matrix $\boldsymbol{A}_a$ und der Spaltenvektor $\boldsymbol{b}_a$ mit

$$\boldsymbol{A}_a=\begin{pmatrix}2 & -4 & 6\\ -2 & -2a & -10\\ 4 & 2a^2+4a-8 & 2a^2+6\end{pmatrix} \text{ und } \boldsymbol{b}_a=\begin{pmatrix}2\\ a-2\\ 3\end{pmatrix}.$$

a) Berechnen Sie die Zahlen anstelle von $a\in\mathbb{R}$, für die das inhomogene lineare Gleichungssystem $\boldsymbol{A}_a\cdot\boldsymbol{x}=\boldsymbol{b}_a$ keine Lösung, genau eine Lösung bzw. unendlich viele Lösungen hat.

b) Ermitteln Sie, für welche Zahlen anstelle von $a\in\mathbb{R}$ das homogene lineare Gleichungssystem $\boldsymbol{A}_a\cdot\boldsymbol{x}=\begin{pmatrix}0\\0\\0\end{pmatrix}$ nichttrivial lösbar ist.

c) Lösen Sie das Gleichungssystem $\boldsymbol{A}_{-1}\cdot\boldsymbol{x}=\boldsymbol{b}_{-1}$.

d) Bestimmen Sie, für welche Zahlen anstelle von $a\in\mathbb{R}$ das Gleichungssystem $\boldsymbol{A}_a\cdot\boldsymbol{x}=\boldsymbol{b}_a$ eine Lösung der Form $\boldsymbol{x}=\begin{pmatrix}r\\-r\\r\end{pmatrix}$ hat.

27. Lösen Sie die Matrizengleichung $3\cdot\boldsymbol{B}\cdot\boldsymbol{X}-\boldsymbol{C}\cdot\boldsymbol{X}-2\cdot\boldsymbol{L}=2\cdot(\boldsymbol{B}-\boldsymbol{X})-3\cdot\boldsymbol{B}$. (Dabei wird unterstellt, dass man alle Matrizenoperationen ausführen kann und die notwendigen Inversen existieren).

b) Lösen Sie die folgende LMG: $\begin{pmatrix}1 & 1 & 1\\ 0 & 1 & 1\\ 4 & 2 & 4\end{pmatrix}\cdot\boldsymbol{X}=\begin{pmatrix}8 & 9 & -10\\ 5 & 11 & -10\\ 22 & 20 & -10\end{pmatrix}$.

28. Ein Transportunternehmen mit 3 über Deutschland verteilten Standorten A, B und C hat die Erfahrung gemacht, dass durchschnittlich jeweils 10 % der LKW, die in A losfahren am Ende einer Wirtschaftsperiode in B bzw. in C geparkt sind; von denen, die von B aus fahren, sind 10 % in A und 20 % in C aufzufinden; die von C aus startenden LKW landen zu jeweils 15 % in A und in B.
Berechnen Sie, wie man am Anfang einer neuen Periode die 27 von dem Unternehmen eingesetzten LKW auf die Standorte A, B und C verteilen sollte, damit von Periode zu Periode immer die gleichen Anzahlen zur Verfügung stehen.

29. Ein Unternehmen besteht aus 2 Betrieben B_1 und B_2, in denen ein und dasselbe Rohprodukt hergestellt wird, und aus 3 Betrieben V_1, V_2 und V_3, in denen dieses Rohprodukt zu einem Endprodukt veredelt wird. In allen Betrieben unterscheiden sich wegen der regionalen Unterschiede die Stückkosten voneinander. Alle Betriebe arbeiten mit voller Kapazitätsauslastung.
B_1 fertigt 100.000 Stück Rohprodukte zu Stückkosten von 20 €, B_2 80.000 Stück zu Stückkosten von 25 €; die Fixkosten im Betrieb B_1 betragen 200.000 €, in B_2 150.000 €.
In den Veredlungsbetrieben fallen Stückkosten von 20 € bzw. 22 € bzw. 19 € an; die Fixkosten sind in allen 3 Betrieben gleich hoch und betragen jeweils 100.000 €. Die Produkte können zu einem Stückpreis von 60 € verkauft werden.
Ermitteln Sie den maximal erzielbaren Gewinn unter der Bedingung, dass die Transportkosten von den Rohproduktbetrieben zu den Veredlungsbetrieben gemäß nebenstehender Tabelle zu berücksichtigen sind.

Transportkosten in Euro pro Stück

	V_1	V_2	V_3
B_1	7,50	10,00	5,00
B_2	2,50	12,50	10,00

30. Ein chemischer Betrieb stellt aus den 5 Rohstoffen R_1 bis R_5 die 3 Grundsubstanzen G_1 bis G_3 und aus diesen die 3 Fettcremes F_1 bis F_3 her. Die Tabellen geben an, wie viele ME der Rohstoffe für je 1 ME der Grundsubstanzen bzw. wie viele ME der Grundsubstanzen für je 1 ME der Fettcremes benötigt werden. Die nebenstehende Tabelle gibt Rohstoffpreise in GE pro ME an.

	G_1	G_2	G_3
G_1	4	8	0
G_2	0	2	3
G_3	3	0	2
G_4	5	1	2
G_5	0	5	6

	F_1	F_2	F_3
G_1	4	2	2
G_2	1	3	3
G_3	2	2	6

	R_1	R_2	R_3	R_4	R_5
GE/ME	15	20	10	20	30

a) Die Marketingabteilung behauptet, dass Creme F_2 hinsichtlich der Rohstoffkosten die teuerste Creme in der Produktpalette ist. Überprüfen Sie diese Behauptung.

b) Wegen einer Renovierung muss das Lager geräumt werden. Die Lagerbuchhaltung meldet, dass zur Herstellung der Fettcremes folgende Lagerbestände noch vorhanden sind: 3.584 ME von R_1, 1.888 ME von R_2, 1.776 ME von R_3, 2.144 ME von R_4 und 4.100 ME von R_5. Bestimmen Sie, wie viele ME von den 3 Fettcremes produziert werden können, wenn alle Rohstoffe aufgebraucht sowie R_4 und R_5 ergänzt werden sollen.

c) Die Grundsubstanz G_1 wird im Zweigwerk Z_1, G_2 im Zweigwerk Z_2 und G_3 im Zweigwerk Z_3 produziert. Die Zweigwerke beliefern sich untereinander und den Markt gemäß nebenstehender Tabelle und sind nach dem Leontief-Modell miteinander verflochten.

	Z_1	Z_2	Z_3	Markt
Z_1	16	10	12	10
Z_2	4	15	18	23
Z_3	8	10	36	18

c_1) Berechnen Sie die Technologiematrix A.

c_2) Ermitteln Sie, welche Mengen der einzelnen Grundsubstanzen hergestellt werden müssen, wenn die Marktabgabe 11 ME von G_1, 13 ME von G_2 und 16 ME von G_3 betragen soll. Begründen Sie, warum jede Marktabgabe befriedigt werden kann.

d) Die zeitliche Entwicklung der Produktion von Endprodukten während des abgelaufenen Jahres soll durch eine ganzrationale Funktion 3. Grades beschrieben werden. Dazu liegen die folgenden Angaben vor: Zu Beginn des Jahres wurden 12 ME und 6 Monate später 9 ME hergestellt. Zu diesem Zeitpunkt war die Produktion am kleinsten. Am Jahresende wurden 16 ME produziert.
Berechnen Sie den Funktionsterm und ermitteln Sie, zu welchem Zeitpunkt der Produktionsrückgang am größten war.

31. Die Verflechtung der drei Sektoren A, B und C einer Volkswirtschaft nach dem Leontief-Modell ist durch die nebenstehende Input-Output-Tabelle wiedergegeben.

	A	B	C	Konsum
A	36	4	4	4
B	3	22	4	3
C	0	4	44	16

a) Geben Sie die Technologiematrix $\boldsymbol{A}$ und die Matrix $(\boldsymbol{E}-\boldsymbol{A})$ an.

b) Berechnen Sie, wie hoch die Gesamtproduktion in den einzelnen Sektoren sein muss, damit der Konsumvektor $\boldsymbol{y} = \begin{pmatrix} 6 \\ 4 \\ 8 \end{pmatrix}$ sein kann. Zur Kontrolle: $(\boldsymbol{E}-\boldsymbol{A})^{-1} = k \begin{pmatrix} 23 & 12 & 7 \\ 5 & 20 & 5 \\ 2 & 8 & 18 \end{pmatrix}$.

c) Für den Konsum $\boldsymbol{y} = \begin{pmatrix} 6 \\ y_2 \\ 8 \end{pmatrix}$ muss die Produktion $\boldsymbol{x} = \begin{pmatrix} x_1 \\ 30 \\ x_3 \end{pmatrix}$ betragen.
Bestimmen Sie Werte für die Variablen.

d) Für den Konsum sollen aus dem Sektor A das Doppelte und aus dem Sektor C das Dreifache dessen bereitgestellt werden, was der Sektor B an den Konsum abgibt. Sektor A kann täglich maximal 79 ME, Sektor B täglich maximal 36 ME und Sektor C täglich maximal 64 ME produzieren.
Berechnen Sie die Produktion unter den gegebenen Bedingungen und erörtern Sie, welcher Konsum maximal gedeckt werden kann.

e) Künftig wird damit gerechnet, dass aus dem Sektor A Güter im Wert von $192z^{-0,5}$ GE, aus dem Sektor B Güter im Wert von $36z^{0,5}$ GE und aus dem Sektor C Güter im Wert von $8z^{1,5}$ GE für den Konsum verlangt werden. Dabei ist z eine zinspolitisch bedingte Größe.
Ermitteln Sie, für welche Zahl anstelle von z die Summe der Produktionen aller 3 Sektoren am kleinsten wird.

32. Der landwirtschaftliche Betrieb kann von einem Nachbargrundstück bis zu 5 Hektar Land erwerben. Das Land soll teilweise als Freiland, aber auch mit Folie überdacht bewirtschaftet werden. Für dessen Bewirtschaftung stehen insgesamt nicht mehr als 420 Arbeitstage pro Jahr zur Verfügung; 1 Hektar Freiland erfordert 40 Arbeitstage im Jahr, 1 Hektar überdachtes Land dagegen 240 Arbeitstage jährlich. An Kosten entstehen für 1 Hektar Freiland pro Jahr 800 €, für 1 Hektar überdachtes Land fallen pro Jahr 2.400 € an – ohne Berücksichtigung der Baukosten für die Überdachung. Der landwirtschaftliche Betrieb möchte die Kosten auf insgesamt 4.800 € im Jahr beschränken.
Der voraussichtliche jährliche Reingewinn pro Hektar Freiland beträgt 1.000 € und pro Hektar überdachtes Land 2.000 €.

a) Wie viele Hektar sollte der landwirtschaftliche Betrieb kaufen, und wie viele Hektar davon wird er mit Folie überdecken, wenn der jährliche Gewinn unter den genannten Bedingungen möglichst groß sein soll? Lösen Sie dieses Problem (mithilfe von Excel) sowohl zeichnerisch als auch rechnerisch durch die revidierte Simplexmethode.

b) Der landwirtschaftliche Betrieb möchte jetzt die Kosten auf 6.000 € pro Jahr beschränken, ist also bereit, zunächst maximal 1.200 € mehr zu investieren. Die anderen Nebenbedingungen obiger Aufgabe bleiben gleich.

b_1) Welcher maximale Gewinn kann jetzt erzielt werden?

b_2) Was ändert sich gegenüber der ersten Fassung der Aufgabe?

Anmerkung: Zur Beantwortung beider Fragen von Teil d) dürfen Sie zwischen dem zeichnerischen und rechnerischen Beweis mithilfe der revidierten Simplexmethode selbstständig auswählen.

c) Beschreiben Sie, wie bei einer Aufgabe zur linearen Optimierung eine Lösung entstehen könnte, die nicht mehr eindeutig ist. Ändern Sie die Teilaufgabe a) entsprechend ab und interpretieren Sie Ihre Änderung im Kontext der Aufgabe.

33. Am Abhang eines Hügels soll ein Gebäude mit rechtwinkligem Grundriss und Flachdach errichtet werden. Die Bauvorschriften sehen vor, dass zu einer bestimmten Zeit der Schatten des Gebäudes eine Linie (rot) nicht überschreiten darf.

Die Koordinaten der Gebäudepunkte A und B lauten $A\langle 5|0|0\rangle$ und $B\langle 5|-4|0\rangle$.

Die schiefe Ebene ist festgelegt durch $P\langle 0|4|-1\rangle$, $Q\langle -2|12|-3\rangle$ und $R\langle 5|12|-3\rangle$

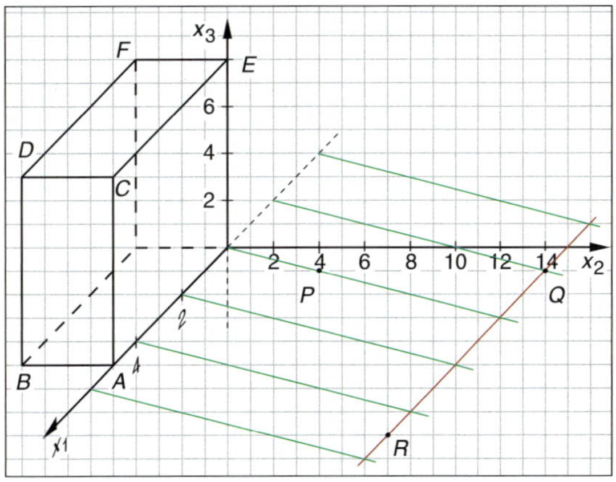

a) Ermitteln Sie die maximale Höhe des Gebäudes, wenn die Richtung der Sonnenstrahlen durch den Vektor $\vec{s} = \begin{pmatrix} 1 \\ 2 \\ -2 \end{pmatrix}$ gegeben ist.

b) Auf welche Höhe muss die Gebäudehöhe begrenzt werden, wenn statt Q der Punkt $Q^*\langle -2|16|-4\rangle$ mit $R\langle 5|12|-3\rangle$ die Grenzlinie bildet?

Abiturübungsklausur Nr. 1 (Beispielklausur NRW 2008 für den Leistungskurs)

Die Global-GmbH produziert in 3 Zweigwerken Global A (A), Global B (B), Global C (C) u.a. den Notebook-Rucksack „Giga 3", den Outdoor-Rucksack „Transalpin" und den Schulrucksack „GoSchool". Verschiedene Abteilungen des Unternehmens beschäftigen sich mit der Analyse der Produktionssituation.

1. Seit Januar 2005 ist der Notebook-Rucksack „Giga 3" im Sortiment. Die Absatzentwicklung wird durch unten stehende Absatzzahlen dargestellt.

Absatzzahlen						
Zeit (in Monaten)	1	4	12	20	28	32
Stück (in TME)	2,09	3,072	6,337	7,413	6,768	6,174

Zu Prognosezwecken soll die Absatzentwicklung durch eine Funktionsgleichung modelliert werden. Die Marketing-Abteilung vermutet aufgrund der Daten einen exponentiellen Verlauf, der ungefähr dem Funktionsterm $f_a(t) = at^2 \cdot e^{-at} + 2$; $a > 0$, $t > 0$ genügt. Dabei gibt t die Zeit in Monaten und $f_a(t)$ den Absatz in 1.000 Stück (TME) im Monat t an.

a) Bestimmen Sie im obigen Funktionsterm $a > 0$ und zeichnen Sie den Graphen von f für $a = 0{,}1$ mithilfe von Excel.

b) Weisen Sie den asymptotischen Verlauf derartiger Funktionsgraphen in Abhängigkeit des Parameters a nach. Beurteilen Sie Ihr Ergebnis im Zusammenhang mit der Entwicklung der Absatzzahlen von „Giga 3".

c) Ermitteln Sie in Abhängigkeit vom Parameter a den Zeitpunkt t mit maximalem Absatz. Berechnen Sie diesen Wert für $a = 0{,}1$. Interpretieren Sie diesen Wert.

▶ Hinweis: $f_a''(t) = a \cdot e^{-at} \cdot (2 - 4at + a^2t^2)$

d) Beweisen oder widerlegen Sie, dass für $a = 0{,}1$ der Absatzzuwachs nach ca. 6 Monaten maximal ist.

e) Zeigen Sie mithilfe eines geeigneten Integrationsverfahrens, dass gilt:
$\int (0{,}1t^2 \cdot e^{-0{,}1t} + 2)\,dt = 2t - (t^2 + 20t + 200) \cdot e^{-0{,}1t}$.

Berechnen Sie $\int_{12}^{24} (0{,}1t^2 \cdot e^{-0{,}1t} + 2)\,dt$ und interpretieren Sie das Ergebnis aus ökonomischer Sicht.

2. Die Global-GmbH ermittelt für die Produktion des Rücksacks „GoSchool" die Kosten in Abhängigkeit von der Absatzmenge x und einem Qualitätsstandard a. Die Unternehmensleitung geht bei ihren Produktionsentscheidungen von der ertragsgesetzlichen Kostenfunktion 3. Grades K mit $K_a(x) = x^3 - ax^2 + 60x + 50$; $a \in \mathbb{R}$, $x \in [0; 12]$ $(= D_{ök})$ aus.

a) Bestimmen Sie, für welche Werte von $a \in \mathbb{R}$ die Kostenfunktion K_a keine Extremstellen besitzt. Interpretieren Sie die Bedeutung der Existenz bzw. Nichtexistenz von Extremstellen ökonomisch.

b) Die Marketing-Abteilung der Global GmbH hat für den höchsten Qualitätsstandard $a = 12$ folgende Gewinnfunktion ermittelt: $G(x) = -x^3 + 12x^2 - 19{,}5x - 50$; $x \in D_{ök}$.

b₁) Stellen Sie die Erlösfunktion auf und geben Sie an, mit welchem Verkaufspreis das Unternehmen kalkuliert.

b₂) Bestimmen Sie die Gewinnzone der Global-GmbH. ▶ 1 TME = 1.000 ME

b₃) Ermitteln Sie die gewinnmaximale Ausbringungsmenge und den zugehörigen Gewinn.

c) Ein Konkurrent bringt einen gleichwertigen Rucksack zu einem Preis von 33,30 GE auf den Markt. Berechnen Sie mithilfe des Newton-Verfahrens und Excel die betriebsoptimale Stückzahl für den Rucksack „GoSchool" im Intervall [6, 7].
Entscheiden Sie, ob das Unternehmen den Preis von 33,30 GE unterbieten kann.

d) Stellen Sie für den Qualitätsstandard $a = 12$ die Grenzkostenfunktion auf und geben Sie deren Bedeutung für die Global GmbH an.

Nebenstehend sind der zugehörige Graph der Grenzkostenfunktion K', der Graph der Stückkostenfunktion k und der Graph der Preisfunktion p abgebildet.
Prüfen Sie jede der drei folgenden Aussagen auf ihre Richtigkeit und begründen Sie Ihre Entscheidung.

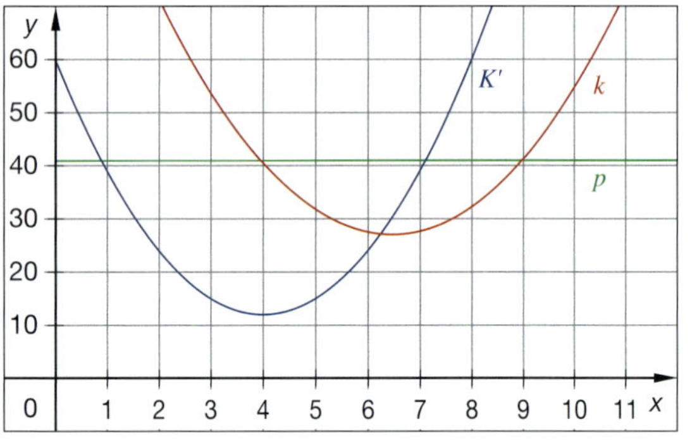

d₁) Der Graph von K, an dem die Kostenstruktur zur Produktion von „GoSchool" abgelesen werden kann, besitzt eine Wendestelle im Intervall $3 < x < 6$.

d₂) Je mehr Rucksäcke von „GoSchool" produziert werden, desto geringer sind die Stückkosten.

d₃) Das Betriebsoptimum liegt im Schnittpunkt der Preisgeraden und der Grenzkostenkurve.

3. Die 3 Zweigwerke A, B und C der Global GmbH sind nach dem Leontiefmodell miteinander verflochten. In Zweigwerk A wird der Rucksack „Giga 3", in Zweigwerk B der Rucksack „GoSchool" und in Zweigwerk C der Rucksack „Transalpin" hergestellt. Gegenseitig beliefern sich die Zweigwerke auch mit Zwischenprodukten.

Die gegenseitigen Lieferungen (in ME), sowie die Gesamtproduktionsmengen (in ME) sind für den vergangenen Produktionszeitraum in nebenstehender Tabelle dargestellt.

Zweigwerk	A	B	C	Produktion
A	4	10	6	20
B	0	2	0	10
C	4	0	2	10

8

a) Bestimmen Sie die Marktabgaben der Zweigwerke für den vergangenen Produktionszeitraum und leiten Sie die Inputmatrix $\boldsymbol{A}$ her.

b) Berechnen Sie die Leontief-Inverse und zeigen Sie die Übereinstimmung mit $(\boldsymbol{E}-\boldsymbol{A})^{-1}=\frac{1}{52}\cdot\begin{pmatrix}80 & 100 & 60\\ 0 & 65 & 0\\ 20 & 25 & 80\end{pmatrix}$

c) In der derzeitigen Produktionsperiode werden vom Rucksack „Giga 3" 13 ME, von „GoSchool" 16 ME und von „Transalpin" 8 ME nachgefragt.

c_1) Berechnen Sie die derzeitigen Produktionsmengen der 3 Zweigwerke und leiten Sie die neue Input-Output-Tabelle her.

c_2) Ermitteln Sie, um wie viel Prozent die jetzige Produktion des „Giga 3" im Zweigwerk A gesteigert werden muss, wenn sich die derzeitige Nachfrage nach „Giga 3" um 100 % erhöht, während die Nachfrage nach den anderen beiden Rucksäcken nach wie vor 16 ME bzw. 8 ME beträgt.

d) Für die nächste Produktionsperiode wird geplant, dass im Zweigwerk C genauso viel produziert wird wie in B. Zweigwerk A produziert k-mal so viele Mengeneinheiten wie B.

d_1) Leiten Sie die Werte von $k\in\mathbb{R}$ her, für die jede Nachfrage befriedigt werden kann.

d_2) Bestimmen Sie für $k=3$ das Verhältnis der von den 3 Zweigwerken für den Konsum zur Verfügung stehenden Mengen.

e) Der Produktionsvektor $(0{,}25\,a^2+2\,a+15;\ 0{,}25\,a^3;\ 0{,}25\,a^2-2\,a+12{,}5)$; $a\geq 0$ ist für die kommende Periode geplant. Für die von den Zweigwerken A, B und C an den Markt abgegebenen Güter wird pro ME jeweils eine Geldeinheit verlangt. Zeigen Sie: Es gibt einen Wert für a, so dass die Produktionsmenge des Zweigwerks C minimal und gleichzeitig die Summe der Einnahmen maximal ist.

4. Der hochwertige Outdoor-Rucksack „Transalpin" wird in 4 Arbeitsgängen teilmaschinell hergestellt. Erfahrungsgemäß treten in den einzelnen Arbeitsgängen unabhängig voneinander mit folgenden Wahrscheinlichkeiten Produktionsmängel auf, die dazu führen, dass der Rucksack nicht die gewünschte Qualität (A-Sortierung) hat:

Arbeitsgang 1	Arbeitsgang 2	Arbeitsgang 3	Arbeitsgang 4
0,09	0,082	0,035	0,07

Zwischen den einzelnen Arbeitsgängen findet keine Qualitätskontrolle statt.

a) Zeigen Sie, dass mit einer Wahrscheinlichkeit von $p\approx 0{,}25$ ein fertig produzierter Outdoor-Rucksack nicht der Qualität der A-Sortierung entspricht.

b) Die Zufallsvariable X gebe die Anzahl der Outdoor-Rucksacke innerhalb einer Produktion vom Umfang n an, die nicht die Qualität der A-Sortierung erreichen.
Begründen Sie, unter welchen Voraussetzungen man X als binomialverteilt betrachten darf und geben Sie die Wahrscheinlichkeitsfunktion von X, ihren Erwartungswert sowie die Standardabweichung als Funktion von n an.

Für die weiteren Aufgabenteile ist davon auszugehen, das X binomialverteilt ist.

c) Um die Annahme $p=0{,}25$ zu überprüfen, werden 100 fertig produzierte Outdoor-Rucksäcke zufällig ausgewählt. Stellen Sie ein geeignetes Testverfahren auf, bei dem die Wahrscheinlichkeit α die Annahme $p=0{,}25$ fälschlicherweise zu verwerfen nicht größer als 0,05 ist und erläutern Sie Ihre Entscheidung.

d) Bevor die Rucksäcke an die Händler ausgeliefert werden, werden sie einer Qualitätskontrolle unterzogen. Dabei werden jedoch erfahrungsgemäß 2 % der fehlerhaften Rucksäcke fälschlicherweise der A-Sortierung zugeteilt. 1 % der Rucksäcke, die eigentlich der A-Sortierung zuzurechen wären, werden beanstandet und aussortiert. Um das Image des hochwertigen Rucksacks nicht zu gefährden, werden nur Rucksäcke der A-Sortierung ausgeliefert, die restlichen Rucksäcke werden vernichtet.
Weisen Sie nach, dass der Anteil der ausgelieferten Rucksäcke an der Gesamtproduktion 74,75 % beträgt und bestimmen Sie die Wahrscheinlichkeit, dass ein ausgelieferter Rucksack den Qualitätsanforderungen der A-Sortierung nicht entspricht.

e) Die variablen Stückkosten für die Produktion eines Rucksacks betragen unabhängig von der produzierten Menge und der anschließenden Qualitätseinstufung 89,70 €. Durch den Verkauf ergibt sich für jeden an die Händler ausgelieferten Rucksack ein Deckungsbeitrag von 20 €. Leiten Sie den entsprechenden Verkaufspreis her.

f) Wird ein fehlerhafter Rucksack ausgeliefert und dies vom Kunden bemerkt, so ist die Global GmbH verpflichtet, den Rucksack zurückzunehmen und durch einen neuen zu ersetzen. Bestimmen Sie den Prozentsatz an gerechtfertigten Reklamationen innerhalb der ausgelieferten Rucksäcke, von dem an der Deckungsbeitrag pro verkauften Rucksack unter 19 € sinkt. Gehen Sie dabei davon aus, dass eine 2. Reklamation praktisch ausgeschlossen ist. Beurteilen Sie Ihr Ergebnis.

Abiturübungsklausur Nr. 2 (Beispielaufgaben NRW 2009 für den Grundkurs)

Das Familienunternehmen *Frebek* GmbH stellt Sport- und Freizeitbekleidung her. Vom Baumwollfaden bis zum fertigen Produkt werden bei der *Frebek* GmbH täglich bis zu 40.000 Artikel, unter anderem Trikots und Sporthosen in verschiedenen Qualitäten und Ausführungen, hergestellt.

1. Die Frebek GmbH stellt in einem zweistufigen Produktionsprozess zuerst aus 4 verschiedenfarbigen Garnen (G) 3 unterschiedliche Stoffbahnen S her. Aus diesen Stoffen werden u.a. 4 Trikots T produziert.
Nebenstehende Matrizen zeigen, wie viele ME der Garne zur Herstellung von 1 ME der Stoffe ($\boldsymbol{GS}$) bzw. wie viele ME der Stoffe zur
Herstellung je eines Trikots ($\boldsymbol{ST}$) benötigt werden.

$$\boldsymbol{GS} = \begin{pmatrix} 2 & 4 & 0 \\ 3 & 1 & 2 \\ 0 & 3 & 3 \\ 3 & 1 & 2 \end{pmatrix}, \quad \boldsymbol{ST} = \begin{pmatrix} 1 & 3 & 1 & 1 \\ 2 & 0 & 3 & 1 \\ 2 & 2 & 1 & 1 \end{pmatrix}$$

Die Kosten für Garn, die variablen Fertigungskosten für die Stoffbahnen und die variablen Fertigungskosten je Trikot sind in GE je ME der nachstehenden Tabelle zu entnehmen.

	Garnkosten				Variable Fertigungskosten Stoffbahnen			Variable Fertigungskosten Trikots			
	G_1	G_2	G_3	$G_{;4}$	S_1	S_2	S_3	T_1	T_2	T_3	T_4
GE je ME	2	0,5	1	1,5	5	6	4	22	18	26	20

Die *Frebek* GmbH verkauft die Trikots. Sie bietet aber auch die Stoffbahnen zum Verkauf an. Die Verkaufspreise sind der nachfolgenden Tabelle zu entnehmen.

	Verkaufspreise Stoffbahnen			Verkaufspreise Trikots			
	S_1	S_2	S_3	T_1	T_2	T_3	T_4
GE je ME	50	60	50	150	130	145	90

a) Berechnen Sie die Garnkosten und die variablen Fertigungskosten der Stoffbahnen für je eine ME der Trikots.

b) Ein Kunde erteilt einen Auftrag über 500 ME der Trikots T_1, 200 ME der Trikots T_2, 400 ME der Trikots T_3 und 100 ME der Trikots T_4. Außerdem bestellt er 100 ME der Stoffbahn S_1, 50 ME der Stoffbahn S_2 und 10 ME der Stoffbahn S_3. Die Fixkosten für diesen Auftrag betragen 45.000 GE. Ermitteln Sie die Gesamtkosten und den Gesamtgewinn für diesen Auftrag.

c) Am Ende der Produktionsperiode sind von Stoff S_1 1.900 ME, von Stoff S_2 2.400 ME und von S_3 2.200 ME auf Lager. Die Restposten sollen möglichst vollständig zu Trikots verarbeitet werden.

c_1) Leiten Sie den Lösungsvektor her, der alle realisierbaren Produktionsmengen der Trikots beschreibt.

c_2) Erläutern Sie allgemein die Lösungskriterien bei inhomogenen linearen Gleichungssystemen.

c_3) Untersuchen Sie, für welchen Bereich ökonomisch sinnvolle Produktionszahlen möglich sind.

c_4) Bestimmen Sie die Produktionsvektoren für die Grenzen dieses Bereichs und interpretieren Sie Ihr Ergebnis ökonomisch.

2. Die Geschäftsleitung der *Frebek* GmbH möchte den Bekanntheitsgrad und das Image ihrer Produkte verbessern und sponsert einen mittelgroßen Marathonlauf mit 1.500 Teilnehmern (1.400 Männer und 100 Frauen). Ein Teil des Sponsorings besteht darin, dass die *Frebek* GmbH mit dem Firmenlogo bestickte Schweißbänder zur Verfügung stellt, die zusammen mit Informationsmaterialien und Produkten anderer Unternehmen in sogenannte Welcome-Bags gepackt werden. Insgesamt werden 600 blaue, 700 weiße und 200 rosa Schweißbänder wahllos auf die 1.500 identisch aussehenden Welcome-Bags verteilt. Jeder Teilnehmer und jede Teilnehmerin erhält zusammen mit seiner bzw. ihrer Startnummer einen zufällig ausgewählten Welcome-Bag.
   a) Geben Sie für die im Folgenden beschriebenen Zufallsversuche jeweils ein geeignetes Urnenmodell an und bestimmen Sie die Wahrscheinlichkeit der angegebenen Ereignisse.
   a_1) 3 Brüder nehmen am Marathon-Lauf teil. Der älteste findet in seinem Bag ein blaues Schweißband, die beiden anderen ein weißes.
   a_2) Der Leiter eines Lauftreffs holt für die 10 Marathon-Teilnehmer seines Vereins die Startnummern und die Welcome-Bags geschlossen ab. Es finden 5 Teilnehmer ein blaues, drei ein weißes und zwei ein rosa Schweißband in ihrer Welcome-Bag.
   b) Am Lauf nehmen 100 Frauen teil. Es wird angenommen, dass 80 % der Frauen, die zufällig ein rosa Schweißband erhalten haben, dieses während des Rennens auch tragen, wohingegen nur 5% der Männer mit rosa Schweißband dies tun. Auf einem während des Rennens aufgenommen Foto ist der Unterarm einer Person mit rosa Schweißband zu sehen. Zeigen Sie, dass es sich mit einer Wahrscheinlichkeit von 0,5333 um den Arm einer Frau handelt.
   c) Die *Frebek* GmbH bietet Damen-T-Shirts mit Veranstaltungsaufdruck zum Kauf an. Aus den Erfahrungen der vielen Laufveranstaltungen in Deutschland ist bekannt, dass mit einer Wahrscheinlichkeit von 0,3 eine Teilnehmerin eines solchen Laufes auch ein T-Shirt kauft. Bestimmen Sie, wie viele Damen-T-Shirts mindestens bereitgestellt werden müssen, damit mit einer Wahrscheinlichkeit von mehr als 95 % alle kaufwilligen Teilnehmerinnen ein T-Shirt erhalten.
   d) Es wird entschieden 40 Damen-T-Shirts bereit zu stellen. Für die Produktion und die Bedruckung der T-Shirts fallen variable Stückkosten in Höhe von 13 € pro T-Shirt an. Die Erstellung der Druckvorlage kostet einmalig 25 €. Weitere Fixkosten können vernachlässigt werden. Der Verkaufspreis soll 20 € pro T-Shirt betragen.
   Bewerten Sie die Entscheidung, 40 Damen-T-Shirts anfertigen zu lassen in Hinblick auf den zu erwartenden Gewinn bzw. Verlust und die Wahrscheinlichkeit, die Kosten zu decken.

3. Die *Frebek* GmbH ist alleiniger Anbieter von Sporthosen mit dem Logo des FC Quadrat. Die Produktion erfolgt nach ertragsgesetzlichem Kostenverlauf. Die Kostenfunktion K ist eine ganzrationale Funktion dritten Grades. Folgende Eckdaten sind bekannt:
   Bei der Produktion dieser Sporthosen fallen fixe Kosten in Höhe von 50 GE an. Bei einem Absatz von 2 ME betragen die Grenzkosten 22 GE/ME. Die Gesamtkosten belaufen sich bei dieser Absatzmenge auf 110 GE. Das Minimum der variablen Stückkosten wird bei 6 ME erreicht. Täglich können bis zu 16 ME produziert werden. Eine ME entspricht 1.000 Stück und eine GE 1.000 €.
   a) Leiten Sie unter Verwendung des Gauß-Algorithmus die Gleichung der Kostenfunktion her. Geben Sie den ökonomischen Definitionsbereich an (Kontrolle: $K(x) = 0{,}5x^3 - 6x^2 + 40x + 50$).
   b) Aus einer Marktanalyse weiß die Firmenleitung, dass der erzielbare Preis pro ME für die Sporthose durch die Funktion $p(x) = -2{,}1x + 56$; $x \in D_{ök}$ beschrieben werden kann. Zeigen Sie, dass bei einer produzierten Menge von $13\frac{1}{3}$ ME der Erlös maximal wird und berechnen Sie diesen.
   c) Die *Frebek* GmbH arbeitet mit folgender Gewinnfunktion: $G(x) = -0{,}5x^3 + 3{,}9x^2 + 16x - 50$; $x \in [0{,}16]$. Untersuchen Sie, bei welcher Produktionsmenge die *Frebek* GmbH den maximalen Gewinn erwirtschaftet und geben Sie den Cournotschen Punkt an. Beschreiben Sie seine ökonomische Bedeutung.

d) Auf Grund eines neuen Pachtvertrages für das Firmengrundstück steigen die Fixkosten des Unternehmens um 20 %. Begründen oder widerlegen Sie die Behauptung, dass sich die gewinnmaximale Menge nicht ändert.

e) Berechnen Sie $\int_2^4 G'(x)dx$ und interpretieren Sie den gefundenen Wert aus ökonomischer und geometrischer Sicht.

4. **CAS-Aufgabe** Die *Frebek* GmbH ist alleiniger Anbieter von Sporthosen mit dem Logo des FC Quadrat. Die Produktion erfolgt nach ertragsgesetzlichem Kostenverlauf. Die Kostenfunktion K ist eine ganzrationale Funktion 3. Grades.

a) Begründen Sie, welche der folgenden Funktionen sich grundsätzlich zur Beschreibung von Kosten eignen:

$K_1(x) = \frac{1}{16}x^3 - \frac{1}{4}x^2 + \frac{1}{4}x + 50$; $K_2(x) = \frac{1}{16}x^3 - \frac{1}{10}x^2 + \frac{1}{4}x + 50$; $K_3(x) = \frac{1}{16}x^3 - \frac{1}{8}x^2 + \frac{1}{4}x + 50$.

b) Folgende Eckdaten zur Produktion der Sporthosen sind bekannt: $K(0) = 50$, $K(20) = 505$, $K(40) = 3.860$. Eine ME entspricht 1.000 Stück und eine GE 1.000 €. Stellen Sie unter der zusätzlichen Annahme, dass die Grenzkosten in $x = 0$ den Wert $\frac{1}{4}$ annehmen, die Gesamtkostenfunktion K auf.

Für die weiteren Aufgabenteile wird im Folgenden die Gesamtkostenfunktion

$K_3(x) = \frac{1}{16}x^3 - \frac{1}{8}x^2 + \frac{1}{4}x + 50$; $x \in [0; 40]$ zugrunde gelegt.

c) Das Familienunternehmen *Frebek* GmbH geht von der Preisabsatzfunktion $p(x) = \cdot e^{-5x} + 30$ aus. Bestimmen Sie den Cournotschen Punkt und beschreiben Sie seine ökonomische Bedeutung.

d) Berechnen Sie die Flächen, die jeweils die Grenzkostenfunktion und Grenzerlösfunktion mit der x-Achse über dem Intervall [0; 40] einschließen. Interpretieren Sie das Ergebnis ökonomisch.

e) Bestimmen Sie mittels des Integrals den Deckungsbeitrag an der Kapazitätsgrenze und erläutern Sie seine ökonomische Bedeutung. Prüfen Sie auf der Basis des Deckungsbeitrags, wie viele Stück man maximal produzieren könnte.

1. Von Daten zu Funktionen

1.1 Seite 23

a) Die Grundgesamtheit sind die 1000 interviewten Personen.

b) Dauer der wöchentlichen Internetnutzung; Anlass der Internetnutzung (privat, beruflich); Verfügbarkeit über eine Flatrate (ja, nein).

c) Die Nutzungsdauer ist ein quantitatives Merkmal, der Anlass der Nutzung und die Verfügbarkeit über eine Flatrate sind qualitative Merkmale.

d) Die Nutzungsdauer wird in einer metrischen Skala, der Anlass der Nutzung und die Verfügbarkeit über eine Flatrate werden in nominalen Skalen erfasst.

1.1.1 Seite 24

1. $H(Z) = \mathbf{11}$; $h(Z) = \frac{11}{20} = 0{,}55 = \mathbf{55\,\%}$;

$H(W) = \mathbf{9}$; $h(W) = \frac{9}{20} = 0{,}45 = \mathbf{45\,\%}$;

2.a) $H(Kr) = H(H) = H(Ka) = \mathbf{6}$;

$h(Kr) = h(H) = h(Ka) = \frac{6}{25} = 0{,}24 = \mathbf{24\,\%}$

$H(P) = \mathbf{7}$; $h(P) = \frac{7}{25} = 0{,}28 = \mathbf{28\,\%}$;

2.b) H(schwarze Karte) $= \mathbf{13}$;

h (schwarze Karte) $= \frac{13}{25} = 0{,}52 = \mathbf{52\,\%}$;

H(rote Karte) $= \mathbf{12}$;

h (rote Karte) $= \frac{12}{25} = 0{,}48 = \mathbf{48\,\%}$

1.1.2 Seite 29

a) **Kreisdiagramm**

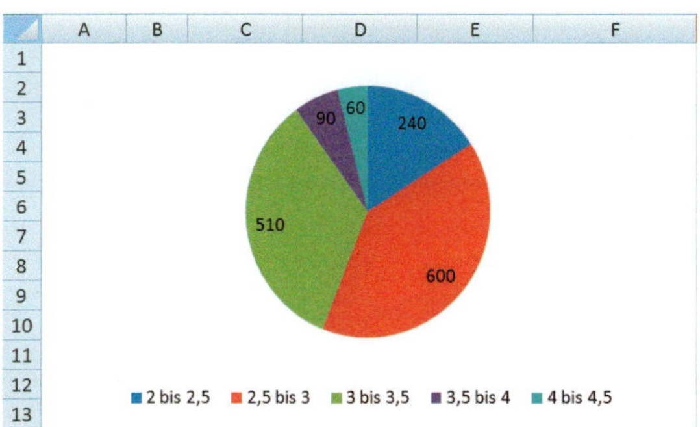

Kuchendiagramm

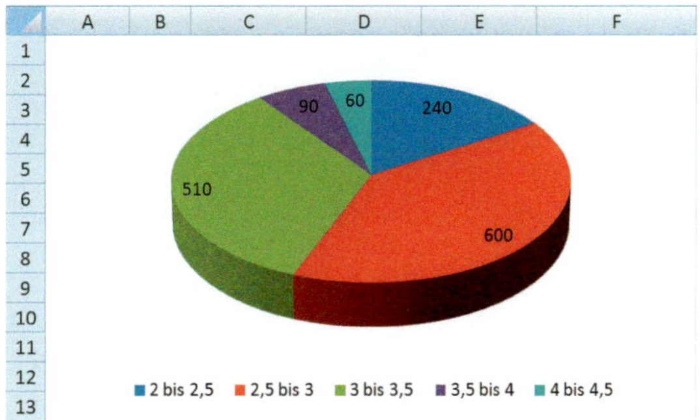

b)

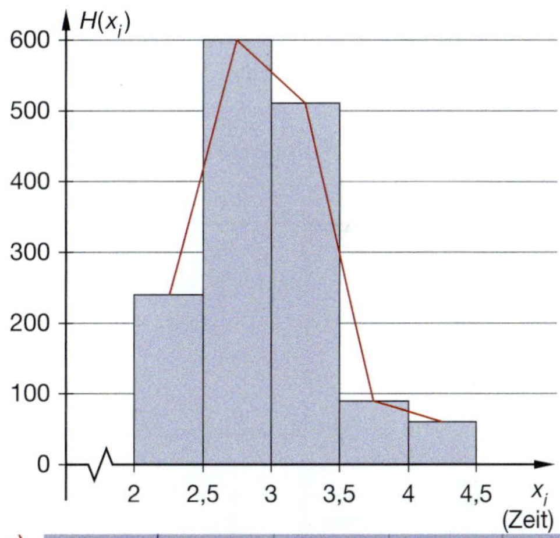

c)

240	600	510	90	60
16 %	40 %	34 %	6 %	4 %

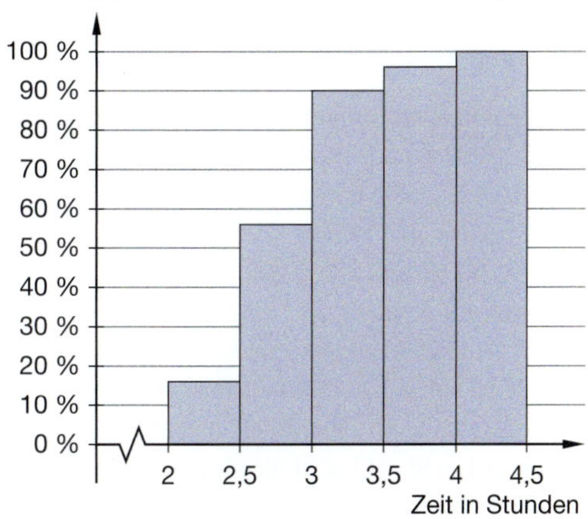

1.2.1 Seite 33

$$x_{aM}\frac{2+0+2+3+\ldots+18}{11}=\mathbf{3\frac{3}{11}};\; x_{\text{Med}}=\mathbf{2};\; x_{\text{Mod}}=\mathbf{2}$$

1.2.2 Seite 36

$$d_{aM}=\frac{1}{11}\cdot\left(\left|2-3\frac{3}{11}\right|+\left|0-3\frac{3}{11}\right|+\left|2-3\frac{3}{11}\right|+\right.$$
$$\left.+\left|3-3\frac{3}{11}\right|+\ldots+\left|18-3\frac{3}{11}\right|\right)=2\frac{82}{121}\approx\mathbf{2{,}68};$$
$$s^2=\frac{1}{11}\cdot\left[\left(2-3\frac{3}{11}\right)^2+\left(0-3\frac{3}{11}\right)^2+\left(2-3\frac{3}{11}\right)^2+\right.$$
$$\left.+\left(3-3\frac{3}{11}\right)^2+\ldots+\left(18-3\frac{3}{11}\right)^2\right]\approx\mathbf{22{,}74};$$
$$s=\sqrt{22{,}74}\approx\mathbf{4{,}77}$$

1.2.3 Seite 39

Nach dem Klick in die jeweilige Spalte öffnet man über das Menü DATEN den SCHNELLGRAPH. Dort erhält man zunächst ein Punktediagramm und kann über das Menü PLOT-TYP u. a. auch einen BOXPLOT als Darstellungsform wählen. ▶ Beispiel 1.6 d

	A essen	B köln	C	D
1	190	170		Mittelwert Esse
2	200	190		Mittelwert Köln
3	210	210		
4	230	230		Median Essen
5	230	210		Median Köln
6	210	210		
7	210	200		
8	200	180		
9	230	200		
10	230	200		
11	260	200		
12	300	500		

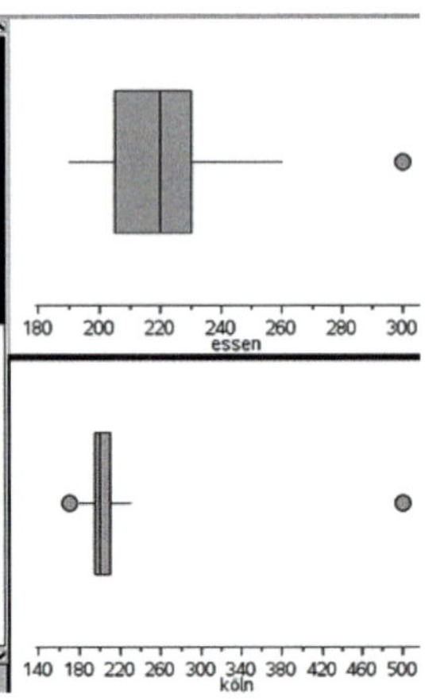

50% der Umsätze der Filiale Essen liegen im Bereich zwischen 205.000 € und 230.000 €.
▶ Quartilsabstand 25.000 €
50% der Umsätze der Filiale Köln liegen im Bereich zwischen 195.000 € und 210.000 €.
▶ Quartilsabstand 15.000 €
Die Umsätze in Köln weisen einen deutlich kleineren Quartilsabstand auf, d. h., 50% der Umsätze liegen enger zusammen als in Essen. Allerdings liegen die Umsätze zwischen dem 1. und 3. Quartil weiter links als in Essen, sind also geringer.

1.3 Seite 48

a) Die Ergebnisse werden anhand der Formel für die Regressionsgerade und den Korrelationskoeffizienten berechnet. ▶ Beispiel 1.15

	A	B	C	D	E	F	G	H	I
1		x	y	x_i-x_{aM}	$(x_i-x_{aM})^2$	y_i-y_{aM}	$(yi-y_{aM})^2$	$(x_i-x_{aM})(y_i-y_{aM})$	y_R
2		1	1	-4,5	20,25	-2,75	7,5625	12,375	0,83939394
3		2	1	-3,5	12,25	-2,75	7,5625	9,625	1,54545455
4		3	2	-2,5	6,25	-1,75	3,0625	4,375	2,25151515
5		4	2,5	-1,5	2,25	-1,25	1,5625	1,875	2,95757576
6		5	3	-0,5	0,25	-0,75	0,5625	0,375	3,66363636
7		6	4,5	0,5	0,25	0,75	0,5625	0,375	4,36969697
8		7	4,5	1,5	2,25	0,75	0,5625	1,125	5,07575758
9		8	5,5	2,5	6,25	1,75	3,0625	4,375	5,78181818
10		9	7	3,5	12,25	3,25	10,563	11,375	6,48787879
11		10	6,5	4,5	20,25	2,75	7,5625	12,375	7,19393939
12	Summen	55	38		82,5		42,625	58,25	
13	Mittel	5,5	3,8						
15	y =	0,706		m =	-0,1333		r =	0,982283297	

	A	B	C	D	E	F	G	H
15	y =	=H12/E12		m =	=B15*(-B13)+C13		r =	=H12/WURZEL(E12*G12)

	I
1	y_R
2	=B$15*B2-$E$15
3	=B$15*B3-$E$15

Die Korrelation ist „sehr hoch", die Regressionsgerade nähert den Verlauf der Messpunkte sehr gut an.

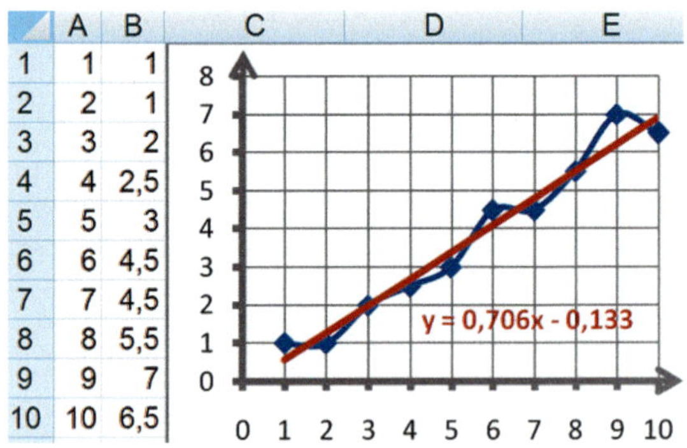

b) Die einzelnen Schritte führt man wie im Beispiel 1.15 durch.

```
listx:={1,2,3,4,5,6,7,8,9,10,11,12}          {1,2,3,4,5,6,7,8,9,10,11,12}
listy:={14,14,14,12,10,8,9,5,3,1,5,7}        {14,14,14,12,10,8,9,5,3,1,5,7}
LinRegMx listx,listy,1: CopyVar stat.RegEqn,f1: stat.results
    "Titel"   "Lineare Regression (mx+b)"
    "RegEqn"  "m*x+b"
    "m"       -1.07692
    "b"       15.5
    "r²"      0.757288
    "r"       -0.870223
    "Resid"   "{...}"
```

Die Korrelation ist „hoch", die Regressionsgerade nähert den Verlauf der Messpunkte gut an.

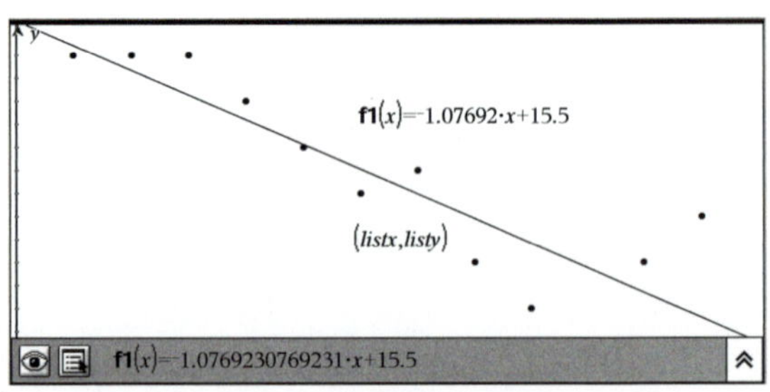

1.4 Seite 52

1. a) Keine Funktion, da der Null kein y-Wert zugeordnet ist.

b) Funktion, da jedem Element aus der Definitionsmenge genau ein y-Wert zugeordnet ist.

c) Keine Funktion, da $x=-2$ zwei y-Werte zugeordnet sind.

2./3.a)

x	y
-2	2
0	
2	2
4	4

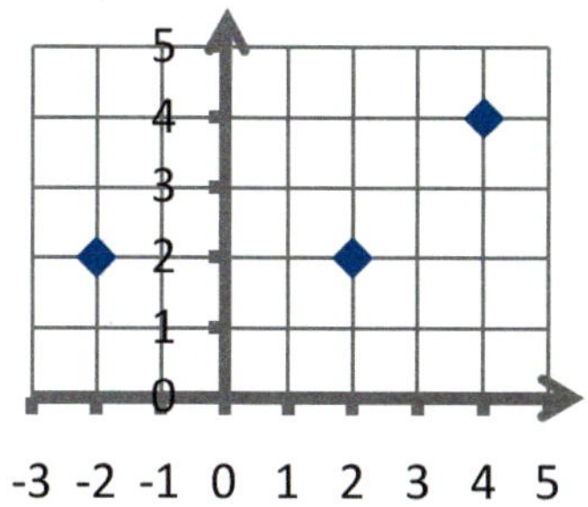

2./3.b)

x	y
-2	2
0	4
2	6
4	8

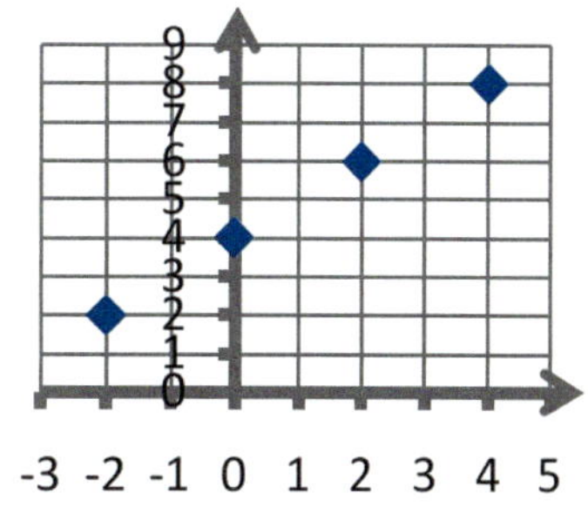

2./3.c)

x	y
-2	0
-2	4
0	0
2	2
4	4

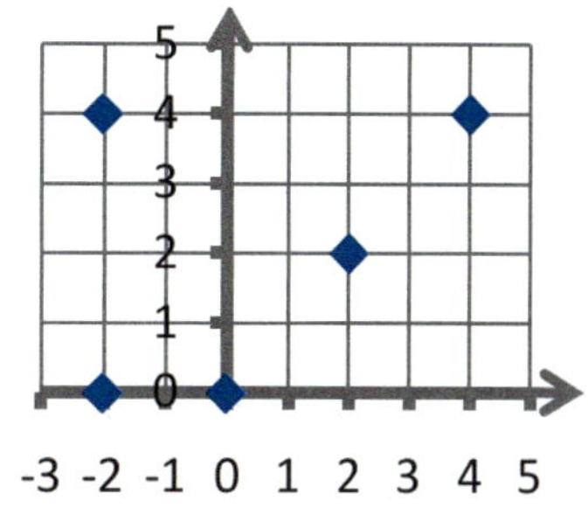

2. Reelle Funktionen

2.1 Seite 63

1.

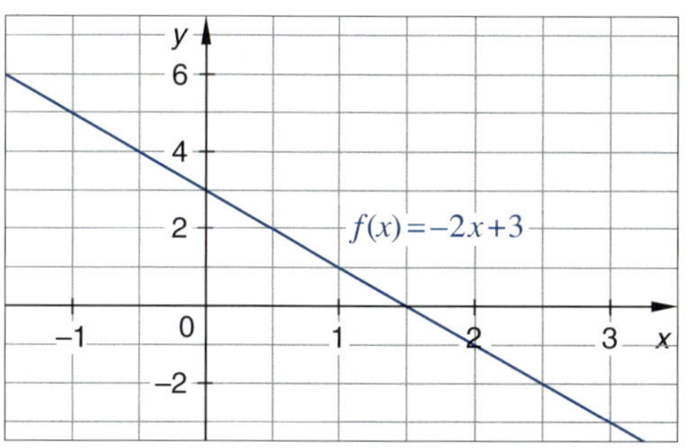

2.a)

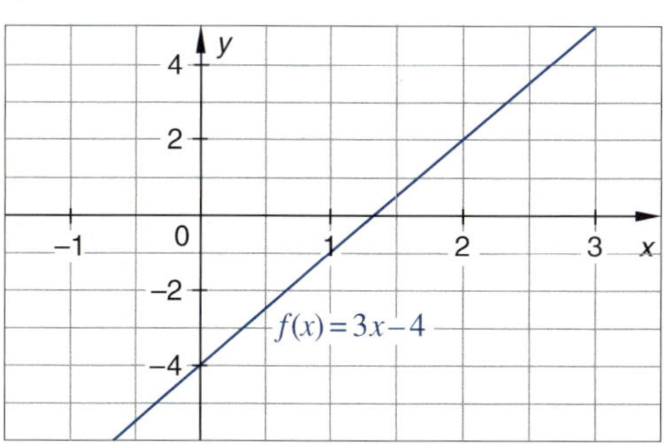

b) $y=m\cdot x+b \Rightarrow m=\frac{\Delta y}{\Delta x}=\frac{6}{2}=3$ (Steigung von f), $b=-4$ (Absolutglied von $f(x)$, y-Achsenabschnitt).

3.

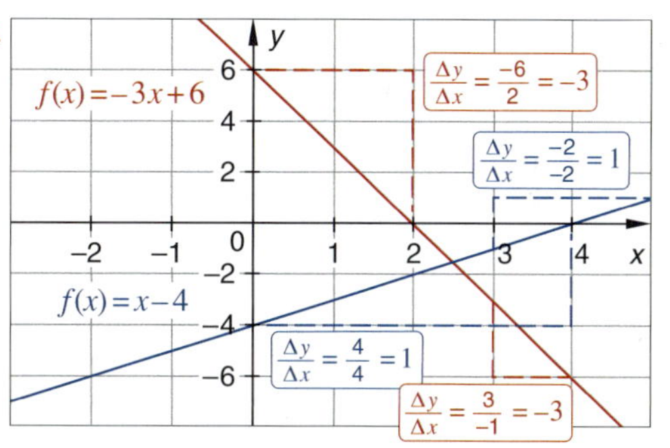

4.a) $f(x)=\begin{cases}-(x+2)-4 & \text{für } x+2\le 0\\ x+2-4 & \text{für } x+2>0\end{cases}$

$=\begin{cases}-x-6 & \text{für } x\le -2\\ x-2 & \text{für } x>-2\end{cases}$

b)

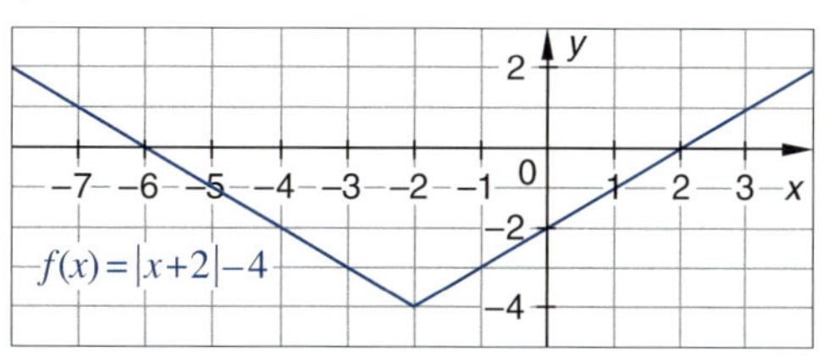

c) Verschiebung um 2 Einheiten nach links und 4 Einheiten nach unten.

2.1 Seite 66

1. $y = m \cdot x + b \Rightarrow m = \frac{\Delta y}{\Delta x} = \frac{3-0}{3-(-6)} = \frac{3}{9} = \frac{1}{3}$

$\langle 3 | 3 \rangle \Rightarrow 3 = \frac{1}{3} \cdot 3 + b \Leftrightarrow b = 2 \;\Rightarrow\; \mathbf{y = \frac{1}{3}x + 2}$

2. a)

$$\begin{aligned} & f(x) = g(x) \\ \Leftrightarrow\ & -x+5 = 2x-4 \\ \Leftrightarrow\ & 9 = 3x \\ \Leftrightarrow\ & x = 3 \\ \Rightarrow\ & y = -3+5 = 2 \\ \Rightarrow\ & \mathbf{S\langle 3 | 2 \rangle} \end{aligned}$$

b)

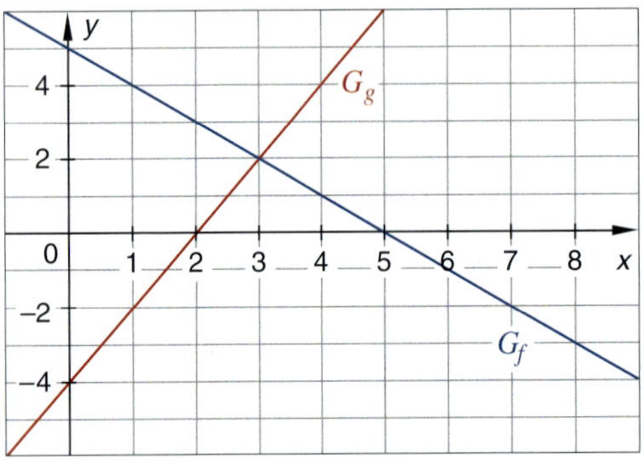

3. Nach Einfügen von GRAPHS & GEOMETRY und 2 weiteren Schiebereglern über das Symbol AKTIONEN wird nach $f1(x) = \boldsymbol{a} \cdot x + \boldsymbol{b}$ auch $f2(x) = \boldsymbol{c} \cdot x + \boldsymbol{d}$ definiert, wobei die Parameter automatisch fett dargestellt werden, wenn die Schieberegler *vorher* in *c* und *d* umbenannt wurden.
Nach Klick mit der rechten Maustaste in das Koordinatensystem kann man über „Zoom" das Menu „Fenstereinstellungen" aufrufen, mit dessen Hilfe die Koordinatenachsen nach Wunsch skaliert werden können.

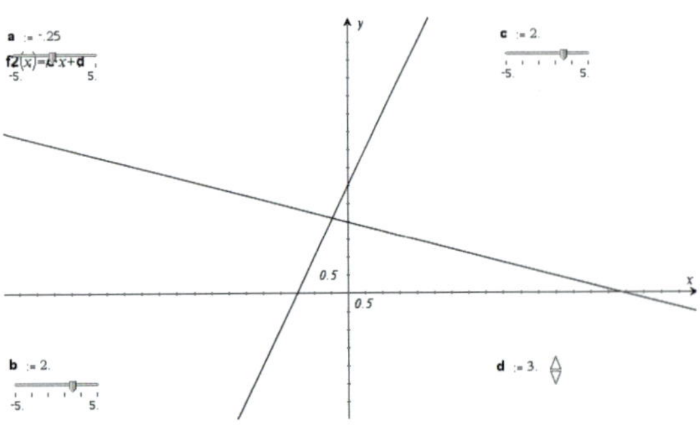

▶ Man erkennt ca. S⟨ –0,5 | 2⟩ als Schnittpunkt der Geraden.

Allgemein berechnet man den Schnittpunkt von Schargeraden, indem man die Funktionsterme $f1(x) = \boldsymbol{a} \cdot x + \boldsymbol{b}$ und $f2(x) = \boldsymbol{c} \cdot x + \boldsymbol{d}$ gleichsetzt, die Gleichung nach x auflöst und die errechnete x-Koordinate des Schnittpunkts für x in eine der beiden Funktionsterme einsetzt.

Die genaue Lösung weicht etwas von der graphisch ermittelten ab.

$$ax + b = cx + d \Leftrightarrow ax - cx = d - b$$

$$\Leftrightarrow (a-c)x = d-b \Leftrightarrow x = \frac{d-b}{a-c}$$

$$\Rightarrow y = a \cdot \frac{d-b}{a-c} + b \;\blacktriangleright\; \cdot S\left\langle \frac{d-b}{a-c} \middle| a \cdot \frac{d-b}{a-c} + b \right\rangle$$

$\Rightarrow$ Genauer Schnittpunkt: $\mathbf{S\left\langle -\frac{4}{9} \middle| 2\frac{1}{9} \right\rangle}$

2.2 Seite 80

1. a) Drehung um 180°
b) Drehung um 180° und Verschiebung um 2 Einheiten nach oben
c) Streckung mit dem Faktor 2
d) Streckung mit dem Faktor 2 und Verschiebung um 3 Einheiten nach unten
e) Stauchung mit dem Faktor 0,2
f) Stauchung mit dem Faktor 0,2 und Verschiebung um 4 Einheiten nach unten
g) Stauchung mit dem Faktor 0,5 und Drehung um 180°
h) Stauchung mit dem Faktor 0,5;
Drehung um 180° und Verschiebung um 4 Einheiten nach oben

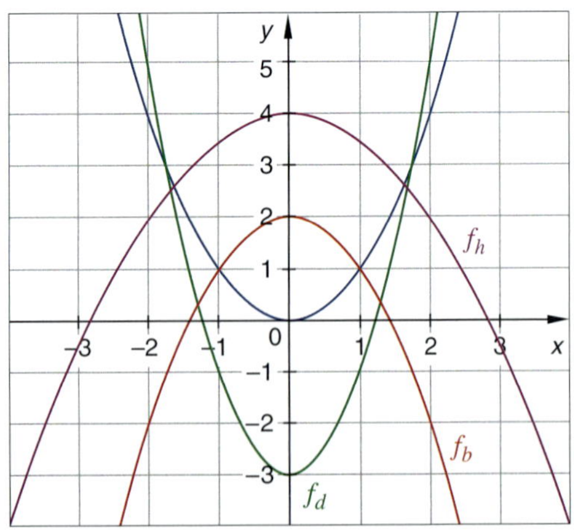

2. a) Verschiebung um 2 Einheiten nach rechts

b) Verschiebung um 2 Einheiten nach links und Drehung um 180°

c) Verschiebung um 2 Einheiten nach rechts und um 4 Einheiten nach unten

d) Verschiebung um 2 Einheiten nach rechts und um 4,5 Einheiten nach unten sowie Stauchung mit dem Faktor 0,5

e) Verschiebung um 2 Einheiten nach links und um 4,5 Einheiten nach unten sowie Stauchung mit dem Faktor 0,5 und Drehung um 180°

f) Verschiebung um 3 Einheiten nach links und um 8 Einheiten nach oben sowie Streckung mit dem Faktor 2 und Drehung um 180°

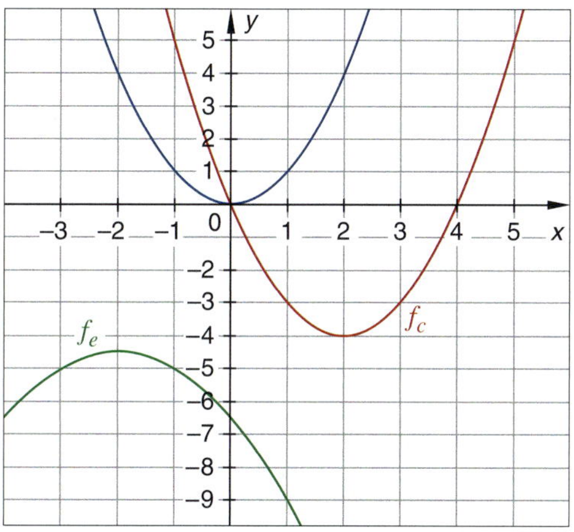

3. a) $f(x) = (x-2)^2 = x^2 - 4x + 4$

b) $f(x) = -(x+2)^2 = -(x^2+4x+4) = -x^2 - 4x - 4$

c) $f(x) = (x-2)^2 - 4 = x^2 - 4x + 4 - 4 = x^2 - 4x$

d) $f(x) = 0{,}5 \cdot (x-2)^2 - 4{,}5 = 0{,}5 \cdot (x^2 - 4x + 4) - 4{,}5$
$= 0{,}5x^2 - 2x - 2{,}5$

e) $f(x) = -0{,}5 \cdot (x+2)^2 - 4{,}5 = -0{,}5 \cdot (x^2+4x+4) - 4{,}5$
$= -0{,}5x^2 - 2x - 6{,}5$

f) $f(x) = -2 \cdot (x+3)^2 + 8 = -2 \cdot (x^2 + 6x + 9) + 8$
$= -2x^2 - 12x - 10$

2.2 Seite 86

1. a) $f(x) = x^2 + 4x + 4 = (x+2)^2$; $\mathbf{S\langle -2 | 0\rangle}$

b) $f(x) = x^2 - 6x + 3 = x^2 - 6x + 3^2 - 3^2 + 3$
$= (x-3)^2 - 6$; $\mathbf{S\langle 3 | -6\rangle}$

c) $f(x) = 2x^2 + 2x - 2 = 2 \cdot [x^2 + x - 1]$
$= 2 \cdot [x^2 + x + 0{,}5^2 - 0{,}5^2 - 1]$
$= 2 \cdot [(x+0{,}5)^2 - 1{,}25]$
$= 2 \cdot (x+0{,}5)^2 - 2{,}5$; $\mathbf{S\langle -0{,}5 | -2{,}5\rangle}$

d) $f(x) = 0{,}4x^2 - 4x - 8 = 0{,}4 \cdot [x^2 - 10x - 20]$
$= 0{,}4 \cdot [x^2 - 10x + 5^2 - 5^2 - 20]$
$= 0{,}4 \cdot [(x-5)^2 - 45]$
$= 0{,}4 \cdot (x-5)^2 - 18$; $\mathbf{S\langle 5 | -18\rangle}$

2. a) $f(x) = 0 \Leftrightarrow x^2 - 6x + 8 = 0$
$\Leftrightarrow x^2 - 6x + 3^2 - 3^2 + 8 = 0$
$\Leftrightarrow (x-3)^2 - 1 = 0$
$\Leftrightarrow (x-3)^2 = 1$
$\Leftrightarrow x - 3 = -1$ oder $x - 3 = 1$
$\Leftrightarrow x = \mathbf{2}$ oder $x = \mathbf{4}$
$\Rightarrow \boldsymbol{f(x) = (x-2) \cdot (x-4)}$

b) $f(x) = 0 \Leftrightarrow 2x^2 - 2 = 0$
$\Leftrightarrow 2x^2 = 2$
$\Leftrightarrow x^2 = 1$
$\Leftrightarrow x = \mathbf{-1}$ oder $x = \mathbf{1}$
$\Rightarrow \boldsymbol{f(x) = 2 \cdot (x+1) \cdot (x-1)}$

c) $f(x) = 0 \Leftrightarrow -x^2 + 6x + 9 = 0$
$\Leftrightarrow x^2 - 6x - 9 = 0$
$\Leftrightarrow (x-3)^2 - 18 = 0$
$\Leftrightarrow (x-3)^2 = 18$
$\Leftrightarrow x - 3 = -\sqrt{18}$ oder $x - 3 = \sqrt{18}$
$\Leftrightarrow x \approx \mathbf{-1{,}24}$ oder $x \approx \mathbf{7{,}24}$
$\Rightarrow \boldsymbol{f(x) = -(x+1{,}24) \cdot (x-7{,}24)}$

d) $f(x) = 0 \Leftrightarrow 0{,}5x^2 - 3{,}5x - 4 = 0$
$\Leftrightarrow x^2 - 7x - 8 = 0$
$\Leftrightarrow x^2 - 7x + 3{,}5^2 - 3{,}5^2 - 8 = 0$
$\Leftrightarrow (x-3{,}5)^2 - 20{,}25 = 0$
$\Leftrightarrow (x-3{,}5)^2 = 20{,}25$
$\Leftrightarrow x - 3{,}5 = -4{,}5$ oder $x - 3{,}5 = 4{,}5$

$\Leftrightarrow \boldsymbol{x = -1}$ oder $\boldsymbol{x = 8}$
$\Rightarrow \boldsymbol{f(x) = 0{,}5 \cdot (x+1) \cdot (x-8)}$

3. a) $x^2 - 6x + 8 = 0$: $\quad -(2+4) = \boldsymbol{-6 = p}$;
$2 \cdot 4 = \boldsymbol{8 = q}$

b) $0{,}5x^2 - 3{,}5x - 4 = 0 \quad -(-1+8) = \boldsymbol{-7 = p}$;
$\Leftrightarrow 0{,}5 \cdot (x^2 - 7x - 8) = 0 \quad (\mathbf{-1}) \cdot \mathbf{8} = \boldsymbol{-1 = q}$

4. a) $0{,}5x^2 + 8x - 7 = -0{,}5x^2 + 2x - 12$
$\Leftrightarrow x^2 + 6x + 5 = 0$
$\Leftrightarrow x^2 + 6x + 3^2 - 3^2 + 5 = 0$
$\Leftrightarrow (x+3)^2 = 4$
$\Leftrightarrow x + 3 = -2$ oder $x + 3 = 2$
$\Leftrightarrow x = -5$ oder $x = -1$

$\Rightarrow g(-5) = -34{,}5 \Rightarrow \mathbf{S_1\langle -5 | -34{,}5\rangle}$ und
$g(-1) = -14{,}5 \Rightarrow \mathbf{S_2\langle -1 | -14{,}5\rangle}$

b) $2x^2+4x-3=x^2+x+1$

$\Leftrightarrow x^2+3x-4=0$

$\Leftrightarrow x^2+3x+1{,}5^2-1{,}5^2-4=0$

$\Leftrightarrow (x+1{,}5)^2=6{,}25$

$\Leftrightarrow x+1{,}5=-2{,}5$ oder $x+1{,}5=2{,}5$

$\Leftrightarrow x=-4$ oder $x=1$

$\Rightarrow g(-4)=13 \Rightarrow \mathbf{S_1\langle -4|13\rangle}$ und

$g(1)=3 \Rightarrow \mathbf{S_2\langle 1|3\rangle}$

2.2.1 Seite 91

1. $A\langle -2|18\rangle$: $f(-2)=18 \Rightarrow 4a-2b+c=18$

$B\langle 1|3\rangle$: $f(1)=3 \Rightarrow a+b+c=3$

$C\langle 3|13\rangle$: $f(3)=13 \Rightarrow 9a+3b+c=13$

$$\left.\begin{array}{ccc|c} 1 & 1 & 1 & 3 \\ 0 & -6 & -3 & 6 \\ 0 & -6 & -8 & -14 \end{array}\right. \qquad \left.\begin{array}{ccc|c} 1 & 1 & 1 & 3 \\ 0 & -6 & -3 & 6 \\ 0 & 0 & -5 & -20 \end{array}\right.$$

$\Rightarrow \boldsymbol{f(x)=2x^2-3x+4}$

2. $A\langle 3|84\rangle$: $p_N(3)=84 \Rightarrow 9a+3b+c=84$

$B\langle 6|51\rangle$: $p_N(6)=51 \Rightarrow 36a+6b+c=51$

$C\langle 9|0\rangle$: $p_N(9)=0 \Rightarrow 81a+9b+c=0$

$$\left.\begin{array}{ccc|c} 9 & 3 & 1 & 84 \\ 27 & 3 & 0 & -33 \\ 72 & 6 & 0 & -84 \end{array}\right. \qquad \left.\begin{array}{ccc|c} 9 & 3 & 1 & 84 \\ 27 & 3 & 0 & -33 \\ 18 & 0 & 0 & -18 \end{array}\right.$$

$\Rightarrow \boldsymbol{p_N(x)=-x^2-2x+99}$

2.3 Seite 103

a) $f(-x)=(-x)^4-2\cdot(-x)^2+2=x^4-2x^2+2=f(x)$

$\Rightarrow f$ gerade, $G(f)$ achsensymmetrisch

b) $-f(-x)=-[0{,}25\cdot(-x)^5-(-x)^3+2\cdot(-x)]$

$=-[-0{,}25x^5+x^3-2x]$

$=0{,}25x^5-x^3+2x=f(x)$

$\Rightarrow f$ ungerade, $G(f)$ punktsymmetrisch

c) $f(-x)=4\cdot(-x)^3-2=-4x^3-2[\neq f(x)]$ und

$-f(-x)=-[-4x^3-2]=4x^3+2[\neq f(x)]$

$\Rightarrow f$ ist weder gerade noch ungerade, $G(f)$ ist weder achsen- noch punktsymmetrisch.

2.3 Seite 106

a) $f(x)=2x^3+2x^2-18x-18=2\cdot(x^3+x^2-9x-9)$

$$\begin{array}{l} (x^3+x^2-9x-9):(x+1)=x^2-9 \\ \underline{-(x^3+x^2)} \\ \quad 0-9x-9 \\ \quad \underline{-(-9x-9)} \\ \qquad 0 \end{array}$$

► –1 ist Nullstelle (durch Probieren)

$x^2-9=0$

$\Leftrightarrow (x+3)\cdot(x-3)=0$ ► 3. Binomische Formel

$\Leftrightarrow x=\mathbf{-3}$ oder $x=\mathbf{3}$ ► 2. und 3. Nullstelle

b)
$$\begin{array}{l} (x^3-7x+6):(x-1)=x^2+x-6 \\ \underline{-(x^3-x^2)} \\ \quad x^2-7x \\ \quad \underline{-(x^2-x)} \\ \qquad -6x+6 \\ \qquad \underline{-(-6x+6)} \\ \qquad\quad 0 \end{array}$$

► 1 ist Nullstelle durch (Probieren)

$x^2+x-6=0$

$\Leftrightarrow (x+3)\cdot(x-2)=0$ ► Satz von Vieta

$\Leftrightarrow x=\mathbf{-3}$ oder $x=\mathbf{2}$ ► 2. und 3. Nullstelle

2.3 Seite 111

1. a) $f(x)=x^4-10x^2+9=x^4\cdot\left(1-\frac{10}{x^2}+\frac{9}{x^4}\right)$

$x\to\infty \Rightarrow f(x)\to\infty^4\cdot 1=\infty$ und

$x\to-\infty \Rightarrow f(x)\to(-\infty)^4\cdot 1=\infty$

b) $f(x)=-0{,}5x^3-2x^2-0{,}5x+3$

$=x^3\cdot\left(-0{,}5-\frac{2}{x}-\frac{0{,}5}{x^2}+\frac{3}{x^3}\right)$

$x\to\infty \Rightarrow f(x)\to\infty^3\cdot(-0{,}5)=-\infty$ und

$x\to-\infty \Rightarrow f(x)\to(-\infty)^3\cdot(-0{,}5)=\infty$

2.3 Seite 114

$f(x)=-3x^2+4 \Rightarrow \mathbf{S\langle 0|4\rangle}$ ► Scheitelpunkt

$-3<-2 \Rightarrow f(-3)=-23<f(-2)=-8$

$\Rightarrow f$ ist im Intervall $(-\infty;0]$ streng monoton steigend.

$1<2 \Rightarrow f(1)=1>f(2)=-8$

$\Rightarrow f$ ist im Intervall $[0;\infty)$ streng monoton fallend.

2.3 Seite 115

Nach Einfügen von GRAPHS & GEOMETRY und 3 Schiebereglern für die Parameter über das Symbol AKTIONEN in das TI-Arbeitsblatt ändert man zunächst die Bezeichnung und die Bandbreite der Schieberegler.

Aus *v1* bis *v3* wird *a*, *b* und *c*. Durch Klick mit der rechten Maustaste in das Schiebereglerfeld wird über EINSTELLUNGEN... / SCHIEBEREINSTELLUNGEN das Minimum in −10 geändert.

$f1(x)$ wird definiert als $(x-\boldsymbol{a})\cdot(x-\boldsymbol{b})\cdot(x-\boldsymbol{c})$, wobei die Parameter a bis c automatisch fett dargestellt werden, wenn die Schieberegler vorher definiert wurden.

▶ vgl. Beispiel 2.36

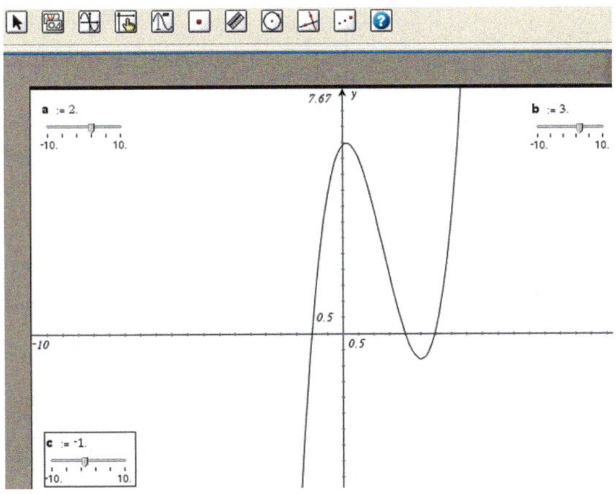

Nun kann der Graph von f mithilfe der Schieberegler verändert werden. Fügt man vorher noch einen Schieberegler für d ein und nimmt diesen als Multiplikator an den Termanfang, so lässt sich der Graph strecken und stauchen.

2.4 Seite 121

$$\lim_{x\to\infty} f(x) = \lim_{x\to\infty}\left(-3-\frac{5}{x+2}\right)$$

$$= \lim_{x\to\infty}(-3) + \lim_{x\to\infty}\left(-\frac{5}{x+2}\right) = -3-0 = \mathbf{-3}$$

$$\lim_{x\to-\infty} f(x) = \lim_{x\to-\infty}\left(-3-\frac{5}{x+2}\right)$$

$$= \lim_{x\to-\infty}(-3) + \lim_{x\to-\infty}\left(-\frac{5}{x+2}\right) = -3+0 = \mathbf{-3}$$

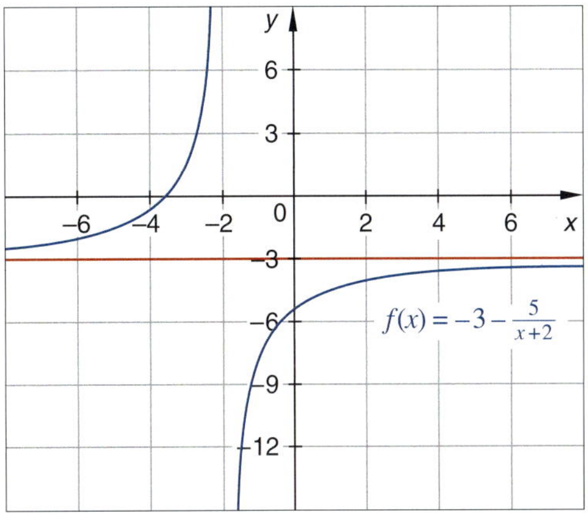

2.4 Seite 124

$$\text{l-}\lim_{x\to 1} f(x) = \text{l-}\lim_{x\to 1}\left(-3-\frac{5}{x+2}\right) = -3-\frac{5}{1+2} = -4\frac{2}{3}$$

$$\text{r-}\lim_{x\to 1} f(x) = \text{r-}\lim_{x\to 1}\left(-3-\frac{5}{x+2}\right) = -3-\frac{5}{1+2} = -4\frac{2}{3}$$

$$\Rightarrow \lim_{x\to 1} f(x) = -4\frac{2}{3}$$

$$\text{l-}\lim_{x\to -2} f(x) = \text{l-}\lim_{x\to -2}\left(-3-\frac{5}{x+2}\right) = \infty$$

$$\text{r-}\lim_{x\to -2} f(x) = \text{r-}\lim_{x\to -2}\left(-3-\frac{5}{x+2}\right) = -\infty$$

▶ Pol mit VZW bei $x = -2$

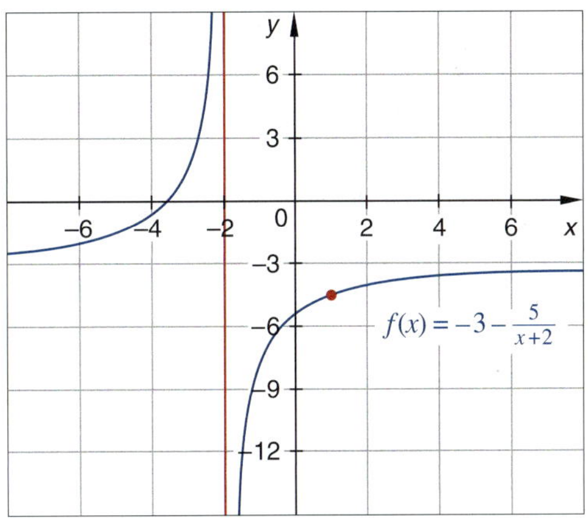

2.4 Seite 125

$$K(x) = \begin{cases} 10x + 100 & \text{für } x \leq 20 \\ 5x + 200 & \text{für } x > 20 \end{cases}$$

$$\Rightarrow \left.\begin{array}{l} \underset{x \to 20}{\text{l-lim}}\, K(x) = \underset{x \to 20}{\text{l-lim}}\,(10x + 100) = 300 \\ \underset{x \to 20}{\text{r-lim}}\, K(x) = \underset{x \to 20}{\text{r-lim}}\,(\ 5x + 200) = 300 \end{array}\right\}$$

$$\Rightarrow \lim_{x \to 20} K(x) = 300$$

2.5.1 Seite 148

1. a) $f(x) = 3^x$; $g(x) = 1{,}5^x$

Beide Graphen schneiden die y-Achse im Punkt $\langle 0\,|\,1 \rangle$, nähern sich für $x \to -\infty$ der x-Achse von oben und steigen streng monoton.
Der Graph von g steigt langsamer als der Graph von f, weil die Basis im Term von g kleiner ist als die Basis im Term von f.

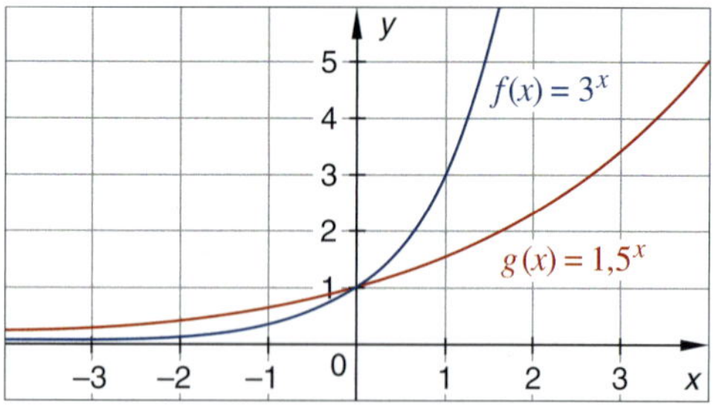

b) $f(x) = 3^x$; $g(x) = \left(\frac{1}{3}\right)^x$

Beide Graphen schneiden die y-Achse im Punkt $\langle 0\,|\,1 \rangle$. $G(f)$ nähert sich für $x \to \infty$ der x-Achse von oben.
Spiegelt man $G(f)$ an der y-Achse, so erhält man $G(g)$ und umgekehrt.

Der Graph von f steigt streng monoton, da die Basis in seinem Funktionsterm größer als 1 ist. Dagegen fällt der Graph von g, weil die Basis im Term von g kleiner als 1 ist.

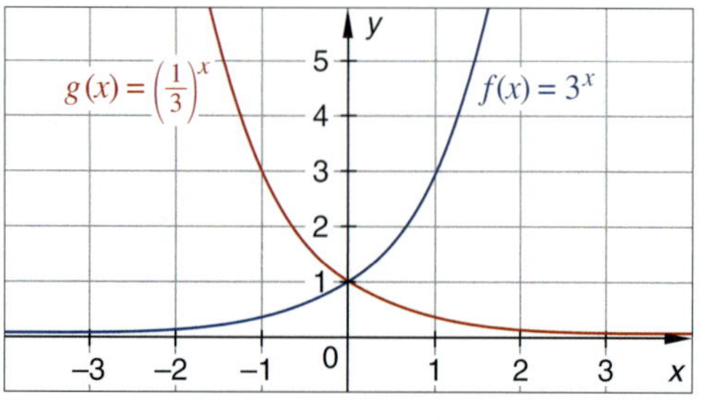

c) $f(x) = 0{,}5^x$; $g(x) = 0{,}25^x$

Beide Graphen schneiden die y-Achse im Punkt $\langle 0\,|\,1 \rangle$, nähern sich für $x \to \infty$ der x-Achse von oben und fallen streng monoton.

Der Graph von g fällt schneller als der Graph von f, weil die Basis im Term von g kleiner ist als die Basis im Term von f.

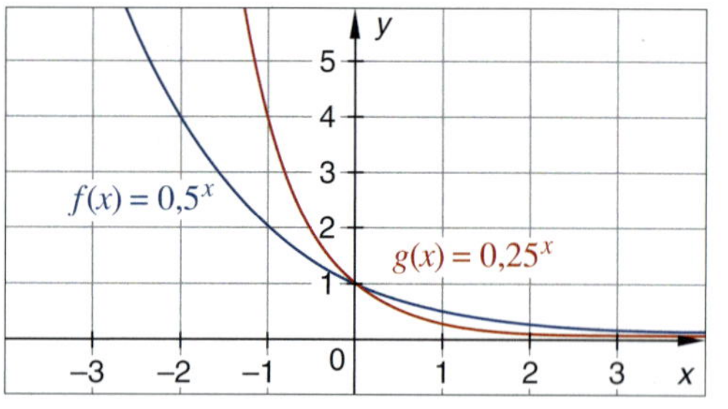

2. a) $f(x) = 2^x$ **b)** $f(x) = 3^x$ **c)** $f(x) = 0{,}5^x$

3. a) 1,03; 1,003; 4 **b)** 0,9; 0,99

4. a) 0,5%; 23%; 2,5%; 300% **b)** –20%; –2,5%; –0,75%; –99,6%

5. a) $9 + 10 \cdot 18 = \mathbf{189}$ **b)** $9 \cdot 3^{10} = \mathbf{531.441}$

c) Es lässt sich eher mit dem exponentiellen Modell erklären (bis zur Überbevölkerung).

6. $a_0 \cdot \left(\frac{1}{3}\right)^5 = 40 \quad \Leftrightarrow \quad a_0 = 40 \cdot 3^5 = \mathbf{9.720}$

2.5.1 Seite 152

1. a) $f(0) = 2{,}5$; $y_A(x) = 1$ für $x \to -\infty$,
$G(f)$ ist streng monoton steigend.
$g(0) = 7$; $y_A(x) = 4$ für $x \to \infty$,
$G(g)$ ist streng monoton fallend.

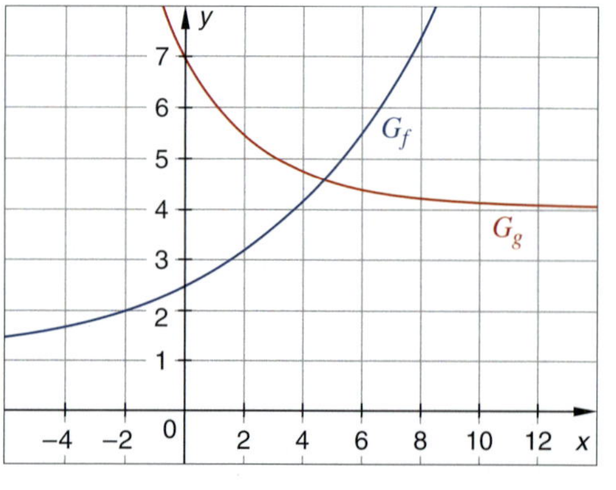

b) $f(0)=5$; $y_A(x)=7$ für $x \to -\infty$,
$G(f)$ ist streng monoton fallend.
$g(0)=-1$; $y_A(x)=4$ für $x \to \infty$,
$G(g)$ ist streng monoton steigend.

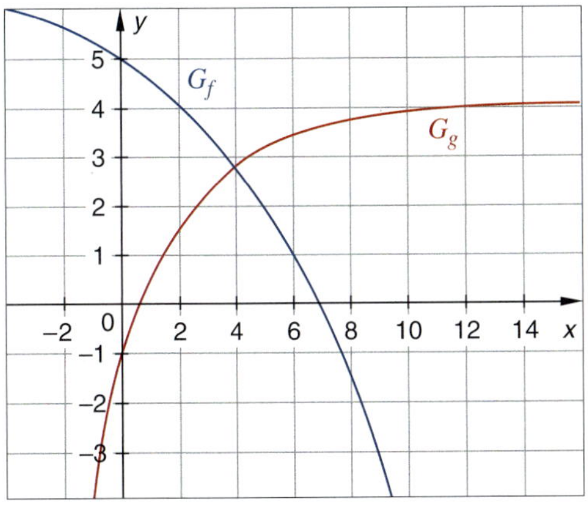

c) $f(0)=3$; $y_A(x)=6$ für $x \to \infty$,
$G(f)$ ist streng monoton steigend.
$g(0)=6$; $y_A(x)=2$ für $x \to \infty$,
$G(g)$ ist streng monoton fallend.

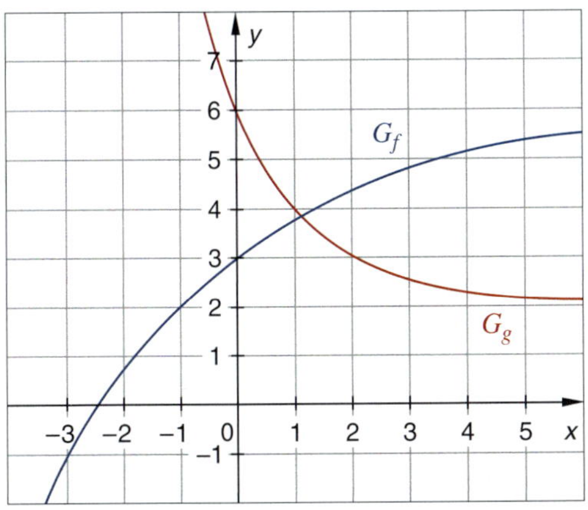

2. $f(n)=2\cdot 0{,}75^n$; $n\in\mathbb{N}$; $f(4)=2\cdot 0{,}75^4 \approx \mathbf{0{,}63}$.
Der Ball springt nach dem 4. Aufprall 63 cm hoch.

2.5.2 Seite 154

1. $1{,}04^n = 2 \;\Leftrightarrow\; n=\frac{\log 2}{\log 1{,}04}\approx \mathbf{17{,}7}$;
Verdoppelung nach ca. 18 Jahren.

2.a) $x=\log_2 32=\frac{\log 32}{\log 2}=\mathbf{5}$

b) $x=\log_4 \frac{50}{3}=\frac{\log\frac{50}{3}}{\log 4}\approx \mathbf{2{,}03}$

c) $x=\log_5 25=\frac{\log 25}{\log 5}=\mathbf{2}$

d) $x=\log_{216}\sqrt{6}=\frac{\log\sqrt{6}}{\log 216}=\mathbf{\frac{1}{6}}$

e) $x=\log_{0,25} 16=\frac{\log 16}{\log 0{,}25}=\mathbf{-2}$

f) $x=\log_3 7=\frac{\log 7}{\log 3}\approx \mathbf{1{,}77}$

g) $x=\log_{0,125} 2=\frac{\log 2}{\log 0{,}125}=\mathbf{-\frac{1}{3}}$

h) $x=\log_3 0{,}375\cdot\sqrt{81}=\frac{\log 3{,}375}{\log 3}\approx \mathbf{1{,}11}$

3.a) $3^x=81 \;\Leftrightarrow\; x=\mathbf{4}$

b) $10^x=0{,}0001 \;\Leftrightarrow\; x=\mathbf{-4}$

c) $2^x=64 \;\Leftrightarrow\; x=\mathbf{6}$

d) $2^x=0{,}03125 \;\Leftrightarrow\; x=\mathbf{-5}$

e) $5^x=3{,}125 \;\Leftrightarrow\; x=\frac{\log 3{,}125}{\log 5}\approx \mathbf{0{,}71}$

f) $0{,}25^x=8 \;\Leftrightarrow\; x=\frac{\log 8}{\log 0{,}25}=\mathbf{-\frac{2}{3}}$

g) $10^x=10^3 \;\Leftrightarrow\; x=\mathbf{3}$

h) $10^x=25 \;\Leftrightarrow\; x=\frac{\log 25}{\log 10}\approx \mathbf{1{,}40}$

4. Man zerlegt das Intervall $[3;4]$ in zehn gleichgroße Intervalle $[3;3{,}1]$, $[3{,}1;3{,}2], \ldots,$ $[3{,}8;3{,}9]$, und $[3{,}9;4]$.
Als nächstes berechnet man die Werte für die Intervallgrenzen mit dem Taschenrechner oder zum Beispiel mithilfe von Excel.
Man erkennt, dass $2^{3,3}<12$ und $2^{3,4}>12$ gilt. Darum muss sich t in dem Intervall $I_1=[3{,}3;3{,}4]$ befinden.
Im nächsten Schritt zerlegt man nun das Intervall $I_1=[3{,}3;3{,}4]$ in zehn gleich große Intervalle und bestimmt erneut dasjenige, in dem sich t befindet. Es gilt $2^{3,32}<12$ und $2^{3,33}>12$, daher ist das gesuchte Intervall $I_2=[3{,}32;3{,}33]$.
Mit dem Intervall I_2 führt man wieder eine Zerlegung in zehn gleichgroße Teilintervalle durch und bestimmt das zugehörige Intervall, in dem t liegen muss.
Mit diesem Verfahren nähert man sich mit jedem Schritt um eine weiter Nachkommastelle an die Lösung für t an.
Nach den fünften Schritt ergibt sich das Intervall $I_5=[3{,}32192;3{,}32193]$ und die gesuchte Zahl für $t=3{,}3219\ldots$ ist bereits auf vier Nachkommastellen genau bestimmt.

2.5.2 Seite 156

1. a) $G(f)$ ist streng monoton steigend; $D(f) = \mathbb{R}^{>0}$; $f(1) = 0$; $G(g)$ ist der um 2 Einheiten nach rechts verschobene $G(f) \Rightarrow D(g) = \mathbb{R}^{>2}$; $g(3) = 0$.

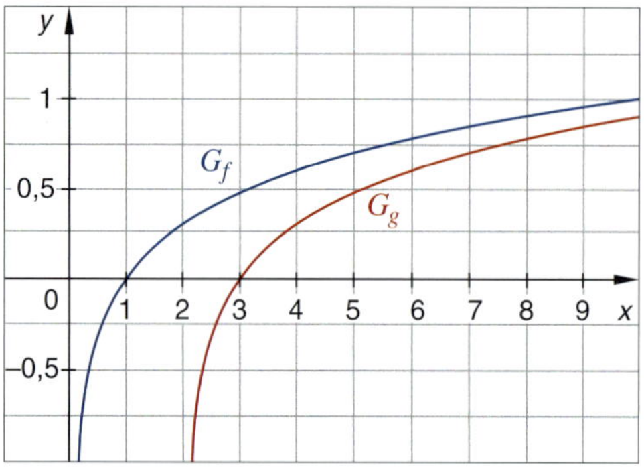

b) Beide Graphen sind streng monoton steigend, aber wegen des Faktors im Term von g steigt $G(g)$ für $x \to \infty$ stärker;
$D(f) = D(g) = \mathbb{R}^{>0}$; $f(3) = g(3) = 0$.

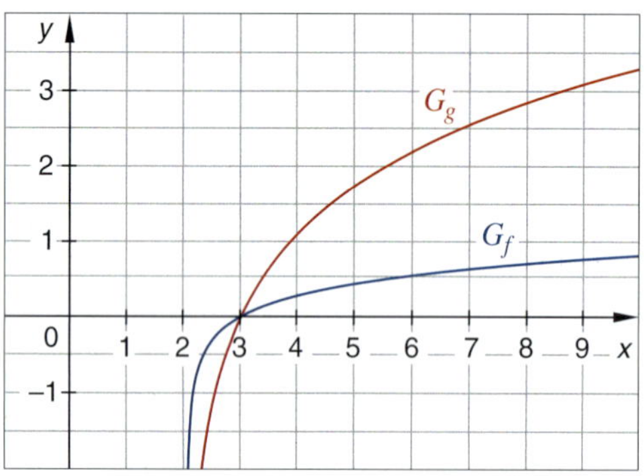

c) Beide Graphen sind streng monoton steigend.
Alle Funktionswerte von g sind um 3 Einheiten größer als die Funktionswerte von f; dadurch liegt die Nullstelle von g vor der Nullstelle von f.

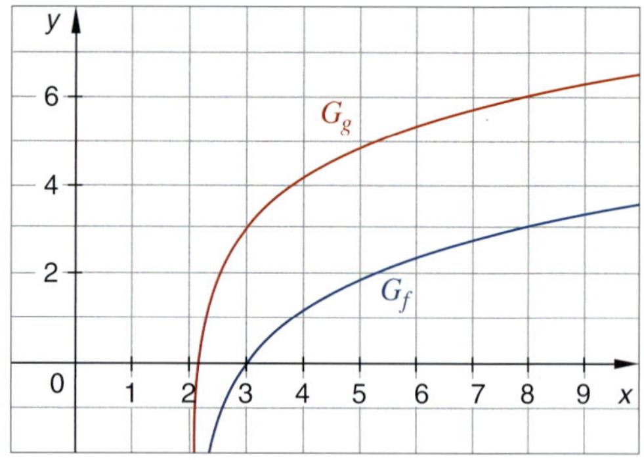

2. a) $\lg 7.000 = \lg (7 \cdot 1.000) = \lg 7 + \lg 1.000$
$= \lg 7 + 3 \approx \mathbf{3{,}845}$

b) $\lg 0{,}00007 = \lg \frac{7}{100.000} = \lg 7 - \lg 100.000$
$= \lg 7 - 5 \approx \mathbf{-4{,}155}$

c) $\lg 7.000.000 = \lg (7 \cdot 1.000.000)$
$= \lg 7 + \lg 1.000.000 = \lg 7 + 6 \approx \mathbf{6{,}845}$

d) $\lg \frac{1}{70} = \lg 1 - \lg 70 = 0 - \lg (7 \cdot 10)$
$= -(\lg 7 + \lg 10) = -(\lg 7 + 1) \approx \mathbf{-1{,}845}$

2.5.2 Seite 158

Die Tabelle ist so aufgeteilt, dass im Eingabebereich die 3 gegebenen Variablen mit entsprechender Zellenformatierung (€, %) eingetragen werden.
Um im Rechenbereich automatisch ***nur*** das Ergebnis in der gewünschten Zelle zu erhalten, müssen die 4 Formeln in die WENN-Funktion eingebettet werden, wie z. B. nachstehend für **Zelle C10**:

2.5.2 Seite 159

$R_v(6) = 1.000 \cdot \frac{1{,}04^6 - 1}{0{,}04} \cdot 1{,}04 \approx \mathbf{6.898{,}29}$

	A	B	C	D
1	Berechnung Anfangs- und Endkapital, Zinssatz, Jahren			
2				
3	Eingabebereich			
4	Anfangskapital	Zinssatz	Jahre	Endkapital
5	2.000,00 €	5%		2.680,19 €
6				
7	Rechenbereich			
8	Anfangskapital	Zinssatz	Jahre	Endkapital
9			6,00	

=WENN(UND(ISTZAHL(A5);ISTZAHL(B5);ISTZAHL(D5);NICHT(ISTZAHL(C5))); LOG(D5/A5)/LOG(1+B5);"")

Weitere Formeln:

In Zelle A10: =WENN(UND(ISTZAHL(B5);ISTZAHL(C5);ISTZAHL(D5);NICHT(ISTZAHL(A5)));D5/(1+B5)^C5;"")

In Zelle B10: =WENN(UND(ISTZAHL(A5);ISTZAHL(C5);ISTZAHL(D5);NICHT(ISTZAHL(B5)));(D5/A5)^(1/C5)-1;"")

In Zelle D10: =WENN(UND(ISTZAHL(A5);ISTZAHL(B5);ISTZAHL(C5);NICHT(ISTZAHL(D5)));A5*(1+B5)^6;"")

2.6 Seite 171

1. a) $f[g(x)] = (3x+1)^2 + 5;\ g[f(x)] = 3 \cdot (x^2+5) + 1$

b) $f[g(x)] = (2x^3+5)^2 - 3 \cdot (2x^3+5) - 4;$
$g[f(x)] = 2 \cdot (x^2 - 3x - 4)^3 + 5$

c) $f[g(x)] = \sqrt{x^2} = x;\ g[f(x)] = (\sqrt{x})^2 = x$

2. a) $f(g[h(x)]) = 2 \cdot (-(x^3-2)+1)^2 + 5;$
$h(g[f(x)]) = (-(2x^2+5)+1)^3 - 2$

b) $f(g[h(x)]) = (-\sqrt{x})^2 - 4 \cdot (-\sqrt{x}) - 5$
$= x + 4 \cdot \sqrt{x} - 5;$
$h(g[f(x)]) = \sqrt{-(x^2-4x-5)} = \sqrt{-x^2+4x+5}$

2.7 Seite 177

1. a) f ist umkehrbar, da $G(f)$ streng monoton steigt.
b) f ist nicht umkehrbar, da es Parallelen zur x-Achse gibt, die $G(f)$ mindestens zweimal schneiden.
c) f ist nicht umkehrbar, da $G(f)$ z. B. von einer Parallelen zur x-Achse in unendlich vielen Punkten geschnitten wird.

2. a) $x_1 \leq x_2 \Rightarrow 0{,}25x_1 \leq 0{,}25x_2$
$\Rightarrow 0{,}25x_1 + 2 \leq 0{,}25x_2 + 2 \Rightarrow f(x_1) \leq f(x_2)$
$\Rightarrow f$ steigt streng monoton
Umkehrfunktion: $x = 0{,}25y + 2$
$\Rightarrow y = 4x - 8$ für $x \in \mathbb{R}$

b) $x_1 \leq x_2 \Rightarrow x_1^2 \leq x_2^2 (\text{für } x \geq 0)$
$\Rightarrow 2x_1^2 \leq 2x_2^2 \Rightarrow 2x_1^2 + 3 \leq 2x_2^2 + 3 \Rightarrow f(x_1) \leq f(x_2)$
$\Rightarrow f$ steigt streng monoton
Umkehrfunktion: $x = 2y^2 - 3$
$\Rightarrow y = \sqrt{0{,}5x - 1{,}5}$ für $x \geq 3$

2.8 Seite 183

1. $a^2 + b^2 = c^2$ ▶ Satz des Pythagoras

$\Rightarrow b^2\left[1 + \left(\frac{a}{b}\right)^2\right] = c^2 \quad \frac{a}{b} = \frac{12}{100};\ c = 3800$

$\Rightarrow b = \frac{3800}{\sqrt{1+0{,}0144}} \approx \mathbf{3772{,}93}$ ▶ Horizontalunterschied

$\Rightarrow a = \sqrt{3800^2 - 3772{,}93^2} \approx \mathbf{452{,}75}$ ▶ Höhenunterschied

$\Rightarrow \frac{452{,}75}{3800} \approx 0{,}1191 = \frac{\mathbf{11{,}91}}{\mathbf{100}} = 11{,}91\,\%$ ▶ Anstieg pro 100 m Straßenlänge

2. a) $c = \sqrt{3^2+4^2} = \mathbf{5};\ \alpha = \tan^{-1}\left(\frac{4}{3}\right) \approx \mathbf{53{,}13°};$
$\beta \approx 90° - 53{,}13° = \mathbf{36{,}87°}$
b) $\alpha \approx \mathbf{22{,}62°};\ \beta \approx 67{,}38°;\ b = \mathbf{12}$
c) $\beta = 54°;\ a = \sin 36° \cdot 7 \approx \mathbf{4{,}11};$
$b = \sqrt{7^2 - 4{,}11^2} \approx \mathbf{5{,}66}$
d) $\beta = \mathbf{62°};\ b \approx \mathbf{6{,}58};\ c \approx \mathbf{7{,}46}$

3.

II $x<0, y>0$	I $x>0, y>0$
III $x<0, y<0$	IV $x>0, y<0$

sin + cos – tan –	sin + cos + tan +
sin – cos – tan +	sin – cos + tan –

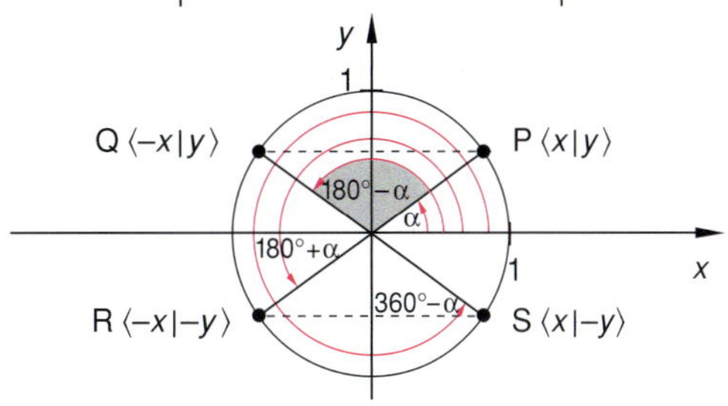

3. Einführung in die Differentialrechnung

3.1 Seite 192

$f(2) = 1$; l-$\lim\limits_{x \to 2} f(x) = 2$ und r-$\lim\limits_{x \to 2} f(x) = 1 \Rightarrow \lim\limits_{x \to 2} f(x)$ existiert nicht $\Rightarrow f$ ist nicht stetig.

$g(2) = 1$ und $\lim\limits_{x \to 2} g(x) = 2 \Rightarrow g(2) \neq \lim\limits_{x \to 2} g(x) \Rightarrow g$ ist nicht stetig.

$h(2) = 2$ und $\lim\limits_{x \to 2} h(x) = 2 \Rightarrow h(2) = \lim\limits_{x \to 2} h(x) = 2 \Rightarrow h$ ist stetig.

3.2.1 Seite 200

$f(x) = x^2 - 3$:

$$d(h) = \frac{f(2+h) - f(2)}{h} = \frac{(2+h)^2 - 3 - (2^2 - 3)}{h} = \frac{4h + h^2}{h} = 4 + h \text{ für } h \neq 0$$

$\Rightarrow \lim\limits_{h \to 0} d(h) = \lim\limits_{h \to 0} (4 + h) = \mathbf{4}$ ▶ Steigung von f im Punkt $P\langle 2 | 3 \rangle$.

$$d(h) = \frac{f(x_0+h) - f(x_0)}{h} = \frac{(x_0+h)^2 - 3 - (x_0^2 - 3)}{h} = \frac{2x_0 h + h^2}{h} = 2x_0 + h \text{ für } h \neq 0$$

$\Rightarrow \lim\limits_{h \to 0} d(h) = \lim\limits_{h \to 0} (2x_0 + h) = \mathbf{2x_0}$ ▶ Steigung von f im Punkt $P\langle x_0 | f(x_0) \rangle$.

$g(x) = 2x^3 - 5x$:

$$d(h) = \frac{g(2+h) - g(2)}{h} = \frac{2 \cdot (2+h)^2 - 5 \cdot (2+h) - (2 \cdot 2^3 - 5 \cdot 2)}{h}$$

$$= \frac{2 \cdot (2^3 + 3 \cdot 2^2 h + 3 \cdot 2 \cdot h^2 + h^3) - 5 \cdot 2 - 5 \cdot h - 2 \cdot 2^3 + 5 \cdot 2}{h}$$

$$= \frac{24h + 12h^2 + 2h^3 - 5h}{h} = \frac{19h + 12h^2 + 2h^3}{h} = 19 + 12h + 2h^2 \text{ für } h \neq 0$$

$\Rightarrow \lim\limits_{h \to 0} d(h) = \lim\limits_{h \to 0} (19 + 12h + 2h^2) = \mathbf{19}$ ▶ Steigung von g im Punkt $P\langle 2 | 6 \rangle$.

$$d(h) = \frac{g(x_0+h) - g(x_0)}{h} = \frac{2 \cdot (x_0+h)^3 - 5 \cdot (x_0+h) - (2 \cdot x_0^3 - 5 \cdot x_0)}{h}$$

$$= \frac{2 \cdot (x_0^3 + 3 \cdot x_0^2 h + 3 \cdot x_0 \cdot h^2 + h^3) - 5 \cdot x_0 - 5 \cdot h - 2 \cdot x_0^3 + 5 \cdot x_0}{h}$$

$$= \frac{6x_0^2 h + 6x_0 h^2 + 2h^3 - 5h}{h} = 6x_0^2 + 6x_0 h + 2h^2 - 5 \text{ für } h \neq 0$$

$\Rightarrow \lim\limits_{h \to 0} d(h) = \lim\limits_{h \to 0} (6x_0^2 + 6x_0 h + 2h^2 - 5) = \mathbf{6x_0^2 - 5}$ ▶ Steigung von g im Punkt $P\langle x_0 | g(x_0) \rangle$.

3.3.1 Seite 207

1. $$s'(t) = \lim_{h \to 0} \frac{s(t+h) - s(t)}{h} = \lim_{h \to 0} \frac{2{,}5 \cdot (t+h)^2 - 2{,}5t^2}{h} = \lim_{h \to 0} \frac{2{,}5t^2 + 5th + 2{,}5h^2 - 2{,}5t^2}{h}$$

$$= \lim_{h \to 0} \frac{5th + 2{,}5h^2}{h} = \lim_{h \to 0} (5t + 2{,}5h) = \lim_{h \to 0} 5t + \lim_{h \to 0} 2{,}5h = \mathbf{5t}$$

$\Rightarrow s'(3) = 5 \cdot 3 = \mathbf{15}$ und $s'(4) = 5 \cdot 4 = \mathbf{20}$

2. $$K'(x) = \lim_{h \to 0} \frac{K(x+h) - K(x)}{h}$$

$$= \lim_{h \to 0} \frac{(x+h)^3 - 6 \cdot (x+h)^2 + 15 \cdot (x+h) + 32 - (x^3 - 6x^2 + 15x + 32)}{h}$$

$$= \lim_{h \to 0} \frac{x^3 + 3x^2 h + 3xh^2 + h^3 - 6 \cdot (x^2 + 2hx + h^2) + 15x + 15h + 32 - x^3 + 6x^2 - 15x - 32}{h}$$

$$= \lim_{h \to 0} \frac{3x^2 h + 3xh^2 + h^3 - 12xh - 6h^2 + 15h}{h} = \lim_{h \to 0} (3x^2 + 3xh + h^2 - 12x - 6h + 15)$$

$$= \lim_{h \to 0} 3x^2 + \lim_{h \to 0} 3xh + \lim_{h \to 0} h^2 - \lim_{h \to 0} 12x - \lim_{h \to 0} 6h + \lim_{h \to 0} 15 = \mathbf{3x^2 - 12x + 15}$$

$\Rightarrow K'(4) = 15 = m;\ K(4) = 60 = t(4)$

$\Rightarrow t(x) = m \cdot x + b \Leftrightarrow 60 = 15 \cdot 4 + b \Leftrightarrow b = 0 \Rightarrow \mathbf{t(x) = 15x}$

3.3.2 Seite 209

a) $d(h) = \dfrac{5\cdot(x+h)^2 - 2\cdot(x+h) + 3 - (5x^2 - 2x + 3)}{h}$

$= \dfrac{5x^2 + 10xh + 5h^2 - 2x - 2h + 3 - 5x^2 + 2x - 3}{h}$

$= \dfrac{10xh + 5h^2 - 2h}{h} = 10x + 5h - 2 \text{ für } h \neq 0$

b) $d(h) = \dfrac{-3\cdot(x+h)^2 - 12\cdot(x+h) + 12 - (-3x^2 - 12x + 12)}{h}$

$= \dfrac{-3x^2 - 6xh - 3h^2 - 12x - 12h + 12 + 3x^2 + 12x - 12}{h}$

$= \dfrac{-6xh - 3h^2 - 12h}{h} = -6x - 3h - 12 \text{ für } h \neq 0$

$\Rightarrow f'(x) = \lim\limits_{h\to 0} d(h)$

$= \lim\limits_{h\to 0}(-6x - 3h - 12) = \mathbf{-6x-12}$

$f'(x) = -6 \Leftrightarrow -6x - 12 = -6 \Leftrightarrow x = -1$

$f(-1) = 21 \Rightarrow \mathbf{P\langle -1|21\rangle}$

▶ f hat die Steigung -6 im Punkt $P\langle -1|21\rangle$.

3.3.2 Seite 212

Stetigkeit ist eine notwendige Bedingung für die Differenzierbarkeit.

Bedingung für die Stetigkeit an der Stelle $x_0 = 2$:

$\text{l-}\lim\limits_{x\to 2} f(x) = \text{r-}\lim\limits_{x\to 2} f(x) = f(2)$

$\text{l-}\lim\limits_{x\to 2}(x^2 + 3x) = 10 = f(2)$ und

$\text{r-}\lim\limits_{x\to 2}(mx + b) = 2m + b$

$\Rightarrow 2m + b = 10 \Leftrightarrow b = 10 - 2m$

$\Rightarrow f'(x) = \lim\limits_{h\to 0} d(h) = \lim\limits_{h\to 0}(10x + 5h - 2) = \mathbf{10x-2}$

$f'(x) = 8 \Leftrightarrow 10x - 2 = 8 \Leftrightarrow x = 1$

$f(1) = 6 \Rightarrow \mathbf{P\langle 1|6\rangle}$

▶ f hat die Steigung 8 im Punkt $P\langle 1|6\rangle$.

Bedingung für die Differenzierbarkeit an der Stelle $x_0 = 2$: $f'(2)$ existiert.

$\text{l-}\lim\limits_{h\to 0}\dfrac{f(x+h) - f(x)}{h} = \lim\limits_{h\to 0}\dfrac{f(x-h) - f(x)}{-h}$

$= \lim\limits_{h\to 0}\dfrac{(x-h)^2 + 3(x-h) - (x^2 + 3x)}{-h}$ ▶ $h > 0$

$= \lim\limits_{h\to 0}\dfrac{x^2 - 2xh + h^2 + 3x - 3h - x^2 - 3x}{-h}$

$= \lim\limits_{h\to 0}\dfrac{-2xh + h^2 - 3h}{-h}$

$= \lim\limits_{h\to 0}(2x - h + 3) = \mathbf{2x+3}$

$\text{r-}\lim\limits_{h\to 0}\dfrac{f(x+h) - f(x)}{h} = \lim\limits_{h\to 0}\dfrac{f(x+h) - f(x)}{h}$

$= \lim\limits_{h\to 0}\dfrac{m\cdot(x+h) + b - (m\cdot x + b)}{h}$ ▶ $h > 0$

$= \lim\limits_{h\to 0}\dfrac{m\cdot h}{h} = \lim\limits_{h\to 0} m = \boldsymbol{m}$

$\Rightarrow m = 2x + 3 \Rightarrow m = 7$ an der Stelle $x_0 = 2$.

$\Rightarrow b = 10 - 2\cdot 7 = -4 \Rightarrow \boldsymbol{t(x) = 7x - 4}$

4. Anwendungen der Differentialrechnung

4.1.1 Seite 223

Es ist zu zeigen, dass der Grenzwert des Differenzenquotienten $d(h)$ für alle $x \neq 0$ existiert.

$$d(h) = \frac{-2\cdot(x+h)^4 + 3\cdot(x+h)^{-4} - (-2x^4 + 3x^{-4})}{h}$$

$$= \frac{-2x^4 - 8x^3h - 12x^2h^2 - 8xh^3 - 2h^4 + \dfrac{3}{x^4 + 4x^3h + 6x^2h^2 + 4xh^3 + h^4} + 2x^4 - \dfrac{3}{x^4}}{h}$$

$$= \frac{-8x^3h - 12x^2h^2 - 8xh^3 - 2h^4}{h} + \frac{3x^4 - 3\cdot(x^4 + 4x^3h + 6x^2h^2 + 4xh^3 + h^4)}{(x^8 + 4x^7h + 6x^6h^2 + 4x^5h^3 + x^4h^4)\cdot h}$$

$$= \frac{(-8x^3 - 12x^2h - 8xh^2 - 2h^3)\cdot h}{h} + \frac{(-12x^3 - 18x^2h - 12xh^3 - 3h^2)\cdot h}{(x^8 + 4x^7h + 6x^6h^2 + 4x^5h^3 + x^4h^4)\cdot h}$$

$$\Rightarrow \lim_{h\to 0} d(h) = \lim_{h\to 0}(-8x^3 - 12x^2h - 8xh^2 - 2h^3) + \lim_{h\to 0}\frac{-12x^3 - 18x^2h - 12xh^2 - 3h^3}{x^8 + 4x^7h + 6x^6h^2 + 4x^5h^3 + x^4h^4}$$

$$= -8x^3 + \frac{-12x^3}{x^8} = \mathbf{-8x^3 - 12x^{-5}}$$

4.1.2 Seite 225

$f(x) = 5x^9 - 3{,}5x^8 - 7x^5 + 2{,}75x^4 - 2x^3 + 100x^2;$
$f'(x) = 45x^8 - 28x^7 - 35x^4 + 11x^3 - 6x^2 + 200x;$
$f''(x) = 360x^7 - 196x^6 - 140x^3 + 33x^2 - 12x + 200;$
$f'''(x) = 2.520x^6 - 1.176x^5 - 420x^2 + 66x - 12;$
$f^{(4)}(x) = 15.120x^5 - 5.880x^4 - 840x + 66;$
$f^{(5)}(x) = 75.600x^4 - 23.520x^3 - 840;$
$f^{(6)}(x) = 302.400x^3 - 70.560x^2;$
$f^{(7)}(x) = 907.200x^2 - 141.120x;$
$f^{(8)}(x) = 1.814.400x - 141.120;$
$f^{(9)}(x) = 1.814.400.$

4.1.3 Seite 227

$f(x) = u(x) \cdot v(x) \cdot w(x) = s(x) \cdot w(x)$ ▶ $s(x) = u(x) \cdot v(x) = (x-3)^2 = (x-3) \cdot (x-3);\ w(x) = x^{0,5}$

$s'(x) = [u(x) \cdot v(x)]' = u'(x) \cdot v(x) + u(x) \cdot v'(x) = 1 \cdot (x-3) + (x-3) \cdot 1 = 2 \cdot (x-3) = 2x - 6$

$f'(x) = [s(x) \cdot w(x)]' = s'(x) \cdot w(x) + s(x) \cdot w'(x) = 2 \cdot (x-3) \cdot x^{0,5} + (x-3)^2 \cdot 0{,}5 \cdot x^{-0,5}$

$= (x-3) \cdot x^{-0,5} \cdot [2x + 0{,}5 \cdot (x-3)] = \mathbf{(x-3) \cdot x^{-0,5} \cdot (2{,}5x - 1{,}5)}$

4.1.4 Seite 231

a) $f'(x) = 3 \cdot (1{,}5x^3 - 3)^2 \cdot 4{,}5x^2 \cdot (0{,}5x^2 - 2x) + (1{,}5x^3 - 3)^3 \cdot (x-2)$

$= (1{,}5x^3 - 3)^2 \cdot (6{,}75x^4 - 27x^3 + 1{,}5x^4 - 3x - 3x^3 + 6)$

$= (1{,}5x^3 - 3)^2 \cdot (8{,}25x^4 - 30x^3 - 3x + 6)$

b) $f(x) = \frac{u(x)}{v(x)};\ u'(x) = 2 \cdot (x^2 + 5x^5) \cdot (2x + 25x^4);\ v'(x) = 3 \cdot (x^3 - 2x^2)^2 \cdot (3x^2 - 4x)$

$$f'(x) = \frac{2 \cdot (x^2 + 5x^5) \cdot (2x + 25x^4) \cdot (x^3 - 2x^2)^3 - (x^2 + 5x^5)^2 \cdot 3 \cdot (x^3 - 2x^2)^2 \cdot (3x^2 - 4x)}{(x^3 - 2x^2)^6}$$

$$= \frac{(x^3 - 2x^2)^2 \cdot [2 \cdot (x^2 + 5x^5) \cdot (2x + 25x^4) \cdot (x^3 - 2x^2) - (x^2 + 5x^5)^2 \cdot 3 \cdot (3x^2 - 4x)]}{(x^3 - 2x^2)^2 \cdot (x^3 - 2x^2)^4}$$

$$= \frac{2 \cdot (x^2 + 5x^5) \cdot (2x + 25x^4) \cdot (x^3 - 2x^2) - (x^2 + 5x^5)^2 \cdot 3 \cdot (3x^2 - 4x)}{(x^3 - 2x^2)^4}$$

4.1.6 Seite 240

a) $f'(x) = 3 \cdot e^{0,5x} + 3x \cdot 0{,}5 \cdot e^{0,5x} = \mathbf{e^{0,5x} \cdot (3 + 1{,}5x)}$

b) $f'(x) = 6x \cdot e^{-2x} + (3x^2 - 5) \cdot (-2) \cdot e^{-2x} = \mathbf{e^{-2x} \cdot (-6x^2 + 6x + 10)}$

4.1.7 Seite 242

$f(x) = 4\cos x \cdot (3 - 6\sin x)$

$f'(x) = -4\sin x(3 - 6\sin x) + 4\cos x(-6\cos x)$

$= -12\sin x + 24\sin^2 x - 24\cos^2 x$

$= -12\sin x + 24\sin^2 x + 24\sin^2 x - 24$

$= -48\sin^2 x - 12\sin x - 24$

$f''(x) = 96\sin x \cdot \cos x - 12\cos x$

$= 12\cos x(8\sin x - 1)$

4.2.1 Seite 252

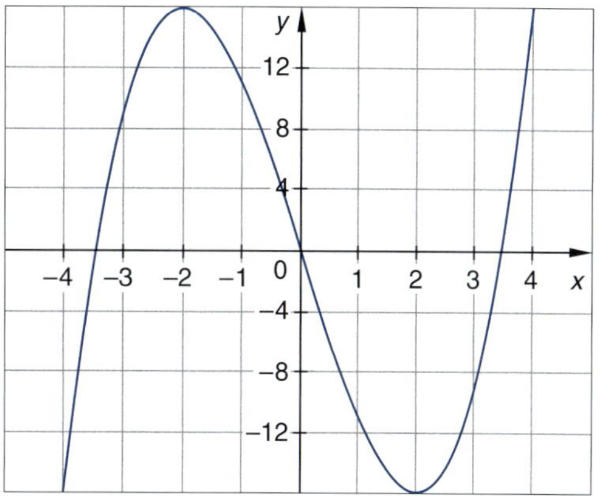

$f(x)=x^3-12x$; $f'(x)=3x^2-12$

$f'(x)=0 \Leftrightarrow 3x^2-12=0 \Leftrightarrow x=\mathbf{-2}$ oder $x=\mathbf{2}$

$f'(-2{,}1)=1{,}23(>0)$ und $f'(-1{,}9)=-1{,}17(<0)$

$\Rightarrow G(f)$ steigt im Intervall$(-\infty;\ -2]$ streng monoton und fällt im Intervall $[-2;\ 2]$ streng monoton.

$f(-2)=16 \Rightarrow$ Im Punkt $\langle -2\,|\,16\rangle$ besitzt $G(f)$ ein lokales Maximum.

$f'(1{,}9)=-1{,}17(<0)$ und $f'(2{,}1)=1{,}23(>0)$

$\Rightarrow G(f)$ fällt im Intervall $[-2;\ 2]$ streng monoton und steigt im Intervall $[2;\ \infty)$ streng monoton.

$f(2)=-16 \Rightarrow$ Im Punkt $\langle 2\,|-16\rangle$ besitzt $G(f)$ ein lokales Minimum.

4.2.2 Seite 258

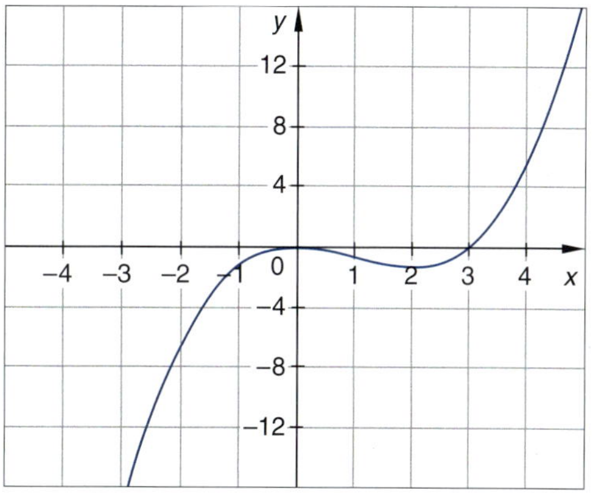

$f(x)=\frac{1}{6}x^3 - -\frac{1}{2}x^2$; $f'(x)=\frac{1}{2}x^2-x$;

$f''(x)=x-1$

$f''(x)=0 \Leftrightarrow x-1=0 \Leftrightarrow \mathbf{x=1}$

$f''(0{,}9)=-0{,}1(<0)$ und $f''(1{,}1)=0{,}1(>0)$

$\Rightarrow G(f)$ verläuft im Intervall $(-\infty;\ 1]$ rechtsgekrümmt und im Intervall $[1;\ \infty)$ linksgekrümmt.

$f(1)=-\frac{1}{3} \Rightarrow$ Im Punkt $\left\langle 1\,\middle|\,-\frac{1}{3}\right\rangle$ besitzt $G(f)$ einen Wendepunkt mit Rechts-Links-Krümmungswechsel.

4.2.3 Seite 260

$f(x)=0{,}25x^3-2x^2+4x$; $f'(x)=0{,}75x^2-4x+4$; $f''(x)=1{,}5x-4$

$f'(x)=0 \Leftrightarrow 0{,}75x^2-4x+4=0 \Leftrightarrow x^2-\frac{16}{3}x+\frac{16}{3}=0 \Leftrightarrow x=\mathbf{\frac{4}{3}}$ oder $x=\mathbf{4}$

$f''\left(\frac{4}{3}\right)=-2(<0)$ und $f\left(\frac{4}{3}\right)\approx 2{,}37 \Rightarrow \mathbf{H\langle 1{,}33\,|\,2{,}37\rangle}$

$f''(4)=2(>0)$ und $f(4)=0 \qquad \Rightarrow \mathbf{T\langle 4\,|\,0\rangle}$

4.2.4 Seite 265

$f(x)=x^4-6x^3+5x^2+24x-36$; $f'(x)=4x^3-18x^2+10x+24$; $f''(x)=12x^2-36x+10$; $f'''(x)=24x-36$

$f''(x)=0 \Leftrightarrow 12x^2-36x+10=0 \Leftrightarrow x^2-3x+\frac{5}{6}=0 \Leftrightarrow x\approx \mathbf{0{,}31}$ oder $x\approx\mathbf{2{,}69}$

$f'''(0{,}31)\approx -28{,}56(<0)$ und $f(0{,}31)\approx -28{,}25 \Rightarrow \mathbf{W_1\langle 0{,}31\,|-28{,}25\rangle}$ mit Links-Rechts-Krümmungswechsel

$f'''(2{,}69)\approx 28{,}56(>0)$ und $f(2{,}69)\approx 0{,}31 \Rightarrow \mathbf{W_2\langle 2{,}69\,|\,0{,}31\rangle}$ mit Rechts-Links-Krümmungswechsel

4.3 Seite 271

$f(x)=x^5-x^3-1;\ f'(x)=5x^4-3x^2;$

$f(1)=-1;\ f(2)=23 \Rightarrow$ Startwert: $x_0=1$

$$x_1=x_0-\frac{f(x_0)}{f'(x_0)}$$

$$x_n=x_{n-1}-\frac{f(x_{n-1})}{f'(x_{n-1})}$$

$\Rightarrow \boldsymbol{x_6=1{,}236505703}$

x_0: x_{n-1}	1 $f(x_{n-1})$	$f'(x_{n-1})$	x_n
1	-1,00	2,00	1,5
1,5	3,22	18,56	1,326599327
1,326599327	0,77	10,21	1,25076085
1,25076085	0,10	7,54	1,23692613
1,23692613	0,00	7,11	1,236506081
1,236506081	0,00	7,10	**1,236505703**
1,236505703	0,00	7,10	1,236505703

4.4.3 Seite 291

Ortskurve der Minima:

$$x=4a \Leftrightarrow a=0{,}25x \Rightarrow y_M=-\frac{32}{3}(0{,}25x)^3=-\frac{1}{6}x^3$$

Ortskurve der Wendepunkte:

$$x=2a \Leftrightarrow a=0{,}5x \Rightarrow y_W=-\frac{16}{3}(0{,}5x)^3=-\frac{2}{3}x^3$$

4.4.7 Seite 302

Ableitungen:

$$f_a(x)=\frac{4e^x}{(e^x+a)^2};\ f_a'(x)=4\frac{-e^x(e^x-a)}{(e^x+a)^3};\ f_a''(x)=4\frac{e^x(e^{2x}-4ae^x+a^2)}{(e^x+a)^4}$$

$$f_a'''(x)=4\frac{(3e^{3x}-8ae^{2x}+a^2e^x)\cdot(e^x+a)-4e^x\cdot(e^{3x}-4ae^{2x}+a^2e^x)}{(e^x+a)^5}$$

Extrempunkte:

$$f_a'(x)=0 \Leftrightarrow e^x-a=0 \Leftrightarrow x=\ln a$$

$$f_a''(\ln a)=\frac{-1}{2a}<0 \text{ und } f_a(x)=\frac{1}{a} \Rightarrow \mathbf{H}\left\langle \ln a \,\middle|\, \frac{1}{a}\right\rangle$$

Ortskurve der Maxima:

$$x=\ln a \Rightarrow a=e^x \Rightarrow f_E(x)=\frac{4e^x}{(e^x+e^x)^2}=e^{-x}$$

Wendepunkte:

$$f_a''(x)=0 \Leftrightarrow e^{2x}-4ae^x+a^2=0 \Leftrightarrow (e^x-2a)^2=3a^2$$

$$\Leftrightarrow e^x=(2-\sqrt{3})\cdot a \text{ oder } e^x=(2+\sqrt{3})\cdot a$$

$$\Rightarrow x_1=\ln((2-\sqrt{3})\cdot a);\ x_2=\ln((2+\sqrt{3})\cdot a)$$

$$f_a'''(x_1)=4\cdot\frac{a^3\cdot(2-\sqrt{3})\cdot(6-4\cdot\sqrt{3})}{(e^x+a)^3}\ (<0);\ f_a'''(x_2)>0 \text{ und } f_a(x_1)=\frac{4\cdot(2-\sqrt{3})}{(3-\sqrt{3})^2\cdot a};\ f_a(x_2)=\frac{4\cdot(2+\sqrt{3})}{(3+\sqrt{3})^2\cdot a}$$

Ortskurven der Wendepunkte:

Bezüglich x_1: $x=\ln((2-\sqrt{3})\cdot a) \quad \Rightarrow e^x=(2-\sqrt{3})\cdot a$

$$\Rightarrow a=\frac{e^x}{(2-\sqrt{3})} \quad \Rightarrow y=4\cdot\left(\frac{2-\sqrt{3}}{3-\sqrt{3}}\right)^2\cdot e^{-x}$$

Bezüglich x_2: $x=\ln((2+\sqrt{3})\cdot a) \quad \Rightarrow e^x=(2+\sqrt{3})\cdot a$

$$\Rightarrow a=\frac{e^x}{(2+\sqrt{3})} \quad \Rightarrow y=4\cdot\left(\frac{2+\sqrt{3}}{3+\sqrt{3}}\right)^2\cdot e^{-x}$$

Asymptote:

$$\lim_{|x|\to\infty} f_a(x)=0^+$$

4.5 Seite 329

Die Höhe eines gleichschenkligen Dreiecks teilt dessen Grundseite in 2 gleich große Teile.

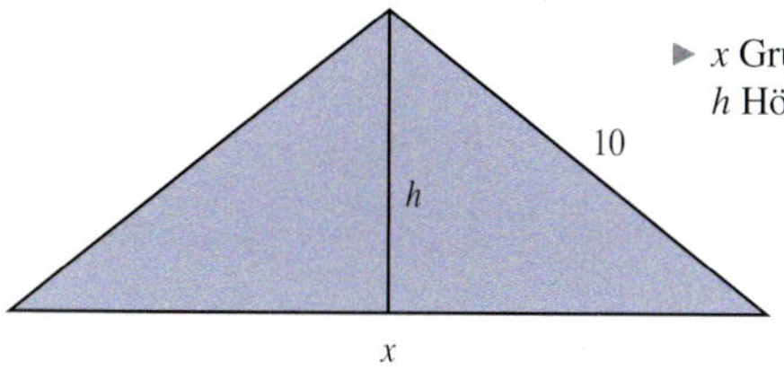

▶ x Grundseite, h Höhe

Zielfunktion: $A(x, h) = \frac{x}{2} \cdot h$
Nebenbedingung:

$h^2 + \left(\frac{x}{2}\right)^2 = 10^2 \Rightarrow h^2 = 100 - \frac{x^2}{4}$

$\Rightarrow$ **Zielfunktion**:

$A(x) = \frac{x}{2} \cdot \sqrt{100 - \frac{x^2}{4}} = \frac{x}{4} \cdot \sqrt{400 - x^2};\ x \in [0;20]$

Um die Ableitung der Wurzelfunktion zu vermeiden, wird die Funktion $A^2(x)$ auf Extremstellen untersucht, denn sie besitzt auch alle Extremstellen der Funktion $A(x)$.

$A^2(x) = \frac{x^2}{16} \cdot (400 - x^2) = \frac{1}{16} \cdot (400x^2 - x^4);$

$[A^2(x)]' = \frac{1}{16} \cdot (800x - 4x^3);$

$[A^2(x)]'' = \frac{1}{16} \cdot (800 - 12x^2)$

Nun wird überprüft, an welchen Stellen die erste Ableitung von $A^2(x)$ gleich 0 ist.

$[A^2(x)]' = 0 \Leftrightarrow \frac{1}{16} \cdot (800x - 4x^3) = 0$
$\Leftrightarrow 0{,}25x \cdot (200 - x^2) = 0$
$\Leftrightarrow x = 0$ oder
$x = -\sqrt{200} \notin [0; 20]$ oder
$x = \sqrt{200} \approx \mathbf{14{,}14}$ ▶ praktisch sinnvolle Lösung

$[A^2(\sqrt{200})]'' = -100(<0)$ und $A(\sqrt{200}) = \mathbf{50}$

$\Rightarrow \boldsymbol{A_{max}\langle 14{,}14 | 50\rangle}$

$h = \sqrt{100 - \frac{200}{4}} = \sqrt{100 - 50} = \sqrt{50} \approx \mathbf{7{,}07}$

Randwerte: $A(0) = 0$ und $A(20) = 0$.

Da der Funktionswert $A(14, 14) = 50$ größer ist als beide Randwerte, ist das lokale Maximum auch absolutes Maximum.

Schlusssatz:
Das gleichschenklige Dreieck mit der Schenkellänge 10 cm, der Grundseitenlänge von ca. 14,14 cm und der Höhe von ca. 7,07 cm hat den größten Flächeninhalt (50 cm²).

4.5 Seite 334

Zielfunktion: $A(x, y) = 0{,}5xy;$
Nebenbedingung: $y = f(x) = 8x \cdot e^{-0{,}5x}$

$\Rightarrow$ **Zielfunktion**:

$A(x) = 0{,}5x \cdot 8x \cdot e^{-0{,}5x}$
$= 4x^2 \cdot e^{-0{,}5x};\ x \in [0; \infty).$
$A(x) = 4x^2 \cdot e^{-0{,}5x};$
$A'(x) = (8x - 2x^2) \cdot e^{-0{,}5x};$
$A''(x) = (x^2 - 8x + 8) \cdot e^{-0{,}5x};$
$A'(x) = 0 \Leftrightarrow (8x - 2x^2) \cdot e^{-0{,}5x} = 0$
$\Leftrightarrow 8x - 2x^2 = 0$
$\Leftrightarrow x = 0$ oder $x = \mathbf{4}$

▶ praktisch sinnvolle Lösung

$A''(4) = -8e^{-2}(<0)$ und $A(4) \approx \mathbf{8{,}66}$
$\Rightarrow \mathbf{A_{max}\langle 4 | 8{,}66\rangle}$ $y(4) \approx \mathbf{4{,}33}$

Randwerte: $A(0) = 0$ und $\lim_{x \to \infty} A(x) = 0$
▶ $\lim_{n \to \infty} \frac{x^n}{e^x} = 0;\ n \in \mathbb{N}$

Da der Funktionswert $A(4) \approx 8{,}66$ größer ist als beide Randwerte, ist das lokale Maximum auch absolutes Maximum.

Schlusssatz:
Unter den gegeben Bedingungen hat das rechtwinklige Dreieck mit der Grundseite 4 LE und der Höhe 4,33 LE mit 8,66 FE den größten Flächeninhalt.

5. Integralrechnung

5.1 Seite 350

1. a) $[0;3]$: $O_n = \frac{3}{n} \cdot \sum_{i=1}^{n} f\left(i \cdot \frac{3}{n}\right) = \frac{3}{n} \cdot \left[\sum_{i=1}^{n} -3 \cdot \left(i \cdot \frac{3}{n}\right)^2 + 3 \cdot \left(i \cdot \frac{3}{n}\right) + 18)\right]$

$= \frac{3}{n} \cdot \left[-\frac{27}{n^2} \cdot \sum_{i=1}^{n} i^2 + \frac{9}{n} \cdot \sum_{i=1}^{n} i + 18n\right]$

$= -\frac{81}{n^3} \cdot \sum_{i=1}^{n} i^2 + \frac{27}{n^2} \cdot \sum_{i=1}^{n} i + 54$

$= -\frac{81}{n^3} \cdot \frac{n \cdot (n+1) \cdot (2n+1)}{6} + \frac{27}{n^2} \cdot \frac{n \cdot (n+1)}{2} + 54$

$\Rightarrow \lim_{n \to \infty} O_n = \lim_{n \to \infty} \left[\frac{-81 \cdot 1 \cdot \left(1 + \frac{1}{n}\right) \cdot \left(2 + \frac{1}{n}\right)}{6} + 13{,}5 \cdot 1 \cdot \left(1 + \frac{1}{n}\right) + 54\right]$

$= -27 + 13{,}5 + 54 = \mathbf{40{,}5}$

$[0;3]$: $U_n = \frac{3}{n} \cdot \sum_{i=1}^{n} f\left((i-1) \cdot \frac{3}{n}\right) = \frac{3}{n}\left[f(0) + \sum_{i=1}^{n-1} 7\left(i \cdot \frac{3}{n}\right)\right]$

$= \frac{3}{n} \cdot \left[18 - \frac{27}{n^2} \cdot \sum_{i=1}^{n-1} i^2 + \frac{9}{n} \cdot \sum_{i=1}^{n-1} i + 18n\right]$

$= \frac{54}{n} - \frac{81}{n^3} \cdot \sum_{i=1}^{n-1} i^2 + \frac{27}{n^2} \cdot \sum_{i=1}^{n-1} i + 54$

$= \frac{54}{n} - \frac{81}{n^3} \cdot \frac{(n-1) \cdot n \cdot (2n-1)}{6} + \frac{27}{n^2} \cdot \frac{(n-1) \cdot n}{2} + 54$

$\Rightarrow \lim_{n \to \infty} U_n = \lim_{n \to \infty} \left[\frac{54}{n} - \frac{81 \cdot \left(1 - \frac{1}{n}\right) \cdot \frac{1}{n} \cdot \left(2 - \frac{1}{n}\right)}{6} + 13{,}5 \cdot \left(1 - \frac{1}{n}\right) \cdot 1 + 54\right]$

$= -27 + 13{,}5 + 54 = \mathbf{40{,}5} \Rightarrow \lim_{n \to \infty} U_n = \lim_{n \to \infty} O_n$

1. b) $[0;b]$: $O_n = \frac{b}{n} \cdot \sum_{i=1}^{n} f\left(i \cdot \frac{b}{n}\right) = \frac{b}{n} \cdot \left[\sum_{i=1}^{n} -3 \cdot f\left(i \cdot \frac{b}{n}\right) + 3 \cdot f\left(i \cdot \frac{b}{n}\right) + 18n\right]$

$= \frac{b}{n} \cdot \left[-3 \cdot \frac{b^2}{n^2} \cdot \sum_{i=1}^{n} i^2 + 3 \cdot \frac{b}{n} \cdot \sum_{i=1}^{n} i + 18n\right]$

$= -3 \cdot \frac{b^3}{n^3} \cdot \frac{n \cdot (n+1) \cdot (2n+1)}{6} + 3 \cdot \frac{b^2}{n^2} \cdot \frac{n \cdot (n+1)}{2} + 18b$

$\Rightarrow \lim_{n \to \infty} O_n = \mathbf{-b^3 + 1{,}5b^2 + 18b}$

$[0;b]$: $U_n = \frac{b}{n} \cdot \sum_{i=1}^{n} f\left((i-1) \cdot \frac{b}{n}\right) = \frac{b}{n}\left[f(0) + \sum_{i=1}^{n-1} \left(i \cdot \frac{b}{n}\right)^2\right]$

$= \frac{b}{n} \cdot \left[18 - 3 \cdot \frac{b^2}{n^2} \cdot \sum_{i=1}^{n-1} i^2 + 3 \cdot \frac{b}{n} \cdot \sum_{i=1}^{n-1} i + 18n\right]$

$= \frac{18b}{n} - \frac{3b^3}{n^3} \cdot \frac{(n-1) \cdot n \cdot (2n-1)}{6} + \frac{3b^2}{n^2} \cdot \frac{(n-1) \cdot n}{2} + 18b$

$\Rightarrow \lim_{n \to \infty} U_n = \mathbf{-b^3 + 1{,}5b^2 + 18b \Rightarrow \lim_{n \to \infty} U_n = \lim_{n \to \infty} O_n}$

5.1 Seite 360

1. a) $F(x) = -\frac{4}{4}x^4 + \frac{2}{3}x^3 + \frac{3}{2}x^2 - 5x + c$

$= -x^4 + \frac{2}{3}x^3 + 1{,}5x^2 - 5x + c$

b) $F(x) = e^x + c$

c) $F(x) = \frac{1}{-2} \cdot e^{-2x} + c = -0{,}5\,e^{-2x} + c$

2.a) $\int\limits_6^8 f(x)\,dx = \left(\frac{2{,}4}{4}x^4 - \frac{6}{3}x^3 + \frac{2}{2}x^2 - 5x\right)\Big|_6^8$

$= (0{,}6x^4 - 2x^3 + x^2 - 5x)\Big|_6^8$

$= 1457{,}6 - 351{,}6 = \mathbf{1106}$

b) $\int\limits_{-3}^0 f(x)dx = (x^3 + x^2 - 4x)\Big|_{-3}^0 = 0 - (-6) = \mathbf{6}$

3. $-0{,}5x^3 + 1{,}25x^2 + x - 0{,}75 = 0$

$\Leftrightarrow x^3 - 2{,}5x^2 - 2x + 1{,}5 = 0$

$\Leftrightarrow x = \mathbf{-1}$ oder $x = \mathbf{0{,}5}$ oder $x = \mathbf{3}$

$\int\limits_{-1}^{0{,}5} f(x)\,dx = \left(-\frac{1}{8}x^4 + \frac{5}{12}x^3 + \frac{1}{2}x^2 - \frac{3}{4}x\right)\Big|_{-1}^{0{,}5}$

$= -\frac{79}{384} - \frac{17}{24} = -\frac{117}{128} \approx -0{,}91 \Rightarrow A_1 = \mathbf{0{,}91}$

$\int\limits_{0{,}5}^{3} f(x)\,dx = \left(-\frac{1}{8}x^4 + \frac{5}{12}x^3 + \frac{1}{2}x^2 - \frac{3}{4}x\right)\Big|_{0{,}5}^{3}$

$= \frac{27}{8} + \frac{79}{384} = \frac{1375}{384} \approx 3{,}58 \Rightarrow A_2 = \mathbf{3{,}58}$

4.a) $\left|\int\limits_{-2}^{0} (-x^3 - 8x)dx\right| = \left|-\frac{1}{4}x^4 - 4x^2\Big|_{-2}^{0}\right.$

$= |0 - 20| = \mathbf{20}$

$\int\limits_{0}^{-2} (-x^3 - 8x)\,dx = -\frac{1}{4}x^4 - 4x^2\Big|_0^{-2}$

$= 0 - (-20) = \mathbf{20}$

b) $\int\limits_{-2}^{1} (x^2 + 2x - 4)dx = \frac{1}{3}x^3 + x^2 - 4x\Big|_{-2}^{1}$

$= -2\frac{2}{3} - 9\frac{1}{3} = \mathbf{-12}$

$\int\limits_{1}^{4} (x^2 + 2x - 4)\,dx = \frac{1}{3}x^3 + x^2 - 4x\Big|_1^4$

$= 21\frac{1}{3} + 2\frac{2}{3} = \mathbf{24}$

$\int\limits_{-2}^{4} (x^2 + 2x - 4)\,dx = \frac{1}{3}x^3 + x^2 - 4x\Big|_{-2}^{4}$

$= 21\frac{1}{3} - 9\frac{1}{3} = \mathbf{12}$

$\Rightarrow -12 + 24 = \mathbf{12}$

5.2.1 Seite 366

1. $x^4 - 5x^2 + 4 = 0 \Leftrightarrow x = \mathbf{-1}$ oder $x = \mathbf{1}$ oder $x = \mathbf{2}$ oder $x = \mathbf{-2}$

► $G(f)$ ist symmetrisch zur y-Achse.

$A = \left|\int\limits_{-3}^{-2} f(x)dx\right| + 2\left[\left|\int\limits_0^1 f(x)dx\right| + \left|\int\limits_1^2 f(x)dx\right|\right]$

$= |F(-2) - F(-3)| + 2[|F(1) - F(0)| +$

$+ |F(2) - F(1)|]$

mit $F(x) = 0{,}2x^5 - \frac{5}{3}x^3 + 4x + c$

$= \left|-\frac{16}{15} - (-15{,}6)\right| + 2 \cdot \left[\left|\frac{38}{15} - 0\right| + \left|\frac{16}{15} - \frac{8}{15}\right|\right]$

$= 14\frac{8}{15} + 2 \cdot \left[2\frac{8}{15} + 1\frac{7}{15}\right] = \mathbf{22\frac{8}{15}}$

2. $2x^3 + 2x^2 - 2 = x^3 + 5x + 4$

$\Leftrightarrow d(x) = x^3 + 2x^2 - 5x - 6 = 0$

$\Leftrightarrow x = \mathbf{-3}$ oder $x = \mathbf{-1}$ oder $x = \mathbf{2}$

$A = \left|\int\limits_{-3}^{-1} d(x)\,dx\right| + \left|\int\limits_{-1}^{2} d(x)\,dx\right|$

mit $D(x) = 0{,}25x^4 + \frac{2}{3}x^3 - 2{,}5x^2 - 6x + c$

$= |D(-1) - D(-3)| + |D(2) - D(-1)|$

$= \left|\frac{37}{12} - \left(-\frac{9}{4}\right)\right| + \left|-\frac{38}{3} - \frac{37}{12}\right| = 5\frac{1}{3} + 15\frac{3}{4}$

$= \mathbf{21\frac{1}{12}}$

3. $4e^{-x} = \frac{1}{4}e^x \Leftrightarrow e^{2x} = 16 \Leftrightarrow x = \frac{\ln 16}{2}$

$A = \left|\int\limits_0^{\frac{\ln 16}{2}} \left(4e^{-x} - \frac{1}{4}e^x\right) dx\right| = \left|-4e^{-x} - \frac{1}{4}e^x\Big|_0^{\frac{\ln 16}{2}}\right.$

$= |-1 - 1 - (-4 - 0{,}25)| = \mathbf{2{,}25}$

5.2.2 Seite 372

$$V=\pi\cdot\int_0^{\frac{\ln 16}{2}} y^2\,dx=\pi\cdot\int_0^{\frac{\ln 16}{2}}\left(16\mathrm{e}^{-2x}-2+\frac{1}{16}\mathrm{e}^{2x}\right)dx$$

$$=\pi\cdot\left(-8\mathrm{e}^{-2x}-2x+\frac{1}{32}\mathrm{e}^{2x}\right)\Big|_0^{\frac{\ln 16}{2}}$$

$$=\pi\cdot\left(-0{,}5-\ln 16+0{,}5-\left(-8+\frac{1}{32}\right)\right)$$

$$\approx \mathbf{16{,}32}$$

5.3.1 Seite 377

a) $$\int_0^{\ln 4} x\cdot\mathrm{e}^x\,dx=x\cdot\mathrm{e}^x\Big|_0^{\ln 4}-\int_0^{\ln 4}\mathrm{e}^x\,dx$$

$$=(x\cdot\mathrm{e}^x-\mathrm{e}^x)\Big|_0^{\ln 4}=\mathrm{e}^x\cdot(x-1)\Big|_0^{\ln 4}$$

$$=4\cdot(\ln 4-1)+1=4\cdot\ln 4-3\approx\mathbf{2{,}55}$$

b) $$\int_0^1\frac{x^2}{\mathrm{e}^x}\,dx=\int_0^1 x^2\cdot\mathrm{e}^{-x}\,dx$$

$$=x^2\cdot(-\mathrm{e}^{-x})\Big|_0^1-\int_0^1 2x\cdot(-\mathrm{e}^{-x})\,dx$$

$$=-x^2\mathrm{e}^{-x}\Big|_0^1+2\cdot\int_0^1 x\cdot\mathrm{e}^{-x}\,dx$$

$$=(-x^2\mathrm{e}^{-x})\Big|_0^1+2\cdot[x\cdot(-\mathrm{e}^{-x})\Big|_0^1-\int_0^1-\mathrm{e}^{-x}\,dx]$$

$$=(-x^2\mathrm{e}^{-x}-2x\mathrm{e}^{-x}-2\mathrm{e}^{-x})\Big|_0^1$$

$$=-\mathrm{e}^{-x}\cdot(x^2+2x+2)\Big|_0^1=-5\mathrm{e}^{-1}+2\approx\mathbf{0{,}16}$$

5.3.2 Seite 383

a) $z(x)=x^3-27;\ \frac{dz}{dx}=3x^2\Rightarrow dx=\frac{dz}{3x^2};$
$z(0)=-27$ und $z(2)=-19$

$$\Rightarrow\int_0^2\frac{3x^2}{(x^3-27)^2}\,dx=\int_{-27}^{-19}\frac{3x^2}{z^2}\cdot\frac{dz}{3x^2}=\int_{-27}^{-19}\frac{dz}{z^2}$$

$$=-z^{-1}\Big|_{-27}^{-19}=-\frac{1}{z}\Big|_{-27}^{-19}=\frac{1}{19}-\frac{1}{27}\approx\mathbf{0{,}02}$$

b) $z(x)=x^2+6x-7;\ z'(x)=2x+6=2\cdot(x+3)$
$\Rightarrow dx=\frac{dz}{2\cdot(x+3)};\ z(0)=-7;\ z(1)=0$

$$\Rightarrow\int_0^1(x+3)\cdot\mathrm{e}^{x^2+6x-7}\,dx=\int_{-7}^0(x+3)\cdot\mathrm{e}^z\frac{dz}{2\cdot(x+3)}$$

$$=\frac{1}{2}\cdot\int_{-7}^0\mathrm{e}^z\,dz=\frac{1}{2}\cdot(\mathrm{e}^0-\mathrm{e}^{-7})\approx\mathbf{0{,}50}$$

6. Stochastik

6.1.1 Seite 395

1.

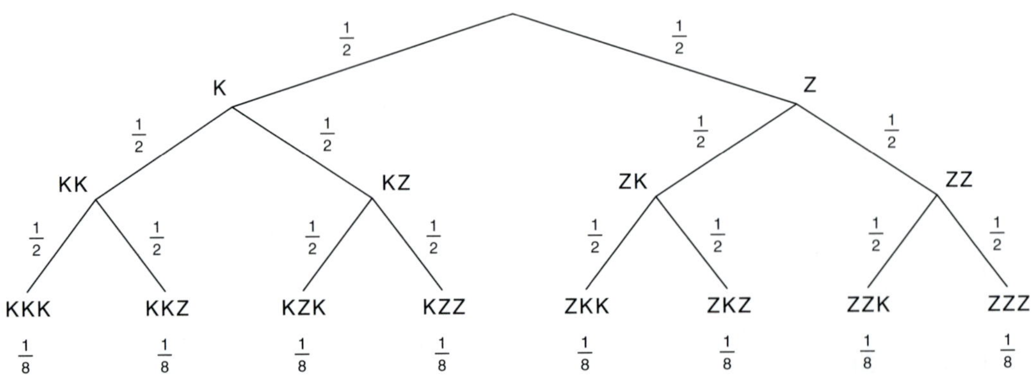

2. { },
{(K; K)},
{(K; Z)},
{(Z; K)},
{(Z; Z)},
{(K; K); (K; Z)}, {(K; K); (Z; K)},
{(K; K); (Z; Z)}, {(K; Z); (Z; K)},
{(K; Z); (Z; Z)}, {(Z; K); (Z; Z)},
{(K; K); (K; Z); (Z; K)},
{(K; K); (K; Z); (Z; Z)},
{(K; K); (Z; K); (Z; Z)},
{(Z; K); (K; Z); (Z; Z)},
Ω.

6.1.2 Seite 408

1. $P(\Omega) - P(A) = 1 - \frac{1}{36} = \mathbf{\frac{35}{36}}$ mit $A = \{(1;1)\}$

2.a) $P(A \cup B) = P(\{1;\, 2;\, 3;\, 4;\, 6\}) = \mathbf{\frac{5}{6}}$

b) $P(A \cap B) = P(\{2\}) = \mathbf{\frac{1}{6}}$

c) $P(B \cap C) = P(\{\ \}) = \mathbf{0}$

3. In der Spalte A werden die Zahlen 1 bis 1000 für das 1000-fache Würfeln erzeugt. Mithilfe der Formel „=GANZZAHL(ZUFALLSZAHL()* 6+1)" werden zufällig Zahlen zwischen 1 und 6 „gewürfelt", die dann über die Formel z.B. in der Zelle F3 „=ZÄHLENWENN(B2:B1001;3)" für die Anzahl der erzielten Würfe mit der Augenzahl 3 aufsummiert werden. ▶ Für jede Augenzahl wird die letzte Zahl entsprechend zwischen 1 und 6 gewählt.

Für die Darstellung in Form eines Säulendiagramms markiert man die Zellen D3:I3 und ruft über EINFÜGEN und SÄULE das nachstehende Diagramm auf.

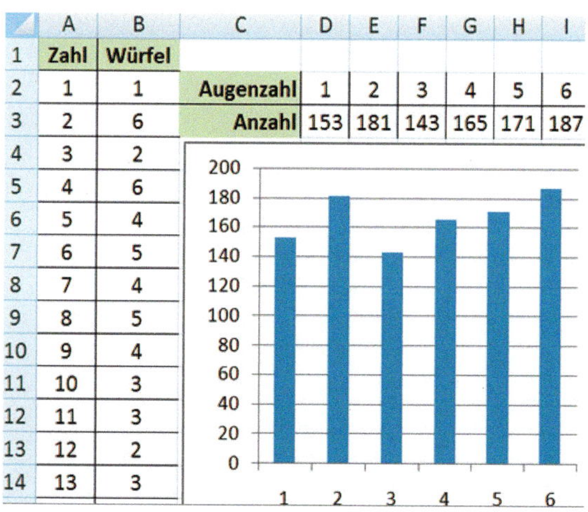

	A	B	C	D	E	F	G	H	I
1	Zahl	Würfel							
2	1	1	Augenzahl	1	2	3	4	5	6
3	2	6	Anzahl	153	181	143	165	171	187
4	3	2							
5	4	6							
6	5	4							
7	6	5							
8	7	4							
9	8	5							
10	9	4							
11	10	3							
12	11	3							
13	12	2							
14	13	3							

3. $\overline{E}$: mindestens ein Mal 6
$\overline{E}$: $\Omega \backslash E = \{(1;\, 6), (2;\, 6), (3;\, 6), (4;\, 6), (5;\, 6), (6;\, 6), (6;\, 5), (6;\, 4), (6;\, 3), (6{,}2), (6;\, 1)\}$

4.a) $A = \{1;\, 3;\, 5\}, B = \{4;\, 5;\, 6\}$,
$A \cup B = \{1;\, 3;\, 4;\, 5;\, 6\}$,

b) $A = \{2;\, 4;\, 6\}, B = \{1;\, 2;\, 3;\, 4\}$,
$A \cap B = \{2;\, 4\}$,

c) $A = \{2;\, 3;\, 5\}, B = \{6\}, A \cap B = \{\ \}$

4.

	E_1	$\overline{E}_1$	
E_2	3	1	1; 3
$\overline{E}_2$	4	2	2; 4
	3; 4	1; 2	1; 2; 3; 4

6.1.3 Seite 402

1. $A = \{5;\, 10;\, 15;\, ...;\, 95;\, 100\}$,
$B = \{13;\, 26;\, 39;\, ...;\, 91\}$

a) $P(A) = \frac{20}{100} = \mathbf{\frac{1}{5}}$

b) $P(B) = \mathbf{\frac{7}{100}}$

c) $P(\{5;\, 10;\, 13;\, 15;\, 20;\, 25;\, 26;\, ...;\, 91;\, 95;\, 100\})$
$= P(A) + P(B) - P(A \cap B)$
$= P(A) + P(B) - P(\{65\})$
$= \frac{20}{100} + \frac{7}{100} - \frac{1}{100} = \mathbf{\frac{13}{50}}$

d) $P(A \cap B) = P(\{65\}) = \mathbf{\frac{1}{100}}$

2.a) $P(\{(K;\, Z);\, (Z;\, K)\}) = \frac{2}{4} = \mathbf{\frac{1}{2}}$

b) $P(\{(Z;\, Z)\}) = \mathbf{\frac{1}{4}}$

c) $P(\{(K;\, Z);\, (Z;\, K);\, (Z;\, Z)\}) = \mathbf{\frac{3}{4}}$

d) $P(\{(K;\, Z);\, (Z;\, K)\}) = \mathbf{\frac{1}{2}}$

e) $P(\{(Z;\, K);\, (K;\, K)\}) = \mathbf{\frac{1}{2}}$

6.1.4 Seite 404

1. 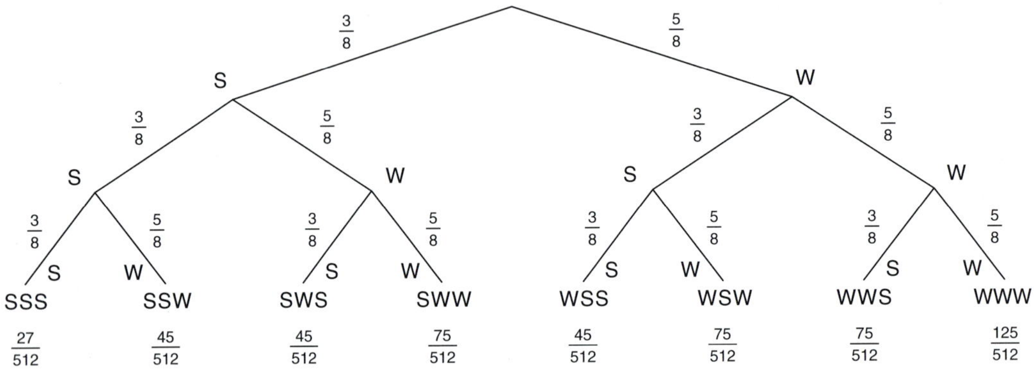

b₁) $P=\frac{45}{512}+\frac{45}{512}+\frac{45}{512}=\frac{135}{512}$ b₂) $P=1-\frac{27}{512}=\frac{485}{512}$ b₃) $P=3\cdot\frac{75}{512}+\frac{125}{512}=\frac{350}{512}$

2. A: 6 im 1. Wurf, B: 6 im 2. Wurf, C: 6 im 3. Wurf.

a) $P=P(A)+P(B)+P(C)=\frac{1}{6}\cdot\frac{5}{6}\cdot\frac{5}{6}+\frac{5}{6}\cdot\frac{1}{6}\cdot\frac{5}{6}+\frac{5}{6}\cdot\frac{5}{6}\cdot\frac{1}{6}=\frac{25}{216}+\frac{25}{216}+\frac{25}{216}=\mathbf{\frac{75}{216}}$

b) $P=\mathbf{\frac{1}{6}}$

c) $P=\frac{1}{6}\cdot\frac{1}{6}\cdot\frac{1}{6}+\frac{1}{6}\cdot\frac{1}{6}\cdot\frac{5}{6}+\frac{1}{6}\cdot\frac{5}{6}\cdot\frac{1}{6}+\frac{5}{6}\cdot\frac{1}{6}\cdot\frac{1}{6}=\mathbf{\frac{16}{216}}$

3. $P(\{A;A\})=\frac{4}{52}\cdot\frac{3}{51}=\mathbf{\frac{1}{221}}$

6.2 Seite 411

1. a) Permutation ohne Wiederholung
   b) Variation ohne Wiederholung
   c) Kombination ohne Wiederholung
   d) Variation mit Wiederholung

2. a) rat, rta, art, atr, tra, tar
   (Permutation ohne Wiederholung)
   b) tat, tta, att (Permutation mit Wiederholung)

3. a) Kombination ohne Wiederholung
   b) Variation ohne Wiederholung
   c) Variation mit Wiederholung

6.2 Seite 417

1. a) $\binom{9-1+5}{5}=\binom{13}{5}=\mathbf{1287}$

   b) $\binom{9}{5}=\mathbf{126}$

2. $\binom{9-1+5}{5}=\binom{13}{5}=\mathbf{1287}$

6.2 Seite 418

$$P(r\,\text{Richtige})=\frac{\binom{6}{r}\cdot\binom{49-6}{6-r}}{\binom{49}{6}};$$

$$P(4\,\text{Richtige})=\frac{\binom{6}{4}\cdot\binom{43}{2}}{\binom{49}{6}}\approx 0{,}00096862$$

$$\approx 0{,}097\,\% \approx \mathbf{0{,}1\,\%}$$

6.3.1 Seite 428

a) $P(M|T)=\frac{P(M)\cdot P(T|M)}{P(M)\cdot P(T|M)+P(M)\cdot P(T|\bar{M})}$

$=\frac{0{,}05\cdot 0{,}97}{0{,}05\cdot 0{,}97+0{,}95\cdot 0{,}07}\approx \mathbf{42{,}2\,\%}$

b) $P(\bar{M}|\bar{T})=\frac{P(\bar{M})\cdot P(\bar{T}|\bar{M})}{P(\bar{M})\cdot P(\bar{T}|\bar{M})+P(M)\cdot P(\bar{T}|M)}$

$=\frac{0{,}95\cdot 0{,}93}{0{,}95\cdot 0{,}93+0{,}05\cdot 0{,}03}\approx \mathbf{99{,}8\,\%}$

M: Produkt ist mangelhaft *T*: Test zeigt Mängel an

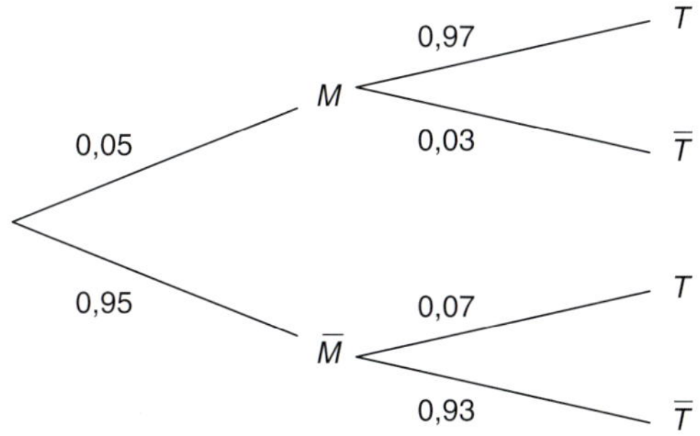

$P(M \cap T) = 0{,}05 \cdot 0{,}97 = 0{,}0485$

$P(M \cap \overline{T}) = 0{,}05 \cdot 0{,}03 = 0{,}0015$

$P(\overline{M} \cap T) = 0{,}95 \cdot 0{,}07 = 0{,}0665$

$P(\overline{M} \cap \overline{T}) = 0{,}95 \cdot 0{,}93 = 0{,}8835$

6.3.3 Seite 430

A: Kauf eines Elektroherds von M
B: Kauf eines Kühlschranks von M

	B	$\neg B$	
A	40	120	160
$\neg A$	60	180	240
	100	300	400

$P(A) = 160 : 400 = 0{,}4;$

$P(B) = 100 : 400 = 0{,}25$

$P(A \cap B) = 40 : 400 = \mathbf{0{,}1} = P(A) \cdot P(B)$

Der Kauf von Elektroherden und Kühlschränken des Herstellers M ist stochastisch unabhängig von einander.

A: Kauf eines Waschautomaten von M
B: Kauf eines Trockners von M

	B	$\neg B$	
A	30	120	50
$\neg A$	25	125	150
	55	145	200

$P(A) = 50 : 200 = 0{,}25$

$P(B) = 55 : 200 = 0{,}275$

$P(A \cap B) = 30 : 200 = 0{,}15$

$P(A) \cdot P(B) = 0{,}06875$

Der Kauf von Waschautomaten und Trocknern des Herstellers M ist stochastisch abhängig von einander.

6.4.1 Seite 434

$$P(X=1) = P(\{(2;1), (3;1), (3;2), (4;1), (4;2), (4;3), (5;1), (5;2), (5;3), (5;4), (6;1), (6;2), (6;3), (6;4), (6;5)\})$$

$$= \frac{15}{36} = \mathbf{\frac{5}{12}}$$

$$P(X=-2) = \frac{15}{36} = \mathbf{\frac{5}{12}}$$

$$P(X=5) = \frac{6}{36} = \mathbf{\frac{1}{6}}$$

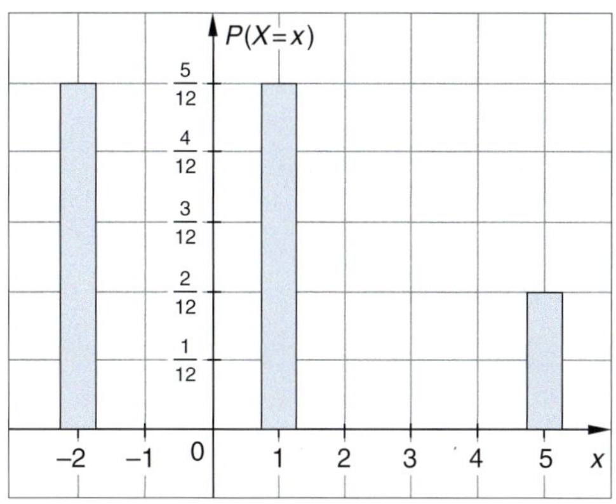

6.4.1 Seite 437

1. **Wahrscheinlichkeitsverteilung von X**

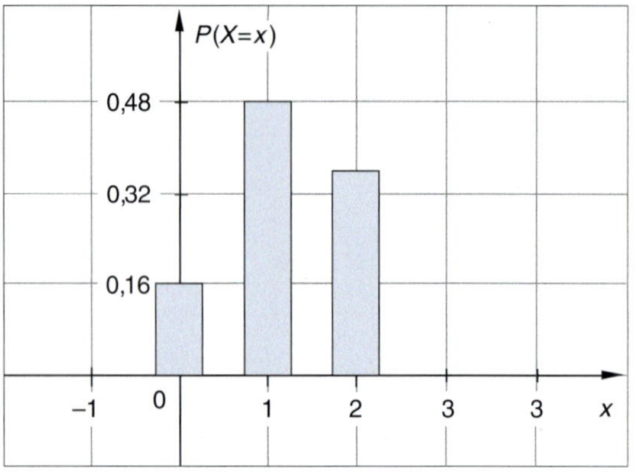

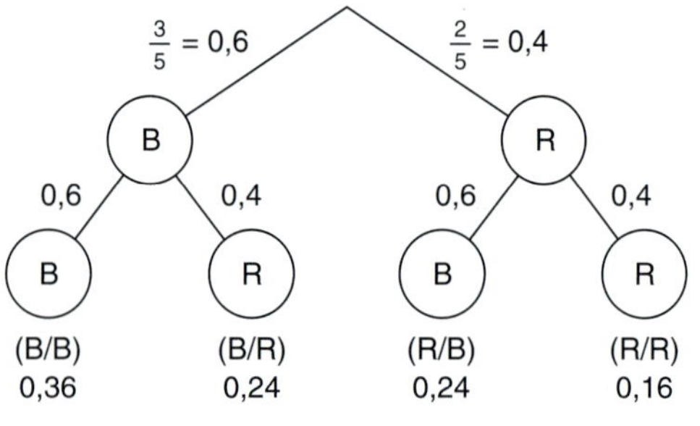

2. a) $P(X=8)=F(8)-F(7)$
$=0{,}98-0{,}95=\mathbf{0{,}03}$

b) $P(X>5)=1-P(X\leq 5)$
$=1-0{,}62=\mathbf{0{,}38}$

c) $P(3<X\leq 7)=F(7)-F(3)$
$=0{,}95-0{,}17=\mathbf{0{,}78}$

d) $P(5\leq X\leq 9)=F(9)-F(4)$
$=0{,}99-0{,}38=\mathbf{0{,}61}$

6.4.2 Seite 439

$P(X=0)=\frac{3}{8};\ P(X=1)=\frac{4}{8};$

$P(X=2)=\frac{1}{8};\ E(X)=0\cdot\frac{3}{8}+1\cdot\frac{4}{8}+2\cdot\frac{1}{8}=\frac{6}{8}=\mathbf{0{,}75}$

Der Einsatz muss 0,75 € betragen.

6.4.3 Seite 441

$E(X)=0$ € ▸ Beispiel 6.32a

$V(X)=(4\,€-0\,€)^2\cdot\frac{1}{4}+(-1\,€-0\,€)^2\cdot\frac{1}{2}+\ldots$
$+(-2\,€-0\,€)^2\cdot\frac{1}{4}=\mathbf{5{,}5\,€^2}$

$\sigma(X)=\sqrt{5{,}5\,€^2}\approx\mathbf{2{,}345\,€}$

6.5.1 Seite 451

$n=50,\ p=0{,}25$

a) $P(X=20)=B(50;0{,}25;20)$
$=F(50;0{,}25;20)-F(50;0{,}25;19)$
$\approx 0{,}9937-0{,}9861=0{,}0076=\mathbf{0{,}76\,\%}$

b) $P(X>15)=1-P(X\leq 15)$
$=1-F(50;0{,}25;15)$
$\approx 1-0{,}8369=0{,}1631=\mathbf{16{,}31\,\%}$

c) $P(15\leq X\leq 20)$
$=F(50;0{,}25;20)-F(50;0{,}25;14)$
$\approx 0{,}9937-0{,}7481=0{,}2456=\mathbf{24{,}56\,\%}$

6.5.2 Seite 452

$\mu=E(X)=n\cdot p=100\cdot 0{,}3=\mathbf{30};$

$V(X)=n\cdot p\cdot(1-p)=100\cdot 0{,}3\cdot 0{,}7=\mathbf{21};$

$\sigma(X)=\sqrt{21}\approx\mathbf{4{,}58}$

6.5.3 Seite 454

a) $B(15; 0{,}3; k)$

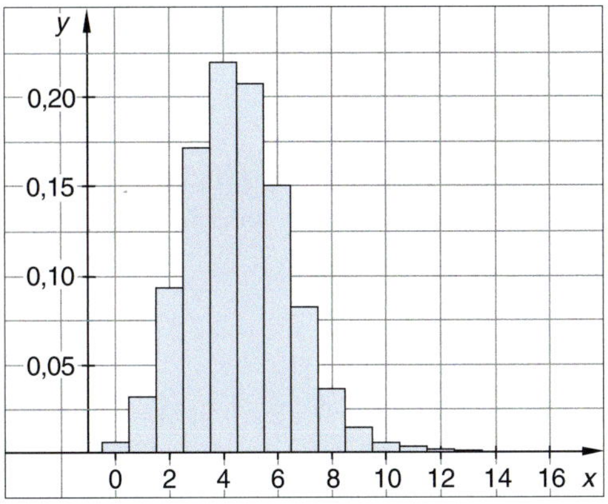

$B(15; 0{,}5; k)$

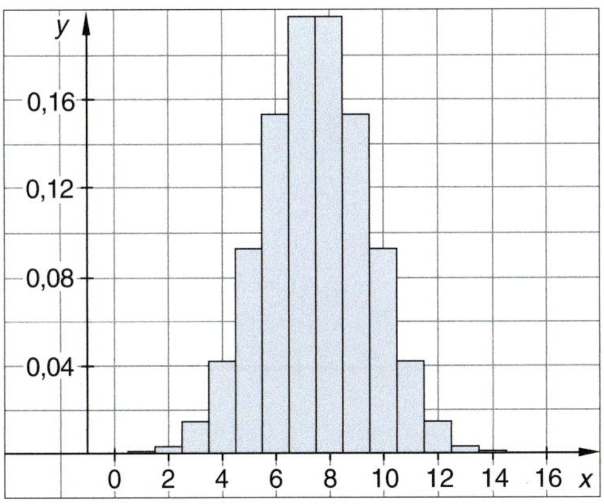

$B(15; 0{,}8; k)$

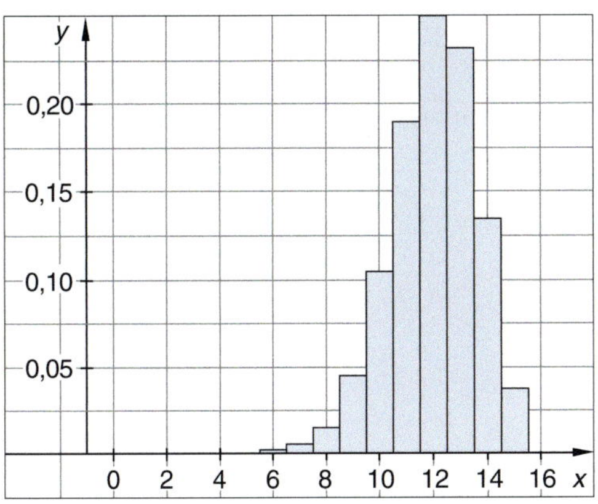

b) $B(15; 0{,}6; k)$

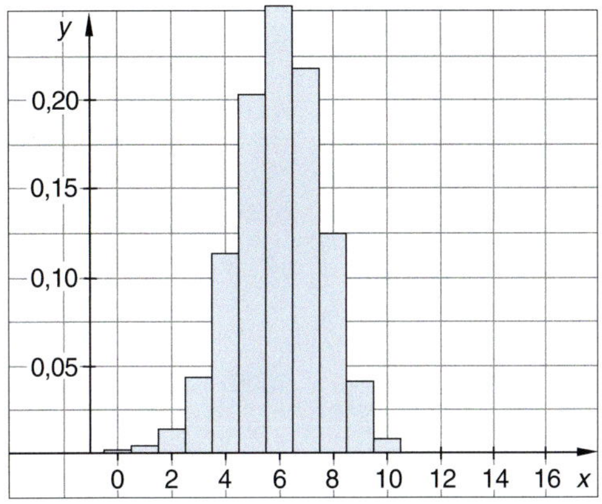

$B(15; 0{,}5; k)$

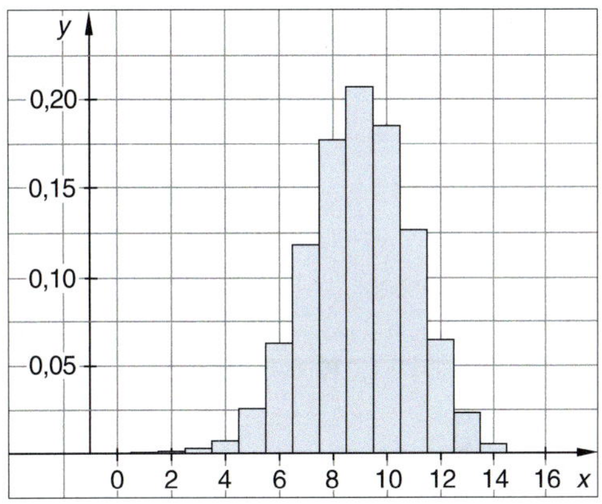

$B(20; 0{,}6; k)$

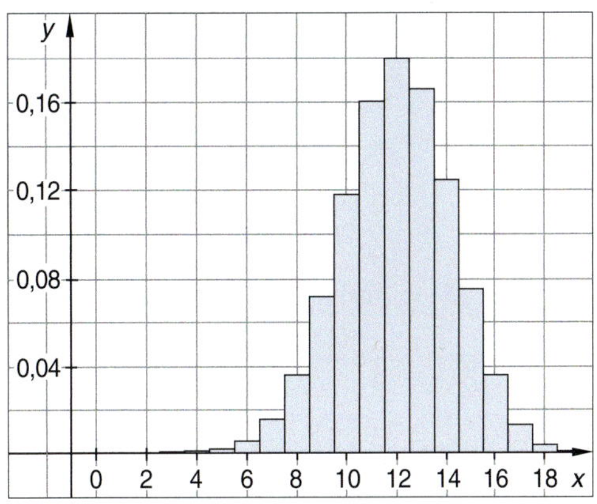

6.5.3 Seite 455

$P(|X-30|) \leq 4{,}58 \Rightarrow P(26 \leq X \leq 34)$
$= F(100; 0{,}3; 34) - F(100; 0{,}3; 25)$
$= 0{,}8371 - 0{,}1631 = 0{,}6740 = \mathbf{67{,}4\%}$

6.6.1 Seite 460

$n = 1000$

a) $p = \frac{1}{6}$; $\mu = 1000 \cdot \frac{1}{6}$;

$\sigma = \sqrt{1000 \cdot \frac{1}{6} \cdot \frac{5}{6}} = \sqrt{\frac{5000}{36}} > 3$

$P(X = 150) = B\left(1000; \frac{1}{6}; 150\right)$

$\approx \frac{1}{\sigma\sqrt{2\pi}} \cdot e^{-0{,}5\,z^2}$

mit $z = \frac{150 - \frac{1000}{6}}{\sqrt{\frac{5000}{36}}} = \frac{-100}{\sqrt{5000}} \Rightarrow z^2 = 2$

$P(X = 150) \approx \frac{1}{\sqrt{\frac{5000}{36} \cdot 2\pi}} \cdot e^{-1} \approx 0{,}012 = \mathbf{1{,}2\%}$

b) $p = \frac{5}{6}$; $\mu = \frac{5000}{6}$; $\sigma = \sqrt{\frac{5000}{36}} > 3$;
$P(X = 850) \approx \mathbf{1{,}2\%}$ (wie a)

6.6.2 Seite 463

1. $\int_{-\infty}^{\infty} \varphi(z)\,dz = \frac{1}{\sqrt{2\pi}} \cdot \int_{-\infty}^{\infty} e^{-0{,}5\,z^2} dz = 1$

$\Rightarrow \int_{-\infty}^{\infty} e^{-0{,}5\,z^2} dz = \sqrt{2\pi}$

2. $n = 600$; $p = \frac{1}{6}$; $\mu = 100$; $\sigma = \sqrt{\frac{500}{6}}$

a) $P(X \leq 95) \approx \phi(z)$

$\left(\text{mit } z = \frac{X - \mu + 0{,}5}{\sigma} = \frac{95 - 100 + 0{,}5}{\sqrt{\frac{500}{6}}} \approx -0{,}49\right)$

$= \phi(-0{,}49) = 1 - \phi(0{,}49)$
$\approx 1 - 0{,}6879 = 0{,}3121 = \mathbf{31{,}21\%}$

b) $P(X \geq 110) = 1 - P(X \leq 109) \approx 1 - \phi(z)$

$\left(\text{mit } z = \frac{109 - 100 + 0{,}5}{\sqrt{\frac{500}{6}}} \approx 1{,}04\right)$

$= 1 - \phi(1{,}04) \approx 1 - 0{,}8508 = 0{,}1492 = \mathbf{14{,}92\%}$

c) $P(98 \leq X \leq 105) = P(X \leq 105) - P(X \leq 97)$

$\approx \phi(z_1) - \phi(z_2)$ mit $z_1 = \frac{105 - 100 + 0{,}5}{\sqrt{\frac{500}{6}}} \approx 0{,}60$

und $z_2 = \frac{97 - 100 + 0{,}5}{\sqrt{\frac{500}{6}}} \approx -0{,}27$

$\approx \phi(0{,}60) - \phi(-0{,}27) = \phi(0{,}60) + \phi(0{,}27) - 1$
$\approx 0{,}7257 + 0{,}6064 - 1 = 0{,}3321 = \mathbf{33{,}21\%}$

6.7.1 Seite 469

a) P (Fehler 1. Art) = F (20; 0,5; 7) = **13,16%**;
P (Fehler 2. Art) = 1 – F (20; 0,25; 7) = **10,18%**;

b) $1 - F(20; 0{,}5; k) \leq 0{,}05$
$\Rightarrow k = 14$ und
$F(20; 0{,}25; k) \leq 0{,}05 \Rightarrow k = 8$
Insgesamt folgt: $\mathbf{k = 14}$.

6.7.2 Seite 473

1. H_0: $p = 0{,}7$; H_1: $p < 0{,}7$: Sinnvoll ist nur der einseitige Test. $n = 20$; $\alpha = 0{,}05$
$\alpha = P$ (Fehler 1. Art) = $P(H_1$ wird angenommen, obwohl H_0 wahr ist)
$= P(X \leq k) = F(20;\, 0{,}7; k) \leq 0{,}05$
$k = 11$:
$F(20; 0{,}7;\, 11) \approx 1 - 0{,}8867 = 0{,}1133 (> 0{,}05)$
$k = 10$:
$F(20; 0{,}7;\, 10) \approx 1 - 0{,}9520 = 0{,}0480 (\leq 0{,}05)$
$\Rightarrow$ Kritischer Wert: $\mathbf{k = 10}$
Annahmebereich für H_0 ist
$A = \{11; 12; 13; \ldots; 20\}$.
$11 \in A \Rightarrow$ Die Behauptung von Franz wird nicht widerlegt.

2. H_0: $p=0{,}75$; H_1: $p \neq 0{,}75$: Sinnvoll ist der zweiseitige Test. $n=50$; $\frac{\alpha}{2} \leq 0{,}025$

P (Fehler 1. Art) $= P(H_1$ wird gewählt, obwohl H_0 wahr ist$) = P(X \leq k_l) + P(X \geq k_r)$

$P(X \leq k_l) = F(50; 0{,}75; k_l) \leq 0{,}025$

$k=31$:

$F(50; 0{,}75; 31) \approx 1 - 0{,}9713 = 0{,}0287 (>0{,}025)$

$k=30$:

$F(50; 0{,}75; 30) \approx 1 - 0{,}9861 = 0{,}0139 (\leq 0{,}025)$

$\Rightarrow$ Kritischer Wert: $\boldsymbol{k_l = 30}$

$P(X \geq k_r) = 1 - P(X \leq k_r - 1)$

$= 1 - F(50; 0{,}75; k_r - 1) \leq 0{,}025$

$k=42$:

$1 - F(50; 0{,}75; 42) \approx 1 - (1 - 0{,}0453)$

$= 0{,}0453 (>0{,}025)$

$k=43$:

$1 - F(50; 0{,}75; 43) \approx 1 - (1 - 0{,}0194)$

$= 0{,}0194 (\leq 0{,}025)$

$\Rightarrow k_r - 1 = 43 \Rightarrow \boldsymbol{k_r = 44}$

Ablehnungsbereich von H_0 ist $B = \{0; 1; 2; ...; 29; 30; 44; 45; ...; 50\}$.

$30 \in B \Rightarrow$ Die Behauptung kann nicht aufrecht erhalten werden.

7. Lineare Algebra

7.1.1 Seite 483

$$\begin{array}{c} \textbf{A}\ \ \textbf{B}\ \ \textbf{C} \\ \begin{pmatrix} 2 & 4 & 1 \\ 1 & 2 & 0 \\ 1 & 0 & 2 \\ 5 & 8 & 4 \end{pmatrix} \end{array} \begin{array}{l} \\ \textbf{Milch} \\ \textbf{Butter} \\ \textbf{Eier} \\ \textbf{Brötchen} \end{array}$$

7.1.2 Seite 491

$$\textbf{Menge} = \begin{pmatrix} 2 & 4 & 1 \\ 1 & 2 & 0 \\ 1 & 0 & 2 \\ 5 & 8 & 4 \end{pmatrix} \cdot \begin{pmatrix} 1 \\ 1 \\ 1 \end{pmatrix} = \textbf{(7; 3; 3; 17)}.$$

Die Kinder haben 7 Liter Milch, 3 Pfund Butter, 3 Packungen Eier und 17 Brötchen gekauft.

$$\textbf{Kosten} = (0{,}80; 1{,}10; 1{,}80; 0{,}25) \cdot \begin{pmatrix} 2 & 4 & 1 \\ 1 & 2 & 0 \\ 1 & 0 & 2 \\ 5 & 8 & 4 \end{pmatrix}$$

$$= (\textbf{5,75; 7,40; 5,40})$$

Anna hat 5,75 €, Berta 7,40 € und Claus 5,40 € bezahlt. Insgesamt haben sie **18,55 €** gezahlt.

7.1.3 Seite 495

$$\boldsymbol{RZ} \cdot \boldsymbol{ZE} = \boldsymbol{RE} = \begin{pmatrix} 10 & 13 & 10 \\ 10 & 9 & 10 \\ 8 & 10 & 12 \end{pmatrix};$$

$$\textbf{Menge} = \boldsymbol{RE} \cdot \boldsymbol{e} = \begin{pmatrix} 10 & 13 & 10 \\ 10 & 9 & 10 \\ 8 & 10 & 12 \end{pmatrix} \cdot \begin{pmatrix} 100 \\ 150 \\ 120 \end{pmatrix} =$$

$$= \begin{pmatrix} 4.150 \\ 3.550 \\ 3.740 \end{pmatrix}$$

Es werden 4.150 ME von R_1, 3.550 ME von R_2 und 3.740 ME von R_3 zur Produktion der angegebenen Endprodukte benötigt.

7.1.3 Seite 510

$$\left(\begin{array}{ccc|c} 3 & 4 & 5 & 4.250 \\ 3 & 3 & 2 & 2.895 \\ 4 & 2 & 3 & 3.335 \end{array}\right) \sim \left(\begin{array}{ccc|c} 1 & 0 & 0 & 415 \\ 0 & 1 & 0 & 320 \\ 0 & 0 & 1 & 345 \end{array}\right)$$

Es können 415 ME von P_1, 320 ME von P_2 und 345 ME von P_3 hergestellt werden, wenn die Lagerbestände aufgebraucht werden sollen.

7.2.2 Seite 524

$$\boldsymbol{A}^{-1} = \begin{pmatrix} 1 & 4 & 2 & -5 \\ 0 & 1 & 0 & -1 \\ 1 & 2 & 1 & -3 \\ -2 & -8 & -4 & 11 \end{pmatrix}$$

$$\Rightarrow \boldsymbol{x_1} = \boldsymbol{A}^{-1} \cdot \boldsymbol{b_1} = \begin{pmatrix} 21 \\ 2 \\ 13 \\ -44 \end{pmatrix} \text{ und } \boldsymbol{x_2} = \begin{pmatrix} 25 \\ 3 \\ 15 \\ -52 \end{pmatrix}$$

7.2.3 Seite 535

1. a) $L=\left\{\begin{pmatrix}2\\4\\-10\end{pmatrix}\right\}$ b) $L=\{\,\}$

c) $L=\left\{\begin{pmatrix}-4\\6\\0\end{pmatrix}+s\cdot\begin{pmatrix}2\\-3\\1\end{pmatrix};s\in\mathbb{R}\right\}$

2.

$$\left(\begin{array}{ccc|c} a & -1 & 2 & 0\\ 2 & 2a+4 & -2a+6 & 8\\ 3 & 3 & 3a-3 & -6\end{array}\right)\begin{array}{l} \\ |:2\\ |:3\end{array}$$

$\sim$

$$\left(\begin{array}{ccc|c} 1 & 1 & a-1 & -2\\ 1 & a+2 & -a+3 & 4\\ a & -1 & 2 & 0\end{array}\right)\begin{array}{l} |\cdot(-1)\ \ |\cdot(-a)\\ \quad +\qquad\quad +\\ \end{array}$$

▶ 1. und 3. Zeile vertauscht

$$\left(\begin{array}{ccc|c} 1 & -1 & a-1 & -2\\ 0 & a+1 & -2a+4 & 6\\ 0 & -a-1 & -a^2+a+2 & 2a\end{array}\right)$$

$\sim$

$$\left(\begin{array}{ccc|c} 1 & -1 & a-1 & -2\\ 0 & a+1 & -2a+4 & 6\\ 0 & 0 & -(a-2)\cdot(a+3) & 2\cdot(a+3)\end{array}\right)$$

a) $a=-3$:
$\text{Rg}\,\boldsymbol{A}=\text{Rg}\,(\boldsymbol{A}|\boldsymbol{b})=2;\ n=3$
LGS mehrdeutig lösbar (Lösung, siehe Teil b)

$a=2;\ a=-1$:
$\text{Rg}\,\boldsymbol{A}<\text{Rg}\,(\boldsymbol{A}|\boldsymbol{b})$
LGS unlösbar

$a\in\mathbb{R}\setminus\{-3;-1;2\}$:
$\text{Rg}\,\boldsymbol{A}=\text{Rg}\,(\boldsymbol{A}|\boldsymbol{b})=n=3$
LGS eindeutig lösbar

b) $L=\left\{\begin{pmatrix}1\\-3\\0\end{pmatrix}+s\cdot\begin{pmatrix}-1\\5\\1\end{pmatrix};\ s\in\mathbb{R}\right\}$

7.2.4 Seite 549

Zu a) Es ist nachzuweisen, dass die Gleichung $x_1\cdot\boldsymbol{a}+x_2\cdot\boldsymbol{b}+x_3\cdot\boldsymbol{c}=0$ nur die triviale Lösung $x_1=x_2=x_3=0$ hat. ▶ $x_1,x_2,x_3\in\mathbb{R}$

$$x_1\cdot\begin{pmatrix}-1&2\\0&3\end{pmatrix}+x_2\cdot\begin{pmatrix}2&4\\2&-2\end{pmatrix}+x_3\cdot\begin{pmatrix}3&3\\1&4\end{pmatrix}=\begin{pmatrix}0&0\\0&0\end{pmatrix}$$

Diese Gleichung führt zu einem homogenen LGS mit 4 Gleichungen und 3 Variablen, das mithilfe des Gaußschen Eliminationsverfahrens auf seine Lösbarkeit untersucht wird.

$$\left(\begin{array}{ccc|c} -1 & 2 & 3 & 0\\ 2 & 4 & 3 & 0\\ 0 & 2 & 1 & 0\\ 3 & -2 & 4 & 0\end{array}\right)\sim\left(\begin{array}{ccc|c} 1 & 0 & 0 & 0\\ 0 & 1 & 0 & 0\\ 0 & 0 & 1 & 0\\ 0 & 0 & 0 & 0\end{array}\right)$$

▶ $\text{Rg}\boldsymbol{A}=\text{Rg}(\boldsymbol{A}\,|\,\boldsymbol{b})=n=3$
▶ Gauß-Verfahren
▶ Der einzige Lösungsvektor ist der Nullvektor.

Man erkennt, dass das LGS nur die triviale Lösung $x_1=x_2=x_3=0$ hat.

Die Vektoren $\boldsymbol{a}$, $\boldsymbol{b}$ und $\boldsymbol{c}$ sind also linear unabhängig.

Zu b) Es ist nachzuweisen, dass die Gleichung $x_1\cdot\boldsymbol{a}+x_2\cdot\boldsymbol{b}+x_3\cdot\boldsymbol{c}+x_4\cdot\boldsymbol{d}=0$ *nicht* nur die triviale Lösung $x_1=x_2=x_3=x_4=0$ hat.
▶ $x_1, x_2, x_3, x_4\in\mathbb{R}$

$$x_1\cdot\begin{pmatrix}-1&2\\0&3\end{pmatrix}+x_2\cdot\begin{pmatrix}2&4\\2&-2\end{pmatrix}+$$
$$x_3\cdot\begin{pmatrix}3&3\\1&4\end{pmatrix}+x_4\cdot\begin{pmatrix}-8&-16\\-3&-26\end{pmatrix}=\begin{pmatrix}0&0\\0&0\end{pmatrix}$$

Das homogene LGS mit 4 Gleichungen und 4 Variablen wird wie im Teil a) berechnet.

$$\left(\begin{array}{cccc|c} -1 & 2 & 3 & -8 & 0\\ 2 & 4 & 3 & -16 & 0\\ 0 & 2 & 1 & -3 & 0\\ 3 & -2 & 4 & -26 & 0\end{array}\right)\sim\left(\begin{array}{cccc|c} 1 & 0 & 0 & -3 & 0\\ 0 & 1 & 0 & 0{,}5 & 0\\ 0 & 0 & 1 & -4 & 0\\ 0 & 0 & 0 & 0 & 0\end{array}\right)$$

Man erkennt, dass das LGS unendlich viele Lösungen hat.

Die Vektoren $\boldsymbol{a}$, $\boldsymbol{b}$, $\boldsymbol{c}$ und $\boldsymbol{d}$ sind also linear abhängig.

7.2.5 Seite 553

A ist quadratisch und invertierbar.

$\Rightarrow \boldsymbol{A} \cdot \boldsymbol{X} = \boldsymbol{B} \Rightarrow \boldsymbol{X} = \boldsymbol{A}^{-1} \cdot \boldsymbol{B} =$

$$\begin{pmatrix} -2 & 5 & -1 \\ 0 & 2 & -1 \\ 1 & -3 & 1 \end{pmatrix} \cdot \begin{pmatrix} -1 & 7 \\ -1 & 6 \\ -5 & 12 \end{pmatrix} = \begin{pmatrix} 2 & 4 \\ 3 & 0 \\ -3 & 1 \end{pmatrix}$$

7.2.6 Seite 557

a) $$\begin{pmatrix} 0{,}7 & 0{,}05 & 0{,}15 \\ 0{,}2 & 0{,}9 & 0{,}2 \\ 0{,}1 & 0{,}05 & 0{,}65 \end{pmatrix} \cdot \begin{pmatrix} 90 \\ 70 \\ 110 \end{pmatrix} = \begin{pmatrix} 83 \\ 103 \\ 84 \end{pmatrix}$$

$$\begin{pmatrix} 0{,}7 & 0{,}05 & 0{,}15 \\ 0{,}2 & 0{,}9 & 0{,}2 \\ 0{,}1 & 0{,}05 & 0{,}65 \end{pmatrix} \cdot \begin{pmatrix} 83 \\ 103 \\ 84 \end{pmatrix} = \begin{pmatrix} 76 \\ 126 \\ 68 \end{pmatrix}$$

b) $$\begin{pmatrix} 0{,}7 & 0{,}05 & 0{,}15 \\ 0{,}2 & 0{,}9 & 0{,}2 \\ 0{,}1 & 0{,}05 & 0{,}65 \end{pmatrix} \cdot \begin{pmatrix} a_{HH} \\ a_E \\ a_M \end{pmatrix} = \begin{pmatrix} a_{HH} \\ a_E \\ a_M \end{pmatrix}$$

$$\begin{aligned} & -0{,}3\,a_{HH} + 0{,}05\,a_E + 0{,}15\,a_M = 0 \\ \Leftrightarrow\ & \ \ 0{,}2\,a_{HH} - 0{,}10\,a_E + 0{,}20\,a_M = 0 \\ & \ \ 0{,}1\,a_{HH} + 0{,}05\,a_E - 0{,}35\,a_M = 0 \end{aligned}$$

$\Leftrightarrow a_E = 3{,}6\,a_{HH} \wedge a_M = 0{,}8\,a_{HH}$

$\Rightarrow a_E + a_M + a_{HH} = 3{,}6\,a_{HH} + 0{,}8_{HH} + a_{HH}$
$= 270$

$\Leftrightarrow a_{HH} = 50$

$$\Rightarrow a_E = 180; a_M = 40 \Rightarrow \begin{pmatrix} a_{HH} \\ a_E \\ a_M \end{pmatrix} = \begin{pmatrix} 50 \\ 180 \\ 40 \end{pmatrix}$$

7.2.7 Seite 564

a) $\boldsymbol{E} - \boldsymbol{A} = [\boldsymbol{E} - \boldsymbol{A}^{-1}]^{-1}$

$$= \begin{pmatrix} 0{,}9 & -0{,}4 & -0{,}2 \\ 0 & 0{,}4 & -0{,}3 \\ -0{,}3 & 0 & 0{,}8 \end{pmatrix}$$

$$\Rightarrow \boldsymbol{A} = \boldsymbol{E} - \boldsymbol{E} - \boldsymbol{A} = \begin{pmatrix} \mathbf{0{,}1} & \mathbf{0{,}4} & \mathbf{0{,}2} \\ \mathbf{0} & \mathbf{0{,}6} & \mathbf{0{,}3} \\ \mathbf{0{,}3} & \mathbf{0} & \mathbf{0{,}2} \end{pmatrix}$$

b) $\boldsymbol{y} = \boldsymbol{E} - \boldsymbol{A} \cdot \boldsymbol{x}$

$$= \begin{pmatrix} 0{,}9 & -0{,}4 & -0{,}2 \\ 0 & 0{,}4 & -0{,}3 \\ -0{,}3 & 0 & 0{,}8 \end{pmatrix} \cdot \begin{pmatrix} 30 \\ 40 \\ 20 \end{pmatrix} = \begin{pmatrix} 7 \\ 10 \\ 7 \end{pmatrix}$$

$\Rightarrow$

	A	B	C	*Y*	*X*
A	3	16	4	7	30
B	0	24	6	10	40
C	9	0	4	7	20

wobei Tabelle (A, B, C) = $\boldsymbol{A} \cdot \boldsymbol{x}$.

7.3.1 Seite 579

$$\begin{aligned} x_1 + x_2 &\le 15 \\ x_1 &\le 10 \\ x_2 &\le 12 \\ 3x_1 + 2x_2 &\le 40 \end{aligned}$$

$Z = x_1 + 3x_2 \rightarrow$ Max!

$x_1, x_2 \ge 0$

Maximaler Gewinn von 39 GE pro Viertelstunde beim Verkauf von 3 Speck- und 12 Lachspfannkuchen. ▸ $\langle 3 | 12 \rangle$

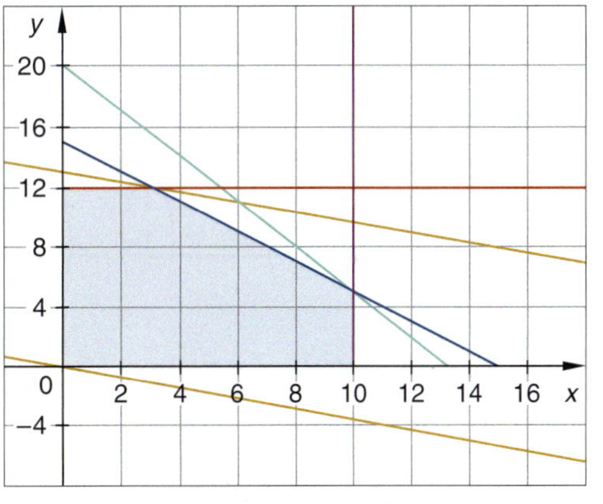

7.3.2 Seite 589

0	1/3	1	1/3	−1/6	0	0	3 1/3
1	2/3	0	−5/6	2/3	0	0	6 2/3
0	1 1/3	0	−1 1/6	1/3	1	0	9 1/3
0	28	0	−7 1/2	3	0	1	240
0	−2/3	0	−2/3	−2/3	0	0	−66 2/3

$\Rightarrow x_1 = 6\frac{2}{3};\ x_2 = 0;\ x_3 = 3\frac{1}{3}$ und $u_1 = 0;$

$u_2 = 0; u_3 = 9\frac{1}{3};\ u_4 = 240$ und $Z_{\max} = 66\frac{2}{3}$

7.4.1 Seite 601

1.

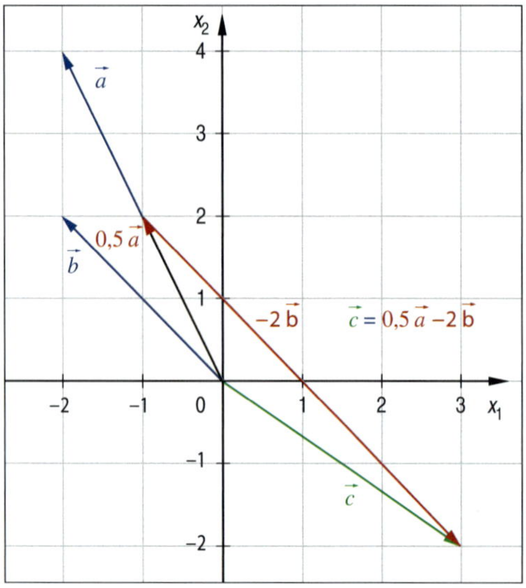

2. $= \begin{pmatrix} -1 \\ 2 \end{pmatrix} - \begin{pmatrix} -4 \\ 4 \end{pmatrix} = \begin{pmatrix} 3 \\ -2 \end{pmatrix}$

3. $\vec{a} = -2 \cdot \begin{pmatrix} 1 \\ 0 \end{pmatrix} + 4 \cdot \begin{pmatrix} 0 \\ 1 \end{pmatrix}$; $\vec{b} = -2 \cdot \begin{pmatrix} 1 \\ 0 \end{pmatrix} + 2 \cdot \begin{pmatrix} 0 \\ 1 \end{pmatrix}$;

$\vec{c} = 3 \cdot \begin{pmatrix} 1 \\ 0 \end{pmatrix} - 2 \cdot \begin{pmatrix} 0 \\ 1 \end{pmatrix}$

7.4.2 Seite 605

a) $g\colon \vec{x} = \begin{pmatrix} 3 \\ 0 \\ -2 \end{pmatrix} + s \cdot \begin{pmatrix} 4-3 \\ 1-0 \\ 3-(-2) \end{pmatrix} = \begin{pmatrix} 3 \\ 0 \\ -2 \end{pmatrix} + s \cdot \begin{pmatrix} 1 \\ 1 \\ 5 \end{pmatrix}$

b₁) $\begin{pmatrix} 3 \\ 0 \\ -2 \end{pmatrix} + s \cdot \begin{pmatrix} 1 \\ 1 \\ 5 \end{pmatrix} = \begin{pmatrix} -1 \\ -4 \\ -22 \end{pmatrix} \Leftrightarrow s \cdot \begin{pmatrix} 1 \\ 1 \\ 5 \end{pmatrix} = \begin{pmatrix} -4 \\ -4 \\ -20 \end{pmatrix} \Leftrightarrow s = -4$

$\Rightarrow A$ liegt auf g.

b₂) $\begin{pmatrix} 3 \\ 0 \\ -2 \end{pmatrix} + s \cdot \begin{pmatrix} 1 \\ 1 \\ 5 \end{pmatrix} = \begin{pmatrix} 5 \\ 2 \\ 6 \end{pmatrix} \Leftrightarrow s \cdot \begin{pmatrix} 1 \\ 1 \\ 5 \end{pmatrix} = \begin{pmatrix} 2 \\ 2 \\ 8 \end{pmatrix}$; keine Lösung

$\Rightarrow B$ liegt nicht auf g.

c) $\begin{aligned} x_1 &= 3+s \\ x_2 &= s \\ x_3 &= -2+5s \end{aligned} \quad \Rightarrow \quad \begin{aligned} x_1 &= 3+x_2 \\ \\ x_3 &= -2+5x_2 \end{aligned} \quad \Rightarrow \quad \begin{aligned} x_1 + x_3 &= 1 + 6x_2 \\ x_1 - 6x_2 + x_3 &= 1 \end{aligned}$

7.4.2 S. 609

a) $E\colon \vec{x} = \begin{pmatrix} -2 \\ 4 \\ 6 \end{pmatrix} + s \cdot \begin{pmatrix} 3-(-2) \\ 0-4 \\ 1-6 \end{pmatrix} + t \cdot \begin{pmatrix} 4-(-2) \\ -2-4 \\ -1-6 \end{pmatrix} = \begin{pmatrix} -2 \\ 4 \\ 6 \end{pmatrix} + s \cdot \begin{pmatrix} 5 \\ -4 \\ -5 \end{pmatrix} + t \cdot \begin{pmatrix} 6 \\ -6 \\ -7 \end{pmatrix}$

b) $\begin{pmatrix} -2 \\ 4 \\ 6 \end{pmatrix} + s \cdot \begin{pmatrix} 5 \\ -4 \\ -5 \end{pmatrix} + t \cdot \begin{pmatrix} 6 \\ -6 \\ -7 \end{pmatrix} = \begin{pmatrix} -2 \\ 2 \\ 3 \end{pmatrix} \Leftrightarrow s \cdot \begin{pmatrix} 5 \\ -4 \\ -5 \end{pmatrix} + t \cdot \begin{pmatrix} 6 \\ -6 \\ -7 \end{pmatrix} = \begin{pmatrix} 0 \\ -2 \\ -3 \end{pmatrix}$

$\left.\begin{array}{rr|r} 5 & 6 & 0 \\ -4 & -6 & -2 \\ -5 & -7 & -3 \end{array}\right. \Leftrightarrow \left.\begin{array}{rr|r} 1 & 0 & 2 \\ 0 & 1 & \frac{5}{3} \\ 0 & 0 & -\frac{4}{3} \end{array}\right.$ $\quad$ $\mathrm{Rg}A = 2$, $\mathrm{Rg}(A|b) = 3$
Das LGS ist nicht lösbar.

$\Rightarrow A$ liegt nicht in E.

c) $x_1 = -2+5s+6t \Rightarrow t = \frac{1}{6}x_1 - \frac{5}{6}s + \frac{1}{3}$

$x_2 = 4-4s-6t = 4-4s-(x_1-5s+2) = 2+s-x_1 \Rightarrow s = x_1+x_2-2$

$x_3 = 6-5s-7t = 6-5s-7\left(\frac{1}{6}x_1 - \frac{5}{6}s + \frac{1}{3}\right) = \frac{11}{3} + \frac{5}{6}s - \frac{7}{6}x_1$

$= \frac{11}{3} + \frac{5}{6}(x_2+x_1-2) - \frac{7}{6}x_1 = 2 + \frac{5}{6}x_2 - \frac{1}{3}x_1$

$\Leftrightarrow 2x_1 - 5x_2 + 6x_3 = 12$

7.4.3 Seite 617

1. $g_1 \cap g_2$: $\begin{array}{l} 2s + t = 1 \\ 2s + t = 1 \Leftrightarrow s = 0{,}5 - 0{,}5t \\ 10s + 5t = 5 \end{array}$

   $\Rightarrow$ Mehrdeutige Lösung $\Rightarrow g_1$ und g_2 sind identisch.
2. $g_1 \cap g_3$: $\begin{array}{l} 2s - u = -2 \\ 2s = -2 \Leftrightarrow s = -2 \wedge u = -2 \\ 10s - 5u = -10 \end{array}$

   $\Rightarrow$ Eindeutige Lösung $\Rightarrow$ Schnittpunkt $\langle -3|-6|-32\rangle$
3. $g_2 \cap g_3$: Da g_1 und g_2 identisch sind, schneiden sie sich auch im Punkt $\langle -3|-6|-32\rangle$.

7.4.4 Seite 621

1. $E \cap g$: $\begin{array}{rcl} r+2s+t = 0 & & r = 7 \\ -s-t = 6 & \Leftrightarrow & s = -1 \\ -r+3s = -10 & & t = -5 \end{array}$

   g durchstößt E im Punkt $\langle 7|-3|-4\rangle$.
2. $\begin{array}{l} -4r+6s+2t = (a+4) \\ 2r-8s-(a+4)t = -2 \\ 2r-(a+4)s-(a+2)t = 0 \end{array}$

   $\Leftrightarrow \left(\begin{array}{ccc|c} 1 & 0 & 0{,}3a+0{,}4 & 0{,}4a+2{,}2 \\ 0 & 1 & 0{,}2a+0{,}6 & 0{,}1a+0{,}8 \\ 0 & 0 & 0{,}2a^2-0{,}2a-0{,}4 & 0{,}1a^2+0{,}4a-1{,}2 \end{array}\right)$

   $a = 2$: $\text{Rg}\boldsymbol{A} = \text{Rg}(\boldsymbol{A}|\boldsymbol{b}) = 2 \Rightarrow g$ liegt in E.

   $a = -1$: $\text{Rg}\boldsymbol{A} = 2$, $\text{Rg}(\boldsymbol{A}|\boldsymbol{b}) = 3 \Rightarrow g$ ist echt parallel zu E.

   $a \in \mathbb{R}\setminus\{-1, 2\}$: $\text{Rg}\boldsymbol{A} = \text{Rg}(\boldsymbol{A}|\boldsymbol{b}) = 3 \Rightarrow g$ durchstößt E.

7.4.5 Seite 627

$E_1 \cap E_2$: $\left(\begin{array}{cccc|c} 1 & 2 & 2 & -1 & 9 \\ 2 & 1{,}5 & 1 & 0 & 8 \\ -9 & -0{,}5 & 3 & -5 & -5 \end{array}\right) \Leftrightarrow \left(\begin{array}{cccc|c} 1 & 0 & -0{,}4 & 0{,}6 & 1 \\ 0 & 1 & 1{,}2 & -0{,}8 & 4 \\ 0 & 0 & 0 & 0 & 6 \end{array}\right)$

$\text{Rg}\boldsymbol{A} = 2$, $\text{Rg}(\boldsymbol{A}|\boldsymbol{b}) = 3 \Rightarrow E_1$ liegt echt parallel zu E_2.

Hinweise zur Benutzung von TI-Nspire

TI-Nspire öffnet wie nebenstehend dargestellt. Zur Bereitstellung einer APPLIKATION kann ins Tabellenbild geklickt werden oder der Menüpunkt EINFÜGEN betätigt werden.

In diesem Buch wird die Version 1.7 benutzt (Stand Juli 2009).

Die **aktuellste Version der Dokumentation** (**TI-Nspire CAS Referenzhandbuch**) finden Sie unter EDUCATION.TI.COM/GUIDES.

In diesem Buch wird TI-Nspire zur Lösung der verschiedensten mathematischen Probleme herangezogen (vgl. Stichwortverzeichnis). Das nächste Bild zeigt *einige* der Möglichkeiten, die dieses CAS-Programm bietet, nachdem man die unten beschriebenen Schaltflächen angeklickt hat.

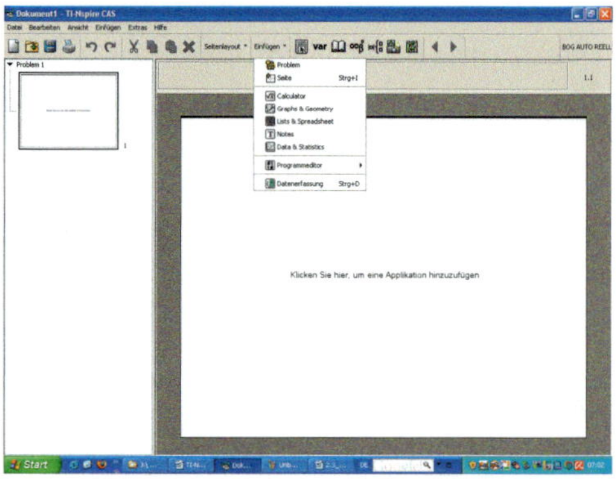

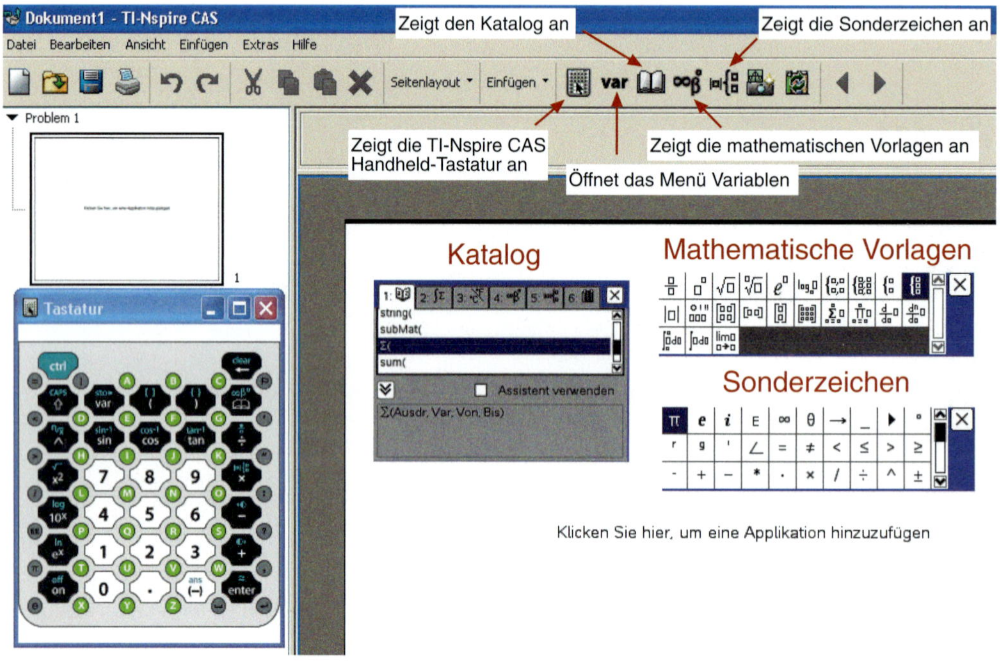

Die **Tastatur** ermöglicht die bequeme Eingabe von Zahlen, Zeichen usw., der **Katalog** verfügt über eine sehr große Auswahl von Funktionen, mithilfe der **Mathematischen Vorlagen** werden Rechnungen einfach durchgeführt und durch Sonderzeichen eventuell ergänzt.

Im Folgenden werden die Applikationen und einzelne Funktionen tabellarisch kurz vorgestellt, alle weiteren Informationen erfolgen parallel zu den einzelnen Beispielen.

Applikation	Funktionen	Schaltflächen
Calculator	Berechnungen, Lösen von Gleichungen, LGS usw. mithilfe von Aktionen, Zahl, Algebra, Analysis, Wahrscheinlichkeit, Statistik, Matrix und Vektor, Finanzen, Funktionen und Programme, (dargestellte Schaltflächen vlnr.).	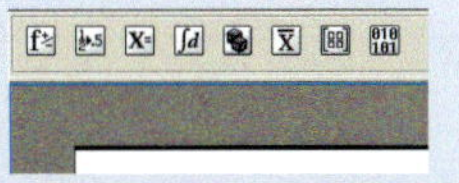
Graphs & Geometry	Graphische Darstellungen mithilfe von Aktionen, Ansicht, Grafiktyp, Fenster, Spur, Punkte & Geraden, Messung, Formen, Konstruktion, Abbildung Am unteren Bildrand wird der Funktionsterm eingegeben.	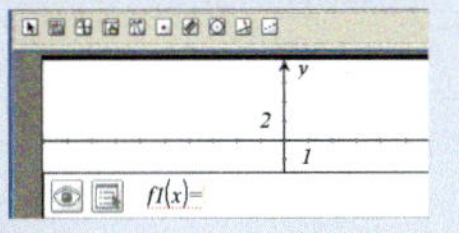
Lists & Spreadsheets	Spaltenformeln eingeben und Bezüge zu anderen Spalten herstellen mithilfe von Aktionen, Einfügen, Daten, Statistik, Funktionstabelle, teilweise vergleichbar mit Excel.	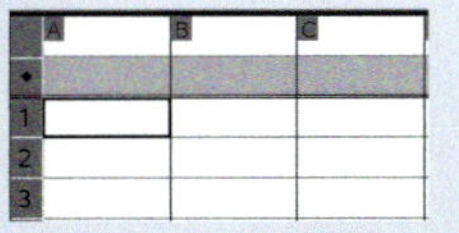
Notes	Kleine Textverarbeitung mithilfe von Vorlagen, Einfügen, Formatieren, Aktionen, Eingabe über Tastatur.	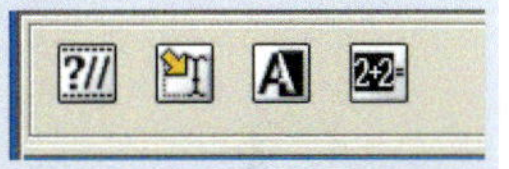
Data & Statistics	Eingeben und graphische Darstellung von Listen (z. B. in der Statistik) mithilfe von Plot-Typ, Plot-Eigenschaften, Aktionen, Analysieren, Fenster/Zoomen.	

Tätigkeiten	Beschreibung	TI-Nspire-Darstellung
Funktionsterm mit Parameter	Schieberegler aus dem Menü Aktionen vor Eingabe des Funktionsterms bereitstellen, Funktionsterm bei der Applikation Graphs & Geometry eingeben.	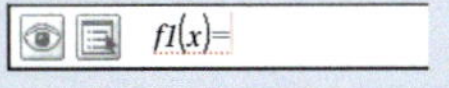
Nullstellen berechnen	Im Calculator über Algebra Löse (solve()) und Gleichung mit Funktionsvariable eingeben.	$\text{solve}(x^2-6\cdot x+8=0,x)\quad x=2 \text{ or } x=4$
Ableiten algebraisch und graphisch	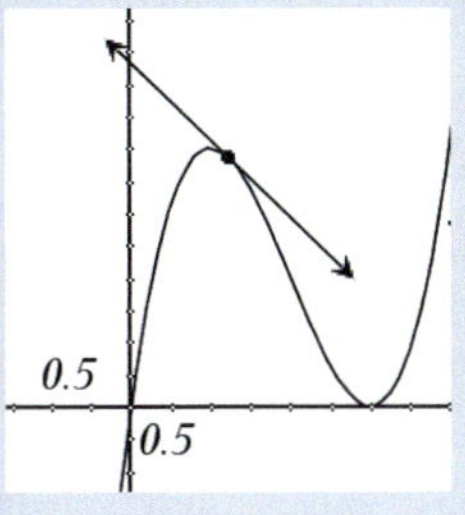 In der Applikation Graphs & Geometry eine Tangente über Punkte & Geraden aufrufen und Steigungen messen.	$\frac{d}{dx}(f1(x))$ $\frac{d^2}{dx^2}(f1(x))$ Nach Eingabe von f1(x) Bereitstellung von 1. Ableitung aus Mathematische Vorlage
Extrempunkte berechnen	Im Calculator über f1(x) Funktionsterm definieren, dann schrittweise über Analysis Funktionsminimum aufrufen und f1(x) sowie Funktionsvariable x eingeben, bevor f1(2) berechnet wird.	$\text{Define } f1(x)=x^2-4\cdot x+5$ Fertig $\text{fMin}(f1(x),x)$ $x=2$ $f1(2)$ 1
Integrieren algebraisch	Im Calculator über f1(x) Funktionsterm definieren und dann ein Integral mit Integrationsgrenzen und Funktionsterm und -variable über Integral einfügen (es wird *immer* das Integral und nicht die Fläche berechnet).	$\text{Define } f1(x)=x^2-4$ Fertig $\int_{-2}^{2}(f1(x))dx$ $\frac{-32}{3}$
Bernoulli-Kette	Im Calculator über Wahrscheinlichkeit, Verteilungen, Binomal Pdf z. B. n, p und X-Wert eingeben.	binomPdf(10,0.1,3)0.057396
LGS lösen	Im Calculator über Algebra Löse (solve()) die LGS-Vorlage aus Mathematische Vorlagen öffnen und die Gleichungen sowie die Variablen eingeben.	$\text{solve}\left(\begin{matrix}a+b=3\\a-b=1\end{matrix},a,b\right)\quad a=2 \text{ and } b=1$

TABELLEN

Tabellen zur Stochastik

$B(n; p; k) = \binom{n}{k} p^k (1-p)^{n-k}$

n	k	p: 0,02	0,03	0,04	0,05	0,10	1/6	0,20	0,25	0,30	1/3	0,40	0,50	k	n
2	0	0,9604	9409	9216	9025	8100	6944	6400	5625	4900	4444	3600	2500	2	2
	1	0392	0582	0768	0950	1800	2778	3200	3750	4200	4444	4800	5000	1	
	2	0004	0009	0016	0025	0100	0278	0400	0625	0900	1111	1600	2500	0	
3	0	0,9412	9127	8847	8574	7290	5787	5120	4219	3430	2963	2160	1250	3	3
	1	0576	0847	1106	1354	2430	3472	3840	4219	4410	4444	4320	3750	2	
	2	0012	0026	0046	0071	0270	0694	0960	1406	1890	2222	2880	3750	1	
	3			0001	0001	0010	0046	0080	0156	0270	0370	0640	1250	0	
4	0	0,9224	8853	8493	8145	6561	4823	4096	3164	2401	1975	1296	0625	4	4
	1	0753	1095	1416	1715	2916	3858	4096	4219	4116	3951	3456	2500	3	
	2	0023	0051	0088	0135	0486	1157	1536	2109	2646	2963	3456	3750	2	
	3		0001	0002	0005	0036	0154	0256	0469	0756	0988	1536	2500	1	
	4					0001	0008	0016	0039	0081	0123	0256	0625	0	
5	0	0,9039	8587	8154	7738	5905	4019	3277	2373	1681	1317	0778	0313	5	5
	1	0922	1328	1699	2036	3281	4019	4096	3955	3602	3292	2592	1563	4	
	2	0038	0082	0142	0214	0729	1608	2048	2637	3087	3292	3456	3125	3	
	3	0001	0003	0006	0011	0081	0322	0512	0879	1323	1646	2304	3125	2	
	4					0005	0032	0064	0146	0284	0412	0768	1563	1	
	5						0001	0003	0010	0024	0041	0102	0313	0	
6	0	0,8858	8330	7828	7351	5314	3349	2621	1780	1176	0878	0467	0156	6	6
	1	1085	1546	1957	2321	3543	4019	3932	3560	3025	2634	1866	0938	5	
	2	0055	0120	0204	0305	0984	2009	2458	2966	3241	3292	3110	2344	4	
	3	0002	0005	0011	0021	0146	0536	0819	1318	1852	2195	2765	3125	3	
	4				0001	0012	0080	0154	0330	0595	0823	1382	2344	2	
	5					0001	0006	0015	0044	0102	0165	0369	0938	1	
	6							0001	0002	0007	0014	0041	0156	0	
7	0	0,8681	8080	7514	6983	4783	2791	2097	1335	0824	0585	0280	0078	7	7
	1	1240	1749	2192	2573	3720	3907	3670	3115	2471	2048	1306	0547	6	
	2	0076	0162	0274	0406	1240	2344	2753	3115	3177	3073	2613	1641	5	
	3	0003	0008	0019	0036	0230	0781	1147	1730	2269	2561	2903	2734	4	
	4			0001	0002	0026	0156	0287	0577	0972	1280	1935	2734	3	
	5					0002	0019	0043	0115	0250	0384	0774	1641	2	
	6						0001	0004	0001	0036	0064	0172	0547	1	
	7								0001	0002	0005	0016	0078	0	
8	0	0,8508	7837	7214	6634	4305	2326	1678	1001	0576	0390	0168	0039	8	8
	1	1389	1939	2405	2793	3826	3721	3355	2670	1977	1561	0896	0313	7	
	2	0099	0210	0351	0515	1488	2605	2936	3115	2965	2731	2090	1094	6	
	3	0004	0013	0029	0054	0331	1042	1468	2076	2541	2731	2787	2188	5	
	4		0001	0002	0004	0046	0260	0459	0865	1361	1707	2322	2734	4	
	5					0004	0042	0092	0231	0467	0683	1239	2188	3	
	6						0004	0011	0038	0100	0171	0413	1094	2	
	7							0001	0004	0012	0024	0079	0313	1	
	8									0001	0002	0007	0039	0	
9	0	0,8337	7602	6925	6302	3874	1938	1342	0751	0404	0260	0101	0020	9	9
	1	1531	2116	2597	2985	3874	3489	3020	2253	1556	1171	0605	0176	8	
	2	0125	0262	0433	0629	1722	2791	3020	3003	2668	2341	1612	0703	7	
	3	0006	0019	0042	0077	0446	1302	1762	2336	2668	2731	2508	1641	6	
	4		0001	0003	0006	0074	0391	0661	1168	1715	2048	2508	2461	5	
	5					0008	0078	0165	0389	0735	1024	1672	2461	4	
	6					0001	0010	0028	0087	0210	0341	0743	1641	3	
	7						0001	0003	0012	0039	0073	0212	0703	2	
	8								0001	0004	0009	0035	0176	1	
	9										0001	0003	0020	0	
n		0,98	0,97	0,96	0,95	0,90	5/6	0,80	0,75	0,70	2/3	0,60	0,50	k	n
							p								

Für $p \geq 0{,}5$ verwendet man den blau unterlegten Eingang.

TABELLEN

$B(n; p; k) = \binom{n}{k} p^k (1-p)^{n-k}$

n	k	0,02	0,03	0,04	0,05	0,10	1/6	0,20	0,25	0,30	1/3	0,40	0,50		n
10	0	0,8171	7374	6648	5987	3487	1615	1074	0563	0282	0173	0060	0010	10	10
	1	1667	2281	2770	3151	3874	3230	2684	1877	1211	0867	0403	0098	9	
	2	0153	0317	0519	0746	1937	2907	3020	2816	2335	1951	1209	0439	8	
	3	0008	0026	0058	0105	0574	1550	2013	2503	2668	2601	2150	1172	7	
	4		0001	0004	0010	0112	0543	0881	1460	2001	2276	2508	2051	6	
	5				0001	0015	0130	0264	0584	1029	1366	2007	2461	5	
	6					0001	0022	0055	0162	0368	0569	1115	2051	4	
	7						0002	0008	0031	0090	0163	0425	1172	3	
	8							0001	0004	0014	0030	0106	0439	2	
	9									0001	0003	0016	0098	1	
	10											0001	0010	0	
15	0	0,7386	6333	5421	4633	2059	0649	0352	0134	0047	0023	0005	0000	15	15
	1	2261	2938	3388	3658	3432	1947	1319	0668	0305	0171	0047	0005	14	
	2	0323	0636	0988	1348	2669	2726	2309	1559	0916	0599	0219	0032	13	
	3	0029	0085	0178	0307	1285	2363	2501	2252	1700	1299	0634	0139	12	
	4	0002	0008	0022	0049	0428	1418	1876	2252	2186	1948	1268	0417	11	
	5		0001	0002	0006	0105	0624	1032	1651	2061	2143	1859	0916	10	
	6					0019	0208	0430	0917	1472	1786	2066	1527	9	
	7					0003	0053	0138	0393	0811	1148	1771	1964	8	
	8						0011	0035	0131	0348	0574	1181	1964	7	
	9						0002	0007	0034	0116	0223	0612	1527	6	
	10							0001	0007	0030	0067	0245	0916	5	
	11								0001	0006	0015	0074	0417	4	
	12									0001	0003	0016	0139	3	
	13											0003	0032	2	
	14												0005	1	
	15													0	
20	0	0,6676	5438	4420	3585	1216	0261	0115	0032	0008	0003	0000	0000	20	20
	1	2725	3364	3683	3774	2702	1043	0576	0211	0068	0030	0005	0000	19	
	2	0528	0988	1458	1887	2852	1982	1369	0669	0278	0143	0031	0002	18	
	3	0065	0183	0364	0596	1901	2379	2054	1339	0716	0429	0123	0011	17	
	4	0006	0024	0065	0133	0898	2022	2182	1897	1304	0911	0350	0046	16	
	5		0002	0009	0022	0319	1294	1746	2023	1789	1457	0746	0148	15	
	6			0001	0003	0089	0647	1091	1686	1916	1821	1244	0370	14	
	7					0020	0259	0545	1124	1643	1821	1659	0739	13	
	8					0004	0084	0222	0609	1144	1480	1797	1201	12	
	9					0001	0022	0074	0270	0654	0987	1597	1602	11	
	10						0005	0020	0099	0308	0543	1171	1762	10	
	11						0001	0005	0030	0120	0247	0710	1602	9	
	12							0001	0008	0039	0092	0355	1201	8	
	13								0002	0010	0028	0146	0739	7	
	14									0002	0007	0049	0370	6	
	15										0001	0013	0148	5	
	16											0003	0046	4	
	17												0011	3	
	18												0002	2	
	19													1	
	20													0	
n		0,98	0,97	0,96	0,95	0,90	5/6	0,80	0,75	0,70	2/3	0,60	0,50	k	n

Für $p \geq 0{,}5$ verwendet man den blau unterlegten Eingang.

TABELLEN

$F(n;p;k) = B(n;p;0) + \ldots + B(n;p;k) = \binom{n}{0} p^0 (1-p)^{n-0} + \ldots + \binom{n}{k} p^k (1-p)^{n-k}$

n	*k*	*p* = 0,02	0,03	0,04	0,05	0,10	1/6	0,20	0,25	0,30	1/3	0,40	0,50	*k*	*n*
2	0	0,9604	9409	9216	9025	8100	6944	6400	5625	4900	4444	3600	2500	1	2
	1	9996	9991	9984	9975	9900	9722	9600	9375	9100	8889	8400	7500	0	
3	0	0,9412	9127	8847	8574	7290	5787	5120	4219	3430	2963	2160	1250	2	3
	1	9988	9974	9953	9928	9720	9259	8960	8438	7840	7407	6480	5000	1	
	2			9999	9999	9990	9954	9920	9844	9730	9630	9360	8750	0	
4	0	0,9224	8853	8493	8145	6561	4823	4096	3164	2401	1975	1296	0625	3	4
	1	9977	9948	9909	9860	9477	8681	8192	7383	6517	5926	4752	3125	2	
	2		9999	9998	9995	9963	9838	9728	9492	9163	8889	8208	6875	1	
	3					9999	9992	9984	9961	9919	9877	9744	9375	0	
5	0	0,9039	8587	8154	7738	5905	4019	3277	2373	1681	1317	0778	0313	4	5
	1	9962	9915	9852	9774	9185	8038	7373	6328	5282	4609	3370	1875	3	
	2	9999	9997	9994	9988	9914	9645	9421	8965	8369	7901	6826	5000	2	
	3					9995	9967	9933	9844	9692	9547	9130	8125	1	
	4						9999	9997	9990	9976	9959	9898	9688	0	
6	0	0,8858	8330	7828	7351	5314	3349	2621	1780	1176	0878	0467	0156	5	6
	1	9943	9875	9784	9672	8857	7368	6554	5339	4202	3512	2333	1094	4	
	2	9998	9995	9988	9978	9842	9377	9011	8306	7443	6804	5443	3438	3	
	3				9999	9987	9913	9830	9624	9295	8999	8208	6563	2	
	4					9999	9993	9984	9954	9891	9822	9590	8906	1	
	5							9999	9998	9993	9986	9959	9844	0	
7	0	0,8681	8080	7514	6983	4783	2791	2097	1335	0824	0585	0280	0078	6	7
	1	9921	9829	9706	9556	8503	6698	5767	4450	3294	2634	1586	0625	5	
	2	9997	9991	9980	9962	9743	9042	8520	7564	6471	5706	4199	2266	4	
	3			9999	9998	9973	9824	9667	9294	8740	8267	7102	5000	3	
	4					9998	9980	9953	9871	9712	9547	9037	7734	2	
	5						9999	9996	9987	9962	9931	9812	9375	1	
	6								9999	9998	9995	9984	9922	0	
8	0	0,8508	7837	7214	6634	4305	2326	1678	1001	0576	0390	0168	0039	7	8
	1	9897	9777	9619	9428	8131	6047	5033	3670	2553	1951	1064	0352	6	
	2	9996	9987	9969	9942	9619	8652	7969	6786	5518	4682	3154	1445	5	
	3		9999	9998	9996	9950	9693	9457	8862	8059	7414	5941	3633	4	
	4					9996	9954	9896	9727	9420	9121	8263	6367	3	
	5						9996	9988	9958	9887	9803	9502	8555	2	
	6							9999	9996	9987	9974	9915	9648	1	
	7									9999	9998	9993	9961	0	
9	0	0,8337	7602	6925	6302	3874	1938	1342	0751	0404	0260	0101	0020	8	9
	1	9869	9718	9222	9288	7748	5427	4362	3003	1960	1431	0705	0195	7	
	2	9994	9980	9955	9916	9470	8217	7382	6007	4628	3772	2318	0898	6	
	3		9999	9997	9994	9917	9520	9144	8343	7297	6503	4826	2539	5	
	4					9991	9911	9804	9511	9012	8552	7334	5000	4	
	5					9999	9989	9969	9900	9747	9576	9006	7461	3	
	6						9999	9997	9987	9957	9917	9750	9102	2	
	7								9999	9996	9990	9962	9805	1	
	8										9999	9997	9980	0	
n		*p* = 0,98	0,97	0,96	0,95	0,90	5/6	0,80	0,75	0,70	2/3	0,60	0,50	*k*	*n*

Nicht aufgeführte Werte sind (auf 4 Dez.) 1,0000.

Bei blau unterlegtem Eingang, d. h. $p \geq 0{,}5$ gilt: $F(n;p;k) = 1 -$ abgelesener Wert.

TABELLEN

$$F(n;p;k)=B(n;p;0)+\ldots+B(n;p;k)=\binom{n}{0}p^0(1-p)^{n-0}+\ldots+\binom{n}{k}p^k(1-p)^{n-k}$$

n	*k*	*p* = 0,02	0,03	0,04	0,05	0,10	1/6	0,20	0,25	0,30	1/3	0,40	0,50		*n*
10	0	0,8171	7374	6648	5987	3487	1615	1074	0563	0282	0173	0060	0010	9	10
	1	9838	9655	9418	9139	7361	4845	3758	2440	1493	1040	0464	0107	8	
	2	9991	9972	9938	9885	9298	7752	6778	5256	3828	2991	1673	0547	7	
	3		9999	9996	9990	9872	9303	8791	7759	6496	5593	3823	1719	6	
	4				9999	9984	9845	9672	9219	8497	7869	6331	3770	5	
	5					9999	9976	9936	9803	9527	9234	8338	6230	4	
	6						9997	9991	9965	9894	9803	9452	8281	3	
	7							9999	9996	9984	9966	9877	9453	2	
	8									9999	9996	9983	9893	1	
	9											9999	9990	0	
11	0	0,8007	7153	6382	5688	3138	1346	0859	0422	0198	0116	0036	0005	10	11
	1	9805	9587	9308	8981	6974	4307	3221	1971	1130	0751	0302	0059	9	
	2	9988	9963	9917	9848	9104	7268	6174	4552	3127	2341	1189	0327	8	
	3		9998	9993	9984	9815	9044	8389	7133	5696	4726	2963	1133	7	
	4				9999	9972	9755	9496	8854	7897	7110	5328	2744	6	
	5					9997	9954	9883	9657	9218	8779	7535	5000	5	
	6						9994	9980	9925	9784	9614	9006	7256	4	
	7						9999	9998	9989	9957	9912	9707	8867	3	
	8									9994	9986	9941	9673	2	
	9										9999	9993	9941	1	
	10												9995	0	
12	0	0,7847	6938	6127	5404	2824	1122	0687	0317	0138	0077	0022	0002	11	12
	1	9769	9514	9191	8816	6590	3813	2749	1584	0850	0540	0196	0032	10	
	2	9985	9952	9893	9804	8891	6774	5583	3907	2528	1811	0834	0193	9	
	3	9999	9997	9990	9978	9744	8748	7946	6488	4925	3931	2253	0730	8	
	4			9999	9998	9957	9637	9274	8424	7237	6315	4382	1938	7	
	5					9995	9921	9806	9456	8822	8223	6652	3872	6	
	6						9987	9961	9857	9614	9336	8418	6128	5	
	7						9998	9994	9972	9905	9812	9427	8062	4	
	8							9999	9996	9983	9961	9847	9270	3	
	9									9998	9995	9972	9807	2	
	10											9997	9968	1	
	11												9998	0	
13	0	0,7690	6730	5882	5133	2542	0935	0550	0238	0097	0051	0013	0001	12	13
	1	9730	9436	9068	8646	6213	3365	2336	1267	0637	0385	0126	0017	11	
	2	9980	9938	9865	9755	8661	6281	5017	3326	2025	1387	0579	0112	10	
	3	9999	9995	9986	9969	9658	8419	7473	5843	4206	3224	1686	0461	9	
	4			9999	9997	9935	9488	9009	7940	6543	5520	3520	1334	8	
	5					9991	9873	9700	9198	8346	7587	5744	2905	7	
	6					9999	9976	9930	9757	9376	8965	7712	5000	6	
	7						9997	9988	9943	9818	9653	9023	7095	5	
	8							9998	9990	9960	9912	9679	8666	4	
	9								9999	9993	9984	9922	9539	3	
	10									9999	9998	9987	9888	2	
	11											9999	9983	1	
	12	Nicht aufgeführte Werte sind (auf 4 Dez.) 1,0000.											9999	0	
n		0,98	0,97	0,96	0,95	0,90	5/6	0,80	0,75	0,70	2/3	0,60	0,50 = *p*	*k*	*n*

Bei blau unterlegtem Eingang, d. h. $p \geq 0{,}5$ gilt: $F(n;\,p;\,k) = 1 -$ abgelesener Wert.

$F(n;p;k) = B(n;p;0) + \ldots + B(n;p;k) = \binom{n}{0} p^0 (1-p)^{n-0} + \ldots + \binom{n}{k} p^k (1-p)^{n-k}$

n	k	0,02	0,03	0,04	0,05	0,10	1/6	0,20	0,25	0,30	1/3	0,40	0,50	k	n
14	0	0,7536	6528	5647	4877	2288	0779	0440	0178	0068	0034	0008	0001	13	14
	1	9690	9355	8941	8470	5846	2960	1979	1010	0475	0274	0081	0009	12	
	2	9975	9923	9823	9699	8416	5795	4481	2812	1608	1053	0398	0065	11	
	3	9999	9994	9981	9958	9559	8063	6982	5214	3552	2612	1243	0287	10	
	4			9998	9996	9908	9310	8702	7416	5842	4755	2793	0898	9	
	5					9985	9809	9561	8884	7805	6898	4859	2120	8	
	6					9998	9959	9884	9618	9067	8505	6925	3953	7	
	7						9993	9976	9898	9685	9424	8499	6047	6	
	8						9999	9996	9980	9917	9826	9417	7880	5	
	9								9998	9983	9960	9825	9102	4	
	10									9998	9993	9961	9713	3	
	11										9999	9994	9935	2	
	12											9999	9991	1	
	13												9999	0	
15	0	0,7386	6333	5421	4633	2059	0649	0352	0134	0047	0023	0005	0000	14	15
	1	9647	9270	8809	8290	5490	2596	1671	0802	0353	0194	0052	0005	13	
	2	9970	9906	9797	9638	8159	5322	3980	2361	1268	0794	0271	0037	12	
	3	9998	9992	9976	9945	9444	7685	6482	4613	2969	2092	0905	0176	11	
	4		9999	9998	9994	9873	9102	8358	6865	5155	4041	2173	0592	10	
	5				9999	9978	9726	9389	8516	7216	6184	4032	1509	9	
	6					9997	9934	9819	9434	8689	7970	6098	3036	8	
	7						9987	9958	9827	9500	9118	7869	5000	7	
	8						9998	9992	9958	9848	9692	9050	6964	6	
	9							9999	9992	9963	9915	9662	8491	5	
	10								9999	9993	9982	9907	9408	4	
	11									9999	9997	9981	9824	3	
	12											9997	9963	2	
	13												9995	1	
	14													0	
16	0	0,7238	6143	5204	4401	1853	0541	0281	0100	0033	0015	0003	0000	15	16
	1	9601	9182	8673	8108	5147	2272	1407	0635	0261	0137	0033	0003	14	
	2	9963	9887	9758	9571	7892	4868	3518	1971	0994	0594	0183	0021	13	
	3	9998	9989	9968	9930	9316	7291	5981	4050	2459	1659	0651	0106	12	
	4		9999	9997	9991	9830	8866	7982	6302	4499	3391	1666	0384	11	
	5				9999	9967	9622	9183	8103	6598	5469	3288	1051	10	
	6					9995	9899	9733	9204	8247	7374	5272	2272	9	
	7					9999	9979	9930	9729	9256	8735	7161	4018	8	
	8						9996	9985	9925	9743	9500	8577	5982	7	
	9							9998	9984	9929	9841	9417	7728	6	
	10								9997	9984	9960	9809	8949	5	
	11									9997	9992	9951	9616	4	
	12										9999	9991	9894	3	
	13											9999	9979	2	
	14												9997	1	
	15													0	
n		0,98	0,97	0,96	0,95	0,90	5/6	0,80	0,75	0,70	2/3	0,60	0,50	k	n

Nicht aufgeführte Werte sind (auf 4 Dez.) 1,0000.

Bei blau unterlegtem Eingang, d. h. $p \geq 0{,}5$ gilt: $F(n;p;k) = 1 -$ abgelesener Wert.

$F(n;p;k) = B(n;p;0) + \ldots + B(n;p;k) = \binom{n}{0} p^0 (1-p)^{n-0} + \ldots + \binom{n}{k} p^k (1-p)^{n-k}$

n	k	0,02	0,03	0,04	0,05	0,10	1/6	0,20	0,25	0,30	1/3	0,40	0,50	k	n
17	0	0,7093	5958	4996	4181	1668	0451	0225	0075	0023	0010	0002	0000	16	17
	1	9554	9091	8535	7922	4818	1983	1182	0501	0193	0096	0021	0001	15	
	2	9956	9866	9714	9497	7618	4435	3096	1637	0774	0442	0123	0012	14	
	3	9997	9986	9960	9912	9174	6887	5489	3530	2019	1304	0464	0064	13	
	4		9999	9996	9988	9779	8604	7582	5739	3887	2814	1260	0245	12	
	5				9999	9953	9496	8943	7653	5968	4777	2639	0717	11	
	6					9992	9853	9623	8929	7752	6739	4478	1662	10	
	7					9999	9965	9891	9598	8954	8281	6405	3145	9	
	8						9993	9974	9876	9597	9245	8011	5000	8	
	9						9999	9995	9969	9873	9727	9081	6855	7	
	10							9999	9994	9968	9920	9652	8338	6	
	11								9999	9993	9981	9894	9283	5	
	12									9999	9997	9975	9755	4	
	13											9995	9936	3	
	14											9999	9988	2	
	15												9999	1	
18	0	0,6951	5780	4796	3972	1501	0376	0180	0056	0016	0007	0001	0000	17	18
	1	9505	8997	8393	7735	4503	1728	0991	0395	0142	0068	0013	0001	16	
	2	9948	9843	9667	9419	7338	4027	2713	1353	0600	0326	0082	0007	15	
	3	9996	9982	9950	9891	9018	6479	5010	3057	1646	1017	0328	0038	14	
	4		9999	9994	9985	9718	8318	7164	5187	3327	2311	0942	0154	13	
	5				9998	9936	9347	8671	7175	5344	4122	2088	0481	12	
	6					9988	9794	9487	8610	7217	6085	3743	1189	11	
	7					9998	9947	9837	9431	8593	7767	5634	2403	10	
	8						9989	9957	9807	9404	8924	7368	4073	9	
	9						9998	9991	9946	9790	9567	8653	5927	8	
	10							9998	9988	9939	9856	9424	7597	7	
	11								9998	9986	9961	9797	8811	6	
	12									9997	9991	9943	9519	5	
	13										9999	9987	9846	4	
	14											9998	9962	3	
	15												9993	2	
	16												9999	1	
19	0	0,6812	5606	4604	3774	1351	0313	0144	0042	0011	0005	0001	0000	18	19
	1	9454	8900	8249	7547	4203	1502	0829	0310	0104	0047	0008	0000	17	
	2	9939	9817	9616	9335	7054	3643	2369	1113	0462	0240	0055	0004	16	
	3	9995	9978	9939	9868	8850	6070	4551	2631	1332	0787	0230	0022	15	
	4		9998	9993	9980	9648	8011	6733	4654	2822	1879	0696	0096	14	
	5			9999	9998	9914	9176	8369	6678	4739	3519	1629	0318	13	
	6					9983	9719	9324	8251	6655	5431	3081	0835	12	
	7					9997	9921	9767	9225	8180	7207	4878	1796	11	
	8						9982	9933	9713	9161	8538	6675	3238	10	
	9						9996	9984	9911	9674	9352	8139	5000	9	
	10						9999	9997	9977	9895	9759	9115	6762	8	
	11								9995	9972	9926	9648	8204	7	
	12								9999	9994	9981	9884	9165	6	
	13									9999	9996	9969	9682	5	
	14										9999	9994	9904	4	
	15											9999	9978	3	
	16												9996	2	
	17													1	
n		0,98	0,97	0,96	0,95	0,90	5/6	0,80	0,75	0,70	2/3	0,60	0,50	k	n

Nicht aufgeführte Werte sind (auf 4 Dez.) 1,0000.

Bei blau unterlegtem Eingang, d. h. $p \geq 0{,}5$ gilt: $F(n;p;k) = 1 -$ abgelesener Wert.

TABELLEN

$F(n;p;k) = B(n;p;0) + \ldots + B(n;p;k) = \binom{n}{0}p^0(1-p)^{n-0} + \ldots + \binom{n}{k}p^k(1-p)^{n-k}$

n	k	0,02	0,03	0,04	0,05	0,10	1/6	0,20	0,25	0,30	1/3	0,40	0,50	k	n
20	0	0,6676	5438	4420	3585	1216	0261	0115	0032	0008	0003	0000	0000	19	20
	1	9401	8802	8103	7358	3917	1304	0692	0243	0076	0033	0005	0000	18	
	2	9929	9790	9561	9245	6769	3287	2061	0913	0355	0176	0036	0002	17	
	3	9994	9973	9926	9841	8670	5665	4114	2252	1071	0604	0160	0013	16	
	4		9997	9990	9974	9568	7687	6296	4148	2375	1515	0510	0059	15	
	5			9999	9997	9887	8982	8042	6172	4164	2972	1256	0207	14	
	6					9976	9629	9133	7858	6080	4793	2500	0577	13	
	7					9996	9887	9679	8982	7723	6615	4159	1316	12	
	8					9999	9972	9900	9591	8867	8095	5956	2517	11	
	9						9994	9974	9861	9520	9081	7553	4119	10	
	10						9999	9994	9960	9829	9624	8725	5881	9	
	11							9999	9990	9949	9870	9435	7483	8	
	12								9998	9987	9963	9790	8684	7	
	13									9997	9991	9935	9423	6	
	14										9998	9984	9793	5	
	15											9997	9941	4	
	16												9987	3	
	17												9998	2	
50	0	0,3642	2181	1299	0769	0052	0001	0000	0000	0000	0000	0000	0000	49	50
	1	7358	5553	4005	2794	0338	0012	0002	0000	0000	0000	0000	0000	48	
	2	9216	8108	6767	5405	1117	0066	0013	0001	0000	0000	0000	0000	47	
	3	9822	9372	8609	7604	2503	0238	0057	0005	0000	0000	0000	0000	46	
	4	9968	9832	9510	8964	4312	0643	0185	0021	0002	0000	0000	0000	45	
	5	9995	9963	9856	9622	6161	1388	0480	0070	0007	0001	0000	0000	44	
	6	9999	9993	9964	9882	7702	2506	1034	0194	0025	0005	0000	0000	43	
	7		9999	9992	9968	8779	3911	1904	0453	0073	0017	0000	0000	42	
	8			9999	9992	9421	5421	3073	0916	0183	0050	0002	0000	41	
	9				9998	9755	6830	4437	1637	0402	0127	0008	0000	40	
	10					9906	7986	5836	2622	0789	0284	0022	0000	39	
	11					9968	8827	7107	3816	1390	0570	0057	0000	38	
	12					9990	9373	8139	5110	2229	1035	0133	0002	37	
	13					9997	9693	8894	6370	3279	1715	0280	0005	36	
	14					9999	9862	9393	7481	4468	2612	0540	0013	35	
	15						9943	9692	8369	5692	3690	0955	0033	34	
	16						9978	9856	9017	6839	4868	1561	0077	33	
	17						9992	9937	9449	7822	6046	2369	0164	32	
	18						9998	9975	9713	8594	7126	3356	0325	31	
	19						9999	9991	9861	9152	8036	4465	0595	30	
	20							9997	9937	9522	8741	5610	1013	29	
	21							9999	9974	9749	9244	6701	1611	28	
	22								9990	9877	9576	7660	2399	27	
	23								9997	9944	9778	8438	3359	26	
	24								9999	9976	9892	9022	4439	25	
	25									9991	9951	9427	5561	24	
	26									9997	9979	9686	6641	23	
	27									9999	9992	9840	7601	22	
	28										9997	9924	8389	21	
	29										9999	9966	8987	20	
	30											9986	9405	19	
	31											9995	9675	18	
	32											9998	9836	17	
	33											9999	9923	16	
	34												9967	15	
	35												9987	14	
	36												9995	13	
	37												9998	12	
n		0,98	0,97	0,96	0,95	0,90	5/6	0,80	0,75	0,70	2/3	0,60	0,50	k	n

Nicht aufgeführte Werte sind (auf 4 Dez.) 1,0000.

Bei blau unterlegtem Eingang, d. h. $p \geq 0{,}5$ gilt: $F(n;p;k) = 1 -$ abgelesener Wert.

TABELLEN

$F(n;p;k) = B(n;p;0) + \ldots + B(n;p;k) = \binom{n}{0} p^0 (1-p)^{n-0} + \ldots + \binom{n}{k} p^k (1-p)^{n-k}$

n	k	0,02	0,03	0,04	0,05	0,10	1/6	0,20	0,25	0,30	1/3	0,40	0,50		n
	0	0,1986	0874	0382	0165	0002	0000	0000	0000	0000	0000	0000	0000	79	
	1	5230	3038	1654	0861	0022	0000	0000	0000	0000	0000	0000	0000	78	
	2	7844	5681	3748	2306	0107	0001	0000	0000	0000	0000	0000	0000	77	
	3	9231	7807	6016	4284	0353	0004	0000	0000	0000	0000	0000	0000	76	
	4	9776	9072	7836	6289	0880	0015	0001	0000	0000	0000	0000	0000	75	
	5	9946	9667	8988	7892	1769	0051	0005	0000	0000	0000	0000	0000	74	
	6	9989	9897	9588	8947	3005	0140	0018	0001	0000	0000	0000	0000	73	
	7	9998	9972	9853	9534	4456	0328	0053	0002	0000	0000	0000	0000	72	
	8		9993	9953	9816	5927	0672	0131	0006	0000	0000	0000	0000	71	
	9		9999	9987	9935	7234	1221	0287	0018	0001	0000	0000	0000	70	
	10			9997	9979	8266	2002	0565	0047	0002	0000	0000	0000	69	
	11			9999	9994	8996	2995	1006	0106	0006	0001	0000	0000	68	
	12				9998	9462	4137	1640	0221	0015	0002	0000	0000	67	
	13					9732	5333	2470	0421	0036	0005	0000	0000	66	
	14					9877	6476	3463	0740	0079	0012	0000	0000	65	
	15					9947	7483	4555	1208	0161	0029	0000	0000	64	
	16					9979	8301	5664	1841	0302	0063	0001	0000	63	
	17					9992	8917	6707	2636	0531	0126	0003	0000	62	
	18					9997	9348	7621	3563	0873	0237	0007	0000	61	
	19					9999	9629	8366	4572	1352	0418	0016	0000	60	
	20						9801	8934	5597	1978	0693	0035	0000	59	
	21						9899	9340	6574	2745	1087	0072	0000	58	
	22						9951	9612	7447	3627	1616	0136	0000	57	
	23						9978	9783	8180	4579	2282	0245	0001	56	
	24						9990	9885	8761	5549	3073	0417	0002	55	
	25						9996	9942	9195	6479	3959	0675	0005	54	
	26						9998	9972	9501	7323	4896	1037	0011	53	
	27						9999	9987	9705	8046	5832	1521	0024	52	
80	28							9995	9834	8633	6719	2131	0048	51	80
	29							9998	9911	9084	7514	2860	0091	50	
	30							9999	9954	9412	8190	3687	0165	49	
	31								9978	9640	8735	4576	0283	48	
	32								9990	9789	9152	5484	0464	47	
	33								9995	9881	9455	6363	0728	46	
	34								9998	9936	9665	7174	1092	45	
	35								9999	9967	9803	7885	1571	44	
	36									9984	9889	8477	2170	43	
	37									9993	9940	8947	2882	42	
	38									9997	9969	9301	3688	41	
	39									9999	9985	9555	4555	40	
	40									9999	9993	9729	5445	39	
	41										9997	9842	6312	38	
	42										9999	9912	7118	37	
	43										9999	9953	7830	36	
	44											9976	8428	35	
	45											9988	8907	34	
	46											9994	9272	33	
	47											9997	9535	32	
	48											9999	9717	31	
	49											9999	9835	30	
	50												9908	29	
	51												9951	28	
	52												9976	27	
	53												9988	26	
	54												9995	25	
	55												9998	24	
	56												9999	23	
n		0,98	0,97	0,96	0,95	0,90	5/6	0,80	0,75	0,70	2/3	0,60	0,50	k	n

Nicht aufgeführte Werte sind (auf 4 Dez.) 1,0000.

p (oben: 0,02 … 0,50; unten: 0,98 … 0,50)

Bei blau unterlegtem Eingang, d. h. $p \geq 0{,}5$ gilt: $F(n;p;k) = 1 -$ abgelesener Wert.

TABELLEN

$$F(n;p;k) = B(n;p;0) + \ldots + B(n;p;k) = \binom{n}{0}p^0(1-p)^{n-0} + \ldots + \binom{n}{k}p^k(1-p)^{n-k}$$

n	k	0,02	0,03	0,04	0,05	0,10	1/6	0,20	0,25	0,30	1/3	0,40	0,50	k	n
100	0	0,1326	0476	0169	0059	0000	0000	0000	0000	0000	0000	0000	0000	99	100
	1	4033	1946	0872	0371	0003	0000	0000	0000	0000	0000	0000	0000	98	
	2	6767	4198	2321	1183	0019	0000	0000	0000	0000	0000	0000	0000	97	
	3	8590	6472	4295	2578	0078	0000	0000	0000	0000	0000	0000	0000	96	
	4	9492	8179	6289	4360	0237	0001	0000	0000	0000	0000	0000	0000	95	
	5	9845	9192	7884	6160	0576	0004	0000	0000	0000	0000	0000	0000	94	
	6	9959	9688	8936	7660	1172	0013	0001	0000	0000	0000	0000	0000	93	
	7	9991	9894	9525	8720	2061	0038	0003	0000	0000	0000	0000	0000	92	
	8	9998	9968	9810	9369	3209	0095	0009	0000	0000	0000	0000	0000	91	
	9		9991	9932	9718	4513	0213	0023	0000	0000	0000	0000	0000	90	
	10		9998	9978	9885	5832	0427	0057	0001	0000	0000	0000	0000	89	
	11			9993	9957	7030	0777	0126	0004	0000	0000	0000	0000	88	
	12			9998	9985	8018	1297	0253	0010	0000	0000	0000	0000	87	
	13				9995	8761	2000	0469	0025	0001	0000	0000	0000	86	
	14				9999	9274	2874	0804	0054	0002	0000	0000	0000	85	
	15					9601	3877	1285	0111	0004	0000	0000	0000	84	
	16					9794	4942	1923	0211	0010	0001	0000	0000	83	
	17					9900	5994	2712	0376	0022	0002	0000	0000	82	
	18					9954	6965	3621	0630	0045	0005	0000	0000	81	
	19					9980	7803	4602	0995	0089	0011	0000	0000	80	
	20					9992	8481	5595	1488	0165	0024	0000	0000	79	
	21					9997	8998	6540	2114	0288	0048	0000	0000	78	
	22					9999	9370	7389	2864	0479	0091	0001	0000	77	
	23						9621	8109	3711	0755	0164	0003	0000	76	
	24						9783	8686	4617	1136	0281	0006	0000	75	
	25						9881	9125	5535	1631	0458	0012	0000	74	
	26						9938	9442	6417	2244	0715	0024	0000	73	
	27						9969	9658	7224	2964	1066	0046	0000	72	
	28						9985	9800	7925	3768	1524	0084	0000	71	
	29						9993	9888	8505	4623	2093	0148	0000	70	
	30						9997	9939	8962	5491	2766	0248	0000	69	
	31						9999	9969	9307	6331	3525	0398	0001	68	
	32							9985	9554	7107	4344	0615	0002	67	
	33							9993	9724	7793	5188	0913	0004	66	
	34							9997	9836	8371	6019	1303	0009	65	
	35							9999	9906	8839	6803	1795	0018	64	
	36							9999	9948	9201	7511	2386	0033	63	
	37								9973	9470	8123	3068	0060	62	
	38								9986	9660	8630	3822	0105	61	
	39								9993	9790	9034	4621	0176	60	
	40								9997	9875	9341	5433	0284	59	
	41								9999	9928	9566	6225	0443	58	
	42									9960	9724	6967	0666	57	
	43									9979	9831	7635	0967	56	
	44									9989	9900	8211	1356	55	
	45									9995	9943	8689	1841	54	
	46									9997	9969	9070	2421	53	
	47									9999	9983	9362	3087	52	
	48									9999	9991	9577	3822	51	
	49										9996	9729	4602	50	
	50										9998	9832	5398	49	
	51										9999	9900	6178	48	
	52											9942	6914	47	
	53											9968	7579	46	
	54											9983	8159	45	
	55											9991	8644	44	
	56											9996	9033	43	
	57											9998	9334	42	
	58											9999	9557	41	
	59												9716	40	
	60												9824	39	
	61												9895	38	
	62												9940	37	
	63												9967	36	
	64												9982	35	
	65												9991	34	
	66												9996	33	
	67												9998	32	
	68												9999	31	
n		0,98	0,97	0,96	0,95	0,90	5/6	0,80	0,75	0,70	2/3	0,60	0,50	k	n
		p													

Nicht aufgeführte Werte sind (auf 4 Dez.) 1,0000.

Bei blau unterlegtem Eingang, d. h. $p \geq 0{,}5$ gilt: $F(n;p;k) = 1 -$ abgelesener Wert.

Normalverteilung

Φ(z) = 0, …
Φ(−z) = 1 − ϕ(z)

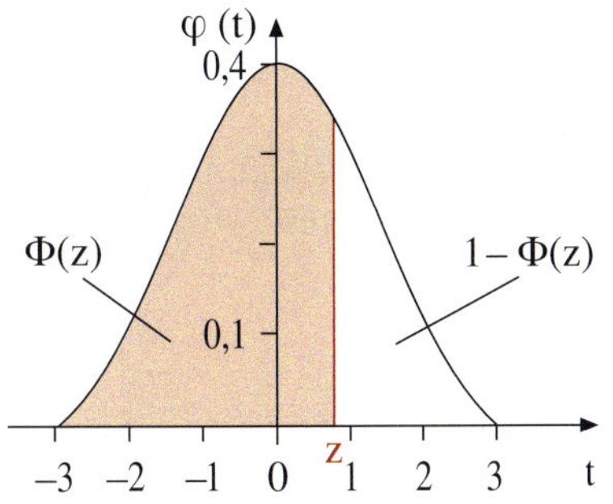

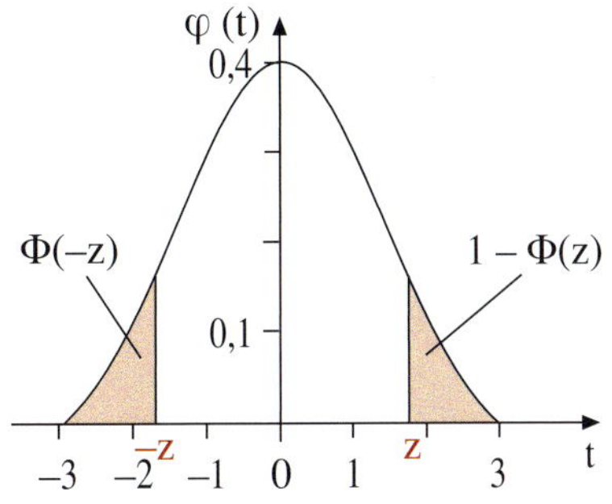

z	0	1	2	3	4	5	6	7	8	9
0,0	5000	5040	5080	5120	5160	5199	5239	5279	5319	5359
0,1	5398	5438	5478	5517	5557	5596	5636	5675	5714	5753
0,2	5793	5832	5871	5910	5948	5987	6026	6064	6103	6141
0,3	6179	6217	6255	6293	6331	6368	6406	6443	6480	6517
0,4	6554	6591	6628	6664	6700	6736	6772	6808	6844	6879
0,5	6915	6950	6985	7019	7054	7088	7123	7157	7190	7224
0,6	7257	7291	7324	7357	7389	7422	7454	7486	7517	7549
0,7	7580	7611	7642	7673	7703	7734	7764	7794	7823	7852
0,8	7881	7910	7939	7967	7995	8023	8051	8078	8106	8133
0,9	8159	8186	8212	8238	8264	8289	8315	8340	8365	8389
1,0	8413	8438	8461	8485	8508	8531	8554	8577	8599	8621
1,1	8643	8665	8686	8708	8729	8749	8770	8790	8810	8830
1,2	8849	8869	8888	8907	8925	8944	8962	8980	8997	9015
1,3	9032	9049	9066	9082	9099	9115	9131	9147	9162	9177
1,4	9192	9207	9222	9236	9251	9265	9279	9292	9306	9319
1,5	9332	9345	9357	9370	9382	9394	9406	9418	9429	9441
1,6	9452	9463	9474	9484	9495	9505	9515	9525	9535	9545
1,7	9554	9564	9573	9582	9591	9599	9608	9616	9625	9633
1,8	9641	9649	9656	9664	9671	9678	9686	9693	9699	9706
1,9	9713	9719	9726	9732	9738	9744	9750	9756	9761	9767
2,0	9772	9778	9783	9788	9793	9798	9803	9808	9812	9817
2,1	9821	9826	9830	9834	9838	9842	9846	9850	9854	9857
2,2	9861	9864	9868	9871	9875	9878	9881	9884	9887	9890
2,3	9893	9896	9898	9901	9904	9906	9909	9911	9913	9916
2,4	9918	9920	9922	9925	9927	9929	9931	9932	9934	9936
2,5	9938	9940	9941	9943	9945	9946	9948	9949	9951	9952
2,6	9953	9955	9956	9957	9959	9960	9961	9962	9963	9964
2,7	9965	9966	9967	9968	9969	9970	9971	9972	9973	9974
2,8	9974	9975	9976	9977	9977	9978	9979	9979	9980	9981
2,9	9981	9982	9982	9983	9984	9984	9985	9985	9986	9986
3,0	9987	9987	9987	9988	9988	9989	9989	9989	9990	9990
3,1	9990	9991	9991	9991	9992	9992	9992	9992	9993	9993
3,2	9993	9993	9994	9994	9994	9994	9994	9995	9995	9995
3,3	9995	9995	9996	9996	9996	9996	9996	9996	9996	9997
3,4	9997	9997	9997	9997	9997	9997	9997	9997	9997	9998

Beispiele für den Gebrauch der Tabelle:

$\Phi(2{,}37) = 0{,}9911$; $\Phi(-2{,}37) = 1 - \Phi(2{,}37) = 1 - 0{,}9911 = 0{,}0089$;

$\Phi(z) = 0{,}7910 \Rightarrow z = 0{,}81$; $\Phi(z) = 0{,}2090 = 1 - 0{,}7910 \Rightarrow z = -0{,}81$

TABELLEN

Stichwortverzeichnis